헌법 으뜸편

기본권론

허완중

박영사

머 리 말

2002년 "사법관계에 미치는 기본권의 효력"이라는 주제로 법학석사학위논문을 쓰고 나서 18년 만에 기본권론 체계서를 낸다. 아직도 많이 부족하고 좀 더 보완하고 싶은 부분이 여기저기 눈에 띄지만, 하나의 통일된 관점으로 법해석학에 충실한 틀은 갖추었다고 생각한다. 이 책의 시작은 김선택 선생님의 기본권론 강의안이다. 박사과정에 있던 2003년 독일유학 준비를 할 때 선생님과 지금은 동료 교수로 있는 공진성 교수, 지은이 이렇게 셋이서 헌법 교과서 작업을 진행했다. 선생님 강의안을 토대로 공진성 교수는 헌법총론에 관한 내용을, 지은이는 기본권론에 관한 내용을 각각 정리하고 이를 함께 읽어가면서 선생님 주도로 고쳤다. 하지만 상당 부분이 진행되던 중에 예상하지 못한 연구용역 2건을 수행하게 되면서 작업이 중단되었다. 그리고 공진성 교수와 지은이는 차례대로 독일유학길에 올랐다. 힘든 독일유학 생활을 마치고 돌아왔을 때 선생님의 교과서 작업은 놀랍게도 아무런 진척 없이 그대로였다. 이에 지은이는 강의를 위해서 유학생활 중에도 틈틈이 고치고 보태던 교과서 준비자료를 토대로 급하게 강의안을 마련했다. 이후 강의를 계속하면서 이를 지속해서 보완해 나갔다. 이는 헌법재판연구원에 들어가서 대학 강의를 하지 못하던 때도 쉬지 않았다. 그러다가 전남대학교 법학전문대학원에 부임하면서 이 강의안을 대대적으로 수정하고 보완하였다. 이때 그동안 발표한 기본권 관련 여러 논문이 큰 도움이 되었다. 이렇게 수정·보완한 강의안을 3년 동안 법학전문대학원 강의에 사용하면서 정리한 것을 이제 책으로 묶어 내놓는다.

헌법은 국민의 기본권을 위해서 만든 법이다. 따라서 헌법총론, 기본권론, 국가조직론으로 나누는 헌법 내용 중에서 기본권론이 고갱이고 가장 중요할 수밖에 없다. 그래서 '헌법 으뜸편 - 기본권론'이라고 책 이름을 지었다. 헌법총론과 국가조직론을 묶어서 나올 다음 책은 '헌법 버금편 - 헌법총론과 국가조직론'으로 지으려고 한다. 이 책의 앞부분인 기본권총론은 일반적인 서술체계와 다른 부분이 많다. 그리고 기존 교과서에 없는 내용도 여럿 있다. 이 책이 독일 기본권론에서 비롯하고 방법론도 그대로 따른다는 것은 부정할 수 없지만, 적어도 이 책은 독일 기본권해석론 내용을 그대로 따르지 않기 때문이다. 한국 실정헌법과 헌법사에 바탕을 두고 법해석학의 기본에 충실한 해석을 하려고 노력하였다. 이 책의 뒷부분인 기본권 각론도 기본적인 내용을 나열하는 것에 그치지 않고 가능한 한 구체적 내용을 담고자 하였다. 이러한 과정에서 한국 헌법학계의 성과와 판례를 비판적으로 널리 수용하려고 하였다.

그리고 모든 사항에 관해서 견해를 밝혔다. 일부러 다르게 서술하려고는 하지 않았으나, 다르게 쓰는 것을 두려워하지 않았다. 그저 좀 더 합리적인 내용으로 충실히 쓰려고 노력하였다. 그리고 더 좋은 견해를 찾지 못하면 남의 견해를 수용하는 데 주저하지 않았다. 이에 관한 다양한 비판과 지적을 기다린다. 그리고 이에 관한 적극적인 수용과 반성을 개정판에 빠짐없이 담고자 한다.

이 책은 김선택 선생님께서 교과서를 내셨다면 시작도 하지 않았을 것이다. 이 책의 상당 부분은 선생님께서 가르쳐 주시고 일깨워주신 부분이기 때문이다. 특히 이 책의 적지 않은 부분은 선생님의 학설을 그대로 받아들인 것이다. 지은이의 독자적인 견해라고 믿는 여러 부분도 선생님께 배운 것일 수도 있다. 그리고 연구방법론도 온전히 선생님께 배운 것이다. 이러한 학은은 시간이 흐를수록 커져서 이제는 갚을 엄두도 나지 않는다. 학자의 모습이 어떠한 것인지 몸소 보여주시면서 명쾌한 강의와 인자한 말씀으로 많은 가르침을 주시고, 특히 '헌법학(중)'이라는 훌륭한 기본권론 교과서를 통해서 많은 부분에 등불이 되어주신 계희열 선생님께도 이 책의 많은 부분을 빚지고 있다. 부디 건강한 모습으로 오랫동안 가르침을 주시길 바란다. 대학에 들어와 처음 기본권론을 가르쳐 주신 장영수 선생님은 학문의 기초를 닦는 데 많은 도움을 주셨다. 선생님의 진지한 충고 때문에 많은 어려움을 이겨낼 수 있었다. 묵묵히 그리고 따뜻하게 지켜봐 주시고 챙겨주시면서 많은 깨달음을 주시는 정태호 교수님도 이 책 곳곳에 흔적을 남기셨다. 기대에 조금이라도 부응하고 싶다. 편안한 말과 행동으로 늘 든든하게 지지해주시는 김하열 교수님도 잊을 수 없다. 새로운 시각으로 늘 자극을 주시는 이준일 교수님께도 감사의 말씀 드린다. 더하여 한국 헌법학의 개척자이신 유진오 선생님도 빼놓을 수 없다. 지금도 한국 최초의 헌법해설서인 '신고 헌법해의'를 보며 놀라움과 부끄러움을 느낀다.

무정한 아들을 늘 믿어주시고 사랑해 주시는 부모님, 무거운 짐을 미루는 것만 같아 늘 미안한 아내 박수은, 이제는 제법 커서 대화가 되는 아들 진솔, 인우, 우진 모두에게 부끄럽지 않은 삶을 살고 싶다.

2020년 2월
겨울을 서서히 몰아내는 햇살이 길어지는 날
앙상한 가지에 걸린 따뜻한 바람을 느끼며
허완중

차 례

제 1 장 기본권 일반이론

제 2 장　개별기본권론

제 3 장　기본의무론

제 1 장

기본권 일반이론

제1장 기본권 일반이론

제1절 기본권의 개념

Ⅰ. 기본권과 기본권관계

인간은 공동체적 동물[1]이라고 한다. 이는 인간이 다른 인간과 결합한 사회 속에서만 인간답게 살 수 있다는 것을 뜻한다. 인간은 끊임없이 다른 인간과 관계를 맺음으로써 인간으로서 살아갈 수 있다. 인간이 우주라는 시공간[2] 속에서 어떤 방식으로든 서로 영향을 주고받는다면 모두 관계라고 부를 수 있다. 인간이 맺는 다양한 관계 중에서 법을 매개로 형성되는 관계가 법관계이다. 법관계 중에서 가장 중요한 것은 법단계의 최상위에 있는 헌법을 중심으로 형성되는 헌법관계이고, 그중에서도 헌법의 존립목적인 기본권과 관련하여 나타나는 기본권관계[3]이다. 기본권은 개인[4]이 국가 안에서 가지는 지위를 규율하는 모든 헌법규범을 말한다.[5] 지위는 관계 속에서만 발생하고 기본권은 국가를 전제로 하는 실정법적 개념이다. 그러므로 기본권은 개인과 국가의 관계를 전제한다. 헌법 제10조 제2문은 "국가는 개인이 가지는 불가침의 기본적 인권을 확인하고 이를 보장할 의무를 진다."라고 하여 기본권과 관련된 권리의무관계를 규정한다. 즉 개인은 기본(적 인)권이라는 권리가 있고, 국가는 이러한 권리를 확인하고 보장할 의무를 진다.

---

1) 아리스토텔레스(Aristoteles)의 '폴리스적 동물(zoon politikon)'을 번역한 말인데, '본질적으로 국가에서 살게 되어 있는 동물', '정치적 동물', '사회적 동물(animal sociale)' 등으로도 번역한다. 아리스토텔레스, 나종일 옮김, 『정치학/시학』(삼성세계사상 7), 삼성출판사, 1993, 44쪽; 이진우, 「사회 ― 자유의 토대인가 아니면 구속의 그물인가」, 『우리말 철학사전 1』, 지식산업사, 2001, 64쪽 참조.

2) 우주(宇宙)에서 '우(宇)'는 천지사방(天地四方), 즉 공간적 확대를, '주(宙)'는 고왕금래(古往今來: 옛날부터 지금까지), 즉 시간적 격차를 뜻한다.

3) 이에 관해서는 허완중, 「기본권관계 ― 기본권문제를 바라보는 객관적이고 합리적인 틀」, 『공법연구』 제43집 제1호, 한국공법학회, 2014, 131~164쪽.

4) '개인'은 국가를 비롯한 공동체나 집단에 속하지만, 끊임없이 이러한 공동체나 집단과 부딪히는 고유한 독자적 존재로서 공동체나 집단은 물론 다른 개인과 구별되는 다른 존재이다. 이러한 점에서 개인은 홀로 존재하는 것이 아니라 관계 속에서만 존재한다. '개인'에 관한 철학적 검토는 박순영, 「개인」, 『우리말 철학사전 3』, 지식산업사, 2003, 33~63쪽 참조.

5) 같은 견해: 김선택, 「기본권의 개념」, 『법정고시』 제4권 제6호, 육서당 법률행정연구원, 1998. 6., 17~18쪽; 전광석, 『한국헌법론(제14판)』, 집현재, 2019, 209쪽; 한수웅, 『헌법학(제9판)』, 법문사, 2019, 376쪽; 홍성방, 「기본권의 개념과 분류」, 『사회과학연구』 제7집, 서강대학교 사회과학연구소, 1998, 161~162쪽; 같은 사람, 『헌법학(상)(제3판)』, 현암사, 2016, 325~326쪽.

Ⅱ. 인권과 기본권의 개념적 구분

　　인권(human rights, Menschenrechte, droit de l'homme)과 기본권[6]은 일반적으로 그 존재의 인정근거와 그 효력근거가 실정법인지 아닌지(혹은 자연법인지)에 따라 구분된다.[7] 인권은 말 그대로 인간의 권리, 곧 모든 인간이 그가 인간이기만 하면 단지 인간이라는 이유만으로 가지는 권리이다.[8] 인권은 국가 이전에 천부적으로 이미 있는, 전국가적인 권리이고, 국가입법을 통해서 규정될 필요도 국가권력을 통해서 그 효력이 담보될 필요도 없는 초실정적으로 효력이 있는 권리이다. 즉 인권은 자연권이다. 이에 반해서 기본권은 국가의 기본법인 헌법이 실정법적으로 보장하는 실정적 효력이 있는 권리를 말한다. 다시 말해서 기본권은 국가라는 공동체를 전제로 하여 국내적으로 작용하는, 즉 헌법에 규정되어 국가공권력이 효력을 보장하는 국민의 기본적 권리를 가리킨다. 기본권은 그 존재와 효력 모두 실정법질서가 보장한다는 점에 특색이 있다.[9]

---

6)　여기서 기본권은 일반적 의미의 기본권이 아니라 주관적 권리인 기본권만을 가리킨다. '주관적 권리'라는 용어가 적절한 것인지는 의문이다. '권리'와 '권한'이 분명히 개념적으로 구별되어서 국민은 원칙적으로 권리가 있지만, 국민이 아닌 국가기관에는 원칙적으로 권리가 아닌 권한이 부여된다는 점에서 권리에 '주관적'이라는 수식어를 붙일 필요성은 없기 때문이다. 특히 'Recht'에 '법'과 '권리'라는 두 가지 뜻이 있어 양자를 구별할 필요성이 있는 독일과 달리 '권리'라는 용어에는 오로지 주관적인 뜻만 있다는 점에서 더욱 그렇다. 그러나 '주관적 권리'라는 용어가 널리 사용되므로 여기서는 그 부적절성과 불필요성, 중복성을 지적하면서 일단 '주관적 권리'라는 용어를 사용하기로 한다.

7)　김선택, 「기본권의 개념」, 『법정고시』 제4권 제6호, 육서당 법률행정연구원, 1998. 6., 8쪽; Klaus Stern, Das Staatsrecht der Bundesrepublik Deutschland, Bd. Ⅲ/1, München 1988, S. 44 참조.

8)　강경선, 『사회복지국가 헌법의 기초』, 한국방송통신대학교출판문화원, 2017, 315, 324쪽; 권영성, 『헌법학원론(개정판)』, 법문사, 2010, 287쪽; 김도균, 『권리의 문법 – 도덕적 권리·인권·법적 권리』, 박영사, 2008, 104쪽; 김선택, 「기본권의 개념」, 『법정고시』 제4권 제6호, 육서당 법률행정연구원, 1998. 6., 8쪽; 김철수, 『학설·판례 헌법학(상)』, 박영사, 2008, 363쪽; 김하열, 『헌법강의』, 박영사, 2018, 193쪽; 김학성, 『헌법학원론(전정3판)』, 피앤씨미디어, 2019, 306쪽; 박찬운, 『인권법』, 도서출판 한울, 2008, 33쪽; 성낙인, 『헌법학(제19판)』, 법문사, 2019, 905쪽; 심경수, 『헌법』, 법문사, 2018, 129쪽; 양 건, 『헌법강의(제8판)』, 법문사, 2019, 255쪽; 이경주, 『헌법 Ⅰ』, 박영사, 2019, 57쪽; 이봉철, 『현대인권사상』, 아카넷, 2001, 39쪽; 이부하, 『헌법학(상)』, 법영사, 2019, 132쪽; 전광석, 『한국헌법론(제14판)』, 집현재, 2019, 209쪽; 정재황, 『기본권연구 Ⅰ』, 길안사, 1999, 157~158쪽; 정종섭, 「기본권의 개념에 관한 연구」, 『법학』 제44권 제2호, 서울대학교 법학연구소, 2003, 33쪽; 같은 사람, 『기본권의 개념』, 금붕어, 2007, 58쪽; 같은 사람, 『헌법학원론(제12판)』, 박영사, 2018, 287쪽; 한동섭, 『헌법(수정판)』, 박영사, 1971, 69~70쪽; 한수웅, 『헌법학(제9판)』, 법문사, 2019, 375쪽; 홍성방, 「기본권의 개념과 분류」, 『사회과학연구』 제7집, 서강대학교 사회과학연구소, 1998, 163쪽; 같은 사람, 『헌법학(상)(제3판)』, 현암사, 2016, 327쪽; 미셸린 이샤이, 조효제 옮김, 『세계인권사상사(한국어 개정판)』, 도서출판 길, 2005, 36쪽; Klaus Stern, Das Staatsrecht der Bundesrepublik Deutschland, Bd. Ⅲ/1, München 1988, S. 43 참조. 인권에 관한 철학적 검토는 박순영, 「규범」, 『우리말 철학사전 4』, 지식산업사, 2005, 48~51쪽 참조. 인권의 역사에 관해서는 미셸린 이샤이, 조효제 옮김, 『세계인권사상사(한국어 개정판)』, 도서출판 길, 2005 참조. 유진오는 권리는 법과 국가가 있고 나서 비로소 아니면 적어도 법과 국가와 동시에 있을 수 있으므로 천부인권을 이야기하는 것은 적어도 법적 주장으로 성립할 수 없다고 하였다(유진오, 『신고 헌법해의』, 일조각, 1957, 60쪽).

9)　강경선, 『사회복지국가 헌법의 기초』, 한국방송통신대학교출판문화원, 2017, 315, 324쪽; 김선택, 「기본권의 개념」, 『법정고시』 제4권 제6호, 육서당 법률행정연구원, 1998. 6., 8쪽; 양 건, 『헌법강의(제8판)』, 법문사, 2019, 255쪽; 이부하, 『헌법학(상)』, 법영사, 2019, 133쪽; 이준일, 『헌법학강의(제7판)』, 홍문사, 2019, 295, 301~302쪽;

　　많은 헌법학자는 '인권'과 '기본권' 두 용어를 구별하면서도, 의식적으로 그리고 충분한 근거를 제시하지 않고 두 용어를 구분하지 않고 사용한다.[10] 그러나 두 용어가 개념적으로 분명히 구별되고, 그 기능에서 차이가 있다는 점에서 양자를 구별하여 사용하여야 한다. 특히 인권과 기본권의 혼용은 권리목록 확장이라는 점에서 확실한 장점이 있다. 그러나 보장범위를 명확하게 확정하기 어렵고 '인권' 자체가 실정적 보장을 전제하지 않는다. 따라서 인권과 기본권의 혼용은 그 권리의 확실한 보장이나 관철 가능성 측면에서는 치명적인 문제를 일으킬 수도 있다. 이러한 점에서 '인권'이라는 용어 아래 권리목록을 무리하게 확장함으로써 불확실한 보장을 가져오는 것보다는 확실한 헌법적 보장 아래 있는 '(흔히 기본권이라고 부르는) 헌법적 권리' 범위를 헌법적 승인을 통해서 확대하는 것이 올바른 방향이다. 특히 헌법 제37조 제1항은 이러한 확장을 헌법적으로 보장한다. 이러한 확대과정에서 인권은 지도적 역할을 수행할 수 있다.

Ⅲ. 인간의 권리와 국민의 권리의 구별

　　헌법이 규정하여 보장하는 권리를 '인간의 권리'와 '국민의 권리'로 분류하는 것은 주로 그 주체 범위와 관련된다.[11] 즉 헌법적 권리가 자기 국민에게만 부여되는 것인지 아니면 외국인에게도 부여되는지에 따라 주체 범위를 표시하려고 헌법적 권리를 '인간의 권리'와 '국민의 권리'로 나눈다. '인간의 권리'는 모든 인간에게 귀속되는 권리('모든 사람의 권리')를 말하고, '국민의 권리'는 해당 국가 국적이 있는 사람만 누리는 권리('한국인의 권리')를 가리킨다. 인권이 수세기에 걸친 권리를 위한 투쟁과정을 거쳐서 실정법세계로 들어와 (흔히 기본권이라고 부르는) 헌법적 권리가 되었다는 점에서 (자유권 대부분이 포함되는) '인간의 권리인 헌법적 권리'와 '헌법적 권리와 개념적 측면에서 구별되는 인간의 권리(인권)'가 연관성이 있다는 것을 부정할 수 없다.[12] 하지만 모든 헌법적 권리가 인권에 '직접' 뿌리를 두는 것은 아니다. 예를 들어 참정권, 청구권, 사회권은 인권에서 직접 도출되지 않는다.[13] 일반적으로 인권과 직접적 관련성

　　장영수, 『헌법학(제11판)』, 홍문사, 2019, 423쪽; 한수웅, 『헌법학(제9판)』, 법문사, 2019, 376쪽; 허완중, 「사법관계에 미치는 기본권의 효력」, 고려대학교 법학석사학위논문, 2002, 7쪽; 홍성방, 『헌법학(상)(제3판)』, 현암사, 2016, 330쪽; Klaus Stern, Das Staatsrecht der Bundesrepublik Deutschland, Bd. Ⅲ/1, München 1988, S. 40.

10) 예를 들어 각국 헌법에서 보장하는 기본권은 자유권적 기본권을 중심으로 할 뿐 아니라 그 밖의 정치적·경제적·사회권 등도 인간의 권리와 보완관계에 있어서 인권과 기본권을 동일시하여도 무방하다고 하거나(권영성, 『헌법학원론(개정판)』, 법문사, 2010, 287쪽) 기본권은 실정법적 권리이고 인권은 자연권이라고 하면서도 구별하지 않고 동의어로 쓴다고 한다(구병삭, 『신헌법원론(제3전정판)』, 박영사, 1996, 331~332쪽).

11) 이와 관련해서 1948년 헌법제정과정에서 '국민'과 '인민' 중 어느 용어를 선택할 것인지에 관한 논의가 있었다. 『헌법제정회의록(제헌국회)』(헌정사자료 제1집), 국회도서관, 1967, 380~391쪽 참조.

12) 비슷한 견해: 이준일, 『헌법학강의(제7판)』, 홍문사, 2019, 295, 301~302쪽.

13) 김선택, 「기본권의 개념」, 『법정고시』 제4권 제6호, 육서당 법률행정연구원, 1998. 6., 8~9쪽. 여기서 '직접'이라

이 있는 인간의 권리와 국가를 전제하는 국민의 권리가 구별될 수 있다는 사실 자체가 이미 인권에서 직접 도출되지 않는 헌법적 권리가 있음을 전제한다. 그리고 헌법이 모든 인권을 보장하는 것도 아니고, 특히 인권 목록을 확정하는 것 자체가 어려우므로 모든 인권을 헌법이 보장할 수도 없다. 이러한 점에서 인권과 기본권의 권리목록은 많은 것이 서로 겹치기는 하지만, 그 권리목록 일부에서는 서로 차이를 드러낼 수밖에 없다.

Ⅳ. 국제적 인권의 개념

국제법규가 보장하는 권리는 실정화한 권리이지만 인권이라는 용어를 사용한다.[14] 따라서 초실정적 인권과 구분하기 위해서 이러한 권리들을 국제(법)적 인권으로 부르는 것이 바람직하다. 국제적 인권은 ① 개인이 국가권력에 대항하여 아주 예외적으로만 권리를 원용할 수 있고, ② 개인이 권리를 관철할 효과적인 사법적 구제수단이 없는 법적 약점이 있다.[15]

Ⅴ. 인권과 기본권의 관계

인권은 자연적 권리성과 전국가성이라는 특성이 있다. 따라서 인권은 시간적·공간적 제한 없이 언제 어디서나 그 보편타당성을 주장할 수 있는 장점이 있다. 그러나 인권은 그 내용이 불명확하고 이를 관철하기 곤란하다는 문제점이 있다.[16] 이러한 약점 때문에 국법적 실정화가 요구되었고, 유럽과 북미지역에서 이를 위해서 수백 년에 걸친 투쟁이 이루어졌다.[17] 한국에서는 구한말 개화파를 중심으로 인권 개념이 수용되었다.[18] 그 후 이 개념은 빠르게

는 뜻은 본래 의미의 '인권' 개념에 들어맞는 것을 말한다. 즉 국가의 존재 여부와 관계없이 있을 수 있다는 것을 말한다. 따라서 인권을 실정화하는 과정에서 수반되거나 요구되는 권리는 그 자체가 본래 의미의 인권에 들어맞지는 않지만 인권과 밀접한 관련이 있으므로, 인권에서 '간접'적으로 도출되는 것으로 보게 된다.

14) 예를 들어 1948년 12월 10일에 국제연합 제3회 총회에서 채택된 세계인권선언(강제적 국제법규성이 없고, 직접 의무를 부과하지 못하지만, 간접적인 법적 의의는 있고, 그 핵심내용은 인권의 최소기준으로 인정된다), 1966년 12월 19일 국제연합 제21회 총회에서 의결되고 35개국의 비준서가 기탁된 1976년에 발효된 국제인권규약[시민적 및 정치적 권리에 관한 국제규약(1976년 3월 23일 발효), 경제적, 사회적 및 문화적 권리에 관한 국제규약(1976년 1월 3일 발효)], 1950년 11월 4일에 로마에서 서명된 유럽인권규약(1953년 9월 3일 발효), 1969년 11월 22일에 미주인권 특별회의에서 채택된 인간의 권리와 의무의 미주인권협약(1978년 7월 18일 발효), 1981년 6월 27일에 아프리카 나이로비 통일기구 정상회의에서 채택된 인간의 권리와 인민의 권리에 관한 아프리카헌장(1986년 10월 21일 발효) 등이 있다.

15) 김선택, 「기본권의 개념」, 『법정고시』 제4권 제6호, 육서당 법률행정연구원, 1998. 6., 9~10쪽.

16) 계희열, 「기본권의 자연권성과 그 문제점」, 『고시연구』 제20권 제1호(통권 제226호), 고시연구사, 1993. 1., 100~104쪽 참조.

17) 김선택, 「기본권의 개념」, 『법정고시』 제4권 제6호, 육서당 법률행정연구원, 1998. 6., 10쪽; 이준일, 『헌법학강의 (제7판)』, 홍문사, 2019, 301쪽.

18) 1884년 3월 8일 한성순보 제14호의 '미국지략속고(美國誌略續稿)'에서 미국독립선언문을 소개한 논고부터 서양의

널리 퍼져서19) 천부인권사상이 소개되고 35년 만에 다양한 기본적 권리가 대한민국임시정부
헌법에 문자로 정착되었다. 이러한 일반화 덕분에 1948년 처음 헌법이 제정될 때 많은 기본
적 권리가 별다른 논란 없이 비교적 완결된 형태로 헌법전에 수용되었다. 그러나 권리를 위
한 투쟁이 없는 상태에서 주어진 헌법적 권리는 국민의 권리의식과 관철 노력 부재 그리고
국가권력의 전근대성 때문에 바로 실질적 효력이 있을 수 없었다. 따라서 헌법에 수용된 권
리가 실질적 의미를 획득하기까지는 수많은 투쟁과 희생이 있었고, 아직도 그러한 투쟁과 희
생은 (최소한 부분적으로는) 계속된다. 권리의 실질화(실효성 확보)를 실정화(문서 작성)를 통해서
완성해 나갔던 서양의 근대적 권리투쟁과는 달리 한국에서 벌어졌고 벌어지는 권리투쟁은 주
로 실정화한 권리를 실질화하려는 투쟁이라는 특색을 띤다. 즉 한국에서는 대부분 권리의 실
정화가 권리의 실질화를 앞섰다. 이는 권리에 관한 논의가 대부분 외국에서 수입되었다는
점20)과 국가권력이 자신의 부족한 정당성을 권리의 실정화를 통해서 숨기려고 하였던21) 불
행한 헌법사와 밀접한 관련이 있다.22)

자연적 권리성으로 표현되는 일종의 선언인 인권은 국법적 실정화를 거쳐서 비로소 법적

인권론이 도입되었다. 박영효는 1888년 무자상소에서 인민의 평등을 주장하면서 사람은 변할 수 없는 권리(通義)가 있다고 하였다. 이때 권리는 자기생명을 보존하고 자유를 구하며 행복을 추구하는 것이라고 하였다. 그리고 정부는 백성이 인권을 보전하려고 만들었으므로 정부가 이러한 뜻에 어긋나면 이를 변혁하고 새 정부를 세울 수 있다고 하여 저항권사상을 표현하였다. 유길준은 서유견문 제4편 인민의 권리에서 인간의 권리를 설명하였다. 그는 천부인권론을 주장하면서도 인민주권과 저항권에 관한 부분만은 언급을 회피하고 구체적인 인권도 법률 범위 안에서만 보장된다고 하여 법률에 따른 제한을 인정하였다. 미국에서 정상적인 대학공부를 마친 서재필은 미국의 인권론을 직수입하여 소개하였다. 그는 1896년 4월부터 1898년 5월까지 2년여 동안 독립신문 논설을 집필하였다. 그는 국가는 국민을 위해서 존재한다는 것을 강조하고 인권론에서 추상적으로만 설명하지 아니하고 인권을 보장할 수 있는 재판기구 설립을 강조하고 사법부 개혁을 주장하였다. 이에 관해서는 김철수,「한국에서의 인권론의 도입과 전개」,『법학교육과 법조개혁』, 길안사, 1994, 187~192쪽; 전봉덕,『한국근대법사상사』, 박영사, 1984, 82~98쪽 참조.

19) 1898년 12월 15일 독립신문 사설은 백성에게 권리를 주는 것이 부강의 길이라고 주장하였다(독립신문강독회, 김홍우 감수, 전인권 편집·교열,『독립신문, 다시 읽기』, 푸른역사, 2004, 241~243쪽).

20) 한국 헌법학이 미국 헌법학의 부분적인 영향과 함께 독일 헌법학의 직·간접적인 계수 아래 정립되었다는 것은 부정할 수 없는 사실이다. 현재 한국 헌법학도 이러한 계수법학 수준에서 옹글게(완벽하게) 벗어났다고 보기 어렵다. 오히려 그 수입선이 독일과 미국을 벗어나 프랑스, 일본, 영국 등으로 다양해지는 경향마저 보인다.

21) 예를 들어 각각 군사쿠테타로 집권하였던 박정희 정권은 인간의 존엄과 가치(1962년 헌법 제8조), 전두환 정권은 행복추구권(1980년 헌법 제9조)을 헌법전에 수용하였다.

22) 한국의 기본권이해가 시대조류에 맞지 않는 것은 ① 헌정사의 굴곡에 따른 헌법학 왜곡, ② 문화전통(예를 들어 유교문화) 잔재와 인권사상 갈등, ③ 국토분단에 따른 이념적 억압, ④ 헌법을 제정할 때 법실증주의 영향, ⑤ 기본권에 특유한 사법적 구제수단 미비 때문이라는 지적이 있다(김선택,「기본권이해의 현대적 경향과 한국헌법의 과제」, 서울지방변호사회 창립 100주년 기념 국제학술심포지엄 "사회발전과 법률가의 역할", 2007. 9. 13., 413~416쪽). 그리고 ① 국토분단과 그로 말미암은 체제대결이라는 역사적 현실, ② 한국 국민 속에 체화한 전통사상과 근대법과 더불어 들어온 서구 인권사상의 갈등이라는 문화적 현실 그리고 ③ 정치권력 인격화와 더불어 거듭된 독재로 말미암은 정치문화가 퇴행하여 온 현실이 각각 안보논리, 전통논리, 권력논리로 강화하면서 기본권보장의 위축효과를 발생시켰다는 분석도 있다(김선택,「대한민국에서 기본권 보장의 발전과 과제」, 헌정 60주년 및 헌법재판소 20주년 기념 한국공법학회 제145회 학술대회 "헌정 60년 회고 – 헌법재판과 민주주의", 2008. 10. 18., 45쪽 주 1).

의미를 획득한다. 이러한 실정화 때문에 자연법에서 기원하는 인권에 본래 있던 자연법적 성격이 사라지지는 않는다. 자연법적 성격이나 자연법적 효력은 본디 실정법에 규정되었는지와 상관없이, 심지어 실정법 자체가 존재하는지와 무관하게 그 내용에 따라서 인정 여부가 결정된다. 이러한 점에서 권리를 실정화하였을 때 그것에 여전히 자연법적 성격이 있는지를 논의하는 것은 의미가 없다.[23) 따라서 이러한 실정화가 인권 약화를 뜻하는 것은 아니다. 그리고 실정화한 인권은 실정법과 운명을 같이하는 것도 아니다. 실정법의 기본권목록이 인권기준 이상을 보장한다면 인권은 실정법의 그림자 속에서 잠자지만, 인권기준에 미치지 못하면 인권은 깨어나 실정법과 무관하게 효력을 발생한다.[24) 이러한 점에서 인권은 기본권의 최소한으로 기능한다.[25) 따라서 기본권과 인권의 관계는 가치 우열 문제가 아니라 다른 효력근거 문제이다. 기본권으로 인정받지 못하는 인권은 법적 유효성을 결여하므로 '법적으로는' 인권을 기본권보다 더 가치 있다고 볼 수는 없다.[26)

그러나 인권을 실정화하면 그 인권에는 아주 중요한 변화가 따른다. 즉 실정화한 (실정화 이전에 자연법적으로 인정되었고 실정화 이후에도 여전히 자연법적으로 인정받는) 권리는 자연법적 성격과 더불어 실정법적 성격도 있다. 권리를 실정화하였을 때 실정법규정이 권리 요건을 구체화함으로써 해당 권리의 보장범위가 명확하게 확정되고 법원은 해당 권리를 재판규범으로 원용하여야 한다. 권리의 실정화는 권리가 추상과 이념의 세계에서 구체적인 법실무의 세계로 옮겨졌음을 명확하게 보증한다. 이러한 점 때문에 자연법적 성격이 있는 인권과 실정법적 성격이 있는 기본권 중에서 기본권이 법학적 측면에서 더 의미 있다고 보게 된다.[27) 따라서 '실정화한 자연법적 권리'보다는 오히려 '실정법적 권리로서 자연법적 성격이 있는 것'이라고 부르는 것이 그 권리의 행사 및 실현과 관련하여서 더 유리하다. 결론적으로 실정화한 인권 영역에서 자연법성과 실정법성은 권리에 함께 있는 성격이지 어느 한 쪽으로 결정하여야 하는 것은 아니다.[28)

---

23) 김선택, 「기본권체계」,『헌법논총』제10집, 헌법재판소, 1999, 161~162쪽.

24) Klaus Stern, Das Staatsrecht der Bundesrepublik Deutschland, Bd. Ⅲ/1, München 1988, S. 44 참조.

25) 김선택, 「대한민국에서 기본권 보장의 발전과 과제」, 헌정 60주년 및 헌법재판소 20주년 기념 한국공법학회 제145회 학술대회 "헌정 60년 회고 - 헌법재판과 민주주의", 2008. 10. 18., 10~11쪽.

26) 김선택, 「대한민국에서 기본권 보장의 발전과 과제」, 헌정 60주년 및 헌법재판소 20주년 기념 한국공법학회 제145회 학술대회 "헌정 60년 회고 - 헌법재판과 민주주의", 2008. 10. 18., 10~11쪽; Klaus Stern, Das Staatsrecht der Bundesrepublik Deutschland, Bd. Ⅲ/1, München 1988, S. 45.

27) Klaus Stern, Das Staatsrecht der Bundesrepublik Deutschland, Bd. Ⅲ/1, München 1988, S. 44 f.

28) 김선택, 「기본권체계」,『헌법논총』제10집, 헌법재판소, 1999, 162쪽; Klaus Stern, Das Staatsrecht der Bundesrepublik Deutschland, Bd. Ⅲ/1, München 1988, S. 43 f.

Ⅵ. 국가의 의무를 통해서 변형된 인권인 기본권

　　관철 가능성을 전제하지 않는 인권을 보장하기 위해서 국가를 창설하면, 인권은 국가와 관련하여 보장을 문제 삼게 된다. 이러한 보장에서 국가의 의무가 나타난다. 따라서 인권은 국가에 보장의무를 부여한다. 이러한 보장의무는 헌법에 규정되어 확정된다. 이러한 점에서 국가의 인권보장의무는 헌법을 통해서 부여된다. 이러한 국가의 인권보장의무 중 구체적 의무에서 개인이 행사할 수 있는 주관적 권리가 발생한다. 이 권리가 곧 주관적 권리로서 기본권이다. 이러한 과정을 거쳐 인권이 헌법을 매개로 국가법질서 안에서 기본권이라는 이름으로 정착하여 보장된다. 그러므로 국가에 의무를 부과하는 인권과 국가의 의무에서 도출되는 기본권은 국가의 의무를 매개로 연결된다. 즉 기본권이 인권에서 비롯한다는 것이 논리적으로 설명될 수 있다.

　　물론 이러한 전환과정에서 인권이 그대로 기본권으로 바뀌지 않는다. 인권이 헌법이라는 법규범의 틀 안에 들어오면서 헌법에 맞게 변형되기 때문이다. 인권은 국가의 의무를 통하여 보편성과 추상성을 상실하면서 충실한 관철 가능성을 확보한 것이 기본권이다. 즉 자연권인 인권이 헌법을 매개로 실정권인 기본권으로 새롭게 태어난다. 그에 따라 인권은 미치는 범위가 따로 없고 어떻게 보장할 것인지를 명확하게 대답할 수 없지만, 기본권은 헌법이 미치는 범위 안에서 주장할 수 있고 보장되며, 사법적 수단을 통해서 관철할 수 있을 정도의 구체성을 얻는다. 그리고 법에 우선하는 인권의 우월성은 국가법질서 안에서 최고라는 헌법의 우위성으로 대체된다. 그러나 인권의 도덕성은 도덕적 권리인 인권이 법적 권리인 기본권으로 바뀌어도 여전히 남아 기본권에 정당성을 제공한다. 즉 기본권은 국가법질서 안에서 최고법으로서 모든 국가행위와 법규범보다 효력적 우위가 있고, 인권의 도덕성은 헌법이 기본권을 보장하여야 할 근거를 제공한다. 또한, 인권의 근본성은 기본권이 국가법질서의 기초이며 한계라는 모습으로 바뀌어 나타난다. 특히 인권에서 직접 유래하는 기본권은 근본성을 잃지 않는다. 이러한 점에서 인권의 근본성은 기본권 일부의 근본성으로 유지된다.

Ⅶ. 자유와 권리 그리고 기본적 인권의 의미

1. 헌법전에서 사용하는 용어

　　1948년 헌법을 제정할 때 '기본권'이라는 용어를 헌법전에 수용하지 않고, '국민의 권리와 의무'라는 표제 아래 '자유'나 '권리'라는 용어를 사용하였다. 이러한 전통은 현행 헌법에도 이어져 '국민의 권리(와 의무)'(제2장 표제), '국민의 자유와 권리'(제37조)라는 용어가 사용된다.29)

29) 헌법상 보장된 '국민의 자유와 권리'와 '헌법상 보장된 기본권'을 동의어로 보는 견해도 있다[성낙인, 「기본권의

한국 헌법은 '기본권'에 가까운 용어로서 1962년 이래로 (1962년 헌법 제8조, 1980년 헌법 제9조, 1987년 헌법 제10조 제2문) 제2장 국민의 권리와 의무 첫머리에 단 한 차례 '(불가침의) 기본적 인권'을 쓴다. 법률 차원에서는 1988년 8월 5일 헌법재판소법에서 '기본권'이라는 용어를 직접 사용한다[제68조 제1항 제1문에서 '헌법상 보장된 기본권', 제75조 제2항에서 '(침해된) 기본권', 같은 조 제3항에서 '기본권(침해)의']. 국가인권위원회법 제2조 제1호에서는 '인권'을 "헌법 및 법률에서 보장하거나 대한민국이 가입·비준한 국제인권조약 및 국제관습법에서 인정하는 인간으로서의 존엄과 가치 및 자유와 권리"로 정의한다. 헌법에 의하여 체결·공포된 조약과 일반적으로 승인된 국제법규가 국내법과 같은 효력이 있다는 점(헌법 제6조 제1항)에서 (비록 국제관습법이 포함되기는 하지만, 이는 일반적으로 승인된 국제법규에 포함될 수 있으므로) 이러한 인권 개념은 실정성을 강조한다.[30] 따라서 이러한 인권 개념은 일반적으로 논의되는 초실정적 인권 개념과는 다르다. 인권을 제도적으로 보장하려는 목적을 고려한 타협으로 볼 수 있다. 그리고 이러한 인권 개념은 헌법을 통한 보장에만 국한하지 않고 법률을 통한 보장도 포함한다는 점에서 '기본권'보다도 더 넓은 개념이다.

2. 자유와 권리의 의미

헌법전에서는 헌법이 보장하는 모든 헌법적 권리를 총칭하는 용어로 '(넓은 뜻의) 권리'를 사용한다. 이 '(넓은 뜻의) 권리'는 '자유'와 '(좁은 뜻의) 권리'로 구성된다.[31] '자유'는 '인권에서 직접 유래하는 헌법적 권리'를 총칭한다. 따라서 자유는 국가에 선재하는 개인의 헌법적 권리

개념과 범위 – 일반이론」, 성낙인/안경환/김형성, 『기본권의 개념과 범위에 관한 연구』(헌법재판연구 제6권), 헌법재판소, 1995, 15~17쪽; 같은 사람, 『헌법학(제19판)』, 법문사, 2019, 909쪽].

30) 헌법에 따라서 국제관습법보다 넓은 개념인 '일반적으로 승인된 국제법규'가 국내법적 효력이 있으므로, 국제관습법에서 인정하는 권리라는 표현은 인권을 개념 정의할 때 헌법에 충실하지 않다는 지적이 있다(전광석, 『한국헌법론(제14판)』, 집현재, 2019, 209쪽).

31) 비슷한 견해: "기본권(Grundrechte)에는 천부적 권리(Menschenrtechte)도 있고 국법에 의해서 형성되었거나 구체화되었다고 생각되는 권리(청구권적 기본권, 참정권, 생활권적 기본권)도 있어서 기본권의 내용과 천부적 권리가 반드시 동일한 것은 아니지만 후자는 전자를 바탕으로 한 인간의 권리를 실현하는 것이기 때문에 기본권은 대체로 인권을 의미하고 있다"(김현규/김효전/배준상/변재옥/안용교/육종수/이강혁/이준구/정종학, 『신헌법학』, 청문사, 1982, 184쪽 주 1). 자유와 (좁은 뜻의) 권리의 구별과 유사하게 기본권을 자연권의 성질이 있는 기본권과 실정헌법이 창설하는 실정권의 성질이 있는 기본권으로 구분하는 견해도 있다(정종섭, 「기본권의 개념에 관한 연구」, 『법학』 제44권 제2호, 서울대학교 법학연구소, 2003, 42~49쪽; 같은 사람, 『헌법학원론(제12판)』, 박영사, 2018, 286쪽). 그리고 기본권을 전국가적인지 국가내적인지를 불문하고 헌법에서 보장하는 국민의 모든 권리라고 하면서, 기본권은 헌법 제37조 제2항의 '국민의 모든 자유와 권리'와 같은 뜻이라는 견해도 있다(김철수 외, 『주석헌법(개정판)』, 법원사, 1992, 109쪽). 또한, 기본권은 자연권사상에 바탕을 둔 천부인권론에 기초하여 실정헌법상 보장하는 일련의 자유와 권리에 관한 규범적 이해 체계라는 의미에서 기본권론은 인간의 권리와 시민의 권리를 동시에 포괄하므로, 인권론에서 제대로 드러나지 않는 시민의 권리이나 국민의 권리에 관한 사항, 즉 국가내적인 자유와 권리로 볼 수 있는 사회권(생존권), 기본권보장을 위한 기본권(청구권적 기본권), 정치권(참정권)까지도 포괄한다는 견해도 있다[성낙인, 「기본권의 개념과 범위 – 일반이론」, 성낙인/안경환/김형성, 『기본권의 개념과 범위에 관한 연구』(헌법재판연구 제6권), 헌법재판소, 1995, 15쪽; 같은 사람, 『헌법학(제19판)』, 법문사, 2019, 906쪽].

로 파악된다. 여기에는 자유권과 평등권이 포함된다. '(좁은 뜻의) 권리'는 '인권에서 직접 유래하지 않는 헌법적 권리'를 총칭한다. 따라서 '(좁은 뜻의) 권리'는 국가를 전제로 인정되는, 즉 국가가 있어야 비로소 보장되는 헌법적 권리들을 포괄한다. 그래서 이러한 권리들은 원칙적으로 국가의 구성원인 개인에게 귀속되고 국가에 선재하지 않는다. 여기에는 참정권, 청구권, 사회권이 포함된다. 그러나 인권에서 직접 유래하지 않는다는 것이 '(좁은 뜻의) 권리'가 '인권'과 관계없음을 뜻하지는 않는다. '(좁은 뜻의) 권리'도 인권을 보장하거나 관철하기 위해서 필요한 것이기 때문이다. 이러한 자유와 (좁은 뜻의) 권리의 구별은 두 줄기로 나타나는 기본권의 역사적 발전과 일치한다.[32) 즉 기본권도 인권 자체이거나 인권내용을 포함한 기본권과 인권내용이 없는 기본권으로 구별된다.[33)

3. 기본적 인권의 의미

'기본적 인권'은 헌법이 보장하는 모든 권리, 즉 헌법이 열거한 권리들(제10조~제36조)은 물론 헌법이 열거하지 않은 권리들(제37조 제1항)을 포함한다. 헌법이 열거하지 않은 권리도 헌법이 열거한 헌법적 권리에 버금가는 헌법적 중요성을 인정받고 보장 필요성이 인정되면 헌법 제37조 제1항을 통해서 보장받을 수 있다.[34) 따라서 '기본적 인권'은 엄격한 실정성을 요구하지 않는다. 그러나 헌법 스스로 기본적 인권을 확인할 수 있는 기준을 직접 제시하고 그 인정근거를 마련한다(헌법 제10조 제1문). 이러한 점에서 '기본적 인권'은 실정성 포기는 아니지만, '기본권'과 개념적으로 비교하면 실정성을 완화한다.[35) 그리고 '기본적 인권'에서 '인

---

32) Thorsten Kingreen/Ralf Poscher, Grundrechte – Staatsrecht Ⅱ, 34. Aufl., Heidelberg 2018, Rdnr. 43. 그리고 프랑스 '인간과 시민의 권리선언'에서 '인간의 권리'와 '시민의 권리'의 구별도 이를 표현한 것으로 볼 수 있다. 또한, 현대 여러 국가 헌법에서 기본적 인권을 존중하는 것에는 자연법적 국가계약이론을 배경으로 하여 인간의 자유 중에 기본적인 것을 선언하고 이를 국가권력 침해에서 보장하고자 하는 것(자유권적 기본권)과 인간이 사회생활에서 인간다운 생활을 영위하는 것을 인간의 기본권이라고 선언하고, 이를 국가권력으로 보장하고자 하는 것(생활권적 기본권)의 두 가지 초점이 있다는 견해도 같은 맥락으로 보인다(문홍주, 『제6공화국 한국헌법』, 해암사, 1987, 193쪽). 이 견해는 자유권적 기본권은 국가권력을 축소·제한함으로써 더욱 유지·보장되고, 생활권적 기본권은 국가권력을 적극적으로 관여시킴으로써 약속·실현된다고 한다.

33) Klaus Stern, Das Staatsrecht der Bundesrepublik Deutschland, Bd. Ⅲ/1, München 1988, S. 44.

34) 헌재 2009. 5. 28. 2007헌마369, 판례집 21-1하, 769, 775: "헌법에 열거되지 아니한 기본권을 새롭게 인정하려면, 그 필요성이 특별히 인정되고, 그 권리내용(보호영역)이 비교적 명확하여 구체적 기본권으로서의 실체 즉, 권리내용을 규범 상대방에게 요구할 힘이 있고 그 실현이 방해되는 경우 재판에 의하여 그 실현을 보장받을 수 있는 구체적 권리로서의 실질에 부합하여야 할 것이다."

35) 물론 독일의 학설과 판례도 기본권규정 해석을 통해서 실정성을 완화한다. 특히 독일 기본법 제2조 제1항 인격의 자유로운 발현권은 연방헌법재판소 판례를 통해서 일반적 행동의 자유와 일반적 인격권이라는 두 가지 내용을 얻었다. 이로 말미암아 독일 기본법 제2조 제1항은 한국 헌법 (제10조와) 제37조 제1항과 비슷한 기능을 수행한다. 그러나 이러한 해석을 통한 실정성 완화는 헌법규정을 통한 실정성 완화와 구별되어야 할 것이다. 특히 양자는 증명책임이라는 측면에서 차이가 있다. 어떠한 것이 헌법적 권리로서 주장되거나 헌법적 권리성이 의심되면 (물론 다양한 해석과 보장형태 때문에 엄격하게 구별지을 수는 없지만 원칙적인 측면에서) 한국 헌법은 (제10조와) 제37조 제1항을 통해서 국가에 헌법이 보호하는 권리가 아님을 증명하여야 할 책임을 지우지만, 독일

권'은 기본권의 인권적·자연법적 근원을 표현하려는 헌법적 의사로 보아야 한다.36) 그러한 점에서 '기본적 인권'은 '인권을 보장하기 위해서 국가가 반드시 보장하여야 할 권리'라는 뜻으로 새길 수 있다. 그래서 국가에 이를 확인하고 보장할 의무를 지운다. '인권을 보장하기 위해서'라는 것은 단순히 인권에서 직접 유래하였음을 뜻하는 것에 그치는 것이 아니라 인권에서 직접적으로나 간접적으로 유래하는 인간의 존엄을 보장하기 위해 필요한 모든 권리를 가리킨다.

4. '기본적 인권의 준말'인 '기본권'

헌법전에서 사용하는 자유와 권리 그리고 기본적 인권의 관계를 정리해 보면, 기본적 인권 = (넓은 뜻의) 권리 = 자유(자유권 + 평등권) + (좁은 뜻의) 권리(자유권과 평등권 이외의 모든 헌법적 권리: 참정권 + 청구권 + 사회권)라는 등식이 성립한다. 이러한 용어들과 그들의 관계를 통해서 헌법이 보장하는 모든 권리를 가리키고 묶고 나눌 수 있다. 따라서 헌법전이 명확하게 사용하는 이러한 용어 이외에 굳이 새로운 용어인 '기본권'을 사용할 이유는 없어 보인다. 그러나 헌법학계와 헌법실무에서 이미 보편화한 '기본권'이라는 용어를 당장 버리는 것은 사실적 측면에서 불가능하다. 특히 헌법재판소법이 '기본권'이라는 용어를 사용함으로써 이 용어는 적어도 법률 차원에서는 실정성을 획득하였다. 게다가 기본적 인권이 최소한 부분적으로라도 독일 기본권에서 유래하였음을 부정할 수 없고, 기본적 인권과 관련된 많은 내용과 해석이 독일에서 형성된 기본권의 내용과 해석에서 비롯하였다는 점을 부정할 수 없다. 특히 1948년 헌법의 초안을 작성한 유진오는 국민의 권리와 의무가 이른바 '기본적 권리 의무(Grundrechte und Grundpflicht)'를 말한다고 하여 국민의 권리가 독일의 기본권에서 비롯함을 직접 밝혔다.37) 따라서 '기본권'이라는 용어를 현재 (적어도 당분간은) 사용할 수밖에 없다. 하지만 '기본적 인권'의 개념은 독일 헌법학에서 이해하는 '기본권'의 개념과 옹글게(완벽하게) 일치하는 것으로 보기는 어렵다. 이러한 점에서 '기본권'이라는 용어를 계속 사용하되, 독일의

기본법 아래에서는 개인이 제2조 제1항에 포섭되는 권리임을 증명하여야 할 것이다. 이러한 차이는 독일 기본법 제1조 제3항이 "기본권은 직접 효력이 있는 법으로서 입법, 집행과 사법을 구속한다."라고 소극적으로 규정하지만, 한국 헌법 제10조 제2문은 "국가는 개인이 가지는 불가침의 기본적 인권을 확인하고 이를 보장할 의무를 진다."라고 하여 적극적으로 규정하는 것에서도 나타나는 것으로 볼 수 있다. 즉 독일 기본법은 국가권력 한계로서 기본권을 바라보지만, 한국 헌법은 국가의 의무로서 기본적 인권을 이해한다. 그리고 독일 기본법은 자유권만을 규정하지만, 한국 헌법은 사회권도 명시적으로 보장한다는 것도 이러한 차이에서 기인하는 것으로 볼 수 있다. 물론 이러한 차이는 국가권력에 대한 신뢰도가 높은 독일과는 달리 국가권력을 믿지 못하는 한국 현실에서 비롯한다고도 볼 수 있다. 헌법사적으로는 권리에 대한 확고한 인식 속에서 이를 규정한 독일과 외국의 이해를 수입하여 규정한 한국의 차이 때문이라고 볼 수도 있다. 이러한 차이 때문에 한국에서는 국가 역할이 독일보다 강조될 수밖에 없다.

36) 김선택, 「기본권의 개념」, 『법정고시』 제4권 제6호(통권 제33호), 육서당 법률행정연구원, 1998. 6., 14쪽.
37) 유진오, 『신고 헌법해의』, 일조각, 1957, 56쪽.

'Grundrechte'나 프랑스의 'droits fondamentaux'를 번역한 용어나 그것의 동의어가 아니라 '기본적 인권'의 준말로서 사용하고, 독일의 'Grundrechte'는 '독일 기본권'으로, 프랑스의 'droits fondamentaux'는 '프랑스 기본권'으로 각각 번역함으로써 '기본적 인권'의 준말인 '기본권'과 구별하는 것이 타당하다. 이를 통해서 '기본적 인권'과 독일이나 프랑스의 '기본권'의 차이를 인정하는 전제 아래 실정성의 완화와 인권적·자연법적 근원의 강조라는 '기본적 인권'의 특성을 버리지 않으면서, 현재 통용되는 용어 사용례와 조화를 이룰 길이 열릴 수 있다. 하지만 여전히 기본적 인권이라는 용어가 기본권보다 헌법적 정당성이 있다는 점은 바뀌지 않는다. 따라서 기본권보다 기본적 인권을 보편적으로 사용하려고 노력하여야 한다. 특히 헌법이 규정한 구체적 권리들을 해석할 때 독일이나 프랑스의 '기본권'이 아닌 한국의 '기본적 인권'이라는 시각에서 출발하는 것은 무엇보다도 중요하다. 이를 통해서 한국 헌법학의 고질적인 문제점인 계수법학의 한계에서 조금씩이나마 벗어날 수 있다. 그리고 그러한 시각을 통해서 현재 한국 헌법학에서 '기본권의 성격'이라는 이름 아래 주장되는 기존의 자연권설, 실정권설, 동화적 통합설 등의 이론들이 한국 헌법전을 해석하는 과정에서 발전적으로 융합될 수 있다.

제 2 절 기본권의 역사

Ⅰ. 문제의 의의

1. (법)실무적 의의

인간의 역사는 인권투쟁의 역사이다. 이러한 투쟁 속에서 획득한 인권을 실정화한 것이 기본권이다. 기본권이 투쟁의 산물로서 역사적으로 생성된 것이다. 그러므로 그 역사를 배경으로 하지 않으면 기본권을 제대로 이해할 수 없다. 그리고 기본권을 헌법에 실정화하였다고 하더라도 헌법규정의 추상성과 개방성으로 말미암아 그 내용을 제대로 파악하기 어렵다. 특히 한국 헌법은 계수헌법으로서 기본권은 한국에서 자생한 것이 아니다. 그래서 기본권규정 자체만으로는 해석이 곤란하고, 보편사적인 관점에서 의미내용을 살펴야만 비로소 기본권을 제대로 해석할 수 있다. 따라서 기본권을 제대로 해석하고 적용하려면 서구의 인권사를 살펴보지 않을 수 없다.

2. 시대 구분

기본권의 역사는 먼저 약 1600년까지를 전사로 볼 수 있다. 이때는 기본권 이전 형식으로 권리는 권력을 제한하는 특권으로서 나타나는 신분적 권리였다. 이후 1776년까지는 중간사로서 (자유와) 기본권의 정신적·법적 정초를 마련하는 시기로 볼 수 있다. 진정한 기본권의 역사는 1776년 버지니아 권리장전부터 미국과 프랑스를 중심으로 시작되었다. 그리고 한국이 받아들인 기본권은 19세기 전반기 독일 초기 입헌주의에서 시작되었다. 한국은 20세기에 비로소 기본권사에 참여하여 현재까지 이를 수용·발전시키고 있다.

Ⅱ. 철학(사상, 이념)으로서 인권 − 고대와 중세

1. 고대(기본권에 해당하는 기본권 이전 형식)

소크라테스(Sokrates), 플라톤(Platon), 아리스토텔레스(Aristoteles)로 대표되는 고대 그리스철학에서도 비록 '국가 속의 자유'라는 제한된 의미이지만 인간의 자유가 철학적 인식 대상이 되었다. 고대 그리스철학에서 개인은 능동적 국가구성원이었지만(이때 개인은 노예가 아닌 남성에 국한), 정치적 문제에 대한 참여에 초점이 맞추어졌다. 따라서 국가 안에서 누리는 자유가 문제 되었지, 국가에서 벗어나는 자유는 문제 되지 않았다. 그래서 모든 남성과 여성의 국가에 대(항)한 자유(영역이)라는 사고는 불가능하였다.

인권 문제를 더 분명하게 다루기 시작한 것은 로마 스토아철학이었다. 이는 키케로(Cicero)의 인권사상으로 발전하였다. 고대 그리스철학은 개인을 국가공동체의 단순한 구성분자로 보고 '국가 속의 자유'를 주장하였다. 하지만 키케로(Cicero)는 자유에 바탕을 둔 국가론을 정립하고, 특히 소유권질서를 국가생활의 가장 중요한 규제영역으로 보아서 이미 고전적 자연법이론의 색채를 띠기 시작하였다.

2. 중세(특권이나 집단적 권리)

스토아철학의 인권사상은 중세의 초기 기독교에 영향을 미쳐서 철학적 인권사상이 기독교적·신학적 인권사상으로 발전하였다. 특히 토마스 아퀴나스(Thomas v. Aquin)는 아리스토텔레스와 스토아철학을 연결하여 인간을 도덕적 양심에 따라서 행동할 수 있는 유일한 생명체로 이해함으로써 인간에 대한 자유 보장의 이념적 기초를 닦았다. 그러나 기독교적·신학적 인권사상은 인간을 개인적인 인격체로 보기보다는 신의 세계와 연결된 집단의 구성요소로 파악하려는 경향이 강해서 인권사상과 배치되는 면도 있었다. 이 당시 권리는 특권이나 집단적 권리이다. 이러한 점을 잘 나타내는 대표적인 것이 1215년 6월 15일의 대헌장(Magna Charta Libertatum)이다. 대헌장 제39조는 인신의 자유를 규정하였는데, 그 성격에 관해서는 견해가 갈린다.

먼저 ① 대헌장이 모든 사람을 위해서가 아니라 특정신분, 곧 귀족을 위해서 자유와 특권을 문서로 확인한 것에 불과하므로, 기본권을 보장한 것이라기보다는 오히려 특권적 예외를 규정한 것으로 보아야 하다는 견해가 있다. 다음으로 ② 대헌장이 보장한 권리나 자유가 생래의 권리가 아니라는 점에서 근대적 인권선언의 성격을 결여하지만, 대헌장이 국왕의 절대적 권력을 통한 침해에서 국민의 권리를 방어하고 보장하였던 역사적 의의까지 부정할 수 없으므로 근대적 인권선언의 조상이었다고 할 수 있다는 견해가 있다. 끝으로 ③ 자의에 따른 체포나 형사소추를 당하지 않을 자유야말로 기본권의 원형이요 자유의 근원으로 보아야 하므로 역사적 관점에서 보든 내용적 측면에서 보든 자의적인 체포에서 보호를 받는 권리야말로 모든 기본권의 모태라는 견해가 있다.

대헌장이 모든 국민의 자유를 위한 것이 아니라 군주와 등족 사이의 약정서로서 등족의 자유와 권리를 보호하는 헌장이라는 점은 부정할 수 없다. 그러나 기본권의 모태를 확정할 때 단순히 현재의 기본권 개념을 기준으로 결정할 수는 없다. 현재의 기본권 개념은 역사적 발전을 통해서 형성된 것이기 때문이다. 따라서 헌법문서에 성문화하고 현재에도 지속적으로 기본권에 영향을 미치는지를 기준으로 삼아야 한다. 이러한 점에서 대헌장이 규정한 인신의 자유를 기본권의 기원으로 볼 수 있다.[38]

Ⅲ. 철학(사상, 이념)으로서 인권 - 근세

1. 새로운 인권 탄생

문예 부흥(르네상스)과 계몽주의 시대를 거치면서 인간의 이성과 자연법을 강조하는 자유주의인권사상이 신학적 인권사상을 밀어내면서 인권사상이 제대로 자리 잡기 시작하였다. 즉 자유주의인권사상은 신학에 바탕을 둔 중세적 자연법사상이 신학 테두리를 벗어나면서 본격적으로 시작되었다. 이때 네덜란드의 그로티우스(H. Grotius)가 확립한 자연법이론이 자유주의인권사상에 큰 영향을 미쳤다. 질서유지와 국가를 통한 개인 보호라는 국가목적을 내세워 자연법적 가치를 무시하고 전제적 강권통치로 흐르는 중세의 질서국가적 사상에 반대한 것은 푸펜도르프(S. Pufendorf) 등으로 대표되는 신자연법사상이다. 신자연법사상은 타고난 인간 고유의 권리를 강조하고 선천적인 인권의 존중이나 보호를 국가의 본질적인 과제로 역설함으로써 자유주의인권사상이 여러 나라의 인권선언과 헌법에 수용되는 결정적인 계기를 마련하였다.

그리고 중세까지 제한된 권리, 즉 등족의 권리를 중심으로 발전하던 공법의 권리에 관한 의식은 종교개혁, 사회계약론의 정치사상, 휴머니즘의 영향 등으로 새로운 국면을 맞았다. 코크(E. Coke)는 생래적 권리를 주장하면서 그 실질적 보장을 위해서 보통법 우위를 핵심으로

---

38) 홍성방, 『헌법학(상)(제3판)』, 현암사, 2016, 292쪽.

하는 법의 지배를 주장하였다. 그리고 밀턴(J. Milton)은 생명, 자유 및 재산의 권리, 종교의 자유(종교적 관용)와 양심의 자유, 표현의 자유, 출판의 자유 및 검열 폐지 등을 주장하였다. 나아가 로크(J. Locke)는 생명, 자유 및 재산에 관한 인간의 권리는 타고난 것이고, 그것은 사회계약에 따라서 소멸한 것이 아니라 반대로 확보되는 것으로 생각하였으며, 이러한 인권 보장을 위해서 입법권과 집행권의 분리를 주장하였다. 또한, 몽테스키외(Montesquieu)는 3권분립을 통한 국가권력 제한을 강조하였다. 이러한 새로운 사상이 대두하면서 그 파급효는 점점 더 커졌다. 이 사상은 결국 18세기 계몽사조와 연결되었고, 나아가 각국의 인권선언으로 귀결되었다.

　이러한 영향으로 나타난 새로운 인권의 특성은 ① 인간 일반에게 귀속되는 보편적 권리이고, ② 개인적 권리이며, ③ 천부적인 권리로서 전국가성이 있고, ④ 국가에 대(항)하여 요구할 권리, 즉 국가에서 벗어나는 자유였다.

2. 영국에서 나타난 현대적 기본권의 정초

　17세기 영국에서는 계속되는 권리장전 등장으로 현대적 기본권의 기초를 닦았다. 영국의 권리장전이 보장하는 자유와 권리는 영국인의 기존 자유와 권리를 재확인한 것이거나 절차적 보장에 역점을 둔 것일 뿐이고, 미국이나 프랑스처럼 천부적 인권의 불가침을 선언한 것은 아니라는 특징이 있다. 1628년 의회는 왕의 자의적 통치에 대해서 대헌장을 내세워 신민의 자유와 권리를 재확인하는 권리청원(Petition of Rights) 승인을 군주에게서 얻어냈다. 이에 따라 의회 승인 없는 과세가 금지되었고, 인신의 자유에 대한 보장을 얻었다. 1647년 혁명위원회가 제시한 인민합의서(Agreement of the People)는 크롬웰이 끝내 서명을 거부함으로써 발효되지는 못하였다. 하지만 이에는 종교와 양심의 자유, 강제 병역에서 벗어나는 자유, 법 앞의 평등, 오직 법에 근거한 인신과 재산에 대한 제한, 의회추종자 사면 등과 같은 중요한 기본권이 들어 있었다. 1679년 혁명 후 군주에게서 얻어낸 인신보호법(Habeas－Corpus－Act)은 인신보호영장에 따른 구속적부심사제를 제도화하여 모든 자의적 법적용을 배제하고 인신 보호를 강화하였다. 기본권을 헌법문서에 성문화한 권리라고 개념을 규정하면, 인신보호법이 규정한 자의적인 체포와 형사소추에서 보호받을 권리, 곧 인신 보호에 관한 권리를 최초의 기본권이라고 할 수 있다. 1689년 10월 23일 영국 의회가 명예혁명을 통해서 국왕을 추방하고 나서 쟁취한 권리장전(Bill of Rights)에는 의회 승인이 없으면 국왕이 법률의 효력을 정지하거나 조세 부과와 상비군 설치를 할 수 없도록 하였다. 그 밖에 인신 보호, 청원권, 의회에서 언론의 자유 등이 권리장전을 통해서 선언되었다. 1701년의 왕위계승법에서는 왕위계승에 관한 규정만이 아니라 의회의 지배와 자유를 확실하게 보장하였다.

Ⅳ. 기본권의 실정법적 확정(인권의 실정화, '인권에서 기본권으로')

1. 옐리네크의 두 명제

옐리네크(Georg Jelliek)는 인권의 기원은 종교, 신앙, 양심의 자유라고 한다(제1명제).[39] 즉 헌법이 보장한 인권의 이념은 17·18세기 시민혁명에 그 근원을 두는 것이 아니라 종교개혁에 그 근원을 둔다고 한다. 따라서 종교의 자유가 최초의 실정화한 기본권이고, 이를 포함하는 1776년 6월 12일의 버지니아 권리장전이 최초의 인권선언이며, 1776년의 버지니아 헌법과 그 밖의 미국 각주 헌법에 규정된 권리장전이 바로 1789년 성립된 프랑스 인권선언의 모델을 이룬 것이라고 한다(제2명제). 이에 대해서 부뜨미(Emile Boutmy)는 1789년 8월 26일의 프랑스 인권선언이 가장 중요하고, 18세기 프랑스 계몽철학[특히 루소(Rousseau)]을 구체화한 프랑스 인권선언이 세계 곳곳으로 확산한 것이라고 반론을 제기한다.

2. 미국혁명과 미국의 인권선언

영국의 인권선언이 신분적 자유와 권리를 개별 헌법문서로 보장한 것과 달리 미국에서는 천부불가침의 자연권을 선언하고 근대적 의미의 기본권목록을 최초로 성문화하였다. 1776년 6월 12일 버지니아 권리장전은 전국가적 자연법사상에 기초한 기본적 인권을 확인한 최초의 기본권목록으로 평가된다. 그 중요한 내용은 ① 사람은 '생래의 권리'가 있고, 그것은 전국가적인 권리라는 것(제1조), ② 주권은 국민에게 있고(제2조), 정부가 그 목적에 어긋나면 혁명권이 인정된다는 것(제3조), ③ 특권이나 세습제 부정(제4조), ④ 공정한 형사소송절차와 배심제도 보장(제8조~제11조), ⑤ 언론의 자유(제12조)와 종교의 자유는 국가권력이 침해할 수 없다는 것(제16조) 등이다. 여기서는 생명, 자유, 재산권과 행복추구권이 선언되었을 뿐 아니라, 구체적으로 종교·신앙의 자유, 신체의 자유, 언론·출판의 자유, 저항권 등을 규정하였다. 1776년 7월 4일 미국 독립선언은 엄격한 의미에서 인권선언 성격이 있는 것은 아니었다. 그러나 이 문서는 자연법사상에 기초한 자유주의적 국가관을 공표한 것으로, 자연권적 인권승인, 국가계약설, 국민주권, 혁명권 등을 선언하였다. 그리고 모든 국민의 평등과 생명·자유·행복추구권 등이 선언되었다. 미국 연방헌법은 인권규정이 인권 제약 근거가 될 수 있다고 하여 처음에는 권리장전이 없었으나, 발효 직후인 1791년에 권리장전에 해당하는 수정헌법 제1조~제10조를 증보하였다. 그 내용은 종교·언론·출판·집회의 자유, 신체의 자유, 적법절차·사유재산 보장 등으로 버지니아 권리장전과 거의 비슷한 것이었다. 그 후 시대가 변

---

39) 당시 미국에는 뚜렷한 자유권의 역사가 있었다. 그러나 종교의 자유를 권리로서 관념한 것은 미국 역사에 비추어 극히 예외적인 때에 국한되었고 일반적으로는 종교의 자유를 관용으로 이해하였다는 것이 증명되었다. 그러므로 인권의 역사가 종교의 자유에서 비롯하였다는 옐리네크(Georg Jelliek) 주장은 오늘날 부정된다.

함에 따라 수정헌법 제13조~제15조와 제19조를 추보하였다. 그 주요내용은 노예제와 강제
노역 폐지, 인종에 따른 참정권 차별 금지, 부인참정권 인정이었다. 특히 수정헌법 제5조에
서 적법절차를 주에도 적용하도록 한 것은 미국 인권보장사에 중요한 계기를 부여하였다. 미
국의 각주와 연방 헌법은 기본권을 ① 인간 본성에서 나오는 자연적이고, 생래적인 영원·불
가양의 인권을 선언한다는 자연권 사상과 ② 이러한 권리에 따른 국가권력 제한이라는 두
측면에서 규정하였다. 이에 따라 기본권의 이념과 철학 대신에 그리고 신민(백성으로서)의 단
순한 법률로 인정한 권리 대신에 '헌법이 보장하는 모든 사람의 권리'와 '법적 헌법'이라는
점이 강조되었다.

3. 프랑스혁명과 인간과 시민의 권리선언

프랑스 국민의회가 1789년 8월 26일 선포한 인간과 시민의 권리선언은 전문에서 인권의
자연권성, 불가양성, 신성성을 선언하며 시작한다. 그 주요내용은 ① 인간은 자유롭고 평등한
존재로서 출생하고 존재한다는 것(제1조), ② 모든 정치적 결사의 목적은 인간의 '소멸하지 아
니하는 자연의 권리'를 보지하려는 것이고, 이때 권리는 자유, 재산, 안전 그리고 압제에 대한
저항 등이라는 것(제2조), ③ 국민주권원리(제3조), ④ 법률은 일반의지 표현이라는 것(제6조),
종교의 자유(제10조), 언론의 자유(제11조), ⑤ 권리 보장과 권력 분립은 근대적 헌법의 필수
적 내용이라는 것(제16조), ⑥ 재산권은 신성불가침의 권리이고, 법률로 규정한 공적 필요성
을 위해서 사전의 정의로운 보상을 통해서만 침해될 수 있다는 것(제17조) 등이다. 이 선언은
사회적 평등에 중점이 있어서 기존 봉건적·신분제적 사회상의 혁명적 변혁에 초점을 두었다.
그러나 구체적인 헌법 제정을 의도하지 않고 오히려 초헌법적이고자 하였다. 즉 헌법제정자
가 비로소 구체화하여야 할 고양된 원칙을 수립하고자 노력하였다. 따라서 권리의 철학이 문
제 되었지 그 권리의 법률적 효력이 문제 되지 않았다.[40] 이 인권선언은 2년 후에 제정된
1791년의 프랑스 헌법에 편입되어 헌법 구성요소가 되었다.

4. 옐리네크와 부뜨미의 논쟁

옐리네크(G. Jellinek)와 부뜨미(E. Bouty)는 어떤 인권선언목록이 더 큰 영향력을 발휘하였
는지에 관한 우열 논쟁, 즉 인권의 발상지 논쟁을 벌였다. 부뜨미(E. Bouty)는 사상사적 측면
을 강조하여 18세기 프랑스 계몽철학, 특히 루소(Rousseau)야말로 인권의 효시라고 할 수 있
고, 루소(Rousseau)의 사상은 그 후 프랑스혁명이 진행되는 가운데 인권선언에서 구체적으로

---

40) 부뜨미(E. Boutmy)는 "프랑스인들에게 인권선언은 오로지 수사(학)적 명작품을 뜻하였다. 각 조문은 추상적인
    순수함 속에서 그 당당함과 진리의 지배로 말미암아 빛났다. 어떤 법원도 그것을 법적으로 원용할 수 없고 판결
    이유로도 사용할 수 없다. … 프랑스인들이 세계 곳곳을 가르치기 위해서 인권선언을 썼다면 미국의 헌법제정자
    들은 자기 동포의 편익을 위해서 선언문을 작성하였던 것"이라고 하였다.

표현되었으며, 이를 계기로 세계 곳곳으로 확산하였다고 한다. 이에 대해서 옐리네크(G. Jellinek)는 제도사적 측면을 강조하면서 반대의 뜻을 표명하였다. 그는 1776년 버지니아 헌법과 그 밖의 식민지 각주 헌법이 규정한 권리장전이야말로 미국 연방헌법과 주헌법이 보장한 종교의 자유에서 비롯하였다고 하였다. '헌법적으로 보아' 더 중요한 것은 미국의 인권선언과 각주 헌법이다. 그러나 프랑스의 혁명적 열정과 프랑스 인권선언의 정신적 영향력이 없었다면 유럽이 그렇게 빨리 인권 이념에 설득되지 못하였을 것이다.

V. 독일에서 기본권 발전

독일에서는 18세기 중반까지만 하더라도 절대주의 국가 건설이 문제 되었다. 그러므로 자연법사상이 독일 기본권 발전에 이바지한 정도는 다른 나라와 비교하면 제한적이었다. 18세기 중반에 들어서 지배를 제한한다는 생각이 전면에 나타났으나, 그것도 지배자의 도덕적 의무를 통한 자기구속 형태였다. 절대적인 효력이 있는 인권사상은 18세기 말에 비로소 유럽 다른 나라 수준에 도달하였다. 하지만 이러한 생각도 19세기에는 입헌주의라는 독일 특유의 현상 때문에 다시금 정치이론에서 후퇴하였다. 혁명 후의 공포정치 때문에 혁명을 부정적인 것으로 생각하였다. 따라서 독일은 1789년 프랑스혁명과 그 인권선언에 소극적인 반응을 보였다. 오히려 당시 독일 시민계급은 국민이 국가권력 행사에 참여할 것과 전 독일을 민족국가로 통합할 것을 요구하였다. 이 당시 프로이센과 오스트리아의 계몽군주를 통해서 농노제 폐지, 신분제 폐지, 직업질서 완화 등이 이루어졌다. 즉 권리 내용이 개혁프로그램의 하나로서 '객관적 원칙'으로 실현되었다. 그러나 군주제 질서를 위협할 수 있는 개념인 '인권' 대신에 '국민의 권리'라는 용어를 사용하였다.

독일의 인권 발전 실마리는 1807년 나폴레옹이 세운 베스트팔렌 왕국이 프랑스 헌법을 모방하여 헌법을 제정하면서 그 속에 종교의 자유와 평등 규정을 둔 데서 비롯한다. 나폴레옹 몰락 이후 프랑스에서 제정된 1814년 왕정복고헌법의 영향을 받아 남부 독일의 몇 개 국가가 헌법을 제정하였다. 그 중 1814년 나사우 헌법과 1818년 5월 26일 바이에른 헌법은 흠정헌법이었다. 그리고 1818년 8월 22일 바덴 대공국 헌법과 1820년 헤센-다름슈타트 헌법은 군주와 등족 사이의 협약헌법이었다. 그러나 이러한 헌법이 규정한 기본권은 국가 이전의 권리가 아니고 신민의 권리에 지나지 않았다. 곧 이는 자유는 국가만 보증할 수 있다는 독일적 전통을 반영한 것이었다. 즉 헌법도 개정할 수 있는 것이었고, 부여된 권리도 법원에서 관철되는 것은 아니었다. 그러므로 진정한 기본권을 보장하였는지는 의문스럽다. 그러한 범위에서 이러한 헌법이 규정한 기본권은 근대적 의미의 기본권과는 거리가 있었다. 그리고 남부 독일의 몇 개 국가에 한정되었으므로 헌법을 제정하였다는 사실 이상의 커다란 의의를 찾기 어렵다.

나폴레옹 몰락 이후 유럽은 1815년 빈 회의를 통해서 복고세력이 새로운 질서를 형성하였다. 그러나 이 질서는 이미 크게 성장한 자유주의적 시민세력과 계속해서 갈등을 일으켰다. 독일에서도 1848년 자유주의자의 혁명이 일어났다. 그리고 프랑크푸르트에서 국민회의가 소집되어 헌법 제정을 논의하였다. 그 결과 1849년 3월 28일 프랑크푸르트 헌법에서 '독일 국민의 기본권'이라는 표현을 처음으로 사용함과 동시에 자유주의적 기본권을 모범적으로 목록화하였다. 그 내용은 아주 포괄적이고 매우 진보적이어서 평등권, 거주·이전의 자유, 영업의 자유, 언론의 자유, 출판의 자유, 재산권 등이 보장되었을 뿐 아니라 출국의 자유, 외교관에 대한 보호도 규정되었다. 이 헌법은 복고세력 재등장으로 전체로서 효력을 발휘한 적은 없었다. 그러나 이 헌법은 그 후의 독일 헌법, 특히 바이마르 헌법에 커다란 영향을 미쳤다.

1871년 비스마르크 헌법은 기본권목록을 아예 수용하지 않았다. 비스마르크가 독일 통일에 필요한 실용적 조항만을 수록하고 통일에 방해될 소지가 있는 기본권규정은 개별적 연방법률과 각 지방헌법에 위임하고자 하였기 때문이다. 다만, 개별 연방법률과 각 지방헌법이 자유와 권리를 규정하고 보장하였다. 따라서 기본권문제가 헌법 차원에서 행정법 차원으로 이동하였는데, 이는 19세기 후반 국가법학을 지배한 법실증주의에 책임이 있다.

독일은 1919년 바이마르 헌법에 이르러 비로소 모든 고전적 기본권을 규정하였다. 아울러 이 헌법은 사회권을 포괄적으로 규정하였다. 바이마르 헌법은 1918년 군주제 붕괴, 산업적·사회적 변혁, 러시아 마르크스레닌혁명의 영향으로 전통적·고전적 기본권과 제도보장, 문화적·경제적 규정, 사회권규정을 두었다. 이는 대립 정파 사이의 대타협이 낳은 결과로서 구속력 있는 법규범인지는 처음부터 의문스러웠다. 따라서 기본권이 전국가적 법인지 아니면 실정적 법인지의 다툼은 기본권이 처음부터 법률적 효력이 있는지의 문제로 바뀌었다.

나치(Nazis)가 집권한 1933년부터 1945년에는 기본권이 옹글게(완벽하게) 배제되었다. 이러한 나치정권의 온갖 만행과 인권유린을 경험하고 나서 1949년에 제정된 현행 독일 기본법은 인간의 존엄성규정을 기본법 제1조에 규정하고, 국가와 국가권력은 인간의 존엄성 존중을 위해서 존재한다는 것을 분명히 밝힌다. 그리고 기본권조항이 직접구속력이 있는 것으로 규정하였다.

Ⅵ. 한국의 기본권수용사

1. 구한말 미국의 천부인권론 소개

1884년 3월 8일 한성순보 제14호의 '미국지략속고(美國誌略續稿)'에서 미국 독립선언문을 소개한 논고부터 서양의 인권론이 도입되었다. 박영효는 1888년 무자상소[41]에서 인민의 평등을 주장하면서 사람은 변할 수 없는 권리[통의(通義)]가 있다고 하였다. 이때 권리는 자기 생명을 보존하고 자유를 구하며 행복을 추구하는 것이라고 하였다. 그리고 정부는 백성이 인권을 보전하려고 만들었으므로 정부가 이러한 뜻에 어긋나면 이를 변혁하고 새 정부를 세울 수 있다고 하여 저항권사상을 표현하였다. 유길준은 서유견문[42] 제4편 인민의 권리에서 인간의 권리를 설명하였다. 그는 천부인권론을 주장하면서도 인민주권과 저항권에 관한 부분만은 언급을 회피하고 구체적인 인권도 법률 범위 안에서만 보장된다고 하여 법률에 따른 제한을 인정하였다. 미국에서 정상적인 대학공부를 마친 서재필은 미국의 인권론을 직수입하여 소개하였다. 그는 1896년 4월부터 1898년 5월까지 2년여 동안 독립신문 논설을 집필하였다. 그는 국가는 국민을 위해서 존재한다는 것을 강조하고 인권론에서 추상적으로만 설명하지 아니하고 인권을 보장할 수 있는 재판기구 설립을 강조하고 사법부개혁을 주장하였다.[43]

2. 대한국국제

1899년 8월 17일에 나온 대한국국제는 최초의 성문헌법이라고 할 수 있다. 그러나 근대적 의미의 헌법이라기보다는 고유한 의미의 헌법으로서 군주주의를 확립하여 황제권을 강화하는 것에 중점을 두었다. 따라서 여기에는 기본권조항 없이 신민의 도리만 강조하였다.

3. 대한민국임시정부 시대의 기본권

서구의 인권사상이 헌법적 형태로 등장한 것은 1919년 대한민국임시정부 헌법을 통해서 시작되었다. 1919년 3·1 혁명[44] 결과로 1919년 4월 11일 탄생한 대한민국임시정부 임시의정원은 대한민국 임시정부 수립과 동시에 대한민국임시헌장 10조를 제정하였다. 대한민국임시헌장은 대한민국의 인민은 남녀·귀천과 빈부의 계급이 없고 일체 평등하고(제3조), 신교·언론·저작·출판·결사·집회·신서·주소·이전·신체와 소유의 자유를 향유하며(제4조), 대한민국의 인민으로 공민 자격이 있는 자는 선거권과 피선거권이 있다고(제5조) 규정하고,

41) 김갑천 옮김, 「박영효의 건백서 – 내정개혁에 대한 1888년의 상소문 –」, 『한국정치연구』 제2권, 서울대학교 한국정치연구소, 1990, 245~295쪽 참조.
42) 유길준, 허경진 옮김, 『서유견문』, 한양출판, 1995 참조.
43) 이에 관해서는 김철수, 「한국에서의 인권론의 도입과 전개」, 한국법학교수회, 『법학교육과 법조개혁』, 길안사, 1994, 187~192쪽; 전봉덕, 『한국근대법사상사』, 박영사, 1981(1984 중판), 82~98쪽 참조.
44) 이를 통해서 제국이 공화국으로 바뀌어서 인민이 신민이 아닌 국민으로서 비로소 주권자로 나섰다는 점에서 3·1 운동이 아니라 3·1 혁명이 적절한 용어라고 생각한다. 1944년 대한민국임시헌장 서문("우리 국가가 강도 일본에게 패망된 뒤에 전 민족은 오매에도 국가의 독립을 갈망하였고 무수한 선열들은 피와 눈물로써 민족자유의 회부에 노력하야 삼일대혁명에 이르러 전 민족의 요구와 시대의 추향에 순응하야 정치, 경제, 문화 기타 일절 제도에 자유, 평등 및 진보를 기본정신으로 한 새로운 대한민국과 임시의정원과 임시정부가 건립되었고 아울러 임시헌장이 제정되었다")에도 '삼일대혁명'이라고 규정되었을 뿐아니라 헌법기초위원회가 만든 1948년 헌법 초안 전문도 "유구한 역사와 전통에 빛나는 우리들 대한민국은 3·1 혁명의 위대한 독립정신을 계승하여…"라고 시작하였다.

1919년 9월 11일 대한민국임시헌법(제1차 개헌)은 제2장 인민의 권리와 의무에서 대한민국의 인민은 신교의 자유, 재산의 보유와 영업의 자유, 언론·저작·출판·집회·결사의 자유, 서신 비밀의 자유, 거주이전의 자유라는 자유를 법률 범위 내에서 향유하고(제8조), 법률에 의(依) 치 아니하면 체포·사찰·신문·처벌을 수(受)치 아니하는 권, 법률에 의치 아니하면 가택의 침입 또는 수색을 수치 아니하는 권, 선거권과 피선거권, 입법부에 청원하는 권, 법원에 소 송하여 그 재판을 수하는 권, 행정관서에 소원하는 권, 문무관에 임명되는 권 또는 공무에 취(就)하는 권이라는 권리가 법률에 의하여 있다(제9조)고 규정하였다. 1925년 4월 7일 대한 민국임시헌법(제2차 개헌)에서는 기본권조항이 사라졌다가, 1927년 3월 5일 대한민국임시약 헌(제3차 개헌) 제3조에 "대한민국의 인민은 법률상 평등이며 일체의 자유와 권리를 가진다." 라고 규정하고, 1940년 10월 9일 대한민국임시약헌(제4차 개헌)도 제2조에 "대한민국의 인민 은 일체 평등하며, 또한 법률의 범위 내에서 자유 및 권리를 가진다."라고 규정하여 기본권 조항을 추상적으로 두었다. 그리고 1944년 4월 22일 대한민국임시헌장(제5차 개헌)은 제2장 인민의 권리 의무에서 대한민국의 인민은 언론·출판·집회·결사·파업과 신앙의 자유, 거 주·여행과 통신·비밀의 자유, 법률에 의하여 취학·취직과 부양을 요구하는 권리, 선거와 피선거의 권리, 공소·사소(私訴)와 청원을 제출하는 권리, 법률에 의(依)치 않으면 신체의 수색·체포·감금·심문 또는 처벌을 받지 않는 권리, 법률에 의치 않으면 가택의 침입·수 색·출입제한 또는 봉폐를 받지 않는 권리, 법률에 의치 않으면 재산의 몰수·추세를 받지 않는 권리라는 자유와 권리를 향유한다고 하고, 제7조는 인민의 자유와 권리를 제한 또는 박탈하는 법률은 국가의 안전을 보위하거나 사회의 질서를 유지하거나 공공이익을 보장하는 데 필요한 것이 아니면 제정하지 못한다고 하였다.

4. 정부수립준비기(이른바 미군정기)의 기본권

1945년 8월 15일 일본의 무조건 항복으로 한국은 해방되었다. 그리고 1945년 9월 8일 미 군이 38도선 이남지역에 진주하여 1945년 9월 12일에 미군정청을 조직하여 한국인의 기본권 을 보장하기 시작하였다. 1945년 10월 9일 미군정법령 제11호는 대일항쟁기(이른바 일본강점 기)의 각종 악법을 폐지하고 차별을 금지하고 죄형법정원칙과 적법절차원칙을 도입하였다. 1946년 2월 16일에는 합법적 재판 없는 처벌을 금지하고, 1946년 11월 7일에는 주48시간 근로를 규정하고 초과근로 시에는 초과수당을 주되 주 60시간을 넘지 못하게 하였다. 1948년 3월 20일에 제정된 법령 제176호는 형사소송법을 개정하여 불법구속에 대한 인민의 자유권 을 보장하였다. 여기서는 구속영장제도와 구속이유 통지, 변호사선임권, 피의자와 변호인의 접견교통권 보장, 국선변호인제도, 구속적부심사제도, 보석에 관한 권리 보장 등을 규정하여 미국식 적법절차를 도입하였다. 나아가 1948년 4월 7일에는 하지 중장이 '조선인민의 권리에

관한 포고'를 발표하였다.[45]

Ⅶ. 대한민국헌법 시대의 기본권

1. 1948년 헌법

1948년 헌법은 기본권을 최초로 헌법에서 보장한 점에 의의가 있다. 그러나 이 기본권규정은 기본권을 천부인권으로 보지 아니하고 실정헌법의 권리로 보았고, 각 기본권에는 법률유보조항을 두어 법률에 따라서 기본권을 제한할 수 있는 체제를 갖추었으며, 사회권목록을 두었다. 자유권으로는 평등권, 신체의 자유, 거주·이전의 자유, 통신의 자유, 신앙과 양심의 자유, 언론출판집회결사의 자유, 학문과 예술의 자유, 재산권 보장, 근로자의 단결권, 단체교섭과 단체행동의 자유를, 수익권으로는 교육을 받을 권리, 근로의 권리, 근로자의 이익분배균점권, 노령, 질병자 등이 보호를 받을 권리, 혼인의 순결과 가족의 건강을 보호받을 권리, 청원권, 재판청구권, 무죄된 형사피고인의 보상청구권, 공무원파면청구권, 국가 또는 공공단체에 대한 손해배상청구권을, 참정권으로는 공무원선거권, 공무담임권을, 법률유보 없는 기본권으로는 신앙과 양심의 자유, 학문과 예술의 자유를 각각 규정하였다. 그리고 제28조에서 "국민의 모든 자유와 권리는 헌법에 열거되지 않은 이유로써 경시되지 아니한다. 국민의 자유와 권리를 제한하는 법률의 제정은 질서유지와 공공복리를 위하여 필요한 경우에 한한다."라고 규정하여 기본권제한입법의 한계를 명시하였다. 재산권을 제한할 때는 상당보상을 하도록 하였다.

2. 1960년 헌법

4·19 혁명 이후에 제정한 1960년 헌법은 개별적 법률유보조항을 삭제하고 기본권의 본질적 내용 훼손을 금지하였으며 자유권의 천부인권성을 강조하였다. 그리고 언론출판집회결사에 대한 허가와 검열을 금지하고 정당의 자유로운 활동과 보호를 규정하여 기본권을 더 강하게 보장하였다.

3. 1962년 헌법

5·16 군사쿠데타 이후에 제정한 1962년 헌법은 기본권규정을 정리하고 생존권 보장, 인간의 존엄과 가치 보장에 관한 원칙규정이 신설되었다. 옛 헌법에 규정되었던 근로자의 이익분배균점권과 불법행위를 한 공무원의 파면청구권은 삭제되었고, 신체의 자유와 관련하여 고문 금지와 자백의 증거능력제한규정이 추가되고 직업선택의 자유와 인간다운 생활을 할 권리

---

45) 이상 김철수, 「한국에서의 인권론의 도입과 전개」, 『법학교육과 법조개혁』, 한국법학교수회, 길안사, 1994, 196~199쪽.

가 새로 규정되었다. 재산권을 제한할 때 정당보상을 하도록 하였다.

4. 1972년 헌법

1972년 헌법은 일반적 법률유보조항 이외에 거의 모든 기본권에 별도의 개별적 기본권법률유보조항을 두고 기본권의 본질내용침해금지조항을 삭제하여 기본권을 실정권으로 전락시켰다. 그리고 신체의 자유에 관한 규정을 개정하여 강제노역과 보안처분은 법률에 의하지 아니하고는 할 수 없도록 하고 긴급구속 범위를 확대하였으며 구속적부심사청구권과 사인에 의한 구속에서 구제청구권을 삭제하고 자백의 증거능력제한규정을 삭제하여 신체의 자유를 약화하였다. 그리고 재산권의 공용수용·사용·제한에 따른 보상은 법률에 의한 보상으로 변경하였고, 국가배상 청구와 관련하여 군인·군속·경찰공무원 등에게는 이중배상을 금지하였으며, 근로3권 보장을 법률로써 제한할 수 있도록 하였다. 언론·출판의 자유의 검열제·허가제금지조항을 삭제하고 국가안전보장을 위하여 필요한 때도 기본권을 제한할 수 있도록 하였다. 재산권을 제한할 때 보상을 법률에 유보하였다.

5. 1980년 헌법

1980년 헌법의 기본권규정은 1962년 헌법의 기본권규정 수준으로 복귀하는 바탕 위에 새로운 기본권을 추가하였다. 즉 개별적 기본권법률유보조항을 삭제하고 기본권의 본질적 내용의 침해금지조항을 부활시켰다. 그리고 행복추구권, 사생활의 비밀과 자유, 평생교육에 관한 권리, 환경권 등을 신설하고 연좌제 금지와 구속적부심을 부활시켰으며 무죄추정원칙 등을 규정하여 신체의 자유를 강화하였다. 재산권을 제한할 때 보상은 이익을 정당하게 형량하여 법률로 정하도록 하였다.

6. 현행 헌법

현행 헌법은 1980년 헌법의 기본권규정에 몇 개의 새로운 기본권을 추가하고 개별적 법률유보를 줄임으로써 기본권을 더 충실히 보장한다. 새로운 기본권으로는 형사피의자의 형사보상청구권, 형사피해자의 국가구조청구권, 노인·여자·청소년의 복지권, 쾌적한 주거생활권 등이 있고, 적법절차조항 채택, 체포·구속 시 이유 고지제와 변호인의 조력을 받을 권리 고지제, 구속적부심사 청구범위 확대 등으로 신체의 권리가 확대되었다. 그리고 근로자의 최저임금제, 사회보장 확충 등으로 사회권도 강화하였다. 재산권을 제한할 때 보상은 정당한 보상을 하도록 하였다.

Ⅷ. 기본권 보장의 현대적 경향

1. 사회화(사회권에 관한 관심)

(1) 사회국가와 사회주의국가의 등장

종래 군주에 대한 등족의 특권으로 인식되던 기본권은 시민사회가 형성되면서 시민계급의 생명, 자유, 재산을 보호하는 시민의 자유와 권리를 뜻하였다. 시민사회 형성과 더불어 급속하게 진행된 산업사회 발전은 많은 근로 대중을 출현시켰다. 이러한 근로 대중에게는 시민계급과 달리 생존 보장, 완전고용, 노동력 보존이 필요하였다. 산업사회 성립과 근로 대중 출현은 많은 문제를 일으켰다. 이러한 문제를 해결하려고 급진적인 '사회주의국가'와 온건한 '사회국가'의 두 가지 방안이 제시되었다. 산업사회 성립과 함께 등장한 근로 대중은 무산계급으로서 유산계급인 시민과 긴장·대립·분쟁 관계를 형성하였다. 유산계급이 국가를 좌지우지하였으므로 무산계급은 사회적 지위와 권리를 향상시키고 관철하려고 국가에 반항하였다. 이중 국가 전복을 꾀하는 사회혁명을 통해서 문제를 해결하려는 것을 '사회주의국가'라고 하고, 무산계급이 국가에 개입하여 국가를 변형시키는 사회계획을 통해서 문제를 해결하려는 것을 '사회국가'라고 한다. 전자를 '사회주의적 모델', 후자를 '사회국가적 모델'이라고 부른다.

(2) 구소련

사회주의적 모델을 채택한 대표적인 나라는 1917년 러시아혁명을 통해서 사회주의국가를 건설한 구소련이다. 구소련은 1918년 1월 이른바 '노동하고 착취당하는 인민의 권리선언'을 채택하고, 이를 1918년 7월 10일 헌법(레닌헌법)에 그대로 수용하였다. 이 헌법은 전통적인 자유권 이외에도 다수의 사회권을 채택하였다. 1936년 12월 5일 소비에트 사회주의공화국 연방헌법(스탈린 헌법)도 제10장에서 "노동권과 최저임금수령권·무상의 직업교육권·직업선택권, 건강을 보호받을 권리, 근로무능력자 보호, 사회보장, 주택을 가질 권리, 교육을 받을 권리, 문화생활권, 혼인과 가족의 건강을 보호받을 권리" 등 다수의 사회권을 규정하였다. 1977년 10월 7일 헌법(브레즈네프 헌법)도 제7장에서 "노동권과 최저임금수령권·무상의 직업교육권·직업선택권, 건강을 보호받을 권리, 근로무능력자 보호, 사회보장, 주택을 가질 권리, 교육을 받을 권리, 문화생활권, 혼인과 가족의 건강을 보호받을 권리" 등을 규정하였다. 이처럼 많은 사회권규정을 규정하는 구소련의 70여 년 노력은 빵과 자유 모두를 해결하지 못한 채 몰락하였고, 현재는 새로운 길을 찾고 있다.

(3) 서유럽국가

사회국가적 모델은 서유럽국가들이 채택하였다. 특히 1919년 바이마르 헌법은 최초로 사회국가원리에 바탕을 둔 다수의 사회권규정을 두었고, 절대적 기본권으로 인식되던 소유권에 그것이 의무를 수반하고 그 행사는 공공복리에 적합하여야 한다는 제한을 가하였다. 그 밖에 보상을 전제로 한 사기업의 사회화와 근로조건 개선을 위한 근로자의 단결권 등을 규정하였다. 바이마르 헌법이 계기가 되어 많은 헌법이, 특히 2차 세계대전 이후에 제정한 헌법이 사회국가원리를 채택하거나 사회권을 규정하였다.

(4) 아시아·아프리카의 신생국가

아시아·아프리카 신생국가들은 개발도상국이지만 광범위한 사회권을 규정한다. 이러한 국가의 헌법은 전통시민국가를 수정하는 것도 아니고 사회주의도 아닌 개발독재헌법이다. 이러한 국가가 광범위한 사회권을 규정한 것은 장밋빛 복지를 약속함으로써 독재를 은폐하려는 것이다. 따라서 규정된 사회권은 거의 실현되지 않았다.

2. 국제화(국제적 인권보장에 관한 관심)

(1) 현대 인권문제 현황

오늘날 교통·통신 발달과 인적 교류 증대 등으로 말미암아 인권도 개별 국가만의 노력으로는 효과적으로 보장되기 어렵고, 국제적 공동노력이 이루어져야 비로소 실효성 있는 보장을 할 수 있게 되었다. 그리고 20세기에 들어와 두 차례 세계대전을 겪으면서 극심한 인권유린을 경험한 인류는 인권보장 문제를 점차 보편적 문제로 인정하게 되었다. 인권에 관한 이러한 인식 변화로 말미암아 인권 문제는 더는 개별 국가 문제로 간주하지 않게 되었고, 인권탄압국에 대한 인도주의적 간섭은 국제법상 내정불간섭원칙과 심각한 갈등을 보인다.

(2) 인권 보장의 세계화

인권 보장의 세계화는 제1차 세계대전 후에 싹텄다. 그러나 제2차 세계대전 이후에 비로소 본격적인 인권의 국제적 보장이 이루어졌다. 1945년 6월 26일 '국제연합헌장'은 비록 내용의 구체성이나 절차규정은 없었으나, 인간의 기본권과 인격의 가치에 대한 믿음과 더불어 인간의 존엄과 가치, 기본적 인권과 평등 및 경제적·사회권 등을 선언하였다. 이러한 국제연합헌장 정신에 바탕을 두고 1948년 12월 10일 국제연합 제3차 총회는 모든 인간가족 구성원의 평등·불가양의 권리를 고백한 '세계인권선언'을 채택하였다. 이 선언은 인간의 존엄성, 평등권, 신체의 자유, 표현의 자유, 정보수집의 자유, 망명자보호청구권 등 모든 중요한 인권을 망라하였다. 이 선언은 그 자체로서는 성질상 단순한 권고사항이자 구속력 없는 선언으로 강제적 국제법규는 아니지만,[46] 그 내용 대부분은 이미 국제관습법화하여 일반적으로 승인된 국제법규로서 개별 국가에서도 그 구속력을 인정받는다.

'세계인권선언'을 공포하고 나서 국제연합 인권위원회는 '세계인권선언'이 규정한 권리에

---

46) 헌재 1991. 7. 22. 89헌가106, 판례집 3, 387, 426.

구속력을 부여하려고 많은 노력을 하였다. 그 결과 1966년 12월 16일 국제연합 제21차 총회에서 전문 31개조로 구성된 '경제적·사회적·문화적 권리에 관한 규약'(A규약)과 전문 53개조로 된 '시민적·정치적 권리에 관한 규약'(B규약) 및 B규약선택의정서로 구성된 '국제인권규약'이 통과되었다. 이 규약은 세계인권선언을 더욱더 구체화하였고 시행규정을 두어 서명국의 의무를 상세하게 규정하였다. 한국은 국제인권규약에 1990년 4월 10일에 가입하여 1990년 7월 10일부터 발효하였다. 그러나 유보 없이 가입한 A규약과 달리 B규약에는 국내법과 저촉되는 4개 조항[비상계엄하의 단심제(제14조 제5항 - 상소권 보장: 헌법 제110조 4항의 예외적인 때와 충돌), 외국에서 받은 형의 경감이나 면제(제14조 제7항 - 일사부재리/2중 처벌 금지), 노무직을 제외한 공무원과 사립학교교원의 집단행동(제22조 - 결사의 자유: 국가공무원법 제66조 공무원에 대한 규제와 충돌), 혼인 중이나 혼인 해소 때의 배우자 평등(제23조 제4항)]을 유보하고 가입하였다. 이러한 유보 가운데 제23조 제4항 유보는 한국 민법이 1990년 1월 13일 개정되어 1991년 3월 15일 철회되었고, 제14조 제7항 유보도 1993년 1월 21일 철회되었으며, 제14조 제5항 유보도 2007년 4월 2일 철회되었다. 국제인권규약은 헌법 제6조 제1항에 따라 별도의 국내입법 없이 국내법과 동일한 효력이 있으므로 재판규범으로 원용할 수 있고 이에 어긋나는 국내법은 적용되지 않는다.

인권의 국제적 보장을 위해서 '공개토론'과 '비공개절차' 그리고 '주제별 인권장치(Thematic Mechanism)'를 도입하였다. '공개토론'은 각국 정부대표와 비정부기구(NGO)가 참여한 상황에서 특정국가에 대한 인권 문제를 공개적으로 토론하고 필요하면 조사를 실시하는 것이다. '비공개(1503)'절차는 '지속적인 패턴의 중대하고도 믿을 만한 인권침해'에 대해서 '비정부기구(NGO)나 개인의 통보(Communication: 이른바 '고소'나 청원)'가 있으면, '인권위원회'에서 이를 '비공개'로 '논의'하는 제도이다. '주제별인권장치(Thematic Mechanism)'는 그 구제절차는 비공개절차와 같지만 '특정한 나라'의 전반적인 인권침해 사안보다는 '특정한 주제'의 구체적 인권침해에 관한 사안을 다루는 것을 말한다.

(3) 인권 보장의 지역화

세계적 차원의 인권 보장이 있어도 지역별로 종교·사상 등 문화적 차이, 경제수준 차이 등으로 말미암아 이행할 수 있는 인권의 종류와 인권보장수준은 달랐다. 그리하여 문화적 배경이 유사한 지역별로 인권을 실효성 있게 보장하기 위한 국제조약과 집행기구가 속속 나타났다.

① 1950년 11월 4일 채택되어 1953년 9월 3일부터 발효한 '인권과 기본적 자유의 보호를 위한 유럽협약'(약칭 유럽인권협약)은 회원국에 대해서 구속력이 있다. 1961년 10월 18일 유럽인권협약을 보완하려고 채택되어 1961년 10월 18일 발효된 '유럽사회헌장'은 19개의 사회권을 보장하였다. ② 아메리카에서는 1969년 11월 22일 '인간의 권리와 의무의 미주인권협약'

이 채택되어 1978년 7월 18일에 발효하였다. ③ 아프리카에서는 1981년 6월 27일 '인간의 권리와 부족의 권리에 관한 아프리카헌장'이 채택되어 1986년 10월 21일 발효하였다. ④ 아시아에서는 1998년 5월 17일 광주에서 아시아인권헌장이 선포되었다.

유럽에서 증가하는 인권침해 사례를 효과적으로 다루려고 1950년 인권협약에 따라 만든 유럽인권법원을 위시한 여타 관련 기구들은 1998년 11월부터 단일 유럽인권법원으로 대치되었다. 그러나 1996년 유럽사법재판소는 기존 유럽공동체조약이 인권문제에 관한 국제적 협약의 효력과 이의 권한을 부여하지 않았다는 유권해석을 내렸다. 이에 따라 조약 수정 필요성이 요청되었다. 하지만 이후 암스테르담조약은 유럽인권협약에 따른 기본적 인권을 계속하여 인정하였다. 따라서 유럽 안 인권 사항에 관해서는 기존 단일 유럽인권법원과 유럽사법재판소의 이중 법원이 그대로 있게 되었다. 이에 유럽사법재판소는 유럽인권협약의 기본 원칙을 공동체법으로 준수하면서 단일 유럽인권법원의 독립성과 계속적 존속을 인정하였다.

1969년 채택된 미주인권협약이 1978년 발효함에 따라 1979년부터 활동을 시작한 미주인권법원의 기능은 크게 두 가지이다. 그 하나는 미주인권위원회 절차를 거쳐 법원에 부탁된 사건에 대해서 쟁송적 관할을 하는 것이고, 다른 하나는 위원회, 그 밖의 미주국가기구(OAS) 기관 의뢰에 따라서 권고적 관할을 하는 것이다. 이처럼 쟁송적 관할과 권고적 관할을 행사하는 것은 다른 국제법원과 별다른 차이가 없지만, 그 구체적 내용, 특히 권고적 관할의 대상과 범위에서는 여러 특색이 있다.

아프리카에서는 1999년 9월 리비아 시르테에서 열린 제4차 아프리카통일기구(OAU) 특별정상회담 폐막회의에서 2001년까지 아프리카연합을 창설할 것을 골자로 하는 '시르테 선언'을 채택하고 나서, 2001년 5월 26일 나이지리아 총회에서 공식 출범을 선언하였다. 아프리카연합은 아프리카통일기구를 발전적으로 해체하고 탄생한 범아프리카기구로, 유럽연합(EU)을 모범으로 삼아 강력한 정치·경제연합체를 지향하며, 특히 단일 의회, 단일 통화, 단일 중앙은행, 강력한 단일 집행위원회가 있는 국가연합을 목표로 하였다.

인권 침해에 관한 국제재판과 관련하여 제2차 대전 직후 뉘른베르그와 동경에 세워진 국제 전범재판소에서 군사재판을 통해서 평화·인도에 반한 죄, 전쟁 범죄를 이유로 최초로 개인의 국제 인도법 위반을 단죄한 적이 있었다. 그리고 국제연합 안전보장이사회 결의로 1993년 구유고와 1994년 르완다에 각각 특별재판소가 설치되어 개인에 대한 형사 재판이 열린 적이 있었다. 하지만 모두 특정 사안에 관한 한시적인 법원이었을 뿐이다. 주목할 만한 기구로는 '국제형사재판소(ICC)'가 있다. 집단 살해나 반인도범죄를 저지른 개인을 처벌하기 위한, 그야말로 '상설 국제형사법원'의 성격을 띠는 이 기구는 1948년 국제연합 총회에서 설립이 추진되기 시작하여 미국 반대 등 우여곡절을 겪은 끝에 1998년 7월 17일 이탈리아 로마에서 열린 외교전권대표회의에서 찬성 1백20국, 반대 7국, 기권 21국이라는 압도적 표차로 창설

협의안이 통과되었다. 60개국 비준이 있어야 상설재판소로 활동을 시작하는데, 2002년 4월 11일 66개국이 비준서를 기탁함으로써 2002년 7월 1일 정식으로 출범하였고, 2003년 2월 재판관이 선출되었다. 국제형사재판소가 다루는 범죄는 집단살해죄(Genocide), 인도에 반하는 죄, 전쟁 범죄, 침략 행위 등이다.

3. 직접효력규정화(기본권의 직접적 법적 효력에 관한 관심)

독일 바이마르 헌법 아래에서 기본권은 입법방침규정으로 이해되어 직접적인 법적 구속력이 인정되지 않았다. 따라서 기본권은 법률로 얼마든지 제한될 수 있었다. 제2차 세계대전 때 나치의 인권유린 경험은 기본권의 직접적인 법적 효력이 중요하다는 것을 일깨워 주었다. 그러한 인식 결과로 국내적으로는 기본권규정의 직접적 효력과 국가권력에 대한 기속력을 헌법에 명문화하고 이를 담보하려고 헌법재판을 활성화하며, 국제적으로는 각종 인권선언과 인권규약 아래에 국제적 인권법원 등을 설치하여 실질적 보장을 모색한다.

제 3 절 기본권의 기능

Ⅰ. 기본권의 다중성

기본권에 관한 헌법규정은 프로그램규정, 국가목표규정, 헌법위임이나 입법위임규정, 제도보장규정, 주관적 권리규정의 여러 가지 유형으로 나뉜다. 한국 헌법은 특히 그 기본권목록 가운데 주관적 권리 성격이 부여되기 어려운 (기본권적) 규정을 포함한다. 따라서 어떠한 기본권규정이 어떠한 성격, 특히 주관적 권리성을 포함하는지는 일반적으로 대답할 문제가 아니고 개별 기본권규정마다 별개로 따져보아야 할 문제이다. 한국 헌법은 그 규정양식상 주관성을 인식할 수 있도록 기본권을 규정하고("…… 할 권리를 가진다." 혹은 "…… 자유를 가진다."), 헌법 제27조 제1항에 재판청구권, 헌법 제111조 제1항 제5호에 헌법소원심판청구권을 제도화하여 사법적 구제를 받도록 하므로,[47] 주관적 권리성을 널리 인정하는 쪽으로 기본권을 해석하여야 할 것이다.

기본권규정에서 주관적 권리와 더불어 다른 어떤 내용이 도출될 수 있는지가 독일 헌법학계에서는 '기본권의 양면성'·'기본권의 2중성'이라는 이름 아래 꾸준히 논의되었고, 현재는 학

---

47) 사법적 구제를 받으려면 개인에게 주관적 권리가 인정되어야 하는데, 이러한 점에서 개인에게 주관적 권리를 인정하는 것은 기본권을 더 효율적으로 그리고 더 실질적으로 보호할 수 있는 방법이다.

설과 판례에서 정착단계에 있다.[48] 기본권규정도 헌법규정으로서 객관적 법규범임을 부인할 수 없다. 그런데 기본권규정 내용이 어떤 개인에게 주관적 권리를 부여하는 것으로만 소진되어야 할 필연적인 이유는 없다.[49] 그리고 모든 기본권규정에서 같은 성격의 내용만 도출된다고 보아야 하는 것도 아니다. 기본권규정 자체도 다양한 형식을 띤다. 따라서 개별 기본권규정을 각각 구체적으로 검토하여 각각의 규정에서 도출될 수 있는 내용이 무엇인지를 살펴보아야 한다. 예를 들어 헌법재판소는 기본권규정에서 제도보장[50]이나 기본권보호의무[51]를 도출한다.

　기본권규정에서 도출될 수 있는 내용은 다양하고 앞으로 어떠한 내용이 추가로 도출될 수 있을지를 예측할 수 없다. 이처럼 다양한 내용을 주관적 권리가 아니라는 이유만으로 주관적 권리성에 대응되는 하나의 범주로 묶을 필요는 없다. 오히려 각각의 내용에 관한 오해를 유발할 수 있고, 각각의 구체적 내용에 관한 충실한 검토를 방해할 수도 있다. 그리고 기본권의 성격을 '양면성'이나 '2중성'으로 보는 태도는 기본권을 주관적 권리로만 보던 독일 전통의 잔재일 것이다. 즉 기본권은 주관적 권리라는 전제 아래 기본권 내용 중에서 주관적 권리가 아닌 것을 객관법적 내용으로 분류한 것으로 보인다. 아직도 주관적 권리성이 중요하다는 것을 부인할 수는 없다. 하지만 기본권의 다양한 기능이 강조되면서 그에 상응하는 다양한 기본권 내용이 인정된다. 그러므로 주관적 권리성에 다른 기본권 내용 전체와 맞먹는 비중이 있다고

---

48) Ernst-Wolfgang Böckenförde, Zur Lage der Grundrechtsdogmatik nach 40 Jahren Grundgesetz, München 1989 참조.

49) 기본권 자체는 자연권이나 이것이 실정헌법에 규정됨으로써 실정권이 되고 실정헌법규범이 객관적 규범으로서 국가권력을 구속하는 것이기에 권리와 질서의 2분법에 따라 권리적 성격을 강조하는 부정설이 옳다는 견해가 있다(김철수, 『학설·판례 헌법학』, 박영사, 2008, 373쪽; 성낙인, 『헌법학(제19판)』, 법문사, 2019, 920쪽; 정재황, 『신헌법입문(제9판)』, 박영사, 2019, 210~211쪽). 이 견해는 2중성을 인정하는 견해가 기본권의 주관적 권리 성격을 약화하고 기본권과 제도보장의 구별을 불명료하게 할 우려가 있다고 비판한다. 그러나 하나의 기본권규정에서 다양한 내용이 도출될 수 있다. 그중에 주관적 권리와 객관적 내용이 있는 것이다. 따라서 2중성 인정이 주관적 권리성을 약화하는 것도 아니고, 기본권과 제도보장의 구별을 어렵게 하는 것도 아니다. 즉 기본권의 2중성을 주관적 권리로서 작용하는 기본권의 2중성으로 오해하여서는 안 된다. 그리고 이 견해는 기본권의 '권'에만 주목하여 한국어 용례에 따라 기본권을 '주관적 권리'로만 이해하는 전제에 있는 것으로 보인다. 그러나 기본권의 원어인 'Grundrechte'는 '주관적 권리'뿐 아니라 '객관적 법'이라는 의미도 함께 포함하므로 그러한 전제는 문제가 있다. 결론적으로 이 견해는 주관적 권리라는 기본권규정의 내용을 기본권규정 자체와 혼동하여 발생한 오해에서 비롯한 것으로 보인다.

50) 헌법재판소는 제23조에 따른 사유재산제도 보장(헌재 1999. 4. 29. 96헌바55, 판례집 11-1, 462, 470-472)과 제31조에 따른 의무교육제도(헌재 1991. 2. 11. 90헌가27, 판례집 3, 11, 18-19)를 인정하고, 제21조에 관련하여 언론[헌재 1991. 9. 16. 89헌마165, 판례집 3, 518, 526-530(제도로서 언론보장); 헌재 1996. 4. 25. 95헌바25, 판례집 8-1, 420, 427-430(객관적 질서로서 언론제도); 헌재 2005. 6. 30. 2003헌마841, 판례집 17-1, 996, 1009-1015(자유언론제도); 헌재 2006. 6. 29. 2005헌마165등, 판례집 18-1하, 337, 384(자유 신문)], 제31조 제4항과 관련하여 교육의 자주성, 전문성, 정치적 중립성(헌재 2002. 3. 28. 2000헌마283등, 판례집 14-1, 211, 222-223; 헌재 2003. 3. 27. 2002헌마573, 판례집 15-1, 319, 330-331), 제36조 제1항과 관련하여 혼인과 가족(헌재 2002. 8. 29. 2001헌바82, 판례집 14-2, 170, 180)을 각각 제도보장으로 인정한다.

51) 헌재 1997. 1. 16. 90헌마110등, 판례집 9-1, 90, 119-125.

보기는 어렵다. 특히 주관적 권리는 그에 상응하는 국가의 의무를 늘 찾을 수 있지만, 국가의 의무에서 언제나 주관적 권리를 도출할 수 있는 것은 아니라는 점을 고려하면, 오히려 주관적 권리 내용이 그 밖의 내용 전체보다 작을 수밖에 없다. 그리고 다양한 기본권규정 내용의 기능과 효과에 비추어 보면 각각의 존재의의는 강조되어야 한다. 또한, 국가의 다양한 과제가 인정되면서 국가를 구속하는 객관법적 내용 비중이 커져 개별 기본권에 따라서는 주관적 권리성보다 객관법적 내용이 더 중요할 때(예를 들어 기본권규정이 주관적 권리가 아닌 제도보장이나 국가의 의무를 규정할 때)도 있을 수 있다. 게다가 제도보장이나 기본권보호의무와 같은 객관법적 내용에서도 주관적 권리가 도출될 수 있고, 방사효는 일반적으로 기존 주관적 권리를 축소·확대·변형시키지만, 때로는 새로운 주관적 권리를 발생시키기도 한다.[52] 그 밖에 기본권의 객관법적 내용은 기본권의 객관적 성격에서 체계적으로 도출된 것이 아니라 개별적으로 발전한 것이 기본권의 객관법적 내용이라는 이름 아래에 묶인 것에 불과하다. 따라서 기본권의 객관법적 내용은 주관적 권리가 아니라는 점 이외에 공통점이나 연관성을 찾기가 쉽지 않으므로, 어떤 공통적인 성격이 있다기보다는 개별적·독자적 성격이 강하다. 그래서 기본권의 객관법적 내용은 서로 명확한 구별이 어렵고, 구체적 내용과 기능이 부분적으로 중첩되기도 한다. 특히 주관적 권리도 국가권력에 관한 소극적 권한규정으로서 객관법적 의의가 있다는 점을 고려하면, 사실 기본권의 객관적 성격이라는 점 자체가 법규범인 기본권 자체의 성격이라는 점을 부정하기 어렵다. 따라서 이를 객관법적 내용이라는 큰 틀에 모두 넣고 체계화하려는 시도는 이러한 독립적 성격을 무시하고 형식적 논의로 흐를 가능성이 크다. 게다가 이러한 시도가 가져오는 실익을 찾기도 쉽지 않다.

이처럼 주관적 권리와 객관법적 내용을 구별하여 대응시키는 것은 그 근거와 의미를 찾기 어려운 것으로 보인다. 기본권규정 대부분이 주관적 권리 형식으로 규정된다는 점에서 기존의 주관적 권리성이 기본권규정이 담은 매우 중요한 내용이라는 점을 부정하기는 어렵다. 하지만 주관적 권리성이 기본권규정이 담은 내용 전부나 대부분이 아니라는 점을 인식하고 그 밖의 다른 기본권 내용의 중요성을 강조하는 의미에서 모든 기본권 내용을 병렬적으로 구성하는 기본권의 '다중성'을 인정하는 것이 바람직하다. 이렇게 함으로써 종래 그 가치와 비교하여 낮은 평가를 받았던, 객관법적 내용으로 분류되는 것의 가치를 제대로 평가하고, 그 내용을 제대로 파악할 수 있으며, 앞으로 새롭게 인정될 수 있는 내용도 올바르게 자리매김할 수 있다. 그리고 기본권의 다중성은 기존 시각에서 벗어나 다양한 시각에서 기본권 내용을 고찰할 수 있게 한다. 다만, 이를 빌미로 주관적 권리성의 의미를 감소시키는 이해나 해석은 정당하지 않다. 즉 기본권의 다중성 인정이 기본권이 주관적 권리라는 의미를 축소하거나 약

---

52) 이에 관한 구체적 검토는 허완중, 「사법관계에 미치는 기본권의 효력」, 고려대학교 법학석사학위논문, 2002, 111~117쪽 참조.

화하는 것은 절대 아니다. 오히려 기본권의 다중성은 기본권의 주관적 권리성을 강화하고 충실하게 보장하는 방향으로 기능하여야 한다. 특히 기본권의 다중성이 주관적 권리를 제한하거나 축소하는 근거가 될 수 없다. 이러한 점에서 주관적 권리성 이외의 기본권 내용에서 주관적 권리를 도출하려는 노력, 예를 들어 제도보장이나 기본권보호의무에서 주관적 권리를 도출하려는 시도는 자연스러운 모습으로 볼 수 있다. 기본권의 모든 내용이 기본권의 옹근(완벽한) 실현과 보장을 지향하고, 주관적 권리 도출이 이러한 목적을 쉽게 달성하게 한다는 점에서도 이러한 점은 다시금 확인된다. 따라서 기본권의 객관법적 내용은 기본권의 주관적 권리성 이외의 다른 모든 기본권의 내용을 단순히 묶어서 지칭하는 '집합적 개념'으로서만 의미가 있고, 주관적 권리성에 대응하는 성격적 의미는 없다.

Ⅱ. 헌법규범으로서 기본권

기본권(규범)[53]은 법학적 관점에서 먼저 법규범 이외의 그 어떤 것도 아니다.[54] 법규범 그 자체로서 기본권(규범)은 다른 모든 법규범처럼 수범자에게 지키라고 요구한다. 기본권(규범)이 명령하는 법적 효과는 수범자에게 원칙적이고 규범적이며 엄격한 구속력을 담는다. 이때 수범자에는 개인과 국가 모두 포함된다. 여기서 국가는 집행부와 사법부는 물론 입법부와 지방자치단체를 포함한 모든 국가기관을 포함한다. 따라서 모든 국가권력은 기본권(규범)에 구속된다. 오늘날 기본권 보호가 헌법의 목적이라는 점에는 의문이 없다. 기본권을 존중하고 보호하는 것은 헌법이 조직한 국가기관의 본질적인 의무이다.[55] 이러한 점에서 기본권(규범)은 단순한 강령(프로그램 규정)이 아니라 강제적인 법이다. 그리고 기본권(규범)은 헌법의 존립목적이라는 점에서 헌법의 핵심적 내용이다. 따라서 기본권(규범)은 실질적 헌법의 본질적 내용이다. 또한, 한국헌법전이 이를 수용하여 보장한다는 점에서 기본권(규범)은 형식적 헌법의 일부이다. 그러므로 기본권(규범)은 성문헌법 일부로서 모든 법규범과 국가행위에 우선하는 효력적 우위가 있다. 즉 기본권(규범)은 헌법규범이다.

---

53) 기본권규범은 기본권규정이 담은 법규범이고, 기본권규정은 헌법전에 포함된 기본권과 관련된 문장을 말한다. 결국, 기본권규범은 기본권규정에서 도출되는 기본권과 관련된 법규범이다. 주관적 권리뿐 아니라 객관적 법의 의미도 담은 독일어 'Grundrechte'가 단순히 '기본권'으로 번역되어서, 기본권은 주관적 권리만을 뜻하는 때도 있지만, 기본권규범이나 기본권규정을 가리키는 때도 있다. 이것이 기본권에 대한 이해에 혼동을 가져오는 주요 원인 중 하나로 보인다.

54) Klaus Stern, Das Staatsrecht der Bundesrepublik Deutschland, Bd. Ⅲ/1, München 1988, S. 477 참조.

55) 헌재 1996. 2. 29. 93헌마186, 판례집 8-1, 111, 116 참조.

Ⅲ. 기본권규정의 주관적 내용(주관적 권리로서 기본권)

주관적 권리로서 기본권56)은 국가가 스스로 기본권이라는 법규범에 구속된다는 점에 바탕을 둔다. 즉 객관적인 법규범은 법적 의무와 그에 상응하는 주관적 권리의 근거가 된다. 따라서 누군가 주관적 권리가 있으면 늘 이 권리를 보장하는 기본권(규정)이 효력을 갖는다. 기본권이 헌법규범으로서 그 수범자(국가)를 구속할 때, 개인은 이를 통해서 법적 지위를 가지게 된다. 즉 기본권이 국민을 위해서 국가를 구속함으로써 개인에게 이익이 발생하고, 이를 개인 자신에게 귀속시키기 위해서 권리가 요구된다. 따라서 기본권은 개인에게 자기 이익을 관철하기 위한 권리로 나타난다. 즉 기본권(규정)에서 도출되는 주관적 권리는 '기본권주체가 기본권(규정)이 보호하는 자기 이익을 위해서 국가에 일정한 행위, 즉 작위, 부작위, 수인, 급부 등을 요구할 수 있는 기본권(규정)이 인정한 힘'이라고 정의할 수 있다. 이러한 주관적 권리를 인정하는 의의는 ① 개인(국민)과 국가의 대등관계 형성, ② 기본권의 사법(司法)적 관철, ③ 기본권 제한에 대한 헌법적 근거 요구이다.57) 그리고 주관적 권리는 보호규범이론을 따르면 ① 당사자를 객관적으로 보호하는 기본권규정이 있어야 하고, ② 객관법적 기본권규정이 기본권주체를 보호하려는 목적이 있어야 하며, ③ 보호받는 자는 자신의 보호를 객관법적 기본권규정을 근거로 사법적으로 관철할 수 있어야 인정된다.58) 기본권(규정)에서 도출되는 주관적 권리는 법적 구조에 따라 방어권, 급부청구권, 결정참가권, 법적 지위의 4가지로 나눌 수 있다. 방어권은 개인의 소극적 지위로서 국가에서 벗어나는 자유를 가리킨다. 급부청구권은 개인의 적극적 지위로서 국가를 통한 자유를 말하는데, 여기서는 어떠한 조건에서 기본권이 국가에 행위의무를 지우는지가 문제 된다. 개인이 기본권을 근거로 국가의 (새로운) 보호를 요구할 수 있을 때 기본권에서 급부청구권이 생긴다. 결정참가권은 개인의 능동적 지위로서 국가 안에서 자유이면서 국가를 위한 자유이다. 주의할 것은 어떤 기본권(규정)에서 단순히 이 중 하나만 도출되는 것은 아니라는 점이다. 즉 하나의 기본권(규정)에서 4가지 주관적 권리가 모두 도출될 수도 있고, 그 중 몇 가지만 도출될 수도 있다. 따라서 이를 기준으로 기본권을 분류할 수는 없다. 다만, 기본권의 주된 주관적 권리가 무엇인지를 기준으로 하여 각각의 기본권을 특징지을 수는 있다.

---

56) 헌법상 개인의 주관적 권리가 인정되지 않으면 개인은 국가작용의 단순한 대상이고, 자기 이해와 관련되는 국가작용에 대해서 시시비비를 가릴 수 없다. 같은 견해: 강태수, 「주관적 공권으로서의 기본권의 발전과 내용」, 『청주법학』 제20집, 청주대학교 법학연구소, 2003, 62쪽.

57) 이에 관해서 자세한 것은 허완중, 「사법관계에 미치는 기본권의 효력」, 고려대학교 법학석사학위논문, 2002, 36~37쪽 참조.

58) 이에 관해서 자세한 것은 Klaus Stern, Das Staatsrecht der Bundesrepublik Deutschland, Bd. Ⅲ/1, München 1988, S. 37 ff.

IV. 기본권규정의 객관적 내용

1. 의의와 내용

기본권규정은 기본권의무자를 구속하는 객관적 법규범이다. 기본권규정은 객관적 법규범 중에서도 가장 우위에 있는 헌법규범이므로 헌법을 중심으로 형성되는 국가질서를 지배한다. 따라서 기본권규정은 행정법과 형법 같은 공법영역은 물론 민법과 상법을 비롯한 사법 영역에도 효력을 미친다. 기본권규정의 객관적 내용은 개방성과 불확정성을 특징으로 한다. 이러한 기본권규정의 객관적 내용은 다양한 규범적 내용을 수용할 수 있을 정도로 높은 탄력성이 있고, 기본권적 자유의 환경변화에 동태적으로 적응할 수 있게 한다.[59] 기본권규정의 객관적 내용을 발견함으로써 기본권의 내용을 질적으로 보강하고, 그 인적 범위를 확장하며, 새로운 기본권의 내용을 실현하기 위한 절차, 조직 혹은 제도적 장치를 기본권이 보장하는 것 등의 헌법적 효과가 발생한다.[60] 기본권규정의 객관적 내용은 국가의 행위나 결정 여지를 제한하는 법규범(소극적 권한규범)과 법을 해석하고 형성하며 보충하는 기준으로서 작용한다.[61] 기본권규정의 객관적 내용에는 제도보장과 기본권(규정)의 객관법적 내용이 있다.

2. 제도보장

(1) 의의

① 개념

제도보장이란 역사적·전통적으로 확립된 기존 제도 자체의 본질적 내용을 입법권의 침해에서 헌법(률)적으로 보장하는 것을 말한다. 제도보장에서는 역사적으로 형성되어 역사적·전통적인 것으로 인정된 실정헌법의 요소가 문제 된다. 그러나 헌법과 기본권의 역사가 짧은 한국에서는 헌법이 보장하는 제도를 한국 헌법사만을 기준으로 역사적·전통적으로 확립된 것으로 인정하기가 쉽지 않다. 따라서 한국 헌법상 제도보장은 한국 헌법사를 기준으로 인정할 수 있는 것뿐 아니라 헌법보편사적 관점에서 역사적·전통적으로 확립된 제도 중 헌법원리와 조화로울 수 있는 것도 포함하여야 할 것이다.

② 발자취

제도보장은 독일 바이마르 헌법 시대 학설의 산물이다. 제도이론은 프랑스의 오류(M. Hauriou)에서 시작되었다. 이를 볼프(M. Wolff)가 1923년 재산권을 해석하는 데 도입하여 제

---

59) 정태호, 「기본권보호의무」, 『인권과 정의』 제252호, 대한변호사협회, 1997. 8., 97쪽.

60) 전광석, 「기본권의 객관적 성격과 헌법이론」, 『고시계』 제37권 제11호(통권 제429호), 국가고시학회, 1992. 11., 77쪽.

61) 이에 관해서 자세한 것은 허완중, 「사법관계에 미치는 기본권의 효력」, 고려대학교 법학석사학위논문, 2002, 39~40쪽과 거기에 인용된 문헌 참조.

도보장이라는 용어를 처음 사용하였다. 그러나 제도보장이론을 체계적으로 정립한 학자는 슈미트(C. Schmitt)이다. 슈미트(C. Schmitt)는 자유권만을 진정한 기본권으로 보지만 전국가적이고 천부적인 자유권과 동일시할 수는 없지만, 자유권과 관련 있는 여러 가지 제도를 보호하려고 제도보장이론을 전개하였다. 한국에는 1955년 한태연의 '헌법학'에서 처음으로 소개되었다. 슈미트(C. Schmitt)는 제도보장을 사법과 관련 있는 사법제도보장(Rechtsinstitutsgarantie)과 공법에 속하는 공법제도보장(institutionellen Garantien)으로 구분한다.[62]

③ 제도적 기본권이론과 구별

슈미트(C. Schmitt)는 자유가 전국가적이고 무제한적인 성격이 있지만, 제도는 국가 안에서 국가의 법질서가 비로소 인정하는 것이라고 하여 자유와 제도를 엄격하게 구별한다. 따라서 '자유는 절대 제도일 수 없다'고 한다. 이에 반해서 해벌레(P. Häberle)는 기본권은 생활영역을 보호하는 객관적 질서원리라는 성격이 먼저 있다고 하면서, 기본권은 객관적으로 현재 있는 것, 즉 스스로 전개하고 실현하는 객관적 소여의 제도물이라고 한다. 따라서 자유와 제도는 반대개념이 아니라 상관개념으로 보아서 '모든 자유는 제도일 수밖에 없다'고 한다.

(2) 한국 헌법이 규정한 제도보장의 종류

① 학설

학설에서 헌법이 규정한 제도보장으로서 일반적으로 인정하는 것에는 제7조 제2항의 직업공무원제, 제8조 제1항의 복수정당제, 제23조 제1항의 사유재산제, 제31조 제4항의 교육제도와 대학자치제, 제36조 제1항의 혼인제도와 가족제도, 제117조 제1항의 지방자치제가 있다. 그 밖에도 학자에 따라서는 선거제도, 군사제도[63], 국민보건의 보장 및 모성보호, 농·어민과 중소기업자의 자조조직 존립 보장[64], 근로자의 근로3권[65], 종교단체의 정교분리[66] 등을 헌법의 제도보장으로 들기도 한다.

② 판례

헌법재판소가 제도보장을 명시적으로 인정한 예[67]로는 제23조에 따른 사유재산제도 보장[68]

---

62) 슈미트(C. Schmitt)는 제도보장(Institutsgarantien)과 제도적 보장(institutionelle Garantien)이라는 용어를 사용하였다(ders., Freiheitsrecht und Institutionellen Garantien der Reichsverfassung, Verfassungliche Aufsätze aus den Jahren 1924-1954, 2. Aufl., Berlin 1973, S. 140). 그러나 양자를 우리말로는 구별하기 어려우므로 그 보장대상을 기준으로 사법제도보장과 공법제도보장이라는 용어를 사용하고자 한다.

63) 권영성, 『헌법학원론(개정판)』, 법문사, 2010, 185쪽.

64) 김철수, 『학설·판례 헌법학(상)』, 박영사, 2008, 377쪽.

65) 문홍주, 『제6공화국 한국헌법』, 해암사, 1987, 202쪽.

66) 구병삭, 『신헌법원론(제3전정판)』, 박영사, 1996, 353쪽.

67) 헌재 1994. 4. 28. 91헌바15등, 판례집 6-1, 317, 338-339.

68) 헌재 1999. 4. 29. 96헌바55, 판례집 11-1, 462, 470.

과 제31조에 따른 의무교육제도[69]가 있고, 제7조 제2항과 관련하여 직업공무원제,[70] 제21조에 관련하여 언론,[71] 제31조 제4항과 관련하여 교육의 자주성, 전문성, 정치적 중립성,[72] 제36조 제1항과 관련하여 혼인과 가족,[73] 제117조 제1항과 관련하여 지방자치제도[74]에 관해서 제도보장에 관한 표현이 발견된다.

③ 사견

제도보장 개념을 충실하게 따른다면 공법제도보장으로는 직업공무원제도, 복수정당제도, 지방자치제도, 교육의 자주성·전문성·정치적 중립성을 바탕으로 하는 교육제도와 대학자치제도를, 사법제도보장으로는 사유재산제도와 혼인 및 가족제도를 들 수 있다.

(3) 법적 성격

제도보장은 객관적 제도를 헌법에 규정하여 해당 제도의 본질을 유지하려는 것이다. 따라서 그 목적은 헌법제정권자가 특히 중요하면서도 가치가 있다고 인정하여 헌법적으로도 보장하고 싶은 국가제도를 헌법에 규정함으로써 앞날의 법발전, 법형성의 방침과 범주를 미리 규율하려는 것이다.[75] 즉 제도보장은 객관적 제도를 입법자의 자유로운 처분에서 보호하려고 이를 헌법률적으로 특별히 보장한 것이다.

(4) 내용
① 보호범위

제도의 구체적 내용은 헌법이 허용하는 범위 안에서 입법자가 구체화한다. 하지만 헌법적 제도보장으로서 보장되는 핵심부분은 입법자가 침해할 수 없다. 즉 보호되는 영역과 보호되지 아니하는 영역이 구분된다. 이러한 점에서 제도보장은 가변적 보장이다. 이때 헌법적으로 보장되는 부분은 제도의 본질적 내용이다. 제도의 본질적 내용은 역사적으로 형성된 제도의 전형적이고 특징적인 것으로 볼 수 있는 본질적인 구성부분을 말한다.

---

69) 헌재 1991. 2. 11. 90헌가27, 판례집 3, 11, 18-19.
70) 헌재 1997. 4. 24. 95헌바48, 판례집 9-1, 435, 442-443; 헌재 2004. 11. 25. 2002헌바8, 판례집 16-2하, 282, 291.
71) 헌재 1991. 9. 16. 89헌마165, 판례집 3, 518, 527(제도로서 언론보장); 헌재 1996. 4. 25. 95헌바25, 판례집 8-1, 420, 430(객관적 질서로서 언론제도); 헌재 2005. 6. 30. 2003헌마841, 판례집 17-1, 996, 1009(자유언론제도); 헌재 2006. 6. 29. 2005헌마165, 판례집 18-1하, 337, 385(자유 신문).
72) 헌재 1995 9. 28. 92헌마23, 판례집 7-2, 343, 348-349; 헌재 2002. 3. 28. 2000헌마283, 판례집 14-1, 211, 222; 헌재 2003. 3. 27. 2002헌마573, 판례집 15-1, 319, 330.
73) 헌재 2002. 8. 29. 2001헌바82, 판례집 14-2, 170, 180.
74) 헌재 1995. 3. 23. 94헌마175, 판례집 7-1, 438, 448.
75) 헌재 1997. 4. 24. 95헌바48, 판례집 9-1, 435, 444-448.

② 보호 방향

제도보장은 1차적으로 입법권, 특히 법률 제정을 통한 침해에서 제도를 보장한다. 즉 입법
자가 법률로써 제도를 폐지하거나 그 핵심적 내용을 침해할 수 없게 하는 것에 제도보장의
본질이 있다. 따라서 헌법개정권자는 제도보장을 배제할 수 있다. 그리고 제도보장은 입법권
뿐 아니라 집행권과 사법권에 대해서도 보호된다. 즉 집행권과 사법권은 헌법과 법률이 형성
한 제도보장에 구속되어 이를 침해할 수 없다.

③ 재판규범과 소권

제도보장은 단순한 강령(프로그램)이 아니라 객관적 법규범이므로76) 직접 재판규범으로 적
용될 수 있다. 따라서 제도보장은 법관을 구속한다. 그러나 제도보장은 주관적 권리가 아닌
객관적 법규범이므로 이를 직접근거로 개인이 사법기관에 소를 제기할 수는 없다.

(5) (주관적 권리인) 기본권에 대한 관계
① 기본권과 제도보장의 관계
(ⅰ) 관계에 따른 유형화

기본권과 제도보장의 관계를 세 가지로 유형화하는 견해가 있다.77) ⓐ 정치적 기본권을
보장하려고 선거제도가 필요한 것처럼 특정 기본권을 보장하기 위한 수단으로서 제도가 보장
될 때(제도보장의 기본권수반형), ⓑ 사유재산권 보장이 사유재산제도 보장을 수반하는 것처럼
기본권과 제도보장이 동시에 존재할 때(기본권과 제도보장의 병존형), ⓒ 복수정당제가 보장됨
으로써 정당의 설립, 정당에 대한 가입과 탈퇴의 자유가 보장되는 것처럼 특정 제도가 헌법
상 보장됨으로써 부수적·간접적으로 특정 기본권이 보호받을 때(권리의 제도종속형)이다. 이
견해는 조문 외형에만 치중한 형식적 견해로서 유형화 실익을 발견할 수 없다.

(ⅱ) 보장내용에 따른 분류

제도보장을 기본권적 제도보장과 비기본권적 제도보장으로 나눌 수 있다. 기본권적 제도
보장은 하나의 헌법규정이 기본권과 제도보장을 동시에 규정할 때를 말하고, 비기본권적 제
도보장은 하나의 헌법규정이 제도보장만을 규정할 때를 가리킨다.

② 기본권연계적 · 보완적 관계

슈미트(C. Schmitt)는 기본권과 제도가 일단 구별되기는 하지만, 제도보장은 기본권보장을
강화하기 위한 추가적·보완적 보장의 성격이 있다고 한다.

---

76) 헌재 1997. 4. 24. 95헌바48, 판례집 9-1, 435, 444-448.

77) 구병삭,『신헌법원론(제3전정판)』, 박영사, 1996, 353쪽; 권영성,『헌법학원론(개정판)』, 법문사, 2010, 184~185쪽.

③ 기본권보장과 제도보장의 전통적 구별

	기본권보장	제도보장
보장 대상	주관적 권리	객관적 제도
보장 성격	선국가적 권리 보장	국가내적 제도 창설
보장 정도	최대한 보장	최소한 보장[78]
재판규범성	인정	인정
헌법소원 청구 근거	인정	부정
헌법개정권 기속	인정(자유권의 본질적 내용에 한함)	부정

④ 사견: 기본권을 강화하는 제도

　　슈미트(C. Schmitt)가 제도보장이론을 주장한 것은 바이마르 시대의 헌법현실 때문이었다. 바이마르 헌법의 기본권규정은 프로그램규정으로 이해되었으므로 입법자의 기본권 침해에 무력하였다. 슈미트(C. Schmitt)는 기본권을 침해하는 입법자에게서 기본권을 방어하려고 제도보장이론을 전개하였다. 이처럼 제도는 처음부터 기본권을 입법자에게서 방어하기 위한 것이었다. 따라서 헌법이 보장하는 제도는 기본권을 강화하는 쪽으로 해석되어야 한다. 그리고 기본권의 객관적 측면이 일반적으로 인정되고 기본권의 보장 정도가 높아지면서 제도보장을 최소한 보장으로 이해하는 것은 거의 의미가 없어졌다.[79] 따라서 헌법국가에서 제도보장은 제도가 제대로 기능할 수 있도록 법률을 형성할 의무를 입법자에게 부여하는 것으로 이해하여야 할 것이다. 즉 제도보장은 최소한 보장을 넘어 충실한 보장으로 승격되어서 입법부작위나 불완전한 법률로 말미암아 제도가 충실히 보장되지 못하면 헌법에 어긋난다고 볼 수 있다. 이러한 점에서 제도보장은 입법자의 입법형성권을 넓히거나 기본권을 제한하는 근거로서 기능하지 못한다. 결국 제도보장은 기본권을 충실하게 보장하거나(기본권적 제도보장) 특정한 공적 목적을 달성하는 데(비기본권적 제도보장) 필요한 법적 기초를 마련하는 데 그 실천적 의미와 기능이 있다. 그에 따라 제도보장을 형성하는 법률의 위헌심사 내용은 역사적·전통적으로 확립된 기존 제도 자체의 본질적 내용이 아니라 제도보장을 통해서 추구하는 헌

---

78) 헌재 1997. 4. 24. 95헌바48, 판례집 9-1, 435, 445: "… 기본권의 보장은 헌법이 "국가는 개인이 가지는 불가침의 기본적 인권을 확인하고 이를 보장할 의무를 진다"(제10조), "국민의 자유와 권리는 헌법에 열거되지 아니한 이유로 경시되지 아니한다. 국민의 모든 자유와 권리는 국가안전보장·질서유지 또는 공공복리를 위하여 필요한 경우에 법률로써 제한할 수 있으며, 제한하는 경우에도 자유와 권리의 본질적인 내용을 침해할 수 없다"(제37조)고 규정하여 '최대한 보장의 원칙'이 적용되는 것임에 반하여, 제도적 보장은 기본권 보장의 경우와는 달리 그 본질적 내용을 침해하지 아니하는 범위 안에서 입법자에게 제도의 구체적인 내용과 형태의 형성권을 폭넓게 인정한다는 의미에서 '최소한 보장의 원칙'이 적용될 뿐인 것이다."

79) 전통적인 제도보장 논의의 부적절성에 관해서는 김하열, 『헌법강의』, 박영사, 2018, 194쪽; 이종수, 「기본권의 보장과 제도적 보장의 준별론에 관한 비판적 보론」, 『헌법실무연구』 제3권, 박영사, 2002, 181~200쪽; 조한상, 「제도보장 이론의 공법적 의미와 문제점, 극복방향」, 『법학연구』 제48권 제2호(통권 제58호), 부산대학교 법학연구소, 2008, 59~84쪽.

법적 목적 달성 여부이다.[80] 나아가 제도보장이론이 주관적 내용뿐 아니라 객관적 내용도
인정하는 기본권의 다중성에 기초하여 이해한 기본권해석에 아무것도 추가하는 것이 없다는
것이 확인되면 (즉 기본권의 객관적 내용에 제도보장이론에서 논의되는 내용이 포함된다면) 폐기될
수밖에 없을 것이다.

(6) 제도보장에서 도출되는 주관적 권리와 제도보장의 관계

기본권적 제도보장에서 제도가 침해되면 동시에 보장되는 기본권을 주장하여 헌법소송을
제기할 수 있다. 비기본권적 제도보장에서도 주관적 권리가 도출될 때가 있다. 이 주관적 권
리는 제도보장을 위해서 있는 것으로 제도보장에 예속된다. 이 주관적 권리는 기본권규정에
서 도출되는 권리가 아니므로 헌법상 기본권이 아니라고 본다면 이 주관적 권리가 침해될 때
는 헌법소송이 아닌 행정소송을 제기하여 구제받아야 할 것이다. 반면 이 주관적 권리는 법
률상 권리가 아니고 헌법규정에서 도출되는 권리이므로 기본권(유사)적 권리로 본다면 이 주
관적 권리가 침해되면 헌법소송을 제기할 수 있다.

3. 기본권(규정)의 객관법적 내용

(1) 법의 해석과 적용에 관한 기준(기본권의 방사효)

방사효(放射效: Ausstrahlungswirkung)는 기본권규정이 모든 법영역에 대한 명령의 의미로
작용하여야 한다는 영향력을 가리킨다. 여기서 기본권은 헌법적 기본결정으로 이해된다. 그러
한 측면에서 기본권은 모든 법영역에 방사된다. 공권력을 행사하는 기관이 법의 해석과 적용
에 관한 재량이 있다면 그 범위에서 전체 법질서에 방사되는 기본권이 적용되어야 한다. 만
약 기본권을 주관적 권리로만 본다면 기본권은 국가의 객관적 의사라고 볼 수 있는 입법행위
의 산물인 법의 해석과 적용에 영향을 미칠 수 없고, 개인과 국가의 관계가 아닌 개인과 개인
의 법관계에도 영향을 미칠 수 없다. 즉 기본권의 방사효는 행정법 및 형법과 같은 공법 영역
뿐 아니라 사법 영역에도 미친다. 특히 일반규정과 그 밖의 가치개방적 규정을 기본권지향적
으로, 즉 기본권을 침해하는 결과가 나타나지 않도록 해석하여야 한다. 기본권의 방사효는 때
에 따라 강도와 범위가 달라지므로 이에 관한 기준을 설정하는 것이 문제 된다.

(2) (기본권적 법익에 대한) 국가의 보호의무(기본권보호의무)

기본권보호의무는 기본권적 법익에 대한 국가의 보호의무로서 기본권이 보호하는 법익을
사인인 제3자의 위법한 위해에서 보호하여야 할, 즉 그 위해를 예방하거나 그로 말미암은 피
해 발생을 방지할 국가의 의무를 말한다. 기본권규정은 일정한 개인에게 법익을 부여하는 것
을 내용으로 하고 그러한 법익은 헌법이 그 중대성을 인정하는 것이다. 따라서 국가는 개인

---

80) 비슷한 견해로는 한수웅, 『헌법학(제9판)』, 법문사, 2019, 430쪽.

이 주관적으로 해당 법익 보호를 위해서 행사하는지와 관계없이 그 법익을 보호할 의무를 져야 한다. 그 의무의 내용을 구체화할 과제는 먼저 입법자가 진다.

(3) 국가조직과 절차 형성의 기준

기본권은 (기본권의 내용과 그에 관한 법적 효과를 규율하는) 실체적 권리이므로 기본권규정과 기술적인 헌법상 조직편이나 행정법상 조직 및 절차규정은 직접적인 관계는 없다고 종래 생각하였다. 그러나 한국 헌법상 몇몇 기본권은 명백히 절차적 기본권이어서(예를 들어 헌법 제27조의 재판청구권) 조직법 및 절차법과 관련된다. 그리고 조직법과 절차법이 기본권을 실현하는 데 이바지하지만, 기본권 자신도 기본권의 실현과 보장에 이바지하는 조직법과 절차법에 영향을 미친다. 실체적 권리를 규정한 기본권은 기존 기본권 실현을 위한 조직법과 절차법의 형성도 국가의 과제로 지운다. 따라서 기본권은 실체적 권리로서 형성되어야 할 뿐 아니라 조직적·절차적인 보호도 요구한다. 이러한 점에서 기본권은 그 실현을 위한 조직법과 절차법의 적용뿐 아니라 그것을 넘어서 조직과 절차의 형성에도 영향을 미친다. 조직과 절차는 실체법을 보조하는 기능뿐 아니라 자유를 보호하는 기능도 있다. 조직과 절차에 관한 기본권규정의 효과는 먼저 관계되는 법규정과 관련하여 방사효의 변종으로서 설명된다. 개인의 기본권에 대한 침해를 방지하는 조직적인 그리고 절차합치적인 보호 대책이 완비되어야 비로소 기본권적 법익을 반복적이고 효과적으로 보장할 수 있다는 인식에 기인한다.[81] 국가조직과 절차 형성의 기준으로서 기본권은 불확정적이거나 동적인 성격이 있는 목표에 봉사한다는 점에서 역사적·전통적으로 형성된 정적인 제도 보장을 내용으로 하는 제도보장과 다르다. 그리고 국가조직과 절차 형성의 기준으로서 기본권은 확정적인 내용을 담은 것이 아니라 기본권을 충실히 실현하기 위하여 합리적 범위 안에서 형성할 윤곽질서형성의무를 국가에 부여하는 것이므로 여기서 바로 주관적 권리를 도출하기는 어렵다.[82]

V. 주관적 내용과 객관적 내용의 관계

기본권을 주관적 내용과 객관적 내용으로 나누어 이해할 때 객관적 내용은 주관적 내용을 강화하거나 보완한다. 기본권의 객관적 내용은 개인의 지위를 확정하고 한정하며 보장함으로써, 즉 개인을 공동체에 편입시킴으로써 공동체의 법질서를 형성한다. 이러한 범위 안에서 기본권의 객관적 내용과 주관적 내용은 서로 보완하고 강화한다. 이러한 점에서 주관적 내용과 객관적 내용은 별개의 내용이 아니라 서로 밀접한 관련이 있다.

---

81) Michael Sachs, Verfassungsrecht Ⅱ Grundrechte, 3. Aufl., Berlin/Heudekberg 2017, S. 62 Rdnr. 64.

82) 전광석, 「기본권의 객관적 성격과 헌법이론」, 『고시계』 제37권 제11호(통권 제429호), 국가고시학회, 1992. 11., 90쪽.

제 4 절 기본권보장의무

Ⅰ. 의의

헌법 제10조 제2문은 "국가는 개인이 가지는 불가침의 기본적 인권을 확인하고 이를 보장할 의무를 진다."라고 규정한다. 이에 따라 국가에는 기본(적 인)권을 확인하고 보장할 의무가 있다. '확인'은 '보장'을 위한 전단계나 전제라는 점에서 이러한 국가의 의무를 '기본권보장의무'라고 부를 수 있다. 여기서 국가는 공권력을 행사하는 모든 주체를 포괄한다.[83] 따라서 입법부, 집행부, 사법부 그리고 지방자치단체는 물론 공법인과 공무수탁사인도 국가에 포함된다. 개인에는 모든 기본권주체가 속한다. 따라서 개인에는 국민은 물론 기본권주체로서 인정되는 범위 안에서는 법인, 그 밖의 단체와 외국인 및 무국적자도 포함한다.[84] 기본(적 인)권은 헌법 제37조의 자유와 권리에 대응되는 개념으로서 헌법이 보장하는 모든 권리를 포섭한다. 따라서 인권에서 직접 유래하는 헌법적 권리는 물론 인권을 보장하기 위해서 필요한 모든 헌법적 권리가 기본(적 인)권에 포함된다.[85] 기본(적 인)권은 기본권규정에서 직접 도출되는 권리는 물론 다른 헌법규정에서 도출되는 기본권이나 기본권유사적 권리[86]도 아우른다. '확인'이라는 말을 '불가침'이라는 수식어와 '인권'이라는 용어 자체와 함께 파악하면 국가가 개인의 주장 여부와 상관없이 당연히 기본권을 보장하여야 한다는 것으로 새길 수 있다.[87] 따라서 기본권인지가 문제 되거나 기본권으로 주장되는 것을 국가가 기본권으로 보장하지 않으려면 스스로 그것이 기본권에 포섭되지 않음을 밝혀야 한다. 이러한 점은 헌법 제37조 제1항과 연관지어 해석할 때 더욱 분명해진다. 보장은 기본권이 인정목적에 맞게 실현되도록 하거나 그 내용이 침해되는 것을 막는 것을 말한다.[88] 이러한 보장은 국가영역 안에서는 물론 국가영역 밖에서도 이루어져야 한다. 그리고 기본권은 내부적 침해나 침해위험은 물론 외부적 침해나 침해위험에서도 보호되어야 한다.[89]

---

83) 같은 견해: 방승주, 「헌법 제10조」, 『헌법주석[Ⅰ]』, 박영사, 2013, 367쪽.
84) 같은 견해: 방승주, 「헌법 제10조」, 『헌법주석[Ⅰ]』, 박영사, 2013, 368쪽.
85) 비슷한 견해: 방승주, 「헌법 제10조」, 『헌법주석[Ⅰ]』, 박영사, 2013, 369~370쪽.
86) 여기서 기본권유사적 권리는 기본권과 같거나 비슷한 성격이 있지만, 그것이 기본권인지는 명확하지 않은 권리를 말한다. 제도보장에서 도출되는 주관적 권리나 기본권보호의무에서 도출되는 보호청구권 등이 이에 속한다.
87) 확인을 국가가 개인의 기본적 인권 존재를 인정하고 이를 존중하는 것이라고 하면서, 확인의무는 국가가 소극적으로 국민의 기본권을 침해하지 말아야 할 의무뿐 아니라 적극적으로 기본적 인권의 존재를 발견하고, 이를 인정할 의무를 포함한다는 견해(방승주, 「헌법 제10조」, 『헌법주석[Ⅰ]』, 박영사, 2013, 370~371쪽)도 있다.
88) 보장을 국가 자신이 침해하지 않는다는 차원을 넘어서 개인의 기본적 인권이 실현될 수 있도록 하려고 법과 제도를 통해서 적극적 보호조치를 하는 것이라는 견해(방승주, 「헌법 제10조」, 『헌법주석[Ⅰ]』, 박영사, 2013, 372쪽)도 있다.

기본권보장의무는 국가가 헌법이 인정하는 기본권적 법익을 보호하기 위해서 지는 의무의 총칭이다.[90] (충돌하는 기본권 사이의 정서가 필요하다는 전제 아래) 기본권은 원칙적으로 다원적인 사회 속에서 그 질에 상관없이 보장되어야 한다. 따라서 기본권보장의무를 지는 국가는 모든 기본권관계에서 문제가 되는 기본권적 법익을 헌법적 한계 속에서 빠짐없이 보호하여야 한다. 그러나 기본권보장의무는 국가에 가능한 모든 것을 하도록 강제하지도 않고 가능한 모든 것을 할 권한을 부여하지도 않는다. 국가는 기본권이 침해되거나 침해될 위험성이 있을 때나 기본권 실현의 장애가 있거나 기본권 실현을 더욱더 쉽게 할 수 있을 때 기본권을 보장할 의무를 진다. 따라서 국가는 기본권보장의무를 근거로 모든 기본권관계에 제한 없이 개입할 수 있는 것은 아니다. 개인의 자유는 보장되어야 하고 사적 행위나 사적 영역은 존중되고 보호되어야 하므로, 국가는 보충적으로만 기본권관계에 개입할 수 있다. 따라서 개인은 다른 헌법적 이익을 침해하지 않는 범위에서 스스로 기본권을 보호하거나 실현할 수 있고 그 의사가 있으면 원칙적으로 국가는 개입할 수 없다고 보아야 한다. 그리고 불가능한 것을 국가가 할 수 없으므로 국가는 가능한 범위에서만 기본권을 보장할 의무를 진다.

Ⅱ. 기본권관계에 따른 기본권보장의무의 분류

기본권보장의무는 국가가 기본권에 구속된다는 것을 밝혀준다는 점에서 기본권의 객관적 성격이 특히 문제 된다. 그러나 그 내용의 포괄성 때문에 기존에 논의되는 개별적인 객관법적 내용이나 그 전체가 기본권보장의무의 내용을 모두 포섭할 수 없다. 게다가 김선일 피살 사건이나 아프가니스탄 선교단 납치사건 혹은 소말리아 해적의 선박 피랍사건과 관련하여 국외지역에 있는 국민 보호 문제, 중국 선박의 남획에 대한 어민 보호 문제나 중국의 공해 유발로 말미암은 국민 피해 방지문제와 관련하여 국외주체가 유발하는 기본권 침해 문제, 날로

---

89) 여기서 내부와 외부 구별은 국가영역의 안팎에 따른 것이 아니라 국가권력이 직접 효력을 미칠 수 있는지에 따른 것이다. 즉 국가권력이 직접 미치는 있는 영역은 내부이고, 그렇지 않은 영역은 외부이다.

90) 헌재 2008. 12. 26. 2008헌마419등, 판례집 20-2하, 960, 971: "헌법 제10조는 "모든 국민은 인간으로서의 존엄과 가치를 가지며, 행복을 추구할 권리를 가진다. 국가는 개인이 가지는 불가침의 기본적 인권을 확인하고 이를 보장할 의무를 진다."라고 규정하여, 모든 국민이 인간으로서의 존엄과 가치를 지닌 주체임을 천명하고, 국가권력이 국민의 기본권을 침해하는 것을 금지함은 물론 이에서 더 나아가 적극적으로 국민의 기본권을 보호하고 이를 실현할 의무가 있음을 선언하고 있다."
'불가침의 기본적 인권'을 인간이 인간으로서 당연히 누려야 할 천부적·생래적 인권으로 보고, '보장'은 국가가 개인의 기본적 인권을 침해하여서는 아니 된다는 소극적 의미 외에 기본적 인권을 적극적으로 보호하고 실현하여야 한다는 뜻을 동시에 내포한다고 하면서, 기본권보장의무를 ① 기본적 인권에 대한 국가의 소극적 침해금지의무, ② 국가가 국민의 기본적 인권을 최대한으로 실정화할 의무, ③ 국가가 국민의 기본적 인권을 적극적으로 실현할 의무, ④ 사인도 기본적 인권을 침해하지 아니하도록 보호할 의무 등으로 보는 견해(권영성, 『헌법학원론(개정판)』, 법문사, 2010, 363~364쪽)가 있다. 헌법 제10조에 따라서 모든 국가기관은 소극적인 기본권보호의 의무뿐 아니라 적극적인 기본권실현의 의무도 있다는 견해(전광석, 『한국헌법론(제14판)』, 집현재, 2019, 244쪽)도 있다.

커지고 예상하기 어려워지는 자연재해의 예방과 복구 문제, 새롭게 출몰하는 전염병에서 국민을 보호하는 문제 등은 기존 기본권 논의가 소홀히 다루거나 무관심하던 영역이었고, 새롭게 논의되기 시작하는 자초위해에 관한 논의도 수용하여야 한다. 따라서 기존 논의를 포괄하면서 새롭게 등장하는 문제나 논의를 수용하려면 기본권보장의무를 기본권의 다중성이라는 개념 속에서 새롭게 검토하여야 한다. 즉 기존 논의내용에 얽매이지 않고 기본권보장의무 내용을 모두 포괄하면서 구체적으로 검토할 수 있는 새로운 기준을 찾아야 한다. 여기서는 기본권이 홀로 작용하지 않고 반드시 관계 속에서 기능을 한다는 점에 착안하여 그러한 기준을 기본권관계에서 찾아보려고 한다. 그러나 이러한 새로운 기준에 따른 검토는 기존 검토를 배제하거나 대체하는 것은 아니다. 오히려 이러한 시도는 기존 논의를 수용하여 기본권관계 속에서 기본권보장의무를 새롭게 구성하고 구체화하면서 부족하거나 빠진 부분을 메우려는 것이다. 특히 기본권관계에 따른 검토는 기본권보장의무의 포괄성에 주목한 것이라는 점에서, 이러한 시도는 기본권보장의무의 적용영역을 확인하는 데 그 중심과제가 있다. 그래서 구체적인 개별 상황에 대한 자세한 검토가 부족할 수밖에 없다. 이러한 부분은 기존의 개별적 검토를 바탕으로 일단 메우고, 그래도 남는 부분은 새로운 검토를 통해서 보충하여야 한다. 기본권과 관련된 문제를 올바르게 파악하고 적절한 답을 찾으려면 다양한 시각에 입각한 접근이 필요하므로, 기존 논의와 이러한 시도는 물론 또 다른 새로운 시도가 함께 독립적으로 발전하면서 서로 보완하거나 교차하여야 한다.

기본권관계는 개인과 국가의 관계를 중심으로 형성된다. 즉 기본권관계는 국가의 기본권보장의무와 이에 대응하는 개인의 주관적 권리인 기본권이 중심에 놓인다. 이러한 기본권관계는 기본권 행사를 통한 실현에 목적을 둔다. 기본권 실현은 모든 침해에서 기본권이 보호됨으로써 이루어질 수 있다. 누가 침해를 발생시키는지에 따라서 기본권관계는 다양하게 형성될 수 있다. 침해의 성질과 내용에 따라 이와 관련되는 권리와 의무의 성질과 내용도 그것에 맞게 형성되어야 하기 때문이다. 따라서 이러한 침해에 따라 기본권관계를 분류할 수 있고, 그러한 관계에 관련되는 기본권보장의무도 구체화할 수 있다.

먼저 전통적으로 기본권침해자는 국가였다. 따라서 개인과 국가의 관계에서는 국가의 침해에서 개인의 기본권을 보장하는 것이 기본권의 전통적인 목적이었다. 국가의 침해는 기본권 보호영역을 직접 침해하는 적극적 행위에서 기본권 실현을 위한 조건을 형성하지 않는 소극적 행위로 확대되었다. 이는 종래 주관적 권리 문제로 논의되던 영역으로 여기서 국가의 기본권존중의무가 문제 된다.[91] 개인과 국가의 관계에서 국가뿐 아니라 기본권주체 자신도

---

91) 헌법재판소는 헌법 제10조 제2문을 근거로 국가는 국민의 기본권을 침해하지 않고 이를 최대한 보호할 의무가 있고, 만약 국가가 불법적으로 국민의 기본권을 침해하면 그러한 기본권을 보호할 행위의무를 진다고 하였다(헌재 2003. 5. 15. 2000헌마192등, 판례집 15-1, 551, 559).

기본권침해자로 등장할 수 있다. 이러한 자초위해가 문제 되면 기본권주체 스스로 책임을 지는 것이 원칙이지만, 예외적으로 국가가 이러한 자초위해에서 기본권주체를 보호하여야 할 때도 있다. 이때 기본권구조의무 문제가 발생한다. 그리고 사회가 발전해감에 따라서 사회적 세력의 침해가 국가의 침해에 버금가는 것으로 등장하였다. 즉 사회적 세력의 기본권 침해가 빈번하고 치명적인 것으로 나타났다. 침해당하는 당사자 처지에서는 국가의 침해이건 사회적 세력의 침해이건 차이가 없다. 따라서 국가의 기본권 침해에 대해서 방어하여야 하는 것과 마찬가지로 사인, 사법인과 그 밖의 단체가 기본권을 침해할 때도 방어하여야 한다. 이러한 개인과 개인 그리고 국가 사이의 관계(기본권3각관계)에서 문제 되는 것이 기본권보호의무이다. 기본권을 침해하는 제3자에는 기본권주체만 있는 것은 아니다. 세계화로 대표되는 국제교류의 활성화는 국가권력의 영향력을 국가영역 안에 가두지 않고, 외국과 국제기구로 대표되는 국제법주체가 국제사회에서 다양하고 활발하게 활동하면서 국가영역 안까지 그 영향력이 미치게 되었으며, 개인은 더 많이 그리고 더 자주 국가영역을 벗어나 생활한다. 그에 따라 국제법주체의 기본권 침해가 중요한 문제로 떠오른다. 여기서 국제적 보호의무가 문제 된다. 그리고 국가성립 원인으로까지 언급되는 자연의 침해는 여전히, 특히 환경오염 및 전염병과 관련하여 더 큰 문제로 발전한다. 따라서 개인과 자연 그리고 국가 사이의 관계도 기본권관계에서 빼놓을 수 없는 중요한 부분이다. 이러한 관계에서 자연재해방재의무가 등장한다. 결론적으로 기본권보장의무는 침해주체에 따른 기본권관계의 분류에 상응하여 기본권존중의무와 기본권구조의무, 기본권보호의무, 국제적 보호의무 그리고 자연재해방재의무로 나눌 수 있다.

Ⅲ. 기본권존중의무

1. 의의

기본권은 전통적으로 개인과 국가의 관계에서 문제 되었다. 기본권은 개념적으로 국가 존재를 전제한다는 점에서 기본권은 본질적으로 국가의 소극적 행위뿐 아니라 적극적 행위에 따른 보호를 전제한다. 이러한 점은 국가의 존재목적이 기본권 보호라는 점에서 확인된다.[92] 따라서 국가는 먼저 기본권을 스스로 침해하지 말아야 하고, 기본권 실현이 가능하도록 하여야 한다. 여기서 국가의 기본권존중의무가 문제 된다. 기본권존중의무는 국가가 기본권을 모든 자기 행위의 원칙과 기준으로 삼아서 기본권을 스스로 침해하지 않고 기본권 실현이 가능하도록 할 의무를 말한다. 이는 개인의 주관적 권리에 대응하는 국가의 의무이다. 기본권존중의무가 문제 되는 사안에서 국가는 기본권을 침해하는 주체이면서 그러한 침해를 제거하거나

---

92) 헌재 1996. 2. 29. 93헌마186, 판례집 8−1, 111, 116: "이른바 통치행위를 포함하여 모든 국가작용은 국민의 기본권적 가치를 실현하기 위한 수단이라는 한계를 반드시 지켜야 하는 것이고…"

배제하여야 할 주체이다. 기본권존중의무는 국가에 일정한 행위를 금지하거나 강제함으로써 국가의 행위재량과 결정재량을 제한한다. 따라서 국가는 자기 권한, 즉 입법권, 집행권, 사법권을 비롯한 모든 국가권력을 멋대로 행사할 수 있는 것이 아니라 기본권이 허용하는 범위에서만 행사할 수 있고 일정한 조건 아래에서는 행사가 강제된다. 이러한 점에서 기본권은 국가권한의 한계이며, 그러한 범위 안에서 소극적 권한규범으로서 기능한다.

2. 인정근거

개인의 천부적 자유는 전국가적이므로 국가가 침해할 수 없다는 자유주의이념에 근거하여, 기본권은 국가권력 침해에서 개인의 자유를 방어하기 위한 것으로 이해되었다. 그리고 근대 여러 인권선언과 헌법은 이를 문서로 밝혔다. 따라서 기본권은 소극적·방어적 성격을 띠며 전통적으로 국가에 대한 방어권, 즉 주관적 권리로 이해되었다. 그에 따라 국민은 국가가 자기 권리를 침해하지 말 것을 요구할 수 있고, 만약 국가가 권한 없이 자기 권리에 개입하면 이를 배제할 권리가 있다. 그러나 기본권주체가 일반화하고, 사회가 발전하고 복잡해지면서 국가 역할이 과거와 비교할 수 없이 커지게 되었다. 특히 민주적·사회적 법치국가에서는 국가에서 개인의 자유영역을 분리하여 그에 대한 침해를 방어하는 것만으로는 기본권 보호가 충분히 이루어지지 않는다. 오늘날 삶은 국가 개입 중단뿐 아니라 국가의 계획, 조정과 배려를 통해서 삶을 형성하기 위한 전제조건을 확보하고 유지하는 것에도 의존한다. 따라서 이것이 없으면 기본권 보호는 옹글게(완벽하게) 이루어질 수 없다. 결국, 단순한 국가 불개입만으로는 기본권이 옹글게(완벽하게) 실현될 수 없다는 것이 확인되었다. 이러한 점에서 기본권은 단순한 소극적 부작위를 넘어 기본권을 실현하기 위한 적극적 작위를 국가에 요구하게 되었고, 개인은 방어권을 넘어 다양한 청구권을 국가에 행사하게 되었다. 개인의 주관적 권리로 작용하는 기본권은 기본권이라는 법규범이 국가를 구속한다는 점에 바탕을 둔다. 즉 객관적 법규범은 법적 의무와 그에 상응하는 주관적 권리의 근거가 된다. 여기서 문제 되는 국가의 법적 의무가 먼저 기본권존중의무이다. 헌법은 제37조 제2항에서 일반적 법률유보를 규정하고, 몇몇 개별 기본권에 개별적 법률유보를 규정[제12조 제1항 제2문(신체의 자유), 제23조 제1항 제2문과 제3항(재산권), 제33조 제2항과 제3항(근로3권)]함으로써 국가의 기본권존중의무를 명확하게 규정한다. 특히 한국 헌법은 독일 기본법과 달리 단순히 사회국가원리를 헌법원리로 수용하는데 그치지 않고[93] 사회권을 개별적으로 직접 열거(제31조~제36조)함으로써 기본권존중의무가 국가의 소극적 부작위뿐 아니라 적극적 작위까지 포함한다는 것을 강조한다.

---

93) 독일 기본법과 달리 한국 헌법은 '사회국가'라는 용어 자체를 사용하지는 않으나, 사회국가를 구현하기 위한 내용을 폭넓게 규정한다.

3. 내용

기본권존중의무는 국가의 행위형태에 따라 자유권과 평등권에서 주로 문제 되는 기본권의 소극적 실현의무(이른바 기본권불가침의무)와 청구권, 참정권, 사회권에서 주로 문제 되는 기본권의 적극적 실현의무로 나눌 수 있다. 기본권의 소극적 실현의무는 국가가 특정한 적극적 작위를 하지 말아야 할 의무이고, 기본권의 적극적 실현의무는 국가가 국민의 기본권을 실현하기 위해서 필요한 조건을 마련할 의무이다.

자유권은 불가침의 생활영역을 보장하고, 평등권은 다양한 생활영역에서 개인이 차별 없이 대우받는 것을 보장한다. 즉 자유권은 헌법이 확정한 자유로운 생활영역을 국가권력에서 보호하고, 평등권은 본질적으로 같은 것을 다르게, 본질적으로 다른 것을 같게 취급하는 것을 금지한다. 따라서 개인은 자기 생활영역 안에서 스스로 결정하고 그에 따라 자유롭게 행동하며 그에 따르는 책임을 스스로 져야 한다. 국가는 이러한 생활영역에 개입하거나 개인을 차별대우하여서는 안 된다. 기본권의 소극적 실현의무는 이러한 방식으로 기본권 침해의 예방과 배제를 보장한다. 따라서 기본권의 소극적 실현의무는 소극적으로 국가의 권한을 제한하는 기능을 수행한다. 기본권의 소극적 실현의무에서 국가는 기본권을 침해하는 법적·사실적 행위를 배제함으로써 자기 의무를 이행할 수 있다. 즉 국가는 기본권을 침해하는 (물론 헌법적으로 정당성을 엄격하게 부여받은 때를 제외하고) 모든 행위를 하지 말아야 한다.

그러나 참정권, 청구권, 사회권과 같은 기본권은 국가의 불개입이 아니라 오히려 국가의 적극적 행위를 요구한다. 즉 이러한 기본권은 국가가 개입하여야 비로소 실현될 수 있다. 참정권은 국가가 국가의사 형성에 참여할 수 있는 제도·조직·절차를 마련하여야 하고, 청구권은 국가가 (실체적) 기본권 침해를 제거·전보하기 위한 절차를 보장하여야 하며, 사회권은 국가의 적극적 활동이 요구되고 국가의 재정적인 뒷받침이 필요하다. 따라서 기본권의 적극적 실현의무는 급부와 보호 제공 그리고 형성에 대한 참여를 보장한다. 그래서 기본권의 적극적 실현의무에서 국가의 소극적 부작위는 의무 위반을 뜻하고, 적극적 작위를 통해서만 의무가 이행될 수 있다. 이러한 점에서 기본권의 적극적 실현의무는 국가의 권한을 적극적으로 제한한다. 그러나 국가는 기본권을 실현하는 모든 행위를 하여야 하는 것이 아니라 그중에서 적합하고 필요한 행위를 선택할 의무를 질 뿐이다. 여기서 국가는 기본권을 어떻게 실현할 것인지와 관련하여 재량이 있다. 하지만 기본권을 어떻게 실현할 것인지에 관해서 국가는 무한 재량이 있는 것이 아니라 헌법에 적합하게 재량을 행사하여야 할 한계를 준수하여야 한다.

Ⅳ. 기본권구조의무

1. 의의

기본권주체 스스로 자기 기본권을 침해할 수도 있고 그 침해 가능성이 생기게 할 수도 있다. 이러한 침해(자해)와 침해 가능성(자초위험)을 아울러 자초위해[94]라고 한다. 자살, 자상, 음주, 담배와 대마초 흡연[95], 마약 복용, 단식투쟁, 인신공양, 위험한 스포츠 향유 등을 자초위해의 예로 들 수 있다. 자초위해가 생기면 기본권3각관계가 형식적으로 형성되기는 하지만, 기본권주체 자신이 기본권침해자라는 점에서 가해자와 피해자가 일치하여 실질적으로는 기본권주체인 개인과 국가의 관계가 된다. 여기서 국가의 기본권구조의무가 문제 된다. 기본권구조의무는 기본권주체 스스로 자기 기본권을 고의나 과실로 침해하거나 침해할 위험이 있을 때 국가가 기본권적 법익을 보호할 의무를 말한다. 고의로 기본권을 침해할 때 기본권구조의무는 기본권주체의 의사에 어긋나게 국가가 기본권적 법익을 보호할 수 있는지에 관한 문제이다.[96] 자초위해에 대한 기본권 보호에서는 기본권주체가 국가의 침해에서 보호되는 것이 아니라 기본권적 법익이 기본권주체 자신에게서 보호된다. 자초위해에 대한 기본권 보호에서 기본권은 기본권주체에 이바지하는 것이 아니라 그를 지배한다.[97] 자초위해에서는 본인 스스로 기본권을 침해하거나 침해위험을 발생시킨다는 점에서 국가나 다른 사람이 기본권을 침해하는 기본권포기와 구별된다.[98]

2. 인정 가능성

기본권주체가 기본권을 자기 결정에 따라 자유롭게 행사할 수 있다는 것은 거기서 발생하는 결과에 대해서 기본권주체 스스로 책임진다는 것을 전제하거나 포함한다.[99] 따라서 위

---

94) '자기위해행위'라는 용어를 사용하기도 한다(강태수, 「자기위해행위의 제한에 관한 헌법적 고찰」, 『경희법학』 제43권 제1호, 경희법학연구소, 2008, 17~44쪽 참조).

95) 헌법재판소는 개인이 대마를 자유롭게 수수하고 흡연할 자유도 헌법 제10조의 행복추구권에서 나오는 일반적 행동자유권의 보호영역에 속한다고 한 바 있다(헌재 2005. 11. 24. 2005헌바46, 판례집 17-2, 451, 459).

96) 기본권구조의무를 방어권으로 나타나는 기본권의 1차원과 급부청구권으로 등장하는 기본권의 2차원에 이은 기본권의 3차원으로 지칭하는 견해도 있다[Ingo von Münch, Grundrechtsschutz gegen sich selbst?, in: Rolf Stödter/Werner Thieme (Hrsg.), Hamburg, Deutschland, Europa: Festschrift für Hans Peter Ipsen zum siebzigsten Geburtstag, Tübingen 1977, S. 114].

97) Markus Gampp/Timo Hebeler, Grundrechtsschutz vor Selbstgefährdung?, in: BayVBl. 2004, S. 258; Ingo von Münch, Grundrechtsschutz gegen sich selbst?, in: Rolf Stödter/Werner Thieme (Hrsg.), Hamburg, Deutschland, Europa: Festschrift für Hans Peter Ipsen zum siebzigsten Geburtstag, Tübingen 1977, S. 114.

98) 같은 견해: 강태수, 「자기위해행위의 제한에 관한 헌법적 고찰」, 『경희법학』 제43권 제1호, 경희법학연구소, 2008, 28쪽.

99) Karl Doehring, Die Gesunderhaltung des Menschen im Spannungsverhältnis zwischen Staatsfürsorge und Individualentscheidung, in: Wather Fürst/Roman Herzog/Dieter C. Umbach (Hrsg.), Festschrift für Wolfgang Zeidler, Bd. 2, Berlin/New York 1987, S. 1558 f. 참조.

험을 인수하거나 침해를 감수하는 것도 기본권의 보호범위에 속한다. 그래서 자기 기본권을
조심스럽게 또는 위험하게 행사하는 것은 전적으로 기본권주체 자신의 고유책임에 속한다.
즉 기본권주체 자신이 일으킨 침해나 침해위험은 스스로 책임지는 것이 자기책임원칙에 들
어맞는다. 올바르고 안전한 기본권 행사를 규정하거나 행복이나 안전을 위한 기본권 행사를
강제하는 것은 국가의 관할대상이 아니다. 국가는 일반적 기본권효력의 범위인 공적 안전을
보장하기는 하지만, 개별적 기본권 행사의 목적인 사적 안전을 규제할 수는 없다. 그리고 많
은 기본권은 그 보호를 명백하게 기본권주체의 의사에 의존한다. 따라서 많은 사안에서 기본
권포기가 인정된다. 또한, 자초위해에서 기본권을 보호하기 위한 국가행위는 개인의 기본권
에 대한 제약으로 나타나고, 사실적 측면에서 강제를 일으킨다. 기본권적 법익을 보호하려고
기본권이 인정한 보호법익의 처분권을 제한하는 것은 기본권의 왜곡을 일으킬 수도 있다.100)
따라서 기본권주체 스스로 자기 기본권을 제약할 때 국가는 원칙적으로 기본권을 보장할 의
무는 물론 권한도 없다.101) 결국, 국가가 이러한 때에 개입하려면 별도의 헌법적 정당화가
필요하다.102)

3. 인정범위

자초위해는 기본권주체의 권리 행사이지만, 헌법적 법익을 침해하지 않을 때만 그 정당성
을 인정받을 수 있다. 국가의 기본권구조의무를 인정하는 헌법적 정당화는 두 방향에서 이루
어질 수 있다. 자초위해를 일으키는 행위 자체에서 나오는 한계와 외부적 한계가 그것이다.
전자에서는 기본권주체 자신의 보호가 요구되고, 후자에서는 다른 헌법적 법익을 보호할 필
요성이 있다.

(1) 기본권주체 자신의 보호

기본권 행사는 권리 범위 안에서만 할 수 있다. 따라서 그러한 권리가 없다면 기본권 행
사는 불가능하다. 존엄권이나 생명권과 같은 기본권에는 기본권주체 자신이 해당 기본권을
처분할 권리가 없다.103) 따라서 이러한 기본권을 제약하는 기본권주체 자신의 행위는 기본권

---

100) Jürgen Schwabe, Der Schutz des Menschen vor sich selbst, in: JZ 1998, S. 69 f.
101) 당사자의 법익 보호 목적만으로는 당사자의 의사에 어긋나는 국가 개입이 정당성을 인정받기 어렵다는 견해가
    있다(윤정인, 「기본권주체의 의사에 반하는 기본권보호 – 후견주의입법의 헌법적 정당화의 한계 –」, 고려대학
    교 법학석사학위논문, 2007, 45쪽). 이 견해는 의사판단·결정능력이 완전한 성인이 자신의 자발적인 결정으로
    일정한 법익 향유를 포기하였을 때 이를 강제하는 것은 개인의 자기결정권을 무시하는 것이라고 한다. 그리고
    기본권적 보호법익에 대한 처분권능을 바로 그 법익을 보호하기 위해서 제한하는 것은 기본권 보장 취지를 왜곡
    시킬 수 있다고 한다.
102) 같은 견해: Reinhard Singer, Vertragsfreiheit, Grundrechte und der Schutz des Menschen vor sich selbst, in: JZ
    1995, S. 1135.
103) 대법원은 "생명권이 가장 중요한 기본권이라고 하더라도 인간의 생명 역시 인간으로서의 존엄성이라는 인간 존
    재의 근원적인 가치에 부합하는 방식으로 보호되어야 할 것이다. 따라서 이미 의식의 회복가능성을 상실하여 더

행사로서 인정되지 않으므로 유효하지 않고, 이러한 기본권은 기본권주체 자신에게서도 당연히 보호되어야 한다. 즉 기본권주체의 처분권을 인정하지 않는 기본권은 기본권주체라도 침해할 수 없으므로, 기본권을 기본권주체 자신에게서 보호하기 위한 국가의 보호조치가 필요하다. 예를 들어 인간의 존엄성을 침해하는 노예계약이나 생명권을 침해하는 자살, 생명권을 위협하거나 신체를 훼손당하지 아니할 권리를 침해하는 자상 등에서 국가의 기본권구조의무는 발생한다. 다만, 이때 다른 기본권도 함께 문제가 되면 그러한 기본권 보호 문제도 함께 고려하여 국가 개입 가능성을 검토하여야 한다. 기본권주체 자신의 과실 때문에 침해나 침해위험이 발생하면 기본권주체가 침해나 침해위험을 의욕 하지 않았고 국가 개입을 거부한 것도 아니므로, 기본권주체 자신의 보호를 위해서 국가가 보호조치를 하여야 한다. 따라서 국가는 자기 과실로 골짜기에 떨어진 사람을 구조하여야 하고, 자기 과실로 자기 집에 불을 내도 국가는 공공의 위험 발생 여부와 상관없이 불을 꺼야 한다. 또한, 기본권주체 자신이 정상적인 기본권 행사를 할 수 없을 때도 기본권주체 자신의 보호를 위해서 국가 개입이 요구된다. 즉 자기 기본권을 침해하거나 그것에 침해위험을 일으키는 기본권 행사에 관한 결정의 유효 여부는 먼저 기본권주체 자신이 옹근(완벽한) 지능적·의지적 능력을 갖추고 결정하는지에 달렸다.[104] 옹근(완벽한) 지능적·의지적 능력이 없는 상태에서 자기 기본권을 침해하거나 그것에 침해위험을 일으키는 기본권 행사를 결정하였다면, 이러한 결정은 유효하지 않다. 이러한 능력 상실은 일시적인지 영구적인지와 상관없이 결정 당시에 이러한 상실이 있으면 충분하다. 그리고 이러한 능력 상실 원인이 무엇인지는 문제 되지 않는다. 그러나 기본권주체가 옹근(완벽한) 지능적·의지적 능력이 없다는 것이 국가가 기본권주체 대신 기본권을 행사할 수 있게 하는 것은 아니다. 즉 국가의 보호조치는 기본권주체의 기본권 행사를 보충할 뿐이지 대체할 수는 없다. 따라서 국가가 개입할 때도 최대한 기본권주체의 의사와 이익을 존중하여야 한다. 기본권주체의 지능적·의지적 능력이 옹글지라도(완벽할지라도), 예를 들어 판단에 필요한 정보를 충분히 얻지 못한 때나 판단에 전문적 지식이 요구되는 때처럼 기본권주체가 자

이상 인격체로서의 활동을 기대할 수 없고 자연적으로는 이미 죽음의 과정이 시작되었다고 볼 수 있는 회복불가능한 사망의 단계에 이른 후에는, 의학적으로 무의미한 신체 침해 행위에 해당하는 연명치료를 환자에게 강요하는 것이 오히려 인간의 존엄과 가치를 해하게 되므로, 이와 같은 예외적인 상황에서 죽음을 맞이하려는 환자의 의사결정을 존중하여 환자의 인간으로서의 존엄과 가치 및 행복추구권을 보호하는 것이 사회상규에 부합하고 헌법정신에도 어긋나지 아니한다고 할 것이다. 그러므로 회복불가능한 사망의 단계에 이른 후에 환자가 인간으로서의 존엄과 가치 및 행복추구권에 기초하여 자기결정권을 행사하는 것으로 인정되는 경우에는 특별한 사정이 없는 한 연명치료의 중단이 허용될 수 있다."라고 하여 무의미한 연명치료 중단을 인정하였다[대법원 2009. 5. 21. 선고 2009다17417 판결(동2009상, 849)]. 그러나 생명권을 처분할 수 있어서 무의미한 연명치료 중단이 인정되는 것이 아니고, 다른 기본권이 무의미한 연명치료 중단에 정당성을 부여하므로 허용될 수 있는 것이다. 대법원도 '인간으로서의 존엄과 가치 및 행복추구권에 기초한 자기결정권'을 무의미한 연명치료 중단 근거로 제시하였다.

104) Markus Gampp/Timo Hebeler, Grundrechtsschutz vor Selbstgefährdung?, in: BayVBl. 2004, S. 261 f.; Jürgen Schwabe, Der Schutz des Menschen vor sich selbst, in: JZ 1998, S. 70.

기 행위의 사정거리를 올바르게 또는 정확하게 예측하거나 이해할 수 없으면 결정 한계가 있다. 옹근(완벽한) 지능적·의지적 능력이 없거나 자기 행위의 사정거리를 예측할 수 없을 때 기본권주체는 자유롭게 의사 형성을 할 수 없다. 그래서 이때 자초위해를 일으키는 행위는 자기 결정에 따른 기본권 행사로 인정받을 수 없다.105) 따라서 국가는 기본권주체 자신의 보호를 위해서 보호조치를 하여야 한다. 이러한 맥락에서 자살이나 자해할 가능성이 큰 정신병자나 마약중독자를 치료시설에 강제수용하는 것은 정당성을 인정받을 수 있다.106)

(2) 헌법적 법익 보호

헌법 제10조 인간의 존엄과 가치에서 헌법의 반전체주의적 성격과 더불어 개인주의와 집단주의의 중간선인 인격주의적 경향을 인식할 수 있다는 데 학설이 일치한다.107) 헌법재판소도 헌법의 인간상을 "자신이 스스로 선택한 인생관·사회관을 바탕으로 사회공동체 안에서 자신의 책임 하에 스스로 결정하고 형성하는 성숙한 민주시민 … 자기결정권을 지닌 창의적이고 성숙한 개체로서의 국민"으로 본다.108) 이러한 점에서 모든 기본권 행사는 헌법적 보호법익을 침해하여서는 안 된다. 이는 헌법 제37조 제2항이 명확하게 확인한다. 헌법적 보호법익에는 다른 사람의 기본권과 공공이익(예를 들어 헌법 제37조 제2항의 '국가안전보장', '질서유지', '공공복리')이 모두 포함된다. 이에 따라 헌법적 보호법익이 기본권 행사를 제한한다. 따라서 자초위해를 일으키는 기본권 행사가 기본권주체 자신의 기본권을 침해하는 것을 넘어 다른 헌법적 보호법익을 침해한다면, 이러한 기본권 행사는 헌법적 정당성을 상실하고, 국가는 다른 헌법적 보호법익을 보호하기 위해서 이러한 행위를 제한하여야 한다. 즉 기본권주체 스스로 위험하게 기본권을 행사할 때 기본권주체 자신을 보호할 필요성이 없을지라도, 다른 헌법적 보호법익을 보호할 필요성이 있다면 국가는 이러한 기본권주체의 행위를 제한하여야 한다. 이러한 관점에서 병역기피를 목적으로 한 신체훼손(병역법 제86조), 자기 소유물에 대한 방화(형법 제166조 제2항, 제167조 제2항) 등은 금지되고, 자동차운전자의 좌석 안전띠 착용의무,109)

---

105) Markus Gampp/Timo Hebeler, Grundrechtsschutz vor Selbstgefährdung?, in: BayVBl. 2004, S. 262; Volkmar Götz, Allgemeines Polizei- und Ordnungsrecht, 13. Aufl., Göttingen 2001, Rdnr. 108.

106) BVerfGE 58, 208 (224 ff.) 참조.

107) 김선택, 「헌법 제9조 제1문 전단 인간으로서의 존엄의 의미와 법적 성격」, 고려대학교 법학석사학위논문(1983), 15~25쪽; 같은 사람, 「기본권체계」, 『헌법논총』 제10집, 헌법재판소, 1999, 164~165쪽 참조. 참고로 독일 연방헌법재판소는 기본법의 인간상은 고립된 주권적 개인이 아니라고 하면서, 기본법은 개인의 고유가치를 침해하지 않으면서 개인의 공동체관련성과 공동체구속성의 의미에서 개인과 공동체의 긴장을 결정한다고 하였다(BVerfGE 4, 7 [15 f.]).

108) 헌재 1998. 5. 28. 96헌가5, 판례집 10-1, 541, 555; 헌재 2000. 4. 27. 98헌가16등, 판례집 12-1, 427, 461; 헌재 2003. 10. 30. 2002헌마518, 판례집 15-2하, 185, 201.

109) 헌재 2003. 10. 30. 2002헌마518, 판례집 15-2하, 185, 198-199; BVerfG, Beschluss vom 24. 7. 1987, in: NJW 1987, S. 180 참조. 헌법재판소 결정에 관한 해설은 이승환, 「도로교통법 제118조 위헌확인」, 『헌법재판소결정해설집(2003년)』, 헌법재판소, 2004, 593~616쪽 참조. 비판적인 고찰로는 윤정인, 「기본권주체의 의사에 반하는 기본권보호 - 후견주의입법의 헌법적 정당화의 한계 -」, 고려대학교 법학석사학위논문, 2007, 67~69쪽.

오토바이운전자의 승차용 안전모 착용의무,[110] 흡연장소 제한[111]은 정당성이 인정된다.[112]

V. 기본권보호의무

1. 의의

전통적으로 국가가 기본권을 침해하였다. 국가가 기본권 침해의 중요한 주체임에는 지금도 변함없다. 하지만 국가만 기본권을 침해하는 것은 아니다. 사인도 기본권을 침해할 수 있다. 기본권을 침해받는 기본권주체에게는 누가 기본권을 침해하는지는 중요하지 않다. 그리고 일방의 기본권 행사가 상대방의 기본권에 대한 침해나 침해위험이 될 수도 있다. 이러한 침해나 침해위험에 대해서도 기본권주체의 기본권은 보호되어야 한다. 이러한 범위에서 (기본권의 침해나 침해위험을 일으키는) 기본권 행사는 한계에 부딪힌다. 따라서 기본권은 국가의 침해를 금지하는 전통적 기능뿐 아니라 국가에 대한 보호 명령이라는 기능도 아울러 있다.[113] 여기서 방어권 이외에 기본권보호의무[114]가 문제 된다.

기본권보호의무란 기본권적 법익에 대한 국가의 보호의무로서 기본권이 보호하는 법익을 기본권주체인 제3자의 위법한 제약에서 보호할, 즉 그 제약을 예방하거나 그로 말미암은 피해 발생을 방지할 국가의 의무를 말한다. 기본권보호의무는 동등한 기본권주체의 기본권영역을 서로 확정하고, 그렇게 확정된 영역에서 다른 기본권주체의 행위나 영역에서 나오는 기본권적 법익에 대한 위험을 억제하여 각 기본권주체가 자기 기본권을 원만히 행사할 수 있도록 법질서를 형성·유지할 국가의 의무를 뜻한다. 기본권보호의무 때문에 국가는 기본권을 침해하는 위치에만 있는 것이 아니라 기본권주체인 제3자에게서 개인의 기본권을 보호할 적극적 보호자의 위치에도 서게 된다.

---

110) BVerfGE 59, 275 (277 ff.) 참조.

111) 헌재 2004. 8. 26. 2003헌마457, 판례집 16−2상, 355, 361−362 참조. 이 헌법재판소 결정에 관한 평가는 윤정인, 「기본권주체의 의사에 반하는 기본권보호 − 후견주의입법의 헌법적 정당화의 한계 −」, 고려대학교 법학석사학위논문, 2007, 80~81쪽 참조. 그 밖에 김명식, 「흡연규제의 정당화근거에 관한 소고」, 『공법연구』 제31집 제3호, 한국공법학회, 2003, 423~440쪽 참조.

112) 이에 관해서 자세한 검토는 김주현, 「자기결정권과 그 제한 − 좌석안전띠 및 승차용안전모 착용의무와 paternalism −」, 『헌법논총』 제7집, 헌법재판소, 1996, 81~93쪽 참조.

113) 헌재 1997. 1. 16. 90헌마110등, 판례집 9−1, 90, 119−121; 헌재 2008. 7. 31. 2004헌바81, 판례집 20−2상, 91, 103−104; BVerfGE 46, 160 (164); 53, 30 (57) 참조.

114) 여기서 기본권보호의무와 국가의 보호의무를 구별한다. 기본권보호의무는 기본권주체인 제3자의 침해에서 기본권적 법익을 보호할 국가의 의무에 한정하고, 국가의 보호의무는 침해주체에 관계없이 모든 침해에서 기본권적 법익을 보호할 국가의 모든 의무를 가리킨다.

2. (기본권적) 방어권과 기본권보호의무의 비교

기본권보호의무는 다음과 같은 점에서 (기본권적) 방어권과 구별된다.[115]

(1) 인정근거

방어권은 개인의 주관적 권리이지만, 기본권보호의무는 개인의 주관적 권리를 도출하는 근거로 작용하는 객관법적 국가과제이다.[116] 즉 방어권은 기본권의 주관적 측면에서 문제가 되지만, 기본권보호의무는 기본권의 객관적 측면에서 문제가 된다. 물론 기본권보호의무에서도 보호청구권이라는 주관적 권리가 도출된다.[117] 하지만 기본권보호의무에서 문제 삼는 것은 먼저 국가가 국민을 위해서 무엇을 하여야 한다는 의무적인 측면이다. 방어권도 국가의 침해금지의무에 상응하는 권리인데도 그 의무적인 측면을 잘 거론하지 않는 것은 방어권 논의의 중점이 주관적 권리이기 때문이다.

(2) 기본권관계의 구조

방어권과 기본권보호의무는 기본권적 법익을 보호한다는 점에서는 마찬가지이다. 그러나 방어권은 사인과 국가의 관계에서 개인의 자유를 문제 삼지만, 기본권보호의무는 사인 서로 간의 관계에서 개인의 안전을 문제 삼는다. 즉 방어권은 국가의 침해에 대해서 자유, 즉 개인의 소극적 지위를 보장하여 국가 활동을 억제하지만, 기본권보호의무는 국가 활동을 억제하는 것이 아니라 오히려 국가에 적극적 지위를 매개해 준다.[118] 방어권에서 보호법익은 국가가 일정한 요건을 충족하지 않으면 제약할 수 없는 소극적 의미로 이해되지만, 기본권보호의무에서 보호법익은 국가가 제3자의 제약에서 온전하게 보전하여야 하는 적극적 의미로 이해된다.

---

115) 계희열, 『헌법학(중)(신정2판)』, 박영사, 2007, 109~110쪽; 김상겸, 「제3자의 기본권침해에 대한 보호의무로서 기본권보호의무」, 『고시연구』제30권 제6호(통권 제351호), 고시연구사, 2003. 6., 255쪽; 김학성, 『헌법학원론(전정3판)』, 피앤씨미디어, 2019, 353~354쪽; 정태호, 「기본권보호의무」, 『인권과 정의』제252호, 1997. 8., 대한변호사협회, 88쪽; 허완중, 「사법관계에 미치는 기본권의 효력」, 고려대학교 법학석사학위논문, 2002, 57쪽 주 24; Josef Isensee, Das Grundrecht als Abwehrrecht und als staatliche Schutzpflicht, in: Josef Isensee/Paul Kirchhof (Hrsg.), HStR, Bd. Ⅸ, 3. Aufl., Heidelberg 2011, § 191 Rdnr. 1 ff.

116) Josef Isensee, Das Grundrecht als Abwehrrecht und als staatliche Schutzpflicht, in: Josef Isensee/Paul Kirchhof (Hrsg.), HStR, Bd. Ⅸ, 3. Aufl., Heidelberg 2011, § 191 Rdnr. 10.

117) 기본권적 방어권은 국가에 대해서 국가 자신이 침해하지 말라고 청구하는 권리이지만, 보호청구권은 제3자가 침해하지 않도록 국가가 배려할 것을 국가에 대해서 청구하는 권리이다(Robert Alexy, Theorie der Grundrechte, Frankfurt, 1994, S. 415).

118) Josef Isensee, Das Grundrecht als Abwehrrecht und als staatliche Schutzpflicht, in: Josef Isensee/Paul Kirchhof (Hrsg.), HStR, Bd. Ⅸ, 3. Aufl., Heidelberg 2011, § 191 Rdnr. 1 ff.; Konrad Hesse, Grundzüge des Verfassungsrechts der Bundesrepublik Deutschland, 20. Aufl., Heidelberg 1995, Rdnr. 350 (콘라드 헷세, 계희열 옮김, 『통일독일헌법원론』, 박영사, 2001, 223쪽).

(3) 국가의 지위

방어권과 기본권보호의무 양자의 수범자는 국가이다. 그러나 방어권은 기본권(규정)이 부여하는 권리이지만, 기본권보호의무는 기본권(규정)이 부과하는 의무이다. 그리고 방어권에서는 국가가 위험원이지만, 기본권보호의무에서 위험원은 제3자이고 국가는 제3자가 유발하는 기본권적 법익에 대한 위법한 제약을 막아야 하는 보증인적 지위에 있다.[119] 헌법재판소는 "국민의 기본권에 대한 국가의 적극적 보호의무는 궁극적으로 입법자의 입법행위를 통하여 비로소 실현될 수 있는 것이기 때문에, 입법자의 입법행위를 매개로 하지 아니하고 단순히 기본권이 존재한다는 것만으로 헌법상 광범위한 방어적 기능을 갖게 되는 기본권의 소극적 방어권으로서의 측면과 근본적인 차이가 있다. 즉 기본권에 대한 보호의무자로서의 국가는 국민의 기본권에 대한 침해자로서의 지위에 서는 것이 아니라 국민과 동반자로서의 지위에 서는 점에서 서로 다르다."라고 한다.[120]

(4) 내용과 실현

방어권은 일정한 요건을 갖춘 때를 제외하고는 기본권적 자유에 대한 국가의 모든 제약을 금지하는 것을 내용으로 하지만, 기본권보호의무는 기본권적 법익을 보호하기 위해서 효과적인 모든 수단을 투입하라고 요구하는 것은 아니다. 즉 기본권보호의무는 어떠한 수단을 선택할 것인지에 관해서 입법자에게 폭넓은 재량을 부여한다. 그리고 방어권은 개인과 국가의 단선적 관계를 형성하지만, 기본권보호의무는 사인(피해자)―국가―제3자(가해자)의 3각관계를 형성한다. 특히 사인의 기본권을 제약함으로써 국가의 보호의무가 이행될 때 대립하는 사인의 기본권이 국가에 서로 충돌하는 기능 수행을 요구한다. 즉 피해자의 기본권은 국가에 적극적 행위를 요구하지만, 가해자의 기본권은 국가의 활동에 대해서 방어적 작용을 한다. 이러한 특성 때문에 방어권에서는 헌법이 직접 효력을 미치지만, 기본권보호의무는 일반적으로 법률을 매개로 실현된다.[121]

3. 인정근거

헌법은 기본권보호의무를 직접 규정하지 않는다. 그러나 헌법 제10조 제2문은 국가에 개인이 가지는 불가침의 기본적 인권을 보장할 의무를 부여한다. 기본권보장의무는 기본권주체인 제3자가 일으키는 내적 침해나 침해위험에서 기본권주체를 보호할 의무도 포함한다. 그리고 국가의 목적은 1차적으로 국민의 내·외적 안전을 보장하는 것이다. 헌법 전문은 "우리들

---

119) Josef Isensee, Das Grundrecht als Abwehrrecht und als staatliche Schutzpflicht, in: Josef Isensee/Paul Kirchhof (Hrsg.), HStR, Bd. IX, 3. Aufl., Heidelberg 2011, § 191 Rdnr. 4 f.

120) 헌재 1997. 1. 16. 90헌마110등, 판례집 9-1, 90, 120.

121) Josef Isensee, Das Grundrecht als Abwehrrecht und als staatliche Schutzpflicht, in: Josef Isensee/Paul Kirchhof (Hrsg.), HStR, BBd. IX, 3. Aufl., Heidelberg 2011, § 191 Rdnr. 5 ff.

과 우리들의 자손의 '안전'"이라는 표현을 통해서 그리고 헌법 제37조 제2항에서 기본권 제한 목적으로 국가안전보장과 '질서유지'를 규정함으로써 개인의 내·외적 '안전'의 보장이라는 국가목적을 밝혔다. 이때 내적 안전 보장이라는 국가목적을 달성하기 위해서 국가의 기본권보호의무가 요구된다. 특히 국가가 개인의 자력구제를 배제하고 모든 권력(폭력)을 독점함으로써 국민의 자력구제를 긴급한 상황을 제외하고 금지하는 것은 국가가 모든 침해에서 개인의 기본권을 보장한다는 것을 전제한다. 또한, 헌법 제30조는 다른 사람의 범죄행위 때문에 생명과 신체에 피해를 본 국민에 대한 국가의 보호의무를 규정한다. 그러나 이러한 헌법적 근거에서는 기본권보호의무의 추상적 내용만 도출될 뿐이고 구체적 내용은 확정되지 않는다. 기본권보호의무의 구체적 내용은 개별 기본권 해석을 통해서만 밝혀질 수 있다. 이러한 점에서 공동체의 객관적 가치질서로서 기능하는 기본권의 객관적 측면도 기본권보호의무의 헌법적 근거가 되어야 할 것이다. 요컨대 기본권보호의무는 헌법 제10조 제2문의 기본권보장의무, 국가의 내적 안전 보장, 국가의 권력독점, 헌법 제30조와 더불어 개별 기본권의 객관적 측면을 근거로 한다.122)

---

122) ① 기본권보호의무의 근거에 관해서는 실정헌법보다는 기본권의 객관적 가치질서의 측면에서 기본권보호의무를 도출하는 견해(계희열, 『헌법학(중)(신정2판)』, 박영사, 2007, 107~108쪽; 정태호, 「기본권보호의무」, 『인권과 정의』 제252호, 대한변호사협회, 1997. 8., 92~99쪽), ② 입헌주의 헌법과 민주공화국의 선언규정에서 기본권보장의무를 도출하고 헌법 제10조 제2항이나 헌법 전문은 단지 이를 확인하는 것으로 보는 견해(송기춘, 「국가의 기본권보장의무에 관한 연구」, 서울대학교 법학박사학위논문, 1999, 108쪽), ③ 헌법 제10조 제2문의 규정을 통해서 통치권력의 기본권 구속성에 따른 국가의 기본권보호의무를 당연한 것으로 보면서 헌법 제10조 제2문을 근거로 드는 견해(이승우, 「국가의 기본권보호의무」, 『현대공법과 개인의 권익보호』[균재 양승두교수 화갑기념논문집{Ⅰ}], 홍문사, 1994, 1182쪽), ④ 헌법이 정하는 기본권 보장과 국가의 본질적 기능과 목적 그리고 헌법 제10조 제1항을 근거로 드는 견해(정종섭, 『헌법학원론(제12판)』, 박영사, 2018, 398쪽), ⑤ 먼저 헌법 제10조 제2문을 근거로 들고 그 밖에 헌법 전문, 헌법 제21조 제4항, 헌법 제30조를 간접적 근거로 드는 견해(방승주, 「교통사고처리특례법과 국가의 기본권보호의무」, 『헌법소송사례연구』, 박영사, 2002, 463~464쪽; 같은 사람, 「헌법 제10조」, 『주요법령에 대한 주석서 발간 1(헌법 – 총강 및 기본권 부분)』, 한국헌법학회, 2001, 354쪽), ⑥ 기본권의 객관적 측면에서 보호의무의 근거를 찾기보다는 헌법 제10조 제2문에서 찾는 것이 합리적이라는 견해(정문식, 「생명윤리법상 국가의 기본권 보호의무」, 『공법학연구』 제8권 제3호, 한국비교공법학회, 2008, 174쪽), ⑦ 기본권의 객관적 측면에서 도출할 수밖에 없다는 견해(이부하, 「헌법영역에서 기본권보호의무」, 『공법학연구』 제8권 제3호, 한국비교공법학회, 2008, 130~131쪽), ⑧ 객관적 가치질서로서 자유권의 성격과 헌법 제10조 후문의 '국가의 인권보장 의무' 그리고 국가목표로서 내적 평화와 법익의 안전에 대한 보장이 헌법적 근거라는 견해(한수웅, 『헌법학(제9판)』, 법문사, 2019, 434~435쪽), ⑨ 이론적 근거로 기본권의 객관적 가치질서적 성격을, 실정법적 근거로 전문의 "우리들과 우리들의 자손의 안전과 자유와 행복을 영원히 확보할 것을 다짐하며", 헌법 제10조 후문, 제30조, 제36조 제1항, 제124조를 드는 견해(심경수, 『헌법』, 법문사, 2018, 172~173쪽) 그리고 ⑩ 실정법적 근거로 헌법 전문의 '우리들과 우리들의 자손의 안전과 자유와 행복을 영원히 확보', 헌법 제10조의 존엄과 가치, 헌법 제30조의 범죄피해구조청구권을, 이론적 근거로 기본권의 객관적 원칙규범 성격을 드는 견해(김학성, 『헌법학원론(전정3판)』, 피앤씨미디어, 2019, 352~353쪽)가 제시된다. 헌법재판소의 합헌의견은 헌법 제10조 제2문을 기본권보호의무의 근거로 들고(헌재 1997. 1. 16. 90헌마110등, 판례집 9-1, 90, 119-120. 헌재 2008. 7. 31. 2004헌바81, 판례집 20-2상, 91, 103 다수의견도 같은 견해), 위헌의견은 헌법 전문, 헌법 제10조, 제30조, 37조 제1항을 기본권보호의무의 근거로 들었다(헌재 1997. 1. 16. 90헌마110등, 판례집 9-1, 90, 126).

4. 발생요건

기본권보호의무가 발생하려면 ① 기본권이 보호하는 법익에 대해서 ② 사인인 제3자가 ③ 위법하게 ④ 위해를 가하였거나 위해를 가할 객관적인 위험이 있어야 한다.

(1) 기본권이 보호하는 법익

기본권보호의무는 자유권이 보호할 수 있는 모든 법익과 관련하여 발생할 수 있다. 즉 기본권보호의무는 모든 자유권에 공통된 기능이다. 사회권은 생활에 필요한 재화의 정의로운 분배를 통한 자유 보장을 목표로 하여 동태적 성격을 띠지만, 기본권보호의무는 기존 법적 지위를 사인의 위해에서 보존하는 것이라서 보수적·정태적 성격을 띤다. 따라서 사회권의 내용이 되는 사회적 급부는 기본권보호의무의 적용대상 밖에 있다. 기본권이 보호하는 자유는 국가와 관계되는 영역에서 문제 되고, 사인 서로 간에는 현실적 불평등이 그대로 투영되는 결과를 동반하는 사적 자치가 지배한다. 따라서 인간의 존엄과 관련된 평등 같은 인격의 핵심적 영역을 제외하면 원칙적으로 평등권은 기본권보호의무의 적용대상이 되지 못한다.[123]

기본권보호의무는 객관적 보호형식을 취하므로 기본권적 법익 중 개인의 주관적 법익이 아닌 객관적 법익을 보호한다. 즉 기본권보호의무는 구성요건 차원에서 기본권주체인 개인에게서 추상화한다. 따라서 개인의 기본권(향유)능력, 기본권행사능력, 법적 관련성의 문제는 기본권보호의무 판단에서 무의미하다. 즉 주체가 불분명하거나 확정되지 않거나 없을 때도 국가는 기본권보호의무를 지고 이를 이행하려고 다른 사람의 기본권을 제한할 수 있다.

(2) 사인인 제3자

기본권보호의무는 기본권적 법익을 보호하므로 사인인 제3자는 기본권주체이어야 한다. 그러나 사인 이외에 자연력이나 외국의 공권력을 기본권보호의무가 발생하는 위험원으로 보는 견해가 있다.[124] 헌법재판소는 재일한국인 피징용부상자의 일본국에 대한 보상청구권에 관한 헌법소원에서 국가의 구체적 작위의무를 부정하였다.[125] 독일 연방헌법재판소는 국민을 다른 나라의 군사적 위협에서 보호할 의무를 기본권보호의무에 포함하였다.[126] 자연력이 기

---

123) 정태호, 「기본권보호의무」, 『인권과 정의』 제252호, 대한변호사협회, 1997. 8., 87쪽. 평등권은 고유한 보호범위가 없어서 그 보호범위에 대한 침해도 없고, 국가는 원칙적으로 사인의 평등권 침해에서 개인을 보호할 의무가 없다는 견해로는 한수웅, 『헌법학(제9판)』, 법문사, 2019, 437쪽.

124) Eckart Klein, Grundrechtliche Schutzpflicht des Staates, in: NJW 1989, S. 1633; Hans Hugo Klein, Die grund—legende Schutzpflicht, in: DVBl 1994, S. 490; Gerhard Robbers, Sicherheit als Menschenrecht, Baden—Baden 1987, S. 124, 127; Michael Sachs, Verfassungsrecht Ⅱ Grundrechte, 3. Aufl., Berlin/Heudekberg 2017, S. 52 Rdnr. 27; Klaus Stern, Das Staatsrecht der Bundesrepublik Deutschland, Bd. Ⅲ/1, München 1988, S. 735 f.

125) 헌재 2000. 3. 30. 98헌마206, 판례집 12−1, 393.

126) BVerfGE 66, 39 (57 ff.); 77, 170 (214 ff.).

본권적 법익을 침해할 때도 국가가 각종 방재대책을 마련할 의무를 진다. 하지만 이때 국가는 재해를 방지하기 위한 조직적·기술적·사실적 힘을 보유하는 주체의 지위에서 의무를 진다. 따라서 사인 사이의 기본권영역에 대한 조정자로서 활동하는, 기본권보호의무에서 문제가 되는 국가의 지위와는 구별하여야 한다. 그리고 외국 공권력이 기본권적 법익을 침해할 수 있다. 그러나 외국 공권력은 헌법의 기본권이 구속하는 대상이 아니라는 점에서 헌법의 기본권이 구속하는 국가권력에 대해서 기본권을 주장할 수 있는 기본권보호의무와 문제상황이 다르다.127) 기본권주체 스스로 일으키는 자초위해도 기본권보호의무의 문제로 보려는 견해가 있다.128) 하지만 이때는 3각관계가 아닌 국가와 행위자 사이의 양극관계를 형성하고, 궁극적으로 기본권의 방어권적 측면에서 파악된다는 점에서 근본적으로 다르다.129)

(3) 위법한 제약

기본권보호의무가 발생하려면 사인이 기본권적 법익을 이미 침해하였거나 침해할 위험이 있어야 한다. 여기서 침해는 기본권적 법익에 대한 위법한 제약을 말하고, 이때 제약이란 기본권적 보호법익에 대한 불리한 작용을 뜻한다.130) 기본권적 법익에 대한 제약이 있다고 해서 바로 기본권보호의무가 발생하는 것은 아니고, 그것이 위법하여야 한다. 제약행위의 위법성에 대한 판단기준은 법률이 아닌 헌법이 제공한다. 기본권보호의무는 사인의 고의나 과실이 없어도 위법성만 있다면 문제가 될 수 있다. 즉 사인이 고의나 과실 없이 목적하지 않은 제약이 발생하여도 그 제약이 위법한 것이라면 기본권보호의무가 발생한다. 기본권보호의무는 침해가 실제로 발생할 때는 물론 기본권을 효과적으로 보호하기 위해서 그러한 침해가 합리적으로 예상될 때, 즉 가해의 객관적 위험이 있을 때도 발생할 수 있다. 위험원인 사인이 가해를 의도하였는지나 주관적으로 인식하였는지는 중요하지 않다. 그러나 그러한 침해나 침해위험은 사인에게 귀속될 수 있어야 한다. 위험 정도는 법적 효과와 관련될 뿐이므로 기본권보호의무 발생과는 관련이 없다.

5. 내용

(1) 수범자

국가의 모든 기관(입법·집행·사법·지방자치단체)이 수범자가 된다. 다만, '1차적으로는' 입

---

127) 정태호, 「기본권보호의무」, 『인권과 정의』 제252호, 대한변호사협회, 1997. 8., 85쪽.
128) Gerhard Robbers, Sicherheit als Menschenrecht, Baden－Baden 1987, S. 220 ff.
129) 강태수, 「자기위해행위의 제한에 관한 헌법적 고찰」, 『경희법학』 제43권 제1호, 경희대학교 법학연구소, 2008, 27쪽; 정태호, 「기본권보호의무」, 『인권과 정의』 제252호, 대한변호사협회, 1997. 8., 85쪽; Josef Isensee, Das Grundrecht als Abwehrrecht und als staatliche Schutzpflicht, in: Josef Isensee/Paul Kirchhof (Hrsg.), HStR Bd. IX, 3. Aufl., Heidelberg 2011, § 191 Rdnr. 244 ff.
130) 정태호, 「기본권보호의무」, 『인권과 정의』 제252호, 대한변호사협회, 1997. 8., 85쪽.

법자를 구속하므로 입법자에 기본권보호의무를 이행할 우선적 책임이 있다. 따라서 헌법의 기본권보호의무는 원칙적으로 행정기관이나 법원이 보호조치를 취할 권한의 직접근거가 되지 못한다. 국가가 기본권적 법익 보호를 위해서 취할 수단 선택과 관련하여 입법자에게 재량이 주어진다. 하지만 ① 기본권보호법률이 없으면 적합하고 충분한 법률제정의무가 부과되고, ② 기존 기본권보호법률이 기본권보호의무를 충족시키지 못하면 대체법률을 만들거나 해당 법률을 개선할 의무가 있다. 행정기관과 사법기관은 입법자가 제정한 법률을 집행하고 적용할 때 기본권규정에서 나오는 보호기능을 존중하여야 한다(기본권규정의 방사효).

(2) 보호 정도 – 과소보호금지원칙

기본권보호의무 목적은 기본권적 법익의 효과적인 보호이다. 기본권보호의무는 국가의 행위의무를 포함한다. 하지만 기본권보호의무는 국가의 보호조치가 있어야 한다는 것만을 결정한다. 기본권보호의무 목적은 다양한 수단을 통해서 달성될 수 있다. 따라서 국가는 기본권보호의무를 어떻게 이행할 것인지에 관해서 형성 재량이 있다. 그러나 국가의 형성 재량도 한계가 있다. 국가가 적절한 보호조치를 하였는지는 과소보호금지원칙[131]을 통해서 심사된다. 과소보호금지원칙은 국가가 기본권이 보호하는 법익을 보호할 때 헌법이 요구하는 최소수준 이상의 보호를 제공하여야 한다는 헌법원칙이다. 헌법재판소도 과소보호금지원칙을 기본권보호의무 이행과 관련하여 심사기준으로 채택하였다.[132] 헌법이 요구하는 최저한의 보호수준을 일반적·일률적으로 확정할 수는 없다. 이는 개별 사례에서 ① 관련 법익의 규범서열과 종류, ② 그 법익에 대한 침해나 침해위험의 종류, 근접도, 크기, ③ 자율적 자기보호 가능성[133] 등을 비교형량하여 구체적으로 확정하여야 한다.

헌법재판소는 국가가 국민의 기본권적 법익을 보호하기 위해서 전혀 아무런 보호조치를 취하지 않거나(진정입법부작위), 국가가 취한 보호조치가 기본권적 법익을 보호하기에 명백하게 전적으로 부적합하거나 불충분할 때(불충분입법, 부진정입법부작위)만, 즉 입법자의 기본권보

---

131) 이에 관해서 자세한 검토는 허완중, 「기본권보호의무에서 과소보호금지원칙과 과잉금지원칙의 관계」, 『공법연구』 제37집 제1–2호, 한국공법학회, 2008, 201~227쪽 참조.

132) 헌재 1997. 1. 16. 90헌마110등, 판례집 9–1, 90, 121–122; 헌재 2008. 7. 31. 2004헌바81, 판례집 20–2상, 91, 103–104.

133) 기본권보호의무가 기본권의 대사인적 효력과 밀접한 관련성이 있다는 점(이에 관해서는 허완중, 「사법관계에 미치는 기본권의 효력」, 고려대학교 법학석사학위논문, 2002, 57~67쪽 참조)에서 이 요소는 당연히 고려되어야 한다. 사적 자치의 전제요건이 충족되지 않으면 기본권적 법익 보호를 위해서 입법자가 사법관계에 개입하여야 한다는 것(계희열, 『헌법학(중)(신정2판)』, 박영사, 2007, 115쪽)과 사적 영역에서 국가가 기본권보호의무를 지더라도 사적 자치를 침해하는 것은 허용되지 않는다는 것(정종섭, 『헌법학원론(제12판)』, 박영사, 2018, 400쪽) 그리고 법관이 보호의무를 이행하더라도 민법규정에 흐르는 사적 자치를 뛰어넘는 것은 인정되는 않는다는 것(정문식, 「안전에 관한 기본권의 헌법상 근거와 위헌심사 기준」, 『법과 정책연구』 제7집 제1호, 한국법정책학회, 2007, 217~236쪽; 같은 사람, 「생명윤리법상 국가의 기본권 보호의무」, 『공법학연구』 제8권 제3호, 한국비교공법학회, 2008, 175쪽)도 같은 맥락이다. 이 요소 강조는 기본권보호의무의 지나친 확대 적용(이와 관련한 비판은 서경석, 「국가의 기본권보호의무 비판」, 『헌법학연구』 제9권 제3호, 한국헌법학회, 2003, 393~424쪽 참조)을 저지할 수 있다.

호의무에 대한 명백한 위반이 있을 때만 국가의 기본권보호의무 위반을 확인할 수 있다고 하였다.134) 그러나 국가에 폭넓은 입법형성권이 있어도 국가가 보호조치를 전혀 하지 않거나 보호조치가 명백하게 전적으로 부적합하거나 불충분하여야 비로소 최소한의 보호수준에 미달하는 것은 아니다. 헌법이 보호를 제공할 때 이러한 보호는 충분하여야 하고, 모든 충분하지 않은 보호는 단지 헌법 위반을 뜻할 뿐이다. 보호조치가 불충분하지만, 아직 완전히 불충분하지 않은 회색지대는 없다.135) 따라서 헌법재판소는 보호조치가 최소한의 보호수준을 보장하는지를 심사하여 이에 미달하면 언제나 국가의 기본권보호의무 위반을 확인하여야 한다. 즉 과소보호금지원칙에 따른 기본권보호의무 이행에 관한 심사는 소극적 심사가 아니라 적극적 심사이다.

6. 보호청구권

(1) 인정근거

① 기본권 보장의 목적은 인간의 존엄성 보장, 즉 개인의 자율성 보장이고, ② 기본권이 보장하고자 하는 인간의 자율성과 자기목적성은 국가의 보호의무에 상응하는 주관적 권리를 인정할 때 더욱더 효과적으로 관철될 수 있다.136) 방어권은 침해자를 보호하는 기능을 수행하고 보호청구권은 피해자를 보호하는 기능을 수행한다. 따라서 만약 보호청구권이 부정되면 방어권적 기능만을 수행하는 기본권은 사인 사이에 기본권을 침해할 특권이 될 것이다. 그에 따라 국가에서 국민과 사회세력이 자유공간을 확대하면 할수록 그리고 헌법적인 국가의 자유 제한성이 축소되면 될수록 사적 침해 위험이 증대할 것이다. 따라서 기본권보호의무가 기본권과 연결되면, 이러한 기본권보호의무를 관철할 주관적·법적 지위를 보호가 필요한 개인에게 보호청구권을 부여하여야 한다. 이때 보호청구권의 내용은 최소한의 보호수준이 될 것이다.

(2) 관철방법(헌법소원심판)

보호청구권은 법률상 권리가 아니라 헌법규정에서 도출되는 기본권(유사)적 권리이다. 이러한 보호청구권이 주어져야 비로소 사인은 국가의 기본권보호의무 위반을 사법적(司法的) 수단을 통해서 직접 다툴 수 있다. 특히 헌법소원심판은 기본권 침해를 요건으로 하는 점에서 이러한 보호청구권은 국가의 기본권보호의무를 직접근거로 하여 헌법소원을 제기할 때 필수적이다.

134) 헌재 1997. 1. 16. 90헌마110등, 판례집 9-1, 90, 121-122.
135) Detlef Merten, Grundrechtliche Schutzpflichten und Untermaßverbot, in: Klaus Stern/Klaus Grupp (Hrsg.), Gedächtnisschrift für Joachim Burmeister, Heidelberg 2005, S. 241. Christoph Brüning, Voraussetzungen und Inhalt eines grundrechtlichen Schutzanspruchs － BVerwG, NVwZ 1999, 1234, in: JuS 2000, S. 957 참조.
136) Robert Alexy, Theorie der Grundrechte, Frankfurt 1994, S. 414.

Ⅵ. 국제적 보호의무

1. 의의

세계화 진행에 따라 국민 생활은 더는 국가영역에 국한하지 않고, 과거와 비교할 수 없을 정도로 급속하게 그리고 광범위하게 국가영역 밖까지 확대되었다. 그리고 국가가 국제사회 일원으로서 다른 국제법주체[국가·국제기구·비정부간기구(NGO) 등]와 수많은 조약을 체결하고 서로 다양한 관계를 맺어감에 따라 다른 국제법주체의 영향력이 국내에 이전보다 훨씬 더 많이 미친다. 이러한 상황에서 외국과 국제기구, 비정부간기구, 그 밖의 이와 비슷한 단체[137] 등(이하 '외국'으로 약칭)이 개인의 기본권을 침해할 가능성이 점점 증가한다. 따라서 국가는 이러한 침해에 대해서도 개인의 기본권을 보호하여야 한다. 여기서 국가의 국제적 보호의무가 문제 된다. 국제적 보호의무는 외국의 침해에서 개인의 기본권을 보호할 국가의 의무를 말한다. 국제적 보호의무도 기본권3각관계에서 발생한다. 그러나 침해자가 헌법, 즉 기본권에 구속되지 않거나 구속을 강제하는 것이 사실적 측면에서 불가능하다는 점에 특색이 있다.

2. 인정근거

국가는 영역과 결부된 지배조직으로서 헌법을 근거로 권력을 행사함으로써 국민의 기본권은 물론 관련 있는 외국인의 기본권도 보호한다. 따라서 국가는 국제조약 당사자로서 특정된 자유와 권리, 특히 인권을 존중하고 자기 영역 안에 거주하고 자기 지배권력 안에 있는 모든 사람을 차별 없이 보호할 의무가 있다. 국가가 공간적 측면에서 배타적으로 관할하고 자기 고권 행사에 대한 공간적 한계를 형성하며 특히 국가법이 적용되는 영역을 국제법은 영역고권으로 인정한다. 국가영역을 넘는 고권행위와 그 효력은 외국의 지배와 권한 영역과 충돌하고 국제법 규율 아래 있다.[138] 외국 공권력은 한국 헌법이 아닌 자국 헌법에 구속된다. 그리고 외국 공권력에 대한 기본권 구속 확대는 국제법의 불간섭원칙 때문에 금지된다. 즉 외국 공권력을 기본권적으로 구속하려는 모든 시도는 국제법에 어긋나는 외국 간섭으로서 배척된다.[139] 따라서 국가권력이 국가영역 밖에서 행사될 때, 국가권력은 외국 주권을 존중하여야 한다. 단지 외국과 합의를 하거나 관련 국제법에 근거하여서만 국가권력은 외국에 영향을 미칠 수 있다. 국가영역을 넘는 사안에서 이러한 국가권력의 제한된 결정과 행위 그리고 책임

---

137) 그 밖의 유사한 단체에는 국가나 국제기구는 아니지만, 이들과 유사하게 공권력이나 이와 유사한 권력을 행사하는 모든 단체를 포함한다. 따라서 대한민국임시정부와 같은 망명정부나 탈레반이나 헤즈볼라 같은 독립적으로 활동하는 무장단체도 여기에 포함할 수 있다.

138) Peter Badura, Der Räumlich Geltungsbereich der Grundrechte, in: Detlef Merten/Hans—Jürgen Papier (Hrsg.), Handbuch der Grundrechte in Deutschland und Europa, Bd. Ⅱ, Heidelberg 2006, § 47 Rdnr. 1.

139) Bernhard Kempen, Grundrechtsverpflichte, in: Detlef Merten/Hans—Jürgen Papier (Hrsg.), Handbuch der Grundrechte in Deutschland und Europa, Bd. Ⅱ, Heidelberg 2006, § 54 Rdnr. 10.

가능성은 그러한 사안과 관련된 기본권주체에 대한 제한된 기본권 보호에 상응한다.140)

　외국의 고권행위는 원칙적으로 국내에 효력이 없다. 하지만 외국의 고권행위를 국가권력이 승인하고 집행할 수 있다. 헌법 제6조 제1항은 "헌법에 의하여 체결·공포된 조약과 일반적으로 승인된 국제법규는 국내법과 같은 효력을 가진다."라고 하여 외국의 고권행위가 국내에 미칠 가능성을 열어놓는다. 이러한 승인결정과 국가기관 집행은 공권력 행사이므로 기본권에 구속된다.141) 따라서 외국의 법적 행위가 국내에서 법적 효과를 발생하도록 하거나 그 밖의 효력이 있을 때 이러한 행위는 기본권을 기준으로 심사되어야 한다.142) 헌법은 전문에서 "우리들과 우리들의 자손의 안전과 자유와 행복을 영원히 확보할 것을 다짐"한다고 하고, 제37조 제2항에서 입법목적으로서 '국가안전보장'을 규정한다. 그리고 제5조 제1항에서 침략적 전쟁만을 부정하고 방어적 전쟁을 인정하고, 제77조 제1항에 따라 대통령은 전시·사변 또는 이에 버금가는 국가비상사태에 계엄을 선포할 수 있으며, 제125조에서 국가가 대외무역을 육성하며 이를 규제·조정할 수 있다고 규정한다. 따라서 헌법은 외국의 군사적·경제적 침해를 비롯한 모든 침해에서 국가의 독립과 존속을 지키고 국가의 안전과 이익을 극대화할 의무를 국가에 부여한다.

　법적으로 결합한 국민으로 조직된 지배단체인 국가는 국가영역 밖에서도 국가권력 아래에 있고 자기 보호를 요구할 수 있는 국민과 법관계를 유지한다. 국가 구성원에 대한 국가의 고권 행사 가능성은 해당 국가의 영역적 권한에 따라 주어진다. 국적에서 국가공동체에 대한 구성원적 결합, 법적 기본소속관계 그리고 헌법에서 직접 도출되는 권리, 특히 기본권이 드러난다. 국적과 관련된 기본권관계에서 국민은 외국에 대한 보호 청구, 특히 외교적 보호와 영사적 지원을 국가에 청구할 수 있다.143) 144) 즉 외국 공권력 행사에 대항하여 기본권을 원용할 수 없지만, 자국의 국가권력은 기본권에 구속되므로 이러한 때에 국가는 외국에 대한 외교적·영사적 수단을 통해서 자국민을 보호할 의무를 진다.145) 헌법 제2조 제2항은 "국가는 법률이 정하는 바에 의하여 재외국민을 보호할 의무를 진다."라고 하여 이러한 의무를 명시한다.

---

140) Bernhard Kempen, Grundrechtsverpflichte, in: Detlef Merten/Hans－Jürgen Papier (Hrsg.), Handbuch der Grundrechte in Deutschland und Europa, Bd. Ⅱ, Heidelberg 2006, § 54 Rdnr. 9.

141) BVerfGE 63, 343 (375); Peter Badura, Der Räumlich Geltungsbereich der Grundrechte, in: Detlef Merten/Hans－Jürgen Papier (Hrsg.), Handbuch der Grundrechte in Deutschland und Europa, Bd. Ⅱ, Heidelberg 2006, § 47 Rdnr. 6.

142) Peter Badura, Der Räumlich Geltungsbereich der Grundrechte, in: Detlef Merten/Hans－Jürgen Papier (Hrsg.), Handbuch der Grundrechte in Deutschland und Europa, Bd. Ⅱ, Heidelberg 2006, § 47 Rdnr. 9.

143) BVerfGE 37, 217 (241).

144) Peter Badura, Der Räumlich Geltungsbereich der Grundrechte, in: Detlef Merten/Hans－Jürgen Papier (Hrsg.), Handbuch der Grundrechte in Deutschland und Europa, Bd. Ⅱ, Heidelberg 2006, § 47 Rdnr. 7.

145) Bernhard Kempen, Grundrechtsverpflichte, in: Detlef Merten/Hans－Jürgen Papier (Hrsg.), Handbuch der Grundrechte in Deutschland und Europa, Bd. Ⅱ, Heidelberg 2006, § 54 Rdnr. 11.

3. 내용

국제적 보호의무는 국가공권력이 직접 피해자를 구제할 수 있는지에 따라 대외적 보호의무와 외교적·영사적 보호의무로 나눌 수 있다. 대외적 보호의무는 국가권력이 직접 피해자를 구제할 수 있을 때 발생하고, 외교적·영사적 보호의무는 외국 행위를 통해서 간접적으로 피해자를 구제할 수 있을 때 문제 된다.

(1) 대외적 보호의무

대외적 보호의무는 국가가 국가권력이 직접 미치는 범위 안에서 외국의 군사적·경제적·문화적 침해를 비롯한 모든 침해에서 자기 보호 아래에 있는 모든 사람을 보호할 의무를 말한다. 보호객체는 국민은 물론 국가권력이 직접 미치는 영역 안에 있는 기본권주체인 외국인과 무국적자도 모두 포함한다(이하 국가의 보호 아래에 있는 모든 사람을 '국민'으로 약칭). 대외적 보호의무는 영역고권에서 도출되는 국가의 의무이기 때문이다. 따라서 대한민국 영역 밖에 있는 대한민국의 영사관이나 대사관 또는 대한민국 국적의 비행기나 선박 안에 있는 외국인이나 무국적자도 보호객체가 된다. 대외적 보호의무에 따라서 국가는 외국의 무력도발에서 국민 안전을 지키는 것(헌법 제5조)은 물론 국민에 대한 외국의 체포·감금이나 재산권 침해와 같은 각종 기본권 침해에서 국민을 보호하여야 한다. 그리고 외국의 고권행위를 승인하거나 집행함으로써 국내에 효력을 미치게 할 때도 국가는 국민의 기본권을 침해하여서는 안 된다. 다만, 헌법에 따라 체결·공포된 조약과 일반적으로 승인된 국제법규는 국내법과 같은 효력이 있으므로 대외적 보호의무는 국제법적 한계가 있다(헌법 제6조 제1항). 예를 들어 외교관은 접수국의 형사재판관할권과 민사 및 행정재판관할권에서 면제를 누리고('외교관계에 관한 비엔나 협약' 제31조 제1항)146), 공관지역과 같은 지역 안에 있는 비품류 및 기타 재산과 공관의 수송수단은 수색, 징발, 압류 또는 강제집행에서 면제되며('외교관계에 관한 비엔나 협약' 제22조 제3항)147), 영사관원과 사무직원은 영사직무 수행 중에 한 행위에 대해서 접수국의 사법이나 행정 당국의 관할권에 복종할 의무를 지지 아니한다('영사관계에 관한 비엔나 협약' 제43조).148) 그

---

146) 다만, 다음의 경우에는 외교관은 접수국의 민사 및 행정재판관할권으로부터 면제를 향유하지 못한다.
   ① 접수국의 영역내에 있는 개인부동산에 관한 부동산 소송. 단, 외교관이 공관의 목적을 위하여 파견국을 대신하여 소유하는 경우는 예외이다.
   ② 외교관이 파견국을 대신하지 아니하고 개인으로서 유언집행인, 유산관리인, 상속인 또는 유산수취인으로서 관련된 상속에 관한 소송.
   ③ 접수국에서 외교관이 그의 공적직무 이외로 행한 직업적 또는 상업적 활동에 관한 소송.
147) 헌재 1998. 5. 28. 96헌마44, 판례집 10-1, 687, 693-694 참조.
148) 다만, 다음과 같은 민사소송에 관하여 적용되지 아니한다.
   ① 영사관원 또는 사무직원이 체결한 계약으로서 그가 파견국의 대리인으로서 명시적으로 또는 묵시적으로 체결하지 아니한 계약으로부터 제기되는 민사소송
   ② 접수국내의 차량, 선박 또는 항공기에 의한 사고로부터 발생하는 손해에 대하여 제3자가 제기하는 민사소송.

리고 한국 안에서 한 외국의 사법적(私法的) 행위에 대해서는 특별한 사정이 없는 한 해당 국가를 피고로 하여 한국 법원이 재판권을 행사할 수 있지만,149) 공법적 행위에 대해서는 한국 법원이 재판권을 행사할 수 없고, 주한미군의 구성원과 내국인 아닌 고용원(카투사 포함)의 공무집행 중 불법행위에 관해서는 한국 법원의 민사재판권이 면제되며['대한민국과 아메리카합중국간의 상호방위조약 제4조에 의한 시설과 구역 및 대한민국에서의 합중국군대의 지위에 관한 협정'(SOFA) 제23조], 국제연합기구와 산하 특별기구, 그 기구의 대표자·직원은 민사재판권에서 직무상 면제권을 누린다(국제연합헌장 제105조).

(2) 외교적 · 영사적 보호의무

외교적·영사적 보호의무는 국가권력에 구속되지 않는 주체에 의해서 또는 국가권력이 직접 미치지 않는 영역에서 국민이 기본권 침해를 받지 않도록 노력하여야 하는 국가의 의무를 말한다.150) 침해주체가 국가권력에 구속되지 않거나 국가권력이 직접 미칠 수 없는 영역 안에 있다는 점에 특징이 있다. 침해주체는 외국과 국제기구 그리고 공권력이나 이와 유사한 권력을 행사하는 단체는 물론 외국인, 기업 등의 모든 사적 단체도 포함한다. 예를 들어 중국에서 한국 제품의 불법모조품이 대량생산되고 한국 영화나 방송드라마가 불법복제되고 있는데도 중국 정부가 이를 단속하지 않거나 묵인하고 있을 때, 한국 정부는 국민의 재산권을 보호하기 위해서 중국 정부에 외교적 수단을 통해서 단속을 요구하여야 한다. 보호객체는 국민에 국한된다.151) 외교적·영사적 보호의무는 대인고권에서 도출되는 국가의 의무이기 때문이다. 국민이 체류기간과 체류목적에 상관없이 국가권력이 직접 미치지 않는 영역 안에 머물면 보호객체에 해당된다. 국민이 자기의사에 따라 국가권력이 직접 미치지 않는 영역에 머물 때는 물론 자기의사에 어긋나게 그러한 영역에 머물 때도 국가는 외교적·영사적 보호의무를 진다.152) 예를 들어 국민이 이민이나 유학을 위해서 자발적으로 국가영역을 떠날 때는 물론 납치를 당하여 강제로 외국으로 끌려갈 때도 국가는 외교적·영사적 보호의무를 진다. 이때 침해당한 국민에게 침해유발 책임이 있는지는 문제 되지 않는다. 예를 들어 국가 경고를 무시하고 자발적으로 아프가니스탄에 들어가 선교활동을 하다가 탈레반에게 납치된 사람에 대해서도 국가는 당연히 외교적·영사적 보호의무를 부담한다. 여기서 침해는 법적·사실적 침해, 적극적·소극적 침해와 직·간접 침해를 가리지 않고, 유형·무형의 침해와 현재적·잠재

---

149) 대법원 1998. 12. 17. 선고 97다39216 판결(집46-2, 334; 공1999, 121).

150) 이와 관련해서 국제법에서는 외교적 보호, 영사적 보호, 그 밖의 특별국제법상 보호를 이야기한다. 이에 관해서 자세한 것은 배종인, 「국가의 재외국민보호 의무의 범위와 한계 – 헌법 제2조상의 재외국민보호와 국제법상의 외교적, 영사적 보호 –」, 『법조』 제56권 제12호(통권 제615호), 법조협회, 2007. 12., 149~154쪽; 제성호, 「재외국민 보호의 법적 근거와 국제적 기준」, 『저스티스』 제81호, 한국법학원, 2004. 10., 205~209쪽 참조.

151) 제성호, 「재외국민 보호의 법적 근거와 국제적 기준」, 『저스티스』 제81호, 한국법학원, 2004. 10., 206쪽 참조.

152) 비슷한 견해: 제성호, 「재외국민 보호의 법적 근거와 국제적 기준」, 『저스티스』 제81호, 한국법학원, 2004. 10., 202쪽.

적 침해도 모두 포함한다. 그리고 침해위험이 명백할 때도 침해에 포함된다. 침해결과가 국가
영역 밖에서 발생할 때는 물론 국가영역 안에서 나타날 때도 외교적·영사적 보호의무가 발
생할 수 있다. 즉 그 침해원인이 국가영역 밖에 있는 이상 국가의 외교적·영사적 보호의무는
발생한다. 예를 들어 중국 공해시설에서 내뿜는 공해물질이 한국 영역에 영향을 미칠 때, 국
제하천에서 상류에 있는 국가의 댐 건설로 말미암아 하류지역의 다른 국가 국민이 피해를 볼
때, 외국 영해 위나 공해 위에서 이루어지는 외국 어선의 남획 때문에 국내어장이 황폐해질
때 등에 국가는 이에 관한 시정을 해당 국가에 요구하여 국민의 기본권을 보호할 의무를 진
다. 국가가 지는 외교적·영사적 보호의무에서 국가의 구체적인 행위의무나 보호의무를 직접
도출할 수는 없다. 국가는 국제법이나 국제관례 등에서 일반적으로 인정되는 범위를 기준으
로 국가의 주관적·객관적 능력에 비추어 가능한 범위에서 관련되는 다양한 보호법익을 형량
하여 적절한 수단을 선택할 의무만을 진다. 이러한 의무는 국가가 공익에 어긋나거나 과도한
부담을 지는 행위나 일반적 국제관행이나 정의관념에 어긋나는 행위까지 하여야 한다는 것을
뜻하지는 않는다. 예를 들어 국가가 납치된 국민을 석방하기 위해서 테러단체에 보상금을 지
급하거나 부당한 요구를 들어주는 것 등의 협상의무를 지지 않는다. 즉 국가는 납치한 테러
단체의 요구를 들어줄 의무가 없다.[153]

헌법 제2조 제2항의 재외국민보호의무는 외교적·영사적 보호의무의 일부분을 구성한다.
재외국민보호의무는 재외국민이 해당국에서 정당하고 차별 없는 대우를 받으면서 생활할 수
있도록 국가가 적극적으로 외교·재정 등의 지원을 할 국가의 의무를 말한다. 재외국민은 대
한민국 국민으로서 외국의 영주권을 취득한 사람이나 영주할 목적으로 외국에 거주하는 사람
이며, 대한민국 국적을 보유하였던 사람이나 그 직계비속으로서 외국국적을 취득한 사람인
외국국적 동포와 구별된다('재외동포의 출입국과 법적 지위에 관한 법률' 제2조).[154] 재외국민도 대
한민국의 인적 존립기반을 이루므로 국가는 보호의무를 진다.[155] 재외국민이 해당 거주국에
있는 동안 받게 되는 보호는, 조약, 그 밖의 일반적으로 승인된 국제법규와 해당 국가의 법령
에 따라 누릴 수 있는 모든 분야에서 정당한 대우를 받도록 해당국과 맺는 관계에서 국가가
하는 외교적 보호와 국외 거주 국민에 대하여 정치적인 고려에서 특별히 법률로 정하여 법

---

153) BVerfGE 46, 160 (165) 참조.
154) 재외동포 범위를 대한민국 정부 수립(1948년) 이후에 국외로 이주한 사람으로 제한한 '재외동포의 출입국과 법
    적 지위에 관한 법률' 제2조에 대해서 헌법재판소는 헌법불합치결정을 내렸다. 대한민국 정부 수립 시점을 기준
    으로 정부수립 이전에 조국을 떠난 동포를 차별하는 것은 자의적인 입법이어서 독립운동을 하거나 일제의 강제
    노역·수탈 등을 피해서 조국을 떠났던 중국과 구소련 교포가 대부분인데 이들을 돕지는 못할지언정 오히려 차
    별하는 것은 정당하지 못하다고 하였다(헌재 2001. 11. 29. 99헌마494, 판례집 13−2, 714). 2004년 3월 5일 개정
    된 국적법 제2조 제2호는 대한민국 국적을 보유하였던 사람에 대한민국정부 수립 이전에 국외로 이주한 동포를
    포함한다.
155) 헌재 2006. 3. 30. 2003헌마806, 판례집 18−1상, 381, 391.

률·문화·교육, 그 밖의 제반영역에서 베푸는 지원이다.156) 이러한 내용은 재외국민등록법,
'재외동포의 출입국과 법적 지위에 관한 법률', 재외동포재단법, '재외국민의 교육지원 등에
관한 법률', 재외국민보조금교부규정, '재외국민의 가족관계등록창설, 가족관계등록부정정 및
가족관계등록부정리에 관한 특례법' 등이 구체화한다. 그러나 재외국민보호조항이 국가에 구
체적인 행위의무나 보호의무를 발생시키는 것은 아니다.157)

Ⅶ. 자연재해방재의무

1. 의의

기본권 침해는 개인과 국가의 책임영역 밖에서도 발생한다. 자연은 사람이 사는 터전이기
는 하지만, 때로는 사람에게 엄청난 재난을 발생시켜 감당하기 어려운 재해를 가져올 수도
있다. 이러한 자연재해는 사회질서를 혼란에 몰아넣거나 마비시키고, 심지어 파괴할 수도 있
다. 그와 함께 자연재난은 인간의 생명, 신체, 재산을 비롯한 다양한 기본권적 법익을 침해할
수 있다. 인간은 오래전부터 자연재난에 대해서 적극적으로 대처하려고 노력하였다. 특히 자
연재해의 예방과 복구는 오래전부터 중요한 국가과제의 하나였다. 자연재해 방재는 국가의
발생원인으로 거론되기도 한다. 이는 여전히 중요한 국가과제로 남아있고, 이에 상응하여 국
가는 자연재해방재의무를 진다.

국가의 자연재해방재의무는 국가가 자연재해를 미리 예방하거나 발생한 재해를 복구할 의
무를 말한다. 재난은 수많은 사람의 생명이나 건강, 환경, 중요한 사물가치나 주민의 생활에
필요한 물품 공급을 이례적으로 위험하게 하거나 손상하는 사건으로서 통상적인 수단으로 예
방하거나 복구할 수 없거나 어려운 것만을 이른다. 이러한 재난이 유발하는 피해를 재해라고
한다.158) 예측할 수 없거나 어려울 때, 예측할 수 있더라도 그 예방이 불가능하거나 어려울

---

156) 헌재 1993. 12. 23. 89헌마189, 판례집 5−2, 622, 646; 헌재 2001. 12. 20. 2001헌바25, 판례집 13−2, 863, 887.
157) 헌재 1998. 5. 28. 97헌마282, 판례집 10−1, 705, 711.
158) Michael Kloepfer, Katastrophenschutzrecht − Strukturen und Grundfragen −, in: VerwArch 98 (2007), S. 167;
　　Hans−Heinrich Trute, Katastrophenschutzrecht − Besichtigung eines verdrängten Rechtsgebiets, in: KritV 2005,
　　S. 345 f. 참조. 재난 및 안전관리기본법 제3조 제1호는 '재난'은 국민의 생명·신체 및 재산과 국가에 피해를 주
　　거나 줄 수 있는 것으로서 ① 태풍·홍수·호우(豪雨)·강풍·풍랑·해일(海溢)·대설·낙뢰·가뭄·지진·황사(黃
　　砂)·적조 그 밖에 이에 따르는 자연현상으로 말미암아 발생하는 재해, ② 화재·붕괴·폭발·교통사고·화생방사
　　고·환경오염사고 그 밖에 이와 유사한 사고로 대통령령이 정하는 규모 이상의 피해, ③ 에너지·통신·교통·금
　　융·의료·수도 등 국가기반체계의 마비와 전염병 확산 등으로 말미암은 피해를 말한다고 한다. 자연재해대책법
　　제2조 제1호는 '재해'는 재난 및 안전관리기본법 제3조 제1호의 규정에 의한 재난으로 말미암아 발생하는 피해라
　　고 하고, 동조 제2호는 '자연재해'는 제1호의 규정에 의한 재해 중 태풍·홍수·호우(豪雨)·강풍·풍랑·해일·조
　　수(潮水)·대설·가뭄·지진(지진해일을 포함한다)·황사 그 밖에 이에 준하는 자연현상으로 말미암아 발생하는
　　재해를 말한다고 한다. 재난은 인간의 생존과 재산의 보존이 불가능할 정도로 생활질서를 위협받는 상태를 초래
　　하는 사고 또는 상태를 말하고, 그 피해를 재해라고 하는 견해가 있다(문현철, 「방재행정법의 체계화에 관한 연

때나 재해가 발생하면 피해자 스스로 극복하는 것이 통상적으로 불가능하거나 어려울 때 재
난으로서 인정된다. 따라서 강한 바람 때문에 나무 하나가 도로에 쓰러지거나 산에서 몇 개
의 돌이 굴러와 자동차를 부수거나 도둑고양이가 급증하여 음식물을 훔쳐 먹을 때 등은 재난
에 해당하지 않는다. 이때는 피해자 스스로 감내하거나 민법의 불법행위책임(민법 제758조, 제
759조)이나 행정법의 손해배상책임(헌법 제29조, 국가배상법)이나 손실보상책임(헌법 제23조 제3
항) 등이 문제가 될 것이다. 즉 이때는 누구의 지배영역에 있는지에 따라 지배자가 책임을 지
게 되므로 특별한 문제가 발생하지 않는다. 자연재해는 재해 중에서 자연이 발생시키는 것만
을 이른다. 자연재해 방재는 자연재해 복구와 자연재해 예방을 포함한다. 자연재해 복구는 발
생하거나 발생할 가능성이 있는 재해를 제거하거나 줄이기 위한 모든 행위를 말한다. 자연재
해 예방은 이러한 자연재해 복구 준비를 이른다.[159]

2. 인정 필요성

자연재해는 개인과 국가의 의사 및 책임과 상관없이 발생한다. 하지만 그로 말미암아 생
명, 신체, 재산 등의 기본권적 법익은 돌이킬 수 없는 침해를 당하고, 국가질서는 걷잡을 수
없는 혼란에 빠질 수 있다. 따라서 자연재해에 대한 방재가 이루어지지 않으면, 기본권이 충
분하게 보장되지 않는 결과가 발생할 수 있다. 그러나 개인이나 사적 단체 스스로 이러한 자
연재해를 예방하고 복구하는 것은 불가능하거나 대단히 어렵다. 그래서 이러한 자연재해를
예방하고 복구하는데 이에 대한 조직적·기술적·사실적 힘을 보유한 국가 개입이 절대적으로
필요하다. 이러한 점에서 자연재해를 예방하고 복구하는 것은 기본권의 보장조건 중 하나로
볼 수 있다. 물론 국가가 자연재해를 옹글게(완벽하게) 예방하거나 멈추게 하는 것은 기대하기
어렵다. 하지만 국가는 자연재해 발생조건에 영향을 미칠 수 있고, 무엇보다도 예상할 수 있
는 자연재해에 관한 정보를 국민에게 제공하여 피해를 예방하거나 축소할 수 있다. 그리고
지배할 수 있는 재해가 문제가 되면 효과적인 대응으로 피해를 예방하거나 최소화할 수 있
고, 지배할 수 없는 재해가 문제 되어도 적절한 대응을 통해서 최소한 피해를 줄일 수 있다.

구」, 조선대학교 법학박사학위논문, 2001, 8~10쪽). 이 견해는 자연재해는 자연현상에 기인하여 생명과 재산, 경
제, 사회적 구조 등에 피해를 주는 현상이나 결과라고 한다. 그리고 재해를 돌발적으로 발생하는 일시적인 이상
현상으로 말미암아 지역적으로 상당규모의 넓이로 발생하는 피해라고 정의하면서 재해의 특성으로 돌발성·일시
성·현상의 이상성과 지역적으로 광범위한 상당규모 피해를 드는 견해도 있다(전 진, 「재해법의 이념과 자연재
해에서 보호를 구할 헌법상의 권리」, 『대학원논문집』 제27집, 동아대학교, 2002, 154~155쪽).

159) Michael Kloepfer, Katastrophenschutzrecht – Strukturen und Grundfragen –, in: VerwArch 98 (2007), S. 168
f.; Hans-Heinrich Trute, Katastrophenschutzrecht – Besichtigung eines verdrängten Rechtsgebiets, in: KritV
2005, S. 349 f. 참조.

3. 인정근거

헌법 전문은 "우리들과 우리들의 자손의 안전과 자유와 행복을 영원히 확보할 것을 다짐"한다고 하여 안전 확보를 말하는데, 여기 '안전'에는 자연재해에서 벗어나는 것도 포함된다. 제34조 제6조는 "국가는 재해를 예방하고 그 위험으로부터 국민을 보호하기 위하여 노력하여야 한다."라고 하여 이를 구체적으로 확인한다. 물론 재해에는 자연재해(천재)와 인재를 모두 포함한다. 그리고 제36조 제3항은 "모든 국민은 보건에 관하여 국가의 보호를 받는다."라고 하는데, 여기서 '보건'에는 전염병의 예방과 치료도 포함된다. 따라서 헌법은 국가에 자연재해 방재를 과제와 의무로서 부과한다. 그리고 자연재해로 말미암은 혼란에서 벗어남을 포함하는 '질서유지'를 기본권 제한을 정당화하는 입법목적의 하나로 인정함(헌법 제37조 제2항)으로써 입법부가 자연재해의 예방과 복구를 위해서 기본권을 제한하는 법률을 제정할 수 있도록 할 뿐 아니라 자연재해의 긴급성에 비추어 집행부가 긴급재정경제명령처분권(제76조 제1항)과 계엄선포(제77조 제1항)로써 대처하도록 하였다. 그 밖에 헌법은 국가가 국토와 자원의 균형적인 개발과 이용을 위해서 필요한 계획을 수립하고(제120조 제2항) 국토의 효율적이고 균형 있는 이용·개발과 보전을 위해서 필요한 제한과 의무를 과할 수 있도록 함으로써(헌법 제122조) 이러한 자연재해에 대한 예방과 극복에 대한 계획을 세우고 종합적으로 대처하라고 요구한다.

4. 자연재해 원인

자연재해 원인은 세 가지로 나눌 수 있다. 먼저 자연력이 재해를 일으킬 수 있다. 홍수, 지진, 해일, 화산 폭발, 태풍, 자연발화에 따른 대화재, 가뭄, 대설, 유성 추락 등을 예로 들 수 있다. 다음으로 생물활동이 재해를 발생시킬 수 있다. 예를 들면 플랑크톤의 급작스런 번식에 따른 적조현상, 메뚜기떼나 수많은 해충의 습격 등이 있다. 마지막으로 전염병을 들 수 있다. 전염병에는 인간 전염병은 물론 동물 전염병과 식물 전염병도 포함한다.

자연재해에는 오로지 자연이 일으키는 재해와 자연과 인간이 함께 일으키는 재해가 있다. 후자에는 인간이 함께 발생 원인이 될 때는 물론 자연재해가 발생하고 나서 인간이 그 피해를 확대할 때와 인간이 일으킨 재해가 자연에 의해서 확대될 때도 포함된다. 요즘 특히 문제되는 환경 관련 재해는 대부분 인간이 일으키거나 인간과 자연이 함께 일으킨다. 이러한 점에서 자연재해와 인재의 구분이 불분명해진다. 인간이 발생시키거나 확대한 피해에 대해서는 관련된 개인이나 국가가 이에 관한 책임을 피할 수 없다.

5. 내용

국가는 자연재난 발생을 최소화하고 발생한 자연재난에 대해서는 능률적이고 신속한 관리체계를 통해서 대응하고 수습하여야 하며 자연재난으로 발생한 손해에 대해서는 원상회복과 충분한 전보를 하여야 한다. 자연재해 방재 목표는 재해발생 이전 생활수준을 유지하거나 회복하는 것이다.[160] 늘 이러한 목표를 옹글게(완벽하게) 달성할 수는 없을지라도 국가는 최소한 일반적인 정상생활이 가능한 수준까지는 유지나 복구를 하여야 한다. 재해발생 이전 생활수준은 자연재해방재의무의 한계이기도 하다. 따라서 자연재해를 입은 사람에게 자연재해 발생 이전보다 나은 생활수준을 보장하는 것은 이들을 다른 사람보다 합리적 근거 없이 우대하는 것이므로, 별도의 합리적 근거가 제시되지 않는 한 평등원칙(헌법 제11조 제1항)에 어긋나서 허용되지 않는다.[161] 그리고 평등원칙에 따라 차별적인 자연재해 방재도 허용되지 않는다. 물론 동시에 자연재해가 발생하여 동시에 복구할 수 없으면 합리적 기준에 따른 순차적 복구가 허용된다. 자연재해방재의무가 보호하는 객체는 국민에 국한되지 않는다. 그러나 외국인이나 무국적자에게 인정되지 않는 기본권 침해가 문제가 되면 국가는 외국인이나 무국적자에게 자연재해방재의무를 지지 않는다. 즉 자연재해가 생명이나 신체 등을 침해할 때 국가는 국민은 물론 외국인이나 무국적자도 보호하여야 한다. 하지만 재산 등의 침해에 대한 보상금 지급 등이 문제가 되면 국가는 관련 법률이나 조약이 없는 한 원칙적으로 국민에 대해서만 의무를 부담한다. 자연재해 발생장소는 국가영역 안으로 한정되지 않는다. 국가영역 밖에서 발생하여도 국민이 피해자이면 국가는 자연재해방재의무를 진다. 피해자의 수[162]나 피해범위는 자연재해방재의무 발생에 영향을 주지 않는다. 피해자의 수가 많거나 피해범위가 넓으면 자연재해방재의무 발생을 인정하는 것이 수월하지만, 피해자가 적거나 피해범위가 좁다는 것이 국가 자연재해방재의무 이행을 거부할 근거가 되지 못한다. 이는 모든 국민이 기본권주체로서 합리적 근거 없이 차별받지 않는다는 점(헌법 제11조 제1항)에 근거한다. 헌법 제34조 제6항과 제36조 제2항도 피해자나 피해의 범위에 대한 제한을 두지 않는다. 예를 들어 태풍이나 해일의 피해가 적은 사람이 사는 작은 섬에 국한되어도 국가는 당연히 자연재해방재의무를 진다. 그러나 모든 방재를 국가가 할 수 없으면 합리적 기준에 따라 방재의 순위나 수준이 차별되는 것은 불가피하다. 자연재해 방재는 국가 이외의 사인이나 사적 단체가 대신하거나 국가와 함께 할 수도 있다. 그러나 국가는 이러한 활동을 이유로 자신의 의무 이행을 거부하거나 축소할 수 없다. 예를 들어 민간단체의 구호활동을 이유로 구호활동을 중단하거나 민간의 구호금을 이유로 국가의 보상금을 줄일 수는 없다.

---

160) 전 진, 「재해법의 이념과 자연재해에서 보호를 구할 헌법상의 권리」, 『대학원논문집』 제27집, 동아대학교, 2002, 159쪽.

161) 전 진, 「재해법의 이념과 자연재해에서 보호를 구할 헌법상의 권리」, 『대학원논문집』 제27집, 동아대학교, 2002, 160쪽.

162) 전 진, 「재해법의 이념과 자연재해에서 보호를 구할 헌법상의 권리」, 『대학원논문집』 제27집, 동아대학교, 2002, 160쪽.

제 5 절   기본권주체

Ⅰ. 자연인

1. 기본권(향유)능력

자연인인 국민은 누구나 기본권 향유의 주체가 된다. 국민이란 대한민국 국적이 있는 모든 사람을 가리킨다. 이때의 국민에는 미성년자나 심신상실자, 행위무능력자, 수형자 등을 모두 포함한다. 기본권(향유)능력(기본권보유능력)[163]은 기본권 향유의 주체가 될 수 있는 능력을 뜻한다. 기본권(향유)능력은 형법의 자격정지를 통해서도 박탈할 수 없다. 다만, 근로3권(헌법 제33조)처럼 기본권의 성질에 비추어 기본권(향유)능력이 제한될 때가 있다.[164]

기본권(향유)능력은 민법의 권리능력에 대응할 수 있다. 그러나 기본권(향유)능력이 민법의 권리능력과 반드시 일치하는 것은 아니다. 즉 민법에서는 사망한 사람의 권리능력은 전적으로 부정되고, 태아도 출생을 전제로 인정될 때를 제외하고는 권리능력이 원칙적으로 부정되지만, 헌법에서는 사망한 사람도 명예권 등에서는 기본권주체가 될 수 있고, 태아도 원칙적으로 생명권 등의 주체가 된다. 그리고 정당과 같이 민법의 권리능력 없는 사단이 특정 기본권을 누릴 수 있는 능력을 갖추는 때도 있다. 자연인인 국민의 기본권(향유)능력은 원칙적으로 제한이 없다.

2. 기본권행사능력

(1) 개념과 제한

기본권행사능력은 기본권주체가 독립적으로 자기 책임 아래 기본권을 행사할 수 있는 능력을 말한다.[165] 기본권(향유)능력이 있는 사람은 모두 기본권의 주체가 되지만, 기본권주체 모두가 기본권의 행사능력이 있는 것은 아니다. 기본권행사능력은 기본권(향유)능력을 전제로 이를 실제로 행사할 조건을 갖추었는지를 판단하여, 그 조건이 충족되었을 때 인정된다. 기본권행사능력은 모든 기본권에서 문제가 되는 것이 아니라 인간의 행위 가능성을 보호하는 (그

---

163) 기본권주체능력이라고 부르는 견해도 있다(한수웅, 『헌법학(제9판)』, 법문사, 2019, 390쪽).
164) 이른바 '특별공법관계(이른바 특별권력관계)'는 그러한 관계에 있는 사람이 기본권을 주장할 수 없는 것으로 보면, 기본권주체 문제로 볼 수 있다. 그러나 그러한 관계에 있는 사람의 기본권 제한이 가중된다고 보면 기본권 제한 문제로 볼 수 있다.
165) 기본권향유능력과 기본권행사능력을 구분하지 말고 원칙적으로 모든 국민에게 기본권 주체성을 인정하고, 제한 단계에서 기본권의 주체가 될 수 없는 국민을 배제하는 것이 타당하다는 견해도 있다(이준일, 『헌법학강의(제7판)』, 홍문사, 2019, 332쪽). 기본권행사능력을 기본권 행위능력이라고 하는 견해도 있다(양 건, 『헌법강의(제8판)』, 법문사, 2019, 270쪽).

래서 별도의 행사가 필요한) 기본권(예를 들어 언론·출판의 자유, 직업의 자유, 결사의 자유, 재판청구권, 선거권 등)에서 문제가 되고, 특정 법익이나 상태를 보호하는 (그래서 별도의 행사가 필요하지 않은) 기본권(예를 들어 생명권, 사생활의 보호, 명예권 등)에서는 문제 되지 않는다.

기본권행사능력은 민법의 행위능력에 대응할 수 있다. 그러나 민법상 행위능력이 제한되는 미성년자도 기본권의 행사능력은 널리 인정된다. 이러한 점에서 양자는 반드시 일치하는 것은 아니다. 기본권행사능력은 ① 기본권의 성격상 제한될 때(예를 들어 미성년자가 일정한 기본권을 행사할 수 없을 때)와 ② 실정법에서 기본권행사능력 자체를 제한할 때[예를 들어 거주·이전의 자유 제한(민법 제914조)]에 제한된다. 나이에 따른 피선거권 제한(예를 들어 헌법 제67조 제4항, 공직선거법 제16조)은 피선거권을 행사하는 데 일반적인 판단능력 이외에 다른 능력이 요구된다고 보기 어려우므로 전속적인 능력의 문제라고 보기 어렵다. 따라서 이를 일반적으로 기본권행사능력 문제로 보고 있으나,[166] 기본권 제한 문제로 보아야 할 것이다.[167]

(2) 미성년자
① 미성년자의 기본권행사능력

미성년자는 만 19세 미만의 사람을 말한다(민법 제4조). 결혼하면 미성년자가 성년으로 의제되는 것은 사법관계에 한하므로(민법 제826조의2) 기본권과 무관하다. 미성년자는 정신적·육체적으로 미성숙하므로 기본권행사능력을 옹글게(완벽하게) 갖출 수 없다. 미성숙한 미성년자 본인의 판단을 따르면 미성년자 본인의 이익에 어긋날 수 있기 때문이다. 미성년자의 기본권행사능력 보유 여부는 해당 기본권에 포섭되는 행동이 법률행위를 구성하는지 아니면 자연적인지에 따라 판단되어야 한다. (i) 법률행위적 행동이라면 사법규정에 따라 판단하여야 한다. 즉 기본권 보호영역이 법률행위능력과 관련이 있으면, 예를 들어 재산권과 직업의 자유는 사법규정에 따라 기본권행사능력 보유 여부를 판단하여야 한다. 그러나 (ii) 그 외의 자연적 행동은 사실상 정신적·육체적 성숙도에 따라 당사자마다 개별적으로 기본권행사능력 보유 여부를 판단하여야 한다.[168]

② 미성년자 기본권과 부모 양육권의 갈등

미성년자도 부모의 양육객체에 불과한 것이 아니라 인간으로서 존엄성이 있는 존재이고 사안에 따라 최대한의 주체성을 인정받아야 할 존재이다. 그러므로 부모의 양육권은 무제한

---

166) 이를 기본권향유능력 문제로 보는 견해도 있다(정종섭,『헌법학원론(제12판)』, 박영사, 2018, 316쪽). 그리고 선거권 연령을 19세나 일정 연령으로 제한하는 것은 기본권행사능력 문제이기는 하나 기본권 제한 문제로 다룰 수 있다는 견해도 있다(정재황,『신헌법입문(제9판)』, 박영사, 2019, 233쪽).

167) 이에 관해서 자세한 검토는 허완중,「연령에 따른 국회의원 피선거권 제한의 법적 성격과 그에 따른 위헌심사」,『헌법학연구』제21권 제1호, 한국헌법학회, 2015, 349~388쪽.

168) 이상 김선택,「아동·청소년보호의 헌법적 근거」,『헌법논총』제8집, 헌법재판소, 1997, 96~98쪽; 한수웅,『헌법학(제9판)』, 법문사, 2019, 393~394쪽.

적·무조건적으로 인정될 수는 없다. 부모의 양육권은 다른 기본권과 달리 권리보유자 자신의 이익만을 위한 것이 아니라는 데 특징이 있다. 오히려 본질적으로 보면 부모 자신의 이익을 위한 권리라기보다는 미성년자, 즉 다른 사람의 이익에 봉사하도록 부여된 권리로 보아야 할 것이다. 따라서 그 한도 안에서 행사되어야 하는 제약 아래에 있다. 부모의 양육권은 부모 자신의 이익이 아니라 먼저 미성년자 복리가 기준이 되어 행사되어야 한다. 결론적으로 (ⅰ) 시기적 제약으로서 부모의 양육권은 미성년자가 해당 사안에 대해서 자율적으로 결정할 능력을 갖출 때까지만 미칠 수 있다. (ⅱ) 내용적 제약으로서 부모가 양육권을 행사할 때 어떤 형태의 양육방식을 선택할 것인지의 문제인데, 아동의 인격이 건전하게 성장하고 발달할 수 있도록 촉진하는 수단 중에서만 선택할 수 있다.[169]

미성년자가 기본권을 행사할 능력이 있을 만큼 성숙하였다고 하여 부모의 양육 필요성이 없다는 것을 뜻하지는 않는다. 미성년자에 대한 양육 필요성은 그가 기본권행사능력 외에도 추가로 생활관계에 관해서 독자적으로 판단하고 자기 책임 아래 법적 거래에 들어가는 데 충분한 만큼의 성숙에 도달하였을 때 비로소 소멸한다. 부모의 양육권은 미성숙한 미성년자가 자기 기본권 행사로 말미암아 생기는 본인에 대한 불이익에서 미성년자를 보호하는 데도 봉사하여야 한다. 따라서 미성년자가 판단능력과 책임능력이 모자라 아직도 스스로 결정하고 책임지는 인격체로 성장되지 못한 동안은 비록 미성년자가 자기 기본권을 행사할 수 있는 부분적인 능력이 있더라도 기본권을 행사할 때 자신에게 위험을 일으키는 자신에게서 보호되어야 할 때도 배제할 수 없다. 이때 부모는 이러한 자기 책임을 이행할 때 미성년자의 사실적 의사를 가능한 한 확인하고 존중하기 위한 노력을 기울여야 한다. 하지만 미성년자의 의사가 부모의 의사와 상충하면 아동의 객관적 이익인 아동 복리를 기준으로 하여 양육책임을 이행하면 되고 아동의 주관적 의사를 고려하지 아니할 수 있다. 따라서 양육 필요성이 그대로 있는 한도 안에서는 미성년자 기본권과 부모 양육권의 충돌은 외견상 있을 뿐이고 부모의 양육권에 유리하게 결정하지 않을 수 없다. 다만, 부모의 양육권은 시기적·내용적 제약 아래에서만 행사되는 것이므로 미성년자가 기본권을 구체적으로 행사할 때 부모의 양육 필요성이 부정되어 부모의 양육권이 배제될 가능성은 언제나 있다.[170]

Ⅱ. 태아와 사자의 기본권 주체성 – 기본권 주체성의 시기와 종기

1. 인간의 기본권적 보호기간

사람은 살아있는 동안에 권리의 주체가 된다. 이는 기본권도 마찬가지이다. 즉 사람은 출

---

169) 이상 김선택, 「아동·청소년보호의 헌법적 근거」, 『헌법논총』 제8집, 헌법재판소, 1997, 94~95쪽.
170) 이상 김선택, 「아동·청소년보호의 헌법적 근거」, 『헌법논총』 제8집, 헌법재판소, 1997, 98~101쪽.

생하여 사망할 때까지 기본권을 누릴 수 있다. 하지만 오늘날에는 완성된 사람이라고 볼 수 없는 상태, 즉 출생 이전의 상태(태아)나 사망 이후의 상태에서도 기본권주체가 될 수 있는지가 문제 된다.

2. 인간(생명)이 시작되는 시점

·수정되고 나서 14일까지는 초기배아, 수정되고 나서 15일부터 56일 사이를 배아, 그 이후 출생하기 전까지는 태아라고 한다. 초기배아, 배아, 태아는 신체활동이 불가능하고 독자적인 정신활동도 할 수 없으므로[171] 기본권주체가 되는 것은 불가능하다. 그러나 예외적으로 태아에게도 기본권을 인정할 필요가 있을 수 있다. 예를 들어 인간과 연속선상에 있는 초기배아, 배아, 태아의 생명과 신체, 건강을 보호하지 않으면 결국 인간의 생명과 신체, 건강은 보호받지 못하므로 초기배아, 배아, 태아의 생명과 신체, 건강은 보호받아야 한다. 생명권은 다른 기본권의 전제가 된다는 점에서 인간이 시작되는 시점은 생명이 시작되는 시점으로 볼 수 있다. 생명의 시기는 각 기본권에 따라 달리 결정될 수 있다[예를 들어 민법(전부노출설)이나 형법(진통설)]. 대법원은 인간의 생명은 잉태된 때부터 시작되는 것이고 회임이 된 태아는 새로운 존재와 인격의 근원으로서 존엄과 가치를 지닌다고 하여 잉태된 때, 즉 자궁에 착상한 때를 생명의 시기라고 본다.[172] 헌법재판소는 모든 인간은 헌법상 생명의 주체가 되며, 형성 중의 생명인 태아에게도 생명에 대한 권리가 인정되어야 하므로 태아도 헌법상 생명권의 주체가 된다고 한다.[173] 수정란 이후의 발생과정은 연속선상에 있다는 점에서 초기배아, 배아, 태아도 불완전한 인간으로 보호하는 데 필요한 인간의 존엄과 생명권, 신체를 훼손당하지 아니할 권리 등의 주체로서 인정되어야 한다. 하지만 이들이 옹근(완벽한) 인간이 아니라는 점에서 옹근(완벽한) 인간의 기본권과 충돌하거나 중대한 공익 때문에 제한될 때 일반적인 수준의 보호를 받을 수는 없다. 따라서 단계적인 보호가 불가피하다. 즉 수정란부터 시작하여 옹근(완벽한) 인간이 되기까지 그 성숙과정에 따라 그 보호 수준을 높여야 할 것이다. 이미 한국법에서도 영아살해죄(형법 제251조)나 낙태죄(형법 제269조, 270조) 등에서 보듯이 이러한 단계적 보호를 한다. 헌법재판소는 출생 전 형성 중의 생명에 대해서 헌법적 보호 필요성이 크고 일정할 때 그 기본권 주체성이 긍정된다고 하더라도, 어느 시점부터 기본권 주체성이 인정되는지 그리고 어떤 기본권에 대해 기본권 주체성이 인정되는지는 생명의 근원에 관한 생물학적 인식을 비롯한 자연과학·기술 발전의 성과와 그에 터 잡은 헌법 해석에서 도출되는 규범적 요청을 고려하여 판단하여야 할 것이라고 하면서, 아직 모체에 착상되거나 원시선이 나타나

---

171) 설사 이들의 독자적인 정신활동을 어느 정도 인정할 수 있더라도 이러한 정신활동을 표현하는 것은 불가능하다. 그러한 표현이 가능하다고 보더라도 현재 그것을 인식할 수는 없다.

172) 대법원 1985. 6. 11. 선고 84도1958 판결(집33−2, 497; 공1985, 1025).

173) 헌재 2008. 7. 31. 2004헌바81, 판례집 20−2상, 91, 101; 헌재 2012. 8. 23. 2010헌바402, 판례집 24−2상, 471, 480.

지 않은 이상 현재 자연과학적 인식 수준에서 독립한 인간과 배아 사이의 개체적 연속성을 확정하기 어렵다고 봄이 일반적인 점, 배아는 현재 과학기술 수준에 비추어 모태 속에서 수용될 때 비로소 독립적인 인간으로 성장 가능성을 기대할 수 있다는 점, 수정 후 착상 전의 배아가 인간으로 인식된다거나 그렇게 취급하여야 할 필요성이 있다는 사회적 승인이 있다고 보기 어려운 점 등을 종합적으로 고려할 때, 초기배아는 기본권 주체성을 인정하기 어렵다고 한다.174)

3. 인간(생명)이 종료되는 시점

인간이 종료되는 시점, 즉 생명이 종료되는 시점은 전통적으로 심장사를 기준으로 삼았다. 그러나 ① 의학 발달로 심폐기능을 인위적으로 연장할 수 있게 되면서 심장사라는 기준이 애매해졌고, ② 뇌사 판정을 받은 사람은 다시 소생할 수 없고 일정 시간이 지나면 틀림없이 심장사에 이르므로 뇌사가 확실한 사망기준이며, ③ 장기이식을 하려면 심장사 기준은 문제가 있다는 점에서 뇌사가 새로운 사망기준으로 제시된다. 하지만 뇌사를 사망기준으로 인정하기에는 ① 뇌사 개념 자체가 아직 확실하게 정립되지 않았고, ② 장기이식과 관련하여 뇌사 인정이 악용될 수 있으며, ③ 형법상 생명에 대한 피해자 승낙이 인정되지 않고(형법 제252조), ④ 뇌사가 죽음에 관한 한국 정서와 맞지 않으며, ⑤ 생명권의 절대 보호에 어긋난다는 문제점이 있다. 뇌사 판단에 관한 각국 기준안을 보면, ① 무반응성 혼수, ② 자가호흡 소실, ③ 뇌간의 신경학적 반사 소실 등이 공통적이며, ④ 무호흡검사, ⑤ 뇌파 검사의 필요 유무, ⑥ 뇌사 판정 시간 간격 등의 검사조건상 차이가 있다.175)

사자는 이미 사망하여 모든 신체적·정신적 활동이 없는 상태이다. 따라서 생명권을 비롯한 각종 기본권의 주체로 인정하기 어렵다. 그러나 인격권은 사후에도 침해될 수 있다. 이때 사자의 기본권을 인정하면 사자 자신은 그러한 기본권을 행사할 수 없다는 점에서 어떻게 보호할 것인지가 문제 된다. 예를 들어 사자 자신의 기본권으로 인정하면 누가 기본권 침해의 소송당사자가 될 것인지가 문제이다. 사자의 기본권 보호는 입법으로 구체화하여야 한다. 예를 들어 사자의 기본권을 침해할 때 형사처벌을 가함으로써 사자의 기본권을 보호할 수 있다 [현행법상 사자의 명예훼손죄(형법 제308조), 사체등의 오욕죄(형법 제159조), 분묘 발굴죄(형법 제160조) 등]. 그리고 사자의 유족은 침해자를 상대로 민사소송을 제기할 수 있다. 사자도 기본권이 인정되는 범위에서 헌법소원심판을 청구할 수 있다. 이때 실제 헌법소원심판 청구는 사자의 대리인이 행사한다. 사자의 기본권 침해와 밀접한 이해관계가 있는 사람도 헌법소원심판을 청구할 수 있다.

---

174) 헌재 2010. 5. 27. 2005헌마346, 판례집 22 – 1하, 275, 291 – 292.

175) 이상돈, 「뇌사와 인권」, 『법철학연구』 제2권, 한국법철학회, 1999, 254쪽.

Ⅲ. 외국인의 기본권 주체성

1. 외국인의 개념

외국인은 대한민국 국적이 없는 사람을 뜻한다. 헌법 제2조는 국민이 되는 요건을 법률에 위임하고, 국적법은 대한민국 국민이 아닌 사람을 외국인이라고 한다(제3조 제1항). 외국인에는 외국국적자, 무국적자 그리고 개별 법령에 따라 외국인으로 취급될 수 있는 복수국적자가 포함된다. 재외동포라도 외국국적이 있는 사람은 외국인이다.[176] 외국인은 일시체류외국인인 통과외국인과 현주지를 중심으로 살고 있어서 그 지역 주민으로 뿌리내린 정주외국인으로 구별되고, 정주외국인은 특별취급을 할 때가 잦다. 헌법은 외국인이 기본권주체가 될 수 있는지를 직접 규정하지 않는다.

2. 기본권 주체성 인정 여부

(1) 부정설

① 기본권을 '법률 속의 자유'로 파악하여 기본권주체는 법적 생활공동체 구성원인 국민에 한하고 외국인은 여기서 제외된다고 한다(법실증주의적 견해).

② 기본권을 일정한 국민의 가치체계·문화체계로서 공동체의 사항적 통합요소로 이해하므로 외국인에 대해서는 기본권 주체성을 원칙적으로 인정할 수 없다고 한다(통합론의 견해).

③ 헌법 제2장의 표제와 개별 기본권조항이 '국민'이라는 문언을 사용함을 이유로 기본권은 국민의 권리를 의미할 뿐이고 외국인의 권리는 헌법 제6조 제2항에 별도로 규정된다고 본다(헌법문언설)[177].

④ 어떤 관점에서도 헌법 제2장의 국민 개념에 따라서 그어진 한계를 무시하고 기본권조항별로 외국인이 그 주체가 될 수 있는 것으로 보아야 할 이유가 없고, 헌법제정자가 외국인의 기본권 주체성 문제를 헌법해석에 맡겼다고 볼 수 없을 뿐 아니라 이른바 국제화·세계화로 말미암아 국민 개념이 변천하였다고 볼 수도 없다고 하면서 외국인의 기본권 주체성을 원칙적으로 부정한다.[178]

(2) 긍정설

① 기본권을 그 성질에 따라 분류하여 천부적·전국가적 성격이 있는 권리는 인간으로서 외국인에게도 인정되고 참정권과 사회권 등은 인정되지 아니한다고 한다(결단주의적 견해).

② 민족의 동화적 통합을 해치지 않고 그들을 한국 사회에 동화시키는 데 필요한 범위 안

---

176) 헌재 2000. 8. 31. 97헌가12, 판례집 12-2, 167, 175.

177) 박일경, 『제6공화국 신헌법』, 법경출판사, 1990, 199쪽.

178) 정태호, 「외국인의 기본권주체성 문제에 대한 비판적 고찰」, 『헌법실무연구』 제13권, 박영사, 2012, 404~437쪽.

에서 외국인에게도 기본권 주체성을 인정하자고 한다.179)

③ 인간의 권리에 해당하는 기본권이 내·외국인을 막론하고 모든 인간에게 똑같이 적용된다는 것은, 즉 모든 인간이 그 주체가 된다는 것은 논리적으로만이 아니라 현실적으로도 이미 보편화하였지만, 다만 인간의 권리와 국민의 권리를 구체적일 때 분명하게 구별하는 것은 어려움이 있을 수 있고 견해가 대립할 수 있다고 한다.180)

④ 모든 기본권이 인권에서 비롯하므로 원칙적으로 외국인에게 보장된다고 한다. 그러나 예외적으로 상호주의적인 견해(헌법 제6조 제2항)에서 외국인의 기본권 주체성을 개별적·부분적으로 제한할 수 있다고 한다.181)

⑤ 헌법 제2장의 기본권조항 중 기본권주체를 '국민'이라고 명시하지 않고 예를 들어 '누구든지'와 같이 국적 중립적 개념으로 표현하여 외국인 포섭 가능성을 열어 놓은 것은 외국인의 기본권 주체성을 직접 뒷받침하는 실정법적 근거로 볼 수 있고, 헌법 제6조 제2항은 한국에 발효 중인 국제인권조약상 외국인에게 인정되는 인권을 헌법상 '기본권'으로서 보장하도록 함으로써 외국인의 기본권 주체성을 포괄적으로 뒷받침하는 조항으로 파악할 수 있다고 한다.182)

⑥ 외국인의 기본권 주체성은 국민과 똑같이 인정하되 외국인의 기본권 제한 문제에서 이를 탄력성 있게 해결하고, 외국인의 기본권 제한은 기본권의 성질에 따른 제한과 상호주의에 따른 제한도 아닌, 헌법상 일반원칙과 헌법 제37조 제2항에 따른 비례성원칙에 따른 제한이 되어야 한다고 한다.183)

(3) 판례

헌법재판소는 국민과 유사한 지위에 있는 외국인도 기본권의 주체가 될 수 있다고 하면서,184) 단순히 '국민의 권리'가 아니라 '인간의 권리'로 볼 수 있는 기본권에 대해서는 외국인도 기본권의 주체라고 한다.185)

---

179) 허 영, 『한국헌법론(전정15판)』, 박영사, 2019, 259~261쪽. 이 견해 논거는 법리적이라기보다는 정치적·사회학적 논거에 지나지 아니한다는 문제점이 있다.

180) 계희열, 『헌법학(중)(신정2판)』, 박영사, 2007, 63쪽; 안용교, 『한국헌법(제2전정판)』, 고시연구사, 1992, 203쪽.

181) 권영성, 『헌법학원론(개정판)』, 법문사, 2010, 316쪽; 정재황, 『신헌법입문(제9판)』, 박영사, 2019, 238쪽; 홍성방, 『헌법학(상)(제3판)』, 현암사, 2016, 398~399쪽.

182) 정광현, 『외국인의 기본권주체성』, 도서출판 심인, 2017.

183) 이부하, 『헌법학(상)』, 법영사, 2019, 164쪽.

184) 헌재 1994. 12. 29. 93헌마120, 판례집 6-2, 477, 480; 헌재 2001. 11. 29. 99헌마494, 판례집 13-2, 714, 723-724; 헌재 2007. 8. 30. 2004헌마670, 판례집 19-2, 297, 303; 헌재 2011. 9. 29. 2007헌마1083, 판례집 23-2상, 623, 638.

185) 헌재 2007. 8. 30. 2004헌마670, 판례집 19-2, 297, 303; 헌재 2011. 9. 29. 2007헌마1083, 판례집 23-2상, 623, 638; 헌재 2012. 8. 23. 2008헌마430, 판례집 24-2상, 567, 574; 헌재 2018. 5. 31. 2014헌마346, 판례집 30-1하, 166, 172.

(4) 사견

한국 헌법에서 기본권은 자연법적 연원이 있고, 그것이 헌법에 실정화하였다고 하여 본래 성격이 바뀌지 않는다(이른바 자연법적 권리설). 따라서 성질상 자연법적·인권적 성격의 기본권에 관한 한 원칙적으로 외국인에게도 기본권 주체성이 인정되어야 한다.[186] 그리고 헌법 제6조 제2항의 "외국인은 국제법과 조약이 정하는 바에 의하여 그 지위가 보장된다."라고 하여 법적 지위에 관한 상호주의원칙을 규정하므로 성질상 국민의 권리에 해당하는 기본권도 상호주의원칙에 따라 외국인의 기본권 주체성이 인정될 수 있다. 특히 헌법 제10조 제2문은 기본적 인권의 주체를 국민이 아닌 개인으로 규정하는데, 개인은 국민뿐 아니라 외국인도 아우른다.

3. 외국인에게 인정되는 기본권의 범위

(1) 일반적 기준

어떤 기본권이 외국인에게도 인정되는지에 관한 기준은 해당 기본권의 성질과 상호주의이다. 기본권의 성질에 따라 판단하면, ① 성질상 인간의 권리라고 할 수 있는 기본권(주로 자유권과 평등권)[187]과 ② 사법절차적 기본권(재판청구권 등)[188]에서는 외국인도 주체가 될 수 있다. 상호주의에 따라 판단하면 예를 들어 사회권, 청구권 등이 인정될 수 있다(다만, 이때는 기본권으로 보장되는 것이 아님을 주의하여야 한다[189]). 어떤 기본권을 외국인이 누릴 수 있는지를 처음부터 획일적으로 정하는 것은 무의미한 일이라는 견해가 있다.[190] 이 견해는 모든 기본권은 인권에서 유래한다고 하여 인간의 권리와 국민의 권리를 구별하지 않는 것에서 기인한다. 하지만 국가를 전제로만 인정될 수 있는 기본권이 있다는 점에서 모든 기본권이 인권에서 직접 유래한다고 볼 수 없어서 이 견해는 타당하지 않다. 헌법재판소는 "인간의 존엄과 가치, 행복추구권은 대체로 '인간의 권리'로서 외국인도 주체가 될 수 있다고 보아야 하고, 평등권도 인간의 권리로서 참정권 등에 대한 성질상의 제한 및 상호주의에 따른 제한이 있을 수 있을 뿐"이라고 한다.[191]

(2) 정치적 망명권

정치적 망명권이 헌법상 권리인지, 법률상 권리인지, 국제법상 인권인지 논란이 있다. 한

---

186) 같은 견해: 김철수, 『학설·판례 헌법학(상)』, 박영사, 2008, 399쪽; 성낙인, 『헌법학(제19판)』, 법문사, 2019, 929쪽.

187) 헌재 2018. 5. 31. 2014헌마346, 판례집 30-1하, 166, 172: "… 단순히 '국민의 권리'가 아니라 '인간의 권리'로 볼 수 있는 기본권에 대해서는 외국인도 기본권의 주체이다."

188) 이 기본권은 개인의 주관적 권리를 보장한다는 의미 외에도 사법제도와 사법절차의 보장이라는 성격이 강하므로 법적 분쟁 당사자가 될 수 있는 한 외국인 개인뿐 아니라 외국공법인 심지어 외국국가에도 인정된다.

189) 같은 견해: 정태호, 「외국인의 기본권주체성 문제에 대한 비판적 고찰」, 『헌법실무연구』 제13권, 박영사, 2012, 409~410쪽.

190) 홍성방, 『헌법학(상)(제3판)』, 현암사, 2016, 399쪽.

191) 헌재 2001. 11. 29. 99헌마494, 판례집 13-2, 714, 724.

국 헌법에는 망명권에 관한 규정이 없어서 이를 헌법상 권리로 보기 어렵다. 그리고 정치적 망명권이 세계인권선언 제14조에 규정되고 이에 관한 국제조약이 있기는 하지만, '시민적 및 정치적 권리에 관한 국제조약'에 정치적 망명권이 규정되지 않은 것에서도 알 수 있듯이 국제적 인권의 최소기준에 포함되지 않고 개별 국가가 정할 수 있는 권리이다. 한국은 1992년 12월 3월 '난민의 지위에 관한 1951년 협약'과 '난민의 지위에 관한 1967년 의정서'에 동시 가입하였다. 그리고 '난민의 지위에 관한 1951년 협약'과 '난민의 지위에 관한 1967년 의정서' 등에 따라 난민의 지위와 처우 등에 관한 사항을 정하기 위해서 난민법을 제정하였다. 또한, '범죄인 인도법'(제8조)은 정치적 성격이 있는 범죄이거나 그와 관련된 범죄인이면 범죄인을 인도하여서는 아니 된다고 규정하고, 출입국관리법 제16조의2는 지방출입국·외국인 관서의 장은 선박 등에 타고 있는 외국인이 난민법 제2조 제1호[192]에 규정된 이유나 그 밖에 이에 준하는 이유로 그 생명·신체 또는 신체의 자유를 침해받을 공포가 있는 영역에서 도피하여 곧바로 대한민국에 비호를 신청하면 그 외국인을 상륙시킬만한 상당한 이유가 있다고 인정되면 법무부 장관 승인을 얻어 90일 범위 안에서 난민임시상륙허가를 할 수 있다고 규정한다. 따라서 정치적 망명권은 법률상 권리로 볼 수 있다. 대법원은 "본국에서 정치범죄를 범하고 소추를 면하기 위하여 다른 국가로 피난해오는 경우에는 이른바 정치범불인도의 원칙에 의하여 보호를 받을 수 있으며 이는 국제법상 확립된 원칙이라 할 것이다."[193]라고 하여 정치범불인도의 원칙에 국제관습법 지위를 인정한다.

(3) 참정권[194]
① 일반론과 기존 견해의 변화 필요성
(ⅰ) 참정권의 의의와 성질

좁은 뜻의 정치적 기본권인 참정권은 국민이 국가기관 구성과 국가의사 형성에 직·간접으로 참여하는 권리로서 국민투표권, 선거권, 피선거권, 공직취임권을 포함한다. 이러한 참정권은 국민이 능동적 지위에서 행사하는 국가를 향한 권리이고 국민의 권리로 이해되어 원칙적으로 외국인에게는 기본권 주체성이 부정된다.

(ⅱ) 대의제민주주의

현대 민주주의는 대의제민주주의이다. 대의제민주주의는 선거를 통해서 국민이 주권을 행

---

192) ""난민"이란 인종, 종교, 국적, 특정 사회집단의 구성원인 신분 또는 정치적 견해를 이유로 박해를 받을 수 있다고 인정할 충분한 근거가 있는 공포로 인하여 국적국의 보호를 받을 수 없거나 보호받기를 원하지 아니하는 외국인 또는 그러한 공포로 인하여 대한민국에 입국하기 전에 거주한 국가(이하 "상주국"이라 한다)로 돌아갈 수 없거나 돌아가기를 원하지 아니하는 무국적자인 외국인을 말한다."
193) 대법원 1984. 5. 22. 선고 84도39 판결(집32-3, 634; 공1984, 1163).
194) 이에 관해서 자세한 것은 공진성, 「외국인에 대한 지방선거권부여의 헌법합치성」, 고려대학교 법학석사학위논문, 1998 참조.

사하는 민주주의이고, 민주주의는 국민이 국가를 지배하는 것을 뜻한다. 그래서 선거권이 국
민에게만 있다는 것은 민주주의에서 당연한 것으로 받아들여졌다. 그러므로 선거권과 국적의
결합은 현대 민주주의 전통에 속한다.

(ⅲ) 헌법 정신과 현실적 필요성

헌법은 전문에서 평화국가원리(국제평화주의)를, 제6조 제2항에서 외국인의 법적 지위에
관한 상호주의원칙을 채택한다. 그리고 국내에 생활 기반을 두고 이미 국내사회 구성원으로
서 의무를 다하는 외국인이 증가함에 따라 외국인에 대해서 참정권을 부여하여야 한다는 세
계화·지방화 요청이 대두한다. 이는 국가의 개방화, 국제적 자유왕래, 경제적 거래, 문화교
류 등으로 말미암아 주민구조가 바뀐 것에 기인한다.

(ⅳ) 국가 차원과 지방 차원의 차별화 가능성

지방 차원의 참정권을 지방자치단체의 본질에 비추어 국민의 권리가 아니라 주민의 권리
로 파악하여 국가 차원의 참정권과 차별화를 시도할 수도 있다. 따라서 민주주의에서 선거권
은 국민만이 가져야 한다는 요청이 지방 차원에서는 배제될 수 있는지가 문제 될 수 있다. 지
방자치가 지역의 고유사무를 그 사무와 밀접한 이해관계가 있는 주민이 직접 담당하는 데 본
질이 있다면, 역시 그러한 지역적 사무와 밀접한 관계가 있는 '국민 아닌 지역주민'의 참여 속
에서도 그러한 지방자치가 이루어질 수 있는지가 문제 된다.

② 외국인의 지방선거권

(ⅰ) 입법형성 한계 문제

선거의 주체는 '국민'이고(헌법 제24조), 지방자치단체에 의회를 두도록 한다(헌법 제118조
제1항). 그리고 지방의회의원의 선거와 지방자치단체의 장 선임방법은 법률로 정한다고 하여
(헌법 제118조 제2항) 입법위임을 한다. 따라서 법률로 외국인에게 지방선거권을 부여하는 것
이 입법형성 한계를 일탈하였는지가 문제 된다.

(ⅱ) 헌법 제24조 '선거' 개념 범위 확정

'선거권'은 원칙적으로 국민의 권리이므로 먼저 헌법 제24조의 '선거' 개념 범위 확정을 통
해서 지방선거권의 주체 범위를 확정하여야 한다. 헌법 제118조가 지방선거권의 주체를 규정
하지 않으므로 헌법 제24조의 '선거'가 국가 차원의 선거에 한정되는지, 지방 차원의 선거도
포함하는지가 문제 된다. 국가 차원의 선거에 한정된다고 보면 지방 차원 선거권의 주체 범
위는 헌법 제118조 제2항에 따라 입법위임사항이 되어 적어도 헌법 제24조의 선거권 주체인
'국민'의 제한을 받지 않을 수 있다. 그러나 헌법 제24조의 '선거'는 국가권력에 정당성을 부
여하는 역할을 하는데 지방자치단체는 전권한성과 자기책임성이 있는 자치사무 외에도 국가
의 지시와 감독을 받는 위임사무를 담당하므로 국가 차원의 정당화가 필요하다. 따라서 헌법

제24조의 '선거'는 지방 차원의 선거도 포함된다고 보는 것이 타당하다. 따라서 헌법 제24조의 선거권의 주체인 '국민'의 범위 확대 인정 여부가 문제 된다.

(ⅲ) 헌법 제24조의 '국민' 개념 범위 확정

헌법 제24조의 '국민' 개념을 헌법 제2조 제1항의 (대한민국) 국민으로 보면 법률로 외국인에게 지방선거권을 인정하는 것은 헌법에 어긋난다. 그러나 헌법 제24조의 선거권 주체가 '국민'으로 규정된다고 하여 곧바로 '대한민국 국민'으로 제한하는 명문 규정이라고 단정하기는 어렵다. 자연법적·인권적 성질이 있는 기본권을 포함하여 한국 헌법의 거의 모든 기본권규정은 주체에 관해서 '국민'이라는 문언을 사용할 뿐인데, 자연법적·인권적 기본권의 주체 범위에 외국인도 당연히 포함되는 것으로 확장하여 이해한다. 그러므로 헌법 제24조의 '국민'이라는 문언 자체로 말미암아 그 주체가 오로지 대한민국 국민에 국한하는 것으로 해석하여야만 하는 것은 아니다. 따라서 지방참정권의 성질에 따라서 헌법 제24조의 '국민' 개념이 대한민국 국민에 한하지 않고 일정한 조건을 충족하는 외국인도 포함될 여지가 있다.

(ⅳ) 헌법 제1조 제2항 국민주권원칙 위반 여부

ⓐ 헌법 제1조 제2항 국민주권원칙의 취지를 국가권력이든 지방자치단체에 주어진 권력이든 그 정당성을 '국민'에게 두어야 한다는 것으로 보고, ⓑ 국민은 선거권을 통해서 주권을 행사하는 기관으로서 국민 구성원이며, ⓒ 국민은 헌법 제2조 제1항에 근거하여 국적법에 따른 국적보유자 총체로 보면 외국인에게 지방선거권을 주는 것은 위헌이 된다.

그러나 제1조 제2항의 국민을 '대한민국 국민'으로 보더라도 제1조 제2항의 국민주권원칙은 모든 권력의 정당성 원천이 궁극적으로 국민에게 있으면 충분하다는 것을 뜻한다고 보면 국가 차원의 권력이나 지방 차원의 권력은 모두 국민이 직접 정당성을 부여한 헌법에서 나오는 것이므로 헌법해석상 일정한 범위의 외국인에게 지방선거권을 인정하더라도 곧바로 국민주권원칙에 어긋하는 것은 아니다. 국민에게서 정당성을 부여받은 헌법은 자신의 권력정당화 규정(제24조, 제25조, 제86조 제2항 등)을 통해서 권력을 정당화하는 것이고 이렇게 헌법에 투영된 국민의 정당화의사는 외국인에 대한 선거권 부여를 포함한다고 볼 수 있기 때문이다.

(ⅴ) 헌법 제24조와 제118조 위반 여부

헌법은 '국민'(헌법 제24조)이 선거를 통해서 지방의회의원, 지방자치단체의 장(제118조 제2항)에게 민주적 정당성을 부여하도록 하는데 민주주의를 '국적보유자의 자기지배라는 의미에서' 국적민주주의로 한정해서 파악한다면 외국인에게 지방선거권을 주는 것은 민주주의에 어긋난다.

그러나 선거를 통한 국가적 정당화는 국가가 제정한 법률을 통해서 나타나지만, 지방자치단체의 정당화는 법률(국가적 정당화)의 테두리 안에서 조례로 나타나므로 헌법 제24조의 '국민'에 일정한 범위의 외국인을 포함하여 외국인을 지방선거권 주체로 인정하여 조례에 외국인의 의사가 혼합되더라도 민주주의원리에 어긋나지 아니한다. 민주주의를 '국적'민주주의로 한정하는 고립주의는 지양되어야 할 것이다.

(vi) 국적제도 보장 침해 여부

국적은 국민이 되는 자격으로서 국가와 국민을 결합시키는 제도로서 기능하는데, 헌법은 제도 자체로서는 직접 보장하면서도 그 구체적 내용은 법률로 정하도록 위임한다(헌법 제2조 제1항). 외국인에게 지방선거권을 부여하는 것은 국적제도를 직접 훼손하는 것으로 보이지 않는다. 다만, 국적과 국민주권은 불가분하게 결합하므로 오히려 국민주권원칙 위반 여부를 다투는 것이 옳다.

(vii) 국가선거권과 지방선거권의 구별 가능성

지방자치권의 본질을 국가 성립 이전부터 지역주민이 보유한 고유권능이라는 자치고유권설로 파악하면 곧바로 국가참정권과 지방참정권은 구별되고, 지방자치권의 본질을 국가에서 위임된 권능이라는 자치권위임설로 파악하더라도 사무의 지역성과 주민자치라는 지방자치단체의 특성상 국가참정권과 지방참정권은 구별된다. 지방참정권은 주민이 지방에서 자신의 일상생활에 밀접한 관련이 있는 지역적 공공사무를 자신의 기관이 처리하게 하는 주민의 권리라는 점에서 국민의 권리인 국가 차원의 참정권과는 구별된다. 외국인도 주민의 구성원으로서 '주민'으로서 의무를 부담(예를 들어 납세의 의무 부담)한다는 점에서 주민의 권리인 참정권을 부여하는 것이 옳다.

(viii) 평화국가원리(국제평화주의)

헌법 전문과 헌법 제5조 제1항은 평화국가원리(국제평화주의)를 규정함으로써 외국인의 기본권 주체성을 확대 인정에 일단 헌법적 근거가 된다.

(ix) 소결

법률로 외국인에게 지방선거권을 부여하는 것은 헌법 제1조 제2항, 제2조 제1항, 제24조, 제118조 제1항, 제2항에 어긋나지 않으므로 입법형성권의 한계 안에 있다. 따라서 외국인에게 지방선거권을 법률로 부여할 수 있다. 공직선거법 제15조 제2항 제3호는 19세 이상으로서 공직선거법 제37조 제1항에 따른 선거인명부작성기준일 현재 출입국관리법 제10조에 따른 영주의 체류자격 취득일 후 3년이 경과한 외국인으로서 출입국관리법 제34조에 따라 해당 지방자치단체의 외국인등록대장에 올라 있는 사람에게 그 구역에서 선거하는 지방자치단체의 의회의원과 장의 선거권을 부여한다.

③ 외국인의 지방피선거권

(i) 입법형성 한계 문제

피선거권의 주체는 '국민'이고, 법률이 정하는 바에 따라 공무담임권을 가진다고 하여 입법위임을 한다(헌법 제25조). 그러므로 법률로 외국인에게 지방피선거권을 부여하는 것이 입법형성 한계를 일탈하였는지가 문제 된다.

(ⅱ) 헌법 제25조 '국민' 개념의 범위 확정

(지방)피선거권은 공권력을 행사하거나 국가의사 결정에 직접 참여하는 결정적 성격의 권력을 보유하게 한다는 점에서 국민주권 실현에 중요한 역할을 하는 기본권으로서 전형적인 '국민의 권리'에 속한다. 헌법 제118조 제2항은 "지방자치단체의 장의 선임방법…은 법률로 정한다."라고 되어 있을 뿐이고, 피선거권에 관해서는 헌법 자체 안에 명시적 규정을 두지 않는다. 따라서 지방피선거권은 헌법 제25조의 공무담임권 규정과 관련하여 살펴보아야 한다.

헌법 제25조 공무담임권의 주체가 '국민'으로 규정된다고 하여 곧바로 '대한민국 국민'으로 제한하는 명문 규정이라고 단정하기는 어렵다. 한국 헌법의 거의 모든 기본권규정은 주체에 관해서 '국민'이라는 문언을 사용할 뿐인데, 때에 따라서는 기본권의 성질상 그 주체 범위에 외국인도 당연히 포함되는 것으로 이해되기도 한다. 그러므로 헌법 제25조가 '국민'이라는 문언을 사용하였다는 것만으로 그 주체가 대한민국 국민에 국한하는 것으로 해석되어야 하는 것은 아니다. 따라서 지방피선거권이라는 공무담임권의 성질에 기초하여 판단할 문제이지 헌법 제25조 문언이 결정적인 것은 아니라고 할 것이다.

(ⅲ) 헌법 제1조 제2항의 국민주권원칙 위반 여부

헌법 제1조 제2항은 국민주권원칙은 모든 권력의 정당성 원천이 궁극적으로 국민에게 있으면 충분하다는 것을 뜻한다. 국민이 헌법에 자신의 권력정당화의사를 투영시켰다고 보면 국민의 권력정당화의사에 외국인에 대한 피선거권 부여가 포함되는지에 따라 법률로 외국인에게 지방피선거권을 부여하는 것이 국민주권원리에 어긋나는지를 판단할 수 있다.

헌법 제25조와 제118조 제2항이 표현하는 지방공직에 관한 국민의 권력정당화의사에 ⓐ 공권력적 결정권한을 갖고 직접 국가의사 결정에 참여하는 결정적 성격의 권력을 가지게 되고, ⓑ 국가위임사무를 맡아 행정청 역할을 하기도 하는(지방자치법 제93조) 지방자치단체의 장(이나 지방의회의원)이라는 공직에 외국인이 진출하도록 하는 피선거권 부여를 정당화하는 의사까지 포함하기는 어렵다.

따라서 지방 차원이라도 외국인에게 피선거권을 부여하는 것은 헌법 제25조의 공무담임권과 제1조 제2항의 국민주권원칙에 어긋나는 것으로 판단된다.

(ⅳ) 소결

법률로 외국인에게 지방피선거권을 부여하는 것은 헌법 제1조 제2항, 제25조에 위반되므로 입법형성권의 한계를 벗어난다. 따라서 외국인에게 지방피선거권을 법률로 부여할 수 없다.

(4) 청구권

청구권은 실체적 기본권을 보장하기 위한 기본권이므로 외국인의 실체적 기본권을 보호하

기 위하여 필요하면 국민과 동등하게 인정된다. 다만, 재산권적 성격이 아울러 있는 국가배상
청구권은 상호주의원칙에 따라 인정되고(국가배상법 제7조), 형사보상청구권도 상호보증이 있
는 때만 인정된다(범죄피해자구조법 제10조). 그리고 국내에서 재산권을 누리는 외국인은 해당
재산이 수용·사용·제한되면 손실보상청구권이 인정된다.

(5) 사회권

사회권은 국가의 재정력을 바탕으로 한 급부를 내용으로 하므로 자국민에게 부여되는 것
이 원칙이다. 하지만 예외적으로 법률이 정하면 외국인도 주체가 될 수 있다(사회보장기본법
제8조 참조). 그러나 인간다운 생활을 할 권리의 최소한 내용과 같은 개별 사회권의 보장내용
가운데 인권적 성격이 있는 부분에 한해서는 외국인에게도 인정되어야 한다.

4. 재외동포

재외동포는 재외국민과 외국국적동포로 나뉜다. 재외국민은 대한민국 국민으로서 외국의
영주권을 취득한 사람이나 영주할 목적으로 외국에 거주하는 사람이다(재외동포의출입국과법적
지위에관한법률 제2조 제1호). 재외국민은 일반 국민에 준하여 일정한 혜택을 받는다. 재외국민
은 출입국할 때 국민에 준하여 입국하고, 국내금융기관 이용, 부동산매각대금 송금, 의료보험
혜택 등을 받을 수 있다('재외동포의 출입국과 법적 지위에 관한 법률' 제10조, 제12조, 제13조, 제14
조). 외국국적동포는 대한민국 국적을 보유하였던 사람이나 그 직계비속으로서 외국 국적을
취득한 사람 중 대통령령이 정하는 사람이다('재외동포의 출입국과 법적 지위에 관한 법률' 제2조
제2호). 외국국적동포도 일정한 조건에서 국민으로서 받는 혜택을 누릴 수 있다. 외국국적동
포는 재외동포체류자격으로 2년간 체류할 수 있고, 그 기간 연장도 가능하며, 재입국허가가 없
이 자유롭게 출입국할 수 있다. 그리고 자유롭게 취업 기타 경제활동을 할 수 있고 토지의 취
득, 이용, 보유와 처분이 가능하다('재외동포의 출입국과 법적 지위에 관한 법률' 제10조, 제11조).

5. 북한주민

헌법 제3조와 제4조는 남북관계의 특수성인 이중적 성격을 고려하여 어느 한 조항이 옹글
게(완벽하게) 무시되지 않도록 해석하는 것이 타당하다. 헌법 제3조 영토조항의 규범력을 전적
으로 부인할 수 없고 남북관계는 민족적 특수관계로 이해하여야 하므로 북한주민은 대한민국
영토 안에 거주하는 국민으로 보아야 한다. 설사 북한법 규정에 따라 북한국적을 취득하였더
라도 조선인을 부친으로 하여 출생하였다면 그러한 사람도 1948년 헌법 공포와 동시에 대한
민국 국적을 취득한 것으로 보아야 한다.[195] 따라서 북한주민도 한국 헌법상 대한민국 국민

---

195) 대법원 1996. 11. 12. 선고 96누1221 판결(집44-2, 703; 공1996하, 3602).

으로서 기본권주체가 된다. 다만, 북한지역에 헌법의 규범력이 사실상 미치지 못한다는 점을
고려하여 기본권은 법률에 따라서 특별한 제한을 받을 수 있다.196)

Ⅳ. 법인, 그 밖의 단체의 기본권 주체성

법인, 그 밖의 단체가 기본권의 주체가 될 수 있는지는 독일 기본법 제19조 제3항("기본권
은 그 본질상 국내법인에 적용 가능한 것인 한 이에 대하여도 적용된다.")과 같은 헌법상 명문 규정
이 없는 한국에서는 학설과 판례에 맡긴 문제이다.

1. 법인, 그 밖의 단체의 의의

(1) 개념과 종류

법인은 법률이 권리능력을 인정한 단체나 재산을 말한다.197) 법인은 사적 자치 원칙이 적
용되는지에 따라 사법인과 공법인으로 나뉘고, 그 소재지에 따라 국내법인과 외국법인으로
구별한다. 그 밖의 단체는 권리능력이 없는 단체나 재산을 아우른다. 그 밖의 단체도 법인과
마찬가지로 그 밖의 공법단체와 그 밖의 사법단체 그리고 그 밖의 국내단체와 그 밖의 외국
단체로 분류된다.

(2) 공법인과 사법인의 구별기준

공법인과 사법인의 구별기준으로서는 ① 준거법, ② 설립방법, ③ 향유권리의 성질, ④ 목
적, ⑤ 국가적 사무이나 통치작용 여부 등이 주로 논의된다. 종래 지배적 견해는 법인의 설립
이나 관리에 국가의 공권력이 관여하면 공법인이고, 그 밖의 법인은 사법인이라고 한다. 그러

---

196) 이때 기본권행사능력이 법률에 따라 특별히 제한될 수 있다는 견해가 있으나(성낙인, 『헌법학(제19판)』, 법문
사, 2019, 928쪽) 이는 전속적인 능력 문제가 아니므로 기본권 제한 문제로 보아야 한다.

197) 따라서 권리능력을 부여하는 법률이 없는 국·공립 대학교 및 사립 대학교는 법인이 아니다. 헌법재판소도 "국립
대학교인 서울대학교는 특정한 국가목적(교육)에 제공된 인적·물적 종합시설로서 공법상의 영조물"이라고 할 뿐
이지 법인이라는 표현을 쓰지 않았다(헌재 1992. 10. 1. 92헌마68등, 판례집 4, 659, 667). 헌법재판소 판례 중 "국
립대학교인 세무대학교는 공법인"이라고 한 것은(헌재 2001. 2. 22. 99헌마613, 판례집 13-1, 367, 379) 이러한
점에서 잘못되었다고 볼 수 있다. 다만, 세무대학교는 구 세무대학설치법에 따라 설립된 점에 비추어 명문 규정은
없으나 설치근거법 자체를 권리능력 부여근거로 볼 여지는 있다. 기본권주체로서 나타나는 법인은 민법적 의미에
서 권리능력을 필요로 하지 않고, 통일적으로 의사를 형성할 수 있는 인적 결합체이기만 하면 충분하다는 견해(홍
성방, 『헌법학(상)(제3판)』, 현암사, 2016, 402쪽)와 법인은 법기술적 의미의, 즉 법률이 법인격을 부여한 단체나
조직만이 아니라 부분적 권리능력만이 인정되는 단체나 조직까지도 포함하므로 법인은 헌법하위법이 아닌 헌법의
관점에서 독자적으로 규정되어야 한다는 견해(계희열, 『헌법학(중)(신정2판)』, 박영사, 2007, 64쪽)도 있다. 하지
만 이는 법인의 본래 개념을 무시하고 기본권주체가 될 수 있는 법인, 그 밖의 단체를 포괄하는 의미로 사용하는
것으로 타당하지 않다. 특히 법인이 주로 의미가 있는 사법관계도 재산권 등의 기본권영역이라는 점에 비추어 사
법관계를 포괄하는 헌법질서에서 법인이 의미 없다고 보기는 어렵다. 그리고 이러한 견해가 더 명확한 새로운 기
준을 제시하거나 법인, 그 밖의 단체를 더 잘 보호할 수 있는 것도 아니다.

나 공법인과 사법인을 획일적으로 구별하는 학설은 '중간적 영역의 법인'이 등장하면서 난관에 봉착하므로, 획일적인 기준에 따르기보다는 구체적인 문제와 관련하여 적절한 기준을 종합적으로 고려하여 공법인과 사법인을 구별하여야 한다. 헌법재판소는 축산업협동조합중앙회와 축산업협동조합(지역별·업종별 축산업협동조합)의 특성을 따르면, 이들은 공법인적 성격과 사법인적 성격을 함께 갖춘 중간적 성격의 단체인 것은 분명하나, 먼저 지역별 축산업협동조합은 그 존립목적 및 설립형식의 자주성에 비추어 보면, 오로지 국가의 목적을 위해서 존재하고 국가가 설립하는 공법인이라기보다는 사법인에 가깝다고 할 수 있고,[198] 축산업협동조합중앙회는 지역별 축산업협동조합과 비교하면, 회원의 임의탈퇴나 임의해산이 불가능한 점 등 그 공법인성이 상대적으로 크지만, 이로써 축산업협동조합중앙회를 공법인이라고 단정할 수는 없고, 이 역시 그 존립목적 및 설립형식에서 가지는 자주적 성격에 비추어 사법인적 성격을 부인할 수 없다고 한다.[199]

(3) 새로운 법인 개념 시도

사법(私法)의 법인격은 사인 사이의 법적 문제를 간편하게 처리하려고 고안된 하나의 법기술에 불과하므로, 이러한 법형식을 헌법적 차원에서 그대로 법인의 기본권 주체성을 판단하는 기준으로 삼을 수 없다는 견해가 있다.[200] 이 견해는 기존 법인 개념을 수정·보완하여 헌법 차원에서 새로운 법인 개념을 정립할 필요가 있다고 하면서, 헌법적 차원에서 기본권 주체성이 인정되는 법인은 ① 의사결정과 활동에서 통일성이 있는 '조직적 통일체'이고, ② 해당 조직에 참여하는 자연인과 맺는 관계에서 법적으로 '상대적 독립성'을 유지하는 것이어야 하며, ③ 그 구성에서 '사적 자율'을 기초로 하는 조직이어야 한다고 한다. 그러나 이 견해는 먼저 독일에서 독일 기본법 제19조 제3항의 해석론으로 전개되었다는 점에서 그러한 규정이 없는 한국 헌법에 그대로 수용하기는 곤란하다. 그리고 이 견해는 법인과 그 밖의 단체를 구별하지 않는데, 법인은 그 존재를 명확하게 인식할 수 있고 법인에는 최소한 사법 관련 기본권과 사법절차적 기본권 및 법인의 설립목적과 관련되는 기본권은 자연인에 준하여 인정된다는 점에서 법인격이 기본권과 관련하여 가지는 의미를 무시할 수 없으므로 이 견해는 문제가 있다. 게다가 이러한 견해가 주장하는 기준이 기존 견해와 비교해서 기준으로서 명확성이 있다고 볼 수도 없고, 법인, 그 밖의 단체를 더 잘 보호할 수 있는 것도 아니라는 점에서 실익을 발견하기도 어렵다.

---

198) 헌재 1991. 3. 11. 90헌마28, 판례집 3, 63, 77; 헌재 1996. 4. 25. 92헌바47, 판례집 8−1, 370, 378−379.

199) 헌재 2000. 6. 1. 99헌마553, 판례집 12−1, 686, 709.

200) 권영성, 『헌법학원론(개정판)』, 법문사, 2010, 321쪽. 이 견해는 이슨제(J. Isensee)의 견해(ders., Anwendung der Grundrechte der juristische Personen, in: Josef Isensee/Paul Kirchhof (Hrsg.), HStR Bd. IX, 3. Aufl., Heidelberg 2011, § 199 Rdnr. 21 ff.)를 그대로 따른 것이다.

2. 기본권 주체성 인정 여부

(1) 법인의 본질에서 법인의 기본권능력을 판단할 때

① 법인의제설을 따라 도덕적 자율능력에 따라서 자연인만이 권리주체이고 법인은 오로지 법률적 목적을 위한 의제로서 오로지 재산영역에 한해서 권리능력이 인정될 뿐이므로 일반적 권리능력은 인정할 수 없다는 견해, ② 법인실재설을 따라 자연인과는 별개의 실체인 법인은 사회적 유기체로서 단체 자체가 현실적인 인격을 보유하므로 권리능력이 인정된다는 견해로 나뉜다. 그러나 양 학설에서 직접 법인의 기본권능력을 판단하기는 어렵다. 다만, 법인에 일반적인 기본권 주체성을 인정할 수 있는 이론적 기초로서는 법인실재설이 우수한 것으로 보인다.

(2) 헌법이론과 기본권이론에 따라 판단할 때

① 슈미트(C. Schmitt)의 자유주의적·시민적 법치국가적 기본권관에서, 국가법질서가 창설하는 법인에는 자연인의 권리인 기본권을 인정할 수 없다는 견해, ② 법실증주의를 따라 공법인은 기본권객체이나 사법인은 권리주체로 인정할 수 있다는 견해, ③ 통합론을 따라 통합의 형식이며 수단인 공·사법인의 활동은 결국 자연인에게 효과를 미치므로 자연인의 기본권 행사를 편리하게 하거나 촉진한다는 점에서 법인의 기본권능력을 긍정하는 견해, ④ 역사적으로 인권은 자연인을 전제로 하여 성립한 개념이므로 자연인이 아닌 법인은 기본권주체가 될 수 없다는 견해, ⑤ 법인이 그 구성원인 자연인의 기본권 행사를 편리하게 해 주거나 그것을 촉진하므로 기본권 주체성이 인정된다는 견해,[201] ⑥ 고도로 조직화한 현대사회에서는 인간의 단체적 협동행위가 독자적인 사회적 의미가 있을 뿐 아니라 집단적 행위를 개별 행위로 환원·분해하는 것은 비현실적이라서 법인에도 기본권 주체성을 인정하여야 한다는 견해[202] 등이 있다.

(3) 판례

헌법재판소는 법인격 유무와 상관없이 단체로서 실체가 있는 한 독자적인 기본권 주체성을 인정한다. 즉 헌법재판소는 사죄광고결정에서 법인도 인격권의 주체라고 인정한 바 있고,[203] 민법상 비영리사단법인인 한국영화인협회에 기본권 주체성을 인정한 적이 있다는[204] 점에 비추어 법인의 기본권 주체성을 긍정하는 견해에 서 있다. 다만, 영화인협회 내부의 한 분과위원회인 감독위원회에 대해서는 단체로서 실체가 없다고 하여 기본권 주체성을 부인한 바 있다.[205]

---

201) 권영성, 『헌법학원론(개정판)』, 법문사, 2010, 321~322쪽.
202) 안용교, 『한국헌법(제2전정판)』, 고시연구사, 1992, 279쪽.
203) 헌재 1991. 4. 1. 89헌마160, 판례집 3, 149, 155.
204) 헌재 1991. 6. 3. 90헌마56, 판례집 3, 289, 296.
205) 헌재 1991. 6. 3. 90헌마56, 판례집 3, 289, 296.

(4) 사견

① 법인의 기본권 주체성 인정 여부

법인을 설립하여 법인 형태로 하는 활동도 결국 인간의 활동양식 가운데 한 가지이고 오늘날 법인은 자연인보다 더 큰 활동과 역할을 수행한다. 그리고 법인은 일종의 결사체로서 궁극적으로는 자연인의 이익에 봉사한다. 따라서 자연인이 개인적으로 영위하는 활동양식과 마찬가지로 때에 따라서 기본권을 보호할 필요성이 있어서, 기본권의 성질이 허용하기만 한다면 법인에도 해당 기본권의 주체성을 인정하여야 할 것이다.[206] 특히 자연인에게 고유한 특성인 정신적·신체적 속성을 전제로 하는 (이른바 인신전속적인) 기본권 외에는 널리 법인에도 인정된다. 즉 자연인에게 고유한 정신적·신체적 속성을 전제로 하는 기본권인 인간의 존엄과 가치, 생명권, 신체를 훼손당하지 아니할 권리, 인신의 권리, 양심의 자유[207] 등은 법인에 인정될 수 없으나,[208] 평등권, 종교의 자유, 학문의 자유, 언론·출판의 자유, 집회·결사의 자유, 직업의 자유, 재산권과 사법절차적 기본권 등은 법인에도 인정된다. 재단법인도 해당 법인이 목적재산에 대한 출연자의 의사영속성을 보장하여 자연인의 기본권 행사를 쉽게 하고 촉진하므로 기본권 주체성이 인정된다.[209]

② 법인이 누릴 수 있는 구체적 기본권의 범위

법인이 누릴 수 있는 구체적 기본권을 판단하는 기준으로는 (ⅰ) 개별 기본권의 성질을 기준으로 하여 그것이 법인에도 적용될 성질의 것인지를 결정하고, 그에 따라 법인에 인정되는 기본권인지를 판단하는 견해(기본권기준설, 성질설)[210]와 (ⅱ) 각 법인의 특성(기능·목적·활동유형)에 따라 구체적으로 문제가 되는 기본권 적용 여부를 결정하려는 견해(법인기준설)[211]가

---

206) 같은 견해: 계희열,『헌법학(중)(신정2판)』, 박영사, 2007, 66쪽; 김철수,『학설·판례 헌법학(상)』, 박영사, 2008, 403쪽; 장영수,『헌법학(제11판)』, 홍문사, 2019, 476~479쪽; 허 영,『한국헌법론(전정15판)』, 박영사, 2019, 263~266쪽.

207) 헌법재판소는 "우리 헌법이 보호하고자 하는 정신적 기본권의 하나인 양심의 자유의 제약(법인의 경우라면 그 대표자에게 양심표명의 강제를 요구하는 결과가 된다)이라고 보지 않을 수 없다."라고 하여 법인이 양심의 자유를 누릴 수 있다고도 해석할 수 있는 애매한 표현을 하였다(헌재 1991. 4. 1. 89헌마160, 판례집 3, 149, 154). 하지만 헌법재판소는 그 대표자를 언급한 점에 비추어 대표자의 양심의 자유를 말한 것으로 보아야지 법인에 양심의 자유를 인정하였다고 보기는 어렵다.

208) 헌재 2012. 8. 23. 2009헌가27, 판례집 24-2상, 355, 364-365: "법인도 법인의 목적과 사회적 기능에 비추어 볼 때 그 성질에 반하지 않는 범위 내에서 인격권의 한 내용인 사회적 신용이나 명예 등의 주체가 될 수 있고 법인이 이러한 사회적 신용이나 명예 유지 내지 법인격의 자유로운 발현을 위하여 의사결정이나 행동을 어떻게 할 것인지를 자율적으로 결정하는 것도 법인의 인격권의 한 내용을 이룬다고 할 것이다."

209) 같은 견해: 권영성,『헌법학원론(개정판)』, 법문사, 2010, 322쪽.

210) 김철수,『학설·판례 헌법학(상)』, 박영사, 2008, 406쪽; 한수웅,『헌법학(제9판)』, 법문사, 2019, 401~402쪽.

211) 허 영,『한국헌법론(전정15판)』, 박영사, 2019, 265~266쪽. 법인에 적용할 수 없음이 명백한 일부 기본권을 제외하고는 법인에도 인정되는 기본권인지가 불명확한 때가 대부분이라서 기본권기준설이 유용한 기준이 되지 못한다고 하면서, 법인의 기본권이 법인을 구성하는 개인의 기본권을 실현하기 위한 도구적 개념이고, 법인의 기본권 주장이 구성원인 개인의 기본권을 보장하고 실현하는 것이 되려면 법인의 단체성으로 말미암아 구성원 개인

있다. 기본권기준설은 추상적 기준을 제시할 뿐이고 법인기준설은 기본권 자체의 성질을 무시하는 문제가 있다. 따라서 법인이 누릴 수 있는 구체적 기본권의 범위는 기본권의 성질에 따라 일반적·추상적 기본권 주체성을 판단하고 나서,212) 해당 법인의 특성에 따라 개별적·구체적 기본권 주체성을 판단하여 결정하여야 한다.213) 이때 기본권의 성질에 따라 일반적·추상적 기본권 주체성을 판단하는 것은 법인이 누릴 수 없는 기본권을 제외하는 소극적인 판단에 그쳐야 한다. 해당 법인의 특성은 다양하므로 법인이 누릴 수 있는 기본권을 일반적으로 명확하게 사전에 분류한다는 것은 사실상 불가능하기 때문이다. 그러므로 기본권의 성질에 따라서는 기본권의 범위를 최대한 확장하고 해당 법인의 특성에 따라 그 범위를 명확하게 확정하여야 한다.

③ 법인, 그 밖의 단체가 구성원인 개인의 기본권을 행사할 가능성

법인, 그 밖의 단체의 기본권 주체성과 이들이 구성원인 개인의 기본권을 행사할 수 있는지는 구별하여야 한다. 기본권은 고도의 개인적 권리이므로 기본권이 침해되면 법률상 대리를 제외하고는 제3자나 제3의 단체가 이를 행사할 수 없다.214) 따라서 법인, 그 밖의 단체는 구성원인 개인의 기본권을 행사할 수 없다.

3. 공법인의 기본권 주체성

(1) 공법인의 개념과 공법인성 인정 기준

공법인은 국가목적을 달성하려고 국가가 설립한 공법상 법인이다.215) 공법상 사단법인인지는 ① 목적(구성원의 이익 도모 여부), ② 설립(자주성, 자발성 여부)·해산의 자유, ③ 구성원의 지위(가입·탈퇴의 자유), ④ 재원조달방법, ⑤ 인사의 자율성(대표자 선출 등)을 기준으로 판단한다.

(2) 공법인의 종류

공법인에는 ① 국가, ② 지방자치단체, ③ 공법상 사단(인을 요소로 하는 공법인), ④ 영조물

들 사이에 기본권적 동질성이 인정되어야 하는바, 기본권적 동질성은 결국 법인의 설립목적에 따라서 인정되므로, 법인의 기본권 주체성은 법인의 설립목적 범위 안에서 인정하는 타당하는 견해도 있다(전상현, 「미국헌법상 법인의 기본권에 관한 연구」, 서울대학교 법학박사학위논문, 2017, 214~219쪽).

212) ① 인간의 천성과 결부되지 않은 기본권, ② 법인의 기저에 있는 자연인 보호를 위해 법인의 기본권 보호가 필요한 기본권, ③ 자연인에 못지않게 법인에도 전형적인 위험상황이 나타나는 기본권에서는 법인의 기본권 주체성이 인정될 수 있다(Thorsten Kingreen/Ralf Poscher, Grundrechte – Staatsrecht Ⅱ, 34. Aufl., Heidelberg 2018, Rdnr. 212 ff.).

213) 같은 견해: 권영성, 『헌법학원론(개정판)』, 법문사, 2010, 323~324쪽; 김병록, 「기본권의 주체」, 『한국에서의 기본권이론의 형성과 발전』(연천허영박사화갑기념논문집), 박영사, 1997, 97~98쪽; 김학성, 『헌법학원론(전정3판)』, 피앤씨미디어, 2019, 331쪽; 이준일, 『헌법학강의(제7판)』, 홍문사, 2019, 333~334쪽; 정종섭, 『헌법학원론(제12판)』, 박영사, 2018, 329쪽.

214) 계희열, 『헌법학(중)(신정2판)』, 박영사, 2007, 67~68쪽; 홍성방, 『헌법학(상)(제3판)』, 현암사, 2016, 405쪽.

215) 헌재 1996. 4. 25. 92헌바47, 판례집 8-1, 370, 379.

법인(법인격이 있는, 공적 목적의 계속적 실현을 위한 인적·물적 수단의 종합체), ⑤ 공법상 재단(설립자의 출연재산을 관리하려고 설립한 공법인)이 있다. 공법상 사단에는 그 설립목적에 따라 ① 변호사회, 의사회, 약사회 등의 공공성이 있는 전문직업인단체, ② 의료보험조합, 대한교원공제회 등의 사회보험단체, ③ 토지구획정리조합, 농지개량조합 등의 토지 관련 사업단체, ④ 기타 목적의 공법상 사단으로 나눌 수 있다. 영조물법인에는 한국방송공사 등의 국·공영방송국과 공기업 등이 있고, 공법상 재단에는 한국연구재단, 한국학중앙연구원 등이 있다.

(3) 공법인과 국가의 일반적 관계

공법인은 국가목적을 달성하려고 창설된 것으로서 국가 일부로 취급되었다. 국가는 공법인에 목적·존립근거를 부여하여 공법인을 구성하고, 공권력행사권한(강제징수권 등)을 부여한다. 그리고 국가는 공법인에 재정적·기술적 지원을 하고 공법인에 대한 적법성·효율성 감독과 통제를 한다. 공법인은 국가의 적법성·효율성 감독에 응할 의무가 있고 이에 대해서 기본권으로 대항할 수 없다. 그러나 오늘날에는 공법인의 종류와 역할이 매우 다양해졌다. 예를 들어 국·공영방송국처럼 국가 간섭에서 벗어나 사법인과 같은 목표로 활동을 하는 공법인도 나타났다. 이들이 국가와 맺는 관계를 기존 내부관계로 해결하는 것은 곤란하다.

(4) 공법인의 기본권 주체성
① 원칙(기본권 주체성 부정)

기본권은 공권력에 대한 개별 국민의 관계에 관한 것이다. 그래서 국가는 기본권의 수범자일 뿐이고, 국가 자신이 기본권의 관여자가 되거나 수익자가 될 수는 없으며, 더 나아가서 국가는 기본권주체도 될 수 없다(이른바 동일성논거나 혼동논거). 헌법재판소도 "국가나 국가기관 또는 국가조직 일부나 공법인은 기본권의 '수범자(Adressat)'이지 기본권의 주체로서 그 '소지자(Träger)'가 아니고 오히려 국민의 기본권을 보호 내지 실현해야 할 '책임'과 '의무'를 지니고 있는 지위에 있을 뿐이다."216)라고 하여 공법인의 기본권 주체성을 부정한다. 그러나 개인의 지위를 겸하는 국가기관과 관련하여 법조항이나 공권력 작용이 넓은 뜻의 조직영역 안에서 공적 과제를 수행하는 주체의 권한이나 직무영역을 제약하는 성격이 강하면 그 기본권 주체성이 부정되지만, 그것이 일반 국민으로서 국가에 대해서 가지는 헌법상 기본권을 제약하는 성격이 강하면 그 기본권 주체성을 인정할 수 있다. 문제 되는 기본권의 성격, 국가기관으로서 수행하는 직무와 제한되는 기본권의 밀접성과 관련성, 직무상 행위와 사적인 행위의 구별 가능성 등을 종합적으로 고려하여 개인의 지위를 겸하는 국가기관의 기본권 주체성을 판단하여야 한다.217)

---

216) 헌재 1994. 12. 29. 93헌마120, 판례집 6-2, 477, 480-481.
217) 헌재 2008. 1. 17. 2007헌마700, 판례집 20-1상, 139, 159.

② 예외(기본권 주체성 인정)

(i) 공법인의 기본권 주체성 인정 가능성

공법인도 스스로 '기본권적 이익'을 누리면 '기본권적 가치'를 실현하여야 하는 의무와 조화로울 수 있는 범위 안에서 기본권주체가 될 수 있다.[218] 공법인이 국가에 대해서 광범한 독자성과 조직법상 독자성이 있으면서 기본권적 보호영역이 공법인에 직접 귀속되면 공법인도 기본권의 주체가 될 수 있다. 예를 들어 국·공영 언론기관이 방송의 공정성을 확보할 필요성이 있는 때이다. 그리고 사법절차적 기본권을 행사하여야 할 필요가 있는 때도 기본권주체가 될 수 있다.

(ii) 공법인은 공법인에 대한 관계에서만 기본권효력을 원용할 수 있는가?

공법인이 기본권주체가 될 때 대부분 공법인이 침해 주체가 된다. 하지만 사인이 공법인의 기본권을 침해할 가능성을 옹글게(완벽하게) 배제할 수 없다. 예를 들어 사인이 공법인인 국·공립언론기관(예를 들어 한국방송공사)에 압력을 가하여 방송의 공정성을 침해할 수 있다. 이처럼 사인이 공법인의 기본권을 침해하는 주체가 될 수 있다면 이러한 침해를 배제하기 위해서 공법인은 기본권을 주장할 수 있어야 할 것이다. 따라서 공법인은 침해 주체가 공법인인지 사인인지와 관계없이 기본권효력을 원용할 수 있다.

(iii) 공공적 성격이 있는 전문직업인 단체의 기본권 주체성

직업인의 공공성과 전문성을 확보하려고 국가가 단체의 결성과 가입을 강제하고 이러한 단체를 통해서 직업인을 지시·감독할 때가 있다. 이러한 공법인은 개인적 이익을 결합하여 그들의 이익을 대변하는 담당자로서 국가적 이익에 대항할 때는 기본권주체가 될 수 있다.

(iv) 지방자치단체의 기본권 주체성

지방자치단체의 자치권을 헌법이 보장하는 것은 국가와 지방자치단체 사이의 권한을 분배하는 것이다. 국가와 지방자치단체 사이에는 권한배분 문제만 발생하지 지배복종 문제는 발생하지 않는다. 따라서 지방자치단체는 기본권주체가 될 수 없다.

(v) 공법인의 사법형식 활동과 기본권 주체성

공법인이 사법형식으로 활동하더라도 공적 과제를 수행한다면 이러한 활동의 기본적인 동기는 사적 효용성이 아닌 공익이므로 기본권 주체성을 인정할 수 없다. 따라서 정부투자기관(정부가 납입자본금비율 50% 이상 출자한 기업체: 정부투자기관관리법 제2조 제1항)과 정부투자기관관리법상

---

218) 비슷한 견해: 허 영, 『한국헌법론(전정15판)』, 박영사, 2019, 266쪽.

헌재 2013. 9. 26. 2012헌마271, 판례집 25-2하, 68, 78: "다만 공법인이나 이에 준하는 지위를 가진 자라 하더라도 공무를 수행하거나 고권적 행위를 하는 경우가 아닌 사경제 주체로서 활동하는 경우나 조직법상 국가로부터 독립한 고유 업무를 수행하는 경우, 그리고 다른 공권력 주체와의 관계에서 지배복종관계가 성립되어 일반 사인처럼 그 지배하에 있는 경우 등에는 기본권 주체가 될 수 있다. 이러한 경우에는 이들이 기본권을 보호해야 하는 국가적 기능을 담당하고 있다고 볼 수 없기 때문이다."

정부투자기관에 해당하지 아니하더라도 국가가 납입자본금의 일정비율(50% 미만)을 출자하는 기업체 중 국가가 사실상 기업체 운영을 지배하면 기업체의 기본권 주체성을 인정할 수 없다.

4. 그 밖의 단체 기본권 주체성

법인의 기본권 주체성을 결정하는 표준으로서 사법상 권리능력 유무는 문제가 되지 않는다.[219] 따라서 사단법인과 재단법인뿐 아니라 법인격 없는 사단과 재단도 성질상 법인이 누릴 수 있는 기본권의 주체가 될 수 있다. 따라서 법인격 없는 사단과 재단도 대표자의 정함이 있고 독립된 사회적 조직체로서 활동한다면 기본권 주체성이 인정된다.[220]

(1) 정당
① 정당의 법적 성격

정당의 법적 성격을 파악할 때 정당법이 규정하는 '국민의 자발적 조직'(제2조)이라는 개념에 초점을 두어야 한다. 즉 정당은 국민 일반이 주도하여 자생하고 국민 자신의 힘으로 조직되어야 한다. 정당을 제도화한 국가에 편입시키는 것은 정당에서 그 본질을 빼앗는 일이 된다. 따라서 정당은 기본적으로 사회 영역에 그 뿌리를 내리는 국민의 자발적 조직체로서 그 법적 지위는 민법상 권리능력 없는 사단으로 볼 수 있다. 헌법재판소도 정당의 법적 성격을 법인격 없는 사단으로 본다.[221]

② 정당의 기본권 주체성

정당은 먼저 정당활동의 자유를 포함한 정당의 자유를 누린다.[222] 그리고 정당의 법적 성격이 민법상 권리능력 없는 사단이므로 기본권의 성질이 허용하는 한 정당은 기본권의 주체가 될 수 있다. 그러나 정당에 포함된 공적 성격 때문에 일반적인 권리능력 없는 사단보다는 더 많은 제한을 받을 수 있다. 헌법재판소는 정당이 선거에서 기회균등권의 주체가 된다는 것을 인정하고,[223] 정당의 재산권 주체성도 인정한다.[224]

(2) 대학교
① 대학교의 법적 성격
(ⅰ) 국립대학교

교육기본법과 고등교육법을 따르면 국가 등은 학교를 설치할 수 있지만, 현행법상 국립대

---

219) 같은 견해: 권영성, 『헌법학원론(개정판)』, 법문사, 2010, 322쪽.
220) 헌재 1991. 6. 3. 90헌마56, 판례집 3, 289, 295-296.
221) 헌재 1993. 7. 26. 92헌마262, 판례집 5-2, 211, 216.
222) 헌재 1996. 8. 29. 96헌마99, 판례집 8-2, 199, 207.
223) 헌재 1991. 3. 11. 91헌마21, 판례집 3, 91, 113-114.
224) 헌재 1993. 7. 29. 92헌마262, 판례집 5-2, 211, 216.

학교의 직접적 설치근거는 서울대학교('국립대학법인 서울대학교 설립·운영에 관한 법률')와 인천대학교('국립대학법인 인천대학교 설립·운영에 관한 법률')를 제외하고는 대통령령인 '국립학교 설치령', '한국방송통신대학 설치령' 등이다.225) 대통령령 형식을 취하는 이유는 국립대학교를 정부조직법 제4조 부속기관의 일종인 교육훈련기관으로 보기 때문이다. 이 부속기관은 종래 행정법이론상 영조물로 이해된다. 헌법재판소도 (법인이 되기 전에 '서울대학교 설치령'에 따라 설치된) 서울대학교를 영조물로 보았다.226) 다만, 서울대학교('국립대학법인 서울대학교 설립·운영에 관한 법률' 제3조 제1항)와 인천대학교('국립대학법인 인천대학교 설립·운영에 관한 법률' 제3조)는 법인이다.

(ⅱ) 사립대학교

고등교육법 제3조는 사립대학교는 학교법인이 설립·운영하도록 하고 사립학교법 제2조 제2항, 제3조 등에서도 같은 취지를 규정한다. 그리고 사립학교법 제5조와 법 전체를 살펴보면 학교법인은 특수법인이고 그 성격은 재단법인에 가깝다. 따라서 법기술적으로 사립대학교를 학교법인, 흔히 재단과 혼용할 때가 잦았다. 이처럼 사립대학교는 대학교를 운영하는 법인의 산하기관으로 본다.

② 대학의 기본권 주체성

(ⅰ) 국립대학교

영조물은 이용자만 있지 구성원이 없다. 따라서 결합체에서 의사형성과정에 참여함으로써 그 결합체의 운명을 결정할 수 있는 것이 구성원이고 이러한 의사형성과정에 참여할 수 없는 것이 이용자라고 볼 때, 대학교가 단순히 영조물이라면 대학과 이용자의 학문의 자유와 대학의 자치는 실효적으로 보장될 수 없다. 이는 영조물이 법인이든 비법인이든 공행정조직 일부분이므로 기본권 주체성 인정에 어느 정도 소극적일 수밖에 없고, 이용자는 영조물의 의사형성과정에 참여할 수 없으므로 대학 운명을 결정할 지위에 없기 때문이다. 그리고 국립대학교가 학문에 관한 그의 기능을 다하려면 국가에서 독립하여야 한다. 따라서 국립대학교가 국가와 사회에서 가지는 기능을 원활히 수행하고 그 지위를 보장하려면 그 법적 성격을 교수, 학생, 교직원이 모인 법인격 없는 사단으로 보아야 한다. 따라서 국립대학교는 법인격 없는 사단으로서 기본권주체가 될 수 있다. 헌법재판소는 (법인이 되기 전에 서울대학교 설치령에 따라 설치된) 서울대학교를 영조물로 보고도 기본권의 성질상 학문의 자유와 대학의 자치를 인정할 수 있다고 하여 대학의 사단적 성격을 특별히 검토하지 않았다.227)

---

225) 2009년 '국립대학법인 울산과학기술대학교 설립·운영에 관한 법률'에 따라 최초의 법인화 국립대학으로 출발한 울산과학기술대는 2015년 정부출연연구기관인 울산과학기술원(UNIST)으로 전환되었다.

226) 헌재 1992. 10. 1. 92헌마68등, 판례집 4, 659, 667.

227) 헌재 1992. 10. 1. 92헌마68등, 판례집 4, 659.

(ⅱ) 사립대학교

대학교를 설립·운영하는 학교법인, 흔히 재단과 학문의 자유, 대학 자치를 보장받아야 할 사회적 실체로서 대학교가 일치하는 개념이라고 볼 수는 없다. 학교법인, 흔히 재단은 단지 대학교를 설립·운영하는 대학교와 밀접한 기관일 뿐이고, 고등교육법 제28조와 교육법 제108조에서 규정하는 인격도야와 학문연구를 목적으로 하는 대학교 자체라고 볼 수는 없기 때문이다. 오히려 사립대학교는 국가와 그 밖의 사인은 물론이고 학교법인, 흔히 재단에서도 독립성이 확보되어야 학문의 자유와 대학 자치를 실효적으로 보장받을 수 있다. 따라서 대학교는 학문 연구를 목적으로 하는 대학교 구성원의 결합체로서 보아야 한다. 즉 일정한 목적을 위해서 대학교에 모인 구성원의 결합체로서 사단적 성격, 한국 법제상 사회적 실체가 있는 법인격 없는 사단에 해당한다고 보아야 한다. 따라서 사립대학교는 법인격 없는 사단으로서 기본권주체가 될 수 있다.

5. 외국 법인, 그 밖의 단체

(1) 사법인, 그 밖의 단체

외국 사법인, 그 밖의 단체는 상호주의원칙에 따라 외국인에게 주체성을 인정할 수 있는 것 중에서 성질상 법인에도 적용될 수 있는 기본권에 대해서만 기본권 주체성이 인정된다.[228] 외국 사법인, 그 밖의 단체의 기본권 주체성을 부인한다고 하여 외국 사법인, 그 밖의 단체가 법적 보호 영역 밖에 있는 것은 아니다. 외국 사법인, 그 밖의 단체도 다음과 같은 점에서 법적 보호를 받는다. ① 법치국가원리는 외국법인에도 적용된다. 즉 법치국가원리의 내용인 법률유보에 따라 자유나 재산을 침해할 때 법적 근거가 필요하다. ② 법치국가원리에 따라 적어도 재판절차와 관련한 기본권 주체성은 인정된다. ③ 외국법인은 자회사 설립을 통해서 국내법인과 마찬가지로 기본권 주체성을 요구할 수 있다.[229]

(2) 공법인, 그 밖의 단체

외국 공법인, 그 밖의 단체의 기본권 주체성은 원칙적으로 부정된다. 다만, 예외적으로 사법절차적 기본권 주체성은 인정된다. 이때도 권력적 행위는 국가면제가 인정되어 사법관할권·집행권이 면제된다. 1970. 9. 26. 국회 동의를 거쳐 1971. 1. 27. 공포된 외교관계에관한비엔나협약 제22조 제3항은 "공관지역과 동 지역 내에 있는 비품류 및 기타 재산과 공관의 수송수단은 수색, 징발, 차압, 또는 강제집행으로부터 면제된다."라고 규정한다.

---

228) 같은 견해: 계희열, 『헌법학(중)(신정2판)』, 박영사, 2007, 67쪽; 홍성방, 『헌법학(상)(제3판)』, 현암사, 2016, 409쪽.
229) 계희열, 『헌법학(중)(신정2판)』, 박영사, 2007, 67쪽.

제 6 절　기본권의 효력(기본권의무자)

Ⅰ. 기본권의 효력의 의의

　기본권의 효력은 기본권규정의 구속력이 미치는 적용범위를 말한다. 적용범위에는 시간적 범위와 장소적 범위 그리고 인적·물적 범위가 있다. 기본권의 시간적 범위와 장소적 범위는 일반적인 헌법의 효력(적용범위)과 같아서 특별히 문제 되지 않는다. 그러나 인적·물적 범위에는 많은 논란이 있고, 더욱이 헌법현실 변화230)로 중요한 문제로 떠오른다. 따라서 기본권의 효력이라고 하면 일반적으로 기본권의 인적·물적 범위를 가리킨다.231) 이러한 기본권의 효력은 그 대상에 따라 대국가적 효력과 대사인적 효력으로 나뉜다. 기본권의무자는 자기 행위에서 기본권 구속을 당하는 자를 말하는 것으로서 원칙적으로는 모든 공권력 주체를 말한다.

Ⅱ. 대국가적 효력

　기본권의 대국가적 효력(수직적 효력, 공권력 주체의 기본권적 구속)은 기본권이 개인과 국가의 관계에서 작용하는 구속력을 말한다. 기본권은 먼저 국가권력에 대해서 효력이 있다. 즉 기본권은 국가권력을 구속한다. 헌법 제10조 제2문은 "국가는 개인이 가지는 불가침의 기본적 인권을 확인하고 이를 보장할 의무를 진다."라고 규정하여 국가권력이 기본권에 구속됨을 표현한다.

1. 기본권관계의 성격과 헌법

(1) 기본권관계의 원칙적 성격
　기본권의 역사적 전개과정에서 보았듯이 기본권은 원래 국가권력에 대한 방어권으로 발전하였다. 따라서 기본권은 개인의 국가에 대한 관계, 곧 개인과 국가 사이에서 직접 작용한다. 기본권관계는 원칙적으로 개인과 국가의 관계를 말한다.

(2) 헌법 제10조 제2문
　헌법 제10조 제2문은 "국가는 개인이 가지는 불가침의 기본적 인권을 확인하고 이를 보장

---

230) 인권이 보편화하여 무산계급도 기본권주체로 등장하고, 사회적 세력이 성장하여 기본권을 위협하는 주체로 나타났으며 인권의 국제화를 논의하는 것 등의 변화가 일어났다.
231) 허완중, 「사법관계에 미치는 기본권의 효력」, 고려대학교 법학석사학위논문, 2002, 8쪽.

할 의무를 진다."라고 한다. 여기서 국가는 입법권·집행권·사법권은 물론 헌법개정권력과 지방자치권력도 모두 포함한다. 따라서 기본권은 모든 국가권력을 직접 구속하고, 이러한 국가작용이 기본권을 제약하면 그 국가작용은 헌법적으로 정당성이 인정되지 않는 한(예를 들어 헌법 제37조 제2항) 위법한 것이 된다. 그러나 모든 기본권이 모든 국가권력을 똑같은 정도로 구속한다고 보기는 어렵다.

(3) 특별공법관계(이른바 특별권력관계)에서 국가의 기본권적 구속

전통적 특별권력관계이론을 따르면 특별권력관계는 국가의 내부관계로서 법치국가원리가 적용되지 않는다고 하였다. 따라서 특별권력관계 내부에서 그 설정목적 달성을 위해서 필요한 범위에서는 법률 근거 없이도 기본권을 제한할 수 있다고 하였다. 그러나 오늘날 이러한 특별권력관계이론은 비판을 받아 이에 대한 부정적 견해가 일반적이다. 그리하여 특별공법관계(이른바 특별권력관계) 내부에도 법치국가원리를 전면적으로 적용하거나 법치국가원리의 적용범위를 확대하는 방향으로 나아간다. 이에 따라 특별공법관계(이른바 특별권력관계)도 기본권에서 더는 자유로운 영역이 아니다. 따라서 특별공법관계(이른바 특별권력관계)에서도 국가는 기본권에 구속된다. 특별공법관계(이른바 특별권력관계)에서 기본권 제한은 ① 특별공법관계(이른바 특별권력관계)의 기초가 헌법 자체에 포함되거나 헌법이 인식할 수 있고 증명할 수 있는 것으로서 전제하고, ② 특별공법관계(이른바 특별권력관계) 특성이 기본권 제한이 필요할 때, ③ 비례성원칙 범위 안에서만 정당화한다.[232]

2. 입법권의 기본권적 구속

(1) 입법권으로 나타난 국가의 기본권적 구속(입법 재량 한계)

입법권도 국가기관의 하나라는 점에서 기본권에 구속된다는 것은 의문이 없다(헌법 제10조, 제37조 제2항, 제111조 등 참조). 입법이 공법인지 사법인지에 관계없이 입법은 기본권에 구속된다. 다만, 기본권 구속 정도는 입법이 공법인지 사법인지에 따라 달라지는데, 사법에서는 그 정도가 완화하는데 이는 기본권이 원칙적으로 국가에 대해서 작용한다는 점과 관련이 있다.[233] 일반적으로 입법자에게는 비교적 넓은 입법형성권이 인정된다. 이는 법률의 합헌성 추정이나 합헌적 법률해석 등에서도 나타난다. 그러나 입법자는 입법 재량의 한계 안에서 입법권을 행사하여야 한다. 입법자의 기본권 제한은 헌법 제37조 제2항을 준수할 때만 정당하다. 즉 입법권은 비례성원칙을 위반하거나 기본권의 본질적 내용을 침해하여 기본권을 제한할 수 없다.

---

232) Konrad Hesse, Grundzüge des Verfassungsrechts der Bundesrepublik Deutschland, 20. Aufl., Heidelberg 1995, Rdnr. 326 (콘라드 헷세, 계희열 옮김, 『통일독일헌법원론』, 박영사, 2001, 209~210쪽).
233) 김문현, 「기본권의 대국가적 효력」, 『고시계』 제36권 제7호(통권 제413호), 국가고시학회, 1991. 7., 66쪽.

(2) 기본권유형과 입법권 구속

① 자유권의 구조와 입법권의 역할

자유권은 기능상 국가권력에서 자유로운 특정 생활영역을 보호한다. 그러한 특정 생활영역은 헌법 자체가 확정한다. 입법은 특별한 헌법적 근거 없이는 그러한 영역에 대한 간섭·개입을 할 수 없다.

② 평등권의 구조와 입법권의 역할

평등권은 본질적으로 같은 것은 같게, 본질적으로 다른 것은 다르게 취급하는 것을 보장한다. 입법권은 본질적으로 다른 것을 같게 또는 본질적으로 같은 것을 다르게 취급하는 입법을 하려면 이를 정당화할 합리적 근거가 있어야 한다.

③ 참정권의 구조와 입법권의 역할

참정권은 국가의사 결정에 적극적으로 참여하는 권리이다. 즉 참정권은 국가의사 결정에 참여할 기회와 실제적인 참여 실현을 보장한다. 입법권은 법률을 통해서 이러한 조건을 마련하여야 한다.

④ 청구권의 구조와 입법권의 역할

청구권은 실체적 기본권을 보장하기 위한 기본권이다. 즉 청구권은 (실체적) 기본권 침해를 제거·전보하기 위한 절차를 보장한다. 이러한 절차는 국내법적으로 보장되어야 한다. 입법권이 이러한 절차를 조직하여 제도화하여야 한다.

⑤ 사회권의 구조와 입법권의 역할

사회권은 국가의 적극적 활동을 통해서 비로소 실현되고 국가의 재정적 뒷받침이 필요하다. 이러한 국가의 적극적 활동을 구체화하지 않거나 구체화할 때도 국가의 재정적 능력을 벗어나면 사회권은 실현될 수 없다. 따라서 입법권은 충돌하는 이해관계를 조정하고 국가의 재정적 능력을 고려하여 국가의 급부를 확정하여야 한다.

⑥ 기본의무의 구조와 입법권의 역할

헌법상 기본의무는 그 내용을 법률이 구체화하여야 한다(의무유보). 따라서 입법권은 기본의무를 구체화할 권한이 있다.

(3) 법률유보의 유형과 입법권

① 기본권제한적 법률유보

기본권제한적 법률유보는 기본권 제한을 목적으로 한다. 따라서 기본권의 보호범위가 일단 확정된다고 전제한다. 입법권은 기본권을 제한할 권한을 부여받았으므로 확정된 보호범위를 다른 법익과 형량하여 제한하는 기능을 한다. 이때 입법권은 기본권 제한의 한계를 지켜야 하므로 입법 재량은 제한된다.

② 기본권구체화적 법률유보

기본권구체화적 법률유보는 기본권 실현을 목적으로 한다. 여기서 기본권의 내용범위는 입법권이 비로소 확정한다. 즉 입법권은 헌법 위임취지에 맞게 기본권을 구체화하는 기능을 한다. 이때 입법권은 다양한 형성 가능성이 있으므로 입법 재량이 넓게 인정된다.

3. 집행권의 기본권적 구속

(1) 집행권으로 나타난 국가의 기본권적 구속

원칙적으로 기본권은 국민과 국가의 관계이다. 이때 국가는 주로 집행권을 가리킨다. 따라서 집행권이 기본권에 구속되는 것이 원칙이지만 엄격한 법치국가적 구속이 곤란한 고도의 정치적인 행위를 하였을 때나 사법적인 활동형식을 취하여 활동하였을 때도 기본권에 구속되는지가 문제 된다.

(2) 정치적 행위(이른바 통치행위)의 기본권적 구속

① 정치적 행위의 개념

정치적 행위(이른바 통치행위)[234]란 단순한 법집행적 작용이 아니라 국정의 기본방향을 제시하거나 국가적 이해를 직접 그 대상으로 하는 고도의 정치성을 띤 것으로, 법적 구속 여부와 사법심사 가능성이 명백하지 않은 국가 최고기관의 행위를 말한다.

② 정치적 행위에 대한 법치국가원리 적용 여부

(ⅰ) 사법심사긍정설

헌법상 법치국가원리와 권력분립원칙이 규정되고 행정소송 대상에서 개괄주의를 채택하는 이상, 모든 국가작용은 사법심사 대상이 되어야 한다. 그러므로 정치적 행위라는 관념 자체를 인정할 수 없고, 설사 개념 자체를 인정하더라도 사법심사 대상이 될 수 없는 국가작용은 원칙적으로 있을 수 없다고 한다.

(ⅱ) 사법심사부정설

ⓐ 정치적 행위는 정치에 관계되는 문제이고 이러한 문제는 집행부의 자유재량에 속하는 행위이므로 사법심사에서 제외된다는 재량행위설,

ⓑ 정치적 행위는 성질에 비추어 헌법상 입법기관이나 행정기관에 맡긴 사항이므로 권력분립원칙 때문에 사법권 관여가 허용되지 않는다는 권력분립설,

---

234) 종래 '통치행위'라는 용어가 사용되었으나, 이 용어는 과거에 법치국가원리가 적용되지 않는 군주의 행위를 지칭하던 말이라서 현대에 사용하기에는 권위적인 냄새가 강하다. 따라서 정치적 성격을 강조하여 '정치적 행위'라는 용어를 사용하기로 한다.

ⓒ 정치적 행위가 사법심사 대상에서 제외되는 것은 법원이 고도의 정치성이 있는 다른 국가기관 행위에 관여하는 것을 스스로 자제하기 때문이라는 사법부자제설 등이 있다.

(ⅲ) 판례

ⓐ 대법원

국가긴급권 행사에 대한 사법심사와 관련하여 대법원은 과거에 "대통령이 제반의 객관적 상황에 비추어 그 재량으로 비상계엄을 선포함이 상당하다는 판단하에 이를 선포하였을 경우, 그 행위는 고도의 정치적·군사적 성격을 띠는 행위라고 할 것이어서 … 그 선포가 당연 무효의 것이라면 모르되 사법기관인 법원이 계엄선포의 요건의 구비 여부나 선포의 당·부당을 심사하는 것은 사법권의 내재적인 본질적 한계를 넘어서는 것이다."[235]라고 한데서 알 수 있듯이 소극적 태도를 보였다. 그러나 최근에는 "대통령의 비상계엄의 선포나 확대 행위는 고도의 정치적·군사적 성격을 지니고 있는 행위라 할 것이므로, 그것이 누구에게도 일견하여 헌법이나 법률에 위반되는 것으로서 명백하게 인정될 수 있는 등 특별한 사정이 있는 경우라면 몰라도, 그러하지 아니한 이상 그 계엄선포의 요건 구비 여부나 선포의 당·부당을 판단할 권한이 사법부에는 없다고 할 것이나, 비상계엄의 선포나 확대가 국헌문란의 목적을 달성하기 위하여 행하여진 경우에는 법원은 그 자체가 범죄행위에 해당하는지의 여부에 관하여 심사할 수 있다."[236]라고 하여 정치적 행위에 대한 사법심사 가능성을 한정적으로 인정한다.

ⓑ 헌법재판소

헌법재판소는 금융실명제와 관련한 대통령의 긴급재정경제명령에 대한 헌법소원사건에서 고도의 정치적 결단에 따라서 하는 국가작용이라도 그것이 국민의 기본권 침해와 직접 관련이 있으면 헌법재판소 심판 대상이 된다고 하여 적극적인 견해를 취한다.[237]

(ⅳ) 사견

헌법상 국민은 재판을 받을 권리가 있고(헌법 제27조 제1항) 법원은 모든 위법한 국가행위를 심사할 수 있다(헌법 제107조 제2항). 그러므로 정치적 행위 개념을 인정할 것인지 및 절대적·상대적 통치행위의 유형구분[238]이 정당한지와 상관없이 원칙적으로 국가기관의 모든 국법상 행위는 사법심사 대상이 될 수 있다. 다만, 사법심사는 심사기준이 있을 때만 할 수 있어서, 실정법에서 심사기준을 도출할 수 없으면 사법심사도 할 수 없다. 물론 이때도 정치적 행위에 대한 기본권 구속성이 부정되는 것이 아니라 기본권 구속성에 대한 사법적 보장이 제한될 뿐이다.

---

235) 대법원 1981. 2. 10. 선고 80도3147 판결.
236) 대법원 1997. 4. 17. 선고 96도3376 판결(집45-1, 1; 공1997상, 1303).
237) 헌재 1996. 2. 29. 93헌마186, 판례집 8-1, 111, 116.
238) 권영성, 『헌법학원론(개정판)』, 법문사, 2010, 850~851쪽.

③ 외교행위

(ⅰ) 외교행위의 특성과 기본권규정 적용 문제

조약은 조약당사자 일방이 형성할 수 없고, 조약체결 배경을 이루는 정치적·역사적 현실을 무시할 수 없다. 그리고 조약을 체결할 때 외교담당 국가기관은 자국의 정치적 이해를 고려하여야 한다. 따라서 조약 체결에는 광범한 정치적 재량이 인정되어야 한다. 이때 정치적 성격이 강한 정도에 따라서 재량 영역도 넓어질 수밖에 없다. 외교행위는 다른 국제법주체, 대개 다른 국가와 맺는 법관계를 규율한다. 그 대외적 효력에는 국제법이 적용되고, 보통은 개인의 법적 지위와 직접적인 관련성이 없고 간접적 관련성이 있을 뿐이다. 따라서 외교행위는 일반적인 기본권 구속과는 다른 구속이 인정될 필요가 있다. 조약체결담당기관은 헌법위반적 조약을 체결할 권한이 없고, 조약해석·적용담당기관은 국제조약을 헌법합치적으로 해석하여야 한다.

(ⅱ) 객관적 법규범으로서 기본권규정

기본권은 외교행위를 담당하는 국가기관인 공권력 주체에 원칙과 지침을 부여한다. 따라서 외교행위를 수행할 때 공권력 주체는 기본권규정에 내재하는 원칙을 어긋날 수 없으므로 공권력 주체가 외교권을 행사할 때 기본권우호적 태도가 요청된다.

(ⅲ) 주관적 권리로서 기본권 침해 가능성

조약도 원칙적으로 법률적 효력이 있으므로 국민의 권리와 의무를 내용으로 하는 (입법 성격의) 조약을 체결할 수 있다. 다만, 이때는 국회 동의가 필요하다(헌법 제60조 제1항). 이러한 조약이 개인의 기본권을 침해하면 개인은 법률이 기본권을 침해하는 때와 마찬가지로 기본권 침해를 이유로 헌법소원심판을 청구할 수 있다.

④ 대통령의 사면권 행사

(ⅰ) 사면의 의의

좁은 뜻의 사면은 일반적으로 형사소송법이나 그 밖의 형사법규의 절차에 따르지 아니하고 형 선고의 효과나 공소권을 소멸시키거나 형 집행을 면제시키는 행위를 말한다(헌법 제79조, 사면법 제2조). 넓은 뜻의 사면은 좁은 뜻의 사면 이외에 법원의 형 선고와 그 부수적 효과 그리고 행정기관의 징계처분 효과의 전부나 일부를 면제시키는 행위를 뜻한다(사면법 제1조, 제4조). 사면은 법원의 사법작용효력을 제한한다. 이는 집행부 수반의 사법권 행사로서 권력분립원칙에 대한 예외이다. 사면은 군주시대의 유물로서 그것이 남용되면 법치국가적 형사사법절차의 의미를 손상할 수 있고, 권력분립원칙 및 평등원칙과 같은 헌법원칙과 충돌한다는 점에서 그에 대한 비판이 제기된다. 그러나 사면은 그것이 형사사법제도의 경직성을 완화하고 형 집행에서 수형자의 기본권을 보장하는 기능을 수행할 수 있어서 정당성이 인정될 수 있다. 사면권은 ⓐ 오판시정제도로서 그리고 ⓑ 부정기형제도로서 운용될 때 정당화할 수 있다.

(ⅱ) 사면권 행사의 한계와 헌법규정(기본권규정) 적용

민주적 법치국가에서 사면권도 국가권력의 하나로서 국민주권에서 유래한다. 따라서 헌법적 구속에서 벗어날 수 없다. 기본권(특히 평등권)에 근거하여 사면을 청구할 주관적 권리 인정 여부가 문제 될 수 있다. 사면권 행사로 말미암아 당사자가 받는 이익은 사면권 행사에 따른 반사적 이익으로서 헌법이나 기본권이 개인에게 보장하는 이익으로 볼 수 없다. 그리고 대통령은 사면권을 행사할 의무가 없다. 따라서 사면을 청구할 주관적 권리는 인정될 수 없다.

(ⅲ) 사면권 행사의 기본권구속성과 그에 대한 사법심사 가능성

사면제도는 불완전한 법으로 말미암아 생길 수 있는 오판을 시정·보완하고, 지나치게 가혹한 형벌을 받은 사람이나 더는 자유형을 가할 필요가 없을 정도로 개선된 수형자의 신체의 자유를 필요 이상으로 제한하는 것을 막아 국민의 기본권을 보장하려는 제도이다. 그리고 권력분립원칙에 따라 국가권력 서로 간의 통제와 억제가 필요하고, 사면권은 헌법이 규정한 대통령의 권한이므로 헌법적·법률적 한계 안에서만 그 권한 행사를 정당화할 수 있다. 따라서 사면권 행사도 국민의 기본권에 구속된다. 그리고 자의적인 사면권 남용을 막아 법치국가원리를 수호하고 수형자와 일반 국민의 기본권을 보장하려면 사면권 행사에 대한 사법심사는 가능하여야 한다.

(3) 국고의 기본권적 구속(기본권의 국고적 효력)

① 국가가 (활동)형식을 선택할 자유

국가가 공적 과제를 수행할 수단은 여러 가지가 있다. 오늘날에는 국가 과제가 더욱더 다양해지면서 이를 위한 수단도 다각적으로 모색된다. 국가에는 공적 과제를 줄 뿐이고 그것을 수행하기 위한 수단은 강제되지 않는다. 그러므로 국가는 다양한 수단 중에서 가장 적합한 수단을 선택하여 공적 과제를 수행할 수 있다. 이러한 수단은 주로 공법적 형식을 취하지만, 때때로 사법적 형식을 취할 수도 있다.

② 행정활동 형식

행정주체와 그 상대방인 국민의 관계인 행정작용법관계의 유형을 나누는 전통적인 견해는 행정작용법관계를 공법관계인 (ⅰ) 권력관계와 (ⅱ) 관리관계 그리고 사법관계인 (ⅲ) 행정의 사법관계(넓은 뜻의 국고관계)로 나눈다.[239) 240)] 권력관계는 행정주체가 공권력 주체로서 우

---

239) 이렇게 유형을 구분하는 것은 ① 해당 법관계에 적용할 법규나 법원리가 불확실하면 적용법리를 결정하기 위해서, ② 행정소송은 민사소송과 다른 절차가 적용되므로 소송절차를 결정하기 위해서, ③ 행정의 의무 위반이나 그 불이행에 대해서는 대집행, 강제징수 등의 실력적 강제수단으로 그 의무 이행을 확보할 수 있는데 이러한 행정강제수단을 이용할 것인지를 결정하는 데 실익이 있다.

240) 내용에서 거의 같은 독일식 개념인 행정사법과 일본식 개념인 관리관계라는 용어를 서로 검토하지 않는 채 중복적으로 사용하여 행정사법과 관리관계는 실질내용에서 서로 명확하게 구분할 수 없고 많은 점에서 유사한 것으로 이해하여야 한다는 견해가 있다(류지태/박종수, 『행정법신론(제17판)』, 박영사, 2019, 122~123, 392쪽).

월적인 지위에서 국민에 대해서 일방적으로 명령·강제하여 법관계를 발생·변경·소멸할 수 있는 관계이고, 관리관계는 행정주체가 공물, 공기업 등을 관리·경영하는 것과 같이 공권력주체로서가 아니라 재산이나 사업의 관리주체 지위에서 국민을 대하는 관계, 즉 행정주체가 권력적인 수단을 쓰지 않고 행정작용을 하는 법관계이다. 그리고 행정주체가 사법적인 행위형식을 취하여 활동하는 법관계를 총칭하여 행정의 사법관계라고 한다. 행정의 사법관계는 행정주체가 사법적인 행위형식을 취하여 활동하는 법관계를 총칭하는 것으로 이러한 관계에서 행정주체는 사인과 같은 지위에서 활동한다. 행정의 사법관계는 (순수한) 국고관계와 행정사법을 포함한다. (순수한) 국고관계는 국가가 직접 공적 임무를 수행하는 것이 아니라, 일반적인 경제활동을 하거나 법적 행위를 하면서 공적 임무 수행에 필요한 전제를 실현하는 법관계를 말한다. (순수한) 국고관계는 다시 행정활동에 필요한 재화나 역무를 조달·지원하는 조달행정작용과 행정주체가 국공영사업이나 기업체사업 형식으로 영리를 목적으로 활동하는 영리작용으로 나뉜다. 행정사법이란 행정기관이 사법형식으로 행정과업을 직접 수행하거나 공법적으로 설정한 과업을 수행하는 때를 이른다. 행정사법은 (i) 사법형식, (ii) 공적 임무 수행, (iii) 공법적 규율을 특징으로 한다.

③ 행정의 사법관계에 기본권의 구속력이 미치는가?

(i) 효력부정설

효력부정설은 같은 성질의 관계는 같은 법으로 규율하여야 한다는 점에서 행정의 사법관계에는 사법을 적용한다고 한다. 그리고 "기본권은 단지 공권력의 주체인 국가만을 구속할 뿐이고, 국고로서 작용하는 국가를 구속하지는 않는다."라는 이른바 국고자유의 원칙을 근거로 하는 국고행정은 기본권에 구속되지 않는다고 주장한다. 따라서 효력부정설은 국고관계는 일반 사법관계와 완전히 같게 보므로 공법규정을 적용할 수 없고, (기본권의 대사인적 효력을 부정하는 이상) 기본권의 구속력도 부정한다.[241]

(ii) 효력긍정설

효력긍정설은 다음과 같은 근거를 제시하며 기본권이 행정의 사법관계도 구속한다고 한다.

ⓐ 헌법 제10조는 국민의 기본권을 보장하는 것을 국가의무로 규정하고, 그 국가의무가 공법 영역과 관련된 것인지 아니면 사법 영역과도 관련된 것인지를 구분하지 않으므로 공법

양자를 구별하는 견해는 관리관계에 원칙적으로 사법을 적용하고 작용의 공공성으로 말미암아 사법관계를 수정하는 특별한 규정을 두거나 법률해석에서 특별히 다루어야 할 필요성을 인정할 때만 공법적 규율을 한다고 하여 관리관계에 사법을 원칙적으로 적용하므로 공법관계로 보는 실익이 없고, 관리관계의 예로 드는 것을 행정사법의 예와 구별하기 쉽지 않으므로 관리관계라는 개념을 부정하고 행정사법으로 통일하는 것이 타당하다.

241) 정하중, 「사법행정의 기본권기속」, 『고시연구』 제27권 제4호(통권 제313호), 고시연구사, 2000. 4., 19~20쪽; Walter Jellinek, Verwaltungsrecht, 3. Aufl., Offenburg, 1948, S. 25.

영역뿐 아니라 사법 영역에도 기본권을 적용하여야 한다.[242]

ⓑ 기본권이 원칙규범으로서(기본권의 객관적 성격) 모든 국가권력을 구속하므로 행정의 사법관계에 대해서도 그 구속이 미친다.[243]

ⓒ 기본권의 대사인적 효력을 인정하면 사인 서로 간에도 기본권이 구속력이 있으므로 본래 기본권에 구속되는 국가가 국고로서 사인과 같은 지위에 있더라도 기본권에 구속되는 것은 당연하다.[244]

ⓓ 헌법이 구성한 국가는 어떤 곳에서도 사인처럼 마음대로 할 권리가 없다. 따라서 사법형식으로 하므로 헌법이 효력을 미치지 못하는 유보된 국가작용은 있을 수 없다. 그러므로 언제나 헌법이 모든 국가권력을 구속한다.[245]

ⓔ 국고를 고권적으로 활동하는 국가법인에서 독립하여 국가의 재산관계를 위탁받은 별도 법인으로 간주하는 종전 국고이론은 오늘날 극복되었고[246] 국가와 국고를 동일체로 간주할 수 있다. 따라서 국고도 국가와 같은 구속을 당한다. 다시 말하면 국가가 공권력적 행위를 전적으로 포기하고 사법적 행위형식으로 활동하여도 공권력 담당자로서 가지는 특수한 구속성을 면할 수는 없다.[247]

ⓕ 기본권이 비권력적 행위를 포함한 모든 행정작용에 적용되지 않으면, 행정권 발동형식을 사법화(私法化)하는 이른바 '사법(私法)에의 도피' 방법이 남용되어 기본권 보장이 형식화할 수 있다.[248]

(ⅲ) 유형구분설

사법형식으로 공적 과제를 직접 수행할 때는 기본권이 공권력 주체를 구속하지만, (순수한) 국고관계에서는 기본권이 공권력 주체를 구속하지 않는다고 한다. 물론 (순수한) 국고관계에서도 국고행위를 공법형식으로 하면 기본권을 침해할 수 있어 이를 회피하려고 사법형식을 남용하면 기본권에 구속된다고 한다.[249]

---

242) 권영성, 『헌법학원론(개정판)』, 법문사, 2010, 326쪽; 성낙인, 『헌법학(제19판)』, 법문사, 2019, 935쪽; 정재황, 『신헌법입문(제9판)』, 박영사, 2019, 251쪽; 홍정선, 『행정법원론(상)(제26판)』, 박영사, 2018, 561쪽.

243) 김학성, 『헌법학원론(전정3판)』, 피앤씨미디어, 2019, 337쪽; 이준일, 『헌법학강의(제7판)』, 홍문사, 2019, 365쪽; 허 영, 『한국헌법론(전정15판)』, 박영사, 2019, 271~272쪽.

244) 권영성, 『헌법학원론(개정판)』, 법문사, 2010, 326쪽; 김남진/김연태, 『행정법Ⅰ(제22판)』, 법문사, 2018, 426쪽; 성낙인, 『헌법학(제19판)』, 법문사, 2019, 957쪽.

245) 계희열, 『헌법학(중)(신정2판)』, 박영사, 2007, 85~86쪽; 장영수, 『헌법학(제11판)』, 홍문사, 2019, 491쪽; Konrad Hesse, Grundzüge des Verfassungsrechts der Bundesrepublik Deutschland, 20. Aufl., Heidelberg 1995, Rdnr. 348 (콘라드 헷세, 계희열 옮김, 『통일독일헌법원론』, 박영사, 2001, 221쪽).

246) 정하중, 「사법행정의 기본권기속」, 『고시연구』 제27권 제4호(통권 제313호), 고시연구사, 2000. 4., 16~18쪽 참조.

247) 권영성, 『독일헌법론(상)』, 법문사, 1976, 120쪽; 같은 사람, 『헌법학원론(개정판)』, 법문사, 2010, 325~326쪽.

248) 이부하, 『헌법학(상)』, 법영사, 2019, 170쪽.

249) 권영성, 『독일헌법론(상)』, 법문사, 1976, 119쪽; Konrad Hesse, Grundzüge des Verfassungsrechts der Bundesrepublik Deutschland, 20. Aufl., Heidelberg 1995, Rdnr. 347 (콘라드 헷세, 계희열 옮김, 『통일독일헌법원론』,

(ⅳ) 검토

ⓐ 공법형식을 취함으로써 받는 기본권 제한을 회피하려고 행정주체가 '사법으로 도피할' 위험성이 있고, ⓑ 국가의 사법적 활동도 사인의 사법적 활동과는 달리 공적 과제를 수행하려는 수단이며,[250] ⓒ 비록 국가의 일정한 임무 수행을 위해서 사법형식을 이용하더라도 그것이 필요한 것일 수는 있으나 기본권에서 벗어나는 자유를 뜻하지는 않는다. 그리고 ⓓ 국가나 공법인은 행정의 사법관계 영역에서도 일반 국민의 대리인이고, ⓔ 헌법이 구성한 국가기관이 헌법 밖에 있을 수 없으며, 어떠한 때라도 사인처럼 마음대로 할 권리는 없다. 또한, ⓕ 행정과제를 적절하게 수행하기 위해서 자유권 구속에서 벗어날 수 있는 국고적 과제는 없다. 즉 행정에 필요한 유연성과 능률성은 국고행정이 기본권에 구속될 때도 충분히 충족할 수 있다.[251]

따라서 ⓐ 행정사법 영역에서 사법적 수단을 이용하기는 하지만, '공적 목적 달성을 위한 것이 분명하므로' 기본권의 구속력을 인정하여야 한다. (순수한) 국고관계 중 ⓑ 조달행정작용은 공적 목적과 관련되므로 기본권의 구속력이 미친다고 보아야 한다. 그러나 ⓒ 영리작용은 국가가 기업의 의사 결정을 지배하거나 실질적으로 영향을 미칠 정도로 기업활동에 참가할 때만 기본권의 구속력이 미친다고 보아야 한다.[252] 국가가 주주 지위에는 있으나 기업의 의사 결정에 영향을 미칠 수 없을 때[253]까지 기본권의 구속력이 미친다고 볼 수는 없다.[254]

④ 행정의 사법관계에 대한 기본권구속력의 성질

행정의 사법관계에서도 기본권이 행정주체를 구속한다. 행정의 사법관계에서 행정주체가 사인과 같은 지위에 있다는 점 때문에 이러한 기본권구속력의 근거가 기본권의 대사인적 효

박영사, 2001, 219~220쪽).

250) Michael Sachs, Verfassungsrecht Ⅱ Grundrechte, 3. Aufl., Berlin/Heudekberg 2017, S. 70 Rdnr. 14.

251) Konrad Hesse, Grundzüge des Verfassungsrechts der Bundesrepublik Deutschland, 20. Aufl., Heidelberg 1995, Rdnr. 347 (콘라드 헷세, 계희열 옮김, 『통일독일헌법원론』, 박영사, 2001, 220~221쪽). 효력부정설은 행정주체에 평등권 구속 없이 사인과 계약을 체결할 권리를 부여하려고 한다. 하지만 평등권은 행정에 필요한 모든 합리적 차별 가능성을 행정주체에 부여하므로 이를 위해서 기본권의 효력을 부정하여야 할 이유는 없다. 국고관계에서 주로 문제가 되는 평등권(그러나 '국가를 당사자로 하는 계약에 관한 법률' 제7조 등에서 국가의 사법계약 체결에 관해서 규율하므로 행정의 사법관계에서 평등권이 문제 되는 때는 거의 발생할 여지가 없다)은 본질적으로 같은 것을 합리적 이유 없이 다르게 다루는 것을 금지하는 것이지, 다른 것을 다르게 다루는 것은 허용한다. 즉 합리적 이유가 있으면 차별화를 허용한다. 합리적 이유는 일반적이거나 추상적으로가 아니라 구체적으로 수행할 임무와 개별적 상황에 따라 결정하여야 한다. 이러한 관점을 따르면 행정주체의 활동여지를 현저하게 넓히고, 우선 순위의 다양한 설정을 가능하게 하며, 동시에 신속하고 효율적인 업무수행을 함께 고려한다[정하중, 「사법행정의 기본권기속」, 『고시연구』 제27권 제4호(통권 제313호), 고시연구사, 2000. 4., 48쪽].

252) 같은 견해: 정하중, 「사법행정의 기본권기속」, 『고시연구』 제27권 제4호(통권 제313호), 고시연구사, 2000. 4., 58쪽; Thorsten Kingreen/Ralf Poscher, Grundrechte - Staatsrecht Ⅱ, 34. Aufl., Heidelberg 2018, Rdnr. 235.

253) 주로 의결권의 50% 이상을 점유하는 때가 기준이 될 수 있으나, 의결권의 50%를 점유하지 않아도 경영권을 장악할 수 있으므로 구체적 사안에 따라 판단할 수밖에 없다.

254) 이때는 아예 국가 작용이 아니라고 보는 견해가 있을 수도 있다.

력에 근거를 둔 것인지 아니면 기본권의 대국가적 효력에 근거를 둔 것인지가 문제 된다.

(ⅰ) 기본권의 대사인적 효력으로 구성하는 견해

행정사법으로 수행하는 행정작용은 원천적으로 국가의 비권력적 행정작용이므로 비록 사법관계이기는 하지만, 국민의 기본권을 직접 적용하고, 이때 국가는 사인과 동등한 지위이기는 하지만, 국가가 당사자가 된다는 점에서 직접적으로 혹은 간접적으로라도 일반적으로 기본권의 대사인적 효력 적용대상이라고 하는 견해가 있다.[255]

그리고 (순수한) 국고관계에서는 국가가 형식적으로만이 아니라 실질적으로도 사법 주체로 활동하므로 일반 사인 사이의 기본권의 효력 문제와 다룰 이유가 없다는 견해가 있다.[256] 특히 뒤리히(G. Dürig)는 기본권의 대사인적 효력과 관련하여 자신의 간접적 효력설을 순수한 국고행정의 주체로서 나타나는 국가와 사인 사이의 관계에도 적용할 것을 주장하였다.[257]

(ⅱ) 기본권의 대사인적 효력과 구별하는 견해

행정은 국가권력이므로 그 행위가 사법형식을 통해서 이루어질 때도 그 활동의 근본적 동기가 공익 실현에 있는 한 원칙적으로 기본권 구속을 피할 수 없다는 점에서 행정의 사법적 활동을 사인의 사법적 활동과 같다고 할 수 없기 때문에 '행정의 사법적 활동'에 대한 기본권의 구속력을 '기본권의 대사인적 효력'과 구별하여야 한다는 견해가 있다.[258]

(ⅲ) 사견(기본권의 대국가적 효력으로 구성)

행정의 사법관계에서는 행정법상 처분[259]으로 인정할 수 없고 공법관계가 아니므로, 그 구제는 민사소송 형식을 취할 수밖에 없다.[260] 따라서 민사법원 법관이 행정의 사법관계에 대한 위법성을 판단할 때 기본권을 근거로 할 수 있는지가 문제 된다. 주로 문제가 되는 것은 국가의 수의계약에 따른 평등권 침해 여부이다. 이때 국가에 사인과 같은 지위를 인정한다면, 일반적으로 사인 사이의 계약에서 나타나듯 계약의 자유 중 상대방결정의 자유에 따라서 누구를 계약상대방으로 결정하여도 평등권 침해 문제가 발생하지 않아야 한다. 하지만 현실적으로 이러한 때에 평등권 침해를 인정할 수 있다. 국가는 헌법국가가 형성된 이후로 사적 자치에 따라 활동하는 개인의 통일체가 아니라 이미 주어진 목적과 가치가 정당화하는 법적으

---

255) 김성수, 『일반행정법(제8판)』, 홍문사, 2018, 441쪽.

256) Walter Leisner, Grundrechte und Privatrecht, München 1960, S. 206 ff.; Günter Dürig, Grundrechte und Zivilrechtsprechung, in: Theodor Maunz (Hrsg.), Festschrift für H. Nawiasky, München 1956, S. 184 ff.

257) Günter Dürig, Grundrechte und Zivilrechtsprechung, in: Theodor Maunz (Hrsg.), Festschrift für H. Nawiasky, München 1956, S. 189 ff.

258) 김주환, 「기본권의 규범구조와 '제3자적 효력'」, 『사법행정』 제491호, 한국사법행정학회, 2001. 11., 17~18쪽.

259) 처분이란 행정청이 하는 구체적 사실에 관한 법집행으로 공권력의 행사, 그 거부와 그밖에 이에 준하는 행정작용 그리고 행정심판에 관한 재결을 말한다(행정소송법 제2조 제1항 제1호).

260) 행정소송은 행정청의 위법한 처분 그 밖의 공권력의 행사·불행사 등으로 말미암은 국민의 권리나 이익의 침해를 구제하고, 공법의 권리관계나 법적용에 관한 다툼을 적정하게 해결하는 데 목적이 있다(행정소송법 제1조).

로 구성된 공동체이기 때문이다. 헌법이 조직한 국가는 사인처럼 임의적인 자유가 없다. 국가는 활동의 기본적인 동기를 사적 효용성이 아니라 공익에서 찾고, 단지 그러한 근거에서만 대부분 고권적 수단으로 획득한 재정력을 사경제활동에 사용하는 것이 정당화한다.[261] 따라서 국가는 어떠한 때도 옹근(완벽한) 사인이 될 수 없다. 그리고 이때 국가는 기본권의무자[262]로서 기본권관계에서 당사자의 지위에 있는 것이지, 기본권주체의 지위에 있는 것이 아니다. 즉 이때도 국가에 대한 개인의 관계가 문제 된다. 게다가 기본권의 대국가적 효력도 기본권의 대사인적 효력과 마찬가지로 직접 적용할 수 있을 뿐 아니라 간접 적용할 수도 있다. 결국, 국고적 효력에서 기본권이 국가를 구속하는 것은 기본권의 대사인적 효력이 아니라 기본권의 대국가적 효력 때문이다.

4. 사법권의 기본권적 구속

(1) 사법권으로 나타난 국가의 기본권적 구속

사법권은 법 아래에서 법을 적용하여 법질서를 유지하는 국가작용이다. 법질서는 헌법을 정점으로 형성되고 기본권규정은 헌법 일부이다. 따라서 사법권은 사법작용에서 기본권을 존중하여야 하고 기본권을 침해하여서는 안 된다. 법원의 기본권에 대한 구속성은 재판의 내용과 사법절차에서 나타난다.

(2) 법원으로서 작용하는 기본권규정

"법관은 헌법과 법률에 의하여 그 양심에 따라 독립하여 심판한다."(헌법 제103조) 따라서 헌법은 심판의 근거로서 법원(法源)이 된다. 헌법 일부인 기본권규정도 당연히 법원이 된다.

(3) 특히 사법절차적 기본권에 대한 구속

사법작용은 국민의 재판청구권을 실효적으로 보장할 방향으로 운영되어야 한다. 그리고 사법작용에서는 무엇보다 묵비권, 구속적부심사청구권, 변호인의 조력을 받을 권리 등 사법절차적 기본권이 많이 문제 된다. 따라서 사법권은 이러한 기본권에 구속된다. 그 밖에도 사법절차와 재판에 관련되는 모든 기본권에 사법권은 구속된다. 헌법소송이나 행정소송에서 헌법재판소나 법원이 기본권에 구속되고, 형사소송에서도 그렇다. 민사소송에서도 기본권의 대사인적 효력이 인정되므로 민사소송을 담당하는 법관은 민법을 해석·적용할 때 기본권에 구속된다.

---

261) Klaus Stern, Das Staatsrecht der Bundesrepublik Deutschland, Bd. Ⅲ/1, München 1988, S. 1407.

262) 개인이 국가에 대해서 기본권 침해를 주장하는 것이 문제 되는 것이지, 국가가 개인에게 기본권 침해를 주장하는 것이 문제 되는 것이 아니다.

Ⅲ. 기본권의 대사인적 효력

1. 기본권의 대사인적 효력 문제 배경

과거에는 군주로 대표되는 국가권력이 주로 개인의 자유를 침해하였다. 따라서 이에 대한 방어로서 기본권의 대국가적 효력이 주로 문제 되었다. 20세기에 들어서면서 사회적 세력이 국가에 버금가는 기본권에 대한 위협 요소로 등장하였다. 즉 사회적 세력의 기본권 침해가 빈번하고 치명적인 것으로 나타났다. 이에 따라 기본권 보장을 요구하는 전형적인 기본권 침해 상황이 사인과 국가의 관계 이외에 사인 서로 간의 관계에서도 나타났다. 침해당하는 당사자 처지에서는 국가 침해이건 사회적 세력 침해이건 차이가 없다. 따라서 국가의 침해에 대해서 방어할 필요가 있는 것과 마찬가지로 사인, 법인, 그 밖의 단체가 기본권을 침해하는 것에 대해서도 방어하여야 비로소 기본권이 충실하게 보장될 수 있다. 이러한 이유로 종래 대국가적 효력과 더불어 기본권의 대사인적 효력을 인정할 필요성이 생겼다.

2. 기본권의 대사인적 효력 개념

개인의 개인에 대한 기본권관계에서 기본권의 효력을 문제 삼는 것이 기본권의 제3자적 효력이다. 기본권의 제3자적 효력은 기본권이 사인 서로 간의 관계에서 작용하는 구속력을 말한다. 즉 사인과 사인의 관계에 기본권을 적용할 수 있는지, 적용할 수 있다면 어떠한 형식으로 적용하는지를 논의하는 것이 기본권의 제3자적 효력 문제이다. 이때 제3자는 개인(기본권주체)과 국가 이외의 사인(기본권주체)을 뜻한다. 즉 기본권의 제3자적 효력263)이라는 용어는 기본권이 원래 국민(개인)과 국가라는 두 당사자 사이의 관계를 뜻하는 것과 비교하여, 이러한 사인의 사인에 대한 기본권관계의 한 당사자인 국민과 제3자적 지위에 있는 다른 사인 사이에서 기본권의 효력이 문제 되는 것에 착안한 것이다. 그러나 기본권의 제3자적 효력은 사인이 기본권의 직접적 의무자가 된다는 것을 뜻하지 않는다. 기본권의 제3자적 효력은 사법이나 사법질서에 대한 기본권의 구속력이나 영향을 가리킬 뿐이다.264)

그리고 개인의 개인에 대한 기본권관계에서 문제가 되는 기본권의 효력을 기본권의 대국가적 효력과 대비하여 기본권의 대사인적 효력이라는 이름으로 부른다. 또한, 기본권의 대국가적 효력이 상위에 있는 국가(공권력)와 하위에 있는 국민(개인) 사이에 미치는 것으로 수직적인 것이지만, 기본권의 제3자적 효력은 대등한 관계인 국민(개인)과 국민(개인) 서로 간의 관계에 기본권이 효력을 미치는지를 묻는 것이므로 기본권의 수평적 효력이라고 부르기도 한다. 그 밖에 기본권의 효력은 대국가적인 것이 원칙인데 이것이 사인 서로 간의 관계로 확장

---

263) 독일의 학설과 판례에서는 통상적으로 이 용어(Drittwirkung)를 사용한다.
264) 김대환, 「사법질서에서의 기본권의 효력」, 『헌법학연구』 제16권 제4호, 한국헌법학회, 2010, 154쪽.

하므로 '기본권효력의 확장(이론)'이라는 명칭을 쓰기도 한다. 전통적으로 국민과 국가의 관계
에 적용하여 온 기본권(규정)을 사인과 사인의 관계에서도 적용할 수 있는지에 관한 문제로
서, 특히 사인 서로 간의 관계는 사적 자치를 원칙으로 하는 사법질서가 지배하는 영역으로
원칙적으로 공법의 하나인 헌법(그리고 그 일부인 기본권규정)을 적용하는 영역이 아니라는 것
에 문제가 있다는 점을 가장 잘 드러낼 수 있는 '사법질서에서의 기본권의 효력'이라는 명칭
을 사용하기도 한다.265)

　　여기서는 사인과 사인의 관계, 즉 사법관계에 기본권의 효력이 미친다는 점을 강조하는
의미에서 '기본권의 대사인적 효력'이라는 용어를 사용하고자 한다. 다만, 기본권의 대사인적
효력은 사인 사이의 관계, 즉 사법관계에 기본권이 미치는지를 문제 삼지만, 실제 문제가 되
는 영역은 사법(司法) 영역에 국한됨을 주의하여야 한다. 이는 헌법규정인 기본권규정의 우위
가 효력상 우위이지 적용상 우위가 아니라는 점에서 비롯한다. 즉 사법관계(私法關係)는 사법
(私法)이 먼저 규율하고 사법이 적절하지 규율하지 못하거나 전혀 규율하지 않을 때 비로소
기본권 적용 여부가 문제 된다. 그러므로 법원이 사법의 빈틈을 어떻게 메우는지나 적절하지
않은 사법을 어떻게 수정할 것인지가 문제 될 뿐이지 사법(私法) 제정은 여기서 직접 문제가
되지 않는다.

3. 기본권의 대사인적 효력 문제구조

　　기본권의 대국가적 효력은 기본권관계 중 국가에 대한 개인의 관계에 해당한다. 이와 비
교해서 기본권의 대사인적 효력은 개인에 대한 개인의 관계이다. 따라서 기본권의 대국가적
효력에서 국가는 기본권의무자로서 기본권관계의 직접적인 당사자로 나타난다. 하지만 기본
권의 대사인적 효력에서는 국가가 개인과 개인 사이의 관계를 조정하고 해결하는 보호자의
지위에 있다. 즉 기본권의 대국가적 효력 문제에서는 기본권관계가 국민과 국가라는 양극 구
조로 나타나지만, 기본권의 대사인적 효력에서는 사인과 사인의 양극 외에 국가까지 3각관계
가 된다.266)

　　기본권의 대국가적 효력이 문제가 될 때는 기본권(규정)의 수범자인 국가와 기본권주체인
개인이 대립하는 구조이므로 기본권의 최대보장이라는 헌법 정신에 따라 국민의 기본권을 가
능한 범위에서 넓게 보장해주는 방향으로 결정한다. 즉 국가는 국민에 대한 관계에서 기본권
적 보호를 받을 수 없다.267) 이에 반해서 기본권의 대사인적 효력에서는 기본권을 조정하는
지위에 있는 국가 아래 두 기본권주체가 대립하는 형국이므로 어느 일방의 기본권을 절대적

---

265) 김선택, 「사법질서에 있어서 기본권의 효력」, 『고려법학』 제39호, 고려대학교 법학연구원, 2002, 155쪽.
266) 김선택, 「사법질서에 있어서 기본권의 효력」, 『고려법학』 제39호, 고려대학교 법학연구원, 2002, 155~156쪽.
267) Konrad Hesse, Grundzüge des Verfassungsrechts der Bundesrepublik Deutschland, 20. Aufl., Heidelberg 1995,
　　Rdnr. 354 (콘라드 헷세, 계희열 옮김, 『통일독일헌법원론』, 박영사, 2001, 227쪽).

으로 우선하거나 상대방의 기본권을 옹글게(완벽하게) 배제할 수 없다. 기본권주체 사이의 관계에서 기본권이 일방에게 유리하게 작용하면, 상대방에게는 부담되게 작용한다. 따라서 두 기본권주체의 기본권이 부딪히는 상황에서 어느 일방의 기본권을 처음부터 간과하는 판단은 받아들일 수 없다. 그러므로 양 당사자의 기본권을 최적으로 조화롭게 실현하는 접점을 찾아야 한다. 즉 어느 한 기본권의 최대보장이 아니라 (충돌하는) 두 기본권의 최적보장이 문제 된다. 이러한 이유로 기본권의 대사인적 효력 문제에서는 기본권의 대국가적 효력 문제와 달리 신중하게 접근할 필요가 있다.[268]

그리고 기본권이 사인 서로 간의 관계에 직접 적용된다면 기본권주체를 기본권의 의무주체로 만들게 될 것이라는 점[269]을 명심하여야 한다. 이는 기본권을 날 것 그대로 사법관계에 적용할 수 없고, 최대한 순화하여서 사적 자치와 조화를 이룰 수 있도록 하여야 한다는 것을 뜻한다. 따라서 기본권의 대사인적 효력 문제를 해결할 때도 이점을 무시할 수 없다.

4. 기본권의 대사인적 효력의 전제 – 기본권의 다중성

주관적 권리 측면에서 이해하는 기본권은 오로지 국가를 상대방으로 하는 권리이다. 주관적 권리로 작용하는 기본권은 대국가적 방어권으로 '공권'일 수는 있지만, 사인에 대한 '사권'일 수는 없다. 따라서 주관적 권리로 작용하는 기본권에서는 기본권의 대사인적 효력을 도출할 수 없다. 기본권은 주관적 권리의 성격이 있을 뿐 아니라 객관적 법규범의 성격도 있다. 객관적으로 작용하는 기본권은 객관적 법규범 중에서도 가장 우위에 있는 헌법규범이므로 기본권은 헌법을 중심으로 형성되는 국가질서를 지배하고 모든 법영역에 효력을 미친다. 사인도 기본권을 포함한 헌법을 우위로 하는 국가질서 안에서 생활하므로 기본권에 구속되고, 사인 서로 간의 관계를 규율하는 사법(私法)도 헌법하위의 법영역으로서 기본권이 효력을 미친다. 따라서 기본권이 사법(私法)의 적용과 해석 그리고 사법관계에 영향을 미칠 수 있는지는 기본권의 객관적 성격이 인정되고 나서 비로소 문제가 될 수 있다.

5. 외국의 학설 · 판례

(1) 논의의 필요성

그동안 독일과 미국에서 기본권의 대사인적 효력 문제를 해결하려고 학설과 판례가 계속 노력하였다. 기본권의 대사인적 효력에 관한 한국 논의는 이러한 외국 논의를 바탕으로 전개된다. 따라서 이러한 외국 논의를 먼저 검토할 필요가 있다.

---

268) 김선택, 「사법질서에 있어서 기본권의 효력」, 『고려법학』 제39호, 고려대학교 법학연구원, 2002, 156쪽.
269) 같은 견해: 정태호, 「기본권적 3각관계 그리고 과소(보호)금지원칙의 독자성」, 『고시연구』 제29권 제5호(통권 제338호), 고시연구사, 2002. 5., 16쪽 참조.

(2) 독일의 학설·판례

① 효력부정설

독일의 전통적 이론은 기본권의 대사인적 효력을 원칙적으로 인정하지 않았다. 즉 사인 서로 간의 법률관계에는 기본권의 효력이 원칙적으로 미치지 않는다고 보았다. 그 근거는 다음과 같다.[270] (i) 기본권의 대사인적 효력은 기본권의 일반적 전통과 개념에 어긋난다. 본질적으로 대국가적 방어권인 기본권은 국가권력만을 구속한다. (ii) 기본권의 대사인적 효력을 인정하더라도 독일 기본법 제9조 제3항과 같은 명문 규정이 있어야 한다. (iii) 헌법제정자는 사인 간의 법률관계에 대한 규율권이 없다. (iv) 헌법제정자는 명시적으로 기본권의 대사인적 효력을 인정하지 않았다. (v) 독일 기본법 제19조 제4항은 단지 공권력의 권리 침해만을 말한다. (vi) 독일 기본법 제1조 제3항은 입법권, 집행권과 사법권을 구속한다고 명시적으로 규정할 뿐이지 사인을 구속한다고 규정하지 않았다. (vii) 기본권을 사법관계에 적용하면 사법이 붕괴한다.

② 직접적용설

기본권은 공권력에 대한 주관적 공권뿐 아니라 사인에 대한 주관적 사권도 함께 부여하므로 구태여 사법상 원칙조항과 같은 매개물을 통할 필요 없이 직접 사인 서로 간의 법률관계에도 적용된다는 견해이다.[271] 이 설은 전체 법질서의 통일성을 강조한다. 즉 헌법은 최고법이므로 모든 법은 헌법의 기초 위에서만 그리고 헌법의 테두리 안에서만 타당하고, 사법도 여기서 예외일 수 없다고 한다. 기본권이 사인 서로 간에 직접 적용된다고 하여 모든 기본권이 사법질서에서 효력이 있는 것이 아니라 헌법의 명문 규정상이나 기본권의 성질상 사인 서로 간에 직접 적용될 수 있는 기본권만이 직접 효력이 있다고 한다. 이 설을 주장하는 니퍼다이(H. C. Nipperdey)가 법원장으로 재직한 바 있는 독일 연방노동법원은 이 설에 따라 판결을 내렸다(1984년 이후부터는 일관성을 잃고 아래의 간접효력설에 따른 판례도 내고 있다).

③ 간접적용설

사인 간의 사적인 법률관계를 규율하는 것은 우선은 사법이고, 사법 영역에서는 강행규정이 지배하는 공법 영역과는 달리 사인 간의 자유로운 의사합치를 먼저 존중하는 사적 자치의 원칙이 지배하므로, 공법인 헌법상 기본권규정을 사법관계에 직접 적용하면 사법의 고유성이나 사법의 독자성이 상실될 우려가 있다고 보고, 기본권은 사법의 일반조항을 매개로 일반조항 해석기준으로 작용함으로써만 간접적으로 사인 서로 간에도 적용될 수 있다는 견해이다.[272]

---

270) Ingo von Münch, Staatsrecht Ⅱ, 5. Aufl., Stuttgart/Berlin/Köln/Kohlhammer 2002, S. 110 f.; Walter Leisner, Grundrechte und Privatrecht, München 1960, S. 311 f. 참조.

271) Hans Carl Nipperdey, Grundrechte und Privatrecht, Krefeld, 1961.

272) Günter Dürig, Grundrechte und Zivilrechtsprechung, in: Theodor Maunz (Hrsg.), Festschrift für H. Nawiasky,

이 학설을 따르면 기본권은 1차적으로는 국가권력에 대한 국민의 방어적 권리로서 주관적 공권이지만, 그와 더불어 공동생활의 기초가 되는 원칙규범이나 객관적인 질서의 요소도 된다. 이러한 원칙규범적 성격이나 객관적 질서의 요소로서 지니는 성격 때문에 공·사를 불문하고 모든 생활영역에 효과를 미치는 이른바 방사효과(放射效果: Ausstrahlungeffekt)가 있다. 기본권의 방사효과 때문에 신의성실원칙, 권리남용금지원칙, 선량한 풍속 유지, 불법행위 금지 등을 규정한 사법상 일반조항을 해석할 때 그 내용이 기본권적 가치로 채워져서 사인 서로 간의 법률관계에 적용되어야 한다는 것이다. 뒤리히(G. Dürig)가 주장한 이래 독일의 통설적인 견해가 되었고, 독일 연방헌법재판소도 이 견해를 채택한 판례를 확립하였다.

④ 방어권설

기본권을 원칙적으로 국가에 대한 방어권으로 보면서도 이러한 기본권의 기능을 기초로 기본권의 대사인적 효력을 인정하는 견해이다.273) 기본법 제1조 제3항에서 기본권을 오로지 국가에 대한 주관적 공권으로 이해하고, 공법과 사법에 미치는 기본권의 효력을 구별하는 것을 반대한다. 사법관계에 미치는 기본권의 효력도 공권력의 기본권 구속에서 도출하고, 사인이 다른 사인의 권리영역에 간섭할 수 있는 모든 권리는 국가법질서에 근거를 둔다고 한다. 따라서 기본권의 대사인적 효력이란 국가권력이 기본권에 구속되어 매개한 것에 지나지 않고, 기본권의 대사인적 효력이란 사이비문제(Scheinproblem)라고 한다. 이때 기본권은 (직접적 효력설처럼) 사법관계에 직접 효력을 미친다고 한다.274)

⑤ 3측면 모델

알렉시(R. Alexy)는 간접적 효력설, 직접적 효력 그리고 방어권설이 사법부와 관련된 구성이라는 점에서 결과적으로 등가라고 하면서 이 학설들은 몇 가지 측면만을 강조하므로 이들 중 하나가 옳다고 하는 것은 잘못된 것이라고 한다.275) 따라서 적절한 해결책을 제시하는 완벽한 모델은 오로지 모든 측면을 파악하는 모델이라고 한다. 이러한 모델은 국가의 의무 측면, 국가에 대한 권리 측면 그리고 사법주체 서로 간의 법관계 측면의 세 가지로 구분된다고 한다. 이러한 측면 사이에는 단계적 관계가 아니라 상호내포적 관계가 있다고 한다. (ⅰ) 국가의 의무 측면에서 기본권규범이 객관적 원칙으로서 모든 영역에서 효력이 있으므로 국가는 사법을 제정하고 해석·적용할 때 기본권을 존중하여야 하는 의무를 진다고 한다. 이러한 국

München 1956, S. 157−190.

273) Jürgen Schwabe, Die sogenannte Drittwirkung der Grundrechte, München 1971.

274) 방어권설은 사인이 기본권의 수범자가 아니라는 점에서 효력부정설로 볼 수 있으나, 국가권력을 매개로 기본권을 사법관계에 적용한다는 점에서 직접효력설로 볼 수도 있다.

275) Robert Alexy, Theorie der Grundrechte, Frankfurt 1994, S. 484 ff. 알렉시(Robert Alexy)의 이론을 기초로 하여 이론을 전개하는 국내 견해로는 이준일, 「기본권으로서 보호권과 기본권의 제3자효」, 『저스티스』 제65호, 한국법학원, 2002. 2., 77~83쪽; 같은 사람, 『헌법학강의(제7판)』, 홍문사, 2019, 366~374쪽.

가의 의무는 간접적 효력설이 가장 잘 설명한다고 한다. (ⅱ) 국가에 대한 권리 측면에서 기본권과 기본권규범이 사법관계에 미치는 효과에 관해서 일관성을 유지하려면 국민은 국가의 의무에 상응하는 권리가 있어야 한다고 한다. 방어권만으로는 국가에 대한 국민의 권리를 충분하게 설명할 수 없으므로 국가에 적극적인 행위를 요구할 수 있는 급부청구권이나 보호청구권으로 보완하여야 한다고 한다. 그러나 이들을 단순히 결합하여서는 양 구성방식 차이 때문에 통일적 구성방식이 나오지 않는다고 한다. 따라서 민사법원이 국민이 주장하는 지위를 정당화하는 기본권원칙을 명령받은 정도만큼 고려하도록, 청구하는 국민의 민사법원에 대한 권리를 인정하는 사법부 관련적 구성방식을 요구한다고 한다. (ⅲ) 사법주체 서로 간의 법관계 측면에서는 직접적 대사인적 효력이 문제 된다고 한다. 사인이 사인에게 직접 기본권을 주장할 수 있다는 것은 기본권이 있으므로 비로소 사인 대 사인의 관계에서 생겨난 기본권적 지위를 주장할 수 있다는 뜻이라고 한다.

(3) 미국의 국가행위의제이론

　미국에서는 사정부이론 관점에서 사인의 특정한 행위를 국가행위로 간주하여 헌법규정(수정 제14조의 평등보호조항)을 사법관계에 직접 적용하는 이론구성을 한다. 이를 국가유사이론이나 국가행위의제이론(state action doctrine)이라고 한다.[276] 따라서 어떠한 때에 사인의 행위를 국가나 정부의 행위로 의제할 수 있는지가 관건인데, 대표적인 몇 가지만 구체적으로 살펴보면 다음과 같다.[277]

① 공적 목적에 사용되는 사적 재산(Private Property Used For Public Purposes)

　사적 재산이라도 공공 목적을 위해서 사용될 때 사인이 그 재산(시설)을 이용하여 개인의 기본권을 침해하면 그 침해행위를 국가행위와 동일시하여 기본권규정을 적용하자는 견해이다.[278]

---

276) 미국의 국가행위의제이론을 소개한 국내문헌으로는 김기영, 「기본권의 제3자적 효력 -미국의 경우를 중심으로-」, 『고시연구』 제25권 제11호(통권 제296호), 1998. 11., 50~60쪽; 나용식, 「기본적인권과 사법관계」, 『법학연구』 제8집, 원광대학교 법과대학, 1986. 2., 31~48쪽; 이노흥, 「미국연방헌법상 국가행위이론에 관한 연구」, 이화여자대학교 법학박사학위논문, 2002; 이용우, 「미국에 있어서의 State Action이론」, 『인하대법정대학보』 제4권, 인하대학교 법정대학, 1985, 61~74쪽; 조한창, 「기본권의 대사인적 효력과 민사재판」, 『헌법문제와 재판(하)』(재판자료 제77집), 법원도서관, 1997, 691~759쪽(특히 720~735쪽); 한병호, 「기본권의 대사인적 효력 -미국 연방헌법상의 국가행위이론을 중심으로-」, 『사회과학연구논총』 제2호, 한국해양대학교 사회과학대학, 1995, 293~323쪽; 공적 기능(Public Function)론과 견련관계(Nexus)론으로 대별하여 국가행위이론을 설명·소개하고 있는 문헌으로는 도회근, 「State Action 이론과 기본권의 제3자적 효력」, 『사회과학논집』 제6권 제2호, 울산대학교, 1996, 161~177쪽; 같은 사람, 「미국의 State Action 이론」, 『고시연구』 제27권 제9호(통권 제318호), 고시연구사, 2000. 8., 14~23쪽; 조규범, 「미국헌법의 국가행위론에서의 공공기능분석에 관한 연구」, 『성균관법학』 제13권 제2호, 성균관대학교 비교법연구소, 2001, 219~243쪽 참조. 미국 판례는 문홍주, 『미국헌법과 기본적 인권』, 유풍출판사, 2002 참조.

277) 김선택, 「사법질서에 있어서 기본권의 효력」, 『고려법학』 제39호, 고려대학교 법학연구원, 2002, 165~167쪽.

278) Evans v. Newton, 382 U. S. 296(1966); Amalgamated Food Union Local 590 v. Logan Valley Plaza, Inc., 391

② 국가의 지원(Government Subsidies)

국가에서 재정적인 원조 등 공적 지원을 받는 사인의 행위를 국가행위와 동일시하여 기본권규정을 적용하자는 견해이다.[279]

③ 공적 기능(Public Functions)

정당이나 사립대학 등이 실질적으로 국가나 정부의 기능을 수행할 때 이들의 기본권침해행위를 국가행위로 의제하여 기본권규정을 적용하자는 견해이다.[280]

④ 사법 집행 행위(Judicial Enforcement Actions)

사인의 기본권 침해행위가 쟁송 대상이 되어 법원이 개입하고 그것이 사법적(司法的)으로 집행될 때, 그 집행행위를 기본권을 침해하는 국가행위로 의제하는 이론이다. 대표적인 판례로서 셸리 대 크래머(Shelly v. Kraemer)사건에서 일정 지역의 주민이 그 지역의 토지에 대해서 흑인에 대한 매매를 금지하는 계약을 체결하였을 때 법원이 이를 합법적인 것으로 인정하여 동 계약 내용을 사법적(司法的)으로 관철하려 하면, 이는 사법적 집행에 따른 기본권침해(인종차별)가 된다는 것이다.[281]

⑤ 국가 규제(Governmental Regulation)

국가에서 특별한 권한을 부여받고 그 한도 안에서 국가의 광범한 규제를 받는 것 등 국가와 밀접한 관계가 있는 사인의 행위를 국가행위와 동일시하여 기본권규정을 적용하자는 견해이다.[282]

⑥ 평가

미국의 국가행위이론은 사인 서로 간의 순수한 관계에서 나타나는 기본권효력을 문제 삼는 것이 아니라 어느 일방 사인의 기본권을 침해한 상대방 사인의 행위가 공적 기능을 하는 것이거나 정부기관과 모종의 견련관계에 있을 때만 이를 국가행위로 의제하여 기본권을 적용하는 이론구성을 취한다. 즉 사인과 사인 서로 간의 기본권 충돌을 전제로 하는 전형적인 사법질서에서 나타나는 기본권효력 문제는 다루지 않고, 국가 대 국민의 전형적인 기본권의 대국가적 효력의 구조를 유지함으로써 사법질서에서 나타나는 기본권효력 문제의 핵심을 비켜

U. S. 308(1968); LLoyd Corp. v. Tanner, 407 U. S. 551(1972); Hudgens v. National Labor Relation Board, 424 U. S. 507(1976).

279) Norwood v. Harrison, 413 U. S. 455(1973); Rendell-Baker v. Kohn, 475 U. S. 8302(1982); Blum v. Yaretsky, 457 U. S. 991(1982).

280) Marsh v. Alablma, 326 U. S. 501(1946); Jackson v. Metropolitan Edison Co., 419 U. S. 345(1974); Terry v. Adams, 345 U. S. 461(1953).

281) Shelly v. Kraemer, 334 U. S. 1(1948).

282) Burton v. Wilmington Parking Authority, 365 U. S. 715(1961); Moose Lodge No. 107 v. Irvis, 407 U. S. 163(1972); American Manufacturers Mutual Insurance Co., v. Sullivan, 526 U. S. 40(1999).

가는 셈이다. 이론구성 외형만을 기준으로 형식적으로 판단하면, 미국의 국가행위의제이론은 독일의 기본권 효력부정설과 다를 바 없다. 따라서 국가행위로 의제할 연결고리를 찾지 못하면, 사인의 행위는 국가행위로 의제가 될 수 없고 그것이 다른 사인의 기본권을 침해하여 기본권효력 여부를 문의하여야 할 상황이더라도 문제 제기조차 할 수 없는 이상한 상태에 빠지게 될 때도 논리적으로 배제할 수 없다. 결국, 국가행위의제이론이 사법질서에서 나타나는 기본권효력 문제를 해결하는 이론이 되기에는 매우 불충분하다.

6. 기본권의 대사인적 효력의 인정 여부

(1) 원칙적 간접적용설

헌법 제10조 제2문에 따라 기본권을 모든 법관계에서 존중하여야 하므로 그 성질에 비추어 사인 사이에 적용할 수 없는 것을 제외하고는 원칙적으로 사법의 일반조항을 통해서 간접적으로 사인 사이에 효력을 미치는 것이지만, 직접 효력을 인정하는 명문 규정이 있거나 성질에 비추어 직접 적용할 수 있는 기본권은 사인 사이에도 직접 효력을 미친다는 견해가 있다.283) 사인 사이에도 직접 적용하는 기본권으로 근로3권을 들거나284) 근로3권, 언론·출판의 자유, 협의의 인간의 존엄과 가치·행복추구권, 참정권을 들거나285) 사회권(대표적으로 근로자의 단결권), 종교의 자유, 언론·출판·집회·결사의 자유를 든다.286) 독일에서 기본권은 오로지 자유권을 뜻한다고 하면서 기본권의 대사인적 효력은 자유권에 제한되는 것이고, 근로 영역처럼 사법규정만으로는 사인 사이의 관계에서 다른 사람의 침해에서 사인의 기본권을 효과적으로 보호할 수 없다고 판단되는 때만 직접적인 제3자효가 인정될 수 있다는 견해도 있다.287)

(2) 엄격한 간접적용설

직접 적용할 수 있는 기본권 범위를 확대하는 것에 반대하고, 언론·출판의 자유가 현대사회에서 가지는 사회통합적·민주적 기능의 중요성을 고려하여 현행 헌법이 제21조 제4항에서 언론·출판의 자유의 직접적인 대사인적 효력을 인정한다는 견해가 있다.288) 그 외의 기본권은 모두 사법의 일반조항을 통해서 간접적으로만 사인 사이에 적용할 수 있을 뿐이라고 한

---

283) 권영성, 『헌법학원론(개정판)』, 법문사, 2010, 330쪽; 김철수, 『학설·판례 헌법학(상)』, 박영사, 2008, 427~429쪽; 김학성, 『헌법학원론(전정3판)』, 피앤씨미디어, 2019, 345~350쪽; 성낙인, 『헌법학(제19판)』, 법문사, 2019, 961~962쪽; 안용교, 『한국헌법(제2전정판)』, 고시연구사, 1992, 298~299쪽; 한태연, 『헌법학』, 법문사, 1985, 962~967쪽.

284) 권영성, 『헌법학원론(개정판)』, 법문사, 2010, 331쪽.

285) 김철수, 『학설·판례 헌법학(상)』, 박영사, 2008, 428쪽.

286) 한태연, 『헌법학』, 법문사, 1985, 966쪽.

287) 한수웅, 『헌법학(제9판)』, 법문사, 2019, 419~425쪽.

288) 허 영, 『한국헌법론(전정15판)』, 박영사, 2019, 280~282쪽.

다. 다만, 기본권규정의 성질에 비추어 사인 서로 간의 관계에 전혀 영향을 미칠 수 없는 것
은 대사인적 효력의 고찰대상이 아님이 자명하다고 한다.

(3) 일반적 인정설

헌법의 기본권규정이 보호하는 법익은 국가영역(국가와 사인 사이의 행위영역)에서든 사회영
역(사인 서로 간의 행위영역)에서든 관철되어야 할 기본적 법익이고, 헌법은 바로 그러한 법익
을 공법질서와 사법질서를 막론하고 법질서 전체의 기본적인 핵심내용으로 보호하므로 기본
권에는 헌법의 명문 규정과 관계없이 대사인적 효력이 있다는 견해가 있다.[289] 즉 헌법에서
수범자로 나타나는 사인(과 나아가 그 규범내용)을 명시 여부와 상관없이, 기본권의 성질에 비
추어 사인 서로 간의 관계를 처음부터 전제한 것으로 보든 그렇지 않든 상관없이, 심지어 기
본권이 대국가적 권리에 불과한 것으로 이해하는 때조차, 기본권의 대사인적 효력을 긍정하
여야 한다고 한다. 다만, 대사인적 효력 유무라는 상황 자체가 문제 되지 않는, 사인의 기본
권 침해 문제가 현실적으로 전혀 제기되지 않을 때만 기본권의 대사인적 효력을 부정할 수밖
에 없다고 한다.

(4) 구체적 판단설

명문 규정이 없는 현행 헌법에서 기본권의 대사인적 효력 문제는 헌법질서 테두리 안에서
기본권의 과제와 기능에 따라 그때그때 판단할 수밖에 없다는 견해이다.[290] 구체적 상황에
따라 같은 기본권을 직접 적용하거나 간접 적용할 수 있으므로 개별 기본권에 따라 사인 사
이의 관계에서 직접 적용할 수 있는 기본권과 간접 적용할 수 있는 기본권을 구별하는 것은
무의미하다고 한다. 다만, 사법질서의 독자성과 고유법칙성을 고려하여 될 수 있는 대로 간접
적용하는 것이 바람직할 뿐이라고 한다. 사법질서에 기본권을 적용하는 것은 기본권이 일반
법률에 따라 전혀 아니면 충분히 보장되지 못할 때에 국한한다고 한다. 즉 법률이 기본권을
충분히 보장할 때 기본권은 객관적 질서의 요소라는 점을 내세워 법률에 우선하여 적용할 수
는 없다고 한다.

(5) 원칙적 부정설

사적 영역에서 기본권의 효력은 사인에 대해서 미치지 않지만, 예외적으로 사적 영역에서
행위주체인 사인이 실질적으로 국가의 기능이나 역할을 할 때만 이러한 사인에 대해서 기본

---

289) 한병호, 「한국에서의 기본권의 대사인적 효력이론에 대한 고찰 ─다수설에 대한 비판적 재검토를 중심으로─」,
　　『헌법규범과 헌법현실』(권영성교수 정년기념논문집), 법문사, 1999, 970쪽.
290) 계희열, 『헌법학(중)(신정2판)』, 박영사, 2007, 100~101쪽; 같은 사람, 「기본권의 대사인적 효력」, 『고시연구』
　　제23권 제11호(통권 제272호), 고시연구사, 1996. 11., 115쪽; 같은 사람, 「기본권의 효력」, 『법학논집』 제31집,
　　고려대학교 법학연구소, 1995, 20쪽. 이에 동조하는 견해도 있다(홍성방, 『헌법학(상)(제3판)』, 현암사, 2016, 431
　　쪽). 이 견해는 사인 사이의 관계에서 근로3권을 제외한 기본권은 원칙적으로 간접적용되지만 직접적용되는 예
　　외가 있다고 한다.

권을 주장할 수 있다는 견해도 있다.[291]

(6) 판례

대법원은 영업의 자유를 제한하는 약정의 효력에 관한 판시에서 "······ 본건 공약이라 함은 피고가 사단법인 대한환경위생협회 서울지부 미용분과위원회에서 협정한 요금 및 공휴일을 준수함과 동시에 종업원의 유인고용을 하지 않을 것을 약정하고, 위 사항을 위반할 때에는 위약금 10000원을 원고에게 지급한다는 내용으로 그 약정내용이 피고의 영업상 자유의 제한에 관한 약정을 무기한 허용함은 피고의 법률상 지위에 중대한 제한을 부과하는 것으로서 이와 같은 약정은 제한을 받는 자가 언제든지 일방적으로 해약할 수 있다고 해석함이 타당하다."라고 해서 헌법상 직업선택의 자유와 관련해서 약정(계약)의 내용을 수정하는 해석을 한 바 있다.[292] 그리고 대법원은 "헌법상의 기본권은 제1차적으로 개인의 자유로운 영역을 공권력의 침해로부터 보호하기 위한 방어적 권리이지만 다른 한편으로 헌법의 기본적인 결단인 객관적인 가치질서를 구체화한 것으로서, 사법(私法)을 포함한 모든 법영역에 그 영향을 미치는 것이므로 사인간의 사적인 법률관계도 헌법상의 기본권 규정에 적합하게 규율되어야 한다. 다만 기본권규정은 그 성질상 사법관계에 직접 적용될 수 있는 예외적인 것을 제외하고는 사법상의 일반원칙을 규정한 민법 제2조, 제103조, 제750조, 제751조 등의 내용을 형성하고 그 해석기준이 되어 간접적으로 사법관계에 효력을 미치게 된다. 종교의 자유라는 기본권의 침해와 관련한 불법행위의 성립 여부도 위와 같은 일반규정을 통하여 사법상으로 보호되는 종교에 관한 인격적 법익침해 등의 형태로 구체화되어 논하여져야 한다."[293]라고 하였다.

(7) 사견(간접효력설)

① 근거

기본권의 대사인적 효력 문제는 기본권 보호 실효성에 대한 요청과 사법의 독자성 및 고유한 가치를 보전하라는 요청 사이의 조화를 찾아야 한다. 따라서 사인 서로 간의 사법관계에는 먼저 사법규정을 적용한다는 원칙을 고수하면서, 사법의 매개수단을 통해서 기본권이 사법관계에 영향을 미친다는 간접적 효력설을 채택할 수밖에 없다. 그리고 간접적 효력설은 기본권이 일반조항을 매개로 사법관계에 효력을 미친다고 봄으로써 일반조항의 보충성을 근거로 사법규정을 먼저 사법관계에 적용하고 그것이 흠결되거나 적절한 해결을 할 수 없을 때 비로소 기본권을 사법관계에 적용하여야 한다는 것을 설명할 수 있다. 게다가 기본권이 사법

---

291) 정종섭, 『헌법학원론(제12판)』, 박영사, 2018, 348~351쪽.
292) 대법원 1964. 5. 19. 선고 63다915 판결.
293) 대법원 2010. 4. 22. 선고 2008다38288 전원합의체 판결(공2010상, 897).

의 일반규정을 통해서 사법 내용이 되므로 기본권 실현에 사법적 구제수단을 이용할 근거를 제공한다. 따라서 사법관계에서 기본권과 충돌하는 부분이 있으면, 사법 안에 있는 매개수단, 즉 일반조항이나 불확정개념을 통해서 기본권의 효력을 미치게 하는 간접적 효력설을 채택하여야 한다.294)

② 사법상 매개조항

매개하는 일반조항으로는 민법 제2조, 제103조, 제104조, 제750조, 제751조 제1항이 있다. 기본권이 이러한 사법의 일반조항을 통해서 사법 영역에 적용되므로 구체적인 적용모습은 이러한 일반조항이 사법관계에 작용하는 모습을 따를 수밖에 없다. 따라서 사법관계에서 기본권을 침해할 때 먼저 그 침해가 중대하면 기본권은 민법 제103조와 제104조를 매개로 그러한 법률행위를 무효로 만든다. 다음으로 침해가 그러한 정도에 이르지 않으면 민법 제2조에 따라서 권리를 발생시키거나 변경시키거나 소멸시킨다. 끝으로 기본권 침해로 발생한 손해는 민법 제750조와 제751조 제1항에 따라서 배상하게 한다. 이 과정에서 기본권을 지나치게 강조하는 것은 자칫 사법질서의 독자성을 파괴할 수 있으므로 신중한 고려가 요구된다.295)

7. 기본권의 대사인적 효력 작용방식

(1) 직접 적용되는 기본권

① 인간의 존엄(헌법 제10조 제1문 전단)

인간의 존엄은 인간의 주체성을 국가, 다른 개인이나 그 개인의 집단이 하는 모든 침해에서 절대적으로 보호함으로써 비로소 그 인간이 독자적 존재로 '있을 수 있게' 해주는 것이므로 헌법은 이를 제한할 수 없다.296) 따라서 인간의 존엄을 제한하는 어떠한 것도 헌법은 정당화하지 않는다. 이때 인간의 존엄은 인간이면 누구나 존엄성이 있고 이러한 존엄성을 차별하지 않음을 포함한다. 즉 인간의 존엄은 합리적 차별이 가능한 상대적 평등 이전의 절대적 평등을 내포한다.297) 그러므로 인간의 존엄에 대해서는 어떠한 차별도 인정할 수 없다. 그리고 인간의 존엄은 포기할 수 없으므로 개인이 국가나 사인에 대해서 자기의 존엄을 침해하도록 허용할 수 없다.298) 따라서 사법관계에서도 인간의 존엄을 침해하는 행위는 모두 헌법 위반이 된다.

---

294) 학설에 대한 비판과 간접적 효력설의 타당성에 관한 검토는 허완중, 「사법관계에 미치는 기본권의 효력」, 고려대학교 법학석사학위논문, 2002, 93~103쪽 참조.

295) 이에 관해서 자세한 검토는 허완중, 「사법관계에 미치는 기본권의 효력」, 고려대학교 법학석사학위논문, 2002, 103~120쪽 참조.

296) 김선택, 「헌법 제9조 제1문 전단 인간으로서의 존엄의 의미와 법적 성격」, 고려대학교 법학석사학위논문, 1983, 101쪽.

297) 김선택, 「헌법 제9조 제1문 전단 인간으로서의 존엄의 의미와 법적 성격」, 고려대학교 법학석사학위논문, 1983, 43쪽.

298) 김선택, 「헌법 제9조 제1문 전단 인간으로서의 존엄의 의미와 법적 성격」, 고려대학교 법학석사학위논문, 1983,

이러한 까닭에 인간의 존엄은 사법관계에 직접 적용할 수 있는 기본권이다.

② 행복추구권(헌법 제10조 제1문 전단)?

행복추구권은 개별 기본권과 헌법 제37조 제1항이 보호하지 않는 기본권을 보충적으로 보장하는 자유권으로,[299] 다른 자유권적 기본권에 대해서 일반조항적인 성격이 있다. 그러므로 행복추구권은 다른 개별 자유권과 일반－특별관계에 있다.[300] 행복추구권을 직접 적용할 수 있다면 다른 모든 개별 자유권도 직접 적용할 수 있어야 한다. 하지만 이는 대국가적 효력을 전제로 하는 자유권의 성격에 비추어 인정하기 곤란하다. 따라서 행복추구권은 다른 자유권과 마찬가지로, 성질에 비추어 직접 적용할 수 있는 기본권이라고 볼 수 없다.

③ 근로3권(단결권, 단체교섭권, 단체행동권: 헌법 제33조)

근로3권은 근로자가 노동조합을 조직하여 단체행동이라는 실력을 배경으로 사용자와 단체교섭을 할 수 있는 권리를 규정한 것이므로 원칙적으로 국가가 아닌 사용자에 대한 근로자의 권리를 인정한 것이다.[301] 따라서 근로3권은 성질에 비추어 사법관계에 직접 적용된다.[302]

④ 언론 · 출판의 자유(헌법 제21조 제4항)?

헌법 제21조 제4항은 "언론 · 출판은 타인의 명예나 권리 또는 공중도덕이나 사회윤리를 침해하여서는 아니된다. 언론 · 출판이 타인의 명예나 권리를 침해한 때에는 피해자는 이에 대한 피해의 배상을 청구할 수 있다."라고 규정한다. 이 제2문의 규정내용에 착안하여, 언론 · 출판의 자유라는 기본권에 대해서만 특별히 직접적인 대사인적 효력을 헌법 스스로 인정한 것으로 보는 견해가 있다.[303]

105쪽.

299) 같은 견해: 헌재 2000. 12. 14. 99헌마112등, 판례집 12－2, 399, 408.

300) 행복추구권이 모든 자유권을 포괄할 수 있는 기본권이기는 하지만 특별법 우선의 원칙에 따라 헌법에서 열거한 자유권은 그 각각의 자유권으로 그리고 헌법에 열거되지 않았으나 사항주제별 영역 설정이 가능하고 정형적인 범주를 형성하는 자유권은 (헌법 제10조 1문 후단의 '행복추구'가 실질적 표지기능을 하는) 헌법 제37조 제1항의 헌법에 열거되지 않은 권리로 각각 보호하고, 그 밖의 무규정적이고 비정형적인 넓은 범위의 행동이 일반적 행동의 자유로 행복추구권이 보호한다(김선택, 「「행복추구권」과 「헌법에 열거되지 아니한 권리」의 기본권체계적 해석」, 『안암법학』 창간호, 안암법학회, 1993, 201~202쪽 참조).

301) 그러나 그렇다고 하여 근로3권이 국가에 대한 권리라는 것을 부정하는 것은 아니다. 국가가 노동조합 결성 등을 금지하는 것과 같이 근로3권을 침해할 수 있고, 이때 근로3권은 이에 대한 방어권으로 작용하기 때문이다. 즉 근로3권은 그 기원에 비추어 근로자가 사용자에게 주장한 권리라는 의미를 강조한 것이다. 따라서 근로3권도 기본권인 이상 국가에 대한 방어권으로 작용하는 주관적 권리성이 있다.

302) 같은 견해: 계희열, 『헌법학(중)(신정2판)』, 박영사, 2007, 100, 787~788쪽; 권영성, 『헌법학원론(개정판)』, 법문사, 2010, 331, 695쪽; 김철수, 『학설 · 판례 헌법학(상)』, 박영사, 2008, 428, 1187~1188쪽; 김학성, 『헌법학원론(전정3판)』, 피앤씨미디어, 2019, 347쪽; 이부하, 『헌법학(상)』, 법영사, 2019, 501쪽.

303) 허 영, 『한국헌법론(전정15판)』, 박영사, 2019, 281쪽: "민법상의 불법행위에 관한 규정(제750조 이하)만으로도 충분히 해결될 수 있는 사항을 헌법에 특별히 규정한 이유는 '언론 · 출판의 자유'가 현대사회에서 가지는 사회통합적 · 민주적 기능 때문에 이 기본권에 대해서 특별히 직접적 사인효력을 인정함으로써 언론의 사회적 책임을 강조하고 동화적 통합의 분위기조성을 촉진시키고자 하는 데 헌법상의 의의가 있다고 보아야 할 것 같다." 같은

헌법 제21조 제4항은 기본권이 보호하는 2개의 개인적 이익이 충돌할 가능성과 하나의 이익을 다른 이익의 일방적 관철에서 보호하여야 할 필요성이 있음을 나타낸다.[304] 그러나 헌법 제21조 제4항의 손해배상청구권규정은 기본권 침해에 대한 구체적 구제방법을 법률에 유보하는 현행 헌법의 기본권제한체계에 비추어 민법의 불법행위책임규정을 염두에 두고 규정한 것이다. 따라서 이 조항은 언론·출판의 자유의 대사인적 효력을 인정한 조항이라고 볼 수는 없고, 오히려 언론출판의 자유를 법률로 제한할 수 있는 별도의 근거규정으로 보는 것이 타당하다. 즉 헌법 제37조 제2항의 일반적 법률유보조항과 더불어 헌법 제21조 제4항 제2문은 언론·출판의 자유에 대한 제한적 법률유보규정[305]이므로 민법의 불법행위에 근거한 손해배상청구권의 근거규정으로 볼 수 있다.[306]

그리고 헌법 제21조 제4항의 내용은 1962년 헌법 제18조 5항에서 제1문이 처음 헌법에 들어와서 1972년 헌법에서 삭제되었다. 그 후 1980년 헌법 제20조 제2항에서 현행 헌법과 같은 내용으로 다시 헌법에 들어와 현행 헌법까지 유지된다. 1962년 헌법 제18조 제1항은 언론·출판의 자유를 보장하면서 같은 조 제2항, 제3항, 제4항은 모두 언론·출판의 자유를 제한하는 내용을 담는다. 이러한 맥락에 비추어 같은 조 제5항도 언론·출판의 자유를 제한하는 내용을 담는다고 보아야 하고 실제 내용도 타인의 명예, 권리, 공중도덕이나 사회윤리를 언론·출판이 침해할 수 없다는 내용으로 언론·출판의 제한 근거로 볼 수 있다. 언론·출판이 타인의 명예, 권리, 공중도덕이나 사회윤리를 침해할 수 없으므로 이러한 것을 침해하는 언론·출판은 헌법에 어긋나서 금지되고, 이러한 행위는 사법의 불법행위가 되어 손해배상 청구의 근거가 된다. 따라서 1980년 헌법에서 추가한 제2문이 없어도 손해배상을 청구할 수 있으므로 제2문은 이러한 내용을 확인한 것에 불과한 것으로 볼 수 있다. 그리고 내용에 비추어 타인의 명예, 권리, 공중도덕이나 사회윤리가 언론·출판의 자유를 제한하는 것이므로 오히려 이러한 것들을 직접 적용할 수 있다고 주장하는 것이 논리적이다.[307]

견해: 김주환, 「기본권의 규범구조와 '제3자적 효력'」, 『사법행정』 제491호, 한국사법행정학회, 2001. 11., 24~25쪽; 윤세창, 『신헌법』, 일조각, 1983, 106쪽. 이에 대해서 헌법 제21조 제4항의 규정은 현대사회에서 언론·출판이 가지는 중요성, 과제, 기능 등을 고려하면서 언론의 책임을 분명히 밝히는 것이어서 이 규정은 언론·출판이 자신에게 주어진 커다란 힘을 사용하여 한계를 일탈하지 말 것과 한계를 일탈하였을 때의 결과를 헌법이 규정한 것으로 기본권의 대사인적 직접 효력을 근거지운 규정으로 보는 것은 무리라고 하는 비판이 있다(홍성방, 『헌법학(상)(제3판)』, 현암사, 2016, 431쪽).

304) 정태호, 「기본권적 3각관계 그리고 과소(보호)금지원칙의 독자성」, 『고시연구』 제29권 제5호(통권 제338호), 고시연구사, 2002. 5., 15쪽.

305) 헌법재판소는 제21조 제4항을 헌법유보로 보나(헌재 1989. 9. 4. 88헌마22, 판례집 1, 176, 190), 그렇게 보면 '타인의 명예나 권리 또는 공중도덕이나 사회윤리'라는 막연하고 추상적인 개념으로 직접 언론의 자유를 제한할 수 있어서 남용 위험성이 있을 뿐 아니라 구체화하지 않은 개념을 구체적 사건에 어떻게 적용할 수 있는지 하는 문제가 있어 타당하지 않다. 같은 견해: 계희열, 『헌법학(중)(신정2판)』, 박영사, 2007, 470쪽;.

306) 김선택, 「사법질서에 있어서 기본권의 효력」, 『고려법학』 제39호, 고려대학교 법학연구원, 2002, 157쪽.

307) 같은 견해: 김학성, 『헌법학원론(전정3판)』, 피앤씨미디어, 2019, 346~347쪽; 한병호, 「한국에서의 기본권의 대

또한, 헌법 제21조 제4항의 "명예나 권리 또는 공중도덕이나 사회윤리"라는 개념은 추상적이고 불명확하여, 구체적인 민사사건을 결정하는 재판에서 직접 적용할 수 있는 심사기준으로 보기는 무리이다. 따라서 민법의 불법행위로 말미암은 손해배상청구권에 관한 규정(민법 제750조 이하)을 직접 적용할 수 있다고 보는 것이 타당하다. 다만, 헌법 제21조 제4항은 개인의 명예존중과 언론·출판의 사회적 책임을 강조하는 사법 제정과 그 해석의무를 국가기관에 부여하는 의미가 있다. 이를 달리 말하면 헌법 제21조 제4항은 국가기관이 언론·출판이 형성하는 객관적 질서의 한계를 직접 설정하였다는 의미가 있다.[308] 이는 언론·출판사의 막강한 힘이 (사법질서에서) 발생시키는 폐해를 방지하기 위한 입법과 사법기관의 보호의무를 강조한 것이므로 사법관계에 기본권을 직접 적용하는 것을 의미하는 주관적 사권성 인정 여부와는 구별하여야 한다.[309]

⑤ 환경권(헌법 제35조)?

국민에게 환경보전의무가 있다고 하여 바로 환경권이 직접적인 대사인적 효력이 있다고 결론짓기는 어렵다.[310] 재산권을 공공복리에 적합하게 행사할 의무(헌법 제23조 제2항)를 부담한다고 하여서 이에 위반한 재산권 행사가 다른 사람의 재산권을 침해할 때, 그 사실만으로 재산권에 직접적인 대사인적 효력이 있는 것은 아니기 때문이다. 그리고 환경보전의무가 있다고 하여 환경권이 사인 사이에도 직접 효력이 있다면, 다른 기본권에 대해서도 모든 국민은 적어도 다른 사람의 권리, 즉 기본권을 침해하지 않아야 할 의무가 있다고 할 수 있으므로, 그 한도에서는 사인 사이의 관계에서도 직접 효력이 있다고 보는 것이 논리적으로 일관적이기 때문이다. 따라서 기본권의 효력에 관해서 기본적으로 간접적 효력설을 취하고도 환경권에 관해서 직접적 대사인적 효력을 인정하려면 이러한 근거만으로는 부족하다. 그리고 환경권이 사법관계에서 중요한 의미와 기능이 있다는 것은 사실이지만 사권성이 한 층 더 강한 재산권이나 가족과 혼인에 관한 권리 등을 직접 적용할 수 있다고 하지 않는 점에서 사권성을 환경권이 직접 적용될 수 있는 근거로 삼기 어렵다.[311]

사인적 효력이론에 대한 고찰 —다수설에 대한 비판적 재검토를 중심으로—」, 『헌법규범과 헌법현실』(권영성교수 정년기념논문집), 법문사, 1999, 936~940쪽.

308) 헌법재판소는 헌법 제21조 제4항을 언론·출판의 자유의 한계로 본다(헌재 1998. 4. 30. 95헌가16, 판례집 10-1, 327, 339).

309) 장영철, 「사법질서에 있어서 기본권의 의미」, 『새울법학』 제5권 제2호(통권 제6호), 대전대학교 법학연구소, 2002, 4~5쪽.

310) 같은 견해: 김연태, 「헌법상 환경권의 보호대상과 법적 효력」, 『판례연구』 제9집, 고려대학교 법학연구원, 1998, 217쪽.

311) 따라서 헌법이 환경권을 기본권의 하나로 규정하였다고 하여 곧바로 사인 서로 간에 사법적인 권리로서 작용하는 환경권을 직접 인정할 수는 없다. 하지만 사법규정을 해석할 때 헌법이 환경권을 기본권으로 승인하는 취지를 최대한 고려하여야 하는 것은 당연하다(같은 견해: 윤진수, 「환경권 침해를 이유로 하는 유지청구의 허용 여부」, 『판례월보』 제315호, 판례월보사, 1996. 12., 40쪽). 대법원도 환경권을 사법관계에 직접 적용하는 것을 부정한다[대법

(2) 성질상 사인 사이에 적용될 수 없는 기본권의 종류

기본권의 성질에 비추어 국가만을 수범자로 하면 제3자는 기본권에 관여할 수 없다. 이러한 기본권은 사인에 대한 관계에서는 적용할 수 없으므로 기본권의 대사인적 효력을 인정할 수 없다. 국가를 상대방으로 하여서만 주장할 수 있는 기본권에는 사법절차적 기본권[헌법 제12조의 고문을 받지 아니할 권리와 불리한 진술거부권(제2항), 영장제시요구권(제3항), 체포·구속이유를 알 권리(제5항), 변호인의 도움을 받을 권리(제4항과 제5항), 구속적부심사청구권(제6항)과 헌법 제27조의 재판청구권, 형사피해자의 재판절차진술권과 헌법 제28조의 형사보상청구권 등], 청구권[청원권(헌법 제26조), 형사보상청구권(헌법 제28조), 국가배상청구권(헌법 제29조), 범죄피해자의 구조청구권(헌법 제30조) 등], 참정권[선거권(헌법 제24조), 공무담임권(헌법 제25조), 국민투표권(헌법 제72조, 제130조 제2항)], 소급입법의 참정권 제한과 재산권 박탈 금지(헌법 제13조 제2항) 등을 들 수 있다.

물론 이러한 기본권 행사 여부에 관해서 사법계약을 맺을 수 있다. 하지만 특별한 사유가 없는 이상[312] 이러한 계약이 있더라도 채무불이행에 따른 손해배상(민법 제390조)은 별론으로 하고 기본권주체의 기본권 행사가 제한되지는 않는다. 즉 기본권주체가 계약을 무시하고 기본권을 행사하여도 기본권의 효력은 발생한다. 그리고 이러한 기본권 행사 여부는 대부분 사적 자치의 적용대상이 아니므로 계약 자체가 인정되지 않을 때[313]가 잦을 것이다.

8. 기본권의 대사인적 효력과 기본권보호의무의 관계

기본권보호의무와 기본권의 대사인적 효력 모두 기본권3각관계[314]에서 문제가 된다. 그러나 기본권의 대사인적 효력은 기본권의 방사효를 근거로 사법(私法)이 개인과 개인의 기본권 관계, 즉 사법관계(私法關係)를 합리적으로 해결하지 못하거나 적절한 해결기준 자체를 제공하지 못할 때만 문제 되고, 법원에 합리적 해결기준을 제공하는 것에 목적이 있다.

그런데 기본권의 대사인적 효력은 기본권이 사법관계에 적용될 수 있다는 것을 인정하고 이때 기본권이 어떤 방식으로 사법관계에 적용될 수 있는지만을 말해준다. 즉 기본권의 대사인적 효력은 사법(私法)이 합리적으로 해결하지 못하거나 적절한 해결기준을 제공하지 못할

원 1995. 5. 23.자 선고 94마2218 결정(공1995하, 2236); 대법원 1995. 9. 15. 선고 95다23378 판결(공1995하, 399)].

312) 특별한 사유는 ① 당사자 사이의 합의에 맡겨도 기본권 보호에 문제가 없거나 ② 당사자의 합의에 맡기는 것이 사적 자치의 본질에 들어맞는 때이다. 예를 들어 객관적인 제3자인 법원이 판단하므로 심급 이익을 포기하여도 당사자의 기본권 보호에 큰 문제가 없는 민사소송법 제390조 불항소 합의와 같이 명문 규정으로 계약의 효력을 인정하는 때와 당사자의 자율적인 합의로 법률적인 문제를 확정지으려는 부제소특약처럼 기본권 인정취지에 비추어 당사자의 합의를 존중하는 것이 사적 자치의 본질에 들어맞는 때이다. 다만, 이러한 특별한 사유의 인정 여부는 엄격하게 심사되어야 한다.

313) 예를 들어 선거권 행사 여부 자체를 계약 대상으로 삼을 수 없다.

314) 이에 관해서는 허완중, 「기본권3각관계」, 헌법재판연구 제3권 제1호, 헌법재판소 헌법재판연구원, 2016, 187~220쪽.

때 먼저 기본권을 중대하게 침해하면 기본권은 민법 제103조와 제104조를 매개로 그러한 법률행위를 무효로 만들고, 침해가 그러한 정도로 이르지 않으면 민법 제2조를 통해서 권리를 발생시키거나 변경시키거나 소멸시키며, 기본권 침해로 말미암은 손해는 민법 제750조와 제751조 제1항에 따라서 배상하게 한다.[315] 하지만 기본권의 대사인적 효력은 이러한 구체적 적용의 한계에 관해서는 말하지 않는다.

그에 반해서 기본권보호의무는 헌법 제10조의 기본권보장의무나 기본권의 객관적 측면 등을 근거로 개인이 다른 사람의 기본권을 위법하게 제약할 때 국가가 다른 사람의 기본권을 어떻게 보호할 것인지를 문제 삼고, 먼저 입법자에게 관련 법규범을 제정하도록 의무 지운다. 그러나 기본권보호의무는 국가가 어느 정도의 행위를 하여야 하는지를 과소보호금지원칙을 통해서 말해줄 뿐이지 어떤 방식으로 행위를 하여야 하는지에 관해서는 침묵한다.

이처럼 기본권보호의무와 기본권의 대사인적 효력은 인정 근거가 다를 뿐 아니라 문제가 되는 구체적 상황도 같지 않고, 작용하는 방식도 같지 않다. 따라서 기본권보호의무는 기본권의 대사인적 효력을 대체하지 못하고 보완해 주는 관계에 있다.[316] 즉 기본권보호의무와 기본권의 대사인적 효력은 각각 독자적인 존재의의가 있지만, 그 어느 것도 기본권이 사법관계에 미치는 효력에 대한 옹근(완벽한) 설명을 할 수 없으므로 양자가 결합하여야 비로소 기본권이 사법관계에 미치는 효력을 제대로 설명할 수 있다.

(1) 기본권보호의무는 기본권문제를 사인 서로 간의 합의로 사적(私的)으로 해결하는 것을 국가가 인정하여야 하는 근거를 제공하지 못한다. 기본권보호의무는 국가 결정에 구속되지 않는 영역에서 기본권을 어떻게 적용하는지에 관해서는 어떠한 것도 말하지 않는다.[317] 기본권보호의무는 국가의 보호 필요성이 없다고 판단되면 국가가 사적 관계에 관여하지 않는다는 것은 말할 수 있다. 그러나 사적 자치를 존중하여 그러한 사적 관계에서 발생한 법적 효과를 국가가 인정하여야 하는 이유를 설명하지 못한다. 하지만 기본권의 대사인적 효력, 특히 간접적 효력설은 사적 관계에도 기본권의 효력을 관철하여야 함을 인정하면서도 사적 자치를 존중한다. 따라서 간접적 효력설은 사적 해결을 존중하고, 다만 일정한 때에 제한을 가할 수 있다고 함으로써 사적 해결을 국가가 인정하여야 하는 근거를 제공한다.[318]

(2) 기본권보호의무는 사인의 사인에 대한 위법한 제약을 요건으로 한다. 여기서 위법성

---

315) 이에 관해서 자세한 것은 허완중, 「사법관계에 미치는 기본권의 효력」, 고려대학교 법학석사학위논문, 2002, 108~120쪽 참조.

316) 기본권의 대사인적 효력은 사적 자치가 적용되는 영역에서 문제 되지만, 기본권보호의무는 사인의 불법행위를 통한 기본권 침해에 관한 것이라고 하여 양자를 구분하는 견해가 있다(장영수, 『헌법학(제11판)』, 홍문사, 2019, 499~501쪽). 이 견해는 기본권보호의무가 대사인적 효력보다는 사인의 불법행위를 통한 기본권 침해에 대해서 인정되는 것은 현실적 보호 필요성으로 설명될 수 있다고 한다.

317) Gerhard Robbers, Sicherheit als Menschenrecht, Baden–Baden 1987, S. 202.

318) 이상 허완중, 「사법관계에 미치는 기본권의 효력」, 고려대학교 법학석사학위논문, 2002, 66쪽.

은 사인이 기본권 행사를 통해서도 다른 사인의 기본권을 침해할 수 없다는 헌법적 한계가 있음을 전제로 이러한 한계를 넘었음을 뜻한다. 그런데 이러한 한계는 기본권이 국가뿐 아니라 사인에게도 기본권의 효력이 미친다는 기본권의 대사인적 효력에서 도출된다. 따라서 기본권보호의무는 기본권의 대사인적 효력을 전제로 한다. 기본권의 대사인적 효력이 인정되면 제3자인 사인에게 다른 사람의 기본권을 침해할 수 없다는 한계가 설정되고, 이 한계를 제3자가 지키지 않아야 기본권보호의무의 요건 중 사인의 사인에 대한 위법한 제약을 충족할 수 있다.[319] 즉 사인에게 기본권이 보호하는 지위의 위험에 대한 국가의 보호의무 인정은 사적 주체 사이의 관계에서 기본권의 효력, 정확히 말하면 포괄적인 주관적 권리의 효력을 전제한다.[320][321]

　(3) 기본권보호의무는 기본권의 대사인적 효력이 국가에 미치는 효력을 설명해 준다. 즉 기본권보호의무는 기본권의 대사인적 효력을 보호하고 보장할 의무를 국가에 부과한다. 그리고 기본권보호의무는 국가가 하여야 할 의무의 범위를 말한다. 기본권의 대사인적 효력과 관련하여 국가가 어느 정도의 활동을 하여야 하는지에 관한 기준을 기본권의 대사인적 효력은 제시하지 못하지만, 기본권보호의무는 과소보호금지원칙에 따라 일정한 기준을 제시한다.[322] 그리고 기본권보호의무는 기본권의 객관법적 효력으로 말미암아 법관에게 사인 사이의 관계에 기본권을 적용하여 구체화할 의무를 부과한다. 따라서 입법자가 사인 사이의 관계를 사법 (私法) 제정을 통해서 미처 해결하지 못하였다면 법원이 이를 담당하여야 하는 이유를 기본권보호의무는 밝혀준다. 바로 이것이 기본권의 대사인적 효력이다. 즉 기본권보호의무는 기본권의 대사인적 효력이 인정되어야 하는 근거를 제공한다.

　(4) 기본권보호의무는 사법(司法)에만 지향된 기본권의 대사인적 효력과 달리 사법은 물론 입법과 집행에도 지향되어 사전적 해결도 가능하게 한다. 특히 기본권보호의무는 먼저 입법자에게 기본권에 합치하는 사법(私法)을 제정할 의무를 부여하고 법관에게는 그 사법을 기본권에 합치하도록 해석할 의무를 부여함으로써 기본권의 대사인적 효력이 사법(司法)에 국한하는 이유를 설명하고, 이를 통해서 기본권보호의무와 기본권의 대사인적 효력 사이의 깊은 관련성을 암시한다. 이로 말미암아 기본권의 대사인적 효력을 사법영역(司法領域)을 벗어나 확장할 필요성은 사라지고 만다. 그리고 기본권보호의무는 입법 해결이 있을 때도 이것이 헌법에 합치적인지를 판단할 근거를 제공한다. 즉 기본권보호의무는 과소보호금지원칙을 통해서 기

---

319) 기본권의 효력이 국가와 사인의 관계에만 미친다면, 법관은 사인 사이의 관계에 기본권을 적용할 수 없으므로, '민사법원이 기본권의 구속을 당하는 것'과 '사인 사이의 관계에 기본권이 효력이 있는 것'은 완벽하게 다른 문제라서 민사법원의 기본권 구속성은 기본권의 대사인적 효력 근거가 될 수 없다는 견해가 있다(한수웅, 『헌법학 (제9판)』, 법문사, 2019, 415쪽).

320) 같은 견해: Heinz－Gerd Suelmann, Die Horizontalwirkung des Art. 3 Ⅱ GG, Baden－Baden 1994, S. 107.

321) 이상 허완중, 「사법관계에 미치는 기본권의 효력」, 고려대학교 법학석사학위논문, 2002, 66쪽.

322) 이상 허완중, 「사법관계에 미치는 기본권의 효력」, 고려대학교 법학석사학위논문, 2002, 67쪽.

본권의 대사인적 효력을 어떻게 관철할 수 있는지를 설명한다.[323]

   (5) 기본권의 대사인적 효력은 주관적 권리를 전제하므로 기본권주체가 특정되어야 한다. 기본권의 대사인적 효력에서는 기본권주체 스스로 자기 기본권을 주장하여야 비로소 기본권의 대사인적 효력이 문제 되기 때문이다. 그러나 기본권보호의무는 구성요건적 차원에서 기본권주체인 개인에게서 추상화한다.[324] 따라서 기본권보호의무에서는 기본권주체가 특정될 필요가 없다. 예를 들어 낙태하려는 임산부에게서 태아를 보호하려고 할 때 태아가 생명권의 기본권주체인지가 명확하게 확인되지 않더라도 낙태 금지가 생명권 보호에 이바지한다는 것이 확인된다면 국가의 기본권보호의무는 발생한다. 이러한 기본권주체의 추상화로 말미암아 국가는 사인 사이의 기본권관계에 예방적으로 개입할 가능성이 열린다. 즉 기본권보호의무를 통해서 기본권의 대사인적 효력은 기본권주체에 대한 전적인 의존성을 다소 완화할 수 있다. 물론 이는 개인과 개인의 기본권관계에 대한 국가의 지나친 개입을 허용할 수도 있다. 따라서 국가 개입을 기본권을 제약하는 쪽이 아니라 기본권을 보호하는 쪽으로 이끌려면 기본권의 주관적 측면도 함께 강조하여 기본권의 객관적 측면과 조화를 이루도록 하여야 한다. 따라서 기본권의 대사인적 효력과 기본권보호의무가 문제 되는 영역에서도 기본권의 방어적 기능은 여전히 그 중요성을 잃지 않는다.

제 7 절   기본권의 보호영역과 제약

Ⅰ. 기본권의 보호영역(보호내용, 보호범위)

1. 개념

(1) 기본권의 보호영역

   개별 기본권에 특유한 사항적·내용적 범위를 기본권의 '보호영역(보호범위)'이나 기본권의 '구성요건'이라고 한다. 기본권의 보호영역은 기본권규정이 보호하는 생활영역, 즉 기본권규정이 삶의 현실 가운데서 보호대상으로 잘라내는 단면을 가리킨다. 보호영역은 제약의 대상으로서 제한을 통해서 축소될 수 있으므로 잠정적으로 보호되는 개별 기본권의 최대영역이다.

(2) 기본권 행사

   기본권 행사는 기본권의 보호영역 안에서 하는 행동(태도)을 말한다. 기본권 행사는 작위

---

323) 이상 허완중, 「사법관계에 미치는 기본권의 효력」, 고려대학교 법학석사학위논문, 2002, 67쪽.
324) 정태호, 「기본권보호의무」, 『인권과 정의』 제252호, 대한변호사협회, 1997. 8., 87쪽.

(적극적 태도)뿐 아니라 부작위(소극적 태도)도 포함한다. 그리고 단순히 처한 상태를 뜻하기도 한다. 이처럼 기본권 행사는 가능한 한 넓게 이해되어야 한다.

(3) 기본권 보장

기본권은 그 보호영역 안에서 주관적 권리와 객관법적 효과(제도보장과 객관법적 내용 등)를 보장한다. 기본권 보장은 기본권이 법적으로 구성한 보호작용(효과)을 뜻한다. 기본권 보장은 기본권의 보호영역과는 구별된다. 예를 들어 평등권은 기본권으로서 보장되지만 대상자에 대한 차별만을 문제 삼으므로 보호영역은 문제 되지 아니한다.

2. 보호영역 확정

(1) 확정 필요성

기본권문제 해결은 보호영역 확정과 동시에 시작된다. 개인이 어떠한 기본권을 원용(주장)할 수 있는지는 그의 태도가 어떠한 기본권의 보호영역 안에 속하는지에 의존하기 때문이다. 기본권의 보호영역은 각각의 개별 기본권에 따라 별도로 확정되어야 한다.

(2) 영역

서로 다른 행동을 하나로 묶어주는 공간적인 것으로 이해하지 말고, 기능·역할·주제를 중심으로 보호영역을 파악하여야 한다. 예를 들어 건축학적 의미의 주거공간과 주거와 관련한 일정한 자유를 보호하는 규범적 의미의 주거공간은 다르다.

(3) 헌법규정의 체계적·종합적 고찰 후 일반적 확정

기본권의 보호영역은 개별 기본권규정 해석을 통해서 정해진다. 개별 기본권규정에서 보호영역은 객관적이고 예견할 수 있게 확정되어야 한다. 기본권의 보호영역은 문제 되는 기본권 하나만을 고립시켜 보지 말고, 다른 기본권은 물론 그 밖의 헌법규정과 함께 체계적으로 종합고찰하여 일반적으로 확정하여야 한다.[325] 보호영역의 일반적 확정은 다른 기본권이나 그 밖의 헌법규정을 체계적으로 함께 고려할 때 밝혀진다. 따라서 충돌하는 다른 기본권이나 그 밖의 헌법적 법익이 그 보호영역에 대한 제약을 정당화하는 것과 구별하여야 한다.

(4) 제한을 고려하여 보호영역 확정

보호영역과 제한은 상호 관련되므로 보호영역에 대한 제한을 살펴보아야 비로소 보호영역을 확정할 수 있을 때도 있다. 즉 기본권이 무엇을 보호하는지를 물어야 할 때도 있다. 예를 들어 헌법에 명시적인 제한규정(헌법유보)이 있을 때 보호영역은 그 한도 안으로 축소된다. 보

---

325) 강태수, 「기본권의 보호영역, 제한 및 제한의 한계」, 『한국에서의 기본권이론의 형성과 발전』(연천허영박사화갑 기념논문집), 박영사, 1997, 107~109쪽 참조.

호영역 범위와 제한 범위는 비례관계에 있다. 즉 보호영역이 넓게 설정될수록 제한의 폭은 넓어지고, 보호영역이 좁게 설정될수록 제한의 폭도 좁아진다.326) 다만, 보호영역이 좁게 설정되면 법익형량이 보호영역 확정단계에서 이루어져서 보호영역이 상대화하여 어떤 행위가 보호영역에 속하는지를 명확하게 판단하기 어려워진다.327) 그리고 비례성원칙이 적용되는 기본권 제약의 정당성 심사에서 보호영역 확정보다 더 엄격한 통제가 이루어진다는 점에서 기본권을 충실하게 보장하려면 보호영역을 되도록 넓게 확정하여야 한다.328) 구체적으로 보호영역에 포섭되지 못한다는 것은 (다른 보호영역에 포섭되지 않는다면329)) 헌법상 기본권적 보호를 받지 못한다는 것인데, 이는 헌법 제37조 제2항을 비롯한 일반적인 기본권 제한의 법리뿐 아니라 개별 기본권에 특유한 제한 법리가 적용할 수 없다는 것을 뜻한다. 그로 말미암아 기본권 위헌심사는 보호영역 해당 여부로 단순화하고 심사강도는 약해져 심사의 투명성과 명확성, 일관성, 엄격성 등을 확보하기 어려워진다. 이는 필연적으로 기본권 보호 약화로 이어질 수밖에 없다.330)

---

326) 강태수, 「기본권의 보호영역, 제한 및 제한의 한계」, 『한국에서의 기본권이론의 형성과 발전』(연천허영박사화갑기념논문집), 박영사, 1997, 112쪽; 최갑선, 「자유권적 기본권의 침해여부 판단구조 및 판단기준」, 『헌법논총』 제10집, 헌법재판소, 1999, 391~392쪽.

327) 김학성, 『헌법학원론(전정3판)』, 피앤씨미디어, 2019, 369쪽; 최갑선, 「자유권적 기본권의 침해여부 판단구조 및 판단기준」, 『헌법논총』 제10집, 헌법재판소, 1999, 393쪽.

328) 비슷한 견해로는 한수웅, 『헌법학(제9판)』, 법문사, 2019, 451~452쪽.

329) 다른 보호영역에 해당하더라도 개별 기본권보다 구체적인 보호내용과 심사기준, 심사강도 등이 달라서 문제가 해결되지 않는다.

330) 이에 관해서 자세한 검토는 김해원, 『기본권심사론』, 박영사, 2018, 174~180쪽; 윤정인, 「자유권의 넓은 보호영역 이론」, 『공법연구』 제42집 제2호, 한국공법학회, 2013, 183~214쪽 참조.
   헌재 2009. 5. 28. 2006헌바109등, 판례집 21－1하, 545, 559－560: "… 위 95헌가16 선례가 설시한 바와 같이 '일단 표출되면 그 해악이 처음부터 해소될 수 없거나 또는 너무나 심대한 해악을 지닌 음란표현'이 존재할 수 있다 하더라도, 어떤 표현이 바로 위와 같은 이유에 의하여 '국가의 개입이 1차적인 것으로 용인되고, 헌법상 언론·출판의 자유에 의하여 보호되지 않는 표현'에 해당하는지 여부는 '표현의 자유'라는 헌법상의 중요한 기본권을 떠나서는 규명될 수 없는 것이다. 따라서 비록 '음란'의 개념을 위와 같이 엄격하게 이해한다 하더라도 '음란'의 내용 자체는 헌법상 표현의 자유의 보호에 관한 법리와 관련하여 그 내포와 외연을 파악하여야 할 것이고, 이와 무관하게 음란 여부를 먼저 판단한 다음, 음란으로 판단되는 표현은 표현자유의 보호영역에서 애당초 배제시킨다는 것은 그와 관련한 합헌성 심사를 포기하는 결과가 될 것이다. 즉, 위와 같이 해석할 경우 음란표현에 대하여는 언론·출판의 자유의 제한에 대한 헌법상의 기본원칙, 예컨대 명확성의 원칙, 검열 금지의 원칙 등에 입각한 합헌성 심사를 하지 못하게 될 뿐만 아니라, 기본권 제한에 대한 헌법상의 기본원칙, 예컨대 법률에 의한 제한, 본질적 내용의 침해금지원칙 등도 적용하기 어렵게 되는 결과, 모든 음란표현에 대하여 사전 검열을 받도록 하고 이를 받지 않은 경우 형사처벌을 하거나, 유통목적이 없는 음란물의 단순소지를 금지하거나, 법률에 의하지 아니하고 음란물출판에 대한 불이익을 부과하는 행위 등에 대한 합헌성 심사도 하지 못하게 됨으로써, 결국 음란표현에 대한 최소한의 헌법상 보호마저도 부인하게 될 위험성이 농후하게 된다는 점을 간과할 수 없다."

Ⅱ. 기본권 제약

1. 개념

(1) 기본권 제약

기본권 제약은 기본권의 보호영역에 속하는 개인의 행동(태도)을 국가가 전부나 일부 저지하는 것을 말한다. 기본권 제약은 개별적으로(행정처분, 판결 등)나 일반적으로(법률, 법규명령, 자치법규 등) 가능하다.

(2) 기본권 구체화

기본권 구체화는 선존하는, 즉 이미 존재하는 보호영역에 아무런 영향을 미치지 않을 때로서, 국가가 보호영역에 포함되는 개인의 행동(태도)을 저지하려고 하지 아니하고, 오히려 개인이 기본권을 실현하고 행사할 수 있도록 그러한 행동(태도)을 가능하게 해주는 것을 가리킨다. 기본권 구체화는 기본권실현적 구체화와 기본권 형성을 아우른다. 기본권실현적 구체화는 입법자가 기본권 내용을 행사할 수 있도록 법률을 만드는 것을 말한다. 기본권 형성은 입법자가 기본권 내용을 법률로 확정하는 것을 가리킨다. 기본권실현적 구체화는 참정권과 청구권에서, 기본권 형성은 재산권과 사회권에서 주로 이루어진다. 입법자가 기본권을 구체화하고 형성할 수 있다는 것이 그가 기본권을 처분할 수 있다는 것은 아니다.

(3) 기본권 제한과 기본권 침해의 구별

기본권 제약이 정당성을 부여받으면 기본권 제한이고, 기본권의 제약 한계를 유월하면 기본권 침해라고 한다. 즉 합법인 기본권 제약이 기본권 제한이고, 위법인 기본권 제약이 기본권 침해이다.

2. 제약 확정

(1) 고전적 제약 개념의 4기준

먼저 ① (기본권)제약(행위)은 목적적이어야 한다. 그래서 제약은 국가작용의 목적적·의도적 결과이어야 한다. 다른 목표를 지향한 국가적 행위의 의도되지 않은 결과는 제약이 아니다. 다음으로 ② 제약은 직접적이어야 한다. 즉 제약은 직접적인 국가작용의 결과이어야 한다. 국가적 행위의 의도는 있었으나 간접적인 결과는 제약이 아니다. 그리고 ③ 제약은 법적 효력 있는 법적 작용이어야 한다. 따라서 단순한 사실적 효력이 있는 작용은 제약이 아니다. 끝으로 ④ 제약은 명령·강제로 지시되고 관철되는 것이어야 한다. 따라서 일방적인 명령과 강제로써 지시되거나 관철되지 않으면 제약이 아니다.331)

---

331) Thorsten Kingreen/Ralf Poscher, Grundrechte − Staatsrecht Ⅱ, 34. Aufl., Heidelberg 2018, Rdnr. 292. 명령성

(2) 현대적 제약 개념(제약 개념 확장)

고전적 제약에 해당하는 국가적 행위는 당연히 제약에 해당한다. 그러나 개인에게는 국가기관이 어떠한 목적을 위해서 어떠한 형태로 기본권에 영향을 미치는지는 중요하지 않다. 그리고 헌법의 궁극적 목적이 기본권 보장인 점에 비추어 기본권 제약 범위를 이렇게 좁게 보는 것은 문제가 있다. 현대적 의미의 제약은 기본권의 보호영역에 속하는 행동(태도)을 개인이 할 수 없게 만드는 모든 국가적 행위를 말한다. 제약은 기본권의 보호영역에 속하는 태도를 개인에게 불가능하게 만드는 모든 국가적 행위로서, 그것이 목적적이든 의도되지 않은 결과이든, 직접적이든 간접적이든, 법적이든 사실적이든, 명령·강제로써 이루어지든 불문한다. 다만, 제약은 공권력의 귀책적 행위에서 나온 것이어야 한다.[332]

(3) 제약 개념 확장으로 말미암아 발생하는 문제[333]

① '제3의 관련자'

의도되지 않은 그리고 간접적인 작용을 제약에 포함하면 국가행위 대상인 개인(이른바 수범자)에 대해서만이 아니라 국가가 그 행위 대상으로 원하지도 않았고 영향을 미치리라고 의식하지도 않았던 제3자, 즉 제3의 관련자의 기본권 제약이 있게 된다.

② 기본권 행사를 단지 어렵게 할 때와 현실적 제약의 구분

귀책이 있기만 하면 모든 국가작용을 제약에 포함하면, 국가의 행위가 기본권 행사를 단지 어렵게 할 때와 그것을 불가능하게 할 때, 즉 현실적 제약의 경계선을 확정하여야 하는 문제가 발생한다.[334] 교통소통을 원활히 하려고 교통경찰관이 신호등을 조작하여 일부 도로교통참여자를 장시간 기다리게 하는 때를 예로 들 수 있다.

③ 소송폭주 우려

기본권 제약을 폭넓게 인정하면 기본권 침해를 주장하는 당사자의 소송이 늘어날 수 있다. 이때 사법권이 감당할 수 없는 정도로 소송이 폭주할 우려도 있다.

(4) 결론

개인에 대해서, 기본권이 보호하는 행동(태도)을 불가능하게 하는 국가적 제재조치나 기본권이 보호하는 행동(태도)이 국가적 제재조치의 연결점으로 되면 제약이 있다. 다만, 단순히 사소한 때(예를 들어 교통체증 때문에 경찰관이 우회도로를 이용하도록 안내할 때), 일상적인 괴로움

이라는 개념표지에 목적(의도)성, 직접성과 법적 효과 지향이라는 표지가 자명하게 수반된다는 견해로는 정태호, 「자유권적 기본권의 "제한"에 관한 고찰」, 『헌법논총』 제13집, 헌법재판소, 2002, 570~573쪽.

332) Thorsten Kingreen/Ralf Poscher, Grundrechte — Staatsrecht Ⅱ, 34. Aufl., Heidelberg 2018, Rdnr. 293 ff,

333) Thorsten Kingreen/Ralf Poscher, Grundrechte — Staatsrecht Ⅱ, 34. Aufl., Heidelberg 2018, Rdnr. 297 ff.

334) 양자를 구별할 수 있는 명확한 기준이 없으므로 제약의 허용성이나 정당성 문제로 다루어야 한다는 견해로는 정태호, 「자유권적 기본권의 "제한"에 관한 고찰」, 『헌법논총』 제13집, 헌법재판소, 2002, 604~605쪽.

(예를 들어 도로에 인접한 주민의 교통소음으로 말미암은 고통), 주관적인 침해의 느낌(국군의 날 행사에 따른 평화주의자의 감정 손상)은 제약이 되지 않는다.

제 8 절   기본권 제한

Ⅰ. 기본권 제한의 의의

1. 기본권 제한의 개념

기본권 제한이란 기본권 제약이 있을 때 이를 일정한 한계(제한의 한계) 안에서 헌법이 정당화하는 것을 말한다.

2. 기본권 제한의 과제(법적 정서 필요성)

한 개인의 기본권, 다른 개인의 기본권, 국가적 과제 모두 헌법이 보호가치를 인정하여 보호한다. 따라서 '기본권과 기본권' 사이나 '기본권과 공익' 사이에서 발생하는 갈등은 이미 헌법내재적이다. 이러한 갈등을 해결하려고 헌법은 직접적으로나 간접적으로 법률에 위임하여 '기본권'과 '기본권을 제약하는 다른 법익'을 실제적 조화의 관점에서 정서함으로써 양 법익 모두가 주어진 상황에서 최대한의 유효성이 있을 수 있는 질서를 형성·유지하고자 한다.

3. 기본권 제한 대상

기본권 제한 대상이 되는 것은 자유권만인지 아니면 모든 기본권인지에 관해서 견해가 갈린다. 자유권만 성질상 제한 대상이 된다는 견해가 있다.335) 이 견해를 따르면 자유란 성질상 한계가 없으므로 자유권만 제한 대상이 된다. 이에 반해서 법이 비로소 창설하는 기본권은 법에 따라 그 구체적 내용이 설정되므로 기존 내용에 대한 제약을 전제로 하는 제한은 문제되지 않는다고 한다. 그러나 자유권을 포함하여 모든 기본권을 헌법이 보장하고, 그 헌법적 보장은 공익과 충돌할 때 제한될 수 있음을 전제하므로(기본권의 상대성) 모든 기본권은 제한 대상이 된다. 헌법 제37조 제2항도 기본권 제한 대상을 "국민의 모든 자유와 권리"라고 규정한다. 다만, 자유권 가운데도 성질상 제한이 불가능한 자유권(예를 들어 인간의 존엄과 가치, 내면적·정신적 자유)은 제한 대상이 될 수 없다.336)

---

335) 한태연, 『헌법학』, 법문사, 1977, 905쪽.
336) 같은 견해: 계희열, 『헌법학(중)(신정2판)』, 박영사, 2007, 132쪽; 같은 사람, 「기본권의 제한(상)」, 『고시연구』

4. 기본권 제한 개념의 확장

(1) 보호영역을 전제로 한 전통적 제한 개념 확장 필요성

전통적인 제한 개념은 자유권을 토대로 한다. 그래서 제한은 보호영역이 선존한다는 것에서 출발한다. 다시 말해서 자유권의 보호영역은 헌법, 즉 기본권규정을 해석하여 확정할 수 있다는 것을 전제하고 제한이 논의된다. 이에 따라 자유권에서는 '선존하는 보호영역'을 건드리는 불리한 작용 중 헌법적 정당성을 인정받은 것이 제한이다. 따라서 보호영역이 확정되지 않으면 제한은 개념적으로 있을 수 없다. 하지만 평등권에서는 보호영역 자체가 없고, 참정권과 청구권 그리고 사회권에서는 헌법, 즉 기본권규정 해석만으로는 보호영역이 확정되지 않는다. 그래서 보호영역 선존을 전제로 한 제한 개념을 그대로 유지하면 자유권을 제외한 기본권에서는, 심지어 자유권에 속하는 재산권에서도 제한은 없다. 여기서 전통적 제한 개념 확장이 필요하다. 이러한 개념을 통해서는 자유권이 아닌 다른 기본권에서 제한을 찾을 수 없기 때문이다. 그러나 이러한 해석은 헌법 제37조 제2항의 명문에 어긋난다. 그러므로 보호영역 선존이라는 요건을 완화하는 것, 정확하게 말해서 헌법 해석을 통해서 보호영역이 확정되어야 한다는 요건을 수정하여야 한다. 헌법에 따른 보호영역 확정이라는 요건을 고수하지 않으면, 다른 기본권에서도 제한을 인정할 길이 열린다. 즉 보호영역 자체가 없어서 보호영역을 다른 것으로 대체하는 길밖에 없는 평등권을 제외한 다른 기본권에는 법률로 확정되는 보호영역이 있다. 따라서 보호영역을 확정하는 기준을 헌법뿐 아니라 법률까지 확장한다면 참정권과 청구권 그리고 사회권에서도 제한을 인정할 수 있다. 다시 말하면 보호영역 선존이라는 요건을 헌법이든 법률이든 상관없이 보호영역이 제한 이전에 확정된다는 것으로 이해한다면 자유권에 국한된 전통적인 제한 개념은 참정권과 청구권 그리고 사회권까지 확대 적용될 수 있다.

(2) 보호영역 확정과 제한의 구별

전통적으로 자유권 침해 여부는 '보호영역 해당 여부 – 제약 존재 여부 – 제약의 정당성'의 3단계로 심사한다. 자유권 제약은 자유권의 보호영역에 속하는 개인의 행동(태도)을 전제로 한다. 따라서 보호영역 확정과 제한은 명확하게 구별되고 보호영역 확정은 언제나 제한보다 먼저 이루어진다. 이러한 보호영역 확정과 제한의 엄격한 구별을 유지한다면 참정권과 청구권 그리고 사회권에서 기본권을 규율하는 법률도 보호영역을 확정하는 법률과 기본권을 제한하는 법률로 나눌 수 있다. 이러한 구별은 법률유보 구별과 일치한다.

제22권 제4호(통권 제253호), 고시연구사, 1995. 4., 20쪽; 권영성, 『헌법학원론(개정판)』, 법문사, 2010, 350쪽; 김철수, 『학설·판례 헌법학(상)』, 박영사, 2008, 445~446쪽; 문홍주, 『제6공화국 한국헌법』, 해암사, 1987, 350~351쪽; 성낙인, 『헌법학(제19판)』, 법문사, 2019, 961쪽; 심경수, 『헌법』, 법문사, 2018, 159쪽.

기본권제한적 법률유보에 따라 제정된 법률은 기본권을 제한하는 내용을 담는다. 그리고 기본권구체화적 법률유보에 따라 제정된 법률은 기본권의 보호영역을 확정한다. 서로 다른 내용을 담고 있어서 기본권제한적 법률유보와 기본권구체화적 법률유보는 병존할 수 있다. 다만, 제한보다 보호영역 확정이 우선하므로 기본권규정을 통해서 확정되지 않은 내용과 관련하여서는 해당 기본권의 보호영역을 확정하는 법률이 없는 한 해당 기본권을 제한하는 법률은 제정될 수 없다.

(3) 기본권과 법률상 권리의 구별

입법권을 부여받은 입법자(헌법 제40조)는 헌법과 충돌하지 않는 범위에서 모든 법적 사항을 규율하는 법률을 만들 수 있다. 따라서 입법자는 헌법이 규정한 기본권에 포섭되지 않는 새로운 권리를 창조할 수 있다. 이러한 권리는 법률에 근거를 둔 권리라는 점에 비추어 법률상 권리[337]라고 할 수 있다. 법률상 권리는 헌법에서 직접적으로는 물론 간접적으로도 도출되지 않는 권리로서 법률이 보장하는 권리, 즉 법률적 효력이 있는 권리이다.[338]

기본권과 법률상 권리를 나누는 실익은 먼저 헌법소원심판 대상은 기본권이라는 것이다. 법률상 권리는 행정소송 대상이 될 뿐이다. 그리고 법률상 권리는 기본권적 보호를 받지 못한다. 즉 입법자는 원칙적으로 헌법 제37조 제2항에 따라 기본권을 제한할 수 있을 뿐이지만, 법률상 권리는 헌법 제37조 제2항에 따른 제한 없이 입법자가 언제든지 자유롭게 창설하거나 축소하거나 폐지할 수 있다. 즉 입법자는 기본권에 내용상으로 구속되지만, 법률상 권리의 내용은 입법적 규율 대상으로서 입법자의 입법재량 아래에 있다.[339]

기본권을 제한하는 법률과 마찬가지로 기본권의 보호영역을 확정하는 법률도 헌법상 근거가 있어야 한다. 즉 기본권의 보호영역을 확정하는 법률은 반드시 기본권구체화적 법률유보를 전제한다. 기본권구체화적 법률유보를 전제하지 않는 기본권의 보호영역을 확정하는 법률은 법률상 권리를 규율하는 법률에 그친다. 따라서 이러한 법률의 내용은 기본권적 보호, 즉 헌법 제37조 제2항의 적용을 받지 못한다. 기본권구체화적 법률유보에 따라 제정된 법률이 기본권의 보호영역을 확정하면 이러한 내용도 기본권적 지위를 얻는다. 이러한 내용도 보호영역으로서 엄연히 기본권 일부이지 법률상 권리 내용에 불과한 것은 아니다. 즉 이러한 내용은 기본권구체화적 법률유보규정을 타고 들어가 기본권의 내용이 된다. 다만, 이때 해당 법률은 합헌이어야 한다. 즉 위헌법률의 내용은 기본권의 내용이 될 수 없다. 입법자가 기본권

---

337) 법률적 권리라고 부르는 견해로는 이장희, 『기본권의 개념 및 인정기준과 법률적 권리의 관계』, 헌법재판소 헌법재판연구원, 2015.

338) 이상 허완중, 「법률이 형성한 법적 지위의 기본권적 보호」, 『헌법학연구』 제25권 제2호, 한국헌법학회, 2019, 197쪽.

339) 이상 허완중, 「법률이 형성한 법적 지위의 기본권적 보호」, 『헌법학연구』 제25권 제2호, 한국헌법학회, 2019, 197~198쪽.

구체화적 법률유보에 따른 입법의무를 이행하지 않거나 불완전하게 이행하면 이러한 진정입법부작위나 부진정입법부작위는 헌법에 어긋난다.[340]

이러한 이해와 관련하여 기본권적 지위를 형성하는 법률에 헌법적 서열을 부여하여 헌법과 법률의 구별을 무시한다는 비판이 있다.[341] 그러나 기본권적 지위를 형성하는 법률이 헌법의 서열을 얻는 것은 아니다. 이러한 법률을 통해서 확정된 기본권의 보호영역이 헌법의 서열을 얻는다. 기본권적 지위를 형성하는 법률은 헌법적 서열이 아니라 헌법적 보호를 얻을 뿐이다. 그래서 입법자는 이러한 법률을 개정할 수 있다. 따라서 이러한 이해는 헌법과 법률에 다른 효력상 서열을 인정하는 규범위계질서를 건드리지 않는다.[342] 결과적으로 이러한 법률 자체는 헌법적 지위를 얻지 못하지만, 그 내용이 헌법위임규정을 타고 기본권 보호영역을 구성함으로써 간접적으로 헌법적 지위에 근접하는 지위를 얻을 뿐이다. 여기서 헌법적 지위에 근접한다는 것은 헌법적 효력이 있다는 것이 아니라 헌법적 보호를 받는다는 것임을 잊지 말아야 한다.[343]

(4) 기본권구체화적 법률유보에 따른 헌법상 입법위임의 의미

기본권실현구체화적 법률과 기본권형성적 법률에서 이루어지는 입법형성권 행사는 순수한 입법적 창조가 아니라 헌법의 1차적 해석이다. 그러므로 이러한 법률이 규정한 내용은 기본권에 덧붙이는 것이 아니라 기본권 자체이다. 그래서 헌법이 기본권실현적 구체화나 기본권형성을 입법자에게 위임한다고 하여 기본권실현적 구체화나 기본권 형성의 대상이 되는 기본권이 법률상 권리로 추락하지 않는다. 오히려 입법자가 기본권실현적 구체화하거나 기본권을 형성하는 내용이 기본권 내용으로 흡수된다. 이로 말미암아 입법자가 기본권에 관한 사항을 규율하여도 해당 기본권 내용은 헌법상 권리로서 입법자를 구속한다.[344]

헌법이 기본권실현적 구체화나 기본권 형성을 입법자에게 위임한다는 것이 기본권의 내용을 입법자에게 전적으로 맡긴다는 것으로 볼 수 없다. 이것은 입법자에게 일정한 지침을 내리면서 입법의무를 부과하는 것이다. 이때 입법지침은 당연히 헌법 자체에서 도출된다. 이러한 지침은 일정한 보호수준이나 보호상태를 하한으로 하면서 최대한 보호를 지향하는 충실한

---

340) 이상 허완중, 「법률이 형성한 법적 지위의 기본권적 보호」, 『헌법학연구』 제25권 제2호, 한국헌법학회, 2019, 202~203쪽.

341) Peter—Michael Huber, Konkurrenzschtz im Verwaltungsrcht, Tübingen 1991, S. 185; Bodo Pieroth, Besprechung von: Gertrude Lübbe—Wolff, Die Grundrechte als Eingriffsabwehrrechte, in: AöR 115 (1990), S. 519; Gerhard Robbers, Buchbesprechung von: Gertrude Lübbe—Wolff, Die Grundrechte als Eingriffsabwehrrechte, in: DÖV 1989, S. 688.

342) Gerrit Manssen, Privatrechtsgestaltung durch Hoheitsakt, Tübingen 1994, S. 172.

343) 이상 허완중, 「법률이 형성한 법적 지위의 기본권적 보호」, 『헌법학연구』 제25권 제2호, 한국헌법학회, 2019, 203~204쪽.

344) 이상 허완중, 「법률이 형성한 법적 지위의 기본권적 보호」, 『헌법학연구』 제25권 제2호, 한국헌법학회, 2019, 201~202쪽.

보장에 관한 것이다. 구체적인 지침내용은 해당 기본권규정에서 해석을 통해서 파악되어야 한다. 따라서 입법자는 제한 없는 입법재량을 부여받는 것이 아니라 일정한 범위 안에서 결정재량이 있을 뿐이다. 특히 의무라는 측면에서 입법위임에 따라 입법자가 만든 법률을 대체 없이 옹글게(완벽하게) 폐지하는 것은 입법의무 위반으로 당연히 허용되지 않는다.[345]

기본권의 객관법적 측면에서 입법자에게 의무로서 위임된 내용은 일단 이행됨으로써 완수되지 않는다. 입법자가 헌법위임에 충실한 법률을 제정하고 나서도 헌법위임은 입법자에게 존속위임으로 남는다. 즉 입법자에 대한 헌법위임은 일단 제정된 법률 존속 측면에서 (최초의) 형성의무 대신에 효력 유지의 적극적 의무로 위임내용이 바꾸어 존속된다.[346]

5. 기본권의 법적 유형에 따른 제한의 내용

(1) 평등권

평등권은 자유권과 달리 보호할 특정한 생활영역, 즉 보호영역이 없다. 따라서 평등권은 특정한 보호영역을 보호하는 것이 아니라 '상대적' 또는 '관계적' 지위를 보호할 뿐이다. 그러므로 평등권을 침해한다는 것은 해당 법률(조항) 자체가 위헌이라는 것이 아니라 규율관계가 위헌이라는 것을 뜻한다. 그래서 자유권에서는 보호영역을 침해하는 특정 행위 자체가 금지되어 절대적 헌법 위반이 문제 되지만, 평등권에서는 상대적 헌법 위반이 문제 된다. 구체적으로 평등권에서는 특정 보호영역을 건드리는 것을 문제 삼는 것이 아니라 관계를 전제로 한 차별 문제를 다룬다. 따라서 평등권에서는 보호영역 자체가 처음부터 문제 되지 않는다. 그래서 평등권에서는 '정의 기준에 부합하는 대우'를 보호영역으로, '외견상 차별대우'를 제약으로 간주하여 헌법적으로 정당성이 인정되는 차별대우를 제한으로 이해한다.

(2) 참정권과 청구권 그리고 사회권

참정권과 청구권 그리고 사회권에서는 헌법, 즉 기본권규정 해석만으로는 보호영역이 확정되지 않는다. 법률을 통해서 실현적 구체화를 하거나 형성을 하여야 비로소 참정권과 청구권 그리고 사회권의 보호영역이 확정된다. 전통적 제한이나 침해는 보호영역을 전제한다. 이러한 점에서 실현적 구체화나 형성은 제한이나 침해의 전제나 선행이 될 수 있을 뿐이다. 그러므로 실현적 구체화나 형성의 불충분이 제한이나 침해가 될 수는 없다.[347] 즉 전통적 제한

---

345) 이상 허완중, 「법률이 형성한 법적 지위의 기본권적 보호」, 『헌법학연구』 제25권 제2호, 한국헌법학회, 2019, 202쪽.
346) 이상 허완중, 「법률이 형성한 법적 지위의 기본권적 보호」, 『헌법학연구』 제25권 제2호, 한국헌법학회, 2019, 202쪽.
347) 그러나 기본권 제한은 자유권에 대한 제한뿐 아니라 그 밖의 기본권에 대한 국가의 부실한 형성을 통해서 발생하는 기본권의 미실현(일정한 수준의 기본권 보장에 미달하는 국가의 형성)도 해당한다는 견해(정문식, 「헌법 제37조 제2항 '필요한 경우에 한하여'의 의미」, 『한양법학』, 제27집, 한양법학회, 2009, 19~20쪽)와 급부권의 구체적인 내용 형성에서 그 최대한 보장에 미달하는 형성은 제한으로 볼 수 있다는 견해(손상식, 「법률에 의해 구체화되는 기본권의 심사기준과 심사강도」, 『법학연구』 제43집, 전북대학교 법학연구소, 2014, 131쪽)도 있다.

이나 침해 개념을 고수한다면 참정권과 청구권 그리고 사회권에서는 제한이나 침해가 문제되지 않는다.[348] 이러한 점에서 기본권의 실현적 구체화나 형성을 하면 기본권 제한도 함께 이루어진다는 주장[349]은 개념적으로 문제가 있다. 제한은 보호할 대상이나 영역을 전제하는데 실현적 구체화나 형성이 필요한 기본권에는 그러한 대상이나 영역이 선존하지 않고 실현적 구체화나 형성이 있고 나서 비로소 보호할 대상이나 영역이 확정되어 제한이 문제 되기 때문이다. 즉 실현적 구체화나 형성이 선행되고 나서 제한이나 침해가 이루어질 수는 있으나, 형성이나 실현적 구체화 없이 제한이나 침해가 이루어질 수는 없다.

자유권을 토대로 생겨난 제한 개념을 다른 기본권에 확장할 때 기존 개념을 철저하게 고수하기는 어렵다. 따라서 전통적 개념에서 '헌법에 따라 확정된 보호영역'이라는 요건을 '헌법으로, 즉 헌법에 따라서나 헌법에 근거하여 확정된 보호영역'으로 대체한다면 참정권과 청구권 그리고 사회권에서 제한을 생각할 수 있다. 즉 보호영역에 대한 불리한 작용이라는 개념을 유지하는 한 참정권과 청구권 그리고 사회권에서는 '기본권실현적 구체화나 기본권 형성을 통해서 확정된 보호영역'을 건드리는 불리한 작용 중 헌법적 정당성을 인정받은 것을 제한으로 볼 수 있다. 헌법 제37조 제2항은 제한에 관한 규정이다. 실현적 구체화나 형성은 개별기본권규정과 관련된 것으로서 헌법 제37조 제2항과 관련이 없다. 즉 헌법 제37조 제2항은 기본권제한적 법률유보에 해당한다. 실현적 구체화나 형성과 제한을 구별하는 것은 헌법 제37조 제2항이 일반적 제한적 법률유보를 규정하고, 예외적으로 개별 기본권규정에 개별적 제한적 법률유보를 규정을 두지만, 실현적 구체화나 형성에 관한 근거 규정은 일반적 규정 없이 오로지 개별적 규정만 둔다는 점에서도 도출할 수 있다. 즉 제한은 모든 기본권에서 이루어질 수 있지만, 실현적 구체화나 형성은 모든 기본권에서 이루어지는 것은 아니다. 또한, 헌법 제37조 제1항에 따라 헌법에 열거되지 아니한 권리도 기본권으로서 보호받을 수 있는데, 기본권으로 헌법이 명시하였는데도 기본권적 보호를 받지 못한다는 것은 이해하기 어렵다. 기본권의 보호영역은 자유권에서는 헌법 스스로 확정하지만, 그 밖의 기본권 보호영역 확정

---

348) 예를 들어 '제한'이라는 개념 자체가 '헌법에 의하여 주어진 어떠한 권리'를 전제하고 나서 이를 감축시키는 것을 뜻하므로, 헌법이 스스로 권리를 부여한 바가 없고, 법률에 따라서 정해진 바가 그 권리의 내용을 구성하는 것이라면, 기본권 제한이라는 관념 자체가 성립할 수 없다는 견해(정주백, 「과잉금지원칙에 관한 관견」, 『헌법재판연구』 제2권 제2호, 헌법재판소 헌법재판연구원, 2015, 264쪽)와 기본권 제한은 기본권의 보호범위에 대한 제한을 뜻하며, '이미 존재하는 것'만 제한될 수 있다는 견해(한수웅, 「헌법 제37조 제2항의 과잉금지원칙의 의미와 적용범위」, 『저스티스』 제95호, 한국법학원, 2006, 16~17쪽)가 있다.

349) 예를 들어 법률에 따라 참정권, 청구권, 사회권을 형성한다고 할 때 많은 경우 '형성'은 동시에 '제한'의 성격도 지닐 것이라는 견해(김하열, 『헌법강의』, 박영사, 2018, 270쪽; 같은 사람, 「법률에 의한 기본권의 형성과 위헌심사」, 『고려법학』 제67호, 고려대학교 법학연구원, 2012, 47~48쪽)와 자유권과 같은 소극적 기본권에서 제한은 축소나 박탈을 뜻하지만, 적극적 기본권에서 제한의 의미는 최대한 보장에 미달하는 형성이라는 의미가 있다는 견해가 있다(노희범, 「기본권의 제한과 형성 – 합헌성 심사기준을 중심으로 –」, 『헌법논총』 제18집, 헌법재판소, 2007, 143쪽).

은 헌법상 입법위임을 받아 입법자가 법률로 확정할 수도 있다. 헌법상 입법위임을 받아 입법자가 확정한 기본권 보호영역도 기본권적 보호를 누릴 수 있다.350)

실현적 구체화나 형성을 통해서 확정된 보호영역을 축소하는 것은 제한이지만, 실현적 구체화나 형성의 의미도 있다. 즉 이미 확정된 보호영역을 축소한다는 점에서는 제한이지만, 이를 통해서 보호영역이 다시 확정된다는 점에서 그래서 이후 제한의 기준은 새로 형성된 보호영역이라는 점에서 새로운 실현적 구체화나 형성에 해당한다. 다만, 최초의 실현적 구체화나 형성은 헌법에서 도출되는 최저한이라는 한계가 있지만, 이후의 실현적 구체화나 형성은 법률로 확정된 보호영역이 제한의 기준이라는 점에서 차이가 있다.

Ⅱ. 기본권의 내재적 한계

한국 헌법학에서 기본권의 내재적 한계는 두 차원에서 논의될 수 있다. ① 기본권규정에서 보호대상으로 규정한 영역(구성요건) 자체에 한계를 그어서, 일정한 활동을 그 대상에서 배제하여 버리는 차원이고(기본권 제한의 이념적 근거), ② 기본권과 다른 헌법적 법익 사이의 갈등을 합리적으로 해결하는 방안을 모색하는 차원이다(기본권 제한의 한 형식). 후자의 차원은 기본권 제한의 한 주제로서 내재적 한계론이라기보다는 기본권의 헌법내재적 한계라고 부르는 것이 더 타당하다.351) 어떤 기본권을 제한할 근거조문이 없을 때도 그 기본권을 제한할 필요성이 있으므로 기본권의 내재적 한계를 논할 실익이 있다. 이는 모든 기본권의 제한에 대한 근거조문(헌법 제37조 제2항)을 두는 한국 헌법과 달리 아무런 제한근거를 두지 않은 기본권규정이 있는 독일 기본법 아래에서 문제가 된 이론이다.

한국 헌법에서도 기본권내재적 한계를 인정하는 견해가 있다.352) 이 견해는 개인의 자유영역은 전국가적이지만 전사회적인 것은 아니고, 순수한 내심의 작용(의사)을 제외한 그 밖의 자유와 권리는 헌법유보나 법률유보가 없다고 하여 제한 없이 행사될 수 있는 것이 아니라고 한다. 따라서 자유와 권리는 그 내재적 한계 안에서만 행사될 수 있고 내재적 한계 안에서만 보장된다고 한다. 그러나 이 견해는 기본권의 내재적 한계에 관한 두 차원을 구별하지 못하는 견해이다. 그리고 기본권 제한 근거로서 나타나는 내재적 한계에 국한된 견해이다. 이러한 차원에서 헌법재판소도 "개인의 성적 자기결정권도 국가적·사회적 공동생활의 테두리 안에서 타인의 권리·공중도덕·사회윤리·공공복리 등의 존중에 의한 내재적 한계가 있는 것"이라고 하여 내재적 한계를 인정한 적이 있다.353)

---

350) 헌재 1996. 4. 25. 94헌마129, 판례집 8-1, 449, 463 참조.
351) 김선택, 「생명공학시대에 있어서 학문연구의 자유」, 『헌법논총』 제12집, 헌법재판소, 2001, 258쪽.
352) 권영성, 『헌법학원론(개정판)』, 법문사, 2010, 345쪽.
353) 헌재 1990. 9. 10. 89헌마82, 판례집 2, 306, 310.

그러나 한국 헌법은 일반적 법률유보를 둠으로써 법률유보가 없다는 의미의 절대적 기본
권을 인정하지 아니한다. 즉 국민의 모든 자유와 권리는 법률로써 제한할 수 있다(헌법 제37조
제2항). 따라서 독일에서 절대적 기본권 제한을 위해서 구성된 기본권의 내재적 한계이론을
도입할 실익이 없다.[354]

Ⅲ. 헌법유보(헌법직접적 기본권 제한)

1. 개념

헌법유보는 헌법 스스로 개별 기본권에 제한을 명시하는 것을 말한다.[355] 이를 달리 헌법
(자체)에 의한 기본권 제한, 헌법직접적 기본권 제한, 헌법적 한계 등으로 부르기도 한다.

2. 유형

헌법유보에는 일반적 헌법유보와 개별적 헌법유보가 있다. 일반적 헌법유보는 헌법이 직접
기본권 일반에 대해서 제한을 규정한 것을 말한다. 개별적 헌법유보는 헌법이 특정기본권에
대해서 제한을 규정한 것을 말한다. 한국 헌법에는 일반적 헌법유보에 해당하는 규정은 없다.

3. 특성

헌법유보에는 ① 독자적 제한근거를 설정할 때와 ② 법률유보을 통한 기본권 제한을 완화
하여 더 강한 법률상 제한을 가능하게 할 때가 있다. 따라서 헌법유보에 근거한 제한법률은
법률을 통한 헌법유보 확인이지 새로운 기본권 제한을 창설하는 것이 아니다. 헌법유보는 입
법자의 입법형성권을 크게 제한한다는 점에서 법률유보와 구별된다는 견해가 있다.[356] 헌법

---

354) 같은 견해: 강경선, 『사회복지국가 헌법의 기초』, 한국방송통신대학교출판문화원, 2017, 384쪽; 강태수, 「기본권
의 보호영역, 제한 및 제한의 한계」, 『한국에서의 기본권이론의 형성과 발전』(연천허영박사화갑기념논문집), 박
영사, 1997, 123~124쪽; 계희열, 『헌법학(중)(신정2판)』, 박영사, 2007, 134쪽; 같은 사람, 「기본권의 제한(상)」,
『고시연구』 제22권 제4호(통권 제253호), 고시연구사, 1995. 4., 22쪽; 김철수, 『학설·판례 헌법학(상)』, 박영사,
2008, 439쪽; 성낙인, 『헌법학(제19판)』, 법문사, 2019, 953~954쪽; 심경수, 『헌법』, 법문사, 2018, 155쪽; 양 건,
『헌법강의(제8판)』, 법문사, 2019, 287쪽; 이준일, 『헌법학강의(제7판)』, 홍문사, 2019, 342~343쪽; 장영수, 『헌법
학(제11판)』, 홍문사, 2019, 515쪽; 정재황, 『신헌법입문(제9판)』, 박영사, 2019, 304쪽; 한수웅, 『헌법학(제9판)』,
법문사, 2019, 478쪽; 홍성방, 『헌법학(상)(제3판)』, 현암사, 2016, 470쪽.
355) 헌법유보를 헌법이 스스로 기본권에 한계를 제시하고 설정하는 것으로 이해하여야 한다는 견해로는 한수웅,
『헌법학(제9판)』, 법문사, 2019, 472쪽.
356) 장영수, 『헌법학(제11판)』, 홍문사, 2019, 516쪽; 홍성방, 『헌법학(상)(제3판)』, 현암사, 2016, 472쪽. 헌법유보의
기능으로 입법자에 대한 방어적 기능, 기본권남용에 대한 경고적 기능, 헌법의 통일성 유지를 위한 헌법정책적
기능을 드는 견해가 있다(허 영, 『한국헌법론(전정15판)』, 박영사, 2019, 297~298쪽). 그러나 헌법유보는 기본
권 보장의 헌법적 범위를 확정한다는 의미에서 아직 기본권 남용이라는 문제가 발생할 여지가 없고, 헌법유보
내용을 확인하는 입법은 일반적 법률유보에 추가적인 것이 된다는 점에서 기본권제한입법의 한계라고 볼 수 없
으며, 헌법의 통일성 유지는 모든 기본권 제한이 갖는 기능이다.

유보에 따라서 입법자가 헌법 자체가 직접 제한한 기본권을 구체적으로 형성하면 그에 대한 합헌성 심사는 법률유보가 있는 기본권을 구체화하고 현실화할 때보다 더욱 엄격하게 이루어 진다고 한다. 그러나 헌법유보는 기본권 제한의 한계가 아니라 기본권 제한의 헌법적 근거이 다. 따라서 헌법유보는 기본권 제한을 더 쉽게 하고, 그에 따라 그에 대한 합헌성도 법률유보 보다 완화하여 심사하여야 한다.

헌법유보에서 법률 근거 없이 집행부나 사법부, 그 밖의 다른 국가기관이 직접 기본권을 제한할 수 있는지가 문제 된다. 헌법 제37조 제2항은 모든 기본권 제한에 대해서 법률을 요 구하고, 헌법유보에서는 헌법이 제한 요건을 구체적으로 규정하지 않아서 기본권이 과도하게 제약될 위험성이 있으며, 헌법유보에도 법치국가적 예견 가능성은 보장되어야 하므로 헌법유 보에도 법률을 통한 구체화가 필요하다.357) 헌법 제37조 제2항은 기본권을 제한하는 모든 법 률에 적용되어야 하므로 이는 헌법유보를 법률로 구체화할 때도 적용되어야 한다.358)

4. 헌법상 예

(1) 독자적 제한근거 설정

① 제8조 제4항: 정당의 자유에 대한 헌법직접적 제한

헌법 제8조 제4항은 정당의 목적이나 활동이 민주적 기본질서에 어긋난다는 실체적 요건 을 충족하면 정부 제소에 따른 헌법재판소 심판에 따라서 정당의 자유가 제한될 수 있음을 규정한다. 헌법 제8조 제4항은 정당특권을 규정함으로써 정당의 자유를 한정된 범위 안에서 만 제한할 수 있도록 하는 헌법직접적 제한으로 보아야 한다는 견해가 있다.359) 헌법 제8조 제4항은 정당의 목적이나 활동이 민주적 기본질서에 어긋나면 헌법 제37조 제2항의 요건 충 족 여부와 관계없이 해산할 수 있도록 함으로써 독자적인 기본권제한기준을 설정한다. 그러 나 다른 한편 그러한 해산을 정부 제소에 따른 헌법재판소 심판이라는 엄격한 절차를 규정함 으로써 정당 존립도 보호한다.

---

357) 같은 견해: 강태수, 「기본권의 보호영역, 제한 및 제한의 한계」, 『한국에서의 기본권이론의 형성과 발전』(연천 허영박사화갑기념논문집), 박영사, 1997, 126~127쪽.

358) 같은 견해: 강태수, 「기본권의 보호영역, 제한 및 제한의 한계」, 『한국에서의 기본권이론의 형성과 발전』(연천 허영박사화갑기념논문집), 박영사, 1997, 129쪽.

359) 같은 견해: 강태수, 「기본권의 보호영역, 제한 및 제한의 한계」, 『한국에서의 기본권이론의 형성과 발전』(연천 허영박사화갑기념논문집), 박영사, 1997, 126~127쪽; 계희열, 『헌법학(중)(신정2판)』, 박영사, 2007, 134쪽; 권영 성, 『헌법학원론(개정판)』, 법문사, 2010, 347쪽; 김학성, 『헌법학원론(전정3판)』, 피앤씨미디어, 2019, 374쪽; 이 준일, 『헌법학강의(제7판)』, 홍문사, 2019, 358쪽; 장영수, 『헌법학(제11판)』, 홍문사, 2019, 516~517쪽; 전광석, 『한국헌법론(제14판)』, 집현재, 2019, 253~254쪽; 정종섭, 『헌법학원론(제12판)』, 박영사, 2018, 370~371쪽; 한수 웅, 『헌법학(제9판)』, 법문사, 2019, 473쪽; 허 영, 『한국헌법론(전정15판)』, 박영사, 2019, 296쪽; 홍성방, 『헌법 학(상)(제3판)』, 현암사, 2016, 471~472쪽.

② 제21조 제4항: 언론·출판의 자유에 대한 헌법직접적 제한?

헌법 제21조 제4항에 대해서는 (ⅰ) 문구상 헌법직접적 제한으로 보는 견해,360) (ⅱ) 내재적 한계로 보는 견해,361) (ⅲ) 헌법적 한계 및 직접적 사인효력인정규정으로 보는 견해,362) (ⅳ) 가중법률유보로 보는 견해,363) (ⅴ) 사실 표현의 자유에 일반적으로 가해지는 제한이라서 헌법에 특별히 규율할 필요성이 없고 다시 한 번 강조하는 의미가 있다는 견해,364) (ⅵ) 언론·출판의 자유도 헌법 제37조 제2항에 따라서 제한되고, 헌법 제21조 제4항의 사유는 헌법 제37조 제2항 기본권 제한 목적 일부에 지나지 않으므로 헌법 제21조 제4항은 헌법구조상 실제 헌법유보로 기능하지 못한다는 견해365)가 있다. 헌법재판소는 "헌법 제21조 제4항은 언론·출판의 자유에 대한 한계를 분명히 선언하고 있고 … 문제는 헌법상 보호되지 않은 언론·출판의 한계는 무엇이며(헌법 제21조 제4항), 또 헌법상 보호되는 언론·출판이라 하더라도 공익을 위한 국가의 개입이 어느 시점까지 허용될 것인가(헌법 제37조 제2항)하는 점이다."366)라고 하여 개별적 헌법직접적 제한으로 언론·출판의 보호영역 경계를 헌법이 직접 긋는 것으로 파악한다.

헌법 제21조 제4항을 내재적 한계로 보든 내재적 한계를 실정화한 헌법직접적 제한으로 보든 이를 소극적인 언론·출판의 자유 보호영역을 확정하는 기준으로 볼 수 있는지가 문제된다. 이를 인정하는 견해는 타인의 명예, 권리, 공중도덕, 사회윤리라는 매우 포괄적이고 명확하지 않은 기준으로 보호영역을 확정하도록 허용하는 결과를 가져와 언론·출판의 자유를 형해화할 우려가 있다. 즉 헌법 제21조 제1항의 언론·출판의 자유가 보호하지 않는 표현은 같은 조 제2항(검열금지원칙)의 보호선 밖으로 밀려날 것이므로 사전검열도 가능하다고 볼 수밖에 없어 타인의 명예, 권리, 공중도덕, 사회윤리에 어긋나는 표현에 대한 검열을 허용할 수 있다는 결과를 낳는다. 이처럼 매우 넓은 사유를 통한 사전검열 허용은 헌법 제21조 제1항과 제2항의 취지에 정면으로 모순된다. 헌법재판소는 헌법 제21조 제4항이 표현의 자유의 한계를 설정한 것이라고 표현하나, 이것이 내재적 한계에 관한 것인지에 관해서는 명시적인 견해 표명은 없고 헌법상 보호영역에 속하지 않는 표현에 관해서는 제1차적인 규제가 허용된다고

---

360) 강태수, 「기본권의 보호영역, 제한 및 제한의 한계」, 『한국에서의 기본권이론의 형성과 발전』(연천허영박사화갑기념논문집), 박영사, 1997, 127~128쪽; 김학성, 『헌법학원론(전정3판)』, 피앤씨미디어, 2019, 374쪽; 양 건, 『헌법강의(제8판)』, 법문사, 2019, 287쪽; 이준일, 『헌법학강의(제7판)』, 홍문사, 2019, 358쪽; 장영수, 『헌법학(제11판)』, 홍문사, 2019, 677쪽; 한수웅, 『헌법학(제9판)』, 법문사, 2019, 473~474쪽; 홍성방, 『헌법학(상)(제3판)』, 현암사, 2016, 472쪽.
361) 권영성, 『헌법학원론(개정판)』, 법문사, 2010, 509쪽.
362) 허 영, 『한국헌법론(전정15판)』, 박영사, 2019, 622~623쪽.
363) 계희열, 『헌법학(중)(신정2판)』, 박영사, 2007, 137~138쪽.
364) 전광석, 『한국헌법론(제14판)』, 집현재, 2019, 254쪽.
365) 정종섭, 『헌법학원론(제12판)』, 박영사, 2018, 371쪽.
366) 헌재 1998. 4. 30. 95헌가16, 판례집 10-1, 327, 339.

하지만, 보호영역에 속하는 표현에 관해서도 모든 사전적인 규제가 금지되는 것은 아니고 검열 형태의 규제가 금지될 뿐이다. 따라서 헌법 제21조 제4항은 내재적 한계라거나 개별적 헌법유보로 보아 보호영역을 확정하는 기준으로 이해할 수는 없고, 이는 헌법 제37조 제2항의 일반적 법률유보에 대해서 특별가중요건을 규정한 것으로 이해하여야 한다. 즉 표현의 자유에 관한 한 헌법 제37조 제2항의 일반적 가중요건(국가안전보장, 질서유지, 공공복리)을 갖추지 않았더라도 헌법 제21조 제4항의 가중요건(타인의 명예나 권리, 공중도덕이나 사회윤리)을 갖추면 법률로 제한할 수 있다고 보아야 한다. 따라서 가중요건 외의 부분은 제37조 제2항이 중첩적으로 적용될 수 있다.

③ 제23조 제2항: 재산권의 헌법직접적 제한

헌법 제23조 제2항을 헌법상 의무로서 기본권 제한과는 다른 범주에 속한다는 견해가 있다.[367] 헌법직접적 제한이라고 하는 견해도 있다.[368] 그러나 제23조 제2항은 제23조 제1항 제2문 재산권의 내용한계형성규정과 통합적으로 이해하여야 한다. 제23조 제1항 제2문에 따라 재산권의 내용한계를 형성할 때 입법자는 원칙적으로 보상을 전제하지 아니한 재산권 제약 여지가 있다. 따라서 제23조 제2항은 재산권에 대한 입법적 제약의 헌법적 근거를 마련함으로써 재산권을 상대화한다. 이는 재산권의 제한규정이라기보다는 내용한계형성규정과 결합함으로써 기본권제한적 법률유보가 아니라 의무유보의 일종으로 보아야 할 것이다.

(2) 가중적 기본권 제한

① 제29조 제2항: 제29조 제1항의 국가배상청구권 주체의 헌법직접적 제한

헌법 제29조 제2항은 헌법 제37조 제2항의 일반적 법률유보와 달리 기본권주체의 헌법직접적 제한에 해당한다.[369] 즉 국가배상청구권의 주체(의 범위)에 관해서 헌법이 직접 제한하는 드문 예에 속한다.

---

367) 강태수, 「기본권의 보호영역, 제한 및 제한의 한계」, 『한국에서의 기본권이론의 형성과 발전』(연천허영박사화갑기념논문집), 박영사, 1997, 128쪽.

368) 계희열, 『헌법학(중)(신정2판)』, 박영사, 2007, 134쪽; 권영성, 『헌법학원론(개정판)』, 법문사, 2010, 347쪽; 김학성, 『헌법학원론(전정3판)』, 피앤씨미디어, 2019, 374쪽; 이준일, 『헌법학강의(제7판)』, 홍문사, 2019, 358쪽; 전광석, 『한국헌법론(제14판)』, 집현재, 2019, 254쪽; 정종섭, 『헌법학원론(제12판)』, 박영사, 2018, 371쪽; 한수웅, 『헌법학(제9판)』, 법문사, 2019, 473~474쪽; 허 영, 『한국헌법론(전정15판)』, 박영사, 2019, 296쪽; 홍성방, 『헌법학(상)(제3판)』, 현암사, 2016, 472쪽.

369) 같은 견해: 강태수, 「기본권의 보호영역, 제한 및 제한의 한계」, 『한국에서의 기본권이론의 형성과 발전』(연천허영박사화갑기념논문집), 박영사, 1997, 127쪽; 계희열, 『헌법학(중)(신정2판)』, 박영사, 2007, 134쪽; 김철수, 『학설·판례 헌법학(상)』, 박영사, 2008, 436쪽; 김학성, 『헌법학원론(전정3판)』, 피앤씨미디어, 2019, 374쪽; 성낙인, 『헌법학(제19판)』, 법문사, 2019, 952쪽; 양 건, 『헌법강의(제8판)』, 법문사, 2019, 287쪽; 이준일, 『헌법학강의(제7판)』, 홍문사, 2019, 358쪽; 장영수, 『헌법학(제11판)』, 홍문사, 2019, 517쪽; 전광석, 『한국헌법론(제14판)』, 집현재, 2019, 254쪽; 정종섭, 『헌법학원론(제12판)』, 박영사, 2018, 371쪽; 한수웅, 『헌법학(제9판)』, 법문사, 2019, 473쪽; 허 영, 『한국헌법론(전정15판)』, 박영사, 2019, 296쪽; 홍성방, 『헌법학(상)(제3판)』, 현암사, 2016, 472쪽.

② 제33조 제2항: 제33조 제1항 근로3권 주체의 헌법직접적 제한?

(ⅰ) 개별적 헌법유보설

헌법 제33조 제2항을 개별적 헌법유보로 보아 공무원인 근로자의 근로3권을 헌법이 직접 제한하는 것으로 보는 전통적 견해이다.[370] 이 견해를 따르면 헌법 제33조 제2항은 근로3권 주체 범위, 즉 인적 구성요건 측면에서 공무원을 넓게 배제한 것이 된다. 다만, 공무원의 지위에 있더라도 법률이 정하는 사람만 다시 근로3권의 주체가 될 자격을 회복하므로 입법자에게 입법 재량 여지를 부여하는 것으로 본다.

(ⅱ) 개별적 법률유보설

헌법 제33조 제2항을 기본권 제한의 개별적 법률유보로 보고, 일반적 법률유보조항인 제37조 제2항과는 일반-특별의 관계에 놓이나, 헌법 제37조 제2항을 배제하면 헌법상 기본권을 입법자에게 백지위임을 하는 것이 되므로, 헌법 제37조 제2항의 기본권 제한의 한계 일탈 여부도 필요한 범위 안에서 검토하여야 한다는 견해이다.

(ⅲ) 위헌적 헌법조항설

헌법 제33조 제2항을 공무원 신분이 있다는 이유만으로 근로3권을 박탈하는 위헌적인 헌법조항으로 보아 이 조항 적용을 배제하고 일반적 법률유보조항인 제37조 제2항에 따라서만 공무원의 노동기본권을 제한하는 것이 옳다는 견해이다.

헌법재판소 소수의견도 "공무원신분이라는 이유만으로 원칙적으로 근로3권을 박탈하고 예외적으로 법률로써 인정할 수 있도록 규정한 헌법 제33조 제2항은 그보다 상위규정이며 민주주의헌법의 기본이념이고 헌법핵이라고 할 수 있는 헌법 제11조 제1항 소정의 평등원칙에 어긋나는 조항일뿐더러 인간의 존엄과 가치 및 행복추구권을 규정한 헌법 제10조에도 위배되는 조항으로서 앞으로 헌법개정 등을 통해 재검토되어야 할 매우 부당한 위헌적인 헌법규정이다."[371]라고 한 것이 있다.

(ⅳ) 사견

헌법 제33조 제2항을 개별적 헌법유보로 보는 견해는 ⓐ 헌법 제33조 제2항의 표현형식이 구 헌법의 표현형식과는 달리 공무원에 대해서도 근로3권을 인정하는 긍정형식을 취하는 점, ⓑ 근로자인 공무원의 노동기본권이 헌법적 차원에서 보장되지 아니하고 법률상 권리로만 인정될 우려가 있는 점, ⓒ 헌법이 직접 기본권을 제한하는 것으로 보면 기본권 보장범위

---

370) 강태수, 「기본권의 보호영역, 제한 및 제한의 한계」, 『한국에서의 기본권이론의 형성과 발전』(연천허영박사화갑기념논문집), 박영사, 1997, 127쪽; 계희열, 『헌법학(중)(신정2판)』, 박영사, 2007, 134쪽; 양 건, 『헌법강의(제8판)』, 법문사, 2019, 287쪽; 이준일, 『헌법학강의(제7판)』, 홍문사, 2019, 358쪽; 장영수, 『헌법학(제11판)』, 홍문사, 2019, 517쪽; 전광석, 『한국헌법론(제14판)』, 집현재, 2019, 254쪽; 한수웅, 『헌법학(제9판)』, 법문사, 2019, 473쪽; 허 영, 『한국헌법론(전정15판)』, 박영사, 2019, 296쪽; 홍성방, 『헌법학(상)(제3판)』, 현암사, 2016, 472쪽.
371) 헌재 1992. 4. 28. 90헌바274등, 판례집 4, 255, 273 재판관 변정수의 별개의견.

가 좁아진다는 점, ⓓ 무엇보다도 헌법제정자가 공무원인 근로자의 근로3권 인정범위를 입법
자에게 백지위임하는 것으로 해석될 우려가 있다는 점에서 타당하지 못하다. 그리고 위헌적
헌법조항설은 입법론으로서는 몰라도 현행 헌법해석론으로서는 실용성이 없으므로, 다른 해
석 가능성이 없고 그 위헌성이 명백한 때를 제외하고는 채택할 수 없다. 따라서 현재로서는
헌법 제33조 제2항을 공무원인 근로자에 대해서 근로3권을 인정하되 '법률이 정하는 자'를 제
외한 공무원의 근로3권을 제한할 수 있다는 취지로 해석하여 개별적 법률유보로 보고, 이 조
항을 근거로 규정된 법률조항의 합헌성을 심사할 때 헌법 제37조 제2항의 기본권제한요건을
적용하여야 한다.

Ⅳ. 법률유보(헌법간접적 기본권 제한)

1. 개념

법률유보는 입법권자가 제정하는 법률에 따라서나 법률에 근거하여 기본권을 제한할 수
있는 헌법적 근거를 말한다. 법률유보는 헌법간접적 기본권 제한, 헌법의 위임을 받은 법률에
의한 제한이라고도 부른다.

2. 종류

법률유보는 개별 기본권조항에 법률유보조항을 두는지 혹은 모든 기본권에 적용할 수 있
는 법률유보가 일반적으로 규정되는지에 따라 개별적 법률유보와 일반적 법률유보로 나뉜다.
법률유보는 일정한 제약요건의 부가 여부에 따라 다시 '단순법률유보'와 '가중법률유보'로 분
류한다. 단순법률유보는 입법자가 일정한 요건의 제약 없이 개별 기본권을 제한할 수 있을
때를 말한다. 그에 반해서 가중법률유보는 헌법이 명시한 일정한 요건에 따라서만 기본권을
제한할 수 있을 때를 말한다. 가중법률유보에서 헌법제정자는 입법자가 법률로 제한할 특별
한 요건이나 목적을 규범화하지만, 헌법유보는 헌법제정자 스스로 기본권으로 보장되는 한계
를 규정하므로 양자는 구별된다.

3. 기능[372]

법률유보는 역사적으로 군주의 자의적인 집행권 행사에서 시민사회를 보호하는 기능을

---

[372] 법률유보는 순기능과 역기능이 함께 있다는 견해가 있다(허 영, 『한국헌법론(전정15판)』, 박영사, 2019, 300~
301쪽). 즉 집행권이나 사법권에게서 기본권을 보호하는 점에서 순기능이 있고, 입법권자에게 기본권 제한의 문
호를 개방한다는 점에서 역기능이 있다고 한다. 이 견해는 기본권 제한과 기본권 침해를 혼동한 견해로 보인다.
기본권 제한은 공익과 사익을 조정하기 위한 법리이므로 그 한도 안에서만 기능할 뿐이고 순기능과 역기능의 분
리는 규범적 접근이 아니라 사실적 접근이 아닌지 의심된다.

수행하였다. 군주가 사라지고 국민주권에 바탕을 둔 민주주의가 보편화하고 나서 법률유보
는 집행권이 기본권을 제한할 때 법률의 수권을 요구함으로써 기본권 침해를 예방하는 역할
을 담당하였다. 그러나 이때 법률의 수권은 구체적인 방법이 아닌 수권 여부만을 요구하였
고, 입법부가 무분별하게 행정입법에 기본권 제한을 위임하여 기본권이 집행권 침해에서 효
과적으로 방어될 수 없었다. 이에 따라 기본권 행사에 관한 모든 본질적인 결정은 입법부가
집행부에 위임하지 말고 스스로 하여야 한다는 '본질성이론'이 확립되었다. 그러나 본질성이
론이 기본권 보장을 강화하기 위한 것이라고 하여 비본질적 제한을 집행부에 맡길 수 있다
고 이해되어서는 안 된다. 오히려 기본권 제한뿐 아니라 국가의 조직·절차·급부·이행에 관
한 모든 분야에 걸쳐 본질적인 기본방침은 입법부가 하여야 하는 것으로 이해되어야 한다.
이제 법률유보는 기본권 제한과 직접 관련이 없는 사항이라도 국가의 본질적 규범에 속하는
사항은 의회가 스스로 결정하여야 한다는 '의회유보'로 발전하였다.373) 헌법재판소도 "오늘
날 법률유보원칙은 단순히 행정작용이 법률에 근거를 두기만 하면 충분한 것이 아니라, 국가
공동체와 그 구성원에게 기본적이고도 중요한 의미가 있는 영역, 특히 국민의 기본권실현에
관련된 영역에 있어서는 행정에 맡길 것이 아니라 국민의 대표자인 입법자 스스로 그 본질
적 사항에 대하여 결정하여야 한다는 요구까지를 내포하는 것으로 이해하여야 한다(이른바
의회유보원칙)."374)라고 하여 법률유보를 의회유보로 이해한다.

4. 헌법사적 고찰

대한민국 임시헌장(1944년 4월 22일 대한민국임시정부헌법 제5차 개헌) 제7조에서 "인민의 자유
와 권리를 제한 혹 박탈하는 법률은 국가의 안전을 보위하거나 사회의 질서를 유지하거나 공공
이익을 보장하는 데 필요한 것이 아니면 제정하지 못함"이라고 하여 법률유보조항을 두었다.
1948년 헌법에서는 개별적 법률유보를 두고, 제28조 제2항에서 "국민의 자유와 권리를 제한하
는 법률의 제정은 질서유지와 공공복리를 위하여 필요한 경우에 한한다."라고 하여 기본권제한
입법의 한계를 명시하였다. 1960년 헌법은 일반적 법률유보를 두었고, 1972년 헌법은 개별적
헌법유보와 일반적 법률유보를 아울러 두었으며, 1980년 헌법은 일반적 법률유보를 두었다. 현
행 헌법은 제37조 제2항에 일반적 법률유보를 규정하고 몇 개의 개별적 법률유보규정도 있다.

5. 일반적 법률유보(헌법 제37조 제2항)

일반적 법률유보란 모든 기본권을 적용대상으로 하는 법률유보를 말한다. 헌법 제37조 제

---

373) 이에 관해서 자세한 것은 강태수, 「기본권의 보호영역, 제한 및 제한의 한계」, 『한국에서의 기본권이론의 형성
과 발전』(연천허영박사화갑기념논문집), 박영사, 1997, 117~118쪽.
374) 헌재 1999. 5. 27. 98헌바70, 판례집 11-1, 633, 643.

2항은 모든 기본권을 제한할 근거조항으로서 일반적 법률유보에 해당한다.[375] 그리고 이 조항은 기본권을 제한하는 법률이 지켜야 되는 목적적 한계, 형식적 한계, 내용적 한계 그리고 방법적 한계를 밝히므로 기본권제한입법의 한계규정도 된다.[376] 헌법재판소도 헌법 제37조 제2항은 기본권제한입법의 수권규정인 동시에 기본권제한입법의 한계규정이라고 한다.[377] 그러나 엄격하게 말하면 헌법 제37조 제2항은 일정한 조건 아래에서만 기본권제한입법을 허용해 주는 '제한적 수권'규정이라고 보아야 한다.

6. 개별적 법률유보

(1) 개념

개별적 법률유보란 특정한 기본권을 적용대상으로 하는 법률유보를 말한다. 이는 다시 단순법률유보와 가중법률유보로 나뉜다. 단순법률유보는 직접 법률에 의하거나 법률에 근거하여 기본권을 제한하는 방식이고, 가중법률유보는 이렇게 제한하는 법률에 일정한 목적과 방법 등의 요건을 부가하는 방식이다.

(2) 존재 여부

① 제12조 제1항 제2문: 신체의 자유에 대한 개별적 법률유보

헌법 제12조 제1항 제2문은 "누구든지 법률에 의하지 아니하고는 체포·구속·압수·수색 또는 심문을 받지 아니하며, 법률과 적법한 절차에 의하지 아니하고는 처벌·보안처분 또는 강제노역을 받지 아니한다."라고 규정한다. 헌법 제12조 제1항 제2문은 법률로 신체의 자유를 제한할 수 있다고 규정할 뿐 아니라 적법절차를 부기하므로 신체의 자유에 대한 개별적 법률유보에 해당한다.

② 제23조 제1항 제2문과 제3항: 재산권에 대한 개별적 법률유보

(ⅰ) 제23조 제1항 제2문

헌법 제23조 제1항 제2문은 재산권제한적 의미보다는 재산권형성적 의미가 더 강하게 내포된다고 보아야 하므로 이를 개별적인 (기본권제한적) 법률유보조항으로 보는 것은 문제가 있다는 견해가 있다.[378] 헌법 제23조 제1항 제2문은 내용과 한계를 함께 규정하는데, 굳이 제한 대신 한계라는 용어를 쓴 것은 이 조항이 기본권제한규정이 아닌 내용형성규정임을 명확히 밝힌 것으로 볼 수 있다. 특히 독일 기본법과 달리 일반적 법률유보인 헌법 제37조 제2항

---

375) 헌법 제37조 제2항에 관한 구체적 해석은 Ⅶ. 기본권 제한의 한계 참조.
376) 제37조 제2항을 기본권제한입법의 한계조항만으로 보는 견해도 있다(허　영, 『한국헌법론(전정15판)』, 박영사, 2019, 308쪽).
377) 헌재 1990. 9. 3. 89헌가95, 판례집 2, 245, 253.
378) 김학성, 『헌법학원론(전정3판)』, 피앤씨미디어, 2019, 375쪽; 장영수, 『헌법학(제11판)』, 홍문사, 2019, 518, 765쪽; 허　영, 『한국헌법론(전정15판)』, 박영사, 2019, 311쪽.

이 있는 한국 헌법에서는 헌법 제23조 제1항에서 제한의 근거를 찾을 이유도 없다. 따라서 제23조 제1항 제2문은 재산권에 대한 형성적 법률유보로 보아야 한다.

(ⅱ) 제23조 제3항

헌법 제23조 제3항은 "공공필요에 의한 재산권의 수용·사용 또는 제한 및 그에 대한 보상은 법률로써 하되, 정당한 보상을 지급하여야 한다."라고 규정한다. 제23조 제3항은 보상을 전제로 재산권을 법률로써 제한하도록 함으로써 헌법 제37조 제2항보다 엄격한 조건 아래에서 재산권을 제한하도록 하므로 개별적 법률유보에 해당한다. 다만, '공공필요'라는 요건 아래에서 재산권을 제한할 수 있도록 함으로써 그 해석 여부에 따라 실체적 요건을 강화하거나 완화하는 면도 있다.

③ 제33조 제3항: 주요방위산업체 근로자의 단체행동권 제한/박탈을 위한 개별적 법률유보

헌법 제33조 제3항은 법률이 정하는 주요방위산업체에 종사하는 근로자의 단체행동권을 법률로써 제한하거나 인정하지 않을 수 있다고 규정한다. 이는 주요방위산업체의 특성에 비추어 여기에 종사하는 근로자의 단체행동권을 법률로써 제한하거나 인정하지 않을 수 있다는 것이다. 따라서 헌법 제33조 제3항은 개별적 법률유보로 보아야 한다.[379]

7. 개별적 법률유보와 일반적 법률유보의 관계

개별적 법률유보는 헌법 제37조 제2항의 일반적 법률유보 때문에 실익이 크지 않다. 헌법 제37조 제2항이 규정하는 국가안전보장, 질서유지와 공공복리라는 개념은 매우 포괄적이어서 여기에 포섭될 수 없는 때는 거의 있을 수 없기 때문이다.[380] 그러나 ① 개별적 법률유보를 살펴보면 헌법 제12조 제1항 제2문처럼 새로운 요건을 부과하여 기본권 제한을 엄격하게 하려는 때도 있고, ② 헌법 제33조 제3항과 같이 특정범위에서 기본권 제한을 쉽게 하려는 때도 있다. 전자는 일반적 법률유보 적용을 제한하는 의미가 있고, 후자는 일반적 법률유보 적용을 완화하는 의미가 있다. 그리고 ③ (공공필요를 공공복리보다 넓다고 해석할 때) 실체적 조건을 완화하면서도 보상을 전제로 함으로써 제한을 엄격하게 하도록 하는 헌법 제23조 제3항처럼 한쪽에서는 기본권 제한을 완화하면서 다른 쪽에서는 기본권 제한을 엄격하게 하는 때도 있다. 개별적 법률유보는 해당 기본권의 특수성 때문에 헌법제정자가 규정한 것이다. 헌법제정자가 특정기본권과 관련한 입법에서 특별한 조건을 가한다는 점에서 헌법제정자의 의사를

---

379) 개별적 헌법유보로 보는 견해로는 이준일, 『헌법학강의(제7판)』, 홍문사, 2019, 358쪽.

380) 같은 견해: 계희열, 「기본권의 제한(상)」, 『고시연구』 제22권 제4호(통권 제253호), 고시연구사, 1995. 4., 24~25쪽; 같은 사람, 『헌법학(중)(신정2판)』, 박영사, 2007, 136~137쪽; 장영수, 『헌법학(제11판)』, 홍문사, 2019, 518~519쪽; 홍성방, 『헌법학(상)(제3판)』, 현암사, 2016, 476쪽.

존중하는 입법을 하여야 한다.

8. 기본권제한적 법률유보와 구별되는 다른 유형의 법률유보 – 기본권구체화적 법률유보

(1) 기본권제한적 법률유보와 기본권구체화적 법률유보

법률유보는 헌법제정자가 기도한 목적에 따라 기본권제한적 법률유보와 기본권구체화적 법률유보로 구별할 수 있다. 기본권제한적 법률유보는 입법자에게 기본권을 제한하는 권한을 부여하는 것이고, 기본권구체화적 법률유보는 입법자에게 기본권의 보호영역을 형성하거나 확정하는 권한을 부여하는 것이다. 기본권구체화적 법률유보에는 기본권형성적 법률유보와 기본권실현적 법률유보가 있다.

(2) 기본권형성적 법률유보

기본권(내용)형성적 법률유보는 입법권자에게 기본권의 내용을 확정하도록 수권하는 것을 말한다. 기본권형성적 법률유보는 재산권과 환경권 그리고 대부분의 사회권에서 볼 수 있다.

(3) 기본권실현적 법률유보

기본권실현적 법률유보는 입법권자에게 확정된 기본권 내용을 행사할 수 있도록 법률을 제정하도록 하는 것을 말한다. 참정권과 청구권의 법률유보가 기본권실현적 법률유보에 해당한다.

V. 기본권 제한의 특별한 유형

1. '특별공법관계(이른바 특별권력관계)'를 근거로 한 기본권 제한

(1) 특별공법관계(이른바 특별권력관계)의 의의

① 개념

특별공법관계(이른바 특별권력관계)는 특별한 공법적 목적을 달성하기 위해서 필요한 범위에서 포괄적으로 일방이 상대방을 지배하고 상대방은 복종하는 관계이다. 과거에 국민과 국가의 관계를 권력관계로 보아서 일반 국민과 국가의 관계를 일반권력관계로, 일반 국민보다 국가와 긴밀한 관계가 있어 국가와 특별한 관계에 놓이는 국민과 국가의 관계를 특별권력관계로 각각 불렀다. 이러한 특별권력관계이론은 19세기 후반 독일 입헌주의 아래에서 의회가 군주의 권력을 제한하는 반대급부로서 군주가 의회와 의회 의사인 법률을 통한 통제에서 자유로운 행정영역을 보장해 주려고 탄생하였다. 오토 마이어(O. Mayer)를 따르면 행정의 일정영역에는 기본권이 효력을 미치지 못하고(기본권 배제), 국가 침해를 다툴 수 없으며(사법심사 배제), 법이 규율하는 것이 아니라(행정의 법률적합성 배제) 행정규칙의 합목적성이 규율하는데, 이렇게 강화한 종속관계를 특별권력관계라고 불렀다. 오늘날 국민과 국가의 관계를 권력관계, 즉 일방적 지배복종관계로만 보는 데는 무리가 있으므로 특별공법관계라고 부르는 것이 타당하다.381)

② 성립과 소멸

(ⅰ) 성립

특별공법관계(이른바 특별권력관계)는 법률규정에 따라서 성립하기도 하고, 상대방 동의를 통해서 성립하기도 한다. 전자는 병역의무자의 군입대, 법정전염병환자의 강제입원, 수용자의 교도소 수감 등이 있다. 후자에는 공무원복무관계, 국공립학교재학관계, 국립도서관 이용 등과 같은 임의적 동의와 학령아동의 초등학교 취학 등의 의무적 동의가 있다.

(ⅱ) 소멸

특별공법관계(이른바 특별권력관계)는 목적 달성(국공립학교 졸업 등), 관계 탈퇴(공무원 사임 등), 권력주체의 일방적 행위(퇴학처분 등)로 소멸한다.

③ 종류

(ⅰ) 공법적 근무관계

공법적 근무관계는 국가나 지방자치단체에 대한 포괄적 근무관계를 말한다. 공무원관계나 군인관계가 여기에 해당한다.

(ⅱ) 공법적 영조물 이용관계

공법적 영조물을 이용하는 관계에는 국공립학교, 국공립도서관, 국공립병원의 이용관계, 교도소재소관계 등이 있다. 대법원 판례 중에는 "서울교육대학학장이 학칙위반자인 재학생에게 국가공권력의 하나인 징계권을 발동하여 학생으로서 신분을 일방적으로 박탈하는 국가의 교육행정에 관한 의사를 외부에 표시하는 행위는 행정처분이다."382)라고 한 것이 있다.

(ⅲ) 공법적 사단관계

공법적 사단관계는 공공조합과 그 조합원의 관계를 말한다. 대법원 판례 중에는 "당진농지 개량조합과 직원의 관계는 사법상 근로계약관계가 아닌 공법상의 특별권력관계이고, 따라서

---

381) 오늘날 헌법질서 아래에서도 일반적 법관계 외에 특별한 권리와 의무가 있는 '특수한 법관계'가 있다는 것은 부인될 수 없고, 헌법은 이러한 성질의 관계를 명시적으로 언급하거나 묵시적으로 전제하는데, '특별권력관계'라는 개념을 포기하여도 특수한 법관계가 일반적 법관계로 전환되지 않고, 특수한 법관계의 본질이 바뀌지도 않으며, 특별권력관계 대신 다른 이름을 붙여도 그 실체나 본질이 달라지지 않으므로, '특별권력관계'라는 용어 그 자체는 헌법적으로 하자가 없고, 특정한 공통점이 있는 특수한 신분관계를 망라하는 포괄적인 개념으로 유지될 수 있다는 견해도 있다(한수웅, 『헌법학(제9판)』, 법문사, 2019, 394~395쪽). 그러나 '특별권력관계'가 기존 의미로 사용될 수 없고 이러한 관계에도 법치국가원리가 적용된다면, 굳이 오해 소지가 있는 용어를 사용할 이유는 없다.
382) 대법원 1991. 11. 22. 선고 91누2144 판결(집39-4, 543; 공1992, 316).

조합의 직원에 대한 징계처분의 취소를 구하는 이 사건 소송은 행정소송사항에 속한다."[383]라고 한 것이 있다.

(iv) 공법적 특별감독관계

공법적 특별감독관계는 공공조합, 특허기업자나 국가에게서 행정사무 수행을 위임받은 이른바 공무수탁인이 국가의 특별한 감독을 받는 관계를 말한다.

(2) 근거
① 이론적 근거

국가의 목적 달성을 위해서 일정한 관계가 유지되고 기능하여야 한다. 그리고 그러한 특정목적을 달성하기 위해서 특별한 의무가 부과되거나 권리가 제한될 필요성이 요구되었다. 그래서 특별공법관계(이른바 특별권력관계)가 인정될 필요성이 인정되었다.

② 헌법적 근거

헌법 제7조와 제29조 제2항, 제33조 제2항, 제78조는 공무원복무관계, 제31조는 학교재학관계, 제12조와 제13조, 제27조, 제28조는 교도소재소관계, 제27조 제2항과 제39조, 제110조는 군인복무관계를 각각 규정한다.

(3) 전통적인 내용(특별권력관계이론)
① 명령권과 징계권

특별권력관계에서 일방은 상대방에 대해서 목적 달성을 위하여 필요한 명령을 할 포괄적 지배권이 있다. 이때 명령은 일반·추상적으로 할 수도 있고(행정규칙), 개별·구체적으로 할 수도 있다(지시, 처분). 그리고 일방은 내부질서 유지를 위해서 상대방에 대한 징계권이 있다.

② 법치국가원리 부적용

특별권력관계에는 법률유보원칙이 적용되지 않아서 개별적인 법률적 근거가 없어도 포괄적 지배권 행사가 가능하다. 따라서 특별권력관계를 근거로 한 기본권 제한은 헌법유보와 법률유보를 근거로 한 원칙적인 기본권 제한과 비교해서 예외적인 제한 유형에 해당한다.

③ 사법심사 불가능

특별권력관계는 법에서 자유로운 영역이고, 사법심사는 일반권력관계의 법질서 유지가 사명이므로 특별권력관계에 대해서는 사법심사가 불가능하다고 한다.

(4) 특별권력관계이론 비판과 수정
① 특별권력관계 개념부정설

모든 공권력 행사에 법치국가원리가 전면적으로 적용됨을 이유로 법치국가원리 적용을 전

---

383) 대법원 1995. 6. 9. 선고 94누10879 판결.

면적으로 배제하는 특별권력관계의 개념·형식 자체를 특별한 논거 없이 부정하는 일반적 부정설과 종래 특별권력관계로 이해되었던 여러 법관계를 개별적으로 분석하여 그 실질적 내용에 따라 일반권력관계나 비권력관계로 환원하면서 특별권력관계의 개념을 부정하는 개별적 부정설이 있다. 특별권력관계 개념을 부정하더라도 특별공법관계(이른바 특별권력관계)에 해당하는 특수한 공법관계 필요성이 부정될 수는 없다. 따라서 개념을 둘러싼 논쟁보다는 실질에 대한 법적 판단이 중요하다.

② 특별권력관계이론 수정

특별권력관계를 제도의 존립목적 달성에 필요한 한도 안에서 법치국가원리를 완화하는 내용으로 인정한다.

(ⅰ) 울레(C. H. Ule)는 기본관계와 업무수행관계로 나눈다. 기본관계는 특별권력관계의 성립·변경·종료나 그 밖의 특별권력관계 구성원의 법적 지위에 대한 본질적 사항에 관한 것으로 여기의 행위는 행정행위로서 사법심사가 가능하다고 한다. 업무수행관계는 특별권력관계 내부의 업무수행질서 유지를 위한 규율영역으로서 사법심사 대상이 되지 않는다고 한다.[384]

(ⅱ) 헷세(K. Hesse)는 개인의 국가에 대한 더 밀접한 관련을 설정하고 국민의 일반적 권리·의무를 넘어서는 특별한 의무를 발생시키며 부분적으로는 특별한 권리도 발생시키는 관계를 특수지위관계라고 한다.[385] 특수지위관계는 각기 특별하고 실질적인 고유법칙성이 있는 특별한 생활관계인데, 이는 그 고유법칙성 때문에 각기 특별한 탄력성이 있는 질서가 필요하다고 한다. 이러한 생활관계는 공동체생활에 불가결하다고 한다. 따라서 이러한 질서는 특별한 권리·의무를 설정하여 각 개인을 특별한 생활영역에 편입시키므로 지위설정적 작용을 한다고 한다. 이러한 점에서 특별권력관계보다는 국민의 일반적 지위에 대응하여 볼 때에 특수지위라고 표현하는 것이 내용상 더 올바르다고 한다.[386] 특수지위관계에서도 기본권 제한은 오로지 헌법에서만 찾을 수 있다고 한다. 특수지위관계에서 기본권을 어느 정도까지 제한할 수 있는지는 국민의 일반적 지위에서와 마찬가지로 실제적 조화의 원리에서 그 한계를 찾을 수밖에 없다고 한다.

(5) 특별공법관계(이른바 특별권력관계)에 (따른 기본권 제한에) 대한 사법심사

현대 민주적·법치국가적 국가에서 법률유보, 기본권, 사법심사가 부정되는 특별공법관계(이른바 특별권력관계)를 인정할 수는 없다. 그러나 국가에서 공무원제도, 학교제도, 군대제도, 행형제도 등의 특별한 제도는 필요하다. 이러한 제도를 유지하거나 이러한 제도의 목적을 달

384) 류지태/박종수, 『행정법신론(제17판)』, 박영사, 2019, 71, 74쪽.

385) Konrad Hesse, Grundzüge des Verfassungsrechts der Bundesrepublik Deutschland, 20. Aufl., Heidelberg 1995, Rdnr. 325 (콘라드 헷세, 계희열 옮김, 『통일독일헌법원론』, 박영사, 2001, 208~209쪽).

386) Konrad Hesse, Grundzüge des Verfassungsrechts der Bundesrepublik Deutschland, 20. Aufl., Heidelberg 1995, Rdnr. 322 f. (콘라드 헷세, 계희열 옮김, 『통일독일헌법원론』, 박영사, 2001, 206~207쪽).

성하기 위해서 특별한 제도마다 개별적인 고유한 질서가 요청된다. 그래서 특별공법관계(이른바 특별권력관계)의 전면 부정은 불가능하다. 따라서 특별공법관계(이른바 특별권력관계)에도 법치국가원리를 적용하여 기본권 제한의 한계를 적용하되 한계 일탈 여부 심사에서, 특히 비례성심사에서 완화한 기준을 적용할 것이 요구된다. 이러한 점에서 특별공법관계(이른바 특별권력관계) 문제는 기본권 제한의 예외적 허용 여부 문제가 아니라 제한 정도(에 대한 엄격성) 문제로 보아야 한다. 대법원387)과 헌법재판소388)도 특별공법관계(이른바 특별권력관계)에 기본권 제한의 한계가 적용된다고 한다.

(6) 현행법상 특별공법관계(이른바 특별권력관계)를 근거로 한 기본권 제한

특별공법관계(이른바 특별권력관계)는 특정한 국가목적을 달성하기 위해서 인정되는 것이다. 특별공법관계(이른바 특별권력관계)가 이러한 목적을 달성하려면 이러한 관계에 있는 국민의 기본권을 제한할 필요가 있다. 따라서 이러한 목적을 달성하기 위해서 필요한 범위에서 이러한 관계에 있는 국민의 기본권은 제한될 수 있다. 헌법은 특별공법관계(이른바 특별권력관계)에 있는 사람들의 기본권을 직접 제한하기도 한다. 예를 들어 공무원인 근로자의 근로3권을 제한하는 것(제33조 제2항), 군인·군무원은 원칙적으로 군사재판을 받게 하는 것(제27조 제2항, 제110조 제1항 참조), 군인·군무원·경찰공무원 기타 법률이 정하는 자의 국가배상청구권을 제한하는 것(제29조 제2항), 비상계엄하의 군사재판은 군인·군무원의 특정한 범죄에 대해서 사형선고를 제외하고는 단심으로 할 수 있는 것(제110조 제4항)이 있다. 법률에 따라서도 특별공법관계(이른바 특별권력관계)에 있는 사람들의 기본권은 제한된다. 예를 들어 공무원관계에서 정치활동이 제한되고(국가공무원법 제65조, 지방공무원법 제57조, 공직선거법 제53조), 근로3권이 제한되며(국가공무원법 제66조, 지방공무원법 제58조), 직업이 제한되고(국가공무원법 제64조, 지방공무원법 제56조), 언론의 자유가 제한되며(국가공무원법 제65조, 지방공무원법 제57조), 거주지가 제한된다(국가공무원법 제58조, 지방공무원법 제50조). 그리고 교도소재소관계에서 신체의 자유가 제한되고('형의 집행 및 수용자의 처우에 관한 법률' 제32조), 거주이전이 제한되며('형의 집행 및 수용자의 처우에 관한 법률' 제20조), 통신의 자유가 제한되고('형의 집행 및 수용자의 처우에 관한 법률' 제41조, 제42조, 제43조, 제44조), 집회·결사가 제한되며('형의 집행 및 수용자의 처우에 관한 법률' 제14조, 제89조), 정치적 기본권이 제한된다(공직선거법 제18조). 또한, 군인복무관계에서 거주·이전이 제한되고('군인의 지위 및 복무에 관한 기본법' 제12조), 집회·결사가 제한되며('군인의 지위 및 복무에 관한 기본법' 제13조), 직업이 제한되고('군인의 지위 및 복무에 관한 기본법' 제30조), 표현이 제한되며('군인의 지위 및 복무에 관한 기본법' 제15조, 제32조), 정치활동이 제한되고('군인의 지위 및 복무에 관한 기본법' 제33조), 통신이 제한된다('군인의 지위 및 복무에 관한 기본법' 제14

---

387) 대법원 1982. 7. 27. 선고 80누86 판결(공1992, 695).
388) 헌재 1995. 12. 28. 91헌마80, 판례집 7-2, 851, 864.

조). 이러한 법률에 따른 제한에서는 비례성원칙에 따라 해당 관계의 목적 달성과 해당 기본권 제한이 조화될 수 있는지가 이러한 기본권 제한의 정당성근거가 된다.

2. 국가긴급권 규정에 따른 기본권 제한

(1) 국가긴급권 행사에 따른 기본권 제한

헌법이 규정한 정상적인 절차와 수단으로 제거할 수 없는 국가 존립이나 공공 안녕질서에 대한 심각한 위험에 직면하는 이른바 국가긴급사태에 이를 해결하려고 국가긴급권 인정은 불가피하다. 이러한 까닭에 국가긴급권 행사에 따른 기본권 제한은 헌법 자체를 수호하기 위한 것이다. 기본권은 헌법 핵심을 이루므로 이러한 국가긴급권 행사에 따른 기본권 제한은 궁극적으로는 기본권보호수단이기도 하다. 국가긴급권은 헌법 보호를 위해서만 행사되어야 하고 국가긴급권이 발동되어야 할 국가비상사태는 일시적인 헌법장애상태와 다르다. 그러므로 헌법에 국가긴급권의 발동기준과 내용 그리고 한계를 상세히 규정하여 국가긴급권 남용이나 악용 소지를 제거할 필요가 있다. 국가긴급권 행사가 오·남용되면, 곧 국가긴급권이 헌법질서를 수호하기 위한 목적이 아닌 다른 목적을 위해서 사용되면 저항권을 행사할 수 있다. 국가긴급권이 본래 목적에 따라 행사되어도 그것이 비례성원칙에 어긋나게 행사되어 국민에게 수인할 수 없는 손해를 발생시켰다면 사후에 정당한 보상이 이루어져야 한다. 국가긴급권 행사에 따른 기본권 제한은 법률이 아닌 법률의 효력이 있는 대통령의 명령으로 기본권을 제한하므로 기본권 제한의 형식적 요건을 배제한다. 이러한 점에서 국가긴급권 행사에 따른 기본권 제한은 기본권 제한의 예외적 유형에 해당한다.

(2) 긴급재정경제명령이나 긴급명령에 따른 기본권 제한

① 긴급재정경제명령이나 긴급명령을 통한 기본권 제한

긴급재정경제명령과 긴급명령은 법률의 효력이 있으므로 헌법 제37조 제2항의 요건 아래에서 기본권을 제한할 수 있다. 문제가 되는 것은 이 명령으로 제한할 수 있는 기본권 범위이다. 긴급재정경제명령권은 "최소한으로 필요한 재정·경제상의 처분을 하거나 법률의 효력을 가지는 명령을 발할 수 있"는 권한이므로 그에 맞추어 재산권, 근로3권, 직업의 자유 등과 같은 경제적 기본권과 그에 관련되는 기본권만을 제한할 수 있다. 그와 비교해서 긴급명령에 따라서 제한될 수 있는 기본권은 그러한 제한이 없다고 보아야 한다.[389]

② 긴급재정경제명령이나 긴급명령에 따른 기본권 제한에 대한 사법심사

긴급재정경제명령이나 긴급명령권을 행사하여 기본권을 침해하였는지는 (i) 이러한 국가

---

389) 계희열, 『헌법학(중)(신정2판)』, 박영사, 2007, 153쪽; 장영수, 『헌법학(제11판)』, 홍문사, 2019, 528쪽; 홍성방, 『헌법학(상)(제3판)』, 현암사, 2016, 510쪽.

긴급권 행사가 헌법 제76조의 요건에 따라 발동되었는지, (ⅱ) 헌법 제37조 제2항이 요구하는 기본권 제한의 한계를 준수하였는지라는 두 가지 방향에서 검토되어야 하고, 양자 모두 합헌적인 것으로 평가될 때만 정당한 제한으로서 인정된다.

그러나 헌법재판소는 "긴급재정경제명령이 아래에서 보는 바와 같은 헌법 제76조 소정의 요건과 한계에 부합하는 것이라면 그 자체로 목적의 정당성, 수단의 적정성, 피해의 최소성, 법익의 균형성이라는 기본권제한의 한계로서의 과잉금지원칙을 준수하는 것이 되는 것"이라고 판시하여 국가긴급권이 적법하게 행사되면 다시 과잉금지원칙을 검토할 필요가 없다는 견해를 취한다.[390] 국가긴급권이 적법하게 행사되었는지와 이로 말미암아 국민의 기본권 제약이 적법한지는 구별되므로 이러한 헌법재판소 견해는 타당하지 않다. 긴급재정경제명령이나 긴급명령에 따른 기본권 제한에서는 긴급재정경제명령이나 긴급명령의 목적 달성을 위해서 필요한 한도 안에서 비례성심사의 엄격성을 완화한다.

(3) 계엄에 의한 기본권 제한
① 계엄법 제9조 제1항의 문제점

헌법 제77조 제3항은 '비상계엄이 선포된 때에는 법률이 정하는 바에 의하여 영장제도, 언론·출판·집회·결사의 자유에 관하여 특별한 조치를 할 수 있다.'라고 규정하고, 계엄법 제9조는 이에 더하여 헌법에 규정되지 않은 거주·이전의 자유 또는 단체행동권 제한도 함께 규정한다. 여기서 계엄법 제9조의 합헌성 여부에 관해서 논란이 있다.

(ⅰ) 헌법 제77조 제3항의 규정은 예시규정인가?

계엄법 제9조의 위헌 여부에 앞서 헌법 제77조 제3항의 규정이 예시규정인지가 문제 된다. 예시규정으로 보면 계엄법 제9조도 헌법 제77조에 근거하는 것으로 볼 수 있으나 한정적 열거규정으로 보면 계엄법 제9조를 헌법 제77조에 근거하여 바로 합헌이라고 할 수는 없기 때문이다. 이에 관해서 헌법 제77조 제3항을 예시적 조항으로 보아 명시적으로 규정하지 않은 기본권에 대해서도 특별한 조치를 할 수 있으므로 계엄법 제9조는 합헌이라는 예시설[391]과 헌법 제77조 제3항을 한정적 열거조항으로 보고 헌법에 비상계엄 선포 시 제한할 수 있는 것으로 특별히 규정하지 아니한 기본권에 대해서 계엄법이 그 제한가능성을 확장하는 것은 기본권 보장 측면에서 위헌이라는 한정적 열거설[392]이 대립한다. 예외규정은 엄격히 해석하여야 한다는 법원칙에 따라 헌법 제77조 제3항을 한정적 열거규정으로 보는 것이 타당하다. 다만, 헌법 제77조 제3항을 열거조항으로 보더라도 계엄법 제9조가 바로 위헌이 되는 것으로

---

390) 헌재 1996. 2. 29. 93헌마186, 판례집 8-1, 111, 119-120.

391) 구병삭, 『신헌법원론(개정판)』, 박영사, 1996, 988쪽; 심경수, 『헌법』, 법문사, 2018, 483~484쪽; 정종섭, 『헌법학원론(제12판)』, 박영사, 2018, 1308쪽.

392) 이준일, 『헌법학강의(제7판)』, 홍문사, 2019, 941쪽.

는 볼 수 없고, 일반적인 기본권 제한 법률유보 규정인 헌법 제37조 제2항에 따른 기본권 제한으로서 정당화할 수 있는지를 별도로 검토하여야 한다.

(ⅱ) 계엄법 제9조의 위헌 여부 – 헌법 제37조 제2항의 한계 일탈 여부

비상계엄이 선포되었을 때 비상계엄이 선포될 정도의 상황에서는 특히 거주·이전의 자유나 단체행동에 관해서 제한이 필요할 수 있다는 점을 고려하면, 헌법 제37조 제2항의 제한 한계와 관련하여 큰 문제는 없다.[393] 따라서 계엄법 제9조를 근거로 제77조 제3항에서 규정한 것 이외의 기본권을 제한할 때도 헌법 제37조 제2항의 한계를 일탈하지 않는 한 헌법에 합치한다. 결론적으로 계엄법 제9조는 헌법에 합치한다.

② 계엄법 제12조 제2항의 문제점

계엄이 해제되면 해제된 날부터 모든 행정사무와 사법사무는 평상상태로 복귀하고(계엄법 제12조 제1항), 비상계엄 시행 중에 군사법원에 계속 중이던 재판사건 관할은 비상계엄 해제와 동시에 일반 법원에 이관함이 원칙이다. 그러나 대통령이 필요하다고 인정하면 군사법원의 재판권을 1개월 이내에 한하여 연기할 수 있다(계엄법 제12조 제2항). 그런데 이것이 헌법 제77조 제3항의 위임 한계를 넘는지 그리고 당사자의 재판청구권을 침해하는지가 문제 된다.

(ⅰ) 계엄법 제12조 제2항 단서가 헌법 제77조 제3항에 위반되는가?

ⓐ 문제 제기

헌법 제77조의 비상계엄은 국가 존립이나 헌법체제 유지를 위태롭게 하는 위급한 상황에 처하여 평화 시의 입헌적 방법으로 위기를 극복할 수 없을 때 행사되는 국가긴급권에 속한다. 비상계엄은 본질적으로 입헌주의를 정지하는 독재적 권력 행사이다. 따라서 비상계엄은 국가적 위기극복을 위해서 필요한 최소한도 안에서 일시적이고 잠정적으로 행사되어야 한다. 이러한 국가긴급권의 본질에 비추어 보면 계엄에 관한 헌법 규정은 엄격하게 해석하여야 하고 마음대로 그 해석을 넓히거나 예외를 인정하는 것은 헌법이 국가긴급권을 인정한 취지에 어긋난다. 그러므로 계엄법 제12조 제2항 단서가 헌법 제77조 제3항의 해석·적용을 확대하여 그 위임 한계를 벗어난 것인지가 문제 된다.

ⓑ 판례와 비판

대법원 다수의견은 헌법 제77조 제3항이 "비상계엄이 선포된 때에는 법률이 정하는 바에 의하여 … 법원의 권한에 관하여 특별한 조치를 할 수 있다."라고 규정한 점에 비추어 비상

---

393) 기본권 제한의 특별수권규정으로서 제77조의 실익은 예를 들면 헌법 제21조 제2항의 검열과 같은 본질적인 내용 제한도 제37조 제2항에서와는 달리 제77조에서는 가능하다는 것에 있다. 그러나 법치국가원리에서 파생하는 비례성원칙은 제77조에서도 준수되어야 한다. 계엄법에서도 헌법 제77조에 열거된 기본권은 직접 헌법 제77조에 근거하여 이처럼 완화한 제한 한계가 있고 제77조에 열거되지 않은 거주·이전의 자유, 단체행동권과 같은 것은 제37조 제2항에 따른 (본질내용 침해금지를 포함하는) 제한 한계가 있다.

계엄 해제의 효력발생시기에 관한 사항도 법률에 위임한 것으로 보고, 계엄법 제12조 제2항 단서가 비상계엄 해제의 효력을 단계적으로 발생하도록 하여 일반 법원 재판권 복귀의 효력을 일시 연기한 것은 헌법 위임에 따른 것으로 합헌이라고 한다.394) 그러나 이러한 해석은 헌법조항을 지나치게 확장 해석하여 국민의 기본권을 침해하는 것으로 따를 수 없다.

ⓒ 헌법 제77조 제3항의 취지와 계엄법 제12조 제2항 단서의 위헌 여부

국가긴급권에 관한 엄격해석 원칙에 비추어 보면, 헌법 제77조 제3항의 취지는 '비상계엄이 선포된 때에', 즉 비상계엄이 선포되어 그 효력이 존속하는 동안만 법률로써 미리 정한 특별한 조치를 할 수 있다는 뜻이라고 해석된다. 그러므로 비상계엄 선포의 효력이 상실되고 나서 이러한 특별한 조치를 하거나 이미 한 조치를 연장한다는 것은 헌법 제77조 제3항에 저촉된다. 따라서 계엄법 제12조 제2항 단서는 헌법 제77조 제3항의 규정에 어긋난다.

(ⅱ) 계엄법 제12조 제2항 단서가 국민의 재판청구권을 침해하는가?

ⓐ 재판청구권의 보호영역과 법률에 따른 제한

헌법 제27조 제1항의 재판청구권은 '헌법과 법률이 정한 법관'에 의한 재판을 의미하고, 제2항은 군인이나 군무원 아닌 국민은 원칙적으로 군사법원의 재판을 받지 않는다고 규정한다. 따라서 당사자가 원칙적으로 군사재판을 받지 않을 권리는 재판청구권의 보호영역에 포함된다. 계엄법 제10조에 따라 비상계엄 선포 중 민간인도 일정한 범죄를 저지르면 군사법원의 재판을 받게 되고, 계엄법 제12조 제2항 단서에 따라서 계엄이 해제되고 나서도 군사법원에서 재판을 받게 된다. 따라서 이는 국민의 재판청구권을 법률로 제한하는 때에 해당한다. 이러한 법률에 따른 재판청구권 제한을 헌법상 정당화하려면 비례성원칙, 본질내용침해금지 등의 한계를 준수하여야 한다.

ⓑ 계엄법 제12조 제2항 단서의 비례성원칙 위반 여부

㉮ 입법목적의 정당성

계엄법 제12조 제2항 단서의 입법목적 정당성을 인정하는 견해는 군사법원의 재판권 연기가 필요한 때로 비상계엄지역 안의 사회질서는 정상을 찾았으나 일반 법원이 미처 기능회복을 하지 못하여 재판사건을 넘겨받아 처리할 태세를 갖추지 못한 때를 든다.395) 그러나 비상계엄은 국가적 위기상황에서 일반 법원의 사법기능 수행이 현저히 곤란하다고 보고 군사법원의 재판으로 일반 법원의 재판에 갈음하는 조치를 취한다. 그런데 비상계엄이 해제된 이상 이러한 국가적 위기상황이나 사법기능의 장애사유는 더는 존속하지 않는다. 따라서 비상계엄 해제 이후 군사법원의 재판권을 연장하는 것은 군사법원에서 심리 중인 사건을 군사법원에서 마무리를 짓고자 하는 편의적인 이유 외에 다른 이유가 없다. 따라서 계엄법 제12조 제2항

---

394) 대법원 1985. 5. 28. 선고 81도1045 판결(집33-2, 455; 공1985, 954).
395) 대법원 1985. 5. 28. 선고 81도1045 판결(집33-2, 455; 공1985, 954) 다수의견.

단서의 입법목적의 정당성은 인정할 수 없다.

　(나) 입법수단의 비례성

　입법목적의 정당성이 인정되지 않는 이상 입법수단의 비례성을 논할 필요도 없이 계엄법 제12조 제2항 단서는 헌법에 위반된다. 사법기능 유지라는 입법목적을 정당한 것으로 인정한다면 일반 법원의 사법기능 수행이 현저히 곤란하고 군사법원만이 기능을 유지한다는 것이 전제되므로 군사법원의 재판은 수단의 적합성이 인정된다. 그러나 시일을 다투는 긴급사건에서는 일부 회복된 일반 법원에서 재판하는 것을 배제할 수 없고, 그렇지 않은 사건에서는 1개월을 기다려 일반법원에서 재판을 받을 수 있으므로 피해의 최소성이 인정될 수 없다. 그리고 법익의 균형성도 일반 법원과 군사법원의 주체·절차 등을 고려하면 일반 법원에서 재판을 받고 군사법원에서 재판을 받지 않는 이익이 1개월의 재판 연기로 말미암은 불이익보다 더 크므로 인정되지 않는다. 따라서 비록 입법목적이 정당한 것으로 인정되더라도 그것을 위해서 군사법원의 재판을 받지 아니할 권리를 제한한다는 것은 비례성원칙에 어긋난다. 입법목적의 정당성과 입법수단의 비례성을 인정하는 견해에서는 해당 조항이 재판청구권의 본질내용을 침해하지 않는지를 검토하여야 한다.

　(다) 계엄법 제12조 제2항 단서가 재판청구권의 본질내용을 침해하는가?

　헌법이 보장한 자유 또는 권리의 본질적인 내용은 기본권의 근본요소로서 이를 제한하게 되면 기본권이 유명무실하게 되어 버리는 권리의 핵심이 되는 내용을 말한다. 헌법 제27조 제2항의 군사법원의 재판을 받지 아니할 권리의 본질적인 내용은 비상계엄 선포기간 중을 제외하고는 어떤 때이든 군사법원의 재판을 받지 않는다는 점에 있다. 따라서 계엄법 제12조 제2항 단서가 비상계엄 해제 이후에도 군사법원의 재판권을 연기할 수 있도록 규정한 것은 군사법원의 재판을 받지 아니할 권리의 본질적 내용을 침해한다.

　대법원은 비상계엄 해제 후 1개월 이내의 군사법원 재판권 연기는 군사법원의 재판을 받지 아니할 권리를 일시적으로 제한한 것에 불과하여 그 권리 자체를 박탈하거나 그 권리의 본질적 내용을 침해하는 것은 아니라고 한다.[396] 그러나 군사법원의 재판권이 연기된 1개월 사이에 군사법원의 재판을 받은 개인으로서는 이미 군사법원의 재판을 받지 아니할 권리 자체를 박탈당한 것이므로 권리의 본질적 내용을 침해당한다.

　(iii) 소결

　계엄법 제12조 제2항 단서는 군사법원의 재판을 받지 아니할 권리를 침해하고 헌법 제77조 제3항의 위임 한계를 넘어 헌법에 합치되지 아니한다.[397]

---

396) 대법원 1985. 5. 28. 선고 81도1045 전원합의체 판결(집33-2, 455; 공1985, 954).
397) 같은 견해: 김학성, 『헌법학원론(전정3판)』, 피앤씨미디어, 2019, 1020~1021쪽; 이준일, 『헌법학강의(제7판)』, 홍문사, 2019, 941쪽; 허 영, 『한국헌법론(전정15판)』, 박영사, 2019, 1040쪽.

(4) 국가긴급권에 의한 기본권 제한에 대한 사법심사 가능성

① 국가긴급권 행사와 사법심사 가능성

(ⅰ) 국가긴급권 행사의 법적 성격

대통령의 긴급재정경제처분 및 명령권, 긴급명령권, 계엄선포권과 같은 국가긴급권은 정치문제로서 고도의 정치성을 띤다. 따라서 이에 대한 대통령의 제1차적 판단재량권은 되도록 존중되어야 한다는 점에서는 학설과 판례가 일치한다. 다만, 사법심사가 가능한지와 사법심사가 부정된다면 그 근거는 무엇인지에 관해서는 견해가 갈린다.

(ⅱ) 학설

사법심사 가능성을 인정할 것인지에 관해서는 긍정설과 부정설이 있다. 부정설에는 그 근거와 관련하여 ⓐ 정치문제는 정치에 관계되는 문제이고 이러한 문제는 재량행위이므로 사법심사에서 제외된다는 재량행위설, ⓑ 정치문제는 성질상 헌법상 입법기관이나 집행기관에 맡긴 사항이므로 권력분립원칙에 비추어 사법권 관여가 허용되지 않는다고 하는 권력분립설, ⓒ 정치문제가 사법심사 대상에서 제외되는 것은 법원이 다른 국가기관의 고도의 정치성 있는 행위에 관여하는 것을 스스로 자제하기 때문이라는 사법부자제설 등이 있다.

(ⅲ) 대법원 판례

국가긴급권 행사에 대한 사법심사와 관련하여 대법원은 과거에는 "대통령이 제반의 객관적 상황에 비추어 그 재량으로 비상계엄을 선포함이 상당하다는 판단하에 이를 선포하였을 경우, 그 행위는 고도의 정치적, 군사적 성격을 띠는 행위라고 할 것이어서 …… 그 선포가 당연무효의 것이라면 모르되 사법기관인 법원이 계엄선포의 요건의 구비 여부나 선포의 당·부당을 심사하는 것은 사법권의 내재적인 본질적 한계를 넘어서는 것이다."[398]라고 한데서 알 수 있듯이 소극적 태도를 보였다. 그러나 최근에는 "대통령의 비상계엄의 선포나 확대 행위는 고도의 정치적·군사적 성격을 지니고 있는 행위라 할 것이므로, 그것이 누구에게도 일견하여 헌법이나 법률에 위반되는 것으로서 명백하게 인정될 수 있는 등 특별한 사정이 있는 경우라면 몰라도, 그러하지 아니한 이상 그 계엄선포의 요건 구비 여부나 선포의 당·부당을 판단할 권한이 사법부에는 없다고 할 것이나, 비상계엄의 선포나 확대가 국헌문란의 목적을 달성하기 위하여 행하여진 경우에는 법원은 그 자체가 범죄행위에 해당하는지의 여부에 관하여 심사할 수 있다."[399]라고 하여 통치행위에 대한 사법심사 가능성을 한정적으로 인정한다.

(ⅳ) 헌법재판소 판례

헌법재판소는 금융실명제와 관련한 대통령의 긴급재정경제명령에 대한 헌법소원사건에서 고도의 정치적 결단에 따라서 하는 국가작용이라고 할지라도 그것이 국민의 기본권 침해와

---

398) 대법원 1981. 2. 10. 선고 80도3147 판결.
399) 대법원 1997. 4. 17. 선고 96도3376 판결(집45-1, 1; 공1997상, 1303).

직접 관련이 있으면 헌법재판소 심판대상이 된다고 하여 적극적인 견해를 취한다.[400]

(ⅴ) 사견

국가긴급권이 다른 국가작용과 비교해서 강한 정치적 성격이 있다는 점은 인정되지만, 모든 국가작용은 국민의 기본권을 존중하여야 한다는 점을 고려하면, 국가긴급권 행사가 국민의 기본권 침해와 직접 관련이 있으면 이에 대한 사법심사를 긍정하여야 한다.

② 긴급재정경제명령과 긴급명령에 대한 법적 구제수단

(ⅰ) 위헌법률심판과 위헌소원심판

위헌법률심판 대상은 원칙적으로 형식적 법률이지만, 긴급재정경제명령과 긴급명령은 법률의 효력이 있는 명령이므로 실질적 법률로서 위헌법률심판 대상이 된다. 따라서 구체적인 사건이 전제되어 긴급재정경제명령이나 긴급명령의 위헌성이 문제 되면, 법원은 헌법 제107조 제1항에 따라 헌법재판소에 위헌법률심판을 제청하여야 한다. 만일, 법원이 당사자의 위헌법률심판 제청 신청을 기각한다면, 당사자는 헌법재판소법 제68조 제2항에 따른 헌법소원심판을 청구할 수 있다.

(ⅱ) 헌법소원심판

국가긴급권에서 헌법소원심판 대상이 되는 것은 대통령의 긴급재정경제명령과 긴급명령 발동행위 그 자체와 이러한 발동으로 말미암은 긴급재정경제명령과 긴급명령의 구체적 내용 두 가지이다.

긴급재정경제명령과 긴급명령의 발동행위도 공권력 행사에 해당하고, 이로 말미암아 기본권이 침해될 수 있으며, 법률의 효력이 있는 대통령의 국가긴급권 행사를 소송물로 하는 구제절차는 없으므로 청구기간만 준수된다면 헌법소원심판을 청구할 수 있다. 헌법재판소도 긴급재정경제명령 발동과 관련하여 당사자의 청원권이 침해되었음을 이유로 헌법소원심판 청구를 허용하였다.[401]

대통령의 국가긴급권 행사 여부에 관해서도 헌법소원심판을 청구할 수 있지만, 긴급재정경제명령과 긴급명령의 구체적 내용과 관련하여서도 헌법소원심판을 청구할 수 있다. 이때의 헌법소원심판은 법령에 대한 헌법소원심판이므로 직접성의 요건과 청구기간의 요건이 특히 문제가 될 것이다.

③ 비상계엄에 대한 법적 구제수단

(ⅰ) 대통령의 비상계엄 선포 자체에 대한 법적 구제수단

비상계엄 선포행위는 그 자체로 직접 국민의 권리·의무관계를 변동시키는 것이 아니어서

---

400) 헌재 1996. 2. 29. 93헌마186, 판례집 8-1, 111, 116.
401) 헌재 1996. 2. 29. 93헌마186, 판례집 8-1, 111.

처분성이 인정되지 않으므로 법원에 의한 행정소송은 불가능하다. 비상계엄 선포도 공권력 행사에 해당하고 이에 관해서 다툴 수 있는 구제수단은 인정되지 않으므로 헌법소원심판 청구를 인정할 수 있다.

(ii) 계엄사령관의 비상계엄에 따른 구체적 조치에 대한 법적 구제수단

비상계엄 선포에 따른 구체적 조치는 포고령이나 개별적 처분의 형태로 이루어지므로 헌법 제107조 제2항에 따라 법원이 심판권을 갖는다. 대법원은 과거에도 계엄선포 행위 자체에 대해서는 통치행위 이론을 원용하여 그 판단을 회피하였지만, 개별적 조치에 관해서는 사법적 판단을 하였다. 비상계엄 선포에 따른 구체적 조치는 '법률'에 해당하지 않으므로 원칙적으로 위헌법률심판 대상이 되지 아니한다. 다만, 계엄법의 위헌성으로 말미암아 구체적 조치를 위헌적으로 내리면 구체적 조치의 근거가 된 계엄법의 위헌성을 판단하는 과정에서 간접적으로 개별적 조치에 대한 심판이 이루어질 수 있다. 비상계엄 아래의 구체적 조치는 처분성이 인정되어 행정소송이 가능하므로 헌법재판소법 제68조 제1항 단서의 보충성원칙에 따라 헌법소원심판을 청구할 수 없다.

제 9 절 기본권 제한의 한계

I. 기본권 제한의 한계

1. 형식적 한계

(1) '법률로써'(법률에 의하여/법률에 근거하여)

기본권은 정당한 절차에 따라 성립한 '법률로써' 제한할 수 있다. '법률로써'는 '법률에 의하여'와 '법률에 근거하여'를 포괄한다. 따라서 기본권 제한은 직접 법률에 의하거나 법률에 근거를 둔 법규명령이나 조례에 따라서만 가능하다.

① 법률에 의한 기본권 제한

'법률에 의하여'란 법률이 직접 기본권을 제한하는 것을 말한다. 여기서 법률은 형식적 의미의 법률, 즉 국회가 헌법과 법률이 정한 절차를 따라 법률 형식으로 제정한 법규범을 뜻한다. 그리고 법률에는 법률과 같은 효력이 있는 법규범, 즉 법률대위명령(긴급재정경제명령과 긴급명령: 헌법 제76조) 국회 동의가 필요한 조약(헌법 제6조 제1항과 제60조 제1항), 법률의 효력이 있는 일반적으로 승인된 국제법규(헌법 제6조 제1항)도 포함된다. 그러나 법률유사적 효력만 있는 관습법은 법률에 속하지 않는다.

② 법률에 근거한 기본권 제한

(ⅰ) 의의

'법률에 근거하여'는 법률이 법규명령이나 조례에 기본권 제한을 위임하는 것을 뜻한다. 권력분립원칙이나 법치국가원리를 따르면 국민의 기본권에 관한 사항은 법률 형식으로 규율하는 것이 원칙이다. 그러나 이 원칙을 예외 없이 관철하는 것은 사회현상이 갈수록 복잡하고 다양해지는 현대국가 실정에 비추어 사실상 불가능할 뿐 아니라 실제에 적합하지도 않다. 따라서 기본권 제한에 관한 사항을 법규명령이나 조례에 위임하는 것은 불가피하다.[402]

(ⅱ) 위임 한계

법규명령은 행정기관이 헌법에 근거하여 국민의 권리·의무에 관한 사항을 규정한 것으로, 대국민적 구속력이 있는 법률하위의 일반적·추상적 규범이다. 법규명령은 ⓐ 수권(위임입법) 근거가 형식적 법률에 있고, ⓑ 수권법률에 구체적 범위가 정해질 때 제정될 수 있다. 만약 수권이 불확정적이어서 그것이 어떤 때 어떤 의도로 행사될 지, 위임입법에 어떤 내용이 있을지 예측할 수 없으면 위임 한계를 일탈한 것이다.

ⓐ 포괄적 위임 금지

포괄적 위임은 입법권 자체의 포기를 뜻한다. 따라서 포괄적 위임은 할 수 없고 구체적 범위를 특정하여 위임하여야 한다.

ⓑ 국회의 전속적 입법사항 위임 금지

헌법이 법률로만 규율하도록 한 사항은 집행부에 위임할 수 없다. 이러한 사항에는 국적 취득 요건(헌법 제2조), 죄형법정원칙(헌법 제12조 제1항), 조세의 종목과 세율에 관한 사항(조세법률원칙: 헌법 제59조) 등이 있다. 그러나 이러한 사항의 위임 금지 요구는 개별적인 때에 따라 그 정도를 달리 보아야 한다.

ⓒ 처벌규정 위임 문제

구성요건 측면에서 구체적·객관적으로 행위유형을 법률로 명시적으로 규정하여 놓고, 이를 좀 더 세부적으로 구체화하기 위한 내용 위임만 허용된다. 최고 한도에 관해서 법률이 명시하고, 그 한도 안에서 위임하면 처벌 한도도 위임할 수 있다. 헌법재판소는 "처벌법규의 위임은 특히 긴급한 필요가 있거나 미리 법률로써 자세히 정할 수 없는 부득이한 사정이 있는 경우에 한정되어야 하고 이러한 경우일지라도 법률에서 범죄의 구성요건은 처벌대상인 행위가 어떠한 것일 것이라고 이를 예측할 수 있을 정도로 구체적으로 정하고 형벌의 종류 및 그 상한과 폭을 명백히 규정하여야 한다."[403]라고 한다.

---

402) 헌재 1996. 2. 29. 94헌마13, 판례집 8−1, 126, 137 참조.
403) 헌재 1991. 7. 8. 91헌가4, 판례집 3, 336, 341.

ⓓ 재위임 문제

전면적인 내용의 재위임은 수권법 내용을 변경하여 권한을 주는 법률 취지에 모순되므로 허용되지 않는다. 그러나 해당 명령에서 대강적인 내용을 규정하여 모법에서 위임한 사항을 구체화하고, 다시 더 세부적 사항을 하위법령에 재위임하는 것은 가능하다.[404)]

ⓔ 본질적 사항 위임 금지

법률은 본질성이론을 따라 의회입법을 통해서 반드시 스스로 규율하여야 할 모든 본질적 사항에 관해서는 위임할 수 없다. 이러한 사항은 국민의 기본권 실현과 밀접한 관련이 있어서 법규명령보다는 법률을 통한 보장이 필요하기 때문이다.

③ 위임입법의 헌법적 근거

헌법 제75조는 "대통령은 법률에서 구체적으로 범위를 정하여 위임받은 사항과 법률을 집행하기 위하여 필요한 사항에 관하여 대통령령을 발할 수 있다."라고 하여 대통령이 위임명령과 집행명령을 제정할 수 있음을 규정한다. 그리고 헌법 제95조는 "국무총리 또는 행정각부의 장은 소관사무에 관하여 법률이나 대통령령의 위임 또는 직권으로 총리령 또는 부령을 발할 수 있다."라고 하여 총리령이나 부령의 근거를 제시한다. 이때 헌법 제95조에도 제75조의 '구체적으로 범위를 정하여'란 제한은 마찬가지로 적용된다. 이러한 규정은 위임입법 근거를 마련함과 동시에 그 한계를 제시하고, 법률의 명확성원칙을 행정입법에 관해서 구체화한 특별규정이다.

④ 위임 형식

법률에서 하위법령에 위임할 때는 법규명령이나 총리령·부령 형식으로 하는 것이 원칙이다. 의회의 입법독점주의에서 입법중심주의로 전환하여 일정한 범위 안에서 행정입법을 허용하게 된 동기는 사회적 변화에 대응한 입법수요 급증과 종래 형식적 권력분립원칙으로는 현대사회에 대응할 수 없다는 기능적 권력분립론에 있다. 이러한 점을 고려하여 헌법 제40조와 헌법 제75조, 제95조의 의미를 살펴보면, 헌법이 인정하는 위임입법 형식은 예시적인 것으로 볼 수 있다. 그것은 법률이 행정규칙에 위임하더라도 그 행정규칙은 위임된 사항만을 규율할 수 있으므로, 국회입법원칙과 상치되지도 않는다. 다만, 형식 선택에서 규율 밀도와 규율 영역 특성이 개별적으로 고찰되어야 한다. 입법자가 상세하게 규율할 수 없는 영역이라면 집행부에 필요한 보충을 할 책임이 인정되고, 극히 전문적인 식견에 좌우되는 영역에서는 행정기관의 구체화 우위가 불가피할 수 있다. 그런데 법규명령에 대해 행정절차법은 입법예고, 예고된 입법안에 대한 의견제출 기회, 공청회 개최 등의 제도를 두나, 고시나 훈령 등 행정규칙의 제정·개정·폐지에 관해서는 아무런 규정을 두지 않는다. 그리고 법규명령은 법제처 심사를 거치고(대통령령은 국무회의에 상정되어 심의된다) 반드시 공포하여야 효력이 발생되지만, 행정규

---

404) 헌재 1996. 2. 29. 94헌마13, 판례집, 8-1, 126, 163; 헌재 2002. 10. 31. 2001헌라1, 판례집 14-2, 362, 372.

칙은 법제처 심사를 거칠 필요도 없고 공포 없이도 효력을 발생한다. 이러한 차이점으로 말미암아 법률이 입법위임을 할 때는 대통령령·총리령·부령 등 법규명령에 위임함이 바람직하고, 고시와 같은 형식으로 입법위임을 할 때는 적어도 행정규제기본법 제4조 제2항 단서에서 정한 바와 같이 법령이 전문적·기술적 사항이나 경미한 사항으로서 업무 성질상 위임이 불가피한 사항에 한정되고, 그러한 사항이라도 포괄위임금지원칙상 법률 위임은 반드시 구체적·개별적으로 한정된 사항에 대하여 하여야 한다.[405]

⑤ 헌법 제75조의 입법취지

헌법 제75조는 법률에 미리 대통령령으로 규정될 내용과 범위의 기본사항을 구체적으로 규정함으로써 집행권의 자의적인 법률의 해석과 집행을 방지하고 의회입법원칙과 법치국가원리를 실현하기 위한 것이다.

⑥ 위임입법 한계로서 작용하는 "구체적으로 범위를 정하여"

"구체적으로 범위를 정하여"는 법률에 대통령령 등 하위법규범에 규정될 내용과 범위의 기본사항이 가능한 한 구체적이고도 명확하게 규정되어서 누구라도 해당 법률 자체에서 대통령령 등에 규정될 내용의 대강을 예측할 수 있어야 한다는 것을 말한다.[406]

⑦ 예측 가능성 유무를 판단하는 기준

(i) 예측 가능성 유무는 해당 특정조항 하나만으로 판단할 것은 아니고 관련 법조항 전체를 유기적·체계적으로 종합 판단하여야 하고, (ii) 각 대상법률을 성질에 따라 구체적·개별적으로 검토하여야 한다. 따라서 법률조항과 법률의 입법취지를 종합적으로 고찰할 때 합리적으로 그 대강을 예측할 수 없으면 위임입법 한계를 일탈하였다고 보아야 한다.[407]

⑧ 위임의 구체성과 명확성 요구 정도 그리고 위임 필요성

위임의 구체성과 명확성 요구 정도는 그 규율대상의 종류와 성격에 따라 달라진다. (i) 특히 처벌법규나 조세법규와 같이 국민의 기본권을 직접 제한하거나 침해할 소지가 있는 법규에서는 구체성과 명확성의 요구를 강화하여 그 위임의 요건과 범위가 일반적인 급부행정법규보다 더 엄격하게 제한적으로 규정되어야 한다. 하지만 (ii) 규율대상이 지극히 다양하거나 수시로 변화하는 성질의 것이면 위임의 구체성과 명확성 요건을 완화한다.[408] 위임조항에서 위임의 구체적 범위를 명확히 규정하지 않더라도 해당 법률의 전반적 체계와 관련규정에 비추어 위임조항의 내재적인 위임의 범위나 한계를 객관적으로 분명히 확정할 수 있다면 이

---

405) 이상 헌재 2004. 10. 28. 99헌바91, 판례집 16-2하, 104, 119; 헌재 2006. 12. 28. 2005헌바59, 판례집 18-2, 601, 610-611; 헌재 2008. 7. 31. 2007헌가4, 판례집 20-2상, 20, 38-40.

406) 헌재 1991. 7. 8. 91헌가4, 판례집 3, 336, 341.

407) 헌재 1994. 7. 29. 93헌가12, 판례집 6-2, 53, 59.

408) 헌재 1991. 2. 11. 90헌가27, 판례집 3, 11, 29-30; 헌재 1994. 7. 27. 92헌바49등, 판례집 6-2, 64, 101.

를 일반적이고 포괄적인 백지위임에 해당한다고 볼 수는 없다.409) 그리고 법률이 일정한 사항에 관해서 직접 규정하지 않고 하위법령에 위임하려면 예측 가능성과 함께 위임 필요성이 인정되어야 한다. 전문적이고 기술적인 사항을 규율하는 때와 변화하는 상황에 즉각적인 대응이나 탄력적인 규율이 필요한 때는 위임 필요성이 커진다.410)

⑨ 조례에 대한 위임 정도

지방자치단체의 전권능성에 비추어 보면, 일반적인 조례 제정에서 법률 위임은 필요하지 않다(헌법 제117조 제1항, 지방자치법 제22조 본문). 그러나 헌법 제37조 제2항이 말하는 법률은 엄연히 국회가 제정한 형식적 법률을 상정하는 것이지 조례까지 포함하는 것으로 볼 수 없다. 따라서 기본권을 제한하는 조례는 법률 위임이 있어야 한다(지방자치법 제22조 단서). 그러나 (ⅰ) 조례 제정자인 지방의회는 선거를 통해서 그 지역적 민주적 정당성이 있는 주민의 대표기관이고, (ⅱ) 헌법이 지방자치단체에 포괄적인 자치권을 보장하는 취지로 볼 때, 기본권을 제한하는 조례에 대한 법률 위임은 일반적·포괄적 위임으로 충분하다.411) 다만, 벌칙규정인 조례에는 죄형법정원칙상 개별적·구체적 위임이 필요하다.

(2) 법률에 대한 법치국가적 요청
① 일반적 법률일 것(일반성)
(ⅰ) 법률의 일반성 요청

법률이 일반적이어야 한다는 것은 법률이 특정의 사람이나 사항에 적용되는 것이 아니라 불특정의 사람이나 사항을 일반적으로 규율하여야 한다는 것을 뜻한다. 이에 따라 개별법률이나 처분적 법률은 금지된다. 이러한 개별법률이나 처분적 법률의 금지는 법 앞의 평등에서 도출된다. 즉 개별법률이나 처분적 법률의 금지는 기본권을 제한할 때 평등원칙을 준수하여야 한다는 것을 뜻한다.412) 개별법률은 전적으로 구체적인 때나 특정의 수범자만을 대상으로

---

409) 헌재 1997. 12. 24. 95헌마390, 판례집 9-2, 817, 829-830; 헌재 2003. 10. 30. 2000헌마801, 판례집 15-2하, 106, 136; 헌재 2019. 2. 28. 2017헌바245, 판례집 31-1, 73, 78.
410) 헌재 2016. 7. 28. 2014헌바158등, 판례집 28-2상, 21, 28; 헌재 2019. 2. 28. 2017헌바245, 판례집 31-1, 73, 79.
411) 헌재 1995. 4. 20. 92헌마264등, 판례집 7-1, 564, 572; 헌재 2019. 11. 28. 2017헌마356, 공보 278, 1379, 1385.
412) 헌재 1996. 2. 16. 96헌가2등, 판례집 8-1, 51, 69: "개별사건법률금지의 원칙은 "법률은 일반적으로 적용되어야지 어떤 개별사건에만 적용되어서는 아니된다"는 법원칙으로서 헌법상의 평등원칙에 근거하고 있는 것으로 풀이되고, 그 기본정신은 입법자에 대하여 기본권을 침해하는 법률은 일반적 성격을 가져야 한다는 형식을 요구함으로써 평등원칙위반의 위험성을 입법과정에서 미리 제거하려는데 있다 할 것이다. 개별사건법률은 개별사건에만 적용되는 것이므로 원칙적으로 평등원칙에 위배되는 자의적인 규정이라는 강한 의심을 불러일으킨다. 그러나 개별사건법률금지의 원칙이 법률제정에 있어서 입법자가 평등원칙을 준수할 것을 요구하는 것이기 때문에, 특정규범이 개별사건법률에 해당한다 하여 곧바로 위헌을 뜻하는 것은 아니다. 비록 특정법률 또는 법률조항이 단지 하나의 사건만을 규율하려고 한다 하더라도 이러한 차별적 규율이 합리적인 이유로 정당화될 수 있는 경우에는 합헌적일 수 있다. 따라서 개별사건법률의 위헌 여부는, 그 형식만으로 가려지는 것이 아니라, 나아가 평등의 원칙이 추구하는 실질적 내용이 정당한지 아닌지를 따져야 비로소 가려진다."

하는 법률이다. 이와 비교해서 일반적 법률은 특정의 법적 효과와 결합한 구성요건을 일반적으로 규정하고, 추상적인 효력이 있는 표현에 따라 불확정다수에게 효력을 미친다. 하나의 규정이 고찰 대상인 사안의 특성상 그 이후의 사건을 포착하는 데 적합하다면 그것만으로 개별법률이라고 볼 수 없다. 하나의 구체적 사안에 관한 법률이더라도 다른 관점에서는, 즉 수많은 신뢰자를 고려하여 일반적인 효력이 있는 때도 있다.

(ii) 처분적 법률의 논의 배경

오늘날 현대국가 입법실무에서는 일반성을 특징으로 하는 일반적 법률과 비교하면, 개별적이고 집행적 그리고 한시적인 비전형적인 법률이 압도적으로 증가하고 있다. 이러한 비전형적인 법률에 관한 헌법재판소의 강화한 통제를 요구하려고 이른바 처분적 법률이 논의되기 시작하였다.

(iii) 처분적 법률의 의의와 유형

국내의 일부 견해413)와 헌법재판소414)는 처분적 법률을 행정적 집행이나 사법적 재판을 매개로 하지 아니하고 직접 국민에게 권리나 의무를 발생하게 하는 법률, 즉 자동집행력이 있는 법률이라고 정의한다. 그러나 처분적 법률의 본질은 일반적 법률이 보편적 정의 추구라는 목적이 있는 것과 비교하여 구체적인 목적(정치적·경제적·사회적·문화적 목적)에 관한 수단이라는 점에 있다. 따라서 처분적 법률은 반드시 자동집행력이 있어야 하는 것은 아니다. 결국, 처분적 법률은 일반적·추상적 법률과는 달리 개별적·구체적 사항을 규율하는 법률, 즉 입법자가 구체적인 사안과 관련하여 특정의 구체적인 목적을 실현하려고 제정한 법률을 말한다.

처분적 법률에는 ⓐ 일정 범위의 국민만을 대상으로 하는 개별인법률, ⓑ 개별적·구체적인 상황이나 사건을 대상으로 하는 개별사건법률, ⓒ 시행기간이 한정된 한시적 법률의 세 가지 유형이 있다.

(iv) 처분적 법률 허용 여부

처분적 법률이 권력분립원칙 및 평등원칙과 모순되어 허용될 수 없다고 볼 수도 있다. 그러나 고전적 권력분립이 현대적·기능적 권력분립으로 바뀌고, 평등원칙에서 평등은 상대적 평등을 뜻하는 것으로 합리적 근거가 있는 차별을 허용한다. 그러므로 처분적 법률은 권력분립원칙이나 평등원칙과 모순되지 않는다. 헌법재판소도 "비록 특정법률 또는 법률조항이 단지 하나의 사건만을 규율하려고 한다 하더라도 이러한 차별적 규율이 합리적인 이유로 정당화될 수 있는 경우에는 합헌적일 수 있다. 따라서 개별사건법률의 위헌여부는 그 형식만으로 가려지는 것이 아니라, 나아가 평등의 원칙이 추구하는 실질적 내용이 정당한지 아닌지를 따져야

---

413) 고문현, 『헌법학개론』, 박영사, 2019, 282쪽; 권영성, 『헌법학원론(개정판)』, 법문사, 2010, 799쪽; 김철수, 『학설·판례 헌법학(하)』, 박영사, 2008, 1591쪽; 성낙인, 『헌법학(제19판)』, 법문사, 2019, 437쪽.
414) 헌재 1989. 12. 18. 89헌마32등, 판례집 1, 343, 352.

비로소 가려진다."라고 하여 합리적인 이유가 있으면 처분적 법률은 허용된다고 한다.[415]

(ⅴ) 처분적 법률 논의에 관한 비판

헌법 제40조는 "입법권은 국회에 속한다."라고 규정한다. 이때 법률을 국회가 헌법이 규정하는 절차에 따라 심의·의결하고 대통령이 서명·공포함으로써 효력을 발생하는 형식적 의미의 법률로 본다.[416] 따라서 그 내용과 관계없이 적법한 절차를 거치면 법률로 인정한다. 그리고 모든 법률은 일정한 목적을 추구하므로 법률의 목적은 개념적 분류의 명확한 기준이 될 수 없다. 게다가 처분적 법률이 다른 법률과 비교해서 엄격한 심사대상이 되어야 한다지만, 그것은 단지 정도 차이에 지나지 않는다. 또한, 이른바 처분적 법률이라고 부르는 것도 사실상 대부분 개별법률이므로 이들에 대한 새로운 용어는 불필요한 것으로 보인다. 따라서 처분적 법률이라는 법률유형을 별도로 설정하여 논할 실익은 거의 없다.

② 명확성원칙

(ⅰ) 의의와 근거

명확성원칙은 집행부가 법률에 근거하여 국민의 자유와 재산을 제약할 때 법률이 수권 범위를 명확하게 확정하여야 하고, 법원이 공권력 행사를 심사할 때는 법률이 그 심사기준으로서 충분히 명확하여야 한다는 것을 말한다. 명확성이 없는 법률은 일정한 법률목적 달성에 필요한 범위를 벗어나서 과도하게 기본권을 제약하므로 위헌이 된다. 명확성원칙은 법적 안정성을 요소로 하는 법치국가원리의 한 표현으로서 기본적으로 모든 기본권제한입법에 요구된다. 규범의 의미내용에서 무엇이 금지되는 행위이고 무엇이 허용되는 행위인지를 수범자가 알 수 없다면 법적 안정성과 예측 가능성은 확보될 수 없게 되고, 법집행 당국의 자의적 집행을 가능하게 하기 때문이다.[417]

(ⅱ) 명확성 판단

법률이 명확한지는 그 법률이 수범자에게 그 의미내용을 알 수 있도록 공정한 고지를 하여 예측 가능성을 주는지와 그 법률이 충분한 의미내용을 담고 있어서 그것을 해석·집행하는 기관의 자의적인 법해석이나 법집행이 배제되는지, 다시 말하면 예측 가능성과 자의적 법집행 배제가 확보되는지에 따라 이를 판단할 수 있다. 그런데 법률의 의미내용은 그 문언뿐아니라 입법목적이나 입법취지, 입법연혁 그리고 법규범의 체계적 구조 등을 종합적으로 고려하는 해석방법을 통해서 구체화한다. 그러므로 결국 법률이 명확성원칙에 어긋나는지는 이러한 해석방법을 통해서 그 의미내용을 합리적으로 파악할 수 있는 해석기준을 얻을 수 있는

---

415) 헌재 1996. 2. 16. 96헌가2등, 판례집 8-1, 51, 69.
416) 헌재 1991. 2. 11. 90헌가27, 판례집 3, 11, 26.
417) 헌재 1990. 4. 2. 89헌가113, 판례집 2, 49; 헌재 1998. 4. 30. 95헌가16, 판례집 10-1, 327, 341; 헌재 2000. 2. 24. 98헌바37, 판례집 12-1, 169, 179.

지에 달려 있다.[418]

(iii) 명확성 요청 정도

법률의 명확성원칙은 입법자가 법률을 제정할 때 일반조항이나 불확정개념을 사용하는 것을 금지하지 않는다. 수권법률의 명확성에 관한 요구는 규율대상의 특수성, 수권법률이 당사자에게 미치는 기본권 제한 효과에 따라 다르다. 즉 다양한 형태의 사실관계를 규율하거나 규율대상이 상황에 따라 자주 변화할 것으로 예상한다면 규율대상인 사실관계의 특성을 고려하여 명확성을 엄격하게 요구할 수 없다. 다른 한편, 기본권 제한 효과가 진지하면 할수록 수권법률의 명확성은 더욱 엄격하게 요구되어야 한다. 일반적으로 법률해석을 통해서도 행정청과 법원의 자의적인 법적용을 배제하는 기준을 얻을 수 없다면 그 수권법률은 명확성원칙에 어긋난다고 보아야 한다.

법적 명확성 요청이 구성요건과 법적 효과 등이 모두 서술적으로 규정되어야 함을 뜻하지 않는다. 그러나 먼저 ⓐ 법률을 적용하는 법관이 보충적인 가치판단을 통해서 그 의미내용을 확인할 수 있어야 한다. 그리고 그 결과 법을 해석·집행하는 기관의 자의적인 법해석이나 법집행을 배제할 수 있으면 어느 정도 추상적인 표현을 사용하였더라도 명확성원칙에 어긋나지 않는다. 다만, 해석자의 자의적인 판단에 따라 해석 내용이 좌우될 정도로 법문이 불명확하여서는 아니 된다. 이에 관한 판단에서는 법의 문언뿐 아니라 입법목적과 입법취지 그리고 법규범의 체계적 구조 등이 종합적으로 고려된다. 다음으로 ⓑ 수범자인 국민 측에서 법문이 사회의 평균인이 그 뜻을 이해하고 위반에 대한 위험을 알 수 있어야 한다. 일정한 신분과 직업이나 지역에 거주하는 사람에게 한정하여 적용되는 법령은 그 사람들 중의 평균인을 기준으로 명확성 여부를 판단하여야 한다.[419]

(iv) 죄형법정원칙: 처벌법규의 명확성원칙

죄형법정원칙은 처벌하고자 하는 행위가 무엇이고, 그에 대한 형벌이 어떠한 것인지를 누구나 예견할 수 있으며, 그에 따라 자신의 행위를 결정할 수 있게끔 구성요건을 명확하게 규정하라고 요구한다. 그러나 처벌법규의 구성요건과 형벌을 단순한 의미의 서술적인 개념에 따라서 규정하여야 하는 것은 아니고, 처벌법규의 구성요건이 다소 광범위하여 어떤 범위에서는 법관이 보충적인 해석을 하더라도 그 점만으로는 헌법이 요구하는 처벌법규의 명확성에 배치되는 것은 아니다. 처벌법규의 명확성이 어느 정도 명확하여야 하는지는 일률적으로 정할 수 없고, 각 구성요건의 특수성과 그러한 법적 규제 원인이 된 여건이나 처벌 정도 등을 고려하여 종합적으로 판단하여야 한다.[420] 건전한 상식과 통상적인 법감정이 있는 사람이 그

---

418) 이상 헌재 2018. 2. 22. 2016헌바401, 판례집 30-1상, 286, 292-293.

419) 헌재 2012. 2. 23. 2009헌바34, 판례집 24-1상, 80, 87-88.

420) 헌재 1994. 7. 29. 93헌가4등, 판례집 6-2, 15 ; 헌재 1999. 2. 25. 97헌바3, 판례집 11-1, 122, 136-137.

적용대상자가 누구이고 구체적으로 어떠한 행위가 금지되는지를 충분히 알 수 있도록 규정된다면 죄형법정원칙의 명확성원칙에 어긋나지 않는다. 그렇게 보지 않으면 처벌법규의 구성요건이 지나치게 구체적이고 정형적이 되어 부단히 변화하는 다양한 생활관계를 제대로 규율할 수 없기 때문이다.[421] 따라서 처벌법규에서 어느 정도의 보편적이거나 일반적인 뜻을 지닌 용어를 사용하는 것은 부득이하다고 할 수밖에 없다. 그리고 해당 법률이 제정된 목적과 다른 법률의 연관성을 고려하여 합리적인 해석이 가능한지에 따라 명확성의 요건을 갖추었는지를 가릴 수밖에 없다.[422]

③ 신뢰보호원칙

(i) 의의

법치국가의 중요한 구성부분인 법적 안정성의 객관적 요소는 법질서의 신뢰성, 항구성, 법적 투명성과 법적 평화이다. 법적 안정성의 주관적 측면을 이루는 신뢰보호원칙은 이와 내적인 상호연관관계에 있다.[423] 신뢰보호원칙은 국가공권력 행사에 대한 개인의 보호가치 있는 신뢰가 있으면 이를 보호하여야 한다는 원칙을 뜻한다. 신뢰보호원칙에 대한 개념 정의와 관련하여 국민이 법률적 규율이나 제도 혹은 행정기관이 한 결정의 정당성이나 존속에 대해서 신뢰를 하면, 그 신뢰가 보호받을 가치가 있을 때 보호하여 주어야 한다는 원칙이라는 견해[424]와 한 번 제정된 법규범은 원칙적으로 존속력이 있고 자신의 행위기준으로 계속 적용하여야 한다는 원칙이라는 견해[425]가 있다. 그러나 신뢰보호원칙은 법치국가원리의 파생원칙으로서 헌법의 보편적 원칙이므로 모든 공권력이 준수하여야 한다. 따라서 입법, 집행, 사법에 모두 적용하여야 하는데, 전자는 사법이, 후자는 집행과 입법이 빠져 있으므로 적절한 개념 정의라고 보기 어렵다.

(ii) 이론적 바탕

신뢰보호원칙은 법률규정, 행정청 결정이나 판결, 그 밖의 공권력행위 존속에 대한 국민의 보호가치 있는 '신뢰'를 어느 정도 선에서 보호하여야 한다는 사상에 이론적 바탕을 둔다. 이러한 신뢰보호원칙의 발생원인으로는 기존 국가−국민관계의 근본적 변화를 들 수 있다. 다

---

421) 헌재 1998. 7. 16. 97헌바23, 판례집 10−2, 243, 261; 헌재 2000. 2. 24. 99헌가4, 판례집 12−1, 98, 103.

422) 헌재 1996. 12. 26. 93헌바65, 판례집 8−2, 785, 796−797; 헌재 2000. 2. 24. 99헌가4, 판례집 12−1, 98, 103−104.

423) 헌재 1996. 2. 16. 96헌가2등, 판례집 8−1, 51, 84; 한수웅, 「신뢰보호와 경과규정」, 『법과 국가』(운남서정호교수정년기념논문집), 민영사, 1997, 371쪽; 같은 사람, 「법률개정과 신뢰보호」, 『인권과 정의』 제250호, 대한변호사협회, 1997. 6., 77쪽.

424) 권영성, 『헌법학원론(개정판)』, 법문사, 2010, 811쪽.

425) 헌재 1996. 2. 16. 96헌가2등, 판례집 8−1, 51, 84; 한수웅, 「신뢰보호와 경과규정」, 『법과 국가』(운남서정호교수정년기념논문집), 민영사, 1997, 371쪽; 같은 사람, 「법률개정과 신뢰보호」, 『인권과 정의』 제250호, 대한변호사협회, 1997. 6., 77쪽.

시 말해서 국가는 더는 국민을 단순한 국가작용 객체로 취급하여서는 안 되고, 반대로 국민을 권리와 이익의 주체로서 그들의 보호 요청을 적극적으로 수용하여야 한다는 국가－국민관계 정립이 신뢰보호원칙의 기초를 이룬다.[426] 그리고 사회국가원리 등장으로 국가행위의 확대와 역동력이 필요하였다는 점도 신뢰보호원칙의 근거가 된다. 즉 사회국가원리 등장으로 국가공권력 행사의 유동성과 목적성에 따른 공권력 행사 변경이 잦아지게 되었고, 이에 따라 국민을 보호하기 위해서 더 강화한 국가의 헌법적 기속성이 필요해진다. 이러한 요구에서 신뢰보호원칙이 도출된다. 이러한 의미에서 신뢰보호원칙은 오늘날 거의 모든 사회영역을 규율하는 국가권력을 통해서 지배되고 그것에 의존하는 현상에 대한 일종의 방어수단이라고 할 수 있다.[427]

헌법재판소는 "신뢰보호의 원칙은 법치국가원리에 근거를 두는 헌법상의 원칙으로서 특정한 법률에 의하여 발생한 법률관계는 그 법에 따라 파악되고 판단되어야 하고, 과거의 사실관계가 그 뒤에 생긴 새로운 법률의 기준에 따라 판단되지 않는다는 국민의 신뢰를 보호하기 위한 것이나(헌재 1996. 2. 16. 96헌가2등 참조), 사회환경이나 경제여건의 변화에 따른 정책적인 필요에 의하여 공권력 행사의 내용은 신축적으로 바뀔 수밖에 없고, 그 바뀐 공권력 행사에 따라 발생한 새로운 법질서와 기존의 법질서와의 사이에는 어느 정도 이해관계의 상충이 불가피하므로 국민들의 국가의 공권력행사에 관하여 가지는 모든 기대 내지 신뢰가 절대적인 권리로서 보호되는 것은 아니라고 할 것이다(헌재 1993. 5. 13. 92헌가10등; 1994. 4. 28. 91헌바15등; 1995. 3. 23. 93헌바18등 참조)."[428]라고 한다.

（ⅲ）구체화

신뢰보호원칙은 법치국가원리의 요소인 법적 안정성에서 도출되므로 신뢰보호원칙은 모든 공권력 영역에 적용된다. 이에 따라 입법부에서는 법률에 대한 신뢰보호로, 집행부에서는 행정행위에 대한 신뢰보호로 그리고 사법부에서는 기판력 문제로 각각 구체화한다. 헌법재판소도 "신뢰보호원칙은 법률이나 그 하위법규 뿐만 아니라 국가관리의 입시제도와 같이 국·공립대학의 입시전형을 구속하여 국민의 권리에 직접 영향을 미치는 제도운영지침의 개폐에도 적용되는 것이다."[429]라고 하여 신뢰보호원칙이 입법에 국한되는 원칙이 아님을 밝히고 있다.

（ⅳ）법률에 대한 신뢰보호

신뢰보호원칙에서 특히 중요한 것은 시간적인 요소이다. 일정 법률의 효력 아래에서 발생한 법률관계는 그 법에 따라 파악되고 판단되어야 하며, 개인은 과거의 사실관계가 사후적으

---

426) 안동수, 「공법상의 신뢰보호의 원칙」, 『현대공법이론의 전개』(석정허영민박사화갑기념논문집), 1993, 263~264쪽.
427) 한수웅, 「신뢰보호와 경과규정」, 『법과 국가』(운남서정호교수정년기념논문집), 민영사, 1997, 371~372쪽; 같은 사람, 「법률개정과 신뢰보호」, 『인권과 정의』제250호, 대한변호사협회, 1997. 6., 77쪽 참조.
428) 헌재 1996. 4. 25. 94헌마119, 판례집 8－1, 433, 445－446.
429) 헌재 1997. 7. 16. 97헌마38, 판례집 9－2, 94, 110.

로 새로운 기준에 따라 평가되지 않을 것이라고 신뢰할 수 있어야 한다. 그러므로 법치국가적 요청으로 나타나는 신뢰보호원칙은 무엇보다도 소급효가 있는 법률에 밀접하게 관련된다. 구체적으로 어떤 법률이 이미 종료된 사실관계에 예상하지 못하였던 불리한 결과를 가져오는지 아니면 현재 진행 중이나 아직 종료되지 않은 사실관계에 작용하는 때인지에 따라 헌법적 의미가 달라진다.[430]

따라서 신뢰보호원칙을 국민과 입법자의 관계에 적용한 것이 바로 소급효 금지의 원리[431]이다. 이미 한 국민의 행위에 대해서 사후에 새로운 법적 의무를 부과하거나 과거보다 가중된 의무를 부과하도록 규정하는 법률은 현존 법질서에 대한 국민의 신뢰를 파괴하고 현재 행위에 대한 앞날의 법적 효과를 예견할 수 없게 하여 법적 안정성과 예견가능성을 저해한다. 그러므로 이처럼 국민의 신뢰를 침해하고 법적 지위에 불안을 가져오는 소급입법은 금지되어야 한다. 그리고 법치국가원리가 확립된 국가에서는 '정당한 법'에 따른 통치가 요구되는데 소급입법은 '정당한 법'이 아니어서 법치국가원리에 어긋나는 것인바, 소급입법이 정당하지 않은 이유는 바로 그러한 법률은 기본권 보호 기능을 수행하지 못하고, 예측 가능성을 침해하여 법적 안정성이라는 법이념 달성에 적합하지 않기 때문이다.[432] 이러한 소급효 금지 원칙이 논의되는 주된 이유는 법의 일반이념인 정의와 법적 안정성을 추구하고 법치국가 원리를 구현하는 과정에서 구체적 입법에 대한 위헌심사기준을 마련하고 아울러 법률을 해석·적용하는 기준을 찾으려는 것이다.

(ⅴ) 법률에 대한 신뢰보호의 헌법적 근거

ⓐ 법적 안정성설

법률에 대한 신뢰보호의 법적 근거를 법치국가원리에서 찾으려는 견해이고, 독일 연방헌법재판소가 정립하였다.[433] 이 견해에서는 헌법의 기본원리인 법치국가원리는 국가공권력의 법률에 대한 기속을 뜻하고, 다른 한편으로는 법적 안정성과 국가작용의 예측 가능성을 보장하는 것이라고 한다. 여기서 법적 안정성은 국민에게 1차적으로 신뢰보호를 뜻한다고 한다.

---

430) 헌재 1996. 2. 16. 96헌가2등, 판례집 8-1, 51, 84-85; 한수웅, 「신뢰보호와 경과규정」, 『법과 국가』(운남서정호교수정년기념논문집), 민영사, 1997, 371쪽; 같은 사람, 「법률개정과 신뢰보호」, 『인권과 정의』 제250호, 대한변호사협회, 1997. 6., 77쪽.

431) 소급효 금지에서 '소급효'는 진정소급입법 금지와 이른바 구성요건적 소급연관(부진정소급입법)을 모두 포함하는 개념을 말한다. 단순히 소급입법이라고 불러도 마찬가지이다. 이에 반해서 소급입법 금지는 진정소급입법 금지에 한정하여 구별한다. 헌법재판소도 진정소급입법에 대해서는 '소급입법 금지'라는 명칭을 써서 검토하고 부진정소급입법에 대해서는 '신뢰보호'라는 명칭 아래에서 검토함으로써 구별한다. 하지만 헌법재판소는 진정소급입법을 기본권의 보호영역으로 국한하는 듯하다. 그러나 진정소급입법은 기본권의 보호영역에 국한하지 않는다.

432) 이인복, 「소급입법에 의한 형사처벌 및 재산권박탈금지 원칙」, 『헌법문제와 재판(중)』(재판자료 제76집), 법원도서관, 1997, 627~628쪽.

433) BVerfGE 7, 89 (92); 13, 261 (271); 45, 142 (167 f.).

ⓑ 기본권설

법률의 소급효는 신뢰보호원칙 외에 개별 기본권을 통해서도 제한된다는 견해이다. 독일 연방헌법재판소 판례를 따르면 진정소급효는 신뢰보호원칙을 1차적 기준으로 하고 기본권을 부차적 기준으로 그 허용 여부가 결정되고, 반대로 구성요건적 소급연관(이른바 부진정소급효)434)은 기본권을 1차적 기준으로 하고 신뢰보호원칙을 부차적 기준으로 그 허용 여부가 결정된다고 한다.435)

ⓒ 헌법재판소

헌법재판소는 대체로 법적 안정성설을 취하는 것으로 보인다.436) 그러나 소급입법에 따른 재산권 침해에 관해서는 기본권인 재산권에서 신뢰보호원칙을 도출시키는 것으로 보인다.437)

ⓓ 검토

㉮ 헌법적 근거

법치국가원리는 한국 헌법에서도 이념적 기초가 됨과 동시에 헌법을 총체적으로 지배하는 지도원리로서 헌법의 기본원리이다. 법치국가원리는 헌법의 각 조항을 비롯한 모든 법령의 해석기준이 되고 입법권의 범위와 한계를 제시하는 것으로서 입법의 기준이 된다. 따라서 법치국가원리의 요소인 법적 안정성에서 도출되는 신뢰보호원칙은 헌법상 명문 규정 존재 여부와 관계없이 당연히 헌법상 인정된다. 그리고 한국 헌법은 제13조 제1항에서 신체의 자유에 관하여 소급제한을 금지하고, 같은 조 제2항에서 특히 참정권과 재산권의 소급박탈을 헌법적으로 금지한다. 나아가 헌법 제59조는 조세법률원칙을 채택하여 소급과세를 금지한다. 즉 헌법은 신뢰보호원칙의 입법영역 적용인 소급입법 금지 원칙을 신체의 자유, 재산권 그리고 참정권영역에 명시하여 인정한다.

㉯ 기본권 및 비례성원칙과 맺는 관계

국민의 권리를 침해하거나 의무를 부과함으로써 국민에게 부담을 주는 국가공권력 행사는 원칙적으로 기본권을 기준으로 심사하여야 한다. 따라서 기본권 침해가 문제 되면 기본권적으로 접근하는 것이 타당하다.438) 물론 이러한 기본권 보호가 적용되려면 그 전제조건으로

---

434) 이른바 '부진정소급효'는 소급효라고 보기는 곤란하고 법률의 구성요건을 통하여 과거에 소급적으로 연관되므로 부진정소급효보다는 '구성요건적 소급연관'이라는 용어가 타당하다[한수웅, 「신뢰보호와 경과규정」, 『법과 국가』(운남서정호교수정년기념논문집), 민영사, 1997, 374쪽; 같은 사람, 「법률개정과 신뢰보호」, 『인권과 정의』 제250호, 대한변호사협회, 1997. 6., 78쪽].

435) BVerfGE 72, 200 (242 f.).

436) 헌재 1995. 10. 26. 94헌바12, 판례집 7-2, 447, 460; 헌재 1997. 7. 16. 97헌마38, 판례집 9-2, 94, 109; 헌재 1999. 7. 22. 97헌바76등, 판례집 11-2, 175, 195.

437) 헌재 1995. 7. 21. 93헌가14, 판례집 7-2, 1, 18-19; 헌재 1999. 4. 29. 94헌가37등, 판례집 11-1, 28, 318-319; 헌재 1999. 7. 22. 97헌바76등, 판례집 11-2, 175, 193.

438) 한수웅, 「신뢰보호와 경과규정」, 『법과 국가』(운남서정호교수정년기념논문집), 민영사, 1997, 384쪽 참조.

국가공권력 적용 대상이 헌법상 기본권의 범위에 포섭되어야 한다. 여기서 법률 적용대상이 이러한 기본권 보호영역에 해당되지 않으면 기본권 보호는 결국 적용될 수 없게 된다. 그러나 이러한 때도 신뢰보호원칙은 적용될 수 있다. 이러한 의미에서 신뢰보호원칙은 기본권 보호영역 밖에서 보충적인 기준으로서 역할을 한다. 그러나 오늘날 생각할 수 있는 거의 모든 기본권이 빠짐없이 규율되고 더욱이 한국 헌법은 헌법 제10조와 제37조 제1항이 헌법이 규정하지 않은 기본권을 보호하므로 기본권을 새로이 규율하는 거의 모든 규정이 동시에 필수적으로 과거에 보장된 기본권 수정을 뜻한다. 그러므로 기본권 제한은 '과거에 형성된' 기본권 관점에서도 기본권 제한의 내용적 한계인 헌법 제37조 제2항의 비례성원칙과 신뢰보호원칙에 합치하여야 한다.439)

　　기본권 침해가 문제 되면 신뢰보호원칙을 비례성원칙 안에 흡수하여 파악하려는 헌법재판소 판례가 있다.440) 그러나 두 원칙은 근본적으로 구분되어야 한다. 신뢰보호원칙은 기본권에 흡수되는 기본권 안의 원칙이 아니고, 그것은 비례성원칙과는 달리 기본권에서 파생되지도 않는다. 신뢰보호원칙 문제는 독자적인 법치국가적 문제이고, 기본권의 보호범위가 끝나는 곳에서도 신뢰보호원칙 문제가 발생할 수 있다는 것은 신뢰보호원칙의 헌법적 근거가 기본권이 아닌, 기본권 보호는 물론 법적 안정성과 신뢰보호도 모두 아우르는 법치국가원리라는 사고를 뒷받침한다. 기본권은 자신의 보호범위가 미치는 한도 안에서만 신뢰보호를 부여할 수 있어서 기본권 보호범위는 국민이 신뢰보호를 요청할 수 있는 모든 영역을 포함하지 못한다.

　　결론적으로 비례성원칙은 기본권 제한의 실체적인 내용에 대한 요구로서 기본권 제약과 그것을 통해서 달성하려는 공익 사이의 적합성, 필요성, 상당성의 문제이지만, 신뢰보호는 기본권에서 시간적 요소를 강조한다. 따라서 기본권을 새로이 규율하는 법규정이 '앞날을 향하여서는' (비례성원칙 관점에서) 헌법적으로 아무런 흠결이 없으나, '이미 지난날에 발생한' 법적

---

439) 한수웅, 「신뢰보호와 경과규정」, 『법과 국가』(운남서정호교수정년기념논문집), 민영사, 1997, 384쪽.

440) 헌재 1997. 11. 27. 97헌바10, 판례집 9–2, 651, 668–669에서는 "이 사건 법률 이전부터 한약을 조제하여 온 약사들이 가지고 있었던 한약의 조제권에 대한 신뢰를 보호하는 것이 우리 헌법에 구현되어 있는 법치국가원리의 관점에서 요청된다고 할 것이고, 그 보호 여하가 비례의 원칙의 위반 여부를 판단하는 기준이 될 것이다. 그렇다고 하더라도 그 신뢰가 절대적으로 보호되어야 하는 것은 아니며, 어느 정도 신뢰가 보호되어야 할 것인가의 문제는 법개정에 의하여 야기되는 신뢰의 손상이 약사 및 약사직업에 갖는 의미와, 그 개정입법이 공익의 실현과 관련하여 갖는 의미를 상호 비교형량하여 결정하여야 할 것이다."라고 하고, 헌재 2000. 7. 20. 99헌마452, 판례집 12–2, 128, 145에서는 "직업의 자유의 보장이 입법자로 하여금 이미 형성된 직종을 언제까지나 유지하거나 직업종사의 요건을 계속하여 동일하게 유지할 것까지를 요구하는 것은 아니라고 할 것이나, 입법자가 공익상의 필요에 의하여 서로 유사한 직종을 통합하거나 직업종사의 요건을 강화하는 등 직업제도를 개혁함에 있어서는 기존 종사자들의 신뢰를 보호하는 것이 헌법상 법치국가의 원리로부터 요청되고, 신뢰보호가 충분히 이루어졌는지 여부가 과잉금지의 원칙의 위반 여부를 판단하는 기준이 될 것이다(헌재 1997. 11. 27. 97헌바10, 판례집 9–2, 651, 667–668 참조). 따라서 법률개정을 통하여 신고제에서 허가제로 직업요건을 강화하는 과정에서 신뢰보호를 위한 경과조치를 규정하고 있는 이 사건 법률조항이 같은 기준에 따라 과잉금지의 원칙에 위반되는지 여부가 문제로 된다."라고 한다.

지위에 적용되고 이를 제한하는 한 (신뢰보호 측면에서) 위헌적 규범이 될 수 있다. 즉 신뢰보호원칙은 법의 시간적 차원에 관한 것으로서 법률 적용범위의 시간적 한계를 제시하는 원칙이고, 비례성원칙은 법률에 따른 기본권의 실체적·내용적 한계에 관한 것이다.

결국, 신뢰보호원칙의 헌법적 근거는 원칙적으로 법치국가의 이념인 법적 안정성이고 신뢰 대상이 기본권의 보호영역 안에 있으면 현재 누리는 기본권은 보호되어야 하므로 보충적으로 개별 기본권이 헌법적 근거가 될 수 있다.

(vi) 입법유형

법률의 시간적인 적용범위에 관해서 입법자는 일반적으로 세 가지 방법으로 입법대상을 규율할 수 있다. 먼저 ⓐ 좁은 뜻의 소급효가 있는 법률, 즉 과거에 대해서 효력이 있는 법률이고, 다음으로 ⓑ 앞날을 향해서 효력을 발생하지만, 이미 지난날에 발생한 법관계에도 작용하는 법률이며, 끝으로 ⓒ 전적으로 앞날에 발생하는 법관계에만 적용하는 법률이다. ⓐ가 진정소급효가 있는 법률에 해당되고, ⓑ는 이른바 구성요건적 소급연관(이른바 부진정소급효)이 인정되는 법률이며, ⓒ는 계획보장법률에서 문제가 된다.[441]

(vii) 법률에 대한 신뢰보호의 적용영역

ⓐ 위헌법률

합헌적인 법률뿐 아니라 위헌법률 존속에도 신뢰보호가 부정되지 않는다. 위헌으로 결정된 법률도 위헌결정이 내려지기 전까지는 합헌으로 취급되기 때문이다.[442] 다만, 신뢰보호는 법률의 위헌 여부에 따라 차등된다. 즉 위헌법률에 대한 신뢰는 합헌법률에 대한 신뢰보다 보호 정도가 낮다.[443]

ⓑ 당사자에게 불리한 법률

법률에서 신뢰보호원칙이 문제 되는 때는 그 적용 당사자에게 불리한 때에 한한다. 당사자에게 유리하게 법률을 개정하면서 해당 개정법률을 당사자에게 소급 적용할 수 있게 하는 것은 신뢰보호원칙에 어긋나지 않는다.[444] 그리고 입법자가 법률을 유리하게 개정하면서 이를 개정 전 행위나 사실에 소급 적용되도록 할 것인지는 입법자의 입법형성권에 속한다. 따라서 유리한 신법을 소급 적용하지 않아도 신뢰보호원칙에 어긋나는 것은 아니다.[445] 이에

---

441) 한수웅, 「신뢰보호와 경과규정」, 『법과 국가』(운남서정호교수정년기념논문집), 민영사, 1997, 376쪽.
442) 헌재 2006. 3. 30. 2005헌마598, 판례집 18-1상, 439, 447-448.
443) 전광석, 『한국헌법론(제14판)』, 집현재, 2019, 262쪽.
444) 물론 이때도 평등원칙 등 다른 법원리에 어긋나지 않아야 하나 이는 소급효 금지 원칙과 관계가 없다.
445) 헌법재판소도 "법률이 변경된 경우 신법의 적용범위에 관하여 신법은 항상 최선의 것이므로 광범위한 시적 영역을 가져야 하고 그 법적 효과가 과거에 대하여도 미쳐야 한다는 견해와 각 시대에는 그에 맞는 자신의 법규범이 있으므로 신법은 현재와 장래에 발생하는 사태에 대하여만 미쳐야 한다는 견해가 대립되고 있다. 이에 관하여 헌법상으로는 "모든 국민은 행위시의 법률에 의하여 범죄를 구성하지 아니하는 행위로 소추되지 아니하며"(헌법 제13조 제1항 전단), "모든 국민은 소급입법에 의하여 참정권의 제한을 받거나 재산권을 박탈당하지 아니한다"

따라 신뢰보호원칙은 국민에게 권익을 부여하거나 권리의 제한을 없애는 수익적 소급법률에는 적용되지 않는다고 한다. 즉 신뢰보호원칙은 국민의 권익을 침해하거나 의무를 부과하는 부담적 소급법률에서만 적용된다고 한다.446) 하지만 수익적 법률이라고 하여도 반대의 이해가 있는 제3자효 법률일 때가 잦으므로 무조건 소급효가 인정된다고 할 수는 없다.447) 그리고 이때의 법률은 보호가치 있는 신뢰 대상이므로 위헌이거나 내용이 불분명하거나 반공익적이라거나 조만간 개정될 것이 예상되는 법률이 아닐 것이 전제된다.448) 449)

ⓒ 기본권 침해 필요성

소급효가 있는 법률이 당사자의 신뢰를 침해하면 기본권 침해가 되는 것이 일반적이다. 그러나 한국 헌법은 개별 기본권을 구체적으로 규정하고 기본권은 아니지만, 제도보장 등에서 도출되는 주관적 권리도 보장한다. 그리고 신뢰보호원칙은 기본권의 보호영역 밖에도 적용된다. 따라서 헌법이 금지하는 소급효가 있는 법률인지를 판단할 때 반드시 기본권 침해를 요구하면 그 법률이 어떠한 기본권을 침해한 것인지를 불필요하게 검토하여야 할 수도 있고 신뢰보호원칙의 적용범위가 부당하게 축소될 수도 있다. 따라서 신뢰보호원칙을 적용할 때

(헌법 제13조 제2항)라고 규정하고 있을 뿐이고, 법률이 변경된 경우 피적용자에 대하여 유리한 신법을 적용할 것인가에 관하여 일반적인 규정은 두고 있지 않으며, 헌법상의 기본원칙인 법치주의로부터 도출되는 법적 안정성과 신뢰보호의 원칙상 모든 법규범은 현재와 장래에 한하여 효력을 가지는 것이기 때문에 소급입법은 금지 내지 제한된다. 다만, 신법이 피적용자에게 유리한 경우에는 이른바 시혜적인 소급입법이 가능하지만 이를 입법자의 의무라고는 할 수 없고, 그러한 소급입법을 할 것인지의 여부는 입법재량의 문제로서 그 판단은 일차적으로 입법기관에 맡겨져 있으며, 이와 같은 시혜적 조치를 할 것인가 하는 문제는 국민의 권리를 제한하거나 새로운 의무를 부과하는 경우와는 달리 입법자에게 보다 광범위한 입법형성의 자유가 인정된다고 할 것이다. 따라서 입법자는 입법목적, 사회실정이나 국민의 법감정, 법률의 개정이유나 영위 등을 참작하여 시혜적 소급입법을 할 것인가 여부를 결정할 수 있고, 그 판단은 존중되어야 하며, 그 결정이 합리적 재량의 범위를 벗어나 현저하게 불합리하고 불공정한 것이 아닌 한 헌법에 위반된다고 할 수는 없는 것이다."(헌재 1995. 12. 28. 95헌마196, 판례집 7-2, 893, 899-900. 동지 판례로는 헌재 1998. 11. 26. 97헌바65, 판례집 10-2, 685, 693-694; 헌재 1998. 11. 26. 97헌바67, 판례집 10-2, 701, 708-709)라고 하여 유리한 법률의 소급 적용은 입법재량이라고 한다.

446) 김선택, 「과거청산과 법치국가」, 『법학논집』 제31집, 고려대학교 법학연구소, 1995, 120쪽; 안동수, 「공법상의 신뢰보호의 원칙」, 『현대공법이론의 전개』(석정허영민박사화갑기념논문집), 1993, 269쪽; BVerfGE 23, 69; 68, 222.

447) 오호택, 「5·18특별법과 공소시효」, 『안암법학』 제4집, 안암법학회, 1996, 164쪽. 이는 행정법상 복효적 행정행위와 같은 내용의 법률을 뜻한다.

448) 헌재 1995. 10. 26. 94헌바12, 판례집 7-2, 447, 461.

449) 헌재 1995. 5. 25. 90헌마196, 판례집 7-1, 669, 676-677에서는 "청구인들이 이 사건에서 침해당하고 있다고 주장하는 권리는 구 교육공무원법 제11조 제1항에 근거한, 이른바 교사의 신규채용에 있어서는 국·공립의 교육대학·사범대학 기타교육양성기관의 졸업자 또는 수료자를 우선하여 채용하여야 한다는 취지의 "우선채용권"이다. 그런데 헌법재판소는 1990.10.8. 위 법률조항이 합리적 근거없이 국·공립학교의 교사로 채용되고자 하는 교사자격자를 그 출신학교의 설립주체나 학과에 따라 차별하고 있을 뿐만 아니라 국·공립 사범대학 출신 이외의 교사자격자가 가지는 직업선택의 자유를 제한하고 있으므로 국민의 평등권 및 직업선택의 자유를 규정한 헌법 제11조 제1항 및 제15조에 각 위반된다는 이유로 위 법률조항에 대하여 위헌결정을 하였다. 따라서 청구인들이 주장하는 우선임용권의 근거가 되는 법률조항에 대하여 위헌결정이 선고된 이상 아직 교사로 임용받지 못한 청구인들로서는 헌법소원에서 더 이상 이를 내세워 기본권이 침해당하였다고 주장할 수 없음은 물론 신뢰하거나 기대하였다는 이유만으로 국가의 보호의무가 발생하였다고 주장할 수 없다."라고 한다.

기본권 침해를 요건으로 볼 필요는 없다.[450) 451)] 헌법재판소도 소급효 금지 원칙을 적용할 때 기본권 침해를 별도로 요구하지 않는 것으로 보인다.[452)]

ⓓ 절차법에 대한 적용 여부

조직규범이나 절차규범은 그 조직이나 절차 자체가 해당 규범에 따라 형성되므로 그 규범이 소급 적용될 여지가 없다. 그래서 일반적으로 조직규범이나 절차규범에서는 소급효가 있는 법률 문제가 발생하지 않는다.[453)]

형사재판절차나 조세 부과의 형식과 방법, 행정허가절차 등과 같은 순수한 절차에 관한 규정에는 소급효 금지 원칙이 원칙적으로 적용되지 않는다. 특정범죄를 저지르고 나서 그 범죄에 대해서 보석을 금지하거나 상소를 제한하는 것과 같이 절차가 행위자에게 불리하게 바뀐 때라도 평등원칙이나 재판청구권의 침해 등 다른 법원리 위반이라고 판단할 수는 있으나, 소급효 금지 위반이라고 보기는 어렵다. 그러나 공시시효를 사후에 연장하는 것과 같이 그 제도 자체가 절차법인지 실체법인지 자체가 불명확하고 그로 말미암아 이익이 박탈된다면 그 규정이 절차법이라고 하여 소급효 금지 원칙을 적용하지 않을 수는 없다. 이러한 때는 공소시효제도로 말미암아 당사자의 이익이 침해되므로 사후에 공소시효를 연장하는 법률을 적용

---

450) 또한, 법률에 다른 기본권 침해가 있으면 그 자체로서 헌법 위반이 되고 헌법소원심판 대상이 되는데, 굳이 소급효 금지를 위반한 법률에서 또다시 기본권 침해를 별도로 요구할 필요성도 없다.

451) 이인복, 「소급입법에 의한 형사처벌 및 재산권박탈금지 원칙」, 『헌법문제와 재판(중)』(재판자료 제76집), 법원도서관, 1997, 643~644쪽.

452) 헌재 1989. 12. 18. 89헌마32등, 판례집 1, 343, 354－355에서 구 국가보위입법회의법 부칙 제4항 후단("이 법 시행 당시 국회사무처와 국회도서관은 이 법에 따른 사무처와 도서관으로 보고, 그 소속공무원은 이 법에 다른 후임자가 임명될 때까지 그 직을 가진다.")의 위헌 여부에 관해서 "본건의 경우에 있어서는 위 법률이 제정될 당시에 이미 공무원의 신분을 취득하여 보유하고 있는 청구인들에게 적용되었던 것으로서 실질적으로 소급입법에 의한 공무원의 신분보장규정 침해라고 할 것이다.… 본건 청구인들의 경우에는 정당한 이유가 있는 경우를 제외하고는 당사자의 귀책사유 없이 인사상 불이익을 받지 않는다는 공무원으로서의 법적 지위를 기존의 법질서에 의하여 이미 확보하고 있었고 그와 같은 법적 지위는 구 헌법의 공무원의 신분보장규정에 의하여 보호되고 있었는데 국가보위입법회의법이라는 새로운 법률에서 공무원의 위와 같은 기득권을 부칙규정으로 박탈하고 있는 것은 신뢰보호의 원칙에 위배되는 것으로서 입법형성권의 한계를 벗어난 위헌인 것이다."라고 판시하였다. 그리고 헌재 1994. 4. 28. 91헌바15등, 판례집 6－1, 317, 336－337에서는 국가안전기획부직원법 22조 제1항 제2호와 동법 부칙 제3항의 규정의 계급정년규정의 위헌 여부에 관하여 "국민이 공무원으로 임용된 경우에 있어서 그가 정년까지 근무할 수 있는 권리는 헌법의 공무원신분보장 규정에 의하여 보호되는 기득권으로서 그 침해 내지 제한은 신뢰보호의 원칙에 위배되지 않는 범위 내에서만 가능하다고 할 것이고 이 원칙에 위배되는 것은 입법형성권의 한계를 벗어난 위헌인 것이라 할 것이다(헌재 1989. 12. 18. 89헌마32등 참조). 즉, 공무원법상의 정년규정을 변경함에 있어서 공무원의 임용될 때 발생한 공무원법상의 정년규정까지 근무할 수 있다는 기대 내지 신뢰를 합리적 이유 없이 박탈하는 것은 헌법상의 공무원신분보장 규정에 위배된다 할 것이다. 그런데 공무원이 임용됨으로써 임용당시의 공무원법상의 정년규정까지 근무할 수 있다는 기대 내지 신뢰는 절대적인 권리로서 보호하여야만 한다고 보기는 어렵다고 할 것이다."라고 판시하였다.

453) 다만, 미리 행정조직을 정해놓고 사후에 신법에 따라 조직된 것으로 보거나 이미 진행된 절차에 관해서 사후에 법적 근거를 마련하는 예가 있다. 그러나 이로 말미암아 불이익을 입는 당사자가 있더라도 이는 근거를 사후에 마련한 것 때문에 소급적으로 불이익을 입은 것이 아니라 이처럼 조직을 정한 것이나 절차를 진행한 것 자체에 의한 것이다. 따라서 이러한 때에 그 법이 소급효 금지 원칙에 어긋나 위헌이라고 볼 가능성은 없을 것이다.

할 때 소급효 금지 원칙이 해석기준이 되어야 한다. 그리고 법률 자체가 지난날의 범죄에 이를 적용하여야 한다고 규정하였다면 그 법률 자체가 소급효 금지 원칙에 어긋나는지를 심사하여야 한다. 본래 절차법에 소급입법 금지 원칙이 적용되지 않는 것은 절차법이라서가 아니라 절차법은 소급 여지가 없기 때문이다.454) 455)

(ⅷ) 진정소급효와 부진정소급효 구분의 문제점456)

먼저 ⓐ 그 구분 척도가 불명확하다는 것이 문제이다. 소급입법을 진정·부진정으로 나누는 것은 개념상으로는 쉽게 구분된다. 그러나 사실상 질적 구분이 아닌 양적 구분으로, 단순히 법기술적 차원에서 이루어질 가능성이 있다. 즉 심판대상인 규범을 진정소급효와 부진정소급효 중 어디에 귀속시키는지에 따라 원칙과 예외관계에서 완전히 상반된 법적 결과를 가져오는, 결정적으로 중요한 역할을 하는데도, '종결된 사실관계'와 '아직 종결되지 않은 사실관계'의 경계 설정이 마음대로 조작될 수 있고 자의적인 성격을 띤다. 헌법재판소도 이러한 구분에 관해서 어려움을 토로한다.457) 그리고 한편으로 때에 따라서는 부진정소급효가 진정소급효보다 신뢰이익에 대한 실체적 침해가 진지할 수도 있다.

다음으로 ⓑ 부진정소급입법이 원칙적으로 허용된다면 그러한 부진정소급입법을 굳이 소급입법이라는 개념 속에 포섭할 필요가 있는지에 관한 문제이다. 부진정소급입법이 허용된다는 것은 그 한도에서는 입법자가 입법형성권 범위 안에서 자유로이 입법을 할 수 있다는 것이다.458) 그런데 이러한 부진정소급입법도 굳이 소급입법이라고 할 필요가 있는지는 의문이다. 사실 부진정소급입법도 소급입법이라고 하면, 소급입법 금지 원칙이 그대로 적용되든지 아니면 부진정소급입법은 소급입법이 아니라고 하는 것이 논리적으로는 타당하기 때문이다.

---

454) 헌재 1996. 2. 16. 96헌가2등, 판례집 8–1, 51에서 공소시효가 죄형법정원칙에 해당되지는 않으나 공소시효의 소급적 연장이나 소급적 정지에 관해서 소급효 금지 원칙이 적용됨을 전제로 그 위헌 여부를 소급효 금지 원칙 기준에 따라 심사하였다.

455) 이인복, 「소급입법에 의한 형사처벌 및 재산권박탈금지 원칙」, 『헌법문제와 재판(중)』(재판자료 제76집), 법원 도서관, 1997, 644~645쪽.

456) 이인복, 「소급입법에 의한 형사처벌 및 재산권박탈금지 원칙」, 『헌법문제와 재판(중)』(재판자료 제76집), 법원 도서관, 1997, 637~639쪽; 한수웅, 「신뢰보호와 경과규정」, 『법과 국가』(운남서정호교수정년기념논문집), 민영 사, 1997, 374~375쪽 참조.

457) 헌재 1995. 10. 26. 94헌바12, 판례집 7–2, 447, 457–458에서 "소급입법을 진정·부진정으로 나누는 척도는 개념상으로는 쉽게 구분되나 사실상 질적 구분이 아닌 양적 구분으로, 단순히 법기술적 차원으로 이루어질 가능성이 있으므로 이와 같은 구분의 기준에 관하여 이견이 있을 수 있다. …… 그러나 현재로서는 이를 대체할 새로운 대안도 찾기 어려우므로 종전의 구분을 그대로 유지하는 것이 불가피하다고 생각된다. 다만 부진정 소급입법에 속하는 입법에 대해서는 일반적으로 과거에 시작된 구성요건 사항에 대한 신뢰는 더 보호될 가치가 있다고 할 것이기 때문에 신뢰보호의 원칙에 대한 심사가 장래입법에 비해서보다는 일반적으로 더 강화되어야 할 것이다."라고 하여 진정소급입법과 진정소급입법의 구분은 실제에서는 그 척도상 문제가 많으나, 현재로서는 이를 대체할 새로운 대안을 찾기 어려우므로 종전 구분을 그대로 유지하는 것이 불가피하다고 설시한 바 있다.

458) 물론 이때도 과잉금지원칙, 평등원칙, 합리성원칙 등 입법에서 지켜야 할 한계를 지키는 것이 필요하다. 그러나 이는 부진정소급입법에 대해서만 특별히 요구되는 것은 아니고 다른 일반법률의 입법에서도 준수하여야 할 원칙이다.

그리고 ⓒ 소급입법을 진정소급입법과 부진정소급입법으로 구별하고, 진정소급입법은 원칙적으로 금지되고 부진정소급입법은 원칙적으로 허용된다면, 각각 예외가 있음을 전제로 하는 것이어서 결국 양자 구별이 상대적인 것에 불과하다. 따라서 소급입법 금지 원칙을 적용할 때 진정소급입법이든 부진정소급입법이든 언제나 신법피적용자의 신뢰와 공익 사이의 교량이 불가피하므로 사실상 그 구분의 의미가 크지 않다고 할 수도 있다.

또한, ⓓ 부진정소급입법을 소급입법에 속하는 것으로 보고 이를 다른 일반입법, 즉 장래입법과 구별하는 기준 설정도 쉽지 않다. 모든 입법은 늘 현실에서 발생하는 문제점을 전제로 새로운 규율이 필요하여 하는데, 현실에서 발생하는 문제는 결국 새로운 입법 시점에서 보면 과거에 속한 것이어서 모든 입법은 과거의 사실과 일정한 관계를 맺지 않을 수 없기 때문이다.

끝으로 ⓔ 부진소급정입법이 원칙적으로 허용되는 것이라면, 자칫 부진정소급입법이 당사자의 신뢰를 심하게 침해하여도 이를 허용할 뿐 아니라, 나아가 개정법 시행일을 기준으로 구분하여 적용할 수 있는데도 반드시 이를 소급 적용하여야 한다고 할 위험성도 있다.

따라서 진정소급효와 부진정소급효를 구분할 실익이 크지도 않고 오히려 남용 가능성[459]이 있다. 그러므로 진정소급효만 소급입법 범주에 포함하여 원칙적으로 금지하고 나서 그 예외적 허용 가능성을 검토하고, 그 밖의 부진정소급효 영역은 신뢰보호원칙 위반 여부를 일반적으로 살펴야 할 것이다. 이때 구분이 명확하지 않은 영역은 원칙적으로 부진정소급효 영역에 포함하여 신뢰보호원칙 위반 여부를 살피되 엄격하게 검토하여야 할 것이다.

(ix) (진정)소급효와 신뢰보호

ⓐ 진정소급입법의 개념

법률의 공포시행 이전에 그 효력을 발하거나 시행 이전의 사태를 대상으로 사후의 법을 적용·집행하는 것이 소급입법이다. 진정소급입법은 이미 지난날에 완성된 사실관계나 법관계를 규율하는 소급입법이다. 이러한 진정소급효가 있는 규범의 일반적 특징은, 제한·확정된 수범자의 범위에 대한 사후적인 제약을 규범 '목적'으로 한다는 것이다.[460]

ⓑ 진정소급입법 금지 원칙

원래 국민은 현행법에 따라 어떤 행위를 하면서 원래 그 법률에서 정하는 법적 효과가 생길 것이라고 신뢰하는데, 만일 입법자가 사후적으로 소급입법을 제정하면 이러한 신뢰는 근본적으로 침해된다. 따라서 이러한 소급입법은 신뢰보호원칙에 따라서 원칙적으로 금지되

---

459) 진정소급효와 부진정소급효의 구별 모호성을 이용하여 소급법률이 부진정소급효에 해당한다고 하면서 허용된다고 보는 것을 말한다.

460) 한수웅, 「신뢰보호와 경과규정」, 『법과 국가』(운남서정호교수정년기념논문집), 민영사, 1997, 377~378쪽; 같은 사람, 「법률개정과 신뢰보호」, 『인권과 정의』 제250호, 대한변호사협회, 1997. 6., 79쪽.

는 것은 당연하다.461) 헌법재판소도 "기존의 법462)에 의하여 형성되어 이미 굳어진 개인의 법적 지위를 사후입법을 통하여 박탈하는 것 등을 내용으로 하는 진정소급입법은 개인의 신뢰보호와 법적 안정성을 내용을 하는 법치국가원리에 의하여 헌법적으로 허용되지 아니하는 것이 원칙"463)이라고 한다.

ⓒ 진정소급입법 금지 원칙의 예외

㉮ 헌법재판소 견해

헌법재판소는 특단의 사정이 있으면, 즉 기존 법을 변경하여야 할 공익적 필요는 심히 중대하지만, 그 법적 지위에 대한 개인의 신뢰를 보호하여야 할 필요를 상대적으로 정당화할 수 없으면 진정소급입법이 예외적으로 허용될 수 있다고 하면서 ㉠ 국민이 소급입법을 예상할 수 있었던 때, ㉡ 법적 상태가 불확실하거나 혼란스러웠거나 하여 보호할 만한 신뢰 이익이 적은 때, ㉢ 소급입법에 따른 당사자의 손실이 없거나 아주 경미한 때, ㉣ 신뢰보호 요청에 우선하는 심히 중대한 공익상 사유가 소급입법을 정당화하는 때를 그 예로 든다.464)

㉯ 대법원 견해

대법원은 "납세자의 신뢰가 합리적 근거를 결여하여 이를 보호할 가치가 없는 경우, 그보다 중한·조세공평의 원칙을 실현하기 위하여 불가피할 경우 또는 공공복리를 위하여 절실한 필요가 있는 경우에 한하여 법률로써 그 예외를 설정할 수 있다."465)라고 하여 소급입법 금지의 예외를 인정한다.

㉰ 검토와 정리

법치국가의 양대 요소는 법적 안정성과 실질적 정의이다. 법적 안정성과 실질적 정의가 충돌하면 비록 내용상으로 부정당하고 비합목적이더라도 실정적으로 규정과 실력을 통해서 확보된 법이 우선하므로 법적 안정성을 우선하는 것으로 해결된다.466) 하지만 실정법률의 정의에 대한 모순이 참을 수 없을 정도까지 이른다든지 '부정의한 법'으로서 인정되는 법률이

---

461) 안동수, 「공법상의 신뢰보호의 원칙」, 『현대공법이론의 전개』(석정허영민박사화갑기념논문집), 1993, 263~272쪽.

462) 이때의 법은 법률에 국한된다. 헌법을 포함한다고 보면 이를 사후입법(법률)에 의해서 침해한다는 것은 헌법을 법률로써 변경될 수 있다는 것이 되어 논리모순이기 때문이다.

463) 헌재 1996. 2. 16. 96헌가2등, 판례집 8－1, 51, 87－88; 헌재 1999. 7. 22. 97헌바76등, 판례집 11－2, 175, 193; 헌재 2006. 6. 29. 2005헌마165등, 판례집 18－1하, 337, 407; 헌재 2013. 8. 29. 2010헌바354등, 판례집 25－2상, 382, 402.

464) 헌재 1996. 2. 16. 96헌가2등, 판례집 8－1, 51, 88; 헌재 1998. 9. 30. 97헌바38, 판례집 10－2, 530, 539; 헌재 1999. 7. 22. 97헌바76등, 판례집 11－2, 175, 194; 헌재 2011. 3. 31. 2008헌바141등, 판례집 23－1상, 276, 305; 헌재 2013. 8. 29. 2010헌바354등, 판례집 25－2상, 382, 402.

465) 대법원 1983. 4. 26. 선고 81누423 판결(집31－2, 121; 공1983, 895).

466) 헌재 1996. 2. 16. 96헌가2등, 판례집 8－1, 51, 91에서는 "법치국가원리의 내용인 법적 안정성 즉, 국민의 신뢰보호와 실질적 정의가 충돌하는 경우 그 어느 쪽을 우선시켜 입법할 것인가는 원칙적으로 입법자가 선택할 문제이고, 그 선택이 자의적이 아닌 한 그 입법을 위헌이라고 할 수는 없다."라고 한다.

실질적 정의를 탈퇴시킬 정도에 이른다면 예외적으로 실질적 정의가 법적 안정성에 우선하여야 한다.[467] 따라서 실질적 정의에 대한 모순이 극심하면 진정소급입법도 허용될 수 있다. 그 예외는 ㉠ 현행 법률이 아직 효력이 있더라도 입법자가 이미 새로운 법적 조치를 취하여 일반 국민이 새로운 법상태를 예견할 수 있을 때, ㉡ 법상태가 불확실하고 혼란스러워서 신뢰 대상이 애매한 때, ㉢ 공공복리의 중요성이 법적 안정성을 능가하는 때, ㉣ 무효인 규정을 신뢰한 국민의 사익보다 새로운 규정이 추구하려는 공익이 클 때, ㉤ 사건이 가벼워 새로운 규정이 침해하는 사익이 작은 때 등이다.[468] 이때 예외 해당 여부는 엄격하게 심사하여야 한다.

(ⅹ) 구성요건적 소급연관(이른바 부진정소급효)과 신뢰보호

ⓐ 문제점

구성요건적 소급연관(이른바 부진정소급)입법은 이미 지난날에 시작하였으나 아직 완성되지 아니하고 진행과정에 있는 사실관계나 법관계를 규율대상으로 하는 소급입법을 말한다. 오늘날 진정소급법률은 원칙적으로 금지되므로 그와 관련된 문제는 별로 발생하지 않는다. 하지만 이와 반대로 원칙적으로 허용되는 구성요건적 소급연관(이른바 부진정소급효)에 관한 문제는 상대적으로 크게 대두한다. 즉 어떤 법영역이나 법문제에 관해서 앞날을 향하여 새로 개정하는 거의 모든 법률은 실질적으로 시행 당시 종결되지 않고 진행 중인 사실관계나 법관계에 연관되므로 구성요건적 소급연관(이른바 부진정소급효)의 성격이 있다.

이러한 구성요건적 소급연관(이른바 부진정소급효)이 있는 법률 개정이 있으면, 기존 법률규정에 따른 개인의 특정행위나 처분은 원래 기대와는 달리 무가치해져 버리므로, 결국 피해는 개인만 입는다. 따라서 이때 법률규정에 대한 개인의 사실적 신뢰를 어느 정도 보호하여야 하는지의 문제와 이러한 소급규정의 헌법적합성 문제가 기본권과 관련되어 제기된다. 결국, 이른바 '구성요건적 소급연관(이른바 부진정소급효)' 문제는 소급효 문제가 아닌, 신법을 기존 법관계에 적용하는 문제, 구법에서 신법으로 이행하는 문제, 결국 경과규정 문제이다.[469]

ⓑ 진정소급효와 비교

진정소급효는 지난날에 대한 새로운 법적 평가로서 소급효에 관한 것이고 구성요건적 소급연관(이른바 부진정소급효)은 개정법률을 현재와 앞날에 적용하는 문제이다.[470] 즉 '확정된' 수범자 범위와 그에 대한 사후적 침해라는 입법의 '목적성'이 진정소급효법률의 일반적 특징

---

467) 구스타프 라드부르흐, 윤재왕 옮김, 「법률적 불법과 초법률적 법」, 『라드부르흐 공식과 법치국가(제2판)』, 세창출판사, 2011, 138~149쪽 참조.
468) 안동수, 「공법상의 신뢰보호의 원칙」, 『현대공법이론의 전개』(석정허영민박사화갑기념논문집), 1993, 263, 272~274쪽; 이인복, 「소급입법에 의한 형사처벌 및 재산권박탈금지 원칙」, 『헌법문제와 재판(중)』(재판자료 제76집), 법원도서관, 1997, 645~647쪽; 황우려, 「법의 일생」, 『한국공법의 이론』(목촌김도창박사고희기념논문집), 1993, 212쪽 주 53 참조.
469) 한수웅, 「신뢰보호와 경과규정」, 『법과 국가』(운남서정호교수정년기념논문집), 민영사, 1997, 385쪽.
470) 헌법재판소 10년사, 헌법재판소, 1998, 201~202쪽.

이라면, 구성요건적 소급연관(이른바 부진정소급효)이 있는 법률은 아직 확정되지 않은, 알 수 없는 불확정다수의 법률관계와 관련된다. 그리고 지난날에 형성된 법관계를 법률의 적용범위에 포함하는 것은 진정소급효와는 달리 바로 그것을 목적으로 입법자가 의도한 것이 아니라, 단지 다른 공익을 실현하기 위한 입법의 불가피한 반사효과적 제약이다.471)

© 허용기준

법치국가적 신뢰보호는 기본권 범주에서도 고유한 의미가 있다. 따라서 새로운 규정을 지난날에 발생한 사실관계에 확대하여 적용하는 것이 헌법적으로 허용되는지의 관점에서 신뢰보호는 독자적인 기준으로 판단되어야 한다.472) 그러나 이러한 기준은 너무 추상적이어서 구체적 사안의 실제심사에서 아무런 기준을 제시해 주지 못하여 자의적 판단을 가져올 수 있다. 따라서 구체적으로 (가) 보호가치 있는 신뢰가 있는지, (나) 공익이 이러한 새로운 규정의 확대적용을 요구하는지, (다) 법률의 존속이익과 공익상 법률개정이익을 비교 형량하여 구체적일 때 어떠한 법익이 우위를 차지하는지를 순서대로 심사하여야 한다.473)

④ 입법(자의)구상에서 체계정당성

체계정당성은 법규범 서로 간에는 규범구조나 규범내용에서 서로 상치되거나 모순되어서는 아니 된다는 것을 말한다.474) 입법자의 자의를 금지하여 규범의 명확성, 예측 가능성 및

---

471) 한수웅, 「신뢰보호와 경과규정」, 『법과 국가』(운남서정호교수정년기념논문집), 민영사, 1997, 379쪽; 같은 사람, 「법률개정과 신뢰보호」, 『인권과 정의』 제250호, 대한변호사협회, 1997. 6., 80쪽.

472) 헌법재판소는 "신뢰보호의 필요성과 개정법률로 달성하려는 공익을 비교형량하여 종합적으로 판단하여야 한다고 하였는바[1995.3.23. 선고, 93헌바18·31(병합); 1995.6.29. 선고, 94헌바39 결정 참조], 이러한 판시는 부진정소급입법의 경우에도 당연히 적용되어야 할 것이다."(헌재 1995. 10. 26. 94헌바122, 판례집 7-2, 447, 458)라고 하면서 그 기준을 "법률을 새로이 제정하거나 개정함에 있어서는 기존 법질서와의 어느 정도의 마찰은 불가피한 것인바, 신뢰보호의 원칙에 위반되는지를 판단하기 위하여는 신뢰보호의 필요성과 새로이 달성하려는 공익목적을 비교·형량하여야 한다(헌재 1995. 4. 20. 92헌마264등; 1995. 6. 29. 94헌바39 등 참조)."(헌재 1998. 3. 26. 93헌바12, 판례집 10-1, 227, 253)라고 하거나 "신뢰보호원칙의 위배여부를 판단하기 위하여는 한면으로는 침해받은 이익의 보호가치, 침해의 중한 정도, 신뢰가 손상된 정도, 신뢰침해의 방법 등과 다른 한면으로는 새 입법을 통해 실현하고자 하는 공익적 목적을 종합적으로 비교·형량하여야 한다. 그러나 헌법적 신뢰보호는 개개의 국민이 어떠한 경우에도 '실망'을 하지 않도록 하여 주는데까지 미칠 수는 없는 것이며, 입법자는 구법질서가 더 이상 그 법률관계에 적절하지 못하며 합목적적이지도 아니함에도 불구하고 그 수혜자군을 위하여 이를 계속 유지하여 줄 의무는 없다 할 것이다."(헌재 1995. 6. 29. 94헌바39, 판례집 7-1, 896, 910)라고 한다.

473) 한수웅, 「신뢰보호와 경과규정」, 『법과 국가』(운남서정호교수정년기념논문집), 민영사, 1997, 385~392쪽; 같은 사람, 「법률개정과 신뢰보호」, 『인권과 정의』 제250호, 대한변호사협회, 1997. 6., 80~89쪽 참조.

474) 헌재 1995. 7. 21. 94헌마136, 판례집 7-2, 169, 192; 헌재 2005. 6. 30. 2004헌바40등, 판례집 17-1, 946, 962-963: "체계정당성이라 함은 일정한 법률의 규범 상호간에는 그 내용과 체계에 있어서 조화를 이루고 상호 모순이 없어, 결국 모든 규정의 내용과 체계가 상호 모순과 갈등 없이 그 본래의 입법목적의 실현에 합치되고 이바지하는 것을 말한다."
    헌재 2004. 11. 25. 2002헌바66, 판례집 16-2하, 314, 333: "'체계정당성'(Systemgerechtigkeit)의 원리라는 것은 동일 규범 내에서 또는 상이한 규범간에 (수평적 관계이건 수직적 관계이건) 그 규범의 구조나 내용 또는 규범의 근거가 되는 원칙면에서 상호 배치되거나 모순되어서는 안된다는 하나의 헌법적 요청(Verfassungspostulat)이다. 즉 이는 규범 상호간의 구조와 내용 등이 모순됨이 없이 체계와 균형을 유지하도록 입법자를 기속하는 헌법

규범에 신뢰와 법적 안정성을 확보하기 위해서 체계정당성이 요구된다.[475] 체계정당성은 국가공권력에 대한 통제와 이를 통한 국민의 자유와 권리의 보장을 이념으로 하는 법치국가원리에서 도출된다.[476] 체계정당성 요청은 같은 법률에서는 물론 다른 법률 사이에도 존중되어야 하므로 규범통제는 불가피하다. 이때 다른 법률 사이의 관계는 수직적인 관계이든 수평적인 관계이든 상관없다. 따라서 상·하규범 사이의 통제와 동등규범 사이의 규범통제, 신·구규범 사이의 규범통제 등이 입법기능에서 반드시 선행되거나 병행되어야 한다. 체계정당성 위반은 그 자체 헌법 위반으로 귀결되는 것이 아니라 비례성원칙이나 평등원칙 위반을 시사하는 징후에 불과하다.[477] 따라서 체계정당성을 위반한다고 하여 바로 위헌은 아니고, 비례성원칙이나 평등원칙과 같은 일정한 헌법규정이나 헌법원칙을 위반하여야 비로소 위헌이 된다.[478] 입법의 체계정당성 위반과 관련하여 그러한 위반을 허용할 공익적인 사유가 있다면 그 위반은 정당성이 인정될 수 있어서 입법상 자의금지원칙 위반이 아니다. 나아가 다양한 입법의 수단 가운데서 어느 것을 선택할 것인지는 원래 입법의 재량이라서 체계정당성 위반을 정당화하는 합리적인 사유 존재에 관해서는 입법의 재량이 인정된다. 결국 이에 관해서 입법의 재량을 현저히 일탈한 것이 아니면 위헌 문제가 생기지 않는다.[479]

2. 목적적 한계

기본권의 법률유보에서 헌법제정권자가 달성하려는 궁극적인 목적은 기본권을 최대한 존중하면서도 헌법이 보호하는 그 밖의 법익, 기본원칙, 제도 등을 기본권적 가치와 조화로울 수 있는 방법을 입법권자에게 모색시킴으로써 헌법적 가치를 전체적으로 그리고 통일적으로 실현하려는 것이다. 따라서 입법자는 기본권을 제한하는 법률을 제정할 때 헌법이 제시하는 목적을 존중하여야 한다. 국가안전보장이나 질서유지는 소극적인 개념이지만, 공공복리는 적극적인 개념이다.

(1) 국가안전보장

국가안전보장은 국가 독립, 영토 보존, 헌법과 법률의 규범력 유지, 헌법기관 유지를 뜻한다. 헌법재판소도 "헌법 제37조 제2항에서 기본권 제한의 근거로 제시하고 있는 국가의 안전

적 원리라고 볼 수 있다."

475) 헌재 2004. 11. 25. 2002헌바66, 판례집 16-2하, 314, 333; 헌재 2005. 6. 30. 2004헌바40등, 판례집 17-1, 946, 963.

476) 헌재 2004. 11. 25. 2002헌바66, 판례집 16-2하, 314, 333; 헌재 2005. 6. 30. 2004헌바40등, 판례집 17-1, 946, 963.

477) 헌재 2004. 11. 25. 2002헌바66, 판례집 16-2하, 314, 333-334; 헌재 2005. 6. 30. 2004헌바40등, 판례집 17-1, 946, 963; 헌재 2018. 1. 25. 2016헌바315, 판례집 30-1상, 86, 91.

478) 헌재 2004. 11. 25. 2002헌바66, 판례집 16-2하, 314, 334.

479) 헌재 2004. 11. 25. 2002헌바66, 판례집 16-2하, 314, 334; 헌재 2005. 6. 30. 2004헌바40등, 판례집 17-1, 946, 963.

보장의 개념은 국가의 존립·헌법의 기본질서의 유지 등을 포함하는 개념으로서 결국 국가의 독립, 영토의 보전, 헌법과 법률의 기능, 헌법에 따라 설치된 국가기관의 유지 등의 의미로 이해될 수 있"다고 한다.[480] 국가안전보장은 외적 안전으로 이해될 수 있다. 외적 안전은 외부 위협을 제거하여 국가의 존립과 질서를 유지하는 것을 말한다.[481] 한국 헌법은 1948년 헌법부터 1962년 헌법까지는 기본권 제한 요건으로서 질서유지와 공공복리만 규정하였고, 국가안전보장은 질서유지에 포함되는 것으로 이해하였다. 그러나 1972년 헌법에서 국가안전보장을 기본권 제한 요건으로 분리해 규정하여 현재까지 이어진다. 이러한 헌법사에 비추어 국가안전보장은 대내적 질서를 의미하는 질서유지와 구별되어 외부에서 국가질서를 지키는 것을 말한다.

(2) 질서유지

질서유지는 사회적 안녕질서를 말한다. 질서유지는 국가안전보장과 구별되어 국가 내부질서를 유지하는 것을 말한다. 여기에는 경찰법적 의미의 공공질서도 포함된다.[482] 질서유지는 내적 안전으로 이해될 수 있다. 내적 안전은 국가 내부에서 공공질서를 형성하고 유지하여 내적 평화를 확보하는 것을 말한다. 내적 안전은 개인의 자유와 권리 행사를 위한 전제이다. 내적 안전의 핵심 과제는 자유와 권리 행사를 위협하고 침해하는 모든 형태의 제약행위에 대한 대응이기 때문이다. 내적 안전에는 물리적 안전과 법치국가적 안전이 포함된다.[483]

(3) 공공복리

공공복리는 사회공동체의 상호이익, 즉 국민 공동 이익을 말하는 것으로 사회국가적 개념이다. 따라서 공공복리 내용은 사회적 정의 이념에 따라 결정되어야 한다. 추상적인 사회적 정의 원칙은 언제나 있지만, 그 구체적 내용은 언제나 같은 것으로 있는 것이 아니라 구체적 상황에 따라 바뀐다.[484]

3. 방식적 한계 - 비례성원칙

헌법 제37조 제2항은 '필요한 경우'에 기본권을 제한할 수 있다고 규정한다. '필요한 경우'란 보호하려는 구체적 법익을 위해서 다른 방법으로는 달성할 수 없는 때를 말하고, 기본권

---

480) 헌재 1992. 2. 25. 89헌가104, 판례집 4, 64, 90. 헌재 2004. 8. 26. 2002헌가1, 판례집 16−2상, 141, 153: "국가의 존립과 영토의 보존, 국민의 생명·안전의 수호를 위한 불가결한 전제조건이자 모든 국민이 자유를 행사하기 위한 기본적 전제조건으로서 헌법이 이를 명문으로 규정하는가와 관계없이 헌법상 인정되는 중대한 법익"
481) 허완중, 「국가의 목적이면서 과제이고 의무인 안전보장」, 『강원법학』 제45권, 강원대학교 비교법학연구소, 2015, 75쪽.
482) 같은 견해: 계희열, 『헌법학(중)(신정2판)』, 박영사, 2007, 140쪽; 장영수, 『헌법학(제11판)』, 홍문사, 2019, 520쪽; 홍성방, 『헌법학(상)(제3판)』, 현암사, 2016, 480쪽.
483) 이상 허완중, 「국가의 목적이면서 과제이고 의무인 안전보장」, 『강원법학』 제45권, 강원대학교 비교법학연구소, 2015, 73~74쪽.
484) 홍성방, 『헌법학(상)(제3판)』, 현암사, 2016, 481쪽.

을 제한할 때도 그 제한은 최소한도에 그쳐야 한다는 것을 말한다. 곧 '필요한 경우'란 기본권
을 제한할 때 비례성원칙을 지켜야 한다는 것을 헌법에 명문으로 규정한 것이다. 비례성원칙
은 경찰행정법에서 비롯하였다. 비례성원칙은 법치국가원리, 더 근본적으로는 공공의 이익을
보호하기 위한 불가피한 한도 안에서만 공권력이 제한할 수 있다는 기본권의 본질 자체에서
도출된다.[485] 헌법재판소는 과잉금지원칙을 비례성원칙과 같은 것으로 보면서 그 요소로서
목적의 정당성, 방법의 적정성, 피해의 최소성, 법익의 균형성을 든다.[486] 헌법재판소가 (입
법)목적의 정당성을 비례성원칙의 요소로 드는 것은 한국 헌법이 제37조 제2항에서 "국가안
전보장·질서유지 또는 공공복리를 위해서"라는 명문 규정을 두기 때문인 것으로 보인다.[487]

그러나 비례성원칙은 목적과 수단의 관계를 심사하는 모든 기준을 아우르는 것으로 이해
하여 과잉금지원칙과 과소보호금지원칙, 나아가 자의금지원칙 등을 포함하는 상위개념으로
이해하는 것이 비례성원칙의 기본개념에 대한 충실성과 개념 구별의 용이성이라는 측면에서
타당하다.[488] 즉 목적과 수단 사이에 합리적 비례관계에 있어야 한다는 비례성원칙의 본뜻을
살려서 비례성원칙을 기본권 제한과 관련하여 목적과 수단의 관계를 심사하는 모든 기준을
아우르는 개념으로 이해하는 것이 바람직하다. 그리고 헌법 제37조 제2항의 '필요한 경우에
한하여'에서 오로지 과잉금지원칙만 도출된다고 볼 수 없다. 제한되는 기본권이 '자유권'에 국
한되는 것이 아니라 '자유와 권리'이고, 기본권은 국가의 적극적 작위뿐 아니라 소극적 부작
위를 통해서도 제한될 수 있기 때문이다. 또한, 비례성원칙은 목적과 수단의 관계를 전제로
한다는 점에서 과잉금지원칙에 목적의 정당성은 포섭될 수 없다.[489] 결국, 목적의 정당성은

---

485) 홍성방, 『헌법학(상)(제3판)』, 현암사, 2016, 483쪽.

486) 헌재 1990. 9. 3. 89헌가95, 판례집 2, 245, 260: "과잉금지의 원칙이라는 것은 국가가 국민의 기본권을 제한하는
　　　내용의 입법활동을 함에 있어서, 준수하여야 할 기본원칙 내지 입법활동의 한계를 의미하는 것으로서 국민의 기
　　　본권을 제한하려는 입법의 목적이 헌법 및 법률의 체제상 그 정당성이 인정되어야 하고(목적의 정당성), 그 목적
　　　의 달성을 위하여 그 방법(조세의 소급우선)이 효과적이고 적절하여야 하며(방법의 적절성), 입법권자가 선택한
　　　기본권 제한(담보물권의 기능상실과 그것에서 비롯되는 사유재산권 침해)의 조치가 입법목적달성을 위하여 설사
　　　적절하다 할지라도 보다 완화된 형태나 방법을 모색함으로써 기본권의 제한은 필요한 최소한도에 그치도록 하여
　　　야 하며(피해의 최소성), 그 입법에 의하여 보호하려는 공익과 침해되는 사익을 비교형량할 때 보호되는 공익이
　　　더 커야 한다(법익의 균형성)는 헌법상의 원칙이다."

487) 홍성방, 『헌법학(상)(제3판)』, 현암사, 2016, 486쪽.

488) 같은 견해: 정문식, 「헌법 제37조 제2항 '필요한 경우에 한하여'의 의미」, 『한양법학』 제20권 제3집, 한양법학회,
　　　2009, 18~20쪽. 헌법 제37조 제2항은 단일의 고정된 위헌심사기준만 있는 것이 아니라 기본권의 종류에 따라,
　　　때에 따라서는 개별 기본권의 구체적 내용에 따라서도 달리 적용되는 복수의 위헌심사기준을 포괄적으로 제시한
　　　다고 하면서, 이를 '필요성원칙'이라고 부르는 견해로는 김하열, 『헌법강의』, 박영사, 2018, 279~280쪽. 비례성원
　　　칙을 심사강도에 따라 ① 적합성심사, ② 적합성과 좁은 의미의 비례성심사, ③ 적합성, 필요성, 좁은 의미의 비
　　　례성심사, ④ 최적화명령으로서 비례성심사로 나누는 견해로는 공진성, 「최적화명령으로서 비례성원칙과 기본권
　　　심사의 강도」, 『논문집』 제53집, 육군제3사관학교, 2001, 293~296쪽.

489) ① 비례성원칙은 구조상 관계의 개념, 즉 관계를 전제로 하므로 관계 개념을 처음부터 배제하는 목적의 정당성
　　　은 비례성원칙의 부분원칙에 포함되지 않고, 목적 설정은 정책수립 문제로서 입법자의 고유한 권한영역에 속하여
　　　헌법재판소가 통제할 수 없는 영역으로 보아야 하므로 목적의 정당성은 비례심사 대상이 될 수 없다는 견해로

별도로 심사되어야 하고, 과잉금지원칙은 수단의 적합성, 최소제약성⁴⁹⁰⁾(필요성), 법익균형성
(상당성)으로 이루어진다고 보아야 할 것이다. 참고로 과잉금지원칙의 내용은 구체적으로 확
정되거나 고정되지 않아서 개별 기본권의 본질과 기본권규정, 기본권관계의 유형 등에 맞게
채워 넣어야 하는 백지규범이다.

(1) 입법목적의 정당성

목적의 정당성은 국민의 기본권을 제한하는 입법은 그 목적이 헌법과 법률의 체계 안에서
정당성을 인정받으라고 요구한다. 이때 정당성은 그 자체의 목적이 정당하여야 할 뿐 아니라
헌법에 규정된 다른 헌법이념·헌법원리와도 배치되어서는 안 된다는 것을 뜻한다. 헌법 제37
조 제2항은 이러한 기본권 제한 목적으로 국가안전보장, 질서유지, 공공복리를 든다.

(2) 수단의 비례성(과잉금지원칙)

과잉금지원칙은 수단의 적합성, 최소제약성, 법익균형성을 포함한다.

① 수단의 적합성

수단의 적합성(방법의 적절성)은 법률이 규정한 수단이 법률이 추구하는 목적을 달성하는
데 유효할 것을 요구한다. 수단의 적합성에서는 입법목적과 제약수단의 관계만 판단한다. 이
때 입법자가 선택한 수단이 입법목적을 달성하는 데 이바지하는지(효과가 있는지)만 판단한다.
수단이 반드시 가장 효과적이거나 가장 적합하여야 하는 것은 아니다. 즉 입법목적을 옹글게
(완벽하게) 달성하라고 요구하는 것이 아니고, 입법목적을 부분적으로 실현할 때도 적합성 요
건은 충족될 수 있다.⁴⁹¹⁾ 사안이 너무 복잡하거나 전문적이어서 목적과 수단 사이의 관련성
에 관한 판단이 어려우면 입법자의 판단을 존중하여야 한다. 즉 입법자의 판단이 잘못되었음
을 증명하지 못하면 수단의 적합성은 부정되지 않는다. 따라서 일반적으로 사법통제는 수단

는 이준일,『헌법학강의(제7판)』, 홍문사, 2019, 352쪽. 그리고 ② 과잉금지원칙은 목적과 수단의 상관관계에 관한
것이므로 목적 그 자체의 정당성을 묻는 목적의 정당성은 엄밀한 의미에서 과잉금지원칙에 속하지 않는다는 견해
로는 한수웅,『헌법학(제9판)』, 법문사, 2019, 486쪽. 또한, ③ 목적의 정당성을 과잉금지원칙에 포함하지 않는 것
이 논리적으로 타당하나, 목적의 정당성을 비례성원칙에 포함하여 목적을 심사하든, 별도로 분리하여 심사하든 차
이점과 실익이 별로 없고, 여기서 특별한 문제점이 발생하지 않으며, 목적과 수단 사이의 밀접한 상호연관성 때문
에 비례성원칙 테두리 안에서 목적을 심사하는 것이 오히려 유익할 수 있다는 견해로는 최갑선,「비례의 원칙에
따른 법률의 위헌심사」,『공법연구』제25집 제4호, 한국공법학회, 1997, 658쪽. 그 밖에 ④ 과잉금지원칙은 기본
권제한적 법률의 방법적 한계를 심사하는 기준이고, 기본권 제한의 목적은 헌법이 명시하는 목적이 있을 것을 요
구하므로 과잉금지원칙에 목적의 정당성을 포함하는 것은 잘못된 것이라는 견해로는 정종섭,『헌법학원론(제12
판)』, 박영사, 2018, 383쪽. ⑤ 헌법 제37조 제2항이 기본권 제한의 목적을 따로 규정하고, 비례성이라는 말 자체
가 관계를 전제하므로 관계 개념을 전제하지 않는 목적의 정당성은 비례성의 부분원칙이 될 수 없다는 견해로는
공진성,「최적화명령으로서 비례성원칙과 기본권심사의 강도」,『논문집』제53집, 육군제3사관학교, 2001, 290쪽.
490) 일반적으로 '최소침해성'이나 '침해의 최소성'이라는 용어를 사용하지만, '침해'라는 용어에는 위법이라는 뜻이
　　내포되어서 위헌 여부를 판단하는 과정에서는 이러한 용어가 적절하지 않다. 따라서 중립적인 뜻을 품은 '최소제
　　약성'이라는 용어를 사용하고자 한다.
491) 최갑선,「비례의 원칙에 따른 법률의 위헌심사」,『공법연구』제25집 제4호, 한국공법학회, 1997, 661~662쪽.

이 입법목적을 달성하는 데 '명백하게 부적합한지'에 국한된다. 다시 말하면 의도된 목적 달성을 어렵게 하거나 목적 달성에 아무런 효과가 없을 때만 수단은 부적합하다.[492] 이러한 점에서 적합성 요구는 최적화명령이 아니다.[493] 입법자가 입법목적을 달성하려고 적합한 수단을 선택할 때 그러한 판단은 미래예측적 성격이 있다. 그래서 입법자는 법률효과를 판단할 때 재량이 인정되고, 그에 따라 이러한 판단에 대한 사법통제는 제한된다. 이러한 입법자의 재량은 법적 규율대상의 특성과 입법자의 정확한 판단 가능성, 관련 법익의 의미에 따라 달라진다.[494] 선택된 수단이 입법목적을 달성하는 데 적합하여야 함은 당연하지만, 그 수단이 목적 달성을 위해서 유일무이한 것일 필요는 없다. 국가가 어떠한 목적을 달성하는 것이 하나의 수단만으로 가능할 수도 있지만, 다른 가지 수단을 병과하여야 할 때도 있기 때문이다. 물론 여러 가지 수단을 병과할 때 그 모두가 목적에 적합하고 필요한 한도 안의 것이어야 한다.[495] 헌법재판소가 수단의 적합성을 판단하는 시점을 판단 시점이 아닌 입법자가 법률을 제정할 당시를 기준으로 하여야 한다는 주장이 있다.[496] 하지만 위헌 여부 판단에서는 원시적 위헌뿐 아니라 후발적 위헌도 문제가 된다는 점에서 법률 제정 시점이 아니라 법률 적용 시점이 기준이 되어야 한다.

② 최소제약성

최소제약성(필요성)은 기본권을 제약하는 수단을 선택할 때 최소한으로 제약하는 수단을 선택하라고 요구한다. 따라서 선택한 수단보다 기본권을 덜 제약하면서 같은 결과나 더 나은 결과를 얻을 수 있다면 최소제약성 요건은 충족되지 않는다. 즉 입법대안이 선택된 수단만큼 혹은 그 이상 효율적으로 입법목적을 달성하면서 기본권을 제약하지 않거나 선택된 수단보다 덜 기본권을 제약하면 최소제약성 요건에 어긋난다.[497] 여기서는 최소제약성이라는 용어와

---

[492] Klaus Stern, Das Staatsrecht der Bundesrepublik Deutschland, Bd. Ⅲ/2, München 1994, S. 776.

[493] 이부하, 「비례성원칙과 과소보호금지원칙」, 『헌법학연구』 제13권 제2호, 한국헌법학회, 2007, 287쪽; Michael Sachs, Ⅱ. Der Bund und die Länder, in: ders. (Hrsg.), Grundgesetz Kommentar, 8. Aufl., München 2018, Art. 20 Rdnr. Rdnr. 150. 그러나 수단의 적합성을 단순히 효과적인 수단만을 요구하지 않고, 다양한 효과적인 수단 가운데 가장 효과적인 수단을 선택하도록 요구하는 것(최대화명령)으로 이해하는 견해도 있다(이준일, 「헌법상 비례성원칙」, 『공법연구』 제37집 제4호, 한국공법학회, 2009, 30~31쪽).

[494] 계희열, 『헌법학(중)(신정2판)』, 박영사, 2007, 156~157쪽; 최갑선, 「비례의 원칙에 따른 법률의 위헌심사」, 『공법연구』 제25집 제4호, 한국공법학회, 1997, 662쪽.

[495] 헌재 1989. 12. 22. 88헌가13, 판례집 1, 357, 379.

[496] 이준일, 「헌법상 비례성원칙」, 『공법연구』 제37집 제4호, 한국공법학회, 2009, 32~33쪽.

[497] 최소제약성 심사를 "목적을 달성하기 위하여 달리 덜 제약적인 수단이 없을 것인지 혹은 입법목적을 달성하기 위하여 필요한 최소한의 제한인지를 심사하기 보다는 '입법목적을 달성하기 위하여 필요한 범위 내의 것인지'를 심사하는 정도로 완화"하는 헌법재판소 판례(헌재 2005. 10. 27. 2003헌가3, 판례집 17-2, 189, 198; 헌재 2008. 5. 29. 2007헌마248, 판례집 20-1하, 287, 296; 헌재 2010. 7. 29. 2006헌바75, 판례집 22-2상, 232, 256; 헌재 2012. 2. 23. 2009헌마318, 판례집 24-1상, 261, 276)는 문제가 있다. 이러한 심사는 목적과 수단의 비교를 근거로 하는 최소제약성 심사에 들어맞지 않기 때문이다. 최소제약성과 법익균형성을 엄격하게 구별하여 법익균형성 심사를 충실히 하여야 한다는 주장으로는 헌재 2017. 8. 31. 2016헌마447, 판례집 29-2상, 363, 375-378 재

달리 제약이 최소한인지를 심사하지 않는다. 헌법재판소가 침해의 최소성이라는 이름 아래 기본권을 필요 최소한도로 침해하는지를 판단하는 것은 이러한 용어에 관한 오해와 더불어 침해의 최소성과 법익의 균형성을 별도로 심사하지 않고 함께 심사하는 관행도 한몫하는 것으로 보인다. 비교대상이 되는 대안은 입법자가 본래 선택한 수단과 같은 정도의 효과, 즉 같은 정도의 입법목적 달성을 전제한다. 이는 단순히 기본권을 제약당하는 개인의 이익이 얼마나 적은지에만 초점을 두지 않는다는 것이다. 입법대안을 찾을 수 없으면 최소제약성은 충족된다. 최소제약성은 당연히 수단의 적합성을 전제한다. 입법대안은 같거나 더 효율적이어야 하므로, 더 많은 대가를 요구하여서는 아니 된다. 기본권을 최소한으로 제약하는 수단을 확정할 때 그 제약이 관련자에게 미치는 효과뿐 아니라 일반에 미치는 불이익도 함께 고려하여야 한다. 최소제약성에서는 제약의 임의성이나 필수성,[498] 원칙 – 예외 관계,[499] 인적 · 사항적 적용범위 제한 가능성,[500] 완화책 존재 여부[501] 등을 주로 심사한다.[502] 최소제약성 요건을 충족하는 복수의 수단이 있을 수 있으므로, 최소제약성 요건 충족 여부를 판단할 때 입법자에게 평가 여지가 주어진다. 따라서 기본권을 최소한으로 제약하는 다른 수단이 명백하게 확인되면 그 법률적 규율이 최소제약성을 충족하지 않는다고 판단할 수 있다.[503] 기본권 제한은 기본권 행사 '방법'에 관해서 할 수도 있고, 기본권 행사 '여부'에 관해서 할 수도 있다. 최소제약성 관점에서 입법자는 기본권을 덜 제약하는 기본권 행사 '방법'을 규제하여 입법목적을 달성할 수 있는지를 먼저 시도하고, 이러한 방법으로 입법목적 달성이 어려우면 그다음 단계인 기본권 행사 '여부'를 규제하여야 한다.[504] 수단의 적합성 정도가 같으면 제약 정도가 가장 적은 수단이 최소제약성을 충족하고, 제약 정도가 같으면 적합성 정도가 가장 큰 수단이

판관 이진성의 보충의견; 이재홍, 「과잉금지원칙의 논증구조」, 『저스티스』 163호, 한국법학원, 2017, 75~131쪽. 이러한 완화한 심사는 ① 논리적으로 불가능하거나 ② 방법의 적절성 심사와 같거나 그보다 '필연적으로 약한' 심사만을 인정하는 것인데, 방법의 적합성 심사는 '논리상' 심사기준으로 기능하지도 못한다는 점에서, 결국 완화한 심사는 사실상 논리적이고 실질적인 심사기준이 될 수 있는 유일한 것을 포기하는 논리형식이어서 그 자체로서 위헌판단을 거부하는 것과 다를 바 없다는 견해로는 정주백, 「과잉금지원칙에 관한 관견」, 『헌법재판연구』 제2권 제2호, 헌법재판소 헌법재판연구원, 2015, 262~263쪽.

그리고 헌법재판소는 직업행사의 자유에 관한 과잉금지원칙을 심사할 때 피해의 최소성 판단에서 입법재량의 허용 범위를 고려하여 구체적으로는 '입법자의 판단이 현저하게 잘못되었는지'라는 명백성 통제에 그치는 때도 있다(헌재 2002. 10. 31. 99헌바76 등, 판례집 14 – 2, 410, 434; 헌재 2011. 8. 30. 2009헌마638, 판례집 23 – 2상, 460, 474). 이에 대해서는 결국 과잉금지원칙을 적용하지 아니하겠다는 것과 마찬가지라는 평가가 있다(정주백, 「과잉금지원칙에 관한 관견」, 『헌법재판연구』 제2권 제2호, 헌법재판소 헌법재판연구원, 2015, 264쪽).

498) 헌재 2007. 5. 31. 2007헌바3, 공보 128, 589, 593.
499) 헌재 1994. 7. 29. 93헌가4등, 판례집 6 – 2, 15, 38 – 39.
500) 헌재 2007. 3. 29. 2005헌바33, 판례집 19 – 1, 211, 222.
501) 헌재 1998. 12. 24. 89헌마214등, 판례집 10 – 2, 927, 956.
502) 김하열, 『헌법강의』, 박영사, 2018, 287~288쪽.
503) 계희열, 『헌법학(중)(신정2판)』, 박영사, 2007, 158쪽.
504) 헌재 1998. 5. 28. 96헌가5, 판례집 10 – 1, 541, 556.

최소제약성을 충족한다.

③ 법익균형성

법익균형성(좁은 뜻의 비례성, 상당성)은 수단이 달성하려는 목적과 상당한 비례관계에 있을 것을 요구한다. 즉 일반을 위해서 달성하고자 하는 이익보다 제약되는 개인 희생이 더 커서는 안 된다. 법익균형성은 제약이 추구하는 목적과 관련이 있어야 한다는 것, 제약이 전체 평가에서 적절하고 (따라서) 관련자에게 수인을 기대할 수 있어야 한다는 것을 전제한다.[505] 여기서 기본권 제약이 개인에게 초래하는 피해와 그 제약을 통해서 추구하는 목적이 올바르게 형량되고 양자가 균형을 이루어야 한다.[506] 제약되는 기본권적 법익의 중요도, 기본권 제약 정도와 이것을 정당화하는 사유의 비중, 수단을 통해서 촉진되는 법익과 제약에 따르는 보상, 법익의 긴급성과 확실성, 대체 가능성 등을 종합적으로 형량하여 수인한도 안에 있어야 한다. 목적과 수단을 형량하는 가장 중요한 기준은 각 법익이 헌법에서 차지하는 비중이다.[507] 기본권 제약이 중대할수록 기본권 제약을 통해서 달성하려는 목적도 그만큼 중요하여야 한다.[508]

(3) 비례성원칙 확장 적용

기본권구체화적 법률유보에 따라 법률을 통해서 실현적 구체화나 형성을 하고 나면, 이러한 법률은 해당 기본권규정과 결합하여 해당 기본권 내용을 확정한다. 확정된 기본권 내용은 해당 기본권의 보호영역을 구성한다. 이론적으로 해당 기본권규정은 헌법상 입법위임을 통해서 해석권한을 부여받은 입법자가 한 입법적 해석을 통해서 의미가 확정되어 기본권으로서 효력을 발휘한다. 이러한 효력에 따라 집행부와 사법부는 물론 입법자도 구속된다. 헌법이 기본권의 실현적 구체화나 형성을 입법자의 입법권 행사 영역으로 남겨두지 않고 굳이 입법위임을 하고 법률로써 그것을 확정하고자 한 것은 입법자의 자유재량 아래 두지 않으려는 것이기 때문이다. 그래서 이러한 법률 내용이 법률상 권리에 머물지 않고 기본권으로 승격한다. 이러한 법률은 보호영역 확정과 관련된 것이라서 헌법 제37조 제2항과 직접 관련이 없다. 따라서 여기에 제한을 전제로 하는 비례성원칙이 적용될 여지는 없다. 그러나 이러한 법률로 확정된 기본권규정의 내용은 기본권적 보호를 받는다. 즉 이러한 내용은 오로지 헌법 제37조 제2항에 따라서만 제한될 수 있다. 그에 따라 기본권실현적 구체화나 기본권 형성을 통해서 확정된 내용, 결국 관련 법률 내용에는 비례성원칙이 적용된다. 이로 말미암아 자유권에 적용되는 비례성원칙은 적용대상을 확장한다. 때에 따라 기본권강화적 침전이 일어날 수도 있다.

---

505) Michael Sachs, Ⅱ. Der Bund und die Länder, in: ders. (Hrsg.), Grundgesetz Kommentar, 8. Aufl., München 2018, Art. 20 Rdnr. 154.

506) Thorsten Kingreen/Ralf Poscher, Grundrechte – Staatsrecht Ⅱ, 34. Aufl., Heidelberg 2018, Rdnr. 340.

507) 계희열, 『헌법학(중)(신정2판)』, 박영사, 2007, 159쪽.

508) Michael Sachs, Verfassungsrecht Ⅱ – Grundrechte, 3. Aufl., Berlin/Heidelberg 2017, S. 194.

즉 기본권실현구체화적 혹은 기본권형성적 법률을 통해서 형성된 기본권적 내용이 시간이 지남에 따라 기본권규정에 흡수되어 해당 기본권의 보호영역으로 고착될 수 있다. 기본권강화적 침전이 일어나면 입법자가 제한의 한계를 지켜 기본권실현구체화적 혹은 기본권형성적 법률을 개정하거나 폐지하더라도 침전된 내용은 보호영역에서 제외되지 않는다. 예를 들어 헌법 제31조 제2항은 모든 국민은 그 보호하는 자녀에게 적어도 초등교육과 법률이 정하는 교육을 받게 할 의무를 진다고 규정하여서, 교육기본법 제8조 제1항은 의무교육은 6년의 초등교육과 3년의 중등교육으로 한다고 규정한다. 하지만 3년의 중등교육이 일반화한 현실에서 의무교육을 6년의 초등교육으로 후퇴하는 것은 불가능하다. 오히려 입법자가 3년의 고등교육을 의무교육에 포함하여야 할 의무를 이행하지 않는 것이 아닌지 하는 의심이 든다. 이러한 점에서 최소한 3년의 중등교육은 헌법 제31조 제2항에 침전되었다고 볼 수 있다.509)

　비례성원칙은 고정된 심사기준이 아니다. 즉 기본권의 성격에 따라 다른 의미로 이해된다. 즉 자유권에 적용되는, 흔히 과잉금지원칙이라고 부르는 비례성원칙과 평등권에 적용되는 비례성원칙이 다르듯이 참정권과 청구권 그리고 사회권에 적용되는 비례성원칙은 다를 수 있다. 참정권과 청구권 그리고 사회권에 비례성원칙이 적용되려면, 보호영역이 확정되어야 한다. 보호영역 확정과 관련하여서는 비례성원칙이 아닌 적정보장원칙(참정권: 참여를 적절하게 확보하는 수준 이상을 보장하여야 한다는 원칙), 상응보장원칙(청구권: 구제대상에 상응하는 충실한 보호수준 이상을 보장하여야 한다는 원칙), 실질보장원칙(사회권: 생활의 기본조건을 실질적으로 마련하는 수준 이상을 보장하여야 한다는 원칙)이 적용된다. 기본권실현구체화적 혹은 기본권형성적 법률을 통해서 보호영역이 확정되고 나면, 참정권과 청구권 그리고 사회권을 제약하는 모습은 자유권과 다르지 않다. 즉 보호영역이 확정되는 모습을 제외하고는 참정권과 청구권 그리고 사회권의 제약은 보호영역에 속하는 개인의 행동(태도)을 국가가 전부나 일부 저지하는 자유권 제약과 같다. 특히 국가의 적극적 행위를 요구하는 기본권실현구체화나 기본권 형성과 달리 국가의 소극적 행위를 요구하는 모습은 자유권 제한과 다르지 않다. 이러한 점에서 참정권510)과 청구권511) 그리고 사회권의 제한에도 과잉금지원칙이 적용될 수 있다. 다만, 자유권보다 참정권과 청구권 그리고 사회권에서 입법자의 형성권이 더 넓게 보장된다는 점에서 과잉금지원칙이 변형되어 적용된다. 참정권과 청구권 그리고 사회권의 제한과 관련하여 과잉금지원칙은 기존 수단과 새롭게 선택된 수단을 비교하게 되는데, 기존 수단의 우위를 인정하지

---

509) 이상 허완중, 「법률이 형성한 법적 지위의 기본권적 보호」, 『헌법학연구』 제25권 제2호, 한국헌법학회, 2019, 217~218쪽.

510) 헌법재판소가 참정권에 과잉금지원칙을 적용한 예로는 헌재 2002. 8. 29. 2001헌마788등, 판례집 14−2, 219; 헌재 2009. 6. 25. 2008헌마413, 판례집 21−1하, 928; 헌재 2010. 9. 2. 2010헌마418, 판례집 22−2상, 526.

511) 헌법재판소가 청구권에 과잉금지원칙을 적용한 예로는 헌재 1996. 10. 4. 95헌가1, 판례집 8−2, 258; 헌재 2002. 4. 25. 2001헌바20, 판례집 14−1, 289.

않고 대체 가능성을 인정한다. 구체적으로 먼저 ① 목적의 정당성과 관련하여 입법목적은 원칙적으로 추가는 가능하지만 삭제는 불가능하다. 입법목적이 달라지면 입법 자체의 동일성을 유지하기 어렵기 때문이다. 다만, 기본권규정에 관한 해석이 달라져서 더는 추구할 목적 목록에서 제외된 목적은 예외적으로 삭제가 가능하다. 다음으로 ② 수단의 적합성과 관련하여 수단의 적합성 정도는 새롭게 선택한 수단이 기존 수단보다 낮아서는 아니 된다. 새롭게 선택한 수단의 적합성이 기존 수단보다 낮으면 기본권 실현이 그만큼 낮아질 수밖에 없기 때문이다. 그리고 ③ 최소제약성과 관련하여 새롭게 선택한 수단보다 기존 수단이 기본권을 덜 제한하면서 더 나은 결과를 얻을 수 있다는 것이 명백하게 확인되어야 최소제약성은 충족되지 않는다. 그렇지 않으면 당사자에게 불리한 결과가 발생할 수 있기 때문이다. 마지막으로 ④ 법익균형성과 관련하여 새롭게 선택한 수단을 통해서 달성할 수 있는 이익보다 기존 수단을 통해서 달성할 수 있었던 이익이 더 클 때만 법익균형성에 어긋난다. 세롭게 선택한 수단을 통해서 달성할 수 있는 이익과 기존 수단을 달성할 수 있었던 이익이 같아도 대체에 아무런 문제가 없기 때문이다.

　　실현적 구체화나 형성을 통해서 확정된 보호영역을 축소하는 것은 제한이지만, 실현적 구체화나 형성의 의미도 있다. 즉 이미 확정된 보호영역을 축소한다는 점에서는 제한이지만, 이를 통해서 보호영역이 다시 확정된다는 점에서 그래서 이후 제한의 기준은 새로 형성된 보호영역이라는 점에서 새로운 실현적 구체화나 형성에 해당한다. 다만, 최초의 실현적 구체화나 형성은 헌법에서 도출되는 최저한이라는 한계가 있지만, 이후의 실현적 구체화나 형성은 법률로 확정된 보호영역이 제한의 기준이라는 점에서 차이가 있다.

4. 내용적 한계 – 본질내용 보장

(1) 발자취
　　헌법 제37조 제2항 후단의 본질내용 보장은 독일 기본법 제19조 제2항[512]에서 유래하였다. 이 규정은 1960년 헌법에 수용되어 계속되다가 1972년 헌법에서 삭제되었다. 그리고 1980년 헌법에서 부활하여 현행 헌법까지 이어진다.

(2) 의의와 기능
　　최고법인 헌법이 규정하는 기본권을, 그것도 그 본질내용을 입법자가 법률로 제거할 수 없으므로, 즉 입법자가 법률로 헌법규정을 폐기할 수 없으므로, 본질내용 보장규정은 선언적 의의가 있거나 경고적 의의가 있을 뿐이라고 볼 수도 있다. 그러나 입법자는 기본권을 제한하여 기본권을 사실상 공동화할 수 있으므로, 이 규정은 공동화에 대한 방지규정으로서 의의

---

512) "기본권의 본질내용은 어떠한 경우에도 침해되어서는 아니 된다."

가 있다.[513] 본질내용 보장은 기본권을 제한하는 법률에서만 문제가 되는 것이 아니라 기본권 보호영역과 연관된 법률, 즉 기본권의 보호영역을 확정하거나 제한하는 법률은 언제나 본질적 내용 침해 여부의 심사대상이다.[514] 그러나 본질내용 보장이 늘 절대적으로 보장되는 것은 아니다. 즉 헌법에 기본권의 본질내용도 제한할 수 있다는 특별규정(예를 들어 헌법 제126조)이 있으면, 헌법 제37조 제2항 적용이 배제될 수 있다.[515]

(3) 적용범위

본질내용 보장은 기본권 제한의 한계이므로, 제한될 수 있는 기본권에서 본질내용이 보장된다. 헌법 제37조 제2항에 따라 모든 기본권이 제한될 수 있으므로, 자유권에 국한되지 않고 모든 기본권에서 본질내용이 보장된다.

(4) 대상
① 주관설

기본권의 본질내용 보장의 판단 대상은 기본권이 개인에게 개별적으로 부여하는 주관적 권리내용이라고 보는 견해이다.[516] 따라서 특정인이 기본권 침해를 주장할 때 해당 개인에게 그 권리를 보장한 의미가 전혀 없게 되거나 형해화하면 본질내용이 침해된 것으로 판단한다.

② 객관설

오늘날 이해에서 기본권은 주관적 권리일 뿐 아니라 헌법의 원칙규범으로서 객관적 가치질서의 요소이기도 하다는 이중성을 특징으로 한다. 어떤 기본권이 특정 개인에게 더는 아무런 의미가 없더라도 헌법이 규정한 원칙규범적 의미가 그와 동시에 상실되는 것은 아니다. 따라서 어떤 기본권이 그 본질내용까지 침해되었다고 하려면 공동체에서 해당 기본권의 보장 의의가 형해화하는 단계에 이르러야 한다는 견해이다.

③ 사견

본질내용의 보장대상과 관련하여서는, 기본권 침해 여부는 해당 기본권을 원용하는 주체를 중심으로 개별적으로 판단하여야 하므로 주관설에 따라야 한다.

---

513) 같은 견해: 계희열, 『헌법학(중)(신정2판)』, 박영사, 2007, 159쪽; 장영수, 『헌법학(제11판)』, 홍문사, 2019, 522쪽; 홍성방, 『헌법학(상)(제3판)』, 현암사, 2016, 497쪽.
514) 강태수, 「본질적 내용의 침해금지규정에 관한 연구」, 『청주법학』 제13권, 청주대학교 법학연구소, 1998, 14~15쪽.
515) 강태수, 「본질적 내용의 침해금지규정에 관한 연구」, 『청주법학』 제13권, 청주대학교 법학연구소, 1998, 15~16쪽.
516) 강태수, 「기본권의 보호영역, 제한 및 제한의 한계」, 『한국에서의 기본권이론의 형성과 발전』(연천허영박사화갑기념논문집), 박영사, 1997, 143쪽; 김대환, 『기본권제한의 한계』, 법영사, 2001, 289~292쪽; 성낙인, 『헌법학(제19판)』, 법문사, 2019, 973쪽; 양 건, 『헌법강의(제8판)』, 법문사, 2019, 322쪽; 정태호, 「기본권의 본질적 내용보장에 관한 고찰」, 『헌법논총』 제8집, 헌법재판소, 1997, 295~296쪽.

(5) 내용

① 절대설

(ⅰ) 인간존엄설

기본권의 본질내용을 인간의 존엄과 같다고 보는 견해로서 기본권의 보장내용 가운데 핵심이라고 할 수 있는 인간의 존엄 부분은 절대로 제한할 수 없다고 한다.[517] 그러나 이 견해는 헌법의 모든 기본권이 인간의 존엄을 핵심적인 내용으로 할 때나 정당성이 인정되는 것으로, 인간의 존엄을 내용으로 하지 않는 기본권에 본질내용이 없다고 할 수 없으므로 타당하지 못한 견해이다. 즉 기본권의 본질내용을 이루는 한 부분에만 집착하여 기본권마다 다른 고유영역이 있음을 간과한다. 그리고 인간의 존엄과 가치의 침해불가성을 고려하면 기본권의 본질내용에 대한 불가침을 별도로 규정한 헌법의 취지에도 들어맞지 않는다.

(ⅱ) 핵심영역보장설

모든 기본권은 절대적으로 침해할 수 없는 핵심영역이 있고 침해할 수 없는 한계가 있어 제한하고 나서도 남는 것이 있어야 한다는 견해이다.[518] 학계의 일반적 견해이나, 그 한계가 어디에 있는지 모호하다는 이유로 비판을 받는다.[519]

② 상대설

기본권의 본질내용이 구체적이면 서로 경합하는 이익과 가치의 형량을 통해서 확정되고 그 개념은 그때그때의 필요에 따라 더 넓게 혹은 더 좁게 이해할 수 있어서, 기본권 제한 정도는 충돌하는 이익에 달렸으며 국가적 이익을 고려하여 필요하면 기본권을 옹글게(완벽하게) 배제하는 데까지 제한할 수 있다는 견해이다.[520] 그러나 이는 실질적으로 비례성원칙 내용과 같은 것으로, 별도로 본질내용 침해 금지 원칙을 명문으로 규정한 취지에 들어맞지 않는다는 비판이 있다. 본질내용 보장은 단지 관념상 위헌심사기준으로서 헌법실무에서 아무런 역할을 하지 못하고 입법자에게 호소하고 경고하는 기능이 있는 데 그친다는 견해[521]도 상대설에 속

---

517) 허 영, 『한국헌법론(전정15판)』, 박영사, 2019, 304~305쪽.

518) 강태수, 「기본권의 보호영역, 제한 및 제한의 한계」, 『한국에서의 기본권이론의 형성과 발전』(연천허영박사화갑 기념논문집), 박영사, 1997, 142~143쪽; 같은 사람, 「본질적 내용의 침해금지규정에 관한 연구」, 『청주법학』 제13권, 청주대학교 법학연구소, 1998, 11~13쪽; 김대환, 『기본권제한의 한계』, 법영사, 2001, 294~307쪽; 김철수, 『학설·판례 헌법학(상)』, 박영사, 2008, 440쪽; 정태호, 「기본권의 본질적 내용보장에 관한 고찰」, 『헌법논총』 제8집, 헌법재판소, 1997, 314~322쪽.

519) 계희열, 『헌법학(중)(신정2판)』, 박영사, 2007, 160쪽; 장영수, 『헌법학(제11판)』, 홍문사, 2019, 523쪽.

520) 계희열, 『헌법학(중)(신정2판)』, 박영사, 2007, 161~162쪽; 권건보, 「생명권의 보장과 본질적 내용의 침해 금지」, 『법학연구』 제54권 제4호, 부산대학교 법학연구소, 2013, 14~16쪽; 성낙인, 『헌법학(제19판)』, 법문사, 2019, 972~973쪽; 양 건, 『헌법강의(제8판)』, 법문사, 2019, 323쪽; 이준일, 『헌법학강의(제7판)』, 홍문사, 2019, 355~356쪽; 장영수, 『헌법학(제11판)』, 홍문사, 2019, 523쪽; 정문식, 「헌법 제37조 제2항 '필요한 경우에 한하여'의 의미」, 『한양법학』 제20권 제3집, 한양법학회, 2009, 18쪽.

521) 한수웅, 『헌법학(제9판)』, 법문사, 2019, 515쪽.

한다고 볼 수 있다.

③ 절충설

기본권의 핵심을 절대적으로 보호하는 것은 긍정하지만, 예외적으로 공동체 존립을 위해서 필요한 범위에서는 공동체법익 보호를 위해서 개인 기본권의 핵심까지도 침해할 수 있다는 견해이다.[522]

④ 헌법재판소 판례

"헌법에서 부여한 기본권을 법률로 그 범위를 제한할 수는 있으되, 제한하여야 할 현실적 필요성이 아무리 큰 것이고 또 강조될 것이라 하더라도 기본권을 근본적으로 잃게 하는 본질적 내용을 침해하는 기본권 제한 입법은 허용되지 아니함을 뜻한다."[523]라고 하여 절대설을 취하기도 하고, "사형이 비례의 원칙에 따라서 최소한 동등한 가치가 있는 다른 생명 또는 그에 못지아니한 공공의 이익을 보호하기 위한 불가피성이 충족되는 예외적인 경우에만 적용되는 한 그것이 비록 생명을 빼앗는 형벌이라 하더라도 헌법 제37조 제2항 단서에 위반되는 것으로 볼 수 없다."[524]라고 하여 상대설을 취하기도 하여 때에 따라 다른 견해를 취한다.

⑤ 사견

본질내용 보장내용과 관련하여서, 상대설은 그 내용이 실질적으로 비례성원칙과 같아서, 헌법 제37조 제2항에서 본질내용을 침해하여서는 안 된다고 별도로 규정한 취지가 무의미해진다. 그러므로 기본권 제한에서도 개별 기본권마다 침해할 수 없는 일정한 한계가 있다고 보는 절대설이 타당하다. 특히 1972년 헌법에서 본질적 내용 침해 금지를 삭제하여 기본권을 유린하였던 경험이 있는 한국 헌법에서는 본질내용의 보장내용을 비례성원칙과 실질적으로 같은 것으로 보는 것은 규정취지를 몰각하는 것이다.

(6) 기본권의 법적 유형에 따른 본질적인 내용

본질적인 내용은 보호영역 일부를 가리킨다. 따라서 본질적인 내용은 보호영역이 확정되고 나서 비로소 확인할 수 있다. 그래서 자유권에서 본질적인 내용은 선존하는 보호영역 중 절대 포기할 수 없는 부분으로 이해된다. 그러나 평등권은 보호영역 자체가 없어서 본질적인 내용이 없다. 이것은 상대적인 관계를 대상으로 하는 평등권의 본질에서 비롯하는 당연한 결과이다. 따라서 평등권에서는 본질적인 내용 자체가 문제 되지 않는다. 참정권과 청구권에서 입법자가 기본권을 실현하는 법률을 제정하거나 사회권에서 입법자가 법률로 기본권 내용을 확정할 때는 본질적인 내용이 문제 되지 않는다. 아직 보호영역이 확정되지 않아서 본질적인

---

522) 김학성, 『헌법학원론(전정3판)』, 피앤씨미디어, 2019, 393쪽; 홍성방, 『헌법학(상)(제3판)』, 현암사, 2016, 500쪽.
523) 헌재 1991. 7. 22. 89헌가106, 판례집 3, 387, 433.
524) 헌재 1996. 11. 28. 95헌바1, 판례집 8-2, 537, 546.

내용을 확인할 수 없기 때문이다. 하지만 입법자가 기본권실현적 구체화나 기본권 형성을 통해서 보호영역을 확정하면 본질적인 내용이 문제 될 수 있다. 이때 본질적인 내용은 입법자가 절대 건드릴 수 없는 내용이다. 이것은 입법자가 기본권실현적 구체화나 기본권 형성을 할 때 반드시 포함하여야 할 내용에 해당한다. 따라서 본질적인 내용은 입법자가 기본권우호적 법률을 만들 때 반드시 지켜야 할 보호수준이다. 구체적으로 참정권에서는 적정보장수준, 청구권에서는 상응보장수준, 사회권에서는 실질보장수준이 된다. 즉 참정권에서는 참여를 적절하게 확보하는 최소수준, 청구권에서는 구제대상에 상응하는 충실한 보호수준, 사회권에서 생활의 기본조건을 실질적으로 보장하는 최소수준이 본질적인 내용에 해당한다. 자유권에서 기본권규정의 해석 변화에 따라 본질적인 내용이 바뀔 수 있는 것처럼 참정권과 청구권 그리고 사회권에서도 기본권규정의 해석 변화에 따라 본질적인 내용이 달라질 수 있다. 즉 본질적인 내용은 변화가 인정되지 않는 고정된 내용은 아니다.

(7) 인간의 존엄과 가치와 기본권의 본질내용의 관계

인간의 존엄과 가치와 기본권의 본질내용의 관계에 관하여서는 인간의 존엄과 가치를 기본권의 본질내용으로 보는 견해[525]와 인간의 존엄과 가치를 기본권의 본질내용보다도 더 협의로 보는 견해,[526] 기본권의 본질내용과 인간의 존엄과 가치는 상호 독립적인 문제로 보아야 한다는 견해,[527] 인간존엄성과 기본권의 본질내용은 단지 침해할 수 없다는 점에서만 외관상 유사함을 보일 뿐이지 그 실체와 법리에서는 다르다는 견해[528] 그리고 상호독립적인 문제로 보면서도 기본권의 본질내용은 각 기본권의 근본요소이므로, 이는 좁은 뜻의 인간의 존엄과 가치와도 밀접한 관계가 있다는 견해[529]가 있다.

인간의 존엄과 가치가 모든 기본권의 목적이라는 것과 인간의 존엄과 가치라는 개별 기본권이 있다는 것은 구별되어야 한다. 헌법 제10조 제1문 전단에서 이 양자가 모두 도출되는 것은 분명하지만, 양자는 그 기능과 내용에서 별개이다. 전자 측면에서 개별 기본권이 인간의 존엄과 가치를 실현하기 위한 수단이므로 인간의 존엄과 가치 자체가 그 기본권의 존재의의가 된다. 따라서 인간의 존엄과 가치가 모든 기본권의 본질내용과 밀접한 관련이 있을 수밖에 없다. 이때 개별 기본권 자체에도 별도의 기본권으로 인정되는 의의가 있으므로 인간의 존엄과 가치와 개별 기본권의 본질내용이 일치된다고 볼 수는 없다.[530] 후자 측면에서 개별

---

525) 박일경, 『제6공화국 신헌법』, 법경출판사, 1990, 221~222쪽.

526) 김기범, 『한국헌법』, 교문사, 1974, 141쪽; 김학성, 『헌법학원론(전정3판)』, 피앤씨미디어, 2019, 393쪽.

527) 성낙인, 『헌법학(제19판)』, 법문사, 2019, 973쪽.

528) 한수웅, 『헌법학(제9판)』, 법문사, 2019, 543~544쪽.

529) 김철수, 『학설·판례 헌법학(상)』, 박영사, 2008, 463쪽.

530) 같은 견해: 강태수, 「기본권의 보호영역, 제한 및 제한의 한계」, 『한국에서의 기본권이론의 형성과 발전』(연천 허영박사화갑기념논문집), 박영사, 1997, 143쪽; 권영성, 『헌법학원론(개정판)』, 법문사, 2010, 356~357쪽; 김대

기본권인 인간의 존엄과 가치는 다른 개별 기본권과 구별되는 보호영역이 있으므로 다른 개별 기본권의 보호영역과 일부 겹칠 수도 있으나 일치할 수는 없다. 따라서 개별 기본권의 본질내용과 인간의 존엄과 가치라는 기본권은 직접 관련이 있을 수 없다. 결론적으로 모든 기본권의 목적인 인간의 존엄과 가치는 기본권의 본질내용과 밀접한 관련이 있으나, 개별 기본권인 인간의 존엄과 가치는 다른 개별 기본권의 본질내용과 독립적이라고 보아야 한다.

(8) 수범자

헌법 제37조 제2항을 따르면 본질내용 보장은 기본권을 제한하는 입법자만을 수범자로 하는 것처럼 보인다. 하지만 본질내용 보장은 기본권을 제한할 권한이 있는 주체의 권한 행사 한계이다. 따라서 기본권을 제한할 수 있는 모든 국가권력을 수범자로 한다. 즉 입법자는 물론 집행부와 사법부도 본질내용 보장의 수범자이다. 그러나 공권력의 주체가 아닌 사인은 본질적 내용 보장의 수범자가 아니다.

5. 기본권제한입법의 위헌심사에서 2중기준론

2중기준론은 기본권 중에서 정신적 자유권과 경제적 기본권을 구분하여, 정신적 자유권의 가치는 경제적 기본권의 가치보다 우월하므로 양자에 대한 제한방법이나 제한기준도 달리하여야 한다는 이론이다. 다시 말하면 정신적 자유권은 원칙적으로 제한되지 아니하고, 예외적으로 제한되는 때도 그 제한(규제)입법의 합헌성 여부에 대한 판단은 경제적 기본권에 대한 것보다 엄격하지 않으면 아니 된다는 논리가 2중기준론이다. 따라서 정신적 자유권 제한입법의 합헌성 판단기준은 엄격하여 국가의 재량범위가 협소하지만, 경제적 기본권 제한입법의 합헌성 판단기준은 비교적 관대하여 국가의 재량범위가 비교적 넓다고 한다. 예를 들어 표현의 자유 제한입법의 합헌성 판단기준으로는 사전억제 금지, 제한사유와 제한 정도의 명확성, 명백현존하는 위험의 원칙, 합리성 등의 엄격한 요건이 제시되지만, 경제적 기본권 제한입법의 합헌성 판단기준으로는 합리성이 제시될 뿐이다. 그러나 일반적으로 경제적 기본권보다 정신적 자유에 관한 위헌심사가 더 엄격하다는 것은 부정할 수 없지만, 기본권을 구체적으로 살펴볼 때는 이러한 원칙이 언제나 관철되는 것은 아니다. 따라서 2중기준론은 해당 기본권을 구체적으로 살펴보면서 수정될 수 있는 것으로 절대적 원칙은 아니다.

환, 『기본권제한의 한계』, 법영사, 2001, 297쪽; 정태호, 「기본권의 본질적 내용보장에 관한 고찰」, 『헌법논총』 제8집, 헌법재판소, 1997, 312~313, 321쪽. 기본권의 본질내용은 모든 기본권에 공통된 부분과 개별 기본권에 특유한 부분, 곧 하나의 기본권을 다른 기본권과 구별짓는 부분으로 구성되는데, 양자는 서로 불가분의 요소를 이룬다는 견해로는 홍성방, 『헌법학(상)(제3판)』, 현암사, 2016, 502쪽.

Ⅱ. 기본권 제한의 특수사례

1. 기본권 경합

(1) 개념과 유형

기본권 경합이란 한 기본권주체의 어떤 행위가 동시에 여러 기본권의 보호영역에 해당하는 것을 말한다. 이는 개인과 국가의 관계에서 발생하므로 기본권의 대국가적 효력 문제이다. 기본권 경합에는 ① 일반적 기본권과 특별 기본권의 경합, ② 제한 정도가 다른 기본권 사이의 경합, ③ 규범영역이 서로 다른 기본권 사이의 경합의 세 가지 유형이 있다.531)

(2) 유사경합

외형상 기본권 경합처럼 보이지만 실제로는 기본권 경합이 발생하지 않을 때가 있다. ① 여러 기본권이 침해되더라도 실제로는 각기 독자적으로(대개는 차례로) 침해되어서, 각기 하나의 기본권만 문제 되면 기본권 경합은 성립되지 않는다.532) ② 기본권 경합을 주장하지만, 주장되는 기본권이 해당 기본권의 보호영역 밖에 있으면 기본권 경합이 성립하지 않는다.

(3) 해결책

① 경합하는 어떤 기본권이 다른 기본권과 비교해서 특별한 것이거나(예를 들어 개별적 자유권과 행복추구권의 관계), 사항적·기능적 관련성이 우선하면 그 기본권이 다른 기본권에 우선하고, 다른 기본권은 실익이 있을 때(예를 들어 독자적인 심사기준이 있거나 심사강도가 더 강한 때)만 별도로 검토될 여지가 있을 뿐이다.

② 문제는 일반－특별의 관계도 성립하지 아니하고, 어떤 한 기본권의 사항적·기능적 관련성이 두드러지지도 않을 때의 해결방법이다. 이에 관해서는 (ⅰ) 사슬의 강하기는 그 가장 약한 부분에 따라서 결정된다고 하여 가장 약한 기본권의 효력만큼 보장된다고 보는 최약효력설,533) (ⅱ) 기본권존중사상에 바탕을 두어 효력이 더 강한 기본권이 기준이 되어야 한다는 최강효력설이 있다. 그러나 (ⅲ) 상호배척하는 관계에 놓이지 않는 한 기본권 다수를 원칙적으로 병렬적으로 적용하여 판단하여야 할 것이다.534)

③ 헌법재판소는 기본권이 경합하여 문제가 되면 기본권 침해를 주장하는 제청신청인과 제청법원의 의도 및 기본권을 제한하는 입법자의 객관적 동기 등을 참작하여 사안과 가장 밀

---

531) 홍성방, 『헌법학(상)(제3판)』, 현암사, 2016, 449쪽.
532) 계희열, 『헌법학(중)(신정2판)』, 박영사, 2007, 118쪽.
533) 이 학설은 독일의 망골트와 클라인의 기본법 주석서에서 주장되었던 것인데, 동 주석서에 참여한 슈타르크 교수의 제3판에서 포기된 학설이다. 이 학설에 대해서는 기본권을 최대한 보호하고 존중하려는 헌법 정신에 오히려 역행한다는 비판이 있다(허 영, 『한국헌법론(전정15판)』, 박영사, 2019, 283쪽).
534) 같은 견해: 홍성방, 『헌법학(상)(제3판)』, 현암사, 2016, 453~454쪽.

접한 관계에 있고 침해 정도가 큰 주된 기본권을 중심으로 그 제한의 한계를 따져보아야 한다고 판시한 바 있다.[535]

(4) 기본권 경합과 기본권의 강화

일반적으로 기본권이 경합하면 다수의 기본권 침해 여부를 심사하여야 하므로 기본권적 보호가 다중적으로 혹은 중첩적으로 된다. 따라서 기본권 경합은 기본권적 보호를 강화할 수 있다.[536]

2. 기본권 충돌

(1) 개념

기본권 충돌이란 기본권주체 둘 이상의 기본권적 법익이 맞부딪히는데, 국가가 그 법익 모두를 동시에 보호해 줄 수 없을 때를 말한다. 기본권 충돌의 개념요소는 ① 둘 이상의 기본권주체, ② 충돌하는 기본권적 법익, ③ 국가 개입 필요성이다. 여기서 둘 이상의 기본권주체는 꼭 구체적으로 특정되어야 하는 것은 아니고, 추상적으로 확정되는 것에 그치거나 존재가 예정되는 것만으로도 충분하다. 그리고 기본권적 법익은 주관적 측면에서 도출되든 객관적 측면에서 도출되든 상관없다. 즉 기본권 충돌은 반드시 주관적 권리 사이의 충돌이어야 하는 것은 아니고, 권리와 의무 혹은 가치 사이의 충돌도 기본권 충돌일 수 있다. 물론 여기서 의무나 가치는 기본권 관련성이 반드시 있어야 한다. 충돌하는 기본권주체의 기본권은 같을 수도 다를 수도 있다. 기본권 충돌에서는 한 기본권적 법익을 보호하려면 다른 기본권적 법익을 충분히 보호하지 못하거나 심지어 희생시킬 수밖에 없다는 점에 특징이 있다.[537]

기본권 충돌을 복수의 기본권주체가 국가에 대해서 각기 기본권 적용을 주장하고 국가가 양자의 기본권을 동시에 보장해 줄 수 없을 때라고 정의하곤 한다.[538] 그리고 기본권 충돌은 ① 헌법규정에서 여러 기본권주체의 주관적 권리가 도출되고, 이러한 주관적 권리가 구체적일 때 교차하여야 하고, ② 기본권이 구체화하는 객관적인 가치가 동시에 그 밖의 법질서에 '방사'됨으로써 같은 생활사태에 대해서 대립하는 평가에 이르러야 발생한다고 한다.[539] 그러

---

535) 헌재 1998. 4. 30. 95헌가16, 판례집 10−1, 327, 337; 헌재 2002. 4. 25. 2001헌마614, 판례집 14−1, 410, 426; 헌재 2008. 12. 26. 2006헌마462, 판례집 20−2하, 748, 755−756; 헌재 2009. 10. 29. 2007헌마1359, 판례집 21−2하, 304, 315.

536) 이에 관해서는 정혜영, 「기본권의 강화효력」, 『공법학연구』 제11권 제4호, 한국비교공법학회, 2010, 143~170쪽 참조.

537) 헌재 2005. 11. 24. 2002헌바95등, 판례집 17−2, 392, 401; 계희열, 『헌법학(중)(신정2판)』, 박영사, 2007, 121쪽; 정종섭, 『헌법학원론(제12판)』, 박영사, 2018, 355쪽; 홍성방, 『헌법학(상)(제3판)』, 현암사, 2016, 436쪽.

538) 예를 들어 헌재 2005. 11. 24. 2002헌바95등, 판례집 17−2, 392, 401: "기본권의 충돌이란 상이한 복수의 기본권주체가 서로의 권익을 실현하기 위해 하나의 동일한 사건에서 국가에 대하여 서로 대립되는 기본권의 적용을 주장하는 경우를 말하는데,"

539) 홍성방, 「기본권의 충돌과 경합」, 『안암법학』 제9권, 안암법학회, 1999, 2쪽; 같은 사람, 『헌법학(상)(제3판)』, 현암사, 2016, 436쪽.

나 기본권(규범)이 주관적 측면뿐 아니라 객관적 측면이 있다는 점에서 주관적 측면끼리의 충돌뿐 아니라 객관적 측면끼리의 충돌이나 주관적 측면과 객관적 측면의 충돌도 있을 수 있다. 그리고 기본권주체 스스로 주장하지 않더라도 국가가 사전적으로, 예를 들어 법률을 제정하여 미리 기본권 충돌 해결을 도모할 수도 있다. 이러한 점에서 기본권 충돌을 주관적 권리끼리의 충돌에 국한할 이유는 없다.

(2) 구별개념
① 기본권 경합

기본권 경합은 한 사람의 기본권주체에 대해서 둘 이상의 기본권적 법익 보호가 문제 되는 때로 여기서는 전통적인 개인과 국가의 대립구조가 그대로 인정된다. 따라서 기본권 경합은 기본권3각관계에서 발생하는 기본권 충돌과 구별된다.

② 유사충돌

유사(사이비, 외견적)충돌이란 겉으로 보기에는 기본권 충돌처럼 보이나, 실제로는 문제가 된 행위가 어느 기본권주체의 기본권 보호영역에 속하지 않아서 충돌현상이 없는 때를 말한다. 예를 들어 출판업자의 종이 절도는 외견상 출판업자의 출판의 자유와 종이소유자의 재산권이 충돌하는 것처럼 보이지만 출판업자의 절도행위는 출판의 자유의 보호범위 밖에 있어서 기본권 충돌이 생기지 않는다.

③ 부진정한 충돌

부진정한 충돌은 기본권과 기본권 사이의 충돌이 아닌 기본권과 그 밖의 헌법적 법익 사이의 충돌을 말한다. 예를 들어 청소년의 영화 관람 제한에서 청소년의 예술의 자유와 청소년 보호라는 헌법적 법익이 충돌한다. 부진정한 충돌도 기본권 서로 간의 충돌과 같은 문제를 제기하므로 기본권 충돌이라는 테두리에서 문제를 해결하지 않을 수 없다면서 부진정한 충돌도 넓은 뜻의 기본권 충돌에 포함하여야 한다는 견해도 있다.[540] 하지만 헌법이 보호하여야 할 기본권주체 사이의 충돌은 양자 모두 보호대상이라는 점에서 그 밖의 다른 충돌과 다른 특성이 있으므로 이 견해는 타당하지 않다.

(3) 법적 성격

기본권 충돌 문제는 원칙적으로 기본권의 대사인적 효력 문제이지만 국가권력이 기본권 충돌을 조정할 때 이익형량에서 잘못된 판단을 하면 기본권주체는 직접 국가권력을 상대로 기본권의 구제수단을 마련할 수 있으므로 기본권 충돌도 궁극적으로는 기본권의 대국가적 문제로 평가된다는 견해가 있다.[541] 그리고 기본권 충돌이란 국가공권력에 한 사인의 기본권을

---

540) 계희열, 『헌법학(중)(신정2판)』, 박영사, 2007, 123쪽.
541) 허 영, 「기본권상호간의 갈등」, 『고시연구』 제10권 제9호(통권 제114호), 고시연구사, 1983. 9., 97~98쪽; 같은

보호하려는 의도가 있고 이와 대립하는 다른 사인의 기본권을 제한하는 때를 뜻하므로 실질적으로는 사인 서로 간의 이해관계가 충돌하는 때라고 하더라도 기본권규정 적용과 관련된 권리자와 의무자는 국가와 사인일 수밖에 없다는 견해도 있다.[542]

　　그러나 기본권을 비롯한 모든 분쟁은 종국적으로 국가가 개입하여 해결하므로 이러한 견해는 논리적으로 모순이다. 국가권력 개입 여부를 기준으로 기본권의 대국가적 효력 문제인지를 판단한다면, 민사재판을 통해서 분쟁을 해결하는 모든 사법관계(私法關係)도 기본권의 대국가적 효력으로 볼 수밖에 없어서 기본권의 대사인적 효력 문제는 있을 수 없기 때문이다. 당사자가 소를 제기하지 않는 이상 사법관계(私法關係)에 개입할 수 없는 사법(司法)의 소극적 성격 때문에 사법(司法)을 통한 국가 개입이 기본권관계를 변질시키지 않는다. 국가가 집행이나 입법을 통해서 개입하는 것은 개인의 의사와 관계없이 이루어지나, 사법(司法)이 사법관계(私法關係)에 개입하는 것은 개인의 의사에 달렸기 때문이다. 따라서 위 견해는 타당하지 않다.[543] 그리고 기본권의 대국가적 효력 문제인지는 기본권관계에 따라 판단하여야 한다. 즉 국가에 대한 개인의 관계에서 발생하는 기본권문제가 기본권의 대국가적 효력문제이므로, 사인에 대한 사인의 관계에서 발생하는 기본권문제인 기본권 충돌은 기본권의 대국가적 효력 문제가 아니다.[544]

(4) 해결책
① 이익형량에 따른 해결

　　기본권 충돌 문제를 해결하려면 충돌하는 기본권 서로 간에 이익형량이 이루어져야 한다. 헌법재판소[545]와 대법원[546]도 기본권 충돌을 이 방법에 따라서 해결한 때가 있다. 기본권 충돌을 이익형량에 따라 해결하면 충돌하는 기본권 중 한쪽은 완벽하게 보호된다. 즉 한쪽 기본권은 제한 없이 보장되지만, 다른 쪽 기본권은 제한된다. 달리 말하면 다른 쪽 기본권은 한쪽 기본권을 제약하지 않는 범위에서만 보호된다.[547] 다만, 다른 쪽 기본권은 제한될 수 있을 뿐이지 보장받지 못하는 것은 아니다. 물론 다른 쪽 기본권을 제한할 때는 일반적인 기본권 제한의 한계를 준수하여야 한다. 이익형량을 할 때 상하기본권 사이의 충돌과 동위기본권 사이의 충돌로 나누어 살펴본다.

　　사람, 『한국헌법론(전정15판)』, 박영사, 2019, 285쪽.

542) Wolfgang Rüfner, Grundrechtskonflikte, in: Christian Starck (Hrsg.), Bundesverfassungsgerichts und Grundgesetz Ⅱ, Tübingen 1976, S. 455.

543) 같은 견해: 홍성방, 「기본권의 충돌과 경합」, 『안암법학』 제9호, 안암법학회, 1999. 8., 3~4쪽 주 8.

544) 이상 허완중, 「사법관계에 미치는 기본권의 효력」, 고려대학교 법학석사학위논문, 2002, 55쪽. 같은 견해로는 김학성, 『헌법학원론(전정3판)』, 피앤씨미디어, 2019, 362쪽.

545) 헌재 1999. 6. 24. 97헌마265, 판례집 11-1, 768, 776-779.

546) 대법원 1988. 10. 11. 선고 85다카29 판결(집36-3, 1; 공1988, 1392).

547) 헌재 2004. 8. 26. 2003헌마457, 판례집 16-2상, 355, 361.

(ⅰ) 상하기본권 사이의 충돌

이때는 상위기본권 우선원칙에 따라 상위기본권에 우선적 효력을 인정하여야 한다. 인간의 존엄성, 생명권과 같은 기본권이 다른 기본권보다 상위에 있다는 점에 관해서는 의심의 여지가 없으나, 이렇게 상하가 분명한 때는 오히려 예외에 속한다.

(ⅱ) 동위기본권 사이의 충돌

동위기본권 사이의 충돌에서는 인격적 가치 우선(인격적 가치를 보호하기 위한 기본권에 대해서 재산적 가치를 보호하기 위한 기본권보다 우선하는 효력을 인정하는 것), 자유권 우선(자유권에 평등권보다 우선하는 효력을 인정하는 것) 등의 방법이 있으나, 이도 기본권 충돌 해결에서는 제한적으로 유용한 데 불과하다.

② 실제적 조화의 원칙에 따른 해결

실제적 조화의 원칙(규범조화적 해석)은 어느 하나의 기본권을 다른 기본권에 우선하지 아니하고 헌법의 통일성을 유지하기 위해서 충돌하는 기본권 모두가 최대한으로 그 기능과 효력을 나타낼 수 있도록 조화롭게 보장하는 방법을 찾으려는 것이다. 즉 실제적 조화의 원칙에 따른 해결은 충돌하는 기본권 중 한쪽만 제한 없이 일방적으로 보장하는 것이 아니라 충돌하는 기본권 모두를 적절하게 제한하는 것이다. 이익형량의 방법과 달리 기본권 안의 위계질서를 반드시 전제로 하지 않고 충돌하는 두 기본권의 효력을 함께 존중하는 방법을 찾기 위해서 노력하는 데 강점이 있다. 헌법재판소도 구 정기간행물의등록에관한법률 제16조 제3항, 제19조 제3항의 위헌 여부에 관한 헌법소원 사건에서 피해자의 반론권과 보도기관의 언론의 자유가 충돌하는 때를 해결하기 위한 입법인 구 정기간행물의등록에관한법률 제16조의 정정보도청구권제도는 기본권 충돌의 실제적 조화의 원칙에 따른 과잉금지원칙에 어긋나지 않는다는 취지의 판시를 하였다.[548]

③ 사견

헌법의 통일성 유지 관점에서 실제적 조화의 방법이 타당하다. 그러나 이로써 모든 문제를 다 해결할 수 없으므로 두 방법을 모두 동원할 필요가 있다.[549] 헌법재판소와 대법원도 두 가지 방법을 병용한다.[550] 실제적 조화의 원칙에 따라 기본권 충돌을 해결하면 비례성심

---

548) 헌재 1991. 9. 16. 89헌마165, 판례집 3, 518.
549) 같은 견해: 계희열, 『헌법학(중)(신정2판)』, 박영사, 2007, 128~129쪽; 장영수, 『헌법학(제11판)』, 홍문사, 2019, 506~507쪽; 허 영, 『한국헌법론(전정15판)』, 박영사, 2019, 289쪽.
550) 헌재 2005. 11. 24. 2002헌바95등, 판례집 17－2, 392, 401: "이와 같이 두 기본권이 충돌하는 경우 그 해법으로는 기본권의 서열이론, 법익형량의 원리, 실제적 조화의 원리(＝규범조화적 해석) 등을 들 수 있다. 헌법재판소는 기본권 충돌의 문제에 관하여 충돌하는 기본권의 성격과 태양에 따라 그때그때마다 적절한 해결방법을 선택, 종합하여 이를 해결하여 왔다."
대법원 2010. 4. 22. 선고 2008다38288 전원합의체 판결(공2010상, 897): "이와 같이 하나의 법률관계를 둘러싸고 두 기본권이 충돌하는 경우에는 구체적인 사안에서의 사정을 종합적으로 고려한 이익형량과 함께 양 기본권

사를 하게 된다. 이때는 침해당하였다고 주장되는 기본권을 중심으로 검토하고, 목적의 정당성은 침해주체의 기본권이 정당화하므로 일반적인 비례성심사와 달리 별도로 심사할 필요는 없다. 기본권 충돌은 최종적으로 입법자가 입법을 통해서 해결한다. 이러한 입법이 있으면 기본권 충돌은 그 입법에 따라 해결된다. 다만, 이러한 입법의 합헌성이 문제 되면 다시 기본권 충돌의 법리가 문제 될 수 있다.

(5) 기본권의 대사인적 효력과 기본권 충돌의 관계
① 밀접한 관계가 있는 기본권의 대사인적 효력과 기본권 충돌

기본권의 대사인적 효력을 긍정하면 일방 당사자의 기본권과 상대방 당사자의 기본권이 충돌한다. 즉 기본권을 사인과 국가 사이의 관계뿐 아니라 사인과 사인 서로 간에도 적용하는 것으로 인정하면 기본권 충돌이 문제 된다.[551] 만약 사인의 행위가 헌법이 규정한 구체적 기본권목록에 포섭되지 않더라도 헌법 제10조 제1항 제1문 후단 행복추구권에서 도출되는 일반적 행동자유권[552]에는 포섭될 수 있다. 그러므로 어떠한 사법적(私法的) 근거가 없는 행위라도 그것은 기본권에 일단 포섭될 수 있다.[553] 따라서 사인 사이에서 기본권의 효력, 즉 기본권의 대사인적 효력은 이러한 사실에 비추어 다른 사람의 기본권이나 이익을 제약하는 문제를 필연적으로 수반한다. 만일 사인 서로 간에 기본권을 적용하여도 상대방 당사자가 자신의 어떠한 기본권이나 이익도 제약받지 않는다면 (그러한 때는 쉽게 상상할 수 없지만) 기본권의 대사인적 효력을 인정하는 것은 실무나 이론에서 아무런 실익이 없다. 따라서 기본권의 대사인적 효력 문제는 결국 사인 서로 간에서 기본권이나 이익 충돌을 전제로 발생한다.[554] 즉 기본권의 대사인적 효력은 기본권 충돌이 발생할 때만 문제가 된다.[555]

기본권 충돌은 사인이 서로 기본권을 주장할 때 발생하므로, 사인에 대해서도 기본권효력

사이의 실제적인 조화를 꾀하는 해석 등을 통하여 이를 해결하여야 하고(대법원 2006. 11. 23. 선고 2004다50747 판결, 대법원 2009. 1. 15.자 2008그202 결정 등 참조), 그 결과에 따라 정해지는 양 기본권 행사의 한계 등을 감안하여 그 행위의 최종적인 위법성 여부를 판단하여야 한다."

551) 같은 견해: 계희열, 『헌법학(중)(신정2판)』, 박영사, 2007, 122쪽; 윤명선, 「기본권 충돌시의 효력문제」, 『고시연구』 제23권 제4호(통권 제265호), 고시연구사, 1996. 4., 73쪽; 장영수, 「기본권의 대사인적 효력과 기본권의 충돌」, 『고려법학』 제38권, 고려대학교 법학연구원, 2002, 124~125쪽; 허 영, 「기본권상호간의 갈등」, 『고시연구』 제10권 제9호(통권 제114호), 고시연구사, 1983. 9., 97~98쪽; 같은 사람, 「기본권효력의 갈등에 관한 연구」, 『연세행정논총』 제10집, 연세대학교 행정대학원, 1984. 2., 4쪽; 홍성방, 「기본권의 충돌과 경합」, 『안암법학』 제9호, 안암법학회, 1999, 1~2쪽; 같은 사람, 『헌법학(상)(제3판)』, 현암사, 2016, 434~435쪽.
552) 헌재 1991. 6. 3. 89헌마204, 판례집 3, 268, 275; 헌재 1998. 5. 28. 96헌가5, 판례집 10-1, 541, 549; 헌재 1998. 10. 29. 97헌마345, 판례집 10-2, 621, 633.
553) 같은 견해: 강태수, 「개인의 의사에 반하는 국가의 보호」, 『기본권·국가·헌법』(성운허경교수화갑기념논문집), 법학서당, 1999, 8쪽.
554) 같은 견해: 정연주, 「기본권의 대사인적 효력」, 『고시계』 제36권 제7호(통권 제413호), 국가고시학회, 1991. 7., 76~77쪽.
555) 비슷한 견해: 박규환, 「사법질서로의 기본권효력 확장구조와 그 한계」, 『공법연구』 제33집 제3호, 한국공법학회, 2005, 124쪽.

이 미친다는 기본권의 대사인적 효력을 전제한다고 한다.556) 그러나 기본권주체를 확정할 수 없거나 확정하기가 어려워 기본권의 주관적 권리성을 인정하기 어려울 때557)도 기본권의 객관적 성격에서 비롯되는 국가의 보호의무에 따라 (기본권의 대사인적 효력을 인정할 수 없을지라도) 기본권 충돌이 발생할 수 있다(기본권보호의무로 말미암은 기본권 충돌). 그리고 국가에 같은 내용의 주관적 권리를 주장하는 기본권주체 사이에서도 기본권 충돌이 발생할 수 있다(주관적 권리 경쟁으로 말미암은 기본권 충돌). 따라서 기본권 충돌이 있다고 하여서 언제나 기본권의 대사인적 효력이 문제 되는 것은 아니다.

② 서로 적용영역이 다른 기본권의 대사인적 효력과 기본권 충돌

기본권의 대사인적 효력은 기본권 충돌의 발생원인 중 하나이다.558) 따라서 기본권의 대사인적 효력이 문제 되면 기본권 충돌이 발생한다. 그러나 기본권 충돌의 발생원인은 다양하여서 기본권 충돌이 있다고 하여서 언제나 기본권의 대사인적 효력이 문제가 되는 것은 아니다. 그리고 기본권의 대사인적 효력은 기본권이 사법관계에 적용될 수 있는지 그리고 적용된다면 어떤 방식으로 적용될 것인지를 문제 삼는다. 그에 반해서 기본권 충돌은 충돌 원인을 문제 삼는 것이 아니라 충돌을 어떻게 해결할 것인지를 고민한다. 여기서 기본권 충돌을 해결하려면 그러한 충돌이 발생하는 상황을 고려하지 않을 수 없다. 기본권의 대사인적 효력은 그러한 충돌이 발생하는 상황을 설명해 준다. 즉 기본권 충돌이 기본권의 대사인적 효력에서 비롯하는지 아니면 기본권보호의무로 말미암아 발생하는지 아니면 한정된 자원 배분과 관련한 주관적 권리 경쟁의 결과인지에 따라서 기본권 충돌은 달리 해결되어야 한다.

기본권보호의무로 말미암은 기본권 충돌에서는 기본권주체가 반드시 특정되어야 하는 것은 아니어서 기본권주체 스스로 기본권 충돌을 주장할 수 없을 수도 있다. 그러므로 국가가 직권으로 문제가 되는 기본권적 법익을 좀 더 세심하게 찾아야 하고, 구체적인 기본권주체를 설정할 수 없어서 기본권적 법익을 추상적으로만 고려할 수밖에 없을 때도 있다. 그리고 국가의 한정된 자원 배분에 따른 기본권 충돌에서는 당사자 중 누구에게도 유리하거나 불리하지 않은 합리적인 배분기준이 문제 된다. 이때는 같은 기본권 사이의 충돌이고, 충돌하는 기본권 사이의 조화로운 보호가 아니라 일부는 보호받고 일부는 보호받지 못하는 결과에 이르며, 오로지 어떤 기준을 통해서 누구의 기본권을 보호할 것인지가 문제 된다. 합리적인 배분기준은 해당 기본권의 의미와 성격, 관련 당사자 사정에 대한 적절한 고려, 사회에 미치는

---

556) 예를 들어 정재황, 「기본권의 상충에 관한 연구」, 『성균관법학』 제19권 제2호, 성균관대학교 법학연구소, 2007, 17쪽.

557) 예를 들어 배아연구 금지와 관련하여 배아가 기본권주체가 될 수 있는지 그리고 주체가 될 수 있다면 언제부터 주체가 될 수 있는지가 분명하지 않다.

558) 기본권의 대사인적 효력은 기본권 충돌과 서로 배제하는 관계가 아니라 기본권이 충돌하는 다양한 상황 중 하나라는 견해로는 한수웅, 「헌재 2004. 8. 26. 2003헌마457 결정(금연구역지정 사건)에 대한 판례평석」, 『헌법논총』 제22집, 헌법재판소, 2011, 511쪽; 같은 사람, 『헌법학(제9판)』, 법문사, 2019, 529쪽.

영향, 당사자 사이의 실질적 대등 확보 가능성 등을 고려하여 합리적으로 결정하여야 할 것이다. 그러나 기본권의 대사인적 효력에 따른 기본권 충돌에서는 충돌하는 기본권주체의 기본권을 최대한 조화롭게 보호하는 것이 관건이다. 특히 기본권주체들이 구체적으로 특정되어서 그들의 주장을 주의 깊게 경청하고 고려하여 그들이 모두 수인할 만한 결론을 도출하여야 한다.

일반적으로 논의되는 기본권 충돌은 기본권의 대사인적 효력을 원인으로 한다. 따라서 기존 논의는 이러한 관계를 전제로 논의된다는 것에 주의하여야 한다. 기본권 충돌은 최종적으로 입법자가 입법을 통해서 해결한다. 이러한 입법이 있으면 기본권 충돌은 그 입법에 따라 해결된다. 다만, 이러한 입법의 합헌성이 문제 되면 다시금 기본권 충돌의 법리가 문제 될 수 있다. 기본권 충돌을 입법적으로 해결하지 않으면 그 합헌성은 기본권 충돌의 일반법리(이익형량과 실제적 조화의 원칙)에 따라 심사될 것이다.

그런데 기본권 충돌을 입법적으로 해결하면 그 합헌성 여부에 관한 심사방법이 문제 된다. 즉 기본권 충돌을 일반법리에 따라 심사하여야 하는지, 헌법 제37조 제2항에 따라 심사해야 하는지 아니면 양자를 함께 심사하여야 하는지가 문제 된다. 기본권 충돌의 일반법리에 따른 심사도 비례성심사를 주로 하고, 헌법 제37조 제2항에 따른 심사도 결국 비례성심사로서, 심사기준이 헌법 제37조 제2항에 따른 공익인지 아니면 다른 기본권과 그 밖의 헌법적 법익인지에 따른 차이가 있을 뿐이다. 그리고 기본권 충돌이 문제가 되면 헌법 제37조 제2항에 따른 비례성심사도 전형적인 모습이 아니라 기본권 충돌의 성격에 맞게 수정되어야 할 텐데, 그 내용은 결국 실제적 조화의 원칙에 따른 비례성심사가 될 수밖에 없을 것이다. 이러한 점에서 양자의 비례성심사는 결국 같다고 볼 수 있다. 또한, 이익형량에 따른 해결이 문제 되는 때는 일방의 기본권이 절대적 우위가 있어야 한다. 이러한 때는 일방의 기본권이 존엄권이나 생명권처럼 보호영역 전체가 본질적 내용이거나 문제가 되는 부분이 개별 기본권의 본질적 내용에 해당할 때이다. 따라서 이러한 내용은 헌법 제37조 제2항의 본질적 내용 침해금지에 포섭될 수 있다. 이러한 점에 비추어 기본권 충돌의 성격에 맞게 수정된 헌법 제37조 제2항의 내용[559]은 기본권 충돌의 해결방식에 따른 내용과 같다고 볼 수 있다. 따라서 기본

---

559) 비슷한 견해로는 김하열, 「자유권 제한입법에 대한 위헌심사」, 『동아법학』 제56호, 동아대학교 법학연구소, 2012, 18~19쪽: "기본권충돌을 실제적 조화의 원리에 따라 해결하려면 어느 한 쪽 기본권의 일방적 우위를 인정하여서는 아니 된다. 두 기본권이 서로 양보할 수밖에 없는데, 그 경계는 두 기본권이 최적 실현되도록 그어져야 한다. 이를 위해서는 구체적 상황에서 각각의 자유권이 수행하는 기능의 중요성, 자유 보호의 필요 가능성, 자유 보호의 비용과 효율성, 희생되는 자유의 크기, 대체적 자유의 활용 가능성 등을 종합적으로 고려하여야 할 것이다. 이러한 심사를 '조화적 형량'원칙이라고 이름할 수 있다. 조화적 형량원칙은 자유권의 방어권적 측면과 보호요구 측면의 구분이 쉽지 않거나 양 측면이 혼합된 때에도 문제 없이 적용될 수 있다. 서로 충돌하는 두 관점의 외부에서 양 측면을 동시에 조정하는 방법이기 때문이다." 그리고 이러한 점 때문에 기본권 충돌을 해결하는 법률의 위헌심사에서 기본권 충돌을 언급하고 그 해결방법을 확인하는 것은 불필요하다는 견해도 있다(한수웅, 『헌법학(제9판)』, 법문사, 2019, 528쪽). 그러나 최소한 법률의 위헌심사에서 비례성심사가 기본권 충돌의 성격

권 충돌을 해결하는 법률의 위헌심사는 기본권 충돌의 성격을 충분히 고려한다는 전제 아래
일반 법률처럼 헌법 제37조 제2항에 따라서 이루어지는 것으로 충분하다. 헌법재판소도 자기
낙태죄 조항(형법 제269조 제1항)의 존재와 역할을 간과한 채 임신한 여성의 자기결정권과 태
아의 생명권의 직접적인 충돌을 해결하여야 하는 사안으로 보는 것은 적절하지 않다고 하면
서, 국가가 태아의 생명 보호를 위해 확정적으로 만들어 놓은 자기낙태죄 조항이 임신한 여
성의 자기결정권을 제한하는 것이 과잉금지원칙에 위배되어 위헌인지를 심사하였다.560)

　　이처럼 기본권 충돌에서는 부딪히는 기본권적 법익 모두를 고려하고 조화를 이루는 방향
으로 해결하도록 하고 그 결과의 한계를 설정한다. 그러나 기본권 충돌에서는 구체적인 해결
방식이 무엇인지는 논의하지 않는다. 그러한 내용은 기본권의 대사인적 효력에서 다룬다. 기
본권의 대사인적 효력은 사인 서로 간의 관계에도 기본권의 효력이 미치고, 그 효력이 미치
는 방식은 사법의 일반조항을 통해서 사법적(私法的) 방식으로 적용된다고 한다. 따라서 기본
권의 대사인적 효력으로 말미암은 기본권 충돌의 해결도 반드시 사법적 방식으로만 이루어져
야 한다. 물론 이때 선택된 사법적 방식은 이익형량과 실제적 조화의 원칙에 따른 위헌심사
를 통과하여야만 헌법에 합치하게 된다.

(6) 기본권보호의무와 기본권 충돌의 관계
① 기본권 충돌을 발생시킬 수 있는 기본권보호의무

　　기본권보호의무와 관련하여 국가는 가해자의 기본권을 건드리지 않고 피해자의 기본권을
보호할 수도 있다. 그러나 국가는 가해자의 기본권을 제약함으로써 피해자의 기본권을 보호
할 수도 있다. 국가가 기본권보호의무를 이행하기 위해서 다른 사인의 기본권을 제약하면 기
본권 충돌이 발생한다. 즉 이때는 보호받는 피해자의 기본권과 제약받는 가해자의 기본권이
서로 부딪히게 된다. 이러한 점에서 기본권보호의무가 문제 되면 언제나 기본권 충돌이 발생
하는 것은 아니지만, 때에 따라 기본권보호의무는 기본권 충돌을 발생시킬 수 있다.

　　기본권의 대사인적 효력에 따른 기본권 충돌은 부딪히는 기본권주체들이 모두 자기 기본
권을 스스로 실현하는 과정에서 발생한다. 여기서는 주관적 권리 사이의 충돌이 문제 된다.
따라서 기본권의 대사인적 효력에 따른 기본권 충돌에서는 주관적 권리 사이의 조화로운 보
호가 문제 되어서, 결국 이러한 기본권 충돌의 성격에 맞게 과잉금지원칙을 어떻게 수정할
것인지가 주된 문제로 등장한다. 그러나 기본권보호의무로 말미암은 기본권 충돌은 국가가
일방의 기본권적 법익을 적극적으로 보호하는 과정에서 발생한다. 여기서는 국가의 보호의무
와 다른 기본권주체의 주관적 권리 사이의 충돌이 문제 된다. 따라서 기본권보호의무에 따른
기본권 충돌에서는 기본권보호의무의 과소보호금지원칙에 따른 하한과 주관적 권리의 과잉금

　　에 맞게 수정되어야 한다는 점에서 기본권 충돌 언급은 필요하다고 생각한다.
560) 헌재 2019. 4. 11. 2017헌바127, 판례집 271, 479, 485-494.

지원칙에 따른 상한의 접점이 무엇인지가 관건이다.

② 기본권보호의무로 말미암은 기본권 충돌의 위헌심사기준

기본권보호의무의 목적은 기본권적 법익의 효과적인 보호이다. 기본권보호의무가 국가의 행위의무를 포함하지만, 기본권보호의무는 국가의 보호조치가 있어야 한다는 것만을 결정한다. 기본권보호의무의 목적은 다양한 수단을 통해서 달성될 수 있다. 그러므로 국가는 기본권보호의무를 어떻게 이행할 것인지에 관해서 형성 재량이 있다. 그러나 국가의 형성 재량도 한계가 있다. 국가가 적절한 보호조치를 하였는지는 과소보호금지원칙을 통해서 심사된다.

국가가 다른 사람의 기본권을 제약하지 않고 기본권보호의무를 이행할 수 있으면, 과소보호금지원칙이 구체적으로 요구되는 보호수준에 관한 독자적 기준으로서 기능한다. 그러나 국가가 기본권보호의무를 이행하려고 다른 사람의 기본권을 제약하여서 기본권 충돌이 발생하여도 과소보호금지원칙이 그대로 독자적 심사기준인지가 문제 된다. 즉 이러한 때도 여전히 기본권보호의무 이행이 문제 되므로 과소보호금지원칙이 심사기준이 되는지 아니면 기본권을 제약하는지가 문제 되므로 과잉금지원칙이 심사기준으로 등장하는지 아니면 과소보호금지원칙과 과잉금지원칙 모두 심사기준인지가 다투어진다. 다만, 기본권보호의무로 말미암아 발생하는 기본권 충돌에서는 기본권의 대사인적 효력에 따른 기본권 충돌과 달리 기본권주체가 반드시 특정되어야 하는 것은 아니어서 기본권주체 스스로 기본권 충돌을 주장할 수 없을 수도 있고, 기본권적 법익은 추상적으로만 고려될 수 있다는 점에 주의하여야 한다.

기본권보호의무로 말미암은 기본권 충돌은 가해자−피해자−국가라는 기본권3각관계에서 문제가 된다. 피해자와 국가 사이에서는 피해자의 기본권적 법익에 대한 효과적인 보호 문제가 나타나고, 가해자와 국가 사이에서는 가해자의 기본권적 법익에 대한 최소한의 제약이 문제 된다. 효과적인 보호문제는 과소보호금지원칙을 통해서 심사되고, 최소한의 제약은 과잉금지원칙을 통해서 심사된다. 과잉금지원칙은 국가 부작위와 제약이 따르지 않는 보호에서는 아무런 심사기준을 제공하지 못하지만, 과소보호금지원칙은 이에 대한 심사기준을 제공한다. 제약을 통한 보호에서도 과잉금지원칙은 피해자의 기본권이 언제나 효과적으로 보호되는지를 충분히 심사할 수 없어서 제약을 통한 기본권보호의무 이행을 심사할 기준으로서 완벽하지 않지만, 과소보호금지원칙은 이에 관해서 적절한 심사를 할 수 있다. 따라서 과소보호금지원칙이 기본권보호의무 이행과 관련한 심사기준으로서 필요하고 그에 따라 당연히 독자적 의미가 부여되어야 한다. 그러나 이것이 과소보호금지원칙이 기본권보호의무 이행과 관련한 유일한 심사기준이라는 뜻은 아니다. 그리고 이것이 과잉금지원칙이 기본권보호의무 이행과 관련하여 심사기준으로 기능할 수 없다는 것도 아니다.[561]

---

561) 이에 관해서 자세한 것은 허완중, 「기본권보호의무에서 과소보호금지원칙과 과잉금지원칙의 관계」, 『공법연구』 제37집 제1−2호, 한국공법학회, 2008, 207~212쪽 참조.

과잉금지원칙은 국가의 적극적 행위를 규율하지만, 과소보호금지원칙에서는 국가의 소극적 부작위가 문제 된다. 즉 과잉금지원칙은 국가가 기본권제약을 유발하는 어떠한 행위를 하지 말 것을 요구하지만, 과소보호금지원칙은 국가가 피해자의 기본권을 보호하기 위해서 어떠한 행위를 하도록 요구하며, 이때 그 행위가 다른 사람의 기본권을 제약할 수도 있다. 그래서 과잉금지원칙은 제약저지적으로, 과소보호금지원칙은 (보호조치가 다른 기본권주체의 기본권을 제약하는 한) 제약유발적으로 작용한다.562) 이러한 점에서 과잉금지원칙과 과소보호금지원칙은 기능적으로 구별된다. 국가가 피해자를 보호하려고 다른 기본권주체의 기본권을 제약할 때 기본권보호의무는 기본권 제약의 근거로 작용할 수도 있다.563) 그를 통해서 기본권 제약 가능성이 커질 수 있고, 국가가 자기 권한을 확대할 빌미를 제공할 수도 있다. 그러나 과소보호금지원칙은 이러한 가능성에 한계를 설정하지 못한다. 보호를 위한 기본권 제약은 다른 기본권 제약과 구별되지 않아서, 이때도 다른 기본권 제약과 마찬가지로 국가는 과잉금지원칙을 준수하여야 한다. 따라서 이때 과잉금지원칙은 과소보호금지원칙을 보완할 수 있다. 이러한 보완을 통해서 제3자의 기본권은 기본권보호의무에 근거한 국가권력 남용에서도 보호될 수 있고, 국가가 기본권보호의무를 근거로 권한을 확대하려는 시도는 저지될 수 있다. 또한, 기본권보호의무에 근거한 국가행위도 다른 국가행위와 마찬가지로 헌법에서 도출되는 한계를 지켜야 한다. 그래서 과소보호금지원칙 충족이 다양한 헌법적 한계에 구속되는 국가기관을 자유롭게 하지 못한다.564) 그리고 기본권보호의무는 국가기관이 제3자의 기본권을 제약할 근거를 제공할 수는 있지만, 이러한 기본권 제약을 무조건 절대적으로 정당화할 수는 없다.565) 과소보호금지원칙은 기본권보호의무 이행과 관련하여 국가가 지켜야 할 헌법적 한계의 하나에 불과할 뿐이고, 과잉금지원칙을 배제하거나 대체할 수는 없다. 과소보호금지원칙은 (제약되는 제3자의 기본권과 관련하여) 과잉금지원칙과 병존할 뿐이다. 따라서 국가가 기본권보호의무를 이행하기 위해서 내리는 처분은 과소보호금지원칙뿐 아니라 과잉금지원칙을 통해서도 심사되어야 한다. 결론적으로 먼저 과소보호금지원칙이 국가에 처분을 내리는 기준을 제공하

---

562) Christian Calliess, Rechtsstaat und Umweltstaat, Tübingen 2001, S. 456 f.; ders., Schutzpflichten, in: Detlef Merten/Hans‒Jürgen Papier (Hrsg.), Handbuch der Grundrechte in Deutschland und Europa, Bd. Ⅱ, Heidelberg 2006, § 44 Rdnr. 30; Claus‒Wilhelm Canaris, Grundrechtswirkungen und Verhältnismäßigkeit‒sprinzip in der richterlichen Anwendung und Fortbildung des Privatrechts, in: JuS 1989, S. 163; Johannes Dietlein, Das Untermaßverbot, in: ZG 10 (1995), S. 139; Detlef Merten, Grundrechtliche Schutzpflichten und Untermaßverbot, in: Klaus Stern/Klaus Grupp (Hrsg.), Gedächtnisschrift für Joachim Burmeister, Heidelberg 2005, S. 239; Peter Unruh, Zur Dogmatik der grundrechtlichen Schutzpflichten, Berlin 1996, S. 79.

563) Hans Dieter Jarass, Die Grundrechte: Abwehrrechte und objektive Grundsatznormen, in: Peter Badura/Horst Dreier (Hrsg.), Festschrift 50 Jahre Bundesverfassungsgericht: Klärung und Fortbildung des Verfassungsrechts, Bd. Ⅱ, Tübingen 2001, S. 40 참조.

564) 비슷한 견해: Wolfram Cremer, Die Verhältnismäßigkeit bei der grundrechtlichen Schutzpflicht, in: DÖV 2008, S. 103.

565) Josef Isensee, Das Grundrecht auf Sicherheit, Berlin 1983, S. 46 참조.

고, 과잉금지원칙은 이러한 기준에 따라서 선택된 국가처분이 다른 기본권주체의 기본권을 제약할 때 비로소 한계로서 기능한다. 따라서 과소보호금지원칙은 일반적으로 적용되지만, 과잉금지원칙은 (단지 제약을 통한 보호에만) 제한적으로 적용된다. 따라서 과잉금지원칙은 문제가 되면, 즉 제약을 통한 보호가 문제가 될 때만 2차적 심사기준이 된다.566)

기본권보호의무 이행의 정당성을 심사할 때 입법목적은 헌법이 이미 확정하고 정당화하므로, 목적의 정당성 심사는 할 필요가 없다. 따라서 먼저 과소보호금지원칙을 따라서 적합성을 심사한다. 보호조치가 기본권제약을 일으키지 않으면 심사는 여기서 끝나지만, 기본권제약이 발생하면 이어서 과잉금지원칙에 따라서 필요성과 상당성이 심사되어야 한다. 결과적으로 제약을 통한 보호에서는 일반적인 과잉금지원칙의 심사처럼 과소보호금지원칙과 과잉금지원칙의 결합을 통해서 (비록 그 심사내용이 다르기는 하지만) 여전히 (적합성, 필요성 그리고 상당성의) 3단계 심사를 거친다. 이러한 점 때문에 제약을 통한 보호를 통해서 기본권보호의무를 이행하는 때의 심사기준이 과잉금지원칙의 일반적인 심사기준과 혼동되는 것으로 보인다.567)

그리고 기본권보호의무 이행에 따른 기본권 충돌에서 위헌심사를 할 때는 반드시 기본권3각관계를 전제로 위헌심사를 하여야 한다. 즉 이러한 문제가 기본권3각관계에서 문제가 됨을 고려하여 위헌심사를 하여야 청구인이 누구인지에 따라 위헌심사기준이 달라지는 문제가 발생하지 않는다. 청구인이 가해자인지 피해자인지 상관없이 언제나 심사기준은 과소보호금지원칙에 따른 적합성 심사, 과잉금지원칙에 따른 필요성과 상당성 심사로 이루어진다. 이러한 점에서 청구인이 가해자인지 피해자인지에 따라 과소보호금지원칙과 과잉금지원칙 중 하나를 선택하여 심사기준으로 삼는 헌법재판소 판례568)는 문제가 있다.

3. 기본권 포기

(1) 기본권 포기의 의의

① 기본권 포기의 개념과 법적 성격

기본권 포기는 기본권주체가 국가나 다른 기본권주체가 하는 구체적 기본권제약행위에 대해서 사전에 동의하는 것을 말한다. 기본권주체에게는 기본권 포기가 자기 결정에 따라 기본권적 보호법익을 처분한다는 점에서 기본권 행사이지만, 기본권이 제약되는 결과가 발생한다.

---

566) 이에 관해서 자세한 것은 허완중, 「기본권보호의무에서 과소보호금지원칙과 과잉금지원칙의 관계」, 『공법연구』 제37집 제1-2호, 한국공법학회, 2008, 213~216쪽 참조.

567) 이에 관해서 자세한 것은 허완중, 「기본권보호의무에서 과소보호금지원칙과 과잉금지원칙의 관계」, 『공법연구』 제37집 제1-2호, 한국공법학회, 2008, 216~220쪽 참조.

568) 예를 들어 피해자가 청구한 교통사고처리특례법 사건(헌재 1997. 1. 16. 90헌마110등, 판례집 9-1, 90)이나 미국산 소고기수입의 위생조건에 관한 고시 사건(헌재 2008. 12. 26. 2008헌마419등, 판례집 20-2하, 960)에서는 과소보호금지원칙에 따라서 심사하고, 가해자가 청구한 금연구역지정 사건(헌재 2004. 8. 26. 2003헌마457, 판례집 16-2상, 355)에서는 과잉금지원칙에 따라서 심사하였다.

이러한 점에서 기본권 포기는 기본권 행사와 기본권 제약이라는 이중적 성격이 있다. 즉 기본권적 법익이나 지위의 처분이라는 점에서는 기본권 행사이지만, 발생하는 법적 효과 측면에서는 기본권 제약이다. 기본권 행사 측면에서는 일반적 행동자유권이 문제 되지만, 기본권 제약 측면에서는 관련되는 개별 기본권이 문제 된다.

기본권 포기에서 기본권주체는 포기의사를 표시할 뿐이다. 이러한 기본권주체의 의사표시 자체만으로는 아무런 법적 효과가 발생하지 않는다. 국가나 다른 기본권주체의 행위가 있을 때 비로소 기본권 포기는 법적 의미가 있다. 즉 기본권 포기는 국가나 다른 기본권주체의 행위와 결합할 때 비로소 법적 효과를 발생시킬 수 있다. 그리고 기본권 포기는 헌법이나 법률이 허용하는 범위를 넘어서는 기본권제약행위가 있을 때만 문제 된다. 헌법이나 법률이 허용하는 기본권제약행위는 기본권 포기를 별도로 논의할 실익이 없기 때문이다. 결국, 기본권 포기는 헌법이나 법률이 정당성을 직접 부여하지 않는 국가나 다른 기본권주체의 기본권제약행위에 헌법적 정당성을 부여하는 기본권주체의 동의를 뜻한다. 따라서 기본권 포기는 기본권 소멸을 일으키는 것이 아니라 기본권을 제한하는 것에 그친다. 그리고 기본권 포기는 국가나 다른 기본권주체의 행위에 헌법적 정당성을 부여하여 그들의 활동영역을 넓히는 결과를 발생시킨다.[569]

기본권 포기를 국가에 대해서 하면 전형적인 기본권관계, 즉 개인과 국가 사이의 양극관계를 이룬다. 그러나 기본권 포기를 다른 기본권주체에 대해서 하면 기본권3각관계가 형성된다. 따라서 전자에서는 기본권 포기가 국가의 기본권제약행위를 정당화하는지가 문제 되지만, 후자에서는 사적 자치의 실현과 보완이 문제 된다. 다른 기본권주체에 대한 기본권 포기가 인정되는 영역에서는 사적 자치가 전적으로 적용되어 국가 개입이 부정된다. 이때 국가는 기본권 포기의 요건이 갖추어졌는지만을 심사할 수 있을 뿐이다. 이때 기본권 포기 요건이 갖추어지지 않아서 기본권 포기가 인정되지 않으면 국가 개입을 통한 사적 자치의 보완이나 보충이 문제 된다. 이때 기본권의 대사인적 효력이나 기본권보호의무가 검토되어야 할 것이다.[570]

기본권 포기와 관련하여 형법에서 논의되는 동의와 양해의 구별은 큰 의미가 없다. 기본권해석학에서 구성요건 차원과 정당화를 구별하는 것은 특별한 의미가 없기 때문이다.[571] 그리고 양해 인정은 기본권 제한 범위가 과도하게 확장될 위험을 일으킬 수 있다. 즉 동의와 구별되는 양해를 인정하여 기본권 제약이라는 성질 자체를 부정한다면 국가나 다른 기본권주체는 기본권 제약에 따르는 헌법적 한계에서 벗어나 마음대로 행위를 할 가능성을 얻을 수 있

---

569) Jens Seifert, Problemkreis des Grundrechtsverzichts, in: Jura 2007, S. 100 참조.

570) 허완중, 「사법관계에 미치는 기본권의 효력」, 고려대학교 법학석사학위논문, 2002, 12~15쪽 참조.

571) 같은 견해: Michael Sachs, Verfassungsrecht Ⅱ Grundrechte, 3. Aufl., Berlin/Heudekberg 2017, S. 140 Rdnr. 37.

다. 따라서 양해를 부정하고 동의로 통일하여 최소한의 헌법적 통제 가능성은 남겨두는 것이 타당하다.

② 구별개념

(ⅰ) 기본권의 소극적 자유

기본권의 소극적 자유는 기본권 보호영역 안에 포섭되는 기본권의 내용이다. 기본권의 소극적 자유는 개별 기본권 자체의 산출물[572]로서 기본권에서 (적극적) 행위권에 불행사의 (소극적) 자유가 대응될 때 인정된다.[573] 그래서 기본권의 소극적 자유는 부작위를 통해서 실현되는 기본권 행사의 한 유형이다.[574] 기본권의 소극적 자유에서 기본권주체는 기본권적 보호를 포기하지 않는다. 그에 반해서 기본권 포기는 적극적 작위를 통해서, 최소한 묵시적 행위를 통해서 이루어진다.[575] 그리고 소극적 자유를 행사하는 사람은 언제나 적극적 자유를 행사할 수 있지만, 기본권을 포기한 사람은 포기를 철회하거나 철회할 가능성이 유보되지 않은 한 해당 포기에 구속된다. 따라서 기본권의 소극적 자유와 기본권 포기는 구별된다.

(ⅱ) 기본권 불행사

기본권 불행사는 적극적 작위로 이루어진 기본권 내용을 행사하지 않는 것을 말한다. 이러한 점에서 부작위 자체가 기본권 내용인 소극적 자유와 기본권 불행사는 구별된다. 기본권 불행사는 의사표시와 상관없이 발생하고, 법적 성질이 아니라 사실적 성질이 있을 뿐이다. 기본권 불행사로 말미암아 기본권주체의 행사권한은 소멸하지 않으므로, 기본권주체는 일정한 기간 경과로 행사권한이 소멸하지 않는 한 언제든지 기본권을 행사할 수 있다.[576] 그리고

---

572) Gerd Sturm, Probleme eines Verzichts auf Grundrechte, in: Gerhard Leibholz/Hans Joachim Faller/Paul Mikat/Hans Reis (Hrsg.), Menschenwürde und freiheitliche Rechtsordnung: Festschrift für Willi Geiger zum 65. Geburtstag, Tübingen 1974, S. 185.

573) Detlef Merten, Der Grundrechtsverzicht, in: Hans−Detlef Horn (Hrsg.), Recht im Pluralismus: Festschrift für Walter Schmitt Glaeser zum 70. Geburtstag, Berlin 2003, S. 55; Jens Seifert, Problemkreis des Grundrechtsverzichts, in: Jura 2007, S. 101 참조.

574) 강태수, 「기본권 포기론」, 『공법연구』 제29집 제2호, 한국공법학회, 2001, 136쪽; 표명환, 「기본권적 보호이익의 침해에 대한 승낙과 그 한계」, 『공법학연구』 제9권 제2호, 한국비교공법학회, 2008, 171쪽; Michael Sachs, Verfassungsrecht Ⅱ Grundrechte, 3. Aufl., Berlin/Heudekberg 2017, S. 140 Rdnr. 35.

575) 계희열, 『헌법학(중)(신정2판)』, 박영사, 2007, 73쪽; Philipp S. Fischinger, Der Grundrechtsverzicht, in: JuS 2007, S. 808; Gehard Robbers, Der Grundrechtsverzicht, in: JuS 1985, S. 925 f.; Jens Seifert, Problemkreis des Grundrechtsverzichts, in: Jura 2007, S. 101; Klaus Stern, Das Staatsrecht der Bundesrepublik Deutschland, Bd. Ⅲ/2, München 1994, S. 905.

576) 강태수, 「기본권 포기론」, 『공법연구』 제29집 제2호, 한국공법학회, 2001, 135~136쪽; 계희열, 『헌법학(중)(신정2판)』, 박영사, 2007, 73쪽; 정종섭, 『헌법학원론(제12판)』, 박영사, 2018, 335쪽; Klaus Bussfeld, Zum Verzicht im öffentlichen Recht am Beispiel des Verzichts auf eine Fahrerlaubnis, in: DÖV 1976, S. 769; Michael Malorny, Der Grundrechtsverzicht, in: JA 1974, S. 476; Detlef Merten, Der Grundrechtsverzicht, in: Hans− Detlef Horn (Hrsg.), Recht im Pluralismus: Festschrift für Walter Schmitt Glaeser zum 70. Geburtstag, Berlin 2003, S. 54 f.; Jens Seifert, Problemkreis des Grundrechtsverzichts, in: Jura 2007, S. 10; Gerd Sturm, Probleme eines Verzichts auf Grundrechte, in: Gerhard Leibholz/Hans Joachim Faller/Paul Mikat/Hans Reis (Hrsg.),

기본권 포기는 기본권제약행위에 헌법적 정당성을 부여하여 합헌화하지만, 기본권 불행사는 기본권제약행위의 위헌성을 제거하지 않는다.[577] 따라서 기본권 불행사는 자유권 행사의 한 유형[578]으로서 기본권 포기가 아니다.

(ⅲ) 자초위해

자초위해(Selbstgefährdung)[579]는 기본권주체 스스로 기본권을 제약하거나 제약위험을 일으키는 것을 말한다. 자살, 자상, 음주, 담배와 대마초 흡연, 마약복용, 단식투쟁, 인신공양, 위험한 스포츠 향유 등을 자초위해의 예로 들 수 있다. 자초위해에서는 기본권주체 자신의 행위가 기본권 제약이라는 결과를 일으킨다는 점에서 기본권주체 자신이 아닌 국가나 다른 기본권주체의 행위가 기본권을 제약하는 기본권 포기와 구별된다.[580] 즉 자초위해에서는 정당화주체와 행위주체가 일치하지만, 기본권 포기에서는 정당화주체와 행위주체가 분리된다. 그리고 기본권 포기에서는 기본권주체의 포기의사가 반드시 필요하지만, 자초위해는 기본권주체의 고의뿐 아니라 과실로도 발생할 수 있다는 점에서 기본권주체의 의사가 필수적인 것은 아니다. 또한, 기본권 포기에서는 국가나 다른 기본권주체의 행위가 헌법적으로 정당성을 부여받는지가 주로 문제 되지만, 자초위해에서는 기본권주체의 행위를 제한할 수 있는지가 핵심문제이다.

(ⅳ) 기본권 행사의 포기?

기본권 포기를 기본권 행사의 포기와 좁은 뜻의 기본권 포기로 나누려는 견해가 있다.[581] 이 견해를 따르면 좁은 뜻의 기본권 포기는 기본권의 옹근(완벽한) 소멸을 일으킨다고 한다. 따라서 포기자는 권리구제를 청구할 모든 가능성을 잃어버린다고 한다. 그에 반해서 기본권 행사의 포기는 기본권 자체를 포기하는 것이 아니라 일정한 기간 또는 구체적인 사안에서 단지 기본권의 행사나 주장을 포기하는 것으로 기본권 자체는 여전히 유지된다고 한다. 다만, 기본권주체는 기본권을 행사하지 않을 의무를 진다고 한다. 기본권주체는 여전히 권리향유자

Menschenwürde und freiheitliche Rechtsordnung: Festschrift für Willi Geiger zum 65. Geburtstag, Tübingen 1974, S. 185 f.

577) 표명환, 「기본권적 보호이익의 침해에 대한 승낙과 그 한계」, 『공법학연구』 제9권 제2호, 한국비교공법학회, 2008, 171쪽; Jost Pietzcker, Die Rechtsfigur des Grundrechtsverzichts, in: Der Staat 17 (1978), S. 533; Gehard Robbers, Der Grundrechtsverzicht, in: JuS 1985, S. 925.

578) Michael Sachs, Verfassungsrecht Ⅱ Grundrechte, 3. Aufl., Berlin/Heudekberg 2017, S. 140 Rdnr. 36; Klaus Stern, Das Staatsrecht der Bundesrepublik Deutschland, Bd. Ⅲ/2, München 1994, 903 ff.

579) '자기위해행위'라는 용어도 사용된다. 강태수, 「자기위해행위의 제한에 관한 헌법적 고찰」, 『경희법학』 제43권 제1호, 경희대학교 법학연구소, 2008, 17~44쪽 참조.

580) 같은 견해: 강태수, 「기본권 포기론」, 『공법연구』 제29집 제2호, 한국공법학회, 2001, 136쪽; 같은 사람, 「자기위해행위의 제한에 관한 헌법적 고찰」, 『경희법학』 제43권 제1호, 경희대학교 법학연구소, 2008, 28쪽.

581) Michael Malorny, Der Grundrechtsverzicht, in: JA 1974, S. 476; Detlef Merten, Der Grundrechtsverzicht, in: Hans-Detlef Horn (Hrsg.), Recht im Pluralismus: Festschrift für Walter Schmitt Glaeser zum 70. Geburtstag, Berlin 2003, S. 54, 56.

이므로 기간이 도과한 후 또는 다른 사안에서 기본권을 행사할 수 있다고 한다. 그러나 행사될 수 없는 권리는 사실적으로 있을 수 없다는 점에서 기본권 행사의 포기는 언제나 부분적인 기본권 포기에 불과하다. 즉 기본권 포기와 기본권 행사의 포기는 개념적으로 구별되지 않고, 포기 범위가 다를 뿐이다.582) 그리고 언제부터 기본권이 전체적으로 포기되거나 공동화하는지에 대한 한계를 거의 설정할 수 없다.583) 또한, 기본권 포기는 기본권 보장 목적과 기본권의 본질적 내용 침해 금지 때문에 기본권 자체를 옹글게(완벽하게) 포기하는 것은 허용되지 않으므로,584) 기본권 행사의 포기와 구별되는 기본권 포기는 헌법적으로 있을 수 없다. 따라서 기본권 행사의 포기와 좁은 뜻의 기본권 포기의 구별은 아무런 실익이 없다.585)

(2) 기본권 포기의 허용 여부

기본권을 주관적 권리라는 측면에서 바라보면, 기본권은 개별 기본권주체의 이익과 보호에 이바지한다. 따라서 기본권주체가 기본권적 이익과 지위를 자유롭게 처분하는 것은 권리의 구체적 내용으로서 보장된다. 그에 반해서 기본권을 객관법적 측면에서 살펴보면, 기본권은 개별 기본권주체의 이익과 보호에서 벗어나 다양한 헌법적 보장과 의무를 요구한다. 따라서 기본권주체라도 자유롭게 기본권을 포기할 수 없다. 기본권은 다양한 과제와 기능이 있으므로 이를 단순히 하나의 측면에서만 바라볼 수 없다. 그리고 법적 상황과 사실적 관계가 달라짐에 따라 기본권을 그것에 맞게 이해할 필요도 있다. 특히 개별 기본권에 따라 특정한 성격이 강조되거나 더 중요하게 여겨질 수도 있다. 따라서 기본권을 올바르게 이해하려면 기본권규정 자체를 분석하여야 하는 것은 물론 전체 헌법규정체계 속에서 기본권규정에 부여되는 의미와 내용을 확인하고 구체적 적용 사안에 맞게 기본권규정을 해석하는 것이 필요하다. 그래서 기본권은 다중성이라는 측면에서, 즉 주관적 권리성은 물론 객관적 법규범인 기본권규정에서 도출되는 다양한 다른 내용도 함께 고려되어야 한다. 따라서 기본권 포기의 허용 여부도 기본권의 다중성이라는 성격을 전제하는 바탕 아래에서 개별 기본권을 구체적 적용 사안에 맞게 해석함으로써 결정하여야 한다.586) 특히 기본권 포기는 기본권 행사와 기본권 제

---

582) 같은 견해: 강태수, 「기본권 포기론」, 『공법연구』 제29집 제2호, 한국공법학회, 2001, 135쪽; Jens Seifert, Problemkreis des Grundrechtsverzichts, in: Jura 2007, S. 101; Gehard Robbers, Der Grundrechtsverzicht, in: JuS 1985, S. 925; Klaus Stern, Das Staatsrecht der Bundesrepublik Deutschland, Bd. Ⅲ/2, München 1994, S. 903 f.

583) Hartwig Donner/Jürgen Simon, Genomanalyse und Verfassung, in: DÖV 1990, S. 915; Klaus Stern, Das Staatsrecht der Bundesrepublik Deutschland, Bd. Ⅲ/2, München 1994, S. 904.

584) 같은 견해: Jürgen Schwabe, Probleme der Grundrechtsdogmatik, Darmstadt 1977, S. 93.

585) 같은 견해: Reinhard Singer, Die Lehre vom Grundrechtsverzicht und ihre „Ausstrahlung" auf das Privatrecht, in: Wilfried Erbguth/Friedrich Müller/Volker Neumann (Hrsg.), Rechtstheorie und Rechtsdogmatik im Austausch: Gedächtnisschrift für Bernd Jeand'Heur, Berlin 1999, S. 174; Gerd Sturm, Probleme eines Verzichts auf Grundrechte, in: Gerhard Leibholz/Hans Joachim Faller/Paul Mikat/Hans Reis (Hrsg.), Menschenwürde und freiheitliche Rechtsordnung: Festschrift für Willi Geiger zum 65. Geburtstag, Tübingen 1974, S. 185.

586) Christian Starck, in: Hermann von Mangoldt/Friedrich Klein/Christian Starck (Hrsg.), Kommentar zum

약이라는 이중성이 있지만, 기본권 포기의 오용 가능성 때문에 헌법적으로는 기본권 제약이라는 측면에 더 중요한 의미가 부여된다는 점을 유의하여야 한다.

기본권적 법익이나 지위의 처분은 헌법 제10조 제1문 후단의 행복추구권에서 도출되는 일반적 행동자유권을 통해서 기본권적으로 보장된다.[587] 따라서 기본권 포기를 일반적으로 금지하는 것은 헌법질서와 합치하지 않는다. 특히 포기 가능성이 일반적으로 부정된다면, 그러한 범위 안에서 기본권은 자유에서 의무로 변질한다.[588] 그러나 국가는 물론 기본권주체 자신도 헌법에 구속된다는 점에서 헌법질서에 어긋나거나 헌법이 보호하는 법익을 침해하는 기본권 포기는 허용될 수 없다. 특히 기본권이 절대적으로 보장되는 것이 아니라는 점에서 기본권 포기도 한계가 있을 수밖에 없다. 그래서 다른 기본권 행사가 제한 없이 허용되는 것이 아닌 것처럼 기본권 포기도 제한 없이 허용될 수 없다. 또한, 헌법이 보호하는 개인은 헌법이 보호하는 생활관계, 즉 헌법관계 속에서 살아가는 존재이다. 즉 헌법이 전제하는 개인은 고립된 존재가 아니라 관계적 존재이다. 그러나 개인은 국가와 마주 서 있는 존재이고, 국가와 맺는 관계 속에서 파묻히는 존재가 아니다. 개인은 다양한 관계 속에서 자신의 정체성을 지키고 독자적으로 자신의 삶을 만들어가는 존재이기도 하다. 헌법은 이러한 개인의 독자성도 당연히 보호하여야 한다. 따라서 두 가지 측면에서 개인생활에 대한 개입은 한계에 부딪힌다. 하나는 개인이 맺는 관계 중에서 헌법이 규율하는 국가관련적 관계에만 개입할 수 있고 개인의 독자성을 훼손하는 영역에는 개입할 수 없다. 따라서 기본권이 오로지 기본권주체 자신의 이익에만 이바지하면 국가는 기본권 포기를 허용하여야 한다. 그러나 기본권이 기본권주체 자신의 이익 이외에 다른 기본권주체의 이익이나 그 밖의 다른 헌법적 이익에도 이바지하면 기본권 포기는 제한될 수 있다. 기본권 포기가 허용되는지와 어떤 범위에서 허용되는지에 대한 구체적 대답은 개별 기본권에서 도출되어야 한다. 즉 개별 기본권은 그 보호영역을 단계화한 보장과 한계를 포함하고, 그에 따라 기본권 포기 허용 여부와 그 범위도 결정된다. 이때 관련 기본권의 법적 성격, 제약의 종류와 강도, 지속기간, 남용 가능성 그리고 포기자의 구체적 상황이 함께 종합적으로 고려되어야 한다.[589] 기본권 포기 대상이 일반적 법익이거나 그것이 그 밖의 공익과 충돌하면 기본권 포기가 허용되지 않는다는 견해[590]가 있다. 그러나 이

Grundgesetz, 5. Aufl., München 2005, Art. 1 Rdnr. 300 참조.

587) 비슷한 견해: 표명환, 「기본권적 보호이익의 침해에 대한 승낙과 그 한계」, 『공법학연구』 제9권 제2호, 한국비교공법학회, 2008, 168쪽. 그러나 기본권 포기와 관련된 일반적 행동자유권의 구체적 내용은 관련된 개별 기본권 해석을 통해서 도출할 수밖에 없다.

588) Gehard Robbers, Der Grundrechtsverzicht, in: JuS 1985, S. 927.

589) Thorsten Kingreen/Ralf Poscher, Grundrechte – Staatsrecht Ⅱ, 34. Aufl., Heidelberg 2018, Rdnr. 201 참조.

590) Gerd Sturm, Probleme eines Verzichts auf Grundrechte, in: Gerhard Leibholz/Hans Joachim Faller/Paul Mikat/Hans Reis (Hrsg.), Menschenwürde und freiheitliche Rechtsordnung: Festschrift für Willi Geiger zum 65. Geburtstag, Tübingen 1974, S. 197. Kunt Amelung, Die Einwilligung in die Beeinträchtigung eines Grundrechtsgutes, Berlin 1981, S. 75도 비슷한 견해를 주장한다.

때 기본권 포기 허용 여부는 이러한 법익과 헌법이 보호하는 개인의 결정권 사이의 형량을
통해서 결정하여야 하므로 이 견해는 타당하지 않다.591)

(3) 기본권 포기의 인정요건
① 기본권주체의 자유로운 처분권

기본권주체가 기본권을 행사하므로, 기본권 포기는 원칙적으로 기본권주체만이 할 수 있
다. 그러나 기본권주체도 기본권 보호영역 중에서 자신이 자유롭게 처분할 수 있는 영역에서
만 기본권을 포기할 수 있다. 즉 기본권주체가 기본권을 포기하려면 기본권주체는 기본권의
향유자일 뿐 아니라 기본권의 처분권이 있어야 한다. 이러한 영역은 기본권을 개별적으로 검
토하여 확인할 수밖에 없다. 기본권은 다기능적으로 형성되므로, 즉 기본권은 다중성이 있으
므로, 기본권주체의 처분권은 충돌하는 기본권적 법익과 관련 헌법적 법익 사이의 형량과 밀
접하게 관련된다.592) 따라서 기본권이 기본권주체의 이익뿐 아니라 다른 헌법적 법익과 관련
이 있으면 기본권주체의 처분권은 제한된다. 즉 기본권주체의 이익이 관련되는 다른 헌법적
법익보다 헌법적으로 우월하다고 인정되는 때만 기본권주체의 처분권은 인정된다. 친권(헌법
제36조 제1항, 민법 제4편 제4장 제3절)이나 선거의 비밀(헌법 제41조 제1항, 제67조 제1항)처럼 기
본권이 기본권주체의 이익에만 이바지하지 않거나 먼저 다른 헌법적 법익에 이바지하면 처분
권은 제한되거나 부정된다.593) 존엄권(헌법 제10조 제1항 전단)이나 생명권(헌법 제10조, 제37조
제1항)594)처럼 기본권적 법익의 보장 자체가 기본권의 목적이면 기본권주체의 처분권은 인정
될 수 없다. 이러한 기본권은 기본권주체를 보호하기 위해서 자발적인 처분이 인정되지 않는

---

591) 같은 견해: Klaus Stern, Das Staatsrecht der Bundesrepublik Deutschland, Bd. Ⅲ/2, München 1994, S. 922 f.

592) Jens Seifert, Problemkreis des Grundrechtsverzichts, in: Jura 2007, S. 103.

593) 정종섭, 『헌법학원론(제12판)』, 박영사, 2018, 338쪽; Detlef Merten, Der Grundrechtsverzicht, in: Hans－Detlef Horn (Hrsg.), Recht im Pluralismus: Festschrift für Walter Schmitt Glaeser zum 70. Geburtstag, Berlin 2003, S. 65; Michael Sachs, Volenti non fit iniuria, in: VerwArch 76 (1985), S. 420 f.; ders., Verfassungsrecht Ⅱ Grundrechte, 3. Aufl., Berlin/Heudekberg 2017, S. 140 f. Rdnr. 38 f. 참조.

594) 대법원은 "생명권이 가장 중요한 기본권이라고 하더라도 인간의 생명 역시 인간으로서의 존엄성이라는 인간 존재의 근원적인 가치에 부합하는 방식으로 보호되어야 할 것이다. 따라서 이미 의식의 회복가능성을 상실하여 더 이상 인격체로서의 활동을 기대할 수 없고 자연적으로는 이미 죽음의 과정이 시작되었다고 볼 수 있는 회복불가능한 사망의 단계에 이른 후에는, 의학적으로 무의미한 신체 침해 행위에 해당하는 연명치료를 환자에게 강요하는 것이 오히려 인간의 존엄과 가치를 해하게 되므로, 이와 같은 예외적인 상황에서 죽음을 맞이하려는 환자의 의사결정을 존중하여 환자의 인간으로서의 존엄과 가치 및 행복추구권을 보호하는 것이 사회상규에 부합되고 헌법정신에도 어긋나지 아니한다고 할 것이다. 그러므로 회복불가능한 사망의 단계에 이른 후에 환자가 인간으로서의 존엄과 가치 및 행복추구권에 기초하여 자기결정권을 행사하는 것으로 인정되는 경우에는 특별한 사정이 없는 한 연명치료의 중단이 허용될 수 있다."라고 하여 무의미한 연명치료 중단을 인정하였다[대법원 2009. 5. 21. 선고 2009다17417 판결(공2009상, 849)]. 그러나 생명권을 처분할 수 있어서 무의미한 연명치료 중단이 허용되는 것이 아니고, 다른 헌법적 정당화가 가능한 때만 무의미한 연명치료 중단은 정당성을 인정받을 수 있다. 그래서 생명의 인위적 단축은 허용되지 않고 오로지 인위적 연장 중단만이 헌법적으로 정당성을 인정받을 수 있다. 즉 생명의 자연적 존속기간을 침해하지 않는 범위에서만 무의미한 연명치료 중단이 허용될 수 있다.

다.595) 예를 들어 기본권주체의 촉탁이나 승낙이 있어도 기본권주체를 죽이는 것은 허용되지 않는다(형법 제252조).

② 포기의 의사표시

기본권 포기가 인정되려면 포기의사가 표시되어야 한다. 이러한 의사표시는 원칙적으로 기본권주체만 할 수 있다. 기본권주체에는 자연인만 해당되는 것이 아니라 법인, 그 밖의 단체와 외국인 및 무국적자도 기본권주체가 될 수 있는 한 포함된다. 미성년자, 심신상실자, 행위무능력자처럼 기본권행사능력이 제한되는 기본권주체는 기본권행사능력이 제한되는 범위에서는 포기의사를 표시할 수 없다. 예외적으로 부모의 친권 행사처럼 엄격한 요건이 충족되면 기본권주체의 대리인이 포기의사를 표시할 수도 있다. 기본권 포기는 명시적인 의사표시는 물론 묵시적인 의사표시로도 가능하다. 행위로도 가능한데 이때는 행위에서 포기의사를 명확하게 확인할 수 있어야 한다. 그리고 기본권 포기는 쌍방적 의사표시뿐 아니라 일방적 의사표시로도 가능하다. 다만, 일방적 의사표시이면 상대방이 이를 인식할 수 있어야 한다. 통신의 비밀과 같이 둘 이상의 기본권주체와 관련되는 기본권에서는 모든 기본권주체의 의사표시가 있어야 한다. 포기의 의사표시가 뚜렷하게 인식될 수 있다면, 법률이 특별한 형식을 요구하지 않는 한 포기의 의사표시는 형식 없이 이루어진다.596)

포기의 의사표시가 유효하려면 의사표시 수신이 필요하다. 의사표시 상대방은 기본권을 제약하는 당사자이다. 그러나 의사표시가 반드시 제약당사자에게 직접 이루어져야 하는 것은 아니다. 의사표시가 제약당사자에게 명확하게 도달한 이상, 다른 사람을 통한 간접적인 의사표시도 가능하다. 포기의 의사표시는 기본권제약행위 이전에 하여야 하고, 기본권이 제약될 때 여전히 포기의 의사표시는 있어야 한다. 기본권주체는 언제나 기본권보호와 관련된 사건의 지배자이기 때문이다.597) 포기의 의사표시는 분명하게 인식되거나 인식될 수 있어야 한다. 헌법은 기본권 보호를 목적으로 하므로 포기 여부가 의심스러우면 기본권주체가 기본권을 포기하지 않으려 한다는 것으로 추정된다. 즉 포기의사는 추정되지 않는다.598)

동의가 적시에 이루어질 수 없으면, 기본권주체의 가정적 의사에 합치한다면 추정적 동의가 문제 된다는 견해가 있다.599) 사적 자치의 취지에 비추어 당사자의 추정적 의사가 명확하

---

595) 같은 견해: Michael Sachs, Volenti non fit iniuria, in: VerwArch 76 (1985), S. 420 f.

596) Gerd Sturm, Probleme eines Verzichts auf Grundrechte, in: Gerhard Leibholz/Hans Joachim Faller/Paul Mikat/Hans Reis (Hrsg.), Menschenwürde und freiheitliche Rechtsordnung: Festschrift für Willi Geiger zum 65. Geburtstag, Tübingen 1974, S. 184.

597) Philipp S. Fischinger, Der Grundrechtsverzicht, in: JuS 2007, S. 809; Jürgen Schwabe, Probleme der Grundrechtsdogmatik, Darmstadt 1977, 98 ff.

598) Michael Malorny, Der Grundrechtsverzicht, in: JA 1974, S. 479 참조.

599) Detlef Merten, Der Grundrechtsverzicht, in: Hans−Detlef Horn (Hrsg.), Recht im Pluralismus: Festschrift für Walter Schmitt Glaeser zum 70. Geburtstag, Berlin 2003, S. 68.

게 확인될 수 있으면 다른 기본권주체에 대한 추정적 동의는 인정될 수 있다. 그러나 단지 제약만을 목적으로 한 국가행위는 동의가 실제 있어도 허용되지 않는다는 점에서, 사적 자치의 주체가 될 수 없는 국가에 대한 추정적 동의는 기본권주체의 가정적 의사에 합치한다는 것만으로 인정될 수 없다. 즉 다른 헌법적 정당화가 수반되는 때만, 즉 헌법적 법익 보호를 위해서 기본권주체의 기본권을 제약할 필요성이 명확하게 인정되지만, 기본권주체의 동의를 받는 것이 불가능하거나 기본권주체의 동의 여부를 확인할 시간적 여유가 없을 때만, 추정적 동의는 허용될 수 있다.

③ 자발적 포기

포기는 자발적으로 이루어져야 한다. 즉 포기결정은 기본권주체의 자유로운 의사로 하여야 한다. 이러한 포기는 기본권주체가 포기 여부를 결정할 수 있음을 알고 자기 행위의 결과나 그 위험 그리고 포기의 사정거리와 의미를 명확하게 인식한다는 것을 전제한다. 그리고 자발적인 포기는 일정한 판단력을 바탕으로 한다.600) 이러한 판단력은 민법의 행위능력과는 별도로 기본권행사능력과 관련하여 개별적으로 판단하여야 하는데, 일정한 연령과 통찰력이 필요하다. 포기를 결정할 때 당사자 사이에서 법률적·사실적 지위의 평등이 중요하다. 즉 한쪽의 지위가 법률적으로나 사실적으로 우위에 있어서 자유로운 의사 결정이 불가능하지 않아야 한다. 그 밖에 포기의 자발성을 판단할 때 개별적인 성숙도, 침해의 정도 등을 고려하여야 한다. 자발성은 포기의사를 결정할 때 부정적 영향이 없어야 비로소 인정된다. 따라서 포기의사 결정은 직접적인 강제는 물론 간접적인 강제 혹은 사기나 착오 없이 이루어져야 한다. 강제에는 물리적인 것은 물론 심리적인 것도 포함된다. 사기에는 제약자 자신은 물론 제3자에 의한 것도 포함된다. 이때 제약자가 제3자의 사기를 알았거나 알 수 있었는지는 문제 되지 않는다. 하지만 착오에 의한 의사표시는 부수적인 문제에 착오가 있었다면 자발성이 인정된다.

자발성이 부정될 때 이러한 유효하지 못한 기본권 포기에 근거한 행위가 사법행위(私法行爲)이면 취소될 수 있다(민법 제109조 제1항, 제110조 제1항 참조). 그러나 이러한 행위가 공법행위(公法行爲)이면 무효로 보아야 한다.601) 사법행위는 사법관계에서 제3자의 신뢰를 보호하기 위한 것인데, 공법행위는 일반적 효력이 있는 것으로 획일적으로 확정될 필요성이 있고, 기본권 포기에 따른 공법행위의 정당성 인정은 헌법이 직접 명시적으로 규정한 것이 아니므로 엄격하게 해석할 필요가 있기 때문이다.

---

600) 같은 견해: 강태수, 「개인의 의사에 반하는 국가의 보호」, 『기본권·국가·헌법』(성운허경교수화갑기념논문집), 법학서당, 1999, 21쪽; 계희열, 『헌법학(중)(신정2판)』, 박영사, 2007, 76쪽; 표명환, 「기본권적 보호이익의 침해에 대한 승낙과 그 한계」, 『공법학연구』 제9권 제2호, 한국비교공법학회, 2008, 169~170쪽.

601) 같은 견해: 강태수, 「기본권 포기론」, 『공법연구』 제29집 제2호, 한국공법학회, 2001, 139쪽.

(4) 기본권 포기의 효과
① 기본권 행사의 일시적인 일부 정지

기본권 포기의 효과는 기본권 보호영역 일부에만 미친다. 따라서 기본권주체가 기본권을 포기하더라도 기본권은 소멸하지 않고, 단지 그 행사가 부분적으로 그리고 일시적으로 정지될 뿐이다. 이때 정지되는 기본권 행사는 기본권 제약에 대한 방어권 행사이다. 이는 궁극적으로 포기된 기본권영역 보호를 권리구제수단을 통해서, 특히 사법적 구제수단을 통해서 관철할 수 없음을 의미한다. 정지되는 기본권 행사 영역은 일반적으로 확정될 수 없고, 포기의사 해석을 통해서만 밝혀질 수 있다. 즉 기본권주체의 포기의사가 기본권 포기의 내용과 범위를 결정하고, 그 한계를 확정 짓는다.[602]

② 기본권제약행위의 정당화

다른 기본권주체에 대한 기본권 포기가 인정되면, 다른 기본권주체의 기본권제약행위는 합헌적인 것으로 인정된다. 이때 기본권을 포기한 영역은 사적 자치가 전적으로 적용되므로 이러한 영역에 국가는 관여할 수 없다. 따라서 기본권 포기 요건이 갖추어졌음이 확인되면 국가는 기본권 포기에 따른 결과를 보장하여야 한다.

국가에 대한 기본권 포기는 국가에 새로운 권한을 부여하지 않는다. 국가는 자신의 권한 범위 안에서 활동할 수 있을 뿐이다. 기본권 포기는 국가가 자신의 권한을 행사할 때 부딪히는 장애를 일부 제거하는 기능만 할 뿐이다. 즉 기본권 포기는 국가의 기본권제약행위를 정당화하는 데 그친다. 기본권 포기에 근거한 기본권 제약은 그 안에서 합헌이다. 이러한 기본권제약행위의 합헌성은 기본권 포기가 이후에 철회되어도 사라지지 않는다. 이러한 범위에서 포기의사는 구속적이다.[603]

기본권주체의 기본권 포기가 제약이라는 성격 자체를 제거한다는 견해가 있다.[604] 이 견해를 따르면 기본권 포기는 정당성 차원에서 심사되어서는 안 된다고 한다. 그러나 전통적인 제약 개념이나 확장된 제약 개념에 근거하는지와 상관없이 기본권주체가 상대방의 제약행위에 동의하면 언제나 (기본권 보호영역에 관계되는 한) 기본권이 보호하는 법익에 대한 불리한 작용이 문제 된다. 유효한 동의는 이러한 작용에 대한 규범적 평가를 바꿀 뿐이고 보호되는 기본권 보호영역의 축소나 방해라는 순수사실적 평가에 영향을 미치지 않는다. 즉 동의가 유효하다면 기본권제약행위에서 위헌성이 제거된다. 그러나 기본권 포기에서 제약이라는 행위의

602) Klaus Stern, Das Staatsrecht der Bundesrepublik Deutschland, Bd. Ⅲ/2, München 1994, S. 928 참조.
603) Klaus Stern, Das Staatsrecht der Bundesrepublik Deutschland, Bd. Ⅲ/2, München 1994, S. 915 f.
604) Albert Bleckman, Probleme des Grundrechtsverzichts, in: JZ 1988, S. 57; Jürgen Schwabe, Probleme der Grundrechtsdogmatik, Darmstadt 1977, S. 99; Jens Seifert, Problemkreis des Grundrechtsverzichts, in: Jura 2007, S. 101. BVerwGE 42, 331 (335)에서 독일 연방행정최고법원은 행정계약에서 계약당사자의 일치된 합의가 있으면 최소한 법률적 근거를 요구하는 의미의 제약이 발생하지 않는다고 하였다.

성질은 건드리지 않는다.[605] 그리고 기본권 포기가 있으면 기본권 제약 자체가 없다고 보는 것은 기본권 보호를 우연적 상황에 맡김으로써 기본권 보호를 약화할 수 있다. 즉 기본권제약행위자가 기본권 포기의사를 알지 못하여도 기본권 침해가 부정될 수도 있다. 또한, 기본권제약 자체를 부정하든 기본권 제약의 정당화를 인정하든 포기상대방에게 미치는 효과에는 본질적인 차이가 없다.[606] 즉 상대방은 기본권 포기가 없을 때 할 수 없었던 행위를 기본권 포기 때문에 할 수 있다. 따라서 기본권 포기에서 제약이라는 성격 자체가 탈락한다고 보는 것은 타당하지 않다.

③ 기본권 포기의 철회 가능성

기본권을 포기하더라도 기본권주체는 기본권주체라는 지위를 박탈당하거나 기본권 자체를 상실하지 않는다. 따라서 기본권은 여전히 기본권주체의 지배 아래에 있다. 즉 기본권주체는 여전히 기본권과 관련된 사건의 주체이며 지배자이지, 객체나 피지배자가 아니다. 그리고 기본권 포기도 기본권 행사의 한 유형이므로, 기본권주체는 기본권 포기와 다른 형태로 기본권을 행사할 수도 있다. 이러한 점에서 기본권주체는 다른 약정이 없거나 헌법적 법익의 침해나 침해위험이 없는 한 원칙적으로 자유롭게 기본권 포기를 철회할 수 있다. 기본권 포기가 철회되면 기본권제약행위는 더는 정당성을 부여받지 못한다. 그러나 기본권제약행위 이전에만 기본권 포기 철회가 가능하다. 상대방은 현재 유효한 기본권주체의 의사만을 존중하여야 하므로, 기본권 포기 철회에는 오로지 장래효만 귀속된다.[607] 따라서 기본권제약행위 이후에 기본권 포기가 철회되더라도 기본권제약행위의 합헌성이나 정당성은 박탈되지 않는다.

(5) 기본권 포기의 한계
① 법치국가적 기본권 제한의 한계

기본권 포기를 통하여 구체적 개별 사건에서 합헌적인 국가행위 범위는 확대된다. 즉 기본권 포기는 국가의 행위 여지를 확대한다. 여기서 기본권 포기는 기본권 제한과 비교할 만

---

605) Philipp S. Fischinger, Der Grundrechtsverzicht, in: JuS 2007, S. 813; Klaus Stern, Das Staatsrecht der Bundesrepublik Deutschland, Bd. Ⅲ/2, München 1994, S. 918.

606) Gerd Sturm, Probleme eines Verzichts auf Grundrechte, in: Gerhard Leibholz/Hans Joachim Faller/Paul Mikat/Hans Reis (Hrsg.), Menschenwürde und freiheitliche Rechtsordnung: Festschrift für Willi Geiger zum 65. Geburtstag, Tübingen 1974, S. 191 f. 참조.

607) 강태수, 「기본권 포기론」, 『공법연구』 제29집 제2호, 한국공법학회, 2001, 140쪽; Philipp S. Fischinger, Der Grundrechtsverzicht, in: JuS 2007, S. 809; Michael Malorny, Der Grundrechtsverzicht, in: JA 1974, S. 479 f.; Detlef Merten, Der Grundrechtsverzicht, in: Hans–Detlef Horn (Hrsg.), Recht im Pluralismus: Festschrift für Walter Schmitt Glaeser zum 70. Geburtstag, Berlin 2003, S. 68; Jost Pietzcker, Die Rechtsfigur des Grundrechtsverzichts, in: Der Staat 17 (1978), S. 530; Gehard Robbers, Der Grundrechtsverzicht, in: JuS 1985, S. 926; Michael Sachs, Verfassungsrecht Ⅱ Grundrechte, 3. Aufl., Berlin/Heudekberg 2017, S. 142 Rdnr. 43; Jens Seifert, Problemkreis des Grundrechtsverzichts, in: Jura 2007, S. 102; Klaus Stern, Das Staatsrecht der Bundesrepublik Deutschland, Bd. Ⅲ/2, München 1994, S. 916.

한 법적 효과(기본권 제약의 정당화)가 있다. 그러나 기본권제한체계를 기본권 포기에 그대로 전용할 수는 없다. 이는 기본권 포기가 법률이 허용할 때만 허용된다는 것을 뜻할 것이기 때문이다. 이러한 의미는 인격형성 표현이며 기본권 행사인 기본권 포기의 성격과 맞지 않는다.608) 그러나 기본권 포기와 기본권 제한이 같은 결과를 일으킨다는 점에서 기본권 포기의 한계를 확인하는 데 기본권제한체계가 실마리를 제공할 수는 있다.

다른 기본권주체에 대한 기본권 포기에서 다른 기본권주체는 유효한 포기 범위 안에서 자신의 사적 유용성에 따라 자유롭게 포기자의 기본권을 제약할 수 있다. 따라서 기본권 제약 목적은 중요하지 않다. 그러나 국가에 대한 기본권 포기에서 국가는 유효한 포기 범위 안에서도 자유롭게 포기자의 기본권을 제약할 수 없다. 국가는 사인과 같은 지위에서 활동하더라도 사적 유용성이 아니라 공익에서 활동 동기를 찾아야 하기 때문이다. 결국, 국가는 일반적인 기본권 제한처럼 기본권 포기에서도 국가안전보장·질서유지 또는 공공복리라는 목적을 위해서만 기본권을 제약할 수 있다. 기본권보장의무를 지는 국가는 헌법적으로 정당한 목적 없이 기본권을 제약할 수는 없기 때문이다.

다른 기본권주체에 대한 기본권 포기에서 다른 기본권주체는 기본권제약행위에 대한 자유로운 선택권이 있다. 이러한 권리를 헌법 제10조 제1문 후단의 행복추구권에서 도출되는 일반적 자유행동권이 보장한다. 그러나 국가는 기본권 포기가 있어도 헌법이 지운 기본권보장의무(제10조 제2문)에서 벗어날 수 없고, 법치국가원리에서 도출되는 비례성원칙에 여전히 구속된다. 그리고 헌법에 구속되는 기본권주체는 기본권이 아닌 비례성원칙을 포기할 수도 없다. 따라서 기본권 포기에서도 국가는 여전히 비례성원칙에 따라 기본권을 제약하여야 한다. 다만, 이때 비례성원칙은 상당히 완화한 형태로 적용된다. 즉 필요성원칙은 최소제약이 아니라 제약목적을 넘어서는 과도한 제약을 금지하는 내용으로, 상당성원칙은 과도한 불균형을 허용하지 않는 내용으로 각각 바뀔 것이다. 기본권주체가 이미 기본권 포기를 통해서 자신의 기본권을 실현한다는 점과 기본권주체가 기본권 제약에 대해서 스스로 평가하였다는 점을 존중하여야 하기 때문이다.609)

기본권의 본질적 내용 존중은 기본권주체의 처분이 아니라 입법자의 기본권 제한과 관련되므로 기본권 포기의 한계가 아니라는 견해가 있다.610) 그러나 기본권의 본질내용 보장은 기본권규정 공동화를 방지하는 데 그 의의가 있다. 즉 기본권의 본질내용까지 제약되면 기본권보장 목적은 달성될 수 없다. 그리고 기본권 행사나 기본권 제약은 최소한 그 근거를 박탈하

---

608) 같은 견해: Philipp S. Fischinger, Der Grundrechtsverzicht, in: JuS 2007, S. 810.

609) 비슷한 견해: 강태수, 「기본권 포기론」, 『공법연구』 제29집 제2호, 한국공법학회, 2001, 147~148쪽; Kunt Amelung, Die Einwilligung in die Beeinträchtigung eines Grundrechtsgutes, Berlin 1981, S. 62; Klaus Stern, Das Staatsrecht der Bundesrepublik Deutschland, Bd. Ⅲ/2, München 1994, S. 921.

610) Jens Seifert, Problemkreis des Grundrechtsverzichts, in: Jura 2007, S. 104.

지 않거나 그 보장대상을 파괴하지 않는 범위에서만 가능하다. 따라서 기본권 포기에서도 기
본권의 본질내용은 보장되어야 한다. 결국, 기본권의 본질내용을 대상으로 하는 기본권 포기
는 허용되지 않는다.[611)

② 개별 내용에 대한 구체적인 포기

기본권 전체를 포기하는 것은 결과적으로 기본권이 보호되지 않는 것과 같으므로 기본권보
장 목적에 어긋난다. 그리고 기본권 전체의 포기는 기본권의 본질적 내용을 침해할 수밖에
없다(헌법 제37조 제2항 후문). 따라서 기본권 전체를 포기하는 것은 허용되지 않고 기본권의
개별 내용 중 일부만을 포기할 수 있을 뿐이다.[612) (그 자신이 헌법에 구속되는) 기본권주체의
주관적 행위를 통해서도 국가권력은 헌법의 구속에서 벗어날 수 없다는 것도 기본권 전체의
포기가 인정되지 않는 근거 중의 하나이다.[613) 기본권 전체의 포기가 허용된다면 포기가 허
용되는 범위에서 국가는 기본권보장의무(헌법 제10조 제2문)를 옹글게(완벽하게) 면제받는 결과
가 발생하기 때문이다. 또한, 기본권은 모든 사람이나 국가기관에 대해서 포기할 수 없다. 즉
오직 특정된 사람이나 국가기관에만 기본권을 포기할 수 있다. 그리고 모든 시간에 대해서가
아니라 한정된 시간 안에서만 기본권 포기가 인정된다.[614) 포기상대방이나 포기기간을 특정
하지 않아서 포기가 구체적이지 않으면, 포기 내용이 확정되지 않고 기본권주체 자신도 기본
권 포기에 따른 결과를 예측할 수 없어서 기본권주체의 지배 가능성이 사라지기 때문이다.

③ 헌법과 법률의 우위

헌법과 법률은 기본권주체는 물론 국가도 구속한다. 따라서 기본권주체와 국가는 헌법과
법률에 어긋나는 어떠한 행위도 할 수 없다. 기본권 포기도 기본권주체의 의사표시와 다른
기본권주체와 국가의 행위를 통해서 실현되므로 기본권 포기도 헌법이나 법률에 어긋날 수
없다. 즉 헌법이나 법률에 명문의 금지규정이 있으면 기본권 포기는 허용되지 않는다. 예를

---

611) 같은 견해: 강태수, 「기본권 포기론」, 『공법연구』 제29집 제2호, 한국공법학회, 2001, 146~147쪽; 계희열, 『헌
   법학(중)(신정2판)』, 박영사, 2007, 77쪽; 이강혁, 「기본권의 포기」, 『월간고시』 제14권 제3호(통권 제158호), 법
   지사, 1987. 3., 45쪽; 정종섭, 『헌법학원론(제12판)』, 박영사, 2018, 338쪽; Klaus Stern, Das Staatsrecht der
   Bundesrepublik Deutschland, Bd. Ⅲ/2, München 1994, S. 925.

612) 같은 견해: 계희열, 『헌법학(중)(신정2판)』, 박영사, 2007, 72, 78쪽; 정종섭, 『헌법학원론(제12판)』, 박영사,
   2018, 335쪽; 표명환, 「기본권적 보호이익의 침해에 대한 승낙과 그 한계」, 『공법학연구』 제9권 제2호, 한국비교
   공법학회, 2008, 170쪽; Albert Bleckman, Probleme des Grundrechtsverzichts, in: JZ 1988, S. 59; Philipp S.
   Fischinger, Der Grundrechtsverzicht, in: JuS 2007, S. 811. 영장 없이 가택을 수색하고자 할 때 당사자가 자유로
   운 의사표시를 통해서 이를 수용할 때(헌법 제16조 제2문 참조), 재산권을 보상 없이 공용사용하도록 허용할 때
   (헌법 제23조 제3항 참조), 독신의 피구속자가 주위사람들이 자신의 체포사실을 알게 되는 것을 꺼려 헌법 제12
   조 제5항의 통지를 하지 말도록 요구할 때, 항소심의 재판이나 대법원의 재판을 받지 않겠다는 할 때(헌재 1998.
   5. 28. 96헌바4, 판례집 10-1, 610, 620 참조) 등이 이에 해당한다.

613) Philipp S. Fischinger, Der Grundrechtsverzicht, in: JuS 2007, S. 808; Michael Malorny, Der Grundrechtsverzicht,
   in: JA 1974, S. 477 f. 참조.

614) 같은 견해: Albert Bleckman, Probleme des Grundrechtsverzichts, in: JZ 1988, S. 59.

들어 헌법이 금지하는 고문(헌법 제12조 제2항 전단)이나 검열(헌법 제21조 제2항)은 기본권주체가 동의하여도 허용되지 않고, 법치국가원리의 요소인 법관의 자격이 있는 판사에 의한 재판을 받을 권리(헌법 제27조 제1항)는 포기할 수 없다. 그러나 기본권 제한에 따르는 법률유보(헌법 제37조 제2항 전단)는 기본권 포기에서 문제 되지 않는다. 기본권 포기에 관한 권리는 헌법 제10조 제2문에서 도출되므로 기본권 포기에 대한 법률적 근거는 불필요하기 때문이다. 만약 기본권 포기에 법률적 근거가 필요하다고 하면, 법률적 근거가 없는 기본권 행사는 허용되지 않는다는 부당한 결과가 도출될 수 있다.[615]

제10절 기본권 보호

I. 입법권이 기본권을 침해할 때 구제방법

① 입법작위의무를 이행하였는데도 기본권을 침해할 때, ② 입법작위의무를 이행하지 아니하여 기본권을 침해할 때 입법권이 기본권을 침해한다. 전자에는 ① 입법작위의무를 옹글게(완벽하게) 이행하였는데도 기본권을 침해할 때와 ② 입법작위의무를 불완전하게 이행하여 기본권을 침해할 때가 있다. 일반적으로 입법작위의무를 이행하지 아니하여 기본권을 침해할 때와 입법작위의무를 불완전하게 이행하여 기본권을 침해할 때를 입법부작위에 따른 기본권 침해라고 부른다.

1. 문제의 의의

기본권 중에는 그 성질상 법률에 따른 구체화 없이 직접 효력이 있는 것이 있다. 이처럼 직접 효력이 있는 기본권은 입법자도 구속하고, 이를 침해하는 입법은 위헌 여부가 문제 된다. 반면에 법률에 따른 구체화가 필요한 기본권에서는 '입법자의 형성의 자유'와 관련하여 입법자의 특수한 지위 존중이 문제 된다. 즉 입법자가 제정한 법률은 일단 효력이 생기고, 헌법해석자, 특히 헌법재판소는 합헌적 법률해석을 통해서 법률에 대한 위헌판단을 가능한 한 신중하게 하여야 한다. 특히 권력분립원칙 때문에 사법이 입법을 강제하는 것은 일반적으로 인정되기 곤란하다. 하지만 입법이 헌법이 인정한 한계를 넘어서 기본권을 침해하면 이에 대한 구체적인 보호수단이 문제 될 수밖에 없다.

---

615) 이에 관해서 자세한 검토는 강태수, 「기본권 포기론」, 『공법연구』 제29집 제2호, 한국공법학회, 2001, 148~151쪽 참조.

2. 적극적인 입법이 기본권을 침해할 때 구제

(1) 청원권

국회가 제정하거나 심의과정 중에 있는 법률이 기본권을 침해할 우려가 있으면 국민이 그 법률의 폐지나 개정을 입법기관에 청원할 수 있다(헌법 제26조, 청원법 제4조 제3호). 그러나 국회 안에서 다수가 제정한 법률에 대한 청원이 받아들여져서 법률이 개정되거나 폐지되는 것은 현실적으로 기대하기 어려우므로 실효성은 크지 않다.

(2) 대통령의 법률안 재의결 요구(법률안거부권 행사)

국회가 기본권을 침해할 우려가 있는 위헌적인 법률을 제정하려고 할 때 대통령은 이 법률안에 대해서 서명·공포하는 것을 거부함으로써 기본권을 보호할 수 있다(헌법 제53조 제2항). 하지만 대통령이 거부권을 행사하여도 국회가 재의결하면 그 법률안은 법률로서 확정된다(헌법 제53조 제4항).

(3) 헌법재판소의 구체적 규범통제

입법자가 제정한 법률이 실제 적용되어 국민의 기본권을 침해하면 그러한 법률의 위헌 여부를 검토하여 위헌으로 확인된 법률의 효력을 상실하게 하는 것이 필요하다. 현행법상 법률의 위헌 여부는 ① 그 법률의 위헌 여부가 재판의 전제가 될 때, ② 법원이 소송당사자의 신청에 기초하거나 직권으로 문제가 되는 법률의 위헌 여부에 관한 심판을 헌법재판소에 제청하면, ③ 헌법재판소가 이에 관해서 최종적인 판단을 내린다(헌법 제107조, 제111조 제1항 제1호). 헌법재판소가 위헌결정을 내리면 그 법률은 효력을 상실하고, 해당 법원은 그 법률 적용을 배제함으로써 위헌법률을 통한 기본권 침해를 막고 정상적인 기본권의 보장과 실현을 확보한다. 법원이 위헌여부심판의 제청 신청을 기각하면 당사자는 헌법재판소에 위헌소원심판을 청구할 수 있다(헌법재판소법 제68조 제2항). 위헌소원심판은 형식상 헌법소원심판 형태로 구체화하였으나, 그 실질은 위헌법률심판이다.

(4) 헌법재판소의 헌법소원심판(법령헌법소원)

위헌적 공권력의 행사나 불행사로 말미암아 기본권이 침해되면, 기본권을 침해받은 사람은 헌법소원심판을 청구하여 기본권을 구제받을 수 있다(헌법 제111조 제1항 제5호, 헌법재판소법 제68조 제1항). 따라서 입법자의 위헌적 입법이 (구체적인 집행행위를 매개하지 않고) 직접 현재 기본권을 침해하면 그 법령의 집행행위를 기다릴 필요 없이 바로 그 법령에 대한 헌법소원심판을 청구할 수 있다.

3. 입법부작위에 따른 기본권 침해에 대한 구제

(1) 원칙

입법부작위에는 ① 입법자가 헌법상 입법의무가 있는 어떤 사항에 관해서 전혀 입법을 하지 아니함으로써 입법행위 흠결이 있는 때(입법권 불행사)와 ② 입법자가 어떤 사항에 관해서 입법은 하였으나 그 입법의 내용·범위·절차 등이 해당 사항을 불완전·불충분 또는 불공정하게 규율함으로써 입법행위에 결함이 있는 때(결함 있는 입법권 행사)가 있다. 일반적으로 전자를 '진정입법부작위', 후자를 '부진정입법부작위'라고 부른다.616) 어떤 사항을 법규로 규율할 것인지는 특별한 사정이 없는 한 입법자가 정치적·경제적·사회적 고려 아래 정하는 입법정책 문제이므로 법률 제정을 청구할 권리는 원칙적으로 인정될 수 없고, 헌법재판소가 입법자의 지위를 갈음할 수 없다는 헌법재판의 본질적 한계가 있어서 입법행위에 대한 소구청구권은 원칙적으로 인정될 수 없다. 다만, 헌법에서 입법자의 입법의무가 도출되면 부작위로 말미암은 의무 위반을 다툴 수 있다.617)

(2) 진정입법부작위

① 명시적인 입법위임 불이행

재산권의 공용수용을 위한 입법을 할 때 보상법률을 함께 규정할 것을 입법자에게 의무지운 헌법 제23조 제3항처럼 헌법규정이 명시적인 입법위임을 할 때가 있다. 이때 입법자가 이러한 의무를 이행하지 않아 기본권규정을 침해하면 이에 대한 소구가 가능하다.

② 기본권규정에서 나오는 국가의 행위의무나 보호의무 불이행

헌법해석상 특정인에게 구체적인 기본권이 생겨 이를 보장하기 위한 국가의 행위의무나 보호의무가 발생하였음이 명백한데도 입법자가 전혀 입법을 하지 않으면 이에 대한 소구가 가능하다.

③ 구제방법

입법권의 불행사로 말미암은 기본권 침해는 그 불행사가 계속되는 한 기본권을 침해하는 부작위가 계속되므로 진정입법부작위 자체를 대상으로 하는 헌법소원심판을 그 불행사가 계속되는 한 기간 제약 없이 적법하게 청구할 수 있다.618) 이때 헌법재판소는 입법부작위의 위헌을 확인하여 입법을 명령할 수 있고, 때에 따라 입법안을 제시할 수 있다.

---

616) 헌재 1996. 10. 31. 94헌마108, 판례집 8-2, 480, 489.

617) 헌재 1989. 3. 17. 88헌마1, 판례집 1, 9, 16.

618) 헌재 1994. 12. 29. 89헌마2, 판례집 6-2, 395, 408; 헌재 1998. 7. 16. 96헌마246, 판례집 10-2, 283, 298-299.

(3) 부진정입법부작위

① 불충분한 입법

입법의 불충분성은 입법재량의 한계 심사로 판단한다. 입법의무 일부 이행은 있으나 적절하고 효과적인 입법조치로 보기 어려운 수준의 입법이면 소구할 수 있다.

② 입법개선의무 이행 해태

입법 당시에는 적절하고 효과적인 입법조치였으나 시간 경과와 사정 변경으로 말미암아 그것이 더는 적절하고 효과적인 입법이 아닌데도 적절한 새로운 입법을 기대할 수 있는 상당 기간이 지나도록 입법개선이 이루어지지 않은 때도 이를 소구할 수 있다.

③ 구제방법

입법부작위를 대상으로 할 것이 아니라 기왕에 입법된 법규정을 심판대상으로 헌법소원심판이나 위헌법률심판을 청구할 수 있다. 헌법소원심판을 청구하면 헌법재판소법 제69조 제1항 소정의 청구기간 적용을 받는다.[619)]

(4) 부론

① 국회의 입법부작위로 말미암아 손해가 발생하였을 때 국가배상청구권 행사 가능성

국가배상법 제2조 제1항을 따르면, "국가 또는 지방자치단체는 공무원이 그 직무를 집행함에 당하여 고의 또는 과실로 법령에 위반하여 타인에게 손해를 가"하면 그 손해를 배상하여야 한다.

(ⅰ) 여기서 '공무원이 그 직무를 집행함'은 공무원 소속이 입법부, 집행부나 사법부를 가릴 필요 없고, 그 행위 형태가 작위, 부작위나 법률행위, 사실행위 여부를 가릴 필요 없이, 국가나 지방자치단체의 사경제적 작용을 제외한 일체의 공법적 작용을 뜻한다. 따라서 입법부작위도 공무원의 직무집행행위에 속한다.

(ⅱ) '고의 또는 과실'과 관련하여서는 과실의 객관화를 통하여 피해자 구제의 폭을 넓히고, 과실의 증명책임에 관해서도 손해만 입증되면 공무원에게 과실이 있는 것으로 일단 추정된다고 하는 것이 일반적 경향이다. 그리고 입법부작위에서 고의·과실은 국회의 의사결정에 참여한 전체로서 국회의원, 즉 합의제 입법기관으로서 국회 자체의 귀책사유를 문제로 하는 법적 평가 개념이고, 개개 국회의원의 주관적 의도와 활동내용 당부 등과 직접 관련이 없다. 그러나 입법자는 폭넓은 입법형성의 자유가 있으므로 입법자의 과실을 입증하는 데 어려움이 있다. 하지만 입법형성의 자유도 헌법이 설정한 한계 안에서 인정되는 것이므로 입법자가 자신의 입법의무를 기대 가능한 기간 안에 행사하지 않아 국민의 권리를 침해하였다면 위법성이 긍정될 수 있다.

---

619) 헌재 1996. 10. 31. 94헌마204, 공보 18, 648.

(ⅲ) '법령 위반'과 관련하여서 법령은 헌법을 포함한 일체의 공법상 법률과 법규명령을 뜻하는 엄격한 의미의 법령만이 아니라 인간존중, 권리남용 금지, 신의성실, 공서양속 등 조리나 법의 일반원칙도 포함된다. 다만, 대법원은 입법행위의 위법성과 관련하여 "우리 헌법이 채택하는 의회민주주의 아래에서 국회는 다원적 의견이나 갖가지 이익을 반영시킨 토론과정을 거쳐 다수결의 원리에 따라 통일적인 국가의사를 형성하는 역할을 담당하는 국가기관으로서 그 과정에 참여한 국회의원은 입법에 관하여 원칙적으로 국민 전체에 대한 관계에서 정치적 책임을 질 뿐 국민 개개인의 권리에 대응하여 법적 의무를 지는 것은 아니므로 국회의원의 입법행위는 그 입법 내용이 헌법의 문언에 명백히 위반됨에도 불구하고 국회가 굳이 당해 입법을 한 것과 같은 특수한 경우가 아닌 한 국가배상법 제2조 제1항 소정의 위법행위에 해당된다고 볼 수 없다 할 것이다."[620]라고 하여 위법성을 지나치게 엄격하게 요구한다.

② 입법절차상 (국회의원의) 기본권 침해로 말미암은 헌법소원심판 청구 가능성

입법권은 헌법 제40조를 따라 국회에 속하고, 국회의원이 국회 안에서 행사하는 질의권, 토론권과 표결권 등은 입법권 등 공권력을 행사하는 국가기관인 국회의 구성원 지위에 있는 국회의원에게 부여된 권한으로서 국회의원 개인에게 헌법이 보장하는 권리, 즉 기본권으로 인정된 것이라고 할 수 없다. 그러므로 국회의 구성원인 지위에서 공권력작용의 주체가 되어 오히려 국민의 기본권을 보호하거나 실현할 책임과 의무를 지는 국회의원이 국회의 의안처리 과정에서 이러한 권한을 침해당하더라도 이는 헌법재판소법 제68조 제1항에서 말하는 '기본권 침해'에 해당하지 않으므로, 이때 국회의원은 개인의 권리구제수단인 헌법소원심판을 청구할 수 없다.[621]

Ⅱ. 집행권이 기본권을 침해할 때 구제방법

집행권이 기본권을 침해하는 때로는 ① 법률의 해석·적용을 잘못하여 기본권을 침해할 때, ② 법률을 위법하게 적용하여 기본권을 침해할 때, ③ 위헌적인 법률을 적용하여 기본권을 침해할 때, ④ 법률을 집행하지 아니하여 기본권을 침해할 때 등이 있다.

1. 행정절차를 통한 보호

한국 헌법은 법치국가원리를 헌법의 기본원리로 삼고, 이러한 법치국가원리는 행정작용에 대한 절차적 통제의 헌법적 근거가 된다. 이러한 법치국가원리를 근거로 행정절차법이 제정되었다. 이에 따라 행정행위를 하기 전에 이해관계인의 청문(행정절차법 제28조 이하), 이유부

---

620) 대법원 1997. 6. 13. 선고 96다56115 판결(공1997하, 2157).
621) 헌재 1995. 2. 23. 90헌마125, 판례집 7−1, 238, 242.

기(행정절차법 제23조), 공청회(행정절차법 제38조 이하), 행정입법 예고(행정절차법 제41조 이하) 등을 통해서 사전에 권리 침해를 예방할 수 있다.

2. 청원권

행정행위로 말미암아 기본권이 침해될 우려가 있거나 침해되면 관계당사자는 관련 국가기관에 기본권 침해를 예방하기 위해서 문서로 청원할 수 있다(헌법 제26조 제1항, 청원법 제4조 제1호, 제2호, 제5호). 국가기관은 청원에 대해서 심사할 의무를 지므로(헌법 제26조 제2항) 심사 결과에 따라 기본권 침해를 예방할 수 있다.

3. 탄핵심판

대통령, 국무총리, 국무위원, 행정 각부의 장, 중앙선거관리위원회위원, 감사원장, 감사위원, 그 밖의 법률에 정한 행정고위공무원이 그 직무집행을 하면서 헌법이나 법률을 어기고 기본권을 침해하면 국회가 탄핵소추를 의결하고(헌법 제65조), 헌법재판소가 탄핵결정(헌법 제111조 제1항 제2호)을 할 때까지 적어도 그 권한 행사를 정지시킴으로써(헌법 제65조 제3항) 기본권을 보호할 수 있다.

4. 형사보상청구권

불법·부당한 인신구속에 따른 기본권 침해에 대한 구제제도로서 헌법 제28조는 형사보상 제도를 도입하여, 형사피의자나 형사피고인으로서 구금되었던 사람이 법률이 정하는 불기소 처분을 받거나 무죄판결을 받으면 법률이 정하는 바에 따라서 국가에 적당한 보상을 청구할 수 있다고 규정한다.

5. 국가배상청구권

공무원의 직무상 불법행위로 손해를 입은 국민은 법률이 정하는 바에 따라서 국가나 공공 단체에 손해배상을 청구할 수 있다(헌법 제29조 제1항). 국가배상제도는 이처럼 기본권 침해를 입은 국민이 국가에 대해서 손해배상을 청구할 수 있도록 규정함으로써 행정행위가 침해한 기본권을 집행부 스스로 구제하고 보호하는 제도이다.

6. 국가인권위원회

국가인권위원회는 독립위원회로서 기존 국가기관이 충분히 보호하지 못한 인권[622] 보호를

---

622) 여기서 인권이란 헌법 및 법률에서 보장하거나 대한민국이 가입·비준한 국제인권조약 및 국제관습법에서 인정하는 인간으로서의 존엄과 가치 및 자유와 권리를 뜻한다(국가인권위원회법 제2조 제1호).

위해 피해자 진정에 기초하거나 직권에 의해서 각종 인권침해사례[623]를 조사할 수 있다(국가인권위원회법 제30조). 국가인권위원회는 조사하거나 조사가 끝난 진정에 대해서 사건의 공정한 해결을 위해서 필요한 구제조치를 당사자에게 제시하고 합의를 권고할 수 있고(국가인권위원회법 제40조), 진정에 대해서 인권 침해가 있다고 인정하고 당사자들 사이에 합의가 이루어지지 않으면 당사자의 신청이나 직권에 의하여 조정위원회(국가인권위원회법 제41조)에 회부하여(국가인권위원회법 제42조 제1항) 조정(국가인권위원회법 제42조 제2항)이나 이에 갈음하는 결정(국가인권위원회법 제42조 제3항)을 할 수 있다. 위원회가 진정을 조사한 결과 인권 침해가 일어났다고 판단하면 피진정인, 그 소속기관·단체 또는 감독기관의 장에게 조정에 갈음하는 결정에 포함된 구제조치 이행, 법령·제도·정책·관행의 시정이나 개선사항을 권고할 수 있고(국가인권위원회법 제44조), 진정 내용이 범죄행위에 해당하고 이에 대해서 형사처벌이 필요하다고 인정하면 검찰총장 등에게 그 내용을 고발할 수 있으며, 피진정인이나 인권 침해에 책임이 있는 사람에 대한 징계를 소속기관 등의 장에게 권고할 수 있다(국가인권위원회법 제45조 제1항 및 제2항). 그 밖에도 위원회는 진정을 접수하고 나서 인권침해행위가 계속 중이라는 상당한 개연성이 있고, 이를 내버려두면 회복하기 어려운 피해 발생 우려가 있다고 인정하면 그 진정에 대한 결정 이전에 진정인이나 피해자의 신청에 의하여 또는 직권으로 피진정인, 그 소속기관 등의 장에게 법소정의 긴급구제조치를 하도록 권고할 수 있다(국가인권위원회법 제48조). 관계 국가행정기관이나 지방자치단체의 장은 인권의 보호와 향상에 영향을 미치는 내용을 포함하는 법령을 제정 또는 개정하고자 할 때 미리 국가인권위원회에 통보하여야 한다(국가인권위원회법 제20조 제1항). 그리고 국가인권위원회는 인권의 보호와 향상을 위해서 필요하다고 인정하면 관계기관 등에 대해서 정책과 관행의 개선이나 시정을 권고하거나 의견을 표명할 수 있다(국가인권위원회법 제25조).

7. 행정쟁송제도(행정심판과 행정소송)

헌법 제107조 제3항은 재판의 전심절차로서 행정심판을 할 수 있도록 하고 행정심판의 절차는 법률로 정하되 사법절차를 준용하도록 규정한다. 이처럼 폭넓은 행정심판영역을 설정함으로써 권익구제 가능성을 넓히고, 행정심판절차를 사법절차에 따르도록 함으로써 권익구제의 공정성과 실효성을 높이려고 한다. 따라서 행정청의 위법 또는 부당한 처분이나 그 밖에 공권력의 행사·불행사 등으로 말미암아 권익을 침해당한 자는 행정심판을 청구할 수 있다. 그리고 집행기관의 기본권 침해 유형과 성질에 따라 피해자는 관할법원에 재판을 청구하여

---

623) 인권침해행위는 국가기관, 지방자치단체 또는 구금·보호시설의 업무수행(국회의 입법 및 법원·헌법재판소의 재판은 제외)과 관련하여 헌법 제10조 내지 제22조에 보장된 인권의 침해사실과 법인, 단체 또는 사인에 의해서 평등권 침해의 차별행위를 당한 때를 말한다(국가인권위원회법 제30조 제1항).

구제받을 수 있다. 특히 집행기관이 기본권을 침해하면 행정소송이 사후구제수단으로서 매우 중요한 역할을 한다. 그리고 공무원의 직무상 불법행위로 기본권 침해가 발생할 때 국가배상에 관한 소송이 제기되면 법원이 심판권을 갖는다.

8. 행정입법에 대한 규범통제(법원 심사와 헌법소원)

헌법상 명령·규칙을 제정할 수 있는 집행기관이 헌법이나 법률에 위반되는 명령·규칙을 제정함으로써 국민의 기본권을 침해하면 법원은 그 심사권을 통해서 기본권을 보호할 수 있다. 다만, 법원은 그 명령·규칙이 헌법이나 법률에 위반되는지가 재판의 전제가 될 때만 심사권이 있다(헌법 제107조 제2항). 법원은 심사 결과 문제가 되는 명령·규칙이 위헌·위법이라고 판단되면 그 명령·규칙 적용을 거부함으로써 기본권을 보호할 수 있다. 명령이나 규칙이 별도의 집행행위를 기다리지 않고 직접 기본권을 침해하면 당사자는 이에 대해서 헌법소원심판을 청구할 수 있다.624)

9. 법률구조공단을 통한 인권옹호제도

기본권 침해에 대한 구제방법으로 특별한 인권옹호기관에 의한 구제수단이 있다. 법률구조제도가 그것으로 권리를 침해당하고서도 전문적인 법률지식이나 돈이 없어서 권리구제를 받지 못하는 주로 서민을 위한 제도이다. 이 제도는 집행기관의 기본권 침해뿐 아니라 사인의 기본권 침해를 포함한 모든 인권 침해를 대상으로 한다.

Ⅲ. 사법권이 기본권을 침해할 때 구제방법

사법권이 기본권을 침해할 때는 ① 법령해석의 잘못, ② 위헌법령 적용, ③ 사실판단 잘못 등으로 말미암은 기본권 침해, ④ 재판절차에서 소송당사자를 정당하게 대우하지 않을 때, ⑤ 정당한 이유 없이 재판을 지연하여 신속한 재판을 받을 권리를 침해할 때 등이 있다.

1. 법원사법권이 기본권을 침해할 때 구제방법

(1) 법원의 사실판단·법률적용상 잘못(심급제도, 재심 등)

법원 재판이 기본권을 침해하면, 즉 법령 해석이나 사실판단 잘못으로 말미암은 기본권 침해에 대해서는 상급법원에 상소(항소, 상고)하거나 재심 청구, 비상상고나 비약상고를 함으로써 기본권 보호를 받을 수 있다.

---

624) 헌재 1997. 6. 26. 94헌마52, 판례집 9-1, 659, 667.

(2) 형사사법작용으로 말미암아 인신의 권리가 잘못 침해(형사보상청구권)

법원의 오판으로 유죄가 확정되어 복역한 국민이 나중에 재심 등을 통해서 무죄판결을 받으면 국가에 대한 형사보상청구가 인정된다(헌법 제28조).

(3) 대통령의 사면권

대통령은 사면권이 있고(헌법 제79조), 이 권한을 행사하여 사면·감형·복권시킴으로써 사법권이 침해할 수도 있는 기본권을 최종적으로 보호할 수 있다.

(4) 법관에 대한 탄핵심판

법관이 그 직무집행을 할 때 헌법이나 법률을 어기고 기본권을 침해하면 국회는 탄핵소추를 의결하고 헌법재판소의 탄핵결정이 있을 때까지 그 권한 행사를 정지시킴으로써 기본권을 보호할 수 있다(헌법 제65조).

(5) 법원 재판에 대한 예외적인 헌법소원심판

법원 재판이 기본권을 침해할 때 이를 효과적으로 구제할 수 있는 최종적 구제방법이 헌법소원제도이다. 그러나 헌법재판소법은 법원 재판에 대한 헌법소원을 금지한다(헌법재판소법 제68조 제1항). 다만, 법원이 헌법재판소가 위헌으로 결정하여 그 효력을 전부 또는 일부 상실하거나 위헌으로 확인된 법률을 적용함으로써 국민의 기본권을 침해하면 예외적으로 법원의 재판에 대한 헌법소원이 허용된다.[625] 그리고 당사자가 위헌법률심판 제청을 신청하였는데 법원이 이를 기각하면 위헌소원으로 헌법재판소 판단을 구하고 이를 통해서 기본권을 보호받을 수 있다(헌법재판소법 제68조 제2항).

2. 헌법재판권이 기본권을 침해할 때 구제방법

(1) 헌법재판소 결정의 확정력

헌법재판소법 제39조에서 일사부재리에 관해서 규정하고, 일반적으로 헌법재판소의 심판절차에 대해서 민사소송에 관한 법리가 준용되는 점을 고려하면 헌법재판소 결정에 확정력이 인정된다. 헌법재판소는 결정이 선고되면 같은 심판에서 자신이 내린 결정을 더는 취소하거나 변경할 수 없다(불가변력). 다만, 결정서에 잘못된 계산이나 기재, 그밖에 이와 비슷한 잘못이 있음이 분명하면 헌법재판소는 직권 또는 당사자의 신청에 의하여 경정결정을 할 수 있다(헌법재판소법 제40조, 민사소송법 제211조 제1항). 헌법재판소 결정에 대해서 더는 상급심이 존재하지 아니하므로 선고(또는 결정고지)함으로써 형식적 확정력(불가쟁력)이 발생한다. 즉 헌법재판소 결정에 대해서는 불복신청이 허용될 수 없다.[626] 헌법재판소 결정에 형식적 확정력이

---

625) 헌재 1997. 12. 24. 96헌마172등, 판례집 9-2, 842, 859-860; 헌재 1998. 4. 30. 92헌마239, 판례집 10-1, 435, 441.
626) 헌재 1994. 12. 29. 92헌아1, 판례집 6-2, 538, 541; 헌재 1994. 12. 29. 92헌아2, 판례집 6-2, 543, 547.

발생하면 당사자는 확정된 해당 심판은 물론이고 후행 심판에서 같은 사항에 대해서 다시 심판을 청구할 수 없고, 헌법재판소도 확정재판의 판단내용에 구속된다(기판력: 실질적 확정력). 헌법재판소는 이미 한 결정에 대해서는 이를 취소·변경할 수 없으므로 이에 대한 헌법소원심판 청구는 적법하지 않다.[627]

(2) 헌법재판소 결정에 대한 재심 허용 여부?

① 심판절차의 종류에 따른 개별적 판단

헌법재판소법은 헌법재판소 결정에 대한 재심 허용 여부에 관해서 별도의 명문 규정을 두지 않는다. 헌법재판은 그 심판의 종류에 따라 그 절차의 내용과 효과가 한결같지 아니하므로 재심의 허용 여부나 허용 정도 등은 심판절차 종류에 따라서 개별적으로 판단될 수밖에 없다.[628]

② 헌법재판소법 제68조 제2항에 따른 헌법소원심판

헌법재판소는 "만약 헌법재판소법 제68조 제2항에 의한 헌법소원심판청구사건에 있어서 선고된 헌법재판소의 결정에 대하여 재심에 의한 불복방법이 허용된다면, 종전에 헌법재판소의 위헌결정으로 효력이 상실된 법률 또는 법률조항이 재심절차에 의하여 그 결정이 취소되고 새로이 합헌결정이 선고되어 그 효력이 되살아날 수 있다거나 종래의 합헌결정이 후일 재심절차에 의하여 취소되고 새로이 위헌결정이 선고될 수 있다 할 것이다. 그러나 이러한 결과는 문제가 된 법률 또는 법률조항과 관련되는 모든 국민의 법률관계에 이루 말할 수 없는 커다란 혼란이나 그 법적 생활에 대한 불안을 가져오게 할 수도 있다. …… 결국 위헌법률심판을 구하는 헌법소원에 대한 헌법재판소의 결정에 대하여는 재심을 허용하지 아니함으로써 얻을 수 있는 법적 안정성이 이익이 재심을 허용함으로써 얻을 수 있는 구체적 타당성의 이익보다 훨씬 높을 것으로 쉽사리 예상할 수 있고, 따라서 헌법재판소의 이러한 결정에는 재심에 의한 불복방법이 그 성질상 허용될 수 없다고 보는 것이 상당하다고 할 것이다."[629]라고 하였다. 이러한 논리는 헌법재판소법 제68조 제1항에 따른 법령소원도 같다.

③ 헌법재판소법 제68조 제1항에 따른 헌법소원심판

헌법재판소는 헌법재판소법 제68조 제1항에 따른 헌법소원 중 공권력 작용을 대상으로 하는 권리구제형 헌법소원절차에서는, 그 결정의 효력이 원칙적으로 당사자에게만 미치므로 법령에 대한 헌법소원과는 달리 일반 법원 재판과 같이 민사소송법의 재심에 관한 규정을 준용하여 재심을 허용함이 상당하다고 한다. 그러면서 헌법재판소법 제68조 제1항의 헌법소원심

---

627) 헌재 1989. 7. 24. 89헌마141, 판례집 1, 155, 156.
628) 헌재 1995. 1. 20. 93헌아1, 판례집 7−1, 113, 119.
629) 헌재 1992. 6. 26. 90헌아1, 판례집 4, 378, 384−385.

판에서는 재판부 구성이 위법한 때 등 절차상 중대·명백한 위법이 있어서 재심을 허용하지 아니하면 현저히 정의에 어긋나는 때만 재심이 제한적으로 인정된다고 한다.[630] 헌법재판소는 초기에 민사소송법상 재심사유인 판단유탈이 헌법재판소법 제68조 제1항의 헌법소원심판의 재심사유가 되지 않는다고 하는 태도를 유지하다가,[631] 판례를 변경하여 판단유탈을 재심사유로 인정한다.[632]

제11절 기본권의 분류와 체계

기본권의 분류와 체계는 기본권에 대한 법리를 개별 기본권규정을 해석하고 적용할 때 작용할 수 있도록 하는 가교역할을 한다. 따라서 기본권의 분류와 체계를 검토하는 것이 필요하다.

Ⅰ. 기본권 분류[633]

1. 주체 기준

(1) 인간의 권리/국민의 권리

인간의 권리는 인권의 보편성에 기초하여 외국인에게도 국민과 동등하게 인정되어야 하는 기본권이고, 국민의 권리는 국가공동체의 구체적 형성에 직접 연결되는 까닭에 외국인에게는 원칙적으로 인정될 수 없는 기본권이다. 하지만 이러한 분류는 기본권의 주체에 관한 논의를 기본권의 분류로 다시 정리한 것에 지나지 않고, 그나마도 불충분한 정리이다.

(2) 자연인의 권리/법인의 권리

자연인의 권리는 자연인의 생물학적 생존과 정신적 활동을 전제하므로 법인에는 인정하기 곤란한 기본권을 말한다. 반면에 법인의 권리는 성질상 법인에도 인정될 수 있는 권리를 말한다. 그러나 법인의 성질에 따라 구체적 인정범위는 달라질 수 있다. 이러한 분류방법도 기본권주체에 관한 논의를 기본권의 분류로서 다시 정리한 것이고, 전체적 기본권체계를 파악하는 데 큰 도움이 되지 못한다.

---

630) 헌재 1995. 1. 20. 93헌아1, 판례집 7-1, 113, 121.

631) 헌재 1995. 1. 20. 93헌아1, 판례집 7-1, 113, 121-122; 헌재 1998. 3. 26. 98헌아2, 판례집 10-1, 320, 324-325.

632) 헌재 2001. 9. 27. 2001헌아3, 판례집 13-2, 457, 460-461.

633) 그 밖에 효력을 기준으로 현실적 기본권/방침적 기본권과 대국가적 기본권/대사인적 기본권으로 분류하기도 한다. 하지만 전자는 헌법 제10조 국가의 기본권보장의무를 무시하는 분류이고, 후자는 기본권의 대사인적 효력이 일반적으로 인정되는 현실에서 큰 의미가 없다.

2. 성질 기준

(1) 자연권/실정권

자연권은 국가가 비로소 인정하는 권리가 아니라 국가 이전에 이미 모든 인간에게 생래적으로 부여되었다고 인정되는 권리로서 초국가적 인권이나 선국가적 권리로서 이해된다. 반면에 실정권은 국가를 전제로 헌법규정이 비로소 창설하는 기본권을 뜻한다. 하지만 양자의 구별은 특별한 의미가 없다. 헌법학에서 논의하는 기본권은 국가를 벗어난 자연권이 아니라 헌법질서 속에서 실정법적으로 보장되는 기본권이지만, 그 뿌리는 초국가적 인권이라는 점도 간과할 수 없기 때문이다.

(2) 절대적 기본권/상대적 기본권

일반적 법률유보를 채택하지 않는 독일 기본법에서 절대적 기본권은 개별적 법률유보가 없어서 법률로써도 제한할 수 없는 기본권을 말하고, 상대적 기본권은 개별적 법률유보가 있어서 법률로써 제한할 수 있는 기본권을 말한다. 반면 한국에서는 물리적 제한이 불가능한 기본권으로 볼 수 있는 신앙의 자유와 내면적 양심형성의 자유를 절대적 기본권으로, 그 밖의 기본권을 상대적 기본권으로 분류하는 견해도 있다. 하지만 구별이 정확하지 않을 뿐 아니라 구별 실익도 없다.

(3) 진정한 기본권/부진정한 기본권

슈미트(C. Schmitt)의 견해에 따른 분류로서 진정한 기본권이란 초국가적 인권으로서 자연권을 말하고, 부진정한 기본권이란 그 밖의 모든 기본권을 가리킨다. 이러한 기본권 분류는 국가와 사회의 구별에 기초하여 사회 영역에 대한 국가권력 개입을 막는 자유권만 선국가적 기본권으로서 의미가 있고, 그 밖의 기본권은 국가의 존재와 활동을 전제한다는 점에서 차별화한다. 하지만 국가와 사회의 이원론이 극복된 현대 민주국가에서는 이러한 구별도 큰 의미가 없다.

(4) 실체적 권리/절차적 권리(기본권의 실현구조 차이가 기준)

실체적 권리란 인간의 구체적 생활영역 보호를 내용으로 하는 기본권이고, 절차적 권리는 실체적 기본권 침해를 전제로 이를 구제하려고 인정되는 절차를 기본권으로 구성한 것이다.

3. 내용 기준

(1) 자유권

자유권은 근대적인 인권선언 초기부터 인정된 전통적인 기본권 유형에 속하는 것을 총칭하는 것으로서 국가에 대한 소극적 방어권의 성격이 있다. 즉 국가가 개인의 자유로운 생활영역에 간섭하지 못하도록 하는 내용을 담은 기본권을 가리키고, 이러한 자유권은 국가에서 벗어나는 자유를 나타내는 것으로 이해된다.

(2) 사회권

사회권은 사회국가원리 발달과 관련하여 사회적 정의 이념을 구체화하는 기본권으로서, 국가에 대한 적극적 급부청구권의 성격이 있다. 이러한 사회권은 개인의 자유가 형식적 자유에서 실질적 자유로 발전하는 것을 상징하며, 국가의 적극적 활동을 통해서 자유 실현 조건을 마련한다는 의미에서 국가로의 자유라고 표현되기도 한다.

(3) 제3세대의 기본권

새로운 유형의 기본권에 속하는 환경권, 평화적 생존권 등을 일컬어 제3세대의 기본권이라고 부르기도 한다. 이러한 기본권은 기존 기본권과는 달리 특정한 행위유형에 대한 보호를 담는 것이 아니라 생활여건의 포괄적 보호에 관한 기본권이라는 특징이 있다.

Ⅱ. 한국 헌법사상 기본권목록의 구성체계

1948년 헌법은 평등권/자유권/사회권/청구권/참정권/기본권제한입법의 한계/의무로 구성되었다. 1962년 헌법은 인간의 존엄과 가치/평등권/자유권/참정권/청구권/사회권/일반적 법률유보/의무로 구성되었고, 이는 1972년 헌법에도 그대로 이어졌다. 1980년 헌법은 인간의 존엄과 가치와 행복추구권을 도입하여 인간의 존엄과 가치와 병렬적으로 규정한 것 이외에는 1962년 헌법과 같으며 이는 현행 헌법에도 이어진다.

Ⅲ. 기본권분류체계에 관한 학설

1. 기존 학설

(1) 주기본권설

한국 헌법의 기본권은 헌법 제10조의 인간의 존엄과 가치·행복추구권이 주기본권으로 파악되고, 이러한 인간의 존엄과 가치·행복추구권은 개별적인 기본권으로 분화한다고 한다. 이러한 개별적인 기본권은 협의의 인간의 존엄과 가치·행복추구권(생명권, 일반적 인격권, 인격형성·유지·자기결정권, 행복추구권, 평화적 생존권, 기타 헌법에 열거되지 아니한 권리), 평등권, 자유권, 생존권, 청구권, 참정권으로 분류된다고 한다.[634]

이 견해는 한국 헌법에는 제37조 제1항이 있으므로 주기본권이라는 개념을 도입할 이유가 없고, 헌법이 구분하여 규정하는 인간의 존엄과 가치와 행복추구권을 통합적으로 이해할 근

---

634) 이상 김철수, 『학설·판례 헌법학(상)』, 박영사, 2008, 507, 513쪽.

거가 없다는 점에서 받아들이기 곤란하다.

(2) 목적수단설

헌법 제10조 제1문 전단은 모든 기본권의 이념적 전제인 동시에 기본권 보장의 궁극적 목적이 되는 헌법적 이념을 규범화한 것이라고 한다. '모든 기본권의 이념적 전제가 된다'라는 것은 인간으로서의 존엄과 가치가 모든 기본권의 근원이나 모든 기본권의 핵심이 된다는 뜻이라고 한다. 그리고 '모든 기본권 보장의 궁극적 목적이 된다'라는 것은 헌법 제10조 제1문 전단과 헌법 제11조~제37조 제1항은 목적과 수단이라는 유기적 관계에 있다는 의미라고 한다. 행복추구권은 인간으로서의 존엄과 가치의 존중이라는 목적을 실현하기 위한 수단을 뜻하고, 그 내용은 헌법에 규정된 개별 기본권의 총화에다, 인간으로서의 존엄과 가치를 유지하는 데 필요한 것인데도 헌법에 열거되지 아니한 자유와 권리까지도 포함한 기본권이라고 한다. 행복추구권은 직접 적용할 기본권조항이 없는 때만 보충적으로 적용된다고 한다. 헌법은 제11조에서 제36조에 걸쳐 인간으로서의 존엄과 가치를 구현하는 데 필요한 수단으로서 개별적 기본권을 규정한다고 한다. 헌법 제11조~제36조에 규정되지 아니한 자유와 권리일지라도 인간으로서의 존엄과 가치를 실현하는 데 불가결한 것이 있다면, 인간으로서의 존엄과 가치를 완벽하게 실현하기 위해서 그러한 자유와 권리도 헌법의 명문 규정 여부와 관계없이 헌법상 보장되는 것으로 보아야 한다고 한다. 제37조 제1항은 자유와 권리의 전국가성과 포괄성을 확인한다고 한다.[635]

이 견해는 행복추구권과 헌법에 열거되지 아니한 자유와 권리의 관계를 제대로 설명하지 못하고, 헌법에 열거되지 아니한 자유와 권리의 내용을 어떻게 파악할 것인지와 관련하여 흠결이 있다는 점에서 적절한 체계라고 보기 어렵다.

(3) 생활영역에 따른 기본권분류설

기본권 유형에 대한 고전적이고 전통적인 개념으로서 '자유권', '생활권(사회권)', '청원권', '참정권' 등은 그것을 개별 기본권의 연혁적 의의를 시사해 주는 개념으로 이해하고, 이를 구태여 배척할 필요는 없더라도, 한국 헌법이 보장하는 기본권의 기능을 그 전체적인 시각에서 합리적으로 설명하기 위해서는 '자유권'과 '생활권'을 획일적으로 구별하는 종전 태도를 버리고, 될 수 있으면 '자유권의 생활권화현상'에 부응할 수 있는 새로운 기본권의 유형화와 체계화가 모색되어야 한다고 한다. 그러기 위해서는 하나하나의 기본권이 중점적으로 규율하는 생활영역에 따라 기본권을 체계화하는 것이 가장 합리적이라고 한다.[636]

이 견해는 기본권을 규정한 헌법체계를 무시하고, 자유권의 생활권화현상은 한국 헌법의

---

635) 이상 권영성, 『헌법학원론(개정판)』, 법문사, 2010, 309~314쪽.
636) 이상 허 영, 『한국헌법론(전정15판)』, 박영사, 2019, 343~345쪽.

사회권을 고려하지 않으며, 기본권이 중점적으로 규율하는 생활영역이 무엇인지 그리고 그것은 어떠한 기준에 따라 분류하는지가 불분명하다는 점에서 문제가 있다.

2. 사견[637]

'인간으로서의 존엄과 가치'는 기본권 보장(나아가 헌법 전체)의 최고이념이며(헌법의 최고원리), 하나의 개별 기본권이다. 전자 측면에서 '인간으로서의 존엄과 가치'는 전체 기본권보장의 목적으로 볼 수 있고, 후자 측면에서 '인간으로서의 존엄과 가치'는 헌법에 열거된 기본권 중 가장 중요한 것으로, 즉 보호가치에서 가장 우월한 것으로 볼 수 있다. '인간으로서의 존엄과 가치'는 생명권이나 인격권 등의 제한된 범위에서 헌법 제37조 제1항의 헌법에 열거되지 아니한 국민의 자유를 구별하는 내용적 표지 역할도 한다.

중요한 헌법에 열거된 기본권의 하나로서 행복추구권은 ① '인간으로서의 존엄과 가치'라는 표지에 따라 제한되는 매우 좁은 의미의 인격적 핵심영역에 관련된 '행복추구'로서 (일반적) 인격권과 ② 일정한 (공통된 사항적 표지에 따라 특정되는) 목록에 묶기 어려운, '비정형적이고 무규정적인 광범한 자유행동'으로서, 헌법에 열거된 그 밖의 기본권 중 어느 하나(이상)의 보호영역 안에 포섭되지 아니하는 행동을 포괄하는 '일반적 행동의 자유'를 보호영역으로 한다. '일반적 행동의 자유라는 보호영역으로 표상되는 행복추구권'은 그 밖의 헌법에 열거된 기본권이나 헌법에 열거되지 아니한 권리와는 일반과 특별의 관계에 놓여서 보충적으로만 원용할 수 있다. 나아가 행복추구권은 개별적·독자적 기본권의 성격(주관적 권리적 성격)을 넘어 헌법 제37조 제1항의 헌법에 열거되지 아니한 권리를 인정하는 실질적 기준 역할을 하는 '포괄규범'의 성격(객관법적 성격)도 있다. 즉 개개인의 행복(추구)에서 필요불가결한 행동으로서 어느 정도 독자성이 있는 보호영역으로 구체화할 수 있는 것은, 헌법에 열거되지 아니한 권리의 하나로 유형화하여 보호할 수 있다.

헌법 제37조 제1항의 '헌법에 열거되지 아니한 자유와 권리'는 열거된 기본권과 동등한 권리로서 독자성이 있는 주관적 권리이다. 이러한 권리는 정형화하여 규정한 일정한 독자적 보호영역이 있을 수 있는 권리로서 그 독립성이 인정된다. 그러나 헌법 제37조 제1항에는 헌법에 열거되지 아니한 자유와 권리를 인식할 수 있는 내용적 표지가 없다. 인간으로서의 존엄과 가치와 행복추구권이 이러한 열거되지 아니한 자유와 권리를 인식하는 내용적 표지로서 기능한다. 이때 헌법 제10조 제1문과 제37조 제1항 사이에 '쌍방적 기본권창설관계'가 성립한다. 헌법 제37조 제1항은 헌법이 명시한 기본권 이외에도 개인과 국가의 관계를 포섭하는 포괄성뿐 아니라 헌법현실 변화에 따른 기본권규범의 적절한 대응을 가능하게 하는 진화성이나

---

637) 김선택, 「"행복추구권"과 "헌법에 열거되지 아니한 권리"의 기본권체계적 해석」, 『안암법학』 창간호, 안암법학회, 1993, 177~203쪽.

발전성638)도 있다. 헌법에 열거되지 않은 기본권으로 인정되려면 ① 헌법에 열거된 기본권에 버금가는 중요성과 필요성이 인정되고, ② 권리 내용이 비교적 명확하여 구체적 기본권으로서 실체를 갖추어야 한다.639)

개별 기본권인 인간으로서의 존엄과 가치와 행복추구권을 포함한 헌법에 규정된 기본권들은 헌법에 열거된 권리로서 헌법 제37조 제1항의 헌법에 열거되지 아니한 자유와 권리와 함께 헌법상 보장된 기본권이다.

Ⅳ. 기본권분류체계와 관련한 문제점

1. '자유권의 생활권화'현상?

사회국가 이념이 국가의 정책적인 가치지표로 떠오르면서 자유권의 의미와 기능도 단순한 방어권으로서가 아니라 생활권적 시각에서 이해하려는 경향이 나타났다고 하면서 이러한 경향을 자유권의 생활권화현상이라고 지칭하는 견해가 있다.640) 하지만 이는 사회권을 규정하지 않은 독일에서 사회권 부재를 자유권을 사회권적 시각에서 이해하여 메우려는 시도로 보아야 한다. 사회권을 별도로 규정하는 한국 헌법에서는 사회권에서 이러한 내용이 도출되므로 굳이 자유권을 사회권적 시각에서 이해할 필요가 없다. 따라서 자유권의 생활권화는 한국 헌법체계에는 맞지 않는 논의로 보인다.

2. 복합적 · 다측면적 구조가 있는 총합적 기본권

현대형인권은 여러 가지 기본권 중 어느 한 가지 범주에 무리하게 수용될 수 있는 것이 아니고, 여러 가지 성질을 공유하는, 복합적·다측면적 구조가 있는 총합적 기본권(Gesamt-grundrecht)이라는 견해가 있다.641) 이에 따라 종래의 기본권분류론을 고집한다면, 새로운 현대형인권을 헌법체계 안에 정착시키는 것이 어려울 뿐 아니라 전통적인 기본권의 본질까지도 올바르게 파악할 수 없다고 한다. 개별 기본권규정에서 도출되는 내용은 주관적 내용뿐 아니라 객관적 내용도 도출되고, 도출되는 주관적 내용도 하나의 주관적 권리만 도출되는 것이 아니라 여러 가지 주관적 권리가 도출된다. 따라서 도출되는 주관적 권리의 성격에 따라 기본권을 분류하는 것은 불가능하다. 다만, 기본권규정에서 도출되는 주된 주관적 권리가 무엇인지를 기준으로 각각의 기본권을 특징 지울 수 있을 뿐이다. 그리고 자유권, 사회권 등의 구별은 기본권의 성격에 따른 분류가 아니라 국민과 국가의 관계에 따라 기본권을 유형화한 것

---

638) 전광석, 『한국헌법론(제14판)』, 집현재, 2019, 227쪽.
639) 전광석, 『한국헌법론(제14판)』, 집현재, 2019, 228쪽.
640) 허 영, 『한국헌법론(전정15판)』, 박영사, 2019, 227쪽.
641) 권영성, 『헌법학원론(개정판)』, 법문사, 2010, 313쪽.

에 불과하다. 따라서 총합적 기본권은 기본권의 유형과 기본권의 성격을 혼동한 것에서 비롯된 것으로 이 용어를 사용할 실익은 없다.

3. 새로운 기본권 등장

현대에는 평화적 생존권, 일조권, 건강권, 휴식권, 수면권 등의 기본권이 새롭게 등장한다. 이에 따라 자유권 대 사회권의 2분론은 이러한 새로운 기본권을 설명하는 데 한계에 부딪친다.

4. 제3세대 인권론

(1) 등장배경

20세기에 들어 수많은 전쟁 속에서 많은 사람은 목숨을 잃었고, 현재 헤아릴 수 없는 사람들이 절대적 빈곤과 계속적인 기아 속에서 생활한다. 인류의 무분별한 개발은 자연적 생활기반을 무자비하게 파괴할 뿐 아니라 끊임없이 발달하는 통신기술과 생명공학기술은 어떠한 결과를 가져올 지 아무도 모르는 상황에 직면한다. 이러한 상황을 타개하려고 1972년 바작(K. Vasak)은 바뀐 상황에 맞는 '새로운 인권', 곧 제3세대 인권이라는 개념을 고안하였다.

(2) 내용

바작(K. Vasak)은 이미 국제인권법 내용을 이루는 시민적·정치적 권리를 제1세대 인권, 경제적·사회적·문화적 권리를 2세대 인권이라고 부르면서, 여기에 새로운 인권인 제3세대 인권(연대권)을 덧붙여야 한다고 주장하였다. 제3세대 인권 개념은 얼스톤(P. Alston)이 정당화하고, 국제연합교육과학문화기구(UNESCO)에서 활발하게 논의하여 부분적으로는 인정을 받았다. 제3세대 인권에 속하는 권리로 일반적으로 인정되는 것은 개발(을 요구할)권(리), 평화에 대한 권리, 건강한 환경에서 살 권리, 인류 공동의 유산에서 이익을 받을 권리와 인도적인 도움을 요구할 수 있는 권리의 다섯 가지이다. 제1세대 인권은 국가 침해에서 개인의 정치적 자유를 방어하는 자유권을 가리키고, 제2세대 인권은 국가의 적극적 관여를 요구하는 사회권을 말한다면, 제3세대 인권은 제1세대와 제2세대 인권 개념만으로는 실현될 수 없는 탈식민지시대의 범세계적인 인권에 대한 관심과 필요를 나타내는 인권이라고 부를 수 있다.[642] 제1세대 인권의 이념이 자유, 제2세대 인권의 이념이 평등한 자유라는 의미에서 평등이라면, 제3세대 인권의 이념은 프랑스 대혁명의 3대 구호 중 하나인 형제애의 현대적 표현인 연대성이다.[643]

(3) 특색

① 제3세대 인권은 제1세대 인권과 제2세대 인권과 비교하면 정치적 색채가 옅고, ② 제1

---

642) 최대권, 『헌법학강의(증보판)』, 박영사, 2001, 191쪽.
643) 홍성방, 『헌법학(상)(제3판)』, 현암사, 2016, 320쪽.

세대 인권과 제2세대 인권이 국가가 법적 강제수단을 통해서 실현하지만, 제3세대 인권은 개인, 공·사 단체 및 국가공동체를 포괄하는 사회적 동반자가 연대책임을 지는 것을 전제로만 실현될 수 있다. 그리고 ③ 제1세대 인권과 제2세대 인권은 국내에서 제기되어 국내법적 차원에서 해결되고 국제법적 인정을 받지만, 제3세대 인권은 국제법적 차원에서 제기되어 그 인정이 요구되고, ④ 주체가 제1세대 인권과 제2세대 인권은 개인이지만, 제3세대 인권은 집단이라는 차이가 있다. 또한, ⑤ 제3세대 인권은 제1세대 인권과 제2세대 인권을 대체하는 것이 아니라 보충한다는 의미에서 이들 기본권의 종합이라고 할 수 있다.644)

(4) 비판

① 국제연합은 모든 인권을 분리될 수 없는 상호종속적인 것이라면서 인권의 세대개념에 의문을 제기하고, ② 정치적·국제법적 세계질서의 범위 안에서 정치적 요청을 인권의 도덕적 범주에 연결하는 일은 실현될 기회가 있을 수 없으므로 제3세대 인권은 전통적 인권론의 범위와 국제연합의 인권기구 안에서 실현될 수 없다고 한다. 그리고 ③ 제3세대 인권은 근본적으로 개인적인 인권사상에서 벗어나 사회적 목표를 도와 한층 고차원적인 정당성과 신빙성을 얻으려 함으로써 인격적 인권개념을 이념으로 바꾸고 가치를 전도시켜 시민적·자율적 근원과 심하게 대립할 수밖에 없다고 한다.645)

(5) 가치

인권 이념은 인간의 존엄으로 귀결되고, 인간의 존엄 문제는 한계상황에서 제기된다. 제3세대 인권론은 현대사회의 문제를 지적하며 인권을 새롭게 이해하라고 요구한다. 그러한 범위 안에서 제3세대 인권론은 새로운 인권을 통해서 개별 국가의 권한을 넘는 문제를 해결하려는 시도라고 할 수 있다. 그러한 점에서 제3세대 인권론은 관철 가능성과 관계없이 주목할 만한 충분한 가치가 있다.646)

5. 기본권의 법적 유형과 기본권의 법적 성격 구분

기본권의 법적 유형(Rechtskategorie)과 기본권의 법적 성격(Rechtscharakter)은 구별되어야 한다. 기본권의 법적 유형은 헌법에 규정된 기본권목록을 개인과 국가의 관계에 따라 체계적으로 구성한 것이다. 자유권, 평등권, 사회권, 참정권, 청구권 등의 용어는 이러한 기본권의 법적 유형을 나타낸다. 이와 비교해서 기본권의 법적 성격은 개별 기본권의 기능과 성격 등에 따라 파악하는 것을 말한다. 방어권, 급부청구권, 결정참가권, 법적 지위 등의 용어는 이러

---

644) 이상 홍성방, 『헌법학(상)(제3판)』, 현암사, 2016, 321쪽.
645) 이상 홍성방, 『헌법학(상)(제3판)』, 현암사, 2016, 321~322쪽.
646) 홍성방, 『헌법학(상)(제3판)』, 현암사, 2016, 323쪽.

한 기본권의 법적 성격을 가리킨다. 기본권의 법적 성격은 기본권의 법적 유형과 무관한 것
으로 예를 들어 자유권에 해당하는 개별 기본권에서도 그 법적 성격에 따라 방어권, 급부청
구권, 결정참가권, 법적 지위 등이 전부나 일부 도출될 수 있다. 따라서 기본권의 법적 유형
과 기본권의 법적 성격은 엄격하게 구분하여 논의하고 분류하여야 한다. 요컨대 기본권의 법
적 유형은 기본권을 일정한 기준에 따라 분류한 것에 불과하고, 이를 통해서 기본권의 주요
내용이 추정될 수는 있지만, 기본권의 구체적 내용이 분류 기준은 아니다. 기본권의 법적 성
격은 개별 기본권규정을 해석한 구체적 결과물로서 기본권의 구체적 내용에 해당한다. 결국,
기본권의 보호대상은 개별 기본권규정을 해석한 구체적 내용과 다름없다. 개별 기본권규정은
전체 헌법체계 속에서, 특히 다른 기본권규정과 맺는 관계를 충분히 고려하여 해석되어야 한
다. 이러한 점에서 기본권의 법적 성격을 검토할 때는 기본권의 법적 유형도 함께 고려하여
야 한다. 이때 기본권의 법적 유형은 기본권규정의 해석 방향을 제시해 줄 수 있다.

제 2 장

개별기본권론

제 2 장   개별기본권론

제 1 절 인간으로서의 존엄과 가치 · 행복추구권 · 평등권

I. 인간으로서의 존엄과 가치

1. 윤리적 요청에서 법가치로: 인간의 존엄성과 그 헌법적 실정화

(1) 한국 헌법상 인간 존엄성의 이념적 배경

① 일반적 논의와 그 문제점

한국에서는 대체로 칸트의 법철학을 근거로 인간의 존엄성을 설명한다.[1] 칸트(I. Kant)는 인간을 단지 수단으로서 취급하지 말고 목적 그 자체로서 대우하라고 한다. 그는 인격으로서 인간의 절대적 내적 가치와 인격의 존엄으로서 자율성을 말한다. 그는 모든 경험적 충동에서 순화한 도덕률의 순수하고 궁극적인 최종목적은 자기입법의지라고 한다. 인간은 자기 자신의 법률 창조자이므로 다른 사람의 존엄을 존중할 개인의 의무가 여기서 나온다고 한다. 목적론적으로 해석된 자연도 신의 의지도 도덕적 감정도 순수한 행복의 추구도 아니고, 오로지 자율적 의지의 자기입법 속에 인간의 도덕성과 존엄이 근거한다고 한다. 그러나 이 견해는 오로지 인간의 도덕적 인격만을 절대적 자기목적으로 고려하고, 인간 존엄성의 실현 가능성이 현존하는 개인적 · 사회적 전제에 의존한다는 사실을 고려하지 않는 문제점이 있다.[2]

② 헌법의 인간상

인간의 생활관계는 인간이 공동체에 대한 측면과 다른 인간(개인)에 대한 측면의 이중성이 있고, 이 양 측면에서 동시적으로 국가적 삶을 조성한다. 그리고 인간은 다른 사람과 나누는 상호작용과 공동체 속에서만 자기의 참된 본질을 찾을 수 있고, 국가는 이미 주어진 것이 아니라 개개의 생활표현이 부단히 경신되고 형성되는 생활과정 속에 있다는 관점에서 보면, 국가는 인간이 참여하는 인간의 생활활동에 대한 전체적 표상이라서 인간은 국가를 날마다 창

---

1) 대표적인 견해는 심재우, 「인간의 존엄과 법질서 ─특히 칸트의 질서사상을 중심으로─」, 『법률행정논집』 제12 집, 고려대학교 법률행정연구소, 1974, 103~133쪽; 같은 사람, 「인간존엄의 법리와 국가윤리」, 『현대사회와 전통 윤리』(고려대학교개교80주년기념 국제학술회의논문집), 고려대학교 민족문화연구소, 1986, 352~355쪽 참조.

2) 계희열, 「헌법상 인간의 존엄과 가치」, 『법학논집』 제32집, 고려대학교 법학연구소, 1996, 308~309쪽; 같은 사람, 『헌법학(중)(신정2판)』, 박영사, 2007, 196쪽; 김선택, 「헌법 제9조 제1문 전단 인간으로서의 존엄의 의미와 법적 성격」, 고려대학교 법학석사학위논문, 1983, 30~32쪽.

설하는 지위에 있다. 따라서 공동체 형성에 (윤리적인) 책임을 지는 인간상이 채택된다. 더불어 인간은 언제나 인간에 대해 이리나 신이 된다는 것은 기대할 수 없는 상상에 불과하므로 '인간은 인간에 대해서 인간'일 수밖에 없다. 즉 인간은 다른 사람을 침해할 수도 도울 수도 있다. 침해 가능성에서 인격성(주체성)이, 부조 가능성에서 연대성(사회성)이 각각 도출된다. 인격성과 연대성은 각각 헌법국가의 인간이 가지는 고유가치와 공동체 관련성/구속성에 대응된다. 그리고 시간의 흐름 속에서 인간의 정신적 능력이 성숙해 가는 점에서 인간 자신의 역사성이 있다. 따라서 인간은 완성된 상태로 시간 속에 머물러 있는 것이 아니라 시간을 자기발전의 지평으로 삼는 존재이다. 이를 종합하면 헌법상 인간상은 '인격성(주체성)과 연대성(사회성)이 함께 있으면서, 국가 형성과 자신의 발전적 형성의 과정 속에 있는 존재'라고 규정할 수 있다.3) 헌법재판소도 헌법의 인간상을 "자신이 스스로 선택한 인생관·사회관을 바탕으로 사회공동체 안에서 자신의 책임 하에 스스로 결정하고 형성하는 성숙한 민주시민 … 자기결정권을 지닌 창의적이고 성숙한 개체로서의 국민"으로 본다.4)

③ 인간의 존엄성 근거

개개 인간의 국가구성적 지위를 인정하면 여기서 개개 인간의 국가에 대한 주체적 존재성이 확인된다. 그리고 인격성과 연대성에서 개인의 다른 개인에 대한 상호주체성이 발견된다. 이로써 인간이 국가에 대해서건 다른 인간(나아가 사회)에 대해서건 주체성을 보지하여야 하여야 한다. 따라서 구체적 인간이 단순한 객체로, 단순한 수단으로, 대체할 수 있는 크기로 격하되면 인간의 존엄성이 문제 된다. 여기서 인간존엄권 조항이 자유민주적 헌법국가5)로 원칙적으로 결단되었음이 확인된다. 따라서 모든 자유민주적 헌법국가의 모든 권리 보장과 의무는 인간이 인격자6)가 되도록, 인격자이도록, 인격자로 있도록 구성되어야 한다. 인격자는 헌법국가의 구체적 현실 관련 속에서 개체로서 독자성을 기반으로(독립적 존재) 생활하며 그 생활이 동시에 국가형성적 계기로 작용하는 실존적 가치내용이다. 그러므로 그 기반으로서 인간의 자기보존이 가능하도록 해주는 최소조건이 내포되고 모든 국가적 생활형식의 기준적 표

---

3) 이상 김선택, 「헌법 제9조 제1문 전단 인간으로서의 존엄의 의미와 법적 성격」, 고려대학교 법학석사학위논문, 1983, 15~25쪽. 참고로 독일 연방헌법재판소는 기본법의 인간상은 고립된 주권적 개인이 아니라고 하면서, 기본법은 개인의 고유가치를 침해하지 않으면서 개인의 공동체 관련성과 공동체 구속성의 의미에서 개인과 공동체의 긴장을 결정한다고 하였다(BVerfGE 4, 7 [15 f.]).

4) 헌재 1998. 5. 28. 96헌가5, 판례집 10-1, 541, 555; 헌재 2000. 4. 27. 98헌가16등, 판례집 12-1, 427, 461; 헌재 2003. 10. 30. 2002헌마518, 판례집 15-2하, 185, 201.

5) 자유민주적 헌법국가란 공권력이 실질적 헌법원리와 형식적 헌법원리, 즉 기본권, 사회적 법치국가, 권력분립, 법원의 독립 등의 원리들을 통해서 법적으로 형성되고 제한되는 동시에 민주적으로 정당화하고 다원적으로 통제되는 국가이다(Peter Häberle, "Der Kooperative Verfassungsstaat", in: ders., Verfassung als öffentlicher Prozeß, Berlin 1978, S. 407 ff. 410).

6) 주체성이 있는 인간을 법질서 안의 유일한 자기목적으로서 인격자라고 부른다(김선택, 「헌법 제9조 제1문 전단 인간으로서의 존엄의 의미와 법적 성격」, 고려대학교 법학석사학위논문, 1983, 35쪽).

지도 내포된다.[7]

(2) 법적 실정화(법가치로 전환)

제2차 세계대전 이후 인류는 대전기간 중에 이루어진 비인간적 만행에 대한 반성으로서 국제연합헌장 전문을 비롯하여 세계인권선언 제1조, 유럽인권협약 제2조, 제3조, 제4조, 국제 인권협약 A규약 전문, 고문방지협약, 집단학살방지및처벌협약 등에서 인간의 존엄과 가치를 국제법적으로 규정한다. 이중 법적 구속력이 없는 세계인권선언이나 지역적인 인권협약을 제외하고는 헌법 제6조 제1항에 따라서 한국에도 효력을 미친다. 그리고 1946년 제정된 일본 헌법 제13조 제1항과 제24조, 1949년 제정된 독일 기본법 제1조를 비롯한 각국 헌법에 인간 존엄이 규정되었다. 한국에서는 1962년 헌법 제8조에 인간의 존엄성을 규정한 이래로 현행 헌법 제10조로 계속 이어진다.

2. 인간으로서의 존엄과 가치의 법적 성격

(1) 인간의 존엄성의 의의

헌법 제10조 제1문 전단은 '모든 국민은 인간으로서의 존엄과 가치를 가지며'라고 규정하여 인간의 존엄성을 보장한다. 존엄만으로 충분한 본 규정에 가치를 명시한 것은, '가치'라는 말 자체에서는 아무런 적극적 표지를 발견할 수 없는 점에 비추어 '존엄'이 존재 개념이 아니라 가치 개념임을 분명하게 밝히고, 헌법질서의 핵심규정에 명시함으로써 헌법의 가치질서적 성격을 뚜렷하게 하려는 것이다.[8] 인간의 존엄성이란 모든 개개의 인간이 '단지 인간이라는 (종에 속한다는) 이유만으로' 인간으로 구성된 법공동체 안에서 인정받는 주체로서 가지는 기본적 지위, 즉 인격주체성을 말한다.

인격자 개념에는 가치 개념의 성격 이외에 평등 개념의 성격이 있다. 인격자는 역사적으로 주어진 특정한 법에 따라서 자기목적의 의의에서 인정되는 존재이고, 자기목적은 상하의 순위질서를 배척하기 때문이다.[9] 이때의 평등은 합리적 차별이 가능한 상대적 평등 이전의 절대적 평등을 뜻한다.[10] 인간의 존엄성은 상대적인 문화 관련이 있고 문화적 환경 속에 있으며, 동시에 경향적·보편적 특색이 있다.[11] 즉 인간의 존엄성은 문화적 맥락 속에서 비로소

---

7) 이상 김선택, 「헌법 제9조 제1문 전단 인간으로서의 존엄의 의미와 법적 성격」, 고려대학교 법학석사학위논문, 1983, 26~38쪽.

8) 이상 김선택, 「헌법 제9조 제1문 전단 인간으로서의 존엄의 의미와 법적 성격」, 고려대학교 법학석사학위논문, 1983, 26~27쪽.

9) 구스타브 라드브루흐, 최종고 역, 『법철학(제4판)』, 삼영사, 2016, 180쪽.

10) 김선택, 「헌법 제9조 제1문 전단 인간으로서의 존엄의 의미와 법적 성격」, 고려대학교 법학석사학위논문, 1983, 43쪽.

11) 김선택, 「헌법 제9조 제1문 전단 인간으로서의 존엄의 의미와 법적 성격」, 고려대학교 법학석사학위논문, 1983, 38~39쪽.

결정될 수 있다.[12) 그리고 인간의 존엄성은 추상적으로나 상황에 무관하게 파악될 수 없어서 시간의 흐름 속에서 가변성이 있다.[13)

(2) 인간의 존엄성의 특성
① 제한불가성

인간의 존엄성은 인간의 주체성을 국가(공권력) 또는 다른 개인이나 그 개인들 집단의 모든 침해에서 절대적으로 보호함으로써 비로소 그 인간이 독자적 존재로서 '있을 수 있게' 해준다. 그러므로 그 '있음(존재)'에 바탕한 그들의 생활작용이 형성하는 헌법으로서는 그것을 제한할 수 없다. 따라서 헌법 제37조 제2항에 따른 기본권 제한 대상이 되지 않고, 헌법 자체의 제한도 자기부정으로 허용되지 않는다. 여기서 헌법 제37조에 따른 제한과 제76조 및 제77조에 따른 제한 그리고 특별공법관계(이른바 특별권력관계)에 따른 제한의 비대상성이 도출된다.[14) 즉 인간의 존엄성은 절대적 가치가 있어서 이익형량 대상이 되지 않는다.[15)

② 개정불가성

헌법의 목적은 인간의 존엄성 보호에 있다. 그러므로 헌법제정권력이든 헌법개정권력이든 인간의 존엄성을 침해할 수 없다. 따라서 헌법 개정 한계에 관한 명문 규정 유무와 관계없이 인간의 존엄성을 헌법으로 부인할 수 없다. 이러한 개정불가성은 문언이 아니라 실질적 실체와 규정의 의미와 관계된다. 따라서 형식상은 변경되지 않았더라도 사실상 인간의 존엄성을 침해하는 헌법 개정은 허용되지 않는다. 그리고 헌법변천도 마찬가지이다. 나아가 헌법원리 차원에서 인간의 존엄성은 통제원리이므로 헌법 개정 한계가 된다.[16)

③ 포기불가성

인간의 존엄성은 인간이 인간으로서 존재하는 데 필요한 절대적인 요소이다. 그러므로 인간의 존엄은 포기할 수 없다. 개인은 국가권력에 대해서 자신의 존엄을 보호받는 것을 포기할 수 없다. 따라서 제약에 대한 승낙이나 동의는 법적으로 아무런 효력이 없고, 그것의 위법성을 조각할 수 없다. 즉 국가의 인간 존엄성 침해는 당사자의 승낙이나 동의 여부와 관계없이 언제나 위법하다.[17)

---

12) 강희원, 「배아복제와 인간존엄성의 정치학」, 『법제연구』 제20호, 한국법제연구원, 2001. 6., 30쪽.
13) 김선택, 「헌법 제9조 제1문 전단 인간으로서의 존엄의 의미와 법적 성격」, 고려대학교 법학석사학위논문, 1983, 40쪽.
14) 이상 김선택, 「헌법 제9조 제1문 전단 인간으로서의 존엄의 의미와 법적 성격」, 고려대학교 법학석사학위논문, 1983, 103~104쪽; 계희열, 「헌법상 인간의 존엄과 가치」, 『법학논집』 제32집, 고려대학교 법학연구소, 1996, 326~327쪽; 같은 사람, 『헌법학(중)(신정2판)』, 박영사, 2007, 2013~214쪽.
15) 조홍석, 「생명복제와 인간의 존엄」, 『공법연구』 제30집 제1호, 한국공법학회, 2001, 41쪽.
16) 이상 김선택, 「헌법 제9조 제1문 전단 인간으로서의 존엄의 의미와 법적 성격」, 고려대학교 법학석사학위논문, 1983, 104~105쪽.
17) 이상 김선택, 「헌법 제9조 제1문 전단 인간으로서의 존엄의 의미와 법적 성격」, 고려대학교 법학석사학위논문,

④ 자연권성

일반적 견해는 인간의 존엄성은 인격의 내용을 이루므로 양도할 수 없고 때와 장소의 제약도 받지 않는 초국가적인 개념으로서 자연법사상에 그 뿌리를 둔다고 한다.[18] 그 밖에 헌법 제10조는 자연법적 기본권사상의 구체적 표현이라기보다는 한국 헌법상 기본권 보장의 원칙적인 가치지표도 인간의 존엄성을 그 가치적인 핵으로 하는 자주적 인간들의 동화적 통합질서를 마련하는 데 있다는 것을 명백히 밝히는 것이라는 견해도 있다.[19]

자연법 개념은 일방적으로 개인주의적이고 전국가적·전정치적인 그리고 민주적－정치적 사회공동체를 간과하는 출발점과 단순한 방어적 성격이 있다. 그리고 그 개념이 애매모호하고 다의적인데다 서로 다른 심지어는 서로 대립되는 관념을 통해서 각인되어 명료성이 없다. 따라서 자연법 개념은 공동체를 지탱시키는 공감대 형성에 도움이 되지 않아서 인정하기 곤란하다.[20] 그러나 헌법에서 인간의 존엄은 인간을 한계상황에서 구제하는 기능이 있다. 그리고 이러한 한계상황에 대처하여 자연법으로 소급하는 것이 교묘한 헌법이론적 근거 지움보다 더 효과적이다. 즉 인간 존엄의 비상제동적 기능은 자연법적으로 근거 지울 수 있고, 그렇게 하는 것이 그 기능에 더 적합하다. 그리고 헌법이론이 자신의 가능성을 과대평가해서는 안 된다는 것 그리고 헌법이론은 헌법의 작용능력 한계를 현실적으로 평가하여야만 한다는 것이 강조되어야 한다.[21] 게다가 인간의 존엄성 보호가 국가 창설과 헌법 제정의 목적이므로 이를 국가나 헌법이 그 내용을 형성하거나 구체화한다는 것은 문제가 있다. 국가 창설이나 헌법 제정은 그 목적을 달성하고 수행하기 위한 수단에 불과하기 때문이다. 이러한 점에서 인간의 존엄성에 관한 한 예외적으로 자연법적 성격을 인정하여야 한다. 그리고 실정화 때문에 그러한 성격이 박탈되지 않는다.

(3) 법적 성격

인간의 존엄성 규정은 한편으로 객관적 (헌법)원리의 성격이 있고, 다른 한편으로 주관적 권리의 성격이 있다. 객관적 (헌법)원리의 성격을 인정하는 데는 이견이 없다. 그러나 주관적 권리의 성격을 인정할 수 있는지를 둘러싸고 견해가 대립한다.

1983, 105쪽.

18) 권영성, 『헌법학원론(개정판)』, 법문사, 2010, 375쪽; 김철수, 『학설·판례 헌법학(상)』, 박영사, 2008, 508~509쪽; 정종섭, 『헌법학원론(제12판)』, 박영사, 2018, 286쪽; 허 영, 『한국헌법론(전정15판)』, 박영사, 2019, 347쪽.

19) 허 영, 「기본권보장의 의의와 성격에 관한 연구」, 『현대공법의 이론』(목촌김도창박사 화갑기념논문집), 1982, 35쪽.

20) 김선택, 「헌법 제9조 제1문 전단 인간으로서의 존엄의 의미와 법적 성격」, 고려대학교 법학석사학위논문, 1983, 112~115쪽. 기본권의 자연권성에 대한 주장 근거와 문제점에 관해서 자세한 내용은 계희열, 「기본권의 자연권성과 그 문제점」, 『고시연구』 제20권 제1호(통권 제226호), 고시연구사, 1993. 1., 96~106쪽 참조.

21) 이상 김선택, 「헌법 제9조 제1문 전단 인간으로서의 존엄의 의미와 법적 성격」, 고려대학교 법학석사학위논문, 1983, 116~117쪽.

① (객관적) 헌법원리만을 규정한 것이라는 견해

인간의 존엄성 규정은 구체적인 주관적 공권을 보장한 것이 아니라 다른 모든 기본권의 이념적 출발점이나 모든 기본권의 가치적 전제가 되는 객관적 헌법원리를 규범화한 것이라고 하여 존엄성규정의 독자적 기본권성을 부정한다.[22]

② (주관적) 기본권도 보장한 것이라는 견해

(ⅰ) 주기본권설(포괄적 권리설)

인간의 존엄성과 행복의 추구가 불가분의 긴밀한 관계에 있다고 하여 인간의 존엄성 규정과 행복추구권 규정을 통합하여 통일적인 기본권으로 보는 견해이다.[23] 따라서 '인간의 존엄과 가치·행복추구권'이라는 명칭의 기본권을 인정하면서 다른 모든 기본권을 포괄하는 권리라고 하며 이른바 주기본권이라고 부른다.

(ⅱ) 개별기본권설

인간의 존엄성과 행복추구권 각각을 독자적인 보호영역이 있는 개별 기본권으로 파악하는 견해이다.[24]

---

22) 권영성,『헌법학원론(개정판)』, 법문사, 2010, 378쪽; 박일경,『제6공화국 신헌법』, 법경출판사, 1990, 219~220쪽; 안용교,「인간으로서의 존엄·가치와 행복추구권」,『월간고시』제10권 제10호(통권 제117호), 법지사, 1983. 10., 32쪽; 같은 사람,『한국헌법(제2전정판)』, 고시연구사, 1992, 330~331쪽; 장석권,「인간으로서의 존엄과 가치·행복추구권」,『법학논총』제12집, 단국대학교 법학연구소, 1982, 38~39쪽; 허 영,『한국헌법론(전정15판)』, 박영사, 2019, 348~349쪽. 간접적(제2차적)으로는 대국가적 방어권의 근거규정의 성격도 있다는 견해도 있다(권영성,『헌법학원론(개정판)』, 법문사, 2010, 379~380쪽).

23) 김철수,『학설·판례 헌법학(상)』, 박영사, 2008, 507쪽; 심경수,『헌법』, 법문사, 2018, 181쪽. 이에 대해서는 제10조를 한편으로는 주기본권으로, 다른 한편으로 협의의 기본권으로 이해하는 것은 기본권체계에 혼란을 가져올 우려가 있다는 비판이 있다(성낙인,『헌법학(제19판)』, 법문사, 2019, 1007쪽). 인격적 생존에 필요한 모든 것을 포함하는 포괄적 권리라고 하는 견해도 있다(구병삭,『신헌법원론』, 박영사, 1996, 400~401쪽).

24) 계희열,「헌법상 인간의 존엄과 가치」,『법학논집』제32집, 고려대학교 법학연구소, 1996, 321쪽; 같은 사람,『헌법학(중)(신정2판)』, 박영사, 2007, 208쪽; 김선택,「헌법 제9조 제1문 전단 인간으로서의 존엄의 의미와 법적 성격」, 고려대학교 법학석사학위논문, 1983, 80~93쪽; 같은 사람,「"행복추구권"과 "헌법에 열거되지 아니한 권리"의 기본권체계적 해석」,『안암법학』창간호, 안암법학회, 1993, 189~196쪽; 김하열,『헌법강의』, 박영사, 2018, 302쪽; 김학성,『헌법학원론(전정3판)』, 피앤씨미디어, 2019, 402~403쪽; 방승주,「헌법 제10조」,『헌법주석[Ⅰ]』, 박영사, 2013, 289쪽; 장영수,『헌법학(제11판)』, 홍문사, 2019, 569쪽; 정재황,『신헌법입문(제9판)』, 박영사, 2019, 322쪽; 한수웅,『헌법학(제9판)』, 법문사, 2019, 533~534쪽; 홍성방,『헌법학(중)(제2판)』, 박영사, 2015, 17~24쪽. 인간으로서 가지는 존엄과 가치가 다른 모든 기본권의 이념적 출발점이며 기본권 보장의 목표임과 동시에 그 자체로서 기본권의 성격도 있고 이때의 기본권은 일반적 인격권으로 이해하는 견해도 있다(성낙인,『헌법학(제19판)』, 법문사, 2019, 1005, 1007~1008쪽).

그리고 이념은 옳다고 전제하므로 끝없이 추구하여야 할 무엇이고, 이러한 속성 때문에 이념은 현실이 되는 순간 이념성을 잃게 되므로 현실은 이념일 수 없고, 이념인 인간으로서 가지는 존엄과 가치를 동시에 현실태인 기본권이라고 얘기하는 것이 논리적 모순이라고 할 수는 없더라도 인간의 존엄과 가치를 개별 기본권과 같다고 할 수 없다는 견해가 있다(홍성방,「인간으로서의 존엄과 가치: 인간의 존엄에 대한 헌법적 고찰」,『가톨릭사회과학연구』제11집, 한국가톨릭사회과학연구회, 1999, 75~76쪽; 같은 사람,『헌법학(중)(제2판)』, 박영사, 2015, 17~18쪽). 하지만 이 견해도 인간의 존엄과 가치가 구체적 기본권으로 보호할 수 없는 인간의 존엄 침해에 대해서 인간의 존엄을 보호하는 '포괄적 구성요건'을 그 내용으로 한다고 한다. 그리고 이 견해는 인간으로서 가지는 존엄

③ 헌법재판소 견해

헌법재판소는 "우리 헌법은 제10조에서 "모든 국민은 인간으로서의 존엄과 가치를 가지며, 행복을 추구할 권리를 가진다. 국가는 개인이 가지는 불가침의 기본적 인권을 확인하고 이를 보장할 의무를 진다."고 규정하고 있는데, 이 때 인간의 존엄성은 최고의 헌법적 가치이자 국가목표규범으로서 모든 국가기관을 구속하며, 그리하여 국가는 인간존엄성을 실현해야 할 의무와 과제를 안게 됨을 의미한다. 따라서 인간의 존엄성은 '국가권력의 한계'로서 국가에 의한 침해로부터 보호받을 개인의 방어권일 뿐 아니라, '국가권력의 과제'로서 국민이 제3자에 의하여 인간존엄성을 위협받을 때 국가는 이를 보호할 의무를 부담한다."라고 하여 인간의 존엄성의 주관적 권리성을 인정한다.[25]

④ 사견

인간의 존엄성은 개개 인간이 인격체로서 법공동체의 주체임을 인정받는다는 것을 말한다. 이러한 인간이 인격주체성이 있다면 스스로 인격주체성을 주장할 주관적 권리도 있어야 하는 것이 논리적인 귀결이다.[26] 인간의 존엄성 규정이 기본권의 성격이 있다고 하여 이 규정을 주기본권으로서 포괄적 권리로 보아야 하는 것은 아니다. 독일 기본법과는 달리 한국 헌법은 제10조 제1문 후단에서 행복추구권을 규정하고 제37조 제1항과 같은 포괄적 권리규정을 두기 때문이다. 개별 기본권으로서 인간의 존엄권으로 보호되는 내용으로서는 먼저 (ⅰ) 인간의 '인간임'이 보호되어야 한다(인간의 인간성이나 인격성). 따라서 인간으로서 격을 부정하는, 즉 인간을 동물이나 물건처럼 취급하거나 물적 재화의 가치를 인간의 가치보다 높이 평가하는 것을 배제해 달라고 요구할 권리가 있다. 다음으로 (ⅱ) 인간을 '주체'로, 즉 목적으로 보호하여야 한다(인간의 주체성). 따라서 인간을 국가적(사회적) 행위의 단순한 객체나 수단으로 전락시키는 것을 거부하거나 시정을 요구할 권리가 있다. 끝으로 (ⅲ) 특정 인간의 '자기 자신임'이 보호되어야 한다(인간의 고유성이나 정체성). 따라서 인간은 독립한 개체로서 고유한 가치가 있음이 인정되어야 한다. 따라서 인간은 그가 누구이든 누군가로 대체할 수 없고, 언제나 '누군가'로 특정될 수 있는 존재로 대접받아야 한다. 그에 따라 인간은 그의 정체성을 훼손하는 행위를 금지해 달라고 요구할 권리가 있다.[27]

과 가치의 이념성과 구체적 기본권성을 하나로 보려는 과정에서 나온 견해이므로 타당하지 않다. 이념인 인간으로서 가지는 존엄과 가치가 주관적 권리도 되는 것이 아니라 이념의 기능을 하는 인간으로서 가지는 존엄과 가치가 있고 주관적 권리인 인간으로서 가지는 존엄과 가치도 있으며, 이들을 모두 헌법 제10조가 아우르기 때문이다.

25) 헌재 2011. 8. 30. 2008헌마648, 판례집 23-2상, 417, 434.

26) 계희열, 『헌법학(중)(신정2판)』, 박영사, 2007, 208쪽.

27) 이에 관해서 자세한 내용은 김선택, 「헌법 제9조 제1문 전단 인간으로서의 존엄의 의미와 법적 성격」, 고려대학교 법학석사학위논문, 1983, 80~101쪽; 같은 사람, 「헌법상 인격권의 보장체계와 보호법익」, 『헌법논총』 제19집, 헌법재판소, 2008, 498~499쪽 참조. 참고로 독일의 형법학자 힐겐도르프(Eric Hilgendorf)는 인간의 존엄에서 나

3. 객관적인 '최고의 헌법원리', '기본권의 이념적 출발점'으로서 인간으로서의 존엄과 가치

(1) 헌법의 최고구성원리적 성격

인간의 존엄성은 헌법국가의 최고구성원리이다. ① 인간의 존엄성은 모든 국가활동의 이념이나 목표를 지시하는 최고의 헌법원리이다. ② 인간의 존엄성은 모든 국가생활의 기준이 되는 지도원리로서, 특히 인간에게 유리한 출발을 추정하는 근거(in dubio pro persona)가 된다. 즉 국가가 인간을 위해서 존재하는 것이지, 인간이 국가를 위해서 존재하는 것은 아니라는 원칙을 확인해 준다(반전체주의적 원리). ③ 인간의 존엄성은 헌법조항을 비롯한 모든 법령 해석에 관한 다툼이 있을 때 궁극적인 해석기준이 되고(법의 해석기준), 법질서에 흠결이 있으면 그 보완 근거(법의 보충 근거)가 된다.

(2) 헌법의 한계원리적 성격

인간의 존엄성은 헌법의 한계원리로서 국가적(및 사회적) 활동에서 넘을 수 없는 한계가 된다. 인간의 존엄성은 그에 관한 명시적인 개정금지조항이 없더라도 헌법 개정 한계가 되고, 기본권 제한에서도 그 한계를 형성한다.

(3) 원칙규범적 성격

인간의 존엄과 가치도 다른 기본권규정과 마찬가지로 객관적 헌법규정으로서 ① 모든 법질서의 해석기준으로서, 특히 사법규정을 해석할 때도 기준이 되어 사법관계에도 적용되고, ② 국가의 '인간존엄성' 보호의무를 발생시키는 근거가 되며, ③ 국가조직법규와 절차법규를 제정할 때 기준이 된다.

(4) 헌법에 열거되지 아니한 권리의 인정표지적 성격

인간의 존엄성 규정은 헌법 제37조 제1항의 헌법에 열거되지 아니한 국민의 자유와 권리를 식별하는 내용적 표지 역할을 한다. 이때 헌법 제10조 제1문 전단과 제37조 제1항 사이에

타나는 주관적 권리의 범주로 7가지를 제시한다(Eric Hilgendorf, 김영환/홍승희 옮김, 「남용된 인간의 존엄 ─ 생명윤리논의의 예에서 본 인간의 존엄이라는 논증점의 문제점」, 『법철학연구』 제3권 제2호, 한국법철학회, 2000, 273쪽). ① 생존에 필요한 최소한의 재화(예를 들어 음식, 공기, 공간)를 개개인에게 제공하지 않는 것(물질적인 최소한의 생존조건에 관한 권리), ② 최소한의 자유권을 개개인들에게서 박탈하는 것(자율적인 자기실현의 권리), ③ 극심하고 오래 지속되는 (신체적이거나 정신적) 고통을 (작위나 부작위로) 다른 사람에게 부과하는 것(고통에서 벗어날 권리), ④ 다른 사람의 초개인적인 사생활 영역을 밝혀내거나 이에 관한 정보를 제3자가 수집할 수 있게 하는 것(사생활 영역의 보장권), ⑤ 마약이나 '세뇌'와 같은 불가항력적인 수단을 이용해 다른 사람의 의식을 지속적으로 심하게 변경하는 것(정신적이고 심리적인 통합권), ⑥ 사람에게 법주체로서 가지는 지위를 인정하는 것을 거부하는 것(근본적인 법적 평등에 관한 권리), ⑦ 어떠한 인간을 위에서 언급한 ①에서 ⑥까지의 침해형태를 초월해서 극단적인 방식으로 비하하거나 그 자신의 자존심을 침해하는 것(최소한의 자존에 관한 권리).

'쌍방적 기본권창설관계'가 성립한다.28) 문제는 제37조 제1항에는 국민의 자유와 권리로서 헌법에 열거되지 않은 것은 그 이유로, 즉 열거되지 않았다는 이유로 경시되어서는 안 된다고 할 뿐이지 어떠한 것을 그러한 국민의 자유와 권리로서 인식할 수 있는지에 관한 내용적 표지가 결여되어 있다는 점이다. 이러한 표지로서 인간의 존엄성 규정을 드는 견해와 행복추구권규정을 드는 견해가 있을 수 있다. 인간의 존엄성 규정은 보호영역이 정태적이고 범위도 협소하여 열거되지 아니한 권리의 내용을 포착하는 표지로서는 너무 제한적이므로 행복추구권 규정이 그 표지가 되어야 한다. 그러나 열거되지 아니한 권리의 성격에 따라서는 인간의 존엄성 규정과 행복추구권 규정이 함께 내용적 표지 역할을 하는 때도 있을 수 있다(예를 들어 생명권, 신체를 훼손당하지 아니할 권리 등).

4. (주관적) 기본권으로서 인간으로서의 존엄과 가치(존엄권이나 인격권)

인간으로서의 존엄과 가치에서 도출되는 존엄권(이나 좁은 뜻의 인격권)은 법률적 제한이 배제되는 인간의 본질적인 기본권이다. 이와 비교해서 인간으로서의 존엄과 가치와 행복추구권이 결합하여 도출되는 (일반적) 인격권은 인격의 제한된 영역과 관련하여 인정되는 기본권으로서 법률적 제한이 허용된다.

(1) 주체

① 살아있는 사람

존엄권은 인간의 권리로서 외국인도 존엄권 주체가 된다. 여기서 인간은 영혼-정신-신체의 통일체로서 존재하는 자연인을 뜻하므로, 법인, 그 밖의 단체는 존엄권의 주체가 될 수 없다.29) 존엄권은 인간이기만 하면 인정되므로 미성년자, 피한정후견인, 피성년후견인, 범죄(행위)자, 수형자, 정신병자, 기형아, 식물인간 등도 모두 그 주체가 된다.

② 태아와 사자의 인간의 존엄

(ⅰ) 태아

넓은 뜻의 태아는 초기배아, 배아, 태아를 모두 포괄하는 개념으로 수정되고 나서 출생하기 전까지의 생명체를 가리킨다. 수정되고 나서 14일까지는 초기배아, 수정되고 나서 15일부터 56일 사이를 배아, 그 이후 출생하기 전까지는 좁은 뜻의 태아라고 한다. 넓은 뜻의 태아는 일정한 발육단계를 거쳐 인간으로 완성되는 생명체라는 점은 명백하다. 그런 의미에서 태

---

28) 김선택, 「헌법 제9조 제1문 전단 인간으로서의 존엄의 의미와 법적 성격」, 고려대학교 법학석사학위논문, 1983, 90쪽.

29) 헌법재판소 결정 중에는 "사죄광고과정에서는 자연인이든 법인이든 인격의 자유로운 발현을 위해 보호받아야 할 인격권이 무시되고 국가에 의한 인격의 외형적 변형이 초래되어 인격형성에 분열이 필연적으로 수반되게 된다. 이러한 의미에서 사죄광고제도는 헌법에서 보장된 인격의 존엄과 가치 및 그를 바탕으로 하는 인격권에 큰 위해도 된다."(헌재 1991. 4. 1. 89헌마160, 판례집 3, 149, 155)라고 하여 법인의 존엄권주체성을 인정하는 듯한 것도 있다.

아를 생성 중인 인간이라고 부른다. 태아에게는 인간의 존엄성을 인정하는 데 필수적인 전제가 되는 자아의식, 이성, 자율적 결정능력 등이 결여되어서 인간 존엄권의 주체성을 인정할 수 없다는 견해가 있을 수 있다. 그러나 이러한 견해는 중대한 심신상 장해로 말미암아 그러한 능력을 부분적으로 상실한 인간들, 예를 들어 식물인간 등에 대해서 인간의 존엄권을 부인하여야 한다는 결론에 이르게 되므로 받아들일 수 없다. 따라서 인간으로서 존재 자체가 부인되지 아니하는 한, 태아에게도 인간 존재에게 부여된 고유한 가치, 즉 존엄권의 주체성이 인정되어야 한다. 따라서 태아는 독자적인 인간생명체로 인정되는 순간부터 존엄권의 주체가 될 뿐 아니라, 국가의 인간존엄성 보호의무 대상이 된다. 이때 국가는 (설사 인간의 존엄과 가치에서 주관적 권리가 도출되지 아니하는 것으로 보거나 주관적 권리성을 인정하더라도 태아의 권리주체성이 부인된다고 할지라도 그와 상관없이) 태아의 인간으로서의 존엄과 가치에 대한 보호의무를 효과적으로 이행하여야 한다. 하지만 이들은 잠재적 존엄성의 획득 가능성만 있으므로 완성된 인간의 기본권과 충돌하거나 중대한 공익에 따라 제한되면 일반적인 보호와 같은 수준의 보호를 받을 수는 없다. 따라서 단계적인 보호가 불가피하다. 즉 수정란부터 시작하여 완성된 인간이 되기까지 그 성숙과정에 따라 존엄권의 보호수준을 옹근(완벽한) 인간 수준으로 근접하여 보호하여야 한다.

(ii) 사자

생명은 인간 존엄의 필요요건이지 충분조건은 아니다. 따라서 인간 존엄 보호와 생명 보호는 같지 않고, 생명 침해가 곧 인간 존엄 침해가 되지 않는다. 군인, 경찰관, 소방관의 생명 위험을 무릅쓸 의무와 정당방위 살해, 인질 구출을 위한 범인 조준살해는 당사자를 수단으로 다룬 것이 아니므로 인간 존엄 문제가 아니라 생명 침해 문제로 보아야 한다. 그러나 뇌사상태 임신부의 생명을 태아 출산을 위해서 인공적으로 유지하는 것은 임산부를 출산 도구로 이용한 것이므로 존엄권 침해로 볼 수 있다. 인간의 존엄과 행복추구권이 결합하여 도출하는 인격권에서는 사후에도 침해될 수 있으므로 사자도 인격권의 주체가 될 수 있다. 예를 들어 사자의 명예를 훼손하면 현행법상 사자의 명예훼손죄(형법 제308조)로 처벌을 받는다. 사자 보호를 위해서 이장도 제한되는데, 가족의 이장 희망보다 인간 존엄에서 나오는 사자의 평온한 이익이 우선되기 때문이다. 사체 해부는 일정한 근거가 있을 때만 가능한데, 사인 규명을 위한 해부는 존엄 침해가 아니다. 인간의 사체를 산업용으로 이용하는 것은 인간을 도구로 사용하는 것이므로 존엄 침해가 된다.

(2) 인간 존엄의 침해사례 유형

① 방어권적 측면

(ⅰ) 고문, 노예제도, 낙인

고문, 노예제도, 낙인은 중대한 모욕적 차별이므로 인간 존엄 침해이다.

(ii) 형법

형법상 책임원칙의 근거는 인간 존엄에 있다. 따라서 형사사법절차가 제한된다. 즉 자기부죄 강제와 일정한 심문방법(예를 들어 거짓말탐지기는 당사자가 승낙한 때만 허용)이 금지되고, 일정한 증거[비밀녹음테이프(도청테이프)]의 증거능력이 부정된다. 사망에 가까운 피고인에 대한 재판도 피고인의 존엄을 위해서 중지할 필요가 있다. 그리고 비인간적이고 잔인한 형벌은 금지된다. 예를 들어 태형은 이러한 이유로 금지된다. 사형은 당사자를 일반예방 수단으로 이용하는 것으로 인간 존엄 침해가 되고, 무기자유형도 자유회복 기회가 없다면 인간 존엄 침해가 된다. 또한, 교도소에서도 인간의 개인적 · 사회적 실존의 기본조건은 유지되어야 하고, 수형자의 인격에 변경을 가하는 것은 허용되지 않는다. 수형자의 재사회화를 불가능하게 하는 것도 인간 존엄 침해로 허용되지 않는다.

(iii) 추방, 인도 금지

체류자격(의 합법성)과 상관없이 인간 존엄에 어긋나는 취급(고문 등)을 받을 것이 명백하면 추방과 인도는 인간 존엄을 침해하므로 금지된다.

(iv) 강제불임시술, 강제장기 적출

강제불임시술은 생식기능이 인간이란 존재에 대해서 갖는 의미를 고려할 때,[30) 강제장기 적출은 당사자를 수단으로 삼으므로 비상일 때도 인정되지 않는다.

(v) 가족생존 최소한의 선을 넘는 과세의 금지 · 강제집행(담보권 실행) 금지

가족생존 최소한의 선을 넘는 과세나 강제집행(담보권 실행)은 인간 존엄을 유지하는 데 필요한 최저한의 생활수준을 침해하므로 인정되지 않는다.

② 보호의무 측면

(i) 인간유전학 문제

ⓐ 재생산이나 생식의학에서 인간 존엄의 주체

남성정자나 여성난자는 완성된 인간으로 발전할 가능성이 불투명하므로 인간 존엄의 주체가 되지 않고, 수정란은 완성된 인간으로 발전할 수 있으므로 인간 존엄의 주체가 되지만, 다만 그 보호수준이 불완전성으로 말미암아 옹근(완벽한) 인간보다 낮다.

ⓑ 인공수정

정자제공자의 익명성이 문제 되는데, 아동의 자기 유전적 혈통을 알 권리는 자기정체성의 내용이 되므로 인정되어야 할 것이다.

---

30) 이에 관해서는 이은영, 「원치않은 불임시술 · 출생에 관한 법적 문제」, 『한국의료법학회지』 제6권 제1호, 한국의료법학회, 1999, 70~73쪽 참조.

ⓒ 다수 배아를 대상으로 한 실험

배아(특히 체외수정된 수정란)에 대한 연구는 (미완성) 인간의 도구화와 조작 위험성 때문에 원칙적으로 금지되어야 한다.

ⓓ 배세포 침해에 관한 유전자치료 – 유전자프로그램 변경

유전자치료는 개인의 온전성을 침해하여 인간 존엄을 침해하지만, 치료목적인지에 따라 인간 존엄 침해 여부를 판단하여야 한다. 과학적으로 발병 여부가 증명되면 유전적 질병을 치료할 목적으로만 적극적 우생학적 개입이 아니라 소극적인 치료목적 개입만 관련 당사자의 동의 아래 이루어질 때 정당화할 여지가 있다. 원하는 아이를 출산하기 위한 유전자치료는 문제 된다. 이때 인간 존엄의 주체가 아직 없으므로 주관적 권리가 문제 될 수는 없으나 그러한 침해를 국가가 금지하여야 할 보호의무가 문제 된다.

ⓔ 키메라, 하이브리드, 클로닝

키메라(Chimera)는 2 이상 부모의 세포결합을 말하고, 하이브리드(hybrid)는 서로 다른 종의 정자난자결합에서 나온 생명체를 가리키며, 클로닝(cloning)은 일란성 쌍둥이를 인공생산하는 것을 뜻한다. 이러한 것은 인간의 새로운 종을 생산할 우려가 있는 것으로 인간 배양에 해당하므로 인간 존엄을 침해한다.

(ⅱ) 자기 자신에 대한 인간 존엄 보호

인간 존엄에 따라 행동할 것이 강제되지 않는 것도 인간 존엄 내용이다. 따라서 자기 자신의 존엄을 결정하는 결정적인 심급은 자기 자신이어야 한다.

(ⅲ) 임상시험[31]

인간을 직접대상으로 한 의학·약학 시험의 허용 여부는 실험대상자의 승낙에 의존한다. 인간이 다른 사람의 목적을 위한 수단으로 된다는 점 때문에 이미 불가능해지지는 않는다. 다만, 가능한 남용에 대한 충분한 보호조치와 자유의사 보호 그리고 다른 헌법적 법익 존중이 전제되어야 한다.

(ⅳ) 자살

인간에게는 죽을 시점을 결정할 권리와 존엄 속에 죽을 권리가 있다. 자유의사에 따른 행동으로서 자신의 생명을 종료시키는 행위는 인간 존엄을 침해하는 것으로는 볼 수 없다. 그러나 자살기도자가 제한된 판단능력·조종능력이 있다는 추정이나 자살행위를 통하여 제3자에 대한 위험 초래 등을 고려하면 자살기도자의 현실적 의사에 어긋나게 제3자가 보호·구조조치를 취하는 것이 인정된다.

---

31) 인체실험이나 임상실험이라는 용어를 사용하기도 하나, 인간의 주체성·존엄성을 고려하면 바람직하지 않다.

③ 급부청구권적 측면

인간 존엄과 사회국가원리가 결합하여 최소생존의 헌법적 보장이라는 헌법적 요구가 도출된다. 따라서 최소생존을 보장해 줄 것을 국가에 청구할 수 있고, 국가가 이 수준 이하로 보장하면 인간 존엄 침해가 발생한다. 이때 최소생존수준과 관련하여 생활유지 수단이 되는 식료품이나 때에 따라서는 의약품 구입과 같이 순수한 생존과 관계되는 조건들이 문제 된다. 그러나 최소생활수준은 생명 연명을 위해서 무조건적으로 필요한 것에 국한되는 것은 아니다. 최소생활수준 기준은 한 사회에서 그리고 주어진 시점에서 일반적 생존조건과 이에 관한 가치관이다. 사회국가적으로 바람직하거나 심지어 요구되는 것이 모두 인간 존엄의 유지조건은 아니다.

④ 방사효과 측면

(ⅰ) 근로관계

근로조건 기준은 인간의 존엄성을 보장하는 수준으로 보장되어야 한다(헌법 제32조 제3항).

(ⅱ) 상업적 목적의 아동 입양

아동을 경제적 수단으로 이용하는 것이므로 인간 존엄을 침해한다.

(ⅲ) 대리모계약

원칙적으로 민법 제103조의 사회질서 위반에 해당하나, 자유의사에 따른 합의이고 아이의 복리를 위한 것인 한도에서 허용될 수 있다.

(ⅳ) 민사법적으로 '원하지 않은 아이'의 부양의무를 '손해'로 성격지우는 것

불법행위를 이유로 손해배상을 청구하려면 자신에게 손해가 있음을 증명하여야 한다. 이때 손해는 헌법이 인정하는 이익 침해에 한정한다. 따라서 헌법이 보호하지 않는 이익에 대한 손해배상을 청구하면 인정되지 않는다. 대법원은 수차에 걸쳐 기형아 검사를 하여 담당 의사가 정상아판정을 하였고 이를 믿고 출산하였는데도 결과적으로 다운증후군의 기형아로 태어난 아이가 그 의사를 상대로 낸 손해배상청구소송에서 "원고는 자신이 출생하지 않았어야 함에도 장애를 가지고 출생한 것이 손해라는 점도 이 사건 청구원인 사실로 삼고 있으나, 인간 생명의 존엄성과 그 가치의 무한함(헌법 제10조)에 비추어 볼 때, 어떠한 인간 또는 인간이 되려고 하는 존재가 타인에 대하여 자신의 출생을 막아 줄 것을 요구할 권리가 있다고 보기 어렵고, 장애를 갖고 출생한 것 자체를 인공임신중절로 출생하지 않은 것과 비교해서 법률적으로 손해라고 단정할 수도 없"다[32]고 하여 장애를 가지고 태어난 것은 헌법 제10조 인간의 존엄에 비추어 손해로 볼 수 없다고 하였다. 이에 대해서 정상아 출산에서는 위자료 청구만을

---

32) 대법원 1999. 6. 11. 선고 98다22857 판결(공1999하, 1361).

인정하고, 장애아 출산에서는 위자료 외에 추가비용만 인정하자는 견해[33]와 부모의 결정권 침해에 따른 위자료 배상만을 인정하자는 견해[34]가 있다. 인간 존엄에 비추어 출생한 아이를 객체화하여 손해로 보거나 부모가 아이를 키우는 것은 인간으로서 당연히 하여야 할 의무라는 점에서 부모의 양육비 자체를 손해로 판단할 수 없다. 그러나 인공임신중절이 허용되는 범위에서는 부모가 출산 여부를 결정할 수 있다는 점에 비추어 이를 침해하는 범위에서는 위자료를 청구할 수 있다.

(3) 인간으로서의 존엄과 가치 제한

인간의 존엄과 가치는 최고의 헌법가치이며 기본권체계에서 최고의 가치이므로 어떠한 때도 제한될 수 없다는 견해가 있다.[35] 이념으로서 인간의 존엄과 가치는 제한되지 않으나, 인간으로서의 존엄에서 직접 도출되는 개별 기본권은 제한될 가능성이 있다는 견해가 있다.[36] 그리고 인간으로서의 존엄과 가치도 제한할 수 있다는 견해도 있다.[37]

먼저 모든 기본권의 이념이며 목표인 인간의 존엄과 가치와 개별 기본권으로서 인간의 존엄과 가치는 구별되어야 한다. 전자는 객관적 원리로서 그 자체가 헌법 제37조 제2항의 규율대상이 되지 않는다. 따라서 이러한 구별을 전제로 제한 여부를 구별하는 것은 타당하지 않다. 그리고 인간의 존엄 규정 자체에서 도출되는 존엄권과 행복추구권이나 헌법 제37조 제1항과 연결되어 도출되는 기본권은 구별하여야 한다. 전자는 인간의 존엄과 가치를 보장하기 위한 최소한의 내용이 있는 기본권으로 절대적 보호를 받으므로, 헌법 제37조 제2항에 따라서 제한될 수 없다. 그러나 후자는 다른 개별 기본권과 차이가 없으므로 헌법 제37조 제2항에 따라서 제한될 수 있다.

(4) 인간으로서의 존엄과 가치와 다른 헌법규정의 관계
① 헌법원리와 맺는 관계

민주주의원리는 인간의 존엄에서 도출되는 개인의 자기결정권에 따른 자치이다. 법치국가

---

33) 윤진수, 「의사의 과실에 의한 자녀의 출생으로 인한 손해배상책임」, 『법조』 제48권 제8호(통권 제515호), 법조협회, 1999. 8., 46~58쪽.

34) 이은영, 「원치않은 불임시술·출생에 관한 법적 문제」, 『한국의료법학회지』 제6권 제1호, 한국의료법학회, 1999. 12., 88~89쪽.

35) 계희열, 『헌법학(중)(신정2판)』, 박영사, 2007, 213~214쪽; 권영성, 『헌법학원론(개정판)』, 법문사, 2010, 381쪽; 방승주, 「헌법 제10조」, 『헌법주석[Ⅰ]』, 박영사, 2013, 327~328쪽. 인간의 존엄은 어떤 때도 침해되어서는 안 된다고 하면서도, 기본권 제한도 거시적으로 보면 전체 국민의 인간 존엄을 실현한다는 점에서 정당화할 수 있으므로, 그렇지 않고 오로지 인간 존엄을 제약하는 기본권 제한은 그 자체로서 위헌이라는 견해도 있고(장영수, 『헌법학(제11판)』, 홍문사, 2019, 571쪽), 인간으로서의 존엄과 가치가 모든 기본권의 본질적 내용이므로 법률로써 제한할 수 없다는 견해도 있다(허 영, 『한국헌법론(전정15판)』, 박영사, 2019, 353쪽).

36) 성낙인, 『헌법학(제19판)』, 법문사, 2019, 1009쪽; 홍성방, 『헌법학(중)(제2판)』, 박영사, 2015, 35쪽.

37) 김철수, 『학설·판례 헌법학(상)』, 박영사, 2008, 539~545쪽.

원리는 인간의 존엄을 기초로 하는 기본권 일반을 보장한다. 사회국가원리는 인간의 존엄에서 도출되는 최소한의 인간다운 생존조건 확보를 1차적이고 가장 기본적인 것으로 보장한다.

② 다른 기본권규정과 맺는 관계

인간으로서의 존엄과 가치는 포괄적 규정은 아니고 객관적 원리로서 도출되는 헌법원리라서 다른 모든 기본권의 이념이며 해석기준이다. 인간으로서의 존엄과 가치에서 도출되는 존엄권과 개별 기본권은 일반-특별 내지 보충적 관계가 아니라 존엄권이 자유권의 기초를 형성하는 기본권이다.

Ⅱ. 행복추구권

1. 의의

(1) 개념

'행복'이라는 관념은 다의적으로 이해될 수 있고 '행복'의 '감정'은 주관적이다. 그러므로 '행복'은 개개인의 인생관이나 가치관에 따라 상이한 내용으로 이해될 수 있다. 그리고 개인도 각각의 상황에서 요구하는 행복의 요건이 달라서 행복은 상대적일 수밖에 없다. 즉 행복은 시간과 장소, 즉 생활환경이나 조건 그리고 특히 사람에 따라 달라질 수밖에 없다. 따라서 행복추구권은 개개인이 그때 그때의 상황에 따라 만족스럽다고 생각하고 느끼는 것을 얻기 위해서 자유롭게 노력하고 행동할 권리라고 할 수 있다.

(2) 연혁

1776년 6월 12일 미국 버지니아 권리선언 제1조에서는 개인에게 '행복과 안전을 추구할 불가양의 권리'가 있음을 선언하고, 제3조에서는 국민의 안전과 '행복'이 국가의 목적임을 밝힌다. 그리고 1776년 7월 4일 미국 독립선언서는 모든 인간이 창조주에게서 일정한 불가양의 권리들, 그 중에서도 생명과 자유와 '행복의 추구'를 부여받았다는 것과 새로운 정부를 창설할 때 그들의 안전과 '행복'을 가장 효과적으로 확보하여 줄 정부형태를 기초로 할 것임을 선언한다. 그러나 1787년 9월 17일 미국 헌법전에는 인권 편이 들어가지 못하였고, 인권을 헌법에 규정하려고 1791년 12월 15일에 추가된 수정헌법에도 행복추구권 규정은 채택되지 않았다. 1946년 11월 3일 일본 헌법 제13조에는 미국 헌법문서 전통에 따라 행복추구권이 규정되었다. 한국에서 행복추구권은 1980년 헌법 제9조 제1문 후단에 도입되어 현행 헌법 제10조로 이어진다. 한국 헌법상 기본권질서에 대한 성찰 없이 수용된 것으로 비판받으나, 헌법조항으로 규정된 이상 해석 노력이 요청된다.

2. 법적 성격

(1) 학설

① 법규범성 자체를 부정하는 견해

'행복'이라는 말은 법조문화할 성격의 개념이 아니라면서 기본권적 형식의 실정헌법규정을 무시한 채 구체적 규범성을 부인한다.[38]

그러나 실정헌법조문에 오로지 윤리적인 요청만 규정된다고 보는 것은 '법학의 실존적 임무인 해석'[39]을 다하지 못한 것이다. 헌법상 개념으로서 그 불확정성 때문에 특별히 구체화를 필요로 하는 것은 행복추구권에 국한된 현상이 아니다.[40]

② 자유권(적 기본권)의 정신적 기초인 하나의 이념으로 보는 견해

행복추구권을 구체적인 기본권이라고 할 수는 없다고 보고, 그것은 오히려 모든 자유권적 기본권의 이념과 가치로서 의의가 있어서 모든 자유권은 이 행복추구권의 정신적 기초 위에서 해석·적용되는 것이라고 한다.[41]

그러나 인간으로서의 존엄과 가치와 행복추구권이 개념상 구분되는 것이라면, 기본권 보장의 최고이념으로 인정되는 인간으로서의 존엄과 가치 아래에 그와 구분되는 별도의 자유권 보장이념(행복추구권)과 사회권 보장이념(인간다운 생활을 할 권리)을 인정하는 것은 불필요한 중복일 뿐 아니라, 구분되는 두 쌍의 이념들(즉 '인간으로서의 존엄과 가치와 행복추구권' 및 '인간으로서의 존엄과 가치와 인간다운 생활을 할 권리') 서로 간에 원치 않는 갈등이 있을 수 있고 이는 바로 최고이념인 인간으로서의 존엄과 가치 실현에 장애요소로 작용할 수도 있다.[42]

③ 포괄적 기본권으로 보는 견해

행복추구권을 다른 모든 기본권을 포괄하는 권리, 즉 모든 다른 기본권이 거기서 도출되어 나올 수 있는 일종의 모권으로 본다.[43] 이 견해를 따르면 행복추구권과 그 밖의 헌법에

---

38) 허 영, 『한국헌법론(전정15판)』, 박영사, 2019, 354~355쪽.

39) Klaus Stern, Interpretation eine existentielle Aufgabe der Jurisprudenz, in: NJW 1958, S. 695 ff.

40) 이상 김선택, 「행복추구권」, 『고시연구』 제20권 제10호(통권 제235호), 고시연구사, 1993. 10., 352쪽.

41) 김운용, 「행복추구권의 해석」, 『고시연구』 제15권 제12호(통권 제177호), 고시연구사, 1988. 12., 59쪽; 박일경, 「행복을 추구할 권리」, 『고시연구』 제8권 제3호(통권 제84호), 고시연구사, 1981. 3., 36~40쪽; 같은 사람, 『제6 공화국 신헌법』, 법경출판사, 1990, 248쪽. 이 견해는 국가를 전제로 하지 않는 행복추구권의 자연법적 유래에 어긋난다.

42) 이상 김선택, 「행복추구권」, 『고시연구』 제20권 제10호(통권 제235호), 고시연구사, 1993. 10., 352~353쪽.

43) 구병삭, 『신헌법원론』, 박영사, 1996, 406쪽; 권영성, 『헌법학원론(개정판)』, 법문사, 2010, 384쪽; 김명규, 「현대 헌법상의 행복추구권」, 『헌법학과 법학의 제문제』(효산 김계환교수 화갑기념논문집), 박영사, 1996, 56쪽; 김명식, 「행복추구권에 관한 연구」, 성균관대학교 법학박사학위논문, 2000, 145~146쪽; 문홍주, 『제6공화국 한국헌법』, 해 암사, 1987, 219쪽; 성낙인, 『헌법학(제19판)』, 법문사, 2019, 1015쪽; 심경수, 『헌법』, 법문사, 2018, 184쪽; 안용 교, 「인간으로서의 존엄·가치와 행복추구권」, 『월간고시』 제10권 제10호(통권 제117호), 법지사, 1983. 10., 32

열거된 기본권들 사이에 '일반－특별의 관계'가 성립한다. 따라서 행복추구권은 열거된 기본권이 없거나 있더라도 그것이 최소한 해당 사안에서 적용할 수 없을 때만 문제 된다.

그러나 한국 헌법은 불문의 기본권적 권리 인정을 위해서 원용할 수 있는 특별규정으로서 헌법 제37조 제1항을 둔다. 행복추구권을 이러한 형태의 포괄적 기본권성을 인정하여야 한다고 고집한다면 행복추구권과 헌법 제37조 제1항 둘 중의 하나가 불필요한 규정이 되지 않을 수 없다. 그러므로 한편에서 헌법상 한 조항(여기서는 제10조)에서 모권(포괄적 기본권)을 인정하면서 동시에 다른 한편에서 다른 조항(여기서는 제37조 제2항)에서도 포괄적 기본권을 찾는 것은 자기모순이 될 것이다. 행복추구권과 헌법에 열거되지 아니한 권리 두 조항의 관련성에 대한 명석한 해명 없이는 이 주장은 설득력을 얻기 어렵다.[44]

④ '인간으로서의 존엄과 가치'와 통합적으로 이해하는 견해

헌법 제10조 제1문 전단의 '인간의 존엄과 가치'와 후단의 '행복추구권'을 하나로 묶고, 이 묶음을 하나의 기본권으로 이해한다.[45] 이를 따르면 '인간의 존엄과 가치·행복추구권'은 광의의 '인간의 존엄과 가치·행복추구권'과 협의의 '인간의 존엄과 가치·행복추구권'으로 나누어진다. 여기서 광의의 '인간의 존엄과 가치·행복추구권'은 주기본권으로서 다시 개별적 기본권들, 즉 평등권, 자유권, 생존권, 청구권적 기본권, 참정권 등으로 분화하고 이들 개별적 기본권들도 주된 개별 기본권, 예를 들어 주자유권과 개별적인 기본권들, 예를 들어 각종의 개별적 자유권으로 분화되는 식으로 나누어진다. 협의의 '인간의 존엄과 가치·행복추구권'은 다시 최협의의 존엄권(＝ 인격권 ＝ 명예권, 성명권, 초상권 등, 알 권리, 읽을 권리, 들을 권리 및 생명권을 포함하는 권리)과 (최)협의의 행복추구권(＝ 신체의 불훼손권, 일반적 행동자유권, 평화적 생존권을 포함하는 권리)으로 나누어진다고 한다.

그러나 인간 실존의 핵심영역에 관련된 개념인 '인간으로서의 존엄과 가치'와 삶에서 비교적 넓은 범위의 행동영역을 포괄하는 개념인 '행복추구'를 구별 없이 사용하여서는 안 될 것이다. 양자는 인간으로서의 존엄과 가치가 인격자의 정태적 존재양상을 보호하지만(그가 어떻게 있는지), 행복추구권은 그의 동태적 행동양식을 보호한다는(그가 어떻게 행동하는지) 점에서 구별할 수 있다. 즉 인간으로서의 존엄과 가치는 자기보존과, 행복추구권은 자기발현과 각각 상응한다.[46][47]

쪽; 같은 사람, 『한국헌법(제2전정판)』, 고시연구사, 1992, 332~333쪽; 장석권, 「인간으로서의 존엄과 가치·행복추구권」, 『법학논총』 제12집, 단국대학교 법학연구소, 1982, 39~40쪽; 장영수, 『헌법학(제11판)』, 홍문사, 2019, 574~575쪽; 정재황, 『신헌법입문(제9판)』, 박영사, 2019, 335쪽.

44) 이상 김선택, 「행복추구권」, 『고시연구』 제20권 제10호(통권 제235호), 고시연구사, 1993. 10., 353쪽.

45) 김철수, 『학설·판례 헌법학(상)』, 박영사, 2008, 507, 513~517쪽.

46) 김선택, 「헌법 제9조 제1문 전단 인간으로서의 존엄의 의미와 법적 성격」, 고려대학교 법학석사학위논문, 1983, 98쪽 참조.

47) 이상 김선택, 「행복추구권」, 『고시연구』 제20권 제10호(통권 제235호), 고시연구사, 1993. 10., 354쪽.

⑤ 구체적 권리로 보는 견해

행복추구권의 헌법수용과정에서 행복추구권이 인간존엄성 조항을 구체화할 필요성에서 규정된 것이라는 점과 행복추구권이 권리로서 규정된 점 때문에 행복추구권은 이념이 아니라 개별 기본권으로 보아야 한다는 견해이다.[48] 이 견해는 행복추구권의 구체적 내용을 일반적 인격권이라고 하면서 협의의 인격권(사적 영역과 비밀영역에 대한 보호청구권)과 인격발현권(일반적 행동의 자유권)을 그 내용으로 든다.[49]

이 견해는 인간의 존엄과 가치가 개별 기본권과 맺는 관계에서 이념으로만 작용한다고 하면서 헌법 제37조 제1항의 헌법에 열거되지 아니한 권리의 실질적 기준으로 작용한다고 한다. 하지만 인간의 존엄과 가치는 그 내용이 협소하여 헌법에 열거되지 아니한 권리를 모두 포섭하는 실질적 기준이 될 수 없으므로 행복추구권도 실질적 기준이 되지 않을 수 없다. 따라서 행복추구권을 개별 기본권으로만 보는 것은 문제가 있다.

(2) 판례

① 헌법재판소

헌법재판소는 행복추구권 침해를 인정하고 그를 이유로 헌법소원을 제기할 수 있음을 인정함으로써 행복추구권의 주관적 권리성을 인정한다.[50] 그리고 행복추구권의 포괄적 성격을 인정하되, 자유권적 성격의 보장만을 내용으로 한다는 점을 분명히 밝힌다.[51] 행복추구권 속에는 일반적 행동자유권과 개성의 자유로운 발현권이 함축되어 있다고 한다.[52]

일반적 행동자유권에는 적극적으로 자유롭게 행동을 하는 것은 물론 소극적으로 행동을 하지 않을 자유, 즉 부작위의 자유도 포함되는 것으로 보았다.[53] 이때 가치 있는 행동만 그 보호영역으로 하지 않는다고 한다.[54] 일반적 행동자유권의 구체적인 예로는 계약의 자유[55]를 들고, 그 밖에 일반적 행동의 자유에 속하는 무정형적 행위로 소년이 당구를 통하여 자신의 소질과 취미를 살리는 것,[56] 18세 미만자의 노래연습장 출입,[57] 하기 싫은 일(음주측정에 응하는 일)을 강요당하지 아니할 권리,[58] 기부금품모집행위,[59] 부동산을 양수한 자가 소유권이전

---

48) 김학성, 『헌법학원론(전정3판)』, 피앤씨미디어, 2019, 415~423쪽; 홍성방, 『헌법학(중)(제2판)』, 박영사, 2015, 48~49쪽.

49) 홍성방, 『헌법학(중)(제2판)』, 박영사, 2015, 55~56쪽.

50) 헌재 1989. 10. 27. 89헌마56, 판례집 1, 309, 317; 헌재 1997. 2. 20. 95헌마362, 판례집 9−1, 179, 183.

51) 헌재 1995. 7. 21. 93헌가14, 판례집 7−2, 1, 32; 헌재 1997. 11. 27. 97헌바10, 판례집 9−2, 651, 673.

52) 헌재 1991. 6. 3. 89헌마204, 판례집 3, 268, 275−276; 헌재 1998. 5. 28. 96헌가5, 판례집 10−1, 541, 549.

53) 헌재 1991. 6. 3. 89헌마204, 판례집 3, 268, 276.

54) 헌재 2003. 10. 30. 2002헌마518, 판례집 15−2하, 185, 199−200.

55) 헌재 1991. 6. 3. 89헌마204, 판례집 3, 268, 276; 헌재 1998. 5. 28. 96헌가5, 판례집 10−1, 541, 549; 헌재 2001. 2. 22. 99헌마365, 판례집 13−1, 301, 313−314; 헌재 2013. 12. 26. 2011헌바234, 판례집 25−2하, 649, 654.

56) 헌재 1993. 5. 13. 92헌마80, 판례집 5−1, 365, 383−384.

57) 헌재 1996. 2. 29. 94헌마13, 판례집 8−1, 126, 145.

등기를 할 것인지를 결정할 자유,[60] 결혼식 하객에게 주류와 음식물을 대접하는 행위,[61] 무상 또는 일회적 · 일시적으로 가르치는 행위,[62] 자신의 행복추구를 위하여 내키지 아니하는 일(법위반사실 공표)을 하지 아니할 일반적 행동자유권,[63] 위험한 스포츠를 즐길 권리와 같은 위험한 생활방식으로 살아갈 권리,[64] 하기 싫은 일(소변을 받아 제출하는 일)을 하지 않을 자유와 자기 신체상태나 정보에 대하여 외부에 알리지 않을 자유,[65] 지역 방언을 자신의 언어로 선택하여 공적 또는 사적인 의사소통과 교육의 수단으로 사용하는 것,[66] 공원 탐방객이 자연공원지역을 자유롭게 출입할 자유,[67] 개인의 생활방식과 취미에 관한 사항[68] 등을 든다.

개성의 자유로운 발현권은 일반적 행동자유권과 별개의 권리임을 이야기되지만[69] 별도로 언급되지 않고, 일반적 행동의 자유와 별도로 이것이 어떤 내용의 권리인지 구체적으로 설시된 예는 없다.[70] 헌법재판소는 인간의 존엄과 가치와 결합한 행복추구권의 내용으로서 자기결정권을 인정한다.[71] 그 밖에 헌법재판소는 행복추구권에서 사적자치권,[72] 자신이 마실 물을 선택할 자유와 수돗물 대신 먹는샘물을 음용수로 이용할 자유,[73] 휴식권[74] 등을 도출한다.

---

58) 헌재 1997. 3. 27. 96헌가11, 판례집 9-1, 245, 264.

59) 헌재 1998. 5. 28. 96헌가5, 판례집 10-1, 541, 549.

60) 헌재 1998. 5. 28. 96헌바83, 판례집 10-1, 624, 634.

61) 헌재 1998. 10. 15. 98헌마168, 판례집 10-2, 586, 596.

62) 헌재 2000. 4. 27. 98헌가16등, 판례집 12-1, 427, 455.

63) 헌재 2002. 1. 31. 2001헌바43, 판례집 14-1, 49, 57.

64) 헌재 2003. 10. 30. 2002헌마518, 판례집 15-2하, 185, 200.

65) 헌재 2006. 7. 27. 2005헌마277, 판례집 18-2, 280, 286.

66) 헌재 2009. 5. 28. 2006헌바618, 판례집 21-1하, 746, 756-757.

67) 헌재 2012. 2. 23. 2010헌마99, 공보 185, 395, 397.

68) 헌재 2003. 10. 30. 2002헌마518, 판례집 15-2하, 185, 200; 헌재 2014. 4. 24. 2011헌마659등, 판례집 26-1하, 176, 190.

69) 헌재 1991. 6. 3. 89헌마204, 판례집 3, 268, 275-276; 헌재 1998. 5. 28. 96헌가5, 판례집 10-1, 541, 549.

70) 인격의 자유로운 발현권이라고도 한다(헌재 2012. 11. 29. 2011헌마827, 판례집 24-2하, 250, 260-261: "헌법 제10조에 의하여 보장되는 행복추구권은 일반적인 행동의 자유와 인격의 자유로운 발현권을 포함하는바, 학생은 교육을 받음에 있어서 자신의 인격, 특히 성향이나 능력을 자유롭게 발현할 수 있는 권리가 있다. 학생은 인격의 발전을 위하여 어느 정도는 부모와 학교의 교사 등 타인에 의한 결정을 필요로 하는 아직 성숙하지 못한 인격체이지만, 부모와 국가에 의한 교육의 단순한 대상이 아닌 독자적인 인격체이며, 그의 인격은 성인과 마찬가지로 보호되어야 하기 때문이다. 따라서 헌법은 국가의 교육권한과 부모의 교육권의 범주 내에서 학생에게도 자신의 교육에 관하여 스스로 결정할 권리, 즉 자유롭게 교육을 받을 권리를 부여하고(헌재 2000. 4. 27. 98헌가16, 판례집 12-1, 427, 455-456 참조), 학생은 국가의 간섭을 받지 아니하고 자신의 능력과 개성, 적성에 맞는 학교를 자유롭게 선택할 권리를 가진다.")

71) 헌재 1990. 9. 10. 89헌마82, 판례집 2, 306, 310; 헌재 1997. 7. 16. 95헌가6등, 판례집 9-2, 1, 16-17. 소비자가 자신의 의사에 따라 자유롭게 상품을 선택하는 소비자의 자기결정권도 행복추구권이 보호한다고 한다(헌재 2002. 10. 31. 99헌바76등, 판례집 14-2, 410, 429).

72) 헌재 2001. 5. 31. 99헌가18등, 판례집 13-1, 1017, 1084.

73) 헌재 1998. 12. 24. 98헌가1, 판례집 10-2, 819, 840.

74) 헌재 2001. 9. 27. 2000헌마159, 판례집 13-2, 353, 362.

② 대법원

대법원은 행복추구권의 독자적 주관적 권리성을 인정하고,[75] 그 내용으로 만나고 싶은 사람을 만날 권리,[76] 자신이 먹고 싶은 음식이나 마시고 싶은 음료수를 자유롭게 선택할 수 있는 권리,[77] 기부금품을 자유로이 모집할 수 있는 권리[78] 등을 든다.

(3) 사견

① 헌법상 기본권보장의 또 하나의 이념?

'행복추구권'이 '인간으로서의 존엄과 가치' 보장과 더불어 또 하나의 기본권보장이념으로서 객관적－법적 효력이 있는지를 먼저 문제 삼을 수 있다. 일단은 행복추구권이 인간으로서의 존엄과 가치와 함께 하나의 문장으로 동시에 기본권목록의 제일 앞에 규정되고(외적－체계적 위치), 나아가 그 '행복추구'라는 불확정적 개념 아래 광범한 생활영역을 포섭할 수 있는 것으로 비치므로 그것이 하나의 객관적 개념으로 기능할 수 있으리라는 점을 의심할 필요가 없는 듯이 보인다.

그러나 (ⅰ) 행복추구권을 또 하나의 이념으로 인정하면 인간으로서 가지는 존엄과 가치가 최고가치로서 갖는 이념적 작용이 약해질 우려가 있다. 그리고 (ⅱ) 헌법 조문에서 이미 '권리'라고 규정한다. 그러한 점에서 행복추구권은 인간으로서 가지는 존엄과 가치 이외의 또 다른 기본권보장이념으로 볼 수 없다. 따라서 행복추구권은 구체적 개별 기본권으로 보아야 한다.[79]

② (일반적) 인격권: '인간으로서의 존엄과 가치'와 결합된 행복추구권

헌법 제10조 제1문 전단 '인간으로서의 존엄과 가치'와 제10조 제1문 후단 '행복추구권' 사이에 그 내용상 긴밀한 결합을 통해서 좁은 범위의 개인적 인격영역에 관계되는 일반적 인격권을 형성해 볼 수 있다.[80] 이때 '인간으로서의 존엄과 가치'는 일반적 인격권을 인정할 때

---

75) 대법원 1983. 3. 22. 선고 82도2151 판결(집31－2, 20; 공1983, 771); 대법원 1999. 5. 14. 선고 97누19991 판결(공1999상, 1179); 대법원 1999. 6. 25. 선고 98도3927 판결(공1999하, 1553); 대법원 1999. 12. 10. 선고 98다36344 판결(공2000상, 158); 대법원 2001. 3. 9. 선고 99다13157 판결(집49－1, 203; 공2001상, 831); 대법원 2001. 10. 30. 선고 99두4860 판결(공2001하, 2610).

76) 대법원 1992. 5. 8. 선고 91누7552 판결(공1992, 1871); 대법원 1992. 5. 8.자 91부8 결정(공1992, 2151). 다만, 이 판례는 만나고 싶은 사람을 만날 수 있는 것은 인간이 가지는 가장 기본적인 자유 중 하나로서, 인간으로서 가지는 존엄과 가치와 행복추구권에 포함되어 헌법이 보호하는 기본권이라고 한다.

77) 대법원 1994. 3. 8. 선고 92누1728 판결(공1994상, 1195); 대법원 1995. 11. 14. 선고 92도496 판결(공1996상, 110).

78) 이는 헌법이 보호하는 행복추구권에서 파생하는 일반적 행동자유권에 속한다고 한다[대법원 1999. 7. 23. 선고 99두3690 판결(공1999하, 1809)].

79) 이상 김선택, 「행복추구권」, 『고시연구』제20권 제10호(통권 제235호), 고시연구사, 1993. 10., 355쪽; 같은 사람, 「"행복추구권"과 "헌법에 열거되지 아니한 권리"의 기본권체계적 해석」, 『안암법학』창간호, 안암법학회, 1993, 189~190쪽.

80) 헌재 2001. 10. 25. 2000헌바60, 판례집 13－2, 480, 485: "헌법 제10조에서 보장하는 개인의 인격권에는 개인의

그 보호영역에 한계를 그어주기 위한 보조적인 기준 역할을 할 수 있다. 따라서 단지 인격의 제한된 영역에 관련하여서만 인격권을 인정할 수 있다. 일반적 인격권은 인격이 발현되는 모든 관계를 포괄한다.[81] 인간으로서의 존엄과 가치에 대한 법률적 제한은 원칙적으로 배제되지만, 행복추구권은 헌법 제37조 제2항에 따라 법률로 제한이 가능하므로 일반적 인격권의 기초를 형성하는 것은 행복추구권이 되어야 한다.[82]

이에 대해서 행복추구권은 인간으로서 가지는 존엄과 가치와 결합하여 좁은 범위의 개인적 인격영역에 관계되는 일반적 인격권을 형성한다는 것은 인간으로서 가지는 존엄과 가치와 통합적으로 이해하는 견해의 결론을 받아들이는 결과에 이른다는 비판이 있다.[83] 그러나 이는 일반적 인격권은 행복추구권의 내용이고 인간으로서 가지는 존엄과 가치는 일반적 인격권 보호영역의 한계를 그어주는 보조적 기준으로 작용하는 것에 그치므로 양자를 통합적으로 이해하는 것은 아니라는 점에서 적절한 비판이 아니다. 특히 인간으로서 가지는 존엄과 가치에서 도출되는 구체적 권리는 제한이 불가능하다는 점에서 행복추구권에서 도출되는 구체적 권리와 명백히 구별된다.[84]

자기운명결정권이 전제되는 것이고 이 자기운명결정권에는 성행위여부 및 그 상대방을 결정할 수 있는 성적 자기결정권이 포함되어 있으며, ……"

81) 일반적 인격권으로 논의하는 내용은 헌법 제17조 사생활의 비밀과 자유의 내용과 겹치는 부분이 있다. 따라서 행복추구권에서 도출하는 일반적 인격권은 구체적 개별기본권인 사생활의 비밀과 자유에서 보호하는 내용을 제외한 제한적인 내용으로 이해하여야 한다(김선택, 「헌법 제9조 제1문 전단 인간으로서의 존엄의 의미와 법적 성격」, 고려대학교 법학석사학위논문, 1983, 357쪽 주 16; 같은 사람, 「"행복추구권"과 "헌법에 열거되지 아니한 권리"의 기본권체계적 해석」, 『안암법학』 창간호, 안암법학회, 1993, 192쪽 주 33).
   헌재 2005. 10. 27. 2002헌마425, 판례집 17-2, 311, 319-320: "헌법 제10조로부터 도출되는 일반적 인격권에는 개인의 명예에 관한 권리도 포함될 수 있으나(헌재 1999. 6. 24. 97헌마265, 판례집 11-1, 768, 774), 여기서 말하는 '명예'는 사람이나 그 인격에 대한 '사회적 평가', 즉 객관적·외부적 가치평가를 말하는 것이지 단순히 주관적·내면적인 명예감정은 포함하지 않는다고 보아야 한다. 그와 같은 주관적·내면적·정신적 사항은 객관성과 구체성이 미약한 것이므로 법적인 개념이나 이익으로 파악하는 데는 대단히 신중을 기하지 않을 수 없기 때문이다. 헌법이 인격권으로 보호하는 명예의 개념을 사회적·외부적 징표에 국한하지 않는다면 대단히 주관적이고 개별적인 내심의 명예감정까지 모두 여기에 포함되어 입법이나 공권력 작용은 물론 사인(私人)간의 생활관계에서도 전혀 의도하지도 않았고 예측할 수도 없었던 상황에서 명예권 침해의 주장이 제기되고 법적 분쟁화하는 것을 막을 수 없다. 명예권의 개념을 그와 같이 확장하여서는 오늘날 다양한 이해관계가 그물망처럼 얽혀 있는 복잡다단한 사회에서 명예분쟁이 어떤 양상으로 분출될지 조감하기 어려워 비단 입법자나 공권력 주체뿐만 아니라 언론의 자유나 학문의 자유 등의 기본권을 행사하는 사인들에게도 무수한 명예권 침해 항변에 맞닥뜨리도록 하는 부담을 안겨주게 될 것이다."
82) 김선택, 「행복추구권」, 『고시연구』 제20권 제10호(통권 제235호), 고시연구사, 1993. 10., 355~356쪽; 같은 사람, 「"행복추구권"과 "헌법에 열거되지 아니한 권리"의 기본권체계적 해석」, 『안암법학』 창간호, 안암법학회, 1993, 190~191쪽.
83) 홍성방, 「행복추구권 -특히 그 법적 성격과 내용을 중심으로-」, 『헌법학연구』 제5권 제2호, 한국헌법학회, 1999.10., 211쪽; 같은 사람, 『헌법학(중)(제2판)』, 박영사, 2015, 48쪽.
84) 허완중, 「사법관계에 미치는 기본권의 효력」, 고려대학교 법학석사학위논문, 2002, 20쪽 주 64.

③ '일반적'[85] 행동자유권이라는 독자적 기본권으로서 행복추구권

기본권목록 안에 독자적인 자기 자신의 자리를 주장할 수 있을 정도로 역사적·사회적 중요성을 확보할 수 없던, 그러나 개개인이 삶을 영위할 때 절대 무시할 수 없는 넓은 범위의 행동영역이 일반적 행동자유권에 포함될 수 있다. 이러한 행동자유권은 헌법 제37조 제2항에 따라 법률로써 제한할 수 있다. 그러므로 '행복추구' 개념을 미리 확정할 것이 아니라 국민생활에 관한 빠짐없는 기본권적 보호라는 기본권보호체계의 의의에 비추어 개개인의 '행복', '행복추구'의 관념을 최대한 존중하여야 한다. 그러나 '행복추구'라는 개념에서 알 수 있는 것처럼 아직 기본권적 보호영역 안에 등장하지 않은 모든 개별적 행동을 '행복추구권'의 구성요건에 포섭시킬 수는 없다. 여기에는 두 가지 방향의 제한이 요구된다. (ⅰ) '행복추구'라는 개념에 포섭된다고 주장되는 어떤 영역이, 허용되지 않는 방식으로 또는 심지어 이해할 수 없는 방식으로 행복추구라는 개념 자체의 의미내용을 멀리 일탈하면, 그러한 영역에 대해서까지 일반적 행동의 자유로서 행복추구권이 적용될 수 있을지는 의문이다. (ⅱ) 헌법에 열거되어 있는 기본권과 마찬가지로 사항주제별 영역설정이 가능하고 정형화한 범주를 형성하여 그 안에 포섭할 수 있는 행동유형은 행복추구권 규정보다는 헌법 제37조 제1항의 '헌법에 열거되지 아니한 권리' 중의 하나로 인정하여 보호하는 것이 기본권체계상 더 타당한 해결방식이 될 것이다. 결국 행복추구권 보호영역의 한 범주로서 일반적 행동자유권은 '행복추구'라는 광범위한 개념 아래 포섭될 수 있는 무규정적이고 비정형적인 넓은 범위의 행동을 보호한다.[86] 일반적 행동자유권으로서 행복추구권은 자연법적 유래에 비추어 국가 이전의 자유권적 성격 보장에 국한하므로 국가를 전제로 하는 국가내적 보장인 사회권적 내용을 포함하지 않는다.[87] 일반적 행동자유권은 적극적으로 자유롭게 행동하는 것은 물론 소극적으로 행동을 하지 않을 자유도 포함한다.[88]

---

85) '일반적'이라는 수식어가 있어도 여기서 행동자유권은 제한된 범위에서 보호받을 수 있다. 그 행동자유권은 여기에서 하나의 기본적인 행복추구'권'에 속하고, 이 행복추구권은 포괄적 기본권으로서가 아니라 하나의 독자적인 기본권으로 기능하기 때문이다. 그런데도 여기서 '일반적'이라는 수식어를 사용하는 것은 '행복추구의 기본권' 보호영역에 들어오는 모든 행동은 다른 기본권과 달리 사항주제별로 제한된 영역에 국한시킬 수 없기 때문이다. 보호영역에서 구성요건적 제한을 강조하려고 '일반적'이라는 수식어를 따옴표 안에 넣어서 써 본 것이다. 그러나 이하에서 따옴표 없이 쓰더라도 마찬가지이다.

86) 김선택, 「행복추구권」, 『고시연구』 제20권 제10호(통권 제235호), 고시연구사, 1993. 10., 357~358쪽; 같은 사람, 「"행복추구권"과 "헌법에 열거되지 아니한 권리"의 기본권체계적 해석」, 『안암법학』 창간호, 안암법학회, 1993, 192~194쪽. 이에 대해서는 정형과 무정형을 나누는 기준이 애매모호하다는 비판이 있다(방승주, 「헌법 제10조」, 『헌법주석[Ⅰ]』, 박영사, 2013, 344쪽). 그러나 독자적 기본권 인정 가능성을 중심으로 정형과 무정형을 나누면 어느 정도 구체적 기준을 설정할 수 있다.

87) 김선택, 「헌법재판소판례에 비추어 본 행복추구권」, 『헌법논총』 제10집, 헌법재판소, 1998, 32쪽. 같은 견해: 방승주, 「헌법 제10조」, 『헌법주석[Ⅰ]』, 박영사, 2013, 343쪽; 한수웅, 「헌법상의 인격권」, 『헌법논총』 제13집, 헌법재판소, 2002, 633쪽. 헌법재판소도 같은 견해이다(헌재 1995. 7. 21. 93헌가14, 판례집 7-2, 1, 32; 헌재 2000. 6. 1. 98헌마216, 판례집 12-1, 622, 648).

88) 헌재 2016. 7. 28. 2016헌마109, 판례집 28-2상, 24, 250; 헌재 2019. 4. 11. 2017헌가28, 판례집 271, 388, 390.

④ 헌법에 열거되지 아니한 권리를 위한 '포괄규범'으로서 기능하는 행복추구권

헌법 제10조 제1문 후단의 행복추구권은 헌법 제37조 제1항의 '헌법에 열거되지 아니한 권리' 조항과 결합하여, 헌법에 열거되지 아니한, 기본권과 동등한 권리를 기본권보호체계 안에 끌어들이는 기준으로 작용한다. 주관적 권리의 표현양식으로 규정되어도 이때 행복추구권은 단지 '포괄기능'만을 나타낸다. 즉 이러한 활동영역에서 행복추구권은 '포괄규범'으로서 객관법적 작용을 한다. 그러나 예를 들어 어떤 새로운 자유영역이 행복추구권 견지에서 기본권적 보호를 필요로 한다는 사실이 그로써 헌법에 열거되지 아니한 권리가 인정된다는 것을 벌써 말하는 것은 아니다. 이를 위해서는 헌법 제10조 제1문 후단과 헌법 제37조 제1항의 결합이 필요하다. 헌법 제37조 제1항이 그러한 자유영역에 기본권적 효력을 부여해 줄 수 있는 (헌법적) 근거이기 때문이다. 포괄규범의 기능을 하는 행복추구권과 관련하여 그 때의 '행복추구'라는 개념이 일반적 행동의 자유라는 독자적 기본권으로서 그가 기능을 할 때의 '행복추구' 개념과 구분되는지나 어느 정도로 구분되는지가 문제 된다. 후자에서 '행복추구'라는 개념은 하나의 기본권 구성요건과 관련되고, 전자에서 헌법에 열거되어 있지 아니한 더 넓은 권리의 가능한 구성요건과 관련된다. 만약에 그 행복추구라는 개념을 전자에서와 마찬가지로 후자에서도 비교적 엄격하게 해석하여야 한다면 헌법에 열거되지 아니한 권리들은 일반적 행동의 자유로서 행복추구권 속으로 해소되어 버릴 위험이 있다. 따라서 행복추구 개념을 새로운, 기본권적 보호가 필요한 행동영역과 맺는 관련 속에서 광범하게 이해할 필요가 있다.[89]

포괄규범으로서 행복추구권과 결합된 '헌법에 열거되지 아니한 권리'에 속하는 것 중에서 가장 중요한 것으로 생명권을 들 수 있다. 그러나 생명권이 인간의 존엄과 가치와 맺는 긴밀성 때문에 인간의 존엄과 가치도 생명권의 내용표지로서 기능한다. 행복추구권을 구체적 권리로 보는 견해는 이를 보고 행복추구권 내용에 일반적 인격권과 일반적 행동의 자유 이외에 생명권을 포함한다고 보는데[90] 이는 행복추구권의 포괄규범성을 오해한 것으로 생명권의 헌법적 근거는 헌법 제37조 제1항이고 생명권 자체도 헌법에 열거되지 아니한 권리의 대표적인 예에 불과하다.

행복추구권에 포괄규범성을 인정하는 것에 대하여 행복추구권이 헌법 제37조 제1항의 헌법에 열거되지 아니한 권리를 인정하는 실질적 기준의 기능을 하는 포괄규범성을 인정한 것은 행복추구권에 이념성을 인정한 것이 아닌지 의문을 제기하면서 구체적 기본권인 행복추구권이 제37조의 헌법에 열거되지 아니한 권리를 인정하는 실질적 기준이라는 결론을 유지하려

---

89) 이상 김선택, 「행복추구권」, 『고시연구』 제20권 제10호(통권 제235호), 고시연구사, 1993.10., 359~360쪽; 같은 사람, "행복추구권"과 "헌법에 열거되지 아니한 권리"의 기본권체계적 해석」, 『안암법학』 창간호, 안암법학회, 1993, 195~196쪽.

90) 홍성방, 「행복추구권 ―특히 그 법적 성격과 내용을 중심으로―」, 『헌법학연구』 제5권 제2호, 한국헌법학회, 1999. 10., 214~215쪽; 같은 사람, 『헌법학(중)(제2판)』, 박영사, 2015, 50쪽.

면 그에 설득력 있는 논증이 따라야 한다는 비판이 있다.[91] 포괄규범은 헌법에 열거되지 아니한 권리의 내용을 파악하는 기준으로 작용하는 것에 지나지 않으므로 이념이라고 보기 어렵고, 헌법 제10조 제1문 후단의 행복추구권이라는 규정이 구체적 권리성과 포괄규범성을 포함하는 것이고 구체적 권리인 행복추구권이 포괄규범도 되는 것은 아니므로 이는 타당한 비판이 아니다.[92]

⑤ 자기결정권

행복추구권에서 자기결정권을 도출하려는 시도가 있다.[93] 자기결정권은 개인이 자기의 사적 사안[94]에 관해서 다른 사람 간섭 없이 스스로 결정하고 그 결정에 따라 행동할 권리를 말한다.[95] 하지만 자기결정권은 행동 측면을 강조하는 일반적 행동의 자유와 달리 결정 측면을 강조하는 것에 불과하다. 결정한 것을 행동하지 못하면 그러한 자기결정권은 공허하고, 자기결정에 따른 행동이 아니라면 그러한 행동은 아무런 의미가 없다. 결국 자기결정권과 일반적 행동자유권은 동전의 양면과 같이 같은 권리를 다른 측면에서 바라본 것이다.[96] 따라서 행복추구권에서 자기결정권을 일반적 행동자유권과 별도로 도출할 실익은 없다. 결론적으로 일반적 행동자유권과 자기결정권은 자신의 문제를 자기 스스로 자기 의사에 따라 결정하고 그에 따라 다른 사람 간섭 없이 자유롭게 행동할 권리를 말하는 것으로 양자는 같다.[97]

자기결정권을 개인의 인격적 생존 핵심영역이나 인격 발전에 관계되는 행위와 관련된 영

---

91) 홍성방, 「행복추구권 －특히 그 법적 성격과 내용을 중심으로－」, 『헌법학연구』 제5권 제2호, 한국헌법학회, 1999. 10., 210~211쪽; 같은 사람, 『헌법학(중)(제2판)』, 박영사, 2015, 47~48쪽.

92) 허완중, 「사법관계에 미치는 기본권의 효력」, 고려대학교 법학석사학위논문, 2002, 20쪽 주 64.

93) 헌재 1990. 9. 10. 89헌마82, 판례집 2, 306, 310; 헌재 1996. 12. 26. 96헌가18, 판례집 8－2, 680, 691[그러나 최근 헌법재판소는 일반적 인격권은 인간의 존엄성과 밀접한 연관관계를 보이는 자유로운 인격발현의 기본조건을 포괄적으로 보호하는데, 개인의 자기결정권은 일반적 인격권에서 파생한다고 한다(헌재 2019. 4. 11. 2017헌바127, 판례집 31－1, 404, 416; 헌재 2019. 12. 27. 2018헌바130; 헌재 2019. 12. 27. 2018헌바161)]; 구병삭, 『신헌법원론』, 박영사, 1996, 410쪽; 안용교, 「인간으로서의 존엄·가치와 행복추구권」, 『월간고시』 제10권 제10호(통권 제117호), 법지사, 1983. 10., 37쪽. 인간으로서 가지는 존엄과 가치와 행복추구권을 통합적으로 보고 여기서 자기결정권을 도출하는 견해도 있다(김철수, 『학설·판례 헌법학(상)』, 박영사, 2008, 519쪽).

94) 사적 사항에는 ① 결혼, 이혼, 출산, 낙태 등 인생 전반에 걸친 설계에 관한 사항, ② 생명연장 거부, 안락사, 자살, 장기이식 등 삶과 죽음에 관한 사항, ③ 머리모양, 장식, 등산, 수영, 흡연, 음주 등 개인의 생활방식이나 취미에 관한 사항, ④ 혼전성교, 혼외성교, 동성애 등 성인 사이에 합의한 성적 행동에 관한 사항 등이 있다(김주현, 「자기결정권과 그 제한」, 『헌법논총』 제7집, 헌법재판소, 1996, 30쪽).

95) 자기결정권은 인격적 자율권이라고도 하며, ① 출산에 관한(Reproduction) 자기결정권[아이를 가질 것인지에 관한 결정권(이는 미국의 학설과 판례상 프라이버시권의 중심적인 것으로 인정된다)], ② 생명·신체의 처분에 관한 자기결정권(의료거부, 특히 존엄사와 같은 생명·신체에 대한 처분에 관한 자기결정권), ③ 생활양식(life－style)의 자기결정권[흡연, 음주, 외모, 복장, 두발을 자유로이 할 자기결정권(이러한 자기결정권에 관해서는 법률에 따른 상당한 제한이 인정되어 제복근무자의 제복이나 두발형의 제한은 합리적인 것으로 인정된다)]을 내용으로 한다고 한다.

96) 김주현, 「자기결정권과 그 제한」, 『헌법논총』 제7집, 헌법재판소, 1996, 32~33쪽.

97) 허완중, 「사법관계에 미치는 기본권의 효력」, 고려대학교 법학석사학위논문, 2002, 45쪽.

역에 한정하여 일반적 행동자유권과 구별하려는 견해가 있다.[98) 그러나 이 견해는 자기결정권을 일반적 인격권에서 도출하려는 견해로 한국 헌법 제10조 제1항 후문은 독일 기본법 제2조 제1항과 달리 인격 발현에 한정하지 않아서 자기결정권을 너무 좁게 보는 이러한 견해는 타당하지 않다. 자기결정권을 좁게 봄으로써 기본권을 보장하는 영역을 좁힌다는 중대한 결함이 있기 때문이다. 그리고 인격적 이익과 그 밖의 것의 구별이 명확하지 않고 어려워 헌법이 보호하는 기본권이 무엇인지 판단하기 곤란하다는 문제도 있다.[99)

헌법 제10조 행복추구권에서 파생되는 자기결정권이나 일반적 행동자유권은 이성적이고 책임감 있는 사람의 자기 운명에 관한 결정·선택을 존중하되 그에 관한 책임은 스스로 부담함을 전제로 한다. 자기책임원칙은 이러한 자기결정권이나 일반적 행동자유권의 한계 논리로서, 자신이 결정하지 않은 것이나 결정할 수 없는 것에 관해서는 책임지지 않고 책임부담 범위도 스스로 결정한 것이나 그와 관련 있는 부분에 국한되어야 한다는 원칙이다. 이러한 자기책임원리는 인간의 자유와 유책성 그리고 인간의 존엄성을 진지하게 반영한 원리로 민사법이나 형사법에 국한된 원리라기보다는 근대법의 기본이념으로서 법치국가원리에 당연히 내재하는 원리이다.[100)

3. 주체

일반적 행동자유권은 다양한 범주가 있으므로 일률적으로 말할 수 없다. 행복추구권에서 도출되는 권리 유형에 따라 달리 판단되어야 한다. 보통 자연인이 주체가 되겠지만 법인도 예외적으로 기본권의 성질이 허용하면, 예를 들어 계약의 자유는 법인도 주체가 될 수 있다. 사자는 명예권의 주체가 될 수 있으므로 행복추구권의 주체가 될 수 있다. 태아도 제한적으로 기본권주체가 될 수 있으므로 그러한 범위에서 행복추구권의 주체가 될 수 있다.

4. 다른 기본권과 맺는 관계

일반적 행동자유권으로 나타나는 행복추구권은 개별 기본권과 보호영역이 중복되어 양자의 기본권적 보장이 경합될 수 있다. 이때 그 보호영역 보장의 헌법적 근거와 관련하여 행복추구권과 개별 기본권의 관계가 문제 된다. 이때 양자의 관계에 관해서는 행복추구권의 성질상 보장경합설과 보충적 보장설을 주장할 수 있다.

---

98) 김주현, 「자기결정권과 그 제한」, 『헌법논총』 제7집, 헌법재판소, 1996, 46~48쪽.
99) 김주현, 「자기결정권과 그 제한」, 『헌법논총』 제7집, 헌법재판소, 1996, 50~53쪽.
100) 헌재 2013. 5. 30. 2011헌바360등, 판례집 25-1, 293, 298; 헌재 2015. 3. 26. 2012헌바381등, 판례집 27-1상, 241, 248.

(1) 병렬적용설

행복추구권과 개별 기본권을 동시에 적용하여야 한다는 견해이다. 이 견해는 개별 기본권은 일반적 행동자유권의 특정한 부분을 구체화한 것이므로 별도 적용이 실익이 없다는 문제가 있다.

(2) 보충적용설

행복추구권을 일반규정, 개별 기본권을 특별규정이라고 이해한 전제에서 개별 기본권이 먼저 적용되고 직접 적용되는 개별 기본권이 없을 때만 행복추구권이 보충적으로 적용된다는 견해이다. 개별 기본권 조항의 공동화를 방지하고 행복추구권 조항으로 안일하게 도피하는 것을 막으려면 개별 기본권 조항이 최대한으로 적용되어야 할 것이므로 보충적 보장설이 타당하다는 견해가 있다.101) 행복추구권의 성질에 비추어 보면 보충적 보장이 적합하지만, 이렇게 보면 보충적·포괄적 기본권으로 이해되는 헌법 제37조 제1항 때문에 행복추구권이 설 자리가 없게 된다는 문제가 있다는 견해도 있다.102) 그리고 ① 개별 기본권은 더 직접적이고 구체화한 내용이 있으므로 기본권 보장이 더 구체적이고 명확해질 것이기에 그리고 ② 포괄적 기본권인 행복추구권을 먼저 적용하게 되면 개별 기본권들의 존재의미가 사리질 것이므로 보충적 적용설이 타당하다는 견해도 있다.103)

(3) 판례

헌법재판소는 행복추구권을 보충적 성격의 것으로 해석하는 때도 있으나,104) 행복추구권 조항과 개별 기본권조항을 병렬적으로 심사하는 때도 적지 않다.105)

(4) 사견

행복추구권이 모든 자유권을 포괄할 수 있는 기본권이기는 하지만 특별법우선 원칙에 따라 헌법에서 열거한 자유권은 그 각각의 자유권으로 그리고 헌법에 열거되지 않았으나 사항주제별 영역설정이 가능하고 정형적인 범주를 형성하는 자유권은 (헌법 제10조 1문 후단의 '행복추구'가 실질적 표지기능을 하는) 헌법 제37조 제1항의 헌법에 열거되지 않은 권리로 각각 보호하고, 그 밖의 무규정적이고 비정형적인 넓은 범위의 행동이 일반적 행동자유권으로 행복추구권이 보호한다.106) 따라서 행복추구권과 개별 기본권의 관계는 보충적 보장관계에 있다

---

101) 권영성, 『헌법학원론(개정판)』, 법문사, 2010, 386쪽.

102) 장영수, 『헌법학(제11판)』, 홍문사, 2019, 575쪽.

103) 정재황, 『신헌법입문(제9판)』, 박영사, 2019, 336쪽. 이를 따르는 견해로는 고문현, 『헌법학개론』, 박영사, 2019, 127쪽.

104) 헌재 2000. 12. 14. 99헌마112등, 판례집 12-2, 399, 408.

105) 헌재 1999. 9. 16. 99헌마219, 공보 38, 804, 806; 헌재 1999. 12. 23. 99헌마403, 공보 41, 81, 83; 헌재 1999. 11. 25. 99헌마422, 공보 40, 938, 939 등.

106) 김선택, 「"행복추구권"과 "헌법에 열거되지 아니한 권리"의 기본권체계적 해석」, 『안암법학』 창간호, 안암법학

고 보아야 한다.[107]

5. 효력

행복추구권은 주관적 권리로서 모든 국가권력에 대해서 효력이 있다. 그리고 행복추구권은 전체 법질서의 객관적 요소로서 사인에 대해서도 효력이 있다. 특히 사법관계의 기본원리인 사적 자치가 행복추구권에서 도출된다는 점에서 행복추구권은 사법질서를 형성하는 중요한 기본권이다.[108] 이때 행복추구권이 사법관계에 직접 적용되는지 또는 간접 적용되는지와 관련하여 다툼이 있다.

(1) 학설

행복추구권에 대국가적 효력과 제3자적 효력이 아울러 있어서 국가나 사인이 행복추구권을 침해하거나 방해하면 행복추구권 침해를 이유로 침해행위배제청구, 침해예방청구나 손해배상청구를 할 수 있다는 견해가 있다.[109] 그리고 행복추구권은 전체 법질서의 객관적 요소로서 사인에 대해서도 효력이 있다는 견해가 있다.[110] 이 견해는 사인 사이에서 행복추구권 적용은 일반법률이 행복추구를 전혀 아니면 충분히 보장하지 못할 때에 국한한다. 그리고 사인 사이에 행복추구권을 적용하면 구체적 상황에 따라 그때그때 직접 적용하거나 간접 적용할 수 있다고 한다.

(2) 사견

행복추구권은 자유권적 기본권이므로 원칙적으로 국가를 상대로 주장할 수 있는 기본권이다. 그리고 보충적 의미의 자유권이므로 다른 개별적인 자유권과 다른 효력을 인정할 수 없다. 만일 행복추구권을 직접 적용할 수 있다면 다른 모든 개별적인 자유권도 직접 적용할 수 있어야 한다. 하지만 이는 대국가적 효력을 전제로 하는 자유권의 성격에 비추어 인정하기 곤란하다. 따라서 행복추구권은 '성질에 비추어 직접 적용할 수 있는 기본권'이라고 보기는 곤란하고 다른 기본권과 마찬가지로 간접 적용되어야 한다.

6. 제한

행복추구권도 헌법이 보장하는 기본권으로서 다른 기본권과 마찬가지로 본질내용을 침해하지 않는 한 헌법 제37조 제2항에 따라 국가안전보장·질서유지 또는 공공복리를 위해서 제

회, 1993, 201~202쪽 참조.

107) 같은 견해: 한수웅, 「헌법상의 인격권」, 『헌법논총』 제13집, 헌법재판소, 2002, 634~635쪽; 같은 사람, 『헌법학(제9판)』, 법문사, 2019, 550쪽.

108) 사적 자치에 관해서 자세한 것은 허완중, 「사법관계에 미치는 기본권의 효력」, 고려대학교 법학석사학위논문, 2002, 43~49쪽과 거기에 인용된 문헌 참조.

109) 권영성, 『헌법학원론(개정판)』, 법문사, 2010, 386쪽.

110) 계희열, 『헌법학(중)(신정2판)』, 박영사, 2007, 226쪽.

한될 수 있다.111) 이때 행복추구권은 국가안전보장·질서유지 또는 공공복리에 어긋나지 않는 한 최대의 존중이 필요하다.112)

헌법재판소는 행복추구권도 무제한·절대적인 기본권이 아니고 공동체 이익이라는 유보 아래에서만 보장되는 내재적 한계가 있다고 한다.113) 그러나 헌법 제37조 제2항은 일반적 법률유보규정을 두어서 헌법에 열거되었는지와 상관없이 헌법적으로 보장되는 모든 국민의 자유와 권리를 법률로 제한할 수 있도록 한다. 따라서 이러한 내재적 한계 논의는 기본권제한법률유보의 정당화근거로서 논의되는 것은 별론으로 하고 독자적인 제한사유로서는 실익이 없다.

Ⅲ. 평등권

1. 평등사상 전개와 실정법화

(1) 평등사상 전개

① 그리스

아리스토텔레스(Aristoteles)는 평등을 정의의 요소로 파악하였다. 그리고 정의를 평균적 정의와 배분적 정의로 구별하여 설명하였다.

② 기독교(칼뱅파)

중세시대 평등사상은 신 앞의 평등으로 대변될 수 있다. 이 사상은 현실적으로도 중요한 역할을 하였다. 근세에 이르러 진보적 기독교사상가들[칼뱅(Calvin)파]이 신 앞의 평등사상을 세속적(정치적·경제적) 영역에도 적용하여야 한다고 주장하였다.

③ 17, 18세기 합리주의적 자연법론자

합리주의적 자연법론자들은 자연법에 기초하여 모든 인간의 생래적 평등을 주장하였다. 이를 바탕으로 근대국가가 성립하고 나서 평등 이념은 법 앞의 평등으로 발전하였다. 법 앞의 평등은 국가는 모든 사람을 그의 신분, 재산, 신앙에 따라 차별하지 말고 평등하게 법을 적용하여야 한다는 법적용상 평등을 뜻한다. 이러한 평등이념은 특히 평등한 정치참여 요구로 발전하였다.

④ 19세기 실질적 평등 요구

본래 평등은 기회 평등이나 출발점 평등을 뜻하는 형식적·추상적 평등이었다. 이러한 형

---

111) 같은 견해: 헌재 1990. 9. 10. 89헌마82, 판례집 2, 306, 310; 헌재 1996. 2. 29. 94헌마13, 판례집 8−1, 126, 145; 헌재 1997. 3. 27. 96헌가11, 판례집 9−1, 245, 265; 헌재 1998. 5. 28. 96헌바5, 판례집 10−1, 541, 553; 헌재 1998. 5. 28. 96헌바83, 판례집 10−1, 624, 634.

112) 헌재 1991. 6. 3. 89헌가204, 판례집 3, 268, 275−276.

113) 헌재 1995. 7. 21. 94헌마125, 판례집 7−2, 155, 167.

식적 평등에 입각한 기회균등·자유경쟁 등에서 19세기 이후 새로운 사회계급이 형성되었다. 이에 따른 경제적 강자와 약자의 대립은 종래 형식적 평등관에 대해서 근본적인 반성을 요청하였다. 그 결과 오늘날에는 형식적 평등에서 벗어나 사회적·경제적 원인이 일으키는 실업·빈곤을 제거함으로써 모든 국민이 인간다운 생활을 누릴 수 있는 생존 평등이 요구된다. 이는 실질적 평등과 결과 평등을 실현하려는 것이다. 1919년 독일 바이마르 헌법 이후 각국 헌법에 규정된 재산권 등에 대한 사회적 제약이나 근로기본권·생존권 등과 같은 사회권 등장은 종래 형식적·추상적 평등의 수정과 극복을 뜻한다.

(2) 연혁

한국 헌법은 "대한민국의 인민은 남녀 귀천 급 빈부의 계급이 무하고 일체 평등임"을 천명한 1919년 대한민국 임시헌장 제3조의 법통을 계승하여 1948년 헌법 제8조 전단에 "모든 국민은 법 앞에 평등하다."라고 규정한 이래로 계속하여 헌법적 차원에서 평등사상을 실정화한다. 헌법 전문에서는 "정치·경제·사회·문화의 모든 영역에 있어서 각인의 기회를 균등히 하고 … 국민생활의 균등한 향상을 기하고"라는 선언을 하고, 제11조 제1항 제1문에서는 일반적 평등원칙인 법 앞의 평등을, 제11조 제1항 제2문에서는 허용되지 아니하는 차별기준을 제시하여 차별금지를 각각 규정한다. 그리고 제11조 제2항에서는 사회적 특수계급 부인을, 제11조 제3항에서는 영전일대 원칙을 규정하여 영전에 대한 특권부대 금지를 각각 명시한다. 그 밖에 개별적 평등권으로 제31조 제1항은 교육의 기회균등을, 제32조 제4항은 근로관계에서 여성차별 금지를, 제36조 제1항에서는 혼인과 가족생활에서 양성평등을, 제41조 제1항, 제67조 제1항, 제116조 제1항에서는 선거·선거운동에서 평등을, 제119조 제2항은 균형 있는 국민경제 발전을 그리고 제123조 제2항은 지역 사이의 균형 있는 발전을 각각 규정한다.

2. 평등의 의의

(1) 평등의 개념과 전제

단 하나의 대상은 같은 시간에 평등을 논의할 수 없다. 평등이라는 개념은 논리적으로 먼저 둘 이상의 대상을 전제한다. 이러한 점에서 단 하나를 전제하는 동일성과 평등은 구분된다. 평등은 대상들을 상호 관련시켜서 그것들을 비교하고 판단하는 것이다. 이때 서로 비교되는 대상들은 전체가 아니라 상당수의 특징적인 점들을 고려한 몇 개의 관점에 국한된다. 어떤 사물도 모든 관점에서 같을 수는 없으므로 어떤 관점에서 같다는 것을 제시하지 않으면 평등하다고 말할 수 없기 때문이다. 따라서 평등에는 반드시 이러한 관점이 있어야 하고, 이 불가결한 관점들은 대상 사이에 똑같이 적용되어야 한다. 일치하는 표지는 단 하나 또는 다수일 수 있으나, 그 밖의 표지들에서 대상들은 서로 다를 수 있다. 전자의 표지는 본질적이지만, 후자의 표지는 비본질적이다. 결론적으로 평등 개념은 '(비교)대상의 다양성'과 '비교의 관

점' 그리고 '비교와 일치'라는 요소로 구성된다.114)

(2) 평등의 법적 성격

평등 자체는 중립적인 개념으로 이것이 의미가 있으려면 어떤 실체와 결합하는 것이 필요하다. 실체 중에는 평등과 결부되지 않으면 의미가 없는 것도 있다(예를 들어 평등한 인간의 존엄, 평등한 자유, 평등한 권리). 헌법 제11조 제1항은 "모든 국민은 법앞에 평등하다."라고 규정하여 평등원칙을 선언한다. 평등원칙은 법적용 대상이 되는 모든 인간을 원칙적으로 동등하게 다루어야 한다는 법원칙으로 한국 헌법에서 모든 보장의 당위적 상태를 규정한다. 그리고 평등원칙은 인간의 존엄과 관련하여 헌법의 최고이념인 인간의 존엄을 실현할 때 따라야 할 방법적 기준을 제시한다.115) 평등원칙은 기본권 보장에 관한 헌법상 최고원리로서 국가가 입법을 하거나 법을 해석하고 집행할 때 준수하여야 할 기준이면서 합리적 이유 없이 불평등한 대우를 하지 말고 평등하게 대우하도록 국가에 요구할 수 있는 모든 국민의 권리이다.116) 그리고 "헌법이 보장하는 평등의 원칙은 개인의 기본권신장이나 제도의 개혁에서 법적 가치의 상향적 실현을 보편화하기 위한 것이지, 불균등의 제거만을 목적으로 한 나머지 하향적 균등까지 수용하고자 하는 것은 결코 아니다."117) 헌법상 평등원칙은 국가가 언제 어디에서 어떤 계층을 대상으로 기본권에 관한 사항이나 제도 개선을 시작할 것인지를 선택하는 것을 방해하지 않는다. 즉 국가는 합리적인 기준에 따라 능력이 허용하는 범위 안에서 법적 가치의 상향적 구현을 위한 제도의 단계적인 개선을 추진할 길을 선택할 수 있다. 그렇지 않다면 모든 사항과 계층을 대상으로 하여 동시에 제도 개선을 추진하는 예외적인 때를 제외하고는 어떠한 제도 개선도 평등원칙 때문에 시행할 수 없는 결과에 이르게 되어 불합리할 뿐 아니라 평등원칙이 실현하고자 하는 가치에도 어긋나기 때문이다.118)

3. 일반적 평등원칙

(1) 일반적 평등원칙과 개별적 평등원칙

헌법은 제11조 제1항에서 일반적 평등원칙을 규정하고, 그 밖의 몇몇 규정에서 개별적 평등원칙을 별도로 규정한다. 일반적 평등원칙은 추상적인 평등취급 명령만을 담을 뿐이다. 여

---

114) 이상 계희열, 『헌법학(중)(신정2판)』, 박영사, 2007, 230~232쪽.

115) 홍성방, 『헌법학(중)(제2판)』, 박영사, 2015, 65쪽.

116) 헌재 1989. 1. 25. 88헌가7, 판례집 1, 1, 2. 평등의 주관적 권리성을 부정하는 견해로는 김해원, 「'평등권'인가, '평등원칙'인가?」, 『헌법학연구』 제19권 제1호, 한국헌법학회, 2013, 235~246쪽. 그러나 이 견해는 평등이 보호하는 내용은 개별 기본권에 포섭되지 않는 것일 뿐 아니라(그렇지 않으면 이러한 내용은 개별 기본권에 흡수되어 별도로 평등을 검토할 실익이 없다. 이는 평등원칙이라는 객관적 내용으로 이해하여도 달라지지 않는다.), 주관적 권리 인정은 당사자를 주체화하여 스스로 다툴 길을 열어준다는 점에서 수긍하기 어렵다.

117) 헌재 1990. 6. 25. 89헌마107, 판례집 2, 178, 196-197.

118) 이상 헌재 2002. 12. 18. 2001헌마546, 판례집 14-2, 890, 901; 헌재 2018. 11. 29. 2017헌바252, 판례집 30-2, 602, 607.

기에는 그 범위가 어디까지인지는 확정되어 있지 아니하다. 따라서 일반적 평등원칙은 그 자체에서 도출될 수 없는 평가에 따른 보충이 필요하다. 이와 비교해서 개별적 평등원칙 대부분은 평등심사를 할 때 비교대상의 어떠한 요소를 다루어져야 하는지를 명시한다. 따라서 개별적 평등원칙이 평등 내용을 구체적으로 규정하는 영역에서는 그것이 일반적 평등원칙보다 먼저 적용된다. 이러한 개별적 평등원칙이 없을 때 비로소 일반적 평등원칙이 적용된다.

(2) 법 앞에
① '법' 앞에

헌법 제11조 제1항 전문은 "모든 국민은 법앞에 평등하다."라고 규정한다. 여기서 '법'은 형식적 법률만을 뜻하는 것이 아니고 한 나라의 법체계를 형성하는 모든 법규범을 가리킨다. 모든 법규범을 뜻하므로 헌법 · 법률 · 명령 · 규칙 등의 성문법과 불문법을 가리지 않고, 국내법인지 국제법인지도 불문한다.

② 법 '앞에'

실정헌법조항이 '법 앞에'라는 문언을 사용함으로써 이미 제정된 법의 적용만을 문제 삼는 것으로 볼 여지가 있다. 이에 따라 입법자비구속설(법적용평등설)과 입법자구속설(법내용평등설)이 대립적으로 논의된다. 전자는 '법 앞에 평등'을 법을 구체적으로 집행하고 적용하는 국가작용인 집행과 사법을 구속하는 원리로 이해하는 견해이고, 후자는 '법 앞에 평등'을 법의 집행과 적용뿐 아니라 법의 제정까지도 포함한 모든 국가작용을 구속하는 원리로 이해하는 견해이다.

헌법 제10조 제2문 국가의 기본권보장규정과 한국 헌법상 실질적 법치국가원리에 비추어 법 앞의 평등에는 법적용상 평등뿐 아니라 법내용상 평등도 포함된다고 보아야 한다. 따라서 입법자도 평등조항에 구속된다. 헌법재판소도 "우리 헌법이 선언하고 있는 "인간의 존엄성"과 "법앞에 평등"(헌법 제10조, 제11조 제1항)이란 행정부나 사법부에 의한 법적용상의 평등을 뜻하는 것 외에도 입법권자에게 정의와 형평의 원칙에 합당하게 합헌적으로 법률을 제정하도록 하는 것을 명령하는 이른바 법내용상의 평등을 의미"한다고 하여 입법자구속설을 취한다.[119] 평등원칙은 각각의 권한 있는 수범자의 권한범위 안에서만 구속한다. 따라서 지방자치영역을 관할하는 지방자치단체 사이에서 법이나 그 적용을 달리하는 것은 원칙적으로 평등원칙 문제가 될 수 없다.[120]

---

119) 헌재 1992. 4. 28. 90헌바24, 판례집 4, 225, 231-232.
120) 헌재 1995. 4. 20. 92헌마264등, 판례집 7-1, 564, 575-576: "조례에 의한 규제가 지역의 여건이나 환경 등 그 특성에 따라 다르게 나타나는 것은 헌법이 지방자치단체의 자치입법권을 인정한 이상 당연히 예상되는 불가피한 결과이므로 이 사건 심판대상규정으로 인하여 청구인들이 다른 지역의 주민들에 비하여 더한 규제를 받게 되었다 하더라도 이를 두고 헌법 제11조 제1항의 평등권이 침해되었다고 볼 수는 없다."

(3) 평등

① 절대적 평등 대 상대적 평등

평등의 규범적 의미에 관해서는 절대적 평등으로 볼 것인지 상대적 평등으로 볼 것인지가
문제 될 수 있다. 절대적 평등은 모든 것을 똑같이 대우한다는 의미의 평등을 말한다. 절대적
평등은 '다른 것도 같게' 취급하여 오히려 불평등한 결과를 초래할 수 있다. 따라서 정당한 이
유 있는, 즉 합리적 근거가 있는 차별이나 불평등은 허용된다는 뜻에서 '상대적 평등'으로 파
악하는 것이 타당하다. 헌법재판소도 "헌법 제11조 제1항은 모든 국민은 법 앞에 평등하다고
규정하여 평등권을 보장하고 있다. 그러나 이는 일체의 차별적 대우를 부정하는 절대적 평등
을 의미하는 것이 아니라 법을 입법하고 적용함에 있어서 합리적인 근거에 기한 차별을 인정
하는 상대적 평등 즉 '같은 것은 같게, 다른 것은 다르게' 취급하는 실질적인 평등을 의미하는
것이므로 본질적으로 평등한 것을 자의적으로 불평등하게 취급하거나 본질적으로 불평등한
것을 자의적으로 평등하게 취급하는 것을 금지하고 있는 것이다."라고 하여 상대적 평등설을
취한다.[121]

② 형식적 평등 대 실질적 평등

(ⅰ) 의의

형식적(법적) 평등은 법이라는 규범적 차원에서 보장하는 평등, 즉 기회나 가능성의 평등
을 뜻한다. 형식적 평등은 실제적 결과와 관계없이 규범적 차원에서 기회와 가능성을 평등하
게 부여하는 것을 말한다. 그러나 법적으로 평등한 기회를 보장하는 것과 실제 나타나는 결
과는 다를 수 있다. 법적으로 평등하여도 실제 결과는 다를 수 있고, 그 이유는 출발조건이
다르기 때문이라는 인식에서 실질적(사실적) 평등 문제가 제기된다. 실질적 평등은 현실이라
는 사실적 차원에서 보장하는 평등, 즉 실제적 결과의 평등을 말한다. 그러나 사실적으로 평
등하다는 것이 무엇을 뜻하는지가 문제 되고, 그것은 가치관이나 세계관에 따라 다르게 평가
될 수밖에 없다. 따라서 실질적 평등 해결은 간단하지 않고 까다롭다. 그래서 실질적 평등과
형식적 평등이 경합하면 형식적 평등이 우선할 수밖에 없다.[122]

(ⅱ) 적극적 평등 실현조치

ⓐ 의의

적극적 평등실현조치(Affirmative Action)는 종래 사회에서 차별을 받아 온 일정집단에 대해

---

121) 헌재 1998. 11. 26. 97헌바31, 판례집 10-2, 650, 659-660. 동지 판례로는 헌재 1997. 3. 27. 93헌마159, 판례집
  9-1, 344, 361; 헌재 1997. 4. 24. 96헌가3등, 판례집 9-1, 416, 431.
122) 형식적(법적) 평등과 실질적(사실적) 평등에 관해서 자세한 내용은 이준일, 「평등원칙」, 『안암법학』 제8호, 안
  암법학회, 1999, 13~16쪽; 같은 사람, 「법적 평등과 사실적 평등」, 『안암법학』 제12호, 안암법학회, 2001, 7~15
  쪽 참조.

서 그러한 차별로 말미암은 불이익을 보상하려고 그 집단의 구성원이라는 이유로 사회적 이익을 직접적으로나 간접적으로 부여하는 조치를 말한다. 적극적 평등실현조치는 단순히 현재의 법이 평등하게 보호하는 것만으로는 실질적 평등이 실현되지 않으므로 과거의 불이익을 보상함으로써 사실적 평등을 실현하려는 것이다. 적극적 평등 실현조치는 (가) 개인보다는 집단 개념에 중점이 있고, (나) 기회보다는 결과의 평등에 착목하며, (다) 구제목적을 달성하면 종료하는 잠정적 조치라는 점에 특성이 있다.123)

ⓑ 평등권 위반 여부

㈎ 합헌설

적극적 평등실현조치를 긍정하는 견해는 ㉠ 지금까지 여성은 사실상 부당한 차별로 불이익을 당한 반면 남성은 이로 말미암아 부당한 이익을 얻어왔으므로 남성에게는 보상할 의무가 있고, ㉡ 그동안 여성차별로 말미암은 불평등을 극복하여 진정한 평등을 실현하려면 여성에 대한 적극적 평등실현조치가 필요하며, ㉢ 성의 고정관념을 타파하고 여성의 지위를 향상시킴으로써 사회통합을 이루고 사회의 다양성을 구현하여 사회적 효용을 극대화할 수 있으며, ㉣ 여성의 남성에 대한 열등성이나 남자에 대한 종속성은 과거의 잘못된 법이나 관행에 따라서 조장된 것인데 이는 적극적 평등실현조치를 통해서 여성에게 더 많은 기회를 부여함으로써 효과적으로 제거할 수 있다는 근거를 제시한다.

㈏ 위헌설

적극적 평등실현조치를 부정하는 견해는 ㉠ 적극적 평등실현조치는 헌법 제11조 제1항 제2문의 성별에 따른 차별금지에 어긋나고, ㉡ 과거의 차별에 따른 피해 여부와 관계없이 일률적으로 여성에게 적극적 평등실현조치를 하는 것은 과거에 피해를 받은 적이 없는 여성에게도 이익을 주는 것으로 남성에 대한 불합리한 차별이며, ㉢ 적극적 평등실현조치로 말미암아 이익을 얻는 여성은 실제로 보호받아야 할 여성이 아니라 사실상 전문적 능력이 있는 소수의 여성으로, 이로 말미암아 결과적으로 여성 사이의 불평등이 초래되고, ㉣ 적극적 평등실현조치로 말미암아 불이익을 당하는 남성은 차별을 한 당사자가 아니라는 근거를 제시한다.

㈐ 사견

단순히 기회 평등만으로 남성과 여성의 출발점이 다른 현실에서 실질적 평등이 실현되기를 기대할 수 없다. 따라서 다른 출발점을 같게 하는 수단으로서 적극적 평등실현조치는 실질적 평등을 실현하기 위해서 선택할 수 있는 수단이다. 하지만 적극적 평등실현조치는 남성과 여성의 실질적 평등 실현을 위해서 필요한 범위에서 남성의 불이익을 최소화하는 수단으로 이루어져야 한다. 그리고 남성에 대한 중대한 기본권 침해가 발생한다는 점에서 비례성원

---

123) 헌재 1999. 12. 23. 98헌마363, 판례집 11-2, 770, 795 참조.

칙에 따른 엄격한 정당화가 필요하다. 공무원 임용에서 여성의 공직 안 대표성을 제고하고 국가인력지원 활용을 극대화하려고 1996년 이후 여성채용목표제가 시행되다가 2003년 1월 1일부터 모집단위별시험실시결과 합격자 중 어느 한 성의 합격자가 목표비율에 미달하면 목표 미달 인원만큼 합격선에서 일정 성적 범위 안에 든 해당 성의 응시자 중에서 성적순으로 추가 합격시키는 양성평등채용목표제(공무원임용시험령 제20조)가 시행되었다. 양성평등채용목표제는 여성채용목표제에 대한 비판을 적용대상을 남자에게 확대함으로써 무마하려는 것으로서 적어도 남성에게 확대한 부분은 그 합리적 근거가 없어 위헌 의심이 있다.

(4) 평등권 침해 여부 – 2단계심사

평등권은 자유권과 달리 보호할 특정한 생활영역, 즉 보호영역이 없다. 따라서 평등권은 특정한 보호영역을 보호하는 것이 아니라 '상대적' 또는 '관계적' 지위를 보호할 뿐이다. 그러므로 평등권을 침해한다는 것은 해당 법률(조항) 자체가 위헌이라는 것이 아니라 규율관계가 위헌이라는 것을 뜻한다. 그래서 자유권에서는 보호영역을 침해하는 특정 행위 자체가 금지되어 절대적 헌법 위반이 문제 되지만, 평등권에서는 상대적 헌법 위반이 문제 된다. 이러한 차이 때문에 평등권과 자유권은 심사구조가 다르게 나타난다. 자유권의 심사구조는 일정한 자유의 보호영역을 전제로 그 보호영역에 대한 국가적 제약과 그 제약의 정당화라는 3단계 심사(보호영역 확정 – 제약 확인 – 헌법적 정당화)에 기초한다. 하지만 실체적인 보호영역이 없는 평등권은 본질적으로 같이 다루어야 할 일정한 비교집단을 차별하는지를 확인하고, 그 정당성 여부를 심사하는 2단계 심사를 한다.

① 차별취급 존재 여부

평등은 '같은 것은 같게, 다른 것은 다르게' 취급하는 것을 말한다. 따라서 본질에서 같은 것을 다르게 취급하는 것은 금지된다. 본질에서 다른 것을 자의적으로 같게 대우하는 것도 금지된다. 이때의 동등성은 동일성의 의미가 아니라 비교가 가능한 것이라는 것을 뜻한다.

비교될 수 있으려면 먼저 비교의 준거가 있어야 한다.[124] 비교의 준거는 법적으로 다르게

---

124) 헌재 1996. 12. 26. 96헌가18, 판례집 8-2, 680, 701: "평등의 원칙은 입법자에게 본질적으로 같은 것을 자의적으로 다르게, 본질적으로 다른 것을 자의적으로 같게 취급하는 것을 금하고 있다. 그러므로 비교의 대상을 이루는 두 개의 사실관계 사이에 서로 상이한 취급을 정당화할 수 있을 정도의 차이가 없음에도 불구하고 두 사실관계를 서로 다르게 취급한다면, 입법자는 이로써 평등권을 침해하게 된다. 그러나 서로 비교될 수 있는 두 사실관계가 모든 관점에서 완전히 동일한 것이 아니라 단지 일정 요소에 있어서만 동일한 경우에 비교되는 두 사실관계를 법적으로 동일한 것으로 볼 것인지 아니면 다른 것으로 볼 것인지를 판단하기 위하여는 어떠한 요소가 결정적인 기준이 되는가가 문제된다. 두 개의 사실관계가 본질적으로 동일한가의 판단은 일반적으로 당해 법률조항의 의미와 목적에 달려 있다."
헌재 2019. 4. 11. 2017헌가32, 판례집 271, 393, 396: "그런데 서로 비교될 수 있는 사실관계가 모든 관점에서 완전히 다른 것이 아니라 단지 일정 요소에 있어서만 다를 경우에, 비교되는 두 사실관계를 법적으로 다른 것으로 볼 것인지 아니면 동일한 것으로 볼 것인지를 판단하기 위하여 어떠한 요소가 결정적인 기준이 되는가가 문제되는 바, 이 경우 두 개의 사실관계가 본질적으로 동일한지 여부의 판단은 일반적으로 문제되는 법률조항의

다루어진 다른 사람, 인적 집단 또는 상황을 포괄하는 공통의 상위개념이다. 하나의 차별표지를 따를 때 다른 사람, 다른 인적 집단이나 다른 상황을 그 상위개념을 통해서 옹글게(완벽하게) 그리고 남김없이 파악할 수 있어야 한다. 그와 달리 그 상위개념을 통해서 차별대우의 내용, 정도 그리고 그 근거가 될 수 있는 것까지 파악되지는 않는다.

평등취급은 관계된 사례에 대해서 같은 법적 효과를 명령한다. 만일 같은 법적 효과가 나타나지 않으면 다른 취급이 있다. 모든 법적 효과는 특정한 요건표지에 구속되므로 다른 취급은 원칙적으로 모든 규범적 규율에 관련된다. 그러한 범위에서 반드시 평등 문제를 일으키는 것은 아니다. 이 차별취급 개념은 오히려 다른 취급이 요건적으로 '같은 것'과 관련되는 사례에만 국한되어야 한다. 구성요건적으로 조건 지워진 평등은 절대 동일성을 뜻하는 것이 아니라 단지 일정한 관계에서 일치하는 것을 말한다. 이는 다른 관계에서 다름을 배제하는 것이 아니라는 인식에서 출발하면 '같은 것'으로서 판단할 때 언제나 일정한 각각의 비교를 위하여 결정적인 관점에서 일치한다는 것이 문제 된다. 즉 기준이 되는 관점에서 같은 상황만을 같게 다루어야 한다.

② 차별취급의 헌법적 정당성

(ⅰ) 헌법재판소 견해

헌법재판소는 초기에 '자의금지원칙', '비례원칙', '인간의 존엄성 존중 및 정당한 입법목적' 등의 다양한 기준으로 차별을 헌법상 정당화할 수 있는지를 판단하였다. 그러다가 헌법재판소는 "평등위반 여부를 심사함에 있어 엄격한 심사척도에 의할 것인지, 완화된 심사척도에 의할 것인지는 입법자에게 인정되는 입법형성권의 정도에 따라 달라지게 될 것이다. 먼저 헌법에서 특별히 평등을 요구하고 있는 경우 엄격한 심사척도가 적용될 것이다. 헌법이 스스로 차별의 근거로 삼아서는 아니되는 기준을 제시하거나 차별을 특히 금지하고 있는 영역을 제시하고 있다면 그러한 기준을 근거로 한 차별이나 그러한 영역에서의 차별에 대하여 엄격하게 심사하는 것이 정당화된다. 다음으로 차별적 취급으로 인하여 관련 기본권에 대한 중대한 제한을 초래하게 된다면 입법형성권은 축소되어 보다 엄격한 심사척도가 적용되어야 할 것이다."라고 하여 2중 심사기준을 제시한다. 그리고 "엄격한 심사를 한다는 것은 자의금지원칙에 따른 심사, 즉 합리적 이유의 유무를 심사하는 것에 그치지 아니하고 비례성원칙에 따른 심사, 즉 차별취급의 목적과 수단간에 엄격한 비례관계가 성립하는지를 기준으로 한 심사를 행함을 의미한다."라고 하여 각 심사기준의 구체적 내용을 밝혔다.[125] 최근에는 비례성심사를 개별화하여 구체화하려는 시도도 한다.[126]

의미와 목적에 달려 있다고 할 것이다(헌재 2013. 12. 26. 2012헌바217등 참조)."

125) 헌재 1999. 12. 23. 98헌마363, 판례집 11-2, 770, 787-788.

126) 헌재 2001. 2. 22. 2000헌마25, 판례집 13-1, 386, 403-405: "이 사건의 경우는 위 결정에서 비례심사를 하여

(ii) 심사기준 선택

평등권심사에서 비교대상이 된 두 개의 집단이 일정한 비교 관점에서 본질에서 같은 요소
가 있다고 판단되면, 그 다음에는 차별을 확인하고 나서 심사기준을 채택하여 그 기준에 따
라 그 차별을 정당화할 수 있는지를 검토하여야 한다. 이때 비례성심사를 하여야 하는 사유
에 해당하는지를 검토하고 나서 그 사유에 해당하지 않으면 자의금지심사를 한다.

ⓐ 헌법에서 특별히 평등을 요구할 때

헌법재판소는 제대군인가산점 결정에서 비례성원칙에 따른 심사를 하여야 할 첫째 기준으
로 제시한 '헌법에서 특별히 평등을 요구할 때'는 헌법이 차별의 근거로 삼아서는 아니 되는
기준이나 차별을 금지하는 영역을 제시하는데도 그러한 기준을 근거로 한 차별이나 그러한
영역에서 차별하는 것을 말한다.[127] 헌법 제11조 제1항 후문은 구체적으로 차별을 정당화하
는 이유로 고려될 수 없는 징표로써 성별·종교 또는 사회적 신분에 대한 차별을 언급한
다.[128] 그 밖에 헌법은 여러 생활영역에서 특별히 평등을 요구한다. 고용·임금 및 근로조건

야 할 첫번째 경우인 헌법에서 특별히 평등을 요구하고 있는 경우에는 해당하지 아니한다. 왜냐 하면, 헌법 제32
조 제6항은 "국가유공자·상이군경 및 전몰군경의 유가족은 법률이 정하는 바에 의하여 우선적으로 근로의 기회
를 부여받는다"라고 규정함으로써, 국가유공자 등에 대하여 근로의 기회에 있어서 평등을 요구하는 것이 아니라
오히려 차별대우(우대)를 할 것을 명령하고 있기 때문이다. 그렇다면 이 사건 가산점제도의 경우와 같이 입법자
가 국가유공자와 그 유족 등에 대하여 우선적으로 근로의 기회를 부여하기 위한 입법을 한다고 하여도 이는 헌
법에 근거를 둔 것으로서, 이러한 경우에는 입법자는 상당한 정도의 입법형성권을 갖는다고 보아야 하기 때문에,
이에 대하여 비례심사와 같은 엄격심사를 적용하는 것은 적당하지 않은 것으로 볼 여지가 있다. 그러나 이 사건
의 경우는 비교집단이 일정한 생활영역에서 경쟁관계에 있는 경우로서 국가유공자와 그 유족 등에게 가산점의
혜택을 부여하는 것은 그 이외의 자들에게는 공무담임권 또는 직업선택의 자유에 대한 중대한 침해를 의미하게
되는 관계에 있기 때문에, 헌법재판소의 위 결정에서 비례의 원칙에 따른 심사를 하여야 할 두번째 경우인 차별
적 취급으로 인하여 관련 기본권에 대한 중대한 제한을 초래하게 되는 경우에는 해당한다고 할 것이다. 따라서
자의심사에 그치는 것은 적절치 아니하고 원칙적으로 비례심사를 하여야 할 것이나, 구체적인 비례심사의 과정
에서는 헌법에서 차별명령규정을 두고 있는 점을 고려하여 보다 완화된 기준을 적용하여야 할 것이다." 이 판례
에 관해서 헌법재판소가 삼중기준론을 취하였다고 평가하는 견해가 있다(김현철, 「헌법재판소의 평등권심사」,
『헌법의 규범력과 법질서』(연천 허영 박사 정년기념논문집), 박영사, 2002, 127~129쪽). 그러나 비례성원칙은
각각의 사안에 따라 그 심사강도가 달라지므로 이 판례는 비례성원칙의 심사강도를 구체적 사안에서 구체화한
것에 불과한 것으로 보인다. 따라서 새로운 심사기준을 추가하였다고 보기는 어렵다.

127) 헌재 2001. 2. 22. 2000헌마25, 판례집 13－1, 386, 404.

128) 헌법재판소는 누범의 가중처벌을 규정하는 형법규정에 대한 위헌소원에서 "여기서 사회적 신분이란 사회에서
장기간 점하는 지위로서 일정한 사회적 평가를 수반한다는 것을 의미한다 할 것이므로, 전과자도 사회적 신분
에 해당된다고 할 것이며, 누범을 가중처벌하는 것이 전과자라는 사회적 신분을 이유로 차별대우를 하는 것이
되어 헌법상의 평등의 원칙에 위배되는 것이 아닌가 하는 의문이 생길 수 있으므로 이에 대하여 살펴본다. 위
헌법상의 평등의 원칙은 일체의 차별적 대우를 부정하는 절대적 평등을 의미하는 것이 아니라 입법과 법의 적
용에 있어서 합리적인 근거가 없는 차별을 하여서는 아니 된다는 상대적 평등을 뜻하고 따라서 합리적인 근거
가 있는 차별 내지 불평등은 평등의 원칙에 반하는 것이 아니다. 그리고 합리적인 근거가 있는 차별인가의 여
부는 그 차별이 인간의 존엄성 존중이라는 헌법원리에 반하지 아니하면서 정당한 입법목적을 달성하기 위하여
필요하고도 적정한 것인가를 기준으로 하여 판단하여야 한다."(헌재 1995. 2. 3. 93헌바43, 판례집 7－1, 222,
235－236)라고 판시함으로써 헌법 제11조 제1항 후문을 단지 같은 항 전문 평등조항의 예시적 표현으로 보아
자의금지심사를 적용하였다.

에서 성차별을 금지하고(제32조 제4항), 혼인과 가족생활에서 양성평등(제36조 제1항), 선거권
의 평등(제24조 및 제41조 제1항, 제67조 제1항), 정당의 기회균등(제8조 제1항), 능력에 따라 균
등하게 교육을 받을 권리(제31조 제1항)를 보장한다. 헌법이 이처럼 차별금지를 구체화하면 심
사기준도 자의금지원칙이 아니라 비례성원칙이 적용되어야 한다.

그런데 '헌법에서 특별히 평등을 요구할 때'는 개념적으로 제대군인가산점 결정에서 제시
한 사유인 차별금지사유와 차별금지영역만 있을 뿐 아니라 차별명령(우대명령)도 포함될 수
있다. 하지만 차별명령은 오히려 완화한 심사기준(자의금지원칙)을 적용하거나, 엄격한 심사기
준(비례성원칙)을 적용하더라도 완화한 심사밀도를 적용하는 근거로 사용됨에 유의하여야 한
다. 즉 헌법 제32조 제4항 내지 제6항은 여자, 청소년, 국가유공자·상이군경 및 전몰군경의
유가족의 근로에 대한 특별한 보호를 규정하고, 헌법 제34조 제3항 내지 제5항은 여자, 노인,
청소년, 신체장애자, 생활능력이 없는 자의 복지를 특별히 보호할 것을 규정한다. 이러한 영
역에서는 비례성심사를 하더라도 차별(우대)대우의 정당성은 해당 규정의 차별명령 취지를 고
려하여 완화한 심사를 하여야 한다.

ⓑ 관련 기본권에 대한 (중대한) 제한을 초래할 때

헌법재판소는 제대군인가산점 결정에서 비례성원칙에 따른 심사를 하여야 할 둘째 기준으
로 차별적 취급으로 말미암아 관련 기본권에 대한 중대한 제한을 초래할 때를 든다. 그런데
헌법재판소는 헌재 2003. 9. 25. 2003헌마30 결정에서 이러한 판시의 의미에 대해서 차별적
취급으로 말미암아 기본권에 중대한 제한을 초래할수록 더 엄격한 심사척도가 적용되어야 한
다는 취지이고, 기본권에 대한 제한이기는 하나 중대하지 않으면 엄격한 심사척도가 적용되
지 않는다는 취지는 아니라고 보았다.129) 즉 입법자가 설정한 차별이 국민 사이에 단순한 이
해관계의 차별을 넘어서서 기본권에 관련된 차별을 가져온다면 헌법재판소는 그러한 차별에
대해서는 자의금지나 합리성 심사를 넘어서 목적과 수단 사이의 엄격한 비례성이 준수되었는
지를 심사하여야 한다는 것이다.

그러나 차별적 취급으로 관련 기본권에 대한 제한을 초래하면 비례성원칙에 따라 평등심
사를 하여야 한다는 헌재 2003. 9. 25. 2003헌마30 결정의 견해는 후속판례에서 지속적으로
관철되지 않는다. 오히려 헌법재판소 판례 대부분은 기본권에 대한 '중대한' 제한을 초래하였
는지를 기준으로 비례성심사를 하는 것으로 보인다. 차별취급이 기본권 제한을 초래할 때도
그것이 중대하지 않은 제한이라고 하여 자의심사를 하거나,130) 차별취급이 단순히 기본권 제
한을 초래하는 것이 아니라 기본권에 대한 중대한 제한을 초래하므로 비례성심사를 한 판례

---

129) 헌재 2003. 9. 25. 2003헌마30, 판례집 15-2상, 501, 510.
130) 헌재 2002. 10. 31. 2001헌바59, 판례집 14-2, 486, 498; 헌재 2006. 2. 23. 2005헌마403, 판례집 18-1상, 320,
    332 등.

가 다수 있다.131) 기본권 제한을 초래하는 차별취급에 대해서 원칙적으로 비례성심사를 하여
야 한다고 선언하면서도, 실제로 중대하지 않은 제한이라고 하여 자의금지심사를 하는 이유
는 개별 사안의 특성을 고려하면 그 만큼 입법형성권을 존중하여야 할 필요가 있기 때문일
것이다.

(ⅲ) 자의금지심사

자의금지심사에서 자의는 차별을 위한 합리적 사유·근거가 결여된 것을 말한다. 평등원
칙의 파생인 자의금지원칙132)은 본질에서 서로 같은 것을 자의적으로 불평등하게 또는 본질
적으로 서로 다른 것을 자의적으로 평등하게 취급하는 것을 금지하는 원칙을 말한다. 자의금
지심사에서 '자의적'이라는 개념은 주관적 책임비난을 의미하는 것이 아니라, 객관적으로 명
백한 근거가 없음을 뜻한다.133) 즉 법률규정과 입법자가 규율하려는 영역 사이에 아무런 내
적 관련성이 없거나 그러한 내적 관련성이 있긴 하지만 옹글게(완벽하게) 불충분한 관계에 있
음이 명백하면 차별의 자의성이 인정된다. 자의금지심사는 차별을 정당화하는 합리적 사유가
있는지를 심사하는 것이다. 차별을 정당화하는 합리적 사유는 ⓐ 비교대상 사이에 있는 사실
상 차이(사물의 본성에서 나오는 합리적 이유),134) ⓑ 입법목적(차별목적: 공익) 관점에 따른 합리
적인 고려가 있다.

입법자가 선택할 수 있는 수단 중에서 더 합리적이고 타당한 수단이 있다고 하여 해당 차
별수단이 자의적으로 판단되는 것이 아니라 해당 공권력 행사나 불행사를 위한 합리적 근거
를 전혀 발견할 수 없을 때, 어떠한 관점에서도 정당화할 수 없음이 명백한 때만 공권력 행사
의 '자의성'이 인정된다. 이러한 자의금지원칙은 정의에 어긋난다고 판단되는 중대한 불법만
을 배제함으로써 평등심사를 위한 명확한 기준을 제시하고, 권력분립원칙을 고려하여 헌법재
판소가 사법자제를 함으로써 입법자의 결정을 수인할 수 있는 최후의 기능법적 한계로서 기
능한다. 자의금지원칙은 최소한의 정의 핵심을 보장하면서 1차적인 민주적 정당성이 있는 입
법자가 폭넓은 입법형성의 자유를 갖게 해준다는 점에서 장점이 있다. 하지만 헌법재판소가
자의금지원칙에 따라서만 입법자의 행위를 통제할 수 있고 어떠한 때도 그 이상의 엄격한 심
사를 할 수 없다면, 내용상으로 부당하지만 현실적으로는 자의금지에 어긋나지 않는 모든 규
범을 합헌이라고 선언할 수밖에 없다. 입법자가 자기 행위를 정당화할 수 없을 정도로 그렇
게 명백하게 객관적 근거를 결여하는 법률을 찾기 어렵고, 입법자가 의도한다면 얼마든지 교

---

131) 헌재 2006. 3. 30, 2005헌마598, 판례집 18−1(상), 439, 447; 헌재 2006. 6. 29. 2005헌가13, 판례집 18−1하,
     165, 179 등.

132) 헌재 1993. 7. 29. 89헌마31, 판례집 11−2, 770, 787−788.

133) BVerfGE 2, 266 (281) 참조.

134) 헌법재판소는 초·중등교원의 교육위원 겸직 금지와 대학교원의 교육위원 겸직 허용은 양자 사이 직무의 본질
     차이를 고려한 것으로 합리적 차별이라고 하였다(헌재 1993. 7. 29. 91헌마69, 판례집 5−2, 145, 154−155).

묘한 입법형식으로 평등 위반을 벗어날 가능성이 높은 상황에서 자의금지원칙으로 평등권심사기준을 제한하는 것은 일반적 평등원칙의 규범적 의미를 공동화할 위험을 초래한다는 비판을 면하기 어렵다.

평등심사에서 자의금지심사는 먼저 기본권 제한을 초래하지 않는 차별취급이면서 동시에 헌법이 평등을 특별히 요구하지 않을 때 적용된다. 다음으로 기본권 제한을 초래하는 차별취급이라도 기본권의 성격, 기본권 제한의 효과, 규율대상의 특성 등을 고려하여 입법형성권을 존중하여야 할 필요가 있다고 판단되면 자의금지심사가 적용된다.

(iv) 비례성심사

자의금지심사는 차별을 정당화하는 합리적인 이유가 있는지만을 심사하므로 그에 해당하는 비교대상 사이의 사실적 차이나 입법목적(차별목적)의 발견·확인에 그치지만, 비례성심사는 단순히 합리적인 이유 존부 문제가 아니라 차별을 정당화하는 이유와 차별 사이의 상관관계에 대한 심사, 즉 비교대상 사이 사실적 차이의 성질과 비중 또는 차별목적의 비중과 차별 정도에 적정한 균형관계가 이루어져 있는지를 심사한다.[135]

평등권은 자유권과 달리 실체적인 보호영역이 없으므로 보호영역을 전제로 한 제한과 제한의 한계심사기준으로서 비례성원칙을 적용하려면 평등권 구조를 자유권 구조로 전환하는 작업이 선행되어야 한다. 즉 평등권의 보호영역을 '정의 기준에 부합하는 대우'로, '외견상 차별대우'를 평등권 제약으로 의제함으로써, 차별대우로 실현하려는 이익(입법목적)과 제약되는 이익 사이에 법익형량이 가능하게 된다.

이러한 관점에서 평등권과 자유권의 비례성심사의 차이는 제약의 비례성이 아니라 차별대우의 비례성이라는 점에 있다. 자유권의 비례성심사의 부분원칙에 상응하여 평등권의 비례심사에서는 차별목적의 정당성(차별이 추구하는 목적이 헌법적으로 정당한 것인지),[136] 차별수단의 적합성(차별취급이 차별목적 달성에 적합한 것인지),[137] 차별대우의 필요성(차별취급이 차별목적 달성에 불가피한 수단인지),[138] 법익균형성(차별목적과 수단 사이에 비례성이 있는지)을 차례대로 검

---

135) 헌재 2001. 2. 22. 2000헌마25, 판례집 13-1, 386, 403.

136) 이때 차별목적은 입법목적과 구별되어야 한다. 즉 입법목적이 차별의 정당성을 가리는 기준이 될 수 없다. 따라서 입법목적과 별도로 차별을 하는 구체적 이유가 조사·확인되어야 한다. 입법자가 특정한 차별을 의도하지 않으면 차별은 입법목적과 관련성이 없기 때문이다(같은 견해: 정문식, 「평등위반 심사기준으로서 비례원칙」, 『법학연구』 제51권 제1호, 부산대학교 법학연구소, 2010, 9쪽; 정태호, 「헌법재판소 평등권 심사기준의 재정립 필요성」, 『헌법학연구』 제19권 제3호, 한국헌법학회, 2013, 98쪽).

137) 차별목적과 선택된 차별수단 사이에 합리적 연관성이 있어야 차별수단의 적합성이 인정된다. 먼저 ① 합리적 연관성은 차별수단 자체와 차별목적의 관계에서 발견되어야 한다. 따라서 선택한 차별수단 없이도 차별목적을 달성할 수 있으면 합리적 연관성이 없다. 다음으로 ② 차별목적과 밀접한 관련이 있는 특정 집단이 합리적 이유 없이 부담이나 혜택에서 배제되면 합리적 연관성이 없다(김하열, 『헌법강의』, 박영사, 2018, 347~348쪽).

138) 헌재 2006. 6. 29. 2005헌마44, 판례집 18-1하, 319, 330: "일반적으로 차별대우의 필요성은 차별대우가 입법목적을 달성하기에 불가피한 것이어야 한다는 것을 의미하지만, 차별이 관련 기본권에 불리한 효과를 미치는 경우에는, 차별이 최소한의 부담을 가져오는 수단이어야 한다는 차별효과의 최소침해성을 의미한다고 할 것이다."

토하게 된다.[139]

(5) 평등 위반 시의 헌법재판소 결정양식
① 자유권침해입법

자유권은 보호영역을 국가나 제3자의 침해에서 방어한다. 따라서 입법이 자유권을 침해하면 단순위헌결정만으로 침해상태가 제거되어 합헌적 상태가 자동으로 회복된다.

② 평등권침해입법

평등권은 국가의 적극적 실현을 요구한다. 그리고 평등원칙에 합치하는 합헌적 상태는 다양한 방법으로 실현될 수 있다. 그래서 평등권을 침해하는 입법에 대해서 단순위헌결정을 내리는 것만으로는 합헌적 상태가 실현되지 않는다. 따라서 평등위반을 제거할 수 있는 다양한 가능성을 고려하는 입법자의 형성의 자유를 보호하기 위해서 입법자에게 법률개선의무를 지우는 헌법불합치결정이 적절하다.

4. 일반적 평등원칙의 구체화

(1) 차별대우 금지
① 차별이 허용되지 아니하는 사유
(i) 한정설 대 예시설

헌법 제11조 제1항 제2문은 "누구든지 성별·종교 또는 사회적 신분에 의하여 정치적·경제적·사회적·문화적 생활의 모든 영역에 있어서 차별을 받지 아니한다."라고 규정하여 차별대우를 금지한다. 헌법 제11조 제1항 제2문에 규정된 차별표지들이 예시적으로 규정된 것인지(예시설), 이를 한정적으로 열거된 것으로 파악할 것인지(한정설[140])가 문제 된다. 규정된 차별금지사유가 아닌 다른 기준에 따른 차별도 역시 평등 위반이 된다는 점에서 예시설이 타당하다.[141] 다만, 헌법이 차별이 허용되지 아니하는 사유를 명시하였다는 점에 비추어 이러한 차별표지에 따른 차별을 더 엄격히 제한하려는 의도가 있다고 볼 수 있다. 따라서 규정된 차별금지사유에 따른 차별의 정당화 여부는 엄격한 심사기준인 비례성원칙에 따라 심사되어야

---

139) 헌재 1996. 8. 29. 93헌바57, 판례집 8－2, 46, 56－57.
140) 전광석, 『한국헌법론(제14판)』, 집현재, 2019, 309~311쪽; 한수웅, 『헌법학(제9판)』, 법문사, 2019, 596~597쪽.
141) 같은 견해: 강경선, 『사회복지국가 헌법의 기초』, 한국방송통신대학교출판문화원, 2017, 333~334쪽; 권영성, 『헌법학원론(개정판)』, 법문사, 2010, 394쪽; 김철수, 『학설·판례 헌법학(상)』, 박영사, 2008, 593쪽; 김하열, 『헌법강의』, 박영사, 2018, 332~333쪽; 김해원, 「'평등권'인가, '평등원칙'인가?」, 『헌법학연구』 제19권 제1호, 한국헌법학회, 2013, 230~231쪽; 성낙인, 『헌법학(제19판)』, 법문사, 2019, 1030쪽; 심경수, 『헌법』, 법문사, 2018, 195쪽; 양 건, 『헌법강의(제8판)』, 법문사, 2019, 429쪽; 이경주, 『헌법 I』, 박영사, 2019, 278쪽; 이준일, 『헌법학강의(제7판)』, 홍문사, 2019, 435~436쪽; 장영수, 『헌법학(제11판)』, 홍문사, 2019, 591쪽; 정재황, 『신헌법입문(제9판)』, 박영사, 2019, 348쪽; 허 영, 『한국헌법론(전정15판)』, 박영사, 2019, 364쪽; 홍성방, 『헌법학(중)(제2판)』, 박영사, 2015, 78쪽.

한다.[142]

(ⅱ) 간접차별 포함 여부

간접차별은 직접적으로는 중립적이거나 다른 차별사유에 따른 차별로 보이지만, 주로 혹은 전형적으로 특정집단을 차별하는 것을 말한다. 은폐된 직접차별은 증명 문제에 불과하여 간접차별로 볼 수 없다. 헌법 제11조 제1항 제2문의 차별대우 금지 위반을 인정할 때 간접차별만 있어도 충분한지 아니면 금지된 차별사유에 직접 의거하는 직접차별이 있어야 하는지에 관한 다툼이 있다. 간접차별포함설은 다른 표지를 통해서 차별하지만, 주로 또는 전형적으로 헌법 제11조 제1항 제2문의 차별금지표지가 있는 사람들을 차별하는 때도 헌법 제11조 제1항 제2문을 적용하자는 견해이다. 이에 대해서는 '간접'차별이라는 개념의 모호성 때문에 입법자를 비롯한 공권력의 형성여지를 지나치게 축소할 것이라는 비판이 있다. 그러나 일반적 평등원칙 위반 여부를 심사할 때 현실 속에서 나타나는 실질적 효과가 결정적 기준으로 작용한다. 간접차별에도 직접차별과 그 효과 측면에서는 다를 바가 없으므로 헌법 제11조 제1항 제2문 적용대상으로 인정하여야 한다.[143] 다만, 직접적으로는 차별하는 것이 아니라는 점을 참작하여 정당화요건을 완화할 필요는 있다.[144]

(ⅲ) 성별

ⓐ 성별에 따른 차별

성별에 따른 차별 금지는 남녀평등을 뜻한다. 성별이라는 표지는 생물학적으로 주어진 바 또는 예외적인 경우 법적으로 승인된 성의 전환을 근거로 하여서 나오는 바와 같이, 남성이나 여성에 속함을 말한다. 즉 원칙적으로 남자나 여자라는 속성을 가리킨다. 공법영역은 물론 사법영역에서도 성에 관한 가치판단을 기초로 하는 차별대우는 허용되지 않는다. 그러나 성

---

142) 같은 견해: 계희열, 『헌법학(중)(신정2판)』, 박영사, 2007, 244쪽; 김학성, 『헌법학원론(전정3판)』, 피앤씨미디어, 2019, 431쪽; 정종섭, 『헌법학원론(제12판)』, 박영사, 2018, 457쪽.

143) 헌법재판소도 제대군인지원에관한법률 제8조 제1항 등에 관한 헌법소원에서 "가산점제도는 제대군인과 제대군인이 아닌 사람을 차별하는 형식을 취하고 있다. 그러나 제대군인, 비(非)제대군인이라는 형식적 개념만으로는 가산점제도의 실체를 분명히 파악할 수 없다. 현행 법체계상 제대군인과 비제대군인에 어떤 인적 집단이 포함되는지 구체적으로 살펴보아야만 한다. 위에서 본 바와 같이 제대군인에는 ① 현역복무를 마치고 전역(퇴역·면역 포함)한 남자 ② 상근예비역 소집복무를 마치고 소집해제된 남자 ③ 지원에 의한 현역복무를 마치고 퇴역한 여자, 이 세 집단이 포함되고, 비제대군인에는 ① 군복무를 지원하지 아니한 절대다수의 여자 ② 징병검사 결과 질병 또는 심신장애로 병역을 감당할 수 없다는 판정을 받아 병역면제처분을 받은 남자(병역법 제12조 제1항 제3호, 제14조 제1항 제3호) ③ 보충역으로 군복무를 마쳤거나 제2국민역에 편입된 남자, 이 세 집단이 포함된다. 그러므로 먼저 무엇보다도 가산점제도는 실질적으로 남성에 비하여 여성을 차별하는 제도이다. 제대군인 중 위 ③의 유형에는 전체 여성 중의 극히 일부분만이 해당될 수 있으므로 실제 거의 모든 여성은 제대군인에 해당하지 아니한다. 그리고 남자의 대부분은 제대군인 중 위 ①과 ②유형에 속함으로써 제대군인에 해당한다. …… 우리나라 남자 중의 80%이상이 제대군인이 될 수 있음을 나타내는 것이다. 이와 같이 전체 남자 중의 대부분에 비하여 전체 여성의 거의 대부분을 차별취급하고 있으므로 이러한 법적 상태는 성별에 의한 차별이라고 보아야 한다."(헌재 1999. 12. 23. 98헌마363, 판례집 11－2, 770, 785－786)라고 하여 성별에 따른 차별에 간접차별을 포함하는 것처럼 보인다.

144) 계희열, 『헌법학(중)(신정2판)』, 박영사, 2007, 245~246쪽.

에 관한 가치판단이 아니라 남녀의 사실적(생래적) 차이에 근거한 차별이나 그 밖의 합리적 이유가 있는 차별은 허용된다. 예를 들어 남녀의 육체적 차이에 따라 여성의 근로를 특별히 보호하거나[예를 들어 여자에게만 생리휴가를 주는 것(근로기준법 제59조)] 업무의 특성 때문에 직업상 자격에 제한을 두는 것(예를 들어 조산원)은 헌법상 허용된다. 성에 따른 차별은 성질상 남성 아니면 여성에게만 출현할 수 있는 문제를 해결하기 위해서 그러한 규율이 반드시 필요할 때만 정당화할 수 있다.

ⓑ 근로관계에서 여성차별 금지

헌법 제32조 제4항은 근로관계에서 여성에 대한 부당한 차별을 금지한다. 이에 따라 근로기준법은 사용자가 남녀근로자를 차별하는 것을 금지하고(제5조), '남녀고용평등과 일·가정 양립 지원에 관한 법률'은 고용에서 여성이라는 이유로 차별하는 관행을 바로 잡고 여성의 사회적 지위를 향상시키기 위해서 여러 규정을 두며(제7조, 제8조 제1항, 제10조, 제11조 등), 직장 안 성희롱을 금지하고 성희롱 예방 교육을 실시하도록 하며 성희롱가해자를 징계하도록 하고(제12조 내지 제14조의2), 국가위원회법은 업무, 고용, 그 밖의 관계에서 공공기관의 종사자, 사용자나 근로자가 그 직위를 이용하여 또는 업무 등과 관련하여 성적 언동 등으로 성적 굴욕감이나 혐오감을 느끼게 하거나 성적 언동이나 그 밖의 요구 등에 따르지 아니한다는 이유로 고용상 불이익을 주는 성희롱 행위를 평등권 침해의 차별행위로 규정한다(제2조 제3호 라목).

ⓒ 혼인과 가족생활에서 양성평등

헌법 제36조 제1항은 개인의 존엄과 양성의 평등에 기초한 혼인과 가족생활을 명시적으로 강조한다. 이는 뿌리 깊은 남존여비사상, 가부장제도, 조혼제도, 축첩풍습 등, 특히 여성의 인격을 무시하는 악습을 타파하기 위한 것이다. 즉 이는 혼인이 당사자의 자유롭고 순수한 합의에 따라 이루어져야 하고, 가족생활에서도 특히 여성의 인격을 존중하여 남성과 동등한 권리를 인정하여야 한다는 것이다.

ⓓ 모성 보호

헌법 제36조 제2항은 국가의 모성보호의무를 규정한다. 이때 모성은 자녀가 있는 어머니를 가리키는 것으로 모성 보호는 곧 가족 보호를 뜻하며, 가족 보호는 국가공동체의 존립과 발전을 위해서 필수적이므로, 평등원칙에 벗어나면서까지 특별히 모성을 보호한다.

ⓔ 병역의무

헌법 제39조 제1항은 모든 국민에게 국방의 의무를 지우나, 병역법 제3조 제1항은 남자에게만 병역의무를 부과한다. 이는 남녀 사이의 신체적 차이 등을 근거로 현재까지는 합리적 근거가 있는 것으로 인정된다.[145]

145) 헌법재판소는 집단으로서 남자는 집단으로서 여자와 비교하여 더 전투에 적합한 신체적 능력을 갖추고 있고, 개개인의 신체적 능력에 기초한 전투적합성을 객관화하여 비교하는 검사체계를 갖추는 것이 현실적으로 어려우

(ⅳ) 종교

헌법은 종교의 자유를 보장함으로써(제20조 제1항) 모든 종교에 대하여 균등한 기회를 부여하고 국교를 인정하지 않을 뿐 아니라 정교분리원칙(제20조 제2항)을 규정함으로써 국가에게 모든 종교에 대한 중립의무를 부담시킨다. 이처럼 한국 헌법은 제도적으로 종교의 평등을 보장하고 이를 차별근거로 삼는 것을 배제한다. 헌법재판소는 일요일은 특별한 종교의 종교의식일이 아니라 일반적인 공휴일로서 사법시험을 치른다고 하여서 불합리한 차별을 한 것이 아니라고 하였다.146)

(ⅴ) '사회적' '신분'

ⓐ 사회적 신분의 의의

사회적 신분의 의미가 무엇인지와 관련하여 선천적 신분설과 후천적 신분설이 대립한다. 선천적 신분설은 출생과 더불어 획득한 지위만을 사회적 신분이라고 한다. 예를 들어 인종, 존속·비속, 가문 등이 여기에 해당한다. 후천적 신분설은 선천적 신분 이외에 사회생활상 획득한 지위도 사회적 신분이라고 한다.147) 예를 들어 사용자, 근로자, 상인, 농민 등이 여기에 해당한다. 선천적 신분설을 따르면 사회적 신분이 가문이나 문벌과 다를 바 없어 그 개념이 너무 협소하고, 후천적 신분설을 따르면 신분을 지나치게 넓은 의미로 해석하는 것이 되어 사회적 신분이 아닌 것이 없다고 비판하면서 후천적 신분을 기본으로 하되 이를 좀 더 제한적으로 해석하는 것이 타당하다는 절충설도 있다.148) 헌법재판소는 "사회적 신분이란 사회에서 장기간 점하는 지위로서 일정한 사회적 평가를 수반하는 것을 의미한다."149)라고 하면서 누범150)과 상습범151)에 대한 가중처벌의 합헌성을 인정하였다. '신분'이란 개인의 사회적인 위치나 계급을 나타내는 말로서 '사회적'이라는 수식어는 신분의 관계적 의미를 강조한 것에 불과한 것으로 볼 수 있다. 이때 개인의 사회적 위치나 계급은 어떻게 획득되었는지는 가리

며, 신체적 능력이 뛰어난 여자도 월경이나 임신, 출산 등으로 말미암은 신체적 특성상 병력자원으로 투입하기에 부담이 큰 점 등에 비추어 남자만 징병검사 대상이 되는 병역의무자로 정한 것이 현저히 자의적인 차별취급이라고 보기 어렵고, 보충역이나 제2국민역 등은 국가비상사태에 즉시 전력으로 투입될 수 있는 예비적 전력으로서 병력동원이나 근로소집 대상이 되는바, 평시에 현역으로 복무하지 않더라도 병력자원으로서 일정한 신체적 능력이 요구되므로 보충역 등 복무의무를 여자에게 부과하지 않은 것이 자의적이라고 보기도 어려우므로 성별을 기준으로 병역의무자의 범위를 정한 것은 자의금지원칙에 어긋나서 평등권을 침해하지 않는다고 하였다(헌재 2011. 6. 30. 2010헌마460, 판례집 23-1하, 519).

146) 헌재 2001. 9. 27. 2000헌마159, 판례집 13-2, 353, 360-361.

147) 김학성, 『헌법학원론(전정3판)』, 피앤씨미디어, 2019, 436쪽; 이부하, 『헌법학(상)』, 법영사, 2019, 260~261쪽; 정재황, 『신헌법입문(제9판)』, 박영사, 2019, 350쪽.

148) 계희열, 『헌법학(중)(신정2판)』, 박영사, 2007, 252~253쪽; 구병삭, 『신헌법원론(제3전정판)』, 박영사, 1996, 438쪽; 권영성, 『헌법학원론(개정판)』, 법문사, 2010, 395~396쪽.

149) 헌재 1995. 2. 23. 93헌바43, 판례집 7-1, 222, 235.

150) 헌재 1995. 2. 23. 93헌바43, 판례집 7-1, 222.

151) 헌재 1989. 9. 29. 89헌마53, 판례집 1, 302.

지 않으므로 선천적으로 획득한 것인지 후천적으로 획득한 것인지는 문제 되지 않는다. 그러나 '사회적 신분'이 개인의 모든 사회적 위치나 계급을 포함한다면 사회 속에서 다른 사람과 관계를 맺으며 살아야 하는 인간으로서는 거의 모든 생활영역이 사회적 신분과 관련을 맺게 되어 그 범위가 너무 확대된다. 따라서 '사회적 신분'에서 '사회적'이라는 말을 신분을 제한하는 말로 해석하여 '사회적 신분'의 의미를 '선천적이든 후천적이든 불문하고 상당기간 이상 지속되면서 반복적으로 영향을 미치는 개인의 사회적 위치와 계급'으로 축소하는 것이 타당하다.

ⓑ 존·비속관계와 존속에 대한 형벌 가중

부모에 대한 자녀의 지위인 존·비속관계나 친자관계에 관해서는 이를 사회적 신분으로 보는 견해와 사회적 신분이 아니라 친족적·자연적 신분으로 보는 견해로 나뉜다. 이와 관련하여 형법 제250조 제2항의 존속살해중벌규정의 헌법합치성 여부가 문제 된다. 합헌론은 전통문화와 지배적 법감정이 부모공경의 도덕적 가치를 중시하므로 합리적 근거가 있어 헌법에 위반되지 않는다고 한다. 반면 위헌론은 (가) 존속살해중벌규정은 봉건적 가족제도의 유산일 뿐이고, (나) 근대법사상을 따르면 친자관계도 평등한 인격 대 인격의 관계라는 점에서 출발하여야 하며, (다) 비속의 패륜성 못지 않은 존속의 잔학한 행위도 문제가 되고, (라) 전통적 가족 관념 아래의 도덕적 가치는 형법으로 강제될 성질이 아니라고 하면서 존속살해중벌규정은 헌법에 합치하지 않는다고 한다. 헌법재판소는 형법 제259조 제2항(존속상해치사)에 대한 헌법소원에서 "비속의 직계존속에 대한 존경과 사랑은 봉건적 가족제도의 유산이라기 보다는 우리 사회윤리의 본질적 구성부분을 이루고 있는 가치질서이고, 특히 유교적 사상을 기반으로 전통적 문화를 계승·발전시켜 온 우리나라의 경우는 더욱 그러한 것이 현실인 이상, 이 사건 법률조항의 입법목적의 정당성과 이를 달성하기 위한 수단의 적정성, 즉 가중처벌의 이유와 그 정도의 타당성 등에 비추어 그 차별적 취급에는 합리적 근거가 있으므로 헌법 제11조 제1항의 평등원칙에 반한다고 할 수 없다."[152]라고 하여 존속을 이유로 한 가중처벌을 평등원칙에 어긋나지 않는다고 하였다. 존속·비속관계나 친자관계는 사람이 태어나면서부터 죽을 때까지 계속 지속되면서 법률관계를 비롯한 다양한 생활영역에 영향을 미치므로 사회적 신분으로 보아야 한다. 그러므로 존속을 이유로 차별을 하려면 비례성원칙에 따른 정당화가 이루어져야 한다. 존속과 비속의 관계도 평등한 인격 대 인격의 관계로 어느 쪽을 더 중시할 수는 없는데, 존속의 비속에 대한 범죄는 가중하지 않으면서 비속의 존속에 대한 범죄는 가중하는 것은 존속을 비속보다 우위에 두는 것이다. 물론 비속의 존속에 대한 존경과 사랑은 사회에서 버릴 수 없는 중요한 가치로서 국가질서의 중요한 요소임을 부정할 수 없다. 하지만 그렇다고 해서 존속에 대한 평가와 무관하게 비속에게 책임을 가중하는 것은 합리성이 없다. 따라서 존속에 대한 비속의 범죄에 대해서 형벌 상한만을 가중하는 것은 정당한 근거가

---

152) 헌재 2002. 3. 28. 2000헌바53, 판례집 14−1, 159, 164.

있을 수 있으나, 형벌의 하한까지 가중하여 존속에 대한 평가에 따른 형벌부과를 제한하는 것은 정당한 근거가 없어 헌법 제11조 제1항 제2문에 어긋난다.

② 차별이 허용되지 아니하는 영역: 예시적

헌법 제11조 제1항 제2문은 차별이 허용되지 아니하는 영역으로 '정치적·경제적·사회적·문화적 생활의 모든 영역'이라고 규정한다. 그러나 평등원칙은 그 적용범위가 제한이 없는 일반적 법원칙이라는 점에서 이를 예시적이라고 보아야 한다. 따라서 차별이 허용되지 아니하는 영역은 인간의 모든 생활영역이다.

(2) 사회적 특수계급제도 금지

헌법 제11조 제2항은 사회적 특수계급제도를 금지한다. 사회적 특수계급제도란 조선시대의 반상제도나 귀족제도, 노예제도 등의 봉건적 유제를 가리킨다. 이러한 제도는 평등원칙에 어긋나서 인정될 수 없으므로 어떠한 형태로도 창설할 수 없다.

(3) 영전세습 금지

헌법 제11조 제3항은 영전일대원칙을 채택하여 영전 세습제를 부인한다. 그러나 영전 세습을 부인하는 것은 그로 말미암은 특권(그 자손의 특진·조세감면·형벌면제 등)을 부인하는 것이지 연금 지급이나 유족에 대한 보훈까지 금지하는 것은 아니다. 영전 세습을 부인하는 것은 특수계급 발생을 예방하려는 것이다.[153]

(4) 교육에서 기회균등

헌법 제31조 제1항은 능력에 따라 균등하게 교육받을 권리를 보장한다. 여기서 '균등'이란 능력에 따른 차별 이외에 성별·종교·사회적 신분 등에 따라서 교육을 받을 권리를 차별하지 않는다는 것을 뜻한다. 이러한 평등은 구체적으로 취학의 평등을 의미한다. 따라서 성별이나 종교 등을 이유로 입학을 거부할 수 없다.

(5) 선거에서 평등

헌법 제41조 제1항, 제7조 제1항, 제116조 제1항은 보통선거와 평등선거를 규정한다. 보통선거는 제한선거에 대응하는 것으로 원칙적으로 일정한 연령에 달한 모든 국민에게 선거권을 인정하는 것을 말한다. 따라서 재산, 학력, 종교, 직업이나 사회적 신분을 근거로 한 선거권 제한은 허용되지 않는다. 그러나 선거권 부여를 일정한 연령과 같은 정당한 형식적 전제조건과 결부시키는 것이나 합리적 근거가 있는 엄격한 조건 아래에서 선거권을 제한하는 것

---

153) 헌재 1997. 6. 26. 94헌마52, 판례집 9-1, 659, 670-671: "우리 헌법 제11조 제3항은 "훈장 등의 영전은 이를 받은 자에게만 효력이 있고 어떠한 특권도 이에 따르지 아니한다"고 규정하고 있는바, 이를 같은 조 제1항 및 제2항의 규정과 관련하여 풀이하면 이는 이른바 영전일대(榮典一代)의 원칙을 천명한 것으로서 영전의 세습(世襲)을 금지함으로써 특수계급의 발생을 예방하려는 것이라 볼 수 있다."

은 허용된다. 헌법재판소는 고액 기탁금은 보통선거원칙을 위반한다고 하였다.154) 평등선거는 차등선거나 불평등선거에 대응하는 것으로서 모든 선거권자가 선거에 미치는 영향이 동등하여야 한다는 것을 뜻한다. 평등선거는 먼저 ① 투표의 수적 평등(1인 1표)을 요구하고, ② 투표의 결과가치 평등(1표 1가치)도 요구한다.155) 그리고 ③ 선거참여자의 평등도 요구한다. 평등선거에서도 합리적 이유가 있는 제한은 허용되는데, 예를 들어 일정률 이상을 득표한 정당에게만 비례대표의석을 배분하는 봉쇄조항은 평등선거에 어긋나지 않는다.

(6) 경제질서에서 평등 추구

헌법 제119조 제2항은 "국가는 균형있는 국민경제의 성장 및 안정과 적정한 소득의 분배를 유지하고, 시장의 지배와 경제력의 남용을 방지하며, 경제주체간의 조화를 통한 경제의 민주화를 위하여 경제에 관한 규제와 조정을 할 수 있다."라고 규정하고, 제123조 제2항은 "국가는 지역간의 균형있는 발전을 위하여 지역경제를 육성할 의무를 진다."라고 규정한다. 종래에는 경제성장에만 치우쳐서 그 성장 혜택 배분에는 무관심하였다. 이에 따라 경제성장 혜택이 불평등하게 배분되어 빈부 격차가 벌어지고, 지역 사이의 불균형이 심해졌다. 이로 말미암아 경제의 안정적 발전에도 문제가 발생하였고, 지역 사이의 위화감이 조성되었다. 이러한 빈부 차이와 지역 사이의 불균형을 해소하려면 경제성장 혜택을 균등하게 배분하여 국민이 경제성장 혜택을 고루 누리도록 하여야 한다. 따라서 이러한 적절한 배분을 위해서 국가가 규제와 조정을 할 수 있도록 한 것이다. 이는 경제적 측면에서 국민의 실질적 평등을 보장하려는 헌법적 결단의 표현이다.

5. 주체

헌법 제11조 제1항은 모든 '국민'이라고 규정하지만, 대한민국 국민뿐 아니라 외국인에게도 원칙적으로 평등원칙이 적용되므로 외국인도 평등권의 주체가 된다. 국가인권위원회법 제4조는 외국인의 평등권주체성을 명문으로 인정한다. 다만, 한국국민이 아니고는 누릴 수 없는 정치적 기본권과 같은 공권과 일정한 사법상 권리는 외국인에게 인정되지 않는다. 외국인에 적용되는 평등조항의 구체적 범위는 국제법과 상호주의원칙에 따라 결정된다. 평등권은 자연인만이 아니라 법인, 그 밖의 단체도 성질상 법인, 그 밖의 단체의 기본권 주체성이 인정되는 기본권영역에서는 주체가 될 수 있다.

6. 효력

입법구속설이 관철됨에 따라 평등권은 집행권, 사법권은 물론 입법권까지 포함한 모든 국

---

154) 헌재 1989. 9. 8. 88헌가6, 판례집 1, 199, 261.
155) 헌재 1995. 12. 27. 95헌마224등, 판례집 7−2, 760, 771.

가권력을 구속하는 기본권으로 인정된다. 대사인적 효력이 평등권에서 먼저 문제 된 것에서 알 수 있듯이 평등권은 사법관계에서 가장 많이 문제 되는 기본권이다. 특히 사적 자치의 전제가 되는 사적 관계 당사자의 동등한 지위를 인정할 수 없을 때가 증가하는 현실 속에서 평등권은 헌법질서에 어긋나는 사법관계를 바로잡는 유용한 기준으로 작용한다. 따라서 평등권은 사법관계에도 적용되어야 하고, 그 적용방식은 사적 자치를 존중하기 위해서 간접적으로 적용되어야 한다. 이처럼 평등권은 대국가적 효력 이외에 대사인적 효력도 있다.

7. 제한

(1) 헌법직접적 제한

① 정당의 특권

정당은 일반결사과 비교해서 여러 가지 특권을 누린다. 정당은 그 목적이나 활동이 민주적 기본질서에 위반하여 헌법재판소 심판에 따라서 해산되는 때를 제외하고는 해산당하지 아니하고, 그 운영에 필요한 자금을 국고에서 보조받는다(헌법 제8조 제3항, 제4항). 이러한 정당의 특권은 현대 민주정치에서 정당이 수행하는 공공적 기능을 보장하기 위한 것이므로 합리성이 인정된다.

② 군인·군무원 등에 대한 군사법원에 의한 재판

군사재판은 일반 법원의 재판에 대해서 특수성이 있으므로, 군인·군무원 등에 대한 군사재판(헌법 제27조 제2항, 제110조 제4항)은 평등원칙에 대한 제한이 된다. 그러나 군사재판은 효율적인 국방목적을 위해서 불가피한 것으로 본다.

③ 대통령과 국회의원의 특권

대통령은 형사상 특권이 인정되고(헌법 제84조), 퇴직 후에도 법률이 정하는 바에 따라 신분보장과 예우를 받게 된다(헌법 제85조). 그 반면에 겸직이 금지된다(헌법 제83조). 국회의원은 불체포특권과 면책특권이 인정되지만, 법률이 정하는 겸직이 금지되고 청렴과 국가이익우선의 의무가 부과된다(헌법 제43조~제46조). 이러한 특권과 의무는 대통령의 권위를 유지하고 대통령과 국회의원의 원활한 직무수행을 위해서 합리적인 것으로 본다.

④ 군인·군무원·경찰공무원 기타 법률이 정하는 자의 국가배상청구권 제한

군인·군무원·경찰공무원 기타 법률로 정한 자가 전투·훈련 등 직무집행과 관련하여 입은 손해에 대하여 법률이 정한 보상 외에 국가 또는 공공단체에 공무원의 직무상 불법행위로 말미암은 배상은 청구할 수 없다(헌법 제29조 제2항). 배상과 보상은 그 법적 원인관계는 다르지만, 모두 개인에게 발생한 특별희생을 전보하는 기능을 수행한다는 점에서는 같다. 따라서 같은 기능을 수행하는 두 개의 청구권을 모두 인정하면 과잉보장이라는 문제가 발생할 수 있다. 헌법 제29조 제2항은 이러한 과잉보장을 방지하여 통일적인 배상제도를 마련한다는 목적 아래에서 정당화할 가능성이 있다. 다만, 그러기 위해서는 법률이 정한 보상이 국가배상청구 액에 상응하거나 그 이상이어야 한다.[156]

⑤ 현역군인의 문관임용 제한

헌법은 현역군인의 국무총리·국무위원임용을 금지한다(헌법 제86조 제3항, 제87조 제4항). 이는 군의 정치적 중립성과 문민정치원칙을 확립하려는 것이므로 합리적인 이유가 있다.

⑥ 국가유공자 등의 유가족의 우선취업 보장

국가유공자·상이군경·전몰군경의 유가족은 법률이 정하는 바에 따라 우선적으로 근로 기회를 부여받는다(헌법 제32조 제6항). 이 조항은 국가유공자 등의 생계를 지원하고 애국애족 정신을 함양하기 위한 것으로 합리성이 인정된다. 헌법재판소는 국가유공자와 그 유족 등 취 업보호대상자가 국가기관이 실시하는 채용시험에 응시하는 경우에 10%의 가점을 주도록 한 구 국가유공자등예우및지원에관한법률 제34조 제1항은 국가유공자와 그 유족 등과 비교하여 그 밖의 사람을 비례성원칙에 어긋나게 차별하는 것으로 볼 수 없으므로 평등권을 침해하지 아니한다고 하였다.[157]

(2) 법률에 따른 제한

평등권은 보호영역이 없으므로 평등권 제한이라는 표현은 적절하지 않은 면이 있다. 평등권 은 헌법상 근거로 제한할 수 있는 기본권이 아니기 때문이다. 즉 헌법 제37조 제2항의 국가안 전보장, 질서유지 또는 공공복리를 이유로 제한할 수 없다. 다만, 합리적 근거 존재 여부에 따 라 차별적인 국가의 행위가 평등권을 침해하였는지를 판단할 수 있을 뿐이다. 물론 때에 따라 서는 공공복리가 해당 사안에서 합리적인 근거가 될 수 있으나, 이는 헌법 제37조 제2항에 따 라서 제한되는 것이 아니라 공공복리라는 합리적 근거에 따른 정당한 차별로서 평등권 침해가 되지 않는다. 이처럼 보지 않으면 헌법 제37조 제2항에 규정된 국가안전보장, 질서유지 또는 공공복리만 합리적인 근거가 된다고 보거나 헌법 제37조 제2항 이외에 일반적인 합리적 근거 도 평등권 제한의 근거가 된다고 보아야 하는 모순에 빠진다.[158] 이때 합리적 근거에 따른 정 당한 차별도 기본권 실현 내용과 관련이 있으므로 법률을 통해서만 가능하다고 보아야 한다.

공무원인 근로자는 법률이 정하는 자에 한하여 단결권·단체교섭권·단체행동권이 인정된 다(헌법 제33조 제2항).[159] 이는 공무원이 수행하는 직무가 성질상 나타내는 특수성에 기인하

---

156) 이에 관해서 자세한 검토는 허완중, 「헌법 제29조 제2항 "법률이 정하는 보상"의 적극적 해석」, 『고려법학』 제
     51호, 고려대학교 법학연구원, 2008, 195~229쪽.
157) 헌재 2001. 2. 22. 2000헌마25, 판례집 13-1, 386.
158) 이욱한, 「자유권과 평등권의 사법적 심사구조」, 『사법행정』 제507호, 한국사법행정학회, 2003. 3., 8쪽.
159) 헌재 1992. 4. 28. 90헌바27등, 판례집 4, 255, 272: "위 법률조항(국가공무원법 제66조 제1항)이 사실상 노무에

는 것으로 공무원의 근로3권을 일률적으로 제한하는 것은 부당하고, 구체적으로 각 공무원이 담당하는 직무의 성질을 고려하여 필요 최소한에 그치는 예외적인 때만 합리성이 인정될 수 있다. 주요방위산업체에 종사하는 근로자에 대해서도 법률이 정하는 바에 따라 단체행동권을 제한할 수 있다(헌법 제33조 제3항). 이것도 국방상 이유에 기인하는 것으로 국방목적에 필요한 최소한의 범위에서 합리성이 인정된다. 헌법재판소는 국가공무원법 제66조 제1항이 사실상 노무에 종사하는 공무원에 대해서만 근로3권을 보장하고 그 이외에 공무원에 대해서는 근로3권을 제한하는 것은 헌법상 평등원칙을 위반하는 것이 아니라고 하였다.[160]

제 2 절 인신의 자유와 사생활

Ⅰ. 생명권

1. 의의

(1) 개념

생명권은 인간의 생명을 보호하는 기본권이다. 생명권이 보호하는 생명은 죽음에 대칭되는, 아직 생명이 아닌 것과 죽음에 반대되는 인간의 육체적 존재 형태, 즉 인간 생존('살아 있음') 그 자체를 뜻하는 순수한 자연적 개념이다.[161] 생명에 관한 사회과학적 평가는 허용되지 않는다. 그러므로 사회적 기능을 수행할 수 있는지에 따라 생명을 차별할 수 없다. 즉 모든 생명은 동등한 법적 가치가 있다. 따라서 생명을 가치 있는 것과 그렇지 않은 것으로 구별할 수 없다. 즉 인간의 생명은 조건 없이 언제나 보호된다. 결국, 생명권을 통한 생명 보호는 어떠한 전제에 좌우되거나 특정 요건 충족을 요구하지 않는다. 생명 보호의 유일한 요건은 인간임(정확하게는 인간이라는 종에 속함)뿐이다.

(2) 헌법적 근거

한국 헌법은 생명권을 명시한 적이 없다. 현행헌법에도 생명권에 관한 명문 규정이 없다. 하지만 생명권을 보장하지 않으면 다른 개별 기본권 보장이 무의미하다. 따라서 생명권이 헌

종사하는 공무원에 대하여서만 근로3권을 보장하고 그 이외의 공무원들에 대하여는 근로3권의 행사를 제한함으로써 일반 근로자 또는 사실상 노무에 종사하는 공무원의 경우와 달리 취급하는 것은 헌법 제33조 제2항에 그 근거를 두고 있을 뿐만 아니라 위에서 본 바와 같은 합리적인 이유 또한 있다 할 것이므로 헌법 제11조 제1항에 정한 평등의 원칙에 위반되는 것이 아니다."

160) 헌재 1992. 4. 28. 90헌바27등, 판례집 4, 255.
161) 같은 견해: 김선택, 「사형제도의 헌법적 문제점」, 『고려법학』 제44호, 고려대학교 법학연구원, 2005, 153쪽.

법상 권리(기본권)라는 점에 관해서는 의문이 없다.162) 다만, 생명권을 헌법이 명문화하지 않아서 그 헌법적 근거가 무엇인지 문제 된다.

① 학설

(ⅰ) 헌법 제10조 인간의 존엄과 가치에서 인간으로서 생존가치가 도출된다는 견해,163) (ⅱ) 인간의 존엄과 가치를 규정하는 헌법 제10조에서 근거를 찾을 수 있고, 생명권을 헌법상 구체적 권리로서 인정하여야 한다면 헌법 제37조 제1항에서 언급하는 헌법상 열거되지 아니한 권리로 볼 수 있다는 견해,164) (ⅲ) 인간의 존엄성을 규정한 헌법 제10조, 신체의 자유를 규정한 헌법 제12조 제1항 그리고 헌법에 열거되지 아니한 권리까지도 경시되어서는 아니 된다는 헌법 제37조 제1항 등을 드는 견해,165) (ⅳ) 헌법 제10조의 인간의 존엄과 가치의 최대한 보장과 헌법 제37조 제1항 등에서 근거를 구할 수 있다는 견해,166) (ⅴ) 생명권의 헌법적 근거는 헌법 제10조의 인간의 존엄성에서 비롯된다는 것은 사실이지만, 생명은 인간의 신체의 안전과 자유의 본원적 기초이므로 헌법 제12조 신체의 자유의 기초가 되는 권리라는 견해,167) (ⅵ) 인간존엄성과 맺는 관계에서 헌법 제12조 신체의 자유에서 도출된다는 견해,168) (ⅶ) 헌법 제37조 제1항의 열거되지 않은 기본권이 보장한다는 견해,169) (ⅷ) 헌법 제37조

---

162) 이는 판례도 마찬가지다(대법원 1967. 9. 19. 선고 67도988 판결 참조).

163) 김민우, 「생명권에 관한 헌법적 논의」, 『법학논고』 제42집, 경북대학교 법학연구원, 2013, 9쪽; 김수갑, 「기본권으로서의 생명권」, 『과학기술과 법』 제1권 제1호, 충북대학교 법학연구소, 2010, 7쪽; 김인선, 「우리나라 사형제도의 역사적 고찰과 그 위헌성 여부」, 『교정』 제287호, 2000. 3., 24쪽; 김인선/한용순, 「우리 나라 사형집행 현황과 사형제도 개선방향에 관한 연구: 사형대체형을 중심으로」, 『교정』 제304호, 법무부, 2001. 8., 17쪽; 김종세, 「생명권과 사형제도」, 『한양법학』 제17집, 한양법학회, 2005, 242쪽; 김철수, 『학설·판례 헌법학(상)』, 박영사, 2008, 517~518쪽; 김학성, 『헌법학원론(전정3판)』, 피앤씨미디어, 2019, 407쪽; 안용교, 『한국헌법(제2전정판)』, 고시연구사, 1992, 335쪽; 양 건, 『헌법강의(제8판)』, 법문사, 2019, 388쪽; 정문식, 「기본권으로서의 생명」, 『법학논총』 제31집 제2호, 전남대학교 법학연구소, 2011, 17쪽; 정재황, 『신헌법입문(제9판)』, 박영사, 2019, 326쪽; 한지민, 「사형제도 폐지에 관한 소고」, 『서강법률논총』 제2권 제1호(통권 제3호), 서강대학교 법학연구소, 2013, 203쪽; 홍성방, 『헌법학(중)(제2판)』, 박영사, 2015, 25쪽.

164) 김상겸, 「생명권과 사형제도」, 『헌법학연구』 제10권 제2호, 한국헌법학회, 2004, 226~227쪽. 생명은 인격체인 인간존재의 실존적 기초이고 모든 기본권 보장의 전제이므로 기본권 보장의 총괄규정인 헌법 제10조와 제37조 제1항을 근거로 생명권을 도출할 수 있다는 견해로는 고문현, 『헌법학개론』, 박영사, 2019, 147쪽.

165) 권건보, 「생명권의 보장과 본질적 내용의 침해 금지」, 『법학연구』 제54권 제4호, 부산대학교 법학연구소, 2013, 4쪽; 권영성, 『헌법학원론(개정판)』, 법문사, 2010, 410쪽; 심경수, 『헌법』, 법문사, 2018, 199쪽; 정종섭, 『헌법학원론(제12판)』, 박영사, 2018, 484쪽.

166) 구병삭, 『신헌법원론(제3전정판)』, 박영사, 1996, 412쪽. 생명은 인격체로서 인간존재의 실존적 기초이고 모든 기본권 보장의 전제라서 기본권 보장의 총괄규정인 헌법 제10조와 제37조 제1항을 근거로 생명권을 도출할 수 있다는 견해로는 김하열, 『헌법강의』, 박영사, 2018, 352쪽.

167) 성낙인, 『헌법학(제19판)』, 법문사, 2019, 1053쪽.

168) 한수웅, 『헌법학(제9판)』, 법문사, 2019, 616~617쪽.

169) 윤명선, 「생명권의 법리」, 『월간고시』 제18권 제12호(통권 제215호), 월간고시사, 1991. 2., 55쪽; 이강혁, 「사형제도의 위헌여부에 관하여: 이강혁의 견해」, 『헌법재판자료집』 제7집, 1995, 106쪽; 이부하, 『헌법학(상)』, 법영사, 2019, 217쪽; 장영수, 『헌법학(제11판)』, 홍문사, 2019, 602쪽.

제1항의 열거되지 아니한 권리 규정을 생명권의 헌법적 근거로 보면서 헌법 제10조의 존엄권 규정은 이를 인식하는 내용적 표지로서 제37조 제1항과 더불어 생명권의 헌법적 근거가 된다는 견해,[170] (ix) 헌법 제37조 제1항을 직접적 근거로, 헌법 제10조 전단과 후단을 간접적 근거로 보는 견해,[171] (x) 생명권은 신체의 자유의 당연한 전제일 뿐 아니라 인간의 존엄성을 그 가치적인 핵으로 하는 한국 헌법 기본권 질서의 논리적 기초이므로 생명권은 명문 규정 유무와 관계없이 당연한 헌법상 권리로 인정된다는 견해[172]가 있다.

② 판례

헌법재판소는 헌법에 명문 규정이 없더라도 인간의 생존본능과 존재목적에 바탕을 둔 선험적이고 자연법적인 권리로서 헌법에 규정된 모든 기본권의 전제로서 기능하는 기본권 중의 기본권이라고 한다.[173]

③ 사견

명문 규정 유무와 관계없이 인정된다는 견해는 생명권의 법적 성격과 그 중요성을 강조하는 것에 그칠 뿐이지 헌법적 근거를 밝히는 것은 아니다. 생명권은 일단 헌법의 기본권규정에서 명문으로 규정한 기본권은 아니다. 따라서 생명권은 헌법 제37조 제1항의 헌법에 열거되지 아니한 권리로 볼 수밖에 없다. 그러나 헌법 제37조 제1항은 국민의 자유와 권리로서 헌법에 열거되지 않은 것은 그 이유로, 즉 열거되지 않았다는 이유로 경시되어서는 아니 된다고 할 뿐이지 어떠한 것을 그러한 국민의 자유와 권리로서 인식할 수 있는지에 관한 내용적 표지가 빠져 있다. 이러한 표지로서 헌법 제10조의 인간으로서의 존엄과 가치(인간의 존엄성)나 행복추구권을 들 수 있다. 인간의 존엄성은 보호영역이 정태적이고 범위도 협소하여 열거되지 아니한 권리의 내용을 포착하는 표지로서는 너무 제한적이다. 그러므로 행복추구권이 그 표지가 되어야 한다. 그러나 열거되지 아니한 권리의 성격에 따라서는 인간의 존엄성과 행복추구권이 함께 내용적 표지 역할을 하는 때도 있다. 생명권에서 생명은 인격과 밀접 불가분하게 연결되어서 인간의 존엄성과 행복추구권 양자 모두를 실질적 근거로 보아야 한다.[174] 더하여 헌법 제30조는 다른 사람의 범죄행위로 말미암아 생명·신체에 대한 피해를 받은 국민은 법률이 정하는 바에 의하여 국가에서 구조를 받을 수 있다고 규정한다. 이는 생명에 대한 피해 보상을 규정한 것으로 헌법이 생명을 보호대상으로 명시적으로 규정한 것이다. 따라서 헌법 제30

---

170) 계희열, 『헌법학(중)(신정2판)』, 박영사, 2007, 273쪽.
171) 이준일, 『헌법학강의(제7판)』, 홍문사, 2019, 441~442쪽.
172) 허 영, 『한국헌법론(전정15판)』, 박영사, 2019, 379쪽.
173) 헌재 1996. 11. 28. 95헌바1, 판례집 8-2, 537, 545.
174) 이상 계희열, 『헌법학(중)(신정2판)』, 박영사, 2007, 209쪽; 김선택, 「"행복추구권"과 "헌법에 열거되지 아니한 권리"의 기본권체계적 해석」, 『안암법학』 창간호, 1993, 196~198쪽 참조.

조는 생명권의 간접적 근거로 삼을 수 있다.[175] 결론적으로 생명권은 제10조 제1문 전단 인간으로서의 존엄과 가치와 후단 행복추구권, 제37조 제1항의 헌법에 열거되지 아니한 권리조항을 직접적 근거로 그리고 헌법 제30조를 간접적 근거로 볼 수 있다.

2. 주체

생명권의 주체는 모든 자연인이다(성질상 법인, 그 밖의 단체는 주체가 될 수 없음은 자명하다). 문제는 인간의 생명이 언제부터 시작하여 언제 끝나는지이다.

(1) 생명의 시기
① 시점

생명의 시기는 민법(예를 들어 전부노출설)이나 형법(예를 들어 진통설) 등 개별법 분야에 따라 그리고 그 구체적 보호대상에 따라 달리 확정될 수 있다. 대법원은 "인간의 생명은 잉태된 때부터 시작되는 것이고 회임된 태아는 새로운 존재와 인격의 근원으로서 존엄과 가치를 지니므로 그 자신이 이를 인식하고 있던지 또 스스로를 방어할 수 있는지에 관계없이 침해되지 않도록 보호되어야 한다."라고 한다.[176] 헌법재판소는 모든 인간은 헌법상 생명의 주체가 되며, 형성 중의 생명인 태아에게도 생명에 대한 권리가 인정되어야 하므로 태아도 헌법상 생명권의 주체가 된다고 한다.[177] 그러나 헌법재판소는 출생 전 형성 중의 생명에 대해서 헌법적 보호 필요성이 크고 일정할 때 그 기본권 주체성이 긍정된다고 하더라도, 어느 시점부터 기본권 주체성이 인정되는지 그리고 어떤 기본권에 대해 기본권 주체성이 인정되는지는 생명의 근원에 대한 생물학적 인식을 비롯한 자연과학·기술 발전의 성과와 그에 터 잡은 헌법해석에서 도출되는 규범적 요청을 고려하여 판단하여야 할 것이라고 하면서, 아직 모체에 착상되거나 원시선이 나타나지 않은 이상 현재 자연과학적 인식 수준에서 독립된 인간과 배아 사이의 개체적 연속성을 확정하기 어렵다고 봄이 일반적인 점, 배아는 현재 과학기술 수준에 비추어 모태 속에서 수용될 때 비로소 독립적인 인간으로 성장 가능성을 기대할 수 있다는 점, 수정 후 착상 전의 배아가 인간으로 인식된다거나 그렇게 취급하여야 할 필요성이 있다는 사회적 승인이 있다고 보기 어려운 점 등을 종합적으로 고려할 때, 초기배아는 기본권 주체성을 인정하기 어렵다고 한다.[178] 독일 연방헌법재판소는 수정된 후 12주 이내의 낙태를 허용하는 개정형법규정을 위헌으로 판결하면서 생명은 확립된 생물학 및 생리학의 지식에 따

---

175) 김민우, 「생명권에 관한 헌법적 논의」, 『법학논고』 제42집, 경북대학교 법학연구원, 2013, 9쪽; 정문식, 「기본권으로서의 생명」, 『법학논총』 제31집 제2호, 전남대학교 법학연구소, 2011, 16~17쪽 참조.
176) 대법원 1985. 6. 11. 선고 84도1958 판결(집33－2, 497; 공1985, 1025).
177) 헌재 2008. 7. 31. 2004헌바81, 판례집 20－2상, 91, 101; 헌재 2012. 8. 23. 2010헌바402, 판례집 24－2상, 471, 480.
178) 헌재 2010. 5. 27. 2005헌마346, 판례집 22－1하, 275, 291－292.

르면 어쨌든 수정된 후 14일이 지난 때부터 있는 것이라고 하였다.[179]

생명권은 다른 기본권 인정이 비로소 의미가 있을 수 있는 생존의 기초를 보장하므로 최대한으로 보장되어야 한다. 그리고 생명에 관해서는 가치판단 자체가 인정될 수 없다. 생명의 시기를 수정된 후의 일정 시점으로 정하면, 수정란마다 개별적으로 성장속도에 차이가 있을 수 있어서 명확한 기준이 될 수 없고, 근본적으로 수정란 이후의 발생과정은 연속선상에 있다는 점에서 문제가 있다. 따라서 생명의 시기를 수정과 동시에 시작되는 것으로 보지 않을 수 없다.[180]

② 수정란

생명의 시기를 수정 시로 보면 태아는 물론 수정란도 당연히 생명권의 주체가 된다. 다만, (자연임신은 물론이겠지만) 인공수정을 통한 체외수정란을 출생시킬 목적으로 자궁에 이식하면 생명권의 주체가 된다는 데는 의심의 여지가 없다. 하지만 자궁에 이식되지 않은 체외수정란과 복제에 의한 수정란도 옹근(완전한) 인간으로 발전해 갈 가능성이 있고, 생명에 관해서는 가치평가가 불가능하다는 점에서는 다를 바 없다. 그리고 그 유전자 속에 인간이라는 종에 특수한 생명체로서 설계도가 있을 뿐 아니라 부모의 특별한 성격도 있으므로 원칙적으로 잠재적 인간으로 보아야 한다.

배아 단계의 태아도 생명권의 주체가 되므로 자궁에 이식되지 않은 체외수정란(배아)도 생명권의 주체로 보아야 한다. 그리고 (설사 수정 후 14일 등과 같은 일정 시점 이전의 배아에 대해서 생명권 주체성을 인정할 수 없다고 하는 견해를 따르더라도 국가의 생명보호의무 대상으로서 생명에는 인간생명체의 생명이 당연히 포함될 것이므로 그 입법권 보호수준의 차등화 가능성과 상관없이) 어쨌거나 배아도 국가의 생명보호의무 대상이 된다.

다만, 초기배아, 배아, 태아는 모두 생명권의 주체가 되나, 아직 완성되지 않은 생명이라는 점에서 완성된 생명보다 그 제한 가능성이 크다. 특히 자궁에 이식되지 않은 초기배아 상태의 수정란은 독자적인 생명체로서 자기존속력을 인정할 수 없다. 따라서 생명권 제한과 관련된 법익형량에서 그 비중을 완화할 수 있다.

---

179) BVerfGE 39, 1 ff.: "독일 기본법 제2조 제2항 제1문(이하 '생명권조항'으로 부름－역자)은 자궁 속에서 성장하는 생명도 법익으로서 보호한다. … 인간개체의 역사적 실존이라는 의미에서 생명은 확립된 생물－생리학적 지식을 따르면 여하튼 수정 후 제14일째부터 존재한다. … 그로써 시작되는 성장과정은 연속되는 과정으로서 명확한 단계들을 보여주지도 아니하며 인간 생명의 여러 성장단계의 정확한 구분도 할 수 있다. 그리고 그러한 성장과정은 출생으로 끝나는 것도 아니다. 예를 들어 인간 인격체에 특유한 의식이라는 현상은 출생 후 오랜 시간이 지난 후에야 나타난다. 그래서 생명권조항 보호는 출생 후 '완성된' 인간에게만 또는 독자적으로 생존할 능력이 있는 태아에게만 국한할 수 있다. 생명권은 '살아 있는' 누구나에게 보장된다. 출생 전에 성장하는 생명의 개별적 단계들 사이에, 출생 전의 생명과 출생한 생명 사이에 아무런 구별도 할 수 없다. 생명권조항의 의미에서 '누구든지'는 '누구든 살아 있는 자', 달리 표현하자면 누구든 생명이 있는 인간개체이다. 따라서 '누구든지'에는 아직 출생하지 아니한 인간 존재도 해당한다."

180) 같은 견해: 계희열, 『헌법학(중)(신정2판)』, 박영사, 2007, 277쪽.

(2) 생명의 종기

생명의 종기와 관련하여 의학적으로 세포사설, 심장사설과 뇌사설이 있다. 세포사는 신체의 모든 세포가 완전히 죽은 것을 말하는데, 그 시기를 정확히 확인할 수 없어 지금까지는 심장사를 법적 죽음으로 보아 왔다. 그러나 심장사는 의학 발달로 심폐기능을 인위적으로 연장하는 것이 가능하게 됨에 따라 확실한 사망기준으로 인정하기 어렵게 되었다. 이에 따라 최근에는 장기이식과 관련하여 뇌사설이 대두한다.[181]

이런 추세에 맞추어 1999년 2월 8일 '장기등 이식에 관한 법률'이 제정·공포되어 2000년 2월 9일부터 시행되었다. 이를 따르면 뇌사자는 생전에 본인이 동의한 때뿐 아니라 본인의 명시적인 반대의사가 없는 한 유족이 동의한 때도 장기이식이 가능하게 되었다. 이 법에서는 명시적으로 뇌사를 사망으로 정의하지는 않지만, 뇌사자와 사망한 자의 장기이식요건을 같게 인정하여 결국 장기이식분야에서는 뇌사를 사망으로 본다.[182]

하지만 뇌사 인정을 통한 장기이식으로 다른 생명을 살리는 것도 중요하지만 뇌사자의 생명권과 인간의 존엄성도 침해되어서는 안 된다. 게다가 뇌사 개념 자체가 아직 명확하게 정립되지 않아 신뢰할 만한 통일적 기준과 방법이 없다. 따라서 뇌사를 사망으로 인정하는 것은 엄격한 기준과 절차가 요구된다.

3. 내용

(1) 방어권적 내용

생명권은 살 권리 즉, 육체적 실존을 보호하는 기본권이다. 생명권이란 먼저 생명에 대한 모든 형태의 국가적 침해를 방어하는 권리를 그 내용으로 한다. 따라서 국가가 생명으로 인정할 수 있는지에 관한 결정을 내릴 수 없을 뿐 아니라 생명을 국가목적을 위한 수단으로 사용하는 것도 금지된다. 그래서 우생학적 단종시술이나 (특히 적극적) 안락사는 원칙적으로 금지된다.

(2) 생명의 처분권

생명권은 그 주체가 자기 생명을 자유로이 처분할 권능을 포함하지 않는다. 즉 생명권이 '자신을 살해할 권리'를 뜻할 수는 없다(자기모순). 따라서 생명권에는 소극적 자유가 인정되지 않는다.[183] 이는 생명권이 특정 행위를 보호하는 것이 아니라 살아있는 상태를 보호하기 때문

---

181) 뇌사를 긍정하는 견해: 강태수, 「장기이식에 대한 헌법적 고찰」,『헌법판례연구』제1권, 박영사, 1999, 418~423 쪽; 구병삭,『신헌법원론(제3전정판)』, 박영사, 1996, 413쪽.

182) 같은 견해: 강태수, 「장기이식에 대한 헌법적 고찰」,『헌법판례연구』제1권, 박영사, 1999, 418~419쪽.

183) 같은 견해: 권건보, 「생명권의 보장과 본질적 내용의 침해 금지」,『법학연구』제54권 제4호, 부산대학교 법학연구소, 2013, 5쪽; 권형준, 「생명권의 보호에 관한 고찰」,『법학논총』제5권, 한양대학교 법학연구소, 1988, 246쪽; 김민우, 「생명권에 관한 헌법적 논의」,『법학논고』제42집, 경북대학교 법학연구원, 2013, 13~14쪽; 김선택, 「사

이다. 그래서 이른바 '죽을 권리(정확하게는 자살할 권리)'는 생명권이 아니라 행복추구권의 내용인 일반적 행동자유권으로서 논의될 여지가 있을 뿐이다.[184] 더불어 자기 생명에 대한 처분권을 다른 사람에게 위임할 수도 없다[형법상 촉탁·승낙에 의한 살인 및 자살방조(형법 제252조)].

(3) 개인의 의사에 어긋난 생명강제

개인 외부에 있는 공익과 상관없이 개인이 자신의 의사에 어긋나게 생명을 강제할 수 있는 법률적 제한을 합헌적 헌법질서 안에서 정당화할 수 있는지가 문제 된다. 국가가 관리하는 강제수용시설의 수용자(예를 들어 수형자)가 처우개선 등을 요구하는 수단으로 단식을 하여 생명을 잃을 지경까지 이르렀을 때 본인 의사를 확인할 수 없는 상태라면 생명연장을 위한 조치, 예를 들어 영양공급행위를 할 수 있다. 이러한 생명연장에 대한 반대의사를 명시적으로 표명하였다면 영양공급행위를 할 수 없을 것이다. 그러나 사전에 반대의사를 표명하였더라도 의식을 잃으면 국가로서는 국민의 생명상실을 방치하기는 어렵다.

(4) 존엄사

인간의 존엄에 합치하는 죽음을 맞을 권리, 즉 존엄사의 권리는 생명의 보호와 유지에 관한 문제가 아니므로 생명권의 문제가 아니라 인간의 존엄과 가치 문제이다.

4. 국가의 생명보호의무

생명권은 생명에 대한 회복할 수 없는 기본권 침해 우려에 따른 국가의 보호의무를 그 내

형제도의 헌법적 문제점」,『고려법학』제44호, 고려대학교 법학연구원, 2005, 155쪽; 김수갑, 「기본권으로서의 생명권」,『과학기술과 법』제1권 제1호, 충북대학교 법학연구소, 2010, 21~22쪽; 김학성, 『헌법학원론(전정3판)』, 피앤씨미디어, 2019, 409쪽; 엄주희, 「환자의 생명 종결 결정에 관한 헌법적 고찰」,『헌법판례연구』제14권, 한국헌법판례연구학회, 2013, 99쪽; 같은 사람, 「생명권의 헌법적 근거와 연명치료중단에서의 생명권의 보호범위」, 『헌법학연구』제19권 제4호, 2013, 291쪽; 윤명선, 「생명권의 법리」,『월간고시』제18권 제12호(통권 제215호), 월간고시사, 1991. 2., 60쪽; 이부하, 『헌법학(상)』, 법영사, 2019, 221쪽; 장영수, 『헌법학(제11판)』, 홍문사, 2019, 605~606쪽; 정문식, 「기본권으로서 생명」,『법학논총』제31집 제2호, 전남대학교 법학연구소, 2011, 18쪽; 정종섭, 『헌법학원론(제12판)』, 박영사, 2018, 487쪽; 홍성방, 『헌법학(중)(제2판)』, 박영사, 2015, 26쪽; Volker Epping, Grundrechte, 7. Aufl., Berlin 2017, Rdnr. 105a; Michael Sachs, Verfassungsrecht Ⅱ – Grundrechte, 3. Aufl., Berlin/Heidelberg 2017, S. 259 Rdnr. 84; Klaus Stern, Das Staatsrecht der Bundesrepublik Deutschland, Bd. Ⅳ/1, München 2006, S. 148. 그러나 생명권은 생명이라는 상태, 즉 인간의 일정한 '속성'과 관련되는 자유로서 여기에는 죽을 자유가 포함된다는 견해(이준일, 『헌법학강의(제7판)』, 홍문사, 2019, 442쪽)와 생명권에는 생명을 보존, 연장하는 것과 관련된 이익·가치에 관한 자유로운 결정뿐 아니라 생명을 단축, 마감하는 것과 관련된 이익·가치에 관한 자유로운 결정도 포함된다는 견해(김하열, 「생을 마감할 권리에 관한 헌법적 고찰」,『저스티스』제152호, 한국법학원, 2016. 2., 20~21쪽)도 있다. 하지만 이러한 견해들은 행위를 중시하는 일반적인 자유권과 달리 상태에 주목하는 생명권의 특성을 소홀히 여기는 것으로 보인다.

184) 같은 견해: 김선택, 「사형제도의 헌법적 문제점」,『고려법학』제44호, 고려대학교 법학연구원, 2005, 155쪽; 정문식, 「기본권으로서 생명」,『법학논총』제31집 제2호, 전남대학교 법학연구소, 2011, 18쪽; Michael Sachs, Verfassungsrecht Ⅱ – Grundrechte, 3. Aufl., Berlin/Heidelberg 2017, S. 259 f. Rdnr. 84; Klaus Stern, Das Staatsrecht der Bundesrepublik Deutschland, Bd. Ⅳ/1, München 2006, S. 148 f.

용으로 한다. 즉 생명권은 소극적으로 국가(권력)에 대항하는 방어만이 아니라 적극적으로 국가에 대하여 생명의 보호와 유지를 (위하여 행동하여 줄 것을) 요구할 수 있는 권리이다. 이때 보호의무는 구체적·법적 의무를 뜻하고 그 이행에 관하여 국가는 광범위한 활동의 여지가 있다. 생명권보호의무에 따른 국가의 의무에는 ① 국가 자신이 생명권을 침해하여서는 안 된다는 것, ② 제3자의 생명 침해에서 국민을 보호하여야 하는 것, ③ 각종 질병이나 사고 등에 따른 생명위협에서 국민의 생명을 보호하여야 하는 것의 세 가지가 있다.

소극적 자유 보호라는 의미에서 생명권에는 자살할 권리와 자기 의사에 어긋나게 생명을 연장하는 진료를 받지 않을 권리나 그러한 치료를 중단할 권리가 포함된다는 견해는 자살할 권리를 생명권에서 배제하면서 일반적 행동자유권에 포함하는 것은 논리 일관적이지 못하다고 비판한다.[185] 그러나 자살할 권리를 일반적 행동자유권으로 인정하더라도 여전히 국가는 생명을 보호할 의무를 진다. 이러한 국가의 생명보호의무 때문에 죽을 권리(정확하게는 자살할 권리)가 기본권으로 인정되더라도 국가는 개인의 자살시도를 막을 수 있다. 즉 자살하려는 사람이 자살 못 하게 막을 수 있는 헌법적 근거는 국가의 생명보호의무이다. 이때 자살할 권리라는 개인의 주관적 권리(일반적 행동자유권)와 생명을 보호하여야 할 국가의 의무(생명권)가 충돌한다. 이는 기본권의 주관적 측면과 객관적 측면이 충돌하는 대표적인 예이다.[186]

5. 제한

(1) 제한 가능성

① "생명권은 선험적이고 자연법적인 권리로서 이를 박탈할 수 없다. 헌법상 기본권인 인간의 생명권으로서 법률상의 의미를 조영한다고 하더라도, 인간의 생명권은 사람의 생존본능과 존재목적 그리고 고유한 존재가치에 바탕을 두고 있으므로 이는 선험적이고 자연법적인 권리일 수밖에 없다."라는 주장이 있다.[187] 이를 따르면 생명은 절대적 가치라서 법적 평가를 통하여 반가치판단을 하거나 박탈할 수 있는 성질의 것이 아니다. 생명권은 제한할 수 없는 기본권이므로 성질상 절대적 기본권이라는 견해도 있다.[188]

② 생명권은 인간의 본질적 가치를 구성하며 헌법 제37조 제2항 후단은 법률로 기본권을 제한할 때 본질적 내용침해를 금지하므로 생명권은 일반적 법률유보 아래에 있지 않아서 법률로도 생명권을 침해할 수 없다는 견해가 있다.[189] 그러나 이 견해는 생명권에는 헌법 제37

---

185) Thorsten Kingreen/Ralf Poscher, Grundrechte – Staatsrecht Ⅱ, 33. Aufl., Heidelberg 2017, Rdnr. 471.

186) 허완중, 「기본권의 대사인적 효력과 기본권보호의무 그리고 기본권충돌의 관계」, 『헌법논총』 제25집, 헌법재판소, 2014, 21쪽.

187) 헌재 1996. 11. 28. 95헌바1, 판례집 8-2, 537, 557 조승형 재판관 소수의견.

188) 정주백, 「사형제의 위헌 여부에 대한 본질침해금지원칙의 적용」, 『헌법재판연구』 제3권 제1호, 헌법재판소 헌법재판연구원, 2016, 238~240면.

189) 구병삭, 『신헌법원론』, 1996, 414쪽; 권형준, 「생명권의 보호에 관한 고찰」, 『법학논총』 제5집, 한양대학교 법학

조 제2항의 적용이 없으나 인간의 생명과 생명이 충돌하는 예외적인 때(정당방위, 긴급피난, 전쟁수행 등)만 다른 생명을 구하기 위한 법률적 제한이 허용된다고 해석한다.

③ 헌법 제37조 제2항은 "국민의 모든 자유와 권리는 … 제한할 수 있"다고 규정하여 생명권을 포함한 모든 기본권의 제한 가능성을 인정한다. 그러나 헌법 제37조 제2항에 따라 생명권을 제한하더라도 생명권 제한과 관련하여서는 법익형량은 이루어질 수 없다. 생명이라는 절대적 가치와 충돌하는 것이 같은 생명이거나 그에 버금가는 중대한 공공이익이라서 형량 자체를 할 수 없기 때문이다. 이때 충돌하는 생명이나 중대한 공공이익 중 하나를 선택하는 것이고, 이러한 선택에는 법적으로 부정적 평가를 할 수 없다(물론 선택과정 자체가 공정하지 못하거나 선택이 정당하지 못한 고려를 통해서 이루어졌음 등을 다툴 수 있음은 별론으로 한다). 어느 쪽도 포기할 수 없기 때문이다. 따라서 이러한 선택은 선택받은 생명이나 중대한 공공이익이 더 중요하거나 가치 있거나 선택받지 못한 생명이나 중대한 공공이익이 덜 중요하거나 가치 없다는 평가에 따른 결과가 아니다. 그래서 생명권 제한과 관련하여 본질적 내용 침해 문제는 발생하지 않는다.190) 생명권이 제한되는 때는 생명권을 제약하는 때가 아니라 생명권을 보호할 수 없는 때이기 때문이다. 제약은 제약하지 않을 가능성을 전제한다는 점을 잊지 말자. 이러한 점에서 생명권의 절대성은 생명권이 절대 제한될 수 없음을 뜻하는 것이 아니라

연구소, 1988. 2., 249쪽; 김종세, 「생명권과 사형제도」, 『한양법학』 제17집, 한양법학회, 2005, 242쪽; 김천수, 「사형제도에 대한 법학적 접근」, 『2001년 가을학술발표회 논문집』, 세한철학회, 2001, 43쪽.

190) 생명권은 존엄권과 더불어 보호영역과 본질적 내용이 일치한다는 특성이 있다(정태호, 「기본권의 본질적 내용 보장에 관한 고찰」, 『헌법논총』 제8집, 헌법재판소, 1997, 317쪽). 생명권에서 침해를 인정하고, 본질적 내용 침해 금지와 관련하여 주관설과 절대설을 취하면 생명권이 보호하는 본질적 내용은 생명 그 자체라서 생명 박탈은 곧 생명권의 본질적 내용을 침해하는 것이 된다(김선택, 「사형제도의 헌법적 문제점」, 『고려법학』 제44호, 고려대학교 법학연구원, 2005, 158~159쪽). 헌법재판소는 본질적 내용 침해 금지와 관련하여 일반적으로 절대설을 따르지만(헌재 1991. 7. 22. 89헌가106, 판례집 3, 387, 433), 사형제도의 위헌성을 심사할 때는 상대설을 취하여 (헌재 1996. 11. 28. 95헌바1, 판례집 8-2, 537, 546) 본질적 내용 침해 금지 문제를 해결하였다. 그러나 헌법재판소는 사형제도의 위헌성에 관한 두 번째 판결에서는 "… 생명권의 경우, 다른 일반적인 기본권 제한의 구조와는 달리, 생명의 일부 박탈이라는 것은 상정할 수 없기 때문에 생명권에 대한 제한은 필연적으로 생명권의 완전한 박탈을 의미하게 되는바, 이를 이유로 생명권의 제한은 어떠한 상황에서든 곧바로 개인의 생명권의 본질적인 내용을 침해하는 것으로서 기본권 제한의 한계를 넘는 것으로 본다면, 이는 생명권을 제한이 불가능한 절대적 기본권으로 인정하는 것과 동일한 결과를 가져오게 된다. 그러나 앞서 본 바와 같이 생명권 역시 그 제한을 정당화할 수 있는 예외적 상황 하에서는 헌법상 그 제한이 허용되는 기본권인 점 및 생명권 제한구조의 특수성을 고려한다면, 생명권 제한이 정당화될 수 있는 예외적인 경우에는 생명권의 박탈이 초래된다 하더라도 곧바로 기본권의 본질적인 내용을 침해하는 것이라 볼 수는 없다. 따라서 사형이 비례의 원칙에 따라 최소한 동등한 가치가 있는 다른 생명 또는 그에 못지 아니한 공공의 이익을 보호하기 위한 불가피성이 충족되는 예외적인 경우에만 적용됨으로써 생명권의 제한이 정당화될 수 있는 경우에는, 그것이 비록 생명권의 박탈을 초래하는 형벌이라 하더라도 이를 두고 곧바로 생명권이라는 기본권의 본질적인 내용을 침해하는 것이라 볼 수는 없다."(헌재 2010. 2. 25. 2008헌가23, 판례집 22-1상, 36, 57-58)라고 하여 생명권에서는 본질적 내용 침해 금지 자체가 문제 되지 않는다고 하였다. 이를 따르는 견해로는 정종섭, 『헌법학원론(제12판)』, 박영사, 2018, 499~500쪽. 그리고 헌법에 특별한 근거가 없는 한 생명권은 절대적인 효력이 있는 기본권이 아니므로 생명권은 본질적 내용 침해 금지의 기준이 적용될 수 없는 기본권으로 이해하여야 한다는 견해로는 전광석, 『한국헌법론(제14판)』, 집현재, 2019, 278쪽.

생명권은 법익형량 대상이 될 수 없다는 것을 뜻한다. 이러한 의미 설정을 통해서 생명이라는 절대적 가치를 법을 통해서 보호할 수 있게 된다. 그리고 이를 통해서 헌법 제37조 제2항을 생명권에 적용하면서도 다른 기본권과 구별되는 생명권의 제한상 특별함을 인정할 수 있다. 일반적으로 생명권 제한이 허용되는 예로 거론되는 정당방위, 긴급피난, 경찰의 범죄자 사살행위(특히 인질범에 대한 조준·저격살해행위), 전쟁에서 적을 사살하는 행위 등은 한쪽을 선택할 수밖에 없는 상황을 전제한다. 그러나 사형제도는 이러한 특수한 상황을 전제하지 않는다.[191] 따라서 사형은 생명권을 제한할 수 있는 예외적인 때에 해당하지 않는다.

④ 헌법재판소는 "인간의 생명은 고귀하고, 이 세상에서 무엇과도 바꿀 수 없는 존엄한 인간존재의 근원"이라고 하면서 "정당한 이유 없이 타인이 생명을 부정하거나 그에 못지아니한 중대한 공공이익을 침해한 경우에 국법은 그 중에서 타인의 생명이나 공공의 이익을 우선하여 보호할 것인가의 규준을 제시하지 않을 수 없게" 된다고 한다.[192] 그런데 이는 생명에 관한 가치평가나 법익형량을 허용하는 것으로 생명의 절대적 가치성에 어긋난다. 마찬가지로 대법원이 "생명은 한번 잃으면 영원히 회복할 수 없고 이 세상에서 무엇과도 바꿀 수 없는 절대적 존재이며 한사람의 생명은 전지구보다 무겁고 또 귀중하고도 엄숙한 것이며 존엄한 인간존재의 근원인 것이다."[193]라고 하면서 이를 특별한 근거제시 없이 입법으로 제한할 수 있음을 인정하는 것도 이해하기 어렵다.

(2) 안락사

안락사는 의사가 고통 없는 방법으로 환자의 생명을 단축시키는 것을 말한다. 안락사는 생명권을 침해하고, 특히 아무리 엄격한 요건 아래에서 이를 허용하더라도 그 남용을 막기 어렵다는 것이 문제이다. 안락사에는 간접적 안락사와 소극적 안락사 그리고 적극적 안락사가 있다.[194]

① 간접적 안락사

고통완화를 위한 약물투여 등과 같은 처치가 필수적으로 생명단축의 부수적인 효과를 발생시키는 간접적 안락사는 환자에게 적게 고통을 받을 권리가 있고, 의사는 고통을 완화하여 줄 의무가 있으며, 이를 인정하지 않으면 모든 생명단축행위(예를 들어 담배판매행위)는 허용되

---

191) 생명권 제한이 가능한 사례와 사형제는 기본권 제한 형태가 다르다는 지적으로는 이건호, 「법치국가의 국가형벌권과 사형제의 정당성」, 『한림법학 FORUM』 제21권, 한림대학교 법학연구소, 2010, 49~50쪽.

192) 헌재 1996. 11. 28. 95헌바1, 판례집 8-2, 537, 545-546.

193) 대법원 1963. 2. 28. 선고 62도241 판결.

194) 최근에는 존엄사와 관련하여 안락사가 새롭게 문제 된다. 즉 극심한 고통에 시달리는 불치의 환자가 인간답게 죽을 권리(존엄권)를 주장하면 그의 인격권을 존중하여 스스로 생명을 단절할 권리를 인정해 주어야 한다는 주장이 강하게 제기된다(권영성, 『헌법학원론(개정판)』, 법문사, 2010, 413쪽). 이러한 환자의 생명을 연장하는 것이 비인도적이라는 것이다. 그러나 현행법상 자살관여죄가 성립될 것이다. 다만, 안락사의 위법성조각요건을 충족하면 위법성이 조각될 여지는 있다.

지 말아야 하므로, 일정한 요건이 구비되면 허용된다. 즉 (ⅰ) 환자가 현대의학의 지식과 기술로 보아 불치의 병에 걸렸고, 그 죽음이 목전에 임박하였을 것, (ⅱ) 환자의 고통이 격심하여 누구도 진실로 이를 보기에 참을 수 없을 정도일 것, (ⅲ) 오로지 환자의 고통을 완화할 목적일 것, (ⅳ) 환자 의식이 아직 명료하여 의사표명이 가능하면 본인의 진지한 촉탁이나 승낙이 있을 것, (ⅴ) 의사의 손을 통하는 것을 원칙으로 하되 그럴 수 없으면 이를 수긍할 특별한 사정이 있을 것, (ⅵ) 그 방법이 윤리적으로 타당하여 인용될 수 있을 것의 요건을 갖춘 때만 간접적 안락사는 허용된다.

② 소극적 안락사

수동적 안락사·소극적 안락사(Sterbehilfe: 죽음을 돕는 행위), 즉 생명을 단축함 없이 죽음을 수월하게 해주거나, 환자의 의사에 따라 생명을 연장시키는 처치를 하지 아니하거나 계속하는 것을 중단하는 것은 의사에게 환자의 의사에 어긋나게 그의 생명과 고통의 연장을 강제할 권리가 없으므로 간접적 안락사의 정당화요건(환자의 촉탁·승낙 제외)과 보호자 동의가 있으면 허용된다.

③ 적극적 안락사

능동적 안락사·적극적 안락사, 즉 치유불가능하고 고통이 심한 환자를 그의 의사에 따라 실체법적·절차법적으로 엄격한 요건 아래 생명 종결을 고려하는 것은 형법상 촉탁승낙에 의한 살인죄(형법 제252조 제1항)나 살인죄(형법 제250조 제1항)를 구성하므로 허용되지 않는다.

(3) 사형제도의 위헌성
① 학설
(ⅰ) 위헌설(사형폐지론)

위헌론[195]은 ⓐ 생명권은 절대적 기본권이므로 생명권 제한을 뜻하는 사형제도는 위헌이라거나 ⓑ 사형제도는 생명권의 본질적 내용을 침해하는 것이므로 위헌이라고 한다. 그리고 ⓒ 사회계약으로 국가를 창설하는 인간은 스스로 생명을 처분할 권능이 없으므로 자기 생명을 처분할 권한을 국가에 위임할 수 없고, ⓓ 사형의 위하력은 전혀 검증되지 않았으며, ⓔ 단순히 사형이 위하력이 있다고 하여 이를 존속시키는 것은 현대 형법이 추구하는 교육형 사상과도 배치되는 것이고, ⓕ 오판일 때 원상회복이 불가능하며, ⓖ 사형수는 물론 사형선고인을 비롯한 사형집행인, 사형집행확인인 등의 존엄성을 침해하고 사형선고인의 양심의 자유를

---

195) 계희열, 『헌법학(중)(신정2판)』, 박영사, 2007, 81쪽; 김일수, 「사형제도의 위헌여부」, 『법조』 제46권 제1호(통권 제484호), 법조협회, 1997. 1., 193~201쪽; 김철수, 『학설·판례 헌법학(상)』, 박영사, 2008, 540~541쪽; 심재우, 「인간의 존엄과 사형폐지」, 『법학논집』 제34집, 고려대학교 법학연구원, 1998, 459~464쪽; 허일태, 「한국의 사형제도의 위헌성」, 『저스티스』 제31권 제2호(통권 제48호), 한국법학원, 1998. 6., 13~24쪽; 홍성방, 『헌법학(중)(제2판)』, 박영사, 2015, 32쪽.

침해하는 점 등을 들어 사형은 폐지되어야 한다고 한다.

(ⅱ) 합헌설(사형존치론)

합헌설196)은 ⓐ 생명권은 상대적 기본권으로서 헌법 제37조 제2항에 따른 제한이 가능하고, ⓑ 무엇보다도 한국 헌법이 사형제도를 전제하며(헌법 제110조 제4항 단서), ⓒ 다른 생명, 중요공익을 보호하기 위해서 불가피하면 비례성원칙에 합치하므로 사형은 헌법에 위배되지 아니하는 제도라고 한다. 그리고 ⓓ 한국 실정이나 국민 법감정으로나 ⓔ 일방예방적인 범지 억지력이 있는 사형의 위하력과 관련하여 질서유지·공공복리 및 사회방위라는 형사정책적 필요성으로나 ⓕ 사형이 부과되는 살인범죄 등에 대해서 사형 이외에 정의로운 대가관계에 있는 형벌을 찾을 수 없으며, ⓖ 살인범죄 유가족의 피해감정을 다른 방법으로는 가라앉게 할 길이 없으므로 사형제도를 폐지하는 것은 시기상조라고 본다.

② 판례

(ⅰ) 대법원

한국 실정, 국민감정, 실정법 등을 고려하여 국가의 형사정책으로서 질서유지와 공공복리를 위해서 형법, 군형법 등에 사형이라는 형벌을 규정하였어도 이를 헌법에 위반되는 조문이라고 할 수 없다고 하여197) 사형을 제도적으로 인정하는 전제 위에서, "사형은 인간의 생명 그 자체를 영원히 박탈하는 냉엄한 극형으로서 그 생명을 존치시킬 수 없는 부득이한 경우에 한하여 적용되어야 할 궁극의 형벌이므로, 사형을 선택함에 있어서는 범행의 동기, 태양, 죄질, 범행의 수단, 잔악성, 결과의 중대성, 피해자의 수, 피해감정, 범인의 연령, 전과, 범행후의 정황, 범인의 환경, 교육 및 생육과정 등 여러 사정을 참작하여 죄책이 심히 중대하고 죄형의 균형이나 범죄의 일반예방적 견지에서도 극형이 불가피하다고 인정되는 경우에 한하여 허용될 수 있다"198)라고 하여 그 신중한 적용을 촉구한다.

(ⅱ) 헌법재판소

헌법재판소는 ⓐ 사형은 인간의 죽음에 대한 공포본능을 이용한 가장 냉엄한 궁극의 형벌로서 그 위하력이 강한 만큼 이를 통한 일반적 범죄예방효과도 더 클 것이라고 추정되고 그렇게 기대하는 것이 논리적이고 법감정에 맞는다는 점, ⓑ 사형은 현행 헌법 제110조 제4항이 스스로 예상하는 형벌의 한 종류라는 점, ⓒ 사형이 한국의 문화수준이나 사회현실에 미루어 보아 지금 곧 이를 무효화하는 것은 타당하지 않다는 점, ⓓ 생명권은 선험적이고 자연

---

196) 권영성, 『헌법학원론(개정판)』, 법문사, 2010, 412쪽; 김병록, 「생명권과 관련된 몇 가지 문제점들」, 『공법연구』 제28집 제4호 제2권, 한국공법학회, 2000, 112쪽; 성낙인, 『헌법학(제19판)』, 법문사, 2019, 1061~1062쪽; 이부하, 『헌법학(상)』, 법영사, 2019, 222~223쪽; 장영수, 『헌법학(제11판)』, 홍문사, 2019, 605쪽; 허 영, 『한국헌법론 (전정15판)』, 박영사, 2019, 380~381쪽.

197) 대법원 1963. 2. 28. 선고 62도241 판결.

198) 대법원 1995. 1. 13. 선고 94도2662 판결(공1995상, 940).

법적인 권리로서 헌법에 규정된 모든 기본권의 전제로서 기본권 중의 기본권이라고 할 것이 나 현실적인 측면에서 보면 정당한 이유 없이 다른 사람의 생명을 부정하거나 그에 못지아니 한 중대한 공공이익을 침해할 때, 비록 생명이 이념적으로 절대적 가치를 지니더라도 생명에 관한 법적 평가가 예외적으로 허용될 수 있다는 점을 근거로 하여 사형이 비례성원칙에 따라 서 최소한 동등한 가치가 있는 생명이나 그에 못지아니한 공공을 보호하기 위한 불가피성이 충족되는 예외적인 때만 적용되는 한 헌법 제37조 제2항 단서에 위반되지 아니한다고 하여 사형제도에 대한 합헌결정을 내렸다.[199]

다만, 헌법재판소도 사형이 무엇보다 고귀한 인간의 생명을 국가가 법의 이름으로 빼앗는 일종의 '제도살인'의 속성을 벗어날 수 없다는 점을 직시하고, ⓐ 형사관계법령에 사형을 법 정형으로 규정하는 법률조항들이 과연 행위와 불법 사이에 적정한 비례관계를 유지하는지를 개별적으로 따져야 할 것이고, ⓑ 비록 법정형으로서 사형이 적정한 것이더라도 이를 선고 할 때 특히 신중을 기하여야 하며, ⓒ 위헌·합헌의 논의를 떠나 사형을 형벌로서 계속 존치 시키는 것이 반드시 필요하고 바람직한 것인지에 관한 진지한 찬반 논의도 계속되어야 할 것이고, 한 나라의 문화가 고도로 발전하고 인지가 발달하여 평화롭고 안정된 사회가 실현되 는 것 등 시대상황이 바뀌어 사형의 위하에 따른 범죄예방 필요성이 거의 없게 된다거나 국 민의 법감정이 그렇다고 인식하는 시기에 이르게 되면 사형은 곧바로 폐지되어야 하며, 그런 데도 형벌로서 사형이 그대로 남아 있다면 당연히 헌법에도 위반되는 것으로 보아야 한다는 단서를 붙인다.[200] 그리고 헌법재판소는 무분별한 사형 확대에 제동을 거는 판결을 내린 바 있다.[201]

③ 사견

사형은 국민의 생명을 박탈하는 형벌이다. 따라서 생명박탈권이 국가권력에 포함되지 않 는다면, 국가가 어떠한 내용과 절차로 사형의 정당성과 필요성을 포장한다고 하여도 사형을 규정한 자체가 국가권력 범위를 벗어난 것으로 당연히 위헌이 된다. 형벌권은 국가가 독점하 고 국가 이외의 어떤 개인이나 단체도 행사할 수 없다. 이러한 형벌권도 공동체 질서를 유지 하여 개인과 집단의 법익을 보호하는 데 목적이 있다. 국가가 개인 생명을 박탈하여 그 존재 자체를 부정하는 것은 국가를 창설한 본질에 어긋난다. 그러므로 국가 형벌권에는 생명박탈 권이 포함된다고 볼 수 없다. 그리고 사회계약 대상은 인간이 처분할 수 있는 것에 한정될 수 밖에 없다. 이러한 점에 비추어 개인은 사회계약으로 국가에 생명을 박탈할 권리를 양도할 수 없다. 따라서 사회계약을 근거로 사형제도를 정당화할 수 없다. 또한, 확인되지 않거나 확

---

199) 헌재 1996. 11. 28. 95헌바1, 판례집 8-2, 537.

200) 헌재 1996. 11. 28. 95헌바1, 판례집 8-2, 537, 548-549.

201) 헌재 2002. 11. 28. 2002헌가5, 판례집 14-2, 600.

인할 수 없는 국민의 법감정은 사형제도를 정당화할 근거가 될 수 없다. 더하여 헌법 제110
조 제4항 단서는 소극적으로 사형제도 도입 가능성을 허용하는 데 불과하다. 따라서 헌법 제
110조 제4항 단서는 '비상계엄 아래 군사재판'에서 특정한 범죄를 제외하면 사형을 헌법이 허
용하는 근거로 삼기 어렵다.202) 사형은 사형을 당하는 당사자에게는 아무런 의미가 없고 오
로지 다른 사람의 범행방지라는 일반예방이나 사회방위만을 지향하는 형벌에 불과하다. 따라
서 사형에서 사형수는 자기 목적이 아니라 오로지 국가의 형사정책적 수단으로 전락한다. 이
처럼 사형은 인간을 목적이 아닌 수단으로 다루므로 인간의 존엄성을 침해한다. 사형제도 운
영에 관계하는 사람들도 사형제도 운영의 수단으로 이용됨으로써 그리고 그로 말미암아 자기
정체성 혼란을 가져옴으로써 자신들의 존엄성을 침해받는다.

  생명권은 제한될 수 있으나, 법익형량 대상이 아니라고 보면, 생명권 제한과 관련하여 헌
법 제37조 제2항의 비례성원칙이 문제 되지 않는다. 이때 사형은 생명을 제한할 수 있는 예
외적인 때에 해당하지 않아 사형제도는 위헌이다. 하지만 생명권도 제한될 수 있다는 견해는
일반적으로 헌법 제37조 제2항의 비례성원칙에 따라 위헌 여부를 심사할 수 있다고 한다. 응
보와 일반예방은 사형제도의 정당한 입법목적이 될 수 없을 뿐 아니라 사형제도는 특별예방
이라는 형벌목적을 포기하므로 사형제도에서 목적의 정당성은 인정될 수 없다. 사형은 형벌
의 궁극적 목적인 범죄자의 교화·개선을 포기하는 형벌일 뿐 아니라 사형의 일반예방효과는
입증되지 않아 일방예방 목적을 달성하는 적합한 수단이 아니고, 사형이 달성하려는 목적은
무기징역을 통해서도 충분히 달성할 수 있고, 사형의 오·남용에 대한 구제수단이 없어서 사
형은 최소침해의 형벌로 볼 수 없으며, 절대적 가치가 있는 사형수의 생명과 균형을 이룰 공

---

202) 헌법재판소는 헌법 제110조에 적극적으로 의미를 부여하면서 사형제도의 합헌성을 뒷받침하는 논거로 든다(헌
재 1996. 11. 28. 95헌바1, 판례집 8-2, 537, 544-545). 하지만 이 조항만으로 한국 헌법이 사형을 일반적으로
인정한다고 볼 수는 없다. ① 본 조항은 형식상 제110조 제1항의 내용을 제한하는 단서 조항이고, 입법사적으로
도 기존의 제110조 제1항을 제한하려는 목적으로 현행 헌법에 추가된 점에 비추어 그 입법목적은 단심 군사재판
의 범위를 제한하려는 데 있다고 보아야 한다. 따라서 본 조항이 적극적으로 사형제도를 인정한다고 보기는 어
렵다(같은 견해: 헌재 1996. 11. 28. 95헌바1, 판례집 8-2, 537, 553-555 김진우 재판관 소수의견). ② 본 조항
은 이미 사형이 있던 현행 헌법에 처음으로 들어왔다. 그리고 이 규정은 사형을 선고할 때 신중한 고려를 요구
하는 내용으로 사형제도에 대한 부정적 의사를 표현한 것으로 보아야 한다. 따라서 본 조항을 삽입한 입법취지
는 사형을 정당화하려는 것이 아니라 오히려 사형을 제한하려는 것으로 보아야 한다. ③ 인간의 존엄성과 생명
권을 인정하는 헌법 제10조 제1문과 제37조 제2항 그리고 국가의 기본권보장의무를 규정한 헌법 제10조 제1항
2문에 비추어 헌법 제110조 제4항 단서는 위헌적 헌법규범일 가능성이 있고, 위헌적 헌법규범이라는 개념을 부
정하더라도 헌법의 통일성에 비추어 최소한 다른 헌법조항과 맺는 관계 속에서 제한적인 엄격한 해석을 요구한
다. ④ 헌법 제110조 제4항 단서가 '비상계엄하의 군사재판'에 그것도 제한적인 범죄에 국한한다는 점에서 본 조
항은 국가비상사태에서 극히 예외적인 범죄에 한하여 사형이 인정될 수 있음을 규정한다. 따라서 본 조항만으로
헌법이 사형제도를 일반적으로 허용한다고 해석하기는 어렵다(같은 견해: 허일태, 「한국에서 사형제도의 존치에
대한 정당성 문제」, 『법철학의 기본문제』, 세종출판사, 1998, 370-371, 375-376쪽). ⑤ 본 조항은 사형제도를
두어야 할 의무를 부과하지는 않는다. 다만, 예외적인 때에 사형제도를 도입하는 것을 허용할 뿐이다. 따라서 사
형을 형벌의 종류에서 제거하는데 아무런 걸림돌이 되지 않는다(같은 견해: 장영수, 『헌법학(제11판)』, 홍문사,
2019, 605쪽).

익도 찾을 수 없다. 따라서 사형제도는 수단의 적합성과 최소제약성 그리고 법익균형성을 모두 충족하지 못하여 수단의 비례성이 인정되지 않는다. 기본권의 본질내용에 관해서 객관설이나 상대설을 따르면 아직 본질내용을 침해한 것이 아니라고 볼 여지도 있다. 하지만 주관설과 절대설에 따라 판단하면, 생명권의 본질은 생명 그 자체이며 생명권 제한은 곧 생명권 박탈을 뜻한다. 따라서 생명권을 제한하는 사형제도는 생명권의 본질내용을 침해한다. 더하여 사형은 생명을 보호할 의무가 있는 국가가 생명을 보호하기는커녕 오히려 생명을 박탈하는 것이어서 국가의 생명보호의무 위반이다.

결론적으로 사형제도는 헌법적으로 정당화할 수 없어 위헌이다.

(4) 전쟁에서 적을 사살하는 행위

군인이 전장에서 적을 살해하는 행위는 생명을 박탈하는 행위임에는 분명하나 해당 군인 자신과 아군 전체의 생명을 보호하기 위하여 불가피한 범위 안에서 정당행위(헌법 제5조, 제39조, 형법 제20조)로 위법성이 조각될 수 있다.

(5) 정당방위와 긴급피난

정당방위로 다른 사람의 생명을 침해하는 행위는 위법성이 조각되어 살인죄로 처벌되지 않는다(형벌 제21조). 그러나 긴급피난은 우월한 법익을 요구하므로 긴급피난을 통한 살해행위는 위법성을 조각하는 근거가 되지 않지만(형법 제22조), 때에 따라서는 책임이 조각될 수는 있다(면책적 긴급피난).

(6) 경찰의 범죄자 사살행위(특히 인질범에 대한 조준 · 저격살해행위)

경찰의 범죄자 사살행위(특히 인질범에 대한 조준·저격살해행위)는 형법상 정당방위(형법 제21조)로서 위법성이 조각된다. 경찰관직무집행법 제10조의4는 일정한 요건 아래 경찰관이 무기를 사용할 수 있다고 규정한다. 특히 무기를 사용하여 범죄자의 생명을 박탈할 수 있는 때는 해당 범죄자에게서 위협받는 생명을 구하기 위한 때로 엄격히 제한되어야 한다. 따라서 ① 인질의 생명에 대한 직접적이고 명백한 위험이 현재 있고, ② 인질범을 조준살해하는 것이 인질을 구출할 수 있는 최후의 수단일 때만 허용된다.

(7) 군인, 경찰, 소방대원, 재난구조요원의 공법적 복무관계에서 생명 위험을 무릅쓸 의무

군인, 경찰, 소방대원, 재난구조요원은 때에 따라 다른 사람의 생명을 구하기 위해 자신의 생명에 대한 위험을 감수하여야 할 때가 있다. 예를 들어 군형법상 적전이탈자 처벌, 전염병 환자 치료, 화재시 인명구출 등과 같은 때이다. 국가는 국민의 생명을 보호할 의무가 있으므로 이들의 철저한 직무수행이 요구된다. 그러나 국가는 언제나 이들이 자신의 생명을 희생하면서까지 다른 사람의 생명을 구하라고 강요하지 못한다. 따라서 어느 정도까지 생명의 위험을 무릅쓰고 직무를 수행하여야 하는지는 그때그때 상황에 따라 비례성원칙에 따라서 결정되어야 한다.

(8) 인공임신중절(낙태)과 태아의 생명권 문제
① 태아의 생명권 보호

인간은 수정과 동시에 생명권의 주체가 되므로 태아의 생명도 보호되어야 한다. 따라서 인공임신중절은 원칙적으로 금지된다. 형법도 제269조와 제270조에서 낙태죄를 처벌한다. 다만, 태아의 생명과 모성의 생명 중 어느 하나만 보호할 수 있으면 임산부의 생명과 무관하게 태아의 생명을 단독으로 유지할 수 없는 한도 안에서 임산부의 생명을 보호할 수밖에 없을 것이다. 태아를 모체 밖으로 배출시켜서 단독으로 생존할 수 있으면 생명과 생명의 충돌로 보아서 법적 판단을 유보할 수밖에 없다. 헌법재판소는 임신한 여성의 자기낙태를 처벌하는 형법 제269조 제1항과 의사가 임신한 여성의 촉탁 또는 승낙을 받아 낙태하게 한 경우를 처벌하는 같은 법 제270조 제1항 중 '의사'에 관한 부분이 각각 임신한 여성의 자기결정권을 침해한다고 하면서 계속 적용 헌법불합치결정을 내렸다.203)

② 낙태의 예외적 허용

모자보건법 제14조는 (i) 본인이나 배우자가 대통령령을 정하는 우생학적 또는 유전학적 정신장애나 신체질환204)이 있는 때, (ii) 본인이나 배우자가 대통령령으로 정하는 전염성 질환205)이 있는 때, (iv) 법률상 혼인할 수 없는 혈족이나 인척 사이에 임신한 때, (v) 임신 지속이 보건의학적 이유로 모체 건강을 심히 해하거나 해할 우려가 있는 때에 본인과 배우자(사실상 혼인관계에 있는 사람을 포함) 동의(부득이한 사유로 배우자 동의를 얻을 수 없으면 본인 동의만으로 가능)를 얻어 인공임신중절수술을 할 수 있다고 하여 낙태의 허용요건을 규정한다. 이에 따른 인공임신중절수술은 임신 24주일 이내인 사람만 할 수 있다(모자보건법시행령 제15조 제1항). 그리고 모자보건법 제28조는 이러한 때에 형법 적용을 배제한다.

모자보건법 제14조의 낙태허용요건은 인정범위가 지나치게 넓어 태아에 대한 국가의 생명보호의무를 침해하는 위헌 의심이 있다.206) 대법원도 태아의 생명권이 보호되어야 한다고 하면서 모자보건법상 낙태 허용을 엄격하게 해석한다.207)

---

203) 헌재 2019. 4. 11. 2017헌바127, 판례집 271, 479.
204) 연골무형성증, 낭성섬유증 및 그 밖의 유전성 질환으로서 그 질환이 태아에 미치는 위험성이 높은 질환(모자보건법시행령 제15조 제2항).
205) 풍진, 톡소플라즈마증 및 그 밖에 의학적으로 태아에 미치는 위험성이 높은 전염성 질환(모자보건법시행령 제15조 제3항).
206) 모자보건법에 관해서 자세한 비판은 배종대, 『형법각론』, 홍문사, 1999, 152~157쪽 참조.
207) 대법원 1985. 6. 11. 선고 84도1958 판결(집33－2, 497; 공1985, 1025).

Ⅱ. 신체를 훼손당하지 아니할 권리

1. 의의

(1) 개념

신체를 훼손당하지 아니할 권리(신체를 온전하게 보존할 권리)는 신체를 있는 그대로 보존하고 유지할 권리를 뜻한다. 여기서 신체는 육체적 및 정신적 모든 상태를 망라하므로 건강 개념보다 넓다. 즉 정신적 학대나 건강을 해치지 않는 신체 침해(예를 들어 모발 절단)까지도 포함한다.

(2) 헌법적 근거

한국 헌법은 신체를 훼손당하지 아니할 권리를 규정한 적이 없었고, 현행헌법도 마찬가지이다. 그러나 신체를 훼손당하지 아니할 권리가 헌법상 권리(기본권)라는 점에 관해서는 이설이 없다. 그러나 헌법에 명문화되지 않은 관계로 그 헌법적 근거가 무엇인지 문제 된다.

① 학설

（ⅰ) 헌법 제10조의 인간의 존엄과 가치와 제12조 신체의 자유의 한 내용으로 보는 견해,[208] (ⅱ) 헌법 제10조의 인간의 존엄과 가치, 제12조 제1항의 신체의 자유, 제37조 제1항의 열거되지 않은 기본권규정 모두에서 찾는 견해,[209] (ⅲ) 헌법 제10조의 행복추구권에서 찾는 견해,[210] (ⅳ) 헌법 제10조와 제37조 제1항을 근거로 도출할 수 있다는 견해,[211] (ⅴ) 헌법 제12조 제1항의 신체의 자유에 내포된 것으로 보는 견해,[212] (ⅵ) 인간존엄성과 맺는 관계에서 헌법 제12조 신체의 자유에서 도출된다는 견해,[213] (ⅶ) 신체의 자유와는 구별되는 독립된 기본권으로서 헌법 제37조 제1항의 열거되지 않은 기본권으로서 보호된다는 견해,[214] (ⅷ) 헌법 제37조 제1항을 직접적 근거로, 헌법 제10조 전단과 후단을 간접적 근거로 보는 견해,[215] (ⅸ) 헌법 제37조 제1항의 열거되지 아니한 권리규정을 신체를 훼손당하지 아니할 권리의 헌법적 근거로 보면서 헌법 제10조의 존엄권규정을 이를 인식하는 내용적 표지로서 제37조 제1항과 더불어 신체를 훼손당하지 아니할 권리의 헌법적 근거가 된다는 견해[216]가

---

208) 성낙인, 『헌법학(제19판)』, 법문사, 2019, 1063쪽.
209) 권영성, 『헌법학원론(개정판)』, 법문사, 2010, 415쪽; 정종섭, 『헌법학원론(제12판)』, 박영사, 2018, 502쪽.
210) 김철수, 『학설·판례 헌법학(상)』, 박영사, 2008, 536쪽; 안용교, 『한국헌법(제2전정판)』, 고시연구사, 1992, 336쪽.
211) 김하열, 『헌법강의』, 박영사, 2018, 364쪽.
212) 김학성, 『헌법학원론(전정3판)』, 피앤씨미디어, 2019, 446쪽; 양 건, 『헌법강의(제8판)』, 법문사, 2019, 474쪽; 이부하, 『헌법학(상)』, 법영사, 2019, 297쪽; 허 영, 『한국헌법론(전정15판)』, 박영사, 2019, 382쪽; 홍성방, 『헌법학(중)(제2판)』, 박영사, 2015, 94쪽.
213) 한수웅, 『헌법학(제9판)』, 법문사, 2019, 616~617쪽.
214) 장영수, 『헌법학(제11판)』, 홍문사, 2019, 607쪽.
215) 이준일, 『헌법학강의(제7판)』, 홍문사, 2019, 459쪽.
216) 계희열, 『헌법학(중)(신정2판)』, 박영사, 2007, 285~286쪽.

있다.

② 판례

헌법재판소는 신체의 자유를 신체의 안정성이 외부의 물리적 힘이나 정신적인 위험에서 침해당하지 아니할 자유와 신체활동을 임의적이고 자율적으로 할 수 있는 자유라고 하여 신체를 훼손당하지 아니할 권리를 신체의 자유의 내용으로 본다.[217]

③ 사견

일단 신체를 훼손당하지 아니할 권리는 헌법에 명문 규정을 둔 열거된 권리에 속하지 않으므로 헌법 제37조 제1항의 헌법에 열거되지 아니한 권리로 보지 않을 수 없다. 헌법에 열거되지 아니한 권리를 인정하는 실질적 기준으로서 인간의 존엄과 가치나 행복추구권을 들 수 있다. 그러나 신체를 온전하게 보존할 권리는 신체의 온전성이라는 법익이 인격과 밀접 불가분하게 연결되므로 인간의 존엄과 가치와 행복추구권 양자가 모두 실질적 근거가 된다. 더하여 헌법 제30조는 다른 사람의 범죄행위로 말미암아 생명·신체에 대한 피해를 받은 국민은 법률이 정하는 바에 의하여 국가에서 구조를 받을 수 있다고 규정한다. 이는 신체에 대한 피해 보상을 규정한 것으로 헌법이 신체를 보호대상으로 명시적으로 규정한 것이다. 따라서 헌법 제30조를 신체를 훼손당하지 아니할 권리의 간접적 근거로 삼을 수 있다. 따라서 신체를 훼손당하지 아니할 권리는 헌법 제10조 제1문 전단의 인간의 존엄과 가치와 후단의 행복추구권과 제37조 제1항의 헌법에 열거되지 아니한 권리조항을 직접적 근거로 그리고 헌법 제30조를 간접적 근거로 한다.

2. 주체

신체를 훼손당하지 아니할 권리의 주체는 모든 자연인이다. 즉 내국인만이 아니라 외국인도 그 주체가 되는 인간의 권리이다. 성질상 법인은 주체가 될 수 없다. 태아는 생명권의 주체이고 신체는 생명을 담는 그릇이므로 생명이 깃든 대상이 있는 이상 신체를 훼손당하지 아니할 권리의 주체가 된다. 그러나 사자의 사체는 신체를 훼손당하지 아니할 권리의 보호대상이 아니다.[218]

3. 내용

신체란 먼저 ① 신체 그 자체를 있는 그대로 보전한다는 의미에서 신체의 온전성[고통을 주지 않거나 질병상태를 일으키지 않더라도 인체를 침해하는 것 자체(예를 들어 건강회복을 목

---

217) 헌재 1992. 12. 24. 92헌가8, 판례집 4, 853, 874.
218) 형법 제161조는 사체를 손괴한 자를 처벌하나, 이 조항의 보호법익은 사자에 대한 일반인의 경외심과 사자의 인격권이다.

적으로 한 진단 및 치료행위로서 의료적 침습, 채혈, 모발절단 등)], ② 생물학적·생리학적 의미에서 신체의 건강(예를 들어 신체 일부 상실, 약물 등의 (신)체 안 투입), 나아가 ③ 신체에 불가분적으로 영향을 미친다는 의미에서 정신적·영적 (영역에서) 건강[신체적 관련성이 있는 평온상태: 신체 침해와 마찬가지 효과를 나타내는 비신체적인 침해로서 심리적·정신적으로 병리현상을 일으키는 것과 고통을 주는 식으로 어떤 사람이 처한 상태를 변화시키는 것(예를 들어 불안정한 심리상태, 고도의 신경과민 초래)]을 포함한다. 건강에는 고통에서 벗어나는 자유가 포함되지만, 사회적 안락감이나 불쾌감에서 해방은 포함되지 않는다.

4. 침해

(1) (신)체형(벌)

형벌의 종류로서 태형, 화형 등은 응보형의 잔재로서 교육·개선이라는 형벌 목적에 배치되고 고통을 부과하는 것에 불과하므로 허용되지 않는다. 그리고 체벌은 징계권 행사로 인정되지 않는다(민법 제915조, 초·중등교육법 제18조, 고등교육법 제13조, '보호소년 등의 처우에 관한 법률' 제15조). 하지만 판례는 일정한 범위 안에서 학교장과 교사의 체벌권을 정당행위로 인정한다.[219] 그러나 '초·중등교육법 시행령' 제31조가 징계의 종류를 학교내의 봉사, 사회봉사, 특별교육이수, 1회 10일 이내, 연간 30일 이내의 출석정지, 퇴학처분으로 한정하는 이상 징계의 하나로 체벌은 인정될 수 없다. 즉 별도의 법률규정이 없으면 징계로서 체벌을 정당화할 수 없다. 부모의 미성년 아동에 대한 징계수단으로서 체벌도 제한된다. 즉 다른 적절한 교육수단이 없거나 다른 수단으로 적절한 교육이 불가능한 때처럼 불가피한 때에 아동의 복리목적으로 한 체벌만 허용될 수 있다.

(2) 임상시험

임상시험(Clinical Trial)은 위험(risk)에 대한 상세한 설명 후 대상자 본인의 진지한 동의를 얻어 환자치료 목적으로 이루어지는 때만 허용된다.

(3) 모발 절단과 전기충격

모발 절단과 전기쇼크는 당사자 동의가 없는 한 신체를 훼손하는 행위로서 원칙적으로 허용되지 않는다. 구 행형법 제23조는 "수형자의 두발과 수염은 짧게 깎는다."라고 하여 수형자 의사에 반하여 모발절단을 규정하였는데 수형자의 기본권 제한은 형벌 부과 목적을 달성하는 범위에서 이루어져야 한다. 머리를 짧게 깎는 조치(단삭 조치)는 전근대적인 일제의 잔재로서 위생과 청결의 차원보다는 수형자를 일반인과 차별하여 수치심을 갖게 하고 획일적인 규율을 하기 위한 성격이 강하므로 위헌 소지가 있었다. 현행 '형의 집행 및 수용자의 처우에 관한

---

219) 대법원 1976. 4. 27. 선고 75도1125 판결.

법률' 제32조 제2항은 "수용자는 위생을 위하여 두발 또는 수염을 단정하게 유지하여야 한다."라고 규정한다. 행형질서를 유지하는데 장애가 없는 범위 안에서 수용자가 두발과 수염을 기를 수 있도록 허용하여야 한다.

(4) 형사소송법상 예정된 (수사목적의) 침해

형사소송법상 강제처분을 통한 강제수사는 형사소송법에 특별한 규정이 있으면 필요한 최소한도의 범위 안에서만 예외적으로 허용된다(형사소송법 제199조 제1항 단서). 혈액채취, 체액 채취 등은 신체를 훼손하므로 영장원칙 준수와 수사의 비례성원칙 및 보충성 등의 요건을 갖출 때만 허용된다. 증인과 함께 이루어지는 대질(심문)을 위해서 머리나 수염을 변경하는 것은 범죄의 중대성과 혐의의 명백성을 고려하여 허용 여부를 결정하여야 한다.

(5) 공공시설물의 소음, 진동 등으로 말미암은 건강위험

공공시설물의 소음이나 진동 등으로 건강을 해칠 가능성이 있고 수인을 기대할 가능성이 없으면 원칙적으로 방지장치를 설치하거나 공공시설물을 폐쇄 또는 이전하여야 한다.

(6) 의사의 치료행위(진단을 위한 침습도 포함), 불임시술

의사의 치료행위(진단을 위한 침습도 포함)는 주관적인 치료 목적과 객관적인 의술법칙에 들어맞는 한 정당성이 인정된다. 이때 정당화의 전제요건으로 원칙적으로 의사는 설명의무를 이행하여야 하고, 당사자의 승낙이 있어야 한다.[220] 강제불임시술은 생식기능이 인간이라는 존재에 차지하는 의미를 고려하면 비상이라도 인정되지 않는다.

(7) 강제예방접종

전염성이 강한 질병으로서 제3자와 공중에 대한 위험이 커서 이를 방지할 필요성이 있으면 강제예방접종의 정당성을 인정할 수 있다('감염병의 예방 및 관리에 관한 법률' 제46조).

(8) 국가수용시설에 수용된 사람에 대한 강제치료행위

국가수용시설은 수용자의 신체의 자유에 대한 제한을 위임받았을 뿐이지, 신체의 처분권을 위임받은 것이 아니므로, 원칙적으로 강제치료행위를 할 수 없다. 그러나 수용자의 질병상태가 심각하고 그로 말미암아 급박하게 치료하지 않으면 생명을 잃거나 중대한 장해가 초래될 때 본인의 의사가 불분명하거나 확인하기 곤란하면 강제치료행위가 허용된다.

---

220) 대법원은 업무로 말미암은 정당행위로서 정당하다고 하였다[대법원 1976. 6. 8. 선고 76도144 판결(공1976, 9237); 대법원 1978. 11. 14. 선고 78도2388 판결(집26–3, 103; 공1979, 11561)]. 그러나 최근에는 피해자의 승낙에 따른 행위로서 정당하다고 한다[대법원 1993. 7. 27. 선고 92도2345 판결(공1993하, 2469)]. 하지만 치료행위는 건강을 회복·증진시키기 위한 행위로 상해 고의가 없어 상해죄의 구성요건해당성이 없으므로 정당하다고 보아야 한다.

(9) 단지 사소한 정도의 침해

아주 경미한 신체훼손은 신체를 온전하게 보존할 권리의 보호범위에 포함되지 않는다. 다만, 기본권은 최대한으로 보호되어야 하므로 보호범위를 가능한 한 넓게 보아야 한다.

5. 제한

(1) 제한 가능성

신체를 온전하게 보존할 권리도 헌법이 보호하는 기본권이므로 헌법 제37조 제2항에 따라 제한될 수 있으나 제한하는 때도 그 본질적 내용은 침해할 수 없다.

(2) 기본권주체의 승낙

신체는 기본권주체가 처분할 수 있는 기본권이다. 따라서 피해자의 승낙이 있으면 신체에 대한 침해가 허용된다. 이때 침해를 정당화하기 위한 승낙은 ① 승낙의 의미를 이해할 능력이 있는 사람이 ② 자유로운 의사에 기하여 ③ 의식적인 동의가 있어야 하며, ④ 피해자의 자기결정권을 존중하기 위해서 위험에 대한 상세한 설명이 있어야 한다. 다만, 상해행위가 사회상규에 어긋나지 않는 범위에서만 승낙은 유효하다.

Ⅲ. 신체의 자유

1. 의의

(1) 개념

신체의 자유는 적극적으로는 신체의 각 부분을 움직이거나 어디든지 원하는 장소로 이동할 수 있고, 소극적으로는 신체의 각 부분을 움직이지 않거나 현재 있는 장소에 머무르거나 원하지 않는 장소로 이동하지 않을 수 있는 자유를 말한다. 즉 신체의 자유는 신체적 거동의 임의성이나 자율성을 뜻한다.

(2) 연혁

1948년 헌법 제9조에 신체의 자유를 규정한 이래로 한국 헌법은 줄곧 신체의 자유를 규정한다. 현행 헌법 제12조 제1항 제1문은 신체의 자유를 규정하고, 제2문은 죄형법정원칙과 적법절차, 같은 조 제2항은 고문 금지와 불리한 진술거부권, 같은 조 제3항은 영장제도와 적법절차, 같은 조 제4항은 변호인의 조력을 받을 권리와 국선변호인제도, 같은 조 제5항은 체포 또는 구속의 이유 등의 고지제도, 같은 조 제6항은 구속적부심사청구권 그리고 같은 조 제7항은 자백의 증거능력 제한을 규정한다. 그리고 제13조 제1항은 형벌불소급과 일사부재리, 같은 조 제2항은 참정권과 재산권에 대한 소급입법금지, 같은 조 제3항은 연좌제 금지를 규정한다. 그리고 형사피고인의 권리로서 제27조 제1항은 재판청구권, 같은 조 제3항은 신속한 공개재판, 같은 조 제4항은 형사피고인의 무죄추정을 규정하고, 제28조는 형사보상청구권을 규정한다.

(3) 신체의 자유 헌법적 보장의 의의

헌법 제12조 제1항 전단은 "모든 국민은 신체의 자유를 가진다."라고 규정하여 신체의 자유를 보장한다. 신체의 자유는 정신적 자유와 함께 헌법이념의 핵심인 인간의 존엄과 가치를 구현하는 가장 기본적인 자유로서 모든 기본권 보장의 전제조건이다.[221] 즉 신체의 자유는 모든 사회적·경제적·정신적 자유의 뿌리가 된다. 신체의 자유가 제한되면 가정과 사회에서 행복추구권이 상실되고, 고용관계와 사업관계 등 경제생활뿐 아니라 사회적·정신적인 모든 생활이 파괴되며, 세인이 유죄를 추정하여 개인의 명예와 앞날의 취업에도 벗어나기 어려운 낙인이 찍힐 수도 있다. 그리고 형사소추와 관련하여서는 자기에게 유리한 증거수집 등 방어를 충분히 준비할 수 없게 되고, 유·무죄를 판단할 때 법원이 편견을 가질 우려가 있으며, 수사나 재판과정에서도 빨리 신체의 자유를 얻으려고 본의 아닌 자백을 함으로써 공정한 재판을 저해할 수도 있다. 또한, 가족 생활도 곤궁에 빠지게 되는 것 등 손실이 크다. 따라서 피의자나 피고인의 신체의 자유를 최대한 보장하는 것이 모든 국민의 신체의 자유를 보장함을 선언한 헌법 제12조 제1항의 헌법정신이다. 이 헌법정신 구현으로 원칙적으로 피의자나 피고인을 수사과정이나 공판과정의 형사소송절차에서 가급적 신체의 자유를 제한하지 않고 불구속으로 진행하고, 구속에 이르는 절차나 구속 후에 신체의 자유를 최대한 보장하려는 여러 가지 제도가 마련되어 있다. 이러한 헌법정신에 비추어 인신구속에 관한 법령의 해석·적용할 때도 신체의 자유를 최대한 보장하려는 헌법정신에 합치하도록 해석·적용하여야 한다.[222]

2. 주체

헌법 제12조는 모든 '국민'이라고 규정하나, 국민뿐 아니라 외국인을 포함한 모든 인간이 신체의 자유의 주체가 된다. 미성년자는 신체의 자유의 주체가 되기는 하지만 판단능력이 옹글지(완벽하지) 못하므로 친권자에 의해서 특별한 제한을 받는다(예를 들어 민법 제914조 거소지정권). 그러나 거동 가능성이 없는 태아는 신체의 자유의 주체가 될 수 없다. 그리고 신체가 없는 법인, 그 밖의 단체도 신체의 자유의 주체가 될 수 없다.

3. 내용

신체의 자유는 신체적 거동의 자유로서 현행 헌법질서 안에서 주어진 신체활동의 임의성을 보장한다. 신체의 자유는 ① 적극적으로는 어디든 임의적인, 가깝거나 멀리 있는 장소를

---

221) 헌재 1992. 4. 14. 90헌마82, 판례집 4, 194, 206.
222) 헌재 1993. 12. 23. 93헌가2, 판례집 5-2, 578, 594-595.

찾아갈 권리를 보장하고, ② 소극적으로는 어디든 임의적인 장소를 피할 권리, 즉 머무르고 싶지 않은 장소에 머물지 않을 자유와 현재 있는 장소에 머무를 자유를 보장한다. 신체의 자유는 물리적 강제에서 신체적 거동의 자유를 보장하는 것일 뿐이고 불안과 공포와 같은 심리적 상태에서는 보호하지 않는다. 헌법재판소는 신체의 안전성이 외부에서 오는 물리적인 힘이나 정신적인 위협에서 침해당하지 않을 자유와 신체활동을 임의적이고 자율적으로 할 자유라고 하여 신체의 자유에 신체를 온전하게 보존할 권리를 포함시킨다.[223] 그러나 신체의 자유와 신체를 온전하게 보존할 권리는 보호대상이 다르므로 구별하여야 한다.

4. 제한

신체의 자유도 다른 기본권과 마찬가지로 헌법 제37조 제2항에 따라서 제한될 수 있다. 신체의 자유를 이유로 특정한 장소에 출석하거나 머물도록 하는 공권력의 정당한 명령을 거부할 수 없다. 따라서 증인으로 출석하는 것(형사소송법 제151조, 제152조 참조), 행정기관에 신고의무를 지는 것, 교통교양교육에 참여할 의무를 지는 것 등은 신체의 자유 침해가 아니다. 그리고 적법한 수사절차에 따른 체포·구속, 적법한 재판을 통한 자유형(단기, 장기, 무기) 부과도 신체의 자유 침해가 아니다. 무기형은 사면이 가능하다는 것만으로 헌법상 허용되는 것이 아니라 무기형 집행을 정지할 요건과 관련 절차가 법률에 규율될 때만 정당화할 수 있다. 또한, ③ 병역의무나 취학의무에 따른 신체의 자유 제한도 정당화한다. 그러나 ④ 학교에서 방과 후 보충학습을 강제하는 것은 문제가 있다. 학교에서 정규수업에 참여를 강요하는 것은 학교교육 목적을 달성하기 위해서 필수적이지만, 보충수업은 정규수업에서 부족한 부분이나 하지 못하는 내용을 보충하려는 데 목적이 있으므로, 학교교육 목적에 불가결한 부분이 아닐 뿐 아니라 학생의 필요와 선택에 따라 다양한 대안이 있기 때문이다. 다만, 보충수업이 정규수업을 보충하는 데 필수적이면서 다른 수단을 선택할 시간적 여유가 없으면 예외적으로 보충수업 강제가 허용될 수 있다. 그러나 특정 장소에서 언제까지 특정한 어떤 것을 하여야 할 의무를 부과하는 것은 당사자에게 그 의무를 언제 이행할 것인지에 관한 자유를 남겨두므로 신체의 자유 문제는 아니다.

5. 구체화규정

헌법 제12조 제1항은 제1문에서 "모든 국민은 신체의 자유를 가진다."라고 규정한다. 신체의 자유를 보장하는 헌법 제12조 제1항 제1문은 문언상 형사절차만을 염두에 둔 것이 아님

---

223) 헌재 1992. 12. 24. 92헌가8, 판례집 4, 853, 874. 이에 동조하는 견해로는 양 건, 『헌법강의(제8판)』, 법문사, 2019, 474쪽; 허 영, 『한국헌법론(전정15판)』, 박영사, 2019, 382쪽; 홍성방, 『헌법학(중)(제2판)』, 박영사, 2015, 47쪽.

이 분명하다. 그리고 신체의 자유는 그에 대한 제한이 형사절차에서 가해졌든 행정절차에서 가해졌든 간에 보장되어야 하는 자연권적 속성의 기본권이므로, 신체의 자유가 제한된 절차가 형사절차인지 아닌지는 신체의 자유 보장 범위와 방법을 정할 때 부차적인 요소에 불과하다. 헌법은 신체의 자유를 명문으로 규정하여 보장하는 헌법 제12조 제1항 제1문에 이어 제12조 제1항 제2문, 제2항 내지 제7항에서 신체의 자유가 제한될 우려가 있는 특별한 상황을 열거하면서, 각각의 상황별로 신체의 자유 보장 방법을 구체적으로 규정한다. 따라서 형사절차를 특히 염두에 둔 것이 아닌 헌법 제12조 제1항 제1문과 체계적 해석을 하면, 헌법 제12조 제1항 제2문, 제2항 내지 제7항은 해당 헌법조항의 문언상 혹은 해당 헌법조항에 규정된 구체적인 신체의 자유 보장 방법의 속성상 형사절차에만 적용됨이 분명한 때가 아니면 형사절차에 한정되지 않는다.[224)]

(1) 헌법 제12조 제1항 제2문과 같은 조 제3항의 해석

헌법 제12조 제1항 제2문 전단은 "법률에 의하지 아니하고는"이라고 규정하나, 후단은 "법률과 적법한 절차에 의하지 아니하고는"이라고 규정한다. 이러한 문구 차이 때문에 전단에서 적법절차가 요구되는지가 다투어진다. 그러나 헌법 제12조 제3항에서는 체포·구속·압수·수색에 대해서 적법한 절차에 따른 영장 제시를 요구하므로, 체포·구속·압수·수색도 법률과 적법한 절차에 따라야 한다. 신체의 자유와 관련된 심문은 반드시 체포·구속과 함께 이루어지므로, 심문도 역시 법률과 적법한 절차에 따라야 한다. 따라서 헌법 제12조 제1항 제2문의 전단과 후단은 표현상 차이는 없다.[225)] 결국, 신체를 제한하는 모든 공권력 조치는 법률과 적법절차에 따라서만 가능하다.

(2) 불법으로 체포·구속당하지 아니할 자유

헌법 제12조 제1항은 법률에 의하지 아니하고는 체포나 구속을 하지 못하도록 한다. 이를 보장하려고 형법 제124조는 불법체포·감금죄를 규정한다. 체포는 사람의 신체에 직접적·현실적인 구속을 가하여서 그 신체활동의 자유를 박탈하는 것(직접 구속)을 말한다. 구속은 피의자의 신체의 자유를 박탈하여 일정한 장소에 일시적 또는 계속적으로 인치하는(강제로 끌어내는) 것으로, 구인과 구금을 모두 포괄한다(형사소송법 제69조). 구인은 사람을 법원, 그 밖의 장소에 인치하는 강제처분을 말하고, 구금은 사람을 일정한 장소에 가두어 놓는 강제처분을 뜻한다.

(3) 불법으로 압수·수색당하지 아니할 자유

헌법 제12조 제1항은 법률에 의하지 아니하고는 압수와 수색을 하지 못하게 한다. 압수는 물건의 점유를 취득하는 강제처분을 말하고, 수색은 압수할 물건이나 체포할 사람을 발견할

---

224) 헌재 2018. 5. 31. 2014헌마346, 판례집 30−1하, 166, 174−175.
225) 같은 견해: 홍성방, 『헌법학(중)(제2판)』, 박영사, 2015, 95쪽 주 2.

목적으로 주거·물건·사람의 신체 또는 그 밖의 장소에 하는 강제처분을 뜻한다. 헌법 제12
조는 신체의 자유를 규정한 조항이므로 여기서 압수와 수색은 직접 신체에 관한 것만을 말한
다. 가택 수색은 헌법 제16조 주거의 자유 제한 문제이다.

(4) 불법으로 심문당하지 아니할 자유

헌법 제12조 제1항은 법률에 의하지 아니하고는 심문을 받지 아니하도록 규정한다. 심문
은 구두나 서면을 통한 사실 진술, 즉 답변을 강요하는 것을 말한다. 불법으로 심문당하지 아
니할 자유는 침묵의 자유에 가까우나 심문을 받기 위해서 소환을 받고 출석하면 신체의 자유
와 관련이 있다.

(5) 불법으로 처벌을 받지 아니할 자유

헌법 제12조 제1항은 법률과 적법한 절차에 의하지 아니하고는 처벌을 받지 아니하도록
규정한다. 처벌은 본인에게 불이익이나 고통이 되는 일체의 제재를 말하는 것으로서 형벌뿐
아니라 행정벌도 포함한다.

(6) 불법으로 보안처분을 받지 아니할 자유

헌법 제12조 제1항 제2문 후단은 법률과 적법한 절차에 의하지 아니하고는 보안처분을 받
지 아니하도록 규정한다. 보안처분은 앞날에 범죄 위험이 있는 사람을 개선·보안조치함으로
써 범죄를 사전에 예방하는 제재조치를 말한다. 보안처분에는 '치료감호 등에 관한 법률'상
치료감호처분, 소년법상 보호처분(19세 미만자), '보호관찰 등에 관한 법률'상 보호관찰처분,
보안관찰법상 보안관찰처분 등이 있다. 이중 소년법상 보호처분은 위법한 범죄행위를 전제로
법원의 판결로 결정되지만, 보안관찰법상 보안관찰처분 등을 비롯한 '마약류 관리에 관한 법
률', '성매매알선 등 행위의 처벌에 관한 법률', 전염병예방법 등에서 보안처분은 범죄행위를
요건으로 하지 아니하고 행정기관이 행정처분 형식으로 결정된다. 후자에서 사실상 자유형과
같은 효과를 발생시키므로 신체의 자유를 중대하게 제약하는 보안처분에서 사법적 관여를 배
제하는 것은 적법절차를 위반하여 위헌 의심이 있다. 헌법재판소는 성립절차상 중대한 하자
로 효력을 인정할 수 없는 처벌규정을 근거로 한 범죄경력을 보안관찰 기초로 삼는다면 헌법
제12조 제1항 후단에서 말하는 법률과 적법한 절차에 의하여 이루어지는 보안처분이라고 할
수 없다고 하였다.[226]

(7) 불법으로 강제노역을 당하지 아니할 자유

헌법 제12조 제1항 제2문 후단은 법률과 적법한 절차에 의하지 아니하고는 강제노역을 받
지 않도록 규정한다. 강제노역은 본인 의사에 어긋나게 노역을 강요당하는 것을 말한다. 따라

---

226) 헌재 2001. 4. 26. 98헌바79등, 판례집 13-1, 799, 819-820.

서 판결을 통한 징역형에 따른 정역복무나 벌금·미납 시 환형처분으로 부과되는 노역장 유치와 같이 범죄에 대한 처벌로서 정당하게 부과되는 때를 제외하고는 본인 의사에 어긋나는 노역을 과할 수 없다.

6. 인신 보호를 위한 헌법상 (구속적) 요청

(1) 죄형법정원칙

① 헌법규정

헌법 제13조 제1항 전단은 죄형법정원칙을 규정하고, 헌법 제12조 제1항 제2문은 특별히 신체의 자유와 관련하여 죄형법정원칙을 규정한다. 형법 제1조 제1항은 행위시법주의를 규정하여 이를 구체화한다. 죄형법정원칙은 자유형 이외에도 사형·재산형·명예형에도 적용되므로 신체의 자유에 국한되지는 않는다. 하지만 자유형이 형벌 중에서 중요한 위치를 차지하고 통상적이므로 신체의 자유에 규정한다.

② 연혁

1215년 대헌장(Magna Charta) 제39조는 "형벌은 자유인에 대한 법률에 따른 동료 재판을 통해서만 허용된다."라고 규정하여 죄형법정원칙의 기원을 이룬다. 1776년 버지니아 권리장전 제8조는 "누구든지 국가의 법률이나 재판에 따르지 아니하고는 자유를 박탈당하지 아니한다."라고 규정하여 죄형법정원칙을 최초로 입법적으로 구현하였고, 1787년 미국 연방헌법 제1조 제9절 제3항["(연방의회는) 개인의 권리박탈법이나 소급처벌법을 통과시키지 못한다."]과 제10절 제1항("모든 주는 … 권리박탈법, 소급절차법이나 계약상 채무에 해를 주는 법률을 제정…할 수 없다.")도 죄형법정원칙을 규정하였다. 그리고 1789년 프랑스 인권선언 제8조도 "누구든지 범죄이전에 제정·공포되고 적법하게 적용된 법률에 의하지 아니하고는 처벌되지 아니한다."라고 하여 죄형법정원칙을 규정하였다. 오늘날과 같은 모습의 죄형법정원칙은 1801년 독일의 포이에르바하(Feuerbach)가 "모든 형벌의 부과는 형법을 전제한다."라고 선언하면서, 처음으로 "법률 없으면 형벌 없다(nulla poena sine lege)."라는 표현을 쓴 데서 비롯한다.

③ 헌법적 보장의 의의

죄형법정원칙은 행위 이전에 제정된 적정한 법률을 통해서만 그 행위가 범죄로 평가될 수 있고 처벌될 수 있다는 원칙이다. 이것은 무엇이 처벌되는 행위인지를 국민이 예측할 수 있는 형식으로 정하도록 하여 개인의 법적 안정성을 보호하고, 성문의 형벌법규에 따른 실정법질서를 확립하여 국가형벌권의 자의적 행사에서 개인의 자유와 권리를 보장하려는 법치국가 형법의 기본원칙이다.227)

---

227) 헌재 1991. 7. 8. 91헌가4, 판례집 3, 336, 340.

④ 개념내용

죄형법정원칙은 '법률이 없으면 범죄도 형벌도 없다'로 표현된다. 죄형법정원칙은 법률의 정함이 없으면 범죄가 성립하지 않고, 법률의 정함이 없으면 형벌도 부과할 수 없다는 근대 형법의 기본원칙이다. 이는 범죄구성요건과 형벌규정 양자와 관련된다.

⑤ 구현형태

(ⅰ) 관습법 금지

이 원칙은 법관을 구속한다. 따라서 법관은 구성요건과 형벌을 확정할 때 오로지 성문법을 기준으로 하여야 한다.

ⓐ 원칙: 형식적 의미의 법률

죄형법정원칙은 자유주의, 권력분립, 법치국가원리와 국민주권원리에 입각한 것으로서 무엇이 범죄이고 그에 대한 형벌이 어떠한 것인지를 반드시 국민 대표로 구성된 입법부가 제정한 법률로 정하여야 한다는 원칙이다. 죄형법정원칙을 표명한 헌법 제12조 제1항 후단이나 제13조 제1항 전단에서 말하는 '법률'도 입법부가 제정한 형식적 의미의 법률을 뜻한다.[228] 따라서 원칙적으로 명령이나 규칙으로 범죄와 형벌을 규정할 수 없다. 그리고 관습법으로 새로운 구성요건을 추가하거나 가중처벌하는 것도 금지된다.

ⓑ 위임입법

㈎ 위임입법의 불가피성

현대 행정영역이 복잡하고 방대하며, 국회의 전문적·기술적 능력 한계와 시간적 적응능력 한계 때문에 위임입법이 불가피하다. 위임입법이 허용되는 합리적 이유는 각 법률의 목적·내용에 따라 구체적으로 검토되어야 한다.[229]

㈏ 처벌위임입법의 한계

법률 위임은 반드시 구체적이고 개별적으로 한정된 사항에 국한되어야 한다. 일반적이고 포괄적인 위임을 한다면 사실상 입법권을 백지위임하는 것과 다름없어서 의회입법원칙이나 법치국가원리를 부인하는 것이 되고, 집행권의 부당한 자의와 기본권 행사에 대한 무제한적 침해를 낳을 수 있기 때문이다. 헌법 제75조도 위임입법의 근거와 아울러 그 범위와 한계를 제시하는데, 여기서 "법률에서 구체적으로 범위를 정하여 위임받은 사항"은 법률에 이미 대통령령이 규정할 내용과 범위의 기본사항이 구체적으로 규정됨으로써 누구라도 해당 법률에서 대통령령이 규정할 내용의 대강을 예측할 수 있어야 한다는 것을 말한다. 그리고 위임입법에 관한 헌법 제75조는 처벌법규에도 적용된다. 하지만 법률에 따른 처벌법규 위임은, 헌법

---

228) 헌재 1991. 7. 8. 91헌가4, 판례집 3, 336, 340.

229) 헌재 1994. 6. 30. 93헌가15등, 판례집 6-1, 576, 588.

이 특히 기본권을 최대한으로 보장하기 위해서 죄형법정원칙과 적법절차를 규정하고, (형식적
의미의) 법률에 따른 처벌을 특별히 강조하는 기본권 보장 우위사상에 비추어 바람직하지 못
하다. 따라서 그 요건과 범위를 더 엄격하게 제한적으로 적용하여야 한다. 처벌법규 위임은
㉠ 특히 긴급한 필요가 있거나 미리 법률로써 자세히 정할 수 없는 부득이한 사정이 있는 때
에 한정되어야 하고, ㉡ 이러한 때라도 법률에서 범죄의 구성요건은 처벌대상인 행위가 어떠
한 것일 것이라고 예측할 수 있을 정도로 구체적으로 정하고 형벌의 종류 및 그 상한과 폭을
명백히 규정하여야 한다.230) 법률 위임이 있으면 지방자치단체는 조례 위반에 대한 제재로서
벌칙을 제정할 수 있다(지방자치법 제15조 단서).231) 행정질서벌에 해당하는 과태료는 죄형법정
원칙의 규율대상이 아니다.232)

　(다) 재위임

　법률에서 위임받은 사항을 전혀 규정하지 않고 재위임하는 것은 '위임받은 권한을 그대로
다시 위임할 수 없다'는 복위임 금지의 법리에 어긋날 뿐 아니라 수권법 내용을 바꾼다. 그리
고 부령의 제정·개정절차가 대통령령과 비교해서 쉬운 점을 고려할 때 부령에 재위임할 때
도 위임에 따라 대통령령에 가해지는 헌법상 제한이 적용되어야 한다. 따라서 법률에서 위임
받은 사항을 전혀 규정하지 않고 그대로 재위임하는 것은 허용되지 않고, 위임받은 사항에
관해서 대강을 정하고 그 중의 특정사항을 범위를 정하여 하위법령에 다시 위임하는 것만 재
위임이 허용된다.233)

　ⓒ 형벌규정의 비례성

　법정형의 형종과 형량은 범죄의 죄질과 보호법익의 성격뿐 아니라 그 나라의 역사와 문화,
시대적 상황과 국민 일반의 가치관이나 법감정 및 범죄예방을 위한 형사정책적 측면 등 여러
면을 종합적으로 고려하여 입법부가 결정하는 사항으로서 기본적으로 국가의 입법정책에 속하
는 문제이다. 여기에는 광범위한 입법재량이나 형성의 자유가 인정되어야 한다. 따라서 어느
범죄에 대한 법정형이 그 범죄의 죄질 및 이에 따른 행위자 책임과 비교해서 지나치게 가혹한
것이어서 현저히 형벌체계상 균형을 잃거나 그 범죄에 대한 형벌 본래의 목적과 기능을 달성
하는 데 필요한 정도를 일탈하였다는 것 등 헌법의 평등원칙과 비례성원칙 등에 명백히 위배
되는 때가 아닌 한 쉽사리 헌법에 위반된다고 단정하여서는 안 된다. 그리고 죄질이 서로 다
른 둘이나 그 이상의 범죄를 동일선상에 놓고 그 중 어느 한 범죄의 법정형을 기준으로 단순

---

230) 헌재 1991. 7. 8. 91헌가4, 판례집 3, 336, 341.

231) 대법원은 형벌을 규정한 지방의회 조례(경상북도의회에서의증언감정등에관한조례안 제12조 내지 제14조)를 지
　　방자치법 제15조 단서 및 죄형법정원칙을 선언한 헌법 제12조 제1항을 위반하였다고 하여 위헌선언하였다[대법
　　원 1995. 6. 30. 선고 93추83 판결(공1995하, 2613)].

232) 헌재 1998. 5. 28. 96헌바83, 판례집 10−1, 624, 635.

233) 헌재 1996. 2. 29. 94헌마213, 판례집 8−1, 147, 163.

한 평면적 비교를 하여 다른 범죄의 법정형 과중 여부를 판정하여서는 아니 된다.[234]

(ii) 유추 금지

형벌법규 해석은 엄격하게 하여야 하므로 명문 규정 의미를 피고인에게 불리한 방향으로 유추하는 것은 죄형법정원칙에 어긋나서 허용되지 않는다.[235] 유추란 법률에 규정이 없는 사항에 그것과 비슷한 성질이 있는 사항에 관한 법률이나 법률조항을 적용하는 것을 말한다. 유추를 허용하면 형벌법규의 명확성원칙이 무의미하게 되고 자의적인 입법을 허용하므로 유추는 금지된다. 즉 유추금지원칙은 법관을 구속하는 것으로 가벌성과 형벌을 규정한 법률을 당사자에게 불리하게 유추하는 것은 금지된다. 공소시효 정지는 비록 절차법인 형사소송법에 규정되어 있으나 그 실질은 국가형벌권 소멸이라는 점에서 형의 시효와 마찬가지로 실체법적 성격이 있다. 따라서 그 예외로서 시효가 정지되는 때는 특별히 명문의 법률 규정을 둔 때에 한하여야 한다. 다른 조항을 유추하여 공소시효 정지를 인정하는 것은 죄형법정원칙의 유추 금지에 위반된다.[236]

(iii) 명확성원칙

명확성원칙은 누구나 법률이 처벌하고자 하는 행위가 무엇이고, 그에 대한 형벌이 어떠한 것인지를 예견할 수 있으며, 그에 따라 자신의 행위를 결정지을 수 있도록 구성요건이 명확하여야 한다는 원칙을 뜻한다.[237] 여기서 구성요건이 명확하여야 한다는 것은 그 법률을 적용하는 단계에서 가치판단을 완벽하게 배제한 무색투명한 서술적 개념으로 규정되어야 한다는 것을 뜻하는 것이 아니다. 그것은 건전한 일반상식이 있는 사람이 입법자의 입법의도를 일의적으로 파악할 정도의 것을 뜻한다. 따라서 다소 광범위하고 어느 정도의 범위에서는 법관의 보충적인 해석을 필요로 하는 개념을 사용하여 규정하였더라도 그 적용단계에서 다의적

---

234) 헌재 1995. 4. 20. 91헌바11, 판례집 7-1, 478, 490; 헌재 1995. 4. 20. 93헌바40, 판례집 7-1, 539, 549-550; 헌재 1995. 10. 26. 92헌바45, 판례집 7-2, 397, 407-408; 헌재 1997. 8. 21. 판례집 9-2, 200, 207-208.

235) 대법원 1999. 7. 9. 선고 98도1719 판결(공1999하, 1669).

236) 헌재 1993. 9. 27. 92헌마284, 판례집 5-2, 340, 347-348.

237) 헌재 2019. 6. 28. 2018헌바128, 판례집 31-1, 665, 672-673: "형벌조항은 그 규율대상에 포섭되는 모든 사례를 구성요건으로 빠짐없이 열거하는 방식과 규율대상을 모두 포섭하는 공통적인 징표를 구성요건으로 규정하는 방식이 있다. 전자는 규율대상이 명확하다는 장점이 있는 반면 법규범의 흠결이 발생할 수 있다는 단점이 있고, 후자는 규율대상을 모두 포섭할 수 있다는 장점이 있는 반면 법률의 해석·적용에 자의가 개입되어 규율대상이 무한히 확대될 우려가 있다는 단점이 있다. 그리하여 이와 같은 두 가지 규율방식의 단점을 보완하기 위하여 예시적 입법형식이 고안되었다. 예시적 입법은 규율대상인 대전제를 규정함과 동시에 그에 해당하는 구체적 개별 사례들을 예시적으로 규정한다. 이러한 예시적 입법형식은 법규범의 공백상태를 막을 수 있는 장점이 있으나, 구성요건의 대전제인 일반조항의 내용이 지나치게 포괄적이어서 법관의 자의적인 해석을 통하여 그 적용범위를 확장할 가능성이 있다면 명확성의 원칙에 어긋날 수 있다. 따라서 예시적 입법형식이 명확성의 원칙에 위배되지 않으려면, 예시한 개별적인 구성요건이 그 자체로 일반조항의 해석을 위한 판단지침을 내포하고 있어야 할 뿐만 아니라, 일반조항 자체가 그러한 구체적인 예시를 포괄할 수 있는 의미를 담고 있는 개념이어야 한다(헌재 2002. 6. 27. 2001헌바70; 헌재 2010. 3. 25. 2009헌가2; 헌재 2014. 7. 24. 2013헌바169 참조)."

으로 해석될 우려가 없는 이상 그 점만으로 헌법이 요구하는 명확성 요구에 배치된다고는 보기 어렵다. 그렇지 않으면 처벌법규의 구성요건이 지나치게 구체적이고 복잡하게 정형화하여 다양하게 변화하는 생활관계를 제대로 규율할 수 없게 될 것이기 때문이다.238) 처벌법규의 구성요건이 어느 정도 명확하여야 하는지는 일률적으로 정할 수 없다. 그것은 각 구성요건의 특수성과 그러한 법적 규제의 원인이 된 여건이나 처벌 정도 등을 고려하여 종합적으로 판단하여야 한다.239) 일반적 또는 불확정 개념의 용어가 사용되어도 같은 법률의 다른 규정을 원용하거나 다른 규정과 맺는 상호관계를 고려하거나 이미 확립된 판례를 근거로 하는 것 등 정당한 해석방법을 통해서 그 규정의 해석과 적용에 대한 신뢰성이 있는 원칙을 도출할 수 있어, 그 결과 개개인이 그 형사법규가 보호하려는 가치 및 금지되는 행위의 태양과 이러한 행위에 대한 국가 대응책을 예견할 수 있고, 그 예측에 따라 자신의 행동에 대한 결의를 할 수 있는 정도(의 규정내용이)라면 그 범위 안에서 명확성원칙은 유지된다.240) 명확성원칙은 1차적으로 입법자를 구속하고 2차적으로는 법관을 구속한다. 명확성원칙은 해당 법규범이 수범자에게 법규의 의미내용을 알 수 있도록 공정한 고지를 하여 예측 가능성을 주는지와 해당 법규범이 법을 해석·집행하는 기관에 충분한 의미내용을 규율하여 자의적인 법해석이나 법집행이 배제되는지, 다시 말하면 예측 가능성과 자의적 법집행 배제가 확보되는지에 따라 명확성원칙에 어긋나는지를 판단할 수 있다.241)

(ⅳ) 소급효 금지

형벌법규가 소급하여 효력이 있으면 국민의 법적 안정성과 신뢰보호원칙은 물론 법질서의 안정성 자체가 심각한 타격을 입는다. 따라서 입법자는 소급효가 있는 입법을 제정할 수 없고, 법관은 형법을 소급하여 적용할 수 없다. 소급적인 범죄구성요건 제정뿐 아니라 소급적인 형벌 가중도 금지된다.

그러나 당사자에게 유리하면 소급 적용이 인정된다(형법 제1조 제2항, 제3항 참조). 소급효 금지는 실체법에 대해서만 적용되고 절차법에는 적용되지 않는다. 형벌불소급원칙은 형사소추가 '언제부터 어떠한 조건 아래에서' 가능한지의 문제이고, '얼마동안' 가능한지의 문제는 아니다.242) 따라서 공소시효를 연장하는 것은 새롭게 형벌을 과하거나 형벌을 강화하는 것이 아니므로 소급효 금지에 어긋나지 않는다.243) 형을 종전보다 가볍게 형벌법규를 개정하면서 그 부칙으로 개정 전의 범죄에 대해서는 종래 형벌법규를 추급하여 적용하도록 규정한다고

---

238) 헌재 1989. 12. 22. 88헌가13, 판례집 1, 357, 383.
239) 헌재 1998. 3. 26. 96헌가20, 판례집 10-1, 213, 220.
240) 헌재 1992. 2. 25. 89헌가104, 판례집 4, 64, 79.
241) 헌재 2005. 6. 30. 2002헌바83, 판례집 17-1, 812, 821.
242) 헌재 1996. 2. 16. 96헌가2등, 판례집 8-1, 51, 83.
243) 헌재 1996. 2. 16. 96헌가2등, 판례집 8-1, 51, 86.

하여 죄형법정원칙에 어긋나거나 범죄 후 형 변경이 있는 때라고 할 수 없으므로 형법 제1조 제2항 소정의 신법우선원칙이 적용될 여지가 없다.[244]

보안처분은 형벌과 달리 행위자의 장래 재범위험성에 근거하는 것으로서, 행위 시가 아닌 재판 시의 재범위험성 여부에 관한 판단에 따라 보안처분 선고를 결정하므로 원칙적으로 재판 당시 현행법을 소급 적용할 수 있다. 그러나 보안처분의 범주가 넓고 그 모습이 다양한 이상, 보안처분에 속한다는 이유만으로 일률적으로 소급효금지원칙이 적용된다거나 그렇지 않다고 단정해서는 안 되고, 보안처분이라는 우회적인 방법으로 형벌불소급원칙을 유명무실하게 하는 것을 허용해서도 안 된다. 따라서 보안처분이라도 형벌적 성격이 강하여 신체의 자유를 박탈하거나 박탈에 준하는 정도로 신체의 자유를 제한하면 소급효금지원칙을 적용하는 것이 죄형법정원칙에 들어맞는다.[245]

형사처벌 근거가 되는 것은 법률이지 판례가 아니고, 형법조항에 관한 판례 변경은 그 법률조항 내용을 확인하는 것에 지나지 아니하므로 법률조항 자체가 변경된 것이라고 볼 수 없다. 따라서 행위 당시 판례를 따르면 처벌대상이 되지 아니하는 것으로 해석되었던 행위를 판례 변경에 따라 확인된 형법 조항의 내용에 근거하여 처벌한다고 하여 그것이 형벌불소급원칙에 어긋난다고 할 수는 없다.[246]

(ⅴ) 적정성원칙

죄형법정원칙을 법치국가원리의 파생원리로 이해하면 죄형법정원칙은 새로운 내용을 갖는다. 법치국가원리는 법적 안정성을 요구하는 형식적 법치국가에 머무는 것이 아니라 실질적 법치국가원리에 따라 그 내용이 실질적 정의에 합치되라고 요구하기 때문이다. '법률 없으면 범죄 없고 형벌 없다'로 표현되는 죄형법정원칙은 실질적 법치국가원리 때문에 '법률만 있으면 범죄 있고 형벌 있다'는 뜻으로 이해될 수 없다. 즉 현대적 의미의 죄형법정원칙은 '적정한 법률 없으면 범죄 없고 형벌 없다'를 뜻한다. 따라서 죄형법정원칙은 ① 관습법 금지, ② 소급효 금지, ③ 명확성원칙, ④ 유추해석금지원칙뿐 아니라 ⑤ 적정성원칙도 내용으로 한다. 이러한 점에서 현대적 의미의 죄형법정원칙은 법관의 자의에서 국민의 기본권을 보호할 뿐 아니라 입법자의 자의에서도 국민의 자유를 보호하는 기능도 있다. 헌법재판소도 "법률이 없으면 범죄도 없고 형벌도 없다."라는 말로 표현되는 죄형법정원칙은 오로지 행위 이전에 제정된 '정의로운' 법률에 따라서만 그 행위가 범죄로 평가되어 처벌될 수 있다는 원칙이라고 하면서, 이는 무엇이 처벌되는 행위인지를 국민이 예측할 수 있는 형식으로 정하도록 하여 개인의 법적 안정성을 보호하고 성문의 형벌법규에 따른 실정법질서를 확립하여 국가형벌권

---

244) 대법원 1995. 1. 24. 선고 94도2787 판결(공1995상, 1192).

245) 헌재 2012. 12. 27. 2010헌가82등, 판례집 24−2하, 281, 297.

246) 헌재 2014. 5. 29. 2012헌바390등, 판례집 26−1하, 329, 339−340; 대법원 1999. 9. 17. 선고 97도3349 판결(공1999하, 2266).

의 자의적 행사에서 개인의 자유와 권리를 보장하려는 법치국가 형법의 기본원칙이라고 한다.247) 적정하다는 것은 "공정하고 합리적이며 상당성이 있어 정의관념에 합치한다"248)라는 것을 말한다.

(2) 연좌제 금지

헌법 제13조 제3항은 모든 국민은 자기 행위가 아닌 친족 행위로 말미암아 불이익한 처우를 받지 아니한다고 하여 연좌제 금지를 규정한다. 연좌제(連坐制)는 엄격하게 따져 보면 연좌제(連坐制)와 연좌제(緣坐制)로 구별할 수 있다. 연좌제(連坐制)는 친족 이외에 특정인에게 연대책임을 지우는 것이고, 연좌제(緣坐制)는 일정 범위의 친족에게 연대책임을 지우는 것이다. 자기 자신의 행위가 아닌 친족의 행위로 말미암아 형사처벌을 포함한 불이익한 처우를 받는 것은 다른 사람의 행위를 자신의 행위로 확장해석하는 것으로 근대 형법의 자기책임원칙에 어긋난다. 대법원은 선거범죄로 말미암은 당선무효를 규정하는 구 공직선거및선거부정방지법 제265조가 헌법상 연좌제금지에 반하지 아니한다고 하였다.249)

(3) 일사부재리

일사부재리(2중처벌 금지, 거듭처벌 금지)는 법적 안정성과 신뢰보호를 위해서 판결이 확정되어 기판력이 발생하면, 같은 사건에 대해서 거듭 심판하는 것이 허용되지 아니한다는 원칙이다(헌법 제13조 제1항 후단). 따라서 무죄판결을 받았거나 이미 처벌받은 행위에 대해서 다시 형사책임을 물을 수 없다(형사소송법 제326조 제1호). 일사부재리는 처벌이나 제재가 '동일한 행위'를 대상으로 할 때 적용될 수 있고, 그 대상이 동일한 행위인지는 기본적 사실관계가 동일한지에 따라서 가려야 한다.250) 일단 유죄 판결이 확정판결로 내려진 사건에 대한 재심은 그 선고를 받은 사람의 이익을 위해서만 가능하다(형사소송법 제420조).

이중처벌이 금지될 때 '처벌'은 국가가 하는 일체의 제재나 불이익처분을 뜻하지는 않는다.251) 헌법재판소는 행정질서벌로서 과태료는 행정상 의무 위반에 대해서 국가가 일반 통치권에 따라서 과하는 제재로서 형벌(특히 행정형벌)과 목적·기능이 중복되는 면이 없지 않으므로, 동일한 행위를 대상으로 하여 형벌을 부과하면서 아울러 행정질서벌로서 과태료까지 부과한다면 그것은 이중처벌금지의 기본정신에 배치되어 국가형벌권 남용으로 인정될 여지가 있음을 부정하지 않았다. 그러나 과태료는 무허가 건축행위와 별개인 시정명령 위반에 대해서 부과하는 것이고, 형사처벌과는 별도로 고유의 목적과 기능이 있으며, 시정명령 위반행위

---

247) 헌재 1991. 7. 8. 91헌가4, 판례집 3, 336, 340.
248) 대법원 1988. 11. 16. 선고 88초60 판결(집36-3, 236; 공1988, 1493).
249) 대법원 1997. 4. 11. 선고 96도3451 판결(공1997상, 1514).
250) 헌재 1994. 6. 30. 92헌바38, 판례집 6-1, 619, 627-628.
251) 헌재 1994. 6. 30. 92헌바38, 판례집 6-1, 619, 627.

가 무허가 건축행위의 불가벌적 사후행위가 아니므로 무허가건축행위로 말미암아 형사처벌을 받은 자에게 시정명령 위반에 대한 과태료를 부과하는 것은 일사부재리에 반하지 않는다고 하였다.252) 그리고 헌법재판소는 보호감호와 형벌은 비록 다 같이 신체의 자유를 박탈하는 수용처분이라는 점에서 집행상 뚜렷한 구분이 되지 않더라도 그 본질, 추구하는 목적과 기능이 전혀 다른 별개 제도이므로 형벌과 보호감호를 서로 병과하여 선고하여도 일사부재리에 위반되지 않는다고 하였다.253) 또한, 누범254)이나 상습범255)을 가중하는 것도 일사부재리에 반하지 않는다고 하였다. 대법원은 검사가 일차 무혐의결정을 하였다가 다시 공소를 제기한 것이 일사부재리에 위배되는 것이 아니고,256) 외국 판결은 한국에서 기판력이 없으므로 외국 판결에는 일사부재리가 적용되지 않는다고 하였다.257) 그리고 행형법상 징벌은 수형자의 교도소 안 준수사항 위반에 대해서 과하는 행정상 질서벌의 일종으로서 형법법령에 위반한 행위에 대한 형사책임과는 그 목적, 성격을 달리하는 것이므로 징벌을 받은 뒤에 형사처벌을 한다고 하여 일사부재리에 반하는 것은 아니라고 하였다.258)

일사부재리는 판결의 기판력 때문에 재심판을 금지하려는 것이지만, 영미법상 이중위험금지원칙은 공판절차가 일정단계에 이르면 다시 그 절차 부담을 되풀이할 수 없다는 절차상 원칙이다. 일사부재리는 일단 판결이 확정되어야만 효력이 발생하지만, 이중위험금지원칙은 심판절차가 일정단계에 이르면 효력이 발생한다는 차이가 있다.

(4) 적법절차원칙

① 헌법규정

헌법 제12조 제1항 후문과 같은 조 제3항은 적법절차원칙을 규정한다. 이는 영미법계 국가에서 국민의 인권을 보장하기 위한 기본원리의 하나로 발달되어 온 적법절차원칙을 1987년 10월 29일 제9차 개정 때 헌법에 도입하여 명문화한 것이다.259)

② 연혁

적법절차원칙은 영미법계 국가에서 국민의 인권을 보장하기 위한 기본원리의 하나로 발전

---

252) 헌재 1994. 6. 30. 92헌바38, 판례집 6-1, 619, 626-630. 대법원도 "행정법상의 질서벌인 과태료의 부과처분과 형사처벌은 그 성질이나 목적을 달리하는 별개의 것이므로 행정법상의 질서벌인 과태료를 납부한 후에 형사처벌을 한다고 하여 이를 일사부재리의 원칙에 반하는 것이라고 할 수는 없"다고 한다[대법원 1996. 4. 12. 선고 96도158 판결(공1996상, 1639)].

253) 헌재 1989. 7. 14. 88헌가5등, 판례집 1, 69, 82-84; 헌재 1991. 4. 1. 89헌마17등, 판례집 3, 124, 130-131.

254) 헌재 1995. 2. 23. 93헌바43, 판례집 7-1, 222, 234-235.

255) 헌재 1995. 3. 23. 93헌바59, 판례집 7-1, 388, 395-396.

256) 대법원 1988. 3. 22. 선고 87도2678 판결(집36-1, 400; 공1988, 731).

257) 대법원 1983. 10. 25. 선고 83도2366 판결(집31-5, 177; 공1983, 1793).

258) 대법원 2000. 10. 27. 선고 2000도3874 판결(공2000하, 2487).

259) 헌재 1992. 12. 24. 92헌가8, 판례집 4, 853, 876.

되어 온 것으로, 역사적으로는 멀리 영국의 1215년 대헌장, 1335년 에드워드 3세의 제정법률, 1628년 권리청원 등을 거쳐 미국의 1791년 수정헌법 제5조와 1868년 수정헌법 제14조에 명문화하여 미국의 헌법원리로 자리 잡았다. 1946년 일본 헌법도 제31조에 이를 받아들였다.

③ 의의

적법절차는 입법·집행·사법 등 모든 국가작용은 정당한 법률을 근거로 하고 정당한 절차에 따라 발동되어야 한다는 헌법원리를 말한다.[260] 적법절차원칙은 법치국가원리의 구체적 실현원리[261]로서 헌법 제12조의 신체의 자유뿐 아니라 모든 기본권 보장과 관련이 있다.[262]

④ 개념내용

(ⅰ) 미국법에서 발전

미국에서는 원래 적법절차규정에서 인권을 제약하는 절차가 합법적이기만 하면 적법절차조항에 위반되지 않는 것으로 보았다. 그러다가 19세기 말에 와서 절차만이 아니라 법률의 실체적 내용까지도 공정성, 합리성, 정당성 등에 어긋나서는 안 된다는 미국 연방대법원 판례가 확립되었다. 즉 법의 절차만 적정하면 되는 것이 아니라 법도 적정하여야 한다는 것이다. 그리고 적법절차조항은 사법, 집행, 입법의 모든 분야에 광범하게 적용된다.

(ⅱ) 실질적 의미

적법절차원칙은 독자적인 헌법원리의 하나로 수용되고, 이는 형식적인 절차뿐 아니라 실체적 법률내용이 합리성과 정당성을 갖춘 것이어야 한다는 실질적 의미로 확대해석하여야 한다.[263] ⓐ 적법한 절차에서 '적'은 적정한(정당한)이라는 뜻이다. 다만, 현행 헌법에서 적법한 절차는 적정한 법정절차로 이해하여야 하므로 이때의 적법한 절차는 절차의 적법성뿐 아니라 절차의 적정성이나 정당성(합정의성)까지 요구하는 것으로 해석하여야 한다. ⓑ 적법한 절차에서 '법'은 실정법만을 의미하는 것이 아니라 넓은 뜻의 법규범을 뜻한다. 따라서 이때의 법은 형식적 의미의 법률은 물론이고 명령이나 조례·규칙을 포함하고, 심지어 법의 실질이나 이념이라고 할 수 있는 정의·윤리·사회상규까지 포함하는 개념이다. ⓒ 적법한 절차에서 '절차'는 원래 권리의 실질적 내용을 실현하기 위해서 채택하여야 할 수단적·기술적 순서나 방법을 말한다. 하지만 여기서는 특히 고지·청문·변명 등 방어기회의 제공절차를 말한다. 특히 형사절차에서는 당사자에게 혐의사실이나 소 개시를 적정한 시기에 고지하여야 할 뿐 아니라 공정한 청문절차, 즉 충분한 구술기회, 반대신문 등의 절차가 진행되어야 하고, 변호

---

260) 헌재 1996. 12. 26. 94헌바1, 판례집 8-2, 808,819; 헌재 2013. 8. 29. 2011헌바253등, 판례집 25-2상, 424, 436; 헌재 2019. 2. 28. 2017헌바196, 판례집 269, 247, 249: "…… 적법절차원칙은 법률이 정한 형식적 절차와 실체적 내용이 모두 합리성과 정당성을 갖춘 적정한 것이어야 한다는 실질적 의미를 지니고 있는 것…"

261) 헌재 1992. 11. 12. 91헌가2, 판례집 4, 713, 722.

262) 헌재 1992. 11. 12. 91헌가2, 판례집 4, 713, 722.

263) 헌재 1992. 12. 24. 92헌가8, 판례집 4, 853, 876-877.

인의 도움을 받을 권리, 신속한 공개재판을 받을 권리 등이 보장되어야 한다.264) ⓓ 형사절차
에서 시작된 적법절차는 점차 행정절차에도 적용되어 적정한 고지와 공정한 청문265)은 행정
절차에서도 필수적으로 요청되었다. 따라서 행정작용이 기본권을 침해하면 이를 사법적으로
구제하는 것은 적법절차의 당연한 내용으로 이해되었다. 적법절차는 더 나아가 입법을 포함
한 모든 절차의 적정성으로 이해되었고, 공권력은 자유나 재산과 관련하여 적정하게 행사되
어야 할 뿐 아니라 그 내용, 방식, 목적 등이 적정성을 가져야 한다는 것으로 이해되었다. 적
법절차는 이상의 절차적 적법절차 차원을 넘어 실체적 적법절차로 발전하게 되었다. 즉 절차
의 적정성266)만이 아니라 (실체)법의 내용까지 적정성이 있어야 한다는 것이다. ⓔ 국민은 국
가공권력의 단순한 대상이 아니라 절차의 주체로서, 자신의 권리와 관계되는 결정에 앞서서
자신의 견해를 진술할 수 있어야만 객관적이고 공정한 절차가 보장될 수 있고 당사자 사이의
절차적 지위 대등성이 실현될 수 있다. 그러나 국가기관이 국민과 맺는 관계에서 공권력을
행사할 때 준수해야 할 법원칙으로서 형성된 적법절차원칙을 국가기관에 대하여 헌법을 수호
하고자 하는 탄핵소추절차에는 직접 적용할 수 없다.267) ⓕ 적법절차원칙에서 도출할 수 있
는 가장 중요한 절차적 요청 중의 하나로, 당사자에게 적절한 고지를 할 것, 당사자에게 의견
및 자료 제출 기회를 부여할 것을 들 수 있다. 그러나 적법절차원칙이 구체적으로 어떠한 절
차를 어느 정도로 요구하는지는 일률적으로 말하기 어렵고, 규율되는 사항의 성질, 관련 당사
자의 사익, 절차 이행으로 제고될 가치, 국가작용의 효율성, 절차에 소요되는 비용, 불복의 기
회 등 다양한 요소를 형량하여 개별적으로 판단할 수밖에 없다.268)

(ⅲ) 비례성원칙과 맺는 관계

   적법절차를 법률이 정한 절차와 그 실체적인 내용이 합리성과 정당성을 갖춘 적정한 것이
어야 한다는 것으로 이해한다면, 그 법률이 기본권의 제한입법에 해당하는 한 헌법 제37조
제2항 일반적 법률유보조항의 해석상 요구되는 기본권제한법률의 정당성 요건과 개념상 중복
된다.269) 이러한 점에서 실체적 적법절차를 제외한 절차적 적법절차를 국가작용 전체에 대해

---

264) 헌재 2019. 6. 28. 2017헌바135, 공보 273, 715, 718: "적법절차원칙에서 도출할 수 있는 중요한 절차적 요청은
     당사자에게 적절한 고지를 행할 것, 당사자에게 의견 및 자료제출의 기회를 부여할 것을 들 수 있겠으나, 이 원
     칙이 구체적으로 어떠한 절차를 어느 정도로 요구하는지는 규율되는 사항의 성질, 관련 당사자의 사익, 절차의
     이행으로 제고될 가치, 국가작용의 효율성, 절차에 소요되는 비용, 불복의 기회 등 다양한 요소들을 형량하여 개
     별적으로 판단할 수밖에 없다(헌재 2011. 10. 25. 2009헌마691; 헌재 2014. 9. 25. 2012헌마523 참조)."
265) 청문에서는 진술이나 자료·증거제출의 기회, 반대신문의 기회가 주어진다.
266) 대법원은 '적정'하다 함은 공정하고 합리적이며 상당성이 있어 정의관념에 합치하는 것을 말한다고 한다[대법원
     1998. 1. 16. 선고 88초60 판결(집36-3, 236; 공1988하, 1493)].
267) 헌재 2004. 5. 14. 2004헌나1, 판례집 16-1, 609, 631-632.
268) 헌재 2006. 5. 25. 2004헌가12, 판례집 18-1하, 58, 66-67; 헌재 2017. 6. 29. 2015헌바29, 판례집 29-1, 252, 259.
269) 헌재 1992. 12. 24. 92헌가8, 판례집 4, 853, 877: "우리 현행 헌법에서는 제12조 제1항의 처벌, 보안처분, 강제
     노역 등 및 제12조 제3항의 영장주의와 관련하여 각각 적법절차의 원칙을 규정하고 있지만 이는 그 대상을 한정

서 절차 준수를 요구하는 일반적·포괄적 원칙으로 정립하려는 견해가 있다.270) 그러나 헌법 제37조 제2항의 비례성원칙은 입법절차에 국한되지만, 법치국가원리의 내용 중 하나인 비례 성원칙은 모든 국가작용에 적용되고, 기본권의 객관적 내용에는 국가조직과 절차 형성의 기 준이 있으므로 적법절차원칙을 비례성원칙과 구별되는 독자적 위헌심사기준으로 인정할 실익 은 없다. 이러한 점에서 적법절차원칙은 신체의 자유의 객관적 내용인 국가조직과 절차 형성 의 기준을 구체화하는 것으로 볼 수 있다. 헌법재판소는 적법절차원칙이 법률의 위헌 여부에 관한 심사기준으로 작용하면, 특히 형사소송절차에서는 법률에 따른 형벌권 행사라도 신체의 자유의 본질적인 내용을 침해하지 않아야 할 뿐 아니라 비례성원칙이나 과잉입법금지원칙에 어긋나지 아니하는 한도 안에서만 그 적정성과 합헌성이 인정된다는 의미가 있으므로, 결국 적법절차원칙 위반 여부는 비례성원칙이나 과잉입법금지원칙에 위반되는지에 따라 결정된다 고 한다.271)

⑤ 적용대상과 범위

(ⅰ) 대상: 처벌·보안처분·강제노역(예시적) – 본인에게 불이익인 모든 제재

헌법 제12조 제1항은 처벌, 보안처분, 강제노역 등과, 제12조 제3항은 영장원칙과 관련하 여 각각 적법절차원칙을 규정한다. 하지만 이는 그 대상을 한정적으로 열거하는 것이 아니라 그 적용대상을 예시한 것에 불과하다.272)

적으로 열거하고 있는 것이 아니라 그 적용대상을 예시한 것에 불과하다고 해석하는 것이 우리의 통설적 견해이 다. 다만 현행 헌법상 규정된 적법절차의 원칙을 어떻게 해석할 것인가에 대하여 표현의 차이는 있지만 대체적 으로 적법절차의 원칙이 독자적인 헌법원리의 하나로 수용되고 있으며 이는 형식적인 절차 뿐만 아니라 실체적 법률내용이 합리성과 정당성을 갖춘 것이어야 한다는 실질적 의미로 확대 해석하고 있으며, 우리 헌법재판소의 판례에서도 이 적법절차의 원칙은 법률의 위헌여부에 관한 심사기준으로서 그 적용대상을 형사소송절차에 국한 하지 않고 모든 국가작용 특히 입법작용 전반에 대하여 문제된 법률의 실체적 내용이 합리성과 정당성을 갖추고 있는지 여부를 판단하는 기준으로 적용되고 있음을 보여주고 있다(당 헌법재판소 1989.9.8. 선고, 88헌가6 결정; 1990.11.19. 선고, 90헌가48 결정 등 참조), 현행 헌법상 적법절차의 원칙을 위와 같이 법률이 정한 절차와 그 실 체적인 내용이 합리성과 정당성을 갖춘 적정한 것이어야 한다는 것으로 이해한다면, 그 법률이 기본권의 제한입 법에 해당하는 한 헌법 제37조 제2항의 일반적 법률유보조항의 해석상 요구되는 기본권제한법률의 정당성 요건 과 개념상 중복되는 것으로 볼 수도 있을 것이나, 현행 헌법이 명문화하고 있는 적법절차의 원칙은 단순히 입법 권의 유보제한이라는 한정적인 의미에 그치는 것이 아니라 모든 국가작용을 지배하는 독자적인 헌법의 기본원리 로서 해석되어야 할 원칙이라는 점에서 입법권의 유보적 한계를 선언하는 과잉입법금지의 원칙과는 구별된다고 할 것이다. 따라서 적법절차의 원칙은 헌법조항에 규정된 형사절차상의 제한된 범위내에서만 적용되는 것이 아 니라 국가작용으로서 기본권제한과 관련되든 관련되지 않든 모든 입법작용 및 행정작용에도 광범위하게 적용된 다고 해석하여야 할 것이고, 나아가 형사소송절차와 관련시켜 적용함에 있어서는 형벌권의 실행절차인 형사소송 의 전반을 규율하는 기본원리로 이해하여야 하는 것이다. 더구나 형사소송절차에 있어서 신체의 자유를 제한하 는 법률과 관련시켜 적용함에 있어서는 법률에 따른 형벌권의 행사라고 할지라도 신체의 자유의 본질적인 내용 을 침해하지 않아야 할 뿐 아니라 비례의 원칙이나 과잉입법금지의 원칙에 반하지 아니하는 한도내에서만 그 적 정성과 합헌성이 인정될 수 있음을 특히 강조하고 있는 것으로 해석하여야 할 것이다."

270) 김하열, 『헌법강의』, 박영사, 2018, 372~374쪽.
271) 헌재 2004. 9. 23. 2002헌가17등, 판례집 16－2상, 379, 390.
272) 같은 견해: 계희열, 『헌법학(중)(신정2판)』, 박영사, 2007, 304쪽; 권영성, 『헌법학원론(개정판)』, 법문사, 2010,

（ ii ） 범위: 입법·집행·사법절차 전반

적법절차원칙은 법률의 위헌 여부에 관한 심사기준으로서 그 적용대상을 형사소송절차에 국한하지 않고 모든 국가작용, 특히 입법작용 전반에서 문제가 된 법률의 실체적 내용이 합리성과 정당성이 있는지를 판단하는 기준으로 적용된다.273) 법률제정절차와 관련한 적법절차는 이른바 청문절차로서 국민은 자신의 이해관계와 관련하여 그 법적 지위를 확보하기 위해서 국가적인 재편계획에 대하여 입장을 표명할 기회를 주어야 한다는 것이다. 즉 국민이 국가적 활동의 단순한 객체로 전락하여서는 안 된다는 것이다.274) 행정처분을 통한 국민의 자유와 권리 침해가 증대되는 현실을 감안하면 행정절차에도 적법절차원리가 적용되어야 한다.275)

형사소송법은 형사절차 중 증거 판단과 사실 인정에 관해서 헌법상 적법절차를 구현하려고 자유심증주의를 원칙으로 규정한다(제308조). 법관의 올바른 자유심증을 위해서는 당사자가 절차의 주체가 되어 자유롭게 각자에게 유리한 모든 증거를 제출하여 활발한 입증활동을 하는 가운데 법관도 객관적인 입장에서 증거를 자유롭게 평가할 여건이 갖추어질 것을 전제한다.276)

(5) 영장제도[(사전)영장원칙]

① 의의

영장제도란 형사절차와 관련하여 체포·구속·압수 등의 강제처분277)을 할 때 사법권 독립에 따라서 그 신분이 보장되는 법관이 발부한 영장을 통하지 않으면 아니 된다는 것이다. 따라서 헌법상 영장원칙의 본질은 체포·구속·압수·수색 등 기본권을 제한하는 강제처분을 할 때 중립적인 법관의 구체적 판단을 거쳐야 한다는 데 있다.278) 영장제도는 적법절차의 한 요소로서 범죄수사에서 부당한 인권 침해와 신체의 자유 침해를 막기 위한 제도이다. 신체의 자유를 심각하게 침해하는 체포·구속·압수나 수색은 공정하고 독립적인 지위가 있는 법관의 판단에 따라 발부한 영장을 사전에 제시하고서만 하게 함으로써 수사기관의 불법적인 체포·구속·압수나 수색의 남용을 방지하려는 데 영장제도의 의의가 있다. 영장제도는 영미법에서 발생하여 발달한 제도로서 한국에는 1948년 3월 20일 군정법령 제176호를 통해서 도입되었고, 1948년 헌법이 이를 직접 규정하였다.

426~427쪽; 홍성방, 『헌법학(중)(제2판)』, 박영사, 2015, 107쪽.

273) 헌재 1992. 12. 24. 92헌가8, 판례집 4, 853, 877; 헌재 2001. 11. 29. 2001헌바41, 판례집 13-2, 699, 704; 헌재 2013. 8. 29. 2011헌바253등, 판례집 25-2상, 424, 436; 헌재 2019. 2. 28. 2017헌바196, 판례집 269, 247, 249.

274) 헌재 1994. 12. 29. 94헌마201, 판례집 6-2, 510, 529.

275) 계희열, 『헌법학(중)(신정2판)』, 박영사, 2007, 305~306쪽.

276) 헌재 1996. 12. 26. 94헌바1, 판례집 8-2, 808, 831.

277) 법무부 장관의 출국금지결정은 형사재판에 계속 중인 국민의 출국의 자유를 제한하는 행정처분일 뿐이고, 영장원칙이 적용되는 신체에 직접 물리적 강제력을 수반하는 강제처분이 아니다(헌재 2015. 9. 24. 2012헌바302, 판례집 27-2상, 514, 520-521).

278) 헌재 2018. 6. 28. 2012헌마538, 판례집 30-1하, 596, 608.

② 수사기관의 불법적인 신체의 자유 침해 예방과 방지

신체의 자유를 심각하게 침해하는 체포·구속은 먼저 그에 대한 필요성 유무를 법관이 판단하도록 하고 그가 발부한 영장을 통해서만 가능하도록 함으로써 수사기관의 불법적인 체포·구속의 남용을 방지하려는 것이다. 영장 발부는 법관의 체포·구속 허가이므로 체포·구속에 대한 사법적 억제가 가능하게 되고, 이로써 신체의 자유를 그만큼 보호하게 된다. 특히 현행 형사소송법이 구속 전 피의자심문제도(영장실질심사제도)를 규정함으로써 인신구속에 대한 실질적인 사법적 억제가 가능하게 되었다. 영장원칙은 구속 개시 시점에 한하지 않고 구속영장의 효력을 계속 유지할 것인지 아니면 취소나 실효시킬 것인지도 사법권독립의 원칙에 따라서 신분이 보장되는 법관의 판단을 통해서만 결정하여야 한다는 것을 뜻한다. 그 밖에 검사나 다른 국가기관의 의견에 따라서 좌우되도록 하는 것은 헌법상 적법절차원칙에 어긋난다.[279]

현행헌법 제12조 제3항 중 '검사의 신청'이라는 부분의 취지는 모든 영장 발부에 검사의 신청이 필요하다는 것이 아니라 수사단계에서 영장 발부를 신청할 수 있는 사람을 검사로 한정한 것이다. 즉 수사단계에서 영장을 신청할 때 반드시 법률전문가인 검사를 거치도록 함으로써 다른 수사기관의 무분별한 영장 신청을 막아 국민의 기본권을 침해할 가능성을 줄이려는 데 그 취지가 있다. 헌법 제12조 제3항의 규정 취지를 공판단계에서 영장 발부에도 검사 신청이 필요한 것으로 해석하는 것은 신체의 자유를 보장하기 위한 사법적 억제 대상인 수사기관이 사법적 억제 주체인 법관을 통제하는 결과를 낳아 오히려 영장원칙의 본질에 어긋난다.[280]

형사소송법은 인신구속 남용을 막기 위하여 구속영장에는 구체적 사항을 명시하도록 규정함으로써 구체적 사항이 명시되지 않은 이른바 일반영장을 금지한다. 즉 법원의 피고인 구속에서 구속영장에는 "피고인의 성명, 주거, 죄명, 공소사실의 요지, 인치구금할 장소, 발부년월일, 그 유효기간과 그 기간을 경과하면 집행에 착수하지 못하며 영장을 반환하여야 할 취지를 기재"하여야 한다(형사소송법 제75조). 검사나 사법경찰관의 피의자 구속에서는 이러한 규정이 준용되지만, 공소사실 요지 대신에 피의사실 요지를 기재하여야 한다(형사소송법 제209조).

수사기관의 피의자에 대한 강제처분에 관한 법률을 제정할 때 입법자는 헌법적 특별규정인 헌법 제12조 제3항을 준수하는 범위 안에서 우리 사회의 법현실, 수사관행, 수사기관과 국

---

279) 헌재 1992. 12. 24. 92헌가8, 판례집 4, 853, 885. 헌법재판소는 구 형사소송법 제97조 제3항에 대하여 "이 사건 규정은 당해 피고인에 대한 보석허가결정이 부당하다는 검사의 불복을 그 피고인에 대한 구속집행을 계속할 필요가 없다는 법원의 판단보다 우선시킨 것이며, … 구속의 여부와 구속을 계속시키는 여부에 대한 판단은 헌법 제103조에 의하여 독립이 보장된 법관의 결정에만 맡기려는 … 영장주의에 위반된다."라고 하여 위헌결정을 내렸다(헌재 1993. 12. 23. 93헌가2, 판례집 5-2, 578, 599-600).

280) 헌재 1997. 3. 27. 96헌바28등, 판례집 9-1, 313, 322-323.

민의 법의식수준 등을 종합적으로 검토한 다음 구체적 사정에 따라서 다양한 정책적인 선택을 할 수 있다.[281]

헌법재판소를 따르면 입법자는 수사기관의 피의자에 대한 강제처분에 관한 법률을 제정할 때 헌법적 특별규정인 영장원칙을 준수하는 범위 안에서 우리 사회의 법현실, 수사관행, 수사기관과 국민의 법의식수준 등을 종합적으로 검토하고 나서, 구체적 사정에 따라서 다양한 정책적인 선택을 할 수 있다. 먼저 형식적으로 영장원칙에 위배되는 법률은 곧바로 헌법에 위반된다. 나아가 형식적으로는 영장원칙을 준수하였더라도 실질적인 측면에서 입법자가 합리적인 선택범위를 일탈하는 것 등 그 입법형성권을 남용하였다면 그러한 법률은 자의금지원칙에 위배되어 헌법에 위반된다.[282]

③ 형사소송법의 구체화

형사소송법은 제73조 이하에서 법원의 피고인 구속에 대한 영장원칙을, 제200조의2 이하에서 검사나 사법경찰관의 피의자 체포, 제201조 이하와 제209조에서 검사나 사법경찰관의 피의자 구속에 대한 영장원칙을 구체화한다.

④ 영장실질심사제도

과거 임의동행 형식을 빌려 보호실 유치를 하는 식의 불법적 관행이 있었다. 이에 대해서 대법원은 강제력을 행사한 임의동행은 불법구금이라고 하고, 적법절차에 따르지 아니한 보호실유치는 불법이라고 하였다.[283] 이러한 문제점을 해결하고, 불구속 수사와 불구속재판 원칙(구속수사·재판은 예외)을 확립하여 영장 발부에서 요구되는 적법절차를 강화하려고 영장실질심사제도를 도입하였다(형사소송법 제201조의2). 이는 구속영장이 청구되면 법관이 직접 피의자를 심문하여 영장발부 여부를 결정하는 법관에 의한 구속 전 피의자심문제도이다. 체포나 긴급체포 또는 현행범인으로 체포된 피의자에 대해서 구속영장을 청구받은 판사는 즉시 피의자를 심문하되, 특별한 사정이 없으면 구속영장이 청구된 날의 다음날까지 심문하여야 한다(형사소송법 제201조의2 제1항). 체포되지 않은 그 밖의 피의자에 대해서 구속영장을 청구받은 판사는 피의자가 죄를 범하였다고 의심할 만한 이유가 있으면 구인을 위한 구속영장을 발부하여 피의자를 구인하고 나서 심문하여야 한다(형사소송법 제201조의2 제2항). 심문할 피의자에게 변호인이 없으면 지방법원판사는 직권으로 변호인을 선정하여야 한다(형사소송법 제201조의2 제8항).

---

281) 헌재 1995. 6. 29. 93헌바45, 판례집 7-1, 873, 882-883; 헌재 2003. 12. 18. 2002헌마593, 판례집 15-2하, 637, 648; 헌재 2012. 5. 31. 2010헌마672, 판례집 24-1하, 652, 656; 헌재 2018. 6. 28. 2012헌마538, 판례집 30-1하, 596, 608-609.

282) 헌재 2012. 12. 27. 2011헌가5, 판례집 24-2하, 316, 322.

283) 대법원 1994. 3. 11. 선고 93도958 판결(집42-1, 628; 공1994상, 1229).

⑤ 헌법상 인정된 사전영장원칙의 예외

체포·구속은 사전영장을 원칙으로 하지만, (ⅰ) 현행범인·준현행범인, (ⅱ) 긴급체포, (ⅲ) 비상계엄시 특별조치에는 예외가 인정된다. 현행범인·준현행범인과 긴급체포는 법관의 사전영장 없이 범인을 체포하여도 권리 침해가 문제 될 여지가 없는 명백한 때이고, 법관의 사전영장을 기다리다가는 국가형벌권 행사가 불가능하거나 심히 곤란하게 될 것이 분명하므로 사후영장제도를 인정한다. 비상계엄 시 특별조치는 비상사태 극복을 위한 불가피한 예외이다.

(ⅰ) 현행범인·준현행범인

현행법인은 범죄 실행 중에 있거나 실행 즉후인 사람을 말한다(형사소송법 제211조 제1항). 준현행범인은 ⓐ 범인으로 호창되어 추적되는 때, ⓑ 장물이나 범죄에 사용되었다고 인정함에 충분한 흉기, 그 밖의 물건을 소지하는 때, ⓒ 신체나 의복류에 현저한 증적이 있는 때, ⓓ 누구임을 물음에 대해서 도망하려는 때에 해당되어 현행범인으로 간주되는 사람을 말한다(형사소송법 제211조 제2항). 준현행범인을 포함한 현행범인은 누구나 영장 없이 체포할 수 있다(형사소송법 제212조). 다만, 다액 50만원 이하의 벌금·구류 또는 과료에 해당하는 경미한 죄의 현행범인에 대해서는 범인의 주거가 분명하지 아니한 때만 영장 없이 체포할 수 있다(형사소송법 제214조). 현행범인을 체포할 때 검사나 사법경찰관이 구속할 필요가 있다고 인정하면 관할 지방법원판사에게 체포하거나 인도받은 때부터 48시간 이내에 구속영장을 청구하여야 한다(형사소송법 제200조의2 제5항, 제213조의2). 피의자를 구속영장 없이 현행범으로 체포하려면 체포 당시에 피의자에 대해서 피의사실 요지, 체포 이유와 변호인을 선임할 수 있음을 말하고 변명할 기회를 주고 나서가 아니면 체포할 수 없고(형사소송법 제200조의5, 제213조의2), 이러한 절차를 밟지 아니한 채 실력으로 연행하려 하였다면 적법한 공무집행으로 볼 수 없다.[284]

(ⅱ) 긴급체포

피의자가 사형·무기 또는 장기 3년 이상의 징역이나 금고에 해당하는 죄를 범하였다고 의심할 만한 상당한 이유가 있고, 도피 또는 증거인멸의 염려가 있을 때 긴급을 요하여 체포영장을 받을 수 없으면 영장 없이 피의자를 체포하고 48시간 이내에 긴급체포서를 첨부하여 구속영장을 청구할 수 있다(헌법 제12조 제3항 단서, 형사소송법 제200조의3, 제200조의4).

(ⅲ) 비상계엄 시 특별조치

비상계엄이 선포되면 군사상 필요한 때 영장제도에 특별한 조치를 할 수 있다(헌법 제77조 제3항, 계엄법 제9조 제1항). 비상계엄 아래에서도 영장제도 자체를 배제하는 것은 인정될 수 없다.[285]

---

284) 대법원 1995. 5. 9. 선고 94도3016 판결(공1995상, 2145).
285) "… 헌법 제9조는 국민의 신체의 자유 보장을 기본정신으로 한 것으로 모든 국민은 법률에 의하지 아니하고는

(iv) 별건체포·구속

별건체포·구속은 수사기관이 본래 수사하고자 하는 사건(본건)에 대해서는 구속요건이 구비되지 않았으므로, 본건 수사에 이용할 목적으로 구속요건이 구비된 별건으로 체포나 구속하는 것을 말한다. ⓐ 별건체포·구속은 본건(중대사건)에 관해서 법관의 사전심사가 회피되어 영장제도의 존재 의의를 상실하므로 헌법 제12조 제3항에 위반되고, ⓑ 체포·구속이유 고지가 본건에 관해서 보장되지 아니하므로 헌법 제12조 제5항에 위반되며, ⓒ 그것이 자백을 얻기 위한 부당한 수단으로 이용되면 헌법 제12조 제2항에 위반되고, ⓓ 전체적으로 그 절차가 적정하지 못하므로 헌법 제12조 제1항 제2문의 적법절차에 위반된다.[286] 그러나 구속 중인 피의자에 대한 여죄수사까지 금지되는 것은 아니다. 즉 ⓐ 피의자가 스스로 자백한 때, ⓑ 여죄가 경미한 때, ⓒ 영장기재사항과 동종사항이거나 관련 있는 때는 여죄수사가 허용된다.

⑥ 압수·수색영장

(ⅰ) 사전영장원칙과 그 예외

압수나 수색할 때도 적법한 절차에 따라 발부된 영장이 필요하다(헌법 제12조 제3항). 그러나 체포·구속, 긴급체포와 현행범인 체포에 따라서 피의자나 피고인을 체포·구속하면 체포·구속장소에서 압수·수색을 할 수 있다(형사소송법 제216조 제1항 제2호, 제2항). 범행 중 또는 범행 직후의 범죄 장소에서 긴급을 요하여 법원판사의 영장을 받을 수 없으면 영장 없이 압수·수색을 할 수 있다. 이때 사후에 즉시 영장을 받아야 한다(형사소송법 제216조 제3항). 검사나 사법경찰관은 긴급체포된 사람의 소유, 소지 또는 보관하는 물건에 대해서는 긴급히 압수할 필요가 있으면 체포한 때부터 24시간 이내에 한하여 영장 없이 압수·수색을 할 수 있다(형사소송법 제217조 제1항). 그리고 검사, 사법경찰관은 피의자 기타인의 유류한 물건이나 소유자, 소지자 또는 보관자가 임의로 제출한 물건을 영장 없이 압수할 수 있다(형사소송법 제

체포, 구금, 압수, 심문, 처벌과 강제노역을 받지 아니함을 규정하고 법률에 의하여 체포, 구금, 압수할 경우에도 법관의 영장이 있어야 함을 명백히 하였으며 단시 범죄후의 현행범인의 도피 또는 증거인멸의 염려가 있을 때에 한하여 수사기관은 법률의 정한 바에 의하여 사후에 영장의 교부를 청구할 수 있는 예외의 경우를 제외하고는 여하한 경우에도 법관의 영장 없는 체포, 구금, 압수, 수색할 수 없다는 것이 헌법 제9조의 정상적 해석일 뿐 아니라 국민의 기본권리인 신체의 자유를 보장한 헌법정신에 적응하다고 확신한다. …… 혹자는 헌법 제9조 제2항의 규정은 헌법 제64조에 규정한 계엄의 성질에 의하여 당연히 제한되는 것이라고 논하려 하나 동조에는 법률의 정한 바에 의하여 계엄을 선포할 것을 규정하였을 뿐이오 계엄으로 인하여 헌법에 규정한 사항이 당연히 제한된다는 것은 헌법전반을 통하여 규지할 조건도 없고 논의할 근거도 없을 뿐 아니라 계엄에 관한 법률에도 헌법의 규정에 위반한 사항을 규정할 수 없음은 국법상의 상식일 것이다."(단기4286년 헌위제2호: 1953년 10월 8일 헌법위원회결정)

286) 계희열, 『헌법학(중)(신정2판)』, 박영사, 2007, 309~310쪽; 권영성, 『헌법학원론(개정판)』, 법문사, 2010, 433쪽; 김철수, 『학설·판례 헌법학(상)』, 박영사, 2008, 732쪽; 김학성, 『헌법학원론(전정3판)』, 피앤씨미디어, 2019, 474쪽; 성낙인, 『헌법학(제19판)』, 법문사, 2019, 1085쪽; 이부하, 『헌법학(상)』, 법영사, 2019, 308쪽; 정종섭, 『헌법학원론(제12판)』, 박영사, 2018, 538쪽; 허 영, 『한국헌법론(전정15판)』, 박영사, 2019, 394~395쪽; 홍성방, 『헌법학(중)(제2판)』, 박영사, 2015, 111쪽.

218조). 또한, 공판 안에서 하는 압수·수색은 영장이 필요 없다(형사소송법 제113조). 압수·수색할 때 반드시 영장을 제시하여야 한다. 영장 사본을 팩스로 송부하였을 뿐이고 영장 원본을 제시하지 않았다면. 영장을 제시한 것으로 볼 수 없다.[287] 압수·수색영장은 현장에서 피압수자가 여러 명이면 그들 모두에게 개별적으로 영장을 제시하여야 하는 것이 원칙이라서, 수사기관이 압수·수색에 착수하면서 그 장소의 관리책임자에게 영장을 제시하였더라도 물건을 소지한 다른 사람에게서 이를 압수하고자 하면 그 사람에게 따로 영장을 제시하여야 한다.[288] 압수·수색영장을 집행할 때 피압수·수색자가 그 내용을 충분히 알지 못한 상태에서 영장을 뺏는 것은 헌법상 적법절차원칙에 어긋난다. 이때 설사 영장 집행 절차 지연 등을 예방하려고 구두로 설명하였더라도 영장 제시 제도의 취지상 적법하지 않다.[289]

(ii) 행정상 즉시강제와 영장제도

행정상 즉시강제는 목전에 급박한 행정상 장해를 제거할 필요가 있거나 미리 의무를 명할 시간적 여유가 없을 때 또는 성질상 의무를 명하여서는 목적 달성이 곤란하면 즉시 국민의 신체나 재산에 실력을 가하여 행정상 필요한 상태를 실현하는 작용이다. 행정상 즉시강제에 절차적 한계로서 '사전영장원칙'이 적용되는지가 문제 된다.[290] 영장 필요성 여부를 분명히 밝힌 명문 규정이 없고, 학설이 대립한다.

ⓐ 학설

㈎ 영장불요설

영장불요설은 헌법상 영장제도는 형사작용에만 적용되는 것이지 행정작용에는 적용되지 않는다는 견해이다.[291] 행정상 즉시강제는 행정상 의무를 명할 여유가 없는 급박한 때에 문제 되므로, 이때 영장을 필요로 한다는 것은 헌법이 예상하는 바가 아니라는 것이다.

㈏ 영장필요설

헌법 제12조 제3항에는 체포·구금·압수·수색을 할 때는 영장원칙이 적용된다고 규정된

---

287) 대법원 2017. 9. 7. 선고 2015도10648 판결.

288) 대법원 2017. 9. 21. 선고 2015도12400 판결(공2017하, 2033).

289) 18진정0124600 사건 2018. 11. 29. 국가인권위원회 침해구제제1위원회 결정(https://www.humanrights.go.kr/site/program/board/basicboard/view?boardtypeid=24&boardid=7603730&menuid=001004002001).

290) 헌법 제12조 제3항의 영장제도는 원칙상 형사절차상 인신 구속에 적용되므로 검사 신청에 따라서 법관이 발부한 영장이 그대로 행정목적을 위한 인신 구속에도 요구된다고 볼 수 없으므로 이러한 논의는 적절하지 않다는 견해가 있다[박균성, 「행정상 인신구속에 대한 법적 통제」, 『공법학의 제문제』(현제김영훈박사화갑기념논문집), 법문사, 1995, 16~19쪽]. 이 견해는 행정목적을 위한 인신구속을 법원의 결정에 따라서 할 것인지를 검토할 필요가 있다고 하면서, 이는 입법을 통해서 해결되어야 하지만 헌법상 적법절차원칙과 영장제도의 취지가 행정상 인신구속에도 반영되어야 한다고 한다. 그리고 그동안 한국 실정에 비추어 인신 구속의 결정기관을 사법기관이나 사법적 특별기관으로 하는 것이 타당하다고 한다. 그러나 헌법 제12조 제3항이 영장제도 적용대상을 형사절차에 한정하지 않으므로 영장제도의 적용범위를 논의하는 것은 실익이 있다.

291) 문홍주, 『제6공화국 한국헌법』, 해암사, 1987, 246쪽; 박일경, 『제6공화국 신헌법』, 법경출판사, 1990, 248쪽; 한수웅, 『헌법학(제9판)』, 법문사, 2019, 652쪽.

바, 영장제도는 형사작용인지 행정작용인지를 불문하고 적용된다는 견해이다.[292] 따라서 행정목적을 위한 것이라고 하여도 주거 침입, 신체나 주거 수색을 위해서는 영장이 필요하다는 것이다. 요컨대 이 견해는 형사와 행정이 목적에 차이가 있더라도 기본권 보장 취지는 같다는 견해이다.

(다) 절충설

원칙적으로 국민의 기본권 보장이라는 관점에서 영장이 필요한 것이긴 하나, 행정상 즉시강제 중에서 행정목적 달성을 위해서 불가피하다고 인정할 만한 합리적인 이유가 있으면 사전영장 없이도 강제조치를 할 수 있다는 견해이다.[293] 행정목적을 위해서 불가피할 때 영장이 불필요하나 행정상 즉시강제의 목적과 형사사법의 목적이 경합하면 영장원칙이 적용되어야 한다는 견해도 있다.[294] 즉 행정상 즉시강제의 수단으로 하는 임검·수색·압류 등이 동시에 범죄수사로서 목적이 있으면 영장을 필요로 한다고 한다. 행정목적을 달성을 위해서 불가피한 즉시강제조치에는 영장이 필요 없으나, 계속적인 입원 등 장기적인 자유 박탈에는 법관의 영장이 필요하다는 견해도 있다.[295]

ⓑ 판례

헌법재판소는 불법게임물 수거·폐기라는 행정상 즉시강제는 그 본질상 급박성을 요건으로 하여 법관의 영장을 기다려서는 그 목적을 달성할 수 없으므로 원칙적으로 영장원칙이 적용되지 않는다고 한다.[296] 대법원은 사전영장원칙은 인신보호를 위한 헌법상 기속원리이므로 인신의 자유를 제한하는 모든 국가작용 영역에서 존중되어야 하지만, 헌법 제12조 제3항 단서도 사전영장원칙 예외를 인정하는 것처럼 사전영장원칙을 고수하다가는 도저히 행정목적을 달성할 수 없는 지극히 예외적인 때에는 형사절차처럼 예외가 인정되므로, 구 사회안전법 제11조 소정의 동행보호규정은 재범 위험성이 현저한 사람을 상대로 긴급히 보호할 필요가 있는 때만 단기간의 동행보호를 허용한 것으로서 그 요건을 엄격히 해석하는 한, 동 규정 자체가 사전영장원칙을 규정한 헌법규정에 어긋난다고 볼 수는 없다고 한다.[297]

---

292) 이상규, 『신행정법론(상)(신판)』, 법문사, 1994, 553~554쪽. 다만, ① 성질상 미리 의무를 명하는 것으로 행정목적을 달성할 수 없으면 장해의 급박성으로 말미암은 때가 아니므로 원칙적으로 언제나 영장을 요하지만, ② 목전의 긴급한 장애 제거를 위해서 미리 의무를 명할 여유가 없으면 현행범인의 체포·구속 등에 준하여 영장을 요하지 아니한다고 한다.

293) 구병삭, 『신헌법원론(제3전정판)』, 박영사, 1996, 550쪽; 성낙인, 『헌법학(제19판)』, 법문사, 2019, 1087쪽; 이부하, 『헌법학(상)』, 법영사, 2019, 308쪽; 허 영, 『한국헌법론(전정15판)』, 박영사, 2019, 395쪽.

294) 계희열, 『헌법학(중)(신정2판)』, 박영사, 2007, 311쪽; 권영성, 『헌법학원론(개정판)』, 법문사, 2010, 431쪽; 홍성방, 『헌법학(중)(제2판)』, 박영사, 2015, 111쪽.

295) 김철수, 『학설·판례 헌법학(상)』, 박영사, 2008, 733쪽; 정종섭, 『헌법학원론(제12판)』, 박영사, 2018, 537쪽.

296) 헌재 2002. 10. 31. 2000헌가12, 판례집 14－2, 345, 359.

297) 대법원 1997. 6. 13. 선고 96다56115 판결(공1997하, 2157).

ⓒ 사견

헌법 제12조 제3항과 제16조의 영장제도에 관한 규정은 연혁적으로는 형사사법작용을 염두에 둔 규정이기는 하다. 하지만 영장제도는 국가작용의 종류와 상관없이 국민의 신체의 자유를 보장하는 데 그 취지가 있으므로 행정작용에 적용되지 아니한다는 견해는 타당하지 않다. 따라서 헌법상 영장제도에 관한 규정은 원칙적으로 형사사법작용뿐 아니라 행정상 즉시강제에도 적용되는 것으로 보아야 한다. 다만, 행정상 즉시강제의 성질상 행정목적 달성을 위해서 불가피하다고 인정할 만한 합리적인 이유가 있는 특수한 때만 영장원칙 적용이 배제될 수도 있다. 그러나 그러한 예외는 국민의 기본권보장 취지에 입각하여 엄격하게 해석되어야 한다.298)

(6) 체포 · 구속적부심사제
① 헌법규정

헌법 제12조 제6항은 체포 · 구속적부심사제를 규정하고, 형사소송법 제214조의2는 이를 구체화한다. 다만, 신체의 자유는 수사기관뿐 아니라 일반 행정기관을 비롯한 다른 국가기관도 직접 제한할 수 있으므로, 모든 형태의 공권력행사기관이 체포나 구속의 방법으로 신체의 자유를 제한하는 사안에도 헌법 제12조 제6항은 적용된다.299)

② 연혁

구속적부심사제도는 인신보호영장이 발부되면 법관 앞에서 구속 이유를 제시하여야 하고 정당한 이유가 없으면 석방하여야 하는 영미법계의 인신보호영장(habeas corpus)제도에서 유래한다. 이 제도의 정확한 기원은 불확실하나 적어도 1679년 인신보호법(Habeas Corpus Act)을 통해서 확립되었다. 이 제도는 미국 헌법 제1조 제9항에 채택되면서 더욱 발전하였다. 한국에는 1948년 미군정령 제176호 제17조 제5항에 따라서 구속적부심사제도로 도입되었고, 1948년 헌법이 제9조 제3항에 규정하였다. 1972년 헌법에서 삭제되어 1973년 2월 1일에 시행된 형사소송법중개정법률에 따라서 폐지되었다. 1980년 헌법 제11조 제5항에서 법률유보조항을 두고 제한적으로 부활하였다가 현행 헌법에서 법률유보조항이 삭제되어 모든 피구속자에게 구속적부심사 청구를 가능하게 하였고 심사대상 제한을 받지 않도록 하였다.

---

298) 그러나 행정상 즉시강제에 대한 영장 필요 여부를 둘러싼 이론적인 대립이 있어도 실무상으로 어떠한 범위의 행정공무원이 어떠한 때에 어떠한 형식의 영장을 어떠한 절차를 경유하여 청구할 수 있는지에 관한 현행법규정이 마련되어 있지 않다. 그리고 범죄수사 목적의 형사사법규정을 그대로 전용하기에는 성격이 맞지 아니하는 점이 있다. 따라서 이러한 입법미비상태가 제거되기까지는 논의 실익이 거의 없다.

299) 헌재 2004. 3. 25. 2002헌바104, 판례집 16－1, 386, 396; 헌재 2014. 8. 28. 2012헌마686, 판례집 26－2상, 397, 404.

③ 기능과 성격

영장원칙(체포영장, 구속영장 청구 시 피의자신문, 구속영장)은 수사기관의 불법체포·구속을 방지하기 위한 사전예방책이지만, 체포·구속적부심사제도, 형법상 불법체포·감금죄, 형사보상은 수사기관의 불법체포·구속을 방지하기 위한 사후구제책이다.

(ⅰ) 영장 발부에 대한 재심절차적 성격

체포·구속적부심사제도는 이미 법관이 발부한 체포·구속영장에 대해서 원칙적으로 영장을 발부한 법관이 아닌 법관이 재심사하므로 영장제도를 보완하는 기능을 한다. 수사기관의 불법적인 인신 구속에서 신체의 자유를 더 효과적으로 보장하려는 데 체포·구속적부심사제도의 의의가 있다.

(ⅱ) 체포나 구속의 계속이 정당한지의 현재적 심사

적부심사의 청구사유인 체포나 구속의 적부는 체포나 구속의 적부뿐 아니라 부당, 즉 구속 계속 필요성에 관한 판단을 포함한다. 따라서 체포·구속적부심사제도는 체포나 구속의 계속이 현재 정당한지를 심사하는 기능도 있다.

④ 내용

(ⅰ) 심사 청구 주체

헌법 제12조 제6항은 '누구든지' 체포나 구속을 당하면 적부 심사를 법원에 청구할 수 있다고 규정하고, 같은 조 제3항은 체포와 구속에도 적법절차 준수와 영장을 요구한다. 형사소송법에는 체포·구속적부심사를 청구할 수 있는 사람이 체포나 구속된 피의자, 그 변호인, 법정대리인, 배우자, 직계친족, 형제자매나 가족, 동거인 또는 고용주로 규정되어 피고인이 배제된다(형사소송법 제214조의2 제1항). 체포영장에 따라서 체포된 피의자뿐 아니라 긴급체포되거나 현행범으로 체포된 피의자, 위법하게 체포된 피의자도 체포적부심청구가 가능하다.[300]

(ⅱ) 심사청구 이유

체포·구속적부심사 이유에는 제한이 없다. 즉 모든 범죄에 대해서 청구가 가능하다(형사소송법 제214조의2).

(ⅲ) 심사기관

체포·구속적부심사 청구사건은 지방법원 합의부 또는 단독판사가 심사한다. 체포영장이나 구속영장을 발부한 법관은 체포·구속적부심사의 심문·조사·결정에 관여하지 못한다. 다만, 체포영장 또는 구속영장을 발부한 법관 외에는 심문·조사·결정을 할 판사가 없으면 그러하지 아니하다(형사소송법 제214조의2 제12항). 체포영장이나 구속영장을 발부한 법관의 예단을 배제하려는 취지이다.

---

300) 대법원 1997. 8. 27.자 97모21 결정(공1997하, 3191).

(ⅳ) 심사절차

체포·구속적부심사를 청구받은 법원은 청구서가 접수된 때부터 48시간 이내에 체포 또는 구속된 피의자를 심문하고 수사관계서류와 증거물을 조사하여 청구가 이유 없다고 인정하면 결정으로 이를 기각하고, 이유 있다고 인정하면 결정으로 석방을 명하여야 한다(형사소송법 제214조의2 제4항). 그러나 ⓐ 청구권자가 아닌 사람이 청구하거나 동일한 구속영장 발부에 대해서 재청구한 때, ⓑ 공범이나 공동피의자의 순차청구가 수사방해 목적임이 명백한 때에는 심문을 하지 않고 법원은 결정으로 청구를 기각할 수 있다(형사소송법 제214조의2 제3항). 검사·변호인·청구인은 심사기일에 출석하여 의견을 진술할 수 있다(형사소송법 제214조의2 제9항). 구속된 피의자에게 미성년자, 심신장애, 빈곤 등의 사유로 변호인이 없으면 국선변호인을 선정하여야 한다(형사소송법 제214조의2 제10항). ⓐ 죄증을 인멸할 염려가 있다고 믿을만한 충분한 이유가 있는 때와 ⓑ 피해자, 해당 사건의 재판에 필요한 사실을 안다고 인정되는 사람이나 그 친족의 생명·신체나 재산에 해를 가하거나 가할 염려가 있다고 믿을만한 충분한 이유가 있는 때가 아니면, 법원은 구속된 피의자에 대해서 피의자 출석을 보증할 만한 보증금 납입을 조건으로 결정으로 구속된 피의자 석방을 명할 수 있다(보증금납입조건부 피의자석방제도: 형사소송법 제214조의2 제5항).

(ⅴ) 심사대상 및 체포·구속적부판단 시점

체포·구속여부 심사는 영장발부의 요식과 절차에 관한 형식적 사항뿐 아니라 구속사유의 타당성과 적법성에 관한 실질사항도 그 대상으로 한다. 체포·구속적부 여부의 판단 시기는 구속영장집행 시를 기준으로 할 것이 아니라 적부심사 시를 기준으로 하는 타당하다. 그래야만 구속 후의 사정변경을 고려할 수 있기 때문이다.[301]

(ⅵ) 법원의 결정에 대한 불복?

법원의 체포·구속적부심사결정에 대해서는 검사나 피의자 모두가 항고할 수 없다(형사소송법 제214조의2 제8항). 이는 구속적부심사자체가 영장발부에 대한 항고적 성격이 있기 때문이다.

(ⅶ) 심사결과 석방하면 재체포·재구속 금지

체포·구속적부심사에 따라 일단 석방된 피의자는 도망하거나 죄증을 인멸하는 때를 제외하고는 동일한 범죄사실에 관하여 재차 체포나 구속하지 못한다(형사소송법 제214조의3 제1항).

(ⅷ) 체포적부심 결정 전 구속영장 청구

체포적부심에 관한 결정이 있기 전에 구속영장이 청구되면 체포적부심 담당재판부가 구속영장청구사건 담당 판사에게 체포적부심 사건을 송부하고, 동 판사가 함께 결정한다.

---

301) 같은 견해: 계희열, 『헌법학(중)(신정2판)』, 박영사, 2007, 316쪽; 권영성, 『헌법학원론(개정판)』, 법문사, 2010, 435쪽; 홍성방, 『헌법학(중)(제2판)』, 박영사, 2015, 114쪽.

(ix) 체포 또는 구속적부심 결정 전 전격 기소

체포 또는 구속적부심을 청구한 뒤 법원이 석방결정을 하려 하거나 석방결정을 내렸지만, 그 결정서등본이 검찰청에 송달되어 효력이 발생하기 직전에 검사가 전격적으로 공소제기하여 피의자 신분을 피고인으로 바꾸더라도 법원은 석방결정을 할 수 있고, 이미 한 석방결정은 그 효력을 유지한다(형사소송법 제214조의2 제4항 제2문).[302]

(7) 체포·구속 시 이유고지 및 가족에 대한 통지제도

① 의의

형사소송법이 구속이유 등 고지제도를 이미 규정하였다. 그러나 이것이 잘 지켜지지 않았고 불법적인 인신구속으로 말미암은 인권 침해가 빈발하였다. 따라서 이를 1987년 헌법에 규정하였다. 체포나 구속을 당할 때 그 이유를 알지 못하거나 변호인의 도움을 받을 권리가 있음을 알지 못한다면, 변명 기회나 방어수단을 가질 수 없을 뿐 아니라 그러한 때에 불법구금과 고문 등 심각한 인권침해행위가 자행될 가능성도 생긴다. 그리고 피의자가족도 체포나 구속의 이유, 일시, 장소 등을 알지 못하면 그 불안함은 말할 것도 없고 피의자를 도울 수도 없다. 따라서 이들에게도 이런 사실을 통지하여야 할 필요가 있다. 고지제도의 의의는 피의자와 피의자가족에게 체포나 구속의 이유, 일시, 장소, 변호인의 조력을 받을 권리가 있음을 고지함으로써 이들의 인권을 보호하려는 데 있다.

② 적용범위

체포나 구속이란 영장을 발부받아 체포나 구속하는 때만이 아니라 현행범인 등을 검사나 사법경찰관리가 체포·구속하는 긴급구속하는 때와 현행범인을 인도받은 때가 포함된다(형사소송법 제213조의2).

③ 고지받을 자와 통지받을 자

'고지받을 자'는 체포나 구속을 당하는 사람이다. '통지받을 자'는 가족 등 법률이 정하는 사람이다. 즉 변호인이 있으면 변호인, 변호인이 없으면 피의자의 법정대리인, 배우자, 직계가족과 형제자매 중 피의자가 지정하는 사람이다(형사소송법 제87조, 제30조 제2항).

④ 고지와 통지의 내용

형사피의자는 (ⅰ) 체포나 구속의 이유, (ⅱ) 변호인의 조력을 받을 권리가 있다는 사실을 고지받을 권리가 있다. 형사피의자의 가족은 (ⅰ) 체포나 구속의 이유, (ⅱ) 체포나 구속의 일시, (ⅲ) 체포나 구속의 장소, (ⅳ) 변호인의 조력을 받을 권리가 있다는 사실을 고지받을 권리가 있다.

---

302) 헌법재판소는 전격 기소가 헌법상 보장된 법관에게서 심사를 받고자 하는 청구인의 절차적 기회를 일방적으로 박탈한다고 하였다(헌재 2004. 3. 25. 2002헌바104, 판례집 16-1, 386, 400-402).

⑤ 고지 시기

고지 시기는 헌법이나 형사소송법에 명문 규정이 없으나, 사리상 체포나 구속 당시로 보아야 한다. 통지는 즉시 하여야 한다(형사소송법 제87조 제2항). 고지 방식에 관해서는 명문 규정이 없고, 통지 방식은 서면으로 하여야 한다(형사소송법 제72조, 제87조 제2항, 제213조의2).

⑥ 고지와 통지 의무자

형사피의자와 그 가족 등에게 고지나 통지하는 것은 수사기관의 의무이다(헌법 제12조 제5항, 형사소송법 제87조, 제88조). 수사기관이 이러한 고지나 통지를 이행하지 않으면 직권남용에 따른 불법행위로 간주되어 형사처벌을 받게 된다.[303]

⑦ 현행범인 체포와 긴급체포

현행범인을 체포하거나 긴급체포하는 때도 이유를 고지하여야 한다. 이러한 고지는 체포를 위한 실력 행사에 들어가기 이전에 미리 하여야 하는 것이 원칙이다. 그러나 달아나는 피의자를 쫓아가 붙들거나 폭력으로 대항하는 피의자를 실력으로 제압하면 붙들거나 제압하는 과정에서 하거나 그것이 여의치 않은 때라도 일단 붙들거나 제압하고 나서 즉시 하여야 한다.[304]

(8) 무죄추정원칙

① 헌법 제27조 제4항

헌법 제27조 제4항의 무죄추정원칙은 불리한 처지에 놓인 피의자·피고인의 지위를 보호하여 형사절차에서 그들의 불이익을 필요최소한에 그치게 하자는 것으로서 인간의 존엄성 존중을 궁극의 목표로 하는 헌법이념에서 나온다.[305] 형사소송법 제275조의2는 무죄추정원칙을 확인한다.

② 내용

(ⅰ) 무죄추정원칙은 누구라도 유죄 판결이 확정될 때까지는 무죄로 추정된다는 원칙, 즉 형사절차와 관련하여 아직 공소 제기가 없는 피의자는 물론이고 공소가 제기된 피고인까지도 유죄 판결이 확정될 때까지는 원칙적으로 무죄인으로 다루어야 한다는 것을 말한다. 여기서 유죄판결이란 실형 판결, 형 면제, 선고유예, 집행유예를 모두 포함하나, 실체적인 문제에 관한 판단 없이 재판의 형식적 종결인 면소판결은 제외된다. 그리고 유죄의 확정판결이 있기까지는 불이익을 입혀서는 안 된다고 할 것인데, 설사 불이익을 입혀도 필요한 최소한도에 그

---

303) 대법원 1995. 5. 9. 선고 94도3016 판결(공1995상, 2145): "피의자를 구속영장 없이 현행범으로 체포하기 위하여는 체포당시에 피의자에 대하여 범죄사실의 요지, 체포의 이유와 변호인을 선임할 수 있음을 말하고 변명할 기회를 준 후가 아니면 체포할 수 없고, 이와 같은 절차를 밟지 아니한 채 실력으로 연행하려 하였다면 적법한 공무집행으로 볼 수 없다."

304) 대법원 2000. 7. 4. 선고 99도4341 판결(공2000하, 1851).

305) 헌재 1995. 7. 21. 92헌마144, 판례집 7-2, 94, 105.

치도록 비례성원칙을 준수하여야 한다. 여기서 불이익은 형사절차상 처분뿐 아니라 그 밖의 기본권 제한과 같은 처분도 포함한다.306) 따라서 도피 우려가 있거나 증거를 인멸할 우려가 있는 때를 제외하고는 무죄추정원칙에 따라 불구속수사·불구속재판을 하여야 한다. 그리고 유죄판결이 있기 전에 피의자나 피고인을 범죄인과 동일한 처우를 하는 것은 허용되지 않는다. (ⅱ) 조문에는 형사피고인이라고 규정하나, 용의자나 피의자도 당연히 무죄추정을 받는다 (물론해석).307) (ⅲ) 범죄사실 증명책임은 기소자 측에 있고 피고인 스스로가 무죄를 적극적으로 입증할 필요가 없다. 유죄에 관한 입증이 없으면 의심스러울 때는 피고인의 이익으로의 원칙에 따라 무죄를 선고하여야 한다. (ⅳ) 무죄추정원칙은 유죄 예단 아래 무리한 진실추구를 하지 말 것 요청한다. 따라서 허용되지 아니하는 강제조치에 대해서 시정·배제를 요구할 수 있다. (ⅴ) 무죄추정원칙으로 말미암아 불구속수사, 불구속재판을 원칙으로 하고, 예외적으로 피의자나 피고인이 도망할 우려가 있거나 증거를 인멸할 우려가 있는 때만 구속수사나 구속재판이 인정된다.308) (ⅵ) 징계혐의사실 인정은 형사재판의 유죄 확정 여부와는 무관하므로, 형사재판 절차에서 유죄의 확정판결을 받기 전이라도 징계혐의사실은 인정될 수 있고, 그러한 징계혐의사실 인정은 무죄추정에 관한 헌법 제26조 제4항이나 형사소송법 제275조의 2에 어긋나지 않는다.309)

(9) 자백의 증거능력과 증명력 제한
① 자백의 증거능력과 증명력 제한의 의의
헌법 제12조 제7항은 자백의 증거능력과 증명력을 제한한다. 이는 고문 등에서 피고인을 보호하고 고문 등을 통해서 조작된 허위(자백)를 배제하여 진실을 보장하려는 것이다. 자백은 자기 범죄사실의 전부나 일부를 시인하는 진술이다. 증거능력은 어떤 증거가 엄격한 증명 자료로 사용될 수 있는 법률상 자격을 말하고, 증명력은 범죄사실을 입증할 증거의 실질적 가치를 말한다. 사실 인정은 증거에 따라서(형사소송법 제307조: 증거재판주의), 증거의 증명력은

---

306) 헌법재판소는 형사사건으로 공소제기가 되었다는 사실만으로 변호사에 대하여 업무정지명령을 내리거나 교원 혹은 공무원에 대하여 무조건적인 직위해제처분을 하도록 한 것은 아직 유무죄가 가려지지 아니한 상태에서 유죄로 추정하는 것이 되며 이를 전제로 한 불이익한 처분이라고 판시한 바 있다(헌재 1990. 11. 19. 90헌가48, 판례집 2, 393, 402-403; 헌재 1994. 7. 29. 93헌가3등, 판례집 6-2, 1, 12; 헌재 1998. 5. 28. 96헌가12, 판례집 10-1, 560, 569). 그리고 헌법재판소는 공정거래위원회 고발조치 등으로 장차 형사절차 안에서 진술을 하여야 할 행위자에게 사전에 법위반사실 공표를 하게 하는 것은 형사절차 안에서 법위반사실을 부인하고자 하는 행위자를 모순에 빠뜨려 소송수행을 심리적으로 위축시키거나, 법원에 공정거래위원회 조사결과의 신뢰성 여부에 관한 불합리한 예단을 촉발할 소지가 있고 이는 장차 진행될 형사절차에도 영향을 미칠 수 있으므로, 법위반사실 공표명령은 공소제기조차 되지 아니하고 단지 고발만 이루어진 수사의 초기단계에서 아직 법원의 유무죄에 관한 판단이 가려지지 아니하였는데도 관련 행위자를 유죄로 추정하는 불이익한 처분이라고 한다(헌재 2002. 1. 31. 2001헌바43, 판례집 14-1, 49, 60).
307) 헌재 1992. 1. 28. 91헌마111, 판례집 4, 51, 58.
308) 헌재 1992. 1. 28. 91헌마111, 판례집 4, 51, 58.
309) 대법원 1986. 6. 10. 선고 85누407 판결(집34-2, 148; 공1986, 880).

법관의 자유판단에 따른다(형사소송법 제308조: 자유심증주의).310) 자백의 증거능력과 증명력 제한에 관한 규정은 1962년 헌법에서 처음 채택되었다가 1972년 헌법에서 삭제되었다. 그 후 1980년 헌법에서 부활하여 현재에 이른다.

② 자백의 증거능력 제한

임의성 없는 자백은 유죄 증거로 하지 못한다(형사소송법 제309조). 자백의 임의성은 증거의 수집과정에서 고문·폭행·협박·구속의 부당한 장기화나 사기 등과 같은 위법성이 없는 것을 말한다. 따라서 변호인에 대한 접견교통권이 위법하게 제한된 상태에서 얻어진 피의자의 자백311)이나 밤샘수사과정에서 얻어진 자백312)은 증거능력이 부인된다. 임의성 없는 자백의 증거능력을 부정하는 취지는 허위진술을 유발하거나 강요할 위험성이 있는 상태 아래에서 한 자백은 그 자체가 실체적 진실에 부합하지 아니하여 오판 소지가 있을 뿐 아니라 그 진위 여부를 떠나서 자백을 얻기 위해서 피의자의 기본적 인권을 침해하는 위법부당한 압박이 가하여지는 것을 사전에 막기 위한 것이다. 따라서 그 임의성에 다툼이 있으면 그 임의성을 의심할 만한 합리적이고, 구체적인 사실을 피고인이 입증할 것이 아니고 검사가 그 임의성의 의문점을 해소하는 입증을 하여야 한다.313)

③ 자백의 증명력 제한

보강증거가 없는 피고인의 불리한 유일한 자백은 유죄 증거로 삼지 못한다(형사소송법 제310조). 법관이 자백으로써 충분한 유죄 심증을 얻더라도 그 자백이 유일한 증거이면 범죄사실을 인정할 수 없다. 자백에 대한 보강증거는 증거능력이 있는 독립된 증거이어야만 하고, 전문증거는 원칙적으로 보강증거가 될 수 없다. 자백에 대한 보강증거는 범죄사실의 전부나 중요부분을 인정할 수 있는 정도가 되지 아니하더라도 자백이 가공적인 것이 아닌 진실한 것임을 인정할 수 있는 정도가 되면 족하고 직접증거가 아닌 간접증거나 정황증거도 보강증거가 될 수 있다.314) 공범인 공동피고인들의 각 진술은 서로 간에 서로 보강증거가 될 수 있다.315) 즉결심판 등 약식재판에서는 자백만으로도 유죄를 선고할 수 있는데('즉결심판에 관한 절차법' 제10조), 이는 정식재판을 청구할 길이 열려 있는 한('즉결심판에 관한 절차법' 제14조) 위헌이 아니다.

---

310) 대법원 1990. 9. 28. 선고 90도1562 판결(공1990, 2251): "형사재판에 있어서 유죄의 증거는 단지 우월한 증명력을 가진 정도로는 부족하고 법관으로 하여금 합리적인 의심을 할 여지가 없을 정도의 확신을 생기게 할 수 있는 증명력을 가진 것이어야 한다."
311) 대법원 1990. 9. 25. 선고 90도1586 판결(집38-3, 353; 공1990, 2229).
312) 대법원 1999. 1. 29. 선고 98도3584 판결(집47-1, 381; 공1999상, 414).
313) 대법원 2006. 11. 23. 선고 2004도7900 판결(공2007상, 78).
314) 대법원 1995. 7. 25. 선고 95도1148 판결(공1998상, 1116).
315) 대법원 1990. 10. 30. 선고 90도1939 판결(공1990, 2480).

(10) 고문을 받지 아니할 권리

① 의의

고문이란 자백을 얻기 위해서 가하는 폭력을 말한다. 자백은 유죄를 인정하는 중요한 증거이므로, 이를 얻으려고 과거에는 야만적인 폭력을 자행하였다. 이는 오늘날에도 근절되지 않고 부분적으로 한다. 오늘날 각국 헌법은 거의 예외 없이 고문 금지를 규정하고, 국제적 차원에서 고문금지를 위한 노력도 활발하다.316) 한국 헌법은 제12조 제2항에서 국민의 고문을 받지 아니할 권리를 규정하고, 같은 조 제7항에서 고문으로 얻은 피고인 자백의 증거능력을 배제한다. 그리고 고문은 인간의 존엄성을 침해하므로, 헌법 제10조의 인간의 존엄성에도 어긋난다.

② 고문당사자

형법은 고문을 범죄행위로 보고 고문을 한 공무원을 처벌한다(제125조, '특정범죄 가중처벌 등에 관한 법률' 제4조의2).317) 그리고 그러한 공무원의 불법행위에 대해서는 국가가 배상책임을 진다.

③ 고문을 당한 사람

고문을 당한 사람은 고문을 한 공무원의 불법행위에 대해서 국가에 대하여 국가배상을 청구할 수 있다(헌법 제29조 제1항).

(11) 불리한 진술을 거부할 권리(진술거부권)

① 연혁

진술거부권(묵비권)은 이미 16세기 후반 영국에서 보통법상 권리로 인정되었고, 후에 미국 연방헌법 수정 제5조에 자기부죄 거부 특권으로 규정되었다. 자기부죄 거부 특권은 변호인의 도움을 받을 권리 보장과 자백의 강요 금지를 포함한다. 이후 미국에서 미란다원칙으로 확립되었다.318)

② 내용

헌법 제12조 제2항은 진술거부권을 규정하고, 형사소송법 제244조의3과 제284조의2가 이를 구체화한다. 묵비권은 보통 피의자나 피고인이 수사절차나 공판절차에서 수사기관이나 법

---

316) 예를 들어 1948년 국제인권선언 제5조, 1950년 유럽인권규약 제3조, 1973년 12월 10일의 고문금지를 위한 국제 엠네스티 선언 등.

317) 대법원은 경찰관의 고문에 의한 인권 침해에 대한 기소유예처분의 위헌성을 인정하였다[대법원 1998. 1. 29. 선고 86모58 판결(공1988, 428)].

318) Miranda v. Arizona(1966): 자기부죄거부의 특권을 보장하기 위한 절차적 보장책(procedural safeguards: ① 피의자에게 진술거부권이 있다는 것, ② 피의자의 진술이 자신에게 불리한 증거로서 사용될 수 있다는 것, ③ 피의자가 변호인의 도움을 받을 수 있다는 것을 심문하기 전에 고지해야 한다)을 부여하지 않은 상황에서, 구금 심문을 통해 얻은 진술은 증거능력이 없다는 미국 연방대법원 판결.

원의 신문에 대해서 진술을 거부할 권리를 말한다. 이때 '진술'이란 언어적 표출, 즉 생각이나 지식, 경험사실을 정신작용의 하나인 언어를 통해서 표출하는 것을 말한다.[319] 구술뿐 아니라 서면을 통한 표출도 진술에 해당한다. 성명, 주소, 직업에 대한 진술거부권은 인정되지 않는다. 지문 채취, 음주측정[320]과 같이 신체의 물리적·사실적 상태를 그대로 드러내는 것은 진술에 해당하지 않는다. 이 권리는 형사상 유죄판결의 기초가 되는 사실이나 양형상 불리한 사실 등의 진술을 거부할 수 있다는 말이고, 단순히 자기의 명예나 성실성이 훼손될 염려가 있거나 행정상 처분을 받을 우려가 있다는 사실에 관해서는 진술을 거부할 수 없다. 묵비권은 행정절차에서나 국회에서 이루어지는 심문절차에서도 인정되고, 증인이나 감정인도 이 권리가 있다. 그리고 현재 형사피의자나 피고인이 될 가능성이 있는 사람에게도 그 진술내용이 자기 형사책임과 관련되는 것이면, 그 진술을 강요받지 않을 자기부죄 거절의 권리가 보장된다. 진술거부권은 고문 등 폭행에 의한 강요는 물론 법률로서도 진술을 강요당하지 아니함을 뜻한다.[321]

수사기관인 검사나 사법경찰관은 피의자에게서 진술을 듣기 전에 피의자에게 불리한 진술거부권이 있음을 알려야 한다(형사소송법 제244조의3 제1항). 따라서 피의자를 구속영장 없이 현행범으로 체포하기 위해서는 체포 당시에 피의자에게 범죄사실 요지, 체포 이유와 변호인을 선임할 수 있음을 말하고 변명할 기회를 주고 나서가 아니면 체포할 수 없다. 이러한 절차를 밟지 아니한 채 실력으로 연행하려 하였다면 적법한 공무집행으로 볼 수 없다.[322] 피고인은 진술하지 아니하거나 개개 질문에 대해서 진술을 거부할 수 있고, 재판장은 피고인에게 진술을 거부할 수 있음을 고지하여야 한다(형사소송법 제283조의2). 그러나 형사소송절차에서 피고인이 범죄사실에 대해서 진술을 거부하거나 거짓진술을 하면, 피고인의 그러한 태도나 행위를 가중적 양형 조건으로 참작할 수는 있다.[323] 헌법재판소는 교통사고를 일으킨 운전자에게 신고의무를 부담시키는 도로교통법 제50조 제2항은 피해자의 구호 및 교통질서의 회복을 위한 조치가 필요한 범위 안에서 교통사고의 객관적 내용만을 신고하도록 한 것으로 해석

---

319) 헌재 1997. 3. 27. 96헌가11, 판례집 9-1, 245, 257.
320) 헌재 1997. 3. 27. 96헌가11, 판례집 9-1, 245, 257-258: "'진술'이라 함은 언어적 표출 즉, 생각이나 지식, 경험사실을 정신작용의 일환인 언어를 통하여 표출하는 것을 의미하는데 반하여, 호흡측정은 신체의 물리적, 사실적 상태를 그대로 드러내는 행위에 불과하다. 또한 호흡측정은 진술서와 같은 진술의 등가물(等價物)로도 평가될 수 없는 것이고 신체의 상태를 객관적으로 밝히는데 그 초점이 있을 뿐, 신체의 상태에 관한 당사자의 의식, 사고, 지식 등과는 아무런 관련이 없는 것이다. 호흡측정에 있어 결정적인 것은 측정결과 밝혀질 객관적인 혈중알콜농도로서 이는 당사자의 의식으로부터 독립되어 있고 당사자는 이에 대하여 아무런 지배력도 갖고 있지 아니한다. 따라서 호흡측정행위는 진술이 아니므로 호흡측정에 응하도록 요구하고 이를 거부할 경우 처벌한다고 하여도 "진술강요"에 해당한다고 할 수는 없다 할 것이다."
321) 이상 헌재 1990. 8. 27. 89헌가118, 판례집 2, 222, 229-230; 헌재 1997. 3. 27. 96헌가11, 판례집 9-1, 245, 256; 헌재 2002. 1. 31. 2001헌바43, 판례집 14-1, 49, 60.
322) 대법원 1995. 5. 9. 선고 94도3016 판결(공1995상, 2145).
323) 대법원 2001. 3. 9. 선고 2001도192 판결(집49-1, 767; 공2001상, 917).

하고, 형사책임과 관련되는 사항에는 적용되지 않는 것으로 헌법에 위반되지 아니한다고 하였다.[324]

(12) 변호인의 도움(조력)을 받을 권리

① 의의

헌법 제12조 제4항은 변호인의 도움(조력)을 받을 권리를 규정한다. 변호인의 도움을 받을 권리는 구속된 사람의 인권 보장과 방어 준비를 위해서 필요불가결한 권리이다. 변호인의 도움을 받을 권리는 무죄추정을 받는 피의자(피내사자 포함), 피고인에 대해서 신체구속 상황에서 생기는 여러 가지 폐해를 제거하고 구속이 그 목적의 한도를 초과하여 이용되거나 적용하지 않게끔 보장하기 위한 것이다. 헌법 제12조 제4항 본문의 문언과 헌법 제12조의 조문 체계, 변호인 조력권의 속성, 헌법이 신체의 자유를 보장하는 취지를 종합하여 보면 헌법 제12조 제4항 본문에 규정된 '구속'은 사법절차에서 이루어진 구속뿐 아니라 행정절차에서 이루어진 구속까지 포함하는 개념이다. 따라서 헌법 제12조 제4항 본문에 규정된 변호인의 도움을 받을 권리는 행정절차에서 구속을 당한 사람에게도 즉시 보장된다.[325] 형사절차가 종료되어

---

324) 헌재 1990. 8. 27. 89헌가118, 판례집 2, 222.

325) 헌재 2018. 5. 31. 2014헌마346, 판례집 30−1하, 166, 175−176: "먼저, 헌법 제12조 제4항 본문에 규정된 "구속을 당한 때"가 그 문언상 형사절차상 구속만을 의미하는 것이 분명한지 살펴본다. 사전적 의미로 '구속'이란 행동이나 의사의 자유를 제한함을 의미할 뿐 그 주체에는 특별한 제한이 없다. 헌법 제12조 제4항 본문에 규정된 "구속"은 사전적 의미의 구속 중에서도 특히 사람을 강제로 붙잡아 끌고 가는 구인과 사람을 강제로 일정한 장소에 가두는 구금을 가리키는데, 이는 형사절차뿐 아니라 행정절차에서도 가능하다. 법령상의 용례를 보더라도 '구속'이라는 용어는 선원법 제25조의2, '장애인차별금지 및 권리구제 등에 관한 법률' 제30조 등과 같이 사전적 의미의 '구속'의 의미로 사용되는 경우도 있고, '해양사고의 조사 및 심판에 관한 법률' 제48조 제3항과 같이 행정기관에 의한 구인 및 구금을 가리키거나 '과태료 체납자에 대한 감치의 재판에 관한 규칙' 제10조와 같이 과태료 체납자의 구인 및 구금을 가리키는 경우에 사용되기도 한다. 구속의 형태 중 '구금' 역시 군인사법 제57조 제2항 제2호처럼 그 주체가 행정기관인 경우에도 사용된다. 우리 헌법은 제헌 헌법 이래 신체의 자유를 보장하는 규정을 두었는데, 원래 "구금"이라는 용어를 사용해 오다가 현행 헌법 개정시에 이를 "구속"이라는 용어로 바꾸었다. 현행헌법 개정시에 종전의 "구금"을 "구속"으로 바꾼 이유를 정확히 확인할 수 있는 자료를 찾기는 어렵다. 다만 '국민의 신체와 생명에 대한 보호를 강화'하는 것이 현행 헌법의 주요 개정이유임을 고려하면, 현행 헌법이 종래의 "구금"을 "구속"으로 바꾼 것은 헌법 제12조에 규정된 신체의 자유의 보장 범위를 구금된 사람뿐 아니라 구인된 사람에게까지 넓히기 위한 것으로 해석하는 것이 타당하다. 위와 같은 점을 종합해 보면, 헌법 제12조 제4항 본문에 규정된 "구속"을 형사절차상 구속뿐 아니라 행정절차상 구속까지 의미하는 것으로 보아도 문언해석의 한계를 넘지 않는다. 다음으로, 변호인의 조력을 받을 권리가 그 속성상 형사절차에서 구속된 사람에게만 부여될 수밖에 없는 것인지 살펴본다. 구속된 사람에게 변호인 조력권을 즉시 보장하는 이유는 구속이라는 신체적 자유 제한의 특성상 구속된 사람의 자유와 권리를 보장하려면 변호인의 조력이 필수적이기 때문이다. 즉, 구속을 당한 사람은 자연권적 속성을 가지는 신체의 자유가 심각하게 제한된 상황에 처하고, 구속에 따른 육체적·정신적 제약이 커서 스스로의 힘만으로는 자신의 자유와 권리를 제대로 방어하기 어려울 뿐만 아니라, 구속의 당부를 다투려면 법적 절차를 거쳐야 하므로, 그에게는 법률전문가인 변호인의 조력이 즉시 제공되어야 한다. 이러한 속성들은 형사절차에서 구속된 사람이나 행정절차에서 구속된 사람이나 아무런 차이가 없다. 이와 같이 행정절차에서 구속된 사람에게 부여되어야 하는 변호인의 조력을 받을 권리는 형사절차에서 구속된 사람에게 부여되어야 하는 변호인의 조력을 받을 권리와 그 속성이 동일하다. 따라서 변호인의 조력을 받을 권리는 그 성질상 형사절차에서만 인정될 수 있는 기본권이 아니다. 결국 헌법 제12조 제4항 본문은 형사절차뿐 아니라 행정절

교정시설에 수용 중인 수형자는 원칙적으로 변호인의 조력을 받을 권리의 주체가 될 수 없다.326) 변호인의 도움을 받을 권리는 성질상 인간의 권리에 해당되므로 외국인도 주체이다. 따라서 인천공항 송환대기실에 수용된 난민에게도 변호인의 도움을 받을 권리가 인정된다.327)

② 변호인선임권

변호인의 도움을 받을 권리는 먼저 변호인을 선임할 수 있는 권리를 뜻한다. 체포·구속된 피의자·피고인은 방어권 행사를 위해서 자신이 원하는 사람을 변호인으로 선임할 수 있다.

③ 변호인에 대한 접견·교통권

변호인을 선임하였으나 변호인과 자유롭게 접견하고 협의할 수 없다면 변호인의 조력을 받을 권리는 의미가 없다. 따라서 변호인과 언제든지 자유롭게 협의할 수 있는 변호인에 대한 접견·교통권은 보장되어야 한다. 변호인에 대한 자유로운 접견은 신체구속을 당한 사람에게 보장된 변호인의 도움을 받을 권리의 가장 중요한 내용이어서 국가안전보장·질서유지·공공복리 등 어떠한 명분으로도 제한될 수 있는 성질의 것이 아니다.328) 변호인에 대한 접견교통권은 법령에 제한이 없는 한, 수사기관의 처분이나 법원의 결정으로도 제한할 수 없다.329) 구속피의자에 대한 접견이 접견신청일에서 상당한 기간이 지나도록 허용되지 않는 것은 접견 불허처분권과 동일시할 것으로 이는 곧 기본권 침해가 된다.330) 헌법 제12조 제4항 본문은 변호인의 도움을 받을 권리를 보장하므로, 미결수용자의 서신 중 변호인에 대한 서신은 다른 서신에 비해서 특별한 보호를 받아야 한다.331)

구속된 사람과 변호인의 대화내용에 대해서 비밀이 보장되어야 한다. 변호사와 자유로운 접견은 구속된 사람과 변호인의 접견에 교도관이나 수사관 등 관계 공무원 참여가 없어야 가능하다.332) 그 밖에 변호인이 소송기록을 자유롭게 열람할 수 있어야 하는 것 등의 자유로운 변호활동이 보장되어야 한다(형사소송법 제34조).333)

차에도 적용된다고 해석하는 것이 헌법 제12조 제4항 본문 자체의 문리해석의 측면에서 타당하고, 변호인 조력권의 속성에도 들어맞으며, 우리 헌법이 제12조 제1항 제1문에 명문으로 신체의 자유에 관한 규정을 두어 신체의 자유를 두텁게 보호하는 취지에도 부합할 뿐 아니라, 헌법 제12조의 체계적 해석 및 목적론적 해석의 관점에서도 정당하다."

326) 헌재 1998. 8. 27. 96헌마398, 판례집 10-2, 416, 430.

327) 헌재 2018. 5. 31. 2014헌마346, 판례집 30-1하, 166.

328) 헌재 1992. 1. 28. 91헌마111, 판례집 4, 51, 60-61.

329) 대법원 1990. 2. 13.자 89모37 결정(집38-1, 630; 공1990, 1009).

330) 헌재 1991. 7. 8. 89헌마181, 판례집 3, 356, 367.

331) 헌재 1995. 7. 21. 92헌마144, 판례집 7-2, 94, 105.

332) 헌재 1992. 1. 28. 91헌마111, 판례집 4, 51, 60.

333) 헌재 1997. 11. 27. 94헌마60, 판례집 9-2, 675, 696-697. 헌법재판소는 변호인이 없으면 적어도 피고인에게 직접 공판조서의 열람권을 부여하여야 하지만, 변호인이 있으면 변호인을 통해서 피고인이 공판조서 내용을 알 수 있으므로 피고인에게도 공판조서 열람이 허용되어야만 하는 것은 아니라고 한다(헌재 1994. 12. 29. 92헌바31, 판례집 6-2, 367, 372-374). 그러나 변호인은 피고인의 대리인에 불과한데, 대리인이 열람할 수 있는데 정

④ 국선변호인의 도움을 받을 권리

헌법 제12조 제4항 단서에 따라 형사피고인이 경제상 이유 등으로 스스로 변호인을 선임할 수 없을 때를 대비하여 국선변호인제도가 마련된다. 국선변호인이란 피고인의 이익을 위해서 법원이 직권으로 선임한 변호인을 말한다. 형사소송법상 법원이 직권으로 변호인을 선임하여야 하는 때는 (ⅰ) 구속적부심사에서 구속된 피의자에게 변호인이 없는 때(형사소송법 제214조의2 제10항, 군사법원법 제62조 제1항), (ⅱ) 피고인이 ⓐ 구속된 때, ⓑ 미성년자인 때, ⓒ 70세 이상인 때, ⓓ 농아자인 때, ⓔ 심신장애 의심이 있는 때, ⓕ 사형, 무기 또는 단기 3년 이상의 징역이나 금고에 해당하는 사건으로 기소된 때, ⓖ 빈곤, 그 밖의 사유로 변호인을 선임할 수 없는 때(이때는 피고인 청구가 있는 때에 한함), ⓗ 연령·지능 및 교육 정도 등을 참작하여 권리 보호를 위해서 필요하다고 인정하는 때(이때는 피고인의 명시적 의사에 어긋나지 아니하는 범위 안에서 변호인을 선정하여야 한다)(형사소송법 제33조) 등이다. 국선변호인은 원칙적으로 변호사 중에서 선임하여야 한다.334) 국선변호인제도의 효율성을 높이고 신체의 자유를 더 실효성 있게 보장하려면 국선변호인 보수의 현실화와 함께 형사피의자도 국선변호인제도의 혜택을 받을 수 있게 하여야 한다.

⑤ 피의자와 피고인에 대한 변호인의 조력할 권리

피의자와 피고인의 변호인의 도움을 받을 권리는 그들과 변호인 사이의 상호관계에서 구체적으로 실현될 수 있다. 피의자와 피고인의 변호인의 도움을 받을 권리는 그들을 조력할 변호인의 권리가 보장됨으로써 공고해질 수 있지만, 변호인의 권리가 보장되지 않으면 유명무실하게 될 수 있다. 피의자와 피고인을 조력할 변호인의 권리 중 그것이 보장되지 않으면 그들이 변호인의 도움을 받는다는 것이 유명무실하게 되는 핵심적인 부분은 헌법상 기본권인 피의자와 피고인의 변호인의 도움을 받을 권리와 표리의 관계에 있다. 따라서 피의자와 피고인의 변호인의 도움을 받을 권리가 실질적으로 확보되려면, 피의자와 피고인에 대한 변호인의 조력할 권리의 핵심적인 부분(변호인의 변호권)은 헌법상 기본권으로서 보호되어야 한다.335) 헌법상 기본권으로 인정되는 피의자와 피고인의 변호인의 도움을 받을 권리에서 '변호인의 도움'이란 변호인의 충분한 조력을 뜻한다.336) 피의자신문 결과는 수사 방향을 결정하고, 피의자의 기소 및 유죄 입증에 중요한 증거자료로 사용될 수 있다. 따라서 그것은 형사절차에서 매우 중요한 의미가 있다. 변호인이 피의자신문에 자유롭게 참여할 수 없다면, 변호인은 피의자가 조언과 상담을 요청할 때 이를 시의적절하게 제공할 수 없다. 나아가 피의자는 자

작 본인은 열람할 수 있다는 것은 주객이 전도되어 문제가 있다.
334) 예외에 관해서는 형사소송규칙 제14조, 군사법원법 제62조 제2항 참조.
335) 헌재 2003. 3. 27. 2000헌마474, 판례집 15-1, 282, 288; 헌재 2017. 11. 30. 2016헌마503, 판례집 29-2하, 224, 235.
336) 헌재 1992. 1. 28. 91헌마111, 판례집 4, 51, 59; 헌재 1997. 11. 27. 94헌마60, 판례집 9-2, 675, 696-698.

신의 판단에 따라 의견을 진술하거나 수사기관의 부당한 신문방법 등에 대하여 이의를 제기
할 수 없게 된다. 그 결과 피의자는 형사절차에서 매우 중요한 의미가 있는 피의자신문의 시
기에 변호인에게서 충분한 조력을 받을 수 없게 되어 피의자의 변호인의 도움을 받을 권리가
형해화할 수 있다. 따라서 변호인이 피의자신문에 자유롭게 참여할 권리는 피의자의 변호인
의 도움을 받을 권리를 실현하는 수단이므로 헌법상 기본권인 변호인의 변호권으로서 보호되
어야 한다.337) 헌법재판소는 검찰수사관인 피청구인이 피의자신문에 참여한 변호인인 청구인
에게 피의자 후방에 앉으라고 요구한 행위는 변호인의 변호권을 침해한다고 하였다.338)

　　변호인 선임을 위해서 피의자 등이 가지는 ‘변호인이 되려는 자’와의 접권교통권도 헌법상
기본권으로 보호되어야 한다. ‘변호인이 되려는 자’의 접견교통권은 피의자 등이 변호인을 선
임하여 그에게서 도움을 받을 권리를 공고히 하기 위한 것으로서, 그것이 보장되지 않으면
피의자 등이 변호인 선임을 통하여 변호인에게서 충분한 조력을 받는다는 것이 유명무실하게
될 수밖에 없다. 따라서 ‘변호인이 되려는 자’의 접견교통권은 피의자 등을 조력하기 위한 핵
심적인 부분으로서, 피의자 등이 가지는 헌법상 기본권인 ‘변호인이 되려는 자’와의 접견교통
권과 표리관계에 있다. 따라서 ‘변호인이 되려는 자’의 접견교통권은 피의자 등을 조력하기
위한 핵심적인 권리로서, 피의자 등이 가지는 ‘변호인이 되려는 자’의 도움을 받을 권리가 실
질적으로 확보하려면 이는 헌법상 기본권으로 보장되어야 한다.339)

Ⅳ. 거주·이전의 자유

1. 의의

(1) 개념

　　거주·이전의 자유는 국가기관 그 밖의 다른 사람 간섭을 받지 않고 자신이 원하는 곳에
머물 수 있고 자신이 원하는 다른 곳으로 옮겨갈 수 있는 자유를 말한다.

(2) 연혁

　　1948년 헌법 이래로 거주·이전의 자유를 보장한다. 1948년 헌법 제10조에서 주거의 자유
와 함께 거주·이전의 자유를 규정하면서 개별 법률유보조항을 두었다. 1960년 헌법 제10조
에서 개별적 법률유보가 삭제되었고, 1962년 헌법 제12조에서 주거의 자유와 분리되었다.
1972년 헌법 제12조에서 법률유보조항이 부활되었다가 1980년 헌법 제13조에서 개별적 법률
유보가 다시 삭제되었다. 현행 헌법 제14조는 “모든 국민은 거주·이전의 자유를 가진다.”라

---

337) 헌재 2017. 11. 30. 2016헌마503, 판례집 29－2하, 224, 235－236.
338) 헌재 2017. 11. 30. 2016헌마503, 판례집 29－2하, 224.
339) 헌재 2019. 2. 28. 2015헌마1204, 판례집 269, 289, 294－295.

고 하여 거주·이전의 자유를 보장한다.

(3) 법적 성격
① 인신에 관한 기본권

거주·이전의 자유는 개인 자신의 신체를 이동하는 것과 관련 있는 자유이므로 인신에 관한 기본권의 성격이 있다. 신체의 자유도 인신에 관한 기본권이기는 하지만 거주·이전의 자유는 어느 정도 체재를 요구한다는 점에서 신체의 자유와 구별된다.

② 경제적 기본권

거주·이전의 자유는 자유로운 사회·경제적 생활을 선택할 수 있는 전제가 된다는 점에서 경제활동과 밀접한 관련이 있다. 거주·이전의 자유는 사람과 재화의 자유로운 이동이 자본주의 체제의 전제가 된다는 점에서 경제적 기본권의 성격이 있다.

2. 주체
(1) 한국 국적의 자연인, 국내법인, 그 밖의 단체

거주·이전의 자유는 자연인만이 아니라 법인, 그 밖의 단체도 주체가 된다. 미성년자도 주체가 되지만 의사능력이 완전하지 않아서 행사에 제한을 받는다. 이에 따라 민법은 미성년자인 사람(민법 제909조 제1항)은 친권자가 지정한 장소에 거주하여야 한다고 규정한다(민법 914조). 북한주민이나 탈북주민도 대한민국 국민인 이상 거주·이전의 자유의 주체가 될 수 있으나 본인이 이를 주장할 때 비로소 문제가 된다.

(2) 외국인
① 학설과 검토

외국인이 거주·이전의 자유의 주체가 될 수 있는지와 관련하여 외국인은 원칙적으로 거주·이전의 자유가 보장되지 않으므로 외국인은 그에 관해서 허가를 받아야 한다는 견해가 있다.340) 그리고 거주·이전의 자유는 인간의 권리가 아니므로 국민만이 주체가 되고 외국인은 그 주체가 될 수 없고, 다만 행복추구권(인격의 자유발현 및 행동의 자유)을 근거로 거주·이전의 자유를 주장할 수 있다는 견해가 있다.341) 또한, 외국인에게 거주·이전의 자유를 인정하기 어렵지만, 외국인의 주체성을 일률적으로 부정할 수는 없다고 하면서 외국인에게 입국의 자유는 부정되나 적법하게 입국한 외국인에게 국내에서 거주·이주의 자유는 물론 출국의 자유도 보장된다는 견해도 있다.342) 외국인의 법적 지위와 관련해서 국제법상 내국인취급원

---

340) 권영성, 『헌법학원론(개정판)』, 법문사, 2010, 468쪽; 김철수, 『학설·판례 헌법학(상)』, 박영사, 2008, 788쪽; 양건, 『헌법강의(제8판)』, 법문사, 2019, 860쪽; 성낙인, 『헌법학(제19판)』, 법문사, 2019, 1266쪽.
341) 계희열, 『헌법학(중)(신정2판)』, 박영사, 2007, 517쪽.
342) 김학성, 『헌법학원론(전정3판)』, 피앤씨미디어, 2019, 502쪽.

칙과 최소한의 국제기준 원칙이 대립한다. 그러나 외국인이 거주·이전의 자유의 주체가 되는 지는 기본권의 성질에 따라 판단하여야 할 것이다.

② 입국과 체류

대한민국은 대한민국 국민이 아닌 외국인을 대한민국 영역에 받아들여야 할 의무가 없다. 그리고 국제법상 논의되는 '최소한의 국제기준'에 따르더라도 외국인의 입국의 자유는 이러한 외국인이 누려야 할 최소기준에 따라서 보호받을 수 있는 권리 범주에 속하지 않는다.[343] 따라서 입국·체류는 성질상 외국인에게 인정하기 곤란하다.[344] 다만, 헌법 제6조 제2항의 상호주의에 따라 외국인도 입국·체류의 자유의 주체가 될 수는 있다. 외국인의 입국과 체류는 법무부 장관 허가를 받아야 한다(출입국관리법 제7조~제13조, 제17조~제27조). 그리고 외국인이 입국한 날부터 90일을 초과하여 대한민국에 체류하게 되면 입국한 날부터 90일 이내에 체류지를 관할하는 사무소장이나 출장소장에게 외국인등록을 하여야 한다(출입국관리법 제31조~제38조). 그리고 사무소장·출장소장이나 외국인보호소장은 출입국관리법의 절차에 따라 일정한 외국인을 대한민국 밖으로 강제퇴거시킬 수 있다(출입국관리법 제46조~제68조).[345]

③ 체류기간 중 국내거주이전

입국·체류가 허가되면 국내거주이전은 거주·이전의 자유로 보장된다. 다만, 국가는 외국인의 입국·체류를 허가한 취지에 비추어 제한을 할 수 있다. 출입국관리법은 외국인이 체류지를 변경할 때 전입신고를 하도록 한다(제36조).

④ 출국의 자유

입국의 허부와 관계없이 출국의 자유는 특별한 사정(예를 들어 범죄자)이 없는 한 성질상 허용된다. 출입국관리법은 예외적인 때만 외국인의 출국을 정지할 수 있다고 규정한다(제29조와 제29조의2).

⑤ 체류기간 안 재입국 허가

체류기간 안에 출국하여 동 기간 안에 재입국하는 것은 일시적 해외여행으로 인정하여 원칙적으로 거주·이전의 자유로 보장된다. 다만, 출국 시의 사유나 사정변화로 계속적인 체류

---

343) 국제법상 외국인이 누려야 할 최소한의 인권기준으로 일곱 가지를 든다. ① 모든 외국인은 권리주체이다. ② 외국인은 원칙적으로 사권을 취득할 수 있다. ③ 합법적으로 취득한 외국인의 사권은 원칙적으로 존중되어야 한다. ④ 외국인에게는 소송의 길이 개방되어야 한다. ⑤ 구속은 심각한 범죄행위가 있는 때만 하여야 한다. ⑥ 체류국은 외국인의 생명·자유·재산 그리고 명예에 대한 공격에 대해서 보호할 의무를 진다. ⑦ 외국인은 정치적 권리나 특정직업 행사를 요구할 수 없다.

344) 헌재 2001. 9. 29. 2007헌마1083등, 판례집 23−2상, 623, 639; 헌재 2001. 9. 29. 2009헌마351, 판례집 23−2상, 659, 669; 헌재 2014. 6. 26. 2011헌마502, 판례집 26−1하, 578, 583.

345) 헌법재판소는 강제퇴거명령을 받은 사람을 즉시 대한민국 밖으로 송환할 수 없으면 송환할 수 있을 때까지 보호시설에 보호할 수 있도록 규정한 출입국관리법 제63조 제1항은 과잉금지원칙에 위반하여 신체의 자유를 침해하지 않고 헌법상 적법절차원칙에도 위배되지 않는다고 하였다(헌재 2018. 2. 22. 2017헌가29, 판례집 30−1상, 186).

를 인정할 수 없으면 거주·이전의 자유로 보장되지 않는다. 출입국관리법은 법무부 장관은 외국인이 그의 체류기간 안에 출국하였다가 재입국하고자 하면 그의 신청에 따라서 재입국을 허가할 수 있다고 규정한다(출입국관리법 제30조). 이는 강제퇴거와 같은 정도로 운용되는 한 헌법에 합치된다.

3. 내용

거주·이전의 자유는 국내에서 거주지와 체류지를 자유롭게 정할 수 있는 자유와 출·입국, 해외여행 및 국외이주의 자유 그리고 대한민국 국적을 이탈할 수 있는 국적변경의 자유를 보장하고 그 밖에 소극적 거주·이전의 자유도 그 내용으로 한다. 헌법재판소는 거주·이전의 자유는 공권력 간섭을 받지 아니하고 일시적으로 머물 체류지와 생활의 근거되는 거주지를 자유롭게 정하고 체류지와 거주지를 변경할 목적으로 자유롭게 이동할 수 있는 자유를 내용으로 한다고 한다.346)

(1) 거주지를 정할 자유

① 대한민국 영역 안 어디든 주소(·거소)를 정할 수 있다. 이때의 주소는 일시적으로 머물 의사가 아니라 그 장소를 자신의 생활 중심으로 하려는 의사로써 체류하는 것을 말한다(민법 제18조 제1항, 제19조). 이러한 주소(·거소)의 창설, 이전, 폐지는 자유롭다. 그리고 주소를 복수로 창설할 수도 있다(복수주의: 민법 제18조 제2항).

② 헌법 제3조는 대한민국 영토는 한반도와 그 부속도서라고 하여 군사분계선 이북지역도 포함한다. 하지만 국가안보상 군사분계선 이북지역은 주소(·거소)로 정할 수 없다[국가보안법상 잠입탈출죄(제6조 제1항)347)]. 다만, 통일부 장관이 발급한 증명서를 소지하면 예외적으로 왕래가 가능하다('남북교류협력에 관한 법률' 제9조 제1항). 대법원은 국가보안법 제6조 제2항의 법문에 그 행위주체가 내국인으로 제한되지 아니한 이상 외국인도 '탈출'행위의 주체가 된다고 한다.348)

(2) 일시적으로 체류할 장소를 정할 자유

대한민국 영역 안 어디든 체류지로 정할 수 있다. 이때 체류지란 한 장소에 일시적으로 머무는 것을 말한다. 짧은 기간 체류는 신체의 자유와 겹치므로 체류는 장소 변경과 어느 정도의 시간적 계속성을 요구한다. 군사분계선 이북지역을 체류지로 정하는 것은 국가안보상 제한된다.

---

346) 헌재 1996. 6. 26. 96헌마200, 판례집 8-1, 550, 562.
347) 헌법재판소는 이에 관해서 헌법에 위배되지 않는다고 한다(헌재 1997. 1. 16. 92헌바6등, 판례집 9-1, 1).
348) 대법원 1997. 11. 20. 선고 97도2021 판결(집56-1, 596; 공2008상, 740).

(3) 이전(이사)할 자유

주소·거소는 그와 관련한 이동(이전·이사)의 출발점이며 종착점이다. 거주·이전의 자유의 보호영역은 주거지(체류지) 변경 목적의 이동을 포함한다. 하지만 일정한 길과 일정한 이동수단을 포함하지 않는다. 오로지 목적지 도달 가능성, 즉 원하는 주거지(체류지)까지 기대할 수 있는 길의 존재, 기대할 수 있는 이동수단 이용만 보장한다. 따라서 일정한 장소에 접근하는 것, 그 자체를 금지하지 않는 한 교통 통제를 내용으로 하는 교통법규·도로법규의 규정이 거주·이전의 자유의 보호영역을 침해하는 것은 아니다. 즉 거동의 자유를 방해하는 것으로서 ① 일정한 목적지에 도달하는 것을 방해하는 것이면 거주·이전의 자유를 침해하지만, ② 물리적인 강제가 가해지면 신체를 온전하게 보존할 권리를 침해하고, ③ 그 밖에는 일반적 행동자유권을 침해한다(예를 들어 도로교통 통제, 교통신호 등). 대한민국 영역 안에서 이동하는 것이 보장되므로 지방자치단체 사이의 이동이 보호될 뿐 아니라 지방자치단체 안에서 이동하는 것도 당연히 보호된다.

(4) 소극적 거주·이전의 자유

주거지(체류지)변경을 할 자유뿐 아니라 주거지(체류지) 변경을 하지 않을 자유도 보장된다. 이전의 권리는 자기가 선택한 장소에 머무를 자유를 통해서 비로소 의미가 있다. 따라서 대한민국 국민을 외국으로 추방하거나 인도하는 것은 허용되지 않는다.

(5) 입국과 국내이주의 자유

거주·이전의 자유는 입국과 국내이주의 자유를 보장한다. 입국의 자유는 출국의 자유에 전제된다. 입국은 체류 목적으로 대한민국 영역 안으로 들어오는 것을 말하고, 국내이주는 영주 목적으로 대한민국 영역 안으로 들어오는 것을 말한다. 다만, 국민이 입국할 때는 입국심사를 받아야 한다(출입국관리법 제6조).

입국의 자유는 대한민국 영토이면서 통치권이 미치지 않는 북한지역 주민이 남한 통치지역으로 들어오는 자유를 보장한다는 견해가 있다.[349] 북한을 대한민국 영토로 보지 않고, 북한 주민을 대한민국 국민으로 보지 않는 한 이 견해는 북한 이탈주민이 남한 영역 안으로 들어오는 것을 입국의 자유 행사로 설명할 수 없다고 보면서 정치적 망명권 행사로 이해하는 것이 타당하다는 견해가 있다.[350] 그러나 이 견해는 북한 이탈주민을 정치적 난민으로 인정하는 결과가 되므로 문제가 있다. 헌법 제3조에 따라 북한 지역도 대한민국 영토이다. 그리고 북한 주민도 대한민국 영역 안에 거주하는 국민이므로 거주·이전의 자유 주체가 된다. 따라

---

349) 계희열, 『헌법학(중)(신정2판)』, 박영사, 2007, 515쪽; 권영성, 『헌법학원론(개정판)』, 법문사, 2010, 470쪽; 허영, 『한국헌법론(전정15판)』, 박영사, 2019, 504쪽.

350) 홍성방, 『헌법학(중)(제2판)』, 박영사, 2015, 120쪽.

서 북한 지역에서 남한 영역 안으로 들어오는 것은 대한민국 영역 안에서 이동하는 것이므로 이전의 자유을 통해서 보호되고, 제3국을 거쳐 남한 영역으로 들어오는 것은 외국에서 국내로 들어오는 것이므로 입국과 국내이주의 자유를 통해서 보호된다고 보아야 한다. 북한 지역 주민이 남한 통치지역으로 들어오는 것은 '북한이탈주민의 보호 및 정착지원에 관한 법률'에 따라서 보장된다.

(6) 출국과 국외이주(이민)의 자유

거주·이전의 자유는 국외로 출국할 수 있는 자유를 보장한다. 이때 출국이란 주소 포기 없이 대한민국 영역에서 일시적으로(잠정적으로) 떨어지는 것을 말한다. 이를 보장하려고 '재외동포의 출입국과 법적 지위에 관한 법률'에서 특별한 규정을 둔다(제10조 제1항 내지 제3항). 출국할 때는 유효한 여권이나 선원신분증명서를 가지고 출국하는 출입국항에서 출입국관리공무원의 출국심사를 받아야 한다(출입국관리법 제3조 제1항). 그리고 법무부 장관은 ① 형사재판에 계속 중인 사람, ② 징역형이나 금고형 집행이 끝나지 아니한 사람, ③ 대통령령으로 정하는 금액 이상의 벌금이나 추징금을 내지 아니한 사람, ④ 대통령령으로 정하는 금액 이상의 국세·관세 또는 지방세를 정당한 사유 없이 그 납부기한까지 내지 아니한 사람, ⑤ 그 밖에 ①부터 ④에 준하는 사람으로서 대한민국의 이익이나 공공의 안전 또는 경제질서를 해칠 우려가 있어 그 출국이 적당하지 아니하다고 법무부령으로 정하는 사람에 대해서는 6개월 이내의 기간을 정하여 출국을 금지할 수 있다(출입국관리법 제4조 제1항). 그리고 법무부 장관은 범죄 수사를 위해서 출국이 적당하지 아니하다고 인정되는 사람에 대해서는 1개월 이내의 기간을 정하여 출국을 금지할 수 있다. 다만, 소재를 알 수 없어 기소중지결정이 된 사람이나 도주 등 특별한 사유가 있어 수사진행이 어려운 사람은 3개월 이내, 기소중지결정이 된 때로서 체포영장이나 구속영장이 발부된 사람은 영장 유효기간 이내의 기간을 정하여 출국을 금지할 수 있다(출입국관리법 제4조 제2항). 출국의 자유는 가고자 하는 국가의 비자(입국허가)발급 방식으로 제한될 수 있다.

거주·이전의 자유는 국외이주의 자유를 보장한다. 헌법재판소도 거주·이전의 자유 속에 국외이주의 자유가 포함된다고 한다.[351] 국외이주(이민)는 영구히 또는 오랜 기간 외국에 주소를 설정할 의도로 대한민국 영역을 떠나는 것을 말한다. 다만, ① 병역을 기피하고 있는 사람과 ② 금고 이상의 형을 선고 받고 그 집행이 끝나지 아니하거나 그 집행을 받지 아니하기로 확정되지 아니한 사람은 해외이주를 할 수 없다(해외이주법 제3조). 그리고 연고이주나 무연고이주를 하고자 하는 사람과 현지이주를 한 사람은 외교부 장관에게 신고하여야 한다(해외이주법 제6조). 이는 이주자 보호를 위한 것이고 이민업무의 효율적 관리라는 행정상 필요가

---

351) 헌재 1993. 12. 23. 89헌마189, 판례집 5-2, 622, 645.

있는 한 적법한 제한이 된다. 세계인권선언 제13조 제2항과 국제인권규약 제12조 제1항 b는 자국을 포함한 모든 국가에서 퇴거할 자유를 규정한다.

여권은 외국에 여행하는 국민의 신분을 증명하고 여행국 관계자에게 국민에 대한 편의 제공과 적절한 보호를 요청하는 문서이다. 외국에 여행하고자 하는 국민은 여권을 소지하여야 하고(여권법 제2조) 일정한 경우 외교부 장관은 여권의 발급이나 재발급을 거부할 수 있어(여권법 제12조 제1항) 여권제도는 국민의 거주·이전의 자유를 제한하는 면이 있기는 하다. 하지만 이는 부수적인 것이고 주된 목적은 자국민 보호에 있으므로 단순한 출국신고의 성격으로 운영되는 한 거주·이전에 대한 침해로 볼 수 없다. 그러나 이것이 출국허가제도 형식으로 운영되고, 여권 발급이 원칙이 아닌 예외로 취급되며, 불특정한 법률개념이 여권 발급의 제한사유로 악용되는 때 등에는 거주·이전의 자유 침해이다.

병역의무자는 국가안보상 병력자원을 확보하고 병역기피를 방지하기 위해서 거주지를 이동하면 전입신고를 하게 하거나 국외여행을 할 때 병무청장의 허가를 받게 한다(병역법 제69조 제1항, 제70조 제2항).[352]

(7) 개인재산을 지참할 수 있는 자유

주소(·거소) 설정을 위해서든 단지 짧은 체류 목적이든 자기가 있는 장소를 변경할 때 자기 재산을 지참할 권리가 포함된다. 즉 거주·이전 시 개인은 자기 재산을 지참할 수 있다. 해외이주자는 외국환거래법 등 관련 법률에서 정하는 바에 따라서 그 재산을 반출할 수 있다(해외이주법 제8조). 그러나 모든 재산을 다 지참하는 것은 인격의 자유로운 발현에 따라서 요청되는 것도 아니고 거주·이전의 자유를 통해서 보호되지도 않는다. 즉 일정한 한계를 설정하는 것이 가능하다. 따라서 누구든지 국내에 있는 재산을 도피시킬 목적으로 외국이나 군사분계선 이북 지역으로 재산을 이동하거나 이동하는 결과를 생기게 하는 행위를 할 수 없다('국내재산 도피 방지법' 제1조). 다만, ① 정부가 허가한 때, ② 정부 필요에 따라서 재산을 이동하거나 그 이동의 결과를 생기게 하는 행위를 하는 때, ③ 여행이나 일시 체재에 필요한 일상수요품을 이동하는 때는 그러하지 아니하다('국내재산 도피 방지법' 제3조).

(8) 국적변경(국적이탈)을 할 수 있는 자유

거주·이전의 자유는 국적변경의 자유를 보장한다.[353] 국적변경의 자유는 대한민국 국적을 버리고 다른 국적을 취득할 자유를 말한다. 대법원은 자유의사에 따라서 국적을 이탈할

---

352) 대법원은 병역의무자에 대한 해외여행허가제도와 귀국보증제도는 헌법과 병역법이 정하는 병역의무를 성실히 이행하게 하기 위한 불가피한 병역법상 조치라고 한다[대법원 1990. 6. 22. 선고 90마310 판결(집38-2, 100; 공1990, 1544) 참조].

353) 국적이탈의 자유는 거주·이전의 자유가 아니라 제10조 인간의 존엄가치에서 끌어내는 것이 타당하다는 견해도 있다(정재황, 『신헌법입문(제9판)』, 박영사, 2019, 401~402쪽).

수 있는 국적이탈의 자유는 헌법상 인정되는 거주·이전의 자유의 하나에 해당되어 법률로써
만 제한이 가능하다고 한다.354) 헌법재판소도 국적을 이탈하거나 변경하는 것은 헌법 제14조
가 보장하는 거주·이전의 자유에 포함된다고 한다.355) 대한민국 국민으로서 자진하여 외국
국적을 취득한 사람은 그 외국 국적을 취득한 때에 대한민국 국적을 상실하고(국적법 제15조),
복수국적자로서 외국 국적을 선택하고자 하는 사람으로서 국적이탈 신고를 한 사람은 그 신
고를 수리한 때에 대한민국 국적을 상실한다(국적법 제14조 제2항). 헌법상 기본권이 범죄 목적
으로 악용되어서는 아니 되므로 탈세 목적이나 병역기피 목적으로 국적을 변경하는 것은 거
주·이전의 자유를 통해서 보호받을 수 없다. 따라서 병역을 기피할 목적으로 대한민국 국적
을 상실하였거나 이탈한 사람에 대해서는 법무부 장관의 국적회복 허가가 불가능하다(국적법
제9조 제2항 제3호).

　국적변경의 자유가 무국적의 자유까지 보장하지는 않는다.356) 국적법이 무국적자 발생을
방지하기 위한 입법목적이 있고, 무국적자는 그 개인의 이익을 보호하기 어려울 뿐 아니라
국가 사이의 관계에서도 그 처리가 어려운 문제가 발생하기 때문이다. 세계인권선언 제15조
도 "모든 인간은 국적을 가질 권리가 있다."라고 규정한다.

4. 제한

(1) 제한 가능성

　거주·이전의 자유는 국가안전보장·질서유지 또는 공공복리를 위해서 필요한 경우에 제한
될 수 있다. 다만, 거주·이전의 자유를 제한할 때도 그 자유의 본질적 내용은 침해할 수 없다
(헌법 제37조 제2항). 거주·이전을 직접적으로 침해하는, 즉 그 제한을 목표로 하는 국가적 행
위만 거주·이전의 자유 침해로서 문제 되고, 간접적·사실적으로 부담을 주는 것은 침해로 볼
수 없다. 헌법재판소는 한약업사의 한지적인 허가조항,357) 거주지를 기준으로 한 중고등학교
입학제한 교육법시행령규정,358) 강제해직공무원의 보상에 관한 특별조치법에서 이민기간을 보
상에서 제외한 규정359) 그리고 지방자치단체장의 피선거권 자격요건으로서 90일 이상 관할구

---

354) 대법원 2000. 12. 22. 선고 99두2826 판결.
355) 헌재 2006. 11. 30. 2005헌마739, 판례집 18-2, 528, 537; 헌재 2015. 11. 26. 2013헌마805등, 판례집 27-2하, 346, 354.
356) 같은 견해: 계희열, 『헌법학(중)(신정2판)』, 박영사, 2007, 515쪽; 권영성, 『헌법학원론(개정판)』, 법문사, 2010, 470~471쪽; 김상겸, 「헌법 제14조」, 『헌법주석[Ⅰ]』, 박영사, 2013, 501쪽; 김철수, 『학설·판례 헌법학(상)』, 박영사, 2008, 791쪽; 김하열, 『헌법강의』, 박영사, 2018, 551쪽; 성낙인, 『헌법학(제19판)』, 법문사, 2019, 1267쪽; 안용교, 『한국헌법(제2전정판)』, 고시연구사, 1992, 480쪽; 허 영, 『한국헌법론(전정15판)』, 박영사, 2019, 505쪽; 홍성방, 『헌법학(중)(제2판)』, 박영사, 2015, 122쪽.
357) 헌재 1991. 9. 16. 89헌마231, 판례집 3, 542.
358) 헌재 1995. 2. 23. 91헌마204, 판례집 7-1, 267.
359) 헌재 1993. 12. 23. 89헌마189, 판례집 5-2, 622.

역 안에 주민등록이 되어 있을 것을 요구하는 구 공직선거및선거부정방지법 조항[360]에 대해서 각각 합헌결정을 내렸다.

부부의 동거의무(민법 제826조 제1항), 친권자의 거소지정권(민법 제909조 제1항, 제914조) 그리고 재소자, 군인, 공무원 등의 거주이전 제한 등이 적법한 거주이전의 제한인지에 관해서 논의가 있다. 그러나 부부의 동거의무는 결혼에 따른 부부생활 목적을 달성하기 위해서 정당한 이유가 있는 한 그리고 친권자의 거소지정권은 친권자는 보호·양육의 목적을 위해서 각각 정당성이 인정된다. 그리고 재소자, 군인, 공무원 등의 거주이전을 제한하는 것은 그 관계의 목적과 특성이 그러한 제한을 요구하고 헌법 제37조 제2항의 요건을 갖춘 때만 정당한 제약이 된다.

(2) 조건, 허가, 증명 등에 거주·이전이 종속

거주·이전이 조건, 허가, 증명 등에 종속될 때 침해가 성립한다. 예를 들어 주택증명서, 숙박증명서, 활동증명서 등을 요구하는 때를 말한다.

(3) 주소지를 직업에 의존하게 하는 정주의무

주소지를 직장에 종속시키는 정주의무는 거주·이전의 자유 침해가 된다. 그러나 직업활동(수행)이 일정한 주소지에 단지 사실상으로만 의존하면 침해가 성립하지 않는다. 이때 직업의 자유(나 공무담임권) 제한 문제가 문제 될 뿐이다. 헌법재판소도 직업에 관한 규정이나 공직취임의 자격에 관한 제한규정이 그 직업이나 공직을 선택하거나 행사하려는 사람의 거주·이전의 자유를 간접적으로 어렵게 하거나 불가능하게 하거나 원하지 않는 지역으로 이주할 것을 강요하게 될 수 있더라도, 그러한 조치가 특정한 직업이나 공직의 선택 또는 행사에서 필요와 관련되는 것인 한, 그러한 조치에 따라서 직업의 자유나 공무담임권이 제한될 수는 있어도 거주·이전의 자유가 제한되었다고 볼 수는 없다고 한다.[361]

(4) 주거지 변경에 연결된 공과금의 경우

주거지 변경에 연결된 공과금은 그것이 이사(그 자체)를 이유로 한 것이면 주거·이전의 자유가 제약되지만, 이사가 계기가 된 것에 불과하면 제약이 아니다.

(5) 도회지로 인구가 집중되는 것을 막기 위한 법률상 제한

도회지로 인구가 집중되는 것을 막기 위한 법률상 제한은 구체적인 입법내용을 살펴 비례성원칙에 합치하는 범위 안에서 허용된다.[362] 대법원은 대도시의 인구집중을 억제하고 공해

---

360) 헌재 1996. 6. 26. 96헌마200, 판례집 8-1, 550.
361) 헌재 1996. 6. 26. 96헌마200, 판례집 8-1, 550.
362) 김철수, 『학설·판례 헌법학(상)』, 박영사, 2008, 792쪽; 허 영, 『한국헌법론(전정15판)』, 박영사, 2019, 506쪽.

를 방지하기 위해서 등록세를 중과세하는 지방세법 제138조의 규정이 기업활동의 자유와 주거이동의 자유를 보장한 헌법 및 국제인권선언에 위배된다고 볼 수 없다고 하였다.363) 헌법재판소는 지방세법 제138조 제1항은 인구와 경제력의 대도시집중을 억제함으로써 대도시주민의 생활환경을 보존개선하고 지역 사이의 균형발전이나 지역경제를 활성화하려는 복지국가적 정책목표에 이바지하는 규정이라고 하였다.364)

(6) 사회보장의 하나로 내린 수용처분

사회보장의 하나로 내린 수용처분은 그것이 사회보장청구인을 일정한 장소에 묶어 다른 장소에서 격리시킬 목적이 있으면 주거·이전의 자유 침해가 된다.

V. 주거의 자유

1. 의의

(1) 개념

주거의 자유는 자기 주거를 공권력이나 제3자에게서 침해당하지 않는 권리를 말한다.

(2) 주거의 자유의 보장의의

주거의 불가침을 보장하는 것은 개인에게 기초적인 생활공간을 보장해 주는 것이다. 즉 평온함 속에 있을 권리를 보장하기 위한 것이다. 따라서 이때의 주거는 공간적 사적 영역을 가리킨다.

(3) 사생활의 비밀과 자유를 지키기 위한 기초로서 주거의 자유

사생활 공간에 대한 보호가 선행되지 않으면 사생활 내용에 대한 보호는 기대하기 어렵다. 따라서 주거의 자유는 사생활의 비밀과 자유를 지키기 위한 기초가 된다.

(4) 연혁

1948년 헌법 제10조는 거주·이전의 자유와 함께 주거의 자유를 규정하면서 법률유보조항을 두었다. 1960년 헌법 제10조에서 법률유보를 삭제하였고, 1962년 헌법 제14조는 거주·이전의 자유에서 주거의 자유를 독립시켜 규정하였다. 현행 헌법 제16조는 "모든 국민은 주거의 자유를 침해받지 아니한다. 주거에 대한 압수나 수색을 할 때에는 검사의 신청에 의하여 법관이 발부한 영장을 제시하여야 한다."라고 규정하여 주거의 자유를 보장한다.

---

363) 대법원 1985. 5. 14. 선고 85누1 판결(공1985, 857).
364) 헌재 1996. 3. 28. 94헌바42, 판례집 8-1, 199, 208.

2. 주체

(1) 모든 자연인

주거의 자유는 내국인만이 아니라 외국인에게도 인정되는 인간의 권리이다. 주거에 수인이 거주하면 거주자 모두가 주거의 자유 주체가 된다. 따라서 가족의 모든 구성원은 주거의 자유 주체가 되고, 같은 방에서 하숙하는 수인도 모두 주거의 자유 주체가 된다. '인식할 수 있는 주거의사로 공간을 직접 점유하는 사람'만 주체가 되므로 간접점유자는 주체가 될 수 없다. 인식할 수 있는 거주의사 없이, 일시적으로 공간에 체류하는 사람은 주체가 될 수 없다. 예를 들어 시간급 청소원, 가정용품 수리자, 우편배달원 등이 그렇다.

(2) 합법적인 점유자

주거의 자유는 원칙적으로 직접적인 권한이 있는 소유자를 보호한다. 그러나 주거의 자유 보호대상은 주거소유권이 아니라 주거의 사적 영역이므로 재산관계와 무관하다. 따라서 주거 안에 세입자나 임차인이 거주하는 때와 호텔 객실의 투숙객 같이 점유할 권한이 있는 사람들은 주거의 자유 보호를 받는다. 그러나 주거침입절도범은 주거의 자유를 주장할 수 없다. 다만, ① 빈 집을 점거하여 생활하는 사람이라도 집주인의 수인의사 있을 때, ② 이미 계약이 해지된 임차인은 주거의 자유의 보호를 받는다. 주거가 부분 또는 공동소유이면, 즉 소유관계가 복잡하면 민법적인 소유 서열이 아니라 사실상 거주관계가 주거의 자유 주체 인정을 위한 결정적인 기준이 된다. 대법원은 점유할 권원이 없는 사람이 점유한 건물이더라도 법적 절차를 따르지 않고 소유자가 들어가면 주거침입죄를 인정하였다.[365]

(3) 법인, 그 밖의 단체

법인은 주거의 자유 주체가 될 수 없다는 견해가 있다.[366] 그러나 주거 개념이 사업장까지 확장되고 법인이나 그 밖의 단체도 각기 고유한 사적인 생활공간을 확보하므로 사법인이나 권리능력 없는 단체도 주체가 된다.[367] 국립대학교나 공영방송국과 같은 공법인도 때에 따라 주거의 자유 주체가 될 수 있다.[368] 다만, 법인, 그 밖의 단체의 주거의 자유를 행사하는 사람은 원칙적으로 법인, 그 밖의 단체의 대표자가 될 것이다. 그러나 주거의 자유를 침해당하면 법인, 그 밖의 단체 구성원 중 누구나 주거의 자유 침해를 주장할 수는 있다. 이때 주거에 들어온 사람이 대표자 허락을 받으면 법인, 그 밖의 단체 구성원이 주거의 자유 침해를

---

365) 대법원 1962. 6. 21. 선고 62아3 판결(집10-3, 001).
366) 홍성방, 『헌법학(중)(제2판)』, 박영사, 2015, 143쪽.
367) 계희열, 『헌법학(중)(신정2판)』, 박영사, 2007, 412쪽; 성낙인, 『헌법학(제19판)』, 법문사, 2019, 1225쪽; 장영수, 『헌법학(제11판)』, 홍문사, 2019, 633쪽.
368) 계희열, 『헌법학(중)(신정2판)』, 박영사, 2007, 412쪽.

주장할 수 없다.

3. 내용

(1) 주거: 공간적으로 외부와 구획이 된 모든 사적 생활 공간

주거는 현재 거주 여부와 사용을 위한 시간 장단을 불문하고 인간의 체류(거주)와 활동을 위한 장소로 만들어진, 누구에게나 출입할 수 있도록 개방되지 않은 모든 사적 공간을 말한다. 주거인지를 판단하는 기준은 주관적 요소인 주거 목적과 객관적 요소인 특정 가능성 그리고 사회적 승인을 들 수 있다. 따라서 여기서 말하는 주거는 체류나 작업의 용도로 이용하는 모든 공간을 뜻하므로 좁은 뜻의 주택을 넘는 개념이다. 즉 권리자가 자신의 사적 생활장소로 규정하여 일반의 접근을 배제하는 모든 장소를 말한다. 일정한 개인의 외적으로 인식할 수 있는 의지를 따를 때 일정한 공간이나 장소에 오로지 사적 접근만 허용되는 때를 말한다. 거주용 주택은 물론이고 광, 차고, 호텔 객실, 천막, 가정용 보트, 기숙사 방, 임차주택,369) 캠핑용 자동차, 선박 객실, 병원 입원실 등도 모두 주거에 해당한다. 그러나 전화부스, 엘리베이터 등은 폐쇄되지 않은 공간으로 공공 사용에 제공된 장소이므로 주거에 해당되지 않는다. 지하실, 차고, 다락방, 계단 등과 같은 부속공간과 이에 접속하여 둘러싸는 난간 등은 물론 구조물로 되어 있지 않은 부속 공간(예를 들어 베란다, 정원 등)도 주거에 포함된다. 그러나 주거와 관련성이 없는 초지, 논밭은 주거에 해당되지 않는다. 교도소 감방은 상시적인 감독이 허용되는 공간이므로 주거에 포함되지 않는다. 그러나 이때도 일체의 사생활이 허용되지 않는 전면적인 감시는 인간의 존엄을 침해한다. 군인, 경찰, 양로원, 학생기숙사 등의 공동숙소는 주거에 해당하는지가 불명확하므로 개별적·구체적 상황에 따라 판단하여야 한다. 난민수용소에 수용된 난민에게는 난민수용소가 주거로 인정될 수 있다.

(2) 특히 공장, 작업장, 사무실, 영업장소

노동, 직업, 영업이 자기실현에 중요성이 있으면 주거에 포함된다. 공공이 접근할 수 없는 장소에 국한하여 주거로 인정한다. 대법원은 대학강의실은 일반인에게 공개되어 누구나 자유롭게 출입할 수 있는 곳은 아니라면서 일반인이 대학강의실을 출입하면 주거침입죄를 인정하였다.370) 모든 사람에게 입장이 개방되는 영업공간, 특히 상점, 전시장 등은 공중이 드나드는 시간 동안은 헌법 제16조의 주거로 보기 어렵다. 다만, 이런 장소에 관리자의 명시적인 출입금지의사에 어긋나게 무리하게 입장하면 주거의 자유 침해가 될 수 있다. 그리고 통상적인 출입방법이 아닌 방법으로 출입하거나 개방되는 시간이 아닌 때에 출입하면 주거의 자유 침

---

369) 자기 소유 집이라도 세를 주면 세입자가 정당한 주거권자이므로 집주인이 세입자 동의 없이 주거에 침입하면 주거침입죄가 성립한다.

370) 대법원 1992. 9. 25. 선고 92도1520 판결(공1992, 3052).

해가 될 수 있다. 그러나 이러한 장소에 드나들 수 있는 것은 일정한 목적을 전제로 허용한 것은 아니므로 범죄목적으로 이러한 장소에 들어갔다고 하여 주거의 자유를 침해한다고 볼 수는 없다.371)

(3) 불가침성

주거의 불가침성은 주거의 자유 주체의 동의나 승낙이 없으면 누구도 주거에 들어오는 것을 금지하는 것을 말한다. 이때 승낙 권한이 있는 사람은 주거의 자유 주체나 그 대리인이다. 거주자 승낙은 명시적인 것은 물론 묵시적인 것(예를 들어 손님이 상점에 들어가는 것)도 포함된다. 거주자 동의가 있어도 불법행위를 할 목적으로 들어가면 진정한 동의가 있었다고 볼 수 없으므로 주거의 자유 침해가 될 수 있다. 따라서 형법상 주거침입죄(제319조)로 처벌될 수 있다.372)

4. 침해

(1) 주거의 자유 침해 성립

주거의 자유 침해는 그 주체의 동의나 승낙 없이 직접 또는 기술적 보조수단을 통해서 간접적으로 주거에 들어가거나 머물 때 성립한다.

(2) 신체적인 것

주거 안에 신체가 들어오거나 구경하거나 머무르면 주거의 자유는 침해된다.

(3) 주거의 사적 평온 침해
① 청각적 감시장비를 이용한 침해

주거 안에 도청장치를 설치하거나 벽에 도청장치 부착하면 그리고 주거 밖에서 음향기기(예를 들어 마이크로폰)를 사용하여 엿들으면 주거의 자유 침해가 발생한다.

② 시각적 감시장비를 이용한 침해

주거 안에 비디오카메라를 설치하거나 주거 밖에서도 적외선카메라를 사용하여 엿보면 주거의 자유는 침해된다.

③ 주거 밖의 정보수집

주거를 침범하지 않고 주거 밖에서 이루어지는 정보수집은 주거의 자유를 침해하지 않는다.

---

371) 그러나 대법원은 이러한 때에 주거침입죄를 인정한다[대법원 1967. 12. 19. 선고 67도1281 판결(집15-3, 062)].
372) 대법원 1958. 5. 23. 선고 4291형상117 판결(다른 사람의 처와 간통할 목적으로 그 처의 동의 아래 주거에 들어간 때); 대법원 1967. 12. 19. 선고 67도1281 판결(집15-3, 062)(대리시험자의 시험장 입실).

5. 제한

(1) 주거의 자유 제한 가능성

주거의 자유는 헌법 제16조 제2문에 따라 제한될 수 있고, 헌법 제37조 제2항에 따라서 제한될 수도 있다. 다만, 이때도 본질적인 내용은 침해되지 않는다(헌법 제37조 제2항).

(2) 영장을 통한 주거에 대한 압수 · 수색

① 압수 · 수색의 개념

압수는 일정한 물건의 점유를 강제적으로 취득하기 위한 수사상 강제처분을 말하고, 수색은 주거권자가 비밀로 하고자 하는 인물이나 물건을 발견할 목적으로 주거에 신체적으로 들어가 뒤지는 것을 말한다. 이는 형사절차뿐 아니라 경찰 · 행정절차, 강제집행절차, 세법상 압류를 위한 수색 등을 통해서 이루어진다. 이는 주거의 자유에 대한 가장 강력한 침해에 해당한다.

② 사전영장원칙

주거가 범죄와 관련하여 사람이나 물건의 은닉장소가 될 수 있으므로 주거에 대한 제한은 필요하다. 주거를 압수 · 수색을 하려면 적법절차에 따라서 발부된 영장이 필요하다(헌법 제16조 제2문, 형사소송법 제113조, 제215조). 영장은 법관이 수사기관의 주거에 대한 침입과 물건의 압수 · 수색을 허가한다는 뜻을 기재한 서면으로 범죄의 객관적 혐의가 있고, 압수 · 수색 필요성과 대상물 존재 개연성이 있는 때 발부된다. 그리고 영장은 법관이 발부한 것이어야 하고, 영장에는 압수할 물건과 수색할 장소 등이 명시되어야 한다(헌법 제16조 제2문, 형사소송법 제114조). 따라서 그 대상을 포괄적으로 기재하는 일반영장은 금지된다. 압수 · 수색이 긴급성을 요구하여 영장을 받아 이를 시행할 시간적 여유가 없으면 합리적인 범위에서 사전영장원칙 예외를 인정할 수 있다(예를 들어 형사소송법 제216조).

헌법 제12조 제3항은 "체포 · 구속 · 압수 또는 수색을 할 때에는 적법한 절차에 따라 검사의 신청에 의하여 법관이 발부한 영장을 제시하여야 한다. 다만, 현행범인인 경우와 장기 3년 이상의 형에 해당하는 죄를 범하고 도피 또는 증거인멸의 염려가 있을 때에는 사후에 영장을 청구할 수 있다."라고 규정함으로써, 체포 · 구속에 관한 사전영장원칙에 대한 예외를 명문으로 인정한다. 이와 달리 헌법 제16조 제2문은 "주거에 대한 압수나 수색을 할 때에는 검사의 신청에 의하여 법관이 발부한 영장을 제시하여야 한다."라고 규정할 뿐이지 영장원칙에 대한 예외를 명문화하지 않는다. 그러나 헌법 제16조에서 영장원칙에 대한 예외를 마련하지 아니하였다고 하여, 주거에 대한 압수나 수색에서 영장원칙이 예외 없이 반드시 관철되어야 함을 뜻하는 것은 아닌 점, 인간의 존엄성 실현과 인격의 자유로운 발현을 위한 핵심적 자유영역에 속하는 기본권인 신체의 자유에 대해서도 헌법 제12조 제3항에서 영장원칙의 예외를 인정하는데, 이러한 신체의 자유와 비교하여 주거의 자유는 그 기본권 제한 여지가 크므로, 형사사법 및 공권력 작용의 기능적 효율성을 함께 고려하여 본다면, 헌법 제16조의 영장원칙에 대해서도 일정한 요건 아래 그 예외를 인정할 필요가 있는 점, 주거공간에 대한 압수·수색은 그 장소에 혐의사실 입증에 이바지할 자료나 피의자가 있을 개연성이 충분히 소명되어야 그 필요성을 인정할 수 있는 점, 헌법 제12조 제3항 단서에서 현행범인 체포나 긴급체포에 사전 영장원칙의 예외를 둔 것은 그 체포의 긴급성에 비추어 사전에 압수·수색·검증영장을 발부받을 것을 기대하기 어렵기 때문이며, 체포영장 발부 이후 혐의사실 입증에 이바지할 자료나 피의자가 있을 개연성이 충분히 소명되어 압수·수색영장을 발부받아도 그 자료나 피의자가 계속 그 장소에 있지 않는 한 그 집행의 실효성을 기대할 수 없게 되므로, 체포영장이 발부된 때도 영장 없이 그 장소에 대한 압수·수색을 하여야 할 긴급한 상황은 충분히 발생할 수 있는 점, 헌법 제16조가 주거의 자유와 관련하여 영장원칙을 선언하는 이상, 그 예외는 매우 엄격한 요건 아래에서만 인정되어야 하는 점 등을 종합하면, 헌법 제16조의 영장원칙에 대해서도 그 예외를 인정하되, 이는 ① 그 장소에 범죄혐의 등을 입증할 자료나 피의자가 있을 개연성이 소명되고, ② 사전에 영장을 발부받기 어려운 긴급한 사정이 있을 때만 제한적으로 허용될 수 있다.[373]

　　먼저 현행범인이 수사기관의 추격을 피하여 다른 사람의 주거 등에 들어가면 이를 확인한 수사기관으로서는 현행범인을 체포하려고 그 장소에 들어가 피의자 수색을 할 수 있어야 한다. 이때 현행범인이 다른 사람의 주거 등에 소재할 개연성과 수색에 앞서 수색영장을 받기 어려운 긴급한 사정이 충분히 인정된다. 따라서 현행범인을 체포할 때 헌법 제16조 영장원칙의 예외를 인정할 수 있다. 다음으로 긴급체포에서 '긴급을 요한다'함은 피의자를 우연히 발견한 때 등과 같이 체포영장을 받을 시간적 여유가 없는 때를 말한다. 피의자가 긴급체포를 피하려고 다른 사람의 주거 등에 들어가면 이를 확인한 수사기관으로서는 피의자 체포를 위해서 그 장소에 바로 들어가 피의자 수색을 할 수 있어야 한다. 이때도 피의자가 다른 사람의 주거 등에 소재할 개연성과 수색에 앞서 수색영장을 발부받기 어려운 긴급한 사정이 충분히 인정된다. 따라서 긴급체포도 헌법 제16조 영장원칙의 예외를 인정할 수 있다. 끝으로 피의자에 대해서 체포영장이 발부되면 수사기관으로서는 헌법 제16조, 형사소송법 제215조에 따라 법원에서 사전에 수색영장을 발부받는 것이 원칙이다. 그러나 체포영장에 의한 체포에서도 수색영장 없이 피의자 수색을 하여야 할 긴급한 상황은 충분히 발생할 수 있는 점, 이때도 별도의 수색영장을 발부받아야 한다면, 검사가 영장을 신청하고 법관이 영장을 발부하는 데 통상적으로 소요되는 시간 등에 비추어 체포영장 집행 자체가 사실상 불가능할 수도 있는 점,

---

373) 헌재 2018. 4. 26. 2015헌바370등, 판례집 30-1상, 563, 572-573.

수색영장을 발부받을 수 있는 시간적 여유가 있어도 영장 없이 다른 사람의 주거 등에 대한 수색을 허용한다면, 수색장소 특정과 이에 대한 법관의 심사절차가 생략되므로, 일반영장에 의한 포괄적 강제수사를 허용하는 셈이 되는 점 등을 종합하면, 체포영장에 의한 체포에는 체포영장이 발부된 피의자가 다른 사람의 주거 등에 소재할 개연성이 소명되고, 그 장소를 수색하기에 앞서 별도로 수색영장을 발부받기 어려운 긴급한 사정이 있는 때만 현행범인 체포, 긴급체포와 마찬가지로 영장원칙의 예외를 인정할 수 있다.[374]

③ 형사절차를 넘어 행정목적을 위한 행정상 즉시강제에도 영장원칙이 적용되는가?

(ⅰ) 학설

ⓐ 영장불요설

영장불요설은 헌법상 영장제도는 형사적용에만 적용되는 것이지 행정작용에는 적용되지 않다는 견해이다.[375] 행정상 즉시강제는 행정상 의무를 명할 여유가 없는 급박한 때 문제가 되므로, 이때 영장을 필요로 한다는 것은 헌법이 예상하는 바가 아니라는 것이다.

ⓑ 영장필요설

헌법 제12조 제3항에는 체포·구금·압수·수색할 때 영장원칙이 적용된다고 규정되어 있는 바, 영장제도는 형사작용인지 행정작용인지를 불문하고 적용된다는 견해이다.[376] 따라서 행정목적을 위한 것이라도 주거의 침입, 신체나 주거의 수색을 위해서는 영장이 필요하다는 것이다. 요컨대 이 견해는 형사와 행정이 목적에 차이가 있더라도 기본권 보장 취지는 같다는 견해이다.

ⓒ 절충설

원칙적으로 국민의 기본권 보장이라는 관점에서 영장이 필요한 것이긴 하나, 행정상 즉시강제 중에서 행정목적 달성을 위해서 불가피하다고 인정할 만한 합리적인 이유가 있으면 사전영장 없이도 강제조치를 할 수 있다는 견해이다.[377] 특히 형사상 목적을 위한 때는 영장원

---

374) 헌재 2018. 4. 26. 2015헌바370등, 판례집 30−1상, 563, 573−574. 헌법재판소는 형사소송법(1995. 12. 29. 법률 제5054호로 개정된 것) 제216조 제1항 제1호 중 제200조의2에 관한 부분은 체포영장을 발부받아 피의자를 체포할 때 필요하면 영장 없이 타인의 주거 등 안에서 피의자 수사를 할 수 있다고 규정하여 별도로 영장을 발부받기 어려운 긴급한 사정이 있는지를 구별하지 아니하고 피의자가 소재할 개연성만 소명되면 영장 없이 타인의 주거 등을 수색할 수 있도록 허용하는데, 이는 체포영장이 발부된 피의자가 타인의 주거 등에 소재할 개연성은 소명되나, 수색에 앞서 영장을 발부받기 어려운 긴급한 사정이 인정되지 않아도 영장 없이 피의자 수색을 할 수 있다는 것이므로, 헌법 제16조 영장원칙의 예외 요건을 벗어나는 것으로서 영장주의에 어긋난다고 하였다(헌재 2018. 4. 26. 2015헌바370등, 판례집 30−1상, 563, 574).

375) 문홍주, 『제6공화국 한국헌법』, 해암사, 1987, 257쪽; 박일경, 『제6공화국 신헌법』, 법경출판사, 1990, 259쪽.

376) 이상규, 『신행정법론(상)(신판)』, 법문사, 1994, 553~554쪽. 다만, ① 성질상 미리 의무를 명하는 것으로 행정목적을 달성할 수 없으면 장해의 급박성으로 말미암은 때가 아니므로 원칙적으로 언제나 영장을 요하지만, ② 목전의 긴급한 장애 제거를 위해서 미리 의무를 명할 여유가 없으면 현행범인의 체포·구속 등에 준하여 영장을 요하지 아니한다고 한다.

377) 계희열, 『헌법학(중)(신정2판)』, 박영사, 2007, 415쪽; 권영성, 『헌법학원론(개정판)』, 법문사, 2010, 467쪽; 김

칙이 적용되어야 한다고 한다.

(ii) 사견

헌법 제12조 제3항과 제16조의 영장제도에 관한 규정은 연혁적으로는 형사사법작용을 염두에 둔 규정이기는 하지만 영장제도는 국가작용의 종류와 상관없이 국민의 신체의 자유를 보장하는 데 그 취지가 있는 것이므로, 행정작용에 적용되지 아니한다는 견해는 타당하지 않다. 따라서 헌법상 영장제도에 관한 규정은 원칙적으로 형사사법작용뿐 아니라 행정상 즉시강제에도 적용되는 것으로 보아야 한다. 다만, 행정상 즉시강제의 성질상 행정목적 달성을 위해서 불가피하다고 인정할 만한 합리적인 이유가 있는 특수한 때만 영장원칙 적용이 배제될 수도 있다. 그러나 그러한 예외는 국민의 기본권 보장 취지에 입각하여 엄격하게 해석되어야 한다.378)

④ 강제집행 시 주거에 대한 압수·수색

민사소송법상 강제집행절차에 따라 집행관이 강제집행을 실시하고 집행관이 그의 강제력 사용권(민사집행법 제5조)으로 주거에 대한 압수나 수색을 하면 집행판결이나 집행문에 이미 주거에 대한 압수나 수색을 허용하는 법관의 의사가 포함되므로 영장원칙 위배가 아니다.379)

Ⅵ. 사생활의 비밀과 자유

1. 의의

(1) 개념

사생활의 비밀이란 자기의사에 어긋나게 사생활 내용을 공개당하지 아니할 권리를 말한다. 그리고 사생활의 자유란 사생활의 자유로운 형성과 전개를 방해받지 아니할 권리, 즉 자신의 사생활을 스스로 결정할 인격적 자율의 권리를 말한다.

(2) 연혁

사생활의 비밀과 자유를 한국 헌법에 처음 규정한 것은 1980년 헌법 제16조이다. 현행 헌

철수,『학설·판례 헌법학(상)』, 박영사, 2008, 835쪽; 김학성,『헌법학원론(전정3판)』, 피앤씨미디어, 2019, 554쪽; 성낙인,『헌법학(제19판)』, 법문사, 2019, 1226쪽; 심경수,『헌법』, 법문사, 2018, 226쪽; 양 건,『헌법강의(제8판)』, 법문사, 2019, 604쪽; 이강혁,「주거의 자유와 영장주의」,『고시계』제33권 제2호(통권 제372호), 국가고시학회, 1988. 2., 92~93쪽; 장영수,『헌법학(제11판)』, 홍문사, 2019, 635쪽; 홍성방,『헌법학(중)(제2판)』, 박영사, 2015, 145~146쪽.

378) 그러나 행정상 즉시강제에 대한 영장 필요 여부를 둘러싼 이론적인 대립이 있는데도 실무상으로 어떠한 범위의 행정공무원이 어떠한 때에 어떠한 형식의 영장을 어떠한 절차를 경유하여 청구할 수 있는지에 관한 현행법규정이 마련되어 있지 않다. 그리고 범죄수사 목적의 형사사법규정을 그대로 전용하기에는 성격이 맞지 않는다. 따라서 이러한 입법미비상태가 제거되기까지는 논의 실익이 거의 없다.

379) 허 영,『한국헌법론(전정15판)』, 박영사, 2019, 422쪽; 홍성방,『헌법학(중)(제2판)』, 박영사, 2015, 146쪽.

법 제17조는 "모든 국민은 사생활의 비밀과 자유를 침해받지 아니한다."라고 하여 사생활의
비밀과 자유를 보장한다.

(3) 헌법체계상 지위

독일 기본법에는 사생활의 비밀과 자유에 관한 규정이 없어 인격권으로 문제를 해결하고,
미국 판례는 프라이버시권이라는 이름 아래에 사생활에 관한 문제를 해결한다. 그런데 한국
헌법은 사생활의 비밀과 자유라는 명문 규정을 두어서 이 기본권의 기본권체계상 지위가 문
제 된다.

① (일반적) 인격권

(일반적) 인격권은 권리주체와 분리될 수 없는 인격적 이익, 즉 생명·신체·건강·명예·정
조·성명·초상·사생활의 비밀과 자유 등을 향유하는 것을 내용으로 하는 권리이다. 따라서
사생활의 비밀과 자유도 인격권의 일부 내용이 된다. 사생활의 비밀과 자유는 인격권과 달리
공적 생활·사회생활과 구별되는 개인생활에 한정되므로 인격권과 사생활의 비밀과 자유는
일반—특별의 관계에 있다. 따라서 사생활의 비밀과 자유가 인격권에 우선하여 적용된다.

② 이른바 프라이버시권 문제

현재 미국 헌법 영향으로 프라이버시권이 논의된다. 프라이버시권은 좁은 뜻으로 이해하
면 '사생활의 평온을 침해받지 아니하고 사생활의 비밀을 함부로 공개당하지 아니할 권리'이
다. 이를 넓은 뜻으로 이해하면 이러한 소극적 측면 이외에 '자신에 관한 정보를 관리·통제
할 수 있는 권리'라는 적극적 측면도 포함한다. 그리고 이를 가장 넓은 뜻으로 이해하면 사생
활의 비밀과 자유뿐 아니라 주거의 불가침·통신의 불가침 등도 포괄하는 개념으로 파악된다.
그러나 한국 헌법에 사생활의 비밀과 자유에 대한 명문 규정이 있고, 프라이버시권은 그 헌
법적 근거가 불분명하다. 게다가 넓은 뜻으로 이해하면 사생활의 비밀과 자유와 같고, 좁은
뜻으로 이해하면 사생활의 비밀과 자유의 일부분에 불과하며, 가장 넓은 뜻으로 이해하면 각
각의 개별 기본권으로 파악하면 되고 그래도 남는 부분이 있으면 헌법 제10조의 행복추구권
에 포섭할 수 있으므로 독자적인 보호영역을 인정할 수 없다. 따라서 이에 관한 논의는 기본
권 사이의 관계만 불분명하게 할 뿐이지 실익이 없다.

③ 주거의 자유

주거의 자유와 사생활의 비밀과 자유는 사생활 영역에 관한 기본권이라는 점에서 공통된
다. 하지만 주거의 자유는 사생활 영역을 '공간적'으로 보호하기 위한 것이지만, 사생활의 비
밀과 자유는 사생활 영역을 '내용적'으로 보호하기 위한 것이라는 점에서 구별된다.

2. 주체

(1) 자연인

사생활의 비밀과 자유 주체는 원칙적으로 자연인이다. 이것이 인격의 자율성을 보장하여 인격의 자유로운 발현과 인간의 존엄성을 보장하는 데 목적이 있으므로 내국인뿐 아니라 외국인에게도 인정되는 인간의 권리이다. 사자가 주체가 될 수 있는지와 관련하여 사생활의 비밀과 자유는 인격권 보호를 목적으로 하므로 사자도 때에 따라 주체가 될 수 있다는 견해[380]와 사생활의 비밀과 자유는 인간의 존엄성 존중을 궁극의 목표로 하고 인격적 가치가 훼손됨으로써 정신적 고통을 받으면, 이를 구제하는 것을 법익으로 하는 까닭에 원칙적으로 생존하는 자연인만 누릴 수 있고, 사자는 정신적 고통을 받을 수 없고, 권리는 사망과 더불어 소멸하므로 사자는 그 주체가 될 수 없다는 견해[381]가 대립한다. 후자는 사자의 사생활의 비밀에 관한 권리 침해가 동시에 생존자의 권리를 침해하는 때나 사자와 생존자 사이에 일정한 관계가 있는 때는 생존자에 관해서 문제가 될 수 있다고 한다. 사자는 독자적인 사생활이 없고, 단지 사자가 생존 당시 이미 형성한 사적 정보 보호가 문제 된다. 그리고 사자의 명예는 일반적 인격권을 통해서 보호된다. 따라서 사자는 사생활의 비밀과 자유 주체가 될 수 없다. '개인정보 보호법'도 '살아 있는 개인에 관한 정보'만을 보호대상으로 한다(제2조 제1호).

(2) 법인, 그 밖의 단체

법인, 그 밖의 단체도 명예의 주체가 될 수 있어 그 명예가 훼손되거나 명칭·상호 등을 다른 사람이 영리 목적으로 이용하면 권리 침해를 인정할 수 있고, 그러한 범위에서 제한적으로 법인에게도 주체성이 인정되어야 한다는 견해[382]와 사생활의 비밀과 자유는 기본적으로 인격권 보호를 그 목적으로 하므로 법인, 그 밖의 단체에는 이것이 적용될 수 없고, 법인의 명칭이나 상표 등을 다른 사람이 영업적으로 이용하면 해당 법률을 통해서 보호될 문제라는 견해[383] 그리고 사생활의 비밀과 자유는 인간의 존엄성을 전제로 한 것이므로 법인은 원칙적으로 주체가 될 수 없다는 견해[384]가 있다. 대법원은 법인의 명예가 훼손되면 법인의 주체성을 인정한 바 있다.[385] 법인, 그 밖의 단체에는 순수한 사생활이 없다. 그러나 법인, 그 밖의 단체의 정보에 대한 침해 방지와 통제·관리가 필요하다. 따라서 이러한 범위에서는 법인, 그

---

380) 계희열, 『헌법학(중)(신정2판)』, 박영사, 2007, 400쪽.

381) 권영성, 『헌법학원론(개정판)』, 법문사, 2010, 453쪽; 김철수, 『학설·판례 헌법학(상)』, 박영사, 2008, 838쪽; 성낙인, 『헌법학(제19판)』, 법문사, 2019, 1230쪽.

382) 권영성, 『헌법학원론(개정판)』, 법문사, 2010, 453~454쪽; 홍성방, 『헌법학(중)(제2판)』, 박영사, 2015, 148쪽.

383) 계희열, 『헌법학(중)(신정2판)』, 박영사, 2007, 400쪽.

384) 김철수, 『학설·판례 헌법학(상)』, 박영사, 2008, 839쪽.

385) 대법원 1990. 2. 27. 선고 89다카12775 판결(집38-1, 103; 공1990, 760).

밖의 단체도 사생활의 비밀과 자유 주체가 될 수 있다. 다만, 명예권은 사생활의 비밀과 자유 보호영역이 아니라 (일반적) 인격권의 보호영역에 속한다.

3. 내용

초기에는 소극적인 권리로 이해하였으나, 현재는 적극적인 측면도 함께 강조된다. 대법원도 같은 견해에 있다.[386]

(1) 사생활 영역의 의미

무엇이 사생활 영역인지와 관련하여 ① 인간의 생활영역을 일정한 단계로 구분하여 그에 상응하는 보호를 부여하여야 한다는 영역이론, ② 그때그때의 개개인이 맡는 역할(예를 들어 국민으로서, 정당원으로서, 직장인으로서, 친구로서 등)에 따라 각기 특유하게 전개되는 의사소통과 정보 분배에 기준을 두어야 한다는 역할이론, ③ 사적인 결정의 자유를 강조하면서 그러한 자기결정을 외부로 표현하고 주변에 영향을 미치는 것까지 사생활영역으로 포섭하는 자율적 자기표현이론, ④ 인간의 사회적 생활과 인격 형성의 포괄적 조건으로서 의사소통의 불가침과 이러한 의사소통에 대한 다른 사람의 원하지 않는 참여 금지로 보는 의사소통이론이 대립한다. 그러나 어느 이론에 따라서도 명확한 구별이 어려우므로 구체적인 때에 사생활 영역에 포함되는지는 이러한 여러 이론을 종합적으로 고려하는 가운데 개별적으로 검토·판단하여야 한다. 이때 기준이 되는 사생활은 일단 다른 사람이나 외부에서 차단되어 비밀로 두고자 하는 개인의 내밀한 생활영역으로 정의할 수 있다. 사생활의 핵심요소는 차단성, 내밀성, 비공개성이다.[387] 사적 영역과 공적·사회적 영역은 늘 명확하게 구별되는 것이 아니고 중첩될 수도 있다. 그리고 공적·사회적 공간 안에서도 사생활 보호가 문제 될 수 있다. 예를 들어 직장 안에서도 근로자의 사생활은 보호되고, 교도소 같은 수용시설 안에서도 피수용자의 사생활이 문제 될 수 있다.[388]

(2) 사생활의 비밀에 대한 불가침

사생활의 비밀에 대한 불가침은 사생활이 본인의 의사에 어긋나게 파악되는 것과 파악된 사생활 내용이 공개되는 것을 금지하는 것을 포함한다. 사생활의 비밀이란 (보통의 감수성이 있는) 일반인 감정에 비추어 공개되면 곤란한, 아직 일반인에게 알려지지 않은 사적인 사항에 관한 것으로 본인이 공개를 원하지 않는 것을 말한다. 이에 대한 침해는 다음과 같이 유형화할 수 있다.[389]

---

386) 대법원 1998. 7. 24. 선고 96다42789 판결(공1998하, 2200).
387) 김하열, 『헌법강의』, 박영사, 2018, 522쪽.
388) 이상 김하열, 『헌법강의』, 박영사, 2018, 522~523쪽.
389) 오해를 낳게 하는 사사(私事)의 공표 금지와 인격적 징표의 영리적 이용 금지를 예로 들기도 하나 이는 일반적

① 사사(私事)에 대한 침입 금지

본인의 의사에 어긋나게 감시, 도청, 도취 등으로 사생활의 비밀을 탐지하거나 교란하는 행위 또는 사생활의 평온을 적극적으로 방해 또는 침해하는 행위는 사생활의 비밀을 침해한다. 그러나 개인의 사사에 대한 사소한 침입까지 금지되는 것은 아니다. 즉 금지되는 것은 (ⅰ) 사적 사항이나 사적 영역을 대상으로 하여 (ⅱ) 통상인의 수인한계를 넘을 정도로 감정을 해하는 것이다.

② 사사(私事)의 공개 금지

개인의 난처한 사적 사항은 본인의 의사에 어긋나게 무단으로 공개되는 것은 사생활의 비밀을 침해한다. 여기서 난처한 사적 사항은 개인이 비밀로 하고자 하는 사항을 말한다. 그러나 모든 사적 사항 공개가 금지되는 것이 아니라 (ⅰ) 사적 사항이 공공연하게 공표되어야 하고, (ⅱ) 공개된 사실이 아직 공표되지 않은 사적 사항이며, (ⅲ) 공개된 사실이 통상인의 감수성을 기준으로 판단하면 심리적 부담이나 불안을 주는 것이고, (ⅳ) 공개된 사적 사항이 자신에 관한 것이라는 증명, 즉 동일성이 입증된 때만 (ⅴ) 공개사항의 진실성이나 공개자의 악의 유무와 관계없이 금지된다.390) 이때 '공공연하게'란 '불특정 또는 다수인이 인식할 수 있게'란 뜻이고, 공표는 사적 사항을 구체적으로 사회적인 외부세계에 표시·주장·발설·전달하는 일체의 행위로 그 방법은 구두, 문서, 도화, 그 밖의 무엇이든 상관이 없다. 그리고 '공개'란 '공표로 말미암아 불특정 또는 다수인이 인식할 수 있는 상태'를 말한다.

(3) 사생활을 자유롭게 형성하고 전개할 수 있는 권리

사생활의 자유로운 형성과 전개는 사생활의 자율을 방해 또는 간섭받지 아니하는 권리를 말한다. 이에는 평온한 사생활 유지, 자신이 원하는 방식의 사생활을 적극적으로 전개하는 것, 사생활의 자율성을 방해 또는 간섭받지 않을 것 등을 포함한다.

(4) 개인정보자기결정권
① 개념

개인정보자기결정권(자기정보통제관리권)은 자신에 관한 정보의 공개와 유통을 스스로 결정하고 통제할 수 있는 권리를 말한다.

② 사생활의 비밀과 자유 성질 변화

현대사회는 정보 자체가 다른 재화나 에너지 이상의 유력한 자원이 되고, 정보가치 생산을 중심으로 경제·사회구조가 변화·발전되어 가는 정보화사회로 나아간다. 따라서 헌법도 정보 개발을 국가의 의무로 규정한다(제127조 제1항). 정보화사회에서는 정보의 수집과 관리가

인격권과 명예권의 문제이므로 부적절한 예이다.
390) 계희열, 『헌법학(중)(신정2판)』, 박영사, 2007, 396쪽.

대량적·집단적으로 이루어지고 대중매체(매스미디어)가 거대화하면서 국가와 기업의 개인정
보에 대한 수요가 급증한다. 이에 따라 기존의 법과 제도에서 미처 생각하지 못한 문제가 발
생한다. 특히 정부정보 전산화가 확대됨에 따라 누구나 이에 접근할 수 있게 되어 개인의 의
사와 상관없이 개인의 사적 정보가 공개되거나 다른 사람이 수집·관리하는 일이 빈번하다.
이는 개인의 사적 정보 보호에 중대한 위험을 초래하였다. 이에 따라 이에 대한 보호가 적극
적으로 요구되어 사생활의 비밀과 자유는 소극적 성격뿐 아니라 개인정보자기결정권까지 포
함하는 적극적인 성격이 있는 권리로 발전하였다. '개인정보 보호법' 제정·시행은 이런 요구
에 부응한 입법이다.

③ 연혁

개인정보 보호를 위한 법률로서 미국에는 1974년 프라이버시법이 있고, 영국에는 1984년
약칭 정보보호법이 있다. 프랑스에는 1978년 정보처리·축적·자유에 관한 법률이 있고, 독일
에는 1977년 연방정보보호법이 있다. 일본도 1988년 행정기관이 보유하는 전자계산기처리와
관련된 개인정보에 관한 법률을 공포한 바 있다. 경제개발협력기구(OECD)는 1980년 개인정
보의 국제적 유통과 프라이버시 보호에 관한 가이드라인을 작성·공포한 바 있다. 이 가이드
라인은 정보의 자유로운 유통을 원칙으로 하면서도 프라이버시 보호라는 관점에서 가맹국이
개인정보 처리 시에 준수하여야 할 8개 원칙[391]을 제시한다. 한국에서도 1995년 1월부터 공
공기관의개인정보보호에관한법률이 시행되다가, 2011년 9월 30일에 '개인정보 보호법'으로
대체되어 시행되고 있다. 그러나 사적 기관에서 개인정보 보호는 미흡하여 정보통신망을 통
한 개인정보 보호를 위해서 '정보통신망 이용촉진 및 정보보호 등에 관한 법률'이 제정되었을
뿐이다.

④ 헌법적 근거

개인정보자기결정권을 사생활의 비밀과 자유의 하나로 보장되는 권리라고 하여 헌법 제17
조에서 찾는 견해[392]와 사생활의 비밀과 자유는 소극적 권리이므로 자기정보통제권은 헌법
제10조에서 보장된다는 견해[393]가 있다. 헌법재판소는 개인정보자기결정권은 인간의 존엄과
가치, 행복추구권을 규정한 헌법 제10조 제1문에서 도출되는 일반적 인격권 및 헌법 제17조
의 사생활의 비밀과 자유를 통해서 보장된다고 한다.[394] 개인정보자기결정권은 사생활의 비

---

391) ① 정보수집 제한의 원칙, ② 양질 정보의 원칙, ③ 목적 추정의 원칙, ④ 이용 제한의 원칙, ⑤ 안전성 확보의
   원칙, ⑥ 공개의 원칙, ⑦ 정보주체 참가의 원칙, ⑧ 책임의 원칙.
392) 권영성, 『헌법학원론(개정판)』, 법문사, 2010, 458쪽; 홍성방, 『헌법학(중)(제2판)』, 박영사, 2015, 150쪽.
393) 김철수, 『학설·판례 헌법학(상)』, 박영사, 2008, 838쪽; 양 건, 『헌법강의(제8판)』, 법문사, 2019, 568쪽.
394) 헌재 2005. 7. 21. 2003헌마282등, 판례집 17−2, 81, 90. 이를 따르는 견해로는 김하열, 『헌법강의』, 박영사,
   2018, 529∼530쪽.
   헌재 2005. 5. 26. 99헌마513등, 판례집 17−1, 668, 683: "개인정보자기결정권의 헌법상 근거로는 헌법 제17조

밀 보장과 밀접한 권리이고 사생활의 비밀과 자유를 소극적으로만 보아야 할 이유가 없으므로 개인정보자기결정권을 사생활의 비밀과 자유 일부로 보아야 한다.

⑤ 내용

(ⅰ) 개인정보

개인정보자기결정권의 보호대상이 되는 개인정보는 개인의 신체, 신념, 사회적 지위, 신분 등과 같이 개인의 인격주체성을 특징짓는 사항으로서 그 개인의 동일성을 식별할 수 있게 하는 일체의 정보이다. 반드시 개인의 내밀한 영역이나 사사(私事)의 영역에 속하는 정보에 국한되지 않고, 공적 생활에서 형성되었거나 이미 공개된 개인정보까지 포함한다. 그리고 그러한 개인정보를 대상으로 한 조사·수집·보관·처리·이용 등의 행위는 모두 원칙적으로 개인정보자기결정권 제약에 해당한다.395)

(ⅱ) 동의권

개인정보자기결정권은 자신의 개인정보를 원칙적으로 자기 의사에 따라 수집·이용·제공 등이 되도록 하려는 것이다. 따라서 정보주체는 자신의 개인정보를 자발적으로 다른 사람에게 알리거나 이용하게 할 수도 있고, 자신이 원하면 그 정보에 대해서 다른 사람이 접근하거나 이용하지 못하게 할 수 있다. 즉 정보주체는 자기 정보에 대한 처분권이 있다. 이러한 처분권은 먼저 동의권을 통해서 보장된다. 정보주체 동의 없이 개인정보를 처리하는 공권력 작용은 개인정보자기결정권 제약에 해당하여 반드시 법률상 근거가 있어야 한다. 다만, 민간부문에서 개인정보의 수집·이용·제공 등을 위해서 반드시 정보주체 동의를 얻어야 하는지는 입법정책적 결정사항이다. 이미 공개된 개인정보를 정보주체 동의가 있었다고 객관적으로 인정되는 범위 안에서 수집·이용·제공 등 처리를 할 때 정보주체의 별도 동의는 필요하지 않다.396) 개인정보를 처리하기 위해서 요구되는 동의는 정보주체의 자유로운 결정에 기초하여야 한다. 정보주체 동의가 개인정보에 대한 진정한 통제권 행사로 인정되려면 사전에 개인정보의 수집·처리 등에 관한 정보가 충분히 제공되어야 한다. 그리고 동의의 실질적 진정성을 담보할 장치가 마련되어야 한다.397)

의 사생활의 비밀과 자유, 헌법 제10조 제1문의 인간의 존엄과 가치 및 행복추구권에 근거를 둔 일반적 인격권 또는 위 조문들과 동시에 우리 헌법의 자유민주적 기본질서 규정 또는 국민주권원리와 민주주의원리 등을 고려할 수 있으나, 개인정보자기결정권으로 보호하려는 내용을 위 각 기본권들 및 헌법원리들 중 일부에 완전히 포섭시키는 것은 불가능하다고 할 것이므로, 그 헌법적 근거를 굳이 어느 한 두개에 국한시키는 것은 바람직하지 않은 것으로 보이고, 오히려 개인정보자기결정권은 이들을 이념적 기초로 하는 독자적 기본권으로서 헌법에 명시되지 아니한 기본권이라고 보아야 할 것이다."

395) 헌재 2005. 7. 21. 2003헌마282등, 판례집 17-2, 81, 90-91; 헌재 2012. 12. 27. 2010헌마153, 판례집 24-2하, 537, 547; 헌재 2015. 7. 30. 2014헌마340등, 판례집 27-2상, 370, 382; 헌재 2017. 10. 26. 2016헌마656, 판례집 29-2하, 103, 114.

396) 대법원 2016. 8. 17. 선고 2014다235080 판결(공2016하, 1319).

397) 이상 권건보, 「개인정보보호의 헌법적 기초와 과제」, 『저스티스』 제144호, 한국법학원, 2014. 10., 17~18쪽.

（ⅲ）정보열람청구권

정보주체는 개인정보보유기관에 대해서 자신에 관한 정보의 열람을 청구할 수 있고, 정보보유기관은 정당한 이유가 없는 한 열람을 허용하여야 한다. 정보열람청구권은 알 권리의 하나로 정보공개청구권으로 보장되기도 한다.398)

（ⅳ）정정청구권

정보주체는 자신에 관한 정보를 열람한 결과 정보내용이 부정확하거나 불완전한 것이면 정정을 요구할 수 있고, 정보보유기관은 그 부분을 정정하여 정보주체에게 그 사실을 통보하여야 한다.

（ⅴ）사용중지ㆍ삭제청구권

ⓐ 정보보유기관이 법이 규정한 의무를 위반하거나 법의 취지에 어긋나게 개인정보를 부당하게 이용하거나 ⓑ 개인정보 보유가 허용되지 않거나 정보보유자의 직무 수행에 해당 개인정보가 더는 필요하지 않거나 ⓒ 수집 당시 예정한 보유기간이 지나거나 원래 목적 이외 용도로 개인정보가 이용되거나 ⓓ 개인정보 처리가 자신이나 다른 사람에게 부당하고 실질적인 손해나 고통을 주면, 정보주체는 자기정보의 무단공표ㆍ이용의 금지나 사용중지 또는 삭제를 요구할 수 있다.

⑥ 보호

개인에 관한 정보를 보호하고 개인의 사생활과 인격권을 보호하기 위해서는 （ⅰ）개인에 관한 정보에 대한 자의적 수집이 배제되고 정보수집권한이 있는 정보수집기관을 통해서 정보수집이 이루어져야 하며, （ⅱ）수집목적이 수집 시기에 특정되어야 하고, （ⅲ）적법ㆍ공정한 수단을 통해서 가능한 한 정보주체가 알 수 있는 상태로 또는 그 동의를 얻어 수집되어야 하며, （ⅳ）정보는 이용목적에 부합하는 최신의 정확한 것이어야 하고, （ⅴ）수집된 정보는 원래 목적에만 사용되어야 하며, （ⅵ）수집된 정보는 부당 유출ㆍ누설이 방지되어야 하고, （ⅶ）개인정보철의 존재ㆍ성격ㆍ목적은 항시 알 수 있도록 하여야 하며, （ⅷ）정보주체에게는 자기정보를 열람하고, 만약 자신에 관한 정보에 오류가 있으면 정정, 사용중지, 삭제 등을 요구할 수 있어야 하며, （ⅸ）정보에 대한 감독기관의 통제가 있는 제도가 마련되어야 한다.

개인정보의 종류와 성격, 수집목적, 이용형태, 정보처리방식 등에 따라 개인정보자기결정권 제한이 인격권이나 사생활의 자유에 미치는 영향이나 침해의 정도는 달라진다. 따라서 개인정보자기결정권 제한이 정당한지를 판단할 때는 이러한 요소들과 추구하는 공익의 중요성을 헤아려야 한다. 일반적으로 볼 때, 종교적 신조, 육체적ㆍ정신적 결함, 성생활에 관한 정보처럼 인간의 존엄성이나 인격의 내적 핵심, 내밀한 사적 영역에 근접하는 민감한 개인정보에

---

398) 헌재 1991. 5. 13. 90헌마133, 판례집 3, 234, 246.

관해서는 그 제한 허용성이 엄격히 검증되어야 한다. 반면에 성명, 직명(職名)과 같이 인간이 공동체에서 어울려 살아가는 한 다른 사람들과 사이에서 식별되고 전달되는 것이 필요한 기초정보는 사회생활 영역에서 노출되는 것이 자연스러운 정보이고, 국가가 그 기능을 제대로 수행하려면 일정 부분 축적·이용하지 않을 수 없는 정보이다. 이러한 정보는 다른 위험스런 정보에 접근하기 위한 식별자(識別子) 역할을 하거나 다른 개인정보와 결합함으로써 개인의 전체적·부분적 인격상을 추출해 내는 데 사용되지 않는 한 그 자체로 언제나 엄격한 보호 대상이 된다고 하기 어렵다. 한편, 자동화한 전산시스템으로 정보를 보유·관리하면, 정보에 대한 무단 접근, 정보결합, 정보전달, 공조에 따른 정보공유 등이 시공 제한 없이 매우 손쉽게 일어날 위험성이 크다. 이러한 위험에 노출된다면 정보 보유 자체의 정당성마저 취약해질 수 있다. 따라서 이러한 방식으로 처리되는 정보 범위는 가급적 최소한으로 축소되어야 하고, 보유기관은 그러한 위험에서 개인정보를 보호하는 일정한 조치를 취할 의무가 있다.399)

4. 제한

(1) 제한 가능성

사생활의 비밀과 자유는 제한될 수 있으나 이때도 본질적인 내용은 침해되지 않는다(헌법 제37조 제2항). 사생활의 비밀과 자유 침해는 사생활 침해 의도와 어느 정도 객관적인 침해의 진지성을 전제로 하므로 사생활 침해 의도가 없는 가벼운 생활 침해의 결과는 수인하여야 한다. 예를 들어 수사기관이 어떤 사건의 수사과정에서 우연히 그 사건과 무관한 제3자의 사생활을 알게 되어도 수사기관이 그것을 다른 목적에 이용하거나 공개하지 않는 한 사생활의 비밀 침해는 없다. 그리고 사람의 동태를 살펴보는 공권력작용이더라도 그것이 계속적인 추적·감시가 아니고 개별적인 사항에 국한된 일시적인 관찰 정도에 그친다면, 그 관찰로 말미암아 설령 감시받는 사람에게 불쾌감을 주어도 사생활의 자유 침해라고 볼 수는 없다.

(2) 사생활의 비밀과 자유와 언론 · 출판의 자유 – 보도의 자유와 사생활의 비밀

사생활의 비밀은 현실적으로 언론매체가 가장 많이 빈번하게 침해한다. 즉 언론매체가 사생활의 내용을 공개하거나 오해를 낳는 표현을 하거나 인격적 징표를 영리목적으로 이용할 때 사생활의 비밀은 침해된다. 이때 양자의 충돌이 문제 되므로 기본권 충돌의 일반 법리에 따라 해결될 것이나, 사생활의 비밀과 자유에는 다음과 같은 이론이 그 해결을 위해서 주장된다.

---

399) 이상 헌재 2014. 8. 28. 2011헌마28등, 판례집 26－2상, 337, 364.
　　헌법재판소는 디엔에이신원확인정보는 단순한 숫자에 불과하고 이로부터 어떠한 개인의 유전적 특성에 관한 유전정보를 확인할 수 없고 동일인 여부 확인기능만을 하므로, 데이터베이스에 수록되는 디엔에이신원확인정보는 개인정보 누설의 염려가 적어 그 자체로 개인의 존엄과 인격권에 심대한 영향을 미칠 수 있는 민감한 정보라고 보기 어렵고, 개인 식별을 위하여 필요한 사항만이 포함된 최소한의 정보라고 한다(헌재 2014. 8. 28. 2011헌마28등, 판례집 26－2상, 337, 365).

① 권리포기의 이론

권리포기 의제는 일정한 조건 아래에서 사생활의 자유와 비밀을 포기한 것으로 간주하는 것이다(예를 들어 자살자 자신과 친족의 사생활 비밀). 사생활의 비밀과 자유를 포기하면 그에 관한 권리가 소멸하므로 사생활을 공개하더라도 침해가 되지 않는다는 것이다. 그러나 이 이론은 본인이 진의와 관계없이 권리를 포기한 것으로 의제한다는 문제가 있다.

② 공익의 이론

국민에게 알리는 것이 공익에 부합하면(예를 들어 사실의 공정한 해설, 범죄인의 체포·구금사실 및 그의 사생활, 공중의 보건과 안전, 사이비종교, 범죄피해자 공개 등) 그러한 침해는 정당하다고 한다. 즉 뉴스의 보도적 가치, 교육적 가치·계몽적 가치 및 오락적 가치 중 보도적 가치는 사생활의 비밀과 가치보다 우월하고, 교육적·계몽적 가치는 사생활의 비밀과 비교형량하여야 하며, 오락적 가치보다는 사생활의 비밀이 우월하다는 것이다. 그러나 구체적으로 뉴스 내용을 정확하게 분류할 수 있는지가 문제 되고, 사생활의 비밀과 공익을 어떻게 조화하는지도 여전히 남는다. 그리고 명예 훼손과 구별하기 어렵다는 문제도 있다. 헌법재판소는 신문보도의 명예훼손적 표현과 관련하여,[400] 대법원은 명예훼손죄와 관련하여[401] 각각 이에 따라 판단한 것이 있다.

③ 공인의 이론

공인은 국민의 알 권리 대상이므로 사생활이 공개되더라도 이를 수인할 수밖에 없다고 한다. 공인에는 정치인, 연예인, 스포츠선수 등과 같이 그의 지위, 재능, 인기 등에 따라서 자발적으로 유명인사가 된 사람과 범죄인과 그 가족, 그 피해자처럼 비자발적으로 유명해진 사람을 포함한다.[402] 그러나 정당한 공공적 관심 대상이 되는 사항에 관해서는 당사자의 수인이

---

400) 헌재 1999. 6. 24. 97헌마265, 판례집 11−1, 768, 777−779: "이상의 법리를 공적 인물의 공적인 활동과 관련된 신문보도에 비추어 생각컨대, 객관적으로 국민이 알아야 할 공공성·사회성을 갖춘 사실(알권리)은 민주제의 토대인 여론형성이나 공개토론에 기여하므로 형사제재로 인하여 이러한 사안의 게재(揭載)를 주저하게 만들어서는 안된다. 신속한 보도를 생명으로 하는 신문의 속성상 허위를 진실한 것으로 믿고서 한 명예훼손적 표현에 정당성을 인정할 수 있거나, 중요한 내용이 아닌 사소한 부분에 대한 허위보도는 모두 형사제재의 위험으로부터 자유로워야 한다(대법원 1996. 8. 23. 94도3191, 공 1996하, 2928 참조). 시간과 싸우는 신문보도에 오류(誤謬)를 수반하는 표현은, 사상과 의견에 대한 아무런 제한없는 자유로운 표현을 보장하는 데 따른 불가피한 결과이고 이러한 표현도 자유토론과 진실확인에 필요한 것이므로 함께 보호되어야 하기 때문이다. 그러나 허위라는 것을 알거나 진실이라고 믿을 수 있는 정당한 이유가 없는데도 진위(眞僞)를 알아보지 않고 게재한 허위보도에 대하여는 면책을 주장할 수 없다."

401) 대법원 1988. 10. 11. 선고 85다카29 판결(집36−3, 1; 공1988, 1392).

402) 공인에는 공적 관심사에 관해서 광범위한 영향력을 지님으로써 공적 인물로 당연히 취급되는 '전면적 공적 인물'(연예인, 직업운동선수, 유명한 발명가 등)과 특정한 시기에 특정한 사안과 관련하여 일반인의 관심을 끌 수 있는 인물인 '제한적 공적 인물'(제한적 공적 인물이 되려면 당사자가 자발적으로 공적 논쟁에 참여하고, 반박할 수 있도록 언론에 정기적으로 접근할 수 있어야 한다. 이에는 범죄 용의자, 유명 기업가와 이혼소송 중인 여인, 특정 관심사에 관한 논평가나 특정사건의 변호사, 특정 사건의 연루자 등이 있다.)이 있다(김선택, 「언론보호의 자유와 인격권 보호」, 『고려법학』 제43호, 고려대학교 법학연구원, 2004, 193~194쪽).

요청되기는 하나 공인도 순수한 사생활이 있으므로 공적 생활이나 공적 이익과 관계없는 사생활은 침해되어서는 안 된다. 따라서 공인의 생활이 어느 정도까지 공개될 수 있는지는 획일적으로 정할 수 없고 구체적 상황에 따라 판단할 수밖에 없다.

④ 공적 기록의 이론

공적 기록에서 얻은 자료 공표는 원칙적으로 사생활의 비밀을 침해하는 것이 아니라고 한다. 예를 들어 출생, 결혼, 주민등록, 군복무기록, 변호사나 의사의 자격 취득 등이 여기에 해당된다. 그러나 공적 기록은 그 기록의 목적을 위해서만 사용되어야 하고, 공적 기록 중에도 범죄기록, 소득세기록, 학적부, 은행계정, 의표기록 등의 공표는 때에 따라 사생활의 비밀을 침해할 수 있다. 따라서 공적 기록 공표도 구체적 상황에 따라 사생활의 침해 여부가 결정되어야 한다.

⑤ 사견

위에서 검토한 이론이 모두 문제가 있으므로 기본권 충돌의 일반 법리로 해결을 하면서 위 이론의 내용을 염두하여 비례성을 심사하여야 한다. 헌법재판소[403]와 대법원[404]도 같은 견해이다.

(3) 침해가 문제 되는 때
① 범죄수사

증거보전을 위해서 사진을 촬영하거나 범죄수사를 위해서 전화를 도청하는 것 등의 범죄수사에서 개인의 사생활의 비밀과 자유는 심각하게 침해될 수 있다. 그리고 수사기관의 피의사실 유포로 말미암아 피의자의 사생활이 훼손될 수 있다. 따라서 수사권 행사로 말미암아 사생활의 비밀과 자유가 제한되는 것은 불가피하지만, 그 행사는 수사에 필요한 최소한에 국한되어야 한다. 국가안전보장과 관련된 정보 분석을 목적으로 수집이나 제공이 요청되는 개인정보는 '개인정보 보호법' 제3장부터 제7장까지를 적용하지 아니하나(제58조 제1항 제2호), 제외되는 개인정보는 비례성 판단을 통해서 필요최소한으로 국한되어야 한다.

② 국정감사 및 조사

국회가 국정감사 또는 조사권을 행사하는 과정에서 사생활의 비밀과 자유는 침해될 수 있다. 따라서 국정감사나 조사로 말미암아 사생활의 비밀과 자유가 제한되는 것은 피할 수 없지만, 그 권한 행사는 감사나 조사에 필요한 최소한에 국한되어야 한다. 다만, 이때도 국가작용과 관련이 없는 순수한 사적 사항은 국정감사 대상이 될 수 없다. '국정감사 및 조사에 관한 법률' 제8조는 감사 또는 조사는 개인의 사생활을 침해해서는 안 된다고 규정한다.

---

403) 헌재 1999. 6. 24. 97헌마265, 판례집 11-1, 768, 777.
404) 대법원 1988. 10. 11. 선고 85다카29 판결(집36-3, 1; 공1998, 1392).

③ 행정조사

행정의 원활한 수행을 위해서 행정기관이 개인에 관한 정보를 수집하고 저장하며 이를 사용하는 것은 오늘날 행정국가에서 필수적이다. 그러나 이러한 행정자료의 수집과 저장 및 사용과정에서 개인의 사생활의 비밀과 자유는 노출되고 침해될 위험에 직면한다. 더욱이 행정전산화가 급속히 진행되면서 개인에 관한 정보는 언제 어디서나 쉽게 유출되고 확산될 수 있다. 따라서 행정목적에 필요한 만큼만 개인에 관한 정보를 수집하여야 하고 그 정보를 수집 및 보관목적에 어긋나게 유출하여서는 안 된다.

④ 고액·상습체납자 등 명단 공개

국세청장은 (i) 체납발생일부터 1년이 지난 국세가 2억원 이상인 체납자의 인적사항, 체납액 등, (ii) 대통령령으로 정하는 불성실기부금수령단체의 인적사항, 국세추징명세 등, (iii) '조세범 처벌법' 제3조 제1항, 제4조 및 제5조에 따른 범죄로 유죄판결이 확정된 자로서 '조세범 처벌법' 제3조 제1항에 따른 포탈세액 등이 연간 2억원 이상인 사람의 인적사항, 포탈세액 등, (iv) '국제조세조정에 관한 법률' 제34조 제1항에 따른 해외금융계좌정보의 신고의무자로서 신고기한 안에 신고하지 아니한 금액이나 과소 신고한 금액이 50억원을 초과하는 사람의 인적사항, 신고의무 위반금액 등을 공개할 수 있다(국세기본법 제85조의5 제1항).

⑤ 현행 주민등록제도의 문제점

현행 주민등록제도는 주민을 등록하게 함으로써 주민의 거주관계 등 인구 동태를 상시로 명확히 파악하여 주민생활 편익을 증진시키고 행정사무의 적정한 처리를 도모함을 목적으로 한다(주민등록법 제1조). 그러나 행정전산망이 연결되면 170여 가지 정보를 획득할 수 있어 사생활의 비밀에 심각한 침해를 발생시킬 수 있다. 주민등록제도가 행정편의에 이바지하는 면이 있지만 주민등록번호를 전 국민에게 부여하고 그 번호 아래서 통제하는 것은 사생활 침해, 나아가 인간의 존엄성 침해에 해당하므로 민주적 입헌국가에서는 재론의 여지가 있다.

⑥ 공직자 재산 등록 및 공개제

공직자의 부정한 재산증식을 방지하고, 공무집행의 공정성을 확보하여 국민에 대한 봉사자로서 공직자윤리를 확립하기 위해서 공직자윤리법은 공직자 및 공직후보자의 재산등록과 등록재산공개를 제도화한다. 이를 따르면 공직자(제3조 제1항)와 공직선거후보자(제10조의2)는 자신의 재산현황과 변동을 신고하여야 하고(제4조, 제6조, 제10조의2), 등록재산은 공개된다(제10조, 제10조의2). 개인의 재산현황 및 변동도 사생활 영역에 해당되어 이를 공개하는 것이 사생활의 비밀을 침해가 될 수 있다. 하지만 (i) 신고의무자는 공인에 해당되고, (ii) 단순히 일정액 이상 사실상 소유하는 재산과 그 변동만을 신고하게 하고 공개하는 데 그치며, (iii) 신고의무자의 부패와 남용 방지를 위해서 공익적으로 필요하므로 사생활의 비밀을 침해한다고 볼 수 없다.

⑦ 공직자 및 그 직계비속의 병역사항 신고

공직자 및 공직후보자와 그 직계비속의 병역사항 신고 및 공개를 제도화하여 공직을 이용한 부정한 병역면탈을 방지하고 병역의무의 자진이행에 이바지하기 위해서 '공직자 등의 병역사항 신고 및 공개에 관한 법률'이 제정되었다. 이 법의 신고의무자는 공직자(제2조)와 공직선거후보자(제9조) 본인 및 본인의 18세 이상인 직계비속이며 신고할 병역사항은 징병검사년도 및 병역처분내용 등이다(제3조). 이러한 사항은 사생활의 비밀에 속한다고 할 수 있고, 특히 병역면제사유나 전역·소집해제사유 등은 공개하고 싶지 않은 개인의 신체적 질환이나 심신장애 등과 관련될 수 있으므로 중요한 사적 비밀로서 비밀영역이나 내밀영역에 속하는 사항일 것이다. 따라서 이러한 사항을 함부로 공개하는 것은 사생활의 비밀을 침해하는 것이 될 것이다. 게다가 공직자 본인만이 아니라 본인의 18세 이상인 직계비속까지 공개하도록 함으로써 공인이 아닌 자까지 공개하도록 하고 있어 더 큰 문제가 발생할 수 있다. 하지만 (ⅰ) 공직자는 공적 인물이고, (ⅱ) 그 공직자의 공직에 대한 적합성과 공직남용 여부를 판단하기 위한 공익적으로 필요하고 국민의 알 권리 신장을 위해서 요청되며, (ⅲ) 병역처분 내용과 병역의무 이행 여부 등은 공개되어서는 아니 될 사항으로 볼 수 없으므로 사생활의 비밀의 침해는 없다고 볼 수 있다. 공직자의 직계비속과 관련하여 (ⅰ) 신고의무자의 직계비속에 대한 병역비리는 주로 그 부모인 신고의무자를 통해서 발생하므로 병역사항 공개는 공직자를 처벌하거나 불이익을 주기 위한 것이고, (ⅱ) 신고의무자의 직계비속이 질병이나 심신장애로 말미암아 제2국민역에 편입되거나 병역이 면제되면 신고의무자는 병역사항 신고 시 그 질병명이나 심신장애 내용의 비공개를 요구할 수 있으므로(제8조 제3항) 사생활의 비밀을 침해한 것이라고 볼 수 없다.

⑧ '아동·청소년의 성보호에 관한 법률'의 신원공개

'아동·청소년의 성보호에 관한 법률'에서는 아동·청소년을 보호하기 위해서 아동·청소년을 성적 유희 대상으로 한 사람의 신원을 공시한다(제49조). 청소년의 올바른 성적 발달을 도모하고 성적 침해에서 보호한다는 그 취지는 헌법상 요구되지만, 이로 말미암아 신원이 공개된 사람은 실직·이혼·재취직 불가능 등을 통해서 정상적인 생활을 하기 힘들게 되고, 형벌목적이 교화·개선인 점에도 어긋나며, 이보다 중한 다른 범죄(예를 들어 사형이나 무기징역까지 처해질 수 있는 범죄)도 신원공개를 하지 않는 점에서 균형이 맞지 않는다. 따라서 신원공개는 폐지되어야 하고, 예외적으로 불가피하게 허용되어야 할 때도 (ⅰ) 범죄자의 재사회화(치료·교화)에 도움이 되고, (ⅱ) 잠재적 피해자를 보호할 수 있는 방향으로 운영되어야 한다. 헌법재판소는 아동·청소년 대상 성폭력 범죄를 저지른 사람의 신상을 공개하도록 하는 것이 인격권과 개인정보자기결정권을 침해하지 않는다고 한다.[405]

---

405) 헌재 2013. 10. 24. 2011헌바106등, 판례집 25-2하, 156; 헌재 2019. 11. 28. 2017헌마399, 공보 278, 1349.

⑨ 어린이집 폐쇄회로 텔레비전 설치

보호자 전원이 반대하지 않는 한 어린이집에 의무적으로 폐쇄회로 텔레비전(Closed Circuit Television: CCTV)을 원칙적으로 설치하도록 규정한 영유아보육법 제15조의4 제1항 제1호는 어린이집 설치·운영자의 직업수행의 자유, 어린이집 보육교사(원장 포함) 및 영유아의 사생활의 비밀과 자유, 부모의 자녀교육권을 제약한다. 이는 어린이집 안전사고와 보육교사 등의 아동학대를 방지하기 위한 것으로, CCTV 설치 그 자체만으로도 안전사고 예방이나 아동학대 방지 효과가 있으므로 입법목적이 정당하고 수단의 적합성이 인정된다. 어린이집 보육대상은 0세부터 6세 미만의 영유아로 어린이집에서 일어나는 아동학대 방지 및 적발을 위해서 CCTV 설치를 대체할 만한 수단은 상정하기 어렵다. CCTV 외에 네트워크 카메라 설치는 원칙적으로 금지하고, 녹음기능 사용금지(영유아보육법 제15조의5 제2항 제2호 중 "녹음기능을 사용하거나" 부분) 등으로 관련 기본권 침해를 최소화하기 위한 조치를 마련하고, 보호자 전원이 CCTV 설치에 반대하면 CCTV를 설치하지 않을 가능성을 열어두므로 이 조항은 침해의 최소성에 반하지 아니한다. 영유아 보육을 위탁받은 어린이집에서 일어나는 아동학대 근절과 보육환경 안전성 확보는 단순히 보호자의 불안을 해소하는 차원을 넘어 사회적·국가적 차원에서도 보호할 필요가 있는 중대한 공익이다. 이 조항으로 보육교사 등의 기본권에 가해지는 제약이 이러한 공익과 비교하여 크다고 보기 어려우므로 법익의 균형성도 인정된다. 따라서 영유아보육법 제15조의4 제1항 제1호 및 제15조의5 제2항 제2호 중 "녹음기능을 사용하거나" 부분은 과잉금지원칙을 위반하여 기본권을 침해하지 않는다.[406)

Ⅶ. 통신의 비밀

1. 의의

(1) 개념

통신의 비밀이란 의사나 정보를 우편물이나 전기통신 등의 수단을 통해서 전달 또는 교환할 때 그 내용이 본인 의사에 어긋나게 공개되지 아니할 자유를 말한다. 통신의 비밀과 통신의 자유는 구별되어야 한다. 통신의 비밀은 사생활의 비밀과 자유의 일부를 지칭하는 것이고, 통신의 자유는 언론·출판의 수단인 통신수단을 자유롭게 이용할 수 있는 자유를 가리키는 것으로서 언론·출판의 자유로 보호되기 때문이다.

(2) 헌법규정

1948년 헌법 제11조에 "모든 국민은 법률에 의하지 아니하고는 통신의 비밀을 침해받지

---

406) 이상 헌재 2017. 12. 28. 2015헌마994, 판례집 29-2하, 438, 459-461.

아니한다."라고 규정하였고, 1960년 헌법에서 "법률에 의하지 아니하고는"이라는 개별 법률 유보조항이 삭제되었다. 현행 헌법 제18조는 "모든 국민은 통신의 비밀을 침해받지 아니한다."라고 규정하여 통신의 비밀의 불가침을 내용으로 하는 통신의 비밀을 보장한다.

(3) 통신의 비밀 보장의 의의

① 사생활 영역은 제3자가 부당하게 통신에 간섭하는 것을 막을 수 있어야 보호된다. 통신의 비밀은 통신수단을 통해서 이루어지는 의사소통의 비밀을 보장함으로써 사생활의 비밀과 자유의 중요한 한 측면을 보호하는 기능을 한다. ② 통신의 비밀은 통신행위를 통해서 개인 사이에 자유로이 의사가 형성된다는 점에서 통신수단을 통한 의사표현의 자유를 보장하는데, 이는 언론·출판의 자유의 기능에 포함된다.

(4) 사생활의 비밀과 자유와 맺는 관계

헌법 제18조 통신의 비밀은 헌법 제17조 사생활의 비밀과 자유를 통신 측면에서 특별히 보호하는 것이므로 양자는 일반-특별관계에 놓인다. 따라서 헌법 제18조를 헌법 제17조의 특별조항으로 볼 수 있다. 사생활의 비밀과 자유에 포섭될 수 있는 사적 영역에 속하는 통신의 비밀을 헌법이 별개 조항을 통해서 기본권으로 보장하는 이유는 우편이나 전기통신의 운영이 전통적으로 국가 독점에서 출발하여 개인 사이의 의사소통을 전제로 하는 통신은 국가의 침해 가능성이 여타의 사적 영역보다 크기 때문이다.[407]

2. 주체

통신의 비밀 주체는 먼저 모든 자연인이다. 통신의 비밀은 내국인만이 아니라 외국인에게도 인정되는 인간의 권리이다. 미성년자도 주체가 된다. 통신의 비밀은 법인, 그 밖의 단체에도 주체성이 인정된다.

3. 내용

(1) 통신의 비밀의 의의
① 통신의 비밀의 개념

종래 통신은 서신(편지, 엽서)을 비롯한 전화, 전신, 그 밖의 모든 방법을 통한 격지자 사이의 의사 전달과 물품 수수라고 하여 개념에 장소적 요소를 포함한다고 하였다.[408] 이러한 견

---

407) 헌재 2001. 3. 21. 2000헌바25, 판례집 13-1, 652, 658; 헌재 2018. 6. 28. 2012헌마191등, 판례집 30-1하, 564, 576; 헌재 2018. 6. 28. 2012헌마538등, 판례집 30-1하, 596, 605.

408) 권영성, 『헌법학원론(개정판)』, 법문사, 2010, 473쪽; 김하열, 『헌법강의』, 박영사, 2018, 544쪽; 김학성, 『헌법학원론(전정3판)』, 피앤씨미디어, 2019, 574쪽; 심경수, 『헌법』, 법문사, 2018, 232쪽; 장영수, 『헌법학(제11판)』, 홍문사, 2019, 636쪽; 전광석, 『한국헌법론(제14판)』, 집현재, 2019, 351쪽; 한수웅, 『헌법학(제9판)』, 법문사, 2019,

해를 따르면 대면하는 당사자 사이 대화의 비밀은 헌법 제17조 사생활의 비밀과 자유를 통해서 보호된다. 헌법상 통신의 개념이 사전적 의미와 반드시 일치하여야 하는 것은 아니고 헌법규정 취지에 비추어 그 의미가 좁아지거나 넓어질 수 있다. 헌법 제18조의 취지가 개인이 다른 사람과 의사소통할 때 그에 관한 비밀을 보호하는 것이라면 그것은 통신수단 사용 여부는 중요하지 않다고 볼 수 있다. 그리고 대면하는 당사자 사이 대화 비밀의 헌법적 근거를 헌법 제17조로 보면 공적 영역에서 이루어지는 대화는 보호받지 못한다. 이러한 점에 비추어 개인의 의사소통을 충실하기 보호하려면 통신의 개념을 사적 영역과 공적 영역을 아우르는 모든 영역에서 이루어지는 당사자 사이의 의사전달과 물품수수라고 보아야 한다.409) 통신은 특정한 상대방이 있음을 전제로 의사와 물품을 전달한다는 점에서 상대방이 없어도 보장되는 각종 표현과 다르다(상대방의 특정성).410) 상대방이 특정되면 발신자의 통신 내용을 수신자가 수신하는 것에 동의하지 않아도 발신자의 통신의 비밀은 보장된다.411) 통신은 쌍방향적일 수도 있지만, 일방향적일 수도 있다. 그리고 통신은 합법성 여부는 문제가 되지 않는다. 따라서 허가 없이 이루어지는 무선통신도 통신의 비밀은 보호되어야 한다. 통신의 보호범위에는 내용, 형태, 당사자(발신자, 수신자), 전달방법 모두가 포함된다. 그동안 소홀하였던 사적 부문 통신의 비밀 침해를 막으려고 이른바 '초원복국' 사건 이후 통신비밀보호법이 제정되었고, 정보통신망을 통한 개인정보 침해에 대비하려고 '정보통신망 이용촉진 및 정보보호 등에 관한 법률'에 개인정보 보호에 관한 규정을 두었다. 자유로운 의사소통은 통신내용의 비밀을 보장하는 것만으로는 충분하지 아니하고 구체적인 통신관계 발생으로 야기된 모든 사실관계, 특히 통신관여자의 인적 동일성·통신장소·통신횟수·통신시간 등 통신의 외형을 구성하는 통신이용 전반적 상황의 비밀까지도 보장한다.412)

② 비밀의 불가침의 개념

비밀의 불가침이란 발신자와 수신자 사이의 의사나 정보의 전달 또는 교환이 당사자의 의

708쪽; 허 영, 『한국헌법론(전정15판)』, 박영사, 2019, 432쪽; 홍성방, 『헌법학(중)(제2판)』, 박영사, 2015, 156쪽. 통신비밀보호법도 통신을 우편물 및 전기통신이라고 정의하면서(제2조 제1호) 통신과 대화를 구별한다.

409) 공진성, 「통신비밀보호법상 대화의 비밀 보호의 헌법적 한계」, 『법학논총』 제38권 제4호, 전남대학교 법학연구소, 2018, 74쪽; 성낙인, 『헌법학(제19판)』, 법문사, 2019, 1255쪽; 양 건, 『헌법강의(제8판)』, 법문사, 2019, 594~595쪽; 정종섭, 『헌법학원론(제12판)』, 박영사, 2018, 667~669쪽. 헌법재판소도 통신을 비공개를 전제로 하는 쌍방향적인 의사소통이라고 하여(헌재 2001. 3. 21. 2000헌바25, 판례집 13-1, 652, 661-662) 장소적 요소를 언급하지 않을 뿐 아니라 대화의 비밀에 관한 헌법적 근거를 헌법 제18조 통신의 비밀로 본다(헌재 2011. 8. 30. 2009헌바42, 판례집 23-2상, 286, 293).

410) 정종섭, 『헌법학원론(제12판)』, 박영사, 2018, 669쪽.

411) 정종섭, 『헌법학원론(제12판)』, 박영사, 2018, 669쪽. 그러나 헌법재판소는 헌법 제18조가 그 비밀을 보호하는 통신의 일반적인 속성으로 '당사자 간의 동의', '비공개성', '당사자의 특정성' 등을 든다(헌재 2001. 3. 21. 2000헌바25, 판례집 13-1, 652, 661-662).

412) 헌재 2018. 6. 28. 2012헌마191등, 판례집 30-1하, 564, 576; 헌재 2018. 6. 28. 2012헌마538등, 판례집 30-1하, 596, 605.

사에 어긋나게 제3자가 인지하여서는 안 된다는 것이다. 구체적으로 통신 내용을 알기 위해서 통신물을 열거나 읽거나 도청하는 것 등의 일체 행위를 금지하는 것을 말한다(예를 들어 통신비밀보호법 제3조, 제14조). 다만, 인터넷 게시판 등 공개를 전제로 하는 통신방식을 통하여 특정인에게 의사를 전달하면 비밀의 불가침이 문제 되지 않는다.

(2) 보호유형
① 사적 통신의 비밀

사적 통신은 서면을 통한 전달이긴 하지만 우편을 통해서 매개되는 영역 밖에서 이루어지는 전달과 교환을 말한다. 즉 우편을 통해서가 아니라 개인이 휴대하거나 대기업체의 운반인이 전달하는 문서 등과 우체국에 도달하기 전과 배달 후의 문서 등을 말한다.

사적 통신의 비밀이란 발신자와 수신자 이외의 제3자, 특히 공권력이 사적 통신 내용을 인지하려는 것에 대한 보호를 말한다. 사적 통신의 비밀 보호 범위에는 봉함된 편지, 엽서, 전보, 인쇄물, 대량의 (선전용) 인쇄우편물 등이 포함되나, 신문, 서적, 소포 등은 제외된다. 따라서 국가기관이 서신을 개피하거나(열거나) 그 밖의 방법으로 [예를 들어 엑스(X)선 투시를 통해서] 그 내용을 인지하는 때는 물론 다른 사람이 개피하거나 봉함이 스스로 열린 이후에 인지하는 때도 사적 통신의 비밀은 침해된다.

② 우편의 비밀

우편의 비밀에는 우편을 통해서 매개되는 모든 발송물의 왕래가 포함된다. 서면부터 상품견본이나 우편환에 이르기까지 우체국에 넘겨지는 모든 우편물이 대상이다. 이때 우체국에 제시되는 순간부터 수신자에게 접수될 때까지 전 과정이 우편의 비밀 보호를 받는다. 즉 우편의 비밀 보호 범위에는 발송물의 내용뿐 아니라 우편왕래의 모든 자료가 포함된다. 예를 들어 우편의 이용사실 자체, 송·수신자, 운송의 종류와 방법, 이용의 장소와 시간, 특정 발송물의 발신 회수 등이 보호범위에 포함된다. 따라서 체신관서, 그 밖의 국가기관이 자신이나 제3자에게 우편물의 내용을 인지하게 하거나 제3자에게 우편교환 정보를 통지하는 때와 체신관서 외의 국가기관이 체신관서가 우편물의 내용을 알리게 하거나 우편교환 정보를 주게 하면 우편의 비밀은 침해된다. 따라서 우편물 검열(통신비밀보호법 제2조 제6호)은 원칙적으로 허용되지 않는다. 그러나 우편교환의 원활한 소통을 위해서 업무상 하는 처분, 예를 들어 수취인에게 배달할 수 없거나, 수취인이 기재되지 않은 우편물을 개피하는 때는 우편배달업무상 불가피한 처분이므로 우편의 비밀에 대한 침해가 아니다[예를 들어 환부우편물 처리(통신비밀보호법 제3조 제1호)]. 그리고 인쇄물로 표시된 우편물의 내용을 검사하는 것은 이것이 비밀이 될 수 없으므로 허용된다.

③ 전(기통)신의 비밀

전신에는 유·무선전자파를 매개로 한 모든 개인적 연락을 포함한다. 즉 유선·무선·광선 및 그 밖의 전자적 방식을 통해서 모든 종류의 음향·문언·부호나 영상을 송신하거나 수신하는 것을 말하는데(통신비밀보호법 제2조 제3호), 예를 들어 전화, 전보, 호출기, 휴대전화, 피씨 (PC)통신, 인터넷, 텔렉스, 텔레텍스트(문자다중방송), 텔레팩스, 인터넷팩스, 스마트폰, 화상송 수신기, 코드분할다중접속(CDMA: code division multiple access) 등이 있다.

전신의 비밀은 특히 도청[413]을 통해서 침해된다. 전기통신업무상 불가피한 처분은 침해가 아니다[예를 들어 혼신제거 등을 위한 전파감시(통신비밀보호법제3조 제5호)]. 주거에 도청장치를 하여 통신내용을 도청하면 통신의 비밀 침해가 되나, 도청장치를 하여 주거 안 대화를 엿듣는 행위는 주거의 자유 침해이지 통신의 비밀을 침해하는 것이 아니다.

4. 제한

(1) 제한 가능성

통신의 비밀은 사생활의 보호와 더 나아가 인간의 존엄과 인격권을 보호하는 데 중요하다. 하지만 통신의 비밀도 국가안전보장이나 헌법질서를 침해하고 범죄 수단으로 이용하는 것은 허용될 수 없다. 따라서 통신의 비밀도 국가안전보장·질서유지 또는 공공복리를 위해서 필요하면 법률로 제한이 가능하고, 다만 본질적인 내용은 침해될 수 없다(헌법 제37조 제2항). 그리고 통신의 비밀을 제한하는 우편물의 검열·압수나 전기통신 감청에는 영장원칙이 적용된다(통신비밀보호법 제5조, 제6조, 제7조). 그리고 불법검열을 통해서 취득한 우편물이나 그 내용 및 불법감청을 통해서 지득 또는 채록된 전기통신 내용은 재판이나 징계절차에서 증거로 사용할 수 없다(통신비밀보호법 제4조, 제14조 제2항).

(2) 수사상 전화(발신자) 역탐지

전화의 역탐지란 통신의 발신장소·발신인 등을 탐지하는 것을 말한다. 발신지를 알리지 않는 것도 통신의 비밀에 해당하므로 전화의 역탐지는 원칙적으로 통신의 비밀을 침해한다. 그러나 어린이 유괴나 납치 같은 중대한 범죄가 발생하면 피해자나 수사기관의 요청에 따라서 전화를 역탐지하는 것도 허용될 수 있다. 물론 이때도 통신비밀보호법에 따른 법관의 허가가 문제 될 수 있으나, 현행범 체포에 부득이하면 법원 허가 없이 허용된다.

(3) 송신인 전화번호 고지와 발신자번호 표시

전기통신사업자는 수신인의 요구가 있으면 송신인의 전화번호를 알려줄 수 있다. 다만, 송신인이 전화번호 송출을 거부하는 의사표시를 하면 그러하지 아니하다. 이때도 ① 전기통신에 의한 폭언·협박·희롱 등에서 수신을 보호하기 위해서 대통령령으로 정하는 요건과 절차에 따라 수신인이 요구하거나 ② 특수번호 전화서비스 중 국가안보·범죄방지·재난구조 등

---

413) 공개되지 아니한 다른 사람 사이 대화의 녹음이나 청취(통신비밀보호법 제14조).

을 위해서 대통령령으로 정하면 송신인의 전화번호 등을 수신인에게 알려줄 수 있다(전기통신사업법 제84조). 이는 최근 장난전화·협박전화·음란전화 등 전화폭력이 극심해짐에 따라 이를 방지하고자 마련한 것이다. 이는 폭력전화와 같은 범죄행위를 방지하고 선의의 피해자에 대해서 사생활의 평온이라는 인권을 보장하여 줄 필요가 있으므로 허용된다. 따라서 송신인 전화번호 고지는 통신의 비밀에 대한 정당한 제한이 된다. 최근 휴대전화에 서비스되는 발신자번호 표시도 통신의 비밀에 대한 침해가 아니다. 통신의 당사자는 통신의 상대방을 알 권리가 있고 발신자가 원하면 발신자 전화번호가 수신자에게 전달되지 않도록 하는 것이 가능하다는 점에서 수신자가 자신을 보호할 수단이 있기 때문이다.

(4) 전화교환수 업무상 감화과정 중 현행범 구성내용 청취 시 경찰통보

통신사무에 종사하는 사람은 직무상 알게 된 사항을 다른 사람에게 누설할 수 없다(예를 들어 통신비밀보호법 제11조). 통신업무를 취급하다가 우연히 알게 된 범죄사실을 수사기관에 알리는 것은 범죄 혐의가 중대하고 그 실행이 급박한 때만 허용된다[형법상 긴급피난(제22조 제1항)].

(5) 전기통신 감청(통신제한조치)

전기통신 감청은 사생활의 비밀과 자유는 물론 통신의 자유를 침해하는 행위이다. 그러나 범죄수사나 국가안보를 위해서 불가피하면 비례성원칙을 준수하는 범위에서 예외적으로 검열이나 감청은 허용된다. 먼저 범죄수사를 위해서 통신제한조치를 하려면 ① 전기통신 등이 중대한 범죄 목적에 이용되는 것이 확실하고, ② 범죄를 계획 또는 실행하거나 실행하였다고 의심할 만한 충분한 이유가 있을 때, ③ 다른 방법으로는 범죄 정지나 범인 체포 또는 증거 수집이 어렵고, ④ 통신제한조치의 종류·목적·대상·범위·기간 및 청구이유 등을 기재한 서면으로 검사가 법원에 청구하며, ⑤ 이에 관하여 법원에서 허가서를 발부받아야 한다(통신비밀보호법 제5조, 제6조). 그리고 국가안보를 위한 통신제한조치를 하려면 정보수사기관의 장이 국가안전보장에 대한 위해를 방지하기 위해서 정보수집이 특히 필요할 때, 통신의 일방 또는 쌍방당사자가 내국인이면 어떠한 때도 고등법원 수석부장판사 허가를 받아, 대한민국에 적대하는 국가, 반국가활동 혐의가 있는 외국의 기관·단체와 외국인, 대한민국 통치권이 사실상 미치지 아니하는 한반도 안의 집단이나 외국에 소재하는 그 산하단체 구성원의 통신이면 대통령의 승인을 얻어 통신제한조치를 할 수 있다(통신비밀보호법 제7조). 다만, 이때 전자는 고등법원 수석부장판사의 허가를 받으므로 영장원칙이 충족되나, 후자는 대통령의 허가만을 받으므로 영장원칙 위반에 따른 위헌 의심이 있다. 헌법재판소는 중대한 범죄수사를 위한 통신제한조치의 하나로 패킷감청 필요성을 인정하면서도, 패킷감청은 그 기술적 특성으로 수사시관이 허가받은 범위 이상의 매우 광범위한 범위의 통신 자료를 취득하는데도, 현행법상 집행 과정이나 그 이후에 객관적인 감독·통제 수단이나 감청자료 처리 등을 확인할 수 있는 법적 장치가 제대로 마련되어 있지 아니하므로, 이러한 상태에서 패킷감청을 허용하는 것은 과잉금지원칙을 위반하여 청구인의 통신 및 사생활의 비밀과 자유를 침해한다고 하면서 통신비밀보호법 제5조 제2항 중 '인터넷회선을 통하여 송·수신하는 전기통신'에 관한 부분은 헌법에 합치되지 아니한다고 하였다.414)

(6) 수용자(재소자와 미결구금자)의 서신수발에 대한 교도관리의 검열

수형자를 구금하는 목적은 수형자의 자유를 박탈하고 그의 교화·갱생을 도모하는 자유형 집행이다. 그러므로 그 본질상 수형자에게는 외부와 하는 자유로운 교통·통신에 대한 제한이 수반된다. 그러나 때로는 수형자의 교화·갱생을 위해서 일정한 범위 안에서 서신수발의 자유를 허용하는 것이 필요할 수도 있으므로 수형자에게 통신의 자유를 구체적으로 어느 정도 인정할 필요가 있다. 수용자는 다른 사람과 서신을 주고받을 수 있지만, 교정시설의 수용자 사이에 서신을 주고받으려면 소장의 허가를 받아야 한다('형의 집행 및 수용자의 처우에 관한 법률' 제43조 제1항 본문과 제2항). 그러나 미결수용자와 변호인(변호인이 되려는 사람 포함)의 접견에는 교도관이 참여하지 못하며 그 내용을 청취하거나 녹취하지 못한다. 다만, 보이는 거리에서 미결수용자를 관찰할 수 있다('형의 집행 및 수용자의 처우에 관한 법률' 제84조 제1항). 미결수용자와 변호인 사이의 접견은 시간과 횟수를 제한하지 아니한다('형의 집행 및 수용자의 처우에 관한 법률' 제84조 제2항). 미결수용자와 변호인 사이의 서신은 교정시설에서 상대방이 변호인임을 확인할 수 없는 때를 제외하고는 검열할 수 없다('형의 집행 및 수용자의 처우에 관한 법률' 제84조 제3항). ① 형사소송법이나 그 밖의 법률에 따른 서신 수수금지와 압수의 결정이 있는 때, ② 수형자의 교화나 건전한 사회복귀를 해칠 우려가 있는 때, ③ 시설의 안전이나 질서를 해칠 우려가 있는 때에는 다른 사람과 서신을 주고받을 수 없다('형의 집행 및 수용자의 처우에 관한 법률' 제43조 제1항 단서). 수용자는 소장의 허가를 받아 교정시설 외부에 있는 사람과 전화통화를 할 수 있고, 허가에는 통화내용의 청취 또는 녹음을 조건으로 붙일 수 있다('형의 집행 및 수용자의 처우에 관한 법률' 제44조).

헌법재판소는 수형자는 수사 및 재판과정에서 관련된 사람들에 대해서 원망과 분노가 있을 수 있어 자유로운 서신왕래를 허용하면, 출소 후의 보복 협박, 교도소 안에 있는 동안 뒷바라지 강요 등으로 교도소 밖에 있는 일반 국민에게 해악을 끼치고 사회불안 요소가 되는 등 많은 부작용이 생길 수 있다고 한다. 그리고 서신교환 방법으로 마약이나 범죄에 이용될 물건이 반입될 수 있고, 외부 범죄세력과 연결하여 탈주를 기도하거나 수형자끼리 연락하여 범죄행위를 준비하는 것 등 수용질서를 어지럽힐 우려가 많다고 한다. 따라서 수형자의 도주

---

414) 헌재 2018. 8. 30. 2016헌마263, 판례집 30-2, 481.

를 예방하고 교도소 안의 기율과 질서를 유지하여 구금 목적을 달성하기 위해서는 수형자의
서신에 대한 검열은 불가피하다고 한다. 다만, 수형자가 수발하는 서신에 대한 검열이 허용되
더라도 통신의 비밀을 보호하려는 헌법정신에 따라 그 검열은 합리적인 방법으로 운용되어야
하고, 검열을 통한 서신수발 불허는 엄격한 기준에 따라야 하며, 교도관 등이 지득한 서신내
용의 비밀이 엄수되어야 할 것이라고 한다.415)

하지만 수형자도 통신의 비밀의 주체가 된다는 점은 부정할 수 없고, 다만 수형의 목적을
위해서 제한될 수 있는 것에 불과하므로 수형자의 서신에 대해서 일반적으로 검열을 허용하
는 것은 타당하지 않다. 따라서 수형자의 서신은 위험하거나 금지된 물건 수수를 막기 위해
서 일반적으로 엑스(X)선 검사만을 허용하고, 교도관의 감시와 판단에 따라서 이상한 징후를
발견한 때만 서신 내용에 대한 검열을 할 수 있도록 하여야 한다. 이때 교도관의 재량은 폭넓
게 인정하여야 한다.

미결수용자는 변호인의 도움을 받을 권리가 보호되므로 변호인과 미결수용자 사이 서신의
비밀은 지켜져야 한다. 따라서 변호인과 미결수용자 사이의 서신에 대한 검열은 허용되지 않
는다. 다만, 미결수용자와 변호인 사이의 서신으로서 그 비밀을 보장받으려면 ① 교도소 측에
서 상대방이 변호인이라는 사실을 확인할 수 있어야 하고, ② 서신을 통해서 마약 등 소지금
지품 반입을 도모한다든지 그 내용에 도주·증거인멸·수용시설의 규율과 질서의 파괴·기타
형벌법령에 저촉되는 내용이 기재되어 있다고 의심할 만한 합리적인 이유가 있는 때가 아니
어야 한다.416)

제 3 절   정신적 자유

Ⅰ. 양심의 자유

1. 의의

(1) 개념

양심의 자유는 정신적 자유의 근원을 이루고 헌법을 근간으로 하는 국가질서의 근간을 이
루는 기본적 요소이다. 역사적으로 양심의 자유는 국가의 신앙 강제에 대해서 개인의 자유를
보호하고자 하는 방어권에서 유래하여 종교의 자유 일부분으로 이해되기도 하였다. 하지만

---

415) 헌재 1998. 8. 27. 96헌마398, 판례집 10-2, 416, 125-126.
416) 헌재 1995. 7. 21. 92헌마144, 판례집 7-2, 94, 107-108.

국가가 국교를 강제하지 않고 개인에게 종교의 자유를 열어줌으로써 양심의 자유는 신앙에서 독립하여 고유한 보호영역이 있는 독자적인 기본권이 되었다. 국가가 종교적 구속에서 벗어나고 '양심'이 특정한 종교관·세계관에 대해서 종교적으로 중립적 성격이 있게 되면서 양심의 자유 보호범위도 종교적 양심뿐 아니라 종교의 자유와 분리된 세속적 양심에까지 확대되었다. 양심이 어떤 실질적 내용이나 가치에 구속되는 객관화한 개념이 아니라 개인에서 출발하는 주관적인 개념이 된 것이다. 이에 따라 양심의 자유에서 '양심'은 종교적 동기에 따라서 형성된 양심, 윤리적·사상적 동기에 따라서 형성된 양심을 모두 포함하는 넓은 뜻으로 이해된다.417)

(2) 연혁

1948년 헌법 제12조 제1항은 "모든 국민은 신앙과 양심의 자유를 가진다."라고 하여 양심의 자유를 종교의 자유와 함께 규정하였다. 그러나 1962년 헌법 제17조부터 양심의 자유가 분리되어 현행 헌법까지 이어진다. 현행 헌법 제19조는 "모든 국민은 양심의 자유를 가진다."라고 하여 양심의 자유를 보장한다. 그 밖에 헌법 제46조 제2항은 국회의원의 양심에 따른 직무수행을 규정하고, 헌법 제103조는 법관의 양심에 따른 심판을 규정한다.

2. 주체

양심의 자유 주체는 모든 자연인이다. 즉 국민만이 아니라 외국인도 주체가 되는 인간의 권리이다. 미성년자도 주체가 되지만 그 행사능력을 언제부터 인정할 것인지가 문제이다. 태아의 양심은 설사 있더라도 확인할 수 없을 뿐 아니라 태아 스스로 이를 행사할 수도 없으므로 주체가 될 수 없다. 미성년자는 스스로 양심을 형성할 수 있다고 인정될 수 있다면 양심의 자유 주체가 될 수 있다. 양심형성능력은 주로 외부적 요소를 바탕으로 객관적으로 판단하여야 할 것인데, 당사자의 주관적 표현도 주요한 인정표지가 되어야 한다. 양심의 자유는 지극히 개인적인 권리이므로 법인, 그 밖의 단체는 주체가 될 수 없다. 헌법재판소는 양심의 자유와 관련하여 "우리 헌법이 보호하고자 하는 정신적 기본권의 하나인 양심의 자유의 제약(법인의 경우라면 그 대표자에게 양심표명의 강제를 요구하는 결과가 된다)이라고 보지 않을 수 없다."라고 하여 법인이 양심의 자유를 누릴 수 있다고도 해석할 수 있는 애매한 표현을 쓴 적이 있다.418) 하지만 헌법재판소가 대표자를 언급한 점에 비추어 대표자의 양심의 자유를 말한 것으로 보아야지 법인에게 양심의 자유를 인정하였다고 보기 어렵다.

---

417) 김선택, 「한국내 양심적 병역거부의 인정여부에 관한 이론적·실증적 연구」, 국가인권위원회, 2002, 27쪽.
418) 헌재 1991. 4. 1. 89헌마160, 판례집 3, 149, 154.

3. 내용

(1) 양심의 의의

① 양심의 의미

양심의 의미에 관해서는 (ⅰ) 종교적 확신과 같은 것으로 파악하는 종교적 신앙설, (ⅱ) 도덕적 의무 자각이나 도덕적·윤리적 판단으로 인식하는 도덕적 윤리설, (ⅲ) 세계관·인생관과 같은 일반적 신조로 이해하는 일반적 신조설 등이 대립한다. 헌법재판소는 양심을 세계관·인생관·주의·신조 등은 물론 개인의 인격형성에 관계되는 내심의 가치적·윤리적 판단도 포함하는 것으로 넓게 이해한다.[419] 종교적 신앙설은 양심이 종교에 국한되는 것이 아니라는 점에서 문제가 있고, 일반적 신조설은 양심이 사상과 구별되고 구체적 양심을 뜻한다는 점에서 타당하지 않다. 따라서 도덕적 윤리설이 타당하다.

② 양심의 개념

양심이란 인간 내면에 있는 옳고 그름에 대한 확신과 이것 때문에 특정한 행위를 하거나 하지 못하도록 하는 심리적 과정·상태의 표현이다.[420] 즉 양심은 한 인간의 인격적 정체성 일부를 형성하고, 그에게 개별적·구체적인 상황에서 일정한 행위를 '선한 것으로서'나 '정당

---

[419] 헌재 1991. 4. 1. 89헌마160, 판례집 3, 149, 153.

[420] 헌법재판소는 "양심이란 세계관·인생관·주의·신조 등은 물론 이에 이르지 아니하여도 보다 널리 개인의 인격형성에 관계되는 내심에 있어서의 가치적·윤리적 판단도 포함된다. 그러므로 양심의 자유에는 널리 사물의 시시비비나 선악과 같은 윤리적 판단에 국가가 개입해서는 아니되는 내심적 자유는 물론, 이와 같은 윤리적 판단을 국가권력에 의하여 외부에 표명하도록 강제받지 아니할 자유까지 포괄한다고 할 것이다."라고 하였다(헌재 헌재 1991. 4. 1. 89헌마160, 판례집 3, 149, 153; 1997. 3. 27. 96헌가11, 판례집 9-1, 245, 263; 헌재 1997. 11. 27. 92헌바28, 판례집 9-2, 548, 571; 헌재 1998. 7. 16. 96헌바35, 판례집 10-2, 159, 166). 그리고 "… 그러나 단순한 사실관계의 확인과 같이 가치적·윤리적 판단이 개입될 여지가 없는 경우는 물론, 법률해석에 관하여 여러 견해가 갈리는 경우처럼 다소의 가치관련성을 가진다고 하더라도 개인의 인격형성과는 관계가 없는 사사로운 사유나 의견 등은 그 보호대상이 아니라고" 한다(헌재 2002. 1. 31. 2001헌바43, 판례집 14-1, 49, 56).
　헌재 2011. 8. 30. 2008헌가22등, 판례집 23-2상, 174, 188-189: "헌법은 제19조에서 "모든 국민은 양심의 자유를 가진다."라고 하여 양심의 자유를 국민의 기본권으로 보장하고 있다. 여기에서의 양심은 어떤 일의 옳고 그름을 판단함에 있어서 그렇게 행동하지 아니하고는 자신의 인격적인 존재가치가 허물어지고 말 것이라는 강력하고 진지한 마음의 소리로서 절박하고 구체적인 양심이다(헌재 2002. 4. 25. 98헌마425등, 판례집 14-1, 351, 363; 2004. 8. 26. 2002헌가1, 판례집 16-2상, 141, 151). 즉, '양심상의 결정'이란 선과 악의 기준에 따른 모든 진지한 윤리적 결정으로서 구체적인 상황에서 개인이 이러한 결정을 자신을 구속하고 무조건적으로 따라야 하는 것으로 받아들이기 때문에 양심상의 심각한 갈등이 없이는 그에 반하여 행동할 수 없는 것을 말한다. 또한 '양심의 자유'가 보장하고자 하는 '양심'은 민주적 다수의 사고나 가치관과 일치하는 것이 아니라, 개인적 현상으로서 지극히 주관적인 것이다. 양심은 그 대상이나 내용 또는 동기에 의하여 판단될 수 없으며, 양심상의 결정이 이성적·합리적인지, 타당한지 또는 법질서나 사회규범, 도덕률과 일치하는지 여부는 양심의 존재를 판단하는 기준이 될 수 없다. 일반적으로 민주적 다수는 법과 사회의 질서를 그들의 정치적 의사와 도덕적 기준에 따라 형성하기 때문에, 국가의 법질서나 사회의 도덕률과 갈등을 일으키는 양심은 현실적으로 이러한 법질서나 도덕률에서 벗어나려는 소수의 양심이다. 그러므로 양심상 결정이 어떠한 종교관·세계관 또는 그 밖의 가치체계에 기초하고 있는지와 관계없이, 모든 내용의 양심상 결정이 양심의 자유에 의하여 보장되어야 한다."

한 것으로서' 하라고 하거나 '악한 것으로서'나 '부정당한 것으로서' 하지 말라고 주관적으로
구속력 있게 지시하는 도덕적 태도이다. 양심은 윤리적 확신을 필수요소로 하는데, 이러한 윤
리적 확신은 종교적인 동기뿐 아니라 여러 가지(세계관적이나 비종교적) 동기에서 비롯할 수 있
다. 헌법이 보호하는 양심은 구체적인 양심이지 막연하고 추상적인 양심이 아니다. 즉 양심의
자유는 일상생활에서 일어나는 구체적인 상황에 즈음해서 어떻게 행동하는 것이 옳은 것인지
를 말해주는 것을 보호한다. '아름다움과 추함', '참과 거짓'의 판단은 양심적 결정에 해당하지
않는다.[421]

③ 양심과 신앙의 구별

양심은 종교적 동기에서도 비롯할 수 있으므로 양심과 신앙은 구별하기 어렵다. 양심의 자
유가 오랫동안 신앙의 자유와 함께 규정되어온 것은 이러한 이유 때문이다. 그러나 양심이 윤
리적 확신을 나타내는 것이라면 신앙은 종교적 확신을 나타낸다는 점에서 양자는 구별된다.

④ 양심과 사상의 구별

양심이 윤리적 차원의 사고라면, 세계관적 확신을 의미하는 사상은 논리적 차원의 사고라
는 점에서 구별된다. (ⅰ) 양심의 자유는 사상의 내면화를 뜻하므로 양심의 개념은 사상을 포
괄하는 것으로 보아야 한다는 견해[422]와 (ⅱ) 양심의 자유를 도덕적·윤리적 판단과는 무관
한 사상의 영역까지 확장시키면 해석의 명확성이 크게 침해될 우려가 있으므로 사상의 자유
는 헌법 제37조 제1항에 따른 열거되지 않은 기본권으로 파악하는 것이 타당하다는 견해,[423]

---

421) 헌재 2018. 6. 28. 2011헌바379등, 판례집 30−1하, 370, 405−406: "헌법상 보호되는 양심은 어떤 일의 옳고 그
　　름을 판단함에 있어서 그렇게 행동하지 아니하고는 자신의 인격적인 존재가치가 허물어지고 말 것이라는 강력하
　　고 진지한 마음의 소리로서 절박하고 구체적인 양심을 말한다. 즉, '양심상의 결정'이란 선과 악의 기준에 따른
　　모든 진지한 윤리적 결정으로서 구체적인 상황에서 개인이 이러한 결정을 자신을 구속하고 무조건적으로 따라야
　　하는 것으로 받아들이기 때문에 양심상의 심각한 갈등이 없이는 그에 반하여 행동할 수 없는 것을 말한다. 이때
　　'양심'은 민주적 다수의 사고나 가치관과 일치하는 것이 아니라, 개인적 현상으로서 지극히 주관적인 것이다. 양
　　심은 그 대상이나 내용 또는 동기에 의하여 판단될 수 없으며, 특히 양심상의 결정이 이성적·합리적인가, 타당
　　한가 또는 법질서나 사회규범·도덕률과 일치하는가 하는 관점은 양심의 존재를 판단하는 기준이 될 수 없다(헌
　　재 2004. 8. 26. 2002헌가1; 헌재 2004. 10. 28. 2004헌바61등; 헌재 2011. 8. 30. 2008헌가22등 참조). 이처럼 개
　　인의 양심은 사회 다수의 정의관·도덕관과 일치하지 않을 수 있으며, 오히려 헌법상 양심의 자유가 문제되는 상
　　황은 개인의 양심이 국가의 법질서나 사회의 도덕률에 부합하지 않는 경우이므로, 헌법에 의해 보호받는 양심은
　　법질서와 도덕에 부합하는 사고를 가진 다수가 아니라 이른바 '소수자'의 양심이 되기 마련이다. 특정한 내적인
　　확신 또는 신념이 양심으로 형성된 이상 그 내용 여하를 떠나 양심의 자유에 의해 보호되는 양심이 될 수 있으
　　므로, 헌법상 양심의 자유에 의해 보호받을 '양심'으로 인정할 것인지의 판단은 그것이 깊고, 확고하며, 진실된
　　것인지 여부에 따르게 된다."
422) 계희열, 『헌법학(중)(신정2판)』, 박영사, 2007, 333쪽; 고문현, 『헌법학개론』, 박영사, 2019, 159~160쪽; 구병삭,
　　『신헌법원론(제3전정판)』, 박영사, 1996, 453쪽; 권영성, 『헌법학원론(개정판)』, 법문사, 2010, 481~482쪽; 김철
　　수, 『학설·판례 헌법학(상)』, 박영사, 2008, 917~918쪽; 김하열, 『헌법강의』, 박영사, 2018, 423쪽; 성낙인, 『헌법
　　학(제19판)』, 법문사, 2019, 1111쪽; 이부하, 『헌법학(상)』, 법영사, 2019, 331쪽; 홍성방, 『헌법학(중)(제2판)』, 박
　　영사, 2015, 163쪽.
423) 장영수, 『헌법학(제11판)』, 홍문사, 2019, 659쪽. 헌법 제10조, 제19조, 제20조 제1항, 제22조 제1항, 제37조 제1

(iii) 세계관적 확신으로 이해되는 사상은 양심활동에 포함된다는 견해424) 그리고 (iv) 사상의 자유는 내면 세계에서 이루어지는 한 기본권을 통한 보호를 필요로 하지 않고, 외부세계에서 이루어지는 '사상 실현의 자유'는 표현의 자유나 집회·결사의 자유 등 외부세계에 정신적 영향력을 행사하고자 하는 다른 개별 기본권을 통해서나 보충적으로 일반적 행동자유권을 통해서 보호된다는 견해425)가 대립한다. 사상은 구체적 양심을 형성하는 바탕이 될 수는 있으나 양심 그 자체와는 구별된다. 양심의 자유에 사상의 자유까지 포함시키는 것은 헌법조항의 문언적 한계를 넘는 것이고, 헌법 제37조 제1항의 포괄적 권리규정이 있다는 점에서 사상의 자유를 무리하게 양심의 자유에서 찾을 필요가 없다. 따라서 사상의 자유의 헌법적 근거는 양심의 자유와 분리하여 헌법 제37조 제1항과 (내용적 표지인) 제10조의 행복추구권에서 찾아야 할 것이다. 헌법재판소도 사상의 자유는 양심의 자유에 포함되지 않는 것으로 본다.426)

⑤ 개인적 양심과 직업적 양심의 구별 가능성

양심의 자유가 보호하고자 하는 것은 '인격상 양심'이고 헌법 제46조 제2항, 제103조에 규정된 국회의원이나 법관의 양심은 헌법 제19조의 양심이 아니라 직무상 양심인데, 직무상 양심은 기본권이 보장하는 것이 아니라 국가기관에 부여된 법적 지위로서, 직무상 양심이 침해되면 헌법소원이 아니라 권한쟁의로 다투어야 한다고 하면서 개인적 양심과 직업적 양심을 구별하는 견해가 있다.427)

양심은 구체적인 상황에서 나타나는 인간의 정신생활을 보호하는 구체적 양심을 뜻한다. 양심은 그것을 형성하는 동기나 원인을 보호하는 것이 아니라 그러한 결정 자체를 보호한다. 즉 종교에 따라서든, 사상에 따라서든, 철학에 따라서든 아니면 개인적 신념에 따라서든 어떤 동기나 원인에 상관없이 '형성된 양심'을 보호한다. 따라서 개별 사안에 대한 구체적 결단으로서 나타나는 신조는 양심의 자유에 포섭되지만, 일관된 사상이나 철학, 종교 자체는 양심의 자유에서 배제된다. 물론 이러한 사상, 철학 그리고 종교 등이 구체적 문제와 결합하여 어떤 결정으로 나타나면 양심의 자유 문제가 된다. 그런데 어떤 개별 사안에서 어떤 결정을 할 때는 당사자는 여러 가지를 고려한다. 사상, 종교, 철학 등은 물론 자신의 소신, 명예, 주위 사람의 이해관계, 사회적 의미 등도 고려한다. 그리고 여기에는 자신의 지위도 당연히 포함된

항에서 사상의 자유를 도출할 수 있다는 견해로는 정종섭, 『헌법학원론(제12판)』, 박영사, 2018, 559쪽.

424) 이준일, 『헌법학강의(제7판)』, 홍문사, 2019, 505쪽.

425) 한수웅, 『헌법학(제9판)』, 법문사, 2019, 719쪽. 양심, 사상, 종교의 자유는 공히 내부적 차원과 외부적 차원의 보호를 필요하다는 점에서 다르지 않고, 이러한 신념의 외부적 표현·발현은 표현·집회·결사의 자유와 같은 다른 기본권과 맺는 관계에서 먼저 적용되는 특별기본권이라서 이 견해에 찬동할 수 없다는 비판이 있다(김하열, 『헌법강의』, 박영사, 2018, 424쪽).

426) 헌재 1991. 4. 1. 89헌마160, 판례집 3, 149, 153.

427) 한수웅, 「헌법 제19조의 양심의 자유」, 『헌법논총』 제12집, 헌법재판소, 2001, 400쪽. 같은 견해: 성낙인, 『헌법학(제19판)』, 법문사, 2019, 1111쪽.

다. 자신의 직업에 따른 지위도 당연히 자신의 지위에 해당된다. 이러한 점에서 어떤 개인이 직업을 가졌을 때 직업과 분리된 양심의 결정은 있기 어렵다. 만약 직업을 배제한 결정을 한다면 이미 그것은 불완전한 결정으로 제대로 형성된 올바른 양심이라고 부르기 어렵다. 그리고 (직업적) 양심을 직업윤리로 이해하지 않는 한, 한 개인에게 두 가지의 양심이 있다는 것은 개념상 이해하기 어렵다. 따라서 개인적 양심과 직업적 양심은 분리될 수 없다. 헌법 제46조 제2항과 제103조에 규정된 양심은 양심의 자유와 관련이 없는, 독립적 권한 행사의 바탕이 되는 개인적 소신으로 보아야 한다.

(2) 보호범위
① 내용

헌법상 양심의 자유는 양심형성의 자유와 양심실현의 자유를 그 내용으로 한다. 구체적으로 양심의 자유 보호범위는 (i) 양심형성의 자유, (ii) 양심을 표명하도록 강제 당하지 아니할 자유(예를 들어 양심추지 금지, 충성선서 문제), (iii) 양심에 반하는 행동을 강제 당하지 아니할 자유, (iv) 양심을 표명할 자유, (v) 양심에 따라 행동할 자유로 나눌 수 있다. '양심을 표명할 자유'와 '양심에 따라 행동할 자유'는 '적극적 양심실현의 자유'에 해당하고, '양심을 표명하도록 강제 당하지 아니할 자유'와 '양심에 반하는 행동을 강제 당하지 아니할 자유'는 '소극적 양심실현의 자유'에 해당한다.[428]

② 적극적 양심실현의 자유 포함 여부

양심의 자유 보호범위를 어디까지 인정할 것인지에 관해서는 논란이 있지만 크게 (적극적·소극적) 양심실현의 자유를 모두 인정하는 견해[429]와 소극적 양심실현의 자유, 즉 양심을 강

---

428) 양심의 자유 내용의 유형화에 관한 비슷한 견해로는 김문현, 「양심의 자유」, 『고시계』 제45권 제10호(통권 제524호), 도서출판 언약, 2000. 10., 23~26쪽; 계희열, 『헌법학(중)(신정2판)』, 박영사, 2007, 334~339쪽; 한수웅, 「헌법 제19조의 양심의 자유」, 『헌법논총』 제12집, 헌법재판소, 2001, 404~411쪽 참조. 다만, 계희열은 양심의 자유를 양심형성의 자유와 양심활동의 자유로 구별하고, 양심활동의 자유를 양심활동의 소극적 자유('양심을 표명하도록 강제당하지 않을 자유'와 '양심에 반하는 행위를 강제당하지 않을 자유')와 양심활동의 적극적 자유('양심상의 결정을 표명할 자유'와 '실현할 자유')로 구별한다. 그리고 한수웅은 양심의 자유를 양심형성의 자유와 양심실현의 자유로 구별하고 양심실현의 자유를 (적극적·소극적) 양심표명의 자유, 작위 및 부작위에 의한 양심실현의 자유로 구별한다. 이에 반해서 '양심을 표명하도록 강제 당하지 않을 자유'와 '양심에 반하는 행동을 강제 당하지 않을 자유'를 '침묵의 자유'(권영성, 『헌법학원론(개정판)』, 법문사, 2010, 484쪽)나 '양심의 유지의 자유'(김철수, 『학설·판례 헌법학(상)』, 박영사, 2008, 920쪽)로 이해하기도 한다. 양심을 표명하도록 강제 당하지 아니할 자유와 양심에 반하는 행동을 강제 당하지 아니할 자유를 침묵의 자유나 양심유지의 자유로 분류하는 것은 양심을 표명할 자유, 양심에 따라 행동할 자유를 인정하지 않는 위의 견해에서는 의미가 있다. 양심의 자유 내용이 양심형성의 자유와 소극적 양심실현의 자유로만 구성되고 이에 상응하는 적극적 양심실현의 자유가 없어서 소극적 양심실현의 자유에 다른 명칭을 붙여도 이상할 것이 없기 때문이다. 그러나 양심을 표명할 자유와 양심에 반하는 행동을 강제 당하지 아니할 자유, 즉 적극적 양심실현의 자유를 인정하는 견해에서는 이를 침묵의 자유나 양심을 지키는 자유 등으로 분류할 것이 아니라 소극적 양심실현의 자유로 보아 양심의 자유 내용을 양심형성의 자유와 (소극적·적극적) 양심실현의 자유로 보는 것이 타당하다.

429) 계희열, 『헌법학(중)(신정2판)』, 박영사, 2007, 341~342쪽; 심경수, 『헌법』, 법문사, 2018, 237쪽; 이부하, 『헌법학

제로 표명 당하지 아니할 자유와 양심에 반하는 행위를 강요당하지 아니할 자유만을 인정하고 적극적 양심실현의 자유를 배제하는 견해430)로 나뉜다. 양심실현의 자유를 인정하지 아니하는 주요 논거는 양심상 결정을 적극적으로 실현하는 데서 다른 법익과 충돌 및 다른 사람 권리 침해가 발생하고 양심실현은 다른 기본권을 통해서 보호되는 영역과 중첩된다는 것이다. 그러나 인간의 양심은 외부와 구체적인 접촉과정에서 형성되고 대개 외부로 실현되는 것을 전제로 하며 그 실현에 주된 의미가 있다는 점, 양심실현의 자유와 다른 법익의 충돌은 법익 사이의 형량, 실제적 조화의 원칙으로써 대부분 해결할 수 있다는 점에서 양심의 자유 보호범위에 양심실현의 자유를 포함시키는 것이 타당하다.431) 즉 양심의 자유는 내심 영역뿐 아니라 외부 영역도 보장한다. 헌법재판소도 양심의 자유에는 널리 사물의 시시비비나 선악과 같은 윤리적 판단을 국가권력을 통해서 외부에 표명하도록 강제 받지 아니할 자유까지 포괄하며432) 나아가 양심실현의 자유도 포함한다고 하여433) 양심의 자유의 보호범위를 넓게 인정한다. 그러나 대법원은 적극적 양심실현의 자유를 양심의 자유에 포함하지 않는 것으로 보인다.434)

③ 구체적 내용

(ⅰ) 양심형성의 자유

양심형성의 자유는 외부에서 어떠한 간섭이나 압력·강제를 받지 않고 자기 판단에 따라 무엇이 선하고 악한지나 옳고 그른지에 관한 내면적 확신에 도달하는 것을 말한다. 양심 형성에 일체의 외부적 영향이 배제되어야 한다는 것을 뜻하지는 않는다. 문제가 되는 것은 독

(상)』, 법영사, 2019, 333쪽; 이준일, 『헌법학강의(제7판)』, 홍문사, 2019, 508쪽; 정종섭, 『헌법학원론(제12판)』, 박영사, 2018, 565쪽; 정재황, 『신헌법입문(제9판)』, 박영사, 2019, 428쪽; 한수웅, 「헌법 제19조의 양심의 자유」, 『헌법논총』 제12집, 헌법재판소, 2001, 405~407쪽; 같은 사람, 『헌법학(제9판)』, 법문사, 2019, 726~727쪽; 허영, 『한국헌법론(전정15판)』, 박영사, 2019, 443~444쪽.

430) 권영성, 『헌법학원론(개정판)』, 법문사, 2010, 487~488쪽; 김철수, 『학설·판례 헌법학(상)』, 박영사, 2008, 920~921, 924쪽; 성낙인, 『헌법학(제19판)』, 법문사, 2019, 1119쪽; 장영수, 『헌법학(제11판)』, 홍문사, 2019, 662쪽; 홍성방, 『헌법학(중)(제2판)』, 박영사, 2015, 172~173쪽.

431) 김선택, 「한국내 양심적 병역거부의 인정여부에 관한 이론적·실증적 연구」, 국가인권위원회, 2002, 28~29쪽. 같은 견해: 계희열, 『헌법학(중)(신정2판)』, 박영사, 2007, 341~342쪽.

432) 헌재 1991. 4. 1. 89헌마160, 판례집 3, 149, 153 등.

433) 헌재 1998. 7. 16. 96헌바35, 판례집 10-2, 159, 166.

434) 대법원 2004. 7. 15. 선고 2004도2965 전원합의체 판결(집52-2, 224; 공2004하, 1396): "헌법 제19조는 "모든 국민은 양심의 자유를 가진다."고 규정하고 있다. 여기서 헌법이 보호하고자 하는 양심은 '어떤 일의 옳고 그름을 판단함에 있어서 그렇게 행동하지 않고는 자신의 인격적 존재가치가 파멸되고 말 것이라는 강력하고 진지한 마음의 소리로서 절박하고 구체적인 양심'을 말하는 것인데, 양심의 자유에는 이러한 양심 형성의 자유와 양심상 결정의 자유를 포함하는 내심적 자유뿐만 아니라 소극적인 부작위에 의하여 양심상 결정을 외부로 표현하고 실현할 수 있는 자유, 즉 양심상 결정에 반하는 행위를 강제 받지 아니할 자유도 함께 포함되어 있다고 보아야 할 것이다(헌법재판소 1997. 3. 27. 선고 96헌가11 전원합의체 결정, 1998. 7. 16. 선고 96헌바35 전원합의체 결정 등 참조). 따라서 양심의 자유는 기본적으로 국가에 대하여, 개인의 양심의 형성 및 실현 과정에 대하여 부당한 법적 강제를 하지 말 것을 요구하는, 소극적인 방어권으로서의 성격을 가진다."

자적인 양심을 형성할 자격이 있는 인격자로서 인간을 존중하지 아니하는, 즉 인간의 존엄성을 존중하지 아니하는 영향력 행사이다. 예를 들어 내면적 확신을 형성하는 과정에서 선전, 세뇌, 약물, 최면술, 마약분석 등과 같은 외부적 영향이 문제 된다. 이때 내면적 확신 형성도 법적 보호대상이 된다. 따라서 국가가 특정의 사상이나 세계관만을 집중적으로 선전함으로써 특정한 양심을 갖게 되도록 사실상 강요·조장하면 개인은 그러한 해석을 원칙적으로 존중할 필요가 없다.

(ii) 소극적 양심실현의 자유

소극적 양심실현의 자유는 형성된 양심을 표명하지 않거나 그에 따라 행동하지 아니할 자유를 말한다.

ⓐ 양심을 표명하도록 강제 당하지 아니할 자유

이 자유는 '언어' 등으로 양심을 표명하도록 강제 당하지 아니하지 않게 보호한다. 양심을 표명하도록 강제 당하지 아니할 자유는 형성된 양심, 즉 양심상 결정을 침묵할 수 있다는 것이고 자기가 아는 객관적 사실에 대해서 침묵할 수 있다는 것을 뜻하지 않는다. 그러므로 범죄수사나 재판절차에서 사실에 관한 증인의 증언 거부[435]나 신문기자의 취재원에 관한 증언 거부[436]는 양심의 자유로 보호되지 않는다. 공직자의 헌법에 대한 충성 선서와 국가에 대한 충성 선서는 공직자가 국가기관을 구성하는 인적 요소로서 공적 사무를 수행하여야 한다는 점에서 이해될 수 있다. 그러나 공직자의 임용요건이나 재직요건으로서 현 정부나 여당에 대한 충성 선서를 요구한다면, 그것은 양심의 자유와 공무원의 정치적 중립성을 침해하므로 헌법에 위반된다. 그리고 헌법재판소는 준법서약제(가석방심사등에관한규칙 제14조 제2항)에 대한 위헌확인에서 준법서약은 어떤 구체적이거나 적극적인 내용을 담지 않은 채 단순한 헌법적 의무의 확인·서약에 불과하므로 양심의 자유를 침해하지 않는다고 하였다.[437] 그러나 이미 법을 위반한 전력이 있는 사인에게 준법의지가 있는지를 국가가 문서로 확인하는 것은 준법의지가 있는 쪽이든 아니면 없는 쪽이든 마찬가지로 자신의 내적 확신을 밖으로 드러내도록 강제하는 효과가 있다는 점에서 의문이 있다.[438] 헌법재판소는 국가보안법상 불고지죄 규정

---

435) 형사절차에서도 증인이 피의자나 피고인이면 형사상 불리한 진술 거부는 물론 증언거부권까지 인정될 수 있다. 형사소송법 제147~149조, 제289조, '국회에서의 증언·감정 등에 관한 법률' 제3조 참조.

436) 같은 견해: 계희열, 『헌법학(중)(신정2판)』, 박영사, 2007, 337쪽; 고문현, 『헌법학개론』, 박영사, 2019, 161~162쪽; 권영성, 『헌법학원론(개정판)』, 법문사, 2010, 485쪽; 김철수, 『학설·판례 헌법학(상)』, 박영사, 2008, 921쪽; 성낙인, 『헌법학(제19판)』, 법문사, 2019, 1119쪽; 허 영, 『한국헌법론(전정15판)』, 박영사, 2019, 441쪽; 홍성방, 『헌법학(중)(제2판)』, 박영사, 2015, 167쪽.

437) 헌재 2002. 4. 25. 98헌마425등, 판례집 14−1, 351. 이에 동조하는 견해로는 한수웅, 「헌법 제19조의 양심의 자유」, 『헌법논총』 제12집, 헌법재판소, 2001, 398쪽.

438) 2003년 7월 7일 제6회 법무부정책위원회 '준법서약제 폐지안'을 의결하였고, 법무부는 2003년 7월 31일 준법서약제를 규정한 가석방심사등에관한규칙 제14조 제2항을 삭제함으로써 준법서약제를 폐지하였다.

은 국가의 존립과 안전에 저해가 되는 다른 사람의 범행에 관한 객관적 사실을 고지할 의무를 부과할 뿐이고, 개인의 세계관·인생관·주의·신조 등이나 내심의 윤리적 판단을 고지 대상으로 하는 것은 아니므로 양심의 자유, 특히 침묵의 자유를 직접적으로 침해하는 것이라고 볼 수 없다고 하였다.[439]

ⓑ 양심에 반하는 행동을 강제 당하지 아니할 자유

이 자유는 '행동'으로 양심을 직접 또는 간접적으로 표명하도록 강제 당하지 않게 보호한다. 양심에 반하는 행동을 강제 당하지 아니할 자유에는 양심의 추지금지와 양심에 반하는 행동을 강제 당하지 아니할 자유가 있다. 양심 추지란 일정한 행동을 하도록 강제하여 양심을 간접적으로 표명하도록 하고 그 행동을 통해서 내면의 양심을 추정하는 것을 말한다. 예를 들어 기독교인을 가려내려고 십자가 밟기를 강요하는 것[440]이나 불교인을 가려내기 위해서 불상모독을 강요하는 것, 양심에 반하는 선언문을 낭독하도록 강요하는 것 등을 들 수 있다. 이러한 양심 추지는 금지된다. 양심에 반하는 행동을 강제 당하지 아니할 자유는 양심을 이유로 일정한 행동을 거부하는 것이 기존 질서에 위배되거나 다른 사람의 권리를 침해할 때 주로 문제 된다.[441] 따라서 모든 경우에 획일적으로 양심에 반하는 행동을 강제 당하지 아니할 자유를 인정하기는 어렵고 사안에 따라 판단할 수밖에 없다. 양심적 병역거부[442]는 양심의 자유 내용 중 양심에 반하는 행동을 강제당하지 아니할 자유에 해당하고, 국가안보 등의 법익과 형량하는 과정을 거쳐 제한될 수 있는 기본권으로 보장되는 권리이다. 양심적 병역거부자에게 대체복무 없는 병역의무를 강제하는 병역법 제88조 제1항은 양심의 자유를 제한하는 것이나, 국가의 현실적 국방여건과 형량하여 비례한도 안에 있는지를 따져 보아야 한다.[443] 헌법재판소는 병역의 종류에 양심적 병역거부자에 대한 대체복무제를 규정하지 아니한 병역법 제5조 제1항은 헌법에 합치되지 아니한다고 선언하였다.[444] 반전운동주의자가 전비지출 우려를 이유로 세금납부를 거부하는 운동을 하는 때도 양심적 병역거부와 유사하다. 국기에 대한 경례 거부와 관련하여 대법원은 국기에 대한 경례를 종교상 우상숭배라고 하여 거부한 학칙위반 학생의 제적처분을 정당하다고 판시한 바 있다.[445] 헌법재판소는 양심상 승

439) 헌재 1998. 7. 16. 96헌바35, 판례집 10-2, 159. 대법원도 국가보안법의 불고지죄조항은 위헌이라고 할 수 없다고 하였다[대법원 1990. 8. 24. 선고 90도1285 판결(집38-2, 701; 공1990, 2054)].
440) 해방 이전에 일제는 신사참배를 거부하는 기독교신자에게 십자가 밟기를 강요하였다.
441) 예를 들어 양심을 이유로 직무명령을 거부하거나 계약을 이행하지 아니하는 때가 있다.
442) 헌재 2018. 6. 28. 2011헌바379등, 판례집 30-1하, 370, 406: "일반적으로 양심적 병역거부는 병역의무가 인정되는 징병제 국가에서 종교적·윤리적·철학적 또는 이와 유사한 동기로부터 형성된 양심상의 결정을 이유로 병역의무의 이행을 거부하는 행위를 가리킨다."
443) 이에 관해서 자세한 검토는 김선택, 「한국내 양심적 병역거부의 인정여부에 관한 이론적·실증적 연구」, 국가인권위원회, 2002 참조.
444) 헌재 2018. 6. 28. 2011헌바379등, 판례집 30-1하, 370.
445) 대법원 1959. 12. 4. 선고 4292형상625 판결. 대법원 1976. 4. 27. 선고 75누249 판결(집24-1, 113; 공1976,

복할 수 없는 사죄광고를 명하는 판결을 강제집행하는 것은 양심에 반하는 행동을 강제 당하지 아니할 자유 침해라고 하였다.[446]

(ⅲ) 적극적 양심실현의 자유

적극적 양심실현의 자유는 적극적 작위에 따라서 양심상 결정을 밖으로 드러낼 자유를 말한다. 여기에는 양심을 표명할 자유와 양심에 따라 행동할 자유가 있다.

ⓐ 양심을 표명할 자유

양심실현의 자유는 내적으로 형성된 양심을 국가에서 간섭이나 불이익을 받지 않고 외부로 표명할 자유를 포함한다. 국가가 특정내용의 양심상 결정에 대해서 적대적인 태도를 취하고, 이를 징계함으로써 국민이 양심상 결정을 포기하도록 강요하는 상황에서 국민은 자신의 양심을 자유롭게 외부로 표명할 수 없다. 양심의 단순한 표명에 대해서 국가가 처벌·징계 등 불이익을 가하는 것은 양심표명의 자유 침해이다. 국가의 법적 평화와 다른 사람의 법익 보호 관점에서 형법의 효력이 개인의 양심적 동의 여부에 좌우될 수 없다. 따라서 양심범도 원칙적으로 처벌받아야 하나, 법관은 개별적인 경우의 구체적인 상황을 고려하여 양심의 자유와 국가의 형벌권 사이의 법익형량을 하여야 한다. 즉 법관은 형벌권 행사에서 개별적인 경우마다 범행동기에 해당하는 양심상 결정의 윤리성을 고려하여야 한다. 이에 따라 위법성이 조각되지는 않지만 양심상 결정이 행위의 책임성이나 양형 범주에서 고려될 수 있다.

ⓑ 양심에 따라 행동할 자유

양심의 자유의 고유한 기능은 국가가 강요한 갈등상황에 대한 방어에 있다. 국가가 강요한 갈등상황은 법적 행위의무뿐 아니라 금지명령 부과를 통해서 발생할 수 있다. 따라서 법적 금지명령에 대한 양심상 방어로서 양심의 명령에 따른 적극적인 행위, 즉 작위의 자유도 보호된다. 개인이 스스로 선택하거나 야기하지 아니한 구체적인 상황에서 양심의 목소리를 따르기 위해서는 법적 금지명령을 위반하는 것 외에는 달리 아무런 행위 가능성이 없는 때만 양심실현의 자유를 통해서 보호된다.

4. 제한

양심의 자유 보호영역 중 내심 영역, 즉 양심형성의 자유에 대해서 기본권 제한의 일반원칙에 따라 법률로 제한할 수 있다는 견해가 있다.[447] 이러한 영역에서는 다른 사람에 대한 침해 가능성이 없으므로 헌법 제37조 제2항에 따른 제한이 불가능하다. 그러나 양심의 자유 보호영역 중 외부 영역, 즉 양심실현의 자유는 제한될 수 있다. 즉 양심상 결정을 적극적·소

9109)도 참조.

446) 헌재 1991. 4. 1. 89헌마160, 판례집 3, 149, 154.

447) 장영수, 『헌법학(제11판)』, 홍문사, 2019, 663쪽.

극적으로 실현할 때 법질서와 충돌하고 다른 사람의 권리를 침해할 수 있으므로 제한이 불가피하다.[448] 따라서 외부 영역은 헌법 제37조 제2항에 따라 제한이 가능하다. 헌법재판소는 "내심적 자유, 즉 양심실현의 자유와 양심적 결정의 자유는 내심에 머무르는 한 절대적 자유라고 할 수 있지만, 양심실현의 자유는 타인의 기본권이나 다른 헌법적 질서와 저촉되는 경우 헌법 제37조 제2항에 따라 국가안전보장·질서유지 또는 공공복리를 위하여 법률에 의하여 제한될 수 있는 상대적 자유라고 할 수 있다."라고 하였다.[449] 대법원은 "헌법이 보장한 양심의 자유는 정신적인 자유로서 어떠한 사상, 감정을 가지고 있더라도 그것이 내심에 머무르는 한 절대적인 자유이므로 제한할 수 없"다고 하면서[450] "양심의 자유, … 등은 헌법이 보장하는 기본적 권리이긴 하나 무제한한 것이 아니라 헌법 제37조 제2항에 의하여 국가안전보장, 질서유지 또는 공공복리를 위하여 필요한 경우에는 그 자유와 권리의 본질적 내용을 침해하지 않는 한도 내에서 제한할 수 있는 것"이라고 하였다.[451]

Ⅱ. 종교의 자유

1. 의의

(1) 개념

종교의 자유는 신앙과 그에 입각한 종교적 행위를 선택·결정하고 할 수 있는 자유를 말한다.

(2) 연혁

한국은 1948년 헌법 제12조 제1항에서 종교의 자유를 양심의 자유와 함께 규정하였다. 그러다가 1962년 헌법에서 종교의 자유를 분리하여 독자적 기본권으로 규정하여 현재에 이른다. 헌법 제20조 제1항은 "모든 국민은 종교의 자유를 가진다."라고 하여 종교의 자유를 보장하고, 같은 조 제2항은 "국교는 인정되지 아니하며, 종교와 정치는 분리된다."라고 하여 국교 부인과 정교분리의 원칙을 규정한다.

2. 주체

종교의 자유는 국민은 물론 외국인도 주체가 되는 인간의 권리이다. 미성년자도 종교의 자유 주체가 되는데, 언제부터 부모의 친권에서 독립하여 종교의 자유를 스스로 행사할 능력

---

448) 같은 견해: 계희열, 『헌법학(중)(신정2판)』, 박영사, 2007, 339~340쪽.
449) 헌재 1998. 7. 16. 96헌바35, 판례집 10-2, 159, 166.
450) 대법원 1984. 1. 24. 선고 82누163 판결(집32-1, 128; 공1984, 379).
451) 대법원 1993. 9. 28. 선고 93도1730 판결(공1993하, 3008).

이 인정되는지가 문제 된다. 종교 관련 행동은 법률행위적 행동이 아닌 자연적 행동의 범주에 속한다. 따라서 미성년자라는 이유만으로 종교의 자유 행사능력이 없다고 단정할 수 없다. 미성년자가 종교의 의미를 이해하고 이에 관해서 결정할 수 있는 정신적·육체적 성숙도가 있는지에 따라 미성년자의 행사능력 유무를 판단하여야 한다. 즉 일정한 연령까지는 부모가 자녀의 종교를 선택하는 것이 인정되지만, 성년이 되지 않은 미성년자도 정신적·육체적으로 성숙하면서 점점 부모의 친권에서 벗어나 독립적으로 종교의 자유를 행사할 수 있다. 법인, 그 밖의 단체는 성질상 신앙의 자유의 주체가 될 수는 없지만 종교적 행위의 주체는 될 수 있다.

3. 내용

(1) 종교(적 확신): 종교의 내용

종교는 유한한 능력이 있는 데 불과한 인간을 지탱시켜주는 무한의 절대적·초월적 존재에 대한 내적 확신과 관련된 영역이다. 보통 신이라는 절대적 존재를 전제로 하지만, 유교, 불교, 도교 등에서 보듯이 종교에 신 관념이 반드시 있어야 하는 것은 아니므로 종교를 신과 인간의 관계로 단정하기는 어렵다. 피안의 세계가 종교의 내용이라는 견해[452]도 있으나, 내세관이 없는 종교도 있으므로 이를 따를 수 없다. 종교의 공통표지로는 ① 절대적 존재에 대한 신앙, ② 초월적 실재에 대한 신앙, ③ 도덕률, ④ 우주에서 인간의 역할을 설명하는 세계관, ⑤ 의식과 축일, ⑥ 예배와 기도, ⑦ 성전, ⑧ 종교적 신앙을 촉진하는 사회적 조직 등이 제시된다.[453]

(2) 적극적 종교의 자유

① 신앙의 자유

신앙의 자유는 신앙을 형성하거나 가질 수 있는 자유를 말한다. 신앙을 형성할 때 어떤 형태의 (간접적이거나 사실적인) 국가 영향력 행사도 금지된다. 신앙의 자유에는 신앙을 선택할 수 있는 자유, 신앙을 변경할 수 있는 자유(개종의 자유), 신앙을 포기할 수 있는 자유가 포함된다.

② 신앙에 따라 행동을 할 수 있는 자유

(ⅰ) 신앙에 따른 행동을 할 자유

신앙에 따른 행동은 상징(물)이나 의식, 기도, 예배(미사), 성사(聖事), 종교행렬, 타종 등을

---

452) 계희열, 『헌법학(중)(신정2판)』, 박영사, 2007, 350쪽; 권영성, 『헌법학원론(개정판)』, 법문사, 2010, 490쪽; 김철수, 『학설·판례 헌법학(상)』, 박영사, 2008, 930쪽; 박종보, 「헌법 제20조」, 『헌법주석[Ⅰ]』, 박영사, 2013, 624쪽; 한수웅, 『헌법학(제9판)』, 법문사, 2019, 737쪽; 허 영, 『한국헌법론(전정15판)』, 박영사, 2019, 448~449쪽; 홍성방, 『헌법학(중)(제2판)』, 박영사, 2015, 178쪽.
453) 지규철, 「미국에서의 정교분리에 관한 연구」, 고려대학교 법학박사학위논문, 1992, 11~12쪽.

통한 전통적인 (신앙내용) 표현방식뿐 아니라 교회, 사찰 그 밖의 종교공동체가 스스로 이해하는 바에 따라 규정된다. 따라서 이러한 의식행위·종교적 관습뿐 아니라 종교교육, 자유로운 종교적 또는 무종교적 축제, 그 밖의 종교생활의 표현형태도 보호된다. 신앙에 따른 행동에 관해서는 신앙의 자유보다 보호영역이 더 상세하게 규정되어야 한다. 신앙에 따른 행동을 할 자유에는 종교적 행위의 자유, 선교·전도의 자유, 종교교육의 자유가 있다.

(ii) 종교적 행위의 자유

종교의 핵심인 신앙은 내심 영역에 머무는 것이 아니라 여러 가지 모습으로 외부에 표현된다. 종교적 행위의 자유는 내심의 신앙을 다양한 형태로 외부에 표명하고 신앙에 따라 행동하고 실천하는 자유이다. 종교는 실생활에서 실천을 목표로 하므로 내심 영역을 보호하는 것만으로는 불충분하고 종교적 확신을 표현하고 그에 따라 생활하는 것까지 보호되어야 한다. 따라서 종교의 자유가 내심의 자유인 신앙의 자유를 넘어 외부적 행위의 자유까지 보장할 때 비로소 종교의 자유는 충실히 보장된다. 종교적 행위에는 같은 신앙이 있는 사람들이 공동으로 종교의식을 치르고 이를 통해서 그들의 신앙을 증진시키고 실천하는 종교적 의식도 포함된다. 즉 모든 종교적 의식을 자유롭게 치를 수 있는 것도 종교의 자유를 통해서 보호된다. 종교에 대한 비판은 언론의 자유를 통해서 보호될 수 있으나, 그 자체가 종교의 자유로 보호되지는 않는다. 그러나 종교적 교리를 둘러싼 논쟁 등은 종교적 행위의 자유로 보호될 수 있다.

(iii) 선교·전도의 자유

선교·전도의 자유는 자신의 종교적 확신을 다른 사람에게 선전하고 전파할 수 있는 자유를 말한다. 선교·전도의 자유에는 같은 종교신자들을 규합하기 위한 활동으로서 무종교인은 물론 다른 종교인에게 선교하고 전파하는 자유가 포함된다. 즉 다른 종교를 비판하고 자신의 종교를 권고할 수 있는 자유도 포함된다. 그러나 공공장소에서 하는 선교행위는 제한될 수 있다.454) 특히 버스나 지하철처럼 일정 기간 머물러야 하는 좁은 공간에서 이루어지는 일방적 선교행위는 사람들이 피할 수 없다는 점에서 그러한 선교행위를 원하지 않는 다른 사람의 종교의 자유를 침해한다.

---

454) 대법원 2003. 10. 9. 선고 2003도4148 판결(공2003하, 2209): "헌법 제20조 제1항이 보장하는 종교의 자유에는 자기가 신봉하는 종교를 선전하고 새로운 신자를 규합하기 위한 선교의 자유가 포함되고(대법원 1996. 9. 6. 선고 96다19246, 19253 판결 참조), 공공장소 등에서 자신의 종교를 선전할 목적으로 타인에게 그 교리를 전파하는 것 자체는 이러한 선교의 자유의 한 내용을 당연히 이루는 것이라고 볼 것이다. 따라서 헌법이 보장하고 있는 이러한 종교의 자유의 허용범위와 내용에 더하여 경범죄처벌법의 적용에 있어서 국민의 권리를 부당하게 침해하지 아니하도록 세심한 주의를 기울여야 한다는 경범죄처벌법 제4조 소정의 입법정신을 아울러 고려할 때, 불가불 타인의 주목을 끌고 자신의 주장을 전파하기 위하여 목소리나 각종 음향기구를 사용하여 이루어지는 선교행위가 경범죄처벌법 제1조 제26호 소정의 인근소란행위의 구성요건에 해당되어 형사처벌의 대상이 된다고 판단하기 위해서는 당해 선교행위가 이루어진 구체적인 시기와 장소, 선교의 대상자, 선교행위의 개별적인 내용과 방법 등 제반 정황을 종합하여 그러한 행위가 통상 선교의 범위를 일탈하여 다른 법익의 침해에 이를 정도가 된 것인지 여부 등 법익간의 비교교량을 통하여 사안별로 엄격하게 판단해야 할 것이다."

(iv) 종교교육의 자유

종교교육의 자유는 종교적 교리에 기초하여 가정이나 학교 등에서 교육할 수 있는 자유를 말한다. 특히 종교교육을 목적으로 사립학교를 설립하고 이러한 학교에서 종교교육을 하는 것은 허용된다.[455] 즉 사립학교에서 종교교육을 하고 종교지도자를 육성하는 것은 종교의 자유로서 보장되므로 교육기관이 학교설립인가를 받아도 종교의 지도자 양성을 위한 종교교육을 할 수 있다.[456] 그러나 국가나 지방자치단체가 국·공립학교에서 특정 종교교육을 실시하는 것은 정교분리원칙에 위반되어 허용되지 아니한다(교육법 제6조 제2항). 그러나 국·공립대학에 종교학과를 두어 종교학을 강의하고 연구하거나 교양과목으로 일반종교학을 두어 가르치는 것은 특정 종교교육과 다르므로 종교의 자유를 침해하지 아니한다. 종교교육과 종교지도자 양성은 헌법 제20조에 규정된 종교의 자유의 한 내용으로 보장되지만, 그것이 학교라는 교육기관 형태를 취하면 헌법 제31조 제1항, 제6항과 이에 근거한 교육법상 규정에 따른 규제를 받게 된다.[457]

사립학교라도 자유로운 선택이 아니라 강제배정으로 입학한 학교에서 특정 종교교육을 실시하면 학생이 이러한 교육에 반드시 참석하리라고 기대할 수 없다. 그리고 학교는 종교교육 강제가 아닌 과외활동의 하나로 종교교육을 하거나 특정 종교인만을 교육에 참여시키고 그 밖의 학생은 다른 수업에 참여시켜 대체학점을 인정하는 방안을 택할 수 있다. 따라서 이러한 강제 종교교육은 다른 종교가 있거나 종교가 없는 학생의 종교의 자유를 침해하므로 학생 자신과 교육권이 있는 부모의 동의나 묵인이 없는 한 위헌이다.

사립대학교에서는 학교선택권이 일단 형식적으로 보장되므로 종교재단이 설립한 학교임을 알고 입학한 학생은 학칙을 전체적으로 수용한 것으로 볼 여지가 있다. 따라서 이러한 대학교는 학칙에 따라서 학생의 종교의 자유를 제한할 수 있다고 볼 수도 있다. 그러나 종교재단이 주요 대학을 운영하고 거의 고정된 대학서열에 맞는 성적을 기준으로 진학하는 것이 현실이다. 따라서 명목적인 학교선택권이 보장된다는 것을 근거로 종교의 자유를 제약하는 것이 허용된다고 보기는 어렵다. 대법원은 기독교재단이 설립한 사립대학이 대학예배의 6학기 참석을 졸업요건으로 정한 것과 관련하여 사립대학은 종교의 자유 내용으로서 종교교육이나 종교선전을 위해서 학생들의 신앙을 가지지 않을 자유를 침해하지 않는 범위 안에서 학생들이 일정한 내용의 종교교육을 받을 것을 졸업요건으로 하는 학칙을 제정할 수 있다고 하였다.

---

455) 헌법재판소는 종교단체가 운영하는 교육기관에 대한 설립인가 또는 설립등록제도는 종교의 자유를 침해하지 않는다고 하였다(헌재 2000. 3. 30. 99헌바14, 판례집 12-1, 325-326). 대법원은 "특정종교단체의 종교교육이 구 교육법상의 학교나 학원의설립·운영상의 학원의 형태를 취하는 경우, 구 교육법과 학원의설립·운영에관한 법률의 규제를 받는 것은 종교의 자유를 침해하거나 평등의 원칙 등에 위배되지 아니한다."라고 하였다[대법원 2001. 2. 23. 선고 99두6002 판결(공2001상, 784)].

456) 대법원 1989. 9. 26. 선고 87도519 판결(집37-3, 636; 공1989, 1609).

457) 대법원 1992. 12. 22. 선고 92도1742 판결(공1993상, 650).

그리고 이 대학교의 대학예배는 목사를 통한 예배뿐 아니라 강연이나 드라마 등 다양한 형식을 취하고 학생들에 대해서도 예배시간 참석만을 졸업 요건으로 할 뿐이지 그 태도나 성과 등을 평가하지 않는 사실 등에 비추어 보면, 이 대학교 예배는 복음 전도나 종교인 양성에 직접적인 목표가 있는 것이 아니라 진리·사랑에 기초한 보편적 교양인을 양성하는 데 목표를 두므로 헌법상 종교의 자유를 침해하지 않는다고 하였다.458) 그러나 사실상 학교선택권이 인정되지 않는 상황에서 아무리 다양한 형식으로 이루어지는 종교교육이라도 무종교인은 물론 특히 다른 종교인들에게 특정종교에 대한 교육을 본인의 의사와 무관하게 일정시간 받게 하는 것은 종교의 자유 침해임을 부정하기 어렵다. 그리고 대법원이 교육목적으로 드는 진리·사랑에 기초한 보편적 교양인 양성은 일반종교학이나 윤리학 등을 교육하여도 충분히 달성할 수 있다. 그리고 이러한 교육을 특정 종교재단이 세운 대학교가 교육한다고 하여 종교인 양성에 직접 관련 있는 학과가 아닌 이상 대학설립의 본질에 어긋나거나 설립목적을 달성할 수 없다고 하기도 어렵다. 따라서 특정 종교교육을 대신할 일반종교학이나 윤리학 등의 대체 과목을 추가하지 않는다면 종교의 자유를 침해하는 위헌적 학칙임을 면하기 어렵다.

③ 종교의 보호범위

보호되는 종교는 오늘날의 문화민족에서 형성된 신앙과 관련되는 활동만이 아니라 신앙에 기초한 것으로서 종교라고 인정될 수 있다면 그것이 어느 민족이나 나라, 지역에서 형성되었는지와 상관없이 종교의 보호범위에 포함된다. 그리고 교회, 사찰, 그 밖의 종교공동체의 공식교리뿐 아니라 이와는 다른, 개별적으로 주장되는 (전통교리와 차별되는) 종교적 확신도 종교의 자유 보호범위에 속한다.

④ 언론·출판의 자유의 특별규정

종교적 선전과 다른 종교에 대한 비판 등은 표현의 자유 보호대상도 된다. 따라서 이러한 범위에서 종교의 자유에 관한 헌법 제20조 제1항은 헌법 제21조 제1항 표현의 자유에 대한 특별규정의 성격이 있다. 따라서 종교적 목적을 위한 언론·출판은 그 밖의 일반적인 언론·출판와 비교해서 고도의 보장을 받는다.459)

⑤ 신앙의 외부적 표현과 국법질서의 갈등

(ⅰ) 다른 종교 비판 - 명예 침해

종교의 자유에는 다른 종교를 비판하거나 다른 종교의 신자에 대해서 개종을 권고하는 자

---

458) 대법원 1998. 11. 10. 선고 96다37268 판결(공1998하, 2830).

459) 대법원 1996. 9. 6. 선고 96다19246 판결(집44-2, 172; 공1996하, 2983). "다른 교단 소속 목사의 이단성 여부에 관한 연구책자 중 그 목사의 주장을 비판하고 명예를 침해하는 내용이 포함되어 있으나, 이는 신앙의 본질적 내용으로서 최대한 보장받아야 할 종교적 비판의 표현행위로서 그 안에 다소 과장되거나 부적절한 표현이 있다 하더라도 그 내용의 중요 부분이 진실에 합치하고 자기 교단의 교리 및 신자들의 보호를 위하여 주로 그들을 상대로 책자를 배포한 경우 위법성이 없다."라는 판례도 있다[대법원 1997. 8. 29. 선고 97다19755 판결(공1997하, 2882)].

유도 포함된다. 이때 다른 종교 등을 비판할 권리는 최대한 보장받지만, 그로 말미암아 다른 사람의 명예 등을 침해하면 종교의 자유 보장과 개인의 명예 보호라는 두 법익의 조정은 그 비판이 훼손하거나 훼손할 수 있는 다른 사람 명예의 침해 정도를 비교하고 고려하여 결정하여야 한다.460)

(ii) 국기에 대한 경례 거부

국기는 어떠한 종교적 의미가 있는 것이 아니라 국가의 상징물로서 국가에 속하는 모든 사람이 지켜야 할 대상을 구체화한 것에 불과하다. 따라서 국기에 대한 경례는 국민으로서 당연히 가져야 하는 애국심의 표현일 뿐이므로 종교적 표현과는 무관하다. 그래서 설사 국기에 대한 경례를 강요한다고 하여 종교의 자유가 침해된다고 보기 어렵다. 대법원은 국기에 대한 경례를 우상숭배라고 하여 거부한 학칙위반학생에 대한 제적처분을 정당하다고 하였다.461) 그러나 학교는 학생을 계속적으로 교육할 책임이 있다는 점에서 국기에 대한 경례 거부에 대해서 제적처분이라는 극단적 방법으로 대응한 것은 비례성원칙을 적절히 적용한 것으로 보이지는 않는다.

(iii) 병역 자체의 거부나 집총(훈련) 거부

양심적 병역거부와 관련한 양심적 결정은 종교 이외의 다른 근거를 통해서 이루어질 수 있고, 양심이 인격의 본질적인 부분을 보호하지만 종교는 그 이외의 부분도 보호하며, 종교를 근거로 한 이른바 양심적 병역 거부에서 양심의 자유와 종교의 자유가 보호하는 영역이 같다는 점에서 양심적 병역 거부에서 별도로 종교의 자유를 검토할 실익은 없다.

(iv) 수혈 거부

자신의 종교 때문에 본인이 수혈을 거부하는 것은 자신의 종교의 자유와 일반적 행동자유권으로서 보호된다. 하지만 다른 사람을 보호할 의무가 있는 사람은 그러한 종교의 자유와 일반적 행동자유권이 제한된다. 즉 자신의 보호의무 때문에 종교의 자유와 일반적 행동자유권이 제한되는 친권자가 자녀에 대한 수혈을 자녀의 의사와 보호의무 인정목적과 상관없이 거부할 수는 없다. 대법원은 종교 교리에 따라 자신의 자녀에 대한 수혈을 거부하여 사망하게 한 생모에 대하여 요부조자를 위험한 장소에 두고 떠난 것과 다름없어서 유기치사죄에 해당한다고 하였다.462) 하지만 친권자의 종교적 신념이 확고하면 친권자의 동의를 기대할 수 없고, 이러한 때까지 동의를 강요하는 것은 친권자의 종교의 자유를 심각하게 침해하게 된다. 따라서 이러한 권리와 의무 사이의 충돌이 발생하여 친권자의 수혈 동의를 기대할 수 없으면 검사와 같은 공적 주체의 결정으로 수혈이 가능하도록 하도록 하여야 한다. 종교의 자유를

---

460) 대법원 1996. 9. 6. 선고 96다19246 판결(집44-2, 172; 공1996하, 2983).
461) 대법원 1976. 4. 27. 선고 75누249 판결(집24-1, 113; 공1976, 9109).
462) 대법원 1980. 9. 24. 선고 79도1387 판결(공1980, 13244).

행사할 능력을 인정받을 만한 신체적·정신적 성숙도에 이르지 못한 미성년자가 종교를 이유로 수혈을 거부하면 미성년자 보호를 위해서 친권자가 미성년자의 의사에 어긋나게 수혈을 하도록 할 수 있다. 이때 부모마저 수혈을 거부하면 마찬가지로 검사와 같은 공적 주체 결정으로 수혈이 가능하도록 하여야 한다.

（ⅴ）성직자의 범죄인 은닉

종교시설이 세속과는 분리된 피난처(asylum)가 된다는 점에서, 성직자가 적극적·능동적으로 범죄(범인은닉죄)를 저지른 것이 아닌 한 성직자의 종교적 직무상 행위를 최대한 존중해 줄 필요가 있다. 대법원은 성직자의 직무행위가 사회상규에 어긋나지 아니하여 적법성이 부여되는 것은 그것이 성직자의 행위이기 때문이 아니라 직무로 말미암은 행위의 정당성과 적법성을 인정하기 때문이라고 한다.[463] 죄지은 자를 회개하도록 인도하고 갈 길을 알려주는 것이 사제로서 이행하여야 할 소임이므로 성직자의 어떠한 행위가 실정법상 구성요건을 충족하더라도 그 행위 양태가 소극적이면 위법성이 조각된다고 한다. 그러나 적극적으로 은신처를 마련하여 주고 도피자금을 제공하는 것 등의 행위는 이미 정당한 직무 범위를 벗어난 것이므로, 이를 가리켜 사회상규에 반하지 아니하여 위법성이 조각되는 정당행위라고 할 수 없다고 한다.

（ⅵ）시험의 일요일 시행

종교적 행위의 자유는 신앙의 자유와는 달리 절대적 자유가 아니므로 헌법 제37조 제2항이 제한할 수 있다. 헌법재판소는 일요일을 휴일로 정한 것은 특정 종교인들의 종교적 편의를 위한 것이 아니고, 사법시험 1차시험과 같이 대규모 응시생들이 응시하는 시험의 시행일을 일요일로 잡은 것은 다수 국민의 편의를 위한 것으로 일부 응시생의 종교의 자유를 어느 정도 제한하더라도 이는 공공복리를 위해서 부득이한 제한으로 보아야 할 것이라고 한다.[464]

(3) 소극적 종교의 자유

① 종교에 해당되는 생각, 말, 행동의 부정

종교의 자유는 신앙에 대한 소극적 표현, 즉 종교에 해당되는 생각·말·행동 등을 하지 아니할 자유도 보장한다. 그러나 단순히 종교분포를 파악하기 위한 종교에 관한 행정적 통계조사, 국립병원에 입원한 환자에 대한 정신적 간호를 위한 종교조사, 수형자에 대한 선도·교화 목적의 종교조사는 종교의 자유를 침해하지 않는다.

② 소극적 종교의 자유의 내용

종교의 자유는 종교를 믿지 않거나(신앙을 갖지 않거나: 무신앙·무종교의 자유) 특정 종교를 고백하지 아니하거나(침묵하거나: 종교적 확신에 관한 침묵의 자유) 신앙에 따른 행동을 하지 아

---

463) 대법원 1983. 3. 8. 선고 82도3248 판결(집31-1, 314; 공1983, 695).
464) 헌재 2001. 9. 27. 2000헌마159, 판례집 13-2, 353.

니하거나(신앙에 따른 행동을 하지 아니할 자유) 종교적 확신의 과시(진술)에 빠져 나올 수 없도
록 내맡겨지지 아니할 자유도 보장한다. 따라서 국가, 그 밖의 제3자가 신앙을 강요하거나 종
교적 확신을 표현하도록 강제하거나 신앙에 따른 행동을 강요하면 종교의 자유가 침해된다.

(4) 집단적 종교의 자유

① 종교공동체의 집회 · 결사의 자유

종교공동체의 활동은 그 공동체가 취하는 법적 형태와 무관하게 헌법 제20조의 보호를 받
는다. 이러한 종교공동체는 교회, 사찰과 같은 정형적인 종교단체 형태는 물론 독립적인 단체
인 종교계통 병원, 종교적 교육시설, 종교 관련 청소년단체 등도 포괄한다. 종교적 집회의 자
유는 종교적 목적으로 같은 신앙이 있는 사람들이 일시적인 모임을 자유롭게 가질 수 있는
자유를 말하고, 종교적 결사의 자유는 종교적 목적으로 같은 신앙이 있는 사람들이 자유롭게
결합하여 단체를 결성할 수 있는 자유를 말한다.

② 헌법 제21조 일반결사의 자유에 대한 특별규정

종교적 집회 · 결사의 자유는 일반적 집회 · 결사의 자유(헌법 제21조)에 대해서 특별규정에
해당한다. 따라서 일반적 집회 · 결사보다 종교적 집회 · 결사가 특별한 보호를 받는다. 예를
들어 종교적 집회에 대해서는 옥외집회 및 시위의 신고제 등이 적용되지 아니한다('집회 및 시
위에 관한 법률' 제15조). 그리고 종교단체에 대해서는 세제 등에서 특별한 혜택을 준다.

③ 종교공동체의 보호범위

종교공동체의 수적 규모와 사회적 영향력은 중요하지 아니하다. 종교의 자유는 큰 규모의
종교공동체이든 작은 규모의 종교공동체이든 상관없이 같이 보장된다. 따라서 소수종교나 신
흥종교도 종교의 자유를 원용할 수 있다.[465]

④ 종교단체 내부의 징계에 대한 사법심사 가능성

헌법 제27조 제1항은 "모든 국민은 헌법과 법률이 정한 법관에 의한 재판을 받을 권리를
가진다."라고 규정하고, 헌법 제101조 제1항은 "사법권은 법관으로 구성된 법원에 속한다."라
고 규정하며, 법원조직법 제2조 제1항은 "법원은 헌법에 특별한 규정이 있는 경우를 제외한
일체의 법률상의 쟁송을 심판"한다고 규정하여, 모든 국민의 법률상 쟁송 일체에 대한 국가

---

465) 서울가법 1988. 10. 10. 선고 87드6835 판결: "여호와의 증인이라는 특정한 성경해석론을 교리로 내세우는 종파
　　를 사이비종교라거나 그 종교단체 자체를 불법단체로 단정할 수 없는 이상 그 교리를 지킨다는 동기에서 나온
　　어떤 행위를 법질서에 위배되었다 하여 그 행위자에게 사법적 제재를 가할 수 있음은 별문제로 하고 어느 누구
　　도 위와 같은 교리를 믿고 이에 따른 종교활동을 하는 것을 그만두도록 강요할 수는 없다고 할 것이며, 한편 부
　　부는 가족이라는 혈연공동체를 이끌어가는 구심체로서 가정평화를 유지하기 위하여 서로 협조하여야 할 의무가
　　있는 것이므로 부부가 각기 다른 교리를 따르고 상이한 윤리적 관념을 가지는 탓으로 제례의 봉행, 존속에 대한
　　예우, 자녀의 교육 등 중요한 가사에 관하여 의견이 대립되는 경우에는 종교적 신념과 가정의 평화라는 두 개의
　　가치를 함께 유지하기 위하여 상호의 이해와 양보로 합리적인 기준을 찾도록 노력할 책무가 있다."

의 사법권 독점을 원칙으로 한다. 그러나 '부분사회 법리'를 근거로 교회 등 종교단체 내부의
분쟁(권징재판)이 사법권 밖에 있다는 주장이 있다.

(ⅰ) 부분사회 법리의 의의

부분사회 법리는 종교단체, 경향기업 등 일반 시민사회와 비교해서 다른 특수성이 있는
사회(부분)는 그 내부 법률관계에 관해서 자치권이나 자율권이 인정되므로 그 법률관계의 사
법심사가 인정될 수 없다는 이론이다. 이를 따르면 일반 시민법질서와 직접적인 관계가 있는
지를 기준으로 사법심사 가능 여부를 판단한다.

(ⅱ) 부분사회 법리 인정 여부

ⓐ 사법부에 일체의 법률적 쟁송을 재판하는 권한을 부여한 헌법규정 등(헌법 제101조 제1
항, 법원조직법 제2조 제1항)에 어긋나고, 나아가 국민의 재판을 받을 권리(헌법 제27조)를 침해할
여지가 있으며, ⓑ 부분사회라는 것은 공적 단체에서 사적 단체에 이르기까지 다양한 것이 있
는데, 실질적으로 전혀 다른 것을 형식적인 면에서 일반적·포괄적으로 파악하여 그 모든 것
을 사법심사에서 제외하려고 하는 것은 부당할 뿐 아니라, ⓒ 부분사회 법리에 따른 사법심사
부정은 단체 구성원의 권리구제를 봉쇄할 가능성이 있다. 따라서 부분사회 법리를 일반적으로
인정할 수 없고, 각 사안에서 사법권의 한계 문제로서 검토할 여지는 있다. 즉 각 단체의 성질
과 법적 분쟁의 특질을 개별적·구체적으로 살펴서 법령 적용을 통해서 종국적인 해결이 가능
한지(쟁송성)를 검토하여 사법심사 가능성을 판단하여야 할 것이다. 이때 단체의 자주성과 자
율성을 존중하면서 내부 규범의 성질, 제약 당하는 기본권의 종류·정도·상태·기본권 보장
필요성 등의 구체적 이익을 형량하여야 한다. 사법심사의 방법과 정도는 각 단체의 성격을 어
떻게 파악하는지에 따라 달라지므로 각 단체의 성격을 개별적·구체적으로 파악하여 결정하여
야 한다. 즉 사적 단체의 성격이 강조되면 엄격하게 절차심사에 국한되겠지만, 공적 특수기능
이 강조되면 절차심사 이외에 일정 범위의 실체심사까지 가능할 수 있다.[466]

(ⅲ) 종교단체 내부의 징계와 사법심사 가부

대법원은 "종교단체의 권징결의는 교인으로서 비위가 있는 자에게 종교적인 방법으로 징
계·제재하는 종교단체 내부의 규제에 지나지 아니하므로 이는 사법심사의 대상이 되지 아니
하고, 그 효력과 집행은 교회 내부의 자율에 맡겨져야" 한다고 한다.[467] 그리고 권징결의는

---

466) 이상 이영진, 「종교단체의 권징결의와 사법심사의 한계」, 『고시계』 제56권 제7호(통권 제521호), 도서출판 언
　　약, 2000. 7., 98~100쪽.
467) 대법원 1981. 9. 22. 선고 81다276 판결(집29-3, 87; 공1981, 14429): 대법원 1984. 7. 24. 선고 83다카2065 판
　　결(집32-3, 184; 공1984, 1433). 그러나 교리 해석에 미치지 아니하는 한 징계 당부를 판단하는 것은 가능하다
　　거나[대법원 1992. 5. 22. 선고 91다41026 판결(공1992, 1967)], 교회의 권징재판은 사법심사 대상 밖에 있으나
　　그 소속을 달리하는 목사나 교인에 대하여서까지 미치는 것은 아니라는[대법원 1985. 9. 10. 선고 84다카1262 판
　　결(집54-1, 91; 공2006상, 851)] 판례도 있다.

종교단체의 내부규제에 지나지 아니하므로 그 무효 확인을 구하거나 직무집행 금지 등의 가처분을 구하는 것은 법률상 쟁송사항이 아니라고 하였다.468) 그리고 종교단체의 권징결의는 헌법이 보장하는 종교의 자유 영역에 속하고 교인 개인의 특정한 권리·의무에 관계되는 법률관계를 규율하는 것이 아니므로 법원이 그 효력 유무를 판단할 수 없다고 하였다.469) 이러한 판례 태도에 대해서 고도의 종교적 성격이 있는 종파 변경에는 소수교인의 반대가 있다는 이유로 다수결원칙에 따른 다수파의 종파변경결의를 무효라고 선언하는 '개입'(사법심사)을 하면서 목사직이라는 생업을 박탈하는 권징결의는 종교단체의 내부적 규제에 지나지 아니하며 개인의 권리·의무에 관계되는 법률상 쟁송이라는 이유로 소 각하하는 것은 모순이라는 비판이 있다.470) 종교단체 내부의 징계가 종교단체 안에서 당사자의 신분에 중대한 변경을 가져오고, 당사자의 종교의 자유에 심각한 제약을 일으키며, 권징결의에도 최소한 절차의 정당성은 판단할 수 있다는 점에서 종교단체 내부의 징계를 사법심사 대상에서 무조건적으로 제외하는 것은 문제가 있다. 따라서 사법부가 종교교리 자체를 판단할 수는 없지만, 절차의 정당성과 사실관계 확인의 정확성은 심사할 수 있다. 그리고 때에 따라서 확인할 수 있는 일반적 교리에 명백히 어긋나는지나 교리 이외의 사유에 따른 징계 여부는 판단할 수 있다.

⑤ 종교단체의 순수한 경제적 활동

종교단체의 순수한 경제적 활동(예를 들어 기념품 판매행위)은 종교의 본질과 직결되는 것이 아니므로 종교의 자유로서 보호되지 아니하고 영업활동의 자유로서 보호된다.

⑥ 사이비종교단체·종교행위의 문제

(ⅰ) 헌법이 보호하는 종교행위

종교의 자유가 보장되어도 절대적 자유는 아니므로 성경, 불경 등의 경전을 독단적으로 해석하여 선량한 사회질서를 파괴하거나 혹세무민하여 실정법질서를 위반하는 것까지 보호할 수는 없다. 그러나 오늘날 다원화한 종교환경 속에서 어떠한 종교가 헌법이 보호하는 종교이고, 종교적 신념에 따른 행위 중에서 어느 것이 헌법이 보호하는 범위 안에 있는지 판단하는 것은 매우 어렵다. 그리고 그 판단을 적극적으로 하면 종교의 자유가 위축될 가능성이 크다는 점에서 어려움이 배가된다. 특히 역사적 종교투쟁 과정 없이 서양법 계수를 통해서 종교의 자유를 보장한 한국 헌법사에 비추어 이러한 판단은 더욱더 곤란하다. 헌법이 보호하는 종교인지는 관대하게 판단하면서 신앙과 종교적 행위를 구별하여 종교라는 특수성을 고려하면서 종교적 행위의 헌법적 허용 여부를 개별적·구체적으로 판단하여야 한다.

---

468) 대법원 1978. 12. 26. 선고 78다1118 판결(집26-3, 361; 공1979, 11647); 대법원 1995. 3. 24. 선고 94다47193 판결(공2007하, 1176).

469) 대법원 1992. 5. 22. 선고 91다41026 판결(공1992, 1967).

470) 김진현, 「교회재산분쟁에 있어서의 소의 이익」, 『민법학논총』(후암곽윤직화갑기념논문집), 박영사, 1985, 263쪽.

(ⅱ) 재물사취행위의 사기죄 성립 여부

성직자의 설교와 관련하여 성경이나 불경 등의 경전 해석은 종교나 종파마다 구구할 뿐
아니라 종교가 개인생활에 미치는 영향이 지대하다. 그리고 종교활동은 헌법상 종교의 자유
로서 보호된다. 따라서 종교적 행위를 통한 사기죄 성립 여부는 당사자 믿음의 진실성 정도,
피해자 측의 여러 사정, 그 행위가 사회에 미치는 영향 등의 제반사정을 고려한 적절한 이익
형량을 통해서 판단하여야 한다. 대법원은 믿음 깊이는 헌금액 다과에 따라서 판단된다고 설
교한 속칭 박장로 사건에서 사기죄 성립을 인정하였고,[471] 세칭 '승리제단' 교주가 신도들에
게서 헌금명목으로 금원을 교부받은 것에 대해서도 사기죄를 인정하였다.[472]

(ⅲ) 비과학적인 질병치료행위

종교적 행위는 다양한 형태로 표출될 수 있으므로 종교적 행위로서 나타나는 것들은 일단
종교의 자유로서 보호된다. 하지만 종교적 행위도 헌법질서에 반하지 않는 범위에서만 허용된
다. 따라서 종교적 행위가 헌법이 허용하지 않는 형태로 이루어지거나 헌법이 허용하지 않는 결
과를 발생시키면 그러한 종교적 행위는 헌법을 통해서 보호받지 못한다. 대법원은 안수기도를
빙자한 유형력 행사로 말미암아 피해자가 사망한 사건에서 폭행치사죄 성립을 인정하였다.[473]

4. 제한

종교의 자유는 내심 영역에 머물면 제한할 수 없는 절대적 자유이다. 그러나 종교의 자유
가 내심 영역을 벗어나 밖으로 표출되면 다른 법익과 충돌할 수 있으므로 제한이 불가피하
다. 따라서 내심 영역을 벗어난 종교의 자유는 헌법 제37조 제2항에 따라서 제한될 수 있다.
대법원도 종교의 자유는 인간의 정신세계에 기초를 둔 것으로서 인간의 내적 자유인 신앙의
자유를 뜻하는 한도 안에서는 밖으로 표현되지 아니한 양심의 자유와 같이 제한할 수 없지만
그것이 종교적 행위로 표출되면 대외적 행위의 자유이므로 질서유지를 위해서 당연히 제한을
받아야 하며 공공복리를 위해서는 법률로 이를 제한할 수 있다고 한다.[474] 예를 들어 인근
주민을 소음공해에서 보호하려고 야간의 교회종소리는 제한할 수 있다. 그리고 종교의식이라
는 명목 아래 하는 간음행위나 인간제물은 종교의 자유로 보장할 수 없다. 또한, 공무원이나
근로자에 대해서 업무시간 중의 종교적 행위가 업무를 명백히 방해하는 범위 안에서 금지하
는 것은 허용될 수 있다.[475]

---

471) 대법원 1959. 12. 4. 선고 4292형상625 판결.
472) 대법원 1995. 4. 28. 선고 95도250 판결(공1995상, 2013).
473) 대법원 1994. 8. 23. 선고 94도1484 판결(공1994하, 2569).
474) 대법원 1982. 7. 13. 선고 82도1219 판결(공1982, 772); 대법원 1995. 4. 28. 선고 95도250 판결(공1995상, 2013);
　　　대법원 1997. 6. 27. 선고 97도508 판결(공1997하, 2424).
475) 남녀평등을 기초로 한 혼인·가족제도(헌법 제36조 제1항)가 보장되는 현행법질서 안에서 아무리 종교의 자유

5. 국교 부인과 정교분리원칙

(1) 의의

① 개념

국교를 인정한다 함은 국가가 특정종교를 지정하여 특별히 보호하고 각종의 특권과 특혜를 부여하는 것을 말한다. 국가가 특정 종교를 국교로 지정하는 것은 헌법 제20조 제2항 국교 부인에 따라 금지된다. 헌법 제20조 제2항 정교분리원칙은 국가(정치)와 종교의 상호간섭을 금지하는 것을 말한다. 정교분리원칙은 국가의 종교에 대한 불간섭과 종교의 정치(국가)에 대한 불간섭을 내용으로 한다.

② 종교의 자유와 맺는 관계

헌법 제20조는 제1항에서 종교의 자유를 보장하면서 제2항에서 국교부인과 정교분리원칙을 규정한다. 따라서 국교 부인과 정교분리원칙이 종교의 자유에 당연히 포함되는 것인지가 문제 된다.

（ⅰ） 학설

ⓐ 자유권은 모두 이중적 성격이 있고, 정교 분리 없이 종교의 자유가 보장될 수 없으므로 종교의 자유에 정교의 분리는 당연히 포함된다는 견해,476) ⓑ 성질상 종교의 자유는 주관적 공권이고 국교 부인과 정교분리원칙은 제도적 보장을 뜻하므로 국교 부인과 정교분리원칙은 종교의 자유에서 파생된 원칙일 뿐이지 종교의 자유에 당연히 포함되는 것은 아니라는 견해,477) ⓒ 한국 헌법이 특히 강조하는 국가의 종교적 중립성원칙은 종교의 자유의 당연한 내용을 다시 한 번 강조한 것에 지나지 않는 것이 아니라 종교평등원칙을 명백히 밝히고, '정치의 종교화'와 '종교의 정치화'를 금지함으로써 종교의 자유가 수행하여야 하는 객관적 가치질서적 기능을 강조하는 데 헌법적 의미가 있다는 견해478)가 대립한다.

（ⅱ） 사견

국교 부인과 정교분리원칙이 종교의 자유에 당연히 포함된다는 것은 헌법 제20조 제2항의 독자적 의미를 간과한 해석이고, 제도적 보장이라든지 객관적 가치질서를 강조하는 나머지

가 보장되어도 일부다처제를 선전하는 종교를 허용하는 것은 헌법의 통일성을 지키기 위한 '체계정당성의 원리'에 어긋나서 그에 대한 규제가 불가피하다는 견해가 있다(허 영, 『한국헌법론(전정15판)』, 박영사, 2019, 453~454쪽). 이때 규제내용이 무엇인지 분명치 않으나 해당 종교 자체를 종교의 자유 보호범위 밖에 있다고 하기보다는 그 종교 내부에서 이루어지는 구체적인 의식이나 행위 등이 실정법을 통한 제한 대상이 될 수 있다.
476) 계희열, 『헌법학(중)(신정2판)』, 박영사, 2007, 359~360쪽; 이준일, 『헌법학강의(제7판)』, 홍문사, 2019, 523쪽.
477) 권영성, 『헌법학원론(개정판)』, 법문사, 2010, 493쪽; 김철수, 『학설·판례 헌법학(상)』, 박영사, 2008, 935쪽; 성낙인, 『헌법학(제19판)』, 법문사, 2019, 1127쪽.
478) 허 영, 『한국헌법론(전정15판)』, 박영사, 2019, 454~456쪽.

견해들도 기본권의 다원성을 인정하는 견지에서 보면 결국 종교의 자유에 대한 부연에 그치는 해석론에 불과하다. 헌법 제20조 제2항의 국교 부인과 정교분리원칙은 같은 조 제1항의 종교의 자유 내용을 확인하는 것에 그치는 것이 아니라 종교의 자유를 보장하되 국교를 인정하는 식의 제도화를 불가능하게 하는 규정으로 해석하여야 독자적 규정취지가 살아난다. 그리고 종교와 정치는 엄격하게 분리되어야 하고 그 예외는 엄격한 기준에 따라서 인정되어야 한다.

③ 제도보장으로서 국교 부인과 정교분리원칙

종교의 자유는 종교에 관한 개인의 자발성을 존중하는 데 주된 목적이 있고, 국교 부인과 정교분리원칙은 국가의 종교단체에 대한 중립성에 중점이 있다. 따라서 종교의 자유는 개인의 주관적 권리 보장에, 국교 부인과 정교분리원칙은 제도보장에 무게가 있다. 제도로서 국교 부인과 정교분리원칙은 객관적 법규범으로서 국가가 존중하여야 함은 물론 개인이나 법인, 그 밖의 단체도 여기에 구속되어 자신의 종교를 국교로 지정하여줄 것을 청구할 수도 없고 원칙적으로 종교인이나 종교단체의 지위에서 정치에 관여할 수도 없다.

(2) 내용
① 국가의 종교 간섭 금지(국가의 종교적 중립성 의무)

국가의 종교 간섭 금지는 국가와 종교가 아무런 관계도 있어서는 안 된다는 것이다. 즉 국가는 종교에 대해서 중립을 지켜야 한다는 것이다. 따라서 국가는 특정 종교와 국가를 일체화하는 여하한 행위도 할 수 없다. 즉 (i) 국교 지정 금지, (ii) 국가의 종교교육과 종교활동 금지, (iii) 공무원 임용·재직 조건으로 종교의 가입·탈퇴, 그 밖의 종교적 행동 요구 금지, (iv) 공무원 임용 시 종교적 의식에 따른 선서 요구 금지, (v) 종교 사이 차별취급 금지, 예를 들어 종교단체에 대한 차별적 지원 금지 등을 뜻한다. 특히 교육기본법 제6조 제2항은 "국가와 지방자치단체가 설립한 학교에서는 특정한 종교를 위한 종교교육을 하여서는 아니 된다."라고 규정하여 국가의 종교교육 금지를 명시한다.

(i) 국교지정 금지

국가가 특정 종교를 우대하거나 차별하는 것은 금지된다. 종교법인에게 일정한 면세조치가 취해지는 것은 국내공익법인, 그 밖의 법인에 대한 면세조치의 하나로 허용되는 것이지 특별한 우대조치가 아니다. 그리고 문화재 보호를 위해서 사찰에 국고를 지출하는 것(문화재보호법 제51조 제1항)은 결과적으로 우대가 되지만, 이는 문화재 보호라는 별개의 이익 때문에 허용된다.

(ii) 국가의 종교교육·종교활동 금지

종교의 자유는 종교교육의 자유를 보호하지만, 국·공립학교에서는 특정한 종교교육을 하지 못한다(교육기본법 제6조 제2항). 그러나 종교학 강의와 같은 일반적 종교교육은 허용되며 사립학교의 종교교육은 허용된다.[479) 국가나 지방자치단체는 적극적으로 종교적 행사를 하거나 그 소속 공무원에 대해서 종교활동을 강제할 수 없다. 국가나 지방자치단체가 하는 모든 행사는 특정 종교의 의식에 따라서 이루어질 수 없다.

(ⅲ) 공무원 임용·재직 조건으로 종교가입·탈퇴, 그 밖의 종교적 행동 요구 금지

공무원의 임용요건이나 재직요건으로 특정종교에 가입하거나 탈퇴할 것이나 그 밖의 종교적 행동을 요구하는 것은 금지된다. 특히 공무원임용시험에서 특정종교에 관한 것을 시험과목으로 하거나 시험문제로 출제할 수 없다.

(ⅳ) 공무원 임용 시 종교적 의식에 따른 선서 요구 금지

국가는 종교에 대해서 중립성을 지켜야 하므로 공무원 임용 시에 특정한 종교적 의식에 따른 선서 요구를 할 수 없다. 특히 한국 헌법은 국교를 절대적으로 부정하므로 국가의식에서 특정 종교의식에 따른 선서를 요구하는 것은 허용되지 않는다. 다만, 특정 종교의식에 따른 선서가 역사적 관습으로 굳어져 더는 특정종교 의식으로 인식되지 않는 때만 그러한 선서가 헌법상 허용될 여지가 있다.

(ⅴ) 종교 사이 차별취급 금지

국가는 종교에 대해서 중립성을 지켜야 하므로 특정종교를 우대하거나 불이익을 가하는 것은 허용되지 않는다. 특히 종교를 이유로 한 차별은 헌법 제11조 제1항이 종교를 차별금지사유로 명시하고, 헌법 제20조 제2항이 정교분리원칙을 규정한 점에 비추어 엄격한 심사기준에 따라서 정당성이 인정되는 때만 인정된다. 예를 들어 수형자의 교화 명목 아래 교도소 안에 특정종교의 종교시설만을 설치하는 것은 특정종교를 위한 국유지 제공을 뜻하므로 위헌 소지가 있다. 성탄절과 석가탄신일은 일반명절이나 세시풍속처럼 생활에 뿌리내려서 이미 종교적 색채를 상실함으로써 일반인이 특별히 종교적 의미가 있는 날로 받아들이지는 않는 것으로 보인다. 따라서 이러한 날들을 공휴일로 지정하여 결과적으로 특정 종교인들에게 종교적 행위에 대한 편의를 제공한 셈이 되더라도 특정한 종교에 국가적 차원에서 특혜를 준다고 보기 어렵다. 반대로 이러한 날들을 공휴일에서 배제하더라도 특정 종교에 불이익을 주는 것으로 이해하여서도 안 된다.

(ⅵ) 종교단체 서로 간에 (동등한) 특별한 보호

종교단체 서로 간에 상응하는 처지에 있는 모든 종교단체에 대해서 동등하게 특별한 보호를 하는 것은 종교가 없는 사람과 비교하여 종교인을 무종교인보다 합리적 근거 없이 우대하

---

479) 대법원도 사립학교는 국·공립학교와는 달리 종교의 자유 내용으로서 종교교육이나 종교선전을 할 수 있다고 하였다[대법원 1998. 11. 10. 선고 96다37268 판결(공1998하, 2830)].

는 것이다. 그리고 다른 단체와 비교하여 종교단체에게 합리적 근거 없는 특혜를 부여하는
것이 된다. 따라서 이는 평등권을 침해하여 헌법상 허용되지 않는다.

② 종교의 국가(정치) 간섭 금지

국가가 종교에 간섭하지 못하는 것처럼 종교도 정치(국가)에 간섭하지 못한다. 종교는 국
가정치를 지배하려고 시도하여서는 안 된다. 특정종교 교리를 국가정치에 반영할 목적으로
종교단체 소속 아래 정당을 창설하거나 국가유사적 조직을 구성하여서는 안 된다. 즉 과거
국교제도나 제정일치제처럼 종교가 정치에 간섭하고 관여하는 것은 종교단체가 단체의 존립
목적과는 달리 모든 정치적 문제에 관여하는 것도 금지된다. 따라서 종교의식에서 정치활동
은 제한된다.[480] 그러나 종교는 선교를 통해서 세속을 교화하는 활동을 하는 것이므로 교리
에 입각하여 국가정치를 비판하는 수준의 일반적인 활동은 정치에 대한 간섭으로 볼 수 없
다. 즉 종교단체가 모든 이익단체나 사회단체와 마찬가지로 정치의사 형성과정에 참여하는
것 자체가 금지되는 것은 아니다. 그리고 종교단체는 종교적 이해관계에 관련되는 문제나 국
민적 관심사에 관해서 정치의사 형성과정에 참여할 수 있다. 이러한 활동은 오늘날의 민주국
가에서 오히려 요청되는데 이는 정치적 자유권을 통해서 보장된다. 그리고 종교인이 개인적
차원에서 정치활동을 하는 것은 두말할 나위도 없이 허용된다.

Ⅲ. 학문의 자유

1. 의의

(1) 개념

학문의 자유는 진리를 탐구하고 그를 통해서 진리로 파악된 것을 주장할 수 있는 자유이다.

(2) 연혁

한국 헌법은 1948년 헌법 제14조 제1항에서 학문의 자유를 규정한 이후 현행 헌법 제22
조 제1항까지 계속하여 학문의 자유를 규정한다. 헌법 제22조 제1항은 "모든 국민은 학문과
예술의 자유를 가진다."라고 규정하여 '학문'을 헌법이 보호하여야 할 법익으로, 그러한 법익
을 실현하는 학문(활동)을 헌법이 보장하는 기본권으로 보장한다.

---

480) 대법원 1973. 5. 22. 선고 73도525 판결: "성인이나 명현의 진리에 관한 어록이나 명언이라 할지라도 그것을 인
용하는 시기와 장소, 그 방법에 따라서는 법에 저촉될 수 있는 것이므로 무제한 면책된다고 할 수는 없다. 이
사건의 경우 계엄하에 정치활동을 목적하는 옥내외의 집회가 금지된 시기에 종교행사인 직원들의 기독교예배집
회에서 피고인이 … 인간의 기본적 자유, 권력 및 법에 관한 연설을 하였음은 당시 공고 중에 있던 개헌안에 대
한 불만 및 반대의사를 은연중 표현하는 정치활동으로 못 볼 바 아니며, 피고인이 그 예배를 사회인도하는 집회
에서 이와 같은 행위를 하였음은 정치활동을 목적으로 하는 집회를 하였다 할 것이다."

2. 주체

(1) 자연인

학문연구활동은 인간의 정신적 활동으로서 '누구든지' 할 수 있다. 따라서 그러한 활동을 보호하는 학문의 자유는 1차적으로 자유권의 성격이 있는 인간의 권리에 해당되어 국적, 신분 등과 상관없이 학문적으로 활동하거나 하려는 사람이면 누구나 누릴 수 있다. 역사적으로 학문연구를 목적으로 설립된 것이 대학교이고, 거기서 연구활동에 종사하는 사람이 교수이므로 대학교수를 중심으로 학문의 자유 주체 문제를 다루는 것이 보통이다. 따라서 대학교수를 비롯하여 조교, 대학생이 학문의 자유의 주된 주체가 되고 대학의 비학술적 종사자들은 배제된다. 하지만 어떤 활동이든 학문연구의 실질을 갖추면 학문연구활동으로 인정하여야 한다. 그러므로 이러한 활동을 하는 사람은 그 지위와 관계없이 (교수, 조교, 학생은 물론 연구소나 연구재단, 회사의 연구원, 국가기관에 소속된 연구자, 개인연구자 등도 포함하여) 누구나 학문연구활동의 주체가 될 수 있다.

(2) 법인, 그 밖의 단체

개인(자연인)만이 아니라 학문연구활동을 하는 인적 단체, 나아가 대학교와 같은 연구기관에도 학문의 자유가 인정된다. 이들에 대해서 사법상 권리능력(법인격)이 요구되지도 아니한다. 학술연구기관이면 대학교이든, 산업체부설 연구기관이든 묻지 아니한다. 다만, 정부 산하 연구기관이나 특히 국·공립대학교는 문제가 될 수 있다. 그러나 그 조직이 국가에서 독립하고 주된 활동이 학문적 연구를 지향하는 한도 안에서 학문의 자유를 누린다. 따라서 일부 대학교를 제외하고는 국립대학교 자체는 공법상 영조물이지만 학문의 자유의 기본권 주체성이 인정된다. 헌법재판소도 "국립대학인 서울대학교는 다른 국가기관 내지 행정기관과는 달리 공권력의 행사자의 지위와 함께 기본권의 주체라는 점도 중요하게 다루어져야 한다."라고 하여 같은 견해이다.481) 여기서 개인연구자가 독립하여 학문연구활동을 하는 (오히려 예외적인) 때를 제외하면, 그가 소속한 대학교나 그 밖의 연구기관과 국가의 사이에 3각관계가 성립한다. 개인연구자와 연구기관은 국가에 대해서 학문연구활동에 대한 침해를 하지 말 것을 요구할 방어권이 있다. 그런데 연구기관은 다시 개인연구자의 연구를 침해할 수 있으므로, 개인연구자는 연구기관에 대해서도 학문의 자유를 주장할 수 있다. 국립대학교가 전형적인데, 국가에 대해서는 학문의 자유를 주장하면서, 교내 교수들에 대해서는 학문의 자유를 제한하는 이중적인 모습으로 나타난다.482)

---

481) 헌재 1992. 10. 1. 92헌마68등, 판례집 4, 659, 670. 국립대학인 강원대학교의 기본권 주체성을 인정하는 것으로는 헌재 2015. 12. 23. 2014헌마1149, 판례집 27-2하, 710, 715-716.

482) 이상 김선택, 「생명공학시대에 있어서 학문연구의 자유」, 『헌법논총』 제12집, 헌법재판소, 2001, 251~252쪽.

(3) 일반교양을 전수하는 학교에서 하는 수업

일반교양을 전수하는 학교에서 하는 수업은 학문연구의 자유 보호영역 밖에 있다. 고학년을 대상으로 하고 학술적 특징이 강하여도 마찬가지이다. 이는 헌법 제31조 교육을 받을 권리가 특별규정으로 적용되어야 할 영역이다. 헌법재판소도 수업의 자유는 대학에서 교수의 자유와 같을 수 없다고 하면서 대학에서는 교수의 자유가 더욱 보장되어야 하지만, 초·중·고교에서 수업의 자유는 제약이 있을 수 있다고 한다.483)

3. 내용

(1) 학문의 개념

① 학문은 먼저 참된 인식, 즉 진리를 추구하는 정신적 활동이다. 진리를 탐구하고 그를 통해서 진리로 파악된 것을 주장하여 그에 관한 의사소통을 하는 것이 학문이다. 진리 탐구는 기존 인식을 꾸준히 다시 비판적으로 문제 삼는 것을 말한다. 여기서 진리는 '진리'라는 개념목록에 포섭될 수 있다면 그 내용을 가리지 않는다. 그러나 진리를 추구하는 모든 활동이 학문에 해당하지는 않는다. 예를 들어 경찰관이 사건의 실체적 진실을 규명하려고 벌이는 노력을 학문이라고 할 수는 없다. ② 학문은 일정한 수준에 기초하여야 한다. 이러한 수준은 일의적으로 확정하기 어렵다. 그렇지만 최소한 학문공동체별로는 어떠한 활동이 학문적 활동으로 인정받으려면 '전제되어야 하는 지식'이라든지 '적용하는 방법'이라든지에 관한 최소한의 수준을 객관적으로 합의할 수는 있다. 독일 판례484)에서 말하는 진지성485)과 계획성486)은 물론 체계성, 논리일관성, 통일성, 반복적 검증 가능성 등 학문이론상 주장되는 여러 기준이 고

---

483) 헌재 1992. 11. 12. 89헌마88, 판례집 4, 739, 756.

484) BVerfGE 35, 79 (113): "학문, 연구, 교수(분야)에서 활동하는 모든 사람은 [독일 기본법 제5조 제3항 제2문에 따른 충성의무를 유보한다면('학문적 활동을 빌미로 헌법의 핵심을 공격하는 것은 허용되지 아니한다는 의미에서 헌법에 대한 충성의무를 제외하면'이라는 뜻 - 필자 주)] 학문적 인식의 획득 및 전파과정에 대한 여하한 국가적 간섭에 대해서도 방어할 권리가 있다. 연구와 교수가 방해받지 아니하고 '아직 전부가 발견되지 아니하였고 절대 전부가 발견되지도 아니할 어떤 것'으로서 진리를 추구하는 노력에 지향할 수 있도록, 학문은 국가의 타율에서 자유로운 개개 연구자의 개인적 자율적 책임영역(에 속하는 것)으로 선언된다. 동시에 독일 기본법 제5조 제3항(학문의 자유 규정)은 학문에 관한 일정한 견해, 일정한 학문이론을 보호하려는 것이 아니다. 동 조항의 학문의 자유 보장은 내용상 형식상 진리탐구를 위한 진지하고 계획적인 시도로 볼 수 있는 모든 것에 미친다. 이것은 모든 학문적 인식이 원칙적으로 완결될 수 없다는 성격에서 바로 나온다. '학문'이라는 상위 개념은 연구와 교수의 밀접한 관련을 표현한다. 방법적으로, 체계적으로, 사후에 검증할 수 있는 방식으로 새로운 인식을 획득하려는 목표가 있는 정신적 활동으로서 연구는 언제나 새로운 문제 제기를 통해서 학문의 진보를 가져온다. 동시에 연구는 연구를 통해서 획득한 인식을 학문적으로 근거 지워 전달하는 것으로서 교수의 성격을 보장하기 위한 필수적인 전제이기도 하다. 다른 한편 교수 과정에서 일어나는 학문적 대화는 다시금 연구작업을 생산적인 것으로 만들어준다. 학문의 자유 역사에서 확인된 바이지만 연구의 자유는 특히 문제 제기, 방법상 여러 원칙들, 연구결과 평가와 연구결과 전파를 포함한다. 교수의 자유는 특히 교수할 내용, 방법상 기조, 학설(학문적 견해)을 발표할 권리를 포함한다."

485) 학문은 언제나 일정한 지식수준이 있을 것을 전제함을 가리킨다.

486) 방법적으로 정돈된 사고를 뜻한다.

려될 수 있다. 다만, 특정한 '학문 개념', 특정한 '학문이론'이 독점적으로 기준역할을 하여서 아니 된다. 이러한 점에 비추어 학문은 일정한 수준 이상에서 이루어지는 참된 인식, 즉 진리를 추구하는 활동이라고 정의할 수 있다. 이를 따르면 연구수행 방법에서 그 추상적 수준만이 일반적으로 문제 되고, 구체적으로 적용되는 연구방법은 따지지 않으며 연구대상에 제한도 없다. 연구활동에 진리 추구 이외에 다른 목적이 추가되더라도, 추가되는 목적이 아니라 진리 추구라는 학문목적에 유리한 해석을 하여야 한다.[487] 헌법재판소는 "학문의 자유에서 말하는 '학문'이란 일정한 지식수준을 기반으로 방법론적으로 정돈된 비판적인 성찰을 함으로써 진리를 탐구하는 활동을 말한다."[488]라고 한다. 대법원은 "학문의 연구는 기존의 사상 및 가치에 대하여 의문을 제기하고 비판을 가함으로써 이를 개선하거나 새로운 것을 창출하려는 노력이므로 연구의 자료가 그 사회에서 현재 받아들여지고 있는 기존의 사상 및 가치체계와 상반되거나 저촉되는 것이라고 하여도 용인되어야 할 것이"[489]라고 한다.

(2) 보호범위
① 연구할 자유(연구의 자유)

연구자는 연구대상(영역) 결정, 연구주제 선정, 문제 제기나 가설 정립, 적용방법, 연구과정 등을 자유롭게 결정할 수 있다. 따라서 연구와 관련한 모든 과정에 대한 국가의 개입과 간섭, 영향은 허용되지 않는다. 연구는 방법론의 타당성이나 연구결과의 진리 부합성과 상관없이 보호된다. 따라서 소수견해라고 해서 보호받지 못하는 것이 아니고, 잘못되거나 문제가 있는 학문적 시도로 드러나도 연구할 자유로 보호된다.

② 연구결과를 발표할 자유(연구결과발표의 자유)

연구를 통해서 얻은 결과는 교수 이외의 방법으로 외부에 자유롭게 발표할 수 있다. 연구결과가 발표되어야 학문으로서 보호되는 것은 아니라서 연구결과를 발표하지 않을 자유도 보호된다. 따라서 발표를 목적으로 하지 않은 연구나 발표하지 않은 연구결과도 학문의 자유로서 보호된다. 저서 출판, 논문 발표, 학술강연, 학술대회에서 하는 발표와 토론을 비롯한 자기책임 아래 발표하는 모든 형태가 연구결과를 발표할 자유로서 보호된다. 대학 강의실에서 발표하는 것은 가르칠 자유로 보호된다. 연구결과를 발표할 자유는 언론·출판의 자유보다 더 강하게 보장된다. 그러나 진리와 가치를 탐구하려고 실험을 하고 그 결과를 발표하는 것이 학문의 자유에 속하더라도 그 실험결과가 잘못되었는데도 이를 사회에 알려서 선의의 제3자를 해치면 학문의 자유 보호영역을 벗어난다.[490]

---

487) 이상 김선택, 「생명공학시대에 있어서 학문연구의 자유」, 『헌법논총』 제12집, 헌법재판소, 2001, 243~247쪽.
488) 헌재 2003. 9. 25. 2001헌마814등, 판례집 15-2상, 443, 451.
489) 대법원 1982. 5. 25. 선고 82도716 판결(공1982, 627).
490) 대법원 1967. 12. 26. 선고 67다591 판결.

③ 가르칠 자유(교수의 자유, 강학의 자유)

연구자는 자신의 학문적 인식을 방해 없이 자유로이 전수할 수 있다. 교수의 대상, 형식, 내용, 방법, 시간, 장소에 관해서 자유롭게 결정할 수 있다. 구두로 강의하는 것은 물론 개개 학생에 대한 교수, 대학 안팎에서 교과서나 강의안을 통한 교수, 출판물이나 방송 혹은 인터넷을 통한 강의도 교수에 속한다. 교수는 연구결과를 전달하는 행위이면서 그 자체가 하나의 연구가 된다. 교수 자체가 수강자와 함께 진리를 탐구하는 학술활동이기 때문이다. 따라서 가르칠 자유는 연구할 자유의 연장선상에 있다. 이러한 점에서 가르칠 자유는 지식 전달에 중점을 두는 교육의 권리와 다르다. 가르칠 자유는 연구할 자유와 밀접한 관련이 있어서 자신의 연구를 토대로 이루어지는 교수만 가르칠 자유로서 보호된다. 가르칠 자유를 누리는 사람은 그의 강의시간 동안 그가 교수하는 장소에 대한 가택권이 있고, 그러한 가르칠 자유는 공권력이나 (강좌를 방해할 목적으로 들어온) 제3자는 물론 수강자나 청강자에 대해서도 보호된다. 방해자에 대한 경찰 투입은 그때그때의 사정을 고려하여 대학의 장에게 유보되어야 한다. 궁극적으로 국가는 교수가 방해받지 아니하도록 경찰력과 형법상 수단을 사용할 수 있다.

④ 학문적 집회 · 결사의 자유

학문연구나 발표를 위해서 모이거나 단체를 형성할 수 있다. 이러한 학문적 집회 · 결사의 자유는 일반적 집회 · 결사의 자유보다 강하게 보장된다. 따라서 학문에 관한 집회에는 신고제와 장소 제한이 적용되지 않는다('집회 및 시위에 관한 법률' 제15조).

(3) 대학 자치
① 의의

대학 자치는 제도로서 대학이 '학문(기능)에 맞게' 조직되어야 한다는 요청이다. 이는 학문의 자유의 실효성을 확보하기 위한 수단으로서 대학운영에 관한 모든 사항의 자주적 결정권이 대학에 있음을 뜻한다. 즉 대학 자치는 대학 운영에 관한 모든 사항을 외부의 간섭과 개입 없이 자율적으로 결정하는 것을 말한다. 대학 자치 없이 자유로운 연구와 교수라는 대학 임무를 수행할 수 없고 학문의 자유가 실현될 수 없으므로 대학 자치는 그 제도 자체로서 보장된다. 이러한 점에서 학문연구소, 학술연구지원단체, 사설학술연구재단과 같은 대학 이외의 모든 학문적 기능을 하는 제도나 기관도 자치를 누린다. 헌법재판소는 대학의 자율성은 법률의 목적에 따라서 대학이 수행하여야 할 과제 범위 안에서만 인정된다고 하였다.491) 따라서 대학의 자율성은 그 보호영역이 원칙적으로 해당 대학 자체의 계속적 존립에까지 미치는 것은 아니라고 하였다.

---

491) 헌재 2001. 2. 22. 99헌마613, 판례집 13-1, 367, 379-380.

② 법적 성격

대학 자치는 학문의 자유의 중요한 내용으로서 연구와 교수의 자유를 보장하기 위한 전제이다. 대학 자치는 대학의 자율적인 결정권이 제도적으로 보장된다는 것을 뜻하는 것으로 '대학자치제'를 제도로서 보장하여 그 (제도의) 본질적 내용을 보장하는 것에 중점이 있다. 따라서 대학 자치는 제도보장으로서 보호된다. 하지만 학문의 중심인 대학과 그 구성원이 학문의 자유를 제대로 누리려면 대학과 그 구성원이 외부의 간섭과 개입에서 벗어나 독립적으로 활동할 수 있어야 한다. 따라서 대학과 그 구성원들이 외부의 간섭과 개입에 대해서 방어할 수 있어야 한다. 이러한 점에서 대학 자치는 단순한 제도보장에 그치는 것이 아니라 외부의 간섭에 대한 방어권으로서 주관적 권리 측면도 인정되어야 할 것이다. 헌법재판소는 대학의 자치권은 대학에 부여된 헌법상 기본권이라고 판시한 바 있다.[492]

③ 헌법적 근거(헌법 제22조 제1항과 제31조 제4항의 상호관련성)

대학 자치의 헌법적 근거와 관련하여 (ⅰ) 대학 자치는 헌법 제22조 제1항의 학문의 자유가 보장하며 헌법 제31조 제4항은 이를 재확인한 것에 불과하다는 견해,[493] (ⅱ) 대학의 자유는 헌법 제22조 제1항이 보장하지만 헌법 제31조 제4항도 대학자치의 보완규정이라는 견해,[494] (ⅲ) 헌법상 대학자치의 근거규정을 헌법 제31조 제4항에서 찾는 견해,[495] (ⅳ) 제22조 제1항을 전통적인 자유권적 기본권 보장으로, 헌법 제31조 제4항은 대학의 자율성을 확보하기 위해 필요한 국가적 지원과 급부를 보장하는 문화적 기본권(적극적인 급부요청권)으로 이해하는 견해,[496] (ⅴ) 대학 자치는 1차적으로는 헌법 제21조 제2항 학문의 자유에서 제도보장으로 간주되나, 헌법 제31조 제4항이 2차적 근거라는 견해[497]가 있다. 헌법재판소는 헌법 제31조 제4항을 대학 자치의 근거조항으로 본다.[498]

(ⅰ) 헌법 제31조 제4항을 대학 자치의 근거규정으로 보면서 동시에 대학자치제의 창설규정으로 보면 헌법 제22조 제1항은 대학 자치와 전혀 무관한 조항이 되어 버린다. 즉 헌법 제22조 제1항이 보장하는 학문의 자유 내용 중에서 대학 자치에 관한 내용은 분리되어 헌법 제

---

492) 헌재 1992. 10. 1. 92헌마68등, 판례집 4, 659, 690.

493) 계희열, 『헌법학(중)(신정2판)』, 박영사, 2007, 371쪽; 권영성, 『헌법학원론(개정판)』, 법문사, 2010, 273~274쪽; 김학성, 『헌법학원론(전정3판)』, 피앤씨미디어, 2019, 666쪽; 이준일, 『헌법학강의(제7판)』, 홍문사, 2019, 534쪽; 한수웅, 『헌법학(제9판)』, 법문사, 2019, 838쪽. 대학의 자율성 보장을 헌법 제22조가 아니라 제31조에서 규정하지만, 대학 자치와 학문의 자유는 불가분의 기능적 연관성이 있어서 대학 자치의 헌법적 근거는 헌법 제22조와 제31조 제4항이라는 견해로는 김하열, 『헌법강의』, 박영사, 2018, 512쪽.

494) 허 영, 『한국헌법론(전정15판)』, 박영사, 2019, 463~464쪽.

495) 김철수, 『학설·판례 헌법학(상)』, 박영사, 2008, 946쪽; 홍성방, 『헌법학(중)(제2판)』, 박영사, 2015, 237쪽.

496) 장영수, 「학문의 자유의 현대적 의의와 보호범위」, 『현대공법과 개인의 권익보호』(균제 양승두교수 화갑기념논문집[Ⅰ]), 1994, 764~765쪽; 같은 사람, 『헌법학(제11판)』, 홍문사, 2019, 723쪽.

497) 이부하, 『헌법학(상)』, 법영사, 2019, 353쪽.

498) 헌재 1992. 10. 1. 92헌마68등, 판례집 4, 659, 690; 헌재 1998. 7. 16. 96헌바33등, 판례집 10-2, 116, 144 참조.

31조 제4항이 규율한다. 한편 (ⅱ) 제31조 제4항을 대학자치제의 근거규정으로 인정하지만 대학자치제의 창설규정으로 보지 않으면 헌법 제22조 제1항이 대학자치제 보장을 내용으로 하는 창설규정이지만 헌법 제31조 제4항이 대학자치의 특별(법)규정이므로 먼저 적용된다. 이 때도 대학 자치에 관한 내용은 헌법 제22조 제1항에서 분리되어 헌법 제31조 제4항이 규율한다. (ⅲ) 헌법 제22조 제1항을 대학 자치의 근거규정으로 보면 헌법 제31조 제4항은 단순한 주의적 규정에 불과하므로 대학 자치도 제22조 제1항이 보장한다고 파악할 가능성이 있다. 한편 (ⅳ) 헌법 제22조 제1항을 대학 자치의 근거규정으로 보더라도 헌법 제31조 제4항이 단순한 주의적 규정에 불과한 것은 아니고 보완규정으로 이해할 가능성도 있다. 그러나 어떤 측면을 어떻게 보완할 수 있는지는 명확하지 않다.

학문의 자유를 실현하려면 학문연구기관, 특히 대학의 독립성과 자율성이 절대적으로 필요하다. 따라서 대학자치제는 학문연구와 학술활동을 실효성 있게 뒷받침해 주기 위한 불가결한 제도이다. 즉 대학 자치는 헌법 제31조 제4항에 따라서 비로소 창설되는 제도가 아니라 (학문의 자유의 헌법적 규정이 연혁적으로 대학의 자유에서 유래한다는 사실에서도 알 수 있듯이 헌법 제31조 제4항이 없더라도) 학문의 자유를 보장한 제22조 제1항에 근거하여 대학의 학문활동을 실효적으로 보장하려는 수단으로서 학문의 자유 속에 내포되어 당연히 인정되고, 헌법 제31조 제4항은 이를 재확인한 것에 불과하다. 그러나 헌법 제31조 제4항에 대학의 자율성에 관한 명문 규정이 있는데도 이를 무시하기는 어렵다. 헌법 제31조 제4항 대학의 자율성이 1987년 헌법에서 교육을 받을 권리의 내용으로 헌법전에 규정된 것[499]으로 보아 사회권적 측면에서 헌법 제22조 제1항 학문의 자유에 대한 특별규정으로 볼 수 있다. 즉 방어권이 중심이 되는 자유권적 측면의 대학 자치는 헌법 제22조 제1항 학문의 자유로서 보장되지만, 급부청구권이 주가 되는 사회권적 측면의 대학 자치는 헌법 제31조 제4항이 보장한다.

④ 주체

대학 자치는 연구와 교수라는 대학 기능을 수행하는 데 필요한 사항을 자주적으로 결정한다는 것이므로 먼저 교수가 주체가 된다. 그러나 학생이 단지 대학이 제공하는 역무의 이용자나 소비자에 불과한 것은 아니다. 학생은 연구에 참여할 수 있을 뿐 아니라 학생 참여 없는 교수의 연구는 있을 수 없고 학생은 성장도상에 있는 학자라는 점에서 학생도 '학문성'이라는 테두리 안에서 대학 자치 주체가 될 수 있다.[500] 이때 학생은 학생회활동과 그 밖의 자치활

---

499) 헌법 개정회차별 회의록: 제9차개정 – 제12대 – 제136회(헌법개정특별위원회) – 제8차 (1987년 09월 17일).
500) 같은 견해: 계희열, 『헌법학(중)(신정2판)』, 박영사, 2007, 374쪽; 구병삭, 『신헌법원론(제3전정판)』, 박영사, 1996, 470쪽; 권영성, 『헌법학원론(개정판)』, 법문사, 2010, 274쪽; 김철수, 『학설·판례 헌법학(상)』, 박영사, 2008, 948쪽; 장영수, 『헌법학(제11판)』, 홍문사, 2019, 722; 허 영, 『한국헌법론(전정15판)』, 박영사, 2019, 465~466쪽; 홍성방, 『헌법학(중)(제2판)』, 박영사, 2015, 238쪽. 대학생의 대학자치 참여정도에 대한 검토는 전광석, 「대학생의 헌법적 지위」, 『현대공법과 개인의 권익보호』(균제 양승두교 수화갑기념논문집[Ⅰ]), 홍문사, 1994, 786~792쪽 참조.

동 범위 안에서 대학 자치 주체로서 인정될 수 있다. 특히 학생 자치는 대학 자치의 중심인 교수회 자치를 침해하지 않는 범위에서 인정된다.

⑤ 내용

(ⅰ) 대학인사에 관한 자주적 결정권

대학은 교수의 임용과 보직 등을 교수회에서 자주적으로 결정한다.501) 교수의 자격이나 능력은 대학 스스로 평가하여 임용과 보직 등을 결정하는 것이지 공권력이나 재단이사회 등의 외부 간섭을 받지 않는다.

(ⅱ) 대학의 학사관리에 관한 자주적 결정권

대학은 학생 선발(전형),502) 성적 평가,503) 학점 인정, 학위 수여, 학생의 포상·징계 등의 학사관리를 자주적으로 결정한다.

(ⅲ) 대학의 시설관리에 관한 자주적 결정권

대학은 학문활동을 위한 시설과 그것의 관리 등을 자주적으로 결정한다.

(ⅳ) 대학의 재정에 관한 자주적 결정권

대학은 재정 배정 등을 자주적으로 결정한다.

(ⅴ) 대학의 질서에 관한 자주적 결정권: 가택권·질서유지권·징계권

대학 안 질서유지에 관한 책임과 권한은 원칙적으로 대학에 있다. 즉 대학은 가택권과 질서유지권, 징계권이 있고, 이로써 학내에서 발생하는 모든 사태에 대처하여야 한다. 그러나 폭력시위와 같은 대학의 대처능력을 넘어서는 사태가 발생하면 경찰권 개입이 불가피하다. '집회 및 시위에 관한 법률' 제19조를 따르면 대학의 장이 요청하지 않아도 경찰권이 개입할 수 있는 것처럼 보인다. 그러나 이때도 대학 자체의 능력한계를 벗어난 때임을 대학 스스로

---

501) 현행 법제 아래에서 교육공무원 임용은 그 자격·재교육성적 그 밖의 능력 실증에 따라서 함을 원칙으로 하고 (교육공무원법 제10조), 임용절차는 교육공무원법 제4장이 규정한다. 대법원은 "국공립대학교원에 대한 임용권자가 임용지원자를 대학교원으로 임용할 것인가 여부는 임용권자의 판단에 따른 재량에 맡겨져 있는 것이고, 임용권자가 임용지원자의 임용 요구에 기속을 받아 그를 임용하여야 할 의무는 없으며 임용지원자로서도 자신의 임용을 요구할 법규상 또는 조리상의 권리가 있다고 할 수 없다."라고 한다(대법원 1998. 7. 28. 선고 98두8094 판결).

502) 대법원은 대학은 관계법령과 학칙의 범위 안에서는 입학지원자가 모집정원에 미달한 때라도 입학사정기준에 미달되는 사람에 대해서는 입학을 거부할 수 있다고 하였다[대법원 1982. 7. 27. 선고 81누398 판결(집30-2, 251; 공1982, 830); 대법원 1983. 6. 28. 선고 83누193 판결(공1983, 1145)도 참조]. 그리고 "해외근무자들의 자녀를 대상으로 한 교육법시행령 제71조의2 제4항 소정의 특별전형에서 외교관공무원의 자녀에 대하여만 획일적으로 과목별 실제 취득점수에 20%의 가산점을 부여하여 합격사정을 함으로써, 실제 취득점수에 의하면 충분히 합격할 수 있는 원고들에 대하여 불합격처분을 하였다면 위법하다."라고 하였다[대법원 1990. 8. 28. 선고 89누8255 판결(집38-2, 509; 공1990, 2031)].

503) 대법원은 "채점기준은 답안채점위원의 전문적 지식과 학문적 양식에 따른 자유재량에 속하는 것"이라고 하였다 (대법원 1979. 6. 12. 선고 79누13 판결).

판단하여 대학의 장이 요청할 때만 경찰권이 개입할 수 있다. 다만, 중대한 범죄로 인정되는 행위의 계획과 실행을 할 우려가 명백하고, 대학이 이에 대처할 수 없어서 이에 대처하여야 할 중대한 사유가 있으며, 대학의 장 요청을 기다릴 시간적 여유가 없는 긴급한 때는 예외적으로 대학의 장이 요청하지 않아도 경찰권이 개입할 수 있다. 경찰권이 개입할 때도 경찰권 행사는 대학 임무인 학문활동을 침해하거나 간섭하는 것이어서는 아니 되고, 이를 보호하는 것에 그쳐야 한다.

(ⅵ) 대학교원의 신분보장 - 헌법 제31조 제6항(교원지위법정주의)

교수는 국가공무원이나 피용자로서 국가나 학교법인과 고용관계에 있으므로 학문의 자유를 위협받을 수 있다. 따라서 학문의 자유를 보장하려면 교수에게 법관과 같은 정도의 신분보장과 독립성이 요구된다. 헌법 제31조 제6항의 교원지위법정주의에 따른 입법은 이러한 요구를 실현시킬 수 있도록 이루어져야 한다. 법률에 따른 대학교원의 신분보장을 살펴보면, 교권존중, 교원의 불체포특권이 인정되고(교육공무원법 제48조, 사립학교법 제60조: 교원은 현행범인인 때를 제외하고는 소속 학교의 장 동의 없이 학원 안에서 체포되지 아니한다), '교원의 지위 향상 및 교육활동 보호를 위한 특별법'에서는 보수에서 우대를 규정하고, 징계처분과 그 밖의 불리한 처분을 받을 때는 국·공·사립 불문하고 교원은 교육부에 설치된 교원징계재심위원회에 재심을 청구할 수 있도록 하며, 중앙과 시도에 교원지위향상심의위원회를 설치하도록 규정한다.

4. 제한

(1) 연구의 자유는 절대적 자유인가?

국내 학설은 학문의 자유로 보호되는 활동영역을 연구의 자유와 교수의 자유, 연구결과발표의 자유, 학문적 집회 결사의 자유를 구분하고, 그 중 연구의 자유에 관해서는 이른바 '절대적' 자유로서 어떠한 이유로도 (법률로는) 제한할 수 없다고 주장한다.[504] 그리고 법률적 제한은 부인하면서 다만 내재적 한계를 헌법의 통일성 관점에서 인정하여야 할 것으로 보는 견해가 있다.[505] 헌법재판소는 진리탐구의 자유를 신앙의 자유나 양심의 자유처럼 절대적 자유로 본다.[506]

---

504) 계희열, 『헌법학(중)(신정2판)』, 박영사, 2007, 375쪽; 권영성, 『헌법학원론(개정판)』, 법문사, 2010, 548쪽; 성낙인, 『헌법학(제19판)』, 법문사, 2019, 1139쪽. "연구의 자유는 내면적인 자유이므로 절대적 자유권에 속한다."라고 하면서도 "학문의 자유는 학문연구면에서는 거의 제한을 받지 않으나, 유전공학이나 핵개발과 같은 경우에는 그 결과의 중대성 때문에 법률에 의한 제한이 가능하다."라고 하여 결과위험을 논거로 예외적 제한 가능성을 인정하는 (결국 현실에 적합하기 위하여 논리적 모순을 피하지 못한) 견해로는 김철수, 『학설·판례 헌법학(상)』, 박영사, 2008, 950~951쪽.

505) 계희열, 『헌법학(중)(신정2판)』, 박영사, 2007, 366~367쪽; 허 영, 『한국헌법론(전정15판)』, 박영사, 2019, 466~467쪽.

506) 헌재 1992. 11. 12. 89헌마88, 판례집 4, 739, 756.

먼저 문제가 되는 것이 과연 '절대적' 자유, '절대적' 기본권이라는 개념 자체가 가능한지이다. 일부 학자들이 보는 것처럼 독일 기본법이 정말 연구의 자유를 '절대적' 기본권으로보장한 것인가?507)(다수 국민 사이의 이해 갈등, 국민의 사익과 국가의 공익의 갈등을 해결하기 위한임무를 지는) 국가법질서를 전제로 하는 '기본권'이라는 개념에 '절대적'이라는 수식어는 논리상 처음부터 불가능하고, '자유'의 '절대성'이란 로빈슨 크루소가 무인도에서나 주장할 수 있지 공동체생활을 하는 사람으로서는 생각할 수 없는 것임이 자명하다. 그리고 독일 기본법상 개별적 법률유보가 붙어있지 아니한 기본권에 대해서 한때 절대적 기본권이라는 용어를잘못 사용한 적은 있었으나, 그런 잘못된 용례를 이제는 찾아보기 어렵다. 따라서 '절대적자유'니 '절대적 기본권'이라는 개념은 법학에서 성립할 수 없으므로, 더는 사용하지 말아야한다.508)

(2) 헌법 제37조 제2항에 따른 제한

헌법의 기본권제한체계 아래에서는 학문연구의 자유도 당연히 법률적 제한 대상이 될 수있고, 법률적 제한을 구체적으로 시도하는 입법에 대해서 헌법 제37조 제2항의 요건(이나 한계)들을 충족하는지를 심사하여 그 중 하나의 요건이라도 위반하면 기본권을 침해하여 헌법을 어긋난 법률로 판단하여야 한다. 특히 학문연구의 자유가 (법률적) 제한에 부적합하다는특성은 일반적 요건 심사를 더 엄격하게 만들어 강도 높은 심사를 요구한다. 그런데 문제는명시된 목적 요건이 국가적·사회적 법익과 같은 공익에 국한된다는 점이다. 만약에 어떤 기본권 행사가 그러한 공익과는 저촉하지 않으면서 다른 개인의 중요한 법익을 침해하거나 그러한 공익에 포섭하기가 어려운 다른 공익(물론 목적 요건의 포괄성으로 말미암아 이런 경우는 드물 것이지만)과 저촉하면 어떻게 하여야 할 것인지가 문제이다. 일반적 (기본권제한)법률유보를두었지만, 단순하게 '모든 기본권은 법률로 제한할 수 있다'라는 식으로 단순법률유보로 규정하지 아니하고, '이러저러한 요건을 충족할 때만 제한할 수 있다'라는 식으로 가중법률유보로규정함으로써 발생하는 문제이다. (가중)요건을 백지식으로 하지 아니하는 한 피할 수 없는문제이다. 이러한 문제는 결국 기본권 충돌 법리를 통해서 해결할 수밖에 없다.509)

(3) 학문의 자유의 본질적 내용

학문의 자유라는 상위 개념 아래 포섭되는 여러 가지 활동 중 연구(의 자유) 자체가 (학문의 자유의) 본질내용이라고 볼 수도 있다. 그러나 이는 연구가 학문활동 전반을 규정하는 요소라는 점을 고려하지 못한 것이고, 연구활동을 연구실, 실험실 안의 연구로 좁혀 보더라도 이

---

507) 허 영, 『헌법이론과 헌법(신8판)』, 박영사, 2017, 461~463쪽 참조, 특히 461쪽 주 388을 볼 것.
508) 이상 김선택, 「생명공학시대에 있어서 학문연구의 자유」, 『헌법논총』 제12집, 헌법재판소, 2001, 257쪽.
509) 이상 김선택, 「생명공학시대에 있어서 학문연구의 자유」, 『헌법논총』 제12집, 헌법재판소, 2001, 260~262쪽.

미 고도의 위험 발생과 이어지는 것을 부인할 수 없는 오늘날 자연과학의 특성상 그 자체를 본질내용으로 보아 일체의 제한에서 벗어나게 할 수는 없다. 순수 학문적인 기초연구와 그 연구결과를 응용한 연구 영역을 구분하여 전자를 본질내용이라고 볼 수도 있다. 그러나 과학 연구의 수행양태가 변화함에 따라 이러한 양자 구분이 더는 불가능하다. 학문의 자유의 본질적 내용은 학문이 인간의 정신적 활동으로서 진리 탐구에 지향된 것이라는 점을 고려하면, 내면 영역에서 진리를 추구하는 범위에서 인정될 수 있다. 예를 들어 연구주제나 연구대상을 선정하는 것, 그에 관한 기존 학설과 문헌을 정독하는 것, 그에 입각하여 가설을 세우는 것, 이에 대한 검증을 이론적으로 수행하는 것까지는 외부적인 위험을 일으키지 않으므로 절대적으로 보호되어야 한다. 이 정도의 학문활동까지 외부적 제한이 침투하면 학문의 자유는 멈춰서 버릴 것이기 때문이다. 여기서 한발 더 나아가 전문연구자 사이 전문분야에 관한 의사소통행위라든지 개인연구자의 실험행위 중 최소한의 부분까지 본질내용 범위가 확장될 수 있을 것인지는 신중한 검토가 필요하다. 이러한 범위가 본질내용으로는 보장되지 못하더라도 대개는 비례성원칙 심사에서 보장될 것이라서 큰 문제는 없다.[510]

(4) 학문의 자유와 현대과학기술

오늘날 과거에는 전혀 예상하지 못하였던 새로운 과학적 환경에 진입해 있다.[511] 이에 따라 원자력기술, 유전공학기술, 첨단의료기술, 임상시험, 동물실험 등의 새로운 분야에서 학문의 자유 제약 문제가 새롭게 제기된다. 인류는 '할 수 있는 것'과 '해도 되는 것' 사이에서 고민에 빠진다. 종래 과학자는 진리 추구에서 내적 전제(예를 들어 기성 가치기준)도 외부적 간섭(예를 들어 국가적 사회적 간섭)도 허용되지 아니한다는 학문의 본질에 근거하여 거의 '절대적인' 연구의 자유를 누려왔다. 그리하여 과학자의 연구는 '개인'의 '주관적' 윤리의식과 책임감에 기초한 자기 통제를 통해서만 규제되도록 맡겼다. 그러나 오늘날 아마도 연구를 통해서 달성될 수 있을 것으로 예상되는 수준이 인간공동체의 기본적인 가치관을 위협하게 되자 '할 수 있다고 하여, 다 하도록 허용되어서는 안 된다'는 데 사회적 합의가 이루어진다.

(5) 교수의 자유와 헌법에 대한 충성

학문적 교수만 보호되는 것이지 정치적 선전·선동, 자기 학문분야와 아무런 관련 없는 발언은 보호되지 않는다. 학문적 비판의 미명 아래 민주주의와 그 제도들을 비판하는 정도가 아니라 비방하는 정치적 행위를 강단에서 하는 것을 방지하여야 한다. 학문의 자유도 헌법 안에서 보장되는 것이므로 연구자는 헌법에 대한 충성에서 벗어날 수 없다. 여기서 헌법은

---

510) 이상 김선택, 「생명공학시대에 있어서 학문연구의 자유」, 『헌법논총』 제12집, 헌법재판소, 2001, 264~265쪽.
511) 현대 자연과학 이중성과 과학연구 수행양태 변화에 관해서는 김선택, 「생명공학시대에 있어서 학문연구의 자유」, 『헌법논총』 제12집, 헌법재판소, 2001, 235~238쪽 참조.

개별 헌법규정이 아니라 자유민주적 기본질서로 표현되는 헌법의 골간을 뜻한다. 헌법에 대한 학문적 비판은 허용되나, 특정한 세계관에 입각하여 헌법의 기초에 대해서 공격하면 헌법에 대한 충성을 깨뜨리게 될 것이다.

대법원은 "헌법상 학문의 자유는 진리의 탐구를 순수한 목적으로 하는 경우에 한하여 인정되는 것"이라고 하면서[512], "국가보안법 제7조 제5항의 죄는 반국가단체나 그 구성원 또는 그 지령을 받은 자의 활동을 찬양고무 또는 이에 동조하거나 기타의 방법으로 반국가단체를 이롭게 하는 행위를 할 목적으로 반국가단체를 이롭게 하는 내용의 문서, 도서 기타의 표현물을 제작, 수입, 복사, 소지, 운반, 반포, 판매 또는 취득함으로써 성립하는 목적범으로서 순수한 학문연구의 목적으로 이러한 행위를 하는 때에는 본죄가 성립되지" 않는다고 하였다.[513] 그리고 "반국가단체의 활동을 찬양, 고무하거나 이에 동조한다는 인식아래 발언을 하고 글을 발표하는 행위는 이미 학문활동이라 할 수 없다."라고 하면서[514], "반국가단체를 이롭게 할 목적으로 공산주의혁명이론 및 전술에 관한 내용을 담은 서적을 소지하고 있었다면 그것은 학문의 자유에 대한 한계를 넘은 것이라고 할 것이며 또 소지한 서적이 국내에서 번역소개되었다거나 대학에서 부교재로 사용되는 것이라 하여도 마찬가지"라고 하였다.[515] 이때 "소지하고 있는 책자가 이미 국내에서 간행된 서적들에 발췌, 소개되었다 하더라도 그것만으로 그 적법성이 용인되는 것도 아닐 뿐만 아니라 그 서적 등 표현물은 그 내용이 반국가단체를 이롭게 하는 것이면 족하고 처음부터 그러한 목적으로 저작되었거나 번역, 복사된 것임을 요하는 것이 아니"라고 하였다.[516] 그리고 "피고인이 제작한 표현물이 관계행정당국의 승인을 얻어 출판되었다 하더라도 그같은 관계행정당국의 조치로 인하여 표현물의 출판에 관련된 피고인의 모든 행위가 적법하게 되는 것이라고 볼 근거가 없다."라고 하였다.[517] 헌법에 대한 충성과 관련하여 학문의 자유를 제약할 때 학문 형식을 갖추는 한 학문의 자유 보호영역에 포함시켜야 하고, 그러한 활동이 헌법의 기초를 중대하게 침해하는 것이 명백할 때만 제한할 수 있다. 그리고 당사자에 대한 형사처벌은 그러한 침해를 목적으로 하는 것이 입증되거나 입증될 수 있을 때만 가능하다. 이때 그러한 요건들은 엄격하게 해석하여 최소한의 범위로 한정하여야 하고, 판단하기 어려우면 학문의 자유로서 보호하여야 한다.

---

512) 대법원 1982. 9. 14. 선고 82도1847 판결(공1982, 1034); 대법원 1986. 6. 24. 선고 86도403 판결(집34－2, 385; 공1986, 967); 대법원 1986. 9. 9. 선고 86도1187 판결(공1986, 1335); 대법원 1986. 9. 23. 선고 86도1499 판결(공1986, 3008).
513) 대법원 1983. 2. 8. 선고 82도2894 판결(집31－1, 141; 공1983, 549).
514) 대법원 1986. 9. 23. 선고 86도1499 판결(공1986, 3008).
515) 대법원 1986. 9. 9. 선고 86도1187 판결(공1986, 1335)
516) 대법원 1986. 6. 24. 선고 86도403 판결(집34－2, 385; 공1986, 967).
517) 대법원 1982. 9. 14. 선고 82도1847 판결(공1982, 1034).

(6) 교수의 기간임용제

기간임용제가 도입되기 전까지 교수는 형의 선고, 징계처분, 직위해제사유 등에 해당하지 않는 한 정년까지 신분을 보장받았다. 그러다가 1975년 유신치하에서 정부체제에 비판적인 교수들을 교단에서 축출할 목적으로 기간임용제가 도입되었다.[518] 특히 집행부나 사립학교법 인이 자신에게 비판적인 교수들을 제어하려는 수단으로 기간임용제를 악용하면서 교수의 신분보장은 크게 악화하였다. 그후 군사정권이 종식되고 문민정부가 수립되었는데도 기간임용 제는 그대로 존속하였다. 국민의 정부에서는 계약임용제라는 이름으로 개정되었지만,[519] 기간임용제와 계약임용제는 이름이 다를 뿐이지 그 실질에서는 거의 같다. 대법원 판례를 따르면 기간임용제는 재임용기대권이 인정되는 심사제가 아니라 약정된 임용기간이 만료되면 대학교원으로서 신분관계가 당연히 종료되는 계약제이기 때문이다.[520] 다만, 대학별로 직위에 따라 일정한 기간을 단위로 (그리고 연공서열로 임금을 받는) 임용계약을 하였던 기간임용제와 달리 계약임용제는 개인별로 근무기간, 급여(연봉제), 근무조건, 업적 및 성과, 재계약조건 및 절차에 대한 모든 사항을 계약하는 방식으로 임용계약을 체결한다는 점에서 차이가 있을 뿐이다.[521] 현행법상 교수임용방식은 교수 개인별 계약으로 기간을 정하여 임용을 하고, 계약기간 종료 후 재계약을 하며, 일정 직위 이상부터 정년을 보장하여 임용하는 (계약에 의한) 기간제임용방식과 정년보장임용방식의 혼합형을 취한다.

기간임용제 목적은 정년제가 초래할 수 있는 대학의 연구·교육기능 저하를 막고 대학의 경쟁력을 확보하기 위해서 임용기간마다 교원의 신분 불안정을 발생시키는 데 있다. 그러나 현행법상 이미 교원에게 정년제가 초래할 수 있는 대학의 연구·교육기능 저하를 방지할 수

---

518) 기간임용제가 도입되어 최초로 실시된 재임용과정에서 국공립대학은 총교원수 4,260명 가운데 4.97%에 해당하는 212명이 탈락되고, 사립대학은 총교원수 5,511명 가운데 1.89%에 해당하는 104명이 탈락되어 총 316명이 한꺼번에 재임용이 거부된 사실은 이를 입증하고도 남음이 있다.

519) 1999년 1월 6일 교수의 계약임용제를 규정한 교육공무원법이 통과되었고 1월 29일자로 공포되었으나 2002년 1월 1일부터 시행하기로 하는 부칙규정을 두어 그 시행을 약 3년간 유예하였다. 반면 1999년 8월 31일 개정된 사립학교법은 근무기간에 관해서는 국·공립대학 교원에게 적용되는 관련규정을 준용하기로 한 것 외에는 계약제 임용을 허용하였다.

520) 기간임용제 아래에서 임용기간은 만료로 당연히 계약관계 종료 효과를 초래하는 것이 아니라 기간만료 시에 재심사 기회를 주는 것으로 해석되어야 하고 그 결과 교수로서는 재심사결과 자질에 특별한 하자가 없는 한 재임용될 것이라는 기대권이 있다는 견해가 있다(김선수, 「교수재임용에 대한 판례의 문제점」, 『법과 사회』 제20호, 법과사회이론연구회, 2001, 324~326면; 김종서, 「현행 교수재임용제의 위헌성과 합리적 운용방안」, 『민주법학』 제15호, 민주주의 법학연구회, 1999, 313~315면) 그러나 대법원 판결 대부분은 "기간을 정하여 임용된 대학교원은 임용기간의 만료로 그의 대학교원으로서의 신분관계는 당연히 종료되며, 임용기간이 만료된 자를 다시 임용할 것인지의 여부는 결국 임용권자의 판단에 따른 자유재량행위에 속한다."라고 한다[대법원 1993. 7. 27. 선고 93누2315 판결(공1993하, 2436); 대법원 1994. 10. 14. 선고 94다12852 판결(공1994하, 2976); 대법원 1995. 1. 20. 선고 93다55425 판결(공1995상, 882)].

521) 국·공립대학 교수와 사립대학교 교수의 임용에 관한 법적 규율은 서로 다르다. 즉 국·공립대학의 교수는 교육공무원법과 교육공무원임용령에 따라 임용되지만, 사립학교 교수는 근무기간만 국·공립대학 교원에게 적용되는 규정을 준용하고 그 밖의 사항은 사립대학 법인의 정관에 정해진 대로 임용된다.

있을 정도의 신분상 불이익을 충분히 가할 수 있다. 이미 현행 국가공무원법, 사립학교법상 헌법이 특별히 교원의 지위를 보장하는 취지를 무색하게 할 정도로 광범위한 퇴직·면직·직위해제·징계사유가 있다. 임용권자는 교원이 직무수행능력이 부족하거나 근무성적이 극히 불량할 때 직위를 해제할 수 있을 뿐 아니라(사립학교법 제58조의2 제1항, 국가공무원법 제73조의2 제1항) 심지어 단순히 근무태도가 불성실하다는 사유만으로도 사립학교 교원을 직위해제시킬 수 있다(사립학교법 제58조의2 제1항). 그 밖에 당연퇴직사유(국가공무원법 제33조 제1항, 사립학교법 제57조), 면직사유(사립학교법 제58조 제1항), 징계사유(사립학교법 제61조 제1항)가 광범위하게 있다. 이미 현행법상 제재수단으로 기간임용제가 의도하는 목적을 실현하기에 충분한데도 기간임용제를 도입하여 임용기간마다 교원의 신분 불안정을 일으키는 것은 학문의 자유를 위해서 필요한 교원의 신분보장 확보를 고려할 때 교원의 신분보장을 과도하게 제한하는 것이라고 보지 않을 수 없다. 헌법재판소는 기간임용제 자체는 위헌이 아니지만, 재임용기준, 재임용대상에서 배제하는 기준이나 요건, 그 사유의 사전통지 절차, 부당한 재임용거부 구제에 관한 절차에 관해서 아무런 규정을 두지 않은 것은 헌법에 합치하지 않는다고 하였다.[522]

Ⅳ. 예술의 자유

1. 의의

(1) 개념

예술의 자유는 아름다움(美) 추구를 목적으로 내면 세계를 바탕으로 자유롭게 창작하거나 표현하는 자유를 말한다.

(2) 연혁

1948년 헌법 제14조를 이어받아 현행 헌법 제22조는 학문의 자유와 함께 예술의 자유에 대한 헌법적 보장을 명문으로 규정한다. 헌법 제22조 제1항은 "모든 국민은 학문과 예술의 자유를 가진다."라고 규정하여 예술의 자유를 독립한 기본권으로 보장한다. 헌법이 예술의 자유를 독립한 기본권으로 규정한 것에서 예술(활동)을 특별히 보호하려는 헌법제정자의 의도가 드러난다. 예술활동은 인간의 창조적 정신 표현이고, 이러한 자유로운 예술활동 보장은 인간 존엄 보장을 위한 필수적 요소이므로 예술에 대한 특별한 보장을 정당화할 수 있다. 그리고 문화국가원리가 헌법의 기본원리로 인정되는 점에서 예술의 자유 보장은 더욱 두터운 정당성 근거가 있다.

---

522) 헌재 2003. 2. 27. 2000헌바26, 판례집 15-1, 176.

(3) 기능

인간은 예술이라는 창조적 정신활동을 통해서 인격을 발현할 수 있을 뿐 아니라 존엄성이 있는 인간으로서 인간답게 살 수 있다. 특히 인간은 예술을 창조하고 창조된 예술품을 전시하고 공연하는 것 등의 활동을 하여 다른 사람과 의사소통을 함으로써 인간으로서 성장하고 인간사회의 형성과 발전에 이바지할 수 있게 된다. 따라서 자유로운 예술활동 보장은 인격을 자유롭게 발현하고 인간의 존엄성을 보장해 줄 뿐 아니라 문화국가 건설의 기초가 되고 인간이 문화적 생활을 할 수 있게 한다.

2. 주체

(1) 자연인의 기본권 주체성

예술의 자유 주체는 예술적으로 활동하거나 활동하려는 모든 사람이다. 예술의 자유는 국민이든 외국인이나 무국적자이든 상관없이 예술적으로 활동하는 모든 사람에게 인정되는 인간의 권리이다. 예술의 자유를 보호하는 이유는 수준 높은 예술작품 창작을 장려하기 위한 것이 아니라 예술창작을 통한 자유로운 인격의 창조적 발현을 보장하기 위한 것이다. 따라서 예술의 자유는 전문인인 예술가뿐 아니라 일반인도 그 주체가 될 수 있다. 당사자가 꼭 예술가로서 인정을 받고 있어야 되는 것도 아니고, 예술을 직업으로 수행하여야 하는 것도 아니며, 그의 창작물을 간행하거나 전시하거나 그 밖에 공개적으로 내놓아야만 되는 것도 아니다. 예술창작활동을 직접 하는 예술가뿐 아니라 예술가와 대중(관객) 사이의 불가결한 중개자기능을 하는 사람들(예를 들어 예술품 보급을 직업으로 하는 출판사나 음반제작사 그리고 서적상, 극장장, 박물관장, 화랑주인)도 예술의 자유 보호 아래에 있다.523) 그러나 예술품을 경제적으로 활용하는 예술작품경매자 등은 직업의 자유나 재산권을 통해서 보호된다.524)

단순한 예술수용자(소비자), 예를 들어 극장관객도 예술의 자유 보호를 받는지가 문제 된다. 전형적인 의사소통과정을 예술의 자유 보장의 중심으로 보거나 예술을 본질적으로 의사소통과정으로 보면, 이 과정에 참여하는 예술작품과 만나는 관객(청중)을 포함한 모든 참가자들을 기본권주체로 인정하는 것이 일관성이 있다. 그러나 이렇게 보면 보호영역이 무한히 확대될 위험이 있어서 예술의 자유 한계가 모호해진다. 반면에 예술가적 작품형성과정, 그 산물

---

523) 헌재 1993. 5. 13. 91헌바17, 판례집 5－1, 275, 283; 홍성방, 『헌법학(중)(제2판)』, 박영사, 2015, 241쪽. 예술품 보급을 직업으로 하는 출판사나 음반제작사도 예술의 자유가 보호하지만, 출판물 내용에 따라서 언론·출판의 자유를 통해서 보호하기도 한다는 견해(계희열, 『헌법학(중)(신정2판)』, 박영사, 2007, 384쪽)와 예술출판사와 음반제작사 등 예술품을 직업적 차원에서 취급하면 직업의 자유나 그 내용에 따라 언론·출판의 자유가 적용되어야 한다는 견해도 있다.

524) 계희열, 『헌법학(중)(신정2판)』, 박영사, 2007, 384쪽; 장영수, 「예술의 자유에 대한 헌법적 보장의 의의와 한계」, 『현대법학의 과제』(구산곽종영교수화갑기념논문집), 1993, 106쪽; 같은 사람, 『헌법학(제11판)』, 홍문사, 2019, 732쪽; 허 영, 『한국헌법론(전정15판)』, 박영사, 2019, 471쪽.

및 그 전시와 전파를 예술의 자유 보장 핵심영역으로 보면, 이 테두리 안에서는 주관적 기본권주체를 명확하게 규정할 수 있다. 이때 관객(청중)이 이로 말미암아 곧바로 무보호상태가 되는 것은 아니다. 예술의 자유의 객관법적 측면에서 나오는 객관적 보호의무를 통해서 관객(청중)이 보호된다. 예술작품의 능동적 향유 가능성이라는 측면에서 예술수용자에게 최대한 기본권 주체성을 인정하여야 한다.

(2) 예술단체 · 법인의 기본권 주체성
① 부정설
예술 개념에 내포된 강한 개성적 특성 때문에, 극장 · 박물관 · 미술관 · 예술학교 등 예술단체는 그 자체로서 예술의 자유 주체가 될 수 없고, 교향악단도 그 자체로서 예술의 자유 주체가 될 수 없으므로, 교향악단을 구성하는 음악가 한 사람 한 사람이 예술의 자유의 주체이고 이들이 다만 예술의 자유를 집단으로 함께 행사한다고 보아야 한다는 견해이다.[525]

② 긍정설
직접적이고 전적으로 예술의 창작과 표현에 봉사하는 매개체는 예술의 자유 주체가 된다고 하면서, 예술활동을 하는 단체로서 인적 결사나 법인에 대해서도 예술의 자유 주체성을 인정하는 견해이다.[526] 따라서 미술관, 박물관, 극장, 오페라하우스와 미술대학, 음악대학도 예술의 자유를 원용할 수 있다고 한다.

③ 법인기준설
법인인 예술단체는 예술의 자유의 주체가 되지만, 법인이 아닌 예술단체는 단체를 구성하는 예술가 개개인이 그 주체가 되고, 단체는 예술의 자유를 집단으로 공동 행사하는 것이 될 뿐이라는 견해이다.[527]

④ 내용기준설
예술창작의 자유는 예술가 개인의 자유로운 정신활동이며 인격적인 표현으로서 의미가 있어서 자연인 개인을 전제로 하나, 창작한 예술작품을 발행 · 전시 또는 전파하는 영역에서 활동을 담당하는 미술관이나 박물관 또는 출판사 등이 이러한 활동과 관련하여서 예술의 자유

---

525) 장영수, 「예술의 자유에 대한 헌법적 보장의 의의와 한계」, 『현대법학의 과제』(구산곽종영교수화갑기념논문집), 1993, 106쪽(그러나 장영수, 『헌법학(제11판)』, 홍문사, 2019, 733쪽에서는 결사의 자유의 기본적 성격에 비추어 예술단체의 기본권 주체성을 부정할 이유는 없다고 하면서도 예술창작의 자유처럼 성격상 인간의 창조적 정신활동에 해당하는 것까지 결사가 직접 행사하는 것으로 보는 것은 곤란하다고 하여 절충설로 견해를 바꾼 것으로 보인다); 허 영, 『한국헌법론(전정15판)』, 박영사, 2019, 471쪽; 홍성방, 『헌법학(중)(제2판)』, 박영사, 2015, 241쪽.
526) 계희열, 『헌법학(중)(신정2판)』, 박영사, 2007, 387쪽; 김학성, 『헌법학원론(전정3판)』, 피앤씨미디어, 2019, 670쪽; 명재진, 「헌법 제22조」, 『헌법주석[Ⅰ]』, 박영사, 2013, 803쪽; 성낙인, 『헌법학(제19판)』, 법문사, 2019, 1141~1142쪽; 이준일, 『헌법학강의(제7판)』, 홍문사, 2019, 540쪽; 한수웅, 『헌법학(제9판)』, 법문사, 2019, 848쪽.
527) 권영성, 『헌법학원론(개정판)』, 법문사, 2010, 550쪽.

를 누리지만, 예술의 단순한 소비는 예술의 자유로서 보호받지 못한다는 견해이다.528)

⑤ 사견

예술이 창작영역에서 예술가 개인의 인격적인 표현으로서 의미가 있다는 점을 인정하더라도, 집단적인 예술활동을 하면 그에 대해서 개개인의 총합 이상의 예술적 의미를 인정하여야 한다. 그리고 이러한 활동을 개별적으로 파악하는 것이 불가능하거나 그러한 것이 가능하더라도 그러한 개별적 파악이 의미 없거나 예술활동의 의미를 파괴할 것이므로 교향악단 등의 해당 단체가 스스로 예술의 자유를 원용할 수 있다고 보아야 한다. 더 근본적인 문제는 예술의 자유가 예술가적 능력이 있는 예술가 집단에만 주어진 신분상 특권이 아니라 모든 인간에게 주어진 것이라는 점과 예술창작 소질을 타고 태어나지 아니하였더라도 예술을 누릴 능력은 누구에게나 (최소한 부분적으로는) 내재한다는 점에 비추어 예술의 자유를 예술을 매개로 한 인간들의 의사소통으로 넓게 이해하여야 한다는 점이다. 그러므로 창작영역 외에 또 하나의 예술의 자유 영역인 예술작품의 간행·전시·전파 영역에서 불가결한 예술단체인 서적출판사, 미술관, 박물관, 극장, 그 밖의 공연장도 영리활동 영역이 아니라 예술품의 간행·전시·전파·공연 등에 관한 활동과 관련하여서는, 예술의 자유를 주장할 수 있다고 보아야 한다. 나아가 공법인도 주체가 될 수 있다. 주체에 따라 예술활동의 의미가 달라지지 않기 때문이다.

3. 내용

(1) 예술의 개념 정의

예술은 언제나 새로운 것을 만들고자 시도하고, 때에 따라서는 기존의 것을 부정하고 예술과 예술이 아닌 것의 경계를 무너뜨리기도 하여서, 나아가 당대에 인정받지 못하고 후대에 예술로서 인정받기도 하여서 예술이 무엇인지를 정의하는 것은 대단히 어렵다. 그러나 예술이 헌법을 통해서 보호받으려면 그것이 무엇인지를 명확하게 밝혀야 한다. 그렇지 않으면 보호범위를 확정하고 침해 여부를 판단하는 것이 불가능하기 때문이다. 따라서 예술에 대한 헌법적 정의는 반드시 필요하다.

① 실질적 예술 개념

예술은 예술가가 받은 인상, 경험, 체험을 특정한 형태언어 매개를 통해서 일반인이 직접 지각할 수 있게 하는 자유롭고 창조적인 활동이라고 한다.529)

② 형식적 예술 개념

예술은 그것이 일정한 작품형태[장르(genre)], 즉 회화, 시, 소설, 연극 등의 어느 하나에

---

528) 심경수, 『헌법』, 법문사, 2018, 267~268쪽.

529) BVerfGE 30, 173 (188 f.). 이 판결에 관해서는 계희열, 「메피스토-클라우스만 결정」, 『판례연구』 제2집, 고려 대학교 법학연구소, 1983, 7~45쪽의 판결문 번역과 평석 참조.

속하는 것으로 파악되는 것이라고 한다.

③ 개방적 예술 개념

예술적 표현은 그것이 표현하는 내용의 다양성·다의성 때문에 해석 가능성이 널리 개방 된다는 점을 특징으로 한다고 한다.

④ 제3자 인정기준

어떤 대상이 예술활동의 소산(작품)인지는 예술문제에 관한 능력이 있는 제3자, 즉 전문가 가 예술작품으로 인정하는지에 달려 있다고 한다.

⑤ 정의 금지

예술의 자유는 국가가 정한 예술 관념, 즉 올바른 예술이라든지 참된 예술이라는 것 등의 국 가적 예술 관념 강요를 금지하는 것에 의미가 있으므로 예술에 대한 정의는 금지된다고 한다.

⑥ 사견

먼저 정의 금지는 예술의 자유를 원용하는 활동을 예술의 자유 보호영역으로 포섭하여야 하 는 첫 단계에서 벌써 그 실용성이 문제 되고, 전문가 견해는 일단 존중해 주어야 하나 그들의 인정 여부만을 기준으로 하는 것은 불충분할 우려가 있다. 그리고 현대 예술의 실험적 성향을 고려하면 전래한 예술 형태에 속하지 않는다고 하여 예술이 아니라고 단정하는 것은 어려운 일 이며 위험하기까지 하다. 예술의 창조적 자율성이나 혁신성, 고도의 주관성은 예술 개념 정의를 곤란하게 한다. 특히 오늘날 전위예술이나 실험적 예술, 참여예술 등의 분야에서 살필 수 있는 것처럼 기존 예술 관념이나 미적 평가기준 붕괴는 예술 개념 정의를 더욱더 어렵게 만든다. 학 설들은 최소한 예술의 자유는 이를 개방적으로 이해하여야 하고, 통상적인 것이 아니고 놀라움 을 주는 표현형식도 포함할 수 있어야 한다는 점에서는 의견이 일치한다. 결국, 예술 개념에 관 해서는 어떤 고정관념을 넘어서 개방적으로 생각하여야 한다. 이러한 점에서 '아름다움을 추구 하는 내면 세계의 표현'이라고 예술 개념을 추상적이나마 일단 정의할 수 있다. 구체적으로 특 정 활동을 예술활동으로 볼 것인지의 문제와 관련하여서는 전해 내려온 형태의 어느 것에 속하 는 것인지를 검토하고, 그 내용·실질에 비추어 판단해 보고 나서, 통상적인 예술활동이 아니더 라도 다양한 해석 가능성을 담아서 인간의 창의성이 발현된 것이라면 예술활동으로 인정하여야 한다. 특히 예술은 형식과 내용의 통일체이므로 예술작품이 말하고자 하는 핵심과 표현의 외관 을 분리하여 각각 별도 기준으로 판단하여서는 아니 된다. 예술로서 말하고자 하는 핵심과 그 것을 표현하는 수단을 구분하여 서로 다른 기준에 따라 판단하는 것은 잘못이다. 이러한 과정 에서 전문가의 견해가 중요한 참고사항이 되기는 하지만, 해당 예술활동의 주체인 당사자의 이 해(자기 이해)를 가능한 한 존중해 주어야 한다. 예술인지를 판단하기 어려우면 예술로 추정하여 야 한다. 즉 해당 활동을 예술이 아니라고 확신할 수 없다면 예술로 인정하여야 한다.

(2) 보호범위

예술의 자유는 ① 예술창작의 자유, ② 예술표현의 자유, ③ 예술적 집회 및 결사의 자유 등으로 나뉜다.

① 예술창작의 자유

예술창작의 자유는 예술창작활동을 할 수 있는 자유로서 창작소재, 창작형태와 창작과정 등에 관한 임의적인 결정권을 포함한 모든 예술창작활동의 자유를 그 내용으로 한다.[530) 나아가 이러한 예술창작활동을 위한 준비나 연습과정도 예술창작의 자유에 포섭된다.[531) 예술창작의 자유는 창작된 예술작품도 보호한다. 이때 고도의 예술성이 있는 것으로 인정된 예술작품뿐 아니라 실패한 작품도 보호된다. 즉 예술작품은 질이나 수준에 관계없이 보호된다.[532) 그리고 예술작품을 만들려는 의도 없이 만들어진 것도 예술로서 가치를 인정받으면 보호받는다. 또한, 예술의 자유를 보장하는 이유는 예술창작을 통한 인격의 자유로운 발현이므로, 예술창작의 자유는 전문예술인뿐 아니라 모든 사람에게도 부여된다.[533) 그러나 예술창작은 자기실현적인 정신적·문화적 활동이므로 요리나 수공업과 같이 단순한 기능적인 능력 발휘에 불과한 작업활동은 원칙적으로 예술창작의 자유의 보호범위 밖에 있다.[534) 예술은 그 자체가 목적이기는 하지만, 다른 임의적인 목적과 결합하여 나타날 수도 있다. 예를 들어 정치적 의사를 전달하는 예술도 예술이다. 즉 전달목적과 예술적 표현이 균형을 이루는 한 예술성이 부정되지 않는다. 그러나 예술에 내포된 강한 자기목적성 때문에 예술이 목적이 아닌 수단이나 도구로서 사용되는 상업광고물은 비록 그것이 예술 형태를 갖추더라도 예술의 자유를 통해서 보호되지 않는다.[535) 즉 주로 다른 목적을 달성하기 위한 예술적 활동은 예술의 자유로서 보호되지 않는다.[536) 예술적 활동을 하는 기회에 오로지 그 예술활동과 외관상으로만 결합하여 이루어진 것은 구별하여야 한다. 예를 들어 대리석을 훔친 조각가, 악기를 훔친 음악가, 13세 모델을 유혹한 화가, 철도건널목 차단기를 부수는 우발 사건(happening)을 연출하여 결과적으로 기차와 버스의 추돌사고를 일으킨 때 등은 예술의 자유가 보호하지 않는다.

② 예술표현의 자유

예술표현의 자유는 창작한 예술품을 일반대중에게 전시·공연·보급할 수 있는 자유이다.[537)

---

530) 헌재 1993. 5. 13. 91헌바17, 판례집 5-1, 275, 283.
531) 계희열, 『헌법학(중)(신정2판)』, 박영사, 2007, 383쪽.
532) 계희열, 『헌법학(중)(신정2판)』, 박영사, 2007, 383쪽; 김하열, 『헌법강의』, 박영사, 2018, 518쪽.
533) 계희열, 『헌법학(중)(신정2판)』, 박영사, 2007, 383쪽.
534) 김학성, 『헌법학원론(전정3판)』, 피앤씨미디어, 2019, 671쪽.
535) 김학성, 『헌법학원론(전정3판)』, 피앤씨미디어, 2019, 671쪽; 이부하, 『헌법학(상)』, 법영사, 2019, 363~364쪽; 허 영, 『한국헌법론(전정15판)』, 박영사, 2019, 470쪽.
536) 전광석, 『한국헌법론(제14판)』, 집현재, 2019, 367쪽.
537) 헌재 1993. 5. 13. 91헌바17, 판례집 5-1, 275, 283.

예술은 단순히 창작에만 그치는 것이 아니다. 예술은 내면 표출일 뿐 아니라 다른 사람과 나누는 의사소통이다. 예술창작과 예술표현은 불가분의 관계로서 양자 구별이 분명하지 않은 때가 잦다. 예술표현이 곧 예술창작일 때도 적지 않고, 예술표현이 또 다른 예술창작의 원동력이나 발원이 되기도 하기 때문이다. 그리고 예술창작 없이는 예술표현이 불가능하고, 예술표현이 없는 예술창작은 의미가 없다.[538] 따라서 예술의 자유는 예술 창작만이 아니라 창작된 예술작품을 예술가의 의사에 따라 다른 사람에게 표현하거나 전파하는 것도 보호한다. 이런 의미에서 예술작품이 전시, 연주, 공연, 상영, 출판, 제작 등의 방법으로 일반대중에게 전달되는 과정도 예술의 자유로서 보장된다. 이러한 예술표현은 예술의 특성에 비추어 일반적 표현의 자유와는 다른 특별한 보호가 필요하다. 예술작품에 대한 선전(광고)까지도 예술표현의 자유에 포함된다.[539] 예술작품에 대한 비평은 그 자체가 예술이 아니므로 예술의 자유 보호대상이라고 보기보다는 언론의 자유가 보장한다는 견해가 있다.[540] 그러나 예술비평도 예술의 한 분야로서 인정받고, 학문의 한 부분으로 다루어지는 점에 비추어 예술작품에 대한 비평을 언론의 자유가 보장한다는 것은 의문이 있다. 따라서 예술비평이 예술로서 인정되는 범위에서는 언론의 자유가 아닌 예술의 자유로서 보장된다.

③ 예술적 집회 및 결사의 자유

예술적 집회 및 결사의 자유는 예술활동을 위해서 집회를 개최하고 결사를 조직할 자유를 말한다. 예술활동을 위한 집회나 결사는 일반적 집회나 결사보다 강한 보장을 받는다. 이는 예술활동에 요구되는 고도의 자율성이 예술활동을 위한 집회나 결사에도 미치기 때문이다.[541] '집회 및 시위에 관한 법률'은 예술적 집회에 대해서 각종 규제를 완화한다(제15조).

4. 제한

예술의 자유는 정신생활 영역을 보호하는 매우 중요한 기본권이다. 하지만 예술의 자유가 무제한의 기본권은 아니다. 따라서 예술의 자유도 헌법 제37조 제2항에 따라서 제한될 수 있다. 다만, 예술로서 인정받지 못하는 사이비예술에서는 예술의 자유가 문제 되지 않는다. 사이비예술과 관련하여 예술과 외설의 구별이 문제 된다. 예술과 외설 중 어디에 해당하는지가 중요한 것이 아니라 그 작품이 어떠한 헌법적 법익을 침해하는지가 중요하다. 따라서 작품의

---

538) 계희열, 『헌법학(중)(신정2판)』, 박영사, 2007, 384쪽.

539) BVerfGE 77, 240 (251).

540) 계희열, 『헌법학(중)(신정2판)』, 박영사, 2007, 383쪽; 권영성, 『헌법학원론(개정판)』, 법문사, 2010, 550쪽; 이부하, 『헌법학(상)』, 법영사, 2019, 363쪽; 장영수, 「예술의 자유에 대한 헌법적 보장의 의의와 한계」,『현대법학의 과제』(구산곽종영교수화갑기념논문집), 1993, 106쪽; 같은 사람, 『헌법학(제11판)』, 홍문사, 2019, 732쪽; 허 영, 『한국헌법론(전정15판)』, 박영사, 2019, 471쪽.

541) 계희열, 『헌법학(중)(신정2판)』, 박영사, 2007, 384~385쪽.

음란성이 문제 되면 그 작품의 예술성을 검토할 것이 아니라 그 작품이 일반성인이나 청소년의 어떠한 구체적 법익을 침해하는지를 먼저 살펴보아야 한다.542) 예술작품이 공개되지 않으면 예술의 자유가 제한될 수 없지만, 표현을 전제로 하지 않는 창작은 있을 수 없어서 예술창작의 자유도 제한될 수 있다.543) 예술표현은 예술창작을 전제하고 예술창작에 봉사하므로 예술표현의 자유가 예술창작의 자유보다 더 많이 제한될 수 있다.

Ⅴ. 언론·출판의 자유

1. 의의

(1) 개념

언론·출판의 자유는 자기의 사상이나 지식을 언어나 문자 등으로 불특정 다수인에게 표현하는 자유를 말한다. 언론·출판의 자유는 의사발표의 자유544)나 표현의 자유545)라고도 부른다.

(2) 연혁

1948년 헌법 제13조는 "모든 국민은 법률에 의하지 아니하고는 언론, 출판, …의 자유를 제한받지 아니한다."라고 규정하였다. 이승만 정권의 언론탄압에 대한 반동으로 1960년 헌법 제28조는 "… 언론, 출판에 대한 허가나 검열…를 규정할 수 없다."라고 규정하였다. 1962년 헌법 제18조는 제1항에서 "모든 국민은 언론·출판의 자유…를 가진다." 그리고 제2항에서 "언론·출판에 대한 허가나 검열…는 인정되지 아니한다."라고 규정하면서, 한편으로는 제3항에서 "신문이나 통신의 발행시설기준은 법률로 정할 수 있다."라고 그리고 제5항에서 "언론·출판은 타인의 명예나 권리 또는 공중도덕이나 사회윤리를 침해하여서는 아니된다."라고 규정하였다. 1972년 헌법 제18조는 언론·출판에 대한 허가나 검열을 금지하는 조항을 삭제하고, "모든 국민은 법률에 의하지 아니하고는 언론·출판…의 자유를 제한받지 아니한다."라고 규정하여 언론탄압 의도를 명백히 드러냈다. 1980년 헌법 제20조는 제1항에서 개별법률유보를 삭제하고, 제2항 제1문에서 "언론·출판은 타인의 명예나 권리 또는 공중도덕이나 사회윤

---

542) 장영수, 「예술의 자유에 대한 헌법적 보장의 의의와 한계」, 『현대법학의 과제』(구산곽종영교수화갑기념논문집), 1993, 110쪽; 같은 사람, 『헌법학(제11판)』, 홍문사, 2019, 735쪽.

543) 계희열, 『헌법학(중)(신정2판)』, 박영사, 2007, 384~385쪽.

544) 예를 들어 유진오, 『헌법해의』, 명세당, 1949, 42쪽.

545) 헌재 1989. 9. 4. 88헌마22, 판례집 1, 176, 188: "우리나라는 헌법 제21조에 언론출판의 자유 즉 표현의 자유를 규정하고 있는데,"
  헌재 2010. 2. 25. 2008헌마324등, 판례집 22−1상, 347, 363: "헌법 제21조에서 보장하고 있는 표현의 자유는, 전통적으로는 사상 또는 의견의 자유로운 표명(발표의 자유)과 그것을 전파할 자유(전달의 자유)를 의미하는 것으로서, 개인이 인간으로서의 존엄과 가치를 유지하고 행복을 추구하며 국민주권을 실현하는데 필수불가결한 것이고, 종교의 자유, 양심의 자유, 학문과 예술의 자유 등의 정신적인 자유를 외부적으로 표현하는 자유이다…."

리를 침해하여서는 아니된다."라는 규정을 되살리면서, 같은 항 제2문에서 "언론·출판이 타인의 명예나 권리를 침해한 때에는 피해자는 이에 대한 피해의 배상을 청구할 수 있다."라고 규정하였다. 그러나 전두환 정권은 강제로 언론기관들을 통·폐합하고, 이른바 언론기본법을 제정하여 실시하면서 언론을 극도로 탄압하였다. 이 언론기본법은 반민주 악법으로 지탄받다가 1987년 헌법이 제정되면서 1987년 11월 28일 폐지되었다.

헌법 제21조는 제1항에서 "모든 국민은 언론·출판의 자유 …를 가진다.", 제2항에서 "언론·출판에 대한 허가나 검열 …는 인정되지 아니한다.", 제3항에서 "통신·방송의 시설기준과 신문의 기능을 보장하기 위하여 필요한 사항은 법률로 정한다.", 제4항에서 "언론·출판은 타인의 명예나 권리 또는 공중도덕이나 사회윤리를 침해하여서는 아니된다. 언론·출판이 타인의 명예나 권리를 침해한 때에는 피해자는 이에 대한 피해의 배상을 청구할 수 있다."라고 규정하여 언론·출판의 자유를 보장한다.

(3) 보장의의

언론·출판의 자유는 인격의 자유로운 발현의 전제가 되는 정신적 기본권인 동시에 자유민주주의 정치체제 아래에서 여론 형성과 권력통제 기능을 하는 정치적 기본권으로서 기본권질서의 핵심으로 평가받았고, 현대 정보화사회에서 그 중요성이 더욱 강조된다. 인간은 사회 속에서만 인간으로서 살 수 있는데, 사회 속에서 산다는 것은 결국 다른 사람들과 의사소통을 한다는 것을 뜻하고, 인간으로서 산다는 것은 인격을 형성하고 자유롭게 발현한다는 것을 가리킨다. 따라서 의사소통의 중요한 부분인 언론·출판의 자유는 인격의 자유로운 발현에 이바지한다. 그리고 정신적 투쟁 속에서 의견을 교환하는 것이 민주주의의 전제이고, 국민이 제대로 결정을 내리려면 충분한 의사소통과 정보 습득이 필요하다. 이러한 의견 교환과 의사소통 그리고 정보 습득은 언론·출판의 자유가 제대로 보장되어야 가능하다. 따라서 언론·출판의 자유는 민주주의질서의 형성과 유지에도 이바지한다. 더하여 언론·출판의 자유는 문화적 진보에 이바지하는 기본권으로서 문화국가질서의 중요한 요소이다.[546]

546) 헌재 1998. 4. 30. 95헌가16, 판례집 10−1, 327, 338: "언론·출판의 자유는 민주체제에 있어서 불가결의 본질적 요소이다. 사회구성원이 자신의 사상과 의견을 자유롭게 표현할 수 있다는 것이야말로 모든 민주사회의 기초이며, 사상의 자유로운 교환을 위한 열린 공간이 확보되지 않는다면 민주정치는 결코 기대할 수 없기 때문이다. 따라서 민주주의는 사회내 여러 다양한 사상과 의견이 자유로운 교환과정을 통하여 여과없이 사회 구석 구석에 전달되고 자유로운 비판과 토론이 활발하게 이루어질 때에 비로소 그 꽃을 피울 수 있게 된다. 또한 언론·출판의 자유는 인간이 그 생활속에서 지각하고 사고한 결과를 자유롭게 외부에 표출하고 타인과 소통함으로써 스스로 공동사회의 일원으로 포섭되는 동시에 자신의 인격을 발현하는 가장 유효하고도 직접적인 수단으로서 기능한다. 아울러 언론·출판의 자유가 보장되지 않는다면, 사상은 억제되고 진리는 더 이상 존재하지 않게 될 것이다. 문화의 진보는 한때 공식적인 진리로 생각되었던 오류가 새로운 믿음에 의해 대체되고 새로운 진리에 자리를 양보하는 과정속에서 이루어진다. 진리를 추구할 권리는 우리 사회가 경화되지 않고 민주적으로 성장해가기 위한 원동력이며 불가결의 필요조건인 것이다."
헌재 1999. 6. 24. 97헌마265, 판례집 11−1, 768, 775: "언론의 자유는 개인이 언론 활동을 통하여 자기의 인격

(4) 다른 정신적 자유권과 맺는 관계

언론·출판의 자유는 종교의 자유, 양심의 자유, 학문의 자유 그리고 예술의 자유와 같은 정신적 자유권과 표리관계에 있다. 즉 언론·출판의 자유는 이러한 정신적 자유권을 외부로 표현하는 자유가 언론·출판의 자유이다.[547] 그리고 언론·출판의 자유는 개별적인 표현행위를, 집회·결사의 자유는 집단적인 의사표시 및 형성행위를 보호한다. 또한, 언론·출판의 자유는 특별한 생활영역에서 의사표현을 보호하는 다른 기본권(예를 들어 근로3권이나 정당의 자유)과 일반법—특별법 관계에 있다. 따라서 노동조합과 정당은 1차적으로 헌법 제33조 제1항과 제8조를 통해서 그 활동이 보장되지만, 보충적으로는 언론·출판의 자유가 적용되어 단체 고유 목적 이외의 활동도 보장된다.

2. 법적 성격

언론·출판의 자유는 먼저 국가권력의 방해를 받지 않고 자유로이 의사를 표현할 수 있는 권리로서 대국가적 방어권이다. 그리고 언론·출판의 자유는 의사표현—정보유통—여론형성—정치적 의사 형성의 과정을 통해서 민주적 정치질서의 형성과 유지에 이바지하는 객관적 가치질서로서도 기능한다. 또한, 역사적·전통적으로 형성된 언론제도를 헌법적으로 보장하는 제도보장도 언론·출판의 자유는 포함한다.

3. 주체

언론·출판의 자유 주체는 그 개별 내용에 따라 다르다. 의사를 표현하고 전파할 자유와 알 권리의 주체는 모든 인간이다. 즉 내국인만이 아니라 외국인과 무국적자도 그 주체가 된다. 그리고 법인뿐 아니라 권리능력 없는 단체와 정당도 그 주체가 된다. 특히 공법인인 언론매체도 주체가 된다. 보도의 자유 주체는 언론매체에 종사하는 모든 사람과 법인 그 자체이다. 즉 발행인, 편집인, 언론인, 제작인, 보급인 등 어떤 형태로든 언론매체와 관련이 있고 거기에 종사하는 모든 사람은 주체가 된다. 그러나 종사자의 범위를 아무리 넓게 인정하여도 독자는 그 주체가 아니다.

4. 내용

(1) 보장범위

언론은 구두에 의한 표현을 의미하고, 출판은 인쇄물에 의한 표현을 뜻한다. 좁은 뜻(고전

을 형성하는 개인적 가치인 자기실현의 수단임과 동시에 사회 구성원으로서 평등한 배려와 존중을 기본원리로 공생·공존관계를 유지하고 정치적 의사결정에 참여하는 사회적 가치인 자기통치를 실현하는 수단이다."
547) 헌재 1992. 11. 12. 89헌마88, 판례집 4, 739, 758.

적 의미)의 언론·출판의 자유는 표현의 자유, 즉 의사표현·전파의 자유를 가리킨다. 그러나 넓은 뜻(현대적 의미)의 언론·출판의 자유는 단순히 의사표현의 자유뿐 아니라 의사소통 전 과정을 보호한다. 따라서 넓은 뜻의 언론·출판의 자유는 사상이나 의견을 발표하는 자유와 정보수령자의 자유, 정보매개자의 자유, 즉 알 권리(정보의 자유), 언론기관에 대한 접근·이용권[액세스권(right of access to mass media)], 반론권, 보도의 자유 등까지 보호한다. 의사표현이나 전달의 매개체는 어떠한 형태이건 가능하며 제한이 없다. 인터넷게시판은 인터넷에서 의사를 형성·전파하는 매개체로서 의사표현 형식에 속한다.[548] 헌법재판소도 "일반적으로 헌법상의 언론·출판의 자유의 내용으로서는, 의사표현·전파의 자유, 정보의 자유, 신문의 자유 및 방송·방영의 자유 등을 들고 있다. 이러한 언론·출판의 자유의 내용 중 의사표현·전파의 자유에서 의사표현 또는 전파의 매개체는 어떠한 형태이건 가능하며 그 제한이 없다. 즉 담화·연설·토론·연극·방송·음악·영화·가요 등과 문서·소설·시가·도화·사진·조각·서화 등 모든 형상의 의사표현 또는 의사전파의 매개체를 포함한다."라고 한다.[549] 언론·출판은 불특정 다수인을 대상으로 하므로, 개인 사이의 회화나 편지 등은 언론·출판에 속하지 않는다. 광고가 단순히 상업적인 상품이나 서비스에 관한 사실을 알리더라도 그 내용에 공익이 포함되면 언론·출판의 자유에 따라서 보호된다.[550] 광고물도 사상·지식·정보 등을 불특정다수인에게 전파하므로 언론·출판의 자유를 통한 보호를 받는다.[551] 상업적 광고표현도 언론·표현의 자유의 보호를 받는 대상이다.[552] 다만, 상업광고는 주로 정보를 전달하는 행위이므로 사상이나 지식에 대한 표현과 비교해서 그 제한에서 완화한 기준이 적용된다.[553] 정치적 표현의 자유는 선거과정에서 선거운동을 통해서 국민이 정치적 의견을 자유로이 발표하고 교환함으로써 비로소 실현되므로, 선거운동의 자유도 언론·출판의 자유로서 보호된다.[554] 의사 전달 속성이 있는 한 의사의 가치와 중요성 등은 보호 여부에 영향을 주지 않는다. 개인의 의사는 다른 사람과 다를 뿐이지 절대 옳고 그름이 헌법 보호 여부를 결정하는 기준이 아니기 때문이다. 그러나 의사표현의 주된 목적이 다른 사람의 인격을 폄하하는 것이면 이러한

---

548) 헌재 2010. 2. 25. 2008헌마324등, 판례집 22−1상, 347, 362.

549) 헌재 1993. 5. 13. 91헌바17, 판례집 5−1, 275, 284; 헌재 2001. 8. 30. 2000헌가9, 판례집 13−2, 134.

550) 헌재 2002. 12. 18. 2000헌마764, 판례집 14−2, 856, 867.

551) 헌재 1998. 2. 27. 96헌바2, 판례집 10−1, 118, 124.

552) 헌재 2000. 3. 30. 99헌마143, 판례집 12−1, 404, 410; 헌재 2010. 7. 29. 2006헌바75, 판례집 22−2상, 232, 251.

553) 헌재 2005. 10. 27. 2003헌가3, 판례집 17−2, 189, 198: "상업광고는 표현의 자유의 보호영역에 속하지만 사상이나 지식에 관한 정치적, 시민적 표현행위와는 차이가 있고, 한편 직업수행의 자유의 보호영역에 속하지만 인격발현과 개성신장에 미치는 효과가 중대한 것은 아니다. 그러므로 상업광고 규제에 관한 비례의 원칙 심사에 있어서 '피해의 최소성' 원칙은 같은 목적을 달성하기 위하여 달리 덜 제약적인 수단이 없을 것인지 혹은 입법목적을 달성하기 위하여 필요한 최소한의 제한인지를 심사하기 보다는 '입법목적을 달성하기 위하여 필요한 범위 내의 것인지'를 심사하는 정도로 완화되는 것이 상당하다."

554) 헌재 2001. 8. 30. 99헌바92등, 판례집 13−2, 174, 193.

의사표현은 언론·출판의 자유 보호영역 밖에 있다.[555] 하지만 언론·출판의 자유를 충실하게 보호하려면 그 보호영역을 가능한 한 넓게 확정하고 그 실질적 보호 여부는 제약의 정당성을 심사하는 과정에서 판단하여야 한다. 헌법재판소는 다른 사람의 명예나 권리를 침해하는 모욕적 표현도 언론·출판의 자유 보호영역에 포함한다.[556]

헌법재판소는 음란은 인간의 존엄이나 인간성을 왜곡하는 노골적이고 적나라한 성표현으로서 오로지 성적 흥미에만 호소할 뿐이지 전체적으로 보아 하등의 문학적·예술적·과학적 또는 정치적 가치가 없는 표현을 말하고, 이러한 점에서 '음란'은 이러한 정도에 이르지 않은 '저속'과 구별된다고 한다.[557] 법원도 '음란'은 사회통념상 일반 보통인의 성욕을 자극하여 성적 흥분을 유발하고 정상적인 성적 수치심을 해하여 성적 도의관념에 어긋나는 것으로서, 표현물을 전체적으로 관찰·평가하면 단순히 저속하다거나 문란한 느낌을 준다는 정도를 넘어서서 존중·보호되어야 할 인격이 있는 존재인 사람의 존엄성과 가치를 심각하게 훼손·왜곡하였다고 평가할 수 있을 정도로, 노골적인 방법으로 성적 부위나 행위를 적나라하게 표현 또는 묘사한 것으로서, 사회통념에 비추어 전적으로 또는 지배적으로 성적 흥미에만 호소하고 하등의 문학적·예술적·사상적·과학적·의학적·교육적 가치가 없는 것을 뜻한다고 하여[558] 음란물을 헌법재판소와 비슷하게 이해하지만, 표현행위의 영향력을 강조하는 점에 특징이 있다. 초기에 헌법재판소는 음란물을 언론·출판의 자유 보호범위에서 배제하는 결정을 하였으나,[559] 이후 판례를 변경하여 언론·출판의 자유 보호범위에 포함되고, 다만 헌법 제37조 제2항에 따라서 제한될 수 있다는 견해를 밝혔다.[560] 음란물도 의사표현행위의 속성이 있을 뿐 아니라 음란물을 언론·출판의 자유 보호영역에서 제외하면 언론·출판의 자유를 보호하는 헌법적 기준을 적용할 수 없어서 언론·출판의 자유가 위축될 수 있으므로 음란물도 일단 언론·출판의 자유 보호영역에 포함하는 것이 타당하다. 차별적 언사나 행동, 혐오적 표현도 언론·출판의 자유 보호영역에는 해당하지만, 헌법 제37조 제2항에 따라 제한될 수 있다.[561]

(2) 정보 유통과정의 모든 단계에 대응되는 기본권적 보호내용

정보 유통과정의 모든 단계에 따라서 보호되는 언론·출판의 자유 내용을 보면, 먼저 정보자료 출처인 정보원에서 정보를 캐는 정보수집단계에서는 언론기관의 취재의 자유와 정보공개

---

555) 전광석, 『한국헌법론(제14판)』, 집현재, 2019, 371~372쪽.
556) 헌재 2013. 6. 27. 2012헌바37, 판례집 25-1, 506, 509-510.
557) 헌재 1998. 4. 30. 95헌가16, 판례집 10-1, 327, 340-343.
558) 대법원 2008. 3. 13. 선고 2006도3558 판결(공2008상, 537).
559) 헌재 1998. 4. 30. 95헌가16, 판례집 10-1, 327, 340-341.
560) 헌재 2002. 4. 25. 2001헌가27, 판례집 14-1, 251, 261, 265; 헌재 2009. 5. 28. 2006헌바109등, 판례집 21-1하, 545, 558-560.
561) 헌재 2019. 11. 28. 2017헌마1356, 공보 278, 1379, 1385.

청구권 그리고 알 권리가 문제 된다. 다음으로 정보를 선택하고 재구성하는 정보처리단계에서는 언론기관의 내부적 자유, 즉 편집·편성권이 보호되어야 한다. 끝으로 정보전파단계에서는 언론기관의 독과점에 대항하는 언론기관에 대한 접근·이용권(액세스권)과 반론권이 부각된다.

(3) 의사를 표현하고 전파할 자유(고전적·전통적 언론·출판의 자유)

① 의사를 표현하고 전파할 자유의 의의

언론·출판의 자유는 먼저 의사를 표현하고 전파할 자유(의사표현·전파의 자유)를 포함한다. 언론·출판의 자유는 전통적으로 의사의 표현과 전파의 자유를 뜻한다. 헌법재판소도 언론·출판의 자유는 전통적으로 사상이나 의견의 자유로운 표명(발표의 자유)과 그것을 전파할 자유(전달의 자유)를 뜻한다고 한다.[562] 의사를 표현하고 전파할 자유는 누구나 자신의 의사를 자유롭게 드러내고 널리 알릴 수 있는 권리를 뜻한다.

② 의사의 개념

(ⅰ) 가치평가적 의견(견해)

ⓐ 의사인지를 결정할 때 태도표명이라는 요소가 중요하지, 진술의 가치, 올바름, 합리성은 문제가 되지 아니한다. 즉 가치평가적 의견(견해)이 의사로서 보호된다. ⓑ 의사는 가치 판단을 내용으로 하지만, 그것이 어떤 것을 대상으로 하는지는 중요하지 않다. 사실·행동·상황에 관한 가치 판단뿐 아니라 가치 판단에 대한 가치 판단도 의사에 포함된다.[563] ⓒ 의사인지를 결정할 때 가치 판단 내용도 중요하지 않다. 의사는 정치적일 수도 비정치적일 수도 있다. 사적인 사안이거나 공적인 사안이거나 문제가 되지 않는다.[564]

(ⅱ) 단순한 사실주장

순수하게 사실상 주장이거나 사실(관계) 통지는 의사 표현으로 볼 수 없는지가 문제 된다. 사실(에 관한)정보는 의사형성에 필수적이다. 사실 통지도 그것이 의사 형성의 전제이므로 그 한도 안에서 의사를 표현하고 전파할 자유를 통해서 보호된다.[565] 다만, 가치판단과 불가분적으로 연결되지 아니하고 의사 형성과도 무관한 사실 통지는 보호영역 밖에 있다. 요컨대 자기 의사와 상관없이 의사 형성을 가능하게 하고 영향을 주는 사실은 의사를 표현하고 전파할 자유를 통해서 보호된다.

(ⅲ) 주관적 진실성

의사가 객관적으로 올바른 것이거나 진실에 부합할 필요까지는 없으나 진술자 자신의 확

---

562) 헌재 1989. 9. 4. 88헌마22, 판례집 1, 176, 188.
563) 계희열, 『헌법학(중)(신정2판)』, 박영사, 2007, 431쪽.
564) 계희열, 『헌법학(중)(신정2판)』, 박영사, 2007, 431~432쪽.
565) 대법원 2002. 6. 14. 선고 2000도4595 판결(공2002하, 1726); 대법원 2011. 9. 2. 선고 2010도17237 판결(공2011하, 2152).

신을 반영하는 것이어야 한다. 고의로 진실과 다른 견해를 표명하는 것은 보호가치가 없다. 헌법재판소는 허위사실 표현도 언론·출판의 보호범위에 속한다고 한다.566)

③ 표현과 전파

표현은 자기 의사를 드러내는 것이고, 전파는 다른 사람의 의사를 전해주는 것이라고 일단 구별할 수 있다. 그러나 표현과 전파는 서로 밀접하게 붙어 있어서 구별하기 어렵고 그 실익도 거의 없다. 언론·출판에서 표현과 전파의 매개체에는 제한이 없다. 즉 의사를 표현하고 전파하는 모든 형식이 언론·출판의 자유를 통해서 보호된다. 따라서 연설, 담화, 토론, 방송, 연극, 영화, 동영상, 음악 등은 물론 도서, 문서, 서화, 사진, 조각, 유인물 등 의사를 표현하고 전파할 수 있는 모든 방법이 언론·출판의 자유 보호 아래에 있다.567) 노랑 리본을 다는 것과 같은 상징적 표현도 의사를 전달하려는 것이고 제3자가 이를 의사 전달로 인식할 수 있다면 이에 해당한다.568) 자신의 신원을 누구에게도 밝히지 아니한 채 익명이나 가명으로 자신의 사상이나 견해를 표명하고 전파할 익명표현의 자유도 의사를 표현하고 전파할 자유 보호영역에 포함된다.569) 구체적인 전달이나 전파 상대방이 없는 집필행위도 문자를 통한 의사표현의 시작이라는 점에서 표현으로 보호되어야 한다.570)

---

566) 헌재 2010. 12. 28. 2008헌바157등, 판례집 22-2하, 684, 699-700 재판관 이강국, 재판관 이공현, 재판관 조대현, 재판관 김종대, 재판관 송두환의 과잉금지원칙 위반 여부에 관한 보충의견: "그러나 '허위사실'이라는 것은 언제나 명백한 관념은 아니다. 어떠한 표현에서 '의견'과 '사실'을 구별해내는 것은 매우 어렵고, 객관적인 '진실'과 '거짓'을 구별하는 것 역시 어려우며, 현재는 거짓인 것으로 인식되지만 시간이 지난 후에 그 판단이 뒤바뀌는 경우도 있을 수 있다. 이에 따라 '허위사실의 표현'임을 판단하는 과정에는 여러 가지 난제가 뒤따른다. 나아가 객관적으로 명백한 허위사실의 표현임이 인정되는 때에도, 그와 같은 표현이 언제나 타인의 명예·권리를 침해하는 결과를 가져온다거나, 공중도덕·사회윤리를 침해한다고 볼 수는 없으며, 행위자의 인격의 발현이나, 행복추구, 국민주권의 실현에 전혀 도움이 되지 않는 것이라 단언하기도 어렵다. 또한 다양한 허위사실의 표현 가운데 '일단 표출되면 그 해악이 처음부터 해소될 수 없거나 또는 너무나 심대한 해악을 지닌 표현'이 존재할 수 있다 하더라도, 어떤 표현이 바로 위와 같은 이유에 의하여 '국가의 개입이 1차적인 것으로 용인되고, 헌법상 언론·출판의 자유에 의하여 보호되지 않는 표현'에 해당하는지 여부는 '표현의 자유'라는 헌법상의 중요한 기본권을 떠나서는 규명될 수 없는 것이다. 헌법 제21조 제4항은 '언론·출판은 타인의 명예나 권리 또는 공중도덕이나 사회윤리를 침해하여서는 아니된다.'고 규정하고 있으나, 이는 언론·출판의 자유에 따르는 책임과 의무를 강조하는 동시에 언론·출판의 자유에 대한 제한의 요건을 명시한 규정으로 볼 것이고, 헌법상 표현의 자유의 보호영역 한계를 설정한 것이라고는 볼 수 없다(헌재 2009. 5. 28. 2006헌바109, 판례집 21-1하, 545, 559-560 참조). 즉, 표현이 어떤 내용에 해당한다는 이유만으로 표현의 자유의 보호영역에서 애당초 배제된다고는 볼 수 없고, '허위사실의 표현'이 일정한 경우 사회윤리 등에 반한다고 하여 전체적으로 표현의 자유의 보호영역에서 배제시킬 수는 없다. '허위사실의 표현'도 헌법 제21조가 규정하는 언론·출판의 자유의 보호영역에는 해당하되, 다만 헌법 제37조 제2항에 따라 국가 안전보장·질서유지 또는 공공복리를 위하여 제한할 수 있는 것이라고 해석하여야 할 것이다."

567) 헌재 1993. 5. 13. 91헌바17, 판례집 5-1, 275, 284.

568) 계희열, 『헌법학(중)(신정2판)』, 박영사, 2007, 434~435쪽.

569) 헌재 2010. 2. 25. 2008헌마324등, 판례집 22-1상, 347, 363.

570) 헌재 2005. 2. 24. 2003헌마289, 판례집 17-1, 261, 273: "…… 집필행위는 사람의 내면에 있는 생각이 외부로 나타나는 첫 단계의 행위란 점에서 문자를 통한 표현행위의 가장 기초적이고도 전제가 되는 행위라 할 것이다. 일반적으로 표현의 자유는 정보의 전달 또는 전파와 관련지어 생각되므로 구체적인 전달이나 전파의 상대방이 없는 집필의 단계를 표현의 자유의 보호영역에 포함시킬 것인지 의문이 있을 수 있으나, 집필은 문자를 통한 모

의사를 표현하고 전파할 자유가 보장되는 의의는 자유민주적 국가질서의 기본조건인 '의사(견해) 사이의 정신적 투쟁'을 보장하는 데 있다. 그러므로 어떤 의사가 다른 의사에 대해서 다소간 폭력적으로 강요되면 의사를 표현하고 전파할 자유 보호영역 안에 있다고 할 수 없다. 순수하게 정신적인 투쟁의 장을 떠나서 의사 형성을 위한 논거 대신에 억압수단이 투입되면 의사를 표현하고 전파할 자유로서 보호되지 아니한다.

의사를 표현하고 전파하는 것에는 표현당사자와 전파당사자의 보호만 문제 되는 것이 아니라 의사가 수신자에게 도달하는 것, 즉 수신자가 접수할 수 있는 것도 보호되어야 한다. 이 때 보호는 표현자·전파자의 이익을 위한 것이다. 수신자는 별도로 알 권리가 있다.

④ 소극적 자유

의사를 표현하고 전파할 자유는 적극적 자유뿐 아니라 소극적 자유도 보장한다. 의사를 표현하고 전파할 자유는 소극적 자유로서 먼저 자기 의사를 표현하지 않거나 전파하지 않을 권리를 보호한다. 그리고 다른 사람의 의사를 자기 의사로서 표현하거나 전파하지 않을 권리도 보호한다. 따라서 국민은 국가가 계획·조직한 환영행사에 참가할 의무가 없다.

(4) 알 권리
① 개념

의사 표현은 이를 보고 듣고 알려는 것을 전제하므로, 알 권리(정보의 자유)는 의사를 표현하고 전파할 자유와 짝을 이룬다.[571] 알 권리는 일반적으로 접근할 수 있는 정보원에 접근하여 의사 형성에 필요한 정보를 수집하고 수집된 정보를 처리(취사·선택)할 권리를 말한다. 여기서 '일반적'은 신문·잡지·방송 등 불특정 다수인에게 개방된 것을 말하고, '정보'는 양심·사상·의견 등 형성에 관련이 있는 일체의 자료를 말한다. 알 필요가 있고 알아야 할 가치가 있는 모든 것이 정보가 된다. 그러나 흥미나 오락 차원의 정보까지 알 권리 대상은 아니다. 의사이건 사실이건, 공적 사항이건 사적 사항이건 가리지 않는다. 정보원은 정보를 담은 모든 것을 말하고, 정보 그 자체도 대상이 된다. 그리고 정보원은 일반적으로 접근할 수 있는 것이어야 한다. 일반에게, 즉 개별적으로 특정할 수 없는 인적 범위에 전달하기에 기술적으로 적합하고 그렇게 규정된 정보원이 알 권리 대상이다. 사적 편지와 같이 배달되는 신문도 그 편지와는 달리 일반적으로 접근할 수 있는 정보원이다.[572] 각종 출판물, 방송, 텔레비전, 영화 등의 대중매체는 원칙적으로 일반적으로 접근할 수 있다. 그러나 경찰의 무선연락을 도청하는 것은 알 권리로 보호될 수 없다. 관청의 공문서와 (상급관청이 하급관청에 발한) 행정규칙[573]

든 의사표현의 기본 전제가 된다는 점에서 당연히 표현의 자유의 보호영역에 속해 있다고 보아야 한다."
571) 계희열, 『헌법학(중)(신정2판)』, 박영사, 2007, 435~436쪽.
572) BVerfGE 27, 71 (84).
573) BVerwGE 61, 15 (22).

은 일반적으로 접근할 수 있는 정보원이 아니다.

② 보장의의

사상이나 의사의 자유로운 표명은 자유로운 의사 형성을 전제로 한다. 그런데 자유로운
의사 형성은 충분한 정보에 대한 접근이 보장되어야 비로소 가능하다. 다른 한편 의사의 자
유로운 표명은 의사의 자유로운 수용이나 접수와 불가분의 관계에 있다. 따라서 알 권리는
국민의 자유로운 의사 형성 바탕이 되는 민주적 의사 형성의 기초로서 자유민주적 국가질서
를 구성하는 핵심요소이면서 인간이 인간답게 살 수 있는 기본적 토대로서 중요한 개인의 권
리이다.

③ 헌법상 근거

먼저 (i) 정보 수집은 사람들이 자신의 의견이나 사상을 자유로이 표명하거나 전달하기
이전 단계에서 의사 형성을 위해서 반드시 필요한 전제이므로 헌법 제21조 제1항 언론·출판
의 자유에 근거하고, 다음으로 (ii) 알 권리는 민주주의 정치체제 아래에서 주권자인 국민의
여론 형성과 국정 참여를 위해서 필요하므로 헌법 제1조 국민주권원칙에 근거하기도 하며,
끝으로 (iii) 알 권리는 지식축적과 인격도야를 통한 인격의 자유로운 발현과 인간다운 생활
을 확보하기 위해서도 필요하므로 헌법 제10조 인간의 존엄성 존중과 행복추구권, 헌법 제34
조 제1항의 인간다운 생활을 할 권리에서도 그 근거를 찾을 수 있다.[574] 독일 기본법 제5조
제1항 제1문은 의견의 표현과 전파의 자유와 함께 일반적으로 접근할 수 있는 정보원에서 정
보를 수집할 자유를 명시적으로 보장한다. 그리고 세계인권선언 제19조는 "모든 사람은 모든
수단을 통해서 국경을 초월하여 정보와 사상을 탐구하거나 입수 또는 전달할 자유가 있다."
라고 하여 알 권리를 명시한다.

헌법재판소는 헌법 제21조가 규정하는 언론·출판의 자유, 즉 표현의 자유는 전통적으로
사상이나 의견의 자유로운 표명(발표의 자유)과 그것을 전파할 자유(전달의 자유)를 뜻하는데,
사상이나 의견의 자유로운 표명은 자유로운 의사 형성을 전제하고, 자유로운 의사 형성은 정
보에 대한 접근이 충분히 보장되어야 비로소 가능하므로, 정보에 대한 접근·수집·처리의 자
유, 즉 알 권리는 표현의 자유와 표리일체의 관계가 있어서, 알 권리는 표현의 자유에 당연히
포함된다고 한다.[575] 그리고 헌법재판소는 알 권리는 민주국가에서 국정 공개와도 밀접한 관

---

574) 헌재 1989. 9. 4. 88헌마22, 판례집 1, 176, 189-190.
575) 헌재 1989. 9. 4. 88헌마22, 판례집 1, 176, 188-189; 헌재 1991. 5. 13. 90헌마133, 판례집 3, 234, 245-246.
　　헌재 1989. 9. 4. 88헌마22, 판례집 1, 176, 189-190: "청구인의 자기에게 정당한 이해관계가 있는 정부 보유 정
　　보의 개시(開示) 요구에 대하여 행정청이 아무런 검토 없이 불응하였다면 이는 청구인이 갖는 헌법 제21조에 규
　　정된 언론 출판의 자유 또는 표현의 자유의 한 내용인 "알 권리"를 침해한 것이라 할 수 있으며, 그 이외에도 자
　　유민주주의 국가에서 국민주권을 실현하는 핵심이 되는 기본권이라는 점에서 국민주권주의(제1조), 각 개인의
　　지식의 연마, 인격의 도야에는 가급적 많은 정보에 접할 수 있어야 한다는 의미에서 인간으로서의 존엄과 가치
　　(제10조) 및 인간다운 생활을 할 권리(제34조 제1항)와 관련이 있다 할 것이다."

련이 있는데, 헌법에 보면 입법 공개(제50조 제1항), 재판 공개(제109조)에는 명문 규정을 두고, 행정 공개에 관하여서는 명문 규정을 두지 않으나, 알 권리의 생성기반을 살펴보면 알 권리의 핵심은 정부가 보유하는 정보에 대한 국민의 알 권리, 즉 국민의 정부에 대한 일반적 정보공개를 구할 권리(청구권적 기본권)이고, 자유민주적 기본질서를 천명하는 헌법 전문과 제1조 및 제4조의 해석상 당연한 것이라고 한다.576)

④ 법적 성격

헌법재판소는 알 권리는 자유권적 성질과 청구권적 성질을 공유하는데, 자유권적 성질은 일반적으로 정보에 접근하고 수집·처리할 때 국가권력 방해를 받지 아니한다는 것이고, 청구권적 성질은 의사 형성이나 여론 형성에 필요한 정보를 적극적으로 수집하고 수집을 방해하는 방해제거를 청구할 수 있는 것을 뜻하는 것으로, 이는 정보수집권이나 정보공개청구권으로 나타나며, 나아가 현대 사회가 고도의 정보화사회로 이행해감에 따라 생활권적 성질까지도 획득해 나간다고 한다.577) 그러나 자유권과 청구권은 공존할 수 있는 성격이 아니고, 알 권리의 본질은 정보원에 대한 자유로운 접근이고 청구권적 내용은 이를 충실하게 보호하는 수단적 성격이 강하다는 점에서 알 권리는 자유권으로 보아야 할 것이다.

⑤ 내용

알 권리는 정보에 대한 접근·수집·처리의 자유로서 적극적 측면에서 일반적으로 접근할 수 있는 정보원에서 정보를 받는 것을 보호한다. 여기서 (ⅰ) 국민이 일반적으로 접근할 수 있는 정보원에서 정보를 수집(하거나 언론·출판사가 취재활동을)할 때 공권력의 방해나 간섭을 받지 않는다는 방어권적 내용(정보수집의 자유)과 (ⅱ) 공공기관이 보유하는 모든 정보에 대해서 일반 국민(이나 언론·출판사)이 공개를 요구할 수 있다는 급부청구권적 내용(정보공개청구권)이 도출된다. 정보공개청구권은 공권력이 보유하는 모든 정보에 대해서 일반 국민(이나 언론·출판사)이 공개를 요구할 권리인 일반적 정보공개청구권578)과 공권력이 보유하는 특정 정보에 대해서 이해관계가 있는 특정 개인이 공개를 요구할 권리인 개별적 정보공개청구권으로 나뉜다. 그리고 정보수집수단으로는 보고, 듣고, 읽는 것은 물론 그 밖의 모든 방법을 포함하므로, 알 권리는 볼 권리, 들을 권리, 읽을 권리 등을 뜻하기도 한다.

⑥ 제한

알 권리도 헌법유보(제21조 제4항)와 일반적 법률유보(제37조 제2항)에 따라서 제한될 수 있

---

576) 헌재 1989. 9. 4. 88헌마22, 판례집 1, 176, 189.

577) 헌재 1991. 5. 13. 90헌마133, 판례집 3, 234, 246.

578) 대법원 1999. 9. 21. 선고 97누5114 판결(공1999하, 2235): "국민의 알 권리, 특히 국가정보에의 접근의 권리는 우리 헌법상 기본적으로 표현의 자유와 관련하여 인정되는 것으로 그 권리의 내용에는 일반 국민 누구나 국가에 대하여 보유·관리하고 있는 정보의 공개를 청구할 수 있는 이른바 일반적인 정보공개청구권이 포함되고,".

고, 알 권리는 아무에게도 달리 보호되는 법익을 침해할 권리를 부여하지 않는다. 따라서 여러 가지 특별법에 알 권리를 제한하는 규정이 있으나, 그 제한은 본질적 내용을 침해하지 않은 범위 안에서 최소한도에 그쳐야 한다. 아울러 국가안전보장, 질서유지, 공공복리 등 개념이 넓은 기준에서 일보 전진하여 구체적 기준을 정립하여야 하고, 제한에서 오는 이익과 알 권리 침해라는 해악을 비교·형량하여 그 제한의 한계를 설정하여야 한다. 알 권리에 대한 제한 정도는 당사자에게 이해관계가 있고 공익에 장애가 되지 않는다면 널리 인정하여야 하고, 적어도 직접 이해관계가 있는 사람에게는 의무적으로 공개하여야 한다.579) 그리고 알 권리도 다른 기본권이나 국가·사회적 법익과 충돌하거나 마찰을 일으키면, 즉 타인의 명예나 권리(개인적 법익), 공중도덕이나 사회윤리(사회적 법익), 국가의 안전보장이나 치안질서(국가적 법익)를 침해하면 보호받지 못한다(헌법 제21조 제4항).580) 헌법재판소는 구 국가보안법 제4조 제1항 제2호 중단 소정의 '국가기밀' 개념과 관련하여 국가기밀 의미를 자의적으로 확대해석하면 알 권리를 침해할 소지가 있다고 하면서, 국가기밀을 일반인에게 알려지지 아니한 것으로서 그 내용이 누설되면 국가의 안전에 명백한 위험을 초래한다고 볼 만큼의 실질가치가 있는 사실, 물건이나 지식이라고 한정해석하여야 한다고 하였다.581)

(5) 언론기관에 대한 접근 · 이용권

① 의의

언론기관에 대한 접근·이용권(언론매체이용권, 언론기관접근권)은 언론매체에 접근하여서 이를 이용할 수 있는 권리를 말한다. 언론기관에 대한 접근·이용권은 보통 액세스(Access)권이라고 한다. 언론기관에 대한 접근·이용권은 국민 대 국가의 관계가 아니라 국민 대 언론·출판사의 관계에서 문제가 된다는 점이 특징이다. 언론기관에 대한 접근·이용권은 원칙적으로 사인이 언론기관을 운영하지만 사회구성원이 언론을 자유롭게 이용하여야 하고, 이때 비로소 사회의 다양한 의견을 수렴하고 균형 있는 여론을 독자들에게 제공할 수 있다는 이념에서 파생한다. 그러나 지면과 시간이 제한될 뿐 아니라 언론사 자신의 언론·출판의 자유도 존중되어야 하므로 언론기관을 일반적으로 이용할 권리는 보장되지 않는다.582)

② 내용

넓은 뜻의 언론기관에 대한 접근·이용권은 자신의 의사를 표현하려고 언론매체에 접근하여 이를 이용할 수 있는 권리이다. 좁은 뜻의 언론기관에 대한 접근·이용권은 반론권으로서 자기와 관련되는 언론보도에 대해서 해명이나 반론할 기회를 해당 보도를 한 언론·출판사에

---

579) 헌재 1989. 9. 4. 88헌마22, 판례집 1, 176, 190.
580) 헌재 1992. 2. 25. 89헌가104, 판례집 4, 64, 94.
581) 헌재 1997. 1. 16. 89헌마240, 판례집 9-1, 45, 83-88.
582) 전광석, 『한국헌법론(제14판)』, 집현재, 2019, 378쪽.

요구할 수 있는 권리이다. 좁은 뜻의 반론권은 반론보도청구권이다. 넓은 뜻의 언론기관에 대한 접근·이용권은 오늘날 거대해진 언론매체가 다수 국민 참여(접근)를 배제한 채 일방적으로 정보를 제공하기만 하는 데 대해서 모든 국민에게 민주적 여론형성에 참여할 기회를 제공하고 국민의 지위를 강화하려는 적극적 의의가 있지만, 좁은 뜻의 언론기관에 대한 접근·이용권은 구체적으로 침해된 권리를 구제하여 기본권을 보호하려는 소극적 의의가 있다.

언론기관 보도 때문에 개인의 인격이 침해되면 이를 구제하는 방법으로서 언론기관에 대한 접근·이용권을 이해하면, 피해를 받은 개인은 언론기관에 대한 접근·이용권을 통해서 비로소 신속·적절하고 대등한 방어수단을 행사할 수 있고, 특히 언론기관 자체를 통해서 방어주장을 하는 것이 적절하고 형평에 부합하고, 이를 통해서 독자는 언론기관의 정보뿐 아니라 상대방의 반대주장까지 들을 수 있어, 진실 발견과 올바른 여론 형성을 할 수 있으므로, 당사자의 청구권으로 이해하여야 한다. '언론중재 및 피해구제 등에 관한 법률'은 이러한 청구권으로 반론보도청구권과 추후보도청구권 그리고 정정보도청구권을 보장한다.

（ⅰ）정정보도청구권

정정보도청구권은 사실적 주장에 관한 언론보도가 진실하지 아니함으로 말미암아 피해를 입은 사람이 허위보도와 관련하여 해당 언론사의 고의나 과실이 없더라도 그 보도내용에 관한 정정보도를 언론사에 청구할 수 있는 권리이다('언론중재 및 피해구제 등에 관한 법률' 제14조 제1항과 제2항). 정정보도청구권은 허위사실을 보도하는 언론사 때문에 피해를 입은 사람이 청구한다. 이때도 언론사의 고의·과실이나 위법성은 청구요건이 아니다('언론중재 및 피해구제 등에 관한 법률' 제14조, 제15조). 정정보도청구권은 반론보도청구권과 어느 정도 기능이 중복된다. 하지만 반론보도청구권은 보도의 사실 여부와 상관없이 반대당사자에게 반박할 기회를 부여하여 균형 있는 언론 형성에 이바지하지만, 정정보도청구권은 허위보도를 통해서 피해를 당한 국민에게 진실에 합치하도록 보도를 교정하는 의미가 있다. 현행법은 정정보도청구권을 피해구제제도로서보다는 허위보도 정정이라는 객관적인 피해 교정제도로 형성한다.[583] 피해구제제도로 기능하면 일반적으로 고의·과실과 위법을 청구요건으로 하기 때문이다.

（ⅱ）반론보도청구권

반론보도청구권은 사실적 주장에 관한 언론보도로 말미암아 피해를 입은 사람이 언론사의 고의·과실이나 위법 그리고 보도내용의 진실 여부와 무관하게 그 보도내용에 관한 반론보도를 언론사에 청구할 수 있는 권리를 말한다('언론중재 및 피해구제 등에 관한 법률' 제16조 제1항과 제2항). 반론보도청구권은 사실적 주장에 관한 언론보도로 말미암아 피해를 입은 사람이 청구한다. 언론사의 의견표명이나 비평은 반론보도청구 대상이 아니다.[584] 반론보도청구권은

---

583) 헌재 2006. 6. 29. 2005헌마165등, 판례집 18－1하, 337, 401－402.
584) 대법원 2006. 2. 10. 선고 2002다49040 판결(집54－1, 3; 공2006상, 393).

단순히 허위보도를 정정하는 데 제도적 취지가 있는 것이 아니다.585) 따라서 반론보도청구권은 보도내용의 진실 여부와 상관없이 인정되고, 언론사의 고의·과실이나 위법을 요건으로 하지 않는다('언론중재 및 피해구제 등에 관한 법률' 제16조). 그러나 허위의 반론보도 청구는 허용되지 않는다.586) 언론사의 대표자가 반론보도청구권을 수용하면 즉시 피해자나 그 대리인과 반론보도의 내용·크기 등에 관해서 협의하고 나서 청구를 받은 날부터 7일 안에 반론보도문을 방송이나 정기간행물에 게재하여야 한다('언론중재 및 피해구제 등에 관한 법률' 제15조 제3항). 반론보도청구와 관련하여 분쟁이 발생하면 민사집행법상 가처분절차에 따라서 재판이 이루어진다('언론중재 및 피해구제 등에 관한 법률' 제26조 제6항).

(ⅲ) 추후보도청구권

추후보도청구권(해명권)은 사후적 정정보도를 청구하는 권리이다. 즉 언론에 범죄혐의가 있거나 형사조치를 받았다고 보도된 사람이 그에 관한 형사절차가 무죄판결이나 이와 동등한 형태로 종결되면 언론사에 청구할 수 있는 권리이다('언론중재 및 피해구제 등에 관한 법률' 제17조 제1항과 제2항). 추후보도 청구대상이 되는 보도를 통해서 피해를 입거나 해당 보도가 허위보도로서 이로 말미암아 피해를 입거나 해당 보도가 허위보도로서 이로 말미암아 피해를 입은 사람은 반론보도청구권이나 정정보도청구권을 행사할 수 있다('언론중재 및 피해구제 등에 관한 법률' 제17조). 추후보도청구권을 수용하면 취해지는 조치도 기본적으로 정정보도청구권과 같다. 다만, 추후보도에는 청구인의 명예나 권리회복에 필요한 설명이나 해명이 포함되어야 한다. 분쟁이 발생하면 가처분절차를 통해서 재판이 이루어지는 것도 같다('언론중재 및 피해구제 등에 관한 법률' 제17조 제2항과 제3항).

언론사에서 기사를 제공받아 보도하는 인터넷뉴스서비스사업자가 정정보도 청구, 반론보도 청구나 추후보도 청구를 받으면 즉시 해당 기사에 관해서 정정보도 청구 등이 있음을 알리는 표시를 하고 해당 기사를 제공한 언론사 등에 그 청구내용을 통보하여야 한다. 이러한 통보를 받으면 기사제공 언론사도 같은 내용의 청구를 받은 것으로 본다. 기사제공 언론사가 정정보도 청구 등의 수용 여부를 청구인에게 통지하면 해당 기사를 매개한 인터넷뉴스서비스사업자에게도 통지되어야 한다('언론중재 및 피해구제 등에 관한 법률' 제17조의2).

③ 헌법적 근거

넓은 뜻의 언론기관에 대한 접근·이용권은 헌법 제21조 제1항의 언론·출판의 자유에 근거를 둔다. 반론권은 헌법 제21조 제4항에 근거를 둔다.587)

---

585) 헌재 1996. 4. 25. 95헌바25, 판례집 8-1, 420, 427 참조.

586) 대법원 2006. 11. 23. 선고 2004다50747 판결(집54-2, 171; 공2007상, 13).

587) 헌법 제10조 인간의 존엄과 가치에 기초한 인격권과 헌법 제21조 제1항 의사표현의 자유에서 인정된다는 견해로는 정종섭, 『헌법학원론(제12판)』, 박영사, 2018, 620쪽.

(6) 출판물을 통한 표현의 자유(보도의 자유)

① 출판물의 개념

출판물은 전파에 적합하고 그렇게 규정된 모든 인쇄물을 말하는 데 전파하기로 되어 있을 것과 인쇄술 그 밖의 대량복제기술을 사용하여 제작되는 것을 개념 요소로 한다. 정기적으로 발행되는 인쇄물(신문, 잡지 등)뿐 아니라 1회성으로 인쇄되는 책, 전단, 팜플렛, 부착물과 포스터 등도 인쇄물에 속한다. 그 밖에 녹음테이프, 비디오테이프, 음향 및 화상레코드처럼 방송·방영의 개념에 속하지 않지만, 정보가 포함된 것들도 인쇄물에 포함된다.[588]

② 주체

출판물을 통한 표현의 자유 주체는 출판에 종사하는 모든 사람과 기업이다. 발행인, 편집인, 기자뿐 아니라 출판사 내부의 회계직원, 광고부의 전문직원도 포함한다.

③ 내용

정보 획득부터 뉴스와 견해(논평)의 전파에 이르기까지 보호된다. 언론·출판에 중요한 보조활동도 보호된다. 즉 취재의 자유, 보도의 자유, 논평의 자유, 보급의 자유, 출간시기의 결정·편집활동 등 보조적 활동의 자유도 보호된다. 출판물을 통한 표현의 자유에서는 국민이 다양한 정보를 제공받고 이를 바탕으로 자기 의견을 형성할 수 있도록 하는 것이 중요하다.

④ 출판의 내적 자유

출판의 내적 자유(언론·출판사의 내부적 자유, 편집·편성의 자유)는 주로 언론기관 내부 문제로서 편집과 경영 분리를 통해서 편집권이 경영권의 간섭에서 자유로워야 한다는 것을 말한다. 출판의 내적 자유는 발행인이 편집인에게, 편집인이 기자에게 특정사건에 관해서 보도하지 말 것을 지시하거나 일정한 방식으로 보도할 것을 지시할 수 있는지에 관한 문제이다. 민주적 여론 형성이라는 관점에서 그리고 언론의 공적 임무를 고려할 때 출판의 내적 자유를 인정하여야 한다. 그러나 경제적 위험에 관해서 전적인 책임을 지는 언론의 경영자가 편집에 대해서 전혀 간섭하여서는 아니 된다는 주장도 문제가 있다. 경영자가 날마다 편집에 일일이 간섭하는 것은 곤란하지만, 설립 목적이나 사시(社是)에 맞는 기본적인 편집방향(예를 보수, 중도, 진보 등)을 제시하고 이에 맞는 인사권을 행사하는 것은 허용되어야 한다.[589] 경영권과 편집권의 관계에 기본권의 제3자적 효력을 인정하려는 것은 잘못이다. 편집권이나 경영권은 모두 하나의 언론기업의 내부문제이고, 경영권이 편집권의 제3자가 아니기 때문이다.[590]

언론기관의 공적 기능을 중시하여 경영권이 편집과 보도에 간섭하는 것을 차단하려고 '신

---

588) 계희열, 『헌법학(중)(신정2판)』, 박영사, 2007, 440쪽. 헌법재판소는 음반과 비디오물의 제작도 언론·출판의 자유를 통해서 보호된다고 한다(헌재 1993. 5. 13. 91헌바17, 판례집 5-1, 275, 284-285).

589) 계희열, 『헌법학(중)(신정2판)』, 박영사, 2007, 447~448쪽.

590) 계희열, 『헌법학(중)(신정2판)』, 박영사, 2007, 448쪽.

문 등의 진흥에 관한 법률'은 신문 편집의 자유와 독립을 보장하고, 편집인이 사업자에게서 독립하여 자율성을 갖도록 하였다(제4조). 그러나 이러한 출판의 내적 자유는 아직 그 내용이 불확정적이고, 그 위반에 대한 처벌규정이 없다. 따라서 헌법재판소는 이 규정을 일종의 선언적 규정으로 본다.591) 편집권을 보장하려고 이른바 '사내민주주의'가 논의된다. 그러나 언론의 기능에 착안하여 기본적으로 사적 단체인 언론기관의 자율성에 법적으로 개입하더라도 이를 사내민주주의로 일반화할 수 없다.592)

(7) 방송을 통한 표현의 자유

① 방송의 개념

방송은 물리적인 수단, 특히 전파를 통해서 정보를 불특정다수인에게 전달하는 것이다.593) 유선인지 무선인지는 중요하지 않다. 텔레비전방송, 라디오방송, 데이터방송, 이동멀티미디어 방송, 케이블 방송 등이 이에 속한다. 그러나 사적인 전화대화는 불특정다수인에게 한 것이 아니므로 방송에 속하지 않고, 통신의 비밀로서 보호된다. 방송에서 여론 형성에 도움이 되는 것은 모두 언론·출판의 자유로서 보호되고, 음악, 연예, 영화, 다큐멘타리 등은 때에 따라 학문과 예술의 자유로 보호받는다.594)

② 방송의 공적 과제

방송은 전파를 사용하는 매체인데, 사용할 수 있는 주파수가 제한되어서 그만큼 의견의 다양성을 확보하려고 공적 과제를 부과하는 것은 정당성이 있다.595) 특히 공영방송은 의견 다양성을 보장하여 여론을 균형성 있게 형성하는 과제가 있고, 이러한 과제 수행을 통해서 프로그램의 다양성뿐 아니라 사회집단이 균형있게 조직 및 의사결정 구조에 참여하는 구조적 다양성을 실현하여야 한다. 이러한 점은 광고수입으로 운영되는 민영방송과 달리 국민의 수신료를 재원으로 운영되므로 더욱 강조되어야 한다.596)

③ 전파매체의 특수성에 따른 제한

방송을 통한 표현의 자유(보도의 자유, 방송·방영의 자유)는 출판물을 통한 표현의 자유에 준하여 보호받는다. 다만, 방송은 전파매체의 특성을 고려하여 특별한 조치를 취할 필요가 있다. 예를 들어 전파매체는 그 기술적·경제적 특성을 고려하여야 한다. 즉 제한된 주파수와

---

591) 헌재 2006. 6. 29. 2005헌마165등, 판례집 18-1하, 337, 374-375.

592) 전광석, 『한국헌법론(제14판)』, 집현재, 2019, 381쪽.

593) 방송법 제2조 제1항은 방송을 방송프로그램을 기획·편성 또는 제작하여 이를 공중(개별계약을 통한 수신자 포함)에게 전기통신설비를 통해서 송신하는 것으로서 텔레비전방송, 라디오방송, 데이터방송, 이동멀티미디어방송을 말한다고 한다.

594) 계희열, 『헌법학(중)(신정2판)』, 박영사, 2007, 452쪽.

595) 전광석, 『한국헌법론(제14판)』, 집현재, 2019, 375쪽.

596) 전광석, 『한국헌법론(제14판)』, 집현재, 2019, 375~376쪽.

시설에 들어가는 막대한 비용 때문에 제한된 수의 전파매체를 두는 것은 불가피하다. 따라서 설립의 자유는 제한될 수밖에 없다. 그리고 전파매체는 그 신속성, 용이성, 광역성, 효과의 직접성과 강력성 등으로 말미암아 신문보다 더 크게 제한될 수도 있다.

(8) 언론 · 출판사 설립의 자유와 그 특권
① 언론 · 출판사 설립의 자유

언론 · 출판사 설립의 자유는 언론 · 출판의 자유 일부이다. 많은 언론 · 출판사가 있어야 다양한 정보가 제공될 수 있고, 이러한 다양한 정보를 바탕으로 의사를 형성하여야 자유로운 민주적 의사 형성이 가능하다. 그리고 언론 · 출판사가 다원화하면 이들 사이에 경쟁이 일어나 상호 견제가 이루어지고 언론 · 출판사의 횡포를 막을 수 있다. 따라서 언론 · 출판사의 설립은 자유로워야 한다. 그러나 부실한 언론 · 출판사 출현으로 말미암은 폐단을 예방하고, 언론 · 출판사의 독과점이나 집중을 막기 위해서 일정한 제한은 불가피하다. 헌법 제21조 제3항은 "통신 · 방송의 시설기준…은 법률로 정한다."라고 규정하여 시설기준법정주의를 채택한다. 따라서 정기간행물을 발행하려는 사람에게 등록의무를 부여하는 것[597]과 정기간행물 발행에 필요한 시설기준을 등록하게 하는 것은 언론 · 출판의 자유를 침해하지 않는다. 그러나 국가가 지나치게 엄격하게 언론기관 설립 요건을 제시하는 것은 언론 · 출판의 자유를 침해한다.[598] 그리고 언론이 다양한 의사 형성 및 표현의 매체로서 기능하도록 언론매체의 지배력을 어느 정도 규제하기 위해서 '신문 등의 진흥에 관한 법률'은 대기업과 그 계열회사가 일반 일간신문을 경영하는 법인이 발행하는 주식이나 지분의 2분의 1을 초과하여 취득하거나 소유할 수 없도록 하고(제18조 제1항), 시장지배력을 감시하며, 국민이 언론 비중을 정확히 파악할 수 있도록 여론집중도를 조사하여 공표할 수 있도록 한다(제17조).

언론도 하나의 기업이므로 경쟁이 불가피하고 경쟁 결과에 따라서는 독과점이나 집중화 현상이 나타날 수 있다. 언론의 독과점이나 집중은 다양한 의사나 정보 제공을 불가능하게 하고 일방적인 보도와 정보 제공으로 여론형성 왜곡과 조작을 가져올 수 있다. 즉 자유로운 의사 형성을 불가능하게 한다. 이로써 언론의 독과점이나 집중은 언론 · 출판의 자유 핵심을 침해한다. 정확하게 시장점유율이 어느 정도일 때 독과점이라고 말하기는 어렵다. 그러나 다양한 의사와 정보가 제공되지 못하고 자유로운 의사 형성이 어려우면 독과점으로 볼 수 있다. 이러한 독과점이나 집중을 막으려고 국가는 어떤 조치를 취하는 것이 불가피하다. 하지만 잘못된 규제가 또 다른 부작용을 낳을 수도 있다. 아마도 경쟁제한법에 따른 규제, 특히 합병 통제와 같은 방법이 어느 정도 의미가 있을 것이다.

---

597) 헌재 1997. 8. 21. 93헌바51, 판례집 9-2, 177,
598) 헌재 1992. 6. 26. 90헌가23, 판례집 4, 300; 헌재 2016. 10. 27. 2015헌마1206등, 판례집 28-2하, 1 등 참조.

② 언론·출판사의 특권

(ⅰ) 출판물을 통한 표현의 자유와 명예훼손

출판물을 통한 표현의 자유는 개인의 명예와 관한 권리와 긴장관계에 있다. 국민의 정보에 대한 욕구는 개인의 인격 형성과 자기실현을 위해서 그리고 정치적 의사형성과정에 참여하기 위해서 보장되어야 한다. 따라서 신속한 보도과정에서 허위인식을 못하고 한 명예훼손적 표현, 사소한 부분에 대한 허위보도에 대해서는 형사제재가 면제된다.[599] 특히 해당 표현에 따른 피해자가 공적 인물이고, 그 표현이 공적인 관심 사안에 관한 것이라면 이에 대한 명예훼손적 표현에 대한 헌법적 심사는 완화한다.[600] 이러한 이해에 기초하여 헌법재판소는 명예훼손적 표현에 대한 형사제재의 면책요건을 다음과 같이 든다.[601] ⓐ 명예훼손적 표현이 진실한 사실이라는 입증이 없어도 행위자가 진실한 것으로 오인하고 행위를 할 때, 그 오인에 정당한 이유가 있으면 명예훼손죄는 성립하지 않는다. ⓑ 형법 제310조 소정의 "오로지 공공의 이익에 관한 때"라는 요건은 언론의 자유를 보장하기 위해서 적용범위를 넓혀야 한다. 국민의 알 권리를 보호하기 위해서 객관적으로 국민이 알아야 할 필요가 있는 사실에는 공공성이 인정되어야 하고, 사인이라도 그가 관계하는 사회적 활동의 성질과 이로 말미암아 사회에 미칠 영향을 고려하여 공공의 이익은 쉽게 긍정되어야 한다. ⓒ 형법 제309조 소정의 "비방할 목적"은 그 적용범위를 좁히는 제한적인 해석이 필요하다. 법관은 엄격한 증거로써 입증이 되는 때만 행위자의 비방목적으로 인정하여야 한다.

그러나 고의의 허위보도, 진실 여부 판단에 중대한 과실을 범한 허위보도, 진실 여부 판단 없이 한 허위보도는 형사상 면책이 불가능한다. 경미한 과실에 기인한 허위보도, 특히 신문제작과정에서 시간 부족으로 진실과 다른 보도가 나가게 되면 형사상 책임이 면책될 수 있다.[602] 다만, 정정보도나 손해배상책임은 별론이다.

(ⅱ) 취재원묵비권

취재원묵비권(취재원비닉권)은 언론매체의 종사자로서 일정한 정보를 수집한 사람이 자신

---

599) 대법원 1996. 8. 23. 선고 94도3191 판결(공1996하, 2928); 대법원 2012. 4. 26. 선고 2011다53164 판결(공2012 상, 860).

600) 대법원 2011. 9. 2. 선고 2010도17237 판결(공2011하, 2152).

601) 헌재 1999. 6. 24. 97헌마265, 판례집 11-1, 768, 777-778. 대법원도 같은 태도이다[대법원 1993. 6. 22. 선고 92도3160 판결(공1993하, 2188); 대법원 1994. 8. 26. 선고 94도237 판결(공1994하, 2573)].

602) 신문기자가 담당 검사에게서 취재한 피의사실을 그 진위 여부에 관한 별도 조사와 확인 없이 보도하였으나 그 기사가 검사가 소정의 절차에 따라서 한 발표와 배포 자료를 기초로 객관적으로 작성되면 그 기사 내용이 진실이 아니라도 위법성이 조각되나, 일간신문사 기자가 다른 신문사의 기사 내용과 피의자에 대한 구속영장 사본만을 열람한 것으로는 그 기자가 기사 내용의 진실성을 담보하기 위해서 필요한 취재를 다한 것이라고 할 수 없고, 더욱이 피의자가 범행혐의를 받을 뿐인데도 마치 자신의 직접 취재를 통해서 그 범행이 확인된 것처럼 단정적으로 기사를 게재하면, 일간신문에서 보도의 신속성이란 공익적인 요소를 고려하더라도, 이러한 기사를 게재한 것이 피의자에 대한 명예훼손행위의 위법성을 조각하게 할 정도에 이른 것이라고 볼 수 없다는 판례로는 대법원 1996. 1. 26. 선고 97다10215, 10222 판결(공1999상, 330).

이 수집한 정보 출처(정보의 기초가 되는 내용이나 정보제공자의 성명 등)를 비밀로 할 수 있는 권리나 검찰의 수사과정이나 법원의 재판과정에서 이에 대한 증언을 요구받았을 때 이를 거부할 수 있는 권리를 말한다. 취재원묵비권을 인정하면 재판의 공정성 확보라는 헌법적 가치와 충돌할 수 있고, 때에 따라서 남용 위험이 있다는 것을 부정하기 어렵다. 그러나 취재원묵비권은 정보제공자를 보호하는 것이고, 이를 인정하지 않으면 정보제공자는 자신의 신분이 노출될 때 예상되는 일정한 보복이나 불이익을 말미암아 정보 제공을 기피하게 되어 정보제공자 자체를 구하기 어려워질 것이다. 따라서 취재활동이 개인정보원에 대한 의존을 포기하지 않는 한, 취재원묵비권 부정은 취재의 자유 침해로 나타날 것이다. 결국, 취재원묵비권의 전면적 허용이나 부정 모두 적절하지 않아서 재판에서 증거의 중요성과 취재의 자유를 포함한 보도의 자유를 비교·형량하여 취재원묵비권 인정 여부를 결정하여야 한다. 취재원묵비권이 인정되면 정보제공자에 관련되는 편집의 비밀이 미치는 범위에서는 방의 수색이나 서류 압수도 금지되어야 한다.[603]

(ⅲ) 불법으로 감청이나 녹음된 내용 공개

불법으로 감청이나 녹음된 내용을 공개하는 것은 통신비밀보호법에 위반된다. 하지만 ⓐ 그 보도 목적이 불법 감청·녹음 등의 범죄가 저질러졌다는 사실 자체를 고발하기 위한 것으로 그 과정에서 불가피하게 통신이나 대화의 내용을 공개할 수밖에 없거나 불법 감청·녹음 등을 통해서 수집된 통신이나 대화의 내용이 이를 공개하지 아니하면 공중의 생명·신체·재산, 그 밖의 공익에 대한 중대한 침해가 발생할 가능성이 현저한 때 등과 같이 비상한 공적 관심 대상이 되는 때에 해당하여야 하고, ⓑ 언론기관이 불법 감청·녹음 등의 결과물을 취득할 때 위법한 방법을 사용하거나 적극적·주도적으로 관여하여서는 아니 되며, ⓒ 그 보도가 불법 감청·녹음 등의 사실을 고발하거나 비상한 공적 관심사항을 알리기 위한 목적을 달성하는 데 필요한 부분에 한정되는 것 등 통신비밀 침해를 최소화하는 방법으로 이루어져야 하고, ⓓ 그 내용을 보도함으로써 얻어지는 이익과 가치가 통신비밀 보호를 통해서 달성되는 이익과 가치를 초과하면, 불법 감청·녹음에 관여하지 아니한 언론기관이 그 통신이나 대화 내용을 보도하여 공개하는 행위가 형법 제20조의 정당행위에 해당한다. 이러한 법리는 불법 감청·녹음 등을 통해서 수집된 통신이나 대화 내용의 공개가 관계되는 한, 그 공개행위의 주체가 언론기관이나 그 종사자 아닌 사람인 때도 마찬가지로 적용된다.[604]

---

603) 가능한 한 허락하는 것이 바람직하나, 분명한 것은 제한 없는 취재원묵비권은 적어도 지금 한국과 같은 '신뢰성이 낮은 사회'에서는 허용될 수 없다는 견해로는 김학성, 『헌법학원론(전정3판)』, 피앤씨미디어, 2019, 623쪽. 취재의 자유에는 취재원묵비권이 포함된다는 견해로는 고문현, 『헌법학개론』, 박영사, 2019, 176쪽; 성낙인, 『헌법학(제19판)』, 법문사, 2019, 1167쪽; 장영수, 『헌법학(제11판)』, 홍문사, 2019, 683~684쪽; 정종섭, 『헌법학원론(제12판)』, 박영사, 2018, 618쪽; 한수웅, 『헌법학(제9판)』, 법문사, 2019, 760쪽(자유언론 보장 관점에서 불가피한 경우에 한하여 예외적으로 인정된다고 한다); 허 영, 『한국헌법론(전정15판)』, 박영사, 2019, 615~616쪽.

604) 대법원 2011. 5. 13. 선고 2009도14442 판결(공2011상, 1237).

5. 제한

(1) 언론·출판의 자유에 대한 제한의 가중요건규정: 헌법 제21조 제4항의 해석론

헌법 제21조 제4항을 헌법유보로 보면 언론·출판의 자유는 심각하게 침해될 위험이 있을 뿐 아니라 구체적 사건에 적용하는 데 많은 문제가 따르는데, 즉 다른 사람의 명예나 권리 또는 공중도덕이나 사회윤리라는 막연하고 추상적인 개념을 가지고 직접 언론·출판의 자유를 제한하면 남용 가능성이 클 뿐 아니라 이처럼 구체적이지 않은 막연한 개념을 어떻게 구체적 사건에 적용할 것인지가 문제 되므로, 이 규정은 개별적 가중법률유보로 보는 것이 타당하다는 견해가 있다.605) 그리고 헌법 제21조 제4항은 민법상 원칙을 확인하는 의미가 있을 뿐으로 헌법제정권자가 언론·출판의 자유 한계를 다시 한 번 강조한 것이라는 견해가 있다.606) 또한, 헌법에 따른 기본권 제한으로서 언론·출판의 책임을 강조한 규정이라는 견해도 있다.607) 그 밖에 헌법 제21조 제4항은 언론·출판의 자유에 따르는 책임과 의무를 강조한 것이고, 언론·출판의 자유의 헌법적 한계를 규정한 것으로 언론·출판의 내재적 한계를 헌법이 확인한 것이라는 견해608)와 헌법 제21조 제4항의 타인의 명예나 권리, 공중도덕이나 사회윤리는 헌법 제37조 제2항의 비례성원칙에 따른 심사 이외에 추가적인 입법목적의 정당성을 다투는 기본권 제한의 사유가 될 수 있다는 견해609)도 있다. 헌법재판소는 헌법 제21조 제3항을 언론·출판의 자유를 제한하는 근거로서 (개별적) 헌법유보로 본다.610)

헌법 제21조 제4항을 내재적 한계나 내재적 한계를 실정화한 헌법직접적 제한으로 보는 견해는 타인의 명예, 권리, 공중도덕, 사회윤리라는 매우 포괄적이고 명확하지 않은 기준으로 보호영역을 획정하도록 허용하는 결과를 초래하여 언론·출판의 자유를 형해화할 우려가 있다. 즉 헌법 제21조 제1항의 언론·출판의 자유를 통해서 보호되지 않는 표현은 헌법 제21조 제2항(검열금지원칙)의 보호선 밖으로 밀려날 것이므로 사전검열도 가능하다고 볼 수밖에 없어 타인의 명예, 권리, 공중도덕, 사회윤리에 반하는 표현에 대한 검열이 허용된다는 결과가 된다. 이처럼 광범한 사유에 따른 사전검열 허용은 헌법 제21조 제1항과 제2항의 취지에 정면으로 모순된다. 헌법재판소는 헌법 제21조 제4항이 표현의 자유 한계를 설정한 것이라고 표현하나, 이것이 내재적 한계에 관한 것인지에 관하여서는 명시적인 견해 표현은 없고, 헌법상 보호영역에 속하지 않는 표현에 대해서는 제1차적인 규제가 허용된다고 한다. 그러나 보

---

605) 계희열, 『헌법학(중)(신정2판)』, 박영사, 2007, 470쪽.
606) 전광석, 『한국헌법론(제14판)』, 집현재, 2019, 370쪽.
607) 홍성방, 『헌법학(중)(제2판)』, 박영사, 2015, 202쪽.
608) 김학성, 『헌법학원론(전정3판)』, 피앤씨미디어, 2019, 625쪽.
609) 이부하, 『헌법학(상)』, 법영사, 2019, 379쪽.
610) 헌재 1998. 4. 30. 95헌가16, 판례집 10-1, 327, 338-340.

호영역에 속하는 표현에 대해서도 모든 사전적인 규제가 금지되는 것은 아니고 검열 형태로 한 규제가 금지될 뿐이다. 따라서 헌법 제21조 제4항은 내재적 한계라거나 개별적 헌법유보로 보아 보호영역 획정기준으로 이해할 수는 없고, 이는 헌법 제37조 제2항의 일반적 법률유보에 대해서 특별가중요건을 규정한 것으로 이해할 수 있다.611) 즉 표현의 자유에 관한 한 헌법 제37조 제2항의 일반적 가중요건(국가안전보장, 질서유지, 공공복리)을 갖추지 않았더라도 헌법 제21조 제4항의 가중요건(타인의 명예나 권리, 공중도덕이나 사회윤리)을 갖추면 법률에 따른 제한이 가능하다고 보아야 한다. 따라서 가중요건 외의 부분은 제37조 제2항이 중첩적으로 적용될 수 있다. 헌법 제21조 제4항은 현대 대중사회에서 대규모 매체 앞에 개인의 명예나 권리가 노출되어 침해될 위험은 크지만, 개개인의 힘으로써는 방어하기 어려운 사정임을 특별히 고려한 주의적 규정으로 보인다. 따라서 헌법상 보장되는 언론·출판의 보호영역은 헌법 제21조 제4항을 통해서 일반적으로 그어질 수는 없고, 다만 언론·출판의 개념적 한계 밖에 있는 행위들과 헌법이 명백하게 규범적으로 보호할 가치가 없다고 판단할 만한 행위를 그 보호영역에서 제외할 수 있다.

(2) 제한과 그 한계
① (표현이 있기 이전의) 사전적 제한(사전통제)
(ⅰ) 허가 금지

헌법 제21조 제2항에서는 언론·출판에 허가를 금지한다. 여기서 허가는 자연적 자유에 속하는 언론·출판을 일반적으로 금지하고 나서 특정한 때만 그 금지를 해제하여 주는 행정처분을 말한다.

(ⅱ) 검열 금지
ⓐ 검열금지제도의 취지

헌법이 제21조 제2항에서 검열금지원칙을 규정한 것은 헌법 제37조 제2항에 따라 법률로 언론·출판의 자유를 제한하여도 검열을 수단으로 한 제한만은 허용되지 않는다는 뜻이다. 헌법재판소도 사전검열은 절대적으로 금지되고,612) 여기에서 절대적이라 함은 언론·출판의 자유 보호를 받는 표현에 대해서는 사전검열금지원칙이 예외 없이 적용된다는 의미라고 한다.613) 614) 다

---

611) 같은 견해: 김선택, 「언론보호의 자유와 인격권 보호」, 『고려법학』 제43호, 고려대학교 법학연구원, 2004, 186쪽.

612) 헌재 1996. 10. 31. 94헌가6, 판례집 8-2, 395, 402; 헌재 2001. 8. 30. 2000헌가9, 판례집 13-2, 134, 148; 헌재 2005. 2. 3. 2004헌가8, 판례집 17-1, 51, 59; 헌재 2008. 6. 26. 2005헌마506, 판례집 20-1하, 397, 410; 헌재 2015. 12. 23. 2015헌바75, 판례집 27-2하, 627, 639.

613) 헌재 2015. 12. 23. 2015헌바75, 판례집 27-2하, 627, 639.

614) 헌재 2015. 12. 23. 2015헌바75, 판례집 27-2하, 627, 639: "현행 헌법이 사전검열을 금지하는 규정을 두면서 1962년 헌법과 같이 특정한 표현에 대해 예외적으로 검열을 허용하는 규정을 두고 있지 아니한 점, 이러한 상황에서 표현의 특성이나 이에 대한 규제의 필요성에 따라 언론·출판의 자유의 보호를 받는 표현 중에서 사전검열

만, 예외적으로 국가비상사태 때 비상계엄이 선포되면 헌법 제77조 제3항에 따라서 언론·출판의 자유에 대해서 검열을 할 수 있다. 즉 헌법 제77조 제3항은 제37조 제2항과는 별도의 기본권제한수권으로서, 비상계엄 선포 전제가 되는 특별한 상황, 즉 전시·사변 또는 이에 준하는 국가비상사태에서 적과 교전상태에 있거나 사회질서가 극도로 교란되어 집행 및 사법기능 수행이 현저히 곤란한 때(헌법 제77조 제3항, 계엄법 제2조 제2항)의 성격상 언론·출판의 자유에 대한 특별한 조치로서 검열까지도 내용으로 하는 것으로 판단된다. 이때도 법치국가의 일반원리인 비례성원칙은 준수되어야 한다. 헌법재판소는 상업광고와 같이 사상이나 지식에 관한 정치적 및 시민적 표현행위와 관련이 없으면 엄격한 사전검열금지원칙이 적용되지 않고, 과잉금지원칙이 주된 심사기준으로 적용된다고 하였다.[615] 그러나 상업광고가 언론·출판의 자유 보호범위에 속하는 한 이를 사전검열 금지와 관련하여 일반적인 의사표현행위보다 완화할 수는 없다.[616] 헌법재판소도 견해를 바꿔 의료광고와 같은 상업광고에도 사전검열은 금지된다고 한다.[617]

ⓑ 검열금지원칙의 내용

헌법이 금지하는 검열은 사상·의견 등이 발표되기 전에 국가기관이 그 내용을 심사·선별하여 일정한 사상·의견의 발표를 사전에 저지하는 제도, 즉 사전검열을 뜻한다. 따라서 사후검열은 허용된다. 이렇게 헌법이 사전검열을 금지하는 이유는 국가기관이 사전에 표현내용을 심사하여 집권자에게 불리한 내용의 표현을 사전에 억제하여 표현 자체를 불가능하게 함으로써 해당 표현 자체에 대한 일반대중의 평가기회를 봉쇄해버리고, 나아가 자유로운 사상 시장 조성을 원천적으로 방해하여 이른바 관제의견이나 지배자에 무해한 세론만이 허용되는 결과를 막기 위해서이다. 헌법재판소도 검열의 의미에 대해 (가) 행정권이 주체가 되어 (나) 사상이나 의견 등이 발표되기 이전에 예방적 조치로서 그 내용을 심사, 선별하여 발표를 사전에 억제하는, 즉 (다) 허가받지 아니한 것의 발표를 금지하는 제도라고 판시한다.[618]

ⓒ 검열 여부 판단기준

검열로 판단되려면 먼저 (가) 허가를 받기 위한 표현물의 제출의무가 있어야 한다. 따라서 표현물의 제출의무 없이 예를 들어 형법상 음란물이라는 이유로 법관이 발부한 영장에 따라

금지원칙의 적용이 배제되는 영역을 따로 설정할 경우 그 기준에 대한 객관성을 담보할 수 없어 종국적으로는 집권자에게 불리한 내용의 표현을 사전에 억제할 가능성을 배제할 수 없게 된다는 점 등을 고려하면, 현행 헌법상 사전검열은 예외 없이 금지되는 것으로 보아야 한다."

615) 헌재 2010. 7. 29. 2006헌바75, 판례집 22-2상, 232, 255-256.
616) 전광석, 『한국헌법론(제14판)』, 집현재, 2019, 387쪽.
617) 헌재 2015. 12. 23. 2015헌바75, 판례집 27-2하, 627, 639; 헌재 2018. 6. 28. 2016헌가8등, 판례집 30-1하, 313, 327.
618) 헌재 1996. 10. 4. 93헌가13등, 판례집 8-2, 212, 222; 헌재 1996. 10. 31. 94헌가6, 판례집 8-2, 395, 402; 헌재 2001. 8. 30. 2000헌가9, 판례집 13-2, 134, 148.

서 이루어지는 출판물에 대한 압수는 검열 개념에 포함되지 않는다. 이미 발행한 정기간행물의 납본제도는 그 내용을 심사하여 발행 여부를 결정하는 것이 아니므로 검열에 해당하지 않는다.[619] 행정청의 사전심사가 있어도 사전심사가 출판 허용 여부를 결정하려는 것이 아니라 해당 출판물을 교과서로 쓸 수 있는지를 결정하려는 것이면 검열에 해당하지 않는다.[620] 그리고 옥외광고물을 설치하면 광고물의 종류·모양·크기·색깔, 표시나 설치 방법 및 기간 등을 규제하려고 제출하도록 하는 규정은 의견내용을 사전에 통제하는 목적이 없으므로 검열에 해당하지 않는다.[621] 다음으로 (나) 행정주체가 주체가 된 사전심사절차가 예정되어야 한다.[622] 심사주체가 행정기관인지는 기관 형식이 아니라 그 실질에 따라 판단하여야 한다. 독립적인 위원회에서 검열하여도 행정권이 주체가 되어 검열절차를 형성하고 검열기관 구성에 지속적인 영향을 미칠 수 있으면 실질적으로 행정기관에 해당한다. 이러한 기준에 따라 헌법재판소는 구 영화진흥법상 영상물등급위원회를 행정기관으로 판단하였다.[623] 그리고 (다) 허가를 받지 않은 의사표현이 금지되어야 한다. 따라서 심의기관에서 허가절차를 통해서 발표 여부를 최종적으로 결정하면 이는 검열이다. 그러나 등급심사를 받지 않은 영화 상영을 금지하고 그 위반에 대해서 행정적 제재를 가하지만, 상영금지는 심의 결과가 아니고 등급심사를 관철하기 위한 조치이므로, '영화 및 비디오물의 진흥에 관한 법률'상 영화 등급을 심사하는 것은 사전검열이 아니다(제29조).[624] 이에 반해서 등급분류보류 결정은 그 횟수 제한이 없고, 그 결과 무한정 등급분류가 보류될 수 있다. 이는 비록 형식적으로는 '등급분류보류'이지만, 실질적으로는 영상물등급위원회 허가가 없으면 영화를 통한 의사표현이 금지되므로 검열에 해당한다.[625] 끝으로 (라) 심사를 관철할 수 있는 강제수단이 있어야 한다. 영화와 관련하여 보면 예를 들어 등급분류를 받지 않은 영화 상영을 금지하고, 상영을 강행하면 과태료를 부과하며, 상영금지 혹은 정지명령을 내리거나 이에 위반하면 형벌을 부과하는 것 등이 강제수단에 해당한다.

---

619) 헌재 1992. 6. 26. 90헌바26, 판례집 4, 362, 371-372.

620) 헌재 1992. 11. 12. 89헌마88, 판례집 4, 739, 759-761.

621) 헌재 1998. 2. 27. 96헌바2, 판례집 10-1, 118, 125-126.

622) 법원의 방영금지가처분은 비록 제작 또는 방영되기 이전, 즉 사전에 그 내용을 심사하여 금지하기는 하나, 이는 행정권의 사전심사나 금지처분이 아니라 개별 당사자 사이의 분쟁에 관하여 사법부가 사법절차에 따라서 심리·결정하는 것이므로, 헌법에서 금지하는 사전검열에 해당하지 않는다(헌재 2001. 8. 30. 2000헌바36, 판례집 13-2, 229, 233).

623) 헌재 2001. 8. 30. 2000헌가9, 판례집 13-2, 134, 149-150.

624) 헌재 1996. 10. 4. 93헌가13등, 판례집 8-2, 212, 224-225.

625) 헌재 2001. 8. 30. 2000헌가9, 판례집 13-2, 134, 150-151.

② (표현이 있은 이후의) 사후적 제한(사후통제)

(ⅰ) 헌법 제37조 제2항 – 일반적 법률유보

언론·출판의 자유도 헌법 제37조 제2항에 따라서 제한될 수 있다. 언론·출판의 자유를 제한하는 법률은 그 내용이 명확하여야 한다. 불명확한 규범에 따른 규제는 언론·출판의 자유를 위축하기 때문이다. 언론·출판의 자유에 대한 사후제한에서도 언론·출판의 자유가 갖는 개인의 자아실현과 공동체 형성의 기능을 중시하여 다른 경제적 영역에 적용되는 기본권과 비교해서 엄격한 기준이 적용된다. 즉 언론·출판의 자유는 이를 누림으로써 국가안전보장·질서유지 그리고 공공복리에 위해를 주는 것이 명백하고 그 위해가 현존하는 때만 제한될 수 있다. 해당 표현의 실체적 내용에 대한 제한이면 심사를 강화한다. 이때 개인의 의사표현 그 자체가 제한되고, 그 결과 균형 있는 여론 형성 가능성도 차단되기 때문이다. 그에 반해서 내용중립적인 제한에 대한 심사는 완화한다. 이때 의사표현 그 자체가 제한되는 것이 아니라 표현의 시기, 장소, 형식 등에 관한 규제가 이루어지기 때문이다. 의사가 표현되고 나서는 그 내용에 대해서 국가기관이 사후검열을 할 수 있다.

(ⅱ) 긴급명령을 통한 제한(헌법 제76조 제2항)

대통령은 제76조에 따라 법률의 효력이 있는 긴급명령을 발할 수 있고, 이 긴급명령을 통해서 언론·출판의 자유를 제한할 수 있다. 그러나 긴급명령을 통해서도 사전검열제는 도입할 수 없다.

(ⅲ) 비상계엄 선포 시의 특별조치(헌법 제77조 제3항)

헌법 제77조 제3항에 따라서 비상계엄이 선포되면 법률이 정하는 바에 따라서 언론·출판의 자유에 관해서 특별한 조치를 할 수 있다. 특별한 조치 내용에 관해서는 계엄법이 특별히 규율하지 않는다. 비상계엄 아래에서 이루어지는 특별한 조치는 헌법 제37조 제2항에 따른 통상적인 제한과는 다른 내용이 있다. 따라서 비상계엄 아래에서는 헌법이 통상적인 때에 금지하는 허가나 사전검열의 방법을 통해서 언론·출판의 자유를 제한할 수 있다. 다만, 이러한 조치들은 사법심사 대상이 되고, 특히 과잉금지원칙이 심사기준으로 적용된다.

③ 언론(표현의 자유) 제한하는 법률의 합헌성 판단기준 – 엄격기준

(ⅰ) 현실적 악의 원칙

현실적 악의(actual malice) 원칙은 언론기관이 허위임을 알고서 또는 중대한 과실로 허위임을 알지 못하고 보도한 때만 언론기관을 책임진다는 원칙을 말한다. 현실적 악의란 허위임을 알았거나 허위 여부를 전혀 따져보지 않고 무시하는 것을 말한다. 언론기관 보도로 피해를 입었을 때, 전통적 이론을 따르면 원고가 보도의 허위를 주장하고 허위에 관한 증명책임은 언론기관인 피고가 부담하였다. 즉 언론기관이 자신의 보도가 허위가 아님을 증명하여야 하였다. 그러나 현실적 악의이론을 따르면 증명책임이 전환된다. 원고가 언론기관의 현실적

악의를 증명하여야 하고, 증명하지 못하면 언론기관은 면책되므로, 결과적으로 언론기관 입지를 강화한다. 헌법재판소는 현실적 악의이론을 수용하는 듯한 결정을 내린 바 있으나626) 완전수용으로 보기 어렵다. 다만, 대법원은 현실적 악의를 수용하지 않는다.627)

(ⅱ) 명백하고 현존하는 위험의 원칙

명백하고 현존하는 위험의 원칙(rule of clear and present danger)은 미국에서 판례를 통해서 확립된 원칙으로서 언론·출판의 자유를 규제하는 조치의 합헌성을 판단하는 기준으로 작용한다. 이 원칙은 표현으로 말미암아 발생할 위험이 명백하고 현존하는 때만 언론·출판의 자유를 제한할 수 있다는 것이다. 여기서 '명백'은 표현과 그로 말미암아 발생할 해악(다른 법익 침해) 사이에는 필연적 인과관계가 있어야 한다는 것이고(표현과 해악 발생 사이에 긴밀한 인과관계), '현존'은 표현으로 말미암은 해악 발생이 시간적으로 임박해 있다는 것(해악 발생이 시간적으로 근접)을 말하며, 위험은 공공의 이익에 대한 해악 발생의 개연성을 말한다. 언론·출판의 자유는 이처럼 해악 발생이 확실하고 임박한 때만 제한될 수 있고, 단순히 위험한 경향이 있다는 이유로 제한될 수 없다.628) 이 원칙이 엄격한 기준에 따라서만 언론의 자유를 제

---

626) 헌재 1999. 6. 24. 97헌마265, 판례집 11-1, 768, 777-779: "형법 제310조는 "제307조 제1항(사실적시 명예훼손)의 행위가 진실한 사실로서 오로지 공공의 이익에 관한 때에는 처벌하지 아니한다"고 규정하여 언론의 자유와 명예 보호라는 두 가치를 유형적으로 형량하는 조정을 꾀하고 있다. 그런데 진실성의 증명과 공공의 이익이라는 위법성의 조각 요건을 엄격하게 요구하면 형사제재의 범위는 넓어지고 언론의 자유는 위축된다. 가치있는 공적인 사안이나 국민이 알아야 할 사안(알권리)에 대하여 자유로운 비판이나 토론을 하지 못하게 형사벌로 규율한다면 언론의 자유는 질식하고, 비교형량의 비중은 명예 보호쪽에 너무 치우치게 된다. 이와 같은 언론 자유의 위축이나 질식은 바로 다수결 원리의 형해화로 이어지고 민주주의 또한 이름뿐인 존재로 전락하게 만드는 것이다. 따라서 명예훼손적 표현에 대한 형사법을 해석함에 있어서는 이러한 헌법적인 요청을 고려하여 첫째, 그 표현이 진실한 사실이라는 입증이 없어도 행위자가 진실한 것으로 오인(誤認)하고 행위를 한 경우, 그 오인에 정당한 이유가 있는 때에는 명예훼손죄는 성립되지 않는 것으로 해석하여야 한다. 둘째, "오로지 공공의 이익에 관한 때에"라는 요건은 언론의 자유를 보장한다는 관점에서 그 적용범위를 넓혀야 한다. 국민의 알권리의 배려라는 측면에서 객관적으로 국민이 알아야 할 필요가 있는 사실(알권리)에는 공공성이 인정되어야 하고, 또 사인이라도 그가 관계하는 사회적 활동의 성질과 이로 인하여 사회에 미칠 영향을 헤아려 공공의 이익은 쉽게 수긍할 수 있도록 하여야 한다(대법원 1993. 6. 22. 92도3160, 공 1993하, 2188; 1994. 8. 26. 94도237, 공 1994하, 2572. 각 참조). 셋째, 명예훼손적 표현에서의 "비방할 목적"(형법 제309조)은 그 폭을 좁히는 제한된 해석이 필요하다. 법관은 엄격한 증거로써 입증이 되는 경우에 한하여 행위자의 비방 목적을 인정하여야 한다. 이상의 법리를 공적 인물의 공적인 활동과 관련된 신문보도에 비추어 생각컨대, 객관적으로 국민이 알아야 할 공공성·사회성을 갖춘 사실(알권리)은 민주제의 토대인 여론형성이나 공개토론에 기여하므로 형사제재로 인하여 이러한 사안의 게재(揭載)를 주저하게 만들어서는 안된다. 신속한 보도를 생명으로 하는 신문의 속성상 허위를 진실한 것으로 믿고서 한 명예훼손적 표현에 정당성을 인정할 수 있거나, 중요한 내용이 아닌 사소한 부분에 대한 허위보도는 모두 형사제재의 위험으로부터 자유로워야 한다(대법원 1996. 8. 23. 94도3191, 공 1996하, 2928 참조). 시간과 싸우는 신문보도에 오류(誤謬)를 수반하는 표현은, 사상과 의견에 대한 아무런 제한없는 자유로운 표현을 보장하는 데 따른 불가피한 결과이고 이러한 표현도 자유토론과 진실확인에 필요한 것이므로 함께 보호되어야 하기 때문이다. 그러나 허위라는 것을 알거나 진실이라고 믿을 수 있는 정당한 이유가 없는데도 진위(眞僞)를 알아보지 않고 게재한 허위보도에 대하여는 면책을 주장할 수 없다."

627) 대법원 1997. 9. 30. 선고 97다24207 판결(공1997하, 3279); 대법원 1998. 5. 8. 선고 97다34563 판결(공1998상, 1575).

628) 헌재 1990. 4. 2. 89헌가113, 판례집 2, 49, 62-63: "그렇다면 그 가운데서 국가의 존립·안전이나 자유민주적

한하여 다른 자유권과 비교해서 언론·출판의 자유 우위를 인정하고 이를 최대한으로 보장하는 역할을 하는 것이 사실이다. 그러나 문제는 위험의 명백성이나 현존성을 객관적으로 판단하기 어렵다는 것이다. 이 원칙에 대해서는 위험의 근접성과 정도를 판단하는 것은 주관적일 수 있다는 점과 행정청이 사전에 언론·출판의 자유를 규제할 때 이 원칙을 판단 기준으로 삼기에는 부적합다는 점이 지적된다.

(ⅲ) 명확성원칙 – '막연하기 때문에 무효'의 법리

언론·출판의 자유를 제한하는 법률은 명확하여야 한다. 즉 불확정개념이나 막연한 용어를 사용하는 불명확한 법률로는 언론·출판의 자유를 제한하지 못한다. 미국에서 발전한 '막연하기 때문에 무효(void for vagueness)'의 법리는 표현의 자유를 제한하는 법률이 불명확하면 그 내용이 막연하므로 무효가 된다는 것이다. 이러한 법률의 합헌성 추정을 부인하는 동시에 표현의 자유의 우월적 지위를 확인해 주는 법리이다. 불명확한 규범을 통한 언론·출판의 자유 규제는 헌법상 보호받는 언론에 대한 위축 효과를 발휘하게 된다. 즉 무엇이 금지되는 언론인지가 불명확하면, 자신이 하고자 하는 표현이 규제 대상이 아니라는 확신이 없는 개인은 대체로 규제 받을 것을 우려하여서 표현행위를 스스로 억제하게 될 가능성이 높다. 그래서 언론·출판의 자유를 규제하는 법률은 규제되는 언론 개념을 세밀하고 명확하게 규정할 것이 헌법적으로 요구된다.629)

기본질서에 무해한 행위는 처벌에서 배제하고, 이에 실질적 해악을 미칠 명백한 위험성이 있는 경우로 처벌을 축소제한하는 것이 헌법 전문·제4조·제8조 제4항·제37조 제2항에 합치되는 해석일 것이다. 이러한 제한해석은 표현의 자유의 우월적 지위에 비추어 당연한 요청이라 하겠다. 여기에 해당되는가의 여부는 제7조 제1항 소정의 행위와 위험과의 근접정도도 기준이 되겠지만 특히 해악이 크냐 작은냐의 정도에 따라 결정함이 합당할 것이다."

헌재 1992. 4. 14. 90헌바23, 판례집 4, 162, 172: "그렇다면 처벌의 대상으로 되어야 할 것은 제9조 제2항 소정의 편의제공행위 가운데서 국가의 존립·안전이나 자유민주적 기본질서에 실질적 해악을 미칠 구체적이고 명백한 위험성이 있는 경우로 소제한하여야 할 것이고, 그와 같은 위험성이 있다고 단정하기 어려운 것은 처벌의 대상에서 배제시켜야 할 것이다."

629) 헌재 1998. 4. 30. 95헌가16, 판례집 10–1, 327, 342: "표현의 자유를 규제하는 입법에 있어서 이러한 명확성의 원칙은 특별히 중요한 의미를 지닌다. 민주사회에서 표현의 자유가 수행하는 역할과 기능에 비추어 볼 때, 불명확한 규범에 의한 표현의 자유의 규제는 헌법상 보호받는 표현에 대한 위축적 효과를 수반하기 때문이다. 즉, 무엇이 금지되는 표현인지가 불명확한 경우에는, 자신이 행하고자 하는 표현이 규제의 대상이 아니라는 확신이 없는 기본권주체는ー형벌 등의 불이익을 감수하고서라도 자신의 의견을 전달하고자 하는 강한 신념을 가진 경우를 제외하고ー대체로 규제를 받을 것을 우려해서 표현행위를 스스로 억제하게 될 가능성이 높은 것이다. 그렇기 때문에 표현의 자유를 규제하는 법률은 그 규제로 인해 보호되는 다른 표현에 대하여 위축적 효과가 미치지 않도록 규제되는 표현의 개념을 세밀하고 명확하게 규정할 것이 헌법적으로 요구된다. 그러나 모든 법규범의 문언을 순수하게 기술적 개념만으로 구성하는 것은 입법기술적으로 불가능하고 또 바람직하지도 않기 때문에 어느 정도 가치개념을 포함한 일반적, 규범적 개념을 사용하지 않을 수 없다. 따라서 명확성의 원칙이란 기본적으로 최대한이 아닌 최소한의 명확성을 요구하는 것이다. 그러므로 법문언이 해석을 통해서, 즉 법관의 보충적인 가치판단을 통해서 그 의미내용을 확인해낼 수 있고, 그러한 보충적 해석이 해석자의 개인적인 취향에 따라 좌우될 가능성이 없다면 명확성의 원칙에 반한다고 할 수 없다 할 것이다."

(ⅳ) 이익형량이론

이익형량이론은 구체적인 사건에서 언론·출판의 자유를 누리는 데서 얻는 개인의 이익과 표현을 제한하는 법률에서 추구하려는 공공의 이익을 형량하여 제한하려는 이익 비중이 클 때, 그 제한을 인정한다는 이론이다.[630] 그러나 이 이론에 대해서는 객관적 기준 없이 사건마다 형량하여야 하는 어려움이 있을 뿐 아니라 판단자의 주관이나 사회적 분위기 등에 따라 규제 틀이 달라질 수 있다는 비판이 있다.

(ⅴ) 이중기준이론

정신적 자유와 경제적 자유를 구별하여 정신적 자유의 우월을 인정하는 것이 이중기준이론(theory of double standard)이다. 즉 언론·출판의 자유 등 정신적 자유권은 경제적 기본권과 비교하여 우월성이 있으므로, 그 제한과 규제에 관해서는 경제적 기본권의 규제입법 기준인 '합리성'보다 엄격한 기준에 따라야 한다는 이론이다. 그러나 이중기준이론은 추상적인 기준이 될 수는 있으나, 개별적·구체적 사안에 언제나 적용할 수 없다는 문제점이 있다.

(ⅵ) 우월적 지위의 원칙

표현·사상의 자유는 헌법상 자유권 중에서 다른 모든 자유의 기반이고 없어서는 아니 될 전제조건이므로, 이를 제한하면 어떤 자유나 정의도 있을 수 없다는 것이다. 따라서 언론·출판의 자유와 종교의 자유는 자유권 가운데 우월적 지위가 인정되고, 그 제한입법은 유효한 사회목적 실현을 위해서 합리적일 뿐 아니라 압도적인 종국적 판단으로 정당화하여야 비로소 인정된다. 이 이론은 기본권 사이의 우열이나 서열이 없으므로 타당하지 않다.

(ⅶ) 과잉금지원칙[덜 제한적인 대체조치(less restrictive alternative: LRA)의 원칙]

위법한 표현행위를 규제하기에 충분한 더 완곡한 제재방법이 따로 있는데도 과중한 제재를 과하는 입법은 자유로운 표현을 질식시키는 사회적 효과를 가져오므로 위헌이다.

---

630) 헌재 1999. 6. 24. 97헌마265, 판례집 11-1, 768, 776-777: "국민의 알권리와 다양한 사상·의견의 교환을 보장하는 언론의 자유는 민주제의 근간이 되는 핵심적인 기본권이고, 명예 보호는 인간의 존엄과 가치, 행복을 추구하는 기초가 되는 권리이므로, 이 두 권리를 비교형량하여 어느 쪽이 우위에 서는지를 가리는 것은 헌법적인 평가 문제에 속하는 것이다. 그러므로 언론매체의 명예훼손적 표현에 위에서 본 실정법을 해석·적용할 때에는 언론의 자유와 명예 보호라는 상반되는 헌법상의 두 권리의 조정 과정에 다음과 같은 사정을 고려하여야 한다. 즉, 당해 표현으로 인한 피해자가 공적 인물인지 아니면 사인(私人)인지, 그 표현이 공적인 관심 사안에 관한 것인지 순수한 사적인 영역에 속하는 사안인지, 피해자가 당해 명예훼손적 표현의 위험을 자초(自招)한 것인지, 그 표현이 객관적으로 국민이 알아야 할 공공성·사회성을 갖춘 사실(알권리)로서 여론형성이나 공개토론에 기여하는 것인지 등을 종합하여 구체적인 표현 내용과 방식에 따라 상반되는 두 권리를 유형적으로 형량한 비례관계를 따져 언론의 자유에 대한 한계 설정을 할 필요가 있는 것이다. 공적 인물과 사인, 공적인 관심 사안과 사적인 영역에 속하는 사안 간에는 심사기준에 차이를 두어야 하고, 더욱이 이 사건과 같은 공적 인물이 그의 공적 활동과 관련된 명예훼손적 표현은 그 제한이 더 완화되어야 하는 등 개별사례에서의 이익형량에 따라 그 결론도 달라지게 된다."

Ⅵ. 집회의 자유

1. 의의

(1) 개념

집회의 자유는 다수의 자연인이나 법인이 공동 목적을 위해서 자발적·일시적 모임을 할 수 있는 자유를 말한다.

(2) 연혁

한국 헌법은 1948년 이래 언론·출판의 자유와 집회·결사의 자유를 동일조항에서 규정하였고 법률유보 아래에 두었다. 1962년 헌법은 집회에 대한 허가제 금지(제18조 제2항)와 옥외집회에 대한 법률적 규제(제18조 제4항)를 규정하였다. 그 후 집회에 대한 허가제 금지는 1972년 헌법과 1980년 헌법에서 규정되지 않았고, 현행 헌법에서 다시 규정되었다. 헌법 제21조 제1항은 "모든 국민은 … 집회…의 자유를 가진다."라고 규정한다. 그리고 헌법 제21조 제2항은 "… 집회…에 대한 허가는 인정되지 아니한다."라고 규정한다.

(3) 보장의의

집회는 다른 사람과 의사소통하는 한 형식으로서 모임이다. 따라서 집회의 자유는 의사소통의 기본권이다. 집회의 자유는 다른 사람과 접촉하여 집단으로 의사를 형성하고 이를 표현하며 관철하려 하므로 언론의 자유를 보충하는 기능을 한다. 그리고 집회의 자유는 국가의사를 형성하는 과정에서 국민 개인이나 집단의 구체적인 의사를 투입하여 추정적인 국민의사와 구체적인 국민의사가 심각하게 괴리되는 것을 방지하는 데 이바지한다. 또한, 국가권력을 객관적인 시각에서 비판적으로 감시하는 언론의 기능이 약화하면 집회의 자유가 언론을 보호하고, 언론에 반영되지 못한 소수 의견은 결국 소수자가 집회의 자유를 통해서 표명할 수밖에 없다. 이러한 점에서 집회의 자유는 소수자를 보호하는 기능을 수행한다. 더하여 집회는 집단으로 하므로 매우 강력하고 갈등을 해소하는 데 중요한 역할을 하는 효과적인 정치투쟁 수단이다. 나아가 한계 상황에서 다수에 대한 설득과 항거뿐 아니라 다수에 대한 불복종 가능성이 집회의 자유에서 논의될 수 있다.631)

2. 주체

집회의 자유는 정치적 의사 형성과 표현을 집단으로 행사하는 자유이므로, 즉 집회의 자

---

631) 헌재 1992. 1. 28. 89헌가8, 판례집 4, 4, 20: "대의민주주의 체제에 있어서 집회의 자유는 불만과 비판 등을 공개적으로 표출케 함으로써 오히려 정치적 안정에 기여하는 긍정적 기능을 수행하며, 이와 같은 자유의 향유는 민주정치의 바탕이 되는 건전한 여론표현과 여론 형성의 수단인 동시에 대의기능이 약화되었을 때에 소수의견의 국정반영의 창구로서의 의미를 지님을 간과해서는 안될 것이다."

유는 주로 정치적 자유로서 국가 형성에 참여하게 되므로 내국인만 주체가 된다.[632] 외국인이나 무국적자는 집회의 자유 주체가 아니다. 그렇다고 그들이 집회를 개최하거나 참가할 자유가 전혀 없다는 것은 아니다. 이들의 집회는 헌법적 (기본권적) 차원이 아니라 법치국가적 테두리 안에서 법적 보호를 받는다.[633] 미성년자도 집회의 자유 주체이다. 물론 미성년자는 일정한 정신적 성숙단계에 이르러야 행사능력이 있다. 법인, 그 밖의 단체는 집회의 주체나 참가 형식으로 주체가 될 수 있으나, 주관자나 질서유지인은 자연인만 할 수 있다.

3. 내용

집회의 자유는 집회를 주최·주관·진행하고 참가할 적극적 자유와 집회를 주최하지 않고 참가하지 않을 수 있는 소극적 자유를 포함한다. 즉 집회의 적극적 자유에 따라서 집회를 조직·준비(초청장 발송, 선전)하여 이를 주최·주관·진행할 수 있고 이에 참가하여 연설하고 토론할 수 있다. 그리고 소극적 집회의 자유에 따라서 누구도 집회 참가와 형성을 강요당하지 아니한다. 집회의 자유는 집회의 시간, 장소, 방법과 목적을 스스로 결정하는 것을 보장한다. 구체적으로 보호되는 주요 행위는 집회의 준비와 조직, 지휘, 참가, 집회장소·시간의 선택이다.[634]

(1) 집회의 개념

집회는 공동 목적이 있는 다수인의 자발적인 일시적 모임을 말한다. 대법원도 "집회및시위에관한법률 제3조의 집회란 특정 또는 불특정 다수인이 특정한 목적 아래 일시적으로 일정한 장소에 모이는 것을 말하고 그 모이는 장소나 사람의 다과에 제한이 있을 수 없다."라고 하여 같은 견해이다. [635] 집회가 성립하려면 2명 이상 모임이어야 한다.[636] 개인을 고립시키

---

632) 계희열, 『헌법학(중)(신정2판)』, 박영사, 2007, 491쪽.

633) 계희열, 『헌법학(중)(신정2판)』, 박영사, 2007, 491쪽. 외국인이나 무국적자의 주체성을 인정하는 견해로는 권영성, 『헌법학원론(개정판)』, 법문사, 2010, 537쪽; 성낙인, 『헌법학(제19판)』, 법문사, 2019, 1206쪽. 그리고 외국인에게 인정되는 기본권 보장과 관련되는 집회라면 이러한 집회의 주최와 참가를 부정할 이유가 없지만, 외국인에게 인정되지 않는 기본권 행사와 관련되는 집회에 관해서는 외국인의 주최와 참가를 인정하기 곤란하다는 견해로는 장영수, 『헌법학(제11판)』, 홍문사, 2019, 698쪽.

634) 헌재 2016. 9. 29. 2014헌가3등, 판례집 28−2상, 258, 268; 헌재 2018. 5. 31. 2013헌바322등, 판례집 30−1하, 88, 102; 헌재 2018. 6. 28. 2015헌가28등, 판례집 30−1하, 297, 307.

635) 대법원 1983. 11. 22. 선고 83도2528 판결(공1984, 134).

636) 대법원 2012. 5. 24. 선고 2010도11381 판결(공2012하, 1169): "구 집시법에 의하여 보장 및 규제의 대상이 되는 집회란 '특정 또는 불특정 다수인이 공동의 의견을 형성하여 이를 대외적으로 표명할 목적 아래 일시적으로 일정한 장소에 모이는 것'을 말하고, 그 모이는 장소나 사람의 다과에 제한이 있을 수 없으므로(대법원 1983. 11. 22. 선고 83도2528 판결, 대법원 2008. 6. 26. 선고 2008도3014 판결 등 참조), 2인이 모인 집회도 위 법의 규제 대상이 된다고 보아야 한다."
집회는 3인 이상 모임이라는 견해로는 계희열, 『헌법학(중)(신정2판)』, 박영사, 2007, 480~481쪽; 권영성, 『헌법학원론(개정판)』, 법문사, 2010, 536쪽; 김학성, 『헌법학원론(전정3판)』, 피앤씨미디어, 2019, 637쪽; 박선영, 「헌법 제21조」, 『헌법주석[I]』, 박영사, 2013, 649쪽; 성낙인, 『헌법학(제19판)』, 법문사, 2019, 1207쪽; 장영수, 『헌

는 체제는 개인을 최후의 친구에서도 그를 격리시키려 할 것이고, 다른 사람과 의사소통을
하여 자아발현하는 것이 집회의 자유의 중요한 기능이기 때문이다. 따라서 이른바 1인 시위
는 헌법과 '집회 및 시위에 관한 법률'상 시위가 아니다. 1인 시위는 언론·출판의 자유 보호
대상이다. 공동 목적은 공적 사안에 한정되지 않는다. 따라서 정치적 혹은 그 밖의 공적인 목
적의 집회뿐 아니라 사적 목적을 추구하는 집회도 집회의 자유를 통해서 보호된다. 따라서
순수한 친목모임도 집회에 해당한다. 그리고 집회는 의견의 형성과 표현을 필수적인 요소로
하지 않는다.[637] 다수인이 공동 목적을 달성하기 위한 내적 유대가 있는 것으로 충분하다.[638]
집회와 시위는 공동의 의사소통에 지향된 자아발현을 보호하고, 이 보호는 토론이 이루어지
는 집회에 국한하지 아니하고 공동적인 형태의 다양한 형식을 포괄하기 때문이다. 예를 들어
교통사고 현장이나 진열창(show window)에 몰린 행인들처럼 순전히 우연하게 모인 다수인의
회합으로는 충분하지 않다. 그러나 우연한 모임도 처음에 결여되었던 내적 유대가 생기면 집
회가 될 수 있다.

시위는 다수인이 공개적인 장소에서 일반 대중의 이목을 끄는 방법으로 공동으로 의견을
표명하고 이로써 다른 사람의 의사 형성에 영향을 미치려는 옥외집회의 하나이다. 따라서 시
위도 옥외집회의 변종인 이동하는 옥외집회로서 집회에 속한다.[639] 이때 시위는 일정한 공동
목적이 있고 어떤 사항에 관해서 공중에 영향을 줄 의도로 하였을 때 성립한다(예를 들어 선전
을 위한 서커스행렬, 축제행렬, 장례행렬 등. 그러나 학생들 소풍은 해당되지 않는다.). 시위는 교통
등으로 말미암은 잠시 정지가 있어도 성질이 변하지 않는다. 그러나 목적지에서 행사를 하면
시위가 아니라 본래 의미의 집회가 된다.

법학(제11판)』, 홍문사, 2019, 695쪽.

637) 의사 형성과 표현을 위한 모임만 집회라는 견해로는 계희열, 『헌법학(중)(신정2판)』, 박영사, 2007, 480쪽.

638) 헌재 2009. 5. 28. 2007헌바22, 판례집 21-1하, 578, 588: "··· 일반적으로 집회는, 일정한 장소를 전제로 하여
특정 목적을 가진 다수인이 일시적으로 회합하는 것을 말하는 것으로 일컬어지고 있고, 그 공동의 목적은 '내적
인 유대 관계'로 족하다고 할 것이다."

639) '집회 및 시위에 관한 법률' 제2조 제2호는 여러 사람이 공동의 목적을 가지고 도로, 광장, 공원 등 일반인이
자유로이 통행할 수 있는 장소를 행진하거나 위력 또는 기세를 보여, 불특정한 여러 사람의 의견에 영향을 주거
나 제압을 가하는 행위를 말한다고 한다.
    헌재 1992. 1. 28. 89헌가8, 판례집 4, 4, 16: "··· 원래 집회 또는 이동하는 집회를 뜻하는 시위란 그것이 불특정
다수인의 규합이요, ···"
    헌재 1994. 4. 28. 91헌바14, 판례집 6-1, 281, 295-296: "그렇다면 집시법 제2조 제2호의 "시위(示威)"는, 그
문리와 위 개정연혁에 비추어, 다수인이 공동목적을 가지고 (1) 도로·광장·공원 등 공중이 자유로이 통행할 수
있는 장소를 진행함으로써 불특정다수인의 의견에 영향을 주거나 제압을 가하는 행위와 (2) 위력 또는 기세를
보여 불특정다수인의 의견에 영향을 주거나 제압을 가하는 행위를 말한다고 풀이해야 할 것이다. 따라서 위 (2)
의 경우에는 위력 또는 기세를 보인 장소가 공중이 자유로이 통행할 수 있는 장소이든 아니든 상관없이 그러한
행위가 있고 그로 인하여 불특정다수인의 의견에 영향을 주거나 제압을 가할 개연성이 있으면 집시법상의 "시
위"에 해당하는 것이고, 이 경우에는 "공중이 자유로이 통행할 수 있는 장소"라는 장소적 제한개념은 "시위"라는
개념의 요소라고 볼 수 없다. 즉 위의 장소적 제한개념은 모든 시위에 적용되는 "시위"개념의 필요불가결한 요소
는 아님을 알 수 있다."

행진은 불특정다수인의 의견에 영향을 주거나 제압을 가할 의도가 없는 다수인의 움직임을 말한다. 행진은 집회와 시위가 금지되는 일부 장소에서도 허용될 수 있고, 교통소통을 위해서 필요하다고 인정하여 집회와 시위가 금지나 제한되어도 허용될 수 있다('집회 및 시위에 관한 법률' 제11조 제3호 단서, 제12조 제2항).

다수인의 공동목적이 있을 때는 사전에 계획된 집회뿐 아니라 긴급히 조직된 집회도 있다(긴급집회). 그리고 즉석에서 동기가 부여되어 우발적으로 이루어지는 집회(우발적인 집회)도 보호된다. '집회 및 시위에 관한 법률'은 이러한 집회들을 충분히 고려하지 않는다. 그러나 법원은 계획된 시위를 저지하는 경찰 조치에 대해서 항의하는 집회에서와 같이 우발적인 집회를 주도한 사람은 사전신고의무가 있는 집회개최인이 될 수 없어서, 이때 사전신고의무를 위반하였다는 이유로 처벌할 수 없다고 한다.[640]

(2) 집회의 종류와 집회의 자유를 통한 보호 여부와 정도

① 옥내집회와 옥외집회

집회는 장소에 따라 옥내집회와 옥외집회로 나눈다. 옥내집회는 천정이 덮혀 있고 사방이 폐쇄될 수 있는 장소에서 하는 집회를 말하고, 옥외집회는 천정이 없거나 사방이 폐쇄되지 않은 장소에서 하는 집회('집회 및 시위에 관한 법률' 제2조 제1항)이다. 옥내집회는 비무장이고 평화적이면 아무런 법적 절차 없이 보장된다. 이때 옥내집회 주최자는 옥외 참가를 유발하는 행위를 하여서는 아니 된다('집회 및 시위에 관한 법률' 제14조 제5항). 옥외집회만 신고의무 적용 대상이다('집회 및 시위에 관한 법률' 제6조).

② 평화적 집회와 비평화적 집회(폭력적 집회)

집회의 자유는 본질적으로 평화로운 집단적 의사표현을 보호한다.[641] 따라서 민주주의를 부인하는 내용의 그리고 폭력적인 집회는 보호되지 않는다. 즉 비평화적 집회는 금지된다('집회 및 시위에 관한 법률' 제5조 제1항 제2호, 제16조 제4항 제2호). 공공도로상 연좌시위는 교통소통을 방해함으로써 법적 평화를 침해하고 교통수단을 이용하려는 많은 통행인에게 심리적인 폭력을 가하는 것이라서 평화적이라고 보지 않을 수도 있다(심리적 폭력설). 그러나 사람이나 물건에 대한 물리적 폭력이 없는 한 평화적이라고 보아야 한다(물리적 폭력설).[642] 일정한 장소 출입을 봉쇄하는 연좌시위는 형법상 폭력에 해당한다. 하지만 집회의 자유가 불허하는 폭력은 적극적이고 공격적인 것으로 수동적 저항에 그치는 연좌시위는 평화적 시위로 보아야 한다.[643]

---

640) 대법원 1991. 4. 9. 선고 90도2435 판결(집39-2, 623; 공1991, 1402).

641) 헌재 2003. 10. 30. 2000헌바67등, 판례집 15-2하, 41, 53.

642) 고문현, 『헌법학개론』, 박영사, 2019, 180쪽; 이부하, 『헌법학(상)』, 법영사, 2019, 413쪽; 홍성방, 『헌법학(중)(제2판)』, 박영사, 2015, 224쪽; 정종섭, 『헌법학원론(제12판)』, 박영사, 2018, 640쪽.

643) 김학성, 『헌법학원론(전정3판)』, 피앤씨미디어, 2019, 638쪽; 이부하, 『헌법학(상)』, 법영사, 2019, 413쪽; 한수

③ 무장집회와 비무장집회

무장 여부에 따라 무장집회와 비무장집회로 나뉜다. 무장집회는 금지된다('집회 및 시위에 관한 법률' 제16조 제4항 제1호).

(3) 집회의 자유의 보장 범위

집회의 자유를 통해서 집회의 모든 과정이 보장된다. 즉 집회의 조직과 준비(초청장 발송, 선전), 집회의 주최·주관[644]·사회·진행, 집회 참가가 모두 집회의 자유를 통해서 보호된다. 집회에 참가하려고 집회장소로 자유롭게 이동하는 것도 보호된다.[645] 집회의 자유는 집회의 시간, 장소, 방법과 목적을 자유롭게 결정할 권리를 포함한다. 그리고 집회는 집단적 의사 형성이나 표현의 수단이므로 집회에서 하는 연설이나 토론 등은 집회의 자유의 당연한 내용이지 언론·출판의 자유 문제가 아니다.[646] 소극적 집회의 자유도 보호된다. 즉 누구도 집회의 참가와 형성을 강요당하지 아니한다. 정부를 비판하는 정치집회나 사회적·문화적 소수자의 집회는 익명성이 보호되어야 위축효과 없이 충실히 보호될 수 있으므로 익명집회도 보호된다. 따라서 집회에서 복면을 착용하거나 복면을 통한 표현을 할 자유도 집회의 자유로서 보호된다.[647]

4. 침해

(1) 허가(의무)제 금지: 헌법 제21조 제2항

집회·시위 자체가 처음부터 금지되고, 허가처분이 있어야 비로소 그 일반적 금지가 해제

응, 『헌법학(제9판)』, 법문사, 2019, 806쪽.

644) '주최자'란 자기 이름으로 자기 책임 아래 집회나 시위를 여는 사람이나 단체를 말하고, 주최자는 주관자를 따로 두어 집회 또는 시위의 실행을 맡아 관리하도록 위임할 수 있는데, 이때 주관자는 그 위임 범위 안에서 주최자로 본다('집회 및 시위에 관한 법률' 제2조 제3호).

645) 헌재 2003. 10. 30. 2000헌바67등, 판례집 15-2하, 41, 53-54: "집회의 자유는 일차적으로 국가공권력의 침해에 대한 방어를 가능하게 하는 기본권으로서, 개인이 집회에 참가하는 것을 방해하거나 또는 집회에 참가할 것을 강요하는 국가행위를 금지하는 기본권이다. 따라서 집회의 자유는 집회에 참가하지 못하게 하는 국가의 강제를 금지할 뿐 아니라, 예컨대 집회장소로의 여행을 방해하거나, 집회장소로부터 귀가하는 것을 방해하거나, 집회참가자에 대한 검문의 방법으로 시간을 지연시킴으로써 집회장소에 접근하는 것을 방해하거나, 국가가 개인의 집회참가행위를 감시하고 그에 관한 정보를 수집함으로써 집회에 참가하고자 하는 자로 하여금 불이익을 두려워하여 미리 집회참가를 포기하도록 집회참가의사를 약화시키는 것 등 집회의 자유행사에 영향을 미치는 모든 조치를 금지한다."

646) 언론·출판의 자유로 보는 견해로는 김학성, 『헌법학원론(전정3판)』, 피앤씨미디어, 2019, 644쪽; 김철수, 『학설·판례 헌법학(상)』, 박영사, 2008, 405쪽. 집회의 자유는 집회 그 자체에 대한 보호에 중점이 있고, 집회에서 활동은 각기 해당 행위를 보호하는 기본권을 통해서도 보호되므로, 이때 집회의 자유와 언론의 자유가 경합적으로 적용된다는 견해로는 정종섭, 『헌법학원론(제12판)』, 박영사, 2018, 612, 640쪽.

　헌재 1992. 1. 28. 89헌가8, 판례집 4, 4, 17: "집회·시위의 규제에는 집회에 있어서의 의사표현 자체의 제한의 경우와 그러한 의사표현에 수반하는 행동자체의 제한 두 가지가 있을 수 있다. 전자의 경우에는 제한되는 기본권의 핵심은 집회에 있어서의 표현의 자유라고 볼 것이다."

647) 김하열, 『헌법강의』, 박영사, 2018, 496쪽.

되는 허가(의무)제는 집회의 자유의 헌법적 보장과 양립할 수 없다. 즉 집회에 대한 허가는 금지된다(헌법 제21조 제2항). 집회의 내용뿐 아니라 시간, 장소에 대한 사전심사도 허가제에 속한다.[648] ① 행정법상 허가는 특정한 행위를 일반적으로 금지하고, 특별한 경우에 공익에 어긋나지 않는 한 금지대상인 행위를 해제하는 행정행위이다. 집회는 일반적으로 허용되어야 하므로 예외적으로 허용되는 형태로 보장되어서는 아니 된다. ② 허가제를 따르면 필연적으로 허가하는 과정에서 행정청의 실질적인 심사가 이루어진다. 따라서 허가제가 금지된다는 것은 집회의 허용 여부나 금지통고의 결정에서 행정청은 실질적인 심사를 자제하고, 형식적인 심사에 국한하여야 한다는 뜻이다.[649]

(2) 신고(의무)제

집회·시위 자체는 처음부터 자유이나, 집회·시위에 내재한 사회학적－심리적, 물리적 측면의 특별한 위험성을 고려하여 행정기관이 질서유지를 위해서 개별적인 경우에 맞는 예방대책을 강구할 수 있도록 집회의 주최자와 행정기관 사이의 협력 요청 아래 신고(의무)제가 허용된다. 이때 신고(의무)는 헌법이 보장한 집회를 행정기관에 알림으로써 행정기관이 이에 대비할 수 있도록 하도록 하는 일종의 협조(협력)의무이다.

(3) 국가의 집회감시조치

집회에 참가하겠다는 내적인 결심의 자유가 보호되어야 하므로, 국가적 감시에 대한 두려움이 차라리 기본권 행사를 포기하게끔 하면 집회의 자유는 침해된다. 따라서 과도한 관찰·기록은 침해에 해당한다.

5. 제한

집회의 자유는 언론·출판의 자유와는 달리 다수인의 집단행동에 관한 것이므로 집단행동의 속성상 의사표현 수단으로서 개인적인 행동보다 공공의 안녕질서나 법적 평화와 마찰을 빚을 가능성이 커서 국가안전보장, 질서유지, 공공복리 등 기본권 제한입법의 목적원리에 따른 제한 필요성이 그만큼 더 요구된다.[650] 그러나 집회의 자유를 제한하는 근거는 명확성요건을 충족하여야 한다.

(1) 절대적으로 금지되는 집회·시위

① 헌법재판소 결정에 따라서 해산된 정당의 목적을 달성하기 위한 집회나 시위, ② 집단적인 폭행·협박·손괴·방화 등으로 공공의 안녕질서에 직접적인 위협을 가할 것이 명백한

---

648) 헌재 2009. 9. 24. 2008헌가25, 판례집 21－2상, 427,

649) 전광석, 『한국헌법론(제14판)』, 집현재, 2019, 392쪽.

650) 헌재 1994. 4. 28. 91헌바14, 판례집 6－1, 281, 300.

집회나 시위는 누구든지 주최하여서는 아니 된다. 누구든지 이렇게 금지된 집회나 시위를 할 것을 선전하거나 선동하여서는 아니 된다('집회 및 시위에 관한 법률' 제5조).

(2) 옥외집회·시위의 시간적 금지 - 야간집회의 원칙적 금지

'집회 및 시위에 관한 법률' 제10조는 누구든지 해가 뜨기 전이나 해가 지고 나서는 옥외집회나 시위를 하여서는 아니 되고, 다만 집회의 성격상 부득이하여 주최자가 질서유지인을 두고 미리 신고하면 관할경찰관서장은 질서 유지를 위한 조건을 붙여 해가 뜨기 전이나 해가 지고 나서도 옥외집회를 허용할 수 있다고 규정한다. 야간집회가 주간집회보다 해산사유가 발생하였을 때 해산이 쉽지 않고, 폭력화할 가능성이 높다고 볼 수 있다. 그러나 이러한 사유가 있다고 야간집회를 원칙적으로 금지하는 것은 헌법적 정당성이 없다. ① 야간집회가 주간집회보다 반드시 공공질서와 충돌할 가능성이 크다고 할 수 없고, ② 이미 다른 규정을 통해서 문제가 있는 야간옥외집회는 금지될 뿐 아니라 ③ 집회에 일반 국민이 참여할 수 있도록 퇴근 후 야간에 개최되는 것이 일반적이라서 이를 원칙적으로 금지하면 집회의 자유의 의미가 상실되기 때문이다.[651] 헌법재판소도 이중 '옥외집회' 부분은 헌법에 합치되지 아니한다고 하면서 2010년 6월 30일을 시한으로 입법자가 개정할 때까지 계속 적용된다고 결정하였고,[652] '시위'에 관한 부분은 '해가 진 후부터 같은 날 24시까지의 시위'에 적용하는 한 헌법에 위반된다고 하였다.[653]

(3) 옥외집회·시위의 장소적 금지

국회의사당, 각급 법원, 헌법재판소, 대통령 관저, 국회의장 공관, 대법원장 공관, 헌법재판소 공관, 국무총리 공관, 국내 주재 외국의 외교기관이나 외교사절 숙소에서 100미터 이내의 장소에서 옥외집회나 시위가 금지된다. 다만, 국무총리 공관에서는 행진이 허용된다. 그리고 ① 해당 외교기관이나 외교사절의 숙소를 대상으로 하지 아니하는 때, ② 대규모 집회나 시위로 확산될 우려가 없는 때, ③ 외교기관의 업무가 없는 휴일에 개최하는 때의 어느 하나에 해당하는 때로서 외교기관이나 외교사절의 숙소의 기능이나 안녕을 침해할 우려가 없다고 인정되면 옥외집회나 시위가 금지되지 않는다('집회 및 시위에 관한 법률' 제11조). 집회의 자유가 대의기능을 저해하여서는 안 되므로 이를 공간적으로 제한할 수 있다. 그러나 '집회 및 시위에 관한 법률'은 기능적인 관점이 아니라 공간적인 장소 개념을 일반적인 제한 기준으로 삼았고, 이마저 너무 넓게 형성된 문제점이 있다.[654] 헌법재판소는 외교기관 주변 100미터 이내에서

---

651) 전광석, 『한국헌법론(제14판)』, 집현재, 2019, 395~396쪽.
652) 헌재 2009. 9. 24. 2008헌가25, 판례집 21－2상, 427. 시한까지 입법자가 개정하지 않아 이 부분은 2010년 7월 1일부터 효력을 상실하였다.
653) 헌재 2014. 3. 27. 2010헌가2등, 판례집 26－1상, 324.
654) 전광석, 『한국헌법론(제14판)』, 집현재, 2019, 397쪽.

집회와 시위를 금지하는 규정에 대해서 위헌결정을 내렸고,[655] 누구든지 국회의사당[656]과 국무총리 공관[657] 그리고 각급 법원[658]의 경계지점에서 100미터 이내의 장소에서 옥외집회나 시위를 하면 형사처벌한다는 규정에 대해서 헌법불합치결정을 내렸다.

관할경찰관서장은 대통령령으로 정하는 주요도시의 주요 도로에서 하는 집회나 시위에 대해서 교통 소통을 위해서 필요하다고 인정하면 이를 금지하거나 교통질서 유지를 위한 조건을 붙여 제한할 수 있다('집회 및 시위에 관한 법률' 제12조 제1항). 집회나 시위의 주최자가 질서유지인을 두고 도로를 행진하면 이러한 금지를 할 수 없다. 다만, 해당 도로와 주변 도로의 교통 소통에 장애를 발생시켜 심각한 교통 불편을 줄 우려가 있으면 이러한 금지를 할 수 있다('집회 및 시위에 관한 법률' 제12조 제2항).

(4) 집회의 신고의무제

옥외집회나 시위에 대해서 현행 '집회 및 시위에 관한 법률'은 집회개최 전에 신고의무를 부과한다. 옥외집회나 시위를 주최하려는 사람은 옥외집회나 시위의 72시간 전부터 48시간 전에 관할 경찰서장에게 신고서를 제출하여야 한다('집회 및 시위에 관한 법률' 제6조 제1항). 특정 집단이 한 장소에서 장기간 독점적으로 집회와 시위를 하는 폐단을 제한하고 다른 집회가 개최되는 저지하려고 같은 장소에서 장기간 집회신고를 하고 실제 집회를 개최하지 않는 이른바 허위집회를 방지하려는 목적에서 종기뿐 아니라 시기도 함께 규정하였다. 집회주최자가 제출한 신고서의 기재사항을 검토하여 객관적으로 명백하게 금지된 집회에 해당되지 않으면 집회에 대한 실질심사 없이 신고서 수리하여야 한다. 실질적 심사로 말미암은 신고제의 허가제화는 금지된다. 신고사항에 대한 심사 결과 형식적 요건을 갖추지 못하면 금지통고를 할 수 있다. 그리고 신고서 제출 후 보완통고를 하였는데도 보완하지 않으면 집회와 신고에 대한 금지통고를 할 수 있다('집회 및 시위에 관한 법률' 제8조). 금지통고에 대해서는 이의신청과 행정소송에 따른 구제 가능성이 있다('집회 및 시위에 관한 법률' 제9조). 계획적으로 준비된 집회가 아니라 모종의 (충동적·자극적) 사건이 계기가 되어 순간적으로 성립된 집회인 우발적인 집회는 행정기관에 대한 사전신고를 할 수 없고, 집회의 주최자도 없다. 우발적인 집회는 신고를 할 수 있었는데도 하지 않은 무신고집회와 구별된다. 우발적인 집회는 집회목적이 정당한 것이고, 집회방법도 허용되는 것이며, 그 목적과 방법 사이에 합리적인 비례관계가 성립하는 한 사전신고가 없었더라도 신고된 때와 마찬가지로 보호되어야 한다.

국가는 집회의 자유를 불개입을 통해서 보호할 뿐 아니라 적극적으로 조정하여 집회의 자

655) 헌재 2003. 10. 30. 2000헌바67등, 판례집 15-2하, 41.
656) 헌재 2018. 5. 31. 2013헌바322등, 판례집 30-1하, 88.
657) 헌재 2018. 6. 28. 2015헌가28등, 판례집 30-1하, 297.
658) 헌재 2018. 7. 26. 2018헌바137, 판례집 30-2, 71.

유를 실질적으로 행사할 환경을 조성하여야 한다. 이를 위해서 행정청은 사전신고를 받아 집회의 장소·시간·인원 등을 파악하여야 한다. 이처럼 집회에 관한 사전정보가 제공되었을 때 비로소 행정청은 이에 기반하여 집회의 자유를 효율적으로 그리고 공동체의 이익과 조화를 이루면서 행사할 수 있도록 집회개최자와 신뢰에 기초한 협력관계에 들어갈 수 있다. 행정청은 사전적인 조정을 할 때 금지조치에 앞서 먼저 일정한 조건을 붙여 집회의 자유를 실현할 수 있는지를 검토하여야 한다. 그리고 이러한 사전적인 제한에 앞서 먼저 집회를 개최하도록 하고, 집회가 공공의 안녕에 위해를 가하는 형태로 진행되면 자율적 혹은 타율적인 해산권고와 해산조치를 취하여야 한다. 이러한 형태로 실현될 때 현행 '집회 및 시위에 관한 법률'상 사전신고제도는 '집회 및 시위에 관한 법률'의 입법목적, 즉 적법한 집회와 시위를 최대한 보장하려는 목적('집회 및 시위에 관한 법률' 제1조)과 조화될 수 있다. 이러한 맥락에서 집회나 시위의 시간과 장소가 중복되는 신고가 있고 집회나 시위 사이에 방해 위험이 있으면 관할경찰서장은 시간을 나누거나 장소를 분할하여 개최하도록 권유하는 것 등의 방법으로 집회나 시위가 서로 방해받지 않고 개최·진행될 수 있도록 노력하여야 한다. 이러한 권유가 받아들여지지 않으면 뒤에 접수된 집회나 시위에 대해서 금지를 통고할 수 있다('집회 및 시위에 관한 법률' 제8조 제2항과 제3항). 따라서 집회나 시위 장소가 중복되는 2개 이상의 신고가 있고, 이들 집회 목적 등이 상반되므로 충돌 우려가 있다는 이유로 두 개의 집회에 대해서 모두 금지 통고를 하는 것은 헌법에 위반된다.[659]

집회해산의 실질적인 상황, 즉 다른 사람의 법익이나 공공의 안녕질서에 직접적인 위험이 없는데도 사전신고가 없는 집회라는 이유로 곧 해산명령사유가 되지는 않는다. 그렇지 않다면 사전신고는 허가를 구하는 신청의 성격이 있을 수 있기 때문이다.[660] 좀 더 근본적으로 보면 외형상 옥외집회에 해당하더라도 외부질서와 맺는 관련성이 제한적이면 사전신고의무를 엄격하게 적용하여서는 아니 된다. 집회의 목적, 방법과 형태 그리고 참가자의 인원과 구성 등에 비추어 보면 제3자와 법익이 충돌하거나 공공질서에 대한 위해성이 없고, 일반적인 사회생활질서 범위 안에서 이루어지는 집회는 외형상 옥외집회에 해당하여도 사전신고의무를 위반하였다는 이유로 처벌할 수 없다.[661]

(5) 시간적·장소적 제한, 신고의무제 적용이 배제되는 집회

학문·예술·체육·종교·의식·친목·오락·관혼상제·국경행사에 관한 집회에는 '집회 및 시위에 관한 법률' 제6조부터 제12조까지의 제한이 적용되지 않는다('집회 및 시위에 관한 법률'

---

659) 헌재 2008. 5. 29. 2007헌마712, 판례집 20－1하, 305.
660) 대법원 2012. 4. 19. 선고 2010도6388 전원합의체 판결(공2012상, 912); 대법원 2012. 4. 26. 선고 2011도6294 판결.
661) 대법원 2012. 4. 26. 선고 2011도6294 판결; 대법원 2013. 10. 24. 선고 2012도11518 판결(공2013하, 2171).

제15조).

(6) 집회에 대한 경찰관 출입

경찰관은 집회나 시위의 주최자에게 알리고 그 집회나 시위의 장소에 정복을 입고 출입할 수 있다. 다만, 옥내집회 장소에 출입하는 것은 직무 집행을 위해서 긴급한 때만 할 수 있다('집회 및 시위에 관한 법률' 제19조 제1항). 집회나 시위의 주최자, 질서유지인이나 장소관리자는 질서를 유지하기 위한 경찰관 직무집행에 협조하여야 한다('집회 및 시위에 관한 법률' 제19조 제2항).

(7) 최루액 혼합살수행위

살수차는 국민의 생명과 신체에 심각한 위험을 초래할 수 있어 그 구체적 운용방법과 절차 등에 관한 기본적 사항은 법률이나 대통령령에 규정되어야 하는데도, 그동안 살수차의 구체적 사용요건이나 기준을 법령에서 구체적으로 정하지 않고 경찰청 내부 지침에만 맡겨둔 결과, 최루액 혼합살수행위와 같이 부적절한 살수차의 운용으로 집회나 시위 참가자가 사망하거나 다치는 사고가 계속 발생하였다. 이에 헌법재판소는 법령의 구체적 위임 없이 혼합살수방법을 규정하는 살수차 운용지침은 법률유보원칙에 위배되고, 이 지침만을 근거로 한 혼합살수행위는 신체의 자유와 집회의 자유를 침해한 공권력 행사로 헌법에 위반된다고 선언하였다.[662]

(8) 경찰의 집회참가자 촬영행위

경찰의 촬영행위는 기본권 제한을 수반하므로 수사를 위한 것이더라도 필요최소한에 그쳐야 한다. 다만, 옥외 집회나 시위 참가자 등에 대한 촬영은 사적인 영역이 아니라 공개된 장소에서 한 행위에 대한 촬영인 점과 독일 연방집회법 등과 달리 현행 '집회 및 시위에 관한 법률'에서는 옥외집회·시위 참가자가 신원확인을 방해하는 변장을 하는 것 등이 금지되고 있지 아니하는 점이 고려될 수 있다. 미신고 옥외집회·시위나 신고범위를 넘는 집회·시위에서 단순 참가자들에 대한 경찰의 촬영행위는 비록 그들의 행위가 불법행위로 되지 않더라도 주최자에 대한 '집회 및 시위에 관한 법률' 위반에 대한 증거를 확보하는 과정에서 불가피하게 이루어지는 측면이 있다. 이러한 촬영행위로 수집한 자료는 주최자의 '집회 및 시위에 관한 법률' 위반에 대한 직접·간접의 증거가 될 수 있을 뿐 아니라 그 집회 및 시위의 규모·태양·방법 등에 대한 것으로서 양형자료가 될 수 있다. 그리고 미신고 옥외집회·시위나 신고범위를 넘는 집회·시위의 주최자가 집회·시위 과정에서 바뀔 수 있고 새로이 실질적으로 옥외집회·시위를 주도하는 사람이 나타날 수 있다. 따라서 경찰은 새로 '집회 및 시

---

662) 헌재 2018. 5. 13. 2015헌마476, 판례집 30-1하, 183.

위에 관한 법률'을 위반한 사람을 발견·확보하고 증거를 수집·보전하기 위해서는 미신고 옥외집회·시위 또는 신고범위를 넘는 집회·시위의 단순 참자자들도 촬영할 필요가 있다. 또한, 미신고 옥외집회·시위 또는 신고범위를 벗어난 옥외집회·시위가 적법한 경찰의 해산 명령에 불응하는 집회·시위로 이어질 수도 있다. 이에 대비하여 경찰은 미신고 옥외집회· 시위나 신고범위를 벗어난 집회·시위를 촬영함으로써, 적법한 경찰의 해산명령에 불응하는 집회·시위의 경위나 전후 사정에 관한 자료를 수집할 수 있다. 근접촬영과 달리 먼 거리에 서 집회·시위 현장을 전체적으로 촬영하는 이른바 조망촬영이 기본권을 덜 침해하는 방법 이라는 주장도 있다. 그러나 최근 기술 발달로 조망촬영과 근접촬영 사이에 기본권 침해라는 결과에서 차이가 없다. 따라서 경찰이 이러한 집회·시위에 대해 조망촬영이 아닌 근접촬영 을 하였다는 이유만으로 헌법에 위반되는 것은 아니다.[663]

Ⅶ. 결사의 자유

1. 의의

(1) 개념

결사의 자유는 다수의 자연인이나 법인이 공동 목적을 위해서 자발적이고 계속적인 단체 를 결성·유지할 수 있는 자유를 말한다.

(2) 연혁

한국 헌법은 1948년 이래 언론·출판의 자유와 집회·결사의 자유를 동일조항에서 규정하 였고 법률유보 아래에 두었다. 1962년 헌법은 결사에 대한 허가제 금지(제18조 제2항)를 규정 하였다. 그 후 결사에 대한 허가제 금지는 1972년 헌법과 1980년 헌법에서 규정되지 않았고 현행 헌법에서 다시 규정되었다. 헌법 제21조 제1항은 "모든 국민은 … 결사의 자유를 가진 다."라고 규정한다.

(3) '일반적' 결사의 자유 보장

결사의 자유는 일반적 결사의 자유를 보장한다. 따라서 헌법이 독자적으로 규율하는 정당 (헌법 제8조)과 노동조합(헌법 제33조 제1항)은 해당 영역을 규율하는 헌법규정이 먼저 적용된 다. 이러한 헌법규정은 헌법 21조 결사의 자유에 대한 특별법적 성격이 있다.

(4) 개별적 자유권이면서 집단적 자유권

결사의 자유는 결사구성원 개개인의 개별적 자유권뿐 아니라 결사 자체의 집단적 자유권 도 포함한다.

---

663) 이상 헌재 2018. 8. 30. 2014헌마843, 판례집 30-2, 404.

(5) 보장의의

결사의 자유는 단체 형태로 인격을 자유롭게 발현할 수 있는 자유권이다. 그리고 결사의 자유는 정치적 자유권으로서 더욱 중요한 의의와 기능이 있고, 자유로운 공동체를 구성하는 일반적 원리이다. 결사의 자유는 여론 형성과 전파의 불가결한 수단으로서 언론·출판의 자유와 밀접한 관계가 있고, 집회의 자유와 더불어 언론·출판의 자유를 보충하는 기능을 한다. 즉 결사의 자유는 여론 형성, 정치의사의 예비형성, 소수자의 기회균등 보장 그리고 자유로운 정치과정의 중요한 전제이다.

2. 주체

자연인뿐 아니라 법인도 결사의 자유 주체이다. 결사의 자유는 인간의 권리가 아니라서 국민만 주체가 될 수 있고, 외국인이나 무국적자는 주체가 될 수 없다.664) 다만, 외국인이나 무국적자는 헌법적 차원이 아니라 법치국가가 허용하는 범위 안에서 보장된다.665) 외국인과 공동으로 단체를 결성하면, 먼저 단체를 결성할 때까지는 각기 헌법적 또는 법률적(외국인) 보장을 받고, 일단 결성되고 나서는 그 단체를 누가 지배하는지에 따라 그 보장도 달라진다. 즉 내국인이 지배하면 결사의 자유에 따라서 보장된다. 미성년자도 그 주체가 된다는 데 의심의 여지가 없다. 다만, 그 행사능력이 언제부터 인정되는지가 문제 된다. 내국사법인은 결사의 자유 주체이지만, 외국법인이나 공법인은 결사의 자유 주체가 아니다. 권리능력 없는 사단도 주체가 될 수 있다.

3. 내용

결사의 자유는 크게 적극적 결사의 자유와 소극적 결사의 자유로 나눌 수 있다. 적극적 결사의 자유에는 단체결성의 자유, 단체존속의 자유, 단체활동의 자유, 결사에 대한 가입·잔류의 자유666)가, 소극적 결사의 자유에는 단체에서 탈퇴할 자유와 결사에 가입하지 아니할 자유가 포함된다.667) 공법상 결사에는 소극적 결사의 자유가 인정되지 않아서 가입강제가

---

664) 계희열, 『헌법학(중)(신정2판)』, 박영사, 2007, 506쪽; 김승환, 「결사의 자유」, 『헌법학연구』 제6권 제2호, 한국헌법학회, 2000, 184~185쪽.

665) 계희열, 『헌법학(중)(신정2판)』, 박영사, 2007, 506쪽. 외국인이나 무국적자의 주체성을 인정하는 견해로는 권영성, 『헌법학원론(개정판)』, 법문사, 2010, 543쪽; 성낙인, 『헌법학(제19판)』, 법문사, 2019, 1219쪽. 외국인이 누릴 수 있는 기본권에 대한 결사 형성은 원칙적으로 허용되어야 하지만, 외국인에게 인정되지 않는 기본권 행사와 관련되는 결사에 관해서는 외국인의 결사형성은 물론이고 그에 대한 가입조차 제한된다는 견해로는 장영수, 『헌법학(제11판)』, 홍문사, 2019, 708쪽.

666) 헌법재판소는 총사원 4분의 3 이상의 동의가 있으면 사단법인을 해산할 수 있도록 한 것은 결사에 잔류할 자유를 침해하지 않는다고 하였다(헌재 2017. 5. 25. 2015헌바260, 판례집 29-1, 135).

667) 헌재 2012. 12. 27. 2011헌마562등, 판례집 24-2하, 617, 624: "헌법 제21조가 규정하는 '결사의 자유'라 함은 다수의 자연인 또는 법인이 공동의 목적을 위하여 단체를 결성할 수 있는 자유를 말하고, 이에는 적극적으로 단

제 2 장 개별기본권론

인정된다.[668]

(1) 결사의 개념

결사는 다수의 자연인이나 법인이 장기간에 걸쳐 공동 목적을 위해서 임의로(자발적으로) 결합되고 조직적으로 의사 형성이 이루어지는 결사체를 말한다.[669] 헌법재판소는 자연인이나 법인의 다수가 상당한 기간 동안 공동목적을 위해서 자유의사에 기하여 결합하고 조직화한 의사 형성이 가능한 단체라고 한다.[670] 여기서 목적은 공동 목적이라면 원칙적으로 개방된다.[671] 그 법형식은 어느 것이든 상관없다. 즉 민법상 법인, 사단 등 모든 단체가 결사에 속한다. 결사에서 다수인은 최소 2명이면 충분하다.[672] 2명 이상의 결합이라는 점에서 재단은 결사의 자유에서 말하는 결사가 될 수는 없다.[673]

결합은 자발적으로 이루어져야 하므로, 강제결사체는 헌법 제21조 결사의 자유의 기본권적 보호를 누리지 못한다. 공법적 결사체도 헌법 제21조 결사의 자유의 기본권적 보호를 누리지 못한다.[674] 그들은 국가적 고권적 행위를 통해서만, 즉 특별법으로서 국가에 유보되는 공법에 근거하여 설립될 수 있을 뿐이지, 사인이 임의로 공법적 결사체로 결합할 수는 없다. 결사의 목적에는 제한이 없다. 공동의 목적은 옹글게(완벽히) 자유롭게 결정될 수 있다(스포츠·예술·정치·친목 기타). 구성원 사이에 주목적이 합의되면 부차적 목적에 대해서 서로 의견이 갈릴 수 있다. 원래 목적이 아닌 활동의 자유도 보장된다. 결사의 목적이 고정되어야 하는 것

체결성의 자유, 단체존속의 자유, 단체활동의 자유, 결사에의 가입·잔류의 자유와, 소극적으로 기존의 단체로부터 탈퇴할 자유와 결사에 가입하지 아니할 자유가 모두 포함된다. …… 결사의 자유에는 '단체활동의 자유'도 포함되는데, 단체활동의 자유는 단체 외부에 대한 활동뿐만 아니라 단체의 조직, 의사형성의 절차 등의 단체의 내부적 생활을 스스로 결정하고 형성할 권리인 '단체 내부 활동의 자유'를 포함한다."

668) 헌재 1994. 2. 24. 92헌바43, 판례집 6-1, 72, 77; 헌재 1997. 5. 29. 94헌바5, 판례집 9-1, 519, 526. 개인적으로는 결사의 자유를 폭넓게 보호하는 것이 필요하므로, '단순히 공적인 과제'를 내세워 소극적 결사를 제한할 것이 아니라 ① 직업의 전문성 때문에 강제결사가 필요불가결하고, ② 결사구성원 사이의 직업적 동질의식을 초래하는 때만 공법상 강제결사를 인정하여야 한다는 견해로는 허 영, 『한국헌법론(전정15판)』, 박영사, 2019, 642쪽; 홍성방, 『헌법학(중)(제2판)』, 박영사, 2015, 231쪽, 소극적 결사의 자유는 적극적 결사의 자유가 전제되어야 하는데, 공법적 결사는 자유롭게 설립되는 것이 아니기에, 즉 적극적 결사의 자유가 허용되지 않기에 소극적 결사의 자유 자체가 인정될 여지가 없으나 소극적 결사의 자유는 과거 국가가 동업조합에 가입을 강제한 것에 대한 반발에서 비롯된 것으로 결사의 자유가 지니는 소극적 성격은 사법적 결사이든 공법적 결사이든 차이가 있을 수 없으므로 공법적 결사에서도 소극적 결사의 자유가 인정되어야 한다는 견해로는 김학성, 『헌법학원론(전정3판)』, 피앤씨미디어, 2019, 659~660쪽.

669) 헌재 2017. 5. 25. 2015헌바260, 판례집 29-1, 135, 138: "여기에서 말하는 '결사'란 자연인 또는 법인의 다수가 상당한 기간 동안 공동의 목적을 위하여 자유의사에 기하여 결합하고 조직화된 의사형성이 가능한 단체를 말하는 것…."

670) 헌재 1996. 4. 25. 92헌바47, 판례집 8-1, 370, 377.

671) 김승환, 「결사의 자유」, 『헌법학연구』 제6권 제2호, 한국헌법학회, 2000, 190쪽.

672) 3명 이상이어야 한다는 견해로는 김학성, 『헌법학원론(전정3판)』, 피앤씨미디어, 2019, 655~656쪽; 박선영, 「헌법 제21조」, 『헌법주석[Ⅰ]』, 박영사, 2013, 730쪽.

673) 김승환, 「결사의 자유」, 『헌법학연구』 제6권 제2호, 한국헌법학회, 2000, 189쪽.

674) 헌재 1996. 4. 25. 92헌바47, 판례집 8-1, 370, 377.

도 아니다. 결사는 어느 정도의 조직적 고정성이 있어야 한다. 따라서 아주 느슨한 형태로나마 조직적으로 이루어지는 공동의 의사 형성이 있어야 한다. 결사는 상당한 기간 계속성이 있어야 하는데, 이점에서 집회와 구별된다. 잠정적 목적을 위한 결합도 상관없다. 결합은 외형상 결합을 전제하고 특정 형태는 불필요하다. 그러나 구성원이 제시될 수 있어야 하고 대체로 확정되어야 한다.

(2) (개개 결사 구성원의) 개별적 기본권으로서 결사의 자유

개별적 기본권으로서 결사의 자유는 적극적 결사의 자유로서 결사의 형성[다른 사람과 결합하여 결사를 결성할 개인적 권리로서 결정 시점, 목적, 법형식, 명칭, 회칙(정관), 소재지를 결정할 자유 포함], 기성결사에 대한 가입, 결사 안에서 혹은 결사를 통한 활동, 결사 안 잔류 등을 보호한다.

(3) (결사 자체의) 집단적 기본권으로서 결사의 자유

집단적 기본권으로서 결사의 자유는 결사(단체)의 존속과 기능을 보호하고, 내부적으로는 자기 조직, 그 의사형성절차, 그 사무집행에 대한 자주적 결정권을 보호하며, 외부적으로는 결사(단체)의 활동을 보호한다.

4. 침해

(1) 개인적 기본권으로서 결사의 자유에 대한 침해

결사 결성을 금지하거나 예방적 통제를 하거나 국가가 결사 가입이나 잔류를 방해하면 개인적 기본권으로서 결사의 자유가 침해된다.

(2) 집단적 기본권으로서 결사의 자유에 대한 침해

결사(단체)의 특수한 활동을 금지·제약하거나 결사의 회칙을 관청 허가에 종속시키거나 회원 모집을 규제하거나 가장 극단적인 경우로서 전면적으로 결사를 금지하면 집단적 기본권으로서 결사의 자유가 침해된다.

(3) 결사의 허가(의무)제 금지: 헌법 제21조 제2항

결사 자체가 처음부터 금지되고, 허가처분이 있어야 비로소 그 일반적 금지가 해제되는 허가(의무)제는 결사의 자유의 헌법적 보장과 양립할 수 없다. 결사 창설에 관한 모든 예방적 통제는 금지되지만, 등록을 권리능력 취득의 요건으로 설정할 수는 있다.[675] 권리능력 없는 사단의 형식적인 등록의무는 결사의 허가제 금지에 어긋나지 않는다.[676]

---

675) 김승환, 「결사의 자유」, 『헌법학연구』 제6권 제2호, 한국헌법학회, 2000, 194쪽.
676) 김승환, 「결사의 자유」, 『헌법학연구』 제6권 제2호, 한국헌법학회, 2000, 194쪽.

(4) 신고(의무)제

결사의 자유를 처음부터 보장하면서, 다만 행정기관이 결사의 성립·존속·활동에 관한 행정상 참고자료를 얻으려는 신고제는 인정된다. 이때 신고는 행정적 협조의무에 불과하다.

5. 제한

결사의 자유는 대통령의 긴급명령(헌법 제76조 제1항과 제2항)을 통해서나 비상계엄이 선포되면 제한될 수 있다. 무엇보다도 결사의 자유는 헌법 제37조 제2항에 따라서 국가안전보장·질서유지 또는 공공복리를 위해서 필요하면 법률로 제한될 수 있다.[677]

제 4 절   경제적 자유

Ⅰ. 직업의 자유

1. 의의

(1) 개념

직업의 자유는 직업을 자유롭게 선택하고 행사할 수 있는 자유를 말한다.

(2) 연혁

한국 헌법은 1962년 헌법에서 비로소 직업의 자유를 명문으로 규정하였다. 그 전까지는 명문 규정이 없었으므로 직업의 자유는 거주·이전의 자유에 포함된다는 견해와 포괄적인 자유권에 포함된다는 견해가 대립하였다. 1972년 헌법은 법률유보조항을 두었고, 1980년 헌법은 다시 법률유보조항을 삭제하여 현행 헌법에 이른다. 헌법 제15조는 "모든 국민은 직업선택의 자유를 가진다."라고 규정한다. 헌법 제15조는 직업'선택'의 자유만을 규정하나, 직업 선택은

---

677) 헌재 2002. 8. 29. 2000헌가5등, 판례집 14-2, 106, 122: "헌법 제21조 제2항의 '결사의 자유'란 다수의 자연인 또는 법인이 공동의 목적을 위하여 단체를 결성하거나 또는 이미 결성된 단체에 자유롭게 가입할 수 있는 자유를 말한다. 입법자가 회사법 등과 같이 단체의 설립과 운영을 가능하게 하는 법규정을 마련해야 비로소 개개의 국민이 헌법상 보장된 결사의 자유를 법질서에서 실질적으로 행사할 수 있으므로, 결사의 자유는 입법자에 의한 형성을 필요로 한다. 특정 형태의 단체를 설립하기 위하여 일정 요건을 충족시킬 것을 규정하는 법률은, 한편으로는 결사의 자유를 행사하기 위한 전제조건으로서 단체제도를 입법자가 법적으로 형성하는 것이자, 동시에 어떠한 조건 하에서 단체를 결성할 것인가에 관하여 자유롭게 결정하는 결사의 자유를 제한하는 규정이다. 입법자는 결사의 자유에 의하여, 국민이 모든 중요한 생활영역에서 결사의 자유를 실제로 행사할 수 있도록 그에 필요한 단체의 결성과 운영을 가능하게 하는 최소한의 법적 형태를 제공해야 한다는 구속을 받을 뿐만 아니라, 단체제도를 법적으로 형성함에 있어서 지나친 규율을 통하여 단체의 설립과 운영을 현저하게 곤란하게 해서도 안 된다는 점에서 입법자에 의한 형성은 비례의 원칙을 준수해야 한다."

곧바로 직업 행사와 연결되므로 헌법 제15조는 직업선택의 자유뿐 아니라 직업행사의 자유를
포함한 직업과 관련한 종합적이고 포괄적인 자유, 즉 직업의 자유를 보장한다고 보아야 한다.

(3) 보장 의의

직업은 경제영역에서 개인의 인격실현 수단이면서 동시에 물질적 생활에서 개인의 경제적
기반이다. 객관적으로 보면 직업의 자유는 모든 국민에게 원칙적으로 모든 직업영역에서 공
정경쟁 기회를 보장하는 자유경제질서를 실현하여야 한다. 따라서 직업의 자유는 자본주의적
시장경제질서의 기초요소이다. 직업의 자유는 법인에 특정한 영업 분야에 진입할 자유와 공
정경쟁 환경에서 영업할 자유를 보장한다. 헌법재판소는 직업선택의 자유는 삶의 보람이요
생활의 터전인 직업을 개인의 창의와 자유로운 의사에 따라 선택하게 함으로써 자유로운 인
격 발전에 이바지하게 하는 한편 자유주의적 경제·사회질서의 요소가 되는 기본적 인권이라
고 한다.[678]

2. 주체

직업의 자유 주체는 자연인만이 아니라 법인도 될 수 있다. 직업의 자유 주체는 내국인만
될 수 있고, 외국인이나 무국적자는 될 수 없다. 다만, 외국인이나 무국적자는 행복추구권을
근거로 직업의 자유를 간접적으로 주장할 수 있다.[679] 현실적으로 외국인이나 무국적자의 직
업의 자유는 법치국가가 허용하는 범위 안에서, 즉 법에 따라 보호된다. 미성년자도 직업의
자유 주체가 되며, 그 행사능력은 성년에 도달하기 전에도 인정되어야 한다. 내국사법인은 주
체가 될 수 있다. 하지만 외국법인은 주체가 될 수 없고, 다만 외국인과 마찬가지로 법률적
차원에서 보호를 받을 뿐이다. 공법인은 원칙적으로 주체가 될 수 없다. 다만, 법인체로 형성

---

678) 헌재 1989. 11. 20. 89헌가102, 판례집 1, 329, 336.
679) 그러나 외국인의 주체성을 인정하는 견해로는 김학성, 『헌법학원론(전정3판)』, 피앤씨미디어, 2019, 510쪽; 허
  영, 『한국헌법론(전정15판)』, 박영사, 2019, 509쪽; 홍성방, 『헌법학(중)(제2판)』, 박영사, 2015, 128쪽.
  헌법재판소는 직업의 자유 중 직장 선택의 자유는 인간의 존엄과 가치 및 행복추구권과도 밀접한 관련이 있는
  만큼 단순히 국민의 권리가 아닌 인간의 권리로 보아야 하므로 권리의 성질상 참정권, 사회권적 기본권, 입국의
  자유 등과 같이 외국인의 기본권 주체성을 전면적으로 부정할 수는 없고, 외국인도 제한적으로라도 직장 선택의
  자유를 향유할 수 있다고 보아야 한다고 한다(헌재 2011. 9. 29. 2007헌마1083등, 판례집 23-2상, 623, 639). 이
  러한 헌법재판소의 견해에 대해서는 직업의 자유의 기본권 주체성 문제와 관련하여 헌법 조문을 무시하면서 한
  편으로는 추상적인 기본권이론에, 다른 한편으로는 국익이라는 두 가지 이질적 기준에 동시에 의거하므로 구체
  적인 사건에서 합리적 추론을 어렵게 만들고, 하나의 기본권을 분해하여 특정 내용에 대해서만 외국인에게 주체
  성을 인정함으로써 예측 가능성과 법적 안정성을 심각하게 저하시킨다는 비판이 있다(정태호, 「헌법 제15조」,
  『헌법주석[Ⅰ]』, 박영사, 2013, 512쪽). 한편, 헌법재판소는 직업의 자유는 국가자격제도정책과 국가의 경제상황
  에 따라 법률로 제한할 수 있고 인류보편적인 성격이 없어서 국민의 권리에 해당하므로, 헌법이 인정하는 직업
  의 자유는 원칙적으로 대한민국 국민에게 인정되는 기본권이지, 외국인에게 인정되는 기본권은 아니라고 하면
  서, 국가 정책에 따라 정부 허가를 받은 외국인은 정부가 허가한 범위 안에서 소득활동을 할 수 있으므로, 외국
  인이 국내에서 누리는 직업의 자유는 법률 이전에 헌법이 부여한 기본권이 아니고 정부 허가에 따라서 비로소
  발생하는 권리라고 한 적이 있다(헌재 2014. 8. 28. 2013헌마359, 공보 215, 1423, 1424).

된 공기업은 그 주체성을 인정할 수 있다.

3. 내용

(1) 직업의 개념

직업의 자유에서 직업은 생활의 기본적 수요를 충족시키기 위한 계속적인 소득활동을 말한다. 직업의 요소로서 일반적으로 생활수단성(생활의 기본적 수요 충족), 계속성(계속적인 소득활동), 공공무해성(이나 사회적 유해성이 없을 것: 공공에 해가 되지 않는 성질의 것)을 열거한다.[680] 헌법재판소는 생활의 기본적 수요를 충족시키기 위한 계속적인 소득활동인 한 그 종류나 성질을 불문한다고 한다고 하여, 생활수단성과 계속성만 갖추면 그 종류나 성질은 따지지 않는다고 판시한다.[681]

직업의 개념은 가능한 한 넓게 이해되어야 한다. 전통적으로 고정된 종류의 직업뿐 아니라 새로이 생겨나고 있거나 자유로이 개발된 활동도 직업(활동)에 포함하여야 한다(개방적 직업 개념). 공공무해성이나 허용성은 너무 모호하여 기준으로 적합하지 않고, 이러한 기준으로 배제할 수 있는 직업(예를 들어 살인청부업, 소매치기, 마약상, 포주, 밀수)은 제약의 정당성 판단 과정에서 충분히 걸러낼 수 있으므로 직업의 표지로 삼지 말아야 한다.[682] 그리고 직업은 어느 정도의 기간에 걸친 것이어야 한다(계속성).[683] 그러나 이를 너무 좁게 해석하여서는 안 된다. 예를 들어 임시직, 방학 중의 아르바이트, 시험적 고용관계도 직업에 포섭된다. 일시적이거나 우연한 것이 아니면 지속성이 인정된다. 그 일을 얼마나 지속했는지는 중요하지 않고, 주관적으로 활동주체가 지속적으로 영위할 의사가 있고, 객관적으로도 그러한 활동이 지속성을 띨 수 있는 것으로 충분하다.[684] 또한, 생계의 획득과 유지에 봉사하는 활동이어야 한다

---

680) 권영성, 『헌법학원론(개정판)』, 법문사, 2010, 574쪽; 정종섭, 『헌법학원론(제12판)』, 박영사, 2018, 698~699쪽; 허 영, 『한국헌법론(전정15판)』, 박영사, 2019, 507~508쪽; 홍성방, 『헌법학(중)(제2판)』, 박영사, 2015, 129쪽. 법으로 허용된 것이 아니라 법공동체의 가치관념에 따라 보통 공동체에 해롭지 않은 것으로 간주되는 활동을 가리키는 허용된 활동이어야 한다는 견해로는 계희열, 『헌법학(중)(신정2판)』, 박영사, 2007, 523~524쪽. 그리고 해당 직업이 허넙가치에 어긋나서는 아니된다는 견해로는 전광석, 『한국헌법론(제14판)』, 집현재, 2019, 405쪽.

681) 헌재 1993. 5. 13. 92헌마80, 판례집 5-1, 365, 374. 특히 헌재 2016. 3. 31. 2013헌가2, 판례집 28-1상, 259, 272: "… 헌법 제15조에서 보장하는 '직업'이란 생활의 기본적 수요를 충족시키기 위하여 행하는 계속적인 소득활동을 의미하고, 성매매는 그것이 가지는 사회적 유해성과는 별개로 성판매자의 입장에서 생활의 기본적 수요를 충족하기 위한 소득활동에 해당함을 부인할 수 없다 …."

682) 같은 견해: 김철수, 『학설·판례 헌법학(상)』, 박영사, 2008, 795쪽; 김학성, 『헌법학원론(전정3판)』, 피앤씨미디어, 2019, 509쪽; 성낙인, 『헌법학(제19판)』, 법문사, 2019, 1272쪽; 이준일, 『헌법학강의(제7판)』, 홍문사, 2019, 626쪽; 정태호, 「헌법 제15조」, 『헌법주석[Ⅰ]』, 박영사, 2013, 514~515쪽; 한수웅, 『헌법학(제9판)』, 법문사, 2019, 674~675쪽.

683) 헌재 2003. 9. 25. 2002헌마519, 판례집 15-2상, 454, 471: "… '계속성'과 관련하여서는 주관적으로 활동의 주체가 어느 정도 계속적으로 해당 소득활동을 영위할 의사가 있고, 객관적으로도 그러한 활동이 계속성을 띨 수 있으면 족하다고 해석되므로 휴가기간 중에 하는 일, 수습직으로서의 활동 따위도 이에 포함된다…".

684) 정태호, 「헌법 제15조」, 『헌법주석[Ⅰ]』, 박영사, 2013, 515쪽.

(소득활동, 생활수단성).685) 부업도 포함된다. 이는 단순한 취미활동과는 달리 어쨌든 생계의 유지와 획득에 봉사하여야 한다. 그러나 해당 활동에 따른 수입으로 생활 수요를 모두 충족할 필요는 없다.686) 독립적 활동뿐 아니라 종속적 활동도 직업이 될 수 있다. 직업은 반드시 하나이어야 하는 것이 아니라 둘 이상일 수도 있다. 생활수단성과 계속성의 개념표지를 결하여 오로지 일시적·일회적이거나 무상으로 가르치는 행위는 행복추구권에서 도출되는 일반적 행동의 자유로서 보호된다.687)

(2) 보호 범위
① 보호영역

헌법 제15조는 '직업선택의 자유'라고 규정한다. 그러나 헌법 제15조가 보호하는 영역은 (i) 일정한 직업을 선택할 자유뿐 아니라 (ii) 일정한 직업을 가질지를 결정하는 소극적 직업의 자유,688) (iii) 직업에 종사할 수 있는 직업행사(수행, 종사)의 자유, (iv) 전직의 자유, (v) 일정한 직업을 포기하거나 모든 직업적 활동을 그만둘 수 있는 직업종료의 자유 등을 포함한다. 직업선택의 자유는 직업교육장 선택의 자유를 포함하고, 직업행사의 자유는 직업활동장소나 직장선택의 자유를 포함한다. 그리고 직업행사의 자유에는 영업의 자유와 '기업의 설립과 경영의 자유를 의미하는' 기업의 자유689)를 포함하고 이러한 영업과 기업의 자유를 근거로 원칙적으로 누구나 자유롭게 경쟁에 참여할 수 있는 경쟁의 자유690)도 인정된다. 경쟁의 자유는 기본권주체가 직업의 자유를 실제로 행사하는 것에서 나오는 결과이므로, 직업의 자유를 통해서 보장되고, 다른 기업과 경쟁하여 국가의 간섭이나 방해를 받지 않고 기업활동을 할 수 있는 자유를 뜻한다. 여러 개의 직업을 선택하여 동시에 함께 행사할 수 있는 자유인 겸직의 자유691)도 직업의 자유로 보호된다.

② 직업선택의 자유

직업선택의 자유는 개인(지망자)이 외부 영향을 받지 않고 원하는 직업을 자유롭게 선택할 자유를 말한다.692) 이때 선택은 내부적인 결심뿐 아니라 외부적으로 알아볼 수 있는 행위이

---

685) 헌재 2003. 9. 25. 2002헌마519, 판례집 15-2상, 454, 471: "… '생활수단성'과 관련하여서는 단순한 여가활동이나 취미활동은 직업의 개념에 포함되지 않으나 겸업이나 부업은 삶의 수요를 충족하기에 적합하므로 직업에 해당한다고 말할 수 있다."

686) 정태호, 「헌법 제15조」, 『헌법주석[I]』, 박영사, 2013, 515~516쪽.

687) 헌재 2000. 4. 27. 98헌가16등, 판례집 12-1, 427, 455; 헌재 2003. 9. 25. 2002헌마519, 판례집 15-2상, 454, 471.

688) 헌법 명문이 민주주의원리에 따른 근로의무의 내용과 조건을 법률로 규정할 수 있다고 한 것에 비추어 근로의무는 법적 의무이므로 무위도식하는 무직업의 자유는 원칙적으로 인정되지 않는다는 견해로는 김철수, 『학설·판례 헌법학(상)』, 박영사, 2008, 801쪽.

689) 헌재 1998. 10. 29. 97헌마345, 판례집 10-2, 621, 629.

690) 헌재 1996. 12. 26. 96헌가18, 판례집 8-2, 680, 691.

691) 헌재 1997. 4. 24. 95헌마90, 판례집 9-1, 474, 480.

692) 변호사시험의 응시기간과 응시횟수를 법학전문대학원의 석사학위를 취득한 달의 말일 또는 취득예정기간 안에

어야 한다. 이 자유는 최초의 직업선택뿐 아니라 제2의 직업이나 부업의 선택과 직업 변경 및 직업 포기를 포함하며 직업을 갖지 않는 선택도 포함한다. (비록 특정 직업교육을 받은 사람이 언제나 그 직업을 선택하는 것은 아니지만) 직업교육과 직업선택은 서로 불가분의 관계에 있고 직업교육은 직업선택의 전제가 되므로 직업교육장 선택의 자유는 직업선택의 자유에 포함된다.[693) 직업교육장 선택의 자유는 직업과 관련한 교육이나 훈련(기관)을 자유롭게 선택할 수 있는 자유를 말한다. 직업교육장은 일반적 (교양)교육이 아니라 직업에 도움이 되는 교육이나 훈련장소를 말한다. 여기에는 대학, 전문대학, 중·고등학교, 그 밖의 직업교육과 관련된 학원, 훈련장이나 실습장 등이 속한다.

③ 직업행사의 자유

직업행사(수행, 종사)의 자유는 직업이나 영업활동상 모든 자유를 말한다.[694) 이 자유는 활동의 장소, 기간, 형태, 수단 및 그 범위와 내용이 확정 등을 포함한다. 구체적으로 기업의 조직 및 법적 형태 선택의 자유, 직업적 처분의 자유(여기에는 투자의 자유, 생산품목의 선택과 생산품 포장 선택의 자유, 판매의 자유와 자유로운 계약 및 가격 결정 등이 포함된다), 경쟁의 자유와 광고의 자유 및 자신의 이름이나 특정 직업명칭의 사용과 같은 자유를 포함한다. 직업의 자유는 독립적 형태의 직업활동뿐 아니라 고용된 형태의 종속적인 직업활동도 보장하므로, 직업행사의 자유는 직장선택의 자유를 포함한다.[695) 직장선택의 자유는 개인이 그가 선택한 직업을 구체적으로 수행하는 공간적 장소인 직장을 자유롭게 선택할 수 있는 자유를 말한다. 이 자유는 직장의 선택, 유지, 포기 및 변경을 모두 포함한다. 즉 직장선택의 자유는 개인이 선택한 직업분야에서 구체적인 취업의 기회를 가지거나 이미 형성된 근로관계를 계속 유지하거나 포기할 때 국가의 방해를 받지 않는 자유로운 선택·결정을 보호하는 것을 내용으로 한다. 그러나 직장선택의 자유는 원하는 직장을 제공하여 줄 것을 청구하거나 한번 선택한 직장의 존속보호를 청구할 권리를 보장하지 않고, 사용자 처분에 따른 직장 상실에서 직접 보호하여 줄 것을 청구할 수도 없다.[696)

④ 영업의 자유

(ⅰ) 영업의 개념

영업이란 개인생활의 기초를 이루는 계속적·독립적·수익적 활동이라고 할 수 있는데 '독

시행된 시험일부터 5년 안에 5회로 제한한 것이 변호사시험에 5회 모두 불합격한 사람들의 직업선택의 자유를 침해하지 않는다(헌재 2016. 9. 29. 2016헌마47등, 판례집 28-2상, 553, 561-566).

693) 헌재 2009. 2. 26. 2007헌마1262, 판례집 21-1상, 248, 259.

694) 특별자치시장·시장·군수·구청장이 대형마트 등에 대하여 영업시간 제한을 명하거나 의무휴업을 명할 수 있도록 한 것은 직업수행의 자유를 침해하지 않는다(헌재 2018. 6. 28. 2016헌바77등, 판례집 30-1하, 496, 512-519).

695) 헌재 2002. 11. 28. 2001헌바50, 판례집 14-2, 668, 677.

696) 헌재 2002. 11. 28. 2001헌바50, 판례집 14-2, 668, 678.

립적' 활동이라는 점에서 직업보다 다소 좁은 개념이다.

(ii) 헌법적 근거

영업의 자유는 헌법이 명문화하지 않은 관계로 헌법상 근거가 문제 된다. 이에 관해서 ⓐ 직업의 자유는 영업의 자유보다 넓은 개념이고 영업의 자유는 직업행사의 자유의 하나로 직업의 자유에 포함된다는 견해[697]와 ⓑ 영업의 자유는 자연인에게는 직업의 자유의 한 내용에 지나지 않지만 법인에는 직업의 자유 바로 그것이라는 견해[698] 그리고 ⓒ 영업의 자유는 재산권과 같은 것으로 보아 헌법 제23조에서 보장된다는 견해가 있다. ⓓ 영업의 자유를 주관적 측면과 객관적 측면으로 나누어 주관적 측면은 직업의 자유에서, 객관적 측면은 재산권 보장에서 도출된다는 견해도 있다.[699] 헌법재판소는 "직업의 자유는 영업의 자유와 기업의 자유를 포함하고, 이러한 영업 및 기업의 자유를 근거로 원칙적으로 누구나가 자유롭게 경쟁에 참여할 수 있다."라고 하여 직업의 자유에 포함되는 것으로 본다.[700] 영업의 자유는 재산적 가치로서 보호되는 것이 아니라 활동 보호에 그 의미가 있으므로 재산권에 근거를 둘 수 없고, 법인은 그 기관을 통해서 행동하며, 기관의 행위는 자연인의 행위와 구별할 수 없다. 따라서 영업의 자유는 직업행사의 자유의 하나에 포함된다고 보아야 한다.

(iii) 영업의 자유 보호영역

영업의 자유는 ⓐ 개업의 자유, 영업의 유지·존속의 자유, 폐업의 자유 등을 포함하는 영업하는 자유와 ⓑ 자본과 상품의 생산·거래·처분의 자유를 말하는 영업활동의 자유를 내용으로 한다.

4. 제한

(1) 제한 근거: 헌법 제37조 제2항

직업의 자유는 다른 기본권과 마찬가지로 헌법 제37조 제2항 기본권 제한 입법의 한계 안에서 제한될 수 있다. 그 제한은 국가안전보장·질서유지·공공복리를 위하여 필요한 경우에 한하여 법률로써만 가능하고, 그 때도 기본권의 본질적 내용을 침해하여서는 아니 된다. 그리고 직업의 자유는 대통령의 긴급명령(헌법 제76조 제1항과 제2항)에 따라서나 비상계엄이 선포되면(헌법 제77조 제3항, 계엄법 제9조) 제한될 수 있다.

---

697) 권영성, 『헌법학원론(개정판)』, 법문사, 2010, 575쪽; 김철수, 『학설·판례 헌법학(상)』, 박영사, 2008, 798쪽; 문홍주, 『제6공화국 한국헌법』, 해암사, 1987, 254쪽; 홍성방, 『헌법학(중)(제2판)』, 박영사, 2015, 133쪽.

698) 허 영, 『한국헌법론(전정15판)』, 박영사, 2019, 509~510쪽.

699) 구병삭, 『신헌법원론(제3전정판)』, 박영사, 1996, 582쪽.

700) 헌재 1993. 12. 26. 96헌가18, 판례집 8-2, 680, 691.

(2) 직업의 자유 제한에 관한 단계이론

단계이론(Stufenlehre)은 독일 연방헌법재판소가 1958년 6월 11일 내린 이른바 약국판결[701]
에서 발전시킨 이론으로, 헌법재판소도 이른바 당구장 결정이나 부천시 담배자판기조례 결정
등[702]을 통해서 수용한 것으로 평가된다. 단계이론을 따르면, 직업의 자유를 제한할 때 ① 직
업행사의 자유 제한(직업이 수행되는 조건, 그중에서도 직업종사의 양태에 관한 규제), ② 주관적
사유에 따른 직업선택의 자유 제한(직업희망자의 인성이나 능력, 학력, 시험합격 등을 직업선택과
연관), ③ 객관적 사유에 따른 직업선택의 자유 제한(해당희망자가 영향을 미칠 수 없는, 본인의
자격조건과 무관한, 그런 의미에서 객관적인 기준을 충족시켜야 어떤 직업을 선택하여 가질 수 있는 것
과 관련)의 순으로 제한하여야 한다. 즉 입법자는 제1단계 방법으로 목적을 달성할 수 없을
때만 제2단계 방법을, 제2단계 방법으로 목적을 달성할 수 없을 때만 제3단계 방법을 사용할
수 있다. 1단계에서 3단계로 나아갈수록 제약 강도가 증가하여 입법자의 입법형성의 자유는
그 순서대로 감소하고 정당화 요구도 높아져서 단계별로 비례성원칙을 더욱 더 엄격하게 적
용할 것을 요구한다. 제1단계 제한은 목적의 정당성으로서 공익의 합리적 고려가 요구되지만
(예: 음식점 영업시간 제한), 제2단계 제한은 원만한 직업수행 보장을 위해서 중요한 공익이 있
어야 하고 선택된 수단이 피해의 최소성과 관련하여 필연적인 것이어야 한다(예: 법조인과 의
사 선발시 시험합격 요구). 제3단계 제한은 매우 중요한 공익에 대한 명백하고 현존하는 위험이
있는 때만 목적의 정당성이 인정되고, 선택된 수단이 불가피하여야 피해의 최소성 요건을 비
로소 충족한다.[703]

단계이론은 독일 기본법상 직업의 자유 조항[704] 자체가 직업'선택에 관한 한 제한규정을

---

701) BVerfGE 7, 377 (405 ff.).
702) 헌재 1993. 5. 13. 92헌마80, 판례집 5-1, 365, 374: "직업선택의 자유에는 직업결정의 자유, 직업종사(직업수
행)의 자유, 전직(轉職)의 자유 등 이 포함되지만 직업결정의 자유나 전직의 자유에 비하여 직업종사(수행)의 자
유에 대하여서는 상대적으로 더욱 넓은 법률상의 규제가 가능하다".
　헌재 1995. 4. 20. 92헌마264등, 판례집 7-1, 564, 573: "직업수행의 자유는 직업결정의 자유에 비하여 상대적으
로 그 침해의 정도가 작다고 할 것이므로 이에 대하여는 공공복리 등 공익상의 이유로 비교적 넓은 법률상의 규
제가 가능하지만 그 경우에도 헌법 제37조 제2항에서 정한 한계인 과잉금지의 원칙은 지켜져야 할 것이다."
　헌재 1997. 3. 27. 94헌마196등, 판례집 9-1, 375, 383: "직업행사의 자유에 대하여는 직업선택의 자유와는 달리
공익목적을 위하여 상대적으로 폭넓은 입법적 규제가 가능한 것이지만, 그렇다고 하더라도 그 수단은 목적달성
에 적절한 것이어야 하고 또한 필요한 정도를 넘는 지나친 것이어서는 아니된다."
703) 《비례성원칙 심사기준 단계화》

일반적 내용	1단계	2단계	3단계
기본권 제한	직업수행 제한	직업선택 제한(주관적 사유)	직업선택 제한(객관적 사유)
공공복리목적	공익의 합리적 고려	중요한 공익 원만한 직업수행 보장	매우 중요한 공익에 대한 심각한 위험(명백·현존)
수단 적합성	적합성	적합성	적합성
피해 최소성	필요성	필연성	불가피성
법익 균형성	균형성	균형성	균형성

704) 제12조 "모든 독일인은 직업, 직장, 직업교육장을 자유로이 선택할 권리가 있다. 직업행사는 법률에 의하여 또

두지 않으면서(제1항 제1문), 직업'행사'는 법률에 따라서 규율할 수 있다는 제한규정을 두어서 (제1항 제2문) 직업'선택'의 자유와 직업'행사'의 자유 사이에는 제한 정도를 달리 하여야(입법자 의사에 부합하여야 하므로) 한다는 점에 착안한 것이다. 따라서 이러한 조항이 없는 한국 헌법상 독일 단계이론을 도입하는 것이 타당한 것인지는 의문이다. 헌법재판소도 많은 사건에서 실질적으로 단계이론을 적용하지 않고 비례성심사만으로 해결한다. 이러한 점에서 단계이론은 비례성원칙을 구체화하는 데 중요한 참고사항으로 활용하는 것이 타당하다.

Ⅱ. 재산권

1. 의의

(1) 개념

헌법 제23조에서 보장하는 재산권은 경제적 가치가 있는 모든 공법상 및 사법상 권리로서 일정 시점에 개별법이 재산권으로 규정한 것을 말한다.[705] 이때 재산권은 처분하고 사용하고 수익할 자유뿐 아니라 자신의 채권에 근거하여 채무자에게 이행을 청구하고 급부를 수령·보유할 권리를 아우른다.[706]

(2) 연혁

한국 헌법은 1948년 헌법 이래 재산권을 보장한다. 이 규정은 현행 헌법규정과 같으나 다만 보상규정은 계속 바뀌었다. 1948년 헌법은 제15조에서 보상과 관련하여 "공공필요에 의하여 국민의 재산권을 수용, 사용 또는 제한함은 법률이 정하는 바에 의하여 상당한 보상을 지급함으로써 행한다."라고 규정하였고, 1962년 헌법은 제20조에서 "… 법률로써 하되 정당한 보상을 지급하여야 한다."라고 개정하였다. 1972년 헌법은 제20조에서 다시 "… 보상의 기준과 방법은 법률로 정한다."라고 개정하였다. 1980년 헌법은 제22조에서 "공공필요에 의한 재산권의 수용, 사용 또는 제한은 법률로써 하되, 보상을 지급하여야 한다. 보상은 공익 및 관계자의 이익을 정당하게 형량하여 법률로 정한다."라고 하였고, 1987년 현재 규정으로 바뀌었다.

제23조는 제1항에서 "모든 국민의 재산권은 보장된다. 그 내용과 한계는 법률로 정한다."라고, 제2항에서 "재산권의 행사는 공공복리에 적합하도록 하여야 한다."라고, 제3항에서 "공

는 법률에 근거하여 규율될 수 있다."

705) 헌재 1992. 6. 26. 90헌바26, 판례집 4, 362, 372.

706) 헌재 1996. 8. 29. 95헌바36, 판례집 8-2, 90, 103: "… 헌법 제23조 제1항의 재산권보장에 의하여 보호되는 재산권은 사적유용성 및 그에 대한 원칙적 처분권을 내포하는 재산가치 있는 구체적 권리이다."
　　헌재 2010. 4. 29. 2007헌바40, 판례집 22-1상, 606, 614: "① 사적유용성이 인정되기 위해서는 그 권리가 권리주체에게 귀속되어 그 주체의 이익을 위해 이용가능해야 하는바, ……. ② 원칙적 처분권이란 자신의 의사에 따라 처분할 수 있어야 함을 의미한다. …… ③ 사적유용성과 원칙적 처분권이 재산권의 징표라고 본다면, 재산가치는 그와 같은 사적유용성과 원칙적 처분권 등 재산성이 인정될 만한 가치가 있는 것을 의미하는 것이다."

공필요에 의한 재산권의 수용·사용 또는 제한 및 그에 대한 보상은 법률로써 하되, 정당한 보상을 지급하여야 한다."라고 규정한다. 그리고 제13조 제2항은 "모든 국민은 소급입법에 의하여 … 재산권을 박탈당하지 아니한다."라고, 제22조 제2항은 "저작자·발명가·과학기술자와 예술가의 권리는 법률로써 보호한다."라고 규정한다. 또한, 재산권 보장과 관련된 조항으로는 특허권 보장(제120조 제1항), 예외적인 사기업의 국공유화나 그 경영의 통제·관리(제126조), 농지소작제도의 원칙적 금지(제121조), 국토개발상 필요한 국토·자원 등에 대한 제한(제120조 제2항, 제122조), 소비자보호를 위한 생산품 규제(제124조), 대외무역의 규제·조정(제125조)이 있다. 그 밖에 대한민국의 경제질서는 개인과 기업의 경제상 자유와 창의를 존중한다는 원칙규정(제119조 제1항)과 함께 국가는 균형 있는 국민경제의 성장 및 안정과 적정한 소득분배를 유지하고, 시장 지배와 경제력 남용을 방지하며, 경제주체 사이의 조화를 통한 경제민주화를 위해서 경제에 관한 규제와 조정을 할 수 있도록 규정한다(제119조 제2항).

(3) 재산권 보장의 의의

재산권은 재산법적 영역에서 자유를 확보하여 줌으로써 자기 삶을 자기 자신의 책임 아래 형성하는 것을 가능하게 한다. 재산권은 사적 자치의 기초로서 인격적 자유(권)와 관련된다. 즉 재산권 보장이 자유와 창의를 보장하는 지름길이고 궁극에는 인간의 존엄과 가치를 증대하는 최선의 방법이라는 이상을 배경으로 한다.[707] 재산권은 기본권주체로서 국민이 각자 인간다운 생활을 자기 책임 아래 자주적으로 형성하는 데 필요한 경제적 조건을 보장해 주는 기능을 하는 것으로서, 재산권 보장은 곧 국민 개개인의 자유를 실현하는 물질적 바탕을 뜻한다. 따라서 자유와 재산권은 상호보완관계이자 불가분의 관계에 있다.[708] 그리고 재산권 보장은 자유로운 경제질서를 형성하는 기본적 요소이다. 즉 사유재산제도 보장은 자본주의 경제질서의 전제이다. 또한, 사회국가는 모든 국민의 인간다운 생활을 보장하는 데 목표를 두지만, 그 목표 실현은 어디까지나 개인의 경제상 자유와 창의에 기초한 노력을 전제로 하므로 재산권 보장은 사회국가 실현에서 필수적 요소이다. 그 밖에 재산권 보장은 정치적 다수관계 변화와 상관없이 개인의 재산권적 지위를 보장해준다. 재산권 보장은 그것을 통해서 정치권력 교체를 위한 투쟁이 재산 분배를 둘러싼 투쟁으로 이어지는 것을 방지하고 결과적으로 사회적 평화를 보장한다.

(4) 재산권 보장의 법적 성격

재산권 보장은 개인이 현재 누리는 재산권을 개인의 기본권으로 보장한다는 의미와 개인

---

707) 헌재 1989. 12. 22. 88헌가13, 판례집 1, 357, 368; 헌재 1993. 7. 29. 92헌바20, 판례집 5-2, 36, 44; 헌재 1999.
      4. 29. 94헌바37등, 판례집 11-1, 289, 302.
708) 헌재 1999. 4. 29. 94헌바37등, 판례집 11-1, 289, 303.

이 재산권을 누릴 수 있는 법제도로서 사유재산제도를 보장한다는 이중적 의미가 있다(권리·제도동시보장설).[709] 먼저 재산권은 국가권력에 대한 방어청구권과 보호청구권의 근거가 되는 주관적 권리이다. 다른 한편 재산권은 객관적 질서의 기본요소적 성격이 있다. 즉 재산권은 사유재산제도라는 객관적 법제도로서 경제·사회질서를 형성하는 중요한 요소이고, 전체 공동체질서의 불가결한 객관적 요소이다.

2. 헌법 제23조(재산권보장규정) 규범구조의 특수성

재산권은 그 내용 자체가 법률을 통해서 형성된다. 다른 기본권 보호대상, 즉 생명·신체·자유 등과는 달리 재산권의 보호대상인 재산은 시장질서 등 사회적 기제를 통해서 형성되고, 그만큼 사회적 관련성이 강하다는 점을 고려한 것이다. 그리고 재산권은 법률로 그 내용과 한계가 정해지면서 동시에 법률로 제한되는 특수한 구조가 있는 기본권이다. 그리고 재산권의 내용과 한계를 법률로 정할 때 해당 재산권의 특성을 고려하여야 한다. 그 결과 다른 기본권과는 달리 기본권주체에게 공공복리에 적합하게 재산권을 행사할 의무가 부과된다. 따라서 헌법 제23조 제1항과 제2항은 헌법 제23조 제3항과는 별도 논리로 재산권에 내재한 사회적 기속성의 근거이다.

헌법 제23조 제1항 제1문은 재산권을 보장한다. 그리고 헌법 제23조 제1항 제2문에서 "재산권의 내용 및 한계를 법률로 정한다."라고 하여 입법자에게 재산권의 한계뿐 아니라 재산권의 구체적 내용을 형성할 권한을 부여한다(기본권형성적 법률유보).[710] 즉 입법자는 법률의 일반적·추상적 규정을 통해서 종래 재산권의 (권능)범위를 축소할 수 있다. 그러나 재산권에 대한 입법형성권은 제23조 제2항 재산권 행사의 사회적 기속성의 한계 안에서만 허용되고, 법치국가원리에서 파생되는 명확성원칙과 비례성원칙을 준수하여야 하며, 같은 조 제1항 제1문이 보장하는 재산권과 사유재산제도의 본질적 내용을 침해하지 않아야 한다. 하지만 재산권의 구체적 내용을 입법자가 정하면 입법자에 대해서 재산권을 어떻게 보호할 것인지가 문제 된다.

헌법 제23조 제3항은 재산권의 사회적 기속성 한계를 넘는 적법한 재산권 제약과 그에 대한 손실보상을 규정한다. ① 공공필요, ② 법률 형식, ③ 정당한 보상의 세 가지 요건을 갖추면 개별적·구체적 규정을 통한 재산권 제약(공용수용·사용·제한)은 공용제약(공용침해)으로서 정당화한다. 헌법 제23조 제3항의 재산권 제한은 헌법 제37조 제2항의 일반적 기본권제한법률유보규정과 일반─특별의 관계에 놓여서 특별조항에 해당한다. 따라서 동 조항의 제한요건

---

709) 헌재 1993. 7. 29. 92헌바20, 판례집 5─2, 36, 44; 헌재 1994. 2. 24. 92헌가15등, 판례집 6─1, 38, 55─56.
710) 헌재 1993. 7. 29. 92헌바20, 판례집 5─2, 36, 44: "… 우리 헌법상의 재산권에 관한 규정은 다른 기본권 규정과는 달리 그 내용과 한계가 법률에 의해 구체적으로 형성되는 기본권형성적 법률유보의 형태를 띠고 있다.".

이 충족되더라도 제37조 제2항 일반적 기본권 제한의 한계 일탈 여부도 필요한 범위에서 검토하여야 한다.

① 기본권(여기서는 헌법 제23조)은 입법자도 기속하므로(헌법 제10조 제2문), 헌법 제23조 제1항 제2문은 입법자에게 무한정한 규정권한을 부여할 수는 없다. 헌법 제23조는 개별법상 재산질서(규정)에 대한 절대적인 규준이 되어야 하고, 재산권 개념의 일정한 헌법적 윤곽을 제시하여야 한다. ② 헌법 제23조는 기본권, 즉 개인의 주관적 권리로서 개개인이 현재 가지는 재화와 (재산상) 권리의 존속(현상태)을 보장하여야 한다(존속 보장). ③ 헌법 제23조 제3항은 보상조건부 공용제약(공용침해)711)을 가능하게 함으로써 재산상태와 함께 재산가치도 보장한다. 재산가치 보장으로 말미암아 개인이 자기 재산을 그냥 가지고 있도록 놔두지 아니하는 대신에 보상을 해주게 된다. 여기서 공용제약(공용침해)의 조건과 보상 범위가 문제 된다(가치 보장). ④ 헌법 제23조 제2항에 바탕하여 제23조 제1항 제2문에 따라 입법자가 재산권 내용 및 한계결정을 통해서 한 재산권의 사회적 의무성 구체화 범주에 해당하는 한, 즉 사회적 구속성이 미치는 범위에서는 원칙적으로 보상 없는(예외적으로 보상을 요할 수도 있다) 제약도 헌법적으로 정당화한다. ⑤ '사회적 구속성·사회적 의무성'이 끝나는 곳에서 '(보상을 요하는) 공용제약(공용침해)'이 시작된다. 사회적 구속성을 넘어 그로 말미암아 헌법적으로 정당화하지 아니하는 제약은 자동으로 보상(청구권)을 발생시킨다.

3. 주체

재산권 주체는 자연인뿐 아니라 법인도 된다. 재산권은 인간의 권리이므로 외국인이나 무국적자도 주체가 된다. 그러나 국민보다 더 많은 제한이 있을 수 있다(예를 들어 '부동산 거래신고 등에 관한 법률' 제7조에 따라 외국인의 토지 취득이나 양도는 금지되거나 제한될 수 있다). 미성년자도 주체가 되지만 그 행사능력은 민법상 법률행위능력을 갖출 때 있다. 내국사법인은 주체가 될 수 있지만, 외국법인은 주체가 될 수 없다. 외국법인이 주체가 되지 못한다고 하여 재산권 보호를 받지 못하는 것은 아니다. 외국사법인의 재산권은 상호주의원칙에 따라서 보호받을 수 있고,712) 법치국가적 보호대상에서 제외되지 않는다. 내국공법인은 재산권보유자는 될 수

---

711) 헌법 제23조 제3항에서 규정하는 재산권의 수용, 사용, 제한을 통틀어 학계에서는 흔히 '공용침해'라고 부르는데, 이러한 용어에 대해서 헌법 제23조 제3항에서 논의되는 손실보상은 적법한 행정작용을 배경으로 하는 것이므로 위법적인 행정작용을 전제로 하는 '침해'라는 용어를 사용하는 것은 부적절하다는 점을 이유로 공용침해라는 용어 대신 '공용제약'이라는 용어를 사용할 것을 제안하는 견해도 있다(류지태/박종수, 『행정법신론(제17판)』, 박영사, 2019, 571쪽 주 2). 이러한 견해가 타당하지만, '공용침해'라는 용어가 이미 학계에서 일반적으로 통용되고 헌법재판소 결정(헌재 2004. 10. 28. 99헌바91, 판례집 16－2하, 104; 헌재 2003. 11. 27. 2001헌바35, 판례집 15－2하, 222, 246; 헌재 2009. 10. 29. 2007헌바63, 판례집 21－2하, 103, 118 등)에서도 사용되는 점(이 결정들은 공용침해란 "국가가 구체적인 공적 과제를 수행하기 위하여 이미 형성된 구체적인 재산적인 권리를 전면적 또는 부분적으로 박탈하거나 제한하는 것"을 뜻한다고 한다)에서 여기서는 일단 '공용제약(공용침해)'라고 표시한다.
712) 토지재산권은 외국인(개인)이나 외국법인은 외국인토지법에 따라 모두 상호주의원칙에 따라서 보호된다.

있으나 재산권 주체는 원칙적으로 될 수 없다. 권리능력 없는 내국사단도 주체가 될 수 있다.

4. 내용

(1) 개념

헌법적 의미에서 재산권은 사적 유용성과 그에 대한 원칙적인 처분권을 포함하는 모든 재산가치 있는 구체적 권리를 말한다.[713] 사적 유용성은 재산적 법익이 재산권보유자에게 귀속되어 그의 수중에서 사적 활동과 개인적 이익의 기초로서 효용을 발휘할 수 있어야 한다는 것을 말한다. 처분권은 사적 유용성과 명확하게 구별되는 것은 아니지만 재산권의 객체를 변경·양도·포기할 수 있는 권능을 말한다.[714] 헌법이 보호하는 재산권은 경제적 가치가 있는 모든 공법상·사법상 권리로서 일정 시점에 (공법과 사법을 불문하고) 개별법이 재산권으로 정의한 것이다. 헌법재판소는 헌법이 보장하는 재산권은 경제적 가치가 있는 모든 공법상·사법상 권리를 뜻한다고 한다.[715] 따라서 사법상 물권·채권뿐 아니라 특별법상 권리, 공법상 재산가치 있는 주관적 권리, 상속권 등도 이에 포함된다. 그러나 재산 그 자체, 단순한 기대이익, 반사적 이익, 재화획득 기회 등은 재산권 보장 대상이 되지 않는다.[716]

재산권으로 보호받으려면 두 가지 요건을 충족하여야 한다. 먼저 ① 개인이 자신의 노력이나 희생을 통해서 성취한 재산적 권리이어야 한다. 따라서 국가의 일방적인 급여는 재산권적 보호대상에서 제외된다. 예를 들어 국민기초생활보장법상 생계급여는 국가가 일방적으로 지급하는 급여이므로 재산권적 보호 대상이 아니다.[717] 다음으로 ② 해당 재산적 권리에 대해서 개인의 사적인 유용성과 처분성이 인정되어야 한다.[718] 구체적인 권리가 아닌 단순한 사실상 이익이나 재화 획득에 대한 기대는 아직 개인에게 귀속된 것이 아니므로 사적 유용성이 없다.[719] 행정청 재량에 따른 급여는 개인이 처분할 수 있는 상태가 아니므로 재산권 보호대상에서 제외된다.

① 사법상 재산가치 있는 권리

사법상 재산가치 있는 권리에는 동산·부동산에 대한 모든 종류의 물권(소유권·점유권·용

---

713) 헌재 1996. 8. 29. 95헌바36, 판례집 8−2, 90, 103.
714) 계희열, 『헌법학(중)(신정2판)』, 박영사, 2007, 549쪽.
715) 헌재 1992. 6. 26. 90헌바26, 판례집 4, 362, 372.
716) 헌재 1998. 7. 16. 96헌마246, 판례집 10−2, 283, 310.
717) 헌재 2012. 2. 23. 2009헌바47, 판례집 24−1상, 95, 108−109; 헌재 2009. 9. 24. 2007헌마1092, 판례집 21−2상, 765, 784−785.
718) 헌법재판소는 헌법 제23조 제1항의 재산권보장을 통해서 보호되는 재산권은 사적 유용성 및 그에 대한 원칙적 처분권을 내포하는 재산가치 있는 구체적 권리라고 한다(헌재 1996. 8. 29. 95헌바36, 판례집 8−2, 90, 103; 헌재 1999. 4. 29. 96헌바55, 판례집 11−1, 462, 468).
719) 헌재 1996. 8. 29. 95헌바36, 판례집 8−2, 90, 103; 헌재 1997. 11. 27. 97헌바10, 판례집 9−2, 651, 664.

익물권·담보물권 등), 채권(임금청구권·이익배당청구권·회원권·주주권·임차권 등), 손해배상청구권[720] 등이 있다.

② 특별법상 권리

특별법상 권리에는 광업권·어업권·수렵권 등이 있다.

③ 공법상 재산가치 있는 권리(재산가치 있는 주관적 공권)

공법상 권리가 헌법상 재산권 보장의 보호를 받으려면 (i) 공법상 권리가 권리주체에게 귀속되어 개인의 이익을 위해서 이용할 수 있어야 하고(사적 유용성), (ii) 국가의 일방적인 급부가 아니라 권리주체의 노동이나 투자, 특별한 희생을 통해서 획득되어 자신이 한 급부의 등가물에 해당하는 것이어야 하며(수급자의 상당한 자기기여), (iii) 수급자 자신과 가족의 생활비를 충당하기 위한[721] 혹은 수급자 생존 확보에 이바지하기 위한 경제적 가치가 있는 권리이어야 한다.[722] 이러한 요건으로 말미암아 사회부조와 같이 국가의 일방적인 급부에 대한 권리는 재산권 보호대상에서 제외되고, 단지 사회법상 지위가 자신의 급부에 따른 등가물에 해당하는 때만 사법상 재산권과 비슷한 정도로 보호받아야 할 공법상 권리가 인정된다. 즉 공법상 법적 지위가 사법상 재산권과 비교될 정도로 강력하여 그에 대한 박탈이 법치국가원리에 어긋나는 때만 그러한 성격의 공법상 권리가 재산권 보호대상에 포함된다.[723] 그리고 공법상 재산적 가치 있는 지위가 헌법상 재산권 보호를 받으려면 먼저 입법자가 수급요건, 수급자의 범위, 수급액 등 구체적인 사항을 법률에 규정함으로써 구체적인 법적 권리로 형성되어 개인의 주관적 권리 형태를 갖추어야 한다.[724]

공법상 재산가치 있는 권리는 자신의 노력 혹은 자신이나 가족의 희생에 대가로서 성질이

---

720) 헌재 1995. 3. 23. 92헌가4등, 판례집 7-1, 289, 301: "재산권인 실화피해자 개인의 손해배상청구권"

721) 헌재 1995. 7. 21. 94헌바27등, 판례집 7-2, 82, 90.

722) 헌재 2000. 6. 29. 99헌마289, 판례집 12-1, 913, 948-949: "공법상의 권리가 헌법상의 재산권보장의 보호를 받기 위해서는 다음과 같은 요건을 갖추어야 한다. 첫째, 공법상의 권리가 권리주체에게 귀속되어 개인의 이익을 위하여 이용가능해야 하며(사적 유용성), 둘째, 국가의 일방적인 급부에 의한 것이 아니라 권리주체의 노동이나 투자, 특별한 희생에 의하여 획득되어 자신이 행한 급부의 등가물에 해당하는 것이어야 하며(수급자의 상당한 자기기여), 셋째, 수급자의 생존의 확보에 기여해야 한다. 이러한 요건을 통하여 사회부조와 같이 국가의 일방적인 급부에 대한 권리는 재산권의 보호대상에서 제외되고, 단지 사회법상의 지위가 자신의 급부에 대한 등가물에 해당하는 경우에 한하여 사법상의 재산권과 유사한 정도로 보호받아야 할 공법상의 권리가 인정된다. 즉 공법상의 법적 지위가 사법상의 재산권과 비교될 정도로 강력하여 그에 대한 박탈이 법치국가원리에 반하는 경우에 한하여, 그러한 성격의 공법상의 권리가 재산권의 보호대상에 포함되는 것이다."
　생계유지 기능을 수행하는 것만 재산권이 보호하는지에 관해서 검토가 필요하다는 견해가 있다(전광석, 『한국헌법론(제14판)』, 집현재, 2019, 416쪽). 이 견해는 사회보장급여가 생계유지기능을 수행하는데, 사회보장급여가 구체적으로 생계유지 기능을 수행한 때만 재산권적 보호대상이라면 이는 구체적인 평가대상이라서 적용에 큰 어려움이 따를 수밖에 없으므로, 재산권 보장을 위한 이러한 요건은 해당 사회보장급여가 일반적으로 국민 대부분에게 생존적 중요성이 있는지를 기준으로 판단하여야 한다고 한다.

723) 헌재 2000. 6. 29. 99헌마289, 판례집 12-1, 913, 948-949.

724) 헌재 2000. 6. 29. 99헌마289, 판례집 12-1, 913, 949.

있을 때 재산권으로 인정된다. 이러한 공법상 재산가치 있는 권리는 공무원과 군인의 급료청구권, 군사원호대상자의 원호보상급여금청구권, 피수용자의 환매권(수용된 토지 등이 공공사업에 필요 없게 되었을 때의 환매권은 헌법상 재산권 보장에서 도출되는 것으로서 재산권의 내용에 포함되는 권리),725) 손실보상청구권726) 등이 있다.

사회보험청구권은 가입자가 납부한 보험료에 대한 반대급여이므로 자기성취 요건을 충족하여 재산권적 보호대상이 된다.727) 국가유공자보상과 같은 사회보상급여도 수급자의 금전적 기여에 대한 반대급여가 아니지만, 생명, 신체의 손상과 같은 특별한 희생에 대한 반대급여의 성격이 있어서 재산권적 보호대상이 된다.728)

재산권적 보호대상인 급여에는 가입자의 보험료로 형성된 급여뿐 아니라 사용자의 부담금으로 형성된 급여도 포함되어야 한다. 헌법재판소는 사회보험급여가 전체적으로 재산권적 보호대상이지만, 사용자가 납부한 보험료로 형성된 부분에 대해서는 입법형성권이 넓다는 견해이다.729) 그리고 헌법재판소는 연금청구권이 사회보장수급권과 재산권의 성격이 동시에 있어서 순수한 재산권은 아니라는 이유로 입법적 형성 폭이 넓다고 한다.730) 그러나 더 정확하게 보면 연금청구권은 제한 없이 재산권적 보호대상에 해당하고, 다만 사회보장이라는 거시질서에 포섭되어 기능한다는 특징, 즉 사회적 관련성이 강하여서 입법적 형성 폭이 넓다고 보아야 한다. 사용자의 부담금으로 형성된 급여는 임금후불이라기보다는 사회보장적 급여의 성격이 있다는 논리도 타당하지 않다. 오히려 가입자가 납부하는 기여금은 보수 일부에 해당하며, 사용자가 납부하는 부담금으로 형성된 급여가 근로기준법상 퇴직금과 같이 임금후불의 성격이 있기 때문이다.

④ 상속권

헌법이 상속권을 명시적으로 헌법상 권리로 보호하지 않는다. 하지만 상속권은 재산권 처분형태의 하나로 재산권에 포함된다. 헌법재판소도 상속권이 재산권을 통해서 보호되는 것으로 이해한다.731) 상속권에서는 재산권뿐 아니라 일반적인 행동의 자유로서 유언의 자유, 혼인

---

725) 헌재 1994. 2. 24. 92헌가15등, 판례집 6-1, 38, 59-60; 헌재 1996. 4. 25. 95헌바9, 판례집 8-1, 389, 399.

726) 헌재 1994. 12. 29. 89헌마2, 판례집 6-2, 395, 414-415.

727) 헌재 1994. 6. 30. 92헌가9, 판례집 6-1, 543, 550(퇴역연금수급권); 헌재 1995. 7. 21. 94헌바27등, 판례집 7-2, 82, 90(퇴직급여청구권); 헌재 1999. 4. 29. 97헌마333, 판례집 11-1, 503, 513(연금수급권); 헌재 2003. 12. 18. 2002헌바1, 판례집 15-2하, 441, 450(의료보험수급권); 헌재 2004. 6. 24. 2002헌바15, 판례집 16-1, 719, 730(연금수급권); 헌재 2009. 5. 28. 2005헌바20등, 판례집 21-1하, 446, 455(산재보험수급권).

728) 헌재 1995. 7. 21. 93헌가14, 판례집 7-2, 1, 21.

729) 헌재 1994. 6. 30. 92헌가9, 판례집 6-1, 543, 550-551; 헌재 2003. 9. 25. 2001헌가22, 판례집 15-2상, 231, 245; 헌재 2003. 9. 25. 2000헌바94등, 판례집 15-2상, 254, 261-262; 헌재 2010. 7. 29. 2009헌가4, 판례집 22-2상, 95, 108.

730) 헌재 2009. 7. 30. 2008헌가1등, 판례집 21-2상, 18, 38.

731) 헌재 1989. 12. 22. 88헌가13, 판례집 1, 357, 368; 헌재 1998. 8. 27. 96헌가22등, 판례집 10-2, 339, 356; 헌재

과 가족 보호의 헌법적 요청 등을 함께 고려하여야 한다.

⑤ 지적 재산권

저작권, 특허권, 실용신안권, 의장권, 상표권, 예술공연권 등과 같은 무체재산권도 헌법상 재산권으로서 보호된다. 헌법 제22조 제2항에 따라 저작자·발명가·과학기술자와 예술가의 권리는 법률로 보장된다. 여기서 저작자·발명가·과학기술자와 예술가는 창작자를 예시한 것으로 지식과 정보를 처음으로 만드는 사람이면 누구나 창작자에 해당한다.[732] 이는 국가가 정신적·문화적·기술적 창작자의 권리를 법률로 특히 보장함으로써 문화를 향상시키려는 데 그 의미가 있다.[733] 단순한 경제적 목적으로 지적 재산권을 보호하려는 것이면 헌법 제23조 이외에 굳이 헌법 제22조 제2항을 별도로 규정할 필요도 없을 뿐 아니라 헌법 제22조 제2항을 헌법 제22조 제1항과 함께 규정할 이유도 없다는 점에 비추어 헌법 제22조 제2항은 학문과 예술, 과학 발달에 이바지하는 창작활동만 보호한다.[734]

지적 재산권은 문학·예술·과학·기술 등 인간의 정신적 창작활동의 결과 생산되는 무형의 산물을 지배하고 사용할 수 있는 권리를 말한다. 지적 재산권은 저작권과 산업소유권 그리고 제3의 권리로 나뉜다. 저작권은 예술적·인문과학적 창작의 산물인 저작물에 대한 저작자의 일신전속적 권리로서, 저작인격권과 저작재산권을 주된 내용으로 한다. 산업소유권은 특허권·실용신안권·의장권·상표권 등 산업적 무체재산권을 총칭한다. 제3유형의 권리로는 현대정보화사회 출현에 따라 새로이 생성되는 컴퓨터소프트웨어·반도체칩·데이터베이스·영업비밀 등이 있다. 지적 재산권은 관념적이고 무형적인 재산이라서 점유할 수 없으므로 지적 재산권자와 다른 사람이 동시에 같은 지적 재산을 지배하고 사용할 수 있다.[735] 인류문화 향상에 이바지하는 지적 재산의 공공성에 비추어 지적 재산권은 영구적으로 보장되는 것이 아니라 법률이 정한 일정 기간만 보호된다.[736] 지적 재산권의 핵심은 창작성이라는 점에서 헌법 제22조 제2항이 모든 지적 재산권의 헌법적 근거는 아니다.[737] 예를 들어 창작성이 없는

2014. 8. 28. 2013헌바119, 판례집 26-2상, 311, 316; 헌재 2017. 4. 27. 2015헌바24, 판례집 29-1, 81, 88.

732) 박성호, 「지적재산권에 관한 헌법 제22조 제2항의 의미와 내용」, 『법학논총』 제24집 제1호, 한양대학교 법학연구소, 2007, 102~104쪽; 서경미, 「위헌심사에 있어서 헌법 제22조 제2항의 규범적 의미」, 『헌법재판연구』 제6권 제2호, 헌법재판소 헌법재판연구원, 2019, 195쪽; 정필운, 「헌법 제22조 제2항 연구」, 『법학연구』 제20권 제1호, 연세대학교 법학연구원, 2010, 196쪽.

733) 헌재 1993. 11. 25. 92헌마87, 판례집 5-2, 468, 477.

734) 서경미, 「위헌심사에 있어서 헌법 제22조 제2항의 규범적 의미」, 『헌법재판연구』 제6권 제2호, 헌법재판소 헌법재판연구원, 2019, 196쪽; 정필운, 「헌법 제22조 제2항 연구」, 『법학연구』 제20권 제1호, 연세대학교 법학연구원, 2010, 215~218쪽.

735) 정필운, 「헌법 제22조 제2항 연구」, 『법학연구』 제20권 제1호, 연세대학교 법학연구원, 2010, 206쪽.

736) 서경미, 「위헌심사에 있어서 헌법 제22조 제2항의 규범적 의미」, 『헌법재판연구』 제6권 제2호, 헌법재판소 헌법재판연구원, 2019, 205쪽; 정필운, 「헌법 제22조 제2항 연구」, 『법학연구』 제20권 제1호, 연세대학교 법학연구원, 2010, 219쪽.

737) 서경미, 「위헌심사에 있어서 헌법 제22조 제2항의 규범적 의미」, 『헌법재판연구』 제6권 제2호, 헌법재판소 헌법

상표권과 초상사용권[퍼블리시티권(right of publicity)]은 헌법 제22조 제2항이 보장하는 지적 재산권이 아니다. 헌법 제22조 제2항은 지적 재산권뿐 아니라 지적 재산과 관련한 인격권(예를 들어 저작인격권)도 보장하므로,[738] 헌법 제22조 제2항은 창작자의 재산권적 이익을 보장하는 범위에서는 헌법 제23조의 특별규정이지만, 독자적 의미도 있다.[739]

⑥ 영업

설립되어 수행 중인 영업은 그 설비 및 권리의 총체로서 헌법상 보호되는 재산권에 속한다. 그러나 '단순히 위치상 유리한 점'이라든지 '미래의 기회 및 영리획득 가능성'과 '영업 확장'은 (그것이 이미 생산적으로 작용하는 구성요소로서 영업 자체에 포함되지 아니하는 한) 재산권으로 보호되지 아니한다.[740]

⑦ 재산 그 자체?(재산과 재산권 구별 필요)

전체로서 재산 자체가 재산권 보장 범위에 속하는지가 문제 된다. 이 문제는 조세와 같은 공권력의 금전급부의무 부과가 재산권에 대한 침해를 뜻하는지와 관련된다. 헌법재판소는 위헌적 법률을 통한 조세 부과는 재산권을 침해한다고 하여[741] 비록 명시적으로 언급하지는 않으나 재산 자체가 재산권의 객체가 된다고 보는 것 같다. 재산권 보장의 궁극적 목적은 기본권주체에게 재산 영역에서 인격발현의 자유공간을 보호하는 것이므로, 제23조의 재산권은 국가의 과세권에 대해서 '재산' 보호를 담당할 수 있어야 하고, 조세나 공과금의 부담이 엄청나 재산권을 포기하지 않고서는 납부의무를 이행할 수 없다면 방식 차이만 있을 뿐이지 재산권에 대한 강제와 다르지 않으므로, 재산도 재산권의 보호영역에 포함시켜야 하고, 이때 조세 징수를 통해서도 재산권 침해가 가능하다는 것이 인정될 수 있는 견해도 있다.[742] 헌법 제23조는 원칙적으로 재산가치 있는 권리를 보호할 뿐이므로 재산 자체를 보호하는 것은 아니다.[743] 그러나 금전납부의무가 의무자에게 과도한 부담을 준다든지 그의 재산상태를 심각하게 변경하여 재산권 보장

재판연구원, 2019, 196~197쪽; 정필운, 「헌법 제22조 제2항 연구」, 『법학연구』 제20권 제1호, 연세대학교 법학연구원, 2010, 222~223쪽.

738) 저작인격권은 헌법 제10조에서 찾는 견해도 있다(박성호, 「지적재산권에 관한 헌법 제22조 제2항의 의미와 내용」, 『법학논총』 제24집 제1호, 한양대학교 법학연구소, 2007, 105~106쪽).

739) 서경미, 「위헌심사에 있어서 헌법 제22조 제2항의 규범적 의미」, 『헌법재판연구』 제6권 제2호, 헌법재판소 헌법재판연구원, 2019, 200쪽; 정필운, 「헌법 제22조 제2항 연구」, 『법학연구』 제20권 제1호, 연세대학교 법학연구원, 2010, 224~227쪽.

740) 헌재 1996. 8. 29. 95헌바36, 판례집 8-2, 90, 104: "왜냐하면 영리획득의 단순한 기회나 기업활동의 사실적·법적 여건은 그것이 청구인과 같은 기업에게는 중요한 의미를 갖는다고 하더라도 재산권보장의 대상이 아니기 때문이다."

741) 헌재 1992. 12. 24. 90헌바21, 판례집 4, 890, 904-905; 헌재 1994. 8. 31. 91헌가1, 판례집 6-2, 153, 169; 헌재 1995. 7. 21. 92헌바40, 판례집 7-2, 34, 46; 헌재 1997. 12. 24. 96헌가19등, 판례집 9-2, 762, 773; 헌재 2002. 8. 29. 2000헌가5등, 판례집 14-2, 106, 123.

742) 김학성, 『헌법학원론(전정3판)』, 피앤씨미디어, 2019, 528쪽.

743) 계희열, 『헌법학(중)(신정2판)』, 박영사, 2007, 553~554쪽.

취지를 무색하게 할 지경에 이르면 재산권 보장 위반이 문제 될 수 있다. 물론 이때는 납세의무 부과의 적정성이 부정되어 해당 법률이 위헌으로 판단될 것이다. 하지만 이때 의무자의 재산권 침해를 인정하지 않으면 의무자가 그 위헌성을 직접 헌법소원심판을 청구하여 다툴 가능성이 없게 된다. 따라서 과세요건이 재산의 취득·존속·사용에 연결되면 조세가 재산 그 자체에서 납입되더라도 헌법 제23조가 세법의 위헌성을 판단하는 척도가 될 수 있다.

(2) 보장 범위
① 재산권의 기존상태(현상태)만 보호대상

재산권은 원칙적으로 재산권의 기존상태(현상태)를 보호대상으로 한다. 따라서 이익을 얻을 기회, 희망, 기대, 전망 등은 포함되지 아니한다.[744] 즉 헌법 제23조는 상태를 보장하는 것이지 영리(소득)활동 등 재산권 획득 가능성까지 보장하는 것은 아니다. 재산권은 이미 획득한 것, 즉 활동 결과를 보호하며, 영리(소득)활동은 헌법 제15조의 직업의 자유에 따라서 보호된다. 헌법재판소도 "구체적인 권리가 아닌, 단순한 이익이나 재화의 획득에 관한 기회 등은 재산권 보장의 대상이 아니다. … 영리획득의 단순한 기회나 기업활동의 사실적·법적 여건은 그것이 기업에게는 중요한 의미를 갖는다고 하더라도 재산권보장의 대상은 아니다."라고 한다.[745] 이미 설립되어 운영되는 사업의 현상태에는 오로지 그 영업장소유자가 법률상 신뢰할 수 있는 사업상 이익만 포함된다. 따라서 임야가 농지로 되리라는 기대는 재산권에 포함되지 않는다. 그리고 도로 공사로 말미암아 피해를 당하면 인접 지역 사람들과 마찬가지로 사업자도 그 도로 공사가 위법하게 지연되거나 그 피해를 예상할 수 없을 정도로 중대한 때가 아닌 한 감수하여야 한다.

② 재산권 이용

재산권 이용도 보호된다. 따라서 재산권을 보유하는 것뿐 아니라 이를 사용·수익·처분할 자유도 있다. 그리고 재산권을 이용하지 아니할 소극적 자유도 있다. 물론 일반적으로 금지된 행위에 재산권을 이용하는 것은 재산권 보장에 포함되지 않는다. 토지 소유자 스스로 그 소유의 토지를 일반 공중을 위한 용도로 제공하면(대표적으로 도로) 그 토지에 대한 소유자의 독점적이고 배타적인 사용·수익권 행사가 제한된다. 다만, 토지 소유자의 독점적이고 배타적인 사용·수익권 행사 제한 여부를 판단하려면 토지 소유자의 소유권 보장과 공공의 이익 사이의 비교형량을 하여야 하고, 원소유자의 독점적·배타적인 사용·수익권 행사가 제한될 때도 특별한 사정이 있다면 특정승계인의 독점적·배타적인 사용·수익권 행사가 허용될 수 있고,

---

744) 헌재 1996. 8. 29. 95헌바36, 판례집 8−2, 90, 103; .
745) 헌재 1996. 8. 29. 95헌바36, 판례집 8−2, 90, 103−104. 동조 판례로는 헌재 1998. 7. 16. 96헌마246, 판례집 10−2, 283, 310; 헌재 1999. 4. 29. 96헌바55, 판례집 11−1, 462, 468; 헌재 2000. 12. 14. 99헌마112등, 판례집 12−2, 399, 408; 헌재 2003. 6. 26. 2002헌마484, 판례집 15−1, 802, 808.

토지 소유자의 독점적·배타적인 사용·수익권 행사가 제한되더라도 일정한 요건을 갖추면 사정변경원칙이 적용되어 소유자가 다시 독점적·배타적인 사용·수익권을 행사할 수 있다.[746]

③ 절차적 보장

행정절차라든지 법정절차에서 자신이 재산권자로서 가지는 이익을 유효하게 주장하고, 다른 사법주체에 대항하여 관철시킬 재산권자의 권리도 재산권을 통해서 보호된다.

④ 사유재산제도 보장

재산권 보장은 법제도로서 사유재산제도를 보장한다. 사유재산제도의 핵심은 생산수단의 사유이다. 법제도로서 사유재산제도를 헌법적으로 보장하는 것은 사유재산권의 객관적인 질서형성적 의의를 인정하고 보장하는 것이며, 입법자에게서 사유재산권의 존속과 기능을 가능하게 하고 규율하는 핵심적 규범을 보장하는 것이다. 따라서 재산권을 형성하는 입법자는 사유재산제도를 부인하거나 그 핵심적 내용을 부인하는 어떤 법도 제정하거나 개정할 수 없다. 그리고 사유재산제도는 어떠한 경제정책적 또는 사회정책적 형성을 통해서도 배제될 수 없다. 사유재산제도 보장은 개인적 자유권 보장에 이바지한다. 사유재산제도 보장과 개인적 자유의 기본권적 보장은 서로 밀접한 관계가 있다. 개인이 스스로 책임지고, 자율적으로 사적 유용성의 목적을 가지고 경제질서의 건설과 형성에 참여할 수 있으려면 개인적 자유권은 사유재산제도를 필요로 한다. 즉 사유재산제도 보장은 개인이 사유재산을 자유롭게 이용하고 처분할 수 있는 주관적 권리의 전제조건이다. 이러한 점에서 사유재산제도 보장은 개인적 자유권 보장에 대해서 부수적이다.

5. 침해

(1) (재산권)내용형성규정(내용 및 한계 규정)

헌법 제23조 제1항 제2문에 따라 법률상 재산권의 내용과 한계를 규정하여 재산권을 확대할 수도 축소할 수도 있다. 재산권자의 권리·의무를 일반적·추상적으로 확정하면 내용·한계규정이 되나, 법률규정이 구법상 인정되어 온 재산권을 구체적·개별적으로 축소시키면 공용제약(공용침해)이 된다.

(2) 공용제약(공용침해)

공익사업을 위해서 다른 사람의 특정한 재산권을 법률에 근거하여 강제적으로 취득하거나(공용수용), 다른 사람의 재산권에 대한 사용권을 취득하고 재산권주체에게 이를 수인할 의무를 지우거나(공용사용), 그 밖에 일정한 공법상 제한(예: 계획제한)을 가하는 것(공용제한)을 공용제약(공용침해)이라고 한다. 공용제약(공용침해)은 직접 법률을 통해서 할 수도 있고(입법수

---

746) 대법원 2019. 1. 24. 선고 2016다264556 전원합의체 판결.

용), 법률에 근거한 행정처분을 통해서 할 수도 있다(행정수용).

재산권 제약이 공용제약(공용침해)이 되려면 먼저 ① 제약행위의 직접성이 있어야 한다. 즉 재산권 제약이 고권적으로 이루어진 원인(행위)의 직접 결과이거나 고권적으로 형성된 위험상황의 전형적인 결과이거나 고권적인 책임범주 안에 귀속되는 것으로 평가되는 결과이어야 한다. 다음으로 ② 재산권주체의 특별(한)희생이어야 한다. 즉 특정인이나 특정집단의 희생이어야 한다(형식적 기준). 끝으로 ③ 제약결과의 충분한 중대성이 있어야 한다. 즉 재산권의 박탈이나 수인을 기대할 수 없는 심각한 제약이어야 한다.

(3) 내용형성규정과 공용제약(공용침해)규정의 구별(사회적 구속성의 한계점)

① 두 가지 재산권 제한방식

입법자는 헌법 제23조의 재산권 보장영역 안에서 두 가지 다른 방식으로 재산권을 제한할 수 있다. 먼저 (ⅰ) 입법자는 헌법 제23조 제1항 제2문에 따라서 재산권의 내용과 한계를 앞날을 향해서 새롭게 정할 수 있다. 이때 현재 재산관계법에 따라서 보장되는 재산권자의 권리를 축소할 수도 있다. 다음으로 (ⅱ) 입법자는 헌법 제23조 제3항에 따라서 법률로써나 법률에 근거를 두고 그 위임에 따라 제정된 명령을 통해서 재산권을 제한할 수 있다.[747]

② 재산권 제한 유형의 구별에 관한 종래 논의(이른바 경계이론)

종래 논의를 따르면 제23조 제1항 제2문과 제2항은 보상의무 없는 사회적 제약(사회적 기속성 안의 내용한계형성)으로, 제23조 제3항은 보상의무 있는 공용제약(공용침해)으로 이해하고, 법률이 제23조 제1항 제2문과 제2항의 범위 안에 있는 한 보상은 필요하지 않다. 그러한 무보상의 내용한계형성과 보상의무 있는 공용제약(공용침해) 사이에 경계를 획정하는 일이 결정적으로 중요하다. 그 구별기준에 관해서는 다음과 같은 이론이 제시되었다.

(ⅰ) 형식적 기준설(침해행위의 대상범위 기준) - 개별행위설과 특별행위설

ⓐ 특정인 혹은 범위를 확정할 수 있는 특정 다수인의 재산권에 대해서 개별 행위를 통해서 특별한 손실을 가하면 보상을 요한다는 견해(동일상황에 처한 사람들에게 동일한 손실을 가하면 사회적 기속의 한계 안이라고 본다)가 개별행위설이고, ⓑ 이 이론을 발전시켜서 특정인 혹은 특정한 집단에 대해서 다른 개인이나 집단에게는 요구되지 아니하는 특별한 희생을 강요하면 보상을 요한다는 견해가 개별행위설을 수정한 특별행위설(특별희생설)이다.

(ⅱ) 실질적 기준설

재산권 제한의 성질이나 강도와 같은 실질적 기준으로 양자를 구분하는 견해이다. 여기에는 ⓐ 제한의 강도나 중대성(심각성)을 바탕으로 그것이 수인가능한 것인지를 기준으로 한 수

---

747) 헌법 제23조 제1항과 제3항의 구별에 관해서 자세한 검토는 허완중, 「헌법 제23조 제1항과 제3항의 구별」, 허완중/손상식/정영훈, 『재산권 보장과 위헌심사』, 헌법재판소 헌법재판연구원, 2012, 1~59쪽 참조.

인한도설[재산권주체에게 수인을 기대할 수 없으면 공용제약(공용침해)]이나 중대성설[일정한 침해 강도를 넘는 침해행위는 공용제약(공용침해)], ⓑ 재산권에 대한 역사적 고찰, 법의 취지 등에 비추어 보호할 만한 가치가 인정되는 것인지를 기준으로 한 보호가치설[역사적으로 보거나 일반적 법의식에 비추어 보거나 하여 보호가치가 있는 재산권으로 인정되면 그에 대한 침해는 공용제약(공용침해)]이나 실체감소설[특정인의 재산권 전부가 박탈되거나 재산권의 실체적 내용 감소가 있으면 공용제약(공용침해)], ⓒ 재산권의 기능을 재산권의 사적 유용성(효용성)을 침해하는지를 기준으로 한 사적 유용성설, ⓓ 재산권에 대해서 본래 인정되어 온 객관적인 이용목적과 기능에서 유리되는지를 기준으로 한 목적위배설, ⓔ 해당 재산권이 처한 특수한 상황(지리적 여건 등)으로 볼 때 해당 제한이 사회적 의무로서 수반될 수 없는 것인지를 기준으로 한 상황구속성설이 있다.

③ 재산권 제한 유형 구별에 관한 새로운 논의(이른바 분리이론)

분리이론은 재산권에 관한 내용한계형성규정과 공용제약(공용침해)은 서로 연장선상에 있지 아니하고 각기 독립된 별개의 것으로 이해한다. 따라서 양 법률조항에 관한 사법심사기준도 서로 독립된 것으로 보고 양자의 구별기준으로서 종전 논의처럼 제약강도가 아닌 제약의 형태나 목적을 중심으로 판단한다. 먼저 형태를 기준으로 보면 제약조치가 일반적·추상적이면 내용한계형성규정으로, 개별적·구체적이면 공용제약(공용침해)으로 본다. 다음으로 목적을 기준으로 보면 내용한계형성규정은 재산권자의 권리와 의무를 앞날을 향해서 객관법적으로 규율하는 것이 목적이고, 공용제약(공용침해)은 제약을 통해서 재산권자의 법적 지위를 옹글게(완벽하게) 혹은 부분적으로 박탈하거나 제한하는 것이 목적이다. 여기서 주의할 것은 내용한계형성규정으로 볼 입법이더라도 보상이 전적으로 금지되는 것은 아니라는 점이다. 즉 동 입법의 한계인 비례성원칙을 준수하기 위해서 보상할 수 있다(조정보상). 그러나 이러한 보상은 헌법 제23조 제3항에 근거한 것이 아니라 제23조 제1항 제2문과 제2항 및 법치국가원리에서 도출되는 비례성원칙의 한 내용이고, 제23조 제3항과 같이 반드시 금전 형태여야 하는 제약이 있는 것도 아니다. 비례성원칙을 준수하기 위한 방법 선택은 입법형성의 재량영역 안에 있는 것으로 볼 수 있기 때문이다.

④ 헌법재판소 견해

헌법재판소는 "… 입법자가 이 사건 법률조항을 통하여 국민의 재산권을 비례의 원칙에 부합하게 합헌적으로 제한하기 위해서는, 수인의 한계를 넘어 가혹한 부담이 발생하는 예외적인 경우에는 이를 완화하는 보상규정을 두어야 한다. 이러한 보상규정은 입법자가 헌법 제23조 제1항 및 제2항에 의하여 재산권의 내용을 구체적으로 형성하고 공공의 이익을 위하여 재산권을 제한하는 과정에서 이를 합헌적으로 규율하기 위하여 두어야 하는 규정이다. 재산권의 침해와 공익간의 비례성을 다시 회복하기 위한 방법은 헌법상 반드시 금전보상만을 해

야 하는 것은 아니다. 입법자는 지정의 해제 또는 토지매수청구권제도와 같이 금전보상에 갈
음하거나 기타 손실을 완화할 수 있는 제도를 보완하는 등 여러 가지 다른 방법을 사용할 수
있다. 즉, 입법자에게는 헌법적으로 가혹한 부담의 조정이란 '목적'을 달성하기 위하여 이를
완화·조정할 수 있는 '방법'의 선택에 있어서는 광범위한 형성의 자유가 부여된다."748)라고
하여 내용한계형성규정에서도 때에 따라서 보상이 필요한 것으로 본다.

⑤ 사견

이른바 경계이론은 무보상의 사회적 제약이 어떤 특정한 경계선을 넘어서면 자동으로 보
상의무 있는 공용제약(공용침해)으로 전환된다고 본다. 따라서 이를 따르면 제23조 제1항 제2
문에 따른 내용한계형성규정을 통한 재산권 제약이 비례성원칙 등에 어긋나는 입법이더라도
정당한 보상을 해주면 그러한 법률을 제23조 제3항에 따라서 정당화할 수 있게 된다. 그러나
이는 헌법 제23조 제1항의 '존속보장원칙'에 어긋난다. 즉 재산권보장규정은 재산권주체에게
재산에 대한 지배권·사용수익권·처분권 등을 보호하여 재산권 영역에서 자유를 확보하고 이
를 통해서 자신의 생활을 자기책임 아래에 형성하는 것을 가능하게 해주는 자유권적 기본권
의 의미가 있다. 그리하여 재산권주체가 재산권으로 보호되는 재화에 대한 위법적인 침해를
방어할 권한을 보장한다. 따라서 내용한계형성규정과 공용제약(공용침해)은 연장선상에 있지
아니한 것으로 보아야 한다. 내용한계형성규정과 공용제약(공용침해)규정은 서로 차원을 달리
하는 것으로 독자적인 심사기준에 따라서 위헌심사도 한다. 내용한계형성규정을 통한 입법이
한계를 넘으면 바로 위헌으로 되는 것이지 존속보장이 가치보장으로 전환되어 정당보상이 된
다고 하여 합헌으로 되지는 아니한다.

6. 제한

헌법 제23조에 따라서 재산권을 제한하는 형태에는, 제1항과 제2항에 근거하여 재산권의
내용과 한계를 정하는 것과 제3항에 따른 수용·사용 또는 제한하는 것의 두 가지 형태가 있
다. 전자는 입법자가 앞날에 추상적이고 일반적인 형식으로 재산권의 내용을 형성하고 확정
하는 것이고, 후자는 국가가 구체적인 공적 과제를 수행하기 위해서 이미 형성된 구체적인
재산적 권리를 전면적 또는 부분적으로 박탈하거나 제한하는 것을 뜻한다.749)

(1) (재산권)내용형성규정(내용 및 한계 규정)
① 재산권 내용 확정과 형성
입법자는 법률로써 헌법 제23조 제1항 제1문이 보장하는 재산권 내용이 무엇인지를 확정

---

748) 헌재 1998. 12. 24. 89헌마214등, 판례집 10−2, 927, 956−957.
749) 헌재 1999. 4. 29. 94헌바37등, 판례집 11−1, 289, 305−306.

할 뿐 아니라 구체적으로 재산권을 형성할 권한이 있다. 이때 법률은 형식적 의미의 법률을 뜻한다. 그러나 법률의 위임에 근거한 하위법령을 통해서도 이러한 확정과 형성이 가능하다.

헌법 제23조 제2항은 "재산권의 행사는 공공복리에 적합하도록 하여야 한다."라고 규정함으로써 재산권 행사에 일정한 헌법적 한계를 설정한다. 이는 재산권의 자유주의적 행사로 말미암은 사회적 폐단을 방지하고 사회정의를 실현하려는 의도에서 규정된 것이다. 재산권 행사는 이처럼 사회적 의무를 지므로 이를 재산권의 사회적 구속성이라고 한다. 재산권은 이처럼 권리와 함께 의무를 규정하는 드문 기본권규정 중 하나이다.

② 사회적 구속성

사회국가원리의 구체적 표현인 사회적 구속성은 먼저 재산권의 내용과 한계를 규정하는 입법자에게 향한다. 즉 입법자는 재산권을 구체적으로 형성할 때 한편으로는 재산권 보호를, 다른 한편으로는 재산권의 사회적 의무를 존중할 권한과 의무가 동시에 있다. 사회적 구속성은 단순한 강령이 아니라 직접적인 법적 구속력이 있는 규범이다. 즉 이 규정은 법률상 금지된 행위를 하지 말아야 할 소극적인 의무는 물론 적극적으로 공공복리에 적합하도록 재산권을 행사하여야 할 의무를 부과하고, 이는 법률 존부와 상관없이 있다. 재산권은 결국 그에 대한 사회적 구속이 미치지 아니하는 범위에서만 보장된다.

헌법 제23조 제2항은 나아가 재산권의 내용과 한계를 확정하는 입법자에게 구속력 있는 규준을 제시한다. 즉 입법자에 대한 재산권 형성 지침을 내포한다. 그 밖에 재산권의 사회적 구속성 조항은 재판이나 행정작용에 대해서는 재산권에 관련된 규정을 해석하는 지침으로서 의미가 있다. 재산권의 사회적 구속성 정도는 고정불변의 것이 아니고 사회발전에 따라 변화하며 사회적 상황에 적응하여야 한다. 그러므로 현행 헌법상 재산권 보장의 실질적 내용은 궁극적으로 제23조 제2항의 사회적 구속성에 관한 조항을 통해서 구체화한다.

재산권의 사회적 구속성은 재산권의 내용과 한계의 확정에서 규준이 된다. 따라서 헌법 제23조 제1항 제2문과 제23조 제2항 사이에는 논리적 및 헌법체계적 관련이 있다. 양 조항은 나아가 모두 재산권 행사의 자유 및 재산권의 제도적 보장과 불가분의 관계가 있다. 그리고 양 조항은 모두 사회국가원리 구현을 위한 중대한 수단이 된다. 그 밖에도 재산권의 내용과 한계를 확정하는 때와 재산권의 사회적 구속성을 구체화하는 때는 원칙적으로 보상의무가 따르지 않는다.

재산권의 내용과 한계를 규정하는 법률유보조항과 사회적 구속성조항 사이에 있는 이러한 밀접한 관계 때문에 양자는 각기 별개의 재산권 제한의 기초가 되는 것이 아니라 실질적으로 하나의 통일적인 법률유보에 지나지 않는다고 보는 경향이 있다. 그러나 이러한 견해는 양 조항의 의미를 제대로 파악하지 못한 것이다. 재산권의 내용과 한계를 규정하는 권한은 입법자만 있으나, 재산권의 사회적 구속성조항은 1차적으로 입법자를 그 수범자로 하기는 하지만 입법자가 그 유일한 수범자는 아니기 때문이다. 그러므로 양자는 각기 독립하여 재산권 제한의 기초가 된다고 보아야 한다.

헌법 제23조 제1항 제2문과 같은 조 제2항을 결부시켜 해석하면, 한국 헌법은 개인의 이익이 공동체 이익에 대해서 무조건적 우위를 점하는 재산권질서를 거부함을 알 수 있다. 헌법 제23조 제1항 제2문의 권한을 행사할 때 입법자는 법치국가원리의 원칙, 무엇보다도 비례성원칙을 준수하여야 한다. 특히 재산권 확정을 통해서 추구하는 공공의 이익과 재산권에게 부과되는 부담 사이에 적절한 균형이 확보되어야 한다. 즉 헌법 제23조 제1항 제1문에 따라서 인정된 사유재산제도와 헌법 제23조 제2항의 사회적 구속성이 모두 존중되어야 한다. 따라서 재산권이 개인의 자유 확보에 중요한 의미가 있을수록 그 재산권은 그만큼 강한 보호를 누린다. 반면 재산권의 내용과 한계 확정에 관한 입법자의 권한은 재산권 객체의 사회적 관련성이 강할수록 그리고 강한 사회적 기능을 발휘할수록 커지고 그만큼 재산권의 사회적 구속성도 강하게 실현된다.[750] 그러나 입법자는 재산권의 내용과 한계를 확정할 때 어떠한 때도 헌법 제23조 제1항 제1문에 따라서 보장된 재산권의 그 보유자에 대한 귀속(사적 유용성)과 재산권의 본질을 침해하여서는 아니 된다.

헌법 제23조 제2항의 '공공복리'는 특별한 법률에 따른 유보를 의미하므로 그 의미내용은 재산권의 사회성·의무성을 전제로 하는 것으로 정책적 제약까지도 인정하는 것으로 이해된다는 견해가 있다.[751] 그리고 헌법 제23조 제2항의 '공공복리'는 헌법 제37조 제2항의 국가안전보장·질서유지·공공복리를 포함하는 광의의 공공복리와 같지만, 양자의 기능이 같은 것은 아니라는 견해도 있다.[752] 이 견해는 제37조 제2항의 공공복리가 기본권에 대한 외부적 제한의 성격이 있다면, 헌법 제23조 제2항의 공공복리는 내부적 제약이라고 할 수 있는 재산권의 내재적 한계라는 점에서 차이가 있다고 한다. ① 헌법 제23조 제2항이 제23조 제1항 제2문과 결합하여 법률이 재산권제한적 의미뿐 아니라 형성적 의미도 있어서 공공복리에 따른, 사회정의에 맞는 재산권 형성이 입법자의 의무이고, ② 근대 입헌주의 아래 형성되었던 신체의 자유, 정신적 자유, 재산의 자유의 3위일체적 인권 구성이 무너지고 재산권 중 자본주의적 재산권은 열위의 권리로 전락하여서 국가의 사회경제정책을 통해서도 제한될 수 있는 권리가

---

750) 헌재 1999. 4. 29. 94헌바37등, 판례집 11–1, 289, 303: "… 헌법 제23조 제1항 제2문은 재산권은 보장하되 "그 내용과 한계는 법률로 정한다."고 규정하고, 동조 제2항은 "재산권의 행사는 공공복리에 적합하도록 하여야 한다."고 규정하여 재산권 행사의 사회적 의무성을 강조하고 있다. 이러한 재산권 행사의 사회적 의무성은 헌법 또는 법률에 의하여 일정한 행위를 제한하거나 금지하는 형태로 구체화될 것이지만, 그 정도는 재산의 종류, 성질, 형태, 조건 등에 따라 달라질 수 있다. 따라서 재산권 행사의 대상이 되는 객체가 지닌 사회적인 연관성과 사회적 기능이 크면 클수록 입법자에 의한 보다 더 광범위한 제한이 허용된다고 할 것이다. 즉, 특정 재산권의 이용이나 처분이 그 소유자 개인의 생활영역에 머무르지 아니하고 일반 국민 다수의 일상생활에 큰 영향을 미치는 경우에는 입법자가 공동체의 이익을 위하여 개인의 재산권을 규제하는 권한을 더욱 폭넓게 가진다."

751) 홍성방, 『헌법학(중)(제2판)』, 박영사, 2015, 261쪽.

752) 김학성, 『헌법학원론(전정3판)』, 피앤씨미디어, 2019, 381, 534~535쪽.

되었다는 점에서 재산권의 사회구속성에 관한 헌법 제23조 제2항은 다른 기본권과 다른 의미를 포함되지만, 헌법 제37조 제2항 공공복리 의미가 사회국가의 그것을 뜻하고 그에 따른 제한이 특히 경제적 자유권에만 타당하다면 굳이 헌법 제23조 제2항의 공공복리와 헌법 제37조 제2항의 국가안전보장, 질서유지, 공공복리를 달리 이해하여야 할 필요는 없다고 하면서 모든 재산에 획일적인 공공복리 개념에 따른 제한이 아니라 재산의 종류에 따른 제한이 문제된다는 견해도 있다.753) 헌법 제23조 제2항을 기본의무로 이해할 때, 헌법 제23조 제2항의 '공공복리'를 헌법 제37조 제2항의 국가안전보장·질서유지·공공복리와 같거나 더 넓은 의미로 이해하면 재산권제한심사를 무력화하거나 잠탈할 위험성이 크고, 논리적으로 보호영역 확정 단계에서 기본권제약의 정당성 심사단계보다 더 넓은 제약이 가능하다고 볼 수 없으므로 헌법 제23조 제2항의 '공공복리'는 헌법 제37조 제2항의 국가안전보장·질서유지·공공복리 중에서 국가의 경제적 토대를 마련하고 유지하는 데 필수적인 것으로 좁혀서 이해하여야 한다.

③ 재산가치 있는 권리의 특성 고려

헌법은 사유재산제를 기초로(헌법 제23조 제1항) 한 자유시장경제체제를 천명하나(헌법 제119조 제1항), 이러한 자유는 사회공동체와 조화를 유지하는 범위에서 인정되는 것이고 일정한 목적을 위해서는 경제에 관한 규제와 조정을 할 수 있다고(헌법 제119조 제2항) 규정한다. 그리고 토지는 그 특성상 공급이 한정되어서 토지재산권은 다른 재산권보다 더 많은 사회적 제약을 받는다.754) 헌법은 국토의 이용·개발·보전을 위하여 필요한 제한과 의무를 과할 수 있도록 하여서 이를 확인한다(헌법 제122조).

---

753) 김문현, 「헌법 제23조」, 『헌법주석[Ⅰ]』, 박영사, 2013, 857쪽.

754) 헌재 1989. 12. 22. 88헌가13, 판례집 1, 357, 372-373: "그런데 토지의 수요가 늘어난다고 해서 공급을 늘릴 수 없기 때문에 시장경제의 원리를 그대로 적용할 수 없고, 고정성, 인접성, 본원적 생산성, 환경성, 상린성, 사회성, 공공성, 영토성 등 여러가지 특징을 지닌 것으로서 자손만대로 향유하고 함께 살아가야 할 생활터전이기 때문에 그 이용을 자유로운 힘에 맡겨서도 아니되며, 개인의 자의에 맡기는 것도 적당하지 않은 것이다. 토지의 자의적인 사용이나 처분은 국토의 효율적이고 균형있는 발전을 저해하고 특히 도시와 농촌의 택지와 경지, 녹지 등의 합리적인 배치나 개발을 어렵게 하기 때문에 올바른 법과 조화있는 공동체질서를 추구하는 사회는 토지에 대하여 다른 재산권의 경우보다 더욱 강하게 사회공동체 전체의 이익을 관철할 것을 요구하는 것이다. 그래서 토지에 대하여서는 헌법이 명문으로 "국가는 국민 모두의 생산 및 생활의 기반이 되는 국토의 효율적이고 균형 있는 이용·개발과 보전을 위하여 법률이 정하는 바에 의하여 그에 관한 필요한 제한과 의무를 과할 수 있다"라고 하여 일반 재산권규정(헌법 제23조)과는 별도로 규정하고 있고(헌법 제122조), 그 중에서도 식량생산의 기초인 농지에 대하여서는 제121조에서 소작제도금지 등 특별한 규제를 하고 있다. 우리 국민의 토지에 대한 강한 소유욕은 전통적으로 내려 온 가족주의적 농업사회에서 비롯된 것인데, 농업사회에 있어서는 토지가 생계의 절대수단이고 가족중심적 가치관은 토지를 후대에 상속시켜 안전한 생활을 보장해주려는 의식을 낳게 하였던 것이다. 이러한 관념은 고도의 산업사회가 된 오늘날에 와서도 그대로 이어져 기업가나 개인이나 생산과 주거에 필요한 면적이상의 토지를 보유하여 토지가격의 등귀를 치부의 수단으로 하려는 경향이 있는 것이다. 그렇기 때문에 토지재산권에 대하여서는 입법부가 다른 재산권보다 더 엄격하게 규제를 할 필요가 있다고 하겠는데 이에 관한 입법부의 입법재량의 여지는 다른 정신적 기본권에 비하여 넓다고 봐야 하는 것이다."

④ 재산가치 있는 권리의 재산권리자에 대한 의미 존중

재산권이 개인의 인격적 자유를 보장하는 요소로서 기능하면 그 재산권은 특별히 강한 보호를 받는다. 입법자는 재산권의 기본요소인 재산권 처분을 금지하거나 개인이 자신의 노력으로 획득한 재산가치 있는 권리를 제약할 때는 제한된 형성여지가 있다. 반대로 재산권의 객체가 사회적 관련성이나 사회적 기능이 커질수록 입법자의 내용·한계규정권한은 넓어진다.[755] 입법자는 물적 재산권과 정신적 재산권을 구별하여야 한다(헌법 제22조 제3항의 특별보호).

⑤ 보상의무적 내용형성규정

입법자는 때에 따라서는 제약을 재정적으로 보상하여야 한다. (재산권)내용형성규정에서 공용제약(공용침해)과 달리 재산권의 현상태가 박탈되는 것은 아니지만, 특히 심하게(중대하게) 제약되면 그 가치가 보상되어야만 하는 때가 있다. 이때 현상태 보장이 가치 보장으로 전환된다.

(2) 공용제약(공용침해)
① 공용제약(공용침해)의 개념

재산권의 공용수용·공용수용·공용제한을 아우르는 공용제약(공용침해)은 헌법 제23조 제1항 제2문에 따른 재산권의 내용과 한계 확정과는 달리 재산권에 대한 진정한 제약을 뜻한다.[756] 재산권의 수용 등의 행위가 재산권의 본질적 내용침해금지규정에 저촉되지 않고 재산권 보장과 양립할 수 있는 유일한 이유는 재산권적 지위의 가치가 보상을 통해서 유지되기 때문이다. 이때 재산권 보장은 가치 보장으로 전환된다. 즉 재산권 보장의 중점은 재산권 존립을 확보하는 데 있고 '합법적' 공용제약(공용침해)만 재산권 보장을 가치 보장으로 전환한다.

---

755) 헌재 1999. 4. 29. 94헌바37등, 판례집 11−1, 289, 320−321: "개인이 소유하는 택지라고 하더라도, 그것이 택지소유자가 스스로 주거하는 장소로서 자신의 인격과 존엄성의 실현에 있어서 불가결하고 중대한 의미를 갖는가 아니면 상거래, 부동산투기, 임대, 그 외의 영업적 용도로 이용되는 것인가에 따라 재산의 자유보장적 기능의 관점에서 사회적 제약의 정도가 달라진다. 다시 말하면 개인이 택지를 소유하고 있는 경위와 그 목적에 따라 택지가 소유자 및 사회 전반에 대하여 가지는 의미가 다르므로, 법이 헌법상의 재산권 보장과 평등원칙에 합치하기 위하여서는 이러한 본질적인 차이를 고려하여 규율하여야 한다. 법 시행 당시 지가의 지속적인 상승현상으로 인하여 택지를 소유하고 있는 것 자체가 소유자의 의도와 관계없이 결과적으로 소유자에게 재산증식의 효과를 가져온다 하더라도, 개인이 택지를 자신의 주거용으로 사용함으로써 토지와 개인과의 긴밀한 연관성이 형성되고 이로써 재산권의 강한 인격 실현적 성격이 인정된다면, 이는 헌법적으로 달리 평가되어야 하며, 신뢰보호의 기능을 수행하는 재산권 보장의 원칙에 의하여 보다 더 강한 보호를 필요로 한다. 예컨대, 개인이 주택을 건축하여 몇 대를 내려 살아오면서 토지와의 긴밀한 유대가 형성된 택지에 대하여 그 소유자가 지가상승이나 토지투기에 적극적으로 기여한 바가 없음에도 단지 택지를 우연히 많이 소유하고 있다는 이유로 국가가 그 일부를 처분하라고 강제하는 것은, 법이 실현하려는 입법목적이 중대하다는 것만으로는 정당화될 수 없는 것이며, 따라서 이러한 성격의 택지까지 투기용 택지와 함께 동일한 방법으로 규율하여야 할 공익은 존재하지 않는 것이다."

756) 공용수용은 재산권 박탈에 그치는 것이 아니라 공익사업주체의 재산권 취득까지 있어야 한다. 따라서 '가축전염병 예방법' 제20조에 따른 살처분 명령은 재산권 박탈만 있고 재산권 이전이 없어서 수용이 아니다(정광현, 「헌법 제23조 제3항에서 '수용·사용·제한'의 개념」, 『헌법학연구』 제25권 제3호, 한국헌법학회, 2019, 161~165쪽 참조).

따라서 헌법 제23조 제3항의 요건을 충족하지 못하는 공용제약(공용침해)은 그로 말미암은 재산손실에 대하여 보상을 해준다고 하여서 합법적인 것이 되는 것은 아니다. 공용제약(공용침해)이 합법이 되려면 (ⅰ) 공공필요, (ⅱ) 법률 형식, (ⅲ) 정당한 보상의 요건을 갖추어야 한다.

수용(좁은 뜻의 공용수용, 고전적 의미의 공용수용)은 공공필요에 따라서 공권력 강제를 통하여 개인의 재산권이 국가 혹은 제3자에게 종국적·강제적으로 이전하는 것(공공필요에 따라서 재산권 전부에 대한 귀속주체를 변경하는 재산권박탈행위)을 말한다. 여기서 수용동기는 개별 재산권에 내재한 고유한 사용가치 확보이지 교환가치 활용이 아니다.[757] 헌법재판소는 재산권 수용은 공공필요에 따른 재산권의 공권력적·강제적 박탈을 뜻하고, 강제적 박탈은 국민의 재산권을 그 의사에 반하여 취득하는 것을 뜻한다고 한다.[758] 사용은 재산권 주체를 그대로 유지시키면서 사용권에 대한 일정한 제한을 가하는 것(재산권의 귀속주체 변경을 일으키지 아니하면서 공공필요를 충족시키려고 재산권의 객체를 일시적·강제적으로 사용하는 행위, 즉 재산권 객체의 이용권을 일시적으로 박탈하는 조치)을 말한다. 그 밖의 모든 형태의 재산권에 대한 '제한'(재산권에서 나오는 가분적·독립적 권리를 공공필요에 따라서 박탈하는 행위)도 보상 원인이다. 공공필요에 따라 공권력이 행사될 때 발생하는 예상하지 못한 부수적 결과로서, 즉 간접적으로 재산권에 대한 제한이 가해지는 것을 수용적 제약(침해)이라고 한다. 수용은 법률에 근거한 행정처분을 통해서 이루어지지는 행정적 수용과 법률이 직접 제한하는 입법적 수용으로 나뉜다.

② 공공필요

헌법 제23조 제3항의 '공공필요'와 헌법 제37조 제2항의 '(국가안전보장·질서유지·)공공복리'의 개념중첩 문제가 제기된다.

먼저 헌법 제23조 제3항의 공공필요가 헌법 제37조 제2항의 공공복리보다 더 넓은 적극적인 개념으로 정책적 제약까지 포함하고 사회정의 실현을 위한 것까지 뜻한다는 견해가 있다.[759] 그리고 공공필요는 갖가지 국가적 목적을 실현하기 위한 정책적 고려는 물론이고 사회정의를 위하여 필요한 때까지 포함하는 개념이지만, 공공복리는 국민공동의 이익을 뜻하는 것으로 공공필요는 공공복리보다 넓은 개념이라는 견해도 있다.[760] 또한, 공공필요는 좁게 해석할 것이 아니라 더 신축성 있게 해석하여 비록 헌법 제37조 제2항의 국가안전보장·질서유지·공공복리를 위한 때가 아니라도 공공필요가 있으면 재산권의 수용·사용·제한을 정책적 고려에서도 법률을 통해서 제한할 수 있고, 특히 경제 민주화를 위해서도 제한할 수 있다는

---

757) 정광현, 「헌법 제23조 제3항에서 '수용·사용·제한'의 개념」, 『헌법학연구』 제25권 제3호, 한국헌법학회, 2019, 168~169쪽.

758) 헌재 1998. 3. 26. 93헌바12, 판례집 10−1, 227, 244; 헌재 2000. 6. 1. 98헌바34, 판례집 12−1, 607, 618.

759) 홍성방, 『헌법학(중)(제2판)』, 박영사, 2015, 267쪽.

760) 권영성, 『헌법학원론(개정판)』, 법문사, 2010, 568~569쪽.

견해가 있다.761) 공공필요를 더 신축적으로 해석하여 "국가안전보장·질서유지 또는 공공복리를 위하여 필요한 경우" 이외에도 국가정책적인 고려까지 포괄하는 개념으로 이해하는 견해도 있다.762) 헌법 제37조 제2항이 설정하는 것이 모든 기본권에 적용되는 일반적 기준이라면, 헌법 제23조 제3항은 재산권에 대해서만 적용되는 특별한 기준을 설정하고, 일반적 기본권 제한이 기본권의 일방적 축소를 가져오지만, 재산권 제한은 정당한 보상을 전제로 하는 점을 고려하면 공공필요라는 개념을 조금 더 넓게 해석할 수 있다는 견해도 있다.763) 별개의 개념을 사용하는 점에 비추어 헌법 제23조 제3항의 공공필요는 헌법 제37조 제2항의 공공복리보다 더 넓고 적극적인 개념으로, 정책적 제약과 사회정의를 실현하기 위한 때까지 포함한다는 견해도 있다.764)

다음으로 공공필요를 헌법 제37조 제2항의 기본권제한목적보다 넓게 보는 것은 국가안전보장·질서유지·공공복리를 합친 것보다 더 큰 기본권 제한 개념을 상정하기 어려워서 문제가 있고, 반대로 공공필요를 좁게 보는 것은 재산권의 특성(실정권, 공공복리 적합성의무에 따른 사회적 기속)을 고려하지 못한 것으로 헌법이 제37조 제2항과 별도로 재산권제한조항(헌법 제23조 제3항)을 둔 취지에 부합하지 않으므로, 헌법 제23조 제3항의 공공필요는 헌법 제37조 제2항의 국가안전보장·질서유지·공공복리와 같다는 견해도 있다.765)

끝으로 헌법 제23조 제3항상 공공침해 허용 요건인 '공공필요'는 헌법 제37조 제2항에 따른 기본권제한입법 요건인 "국가안전보장·질서유지 또는 공공복리"보다 좁은 개념이어서 공용제약(공용침해)을 통한 재산권 제한은 국가안전보장·질서유지·공공복리라는 일반·추상적인 기본권 제한의 요건만으로는 가능하지 않고 공공필요라는 공용제약(공용침해)에 특유한 정당화근거에 따라서만 허용될 수 있다는 견해도 있다.766) 이 견해는 공용제약(공용침해)의 허용요건으로서 공공필요는 단순공익이나 국가의 이익 이상의 중대한 공익이고, 반드시 특정한 공익사업과 연관되어 특정인의 재산권 침해가 불가피하게 고양된 공익개념이라고 한다.767) 그리고 헌법 제23조 제1항 후문에 따라서 재산권을 제한하는 모든 경우에 보상 대상이 되는 것은 아니므로 공공필요는 공공복리보다 좁은 개념이라는 견해도 있다.768) 또한, 헌법 제37조 제2항의 '공공복리'는 기본권 제한의 일반적 사유이고, 헌법 제23조 제3항의 '공공필요'는

761) 김철수, 『학설·판례 헌법학(상)』, 박영사, 2008, 884쪽.
762) 성낙인, 『헌법학(제19판)』, 법문사, 2019, 1305쪽.
763) 장영수, 『헌법학(제11판)』, 홍문사, 2019, 772쪽.
764) 이부하, 『헌법학(상)』, 법영사, 2019, 460~461쪽.
765) 김학성, 『헌법학원론(전정3판)』, 피앤씨미디어, 2019, 381, 543~544쪽. 같은 견해: 문홍주, 『제6공화국 한국헌법』, 해암사, 1987, 293쪽; 정종섭, 『헌법학원론(제12판)』, 박영사, 2018, 368, 728쪽.
766) 김성수, 『일반행정법(제8판)』, 홍문사, 2018, 708쪽.
767) 김성수, 『일반행정법(제8판)』, 홍문사, 2018, 715~716쪽.
768) 안용교, 『한국헌법(제2전정판)』, 고시연구사, 1992, 502쪽.

기본권 중 하나인 재산권의 수용·사용·제한 사유로 규정된 것이라서 양자를 같은 수준에서 논의할 수 없고, '공공복리'가 재산권 제한 사유로 충분한 개념이라면 굳이 헌법 제23조 제3항에서 '공공필요'라는 새로운 개념을 사용할 이유가 없으므로 공공필요를 공공복리와 동일시하는 견해는 찬성할 수 없고, '공공필요' 추가는 재산권 제약은 좀 더 '중대하고 긴절하게 요구되는 공공복리의 사유'가 있을 때만 정당화할 수 있으므로 공공필요를 공공복리보다 좁게 해석하여야 한다는 견해도 있다.769)

그 밖에 기본권제한입법의 한계조항(헌법 제37조 제2항)을 기본권에 관한 일반적인 법률유보조항이라고 이해하면서, 재산권제한사유로서 '공공필요'라는 개념이 헌법 제37조 제2항에서 언급한 국가안전보장·질서유지·공공복리의 개념보다 넓은 개념인지, 같은 개념인지를 놓고 벌이는 논쟁은 헌법 제37조 제2항을 기본권제한입법의 한계조항이라고 이해하면 재산권제한사유로서 '공공필요'도 마땅히 헌법 제37조 제2항의 한계 안에서만 인정될 수 있으므로 이러한 논쟁은 무의미하고 불필요하다는 견해도 있다.770)

헌법 제23조 제2항은 개별적 법률유보이고, 헌법 제37조 제2항은 일반적 법률유보이다. 따라서 일반-특별의 법리에 따라 헌법 제23조 제3항이 헌법 제37조 제2항에 우선하여 적용된다. 따라서 공공필요 요건이 충족되면 일반조항의 국가안전보장·질서유지·공공복리의 요건과 분리되건 중첩되건 상관없이 법률상 제한이 허용된다. 그런데 헌법 제23조 제3항은 재산권 보장을 존속보장이 아닌 가치보장만 하는 것을 허용하는 예외적인 재산권제한규정이다. 따라서 공공필요는 국민의 재산권을 그 의사에 반하여 강제적으로 제약하여야 할 공익적 필요를 말하고, 이는 기본권 제한의 일반적인 사유인 공공복리보다는 좁은 개념으로 이해하여야 한다. 즉 공공필요는 '공익성'과 동시에 '필요성' 요건을 충족하여야 한다.771) 공익성 정도는 공용수용을 허용하는 개별법의 입법목적, 사업내용, 사업이 입법목적에 이바지하는 정도, 사업시설에 대한 대중의 이용 및 접근 가능성을 종합적으로 고려하여 판단된다. 필요성을 충족하려면 공용수용을 통해서 달성하려는 공익과 그로 말미암아 재산권을 침해당하는 사인의 이익 사이의 형량에서 사인의 재산권 제약을 정당화할 정도로 공익이 우월하여야 한다.772) 따라서 단순히 국가의 재정수입을 늘리기 위한 공용제약(공용침해)이나 재분배를 위한 공용제약(공용침해)은 허용되지 않는다.

공공필요가 없거나 공공필요와 비교해서 과도하게 재산권이 제약되면 재산권에 대한 제약행위는 위헌으로서 취소되어야 한다. 공공필요가 있어 수용되었으나 사후에 수용 목적인 공

---

769) 성정엽, 「헌법과 공익」, 『외법논집』 제43권 제2호, 한국외국어대학교, 2019, 110쪽.
770) 허 영, 『한국헌법론(전정15판)』, 박영사, 2019, 544쪽 주 1.
771) 헌재 1995. 2. 23. 92헌바14, 공보 9, 107, 114; 헌재 2000. 4. 27. 99헌바58, 판례집 12-1, 544, 552; 헌재 2011.
   4. 28. 2010헌바114, 판례집 23-1하, 47, 57; 헌재 2014. 10. 30. 2011헌바172등, 판례집 26-2상, 639, 647.
772) 전광석, 『한국헌법론(제14판)』, 집현재, 2019, 425쪽.

공사업이 수행되지 않거나 수용된 재산이 실제 이용되지 않으면 피수용자는 해당 재산에 대한 환매권이 있다.773) 공공필요 요건을 갖추면 국가 외에 민간기업도 수용권 주체가 될 수 있다.774) 다만, 민간기업이 사업시행자이면 그 사업시행으로 획득할 수 있는 공익이 현저히 해태되지 않도록 보장하는 제도적 규율도 갖추어야 한다.775)

③ 법률 형식

공용제약(공용침해)은 '법률로써' 하여야 한다. 이때 법률은 국회가 제정하는 이른바 형식적 의미의 법률을 말한다. 법률과 같은 효력이 있는 국회 동의가 필요한 조약, 법률대위명령, 법률의 효력이 있는 일반적으로 승인된 국제법규도 법률에 속한다. 법률'로써'라는 말은 '법률 자체에 의한' 공용제약(공용침해)이라기보다는 '법률에 근거를 두는' 공용제약(공용침해)을 뜻하는 것으로 새겨야 한다. 법률 자체가 직접 그 시행과 동시에 집행행위의 매개 없이 일반적 법률에 따라서 특정 인적 범위에 부여된 개인의 구체적 권리를 박탈하거나 제한할 수도 있지만, 그러한 입법공용제약(입법공용침해)은 개인의 권리구제 가능성을 현저히 제약하는 부작용이 있으므로 예외적인 때만 허용될 수 있기 때문이다. 따라서 '법률로써'라는 말은 무엇보다도 행정권이 법률의 수권에 근거하여 개인의 구체적인 재산권을 박탈하거나 제한하는 공용제약(공용침해)의 통상적 경우인 행정공용제약(행정공용침해)을 가리킨다고 보아야 한다. 따라서 법률의 위임에 근거한 위임입법(법규명령이나 조례)에 따른 공용제약(공용침해)도 가능하다.776)

입법자는 어떤 목적과 요건 아래 공용제약(공용침해)이 허용되는지를 법률로 확정하여야 한다. 그런데 현행 헌법 제23조 제3항은 1962년 헌법 제20조 제3항과 달리 "공공필요에 의한 재산권의 수용·사용 또는 제한 및 그에 대한 보상은 법률로써 하되 정당한 보상을 지급하여야 한다."라고 규정하므로 헌법 제23조 제3항은 공용제약(공용침해)과 그 보상 사이에는 불가분의 관계가 있음을 확인하는 '불가분조항(결부조항, 부대조항)'으로 해석하여야 한다.777) 즉 공

---

773) 헌재 1994. 2. 24. 92헌가15등, 판례집 6－1, 38, 57; 헌재 1995. 2. 23. 92헌바12, 판례집 7－1, 152, 162; 헌재 1995. 10. 26. 95헌바22, 판례집 7－2, 472, 483; 헌재 1998. 12. 24. 97헌마87등, 판례집 10－2, 978, 996.

774) 헌재 2009. 9. 24. 2007헌바114, 판례집 21－2상, 562, 571; 헌재 2011. 6. 30. 2008헌바166등, 판례집 23－1하, 288, 308.

775) 헌재 2014. 10. 30. 2011헌바172등, 판례집 26－2상, 639, 648: "오늘날 공익사업의 범위가 확대되는 경향에 대응하여 재산권의 존속보장과의 조화를 위해서는, '공공필요'의 요건에 관하여, 공익성은 추상적인 공익 일반 또는 국가의 이익 이상의 중대한 공익을 요구하므로 기본권 일반의 제한사유인 '공공복리'보다 좁게 보는 것이 타당하며, 공익성의 정도를 판단함에 있어서는 공용수용을 허용하고 있는 개별법의 입법목적, 사업내용, 사업이 입법목적에 이바지 하는 정도는 물론, 특히 그 사업이 대중을 상대로 하는 영업인 경우에는 그 사업 시설에 대한 대중의 이용·접근가능성도 아울러 고려하여야 한다."

776) 헌재 1994. 6. 30. 92헌가18, 판례집 6－1, 557, 569－560.

777) 권영성, 『헌법학원론(개정판)』, 법문사, 2010, 569~570, 631쪽; 김성수, 『일반행정법(제8판)』, 홍문사, 2018, 709쪽; 김학성, 『헌법학원론(전정3판)』, 피앤씨미디어, 2019, 545쪽; 류지태/박종수, 『행정법신론(제17판)』, 박영사, 2019, 572쪽; 양 건, 『헌법강의(제8판)』, 법문사, 2019, 832쪽; 이준일, 『헌법학강의(제7판)』, 홍문사, 2019, 663쪽; 장영

용제약(공용침해)의 근거와 그에 대한 보상의 기준·방법·범위가 같은 법률에서 상호 불가분적으로 규정되어야 한다. 이 불가분조항에 어긋나게 보상에 관한 규정 없이 공용제약(공용침해) 요건을 확정한 법률은 위헌이다. 불가분조항은 입법자가 공용제약(공용침해)의 요건과 함께 보상의 종류와 범위를 동시에 규정하는 때만 공용제약(공용침해)을 수인할 의무를 개인에게 부과함으로써 개인의 재산권을 보호하는 한편, 입법자에 대한 경고적 기능을 수행한다. 즉 입법자가 법률을 제정할 때 자신이 규율하는 사태가 보상의무를 수반하는 공용제약(공용침해)인지를 사전에 면밀하게 검토하지 않을 수 없게 강제하고, 나아가 재산권의 내용과 한계를 확정한다는 미명 아래 공용제약(공용침해)을 규정하지 못하도록 예방한다.[778]

④ 정당한 보상

(ⅰ) 구체적 보상입법이 없을 때 헌법 제23조 제3항을 근거로 보상청구할 수 있는가?

ⓐ 직접효력설(국민에 대한 직접효력설)

헌법 제23조 제3항은 보상 자체는 필수적인 것으로 하고, 다만 그 기준과 방법을 법률로 정하도록 하고, 제1항에서 사유재산제도 보장을 명백히 밝히므로 보상청구권은 헌법에서 직접 발생하고, 직접효력을 부여받는다는 견해이다.[779]

ⓑ 위헌무효설(입법자에 대한 직접효력설)

헌법상 보상규정은 입법자 구속−보상규정이 결여된 공용제약(공용침해)법률은 위헌무효이고, 그러한 법률에 근거하여 이루어진 공용제약(공용침해)도 무효로서 효력을 발생하지 아니 한다고 하면서, 무효확인, 원상회복, 손해배상 청구만 가능하다는 견해이다.[780] 재산권 침해를 규정하는 입법을 위헌무효라고 할 것이 아니고 손실보상규정을 두지 않는 입법부작위가 위헌이라고 하면서 입법부작위에 대한 헌법소원을 통해서 해결하도록 하는 것이 타당하다는 견해도 있다.[781]

ⓒ 유추적용설(간접효력설)

공용제약(공용침해)법률에 보상규정이 없으면, 헌법 23조 제1항의 재산권규정과 제11조의

수, 『헌법학(제11판)』, 홍문사, 2019, 772~773쪽; 한수웅, 『헌법학(제9판)』, 법문사, 2019, 883쪽; 허 영, 『한국헌법론(전정15판)』, 박영사, 2019, 545~546쪽; 홍성방, 『헌법학(중)(제2판)』, 박영사, 2015, 268~269쪽; 홍정선, 『행정법원론(상)(제26판)』, 박영사, 2018, 828쪽. 이에 반대하는 견해로는 성낙인, 『헌법학(제19판)』, 법문사, 2019, 1307쪽.

778) 계희열, 『헌법학(중)(신정2판)』, 박영사, 2007, 568~569쪽.

779) 김남진/김연태, 『행정법Ⅰ(제22판)』, 법문사, 2018, 662쪽; 김철수, 『학설·판례 헌법학(상)』, 박영사, 2008, 889쪽; 문홍주, 『제6공화국 한국헌법』, 해암사, 1987, 293쪽; 박균성, 『행정법론(상)(제17판)』, 박영사, 2018, 934~935쪽; 성낙인, 『헌법학(제19판)』, 법문사, 2019, 1317~1318쪽; 안용교, 『한국헌법(제2전정판)』, 고시연구사, 1992, 507~508쪽; 홍성방, 『헌법학(중)(제2판)』, 박영사, 2015, 271쪽.

780) 김학성, 『헌법학원론(전정3판)』, 피앤씨미디어, 2019, 547쪽; 류류지태/박종수, 『행정법신론(제17판)』, 박영사, 2019, 581쪽; 심경수, 『헌법』, 법문사, 2018, 288~289쪽; 이준일, 『헌법학강의(제7판)』, 홍문사, 2019, 663쪽; 전광석, 『한국헌법론(제14판)』, 집현재, 2019, 428쪽; 정하중, 『행정법개론(제12판)』, 법문사, 2018, 594~595쪽; 홍준형, 『행정법(제2판)』, 법문사, 2017, 745~747쪽.

781) 김동희, 『행정법Ⅰ(제24판)』, 박영사, 2018, 617~619쪽; 김문현, 「헌법 제23조」, 『헌법주석[Ⅰ]』, 박영사, 2013, 879~880쪽.

평등권 규정을 근거로 제23조 제3항 관계규정을 유추적용하여 보상을 청구할 수 있다는 견해
이다.782) 보상규정이 없는 법률을 통한 재산권 침해가 있으면, 재산권수용유사 침해이론과 국
가배상책임이론에 따라 권리구제를 받을 수 있다는 견해도 있다.783) 헌법 제23조 제3항은 직
접적 효력이 있는 규정이므로, 법률이 재산권 제약을 규정하면서 보상에 관해서 규정을 하지
아니한다면 그 법률은 위헌무효가 되고, 재산권을 침해당한 사람은 헌법 제23조 제3항에 근
거하여 손실보상을 청구할 수 있다고 하면서(현실적 권리설), 국가보상법체계가 독일과 비슷하
므로, 독일의 수용유사침해를 수용하여 수용유사적 침해나 수용적 침해가 있으면 공용수용
법리에 준하여 직접 헌법에 근거한 손실보상을 인정하여야 한다는 견해도 있다.784)

ⓓ 헌법재판소 판례

헌법재판소는 보상에 관해서 아무런 입법조치를 취하지 않은 것이 입법부작위로서 위헌임
을 확인한 바 있다.785) 이러한 점에 비추어 위헌무효설에 가까운 견해로 볼 수 있다.

ⓔ 사견(일부판결가능설)

공용제약(공용침해)에 대한 보상규정이 없으면 그러한 재산권 제약은 헌법 제23조 제3항의
공용제약(공용침해)이라고 할 수 없다. 헌법 제23조 제3항 자체는 위법적 재산권 제약에 대한
보상청구권을 인정하기 위한 직접 근거가 될 수 없다. 따라서 법률에 보상청구권이 마련되어
야 비로소 보상을 청구할 수 있다. 보상규정이 없는 공용제약(공용침해)이 위법임을 다투어야
하고, 위법한 공용제약(공용침해)을 수인하면서 법률이 인정하지 아니하는 보상을 청구할 수는
없다. 결국, 보상규정이 없는 공용제약(공용침해)에 대해서는 헌법소원심판을 청구하여 그 위
헌성을 다투거나 소송을 통해서 원상회복을 청구하거나 손해배상 청구를 할 수 있을 뿐이다.
다만, 보상규정 이외의 다른 요건이 모두 충족하고, 그 위헌성을 확인하여도 재입법을 통해서
공용제약(공용침해)을 다시 할 것이 명백하여 공용제약(공용침해) 시기를 늦추는 것에 불과하
면, 법원은 최소한의 보상에 한하여 일부판결로서 보상청구를 허용하고, 보상규정이 마련되고
나서 그 보상액과 일부판결의 보상액의 차액은 잔부판결로 인용판결을 내릴 수 있다. 이때
법원은 당연히 해당 법률에 대한 위헌제청을 하여야 하고, 위헌결정이 내려지기 전에도 일부
판결을 내릴 수 있다.

(ii) 보상의 기준 – 정당한 보상의 의미

정당한 보상은 완전보상을 뜻한다. 완전보상이란 해당 시장에서 재산권의 객관적 재산가
치에 대한 보상을 말한다. 완전보상을 원칙으로 하되 합리적인 이유가 있으면 완전보상을 하

---

782) 홍정선, 『행정법원론(상)(제26판)』, 박영사, 2018, 873쪽.

783) 허 영, 『한국헌법론(전정15판)』, 박영사, 2019, 547~548쪽.

784) 권영성, 『헌법학원론(개정판)』, 법문사, 2010, 629, 632~633쪽.

785) 헌재 1994. 12. 29. 89헌마2, 판례집 6-2, 39.

회할 수 있다는 상당보상설이 주장된다.786) 그러나 1948년 헌법과 1960년 헌법에 상당한 보상으로 규정된 것이 1962년 헌법에서 정당한 보상으로 바뀌었다가 1972년 헌법의 입법에 따른 보상결정과 1980년 헌법의 이익형량보상을 거쳐 다시 현행 헌법에서 정당한 보상으로 바뀐 헌법사적 측면을 고려하고, 정당한 보상은 재산권 보장을 가치보장으로 전환하는 근거라는 점에 비추어 정당한 보상을 상당보상으로 보기는 어렵다. 헌법재판소도 정당한 보상을 원칙적으로 완전보상으로 이해한다.787) 이때 보상금액뿐 아니라 보상의 시기와 방법에서도 제한이 없다. 따라서 보상을 반드시 금전보상으로 하여야 하는 것은 아니다.

제 5 절   참정권

Ⅰ. 의의와 기능

1. 의의

좁은 뜻의 정치적 기본권인 참정권은 전통적 의미의 참정권으로서 국민이 국가기관 구성과 국가의사 형성에 직·간접으로 참여할 수 있는 권리이다. 이는 국민투표권, 선거권, 피선거권, 공직취임권을 아우른다. 넓은 뜻의 정치적 기본권은 참정권뿐 아니라 정치적 언론·출판의 자유, 집회와 결사의 자유, 정당설립·활동의 자유와 같은 그 밖의 정치적 기본권도 포함한다. 참정권은 직접참정권과 간접참정권으로 나눌 수 있다. 직접참정권은 국가의사를 직접 결정하는 권리이고, 간접참정권은 국가기관 구성에 참여하는 권리이다. 직접참정권에는 헌법개정안에 대한 국민표결권(헌법 제130조 제2항), 국가안위에 관한 중요정책에 대한 국민표결권(헌법 제72조), 주민투표권(지방자치법 제14조)이 있다. 간접참여권에는 선거권(헌법 제24조) 및 피선거권과 공직취임권을 아우르는 공무담임권(헌법 제25조)이 있다.

---

786) 구병삭,『신헌법원론(제3전정판)』, 박영사, 1996, 696쪽; 권영성,『헌법학원론(개정판)』, 법문사, 2010, 633쪽; 김성수,『일반행정법(제8판)』, 홍문사, 2018, 739~740쪽; 안용교,『한국헌법(제2전정판)』, 고시연구사, 1992, 506쪽; 양 건,『헌법강의(제8판)』, 법문사, 2019, 834쪽; 홍정선,『행정법원론(상)(제26판)』, 박영사, 2018, 843쪽.

787) 헌재 1990. 6. 25. 89헌마107, 판례집 2, 178, 188–189: "헌법이 규정한 '정당한 보상'이란 이 사건 소원의 발단이 된 소송사건에서와 같이 손실보상의 원인이 되는 재산권의 침해가 기존의 법질서 안에서 개인의 재산권에 대한 개별적인 침해인 경우에는 그 손실 보상은 원칙적으로 피수용재산의 객관적인 재산가치를 완전하게 보상하는 것이어야 한다는 완전보상을 뜻하는 것으로서 보상금액 뿐만 아니라 보상의 시기나 방법 등에 있어서도 어떠한 제한을 두어서는 아니된다는 것을 의미한다고 할 것이다. 재산권의 객체가 갖는 객관적 가치란 그 물건의 성질에 정통한 사람들의 자유로운 거래에 의하여 도달할 수 있는 합리적인 매매가능가격 즉 시가에 의하여 산정되는 것이 보통이다."

2. 기능

참정권은 다양한 기능이 있다. 먼저 ① 참정권은 국가기관을 구성하여 국가권력을 창설한다. 정치적 통일체인 국가와 국가권력은 선존하는 것이 아니라 공동체 구성원의 정치적 통일 형성을 통해서 구성된다. 이러한 정치적 통일 형성은 참정권 행사를 통해서 가능하다. 다음으로 ② 참정권은 국가기관과 국가권력에 정당성을 부여한다. 국가기관과 국가권력이 구성되어도 국민이 그것을 정기적·반복적으로 정당화하여야 하고 그렇게 정당화하는 범위에서 존속한다. 이러한 정당화도 참정권 행사를 통해서 가능하다. 끝으로 ③ 참정권은 국가권력을 통제하는 기능이 있다. 특히 국민은 참정권 행사를 통해서 기존 국가권력 담당자에 대한 정당성 갱신을 거부하고 담당자를 교체함으로써 담당자의 책임을 묻는다.

Ⅱ. 특징

1. 법적 성격

(1) 국가형성적 성격

참정권은 국민이 능동적 지위에서 행사하는 (국가를 향한) 권리이다. 이러한 점에서 참정권은 국가형성적 성격이 있다. 국가를 향한 권리라는 점에서 국가에서 자유로움을 가리키는 자유권과 구별된다. 참정권은 국가를 전제로 보장되는 권리이므로 인권에 해당하지 않고 자연권적 성격도 없다.

(2) 의무?

참정권도 헌법이 보장하는 권리인 이상 의무가 아니라 법적 권리일 수밖에 없다. 그러나 여기서 법적 권리는 법실증주의적 의미의 실정권이 아니다. 참정권 행사를 통해서 국가와 국가권력이 구성되고 정당화하며 반복적 정당화를 통해서 정치적 통일이 유지되는 한에서만 민주국가가 존립할 수 있다. 그래서 민주국가는 참정권 행사를 통한 국민 참여가 필수적이다. 참정권 행사가 이처럼 중요하여도 참정권은 권리일 뿐이지 의무는 아니다.

참정권을 능동적 지위에서 도출하면, 개인은 국가조직 자체 일부로서 국가 권한을 행사하므로 국가에 대해서 어떠한 요구도 할 수 없다. 그리고 참정권 행사가 주권 행사라면 주권자가 자신에게 권리를 주장하는 것은 모순으로 볼 수도 있다. 그러나 주권자인 국민이 정당화한 권력도 남용될 수 있으므로, 참정권도 주관적 권리의 성격도 아울러 있다고 보아야 한다.

2. 주체

참정권은 국민에게만 인정되는 국민의 권리이다. 따라서 외국인이나 무국적자에게는 참정권의 기본권 주체성이 부정된다. 그리고 참정권 주체는 자연인만 될 수 있고, 법인은 될 수 없다. 선거권과 피선거권 그리고 공직취임권에 대한 연령 제한은 일반적으로 기본권행사능력 제한으로 이해된다.[788]

3. 실정법상 권리

참정권은 헌법규정이나 법률로 구체화하여야 비로소 보장될 수 있다. 헌법 제24조와 제25조도 "법률이 정하는 바에 의하여" 선거권과 공무담임권을 가진다고 규정하여 이를 확인한다.

4. 소급입법을 통한 참정권 제한 금지

헌법 제13조 제2항은 "모든 국민은 소급입법에 의하여 참정권의 제한을 받…지 아니한다."라고 규정한다. 이는 당연한 내용을 확인한 것에 불과하다. 역사적으로 있었던 참정권 제한의 잘못된 역사[789]를 반성하고 이를 방지하고자 헌법에 직접 규정한 것이다.

Ⅲ. 직접참정권 – 국민투표권

1. 의의와 유형

(1) 의의

국민투표권은 국민이 특정 국정사안에 관해서 직접 결정할 권리이다. 즉 국민이 투표로써 국가의사 형성에 직접 참여하는 권리가 국민투표권이다. 국민투표권은 루소(Rousseau)의 국민주권론("국민은 투표일에만 자유롭고 투표일만 지나면 노예가 되기 쉽다.")에 이념적 기초를 둔다. 국민투표권은 대의제의 결점을 보완하고 국민주권을 보호한다.

(2) 유형

일반적으로 넓은 뜻의 국민투표는 국민표결과 국민발안, 신임투표, 국민소환 등을 아우른다고 한다.[790] 국민표결은 국민이 중요한 정책이나 법안을 투표로써 직접 결정하는 것을 말

---

788) 예를 들어 계희열, 『헌법학(중)(신정2판)』, 박영사, 2007, 61쪽 주 13; 이종수/장철준, 「헌법 제25조」, 『헌법주석[Ⅰ]』, 박영사, 2013, 929쪽.

789) 8·15 광복 이후 반민족행위자처벌법, 4·19 혁명 이후 반민주행위자공민권제한법, 5·16 쿠데타 이후 정치활동정화법, 12·12 군사반란과 5·17 내란 이후 정치풍토쇄신을위한특별조치법 등.

790) 강태수, 「국민투표에 관한 헌법적 고찰」, 『경희법학』 제42권 제2호, 경희법학연구소, 2007, 47쪽[국민거부는 국가의사가 유효하게 성립·공포되고 나서 일정기간 이내에 일정수의 국민이 반대의사를 표시하면 국민투표로써 그 존속 여부를 결정하는 것)도 포함]; 구병삭/강경근, 『국민투표』, 민음사, 1991, 17쪽(국민거부도 포함); 김대현, 「국민투표의 이론과 그 실시사례」, 『입법조사월보』 제176호, 국회사무처, 1989. 2., 25쪽; 김병록, 「국민투표제도소고」, 『연세법학연구』 제8권 제1호, 연세법학회, 2001, 111~112쪽(국민거부도 포함); 성낙인, 『헌법학(제19판)』, 법문사, 2019, 543~544쪽(국민거부도 포함); 신규하, 「국민투표에 관한 연구」, 서울대학교 박사학위논문, 2014, 117쪽(국민거부도 포함); 음선필, 「한국헌법과 국민투표: 입법론적 검토」, 『토지공법연구』 제33집, 한국토

하고, 국민발안은 국민이 중요한 정책이나 법안에 관한 투표 시행을 직접 제안할 수 있는 것을 말하며, 신임투표는 특정 공직자의 신임 여부를 투표로 정하는 것을 말하고, 국민소환은 국민 청원에 따라서 임기 중에 있는 선출직 공직자의 해임 여부를 투표로 결정하는 것을 말한다. 하지만 특정 사항이 아닌 특정 인물에 대한 투표라는 점에서 신임투표와 국민소환을 국민표결 및 국민발안과 함께 묶는 것은 적절하지 않다.

국민투표를 인물에 대한 투표와 사항에 대한 투표로 나누고, 인물에 대한 국민투표에는 국민직선제와 국민소환제를, 사항에 대한 투표에는 국민표결제와 국민발안, 신임투표를 포함하는 견해가 있다.[791] 이러한 견해는 국민투표가 선거와 투표를 모두 아우른다고 이해하는 것으로서 국민의 직접적 주권 행사를 빠짐없이 챙길 수 있다는 장점이 있다. 하지만 이 견해에 대해서는 규범적이고 헌법이론적인 엄밀성을 담보하지 못하고, 실제로 인물에 대한 투표와 사항에 대한 투표는 기능상 구분하기 어렵다는 비판이 있다.[792] 국민투표를 인물에 대한 투표와 사항에 대한 투표로 나누는 견해는 선거와 국민투표를 구분하여 국민투표에서 선거를 배제하는 일반적인 견해에 배치된다. 특히 선거는 대의제와 직접 관련되지만, 국민투표는 직접민주주의의 주요수단이다.[793] 게다가 헌법 스스로 선거와 국민투표를 구별한다(헌법 제114조 제1항, 제115조 제1항). 이러한 점에서 이 견해는 국민투표의 일반적 의미와 들어맞지 않는 면이 있다. 따라서 사항에 대한 투표만 국민투표라고 부르고, 인물에 대한 투표는 인물투표라고 달리 부르는 것이 어떨까 한다. 이렇게 보면 국민투표는 일반 국민이 투표로써 국가의사 성립에 직접 참여하는 것을 말하고, 여기에는 국민표결과 국민발안 등이 포함된다. 인물투표에는 선거와 국민소환 그리고 신임투표가 속한다. 다만, 좁은 뜻의 국민투표는 국민표결만 가리킨다. 한국 헌법은 국민투표로서 헌법개정을 위한 국민투표(제130조 제2항)와 중요정책에 관한 국민투표(제72조)를 규정한다. 이는 모두 국민표결에 해당한다. 그리고 한국 헌법은 인물투표 중 국민소환과 신임투표는 채택하지 않고 선거로서 국회의원선거(헌법 제41조 제1항)와 대통령선거(헌법 제67조 제1항) 그리고 지방선거(헌법 제118조 제2항)를 규정한다.

2. 역대 헌법상 직접참정권

1948년 헌법 제27조는 "공무원은 주권을 가진 국민의 수임자이며 언제든지 국민에 대하여 책임을 진다. 국민은 불법행위를 한 공무원의 파면을 청원할 권리가 있다."라고 규정하여

지공법학회, 2006, 445쪽; 한수웅, 『헌법학(제9판)』, 법문사, 2019, 129~130쪽(국민질의도 포함); 홍성방, 『헌법학(상)(제3판)』, 박영사, 2016, 141쪽.

791) 김선택, 「정책국민투표의 성격과 효력」, 『헌법논총』 제11집, 헌법재판소, 2000, 239쪽.

792) 강태수, 「국민투표에 관한 헌법적 고찰」, 『경희법학』 제42권 제2호, 경희법학연구소, 2007, 47쪽.

793) 헌재 2004. 5. 14. 2004헌나1, 판례집 16-1, 609, 649: "선거는 '인물에 대한 결정' 즉, 대의제를 가능하게 하기 위한 전제조건으로서 국민의 대표자에 관한 결정이며, 이에 대하여 국민투표는 직접민주주의를 실현하기 위한 수단으로서 '사안에 대한 결정' 즉, 특정한 국가정책이나 법안을 그 대상으로 한다."

국민소환을 인정한 듯하다. 그러나 이는 1948년 헌법 제21조 청원권의 구체적 조항에 불과하다.[794] 1954년 헌법 제7조의2는 주권 제약이나 영토 변경을 가져올 국가안위에 관한 중대사항에 관해서 국민투표로 확정하도록 하였고(국민표결), 헌법개정에 대해서도 국민투표를 할 수 있었다(헌법 제98조). 그리고 민의원선거권자 50만 명 이상 찬성으로 국민투표를 발의할 수 있고, 헌법개정 제안을 할 수 있었다(헌법 제7조의2와 제98조 제1항). 1962년 헌법은 헌법개정에 관해서만 국민투표제와 국민발안제를 남겼다(제119조와 제121조). 1972년 헌법은 국가의 중요한 정책을 대통령이 필요하다고 인정하면 국민투표에 부칠 수 있도록 하였고(제49조), 대통령이 제안한 헌법개정안을 국민투표로 확정하도록 하였다(제124조와 제126조). 1980년 헌법도 대통령은 필요하다고 인정하면 외교·국방·통일 기타 국가안위에 관한 중요정책을 국민투표에 부칠 수 있다고 규정하고(제47조), 헌법개정안은 국회가 의결하고 나서 30일 이내에 국민투표에 부쳐 국회의원선거권자 과반수 투표와 투표자 과반수 찬성을 얻어야 한다고 규정하였다(제131조).

3. 현행 헌법이 채택하는 직접참정권 – 국민투표권

대의제민주주의(간접민주주의)를 원칙으로 채택하는 현행 헌법 아래에서 국민투표권은 예외적인 참정형식이다. 따라서 개별 헌법규정에 명시되어야 비로소 국민투표권이 인정된다. 즉 국민주권원칙에서 국민투표권이 직접 도출되지 않는다. 국민이 직접 결정할 권리를 확대하는 것은 헌법이 부여한 국가기관의 권한을 축소하는 결과를 가져와 헌법적 권한질서를 바꾸기 때문이다.

(1) 헌법개정안에 대한 국민투표권

헌법개정안은 국회가 의결하고 나서 30일 이내에 국민투표에 붙여 국회의원 선거권자 과반수 투표와 투표자 과반수 찬성을 얻어야 한다(헌법 제130조 제2항). 헌법개정안은 국민투표로 확정되는데, 헌법개정안에 대한 국민투표는 국회를 통과한 헌법개정안을 인준하는 성격이 있다. 헌법개정안에 대한 국민투표는 필수적 국민표결이다.

(2) 국가안위에 관한 중요정책에 대한 국민투표권

대통령은 필요하다고 인정하면 외교·국방·통일 기타 국가안위에 관한 중요정책을 국민투표에 부칠 수 있다(헌법 제72조). 국가안위에 관한 중요정책에 대한 국민투표는 대통령의 재량적 판단에 따른 임의적 국민표결이다. 이러한 국민투표에 법적 구속력이 있다는 견해가 있다.[795] 그러나 헌법 제72조는 대통령의 국민투표부의권을 규정할 뿐이지 그 결과의 구속력에

---

794) 유진오, 『신고 헌법해의』, 일조각, 1957, 97쪽.
795) 김학성, 『헌법학원론(전정3판)』, 피앤씨미디어, 2019, 811쪽.

관해서는 규정하지 않고, 헌법이 구체화하지 않은 구속력을 인정하는 것은 자유위임원칙과 같은 헌법상 원칙과 충돌된다는 점에서 이러한 국민투표 결과는 정치적·사실상 구속력이 있을 뿐이고 법적 구속력은 없다.

(3) 국민투표권 주체

19세 이상 국민은 국민투표권이 있다(국민투표법 제7조). 투표권자 연령은 국민투표일 현재로 산정한다(국민투표법 제8조). 투표일 현재 선거권이 없는 사람, 즉 ① 금치산선고를 받은 사람, ② 1년 이상 징역이나 금고의 형 선고를 받고 그 집행이 종료되지 아니하거나 그 집행을 받지 아니하기로 확정되지 아니한 사람(다만, 그 형의 집행유예를 선고받고 유예기간에 있는 사람 제외), ③ 선거범, 정치자금법 제45조(정치자금부정수수죄)와 제49조(선거비용 관련 위반행위에 관한 벌칙)에 규정된 죄를 범한 사람이나 대통령·국회의원·지방의회의원·지방자치단체의 장으로서 그 재임 중의 직무와 관련하여 형법('특정범죄가중처벌 등에 관한 법률' 제2조에 따라서 가중처벌되는 경우 포함) 제129조(수뢰, 사전수뢰) 내지 제132조(알선수뢰)·'특정범죄가중처벌 등에 관한 법률' 제3조(알선수재)에 규정된 죄를 범한 사람으로서, 100만 원 이상 벌금형 선고를 받고 그 형이 확정된 후 5년 또는 형의 집행유예 선고를 받고 그 형이 확정된 후 10년을 지나지 아니하거나 징역형 선고를 받고 그 집행을 받지 아니하기로 확정된 후 또는 그 형의 집행이 종료되거나 면제된 후 10년을 지나지 아니한 사람(형이 실효된 자도 포함), ④ 법원 판결이나 다른 법률에 따라서 선거권이 정지 또는 상실된 사람은 투표권이 없다. 재외국민은 관할구역 안에 주민등록이 있거나 국내거소신고를 하여야 국민투표권을 행사할 수 있다(국민투표법 제14조 제1항).

Ⅳ. 간접참정권

1. 선거권

(1) 의의

선거권은 국민이 선거인단 구성원으로서 공무원을 선출할 수 있는 권리를 말한다(헌법 제24조). 이는 대의제민주주의, 즉 간접민주주의 아래에서 가장 중요한 참정권이다. 구체적으로 헌법은 대통령선거권(헌법 제67조 제1항, 공직선거법 제15조 제1항), 국회의원선거권(헌법 제41조 제1항, 공직선거법 제15조 제1항), 지방의회의원선거권(헌법 제118조, 공직선거법 제15조 제2항)을 규정한다. 지방자치단체장의 선임방법 등에 관해서는 법률로 정하게 되어 있는데(헌법 제118조 제2항), 공직선거법은 지방자치단체장의 선거권을 규정한다(제15조 제2항). 따라서 지방자치단체장에 대한 선거권은 헌법상 권리가 아니라 법률상 권리로 볼 수 있다. 그러나 지방자치제도의 본질에 비추어 그 장을 선거를 통하지 않고 임명하기는 어려우므로 지방자치단체장에 대한 선거권도 헌법상 권리로 보아야 한다.796) 헌법재판소는 지방자치단체장에 대한 선거권을 법률상 권리로 보다가797) 견해를 바꾸어 지방자치단체장에 대한 선거권 자체가 헌법상 기본권임을 명확하게 밝혔다.798) 그리고 교육감도 주민의 보통·평등·직접·비밀선거에 따라서 선출된다 ('지방교육자치에 관한 법률' 제43조). 선거권은 국민이 직접 정치의사 형성에 참여할 수단일 뿐 아니라 국가권력을 행사할 담당자를 결정하는 주권의 행사수단이기도 하다. 선거는 소수자가 다수자가 될 기회를 보장해 주면서 소수자를 보호하는 효과적인 제도이다. 그리고 무엇보다도 선거는 국가권력 담당자에게 민주적 정당성을 부여한다. 어떤 형태로든 선거만 치러지면 당연히 민주적 정당성이 부여되는 것이 아니라 민주적 선거원칙에 따른 질서 있고 공정한 선거를 통해서만 민주적 정당성이 확보될 수 있다. 그래서 헌법은 민주선거의 기본원칙으로 보통·평등·직접·비밀선거의 원칙을 명시적으로 규정한다(제41조 제1항과 제67조 제1항). 민주적 선거는 선거 준비에서 당선 확정까지 전체과정에서 모든 구체적 사항이 이러한 원칙에 들어맞을 때 실현된다. 투표를 통해서 국민의 의사가 공정한 개표절차를 통해서 정확한 선거결과로 반영될 때만 선거권은 제대로 보장된다. 따라서 개표절차의 공정성 확보도 선거권의 내용에 속한다.799) 나아가 선거행위부터 선거결과 확정까지 선거의 모든 본질적 단계(과정)는 공개적으로 검증할 수 있어야 한다.800) 이러한 점에서 조작 가능성을 배제할 수 없는 전자개표

---

796) 같은 견해: 계희열, 『헌법학(중)(신정2판)』, 박영사, 2007, 605~606쪽; 전학선, 「헌법 제24조」, 『헌법주석[Ⅰ]』, 박영사, 2013, 904쪽.

797) 헌재 2005. 12. 22. 2004헌마530, 공보 111, 154, 155: "… 우리 헌법은 간접적인 참정권으로 선거권(헌법 제24조), 공무담임권(헌법 제25조)을, 직접적인 참정권으로 국민투표권(헌법 제72조, 제130조)을 규정하고 있을 뿐 주민투표권을 기본권으로 규정한 바가 없다. 또한 우리 헌법은 제117조, 제118조에서 지방자치단체의 자치를 제도적으로 보장하고 있으나 이에 따라 보장되는 내용은 자치단체의 설치와 존속 그리고 그 자치기능 및 자치사무로서 이는 어디까지나 지방자치단체의 자치권의 본질적 사항에 관한 것이다(헌재 1994. 12. 29. 94헌마201, 판례집 6-2, 510, 522 참조). 그러므로 자치사무의 처리에 주민들이 직접 참여하는 것을 의미하는 주민투표권을 헌법상 보장되는 기본권이라고 하거나 헌법 제37조 제1항의 "헌법에 열거되지 아니한 권리"의 하나로 보기는 어렵다."

798) 헌재 2016. 10. 27. 2014헌마797, 판례집 28-2상, 763, 770-771: "헌법에서 지방자치제를 제도적으로 보장하고 있고, 지방자치는 지방자치단체가 독자적인 자치기구를 설치해서 그 자치단체의 고유사무를 국가기관의 간섭 없이 스스로의 책임 아래 처리하는 것을 의미한다는 점에서 지방자치단체의 대표인 단체장은 지방의회의원과 마찬가지로 주민의 자발적 지지에 기초를 둔 선거를 통해 선출되어야 한다는 것은 지방자치제도의 본질에서 당연히 도출되는 원리이다(헌재 1994. 8. 31. 92헌마126; 헌재 1994. 8. 31. 92헌마174 참조). 이에 따라 공직선거 관련법상 지방자치단체의 장 선임방법은 '선거'로 규정되어 왔고, 지방자치단체의 장을 선거로 선출하여온 우리 지방자치제의 역사에 비추어 볼 때 지방자치단체의 장에 대한 주민직선제 이외의 다른 선출방법을 허용할 수 없다는 관행과 이에 대한 국민적 인식이 광범위하게 존재한다고 볼 수 있다. 주민자치제를 본질로 하는 민주적 지방자치제도가 안정적으로 뿌리내린 현 시점에서 지방자치단체의 장 선거권을 지방의회의원 선거권, 더 나아가 국회의원 선거권 및 대통령 선거권과 구별하여 하나는 법률상의 권리로, 나머지는 헌법상의 권리로 이원화하는 것은 허용될 수 없다. 그러므로 지방자치단체의 장 선거권 역시 다른 선거권과 마찬가지로 헌법 제24조에 의해 보호되는 헌법상의 권리로 인정하여야 할 것이다."

799) 헌재 2013. 8. 29. 2012헌마326, 판례집 25-2상, 553, 558.

800) 독일 연방헌법재판소는 이러한 관점에서 전자투표기 사용은 선거공개원칙에 어긋나 위헌이라고 선언하였다(BVerfGE 123, 39).

기 사용은 (수개표를 검증하는 수단으로 사용하는 것이 아니라면) 위헌의 소지가 있다.

(2) 헌법규정

1948년 헌법부터 선거권에 관한 규정을 두었다. 1948년 헌법 제25조는 "모든 국민은 법률의 정하는 바에 의하여 공무원을 선거할 권리가 있다."라고 규정하여 선거권에 관한 구체적인 사항을 법률에 위임하였다. 선거연령도 헌법이 정하지 않고 법률이 정하였는데, 대통령·부통령선거법과 국회의원선거법에서 만 21세로 규정하였다. 1948년 헌법 아래에서 처음에 선거연령은 선거일을 기준으로 하였다. 그러나 1950년 국회의원선거법과 1952년 대통령·부통령선거법에서는 선거인명부확정일로 바꾸었다. 1960년 헌법 제25조는 "모든 국민은 20세에 달하면 법률의 정하는 바에 의하여 공무원을 선거할 권리가 있다."라고 규정하여 헌법이 선거연령을 직접 규정하였다. 1962년 헌법 제21조는 "모든 국민은 20세가 되면 법률이 정하는 바에 의하여 공무원 선거권을 가진다."라고 규정하였다. 대통령선거법과 국회의원선거법은 다시 선거연령 기준일을 선거일로 바꾸었다. 이는 지금까지 이어진다. 1972년 헌법 제21조는 "모든 국민은 20세가 되면 법률이 정하는 바에 의하여 선거권을 가진다."라고 하여 '공무원'이란 단어를 삭제하였다. 1980년 헌법 제23조는 1972년 제21조와 똑같이 규정하였다. 1987년 헌법 제24조는 "모든 국민은 법률이 정하는 바에 의하여 선거권을 가진다."라고 규정하여 선거연령을 다시 법률에 위임하였다.

(3) 법적 성격

근세 초 자연법학자들은 국민주권을 근거로 모든 국민이 천부적인 권리로서 선거권이 있다고 하면서 선거권을 자연권으로 이해하였다(자연권설). 법실증주의자들은 국가가 대표기관을 선출하기 위해서 국민에게 공무를 부여한 것으로 보아 선거권을 공무로 이해하였다[기능설(공무설)]. 그리고 선거행위를 국가기관 행위로 보고 개인으로서 권리를 행사하는 것이 아니라 선거인단으로서 선거에 참여하여 권한을 행사하는 것으로 이해하는 견해도 있다(권한설). 선거권은 국가를 전제로 인정되므로 자연권이 아니고, 헌법이 권리로서 국민에게 부여한 것이므로 국가의사 형성에 적극적으로 참여하는 주관적 권리로 보아야 한다. 그리고 선거는 국가 기능과 밀접한 관련이 있어서 공무적 성격이 있음을 부정할 수 없다. 따라서 선거권은 국가를 위한 기능·공무인 동시에 주관적 권리로 이해하여야 한다(2원설).801) 헌법재판소는 "헌법의 기본원리인 대의제 민주주의하에서 국회의원 선거권이란 것은 국회의원을 보통·평등·직접·비밀선거에 의하여 국민의 대표자인 국회의원을 선출하는 권리"802)라고 하여 국회의원

---

801) 같은 견해: 구병삭, 『신헌법원론(제3전정판)』, 박영사, 1996, 722~723쪽; 권영성, 『헌법학원론(개정판)』, 법문사, 2010, 597쪽; 김철수, 『학설·판례 헌법학(상)』, 박영사, 2008, 1374쪽; 김학성, 『헌법학원론(전정3판)』, 피앤씨미디어, 2019, 804쪽; 전학선, 「헌법 제24조」, 『헌법주석[Ⅰ]』, 박영사, 2013, 902~903쪽; 홍성방, 『헌법학(중)(제2판)』, 박영사, 2015, 397쪽.

802) 헌재 1998. 10. 29. 96헌마186, 판례집 10−2, 600, 606.

선거권의 주관적 권리성을 인정한다.

(4) 주체

공무담임권은 국민주권원칙에 비추어 대한민국 국적이 있는 자연인인 국민에게만 인정된다. 따라서 외국인은 공무담임권의 주체가 될 수 없다. 다만, 필요에 따라 법률에 따라서 외국인을 공무원으로 임용할 수 있다. 국가공무원법 제26조의3 제1항과 지방공무원법 제25조의2 제1항에 따라서 국가기관의 장과 지방자치단체의 장은 국가안보 및 보안·기밀에 관계되는 분야를 제외하고 대통령령 등으로 정하는 바에 따라 외국인을 공무원으로 임용할 수 있다. 복수국적자도 대한민국 국민이므로 공무담임권이 원칙적으로 인정된다. 그러나 ① 국가 존립과 헌법 기본질서 유지를 위한 국가안보 분야, ② 내용이 누설되면 국가 이익을 해하게 되는 보안·기밀 분야, ③ 외교, 국가 간 이해관계와 관련된 정책결정 및 집행 등 복수국적자의 임용이 부적합한 분야 중 하나로서 대통령령 등으로 정하는 분야에는 복수국적자 임용을 제한할 수 있다(국가공무원법 제26조의3 제2항, 지방공무원법 제25조의2 제2항).

선거인명부에 기재되어 있으나, 선거일에 투표소에 가서 투표를 할 수 없으면 사전투표를 통해서 선거권을 행사할 수 있다. 사전투표소에서 투표할 수 없는 ① 법령에 따라 영내 또는 함정에 장기 기거하는 군인이나 경찰공무원 중 사전투표소 및 투표소에 가서 투표할 수 없을 정도로 멀리 떨어진 영내(營內) 또는 함정에 근무하는 사람, ② 병원·요양소·수용소·교도소 또는 구치소에 기거하는 사람, ③ 신체에 중대한 장애가 있어 거동할 수 없는 사람, ④ 사전투표소 및 투표소에 가기 어려운 멀리 떨어진 외딴 섬 중 중앙선거관리위원회규칙으로 정하는 섬에 거주하는 사람, ⑤ 사전투표소 및 투표소를 설치할 수 없는 지역에 장기 기거하는 사람으로서 중앙선거관리위원회규칙으로 정하는 사람은 거소에서 투표할 수 있고, 공직선거법 제38조 제2항에 해당하는 선원은 선상에서 투표할 수 있다(공직선거법 제38조 제4항).

(5) 제한

헌법이 보장하는 선거원칙으로는 보통·평등·직접·비밀·자유선거가 있다. 이 중 보통선거원칙은 국민은 성년자라면 누구라도 당연히 선거권이 있을 것을 요구한다. 특히 공직선거법 제15조 제1항은 18세 이상 국민이라면 누구나 선거권이 있다는 것을 명시한다. 다만, 선거권도 절대적 기본권이 아닌 이상 헌법 제37조 제2항에 따라서 제한될 수 있다. 선거는 국민이 자신의 의사를 국가에 대해서 직접 표출할 수 있는 중요한 수단이므로 선거권에 대한 제한은 엄격한 기준이 적용되어야 한다.

헌법재판소는 선거의 공정성 확보 문제, 선거운동기간이 제한되어서 그 기간 안에 모든 재외국민에게 선거 통보와 투표용지 발송 및 기표용지 회수 등이 실무상 불가능하다는 선거기술상 문제, 선거권이 국가에 대한 납세·병역 의무와 관련되는 점 그리고 국토분단 상황에서 조선총련계 재일동포에게 선거권을 인정할 수 없다는 현실적인 문제 등을 이유로 하여, 선거인명부 작성에 관한 공직선거법 제37조 제1항을 합헌으로 보았다.803)

① 연령상 제한

공직선거법은 선거일 현재 18세에 도달한 국민에게 선거권을 부여한다(제15조와 제17조). 1948년 헌법 제25조는 선거연령을 직접 규정하지 않고 법률에 위임하였는데, 대통령·부통령 선거법과 국회의원선거법은 만 21세로 규정하였다. 1960년 헌법은 제25조에서는 20세 이상 국민에게 선거권을 부여하였다. 1962년 헌법 제21조와 1972년 헌법 제21조, 1980년 헌법 제23조도 선거연령을 20세로 규정하였다. 1987년 헌법 제24조는 선거연령을 법률에 위임하였는데, 20세 이상 국민에게 선거권을 부여하다가 2005년에 공직선거법을 개정하여 선거연령을 19세로 낮췄고, 2020년에 다시 18세로 낮췄다. 선거연령이 20세일 때 헌법재판소는 입법자가 공직선거및선거부정방지법에서 민법상 성년인 20세 이상으로 선거권연령을 합의한 것은 미성년자의 정신적·신체적 자율성의 불충분 외에도 교육적 측면에서 예견되는 부작용과 일상생활 여건상 독자적으로 정치적인 판단을 할 수 있는 능력에 대한 의문 등을 고려한 것이고, 선거권과 공무담임권의 연령을 어떻게 규정할 것인지는 입법자가 입법목적 달성을 위한 선택 문제이고 입법자가 선택한 수단이 현저하게 불합리하고 불공정한 것이 아닌 한 재량에 속하는 것인바, 선거권연령을 공무담임권의 연령인 18세와 달리 20세로 규정한 것은 입법부에 주어진 합리적인 재량 범위를 벗어난 것으로 볼 수 없다고 하였다.804) 그리고 헌법재판소는 18세에게 선거권을 부여하지 않은 것에 대해서 선거연령을 정할 때 민법상 행위능력 유무가 중요한 기준이 될 수 있고, 19세 미만 미성년자의 정신적·신체적 자율성의 불충분과 교육적인 측면에서 예견되는 부작용과 일상생활 여건상 독자적으로 정치적인 판단을 할 능력에 대한 의문 등을 종합적으로 고려하면 불합리한 것이라고 볼 수 없다고 하였다.805) 정치적 판단능력을 이유로 한 헌법재판소의 합헌논거에 대해서는 의미가 명확하게 정의되지 않은 정치적 판단능력(성숙성)이라는 기준을 선거권 행사 가능 여부를 판단하는 기준으로 적용하는 것은 적절하지 않다는 비판이 있다.806)

② 선거권 결격사유

선거일 현재 (ⅰ) 금치산선고를 받은 사람, (ⅱ) 1년 이상 징역이나 금고의 형 선고를 받고 그 집행이 종료되지 아니하거나 그 집행을 받지 아니하기로 확정되지 아니한 사람(다만,

---

803) 헌재 1999. 1. 28. 97헌마253등, 판례집 11-1, 54.
804) 헌재 1997. 6. 26. 96헌마89, 판례집 9-1, 674, 680-683.
805) 헌재 2013. 7. 25. 2012헌마174, 판례집 25-2상, 306, 312-313.
806) 선거권연령에 관해서 자세한 내용은 김효연, 「아동·청소년의 정치적 참여와 선거권연령」, 고려대학교 법학박사 학위논문, 2015, 185~227쪽: 같은 사람, 「선거권연령에 관한 헌법재판소 결정의 주요논거에 대한 비판적 검토」, 『헌법연구』제2권 제2호, 헌법이론실무학회, 2015, 349~371쪽.

그 형의 집행유예를 선고받고 유예기간에 있는 사람은 제외), (iii) 선거범, 정치자금법 제45조(정치자금부정수수죄)와 제49조(선거비용 관련 위반행위에 관한 벌칙)에 규정된 죄를 범한 사람이나 대통령·국회의원·지방의회의원·지방자치단체장으로서 그 재임 중 직무와 관련하여 형법('특정범죄가중처벌 등에 관한 법률' 제2조에 따라서 가중처벌되는 때 포함) 제129조(수뢰, 사전수뢰) 내지 제132조(알선수뢰)·'특정범죄가중처벌 등에 관한 법률' 제3조(알선수재)에 규정된 죄를 범한 사람으로서, 100만 원 이상 벌금형 선고를 받고 그 형이 확정된 후 5년이나 형의 집행유예 선고를 받고 그 형이 확정된 후 10년을 지나지 아니하거나 징역형 선고를 받고 그 집행을 받지 아니하기로 확정된 후 또는 그 형의 집행이 종료되거나 면제된 후 10년을 지나지 아니한 사람(형이 실효된 자도 포함), (iv) 법원 판결이나 다른 법률에 따라서 선거권이 정지되거나 상실된 사람은 선거권이 없다(공직선거법 제18조).

선거사범으로서 선거권을 제한하는 것은 별론으로 하고 형사책임과 주권 행사를 결부시켜서 선거권을 제한하는 것은 위헌이라는 의심이 있다. 그러나 헌법재판소는 수형자에게 선거권을 부여하지 않는 공직선거법 제18조 제1항 제2호에 대해서 합헌결정을 내렸다.[807]

③ 집행유예자와 수형자의 선거권 제한

헌법재판소는 집행유예자와 수형자에 대해서 전면적·획일적으로 선거권을 제한하는 구 공직선거법 제18조 제1항 제2호는 그 입법목적에 비추어 보더라도, 구체적인 범죄의 종류나 내용과 불법성의 정도 등과 관계없이 일률적으로 선거권을 제한하여야 할 필요성이 있다고 보기는 어렵고, 범죄자가 저지른 범죄의 경중을 전혀 고려하지 않고 수형자와 집행유예자 모두의 선거권을 제한하는 것은 침해의 최소성원칙에 어긋나며, 특히 집행유예자는 집행유예 선고가 실효되거나 취소되지 않는 한 교정시설에 구금되지 않고 일반인과 같은 사회생활을 하므로, 그들의 선거권을 제한하여야 할 필요성이 크지 않으므로, 집행유예자와 수형자의 선거권을 침해하고, 보통선거원칙을 위반하여 집행유예자와 수형자를 차별 취급하는 것으로 평등원칙에 어긋나서 위헌이라고 하면서, 집행유예자에게는 단순위헌결정을, 수형자에게는 계속 적용 헌법불합치결정을 내렸다.[808] 그리고 헌법재판소는 1년 이상 징역형 선고를 받고 그 집행이 종료되지 아니한 사람의 선거권을 제한하는 공직선거법 제18조 제1항 제2호 본문 중 "1년 이상의 징역의 형의 선고를 받고 그 집행이 종료되지 아니한 사람"에 관한 부분은 선거권을 침해하지 않는다고 하였다.[809]

④ 재외국민의 선거권 제한

기존 공직선거법(제15조 제2항 제1호, 제37조 제1항, 제38조 제1항)은 선거구나 투표구에 주민

---

807) 헌재 2004. 3. 25. 2002헌마411, 판례집 16－1, 468; 헌재 2009. 10. 29. 2007헌마1462, 판례집 21－2하, 327.
808) 헌재 2014. 1. 28. 2012헌마409등, 판례집 26－1상, 136.
809) 헌재 2017. 5. 25. 2016헌마292등, 판례집 29－1, 209

등록이 되어 있는 사람에 한하여 투표권을 인정하였다. 이에 외국에 거주하는 재외국민뿐 아니라 국내에 거주하는 재외국민에게도 선거권이 인정되지 않았고, 외국 거주 국민은 부재자 투표의 기회도 없었다. 헌법재판소는 이들 규정에 대해서 재외국민에게 원칙적으로 선거권이 보장되어야 하고, 외국에 거주하여서 선거관리상 어려움이 있다는 기술적인 이유로 참정권을 제한하는 것은 정당성이 없다고 하면서 계속 적용 헌법불합치결정을 내렸다.[810] 그 후 공직선거법이 개정되어 재외국민에도 선거권을 부여한다. 다만, 재외국민 중 지역구 국회의원 선거권은 '재외동포의 출입국과 법적 지위에 관한 법률' 제6조 제1항에 따라 국내거소신고를 하고 국내거소신고인명부에 3개월 이상 계속하여 올라 있는 사람으로서 해당 국회의원지역선거구 안에 국내거소신고가 되어 있는 사람에게, 지방자치단체의 의회의원과 장의 선거권은 국내거소신고인명부에 3개월 이상 계속하여 올라 있는 국민으로서 해당 지방자치단체 관할구역에 국내거소신고가 된 사람만 인정된다(공직선거법 제15조 제1항 제2호와 제2항 제2호).

주민등록이 되어 있는 사람으로서 (ⅰ) 사전투표기간 개시일 전 출국하여 선거일 후에 귀국이 예정된 사람과 (ⅱ) 외국에 머물거나 거주하여 선거일까지 귀국하지 아니할 사람 중 하나에 해당하여 외국에서 투표하려는 선거권자는 대통령선거와 임기만료에 따른 국회의원선거를 실시하는 때마다 선거일 전 150일부터 선거일 전 60일까지 서면·전자우편이나 중앙선거관리위원회 홈페이지를 통해서 관할 구·시·군의 장에게 국외부재자 신고를 하여야 한다. 이때 외국에 머물거나 거주하는 사람은 공관을 경유하여 신고하여야 한다(공직선거법 제218조의4 제1항). 주민등록이 되어 있지 아니하고 재외선거인명부에 올라 있지 아니한 사람으로서 외국에서 투표하려는 선거권자는 대통령선거와 임기만료에 따른 비례대표국회의원선거를 실시하는 때마다 해당 선거의 선거일 전 60일까지 중앙선거관리위원회에 재외선거인 등록신청을 하여야 한다(공직선거법 제218조의5 제1항).

⑤ 외국인의 선거권

출입국관리법상 영주의 체류자격 취득일 후 3년이 지난 18세 이상의 외국인은 해당 지방자치단체장이나 지방의회의원의 선거에서 선거권이 있다(공직선거법 제15조 제2항 제3호). 이러한 외국인의 지방선거 선거권은 헌법상 권리가 아니라 법률상 권리에 불과하다.[811] 이와 관련하여 헌법 제1조 제2항을 근거로 외국인에게 선거권을 부여하는 것은 위헌이라는 주장이 제기될 수 있다. 그러나 헌법 제1조 제2항의 국민주권원칙은 모든 권력의 정당성 원천이 궁극적으로 국민에게 있는 것으로 충분하다고 이해하면 국가 차원의 권력이든 지방자치 차원의 권력은 모두 국민이 직접 정당성을 부여한 헌법에서 나오므로 헌법해석상 일정 범위의 외국인에게 지방선거권을 부여하더라도 곧바로 국민주권원칙 위반은 아니다.

---

810) 헌재 2007. 6. 28. 2004헌마644등, 판례집 19−1, 859.

811) 헌재 2007. 6. 28. 2004헌마644등, 판례집 19−1, 859, 883.

2. 공무담임권

(1) 의의

공무담임권은 선출직 공무원을 비롯한 모든 국가기관에 취임하여 공직을 수행할 수 있는 권리이다(헌법 제25조).[812] 공무담임권은 각종 선거에 입후보하여 당선될 수 있는 피선거권(선출직 공무원)과 공직에 임명될 수 있는 공직취임권(선출직 공무원 이외의 공무원)을 포괄하는 개념[813]으로서 국민 누구나가 국정 담당자가 될 수 있는 길을 열어 놓은 참정권이다.[814] 공무담임권에서 공무는 입법과 집행, 사법은 물론 지방자치단체 등을 포함하는 모든 국가사무를 말한다. 공무담임권은 주권자인 국민 자신이 직접 국정을 담당할 기회를 보장한다.

(2) 법적 성격

공무담임권은 현실적 권리가 아니다. 즉 모든 국민에게 공무담임권이 보장한다고 하여 모든 국민이 곧바로 공무를 담당할 수 있는 것은 아니다. 공무담임권은 공무담임 기회를 보장할 뿐이다. 즉 공무담임권은 법적 지위를 보장하는 것에 그친다. 공무담임권이 공직에 평등하게 접근할 기회를 부여한다는 점에서 평등권의 특별한 형태로 볼 수 있다.[815] 따라서 국민은 법률이 정하는 바에 따라 선거에서 당선되거나 임명에 필요한 자격을 갖추거나 선발시험 등에 합격하고 나서 공무를 담임할 수 있다. 이러한 선거나 자격 및 선발시험이 공정하게 치러질 것도 공무담임권 내용에 포함될 수 있다. 따라서 직업공무원은 이러한 공직취임 조건이 되는 자격과 선발시험은 임용희망자의 능력, 전문성, 적성, 품성을 기준으로 하는 이른바 능력주의나 성과주의를 바탕으로 하여야 할 것이 요구된다.

(3) 내용

공무담임권은 선거에 후보자로 출마할 수 있는 자격인 피선거권과 선출직 이외의 공직에 취임할 수 있는 공직취임권을 아우른다. 그러나 공직에서 하는 활동(공무수행)은 공권력 행사

---

812) 헌재 2002. 8. 29. 2001헌마788등, 판례집 14-2, 219, 224: "공무담임권이란 입법부, 집행부, 사법부는 물론 지방자치단체 등 국가, 공공단체의 구성원으로서 그 직무를 담당할 수 있는 권리를 말한다."

813) 헌재 1996. 6. 26. 96헌마200, 판례집 8-1, 550, 557; 헌재 2006. 3. 30. 2005헌마598, 판례집 18-1상, 439, 450.

814) 헌재 1996. 6. 26. 96헌마200, 판례집 8-1, 550, 557.

815) 김하열, 『헌법강의』, 박영사, 2018, 614쪽; 이종수/장철준, 「헌법 제25조」, 『헌법주석[Ⅰ]』, 박영사, 2013, 927쪽; 전광석, 『한국헌법론(제14판)』, 집현재, 2019, 439쪽; 한수웅, 『헌법학(제9판)』, 법문사, 2019, 892쪽.

　헌재 2009. 7. 30. 2007헌마991, 판례집 21-2상, 364, 369-370: "청구인은 경찰대학의 응시제한 연령이 5급 이상 공무원이 되기 위한 응시 연령 제한보다 낮아 합리적인 이유 없는 차별을 하고 있어 청구인의 평등권을 침해한다고 주장하고 있으나, 청구인이 주장하고 있는 5급 이상의 공무원 임용 자격과 특수교육 대학인 경찰대학의 입학 요건은 비교의 대상이 된다고 보기 힘들 뿐만 아니라, 공무담임권과 평등권의 심사는 중첩적으로 이루어지는 면이 있어 우리 재판소는 이를 같이 판단해야 함이 상당하다고 판시 해온 바 있으므로(헌재 2003. 9. 25. 2003헌마30, 판례집 15-2, 501, 511 참조), 이 사건에서 평등권 침해 여부를 따로 판단할 필요는 없을 것이다."

와 관련되는 것으로서 공무담임권 보호영역에 포함되지 않는다. 헌법재판소도 공무담임권은 피선거권과 공직취임의 균등한 기회만을 보장할 뿐이지, 일단 당선이나 임명된 공직에서 그 활동이나 수행의 자유를 보장하는 것은 아니라고 한다.816) 다만, 기왕 공직에 있는 사람이 공직에서 배제되면 공무담임에는 공직에 대한 진입(취임)뿐 아니라 공직에 계속 있을 권리와 공직에서 벗어날 권리도 포함된다.817) 따라서 공무담임권의 보호영역에는 공직취임 기회의 자의적 배제뿐 아니라 공무원 신분의 부당한 박탈이나 권한(직무)의 부당한 정지도 포함된다. 그러나 공무원의 승진 가능성은 공무담임권으로서 보호되지 않는다.818) 보직, 승진과 같이 공직 안에서 이루어지는 인사권 행사는 해당 공무원의 의사나 이익에 어긋나더라도 공무담임권 제약은 아니다.819)

(4) 제한

헌법은 모든 국민에게 공무담임권을 보장함으로써(헌법 제25조) 주권자인 국민에게 직접 국정 담당자로서 참정권을 행사할 길을 열어 놓는다. 하지만 공무담임권은 현실적인 권리가 아니고 기회보장적인 것이므로, 선거에서 당선, 공직채용시험 합격 등 주관적 전제조건, 즉 능력주의에 따라서 공무담임권이 제한되는 것은 당연한 제약이다. 이때도 헌법 제37조 제2항의 비례성원칙은 준수되어야 한다. 다만, 헌법의 기본원리나 특정조항에 비추어 능력주의에 대한 예외를 인정할 수 있다. 그러한 헌법원리로서는 헌법의 기본원리인 사회국가원리를 들 수 있고, 헌법조항으로는 헌법 제32조 제4항 내지 제6항, 헌법 제34조 제2항 내지 제5항을 들 수 있다.

---

816) 헌재 1999. 5. 27. 98헌마214, 판례집 11−1, 675, 710.

817) 헌재 2002. 8. 29. 2001헌마788등, 판례집 14−2, 219, 224−225: "여기서 직무를 담당한다는 것은 모든 국민이 현실적으로 그 직무를 담당할 수 있다고 하는 의미가 아니라, 국민이 공무담임에 관한 자의적이지 않고 평등한 기회를 보장받음을 의미하는바, 공무담임권의 보호영역에는 공직취임의 기회의 자의적인 배제 뿐 아니라, 공무원 신분의 부당한 박탈까지 포함되는 것이라고 할 것이다. 왜냐하면, 후자는 전자보다 당해 국민의 법적 지위에 미치는 영향이 더욱 크다고 할 것이므로, 이를 보호영역에서 배제한다면, 기본권 보호체계에 발생하는 공백을 막기 어려울 것이며, 공무담임권을 규정하고 있는 위 헌법 제25조의 문언으로 보아도 현재 공무를 담임하고 있는 자를 그 공무로부터 배제하는 경우에는 적용되지 않는다고 해석할 수 없기 때문이다(헌재 2000. 12. 14. 99헌마112등, 판례집 12−2, 399, 409−414; 헌재 1997. 3. 27. 96헌바86, 판례집 9−1, 325, 332−333 참조)." 동지의 판례로는 헌재 2005. 5. 26. 2002헌마699등, 판례집 17−1, 734, 743; 헌재 2008. 6. 26. 2005헌마1275, 판례집 20−1하, 427, 436; 헌재 2010. 3. 25. 2009헌마538, 판례집 22−1상, 561, 571; 헌재 2010. 9. 2. 2010헌마418, 판례집 22−2상, 526, 541.
    그러나 공무원으로서 신분을 계속 유지할 권리, 즉 공직유지권은 헌법 제25조 공무담임권에 포함되는 것이 아니라 헌법 제7조 제2항의 직업공무원제도를 통해서 보호되는 것이라고 한 판례도 있다(헌재 2004. 11. 25. 2002헌바8, 판례집 16−2하, 282).

818) 헌재 2010. 3. 25. 2009헌마538, 판례집 22−1상, 561, 571: "'승진시험의 응시제한'이나 이를 통한 승진기회의 보장 문제는 공직신분의 유지나 업무수행에는 영향을 주지 않는 단순한 내부 승진인사에 관한 문제에 불과하여 공무담임권의 보호영역에 포함된다고 보기는 어렵다고 할 것이다."

819) 헌재 2010. 3. 25. 2009헌마538, 판례집 22−1상, 561, 571.

① 피선거권 제한

(ⅰ) 연령상 제한

피선거권은 선거권과 달리 직무에 따라 연령 제한을 둔다. 대통령 피선거권은 선거일 현재 40세 이상 국민에게 부여된다(헌법 제67조 제4항, 공직선거법 제16조 제1항). 국회의원 피선거권은 25세 이상 국민만 있다(헌법 제41조 제3항, 공직선거법 제16조 제2항).[820] 지방의회의원과 지방자치단체장의 피선거권은 선거일 현재 25세 이상 국민에게 있다(공직선거법 제16조 제3항). 선출직이 아닌 공직 취임에 관해서는 각 해당 법률이 그 자격이나 임용요건과 절차 등에 관해서 상세히 규정한다.

(ⅱ) 피선거권 결격사유

선거일 현재 ⓐ 금치산선고를 받은 사람, ⓑ 선거범, 정치자금법 제45조(정치자금부정수수죄)와 제49조(선거비용 관련 위반행위에 관한 벌칙)에 규정된 죄를 범한 사람이나 대통령·국회의원·지방의회의원·지방자치단체장으로서 그 재임 중의 직무와 관련하여 형법('특정범죄가중처벌 등에 관한 법률' 제2조에 따라서 가중처벌되는 때 포함) 제129조(수뢰, 사전수뢰) 내지 제132조(알선수뢰)·'특정범죄가중처벌 등에 관한 법률' 제3조(알선수재)에 규정된 죄를 범한 사람으로서, 100만 원 이상 벌금형 선고를 받고 그 형이 확정된 후 5년이나 형의 집행유예 선고를 받고 그 형이 확정된 후 10년을 지나지 아니하거나 징역형 선고를 받고 그 집행을 받지 아니하기로 확정된 후 또는 그 형의 집행이 종료되거나 면제된 후 10년을 지나지 아니한 사람(형이 실효된 자도 포함), ⓒ 법원 판결이나 다른 법률에 따라서 선거권이 정지되거나 상실된 사람,[821] ⓓ 금고

---

820) 헌재 2005. 4. 28. 2004헌마219, 판례집 17−1, 547, 553−554: "헌법 제25조에 근거하여 국회의원선거에 입후보하여 국회의원으로 당선될 수 있는 권리로서 피선거권의 내용과 그 행사절차를 정하는 것이 입법자의 입법형성권에 맡겨져 있음은 위에서 본 바와 같다. 따라서 국회의원선거에 입후보하여 당선되기 위한 권리로서 피선거권을 누구에게, 어떠한 자격을 갖추었을 때 부여할 것인지의 문제, 즉 피선거권을 부여하기 위한 연령기준을 정하는 문제는 국회의원의 헌법상 지위와 권한, 국민의 정치의식과 교육수준, 우리나라 특유의 정치문화와 선거풍토 및 국민경제적 여건과 국민의 법감정 그리고 이와 관련한 세계 주요국가의 입법례 등 여러 가지 요소를 종합적으로 고려하여 입법자가 정책적으로 결정할 사항이라고 할 것이다. 그런데 피선거권의 행사연령을 지나치게 높게 설정하는 경우에는 국회의원으로서 지위와 권한에 상응하는 직무를 수행하기에 충분한 지적·정치적 능력과 자질을 갖춘 국민이라 할지라도 선거에 참여하여 국회의원으로 당선될 수 없다는 점에서 국민의 공무담임권과 평등권 등이 침해될 수 있으므로 피선거권을 행사할 수 있는 연령의 설정은 이로써 달성하려는 공익과 그로 인한 기본권에 대한 제한 사이에 서로 균형과 조화를 이루도록 적정하게 정해져야 한다는 헌법적 한계가 있다고 할 것이지만, 입법자가 정한 구체적인 연령기준이 입법형성권의 범위와 한계 내의 것으로 그 기준이 현저히 높다거나 불합리하지 않다면, 이를 두고 헌법에 위반된다고 쉽사리 단정할 것은 아니다(헌재 1995. 5. 25. 92헌마269등, 판례집 7−1, 768, 779−780; 2003. 8. 21. 2001헌마687등, 판례집 15−2상, 214, 223−224 각 참조)."; 헌재 2013. 8. 29. 2012헌마288, 판례집 25−2상, 545, 549−550.

821) 헌재 1993. 7. 29. 93헌마23, 판례집 5−2, 221, 227−228: "첫째로, 선거범으로서 형벌을 받은 자에 대하여 일정기간 피선거권을 정지하는 규정 자체는, 선거의 공정성을 해친 선거사범에 대하여 일정기간 피선거권의 행사를 정지시킴으로써 선거의 공정을 확보함과 동시에 본인의 반성을 촉구하기 위한 법적 조치로서, 국민의 기본권인 공무담임권과 평등권을 합리적 이유없이 자의적(恣意的)으로 제한하는 위헌규정이라고 할 수 없다. 둘째로, 그 경우에 구체적으로 어떤 종류의 형벌을 얼마만큼(형량) 선고받은 자에 대하여 어느 정도의 기간 동안 피선거

이상의 형 선고를 받고 그 형이 실효되지 아니한 사람, ⓔ 법원 판결이나 다른 법률에 따라서 피선거권이 정지되거나 상실된 사람, ⓕ 국회법 제166조(국회 회의 방해죄)의 죄를 범한 사람으로서 (가) 500만 원 이상의 벌금형 선고를 받고 그 형이 확정된 후 5년이 지나지 아니한 사람, (나) 형의 집행유예 선고를 받고 그 형이 확정된 후 10년이 지나지 아니한 사람, (다) 징역형 선고를 받고 그 집행을 받지 아니하기로 확정된 후 또는 그 형 집행이 종료되거나 면제된 후 10년이 지나지 아니한 사람의 어느 하나에 해당하는 사람(형이 실효된 자 포함), ⓖ 공직선거법 제230조 제6항의 죄를 범한 사람으로서 벌금형 선고를 받고 그 형이 확정된 후 10년을 지나지 아니한 사람(형이 실효된 자도 포함)은 선거권이 없다(공직선거법 제19조).

(ⅲ) 거주요건 제한

선거일 현재 5년 이상 국내에 거주하여야(이때 공무로 외국에 파견된 기간과 국내에 주소를 두고 일정기간 외국에 체류한 기간은 국내거주기간으로 본다) 대통령 피선거권이 있다(공직선거법 제16조 제1항). 그리고 선거일 현재 60일 이상(공무로 외국에 파견되어 선거일 전 60일 후에 귀국한 사람은 선거인명부작성기준일부터 계속하여 선거일까지) 해당 지방자치단체 관할구역 안에 주민등록이 있어야 지방의회의원과 지방자치단체장의 피선거권이 있다(공직선거법 제16조 제3항). 헌법재판소는 지방자치단체의 피선거권에 거주요건을 요구하는 것은 헌법이 보장한 주민자치를 원리로 하는 지방자치제도에서 지연적 관계를 고려하여 해당 지역 사정을 잘 알거나 지역과 사회적·지리적 이해관계가 있어 해당 지역행정에 대한 관심과 애향심이 많은 사람에게 피선거권을 부여함으로써 지방자치행정의 민주성과 능률성을 도모함과 아울러 지방자치제도 정착을 위한 규정으로서, 그 내용이 공무담임권을 필요 이상으로 과잉제한하여 과잉금지원칙에 어긋나거나 공무담임권의 본질적인 내용을 침해하여 위헌적인 규정이라고는 볼 수 없다고 하였다.[822] 그러나 헌법재판소는 지방의회의원과 지방자치단체장의 피선거권 요건으로 '관할구역 안의 주민등록'을 요구하는 것과 관련하여 '외국의 영주권을 취득한 재외국민'과 같이 주민등록을 하는 것이 법령 규정상 아예 불가능한 사람들이라도 지방자치단체 주민으로서 오랜 기간 생활해 오면서 그 지방자치단체 사무와 얼마든지 밀접한 이해관계를 형성할 수 있고, 주민등록이 아니더라도 그러한 거주 사실을 공적으로 확인할 방법이 있는데도, 오로지 일정 기간 이상의 '주민등록'만을 기준으로 지방선거 피선거권 자격을 결정함으로써, 일정 기간 이상 주민으로 생활하면서 해당 지방자치단체 사무와 밀접한 이해관계가 있는 재외국민이라도 주민등록이 되지 않는다는 이유로 지방선거 피선거권을 전면적으로 부정하는 것은 이를 정당화할 어떠한 합리적 근거도 찾아보기 어렵고, 나아가 국회의원 선거에서는

의 행사를 정지시킬 것인가가 문제이나, 이는 기본적으로 입법형성권을 갖고 있는 입법권자가 제반사정을 고려하여 결정할 그 입법재량에 속하는 사항으로서 그것이 합리적 재량의 한계를 벗어난 것이 아닌 한 위헌이라고 말할 수 없을 것…."

822) 헌재 1996. 6. 26. 96헌마200, 판례집 8-1, 550; 헌재 2004. 12. 16. 2004헌마376, 판례집 16-2하, 598.

주민등록 여부와 관계없이 만 25세 이상 국민이라면 누구든지 피선거권이 있다고 규정함으로써, 국내 거주 여부를 불문하고 재외국민도 국회의원선거의 피선거권이 있다는 사실을 고려하면, 지방선거 피선거권에 대해서만 주민등록 여부를 기준으로 하여 주민등록이 되어 있지 않은 사람의 피선거권을 부정하는 것은 설득력이 없으므로 지방선거 피선거권 부여에서 주민등록만을 기준으로 함으로써 주민등록이 불가능한 재외국민인 주민의 지방선거 피선거권을 부인하는 것은 헌법 제37조 제2항에 위반하여 국내 거주 재외국민의 공무담임권을 침해한다고 하였다.823)

(ⅳ) 겸직 금지에 따른 제한

국가공무원이나 지방공무원이 공직선거후보자가 되려면 선거일 전 90일까지 그 직을 사퇴하여야 한다. 다만, 대통령선거와 국회의원선거에서 국회의원이 그 직을 가지고 입후보하는 때와 지방의회의원선거와 지방자치단체장의 선거에서 해당 지방자치단체의 의회의원이나 장이 그 직을 가지고 입후보하는 때는 그러하지 아니하다(공직선거법 제53조 제1항). 지방자치단체장은 선거구역이 해당 지방자치단체의 관할구역과 같거나 겹치는 지역구국회의원선거에 입후보하고자 하는 때는 해당 선거의 선거일전 120일까지 그 직을 그만두어야 한다.824) 다만, 그 지방자치단체장이 임기가 만료되고 나서 그 임기만료일부터 90일 후에 실시되는 지역구국회의원선거에 입후보하려는 때는 그러하지 아니하다(공직선거법 제53조 제5항). 국회의원이 대통령선거와 국회의원선거에 입후보하는 때 그리고 지방의회의원선거와 지방자치단체장의 선거에서 해당 지방의회의원이나 지방자치단체장이 입후보하는 때도 이러한 제한이 적용되지 않는다. 지방자치단체장이 임기 중 사퇴할 때 공직 출마를 금지하는 것은 피선거권을 침해한다.825)

(ⅴ) 기탁금제도에 따른 제한

기탁금제도는 제25조와 제37조 제2항에 근거한다. 기탁금제도 자체는 선거를 효과적으로 공정하게 운영하고, 입후보 난립과 과열을 방지하며, 당선자에게 다수표를 획득하도록 제도적으로 보완함으로써 선거의 신뢰성과 정치적 안정성을 확보하기 위한 것으로 일단 합헌이다. 그러나 과도한 고액의 기탁금은 무자력계층의 공직 진출을 봉쇄함으로써 경제력에 따른 실질적 차등선거를 일으킨다. 따라서 기탁금은 필요한 최소한도의 공영비용부담금에 성실성 담보

823) 헌재 2007. 6. 28. 2004헌마644등, 판례집 19-1, 859
824) 헌법재판소는 지방자치단체장이 해당 지방자치단체의 관할구역과 같거나 겹치는 선거구역에서 실시되는 지역구 국회의원선거에 입후보하고자 할 때 해당 선거의 선거일 전 180일까지 그 직을 사퇴하도록 규정하는 구 공직선거및선거부정방지법 제53조 제3항은 공무담임권을 침해하여 위헌이라고 선언하였다(헌재 2003. 9. 25. 2003헌마106, 판례집 15-2상, 516). 그러나 지방자치단체장이 해당 지방자치단체의 관할구역과 같거나 겹치는 선거구역에서 실시되는 지역구 국회의원선거에 입후보하고자 할 때 해당 선거의 '선거일 전 120일까지' 그 직을 사퇴하도록 규정한 구 공직선거및선거부정방지법 제53조 제3항은 공무담임권을 침해하지 않는다고 하였다(헌재 2006. 7. 27. 2003헌마758등, 판례집 18-2, 190).
825) 헌재 1999. 5. 27. 98헌마214, 판례집 11-1, 675.

와 과열 방지를 위한 약간의 금액이 가산된 범위에서만 헌법상 정당성이 인정될 수 있다.826) 기탁금 액수와 그 반환기준은 선거문화와 풍토, 정치문화와 풍토, 국민경제적 여건 그리고 국민의 법감정 등 여러 가지 요소를 종합적으로 고려하여 입법자가 정책적으로 결정할 사항이다.827) 헌법재판소는 국회의원선거의 기탁금반환기준을 유효투표 총수의 100분의 20 이상으로 규정한 것은 군소정당이나 신생정당의 정치참여 기회를 제약하는 효과를 낳는다고 하여 위헌으로 선언하였다.828) 그러나 헌법재판소는 국회의원선거기탁금의 국가귀속기준을 유효투표 총수 100분의 5 이상으로 규정한 것829)과 유효투표 총수의 100분의 15 이상을 득표하면 기탁금 전액을 반환하고, 유효투표 총수의 100분이 10 이상 100분의 15 이상을 득표하면 기탁금의 50%를 반환하도록 한 것830)은 합헌으로 판단하였다.

② 공직취임권 제한

(ⅰ) 공무원임용 결격사유

ⓐ 피성년후견인이나 피한정후견인, ⓑ 파산선고를 받고 복권되지 아니한 사람, ⓒ 금고 이상의 실형을 선고받고 그 집행이 종료되거나 집행을 받지 아니하기로 확정된 후 5년이 지나지 아니한 사람, ⓓ 금고 이상의 형을 선고받고 그 집행유예 기간이 끝난 날부터 2년이 지나지 아니한 사람,831) ⓔ 금고 이상 형의 선고유예를 받았으면 그 선고유예 기간에 있는 사람,832)

---

826) 헌재 1996. 8. 29. 95헌마108, 판례집 8-2, 167, 176-177: "원래 기탁금제도는 선거를 할 때에 후보자로 하여금 일정금액을 기탁하게 하고 후보자가 선거에서 일정수준의 득표를 하지 못할 때에는 기탁금의 전부 또는 일부를 국고에 귀속시키는 등의 방법으로 금전적 제재를 가함으로써, 후보자의 무분별한 난립을 방지하고 아울러 당선자에게 되도록 다수표를 몰아주어 민주적 정당성을 부여하는 한편 후보자의 성실성을 담보하려는 취지에서 생겨난 것이다(헌법재판소 1991. 3. 11. 선고, 91헌마21 결정 참조). …… 공직선거법에 정한 기탁금제도는 후보난립을 방지하고 후보사퇴·등록무효 등 후보자의 성실성을 담보하기 위한 제재금 예납의 의미와 함께 공직선거법상 위반행위에 대한 과태료 및 불법시설물 등에 대한 대집행비용과 부분적으로 선전벽보 및 선거공보의 작성비용에 대한 예납의 의미도 아울러 가지고 있다고 할 수 있다."

827) 헌재 2003. 8. 21. 2001헌마687등, 판례집 15-2상, 214, 223.

828) 헌재 2001. 7. 19. 2000헌마91등, 판례집 13-2, 77.

829) 헌재 2003. 8. 21. 2001헌마687등, 판례집 15-2상, 214.

830) 헌재 2011. 6. 30. 2010헌마542, 판례집 23-1하, 545.

831) 금고 이상의 형을 받고 집행유예 기간이 완료된 후 2년을 지나지 않은 것을 국가공무원 결격사유로 한 것이 공무담임권 침해가 아니라는 판례로는 헌재 1997. 11. 27. 95헌바14등, 판례집 9-2, 575.

832) 헌법재판소는 선고유예 판결 확정에 따른 당연 퇴직 사유를 규정할 때 직업의 자유에 대한 제한을 최소화하기 위해서는 입법목적을 달성하는 데 반드시 필요한 범죄의 유형, 내용 등으로 그 범위를 가급적 한정하여 규정하거나 적어도 공무원법에 마련된 징계 등 별도의 제도로써도 입법목적을 충분히 달성할 수 있는 것으로 판단되면 당연퇴직 사유에서 제외시켜 규정하여야 한다고 하면서, 지방공무원(헌재 2002. 8. 29. 2001헌마788등, 판례집 14-2, 219), 군무원(헌재 2003. 9. 25. 2003헌마293등, 판례집 15-2상, 536), 국가공무원(헌재 2003. 10. 30. 2002헌마684등, 판례집 15-2하, 211), 경찰공무원(헌재 2004. 9. 23. 2004헌가12, 공보 97, 962), 향토예비군 지휘관(헌헌재 2005. 12. 22. 2004헌마947, 판례집 17-2, 774), 군무원(헌재 2007. 6. 28. 2007헌가3, 판례집 19-1, 802)이 선고유예를 받은 경우 당연히 그 직을 상실하도록 규정한 조항들에 대하여 과잉금지원칙에 반하여 공무담임권을 침해하였다는 이유로 위헌으로 결정하였다. 같은 이유로 청원경찰이 금고 이상의 형의 선고유예를 받으면 그 직에서 당연 퇴직하도록 한 청원경찰법 제10조의5 제1호도 직업의 자유를 침해하여 위헌이라고 선언하

ⓕ 법원 판결이나 다른 법률에 따라 자격이 상실되거나 정지된 사람, ⓖ 공무원으로 재직하는 기간에 직무와 관련하여 형법 제355조와 제356조에 규정된 죄를 범한 사람으로서 300만 원 이상 벌금형을 선고받고 그 형이 확정된 후 2년이 지나지 아니한 사람, ⓗ 형법 제303조나 '성폭력범죄의 처벌 등에 관한 특례법' 제10조에 규정된 죄를 범한 사람으로서 300만 원 이상의 벌금형을 선고받고 그 형이 확정된 후 2년이 지나지 아니한 사람, ⓘ 징계로 파면처분을 받은 때부터 5년이 지나지 아니한 사람, ⓙ 징계로 해임처분을 받은 때부터 3년이 지나지 아니한 사람의 어느 하나에 해당하는 사람은 공무원으로 임용될 수 없다(국가공무원법 제33조, 지방공무원법 제31조).

헌법재판소는 검찰총장은 퇴직일부터 2년 이내에는 공직에 임명될 수 없다고 규정한 구 검찰청법 제12조 제4항은 검찰총장 퇴임 후 2년 이내에는 법무부 장관과 내무부 장관직뿐 아니라 모든 공직 임명을 금지하므로 심지어 국·공립대학교 총·학장, 교수 등 학교의 경영과 학문연구직 임명도 받을 수 없고, 검찰총장이 재임 중 다른 직위에 연연하지 않고 정치적 중립성을 지켜 국민 전체에 대한 봉사자로서 그 직무를 공정하게 수행하며 균형 잡힌 검찰권을 행사하게 함으로써 형사사법의 공정과 국민의 기본적 인권을 보장하려는 입법목적에 비추어 보면 그 제한은 필요 최소한의 범위를 크게 벗어나 공무담임권을 침해하는 것으로서 헌법상 허용될 수 없다고 하였다.[833]

(ⅱ) 가산점제도

비선출직 공무원, 특히 직업공무원 임용에서는 적극적으로 능력·전문성·적성·품성 등에 따라 균등하게 공직취임권이 보장되어야 한다. 다만, 이러한 능력주의도 사회적 약자를 배려하려고 어느 정도 예외가 인정될 수 있다. 채용시험에서 각종 가산점제도가 이러한 예외에 해당한다. 여기서 특별평등권이라는 공무담임권의 특수성이 드러난다.[834] 헌법재판소는 교육공무원법이 중등교사 임용시험에서 동일지역 사범대학을 졸업한 교원경력이 없는 사람에게 가산점을 부여하는 것(동일지역 출신 가산점제)[835]이나 복수전공과 부전공 교원자격증 소지자에게 가산점을 부여하는 것(복수전공과 부전공 가산점제)[836]은 공무담임권 침해가 아니라고 하였다. 그러나 국·공립학교 채용시험에서 국가유공자 가족에까지 응시할 때 만점의 10%를 가산하도록 한 것은 합헌[837]에서 위헌[838]으로 견해를 바꾸었다. 그리고 사범계 출신에 대한 가

였다(헌재 2018. 1. 25. 2017헌가26, 판례집 30-1상, 12).

833) 헌재 1997. 7. 16. 97헌마26, 판례집 9-2, 72.
834) 이종수/장철준, 「헌법 제25조」, 『헌법주석[Ⅰ]』, 박영사, 2013, 930쪽.
835) 헌재 2007. 12. 27. 2005헌가11, 판례집 19-2, 691.
836) 헌재 2006. 6. 29. 2005헌가13, 판례집 18-1하, 165.
837) 헌재 2001. 2. 22. 2000헌마25, 판례집 13-1, 386.
838) 헌재 2006. 2. 23. 2004헌마675등, 판례집 18-1상, 269.

산점제도는 포괄적 위임금지에 어긋난다고 하였다.[839]

(ⅲ) 응시연령 제한

공무취임권의 연령을 어떻게 규정할 것인지는 입법자가 입법목적 달성을 위한 선택 문제이고 입법자가 선택한 수단이 현저하게 불합리하고 불공정한 것이 아닌 한 재량에 속한다.[840] 그러나 그 상한연령을 지나치게 낮추는 것은 허용되지 않는다.[841]

(ⅳ) 공무원 정년제도

공무원 정년제도는 공무원에게 정년연령까지 근무 계속을 보장함으로써 그가 앞날에 대한 확실한 예측을 하고 생활설계를 할 수 있게 하여 안심하고 직무에 전념하게 하고, 공무원 교체를 계획적으로 수행하는 것을 통해서 연령구성 고령화를 방지하고 조직을 활성화하여 공무 능률을 유지·향상하려는 것이다.[842] 공무원 정년제도는 공무원의 신분보장과 직업공무원제 보완을 위한 공익목적에서 마련된 것이므로 그로 말미암아 공무담임권과 직업선택의 자유 및 행복추구권이 제한을 받더라도 그 제한은 목적에서 정당하고, 공무원 정년제도를 어떻게 구성할 것인지와 그 구체적인 정년연령은 몇 세로 할 것인지는 특별한 사정이 없으면 입법정책 문제로서 입법부에 광범위한 입법재량이나 형성의 자유가 인정되어야 할 사항이라서 입법권자로서는 정년제도의 목적, 국민의 평균수명과 실업률 등 사회경제적 여건과 공무원 조직의 신진대사 등 공직 내부 사정을 종합적으로 고려하여 합리적인 재량의 범위 안에서 이를 규정할 수 있다.[843]

(5) 공무담임권 제한의 심사강도

헌법재판소는 공무담임권 제한은 그 직무의 공익실현이라는 특수성으로 말미암아 그 직무 본질에 어긋나지 아니하고 결과적으로 다른 기본권 침해를 일으키지 아니하는 한 상대적으로 강한 합헌성이 추정되므로, 주로 평등원칙이나 목적과 수단의 합리적인 연관성 여부가 심사 대상이 되고, 법익형량에서도 상대적으로 다소 완화한 심사를 하게 될 것이라고 하였다.[844]

(단계이론 적용이 인정된다면) 공무담임권은 직업의 자유와 일반-특별관계에 있어서 직업의 자유 제한에 관한 단계이론이 적용되는지가 문제 된다. 기본권 경합은 기본권을 더 두텁게 보호하여야 하지 오히려 기본권 약화를 가져와서는 아니 되므로, 직업의 자유 제한을 통제하는 이론인 단계이론은 당연히 특별관계인 공무담임권을 제한하는 때도 적용되어야 한다. 단계이론은 비례성심사를 한층 정교하게 강화하여 준다는 실질적 의미가 있다. 다만, 직업행사

839) 헌재 2004. 3. 25. 2001헌마882, 판례집 16-1, 441.
840) 헌재 1997. 6. 26. 96헌마89, 판례집 9-1, 674, 683; 헌재 2006. 5. 25. 2005헌마11등, 판례집 18-1하, 134, 143.
841) 헌재 2008. 5. 29. 2007헌마1105, 판례집 20-1하, 329; 헌재 2012. 5. 31. 2010헌마278, 판례집 24-1하, 626.
842) 헌재 1997. 3. 27. 96헌바86, 판례집 9-1, 325, 331.
843) 헌재 1997. 3. 27. 96헌바86, 판례집 9-1, 325, 332-333.
844) 헌재 2002. 10. 31. 2001헌마557, 판례집 14-2, 541, 551.

의 자유와 동일시할 수 있는 공무수행은 공무담임권의 보호영역에 포함되지 않는다. 따라서 기본권 제한이 아닌 국가기관 구성원의 권한 문제로 풀어야 한다. 따라서 공무담임권에 단계 이론을 적용할 때는 2단계부터 적용하여야 한다. 즉 단계이론을 따르면 ① 주관적 사유에 따른 공무담임권 제한, ② 객관적 사유에 따른 공무담임권 제한 순으로 제한하여야 한다. 즉 입법자는 ①의 방법으로 목적을 달성할 수 없는 때만 ②의 방법을 사용할 수 있다. 그리고 ①에 비해서 ②는 침해 강도가 증가하여 입법자의 입법형성의 자유는 감소하고 정당화 요구는 높아져서 과잉금지원칙이 더 엄격하게 적용될 것을 요구한다.

제 6 절 청구권적 기본권

Ⅰ. 일반론

1. 의의

청구권적 기본권은 국가에 대해서 일정한 적극적 작위를 청구할 수 있는 권리를 말한다. 청구권적 기본권은 다른 기본권 보호를 위한 기본권이라서 '기본권을 보장하기 위한 기본권', '권리구제를 위한 기본권', '수단적·절차적 기본권' 등으로도 부른다.

2. 법적 성격

청구권적 기본권은 기본적으로 다른 기본권을 전제하고 그 기본권 보호를 요청하는 기본권이므로 다른 기본권과 같은 독자적인 권리로 볼 수 있는지 의문이 제기될 수 있다.

(1) 국가내적 권리

청구권적 기본권은 국가내적인 실정법상 권리이다. 즉 청구권적 기본권은 전국가적 혹은 초국가적인 천부적 자연권이 아니다.[845]

(2) 적극적 권리

청구권적 기본권은 국민이 국가에 대해서 적극적으로 일정한 행위를 청구할 수 있는 권리라는 점에서 자유권이나 참정권과 다르다. 즉 청구권적 기본권은 국민의 적극적 지위에서 비롯하는 것으로 소극적·방어적 권리인 자유권과 능동적 권리인 참정권과 구별된다.

---

845) 절차적 기본권을 자연권을 실정화한 것으로 보는 견해로는 홍성방, 『헌법학(중)(제2판)』, 박영사, 2015, 409쪽.

(3) 구체적 권리

청구권적 기본권은 이를 구체화하는 법률이 없더라도 헌법규정에 따라 소송 등을 통해서 직접 그 권리를 주장할 수 있다. 따라서 법률을 통해서 구체적 권리 내용이 형성되는 사회권과 다르다.

(4) 절차적 권리

청구권적 기본권은 기본권 보장을 위한 기본권이라는 점에서 절차적 권리이다. 즉 실체법적 기본권인 다른 기본권을 실현하기 위한 기본권이다.

3. 주체

청구권적 기본권의 주체는 원칙적으로 국민이다. 그러나 기본권에 대한 절차적 보장의 성격이 강하여 외국인과 법인, 그 밖의 단체, 특히 공법인에게도 청구권적 기본권의 주체성이 인정될 수 있다.

4. 효력

청구권적 기본권은 국민이 국가에 대해서 적극적으로 일정한 행위를 청구할 수 있는 권리이므로 당연히 대국가적 효력이 있다. 청구권적 기본권은 애당초 개인(국민)과 국가의 관계에서만 적용되는 기본권이므로, 대사인적 효력은 없다. 즉 국가만이 청구권적 기본권의 수범자이므로 청구권적 기본권은 사인 서로 간의 관계에서는 직접이든 간접이든 적용될 수 없다. 당사자 사이의 합의가 있더라도 그러한 합의는 제3자인 국가권력을 구속하지 못하므로 대사인적 효력은 문제 되지 않는다.

5. 법률유보의 성격

국민은 '법률이 정하는 바에 의하여' 청구권적 기본권이 있다. 이러한 법률유보는 기본권구체화적 법률유보 중 기본권실현적 법률유보에 해당한다. 따라서 청구권적 기본권은 헌법규정만으로 이미 현실적·구체적 권리로서 인정된다. 법률은 청구권적 기본권의 행사방법과 절차 등을 구체화할 뿐이다.

Ⅱ. 청원권

1. 의의

(1) 개념

청원권은 국민이 일정한 관심사나 고충을 해결하려고 국가기관에 대해서 작위나 부작위를 요청할 수 있는 권리이다.[846] 청원은 요청한다는 뜻이므로 단순한 통지, 충고, 비난, 칭찬 등과 같은 단순한 의사표현은 청원이 아니다. 그리고 정보 청구나 서류열람 청구는 청원과 마찬가지로 요청을 포함하나, 이는 청원권이 아니라 정보의 자유를 통해서 보장된다. 국가는 청원을 심사하여 처리하고 그 결과를 통지할 의무가 있다(헌법 제26조 제2항, 청원법 제9조).

(2) 연혁

1948년 헌법 이래 청원권을 규정하였고, 1962년 헌법부터 '법률이 정하는 바에 의하여'라는 법률유보조항을 두었다. 헌법 제26조는 "① 모든 국민은 법률이 정하는 바에 의하여 국가기관에 문서로 청원할 권리를 가진다. ② 국가는 청원에 대하여 심사할 의무를 진다."라고 규정하여 청원권을 보장한다. 그리고 헌법 제89조 제15호는 "정부에 제출 또는 회부된 정부의 정책에 관계되는 청원의 심사"는 국무회의 심의를 거쳐야 한다고 규정한다. 청원에 관한 일반법으로는 청원법이 있고, 국회법(제123조~제126조)과 지방자치법(제73조~제76조) 등에 특별규정이 있다.

(3) 기능

합리적인 사법제도와 민주적인 의회제도가 확립되지 못하고 참정권과 언론의 자유가 제대로 보장되지 못한 시대에 청원권은 권리구제수단으로 혹은 정치에 참여하는 수단 등으로 매우 중요한 의의가 있었다. 그러나 이러한 제도들이 확립되고 권리가 충실하게 보장됨에 따라 청원권의 의의는 많이 줄어들었다. 하지만 오늘날에도 청원권은 다양한 기능이 있다. 먼저 ① 청원권은 요건과 절차가 엄격한 소송수단과 비교해서 편의구제수단으로 기능한다. 다음으로 ② 청원권은 국민이 직접 국가기관에 의사를 표시하는 수단으로서 직접민주주의적 기능을 수행한다. 그리고 ③ 청원권은 청원대상인 국가기관의 대국민 신뢰를 확보하는 수단으로 기능한다. 즉 국가기관은 국민의 관심사와 고충을 처리하고 해결해 줌으로써 국민과 국가기관 사이의 신뢰와 유대를 강화할 수 있다. 특히 국회에 대한 국민의 신임은 대의민주주의의 정당성을 높여준다. 끝으로 ④ 청원권은 청원대상인 국가기관을 통제하는 수단이 될 뿐 아니라 해당 국가기관이 활동하기 위한 자료를 제공하는 통로가 되기도 한다. 특히 국회에 대한 청원은 국회가 대정부통제기능을 수행하기 위한 국정비리자료를 제공하는 수단으로 기능한다.

2. 법적 성격

청원권의 법적 성격과 관련하여 ① 국가기관의 방해를 받지 않고 자유롭게 의견이나 희망

---

846) 헌재 1994. 2. 24. 93헌마213등, 판례집 6-1, 18, 189-190: "헌법 제26조와 청원법 규정에 의할 때 헌법상 보장된 청원권은 공권력과의 관계에서 일어나는 여러 가지 이해관계, 의견, 희망 등에 관하여 적법한 청원을 한 모든 국민에게, 국가기관이(그 주관관서가) 청원을 수리할 뿐만 아니라, 이를 심사하여, 청원자에게 적어도 그 처리결과를 통지할 것을 요구할 수 있는 권리를 말한다."

을 진술할 권리라는 점에서 소극적이고 방어적인 자유권적 성격이 있다는 견해, ② 청원권은
국민이 국가기관에 일정한 사항을 청구할 수 있고 국가기관은 이를 수리·심사하여 통지하여
야 할 의무를 부여하므로 청구권적 기본권이라는 견해,847) ③ 법률의 제정과 개폐, 공무원 파
면 등의 청원을 내용으로 한다는 점에서 참정권이라는 견해, ④ 청원권은 소극적 측면에서는
청원의 자유를 보장하는 것이고, 적극적 측면에서는 국가기관에 일정한 국가적 행위를 요구
할 수 있음을 내용으로 하는 청구권이므로 자유권과 청구권의 성격이 아울러 있는 복합적 성
격의 권리라는 견해,848) ⑤ 청원권은 참정권적 성격과 청구권적 성격이 있는 복합적 성격의
권리라는 견해, ⑥ 청원권에 자유권적 성격과 청구권적 성격 그리고 참정권적 성격을 모두
인정하는 견해,849) ⑦ 국가에 대해서 방어권이고, 적극적인 측면에서는 국가에 대해서 일정
한 작위나 부작위를 요구하는 청구권이며, 정치적 참여를 실현하거나 권리구제를 위한 수단
이라는 견해850)가 대립한다. 청원권의 중심 내용은 국민이 국가기관에 일정한 사항을 청구할
수 있다는 것이므로 청원권은 청구권적 기본권으로 볼 수 있다.

3. 주체

청원권의 주체는 헌법 제26조 제1항은 국민이라고 규정하지만, 자연인은 누구나 주체가
될 수 있다. 즉 외국인이나 무국적자도 주체가 될 수 있다. 미성년자도 당연히 기본권향유능
력이 있지만, 청원인이 자기 생각을 청원 형식으로 표현할 수 있는 한 인정된다.851) 법인도
청원권의 주체가 된다. 사법인은 내국사법인이든 국내에 있는 외국사법인이든 상관없이 모두
주체가 될 수 있다. 공법인은 원칙적으로 주체가 될 수 없다. 하지만 공법인이 예외적으로 기
본권주체가 되면 청원권의 주체가 될 수 있다. 지방자치단체도 자치사항과 관련하여서 청원
권의 주체가 될 수 있다. 청원권 행사는 자신이 직접 할 수도 있고, 제3자인 중개인이나 대리
인을 통해서 할 수도 있다.852)

4. 내용

(1) 청원사항

국가권력의 권리 침해는 청원권 행사의 전제요건이 아니다. 따라서 모든 국민은 권리 침

---

847) 김철수, 『학설·판례 헌법학(상)』, 박영사, 2008, 1267쪽; 성낙인, 『헌법학(제19판)』, 법문사, 2019, 1411쪽; 장영
    수, 『헌법학(제11판)』, 홍문사, 2019, 895쪽.
848) 구병삭, 『신헌법원론(제3전정판)』, 박영사, 1996, 667쪽; 권영성, 『헌법학원론(개정판)』, 법문사, 2010, 604쪽; 안
    용교, 『한국헌법(제2전정판)』, 고시연구사, 1992, 596쪽; 홍성방, 『헌법학(중)(제2판)』, 박영사, 2015, 413쪽.
849) 한수웅, 『헌법학(제9판)』, 법문사, 2019, 909~910쪽.
850) 정종섭, 『헌법학원론(제12판)』, 박영사, 2018, 778쪽.
851) 계희열, 『헌법학(중)(신정2판)』, 박영사, 2007, 628쪽.
852) 헌재 2005. 11. 24. 2003헌바108, 판례집 17-2, 409, 416.

해 여부와 상관없이 청원을 할 수 있다.853) 청원법 제4조를 따르면 청원이 허용되는 사항으로는 ① 피해 구제, ② 공무원의 위법·부당한 행위에 대한 시정이나 징계의 요구, ③ 법률·명령·규칙의 제정·개정 또는 폐지, ④ 공공 제도나 시설 운영, ⑤ 그 밖의 국가기관 등의 권한에 속하는 사항이다. 그러나 이 사항들은 예시적이므로, 공공기관 권한에 속하는 사항에 관해서는 널리 청원이 인정된다. 다만, ① 감사·수사·재판·행정심판·조정·중재 등 다른 법령에 따른 조사·불복 또는 구제절차가 진행 중일 때, ② 허위 사실로 타인이 형사처분이나 징계처분을 받게 하거나 국가기관 등을 중상모략하는 사항일 때, ③ 사인 사이의 권리관계나 개인의 사생활에 관한 사항일 때, ④ 청원인의 성명·주소 등이 불분명하거나 청원내용이 불명확할 때, ⑤ 법령에 어긋나는 내용일 때는 이를 수리하지 않는다(청원법 제5조 제1항, 국회법 제123조 제3항, 지방자치법 제74조). 그리고 다른 사람을 모해할 목적으로 허위 사실을 적시한 청원은 할 수 없다(청원법 제11조). 재판에 간섭하거나 국가기관을 모독하는 내용의 청원은 접수하지 않는다(국회법 제123조 제3항).

(2) 청원 대상기관

청원법 제26조 제1항은 청원할 수 있는 대상기관을 국가기관이라고만 규정한다. 그러나 청원 대상기관은 국가기관뿐 아니라 지방자치단체와 그 소속기관 그리고 법령에 따라서 행정권한이 있거나 행정권한을 위임 또는 위탁받은 법인·단체 또는 그 기관이나 개인도 청원 대상기관이다(청원법 제3조, 지방자치법 제73조).

(3) 방법

청원은 청원인의 성명과 주소나 거소를 기재하고 서명한 문서로 하여야 한다(청원법 제6조 제1항). 따라서 익명의 청원은 인정되지 않는다. 전자정부법 제2조 제7호에 따른 전자문서854)로도 청원할 수 있다. 그리고 여러 사람이 공동으로 청원할 때는 그 처리결과를 통지받을 3명 이하의 대표자를 선임하여 이를 청원서에 표시하여야 한다(청원법 제6조 제2항). 청원서에는 청원의 이유와 취지를 밝히고 필요하면 참고자료를 첨부할 수 있다(청원법 제6조 제3항).

(4) 절차

청원서는 청원사항을 관장하는 기관에 제출하여야 한다(청원법 제7조 제1항). 청원서를 접수한 기관은 청원서에 미비한 사항이 있다고 판단하면 그 청원인에게 보완하여야 할 사항과 기간을 명시하여 이를 보완할 것을 요구할 수 있다(청원법 제7조 제2항). 청원서를 접수한 기관은 청원사항이 그 기관이 관장하는 사항이 아니라고 인정되면 그 청원사항을 관장하는 기관

---

853) 전광석, 『한국헌법론(제14판)』, 집현재, 2019, 431쪽.
854) "컴퓨터 등 정보처리능력을 지닌 장치에 의하여 전자적인 형태로 작성되어 송수신되거나 저장되는 표준화된 정보".

에 청원서를 이송하고 이를 청원인에게 통지하여야 한다(청원법 제7조 제3항). 같은 사람이 같은 내용의 청원서를 같은 기관에 2건 이상 제출하거나 그 이상의 기관에 제출하면 나중에 접수한 청원서를 반려할 수 있다(청원법 제8조). 국회나 지방의회에 청원하려는 사람은 의원 소개를 얻어 청원서를 제출하여야 한다(국회법 제123조 제1항, 지방자치법 제73조 제1항). 수형자는 그 처우에 관해서 불복하면 법무부 장관·순회점검공무원이나 관할 지방교정청장에게 청원할 수 있다('형의 집행 및 수용자의 처우에 관한 법률' 제117조 제1항). 청원서에 청원인의 주소를 증명하는 서면이나 참고자료가 첨부되지 아니 하고 서명날인이 아닌 기명날인이 되어 있는 것 등의 사소한 형식 흠결이 있다고 곧바로 적법한 청원이 아닌 것은 아니다.855)

(5) 효과

국가기관은 청원서를 접수하고 심사할 의무가 있다(헌법 제26조 제2항). 청원을 수리한 기관은 성실하고 공정하게 청원을 심사·처리하여야 한다(청원법 제9조 제1항). 청원을 관장하는 기관이 청원을 접수하면 특별한 사유가 없는 한 90일 이내에 그 처리결과를 청원인에게 통지하여야 한다(청원법 제9조 제3항: 적극적 효과). 이때 청원인에게 최소한 청원을 심사하고 처리한 내용을 통지하여야 한다. 그러나 청원사항의 처리결과를 심판이나 재결서에 준하는 이유 명시를 요구할 수는 없다. 즉 청원을 수리한 국가기관은 청원을 성실, 공정, 신속히 심사·처리하여 그 결과를 청원인에게 통지하는 것 이상의 의무를 지지 않는다.856) 청원을 관장하는 기관은 부득이한 사유로 90일 안에 청원을 처리하기 곤란하다고 인정하면 60일 범위 안에서 1회에 한하여 그 처리기간을 연장할 수 있다. 이때 그 사유와 처리예정기한을 즉시 청원인에게 통지하여야 한다(청원법 제9조 제4항). 청원에 대한 재결을 할 의무까지는 없다. 청원에 대한 처리통보는 법적 효력 있는 법률행위가 아니므로, 청원처리내용에 대한 소송은 허용되지 않는다.857) 통보는 구체적인 공권력 행사가 아니라서 헌법소원심판 대상도 아니다.858) 청원이 처리 기간 안에 처리되지 않으면 청원인은 이의신청을 할 수 있다(청원법 제92조의2).

청원서가 정부에 제출되거나 청원내용이 정부 정책과 관계되는 사항이면 그 청원 심사는 국무회의 심의사항이 된다(헌법 제89조 제15호). 의장은 청원을 접수하면 청원요지서를 작성하여 각 의원에게 인쇄하거나 전산망에 입력하는 방법으로 배부하는 동시에 그 청원서를 소관위원회에 넘겨 심사를 하게 한다(국회법 제124조 제1항). 소관위원회가 그 처리결과를 의장에

---

855) 대법원 1979. 8. 21. 선고 79도1081 판결(공1979, 12175).

856) 계희열, 『헌법학(중)(신정2판)』, 박영사, 2007, 625쪽; 헌재 1994. 2. 24. 93헌마213등, 판례집 6−1, 183, 189−190; 헌재 1994. 2. 24. 93헌마213등, 판례집 6−1, 183, 737; 대법원 1990. 5. 25. 선고 90누1458 판결(집38−2, 270; 공1990, 1388).

857) 대법원 1984. 5. 22. 선고 83누485 판결(집32−3, 277; 공1984, 1141); 대법원 1990. 5. 25. 선고 90누1458 판결(집38−2, 270; 공1990, 1388).

858) 헌재 1994. 2. 24. 93헌마213등, 판례집 6−1, 183, 190; 헌재 2000. 10. 25. 99헌마458, 판례집 12−2, 273, 276−277; 헌재 2004. 5. 27. 2003헌마851, 판례집 16−1, 699, 703.

게 보고하면 의장은 청원인에게 통지하여야 한다(청원법 제125조 제8항). 국회가 채택한 청원으로서 정부가 처리함이 적당하다고 인정되는 청원은 의견서를 첨부하여 정부에 이송한다. 정부는 이 청원을 처리하고 그 처리결과를 국회에 보고하여야 한다(국회법 제126조).

누구든지 청원하였다는 이유로 차별대우를 받거나 불이익을 강요당하지 않는다(청원법 제12조: 소극적 효과).

Ⅲ. 재판청구권

1. 의의

(1) 개념

재판청구권은 누구든지 국가에 재판을 청구할 수 있는 권리, 즉 누구든지 권리가 침해되거나 분쟁이 발생하면 독립이 보장된 법원에서 법률이 정한 자격을 갖춘 법관에 의해서 객관적 법률에 따라 공정하고 신속하게 공개재판을 받을 권리를 말한다.[859]

(2) 연혁

한국 헌법은 1948년 헌법 이래로 재판청구권(제22조~제24조)을 보장한다. 헌법 제27조는 제1항에서 "모든 국민은 헌법과 법률이 정한 법관에 의하여 법률에 의한 재판을 받을 권리를 가진다."라고 규정하면서 제2항에서는 재판청구권의 한 내용으로서 원칙적으로 군사법원의 재판을 받지 아니할 권리를 규정한다. 제3항에서는 신속한 재판을 받을 권리와 공개재판을 받을 권리를 규정한다. 그리고 제4항에서는 무죄추정원칙을, 제5항에서는 형사피해자의 재판절차진술권을 규정한다. 또한, 제12조 신체의 자유와 관련하여 불리한 진술거부권, 변호인의 도움을 받을 권리 등과 제13조 형벌불소급원칙과 이중처벌 금지 및 소급입법 금지도 재판청구권과 밀접한 관련이 있다. 또한, 제107조 제1항의 위헌법률심판청구권과 같은 조 제2항의 위헌·위법한 명령·규칙심사청구권 및 제111조 제1항의 헌법소원심판청구권도 넓은 뜻의 재판청구권에 포함된다.

(3) 기능

헌법이 보장하는 기본권이 침해되었을 때 효과적으로 구제되지 않으면 기본권규정은 무의미하게 된다. 재판청구권은 실체적 기본권 침해가 발생하였을 때 이를 구제하는 수단으로서

---

859) 헌재 1995. 9. 28. 92헌가11등, 판례집 7-2, 264, 278: "헌법 제27조 제1항은 "모든 국민은 헌법과 법률이 정한 법관에 의하여 법률에 의한 재판을 받을 권리를 가진다"고 규정함으로써 모든 국민은 헌법과 법률이 정한 자격과 절차에 의하여 임명되고(헌법 제101조 제3항, 제104조, 법원조직법 제41조 내지 제43조), 물적 독립(헌법 제103조)과 인적 독립(헌법 제106조, 법원조직법 제46조)이 보장된 법관에 의하여 합헌적인 법률이 정한 내용과 절차에 따라 재판을 받을 권리를 보장하고 있다."

절차적 기본권 중에서 기본적인 것이다. 재판을 받을 권리는 국가에 재판을 청구할 수 있는 기본권으로서 이는 집행부의 자의적인 판단을 배제하고 독립이 보장된 법원과 신분이 보장된 자격 있는 법관에 의하여 적법한 절차에 따른 공정한 심판을 받도록 보장한다. 재판청구권은 실체적 기본권 관철을 위한 절차적 보장이다(보조적 기본권). 재판청구권은 권리구제의 헌법보장으로서 사법절차적·소송적 기본권이다. 재판청구권은 법치국가 완성으로서 기본권규정 중에서도 제왕적 규정이다.

2. 법적 성격

① 재판청구권의 법적 성질에 관해서는 국가에 재판을 청구하는 것을 내용으로 하는 청구권이라는 견해[860]와 ② 재판청구권은 재판이라는 국가적 행위를 청구할 수 있는 적극적 측면과 헌법과 법률이 정한 법관이 아닌 사람에 의한 재판 및 법률에 의하지 아니한 재판을 받지 아니하는 소극적 측면을 아울러 가지는, 즉 청구권과 자유권의 2중적 성격이 있는 견해[861]가 있다. 그리고 ③ 재판청구권은 실정권으로서 한편으로 국가에 재판을 청구할 권리, 즉 주관적 권리의 성격이 있고, 다른 한편 재판청구권은 사법질서를 형성하는 객관적 요소, 더 나아가 법치국가질서와 공동체의 전체적 질서의 객관적 요소라는 2중적 성격이 있다는 견해[862]도 있다. 또한, ④ 재판청구권을 청구권적 기본권이면서 절차적 기본권으로 보는 견해도 있다.[863] 헌법재판소는 재판청구권을 절차적 기본권으로 이해한다.[864] 재판청구권의 주된 내용은 국가에 재판을 청구하는 것이고, 소극적 측면은 이러한 내용을 보장하기 위한 보충적 권리에 불과하므로 재판청구권의 법적 성격은 청구권으로 이해하여야 한다.

3. 주체

모든 국민뿐 아니라 무국적자를 포함한 외국인도 재판청구권의 주체가 될 수 있다. 법인도 내·외국법인을 가리지 않고 재판청구권의 주체가 될 수 있다. 권리능력 없는 사단도 재판청구권을 행사할 수 있다. 국가기관은 원칙적으로 재판청구권의 주체가 될 수 없다. 다만, 개인이 제기한 소에서 국가기관이 재판의 당사자이면 재판절차에서 절차법적 지위가 있어서 개인과 국가를 달리 취급할 합리적 이유가 없으므로, 이때는 국가기관도 재판청구권의 주체가

---

860) 김철수, 『학설·판례 헌법학(상)』, 박영사, 2008, 1276쪽; 이부하, 『헌법학(상)』, 법영사, 2019, 553~554쪽; 장영수, 『헌법학(제11판)』, 홍문사, 2019, 902쪽; 정재황, 『신헌법입문(제9판)』, 박영사, 2019, 587~588쪽; 홍성방, 『헌법학(중)(제2판)』, 박영사, 2015, 419쪽.

861) 구병삭, 『신헌법원론(제3전정판)』, 박영사, 1996, 673~674쪽; 권영성, 『헌법학원론(개정판)』, 법문사, 2010, 608쪽; 안용교, 『한국헌법(제2전정판)』, 고시연구사, 1992, 601쪽.

862) 계희열, 『헌법학(중)(신정2판)』, 박영사, 2007, 650~651쪽.

863) 한수웅, 『헌법학(제9판)』, 법문사, 2019, 918쪽.

864) 헌재 2005. 5. 26. 2003헌가7, 판례집 17-1, 558, 567; 헌재 2009. 7. 30. 2008헌바162, 판례집 21-2상, 280, 288.

될 수 있다.865) 그리고 재산권과 언론의 자유처럼 국가기관이 실체적 기본권의 주체가 될 때 이러한 기본권을 방어하고 실현하는 수단으로서 재판 청구가 필요하면 국가기관도 재판청구권의 주체가 될 수 있다.866)

4. 내용

(1) '재판'을 받을 권리

재판을 받을 권리는 적극적으로는 국가에 재판을 청구할 권리이고, 소극적으로는 '독립이 보장된 법원에서 법관에 의해 법률에 따른 재판'을 제외하고는 재판을 받지 않을 권리이다. 구체적으로 재판을 받을 권리는 사실관계와 법률관계에 관해서 최소한 한 번의 재판을 받을 기회가 제공될 것을 국가에 요구할 권리를 뜻한다.867) 단지 법원에 제소할 수 있는 형식적인 권리나 이론적인 가능성만 제공할 뿐이지 권리구제 실효성이 보장되지 않는다면 이는 헌법상 재판청구권을 공허하게 만드는 것이므로 입법재량 한계를 일탈한 것이다.868) 따라서 재판받을 기회에 접근하기 어렵게 제약이나 장벽을 쌓아서는 아니 된다.869) 여기서 재판은 권리가 침해되거나 분쟁이 발생하면 당사자 청구에 따라서 독립한 법관이 사법적 절차에 따라 구체적 사건에 관한 사실 확인과 그에 대한 법률의 해석·적용을 통해서 권위적·최종적으로 당사자가 주장하는 권리·의무의 존부를 확정하는 작용을 말한다.870) 재판 대상이 되려면 구체적이고 현실적인 권리 침해가 있거나 권리에 관한 분쟁이 있어야 한다(사건성이나 쟁송성). 재판을 청구하려면 자기의 권리나 이익이 현재 직접 침해되거나 관련되어야 하고(당사자적격이나 자기관련성), 그 재판을 통하여 당사자의 권리가 보호되는 이익이 있어야 한다(권리보호이익). 재판에는 민사재판, 형사재판, 행정재판과 헌법재판이 있다.871) 따라서 재판을 받을 권리에는

---

865) 박종현, 「헌법 제27조」, 『헌법주석[Ⅰ]』, 박영사, 2013, 960쪽; 한수웅, 『헌법학(제9판)』, 법문사, 2019, 919쪽.

866) 한수웅, 『헌법학(제9판)』, 법문사, 2019, 919쪽.

867) 헌재 1992. 6. 26. 90헌바25, 판례집 4, 343, 349-350; 헌재 2000. 6. 29. 99헌바66, 판례집 12-1, 848, 867; 헌재 2013. 5. 30. 2010헌바292, 공보 200, 614, 616.

868) 헌재 2002. 10. 31. 2001헌바40, 판례집 14-2, 473, 481; 헌재 2015. 9. 24. 2013헌가21, 판례집 27-2상, 461, 467; 헌재 2018. 12. 27. 2015헌바77등.
  헌법재판소는 두 차례에 걸쳐 합헌결정을 내렸던(헌재 2011. 5. 26. 2010헌마499, 판례집 23-1하, 254; 헌재 2012. 10. 25. 2011헌마789, 판례집 24-2하, 84) 즉시항고의 제기기간을 3일로 제한하는 형사소송법 제405조에 대해서 견해를 바꾸어 재판청구권에 관한 입법재량의 한계를 넘어 헌법이 보장한 재판청구권을 공허하게 할 정도에 이르렀다는 이유로 헌법에 합치하지 않는다고 선언하였다(헌재 2018. 12. 27. 2015헌바77등).

869) 헌재 1992. 6. 26. 90헌바25, 판례집 4, 343, 350.

870) 헌재 1995. 9. 28. 92헌가11등, 판례집 7-2, 264, 278: "재판이라 함은 구체적 사건에 관하여 사실의 확정과 그에 대한 법률의 해석적용을 그 본질적인 내용으로 하는 일련의 과정이다."

871) 헌법재판을 받을 권리, 즉 개인이 헌법소원을 제기할 수 있는 권리는 재판청구권에서 파생하는 것이 아니라 헌법소원을 규정하는 별도 헌법규정에 따라서 비로소 부여된다는 견해가 있다(한수웅, 『헌법학(제9판)』, 법문사, 2019, 924~925쪽). 그러나 헌법이 헌법재판제도를 사법제도의 하나로 규정한 이상 헌법상 재판에 헌법재판이 포함되는 것으로 해석할 수밖에 없어서 재판청구권에는 헌법재판을 받을 권리도 포함되는 것으로 보아야 한다. 헌법과 법률

이들 재판을 받을 권리가 모두 포함된다.872) 법원은 재판청구권에 근거하여 법령이 정한 국민의 정당한 재판 청구에 따라서만 재판을 할 의무를 지고, 법령이 규정하지 아니한 재판 청구에 대해서까지 헌법상 재판청구권에서 비롯한 재판을 할 작위의무는 없다.873)

하급심에서 잘못된 재판을 하였을 때 상소심을 통해서 이를 바로 잡게 하는 것은 재판청구권을 실질적으로 보장하는 방법이므로 심급제도는 재판청구권을 보장하기 위한 하나의 수단이다.874) 상소권을 헌법 제27조 제1항 및 101조 제1항과 제2항을 근거로 기본권으로 인정하는 견해875)와 심급제도를 제도보장에 불과하고 재판청구권 내용이 아니라는 견해876)가 대립한다. 헌법 제101조 제2항에 법원은 대법원과 각급 법원으로 조직되므로, 상소권도 재판청구권 내용으로 볼 수 있다. 다만, 상소권도 제한될 수 있으므로 단심제가 옹글게(완벽하게) 배제되는 것은 아니다.

법원이 대법원과 각급 법원으로 구성된다고 하여 여기서 대법원에서 재판을 받을 권리가 당연히 도출된다고 볼 수 없어서 재판을 받을 권리에 모든 사건의 재판을 상고심에서 받을 권리가 포함된다고 보기 어려우므로 대법원에서 재판을 받을 권리가 제한되는지는 입법정책 문제라는 견해가 있다.877) 헌법재판소도 헌법이 대법원을 최고법원으로 규정하였다고 하여 대법원이 곧바로 모든 사건을 상고심으로서 관할하여야 한다는 결론이 당연히 도출되는 것은 아니고, "헌법과 법률이 정하는 법관에 의하여 법률에 의한 재판을 받을 권리"가 사건의 경중을 가리지 않고 모든 사건에 대하여 대법원을 구성하는 법관에 의한 균등한 재판을 받을 권리를 의미하거나 상고심 재판을 받을 권리를 의미하는 것이라고 할 수는 없고, 심급제도는

에 의한 재판을 받을 권리에는 법원에 의한 재판뿐 아니라 헌법을 심사기준으로 헌법재판을 받을 권리가 포함된다고 하면서 헌법재판소법 제68조 제1항에서 헌법소원심판 대상에서 법원의 재판을 제외한 것을 재판을 받을 권리를 침해하는 위헌적인 규정이라는 견해도 있다(전광석, 『한국헌법론(제14판)』, 집현재, 2019, 523쪽). 이에 대해서 재판청구권은 '법관에 대한 권리 보호' 자체를 직접 목적으로 하지 않고, 재판청구권은 '법관에 의한 권리 보호'로 종료될 수 있으며, 설사 재판청구권 내용이 헌법 제111조에 따라 확장되어 헌법재판청구권까지 포함하여도 모든 경우에 누구라도 헌법재판(헌법소원)을 청구할 수 있는 것까지 보장하지 않고, 입법자가 일정한 헌법소원을 허용하면서 일정한 헌법소원을 배제하였더라도 그것이 헌법소원의 본질을 훼손하는 것이 아닌 이상 그러한 권리 침해라고 단정하기는 어렵다는 견해도 있다(김하열, 『헌법강의』, 박영사, 2018, 630쪽). 헌법재판을 받을 권리가 재판청구권에 포함되더라도 제한될 수 있으므로 법률로 재판소원을 금지하여도 그것을 바로 재판청구권 침해라고 볼 수는 없다.

872) 헌재 2013. 8. 29. 2011헌마122, 판례집 25−2상, 494, 504: "헌법 제27조는 "모든 국민은 헌법과 법률이 정한 법관에 의하여 법률에 의한 재판을 받을 권리를 가진다."고 규정하여 재판청구권을 보장하고 있고(헌재 2004. 12. 16, 2003헌바105, 판례집 16−2하, 505, 512) 이 때 재판을 받을 권리에는 민사재판, 형사재판, 행정재판뿐 아니라 헌법재판도 포함된다."

873) 헌재 1994. 6. 30. 93헌마161, 판례집 6−1, 700, 705.

874) 헌재 1997. 10. 30. 97헌바37등, 판례집 9−2, 502, 519.

875) 정종섭, 『헌법학원론(제12판)』, 박영사, 2018, 846~847쪽.

876) 한수웅, 『헌법학(제9판)』, 법문사, 2019, 923~924쪽.

877) 계희열, 『헌법학(중)(신정2판)』, 박영사, 2007, 640쪽; 권영성, 『헌법학원론(개정판)』, 법문사, 2010, 609~610쪽; 김철수, 『학설·판례 헌법학(상)』, 박영사, 2008, 1290~1291쪽; 김하열, 『헌법강의』, 박영사, 2018, 631~632쪽; 한수웅, 『헌법학(제9판)』, 법문사, 2019, 923~924쪽.

사법에 의한 권리보호에 관한 한정된 법 발견 자원의 합리적인 분배 문제인 동시에 재판의 적정과 신속이라는 상반되는 두 가지 요청을 어떻게 조화시키느냐의 문제로 돌아가므로 원칙적으로 입법자의 형성의 자유에 속하는 사항이라고 한다.878) 헌법 제101조 제2항이 법원 조직을 대법원과 각급 법원으로 구성한다고 규정하므로, 국민의 재판을 받을 권리는 대법원과 각급 법원에서 재판을 받을 권리로 보아야 하고, 헌법 제110조 제4항이 예외적으로 비상계엄 아래 군사재판을 일정한 때만 단심으로 할 수 있게 하면서 사형을 선고할 때는 예외로 둔 것과 헌법 제110조 제2항이 특별법원인 군사법원의 상고심을 대법원으로 한 것은 원칙적으로 대법원에서 재판을 받을 권리가 있음을 전제한 것으로 볼 수 있다. 따라서 국민은 원칙적으로 대법원에서 재판을 받을 권리가 있다고 보아야 한다.879) 1948년 헌법 아래 헌법위원회는 대법원의 재판을 받을 권리를 재판청구권의 보호영역으로 인정하였다.880)

일반 국민은 원칙적으로 군사법원의 재판을 받지 아니할 권리가 있다. 다만, 중대한 군사상 기밀·초병·초소·유독음식물공급·포로·군용물에 관한 죄 중 법률이 정한 때와 비상계엄이 선포된 때는 예외적으로 군사법원의 재판을 받는다(헌법 제27조 제2항).

(2) '헌법과 법률이 정한 법관'에 의한 재판을 받을 권리

헌법과 법률이 정한 법관에 의하여 재판을 받을 권리는 헌법과 법률이 정한 자격과 절차에 따라서 임명되고(헌법 제104조, 법원조직법 제41조 내지 제43조) 물적 독립(헌법 제103조)과 인적 독립(헌법 제106조, 법원조직법 제46조)이 보장된 법관에 의한 재판을 받을 권리이다.881) '헌법과 법률이 정한 법관'은 ① 헌법과 법률이 정한 자격을 갖추고(헌법 제101조 제3항에 따라 제정된 법원조직법 제42조 참조), ② 적법한 절차에 따라 임명되었으며(임명절차에 관해서는 헌법 제104조와 법원조직법 제41조 참조), ③ 임기·정년 및 신분이 보장된 법관일 뿐 아니라(헌법 제105조와 제106조 참조) ④ 직무상 독립이 보장되고(헌법 제103조 참조), ⑤ 제척 그 밖의 사유로 법률상 그 재판에 관여하는 것이 금지되지 아니한 법관을 말한다. 국민은 이러한 자격과 신분이 보장되지 아니한 사람에 의한 재판을 받지 않을 권리가 있다.

군인이나 군무원에 대한 군사법원의 '재판관'에 의한 재판은 헌법이 특별법원으로서 군사법원을 인정하고(제110조 제1항) 군사법원의 조직·권한 및 재판관의 자격을 법률로써 규정하도록 할 뿐 아니라 헌법 제27조 제2항은 군사법원의 예외적 재판을 허용하고 군사법원에 의한 재판의 상고심은 원칙적으로 대법원 관할이므로 '헌법과 법률이 정한 법관'에 어긋난다고

878) 헌재 1997. 10. 30. 97헌바37등, 판례집 9-2, 502.
879) 같은 견해: 문홍주, 『제6공화국 한국헌법』, 해암사, 1987, 336쪽; 안용교, 『한국헌법(제2전정판)』, 고시연구사, 1992, 607쪽; 양 건, 『헌법강의(제8판)』, 법문사, 2019, 950쪽; 홍성방, 『헌법학(중)(제2판)』, 박영사, 2015, 425~426쪽.
880) 1952. 9. 9. 4285헌위1, 『대법원판례집 Ⅰ』, 어문각, 1963, 위헌제청판례 4~5쪽; 1952. 9. 9. 4285헌위2, 『대법원판례집 Ⅰ』, 어문각, 1963, 위헌제청판례 6~9쪽.
881) 헌재 1992. 6. 26. 90헌바25, 판례집 4, 343, 349.

할 수 없다.[882]

종래 배심원이 사실심에만 관여하고 법률심에 관여하지 않으면 헌법 제27조 제1항에 어긋나지 않으나, 참심원이 사실만이 아니라 법률심까지 관여하는 참심제는 헌법 제27조 제1항에 어긋난다고 하였다.[883] '국민의 형사재판 참여에 관한 법률'을 따르면 같은 법 제5조가 규정한 사건에 대한 형사재판에서 피고인이 원하면(제8조) 만 20세 이상의 대한민국 국민(제16조)이 배심원으로 형사재판에 참여할 수 있게 되었다. 이 법에 따라 국민은 일정한 범죄와 관련한 형사재판에서 배심재판을 요구할 수 있고, 배심원으로 형사재판에 참여할 권리와 의무가 있다. 배심원단은 사건 유형에 따라 5명, 7명, 9명으로 구성된다(제13조). 배심원단은 피고인의 유무죄에 관한 평결을 내릴 수 있고, 유죄 판단을 하면 양형에 관한 의견을 제시할 수 있다(제46조 제1항~제4항). 배심원단의 유무죄에 관한 평결과 양형에 관한 의견은 법원을 구속하지 않는다(제46조 제5항). 다만, 법원이 배심원단의 평결과 다른 재판을 할 때는 판결서에 그 이유를 기재하여야 하므로(제49조) 법원이 정당한 사유 없이 배심원단의 평결과 다른 재판을 할 수 없다.

지방법원, 지원, 시·군법원의 판사는 '즉결심판에 관한 절차법'에 따라서 피고인에게 20만 원 이하의 벌금, 구류 또는 과료에 처할 수 있다(제2조). 이 즉결심판은 '헌법과 법률이 정한 법관'에 의한 재판일 뿐 아니라 이 즉결심판에 대해서는 7일 이내에 정식재판을 청구할 수 있으므로(제11조 제1항) 위헌이 아니다. 가정법원의 가사심판, 지방법원 소년부, 가정법원 소년부의 소년보호처분도 헌법과 법률이 정한 법관에 의한 재판이다.

약식절차는 지방법원 관할에 속하는 사건으로서 벌금·과료 또는 몰수를 할 때만 서면심리로서 재판하여 형을 과하는 간이형사특별절차이다(형사소송법 제448조 이하). 약식명령을 받으면 이에 불복하는 검사나 피고인은 7일 이내에 정식재판을 청구할 수 있으므로(형사소송법 제453조) 재판을 받을 권리를 침해하지 않는다.

행정심판 결정이나 그 밖의 각종 행정적 결정 또는 사전재정은 준사법적 절차이지만 행정기관이 한다. 그러나 이는 재판의 전심절차로서 행정심판을 할 수 있는 헌법적 근거가 있고(제107조 제3항), 행정심판은 임의적 전치주의이며, 법원에 의한 정식재판이 가능하므로 헌법에 위반되지 않는다.[884]

재정범에 대해서 국세청장, 세무서장, 세관장, 전매청장 등이 부과하는 벌금, 과료 또는

---

882) 헌재 1996. 10. 31. 93헌바25, 판례집 8-2, 443 참조. 같은 견해: 계희열, 『헌법학(중)(신정2판)』, 박영사, 2007, 643쪽; 권영성, 『헌법학원론(개정판)』, 법문사, 2010, 612쪽.

883) 권영성, 『헌법학원론(개정판)』, 법문사, 2010, 611~612쪽; 문홍주, 『제6공화국 한국헌법』, 해암사, 1987, 332쪽; 박일경, 『제6공화국 신헌법』, 법경출판사, 1990, 313쪽; 성낙인, 『헌법학(제19판)』, 법문사, 2019, 1421쪽; 안용교, 『한국헌법(제2전정판)』, 고시연구사, 1992, 604쪽; 전광석, 『한국헌법론(제14판)』, 집현재, 2019, 520쪽; 홍성방, 『헌법학(중)(제2판)』, 박영사, 2015, 428쪽.

884) 헌재 2000. 6. 1. 98헌바8, 판례집 12-1, 590, 598; 헌재 2002. 10. 31. 2001헌바40, 판례집 14-2, 473, 481-484.

몰수 등의 통고처분과 교통사범에 대한 경찰서장의 통고처분 등은 법관이 아닌 행정공무원의 처분이지만, 그 처분을 받은 당사자의 임의적 승복을 발효요건으로 하고 불응하면 정식재판 절차가 보장되므로 재판을 받을 권리를 침해하지 않는다. 헌법재판소는 통고처분은 상대방의 임의 승복을 그 발효요건으로 하므로 그 자체만으로는 통고이행을 강제하거나 상대방에게 아무런 권리의무를 형성하지 않아서 행정심판이나 행정소송의 대상으로서 처분성을 부여할 수 없고, 통고처분에 대해서 이의가 있으면 통고내용을 이행하지 않음으로써 고발되어 형사재판 절차에서 통고처분의 위법·부당함을 얼마든지 다툴 수 있어서 법관에 의한 재판받을 권리를 침해하지 않는다고 한다.[885]

헌법과 법률이 정한 법관에 의하여 재판을 받을 권리는 구체적으로 개별 사건을 담당하는 법관이 법규범에 따라 사전에 정해져야 함을 뜻하고, 외부 세력이나 법원 내부의 압력 등에 따라 임의로 구성되는 것을 방지함을 가리킨다.[886] 따라서 개별 사건의 담당법관 선정은 법원조직법, 소송법상 재판관할규정과 보완적 지침으로서 법원의 직무분담계획표에 따라서 사전에 일반적·추상적으로 예측할 수 있어야 한다.[887] 그리고 법관의 사건에 관한 이해관계나 편파 우려 등으로 말미암아 재판의 공정성을 보장할 수 없을 때 국민이 그러한 법관을 배제할 수 있도록 하여 임의적 법원 구성을 실질적으로 예방하여야 한다.[888]

(3) '법률에 의한' 재판을 받을 권리

법률에 의한 재판은 합헌적인 실체법과 절차법에 따라 하는 재판을 뜻한다.[889] '법률에 의한' 재판은 헌법과 법률이 정한 법관이라도 자의적인 재판을 하여서는 아니 된다는 뜻이다.[890] 따라서 재판절차를 규율하는 법률과 재판에서 적용될 실체적 법률이 모두 합헌적이어야 한다. 재판의 전제가 되는 법률이 위헌이면 그것은 국민의 재판청구권을 침해하는 것이 된다. 여기서 법률은 법률로서 원용할 수 있는 전체 법질서를 말하는 것으로 재판 유형에 따라 의미가 다르다. 형사재판에서 죄형법정원칙 때문에 형식적 의미의 법률(헌법 제76조의 대통령의 긴급명령·긴급재정경제명령 포함)을 가리킨다. 그러나 민사재판과 행정재판에서는 형식적 의미의 법률뿐 아니라 관습법과 조리 등을 포함한 불문법도 아우른다. 모든 재판에서 절차법은 국회가 제

---

885) 헌재 1998. 5. 28. 96헌바4, 판례집 10-1, 610.

886) 박종현, 「헌법 제27조」, 『헌법주석[Ⅰ]』, 박영사, 2013, 962쪽; 정종섭, 『헌법학원론(제12판)』, 박영사, 2018, 838쪽; 한수웅, 『헌법학(제9판)』, 법문사, 2019, 920쪽.

887) 박종현, 「헌법 제27조」, 『헌법주석[Ⅰ]』, 박영사, 2013, 962쪽; 한수웅, 『헌법학(제9판)』, 법문사, 2019, 920쪽.

888) 박종현, 「헌법 제27조」, 『헌법주석[Ⅰ]』, 박영사, 2013, 962~963쪽; 정종섭, 『헌법학원론(제12판)』, 박영사, 2018, 838쪽.

889) 헌재 1995. 10. 26. 94헌바28, 판례집 7-2, 464, 468-469; 헌재 1993. 7. 29. 90헌바35, 판례집 5-2, 14, 31.

890) 헌재 1992. 6. 26. 90헌바25, 판례집 4, 343, 349: "… 법률에 의한" 재판을 받을 권리라 함은 법관에 의한 재판은 받되 법대로의 재판 즉 절차법이 정한 절차에 따라 실체법이 정한 내용대로 재판을 받을 권리를 보장하자는 취지라고 할 것으로, 이는 재판에 있어서 법관이 법대로가 아닌 자와의 전단에 의하는 것을 배제한다는 것…".

정한 법률에 따라야 한다. 다만, 헌법 제108조에 따라 소송절차에 관해서 정하는 대법원규칙과 헌법 제113조 제2항에 따라 심판절차에 관해서 정하는 헌법재판소규칙은 예외이다.

(4) '공정한' 재판을 받을 권리

공정한 재판은 헌법과 법률이 정한 자격이 있고, 헌법 제104조 내지 제106조에 정한 절차에 따라 임명되고 신분이 보장되어 독립하여 심판하는 법관에게서 헌법과 법률에 의하여 그 양심에 따라 적법절차에 따라서 이루어지는 재판을 가리킨다. 여기서 공개된 법정의 법관 앞에서 모든 증거자료가 조사·진술되고, 이에 대해서 검사와 피고인이 서로 공격·방어할 공평한 기회가 보장되는 재판을 받을 권리도 파생된다.[891] 이에 비추어 공정한 재판을 받을 권리는 공정한 심리를 받을 권리를 뜻한다. 공정한 심리를 위해서 관할권이 있는 법원은 당사자주의와 구두변론주의에 입각하여 공개법정에서 당사자의 토론과 공격·방어를 충분히 전개할 권리를 보장하여야 한다.[892] 권리·의무 확정을 다투는 소송사건에서는 이러한 대심구조가 실체적 진실발견과 공정한 재판에 필수적이다. 그러나 실체적 권리·의무가 있음을 전제로 하여 법원이 후견적·감독적 입장과 합목적성의 견지에서 재량권을 행사하여 사인 사이의 법률관계 내용을 형성하는 절차를 뜻하는 비송사건절차·가사소송절차·파산절차 등에서는 비공개와 대심이 아닌 임의적 구두변론주의를 채택하더라도 그것은 공정한 재판을 받을 권리를 침해하지 않는다.

(5) '신속한 공개재판'을 받을 권리

모든 국민은 신속한 재판을 받을 권리가 있다(헌법 제27조 제3항 제1문). 신속한 공개재판을 요청하는 것도 권리구제 실효성을 위한 것이다. 지연된 재판은 결과적으로 재판을 통한 권리구제 실효성을 현저하게 감소시키므로, 재판의 신속성은 재판의 생명으로까지 평가된다. 재판의 지연은 아무리 공정한 재판일지라도 당사자에게는 무용지물이 될 수 있어서 재판의 거부와 다를 바 없다. 재판의 지연 여부는 구체적 사건에 따라 달리 판단하여야 하며 지연 기간, 지연 원인, 심리 곤란 여부, 피고인에 대한 불리한 영향을 포함한 지연으로 말미암은 모든 이익의 침해 정도 등을 종합하여 판단하여야 한다.[893] 다만, 재판의 신속만을 강조하여 재판의 공정성이 훼손되거나 재판 당사자 참여가 지나치게 제한할 수는 없으므로 신속한 재판은 공정하고 적정한 재판을 하는 데 필요한 기간을 넘어 부당하게 지연됨이 없는 재판을 가리킨다.[894]

신속한 재판을 받을 권리는 먼저 시간적 요소가 사법적 권리구제를 실효적이지 못하게 만들 때 침해된다. 구체적으로 ① 청구기간을 지나치게 짧게 설정하여 기간 안에 실질적인 권

---

891) 헌재 2001. 8. 30. 99헌마496, 판례집 13-2, 238, 244.
892) 헌재 1996. 12. 26. 94헌바1, 판례집 8-2, 808, 820.
893) 계희열, 『헌법학(중)(신정2판)』, 박영사, 2007, 648쪽; 구병삭, 『신헌법원론(제3전정판)』, 박영사, 1996, 680쪽; 홍성방, 『헌법학(중)(제2판)』, 박영사, 2015, 431쪽.
894) 김하열, 『헌법강의』, 박영사, 2018, 636쪽.

리구제 청구를 기대할 수 없을 때(그래서 재판 거부나 마찬가지일 때),[895] ② 권리구제 청구에 관한 실질적 심사를 부당하게 지연시키는 때(예를 들어 법원 아닌 기관에 의한 필요적 전심절차를 두면서 시간상 제한을 정하지 않아 사법적 권리구제를 장기간 지체하게 하는 때),[896] ③ 권리구제절차 자체, 즉 재판절차의 장기화[897]이다.

형사피고인은 상당한 이유가 없는 한 바로 공개재판을 받을 권리가 있다(헌법 제27조 제3항 제2문). 공개재판은 재판의 공정성을 확보하기 위해서 재판의 심리와 판결을 제3자에게도 공개하는 것을 말한다. 재판의 공개는 재판의 객관성과 공정성을 확보하는 중요한 요소가 된다. 비밀재판을 배제하고 일반 국민 감시 아래에서 심리와 판결을 받음으로써 공정한 재판을 받을 수 있다. 헌법 제27조 제3항 제2문은 피고인만을 주체로 규정하나, 헌법 제109조는 "재판의 심리와 판결을 공개한다."라고 규정하므로 공개재판을 받을 권리는 모든 국민에게 인정된다. 다만, 심리는 국가의 안전보장이나 안녕질서를 방해하거나 선량한 풍속을 해할 염려가 있으면 법원의 결정으로 공개하지 아니할 수 있다(헌법 제109조 단서). 그러나 판결(선고)은 반드시 공개하여야 한다. 법원이 법정의 규모·질서의 유지·심리의 원활한 진행 등을 고려하여 방청을 희망하는 피고인들의 가족·친지, 그 밖의 일반 국민에게 미리 방청권을 발행하게 하고 그 소지자만 방청을 허용하는 등의 방법으로 방청인 수를 제한하는 조치를 취하는 것은 공개재판 취지에 어긋나지 않는다.[898]

(6) 형사피해자의 재판절차진술권

형사피해자의 재판절차진술권은 모든 종류의 형사범죄로 말미암은 피해자가 해당 사건의 재판절차에 (증인으로) 출석하여 자신이 입은 피해의 상황과 내용 및 해당 사건에 관해서 의

---

895) 대법원 1966. 3. 29. 선고 65누169 판결(집14-1, 041): "… 형벌법규 아닌 민사·행정소송상의 구제방법인 출소기간은 공공의 복지가 요청하는 한 종전의 방식에 의하지 않고 이를 변경할 수 있다고 할 것이므로, 신법으로 그 출소기간을 단축하였다고 하여서 그 기간이 현저히 불합리하여 사실상 재판의 거부라고 볼 수 없는 한 헌법에서 인정된 재판을 받을 권리를 박탈한 것이라고는 할 수 없을 것이고, …."

896) 헌재 1992. 4. 14. 90헌마82, 판례집 4, 194, 206-210: "… 구속기간의 제한은 수사를 촉진시켜 형사피의자의 신체구속이라는 고통을 감경시켜 주고 신속한 공소제기 및 그에 따른 신속한 재판을 가능케 한다는 점에서 헌법 제27조 제3항에서 보장된 신속한 재판을 받을 권리의 실현을 위하여서도 불가결한 조건이다. …… 구성요건이 특별히 복잡한 것도 아니고 사건의 성질상 증거수집이 더욱 어려운 것도 아니어서 굳이 수사기관에서 일반형사사건의 최장구속기간 30일보다 더 오래 피의자를 구속할 필요가 있다고 인정되지 아니한다. 그럼에도 불구하고, 국가보안법 제19조가 제7조 및 제10조의 범죄에 대하여서까지 형사소송법상의 수사기관에 의한 피의자 구속기간 30일보다 20일이나 많은 50일을 인정한 것은 국가형벌권과 국민의 기본권과의 상충관계 형량을 잘못하여 불필요한 장기구속을 허용하는 것이어서 입법목적의 정당성만을 강조한 나머지 방법의 적정성 및 피해의 최소성의 원칙 등을 무시한 것이라고 아니할 수 없고 결국 헌법 제37조 제2항의 기본권제한입법의 원리로서 요구되는 과잉금지의 원칙을 현저하게 위배하여 피의자의 신체의 자유, 무죄추정의 원칙 및 신속한 재판을 받을 권리를 침해하는 것임이 명백하다."

897) 재판이 장기간 지연됨으로 말미암아 법원의 최종 판결이 청구인에게 더는 소용이 없거나 감수를 기대하기 어려운 손해를 발생시켜서 판결이 권리침해상태를 더는 제거할 수 없게 되면 재판지연은 재판거부나 마찬가지가 된다.

898) 대법원 1990. 6. 8. 선고 90도646 판결(집38-2, 598; 공1990, 1500).

견을 진술할 수 있는 권리이다(헌법 제27조 제5항).899) 이 권리는 피해자 자신의 증언을 청취하여 진실을 밝히고 피해 상황 등을 확인함으로써 유·무죄와 형량을 객관적으로 판단하기 위한 것이다. 헌법재판소가 이 권리를 인정한 취지는 법관이 형사재판을 할 때 피해자의 진술을 청취하여 적절하고 공평한 재판을 하여야 한다는 것을 뜻할 뿐 아니라 이에 더 나아가 형사피해자에게 법관이 적절한 형벌권을 행사하여 줄 것을 청구할 수 있는 사법절차적 기본권을 보장해 준 적극적 입장에 있는 것이라고 한다.900) 법원은 범죄로 말미암은 피해자의 신청이 있으면 그를 증인으로 신문하여야 한다(형사소송법 제294조의2). 재판절차진술권의 주체인 형사피해자는 헌법 제30조 범죄피해자구조청구권의 범죄피해자보다 넓은 개념이다. 범죄피해자구조청구권의 범죄피해자는 생명과 신체에 중장해를 입은 사람에 한정되지만, 재판절차진술권의 형사피해자는 모든 범죄행위로 말미암은 피해자를 뜻하기 때문이다. 형사피해자 개념은 재판절차진술권을 독립한 기본권으로 인정하여 취지에 비추어 넓게 해석하여야 한다. 반드시 형사실체법상 보호법익을 기준으로 한 피해자 개념에 의존하여 결정할 필요는 없다. 즉 형사실체법상 직접적인 보호법익 주체로 해석되지 않는 사람이라도 문제 되는 범죄 때문에 법률상 불이익을 받게 되는 사람이면 헌법상 형사피해자의 재판절차진술권의 주체가 될 수 있다.901) 형사피해자를 약식명령 고지 대상자와 정식재판청구권자에서 제외하는 것은 형사피해자의 재판절차진술권을 침해하지 않는다.902)

5. 제한

군인이나 군무원에 대해서는 헌법 제110조 제1항에 규정된 특별법원인 군사법원에 의한 재판을 받도록 하고, 일반 국민도 중대한 군사상 기밀·초병·초소·유독음식물 공급·포로·군용물에 관한 죄 중 법률이 정한 때와 비상계엄이 선포된 때는 예외적으로 군사법원의 재판을 받는다(헌법 제27조 제2항). 그리고 법원을 최고법원인 대법원과 각급 법원으로 조직하고(헌법 제101조 제2항), 군사법원의 상고심을 대법원으로 하면서도(헌법 제110조 제2항), 비상계엄 아래 군사재판은 군인·군무원의 범죄나 군사에 관한 간첩죄와 초병·초소·유독음식물 공급·포로에 관한 죄 중 법률이 정한 때는 단심으로 할 수 있다. 다만, 사형을 선고하면 그러하지 아니하다(헌법 제110조 제4항). 또한, 국회에서 한 의원에 대한 자격심사와 징계 및 제명의 처분의 대해서는 국회의 자율권을 존중하는 취지에서 법원에 제소할 수 없다(헌법 제64조 제4항).

---

899) 헌재 1997. 2. 20. 96헌마76, 공보 20, 267, 269: "재판절차진술권에 관한 헌법 제27조 제5항이 정한 법률유보는 법률에 의한 기본권의 제한을 목적으로 하는 자유권적 기본권에 대한 법률유보의 경우와는 달리 기본권으로서의 재판절차진술권을 보장하고 있는 헌법규범의 의미와 내용을 법률로써 구체화하기 위한 이른바 기본권형성적 법률유보에 해당한다."

900) 헌재 1989. 4. 17. 88헌마3, 판례집 1, 31, 37.

901) 헌재 1992. 2. 25. 90헌마91, 판례집 4, 130, 134.

902) 헌재 2019. 9. 26. 2018헌마1015, 공보 276, 1151.

Ⅳ. 형사보상청구권

1. 의의

(1) 개념

형사보상청구권은 형사피의자로서 구금되었던 사람이 불기소처분을 받거나 형사피고인으로 구금되었던 사람이 무죄판결을 받으면 잘못된 형사사법작용으로 말미암아 발생한 물질적·정신적 손실에 대해서 국가에 대하여 보상을 청구할 수 있는 권리이다. 형사보상청구권을 통해서 형사사법 잘못으로 입은 피해를 국가가 사후적으로 보상한다고 하여 침해된 기본권이 옹글게(완벽하게) 회복될 수는 없다. 하지만 보상을 통해서 기본권을 보장하려는 것은 기본권 보장 차원에서 중요한 의미가 있다. 그리고 형사보상청구권을 인정한다는 것은 공권력 남용에 대해서 경고하는 의미도 있다.

(2) 연혁

1948년 헌법 제24조 제2항이 형사보상청구권을 규정한 이래로 계속 형사보상청구권을 보장한다. 1987년 헌법 이전에는 "형사피고인으로서 구금되었던 자가 무죄판결을 받은 때에는 법률이 정하는 바에 의하여 국가에 대하여 보상을 청구할 수 있다."라고 규정하였다. 현행 헌법 제28조는 "형사피의자 또는 형사피고인으로서 구금되었던 자가 법률이 정하는 불기소처분을 받거나 무죄판결을 받은 때에는 법률이 정하는 바에 의하여 국가에 정당한 보상을 청구할 수 있다."라고 규정하여 형사보상청구권을 보장한다. 현행 헌법은 형사피의자를 추가하고 불기소처분을 받은 때도 보상을 받을 수 있도록 형사보상제도를 확대하였고, 정당한 보상을 국가에 청구할 수 있도록 하였다.

2. 형사보상의 본질

형사보상의 본질과 관련하여 ① 형사보상은 객관적으로(고의·과실 결여) 위법한 행위에 대한 국가의 배상책임으로서 공무원의 불법행위에 따른 국가의 손해배상책임과 다를 바 없다는 손해배상설,903) ② 형사보상은 적법한 형사사법작용에 따른 손실의 공평부담으로서 무과실손실보상책임이라는 손실보상설,904) ③ 형사보상을 오판에 대한 보상과 피의자 구금에 대한 보상으로 나누어, 오판에 대한 보상은 손해배상이지만, 피의자 구금에 대한 보상은 손실보상이

---

903) 구병삭, 『신헌법원론(제3전정판)』, 박영사, 1996, 686쪽.
904) 계희열, 『헌법학(중)(신정2판)』, 박영사, 2007, 687쪽; 고문현, 『헌법학개론』, 박영사, 2019, 219쪽; 권영성, 『헌법학원론(개정판)』, 법문사, 2010, 635~636쪽; 김철수, 『학설·판례 헌법학(상)』, 박영사, 2008, 1318쪽; 성낙인, 『헌법학(제19판)』, 법문사, 2019, 1459쪽; 안용교, 『한국헌법(제2전정판)』, 고시연구사, 1992, 614쪽; 이부하, 『헌법학(상)』, 법영사, 2019, 573쪽; 장영수, 『헌법학(제11판)』, 홍문사, 2019, 928~929쪽; 홍성방, 『헌법학(중)(제2판)』, 박영사, 2015, 441~442쪽.

라는 2분설이 주장된다.

국가의 구금이 잘못되었을 때 형사소추기관에 귀책사유가 인정되면 피해자는 국가배상을 받을 수 있다. 하지만 형사소추기관의 위법행위나 고의·과실을 증명하지 못하면 국가의 불법행위가 인정되지 않는다. 이러한 점에서 국가배상제도와 별도로 형사보상제도를 헌법이 규정하고, 고의·과실을 요건으로 하는 국가배상과 달리 형사보상은 고의·과실을 요건으로 하지 않으므로, 형사보상은 인신 구속으로 말미암은 손실 발생에 대해서 결과책임인 무과실손실보상책임을 인정한 것으로 보아야 한다.

3. 법적 성격

형사보상청구권의 법적 성격과 관련하여서는 ① 헌법 제28조가 "법률이 정하는 바에 의하여"라고 규정하므로 형사보상청구권은 형사보상법 제정에 따라서 비로소 법적인 권리가 된다는 입법방침(프로그램)규정설[905]과 ② 헌법 제28조 규정은 직접 효력을 발생시키는 규정으로서 법률이 제정되어 있지 않아도 이를 직접 청구할 수 있다는 직접효력규정설[906] 그리고 ③ 헌법 제28조는 단순히 입법방침으로 규정하는 것이 아니라 직접적이고 구체적인 입법의무를 규정하는 것으로 보아야 한다는 견해[907]가 다투어진다. 법률을 통해서 비로소 형사보상청구권이 인정되는 것이 아니라 법률은 보상방법과 절차를 구체화하는 것에 불과하므로 형사보상청구권은 헌법 제28조를 근거로 직접 발생한다고 보아야 한다.

4. 주체

형사보상청구권의 주체는 구금되었던 형사피고인과 형사피의자이다. 형사피의자는 범죄혐의가 있어 수사 대상이 되었으나 공소제기 대상이 되지 않은 사람이고, 형사피고인은 공소제기된 사람이다. 하지만 본인이 청구하지 못하고 사망하면 상속인이 청구할 수 있다('형사보상 및 명예회복에 관한 법률' 제3조 제1항). 형법이 외국인에게도 적용될 수 있으므로 외국인도 내국인과 마찬가지로 형사보상청구권 주체가 될 수 있다. 그러나 법인과 그 밖의 단체는 구금 대상이 될 수 없으므로 성질상 주체가 될 수 없다.[908]

---

905) 구병삭, 『신헌법원론(제3전정판)』, 박영사, 1996, 687쪽.

906) 계희열, 『헌법학(중)(신정2판)』, 박영사, 2007, 691쪽; 고문현, 『헌법학개론』, 박영사, 2019, 219쪽; 권영성, 『헌법학원론(개정판)』, 법문사, 2010, 635~636쪽; 김철수, 『학설·판례 헌법학(상)』, 박영사, 2008, 1318~1319쪽(그러나 헌법이 규정한 불기소처분을 받은 형사피의자나 무죄판결을 받은 형사피고인으로 구금되었던 사람은 헌법 규정에 따라 직접 청구할 수 있으나, 그 밖의 사람은 구체적으로 제정된 법률, 즉 형사보상법에 따라서 비로소 청구할 수 있다고 한다); 문홍주, 『제6공화국 한국헌법』, 해암사, 1987, 340쪽; 성낙인, 『헌법학(제19판)』, 법문사, 2019, 1459~1460쪽; 양 건, 『헌법강의(제8판)』, 법문사, 2019, 968~969쪽; 정재황, 『신헌법입문(제9판)』, 박영사, 2019, 618쪽.

907) 장영수, 『헌법학(제11판)』, 홍문사, 2019, 929쪽.

908) 홍성방, 『헌법학(중)(제2판)』, 박영사, 2015, 442쪽.

5. 내용

(1) 성립요건

형사보상청구권은 '형사피의자'로서 '구금되었던 자'가 법률이 정하는 '불기소처분'을 받거나(피의자보상) '형사피고인'으로서 '구금되었던 자'가 '무죄판결'을 받은 때(피고인보상)에 성립한다.

① 형사피의자

(i) 형사피의자는 범죄 혐의를 받아 수사 중인 사람으로서 공소제기에 이르지 아니한 사람이다. (ii) 형사피의자라고 하더라도 구금되지 않은 불구속으로 조사받은 사람은 형사보상을 청구할 수 없다. 즉 구금되었던 사람만 형사보상청구권자가 될 수 있다. 구금은 형사소송법상 구금을 말하는데, 여기에는 형사소송법에 따른 일반절차 혹은 재심이나 비상구금절차에서 무죄재판을 받은 사람이 미결구금을 당하였을 때와 상소권회복에 따른 상소, 재심이나 비상상고 절차에서 무죄재판을 받은 사람이 원판결에 따라서 구금되거나 형 집행을 받았던 때를 포함한다('형사보상 및 명예회복에 관한 법률' 제2조 제1항과 제2항). (iii) 피의자가 보상을 청구할 수 있는 때는 '법률이 정하는 불기소처분'이다. '법률이 정하는 불기소처분'은 구금되었던 피의자가 기소유예처분이나 기소중지처분이 아니라 불기소처분을 받은 때이다. 즉 범인이 아니거나 구금한 당시부터 불기소처분 사유가 있어서 공소를 제기하지 아니하는 처분을 말한다. 다만, 구금된 이후 공소를 제기하지 아니하는 처분을 할 사유가 있는 때와 공소를 제기하지 아니하는 처분이 종국적인 것이 아니거나 검사가 양형조건(형법 제51조)을 참작하여 공소를 제기하지 아니한 때(형사소송법 제247조)에는 형사보상을 청구할 수 없다('형사보상 및 명예회복에 관한 법률' 제27조 제1항). 불기소처분을 받아도 ⓐ 본인이 수사나 재판을 그르칠 목적으로 거짓 자백을 하거나 다른 유죄의 증거를 만듦으로써 구금된 것으로 인정되는 때, ⓑ 구금기간에 다른 사실에 대해서 수사가 이루어지고 그 사실에 관하여 범죄가 성립한 때, ⓒ 보상하는 것이 선량한 풍속이나 그 밖에 사회질서에 어긋난다고 인정할 특별한 사정이 있는 때의 어느 하나에 해당하면 피의자보상의 전부나 일부를 지급하지 아니할 수 있다('형사보상 및 명예회복에 관한 법률' 제27조).

② 형사피고인

(i) 형사피고인은 검사가 공소를 제기한 사람을 말한다. (ii) 형사피고인이라도 구금되지 않았던 사람은 형사보상을 청구할 수 없다. 여기서 구금은 ⓐ 형사소송법에 따른 일반절차 혹은 재심이나 비상상고절차에서 무죄판결을 받은 사람이 당한 미결구금과 ⓑ 상소권회복에 따른 상소·재심이나 비상상고의 절차에서 무죄재판을 받은 사람이 원판결에 따라서 받은 구금이나 형 집행을 말한다('형사보상 및 명예회복에 관한 법률' 제2조 제1항과 제2항). 형 집행을 위

한 구치(형사소송법 제470조 제3항)와 구속(형사소송법 제473조 내지 제475조) 그리고 노역장 유치
도 구금에 포함된다('형사보상 및 명예회복에 관한 법률' 제2조 제3항, 제5조 제5항). (iii) 무죄판결
은 해당 절차에 따른 무죄판결만이 아니라 상소권회복에 따른 상소, 재심이나 비상상고에 따
른 무죄판결도 포함된다('형사보상 및 명예회복에 관한 법률' 제2조 제2항). 그리고 ⓐ 면소나 공
소기각의 재판을 받아 확정된 피고인이 면소나 공소기각의 재판을 할 만한 사유가 없었더라
면 무죄재판을 받을 만한 현저한 사유가 있었을 때와 ⓑ 치료감호의 독립 청구를 받은 피치
료감호청구인의 치료감호사건이 범죄로 되지 아니하거나 범죄사실 증명이 없을 때에 해당하
여 청구기각 판결을 받아 확정된 때의 어느 하나에 해당하여도 국가에 대해서 구금에 대한
보상을 청구할 수 있다('형사보상 및 명예회복에 관한 법률' 제26조 제1항). 무죄판결을 받아도 ⓐ
그 무죄판결이 형사미성년자나 심신장애자의 행위임을 이유로 할 때, ⓑ 본인이 수사나 심판
을 그르칠 목적으로 거짓 자백을 하거나 다른 유죄의 증거를 만듦으로써 기소, 미결구금이나
유죄재판을 받게 된 것으로 인정될 때, ⓒ 1개 재판으로 경합범 일부에 대해서 무죄재판을
받고 다른 부분에 대하여 유죄재판을 받았을 때 등 당사자에게 귀책사유가 있으면 법원은 재
량으로 청구의 전부나 일부를 기각할 수 있다('형사보상 및 명예회복에 관한 법률' 제4조).

(2) 보상의 절차와 기준

① 보상절차

(ⅰ) 청구기간

형사보상 청구는 형사피의자는 검사에게서 공소를 제기하지 아니하는 처분의 고지나 통지
를 받은 날부터 3년 이내('형사보상 및 명예회복에 관한 법률' 제28조 제3항), 형사피고인은 무죄
재판이 확정된 사실을 안 날부터 3년, 무죄재판이 확정된 때부터 5년 이내에('형사보상 및 명예
회복에 관한 법률' 제8조) 하여야 한다.

(ⅱ) 청구기관

형사피의자는 공소를 제기하지 아니하는 처분을 한 검사가 소속된 지방검찰청(지방검찰청
지청 검사가 그러한 처분을 하면 그 지청이 속하는 지방검찰청)의 심의회에 보상을 청구하여야 한
다('형사보상 및 명예회복에 관한 법률' 제28조 제1항). 형사피고인은 무죄재판을 한 법원에 보상
을 청구하여야 한다('형사보상 및 명예회복에 관한 법률' 제7조).

(ⅲ) 청구방식

형사피의자는 보상청구서에 공소를 제기하지 아니하는 처분을 받은 사실을 증명하는 서류
를 첨부하여 제출하여야 한다('형사보상 및 명예회복에 관한 법률' 제28조 제2항). 형사피고인은
보상청구서에 재판서의 등본과 그 재판의 확정증명서를 첨부하여 법원에 제출하여야 한다('형
사보상 및 명예회복에 관한 법률' 제9조 제1항). 보상청구서에는 청구자의 등록기준지, 주소, 성명,

생년월일과 청구 원인이 된 사실과 청구액을 기재하여야 한다('형사보상 및 명예회복에 관한 법률' 제9조 제2항).

② 보상기준

헌법 제28조는 '정당한 보상'을 규정한다. '정당한 보상'은 형사보상청구권자가 입은 손실액의 옹근(완벽한) 보상을 뜻한다. 재산적 손해, 정신적 고통 같은 구금 중에 받은 적극적 손해는 물론 구금되지 않았다면 얻을 수 있는 이익 상실과 같은 소극적 손해 모두 보상되어야 한다. 구금 보상액수는 그 구금일수에 따라 1일당 보상 청구 원인이 발생한 연도의 최저임금법에 따른 일급 최저임금액 이상 일급 최저임금액의 5배 이하이다('형사보상 및 명예회복에 관한 법률' 제5조 제1항, '형사보상 및 명예회복에 관한 법률 시행령' 제2조). 보상 상한을 두는 것이 정당한 것인지는 의문이다.909) 법원이 보상금액을 산정할 때는 (i) 구금의 종류와 기간 장단, (ii) 구금기간에 입은 재산상 손실과 얻을 수 있었던 이익 상실이나 정신적인 고통과 신체 손상, (iii) 경찰·검찰·법원의 각 기관의 고의나 과실 유무, (iv) 그 밖에 보상금액 산정과 관련되는 모든 사정을 고려하여야 한다('형사보상 및 명예회복에 관한 법률' 제5조 제2항). 노역장유치 집행을 할 때도 마찬가지이다('형사보상 및 명예회복에 관한 법률' 제5조 제5항). 국가는 무죄판결이 확정되면 해당 사건의 피고인이었던 자에 대해서 그 재판에 든 비용을 보상하여야 한다(형사소송법 제194조의2 제1항).

(i) 사형 집행에 대한 보상을 할 때는 집행 전 구금에 대한 보상금 외에 3천만 원 이내에서 모든 사정을 고려하여 법원이 타당하다고 인정하는 금액을 더하여 보상한다. 이때 본인 사망으로 말미암아 발생한 재산상 손실액이 증명되었을 때는 그 손실액도 보상한다. (ii) 벌금이나 과료의 집행에 대한 보상을 할 때는 이미 징수한 벌금이나 과료의 액수에 징수일의 다음 날부터 보상 결정일까지의 일수에 대하여 민법 제379조의 법정이율을 적용하여 계산한 금액을 더한 금액을 보상한다. (iii) 몰수 집행에 대한 보상을 할 때는 그 몰수물을 반환하고, 그것이 이미 처분되었다면 보상결정 시의 시가를 보상한다. (iv) 추징금에 대한 보상을 할 때는 그 액수에 징수일의 다음 날부터 보상 결정일까지의 일수에 대하여 민법 제379조의 법정이율을 적용하여 계산한 금액을 더한 금액을 보상한다('형사보상 및 명예회복에 관한 법률' 제5조 제3항, 제4항, 제6항, 제7항).

(3) 보상 청구에 대한 결정과 재판

형사보상에 대한 청구가 있으면 형사피의자는 지방검찰청의 보상심의회가 심사·결정하고, 이 심의회는 법무부 장관의 지휘·감독을 받는다('형사보상 및 명예회복에 관한 법률' 제27조 제3항과 제4항). 형사피고인의 배상 청구는 법원 합의부에서 재판한다('형사보상 및 명예회복에

---

909) 계희열, 『헌법학(중)(신정2판)』, 박영사, 2007, 689쪽.

관한 법률' 제14조 제1항). 보상 청구에 대해서 법원은 검사와 청구인의 의견을 듣고 나서 결정한다('형사보상 및 명예회복에 관한 법률' 제14조 제2항).

보상결정에 대해서 이의가 있으면 피의자보상 청구에 대한 보상심의회 결정에 대해서는 행정심판을 청구하거나 행정소송을 제기할 수 있다('형사보상 및 명예회복에 관한 법률' 제28조 제4항). 형사피고인은 보상결정에 대해서는 1주일 이내에 즉시항고 할 수 있고, 청구기각 결정에 대해서는 즉시항고를 할 수 있다('형사보상 및 명예회복에 관한 법률' 제20조).

(4) 형사보상결정 공시

보상결정이 확정되면 법원은 2주일 안에 보상결정 요지를 관보에 게재하여 공시하여야 한다. 이때 보상을 받은 사람의 신청이 있으면 그 결정 요지를 신청인이 선택하는 두 종류 이상의 일간신문에 각각 한 번씩 공시하여야 하고, 그 공시는 신청일부터 30일 이내에 하여야 한다('형사보상 및 명예회복에 관한 법률' 제25조 제1항).

(5) 군사법원에 대한 준용

형사보상법 규정은 군사법원에서 무죄재판을 받아 확정된 사람이나 군사법원에서 '형사보상 및 명예회복에 관한 법률' 제26조 제1항 각 호에 해당하는 재판을 받은 사람이나 군검찰부 군검사에게서 공소를 제기하지 아니하는 처분을 받은 사람에 대한 보상에 이를 준용한다('형사보상 및 명예회복에 관한 법률' 제29조 제2항).

Ⅴ. 국가배상청구권

1. 의의

(1) 개념

국가배상청구권은 공무원의 직무상 불법행위로 손해를 입은 국민이 국가·공공단체에 그 배상을 청구할 수 있는 권리이다. 국가배상청구권은 법치국가의 한 요소로서 국가책임 추궁을 위한 절차적 기본권이다. 즉 국가배상청구권을 법치국가원리를 최종적으로 담보하는 수단이다. 국가가 불법행위를 하여 개인의 권리를 침해하면 먼저 개인은 행정소송을 통해서 이러한 불법 제거를 요구하고 행정소송으로 제거할 수 없는 국가불법 결과가 있다면 국가배상 청구를 통해서 그 궁극적인 제거를 요구한다. 헌법은 공무원의 불법행위로 말미암은 배상청구권만을 규정하지만, 국가배상법은 "공무원의 직무상 불법행위로 인한" 국가배상(국가배상법 제2조)뿐 아니라 "영조물의 설치나 관리상의 하자로 인한" 손해에 대한 국가배상(국가배상법 제5조)도 규정한다. 그러나 국가배상법 제5조는 헌법적 차원의 기본권으로 논의할 수 없고, 법률 차원의 권리로 이해하여야 한다.

(2) 연혁

한국 헌법은 1948년 헌법 이래 국가배상청구권(제27조)을 보장하고 있다. 그러나 1972년 헌법은 제26조 제1항에서 "법률이 정하는 바에 의하여"라는 법정주의를 규정하였고, 같은 조 제2항에는 "군인·군무원·경찰공무원 기타 법률이 정하는 자가 전투·훈련 등 직무집행과 관련하여 받은 손해에 대하여는 법률이 정하는 보상 외에 국가 또는 공공단체에 공무원의 직무상 불법행위로 인한 배상은 청구할 수 없다."라고 규정하였다. 이 규정은 1971년 대법원이 국가배상법 제2조 제1항에 대한 위헌판결 결과로 추가되었다. 1980년 헌법은 제1항에서 '정당한'이라는 문구를 삽입하였고, 이 규정은 현행 헌법까지 그대로 유지되고 있다.

(3) 기능

국가배상청구권의 기본기능은 개인의 법적 지위를 원상회복하는 것이다. 즉 국가불법이 발생하지 않았던 상태로 개인의 법적 지위를 금전보상을 통해서 다시 회복시켜준다. 국가배상청구권의 부수적 기능은 공무원의 위법행위 방지이다.

2. 법적 성격

헌법 제29조의 "법률이 정하는 바에 의하여"를 어떻게 해석할 것인지와 관련하여 입법방침규정설과 직접효력규정설이 대립한다. 입법방침규정설은 헌법 제29조가 "법률이 정하는 바에 의하여"라는 규정함을 강조하여, 이러한 법률유보로 말미암아 헌법에 따라서 추상적 권리만 발생하고 구체적인 권리는 법률에 따라서 비로소 생긴다고 한다.[910] 그러나 "법률이 정하는 바에 의하여"라는 국가배상청구권을 기본권으로 인정한다는 전제 아래 국가배상청구권의 행사절차나 구체적인 기준 또는 방법을 법률로 구체화한다는 의미이므로 직접효력규정설이 타당하다.[911] 대법원은 국가배상청구권의 구체적 권리성을 인정한다.[912]

국가배상청구권의 실질적 성격과 관련하여 청구권설과 재산권설이 주장된다. 재산권설은 국가배상청구권을 헌법 제23조 제1항이 규정하는 재산권의 한 내용으로 본다.[913] 국가배상청

---

910) 구병삭, 『신헌법원론(제3전정판)』, 박영사, 1996, 701쪽.
911) 같은 견해: 계희열, 『헌법학(중)(신정2판)』, 박영사, 2007, 668쪽; 김철수, 『학설·판례 헌법학(상)』, 박영사, 2008, 1323쪽; 류지태/박종수, 『행정법신론(제17판)』, 박영사, 2019, 514쪽; 문홍주, 『제6공화국 한국헌법』, 해암사, 1987, 346~347쪽; 성낙인, 『헌법학(제19판)』, 법문사, 2019, 1443쪽; 안용교, 『한국헌법(제2전정판)』, 고시연구사, 1992, 620쪽; 양 건, 『헌법강의(제8판)』, 법문사, 2019, 977쪽; 이부하, 『헌법학(상)』, 법영사, 2019, 565쪽; 이준일, 『헌법학강의(제7판)』, 홍문사, 2019, 744쪽; 장영수, 『헌법학(제11판)』, 홍문사, 2019, 918쪽; 정재황, 『신헌법입문(제9판)』, 박영사, 2019, 607쪽; 정종섭, 『헌법학원론(제12판)』, 박영사, 2018, 872쪽.
912) 대법원 1971. 6. 22. 선고 70다1010 전원합의체 판결(집19-2, 민110): "헌법 제26조는 공무원의 직무상 불법행위로 손해를 받은 국민은 국가 또는 공공단체에 배상을 청구할 수 있다고 규정하여 공무원의 불법행위로 손해를 받은 국민은 그 신분에 관계 없이 누구든지 국가 또는 공공단체에 그 불법행위로 인한 손해전부의 배상을 청구할 수 있는 기본권을 보장하였고 ……."
913) 대법원 1971. 6. 22. 선고 70다1010 전원합의체 판결(집19-2, 민110) 대법원판사 민복기, 홍순엽, 이영섭, 주재

구권이 재산 가치 있는 권리이기는 하지만(국가배상법 제8조 참조), 헌법이 재산권규정(제23조)과 별도로 규정한 점과 국가배상청구권의 기능상 중점이 권리구제수단임에 있다는 점에서 재산권과 구별하여야 한다. 따라서 청구권설이 타당하다.914) 헌법재판소는 국가배상청구권은 재산권적 성격과 청구권적 성격이 아울러 있다고 한다.915)

국가배상청구권의 실행방법과 관련하여 공권설과 사권설이 다투어진다. 이러한 다툼은 국가배상청구권을 어떠한 소송절차로 주장할 수 있는지와 관련이 있다. 즉 국가배상청구권을 공권으로 보면 공법적인 수단, 즉 행정소송 중 공법상 당사자소송을 통해서 주장하여야 하고(행정소송법 제3조 제2호), 사권으로 보면 민사소송으로 주장하여야 한다. ① 공권설은 국가배상청구권이 헌법규정에 따라서 직접 효력이 있는 권리이고, 그 성질이 일반적인 사권과 달리 특정한 때는 양도나 압류의 대상이 되지 않으며(국가배상법 제4조), 그 주체가 외국인이면 상호주의에 입각한 제한이 있음(국가배상법 제7조)을 근거로 한다.916) ② 사권설은 국가배상청구권이 국가가 사적인 사용자의 지위에서 지는 책임이고, 공권으로 이해하면 많은 제약이 따른다는 점을 근거로 한다.917) ③ 국가배상청구권을 공권과 사권의 대립이 아니라 공권적인 것에 사권적인 것을 보완한 것으로 이해하여야 한다는 견해도 있다.918) 대법원은 공무원의 직무상 불법행위로 손해를 받은 국민이 국가나 공공단체에 배상을 청구할 때 국가나 공공단체에 그의 불법행위를 이유로 손해배상을 구함은 국가배상법이 정한 바에 따른다고 하여도 이는 민사상 손해

황, 김영세, 민문기, 양병호의 반대의견. 헌법재판소도 과거에 이러한 견해를 취한 적이 있다(헌재 1996. 6. 13. 94헌바20, 판례집 8-1, 475, 484: "심판대상조항부분이 향토예비군대원의 국가배상청구권을 인정하지 아니하는 것은 헌법 제29조 제1항에 의하여 국민일반에 대하여 원칙적으로 인정되는 국가배상청구권을 향토예비군대원에 대하여는 예외적으로 이를 금지하는 것이고, 국가배상청구권은 그 요건에 해당하는 사유가 발생한 개별 향토예비군대원에게는 금전청구권으로서의 재산권임이 분명하므로, 심판대상조항부분은 결국 헌법 제23조 제1항에 의하여 향토예비군대원에게 보장되는 재산권을 제한하는 의미를 갖는다.")

914) 같은 견해: 계희열, 『헌법학(중)(신정2판)』, 박영사, 2007, 668~669쪽; 고문현, 『헌법학개론』, 박영사, 2019, 212쪽; 구병삭, 『신헌법원론(제3전정판)』, 박영사, 1996, 700쪽; 권영성, 『헌법학원론(개정판)』, 법문사, 2010, 620쪽; 김철수, 『학설·판례 헌법학(상)』, 박영사, 2008, 1324쪽; 류지태/박종수, 『행정법신론(제17판)』, 박영사, 2019, 515쪽; 안용교, 『한국헌법(제2전정판)』, 고시연구사, 1992, 621쪽; 이부하, 『헌법학(상)』, 법영사, 2019, 565쪽; 정재황, 『신헌법입문(제9판)』, 박영사, 2019, 607쪽; 한수웅, 『헌법학(제9판)』, 법문사, 2019, 948쪽.

915) 헌재 1997. 2. 20. 96헌바24, 판례집 9-1, 168, 173: "… 우리 헌법상의 국가배상청구권에 관한 규정은 단순한 재산권의 보장만을 의미하는 것은 아니고 국가배상청구권을 청구권적 기본권으로 보장하고 있는 것이다." 이를 따르는 견해로는 양 건, 『헌법강의(제8판)』, 법문사, 2019, 976쪽.

916) 계희열, 『헌법학(중)(신정2판)』, 박영사, 2007, 669~670쪽; 권영성, 『헌법학원론(개정판)』, 법문사, 2010, 620~621쪽; 김남진/김연태, 『행정법Ⅰ(제22판)』, 법문사, 2018, 602쪽; 김중권, 『김중권의 행정법(제3판)』, 법문사, 2019, 845쪽; 류지태/박종수, 『행정법신론(제17판)』, 박영사, 2019, 516쪽; 성낙인, 『헌법학(제19판)』, 법문사, 2019, 1443쪽; 안용교, 『한국헌법(제2전정판)』, 고시연구사, 1992, 621~622쪽; 이부하, 『헌법학(상)』, 법영사, 2019, 564~565쪽; 이준일, 『헌법학강의(제7판)』, 홍문사, 2019, 744쪽; 장영수, 『헌법학(제11판)』, 홍문사, 2019, 919쪽; 정재황, 『신헌법입문(제9판)』, 박영사, 2019, 607쪽; 홍정선, 『행정법원론(상)(제26판)』, 박영사, 2018, 768쪽; 홍준형, 『행정법(제2판)』, 법문사, 2017, 653~654쪽.

917) 김철수, 『학설·판례 헌법학(상)』, 박영사, 2008, 1325쪽.

918) 구병삭, 『신헌법원론(제3전정판)』, 박영사, 1996, 702쪽.

세6 절 청구권적 기본권

배상 책임을 특별법인 국가배상법이 정한 데 불과하다고 하여[919] 사권설을 취한 것으로 볼 수 있다. 국가배상제도는 단순히 국가의 불법행위로 말미암은 손해의 배상이라는 '국가의 고양된 민사책임' 차원을 넘어서 국가의 불법행위를 바로잡아 법치국가원리와 기본권의 이념을 실현하는 '헌법적 제도'로 보아야 한다. 그리고 국가배상책임은 개인과 국가 사이의 관계라는 공법관계에서 발생한다. 이러한 점에 비추어 국가배상청구권은 공권으로 보아야 한다.

3. 주체

국가배상청구권의 주체는 모든 국민이다. 즉 위법한 공무집행으로 손해를 입은 국민은 모두 그 주체가 되고, 이때 자연인과 법인을 구별하지 않는다. 다만, 군인·군무원·경찰공무원 기타 법률이 정하는 자가 전투·훈련 등 직무집행과 관련하여 받은 손해에 대해서는 법률이 정하는 보상 외에 국가나 공공단체에 공무원의 직무상 불법행위로 말미암은 배상을 청구할 수 없다(헌법 제29조 제2항).[920] 외국인이나 외국법인에 대해서는 상호주의원칙에 따라 상호 보증이 있는 때만 국가배상법이 적용된다(국가배상법 제7조). 한국에 주둔하는 미국 군대의 구성원, 고용원이나 한국증원부대 구성원(KATUSA)의 공무집행 중의 행위에 대해서도 국가배상법 절차에 따라서 한국 정부에 배상을 청구할 수 있다(한미행정협정 제23조 제5항).

헌법 제29조 제2항에서는 국가배상청구권의 주체에서 제외되는 자를 군인, 군무원, 경찰공무원, 기타 법률이 정하는 자라고 규정하고, 국가배상법 제2조 제1항 단서에서는 군인, 군무원, 경찰공무원 외에 향토예비군대원을 규정하여 헌법 제29조 제2항의 '기타 법률이 정하는 자'를 구체화한다. 즉 국가배상법 제2조 제1항 단서의 '향토예비군대원' 부분은 헌법 제29조 제2항의 입법위임에 따라 규정한 것이다. 따라서 동 규정이 입법위임 한계를 준수하였는지가 문제 된다. 헌법 제29조 제2항은 헌법 제37조 제2항의 일반적 법률유보와 달리 기본권주체의 헌법직접적 제한이나 개별적 헌법유보의 성격이 있다. 즉 국가배상청구권의 주체(의 범위)에 관해서 헌법이 직접 제한하는 드문 예에 속한다. 헌법 제29조 제2항은 "기타 법률이 정하는 자"도 국가배상청구권의 주체가 될 수 없다고 규정함으로써 국가배상청구권이 제한되는 주체의 범위를 헌법이 모두 규정하지 않고 법률에 위임한다. 그러나 그 법적 효과로서 입법자가 헌법의 위임을 받아 정하는 주체 제한 범위는 헌법이 정한 범위에 따라서 제한을 받게 된다. 즉 헌법제정자의 입법 취지에 따라 설정되는 위임의 범위와 한계를 준수하여 입법하여야 한다. 헌법 제29조 제2항이 열거하는 군인, 군무원, 경찰공무원 등은 ① 고도의 위험한 업무수행을 하는 사람이라는 점과 ② 보상적 성격의 사회보장적 급부가 보장되는 사람이라는 점에

---

919) 대법원 1972. 10. 10. 69다701 판결(집20−3, 048).

920) 국가배상법 제2조 제1항 단서는 군인·군무원·경찰공무원 또는 예비군대원이 전투·훈련 등 직무 집행과 관련하여 전사·순직하거나 공상을 입으면 본인이나 그 유족이 다른 법령에 따라 재해보상금·유족연금·상이연금 등의 보상을 받을 수 있을 때는 국가배상법과 민법에 따른 손해배상을 청구할 수 없다고 규정한다.

공통적인 특성이 있다. 이에 비추어 "기타 법률이 정하는 자"도 이러한 공통적인 특성이 있는 사람에 국한하여야 한다. 즉 법률로 그 범위를 정할 때 헌법이 직접 이중배상을 금지하는 사람들(군인, 군무원, 경찰공무원)과 '같은 위험성이 있는 직무'에 종사하고, '동일한 혜택'을 조건으로, 즉 사회보장적 급부가 국가배상에서 허용되는 '배상 수준에 상당하는 정도'일 때만 그러한 입법이 허용될 수 있다.

4. 국가배상책임 성립요건

헌법 제29조 제1항과 국가배상법 제2조 제1항 본문을 따르면 국가나 지방자치단체는 공무원이 그 직무를 집행할 때 고의 또는 과실로 법령을 위반하여 타인에게 손해를 입히면 국가는 손해배상을 해주어야 한다. 따라서 국가배상청구권이 성립하려면 ① 공무원의 ② 직무집행행위, ③ 불법행위, ④ 타인에게 손해 발생의 요건이 충족되어야 한다.

(1) 공무원

여기서 공무원은 실질적으로 공무를 수행하는 사람을 가리킨다. 따라서 공무원 신분이 있는 사람에 국한되지 않는다. 따라서 공무원은 국가공무원법과 지방공무원법상 공무원뿐 아니라 사실상 공무를 위탁받아 실질적으로 공무를 수행하는 모든 사람을 말한다.[921] 공무원의 임용행위상 무효사유가 사후에 발견되더라도 그 이전까지의 행위에 대해서는 이른바 사실상 공무원으로서 이 사람의 행위에 대한 손해배상책임이 인정된다. 공무원은 기관구성원인 자연인을 뜻하지만, 기관 그 자체가 포함될 수도 있다. 그러나 외국공관원은 국가기관이 아니므로 국가는 외국공관원의 불법행위에 대해서 책임을 지지 않는다.[922]

(2) 직무집행행위

직무집행행위 범위와 관련하여 ① 행정작용 중 권력작용만 포함하는 견해(협의설), ② 권력작용과 관리작용만 포함하는 견해(광의설), ③ 권력작용과 관리작용 및 사경제작용을 포함하는 견해(최광의설)[923]가 대립한다. 공무원의 직무집행행위에는 권력작용과 관리작용 및 사

---

921) 대법원 판례를 따르면 철도건널목 간수(대법원 1966. 10. 11. 선고 66다1456 판결), 시청소차 운전수[대법원 1971. 6. 4. 선고 70다2955 판결(집19-1, 317)], 미군 부대 한국증원부대 구성원(KATUSA)(대법원 1961. 12. 28. 선고 4294민상218 판결), 집달관[대법원 1968. 5. 7. 선고 68다326 판결(집16-2, 004)], 동원훈련 중인 향토예비군[대법원 1970. 5. 26. 선고 70다471 판결(집18-2, 072)], 파출소에 근무하는 방범대원[대법원 1991. 3. 27. 선고 90도2930 판결(집39-1, 724; 공1991, 1317)], 전입신고서에 확인도장 찍는 통장[대법원 1991. 7. 9. 선고 91다5570 판결(집39-3, 155; 공1991, 2119)], 조세원천징수하는 회사임직원 등은 공무원에 속한다. 그러나 의용소방대원[대법원 1966. 6. 28. 선고 66다808 판결(집14-2, 115)]과 시영버스운전사[대법원 1969. 4. 22. 선고 68다2225 판결(집17-2, 036)]는 공무원이 아니라고 한다.

922) 대법원 1997. 4. 25. 선고 96다16940 판결(공1997상, 1565).

923) 김철수, 『학설·판례 헌법학(상)』, 박영사, 2008, 1327쪽; 성낙인, 『헌법학(제19판)』, 법문사, 2019, 1446쪽; 안용교, 『한국헌법(제2전정판)』, 고시연구사, 1992, 623쪽; 정재황, 『신헌법입문(제9판)』, 박영사, 2019, 608~609쪽.

경제작용이 모두 포함되지만, 국가배상청구권의 성질을 공권으로 이해하면 사경제작용으로
말미암은 손해는 여기서 제외하여 민사상 배상책임으로 해결하는 것이 타당하다.924) 즉 국가
배상청구권에서 직무집행행위는 권력작용과 관리작용에 국한하여야 한다.925)

직무집행의 의미와 관련하여 해당 공무원의 주관적 의도와 목적으로 판단하여야 한다는 주
관설과 직무집행으로서 외형으로 판단하여야 한다는 객관설이 대립한다. 국가배상청구권의 인
정 취지에 비추어 직무집행으로서 외형을 갖추는 모든 행위가 직무집행으로 보아야 한다.926)

(3) 불법행위

불법행위는 고의나 과실로 법령을 위반한 행위를 말한다. 불법행위는 작위나 부작위에 의
해서 발생할 수 있다. 고의나 과실을 요구한다는 점에서927) 고의나 과실을 요건으로 하지 않
는 형사보상청구권이나 영조물의 설치나 관리상 하자로 말미암은 손해에 대한 배상청구권과
구별된다. 불법행위의 증명책임은 피해자에게 있다. 가해자 특정 자체는 요건이 아니라서 누
구의 행위인지가 판명되지 않더라도 공무원의 행위에 의한 것인 이상 국가는 배상책임을 진
다. 법령은 법률과 명령, 규칙, 조례 등의 성문법은 물론 관습법과 같은 불문법도 아우른다.
법령을 위반한 행위 내용은 넓게 해석되며 신의성실원칙 등 법일반원칙 위반일 때도 법령을
위반한 것으로 해석되나 행정규칙 위반의 행정행위에 따른 손해 발생에 대해서는 행정규칙의
법규성 인정 여하에 따라 위법성 인정 여부가 결정된다.

(4) 타인에게 손해 발생

타인은 가해공무원과 위법한 직무행위 가담자 이외의 모든 사람을 가리킨다. 손해는 위법
한 직무행위로 피해자가 입은 모든 불이익으로서 재산적 손해, 비재산적 손해, 적극적 손해,

---

924) 대법원 1970. 11. 24. 선고 70다1148 판결(집18-3, 279); 대법원 1980. 9. 24. 선고 80다1051 판결(공1980,
13284); 대법원 1999. 6. 22. 선고 99다7008(공1998하, 1473).

925) 같은 견해: 계희열, 『헌법학(중)(신정2판)』, 박영사, 2007, 660쪽; 고문현, 『헌법학개론』, 박영사, 2019, 213쪽;
구병삭, 『신헌법원론(제3전정판)』, 박영사, 1996, 703쪽; 권영성, 『헌법학원론(개정판)』, 법문사, 2010, 623쪽; 김
남진/김연태, 『행정법 I (제22판)』, 법문사, 2018, 605쪽; 김동희, 『행정법 I (제24판)』, 박영사, 2018, 562~563쪽;
김중권, 『김중권의 행정법(제3판)』, 법문사, 2019, 852쪽; 김하열, 『헌법강의』, 박영사, 2018, 651쪽; 류지태/박종
수, 『행정법신론(제17판)』, 박영사, 2019, 518쪽; 안용교, 『한국헌법(제2전정판)』, 고시연구사, 1992, 623~624쪽;
장영수, 『헌법학(제11판)』, 홍문사, 2019, 921쪽; 정태호, 「국가배상법상의 유책요건은 위헌인가?」, 『법학연구』
제30권 제1호, 충남대학교 법학연구소, 2019, 93쪽; 정하중, 『행정법개론(제12판)』, 법문사, 2018, 537~538쪽; 홍
성방, 『헌법학(중)(제2판)』, 박영사, 2015, 449쪽; 홍정선, 『행정법원론(상)(제26판)』, 박영사, 2018, 772~773쪽;
홍준형, 『행정법(제2판)』, 법문사, 2017, 661쪽.

926) 대법원 1969. 3. 22. 선고 66다117 판결: "공무원의 불법행위가 … 공무원이 그 직무를 행함에 당하여 일어난
것인지의 여부를 판단하는 기준은 행위의 외관을 객관적으로 관찰하여 공무원의 직무행위로 보여질 때는 비록
그것이 실질적으로 직무집행행위이거나 아니거나 또는 행위자의 주관적 의사에 관계없이 그 행위는 공무원의 직
무집행행위라 볼 것이며, 이러한 행위가 실질적으로 공무집행행위가 아니라는 사정을 피해자가 알았다 하더라도
이에 대한 국가의 배상책임은 부정할 수 없다."

927) 헌법 제29조 제1항에 없는 고의나 과실을 요구하는 국가배상법 제2조 제1항의 합헌성에 관한 구체적 검토는 정태
호, 「국가배상법상의 유책요건은 위헌인가?」, 『법학연구』 제30권 제1호, 충남대학교 법학연구소, 2019, 93~107쪽.

소극적 손해(기대이익)를 불문한다. 위법한 직무행위와 손해 발생 사이에는 상당인과관계가 있어야 한다.

5. 국가배상책임의 본질과 선택적 청구 인부

(1) 배상책임자

배상책임자를 헌법 제29조는 '국가 또는 공공단체', 국가배상법 제2조는 '국가 또는 지방자치단체'로 서로 다르게 규정한다. 따라서 공공단체로서 지방자치단체가 아닌 공공기관(예를 들어 공공조합, 영조물법인)은 민법 규정에 따라서 배상책임 의무를 진다(국가배상법 제8조 참조). 공무원 선임·감독자와 비용부담자가 서로 다르면(국가배상법 제6조 제1항) 비용부담자도 손해배상 책임이 있다. 따라서 이때 피해자는 선임·감독자와 비용부담자 어느 쪽에 대해서도 배상청구를 할 수 있다. 고의나 과실 요구는 가해자인 공무원을 기준으로 검토하는 것이라서 이들 배상책임자가 지는 책임은 무과실책임이다. 이러한 점에서 국가배상법이 배상책임자를 축소한 것은 위헌 의심이 있다.928) 민법상 사용자책임은 사용자가 선임·감독에 있어 주의의무를 다하면 면제되어서(민법 제756조 제1항) 피해자 보호라는 측면에서 문제가 생길 수 있기 때문이다.

(2) 구상권 행사

국가나 지방자치단체가 피해자가 손해를 배상할 때 가해공무원에게 고의나 중대한 과실이 있으면 국가나 지방자치단체는 가해공무원에게 구상권을 행사할 수 있다(국가배상법 제2조 제2항). 여기서 공무원의 중과실은 공무원에게 통상 요구되는 정도의 상당한 주의를 하지 않더라도 약간의 주의를 한다면 손쉽게 위법·유해한 결과를 예견할 수 있는데도 만연히 이를 간과함과 같은 거의 고의에 가까운 현저한 주의를 결여한 상태를 말한다.929) 경과실이 있는 가해공무원에게는 구상권을 행사할 수 없다. 이는 공무원이 직무집행에서 소극적이거나 사기가 저하될 것을 우려한 정책적 배려이다. 가해공무원을 선임·감독한 자와 비용을 부담하는 자가 같지 않으면 손해를 배상한 자가 내부관계에서 손해를 배상할 책임이 있는 자에게 구상권을 행사할 수 있다(국가배상법 제6조 제2항). 내부관계에서 손해를 배상할 책임이 있는 자는 가해공무원을 선임·감독한 자이다.930)

---

928) 헌법 제29조 제1항은 "국가 또는 공공단체가 직무상 불법행위로 인한 손해에 대하여 손해배상을 진다."라는 것을 전제로 그 행사요건이나 청구절차 등에 관한 구체화를 법률에 유보한 것이므로 그 법률유보 범위를 넘어서 공공단체의 배상책임 자체를 부정하거나 성립요건을 제한하는 결과가 된다면 이는 위헌인데, 다른 별도 법률을 통해서 지방자치단체 이외의 그 밖의 공공단체 배상책임이 규정된다면 이것조차 헌법이 불허하는 것으로 볼 수는 없지만, 그러한 때가 아니면 국가배상법 제8조가 배상책임 주체를 '국가나 지방자치단체'에 한정한 것으로 해석되면 이는 위헌이라는 견해로는 홍준형, 『행정법(제2판)』, 법문사, 2017, 651~652쪽.

929) 대법원 2003. 2. 11. 선고 2002다65929 판결(공2003상, 794).

930) 권영성, 『헌법학원론(개정판)』, 법문사, 2010, 626쪽.

(3) 국가배상책임의 본질

배상책임자가 지는 책임, 즉 국가배상책임의 본질과 관련하여 대위책임설, 자기책임설, 절충설이 대립한다. ① 대위책임설은 국가 등의 배상책임은 피해자를 보호하려고 가해공무원을 대신하여 지는 일종의 사용자책임으로서 대위책임이라고 한다.[931] 공무원의 위법행위는 국가 등의 대리인으로서 수권에 위반하여서 한 행위라서 국가 등은 그 책임을 지지 않고, 국가배상법 제2조 제1항은 공무원 자신의 불법행위책임을 전제로 하며, 국가의 가해공무원에 대한 구상권이 인정되는 점을 근거로 한다. ② 자기책임설은 국가배상책임은 자기 행위에 스스로 책임지는 것이라고 한다.[932] 국가나 공공단체는 그 기관이나 기관을 구성하는 공무원을 통해서 행위를 하는 것이므로 그에 따른 효과는 위법·적법을 따지지 않고 국가에 귀속되어야 하고, 헌법이나 국가배상법 규정에 '공무원을 대신하여'라는 표현이 없음을 근거로 한다. ③ 절충설은 가해공무원에 대한 국가의 구상권 존재 여부를 기준으로, 공무원의 고의나 중과실로 말미암은 행위는 국가의 구상권이 인정되므로 대위책임이나, 경과실로 말미암은 행위는 구상권이 인정되지 않으므로 국가 스스로 책임지는 자기책임으로 이해한다.[933] 대법원도 절충설을 따르는 것으로 보인다.[934]

대위책임설은 헌법의 기본원리인 법치국가원리에 기본적으로 어긋난다. 대위책임설은 국가의 불법행위능력을 부인하고 공무원 개인의 민법상 불법행위책임만을 인정하였던 절대주의 국가시대의 위임계약사상에 연원을 두고, 국가를 법질서와 동일시하여 국가의 불법행위능력을 부인하였던 법실증주의의 유산이다. 게다가 대위책임설은 헌법이나 국가배상법의 명문 규정과 조화되기 어렵다. 그리고 구상권 인정 여부는 공무원의 근무의욕이나 사기 저하 등을 고려한 다분히 정책적인 판단이므로 이를 토대로 국가배상책임의 본질을 파악하는 것은 적절하지 않다. 따라서 자기책임설이 타당하다. 특히 입법자가 만든 법률에 대한 위헌심사제도를 두고(헌법 제107조 제1항, 제111조 제1항 제1호), 명령·규칙·처분의 위법성에 대한 대법원의 최

---

931) 김중권, 『김중권의 행정법(제3판)』, 법문사, 2019, 848~850쪽; 김철수, 『학설·판례 헌법학(상)』, 박영사, 2008, 1330쪽; 홍준형, 『행정법(제2판)』, 법문사, 2017, 658~659쪽.

932) 계희열, 『헌법학(중)(신정2판)』, 박영사, 2007, 663~664쪽; 고문현, 『헌법학개론』, 박영사, 2019, 215쪽; 구병삭, 『신헌법원론(제3전정판)』, 박영사, 1996, 706쪽; 권영성, 『헌법학원론(개정판)』, 법문사, 2010, 624쪽; 김남진/김연태, 『행정법 I (제22판)』, 법문사, 2018, 631~632쪽; 류지태/박종수, 『행정법신론(제17판)』, 박영사, 2019, 534~535쪽; 문홍주, 『제6공화국 한국헌법』, 해암사, 1987, 345쪽; 성낙인, 『헌법학(제19판)』, 법문사, 2019, 1451쪽; 안용교, 『한국헌법(제2전정판)』, 고시연구사, 1992, 626~627쪽; 양 건, 『헌법강의(제8판)』, 법문사, 2019, 976쪽; 이부하, 『헌법학(상)』, 법영사, 2019, 568쪽; 이준일, 『헌법학강의(제7판)』, 홍문사, 2019, 742쪽; 장영수, 『헌법학(제11판)』, 홍문사, 2019, 923쪽; 정태호, 「국가배상법상의 유책요건은 위헌인가?」, 『법학연구』 제30권 제1호, 충남대학교 법학연구소, 2019, 85~93쪽; 정하중, 『행정법개론(제12판)』, 법문사, 2018, 534~535쪽; 한수웅, 『헌법학(제9판)』, 법문사, 2019, 949~950쪽; 홍정선, 『행정법원론(상)(제26판)』, 박영사, 2018, 802쪽.

933) 김동희, 『행정법 I (제24판)』, 박영사, 2018, 584~586쪽; 박균성, 『행정법론(상)(제17판)』, 박영사, 2018, 788~790쪽; 정종섭, 『헌법학원론(제12판)』, 박영사, 2018, 882~883쪽.

934) 대법원 1996. 2. 15. 선고 95다38677 판결(집44-1, 165; 공1996상, 771).

종적 심사권을 인정할 뿐 아니라(헌법 제107조 제2항) 공권력의 행사나 불행사로 말미암은 기본권 침해에 대한 헌법소원을 인정한 것은(헌법 제111조 제1항 제5호, 헌법재판소법 제68조 제1항) 헌법이 국가의 불법행위능력을 전제한 것이다.

(4) 공무원 개인에 대한 선택적 청구 가능성(공무원 개인의 외부적 책임)

국가의 배상책임 이외에 가해공무원도 피해자에 대한 배상책임을 직접 부담하는지가 문제된다. 이는 국가배상책임의 본질과 관련되는 것으로 국가배상책임을 대위책임으로 이해하면 국가의 대위적 배상책임 이외에 공무원 자신의 배상책임이 병존하는 것으로 보게 되며 피해자는 양자에 대해서 선택적으로 배상청구를 할 수 있다. 자기책임설을 따르면 국가만 배상책임자가 되고 공무원 자신은 피해자에 대한 배상책임을 지지 않는다. 구체적으로 피해자인 개인은 국가와 공무원을 상대로 선택적으로 손해배상 청구가 가능하다는 견해935)는 ① 손해배상은 피해자의 손해전보뿐 아니라 가해자에 대한 경고와 제재의 기능이 아울러 있으므로 공무원에 대한 선택적 청구를 인정하면 공무원 개인의 공권력 남용과 위법행위를 방지하고 이를 통해서 개인의 권리 보호를 도모할 수 있으며, ② 피해자도 손해배상을 빈틈없이 받을 수 있고, ③ 민법의 사용자책임에서도 피용자의 불법행위로 다른 사람이 손해를 입으면 사용자뿐 아니라 피용자도 손해배상책임을 지는데 공무원에 대한 선택적 청구를 부인하는 것은 형평성에 어긋나며, ④ 헌법 제29조 제1항 단서는 명시적으로 가해공무원의 책임을 인정한다는 점을 근거로 한다. 선택 청구 긍정설에는 경과실, 중과실, 고의를 따지지 않고 공무원 개인의 외부적 책임을 인정하는 전면긍정설936)과 고의나 중과실만 공무원 개인의 외부적 책임을 인정하는 제한적 긍정설937)이 있다. 선택적 청구를 부정하는 견해938)는 ① 국가배상제도의 기본적인 기능은 피해자의 손해전보에 있으므로 경제적 부담능력이 있는 국가가 손해배상을 하면 피해자 구제는 옹글게(완벽하게) 만족하여서 책임 중복은 의미가 없고, ② 공무원 개인에 대한 선택적 청구를 인정하면 배상책임에 대한 두려움이 생겨 공무원의 직무집행이 위축될 것이며, 이는 행정사무의 원활한 수행을 저해하여 결국 국민 전체에 불이익 초래할 것이고, ③ 공무원에 대한 위법행위 방지기능은 구상권과 징계책임을 통해서 충분히 담보할 수 있으

---

935) 김철수, 『학설·판례 헌법학(상)』, 박영사, 2008, 1332쪽; 문홍주, 『제6공화국 한국헌법』, 해암사, 1987, 345~346쪽.

936) 계희열, 『헌법학(중)(신정2판)』, 박영사, 2007, 664쪽; 권영성, 『헌법학원론(개정판)』, 법문사, 2010, 625쪽; 김중권, 『김중권의 행정법(제3판)』, 법문사, 2019, 887~888쪽; 류지태/박종수, 『행정법신론(제17판)』, 박영사, 2019, 536쪽; 문홍주, 『제6공화국 한국헌법』, 해암사, 1987, 345~346쪽; 안용교, 『한국헌법(제2전정판)』, 고시연구사, 1992, 627쪽; 양 건, 『헌법강의(제8판)』, 법문사, 2019, 985쪽; 이준일, 『헌법학강의(제7판)』, 홍문사, 2019, 743쪽; 홍성방, 『헌법학(중)(제2판)』, 박영사, 2015, 456쪽.

937) 박균성, 『행정법론(상)(제17판)』, 박영사, 2018, 849~852쪽; 장영수, 『헌법학(제11판)』, 홍문사, 2019, 924쪽.

938) 성낙인, 『헌법학(제19판)』, 법문사, 2019, 1452쪽; 정하중, 『행정법개론(제12판)』, 법문사, 2018, 560~561쪽; 홍정선, 『행정법원론(상)(제26판)』, 박영사, 2018, 805쪽.

며, 선택적 책임 불허는 대위책임배상구조의 논리적 귀결이고, ④ 국가배상법 제2조 제1항도 국가와 지방자치단체의 배상책임을 규정하며, 고의나 중과실일 때 내부관계에서 공무원에 대한 구상권을 인정한 같은 법 제2조 제2항은 공무원 개인의 외부적 책임을 부인한 것이고, 공무원 개인의 책임이 면제되지 않는다고 한 헌법 제29조 제1항 단서는 공무원의 내부관계에서 구상책임을 뜻한다는 점을 근거로 한다. 대법원은 공무원이 경과실이면 선택적 청구를 부정하면서 공무원이 고의·중과실이면 선택적 청구를 긍정한다.[939]

공법상 법률관계는 공법상 법인격이 있는 국가와 개인 사이의 권리의무관계를 규율하는 외부법관계와 국가와 공무원 사이의 권리의무관계를 규율하는 내부법관계로 나눌 수 있다. 따라서 공무원 개인의 행위가 국가행위로서 인정되고 그 책임이 국가에 귀속되는 한 내부법관계에 따른 공무원의 책임 부담 여부와 상관없이 공무원 개인이 외부적 책임을 부담하지 않는다고 보아야 한다. 이러한 공무원 개인의 외부적 책임 면제는 국가행정기구의 기능을 활성화할 수 있다. 그리고 공무원에 대한 선택적 청구권을 인정하면 피해자의 권리구제를 위하여 더 유리해 보이는 것 같지만, 지급능력이 없는 공무원을 상대로 소를 제기하여 비록 승소판결을 받는다고 하더라도 그것이 얼마나 개인의 권리구제에 실질적인 도움이 될 지 의문이다. 따라서 자기책임설에 따른 논리적 귀결로서 선택적 청구를 부정하는 것이 타당하다.

6. 배상청구절차와 배상 범위(배상액)

(1) 배상청구절차

국가나 지방자치단체에 대한 배상신청사건을 심의하기 위해서 법무부에 본부심의회를 둔다. 다만, 군인이나 군무원이 다른 사람에게 입힌 손해에 대한 배상신청사건을 심의하기 위해서 국방부에 특별심의회를 둔다(국가배상법 제10조 제1항). 본부심의회와 특별심의회는 대통령령으로 정하는 바에 따라 지구심의회를 둔다. 당사자는 배상심의회에 배상신청을 하여 그 결과에 불복하면 소를 제기할 수도 있고, 배상신청을 하지 아니하고 바로 법원에 소를 제기할 수도 있다(국가배상법 제9조).

배상심의회 결정에 불복하거나 배상심의회에 배상신청을 하지 않고 바로 소를 제기하면 일반적인 재판절차를 거치게 된다. 이때 국가배상 청구 자체를 소송대상으로 하는 일반절차와 다른 소 제기에 배상청구소송을 병합하는 특별절차의 방법이 있다. 일반절차를 따르면 국가배상청구권의 성질에 따라 소송유형이 달라진다. 이를 공권으로 보면 행정소송으로서 공법상 당사자소송, 이를 사권으로 보면 민사소송을 따르게 된다. 재판실무는 민사소송으로 처리한다. 특별절차를 따르면 취소소송과 병합하여 처리하게 된다(행정소송법 제10조 제1항).

---

939) 대법원 1996. 2. 15. 선고 95다38677 판결(집44-1, 165; 공1996상, 771).

(2) 배상 범위

손해배상은 정당한 배상으로서(헌법 제29조 제1항) 해당 불법행위와 상당인과관계가 있는 모든 손해가 배상이 되어야 한다. 이때 배상기준으로 국가배상법 제3조는 일정한 내용을 규정한다. 그러나 이는 그 성격상 기준에 불과한 것이고, 배상의 상한선을 제시하는 한정적인 의미가 없다.[940]

(3) 양도와 압류 금지

생명·신체의 침해로 말미암은 국가배상청구권은 양도하거나 압류하지 못한다(국가배상법 제4조).

7. 제한

(1) 기본권주체의 헌법직접적 제한

헌법 제29조 제2항은 군인·군무원·경찰공무원 기타 법률이 정하는 자에 대해서는 다른 법령에 따른 보상이 인정됨을 이유로 국가배상청구권을 부인한다. 이는 같은 원인행위에 근거한 이중배상을 금지하려는 취지에서 인정된 것이다. 국가배상법 제2조 제1항 단서는 이를 구체화한다. 국가배상청구권의 주체를 직접 제한하는 헌법 제29조 제2항은 대법원이 위헌결정[941]을 내린 법률조항 내용을 그대로 헌법전에 편입한 것으로서 시대 상황이 바뀐 현행 헌법 아래에서 어떻게 이해하여야 할 것인지, 헌법재판소는 어떠한 태도를 보일 것인지 귀추가 주목되었다.

종래 헌법규정 자체에 대해서는 위헌심사가 불가능하다는 전제 아래 헌법 제29조 제2항이 있는 한 국가배상법 제2조 제1항 단서는 합헌으로 볼 수밖에 없다는 견해가 지배적이었다. 이러한 견해는 결국 헌법이나 국가배상법이 개정되어야 한다는 입법론으로 이어지곤 하였다.[942] 이러한 전통적 견해에 대해서 헌법 제29조 제2항을 이른바 '위헌적 헌법규범'이라고 하면서 헌법규정에 대해서도 위헌심사가 가능하다는 적극적인 견해가 주장되어 확산하고 있다.[943]

---

940) 대법원 1970. 1. 29. 선고 69다1203 전원합의체 판결(집18-1, 047); 대법원 1970. 2. 10. 선고 69다1729 판결(집 18-1, 076).

941) 대법원 1971. 6. 22. 선고 70다1010 판결(집19-2, 민110).

942) 예를 들어 계희열, 『헌법학(중)(신정2판)』, 박영사, 2007, 673쪽; 김성수, 「해방 이후 국가배상제도의 법적 쟁점과 향후의 입법정책적 과제」, 『한국에서의 기본권이론의 형성과 발전』(연천허영박사 화갑기념논문집), 박영사, 1997, 405쪽; 김진섭, 「국가배상청구권 제한규정의 위헌성과 합리적 해석론에 관한 연구」, 단국대학교 법학박사 학위논문, 2001, 214~227쪽; 송기춘, 「국가배상법 제2조 제1항 단서에 대한 법원 및 헌법재판소의 해석과 헌법 제29조 제2항의 개정론」, 『헌법학연구』 제7집 제4호, 한국헌법학회, 2001, 296~297쪽; 이상철, 「국가배상법 제2조 1항 단서의 위헌성」, 『안암법학』 창간호, 안암법학회, 1993, 277쪽; 홍준형, 「국가배상법 제2조 제1항 단서에 대한 위헌소원」, 『인권과 정의』 제227호, 대한변호사협회, 1995. 7., 89~90쪽 등.

943) 예를 들어 강경근, 「국가배상청구권과 헌법규정의 위헌심사」, 『고시연구』 제21권 제7호(통권 제244호), 고시연구사, 1994. 7., 81~85쪽; 김선택, 「형식적 헌법의 실질적 위헌성에 대한 헌법재판」, 『법학논집』 제32집, 고려대

그러나 헌법재판소는 헌법규정에 대한 위헌심사는 불가능하므로 국가배상법 제2조 제1항 단서
는 합헌이라는 전통적 견해를 견지한다.944) 다만, 대법원945)과 헌법재판소946)도 헌법 제29조

학교 법학연구소, 1996, 329~356쪽; 방승주, 「소위 이중배상금지규정과 헌법규정의 위헌심사가능성」, 『헌법소송
사례연구』, 박영사, 2002, 89~101쪽; 전광석, 「국가배상법상 이른바 이중배상금지원칙의 위헌성」, 『공법학의 제
문제』(현재김영훈교수화갑기념논문집), 법문사, 1995, 568~570쪽 등.

944) 헌재 1996. 6. 13. 94헌마18; 헌재 2001. 2. 22. 2000헌바38, 판례집 13－1, 289, 294－295. 그러나 헌법재판소
소수의견은 헌법규정의 위헌심사 가능성을 긍정한 바 있다(헌재 2001. 2. 22. 2000헌바38, 판례집 13－1, 289,
295－300 재판관 하경철의 반대의견).

945) 대법원은 경찰관이 숙직실에서 연탄가스로 순직한 사건에서 경찰관서의 숙직실은 국가배상법 제2조 제1항 단서에
서 말하는 전투·훈련에 관련된 시설이 아니므로 공무원연금법에 따른 순직연금 이외에 국가배상법에 따른 손해배
상을 청구할 수 있다고 하였다[대법원 1979. 1. 30. 선고 77다2389 전원합의체 판결(집27－1, 33; 공1979, 11765)].
그리고 현역병으로 입영하여 소정의 군사교육을 마치고 전임되어 법무부 장관이 경비교도로 임용한 사람은 군
인으로서 신분을 상실하고 새로이 경비교도로서 신분을 취득하고, 경비교도가 전사상 급여금을 받는다든지 원호
와 치료의 대상이 된다든지 만기전역이 되는 것 등 처우에서 군인에 준하는 취급을 받는다고 하여 군인 신분을
유지하는 것이라고는 할 수 없으며, 경비교도로 근무 중 공무 수행과 관련하여 사망한 사람에 대하여 국가유공
자예우등에관한법률 제4조 제1항 제5호 소정의 순직군경에 해당한다고 하여 국가유공자로 결정하고 사망급여금
등이 지급되었더라도 그러한 사실 때문에 신분이 군인 또는 경찰공무원으로 되는 것은 아니라고 하였다[대법원
1993. 4. 9. 선고 92다43395 판결(공1993상, 1363)].
또한, 대법원은 공익근무요원은 병역법 제2조 제1항 제9호, 제5조 제1항의 규정을 따르면 국가기관이나 지방자
치단체의 공익목적수행에 필요한 경비·감시·보호 또는 행정업무 등의 지원과 국제협력 또는 예술·체육의 육성
을 위하여 소집되어 공익분야에 종사하는 사람으로서 보충역에 편입된 사람이라서, 소집되어 군에 복무하지 않
는 한 군인이라고 말할 수 없으므로, 비록 병역법 제75조 제2항이 공익근무요원으로 복무 중 순직한 사람의 유
족에 대하여 국가유공자등예우및지원에관한법률에 따른 보상을 하도록 규정하여도, 공익근무요원이 국가배상법
제2조 제1항 단서의 규정에 따라서 국가배상법상 손해배상청구가 제한되는 군인·군무원·경찰공무원 또는 향토
예비군 대원에 해당한다고 할 수 없다고 하였다[대법원 1997. 3. 28. 선고 97다4036 판결(공1997상, 1226)].
최근 대법원은 전투·훈련 등 직무집행과 관련하여 공상을 입은 군인·군무원·경찰공무원 또는 향토예비군대원
이 먼저 국가배상법에 따라 손해배상금을 받은 다음 '보훈보상대상자 지원에 관한 법률'(이하 '보훈보상자법')이
정한 보상금 등 보훈급여금 지급을 청구하면, 국가배상법 제2조 제1항 단서가 명시적으로 "다른 법령에 따라 보
상을 지급받을 수 있을 때에는 국가배상법 등에 따른 손해배상을 청구할 수 없다."라고 규정하는 것과 달리 보
훈보상자법은 국가배상법에 따른 손해배상금을 받은 자를 보상금 등 보훈급여금의 지급대상에서 제외하는 규정
을 두고 있지 않은 점, 국가배상법 제2조 제1항 단서의 입법 취지 및 보훈보상자법이 정한 보상과 국가배상법이
정한 손해배상의 목적과 산정방식의 차이 등을 고려하면 국가배상법 제2조 제1항 단서가 보훈보상자법 등에 따
른 보상을 받을 수 있을 때 국가배상법에 따른 손해배상청구를 하지 못한다는 것을 넘어 국가배상법상 손해배상
금을 받을 때 보훈보상자법상 보상금 등 보훈급여금의 지급을 금지하는 것으로 해석하기는 어려운 점 등에 비추
어, 국가보훈처장은 국가배상법에 따라 손해배상을 받았다는 사정을 들어 보상금 등 보훈급여금 지급을 거부할
수 없다고 하였다[대법원 2017. 2. 3. 선고 2015두60075 판결(공2017상, 566)].

946) 헌법재판소는 국가배상법 제2조 제1항 단서 중 군인에 관련되는 부분을, 일반 국민이 직무집행 중인 군인과 공
동불법행위로 직무집행 중인 다른 군인에게 공상을 입혀 그 피해자에게 공동의 불법행위로 말미암은 손해를 배
상하고 나서 공동불법행위자인 군인의 부담부분에 관하여 국가에 구상권을 행사하는 것을 허용하지 않는다고 해
석한다면, 이는 국가배상법 제2조 제1항 단서 규정의 헌법상 근거 규정인 헌법 제29조가 구상권 행사를 배제하
지 아니하는데도 이를 배제하는 것으로 해석하는 것으로서 합리적인 이유 없이 일반 국민을 국가에 대하여 지나
치게 차별하는 때에 해당하므로 헌법 제11조와 제29조에 위반되고, 국가에 대한 구상권은 헌법 제23조 제1항이
보장하는 재산권이고 이러한 해석은 그러한 재산권 제한에 해당하며 재산권 제한은 헌법 제37조 제2항에 따른
기본권 제한의 한계 안에서만 가능한데, 위와 같은 해석은 헌법 제37조 제2항에 따라서 기본권을 제한할 때 요
구되는 비례의 원칙을 위배하여 일반 국민의 재산권을 과잉제한하는 때에 해당하여 헌법 제23조 제1항과 제37
조 제2항에도 위반된다고 하였다(헌재 1994. 12. 29. 93헌바21, 판례집 6－2, 379). 그러나 이에 대해서 대법원은
공동불법행위자 등이 부진정연대채무자로서 각자 피해자의 손해 전부를 배상할 의무를 부담하는 공동불법행위

제2항의 적용을 축소하려고 노력하고 있다.

기존 견해는 헌법 제29조 제2항을 어떻게 해석할 것인지는 거의 문제 삼지 않은 채, 입법론적으로 개정하여야 한다는 것이나 헌법규정 자체를 위헌심사할 수 있는지에 집중하였다. 그러나 이는 헌법 제29조 제2항이 일으키는 문제를 (적어도 현재에는) 그대로 수인하는 것에 그치고, 그러한 문제에 대한 해결을 사실상 포기하는 것과 다름없다. 즉 헌법 개정이 이루어질 가능성이 희박하고 헌법재판소가 헌법규정에 대한 헌법소원을 받아들이지 않는 현실 속에서 기존 견해는 무기력하다. 그러나 전체 헌법체계 속에서 헌법 제29조 제2항을 적극적으로 해석하면, 헌법 제29조 제2항의 입법목적은 배상과 보상의 경합에서 비롯하는 과잉보장을 해결하기 위한 통일적인 배상제도 마련으로 볼 수 있다. 이를 기초로 헌법 제29조 제2항에서 이른바 이중배상 문제를 보상 청구로 1원화하는 방식으로 해결하되 이때 보상 수준은 국가배상액 이상을 보장하여야 한다는 헌법적 명령을 도출할 수 있다. 따라서 보상법률이 규정한 보상액이 국가배상액에 미치지 못하면 해당 법률은 위헌이다. 이러한 해석을 통해서 헌법 제29조 제2항이 일으킨다는 문제가 헌법과 법률의 개정이나 헌법규정에 대한 위헌심사 없이 해결될 수 있다. 게다가 이러한 해석은 헌법 제29조 제2항의 의미를 최소한으로 축소하여 애초에 헌법에 이 조항을 삽입시키거나 존속시킨 '(국가배상액보다 적은 보상만 하려는) 진정한' 목적을 달성할 수 없게 만듦으로써 이 조항을 사실상 폐지하는 결과를 가져올 수 있다. 이러한 결과는 이 조항을 삭제로 이끄는 강력한 근거를 제공할 수 있다.947)

(2) 일반적 법률유보에 따른 제한

국가배상청구권은 헌법 제37조 제2항에 따라 국가안전보장, 질서유지 또는 공공복리를 위해서 필요하면 법률로써 제한할 수 있다. 그리고 국가배상법 적용을 배제하는 특별법을 통해서 국가배상청구권이 제한될 수도 있다. 예를 들어 우편법(제5장 제38조 내지 제45조), 철도사업법(제24조), 전기통신사업법(제33조, 제55조) 등이 그러한 특별법이다. 이러한 행정작용은 국민에 대해서 일정한 급부를 대량으로 반복해서 제공하는 성질이 있는 것이므로 통상적인 행정작용과 구별되는 특성이 있다.

(3) 소멸시효

민법상 소멸시효제도는 권리자가 자신의 권리를 행사할 수 있는데도 일정한 기간 동안 그 권리를 행사하지 않는 상태, 즉 권리 불행사 상태가 계속되면 법적 안정성을 위해서 그 권리

의 일반적인 때와 달리 예외적으로 민간인은 피해 군인 등에 대하여 그 손해 중 국가 등이 민간인에 대한 구상의무를 부담한다면 그 내부적인 관계에서 부담하여야 할 부분을 제외한 나머지 자신의 부담부분만 손해배상의무를 부담하고, 한편 국가 등에 대하여는 그 귀책부분의 구상을 청구할 수 없다고 하였다[대법원 2001. 2. 15. 선고 96다42420 전원합의체 판결(집49-1, 96; 공2001상, 699)].

947) 이에 관해서 자세한 내용은 허완중, 「헌법 제29조 제2항 "법률이 정하는 보상"의 적극적 해석」, 『고려법학』 제51호, 고려대학교 법학연구원, 2008, 195~229쪽.

를 소멸시키는 제도이다. 민법상 소멸시효제도의 존재이유는 국가배상청구권에도 일반적으로
는 타당하다. 국가배상 청구에서도 장기간 계속된 사실상태를 바탕으로 형성된 법률관계를
존중함으로써 법적 안정성을 보호하고, 과거사실의 증명 곤란으로 말미암은 이중변제 위험에
서 채무자를 구제하며, 채권자의 장기간 권리 불행사에 대한 채무자의 신뢰를 보호하기 위하
여 소멸시효제도 적용은 필요하기 때문이다. 국가 재정은 세입·세출계획인 예산을 통해서 이
루어지고 예산은 회계연도 단위로 편성되어 시행되므로, 국가가 금전채무를 부담하고 상당한
세월이 지난 뒤에도 언제든지 채권자가 채권을 행사할 수 있다면 국가의 채권·채무관계가
상당한 기간 확정되지 못하게 되어 예산 수립의 예측 가능성이 떨어짐으로써 국가재정의 안
정적이고 효율적인 운용이 어려워질 수 있다. 특히 불법행위로 말미암은 손해배상 채권이나
구상금 채권과 같이 우연한 사고로 발생하는 채권은 그 발생을 미리 예상하기 어려우므로 불
안정성이 크다. 따라서 국가의 채권·채무관계를 조기에 확정하고 예산 수립의 불안정성을 제
거함으로써 국가재정을 합리적으로 운용하기 위하여 국가채무에 대해 단기의 소멸시효를 정
한 것은 그 필요성을 수긍할 수 있다. 이러한 근거로 헌법재판소는 국가배상청구권에도 소멸
시효에 관한 민법 규정을 따르도록 한 국가배상법 제8조, 국가에 대한 금전채권의 소멸시효
기간을 5년으로 정한 구 예산회계법 제96조 제2항, 국가재정법 제96조 제2항, 피해자나 법정
대리인이 손해 및 가해자를 안 날부터 3년 및 불법행위를 한 날로부터 10년을 불법행위로 말
미암은 손해배상청구권의 소멸시효로 규정한 민법 제766조 제1항, 제2항에 대해 합헌으로 결
정한 바 있다.[948] 그러나 헌법재판소는 '진실·화해를 위한 과거사정리 기본법' 제2조 제1항
제3호에 규정된 '민간인 집단 희생사건', 제4호에 규정된 '사망·상해·실종사건 그 밖에 중대
한 인권침해사건과 조작의혹사건'의 특수성[949]을 고려하지 아니한 채 민법 제166조 제1항,
제766조 제2항의 객관적 기산점이 그대로 적용되도록 규정하는 것은, 소멸시효제도를 통한
법적 안정성과 가해자 보호만을 지나치게 중시한 나머지 합리적 이유 없이 이러한 사건 유형
에 관한 국가배상청구권의 보장 필요성을 외면한 것으로서 입법형성의 한계를 일탈하여 청구
인들의 국가배상청구권을 침해하므로 헌법에 위반된다고 하였다.[950]

---

948) 헌재 1997. 2. 20. 96헌바24, 판례집 9-1, 168; 헌재 2001. 4. 26. 99헌바37, 판례집 13-1, 836; 헌재 2005. 5.
　　26. 2004헌바90, 판례집 17-1, 660; 헌재 2008. 11. 27. 2004헌바54, 판례집 20-2하, 186; 헌재 2011. 9. 29.
　　2010헌바116, 판례집 23-2상, 594; 헌재 2012. 4. 24. 2011헌바31, 공보 187, 814; 헌재 2018. 2. 22. 2016헌바
　　470, 공보 257, 445 참조.
949) 이러한 사건들은 국가기관이 국민에게 억울한 누명을 씌움으로써 불법행위를 자행하고, 소속 공무원이 이러한
　　불법행위에 조직적으로 관여하였으며, 사후에도 조작·은폐 등으로 진실규명활동을 억압함으로써 오랜 동안 사
　　건 진상을 밝히는 것이 사실상 불가능한 때가 잦았다. 이후에 과거사정리법이 제정되고 '진실·화해를 위한 과거
　　사정리 위원회' 활동으로 비로소 사건 진상이 밝혀졌으나, 이미 불법행위 성립일부터 장기간 경과한 후에야 진상
　　규명과 이를 기초로 한 손해배상 청구가 이루어짐에 따라 일반 불법행위와 소멸시효의 법리로는 타당한 결론을
　　도출하기 어려운 문제가 다수 발생하였다.
950) 헌재 2018. 8. 30. 2014헌바148등, 판례집 30-2, 237.

Ⅵ. 범죄피해자구조청구권

1. 의의

(1) 개념

범죄피해자구조청구권은 본인에게 귀책사유가 없는 다른 사람의 범죄로 말미암아 생명을 잃거나 신체상 피해를 본 국민이나 그 유족이 가해자에게서 충분한 보상을 받지 못할 때 국가에 구조(나 보상)를 청구할 수 있는 권리이다. 범죄피해자에게는 형사소송법상 고소권(제223조), 불기소처분에 대한 항고권과 재정신청권(제260조), 해당 법정에서 하는 진술권(제294조의2) 등 여러 가지 권리가 인정되나, 이는 범죄피해자의 물질적·정신적 피해를 보상하는 데 별로 도움이 되지 못한다. 범죄피해자는 물론 가해자에 대해서 민법상 불법행위로 말미암은 손해배상책임제도(제750조 이하)나 소송촉진등에관한특별법상 배상명령제도 등을 통해서 손해배상을 청구할 수 있다. 그러나 가해자가 불명이거나 도주하거나 피해를 배상할 자력이 없으면 배상을 받을 수 없다. 다른 사람의 범죄행위로 말미암아 뜻하지 않게 생명을 잃거나 신체상 피해를 본 사람은 피해배상조차 받지 못하면 그의 수입에 의존해 온 가족이나 유족은 생계조차 유지하기 어렵게 된다. 이때 국가에 대해서 일정한 보상을 청구할 수 있도록 하는 범죄피해자구조권은 피해자와 가족이나 유족을 보호하고 사회 안정에 이바지할 뿐 아니라 사회국가를 실현하는 데 중요한 의미가 있다.

(2) 연혁

1981년 7월 3일 정부가 '범죄피해자보상제도의 대강'을 발표하였지만, 국가재정 형편을 이유로 시행을 미루어 오다가 1987년 헌법 제30조에서 범죄피해자구조제도를 처음으로 채택하였다. 이 규정에 따라 1987년 11월 28일 범죄피해자구조법이 제정되었고 1988년 7월 1일부터 시행되었다. 이후 2010년 8월 15일부터 시행된 '범죄피해자 보호법'이 범죄피해자구조법을 폐지하고 범죄피해자구조제도를 통합적으로 규율하고 있다.

2. 범죄피해자구조의 본질

먼저 ① 국가는 범죄 발생을 예방하고 진압할 책임이 있으므로 범죄로 말미암아 피해를 본 국민에게 배상책임을 져야 한다는 국가(배상)책임설이 있다. 이때 국가는 무과실배상책임을 진다고 한다. 다음으로 ② 범죄로 말미암은 피해를 피해자에게만 전담시키지 않고 국가가 그를 도와줌으로써 사회국가 이념을 실현하여야 한다는 사회보장설이 있다.[951] 이때 국가는 범죄피해자에게 그 피해를 배상하여야 할 책임은 없으나, 사회보장적인 차원에서 범죄피해를 구조하

---

951) 안용교, 『한국헌법(제2전정판)』, 고시연구사, 1992, 632쪽.

여야 한다고 한다(국가구조책임의 보충성). 그리고 ③ 범죄피해자구조는 세금을 통한 보험 형식으로 범죄로 말미암은 피해를 국가가 사회구성원에게 분담시키는 것이라는 사회분담설이 있다. 또한, 국가는 범죄의 예방과 진압책임이 있어서 살상 등 중대한 범죄피해가 발생하면 그 책임 일부를 국가가 부담하는 것은 당연하고(국가책임적 측면), 범죄자 대부분은 피해를 배상할 재력이 없으므로, 사회국가 이념에 비추어 사회보장적이나 사회보험적 사회정책의 하나로 범죄피해자 피해를 구조해 주어야 하며(사회보장적 측면) 범죄피해자구조제도는 사회보장적 성격과 국가책임적 성격이 아울러 있는 복합적 성격의 제도로 이해하여야 한다는 견해도 있다.[952]

3. 법적 성격

① 범죄피해자구조청구권은 국가에서 '범죄피해의 구조'라는 일정한 행위를 요구할 수 있는 청구권적 기본권이라는 견해가 있다.[953] ② 범죄피해자구조는 사회국가를 실현하는 하나의 방법으로 사회보장적 차원에서 인정된다는 견해도 있다.[954] 그리고 ③ 범죄피해자구조청구권은 국가책임의 성질과 사회보장적 성질에 근거를 둔 청구권적 기본권이라는 견해도 있다.[955] 그러나 범죄피해자구조제도는 국가배상적, 사회보장적 그리고 사회보험적 성격이 있으므로 범죄피해자구조청구권은 국가배상청구권적 성격과 사회권적 성격이 모두 있고, 이렇게 볼 때 범죄피해자구조청구권은 국가배상적 사회보장청구권으로 볼 수 있다.[956] 헌법재판소는 범죄피해자구조청구권의 사회권적 성격을 인정한다.[957]

헌법 제30조 규정상 재해보상청구권을 규정한 것인지 사회국가적 입법의무를 규정한 것인지 명확하지 않다. 즉 이 규정이 직접효력규정인지 입법방침규정인지가 분명하지 않다. 범죄피해자구조청구권을 국가배상청구권으로 보면 직접효력규정으로 볼 수 있으나, 이를 사회권의 하나로 보면 입법방침규정으로 볼 수도 있다. 이 규정을 복합적 성격의 국가배상적 사회보장청구권으로 보면 이를 직접효력규정이라고 볼 수 있다.[958]

---

952) 권영성, 『헌법학원론(개정판)』, 법문사, 2010, 640~641쪽; 이부하, 『헌법학(상)』, 법영사, 2019, 576쪽; 장영수, 『헌법학(제11판)』, 홍문사, 2019, 933쪽.

953) 한수웅, 『헌법학(제9판)』, 법문사, 2019, 956~957쪽.

954) 구병삭, 『신헌법원론(제3전정판)』, 박영사, 1996, 711~712쪽; 안용교, 『한국헌법(제2전정판)』, 고시연구사, 1992, 632~633쪽.

955) 성낙인, 『헌법학(제19판)』, 법문사, 2019, 1463쪽.

956) 계희열, 『헌법학(중)(신정2판)』, 박영사, 2007, 698쪽; 고문현, 『헌법학개론』, 박영사, 2019, 221쪽; 권영성, 『헌법학원론(개정판)』, 법문사, 2010, 635~641쪽; 김철수, 『학설·판례 헌법학(상)』, 박영사, 2008, 1337~1338쪽; 정재황, 『신헌법입문(제9판)』, 박영사, 2019, 621~622쪽.

957) 헌재 1989. 4. 17. 88헌마3, 판례집 1, 31, 36: "… 헌법은 위에서 본 바와 같이 범죄로부터 국민을 보호하여야 할 국가의 의무를 이와 같은 소극적 차원에서만 규정하지 아니하고 이에 더 나아가 범죄행위로 인하여 피해를 받은 국민에 대하여 국가가 적극적인 구조행위까지 하도록 규정하여 피해자의 기본권을 생존권적 기본권의 차원으로 인정하였다."

958) 계희열, 『헌법학(중)(신정2판)』, 박영사, 2007, 698~699쪽; 성낙인, 『헌법학(제19판)』, 법문사, 2019, 1463~1464

4. 주체

범죄피해자구조청구권의 주체는 다른 사람의 범죄행위로 말미암아 중장해를 당한 사람이나 그 유족이다. 범죄피해 방지와 범죄피해자 구조 활동으로 피해를 본 사람도 범죄피해자에 속한다('범죄피해자 보호법' 제3조 제2항). 피해자가 사망하면 그 유족이 구조금을 청구하고, 중장해를 당하면 본인이 청구한다. 구조금을 받을 수 있는 유족은 피해자의 사망 당시 피해자 수입으로 생계를 유지하던 사람으로서 ① 배우자(사실상 혼인관계 포함)와 구조피해자 사망 당시 구조피해자 수입으로 생계를 유지하는 구조피해자 자녀, ② 구조피해자 사망 당시 구조피해자 수입으로 생계를 유지하는 구조피해자의 부모, 손자·손녀, 조부모와 형제자매, ③ ①과 ②에 해당하지 아니하는 구조피해자의 자녀, 부모, 손자·손녀, 조부모 및 형제자매이다('범죄피해자 보호법' 제18조 제1항). 유족 범위에서 태아는 구조피해자가 사망할 때 이미 출생한 것으로 본다('범죄피해자 보호법' 제18조 제2항). 외국인은 상호보증이 있는 때만 그 주체가 된다('범죄피해자 보호법' 제23조).

5. 내용

(1) 범죄피해자구조청구권의 성립요건

① 성립요건

범죄피해자구조청구권은 '다른 사람의 범죄행위로 말미암아 생명·신체에 대한 피해'를 받은 사람이 '가해자의 불명이나 무자력'의 사유로 말미암아 피해의 전부나 일부를 배상받지 못하거나 자기나 다른 사람의 형사사건 수사나 재판에서 고소·고발 등 수사단서를 제공하거나 진술, 증언 또는 자료제출을 하다가 구조피해자가 된 때 성립한다('범죄피해자 보호법' 제16조).

(ⅰ) 다른 사람의 범죄행위로 말미암은 피해 발생

범죄피해자구조청구권이 성립하려면 다른 사람의 범죄로 말미암아 생명이나 신체에 대한 피해를 받아야 한다('범죄피해자 보호법' 제1조 참조). 여기서 먼저 '범죄행위'는 대한민국의 영역 안에서나 대한민국 영역 밖에 있는 대한민국의 선박이나 항공기 안에서 이루어진 사람의 생명이나 신체를 해치는 죄에 해당하는 행위(형법 제9조, 제10조 제1항, 제12조, 제22조 제1항에 따라 처벌되지 아니하는 행위를 포함하고, 형법 제20조나 제21조 제1항에 따라 처벌되지 아니하는 행위와 과실에 의한 행위는 제외한다)를 말한다('범죄피해자 보호법' 제3조 제1항 제4호). 다음으로 '생명이나 신체에 대한 피해 발생'은 사망이나 중해 혹은 중상해를 당한 때를 말한다('범죄피해자 보호법' 제3조 제1항 제4호). 여기서 장해는 범죄행위로 입은 부상이나 질병이 치료(그 증상이 고정된 때 포함)되고 나서 남은 신체상 장해로서 대통령령으로 정하는 때이고('범죄피해자 보호법' 제3조

제1항 제5호), 중상해는 범죄행위로 말미암아 신체나 그 생리적 기능에 손상을 입은 것으로서 대통령령으로 정하는 때를 말한다('범죄피해자 보호법' 제3조 제1항 제6호).

(ⅱ) 가해자의 불명이나 무자력

범죄피해자구조청구권은 가해자의 불명이나 무자력으로 말미암아 피해의 전부나 일부를 배상받지 못할 때 성립한다. 여기서 가해자 불명은 가해자가 누구인지 아직 밝혀지지 아니할 때와 그 신원은 확인되었으나 소재가 불분명하여 검거하지 못할 때를 말한다.

② 제외요건(제척사유)

범죄피해자구조청구권의 성립요건이 충족되어도 범죄행위 당시 구조피해자와 가해자 사이에 (ⅰ) 부부(사실상 혼인관계 포함), (ⅱ) 직계혈족, (ⅲ) 4촌 이내의 친족, (ⅳ) 동거친족의 하나에 해당하는 친족관계가 있으면 구조금을 지급하지 아니한다('범죄피해자 보호법' 제19조 제1항). 범죄행위 당시 구조피해자와 가해자 사이에 이러한 친족관계에 해당하지 아니하는 친족관계가 있으면 구조금 일부를 지급하지 아니한다('범죄피해자 보호법' 제19조 제2항). 구조피해자가 (ⅰ) 해당 범죄행위를 교사나 방조하는 행위, (ⅱ) 과도한 폭행·협박이나 중대한 모욕 등 해당 범죄행위를 유발하는 행위, (ⅲ) 해당 범죄행위와 관련하여 현저하게 부정한 행위, (ⅳ) 해당 범죄행위를 용인하는 행위, (ⅴ) 집단적 또는 상습적으로 불법행위를 할 우려가 있는 조직에 속하는 행위(다만, 그 조직에 속하는 것이 해당 범죄피해를 본 것과 관련이 없다고 인정되는 경우 제외), (ⅵ) 범죄행위에 대한 보복으로 가해자 또는 그 친족이나 그 밖에 가해자와 밀접한 관계가 있는 사람의 생명을 해치거나 신체를 중대하게 침해하는 행위를 하였을 때는 구조금을 지급하지 아니한다('범죄피해자 보호법' 제19조 제3항). 구조피해자가 (ⅰ) 폭행·협박이나 모욕 등 해당 범죄행위를 유발하는 행위, (ⅱ) 해당 범죄피해의 발생이나 증대에 가공(加功)한 부주의한 행위 또는 부적절한 행위를 하였을 때는 구조금 일부를 지급하지 아니한다('범죄피해자 보호법' 제19조 제4항). 유족구조금을 지급할 때는 '구조피해자에 맨 앞의 순위인 유족'을 포함한다('범죄피해자 보호법' 제19조 제5항). 구조피해자나 그 유족과 가해자 사이의 관계, 그 밖의 사정을 고려하여 구조금의 전부나 일부를 지급하는 것이 사회통념에 어긋난다고 인정되면 구조금의 전부나 일부를 지급하지 아니할 수 있다('범지피해자 보호법' 제19조 제6항). 이러한 요건에 해당하여도 구조금의 실질적인 수혜자가 가해자로 귀착될 우려가 없는 때 등 구조금을 지급하지 아니하는 것이 사회통념에 위배된다고 인정할 만한 특별한 사정이 있으면 구조금의 전부나 일부를 지급할 수 있다('범지피해자 보호법' 제19조 제7항).

(2) 범죄피해자구조금의 종류와 보충성

구조금은 유족구조금·장해구조금 및 중상해구조금으로 구분한다('범죄피해자 보호법' 제17조 제1항). 유족구조금은 구조피해자가 사망하였을 때 맨 앞 순위인 유족(순위가 같은 유족이 2명

이상이면 똑같이 나누어 지급)에게 지급하고('범죄피해자 보호법' 제17조 제2항), 장해구조금과 중상해구조금은 해당 구조피해자에게 지급한다('범죄피해자 보호법' 제17조 제3항).

구조피해자나 유족이 해당 구조대상 범죄피해를 원인으로 국가배상법이나 그 밖의 법령에 따른 급여 등을 받을 수 있으면 대통령령으로 정하는 바에 따라 구조금을 지급하지 아니한다('범죄피해자 보호법' 제20조). 그리고 국가는 구조피해자나 유족이 해당 구조대상 범죄피해를 원인으로 손해배상을 받았으면 그 범위에서 구조금을 지급하지 아니한다('범죄피해자 보호법' 제21조 제1항). 국가는 지급한 구조금 범위에서 해당 구조금을 받은 사람이 구조대상 범죄피해를 원인으로 가지는 손해배상청구권을 대위한다('범죄피해자 보호법' 제21조 제2항). 따라서 범죄피해자는 결과적으로 가해자가 불명하거나 자력이 없어서 피해의 전부나 일부를 배상받지 못할 때만 보충적으로 구조금을 받을 수 있다.

(3) 범죄피해자구조금의 청구절차와 지급방법

① 청구기관

구조금 지급에 관한 사항을 심의·결정하기 위해서 각 지방검찰청에 범죄피해구조심의회를 두고 법무부에 범죄피해구조본부심의회를 둔다('범죄피해자 보호법' 제24조 제1항). 심의회는 법무부 장관의 지휘·감독을 받는다('범죄피해자 보호법' 제24조 제3항). 구조금을 받고자 하는 사람은 법무부령이 정하는 바에 따라서 그 주소지·거주지나 범죄 발생지를 관할하는 범죄피해구조심의회에 신청하여야 한다('범죄피해자 보호법' 제25조 제1항).

② 청구기간

구조금 지급 신청은 해당 범죄피해 발생을 안 날부터 3년이 지나거나 해당 구조대상 범죄피해가 발생한 날부터 10년이 지나면 할 수 없다('범죄피해자 보호법' 제25조 제2항).

③ 지급방법

구조금은 일시금으로 지급한다('범죄피해자 보호법' 제17조 제1항).

④ 긴급구조금 지급

범죄피해자구조심의회는 구조금 지급 신청을 받았을 때 피해자의 장해나 중상해 정도가 명확하지 아니하거나 그 밖의 사유로 말미암아 신속하게 결정할 수 없는 사정이 있으면 신청이나 직권으로 대통령령이 정하는 금액 범위에서 긴급구조금을 지급하는 결정을 할 수 있다('범죄피해자 보호법' 제28조 제1항).

(4) 구조금을 받을 권리와 환수

범죄피해자구조심의회가 구조를 결정하면 범죄피해자는 구조금을 받을 권리를 취득한다. 구조금을 받을 권리는 그 구조결정이 해당 신청인에게 송달된 날부터 2년간 행사하지 아니하면 시효로 말미암아 소멸한다('범죄피해자 보호법' 제31조). 구조금을 받을 권리는 양도하거나 담보로 제공하거나 압류할 수 없다('범죄피해자 보호법' 제32조).

국가는 구조금을 받은 사람이 ① 거짓이나 그 밖의 부정한 방법으로 구조금을 받은 때, ② 구조금을 받은 후 제19조에 규정된 사유가 발견된 때, ③ 구조금이 잘못 지급된 때의 어느 하나에 해당하면 범죄피해자구조심의회나 범죄피해자구조본부심의회의 결정을 거쳐 그가 받은 구조금의 전부 또는 일부를 환수할 수 있다('범죄피해자 보호법' 제30조 제1항). 국가가 구조금 환수를 할 때는 국세징수의 예에 따르고, 그 환수의 우선순위는 국세 및 지방세 다음으로 한다('범죄피해자 보호법' 제30조 제2항).

제 7 절 사회권

Ⅰ. 일반론

1. 의의

(1) 개념

사회권은 인간의 존엄과 가치가 실질적으로 보장되도록 국민이 인간다운 생활을 할 조건을 마련해 주도록 국가에 요구할 수 있는 권리이다. 사회권은 수익권, 생활권적 기본권, 생존권적 기본권, 생활권, 사회적 기본권, 사회국가적 기본권이라고도 부른다.

(2) 사회권의 역사적 · 이념적 배경

시민사회에서 기본권은 시민계급의 생명, 자유, 재산을 보호하는 시민의 자유와 권리를 뜻하였다. 시민사회 형성에 따라 산업사회로 급속하게 발전하면서 수많은 무산노동대중이 발생하였고, 산업사회 근로대중에게 이러한 자유권 중심의 기본권은 공허한 구호에 지나지 않았다. 즉 집이나 재산이 없는 많은 근로자에게 주거의 자유, 재산권 보장 등과 같은 전통적 기본권은 아무런 소용이 없었다. 이들에게는 '생존 보장, 완전고용, 노동력 보존'과 같은 새로운 권리 보장이 필요하였다. 사회권은 경제적 · 사회적 약자와 소외계층, 특히 산업사회에서 대량으로 발생한 무산근로대중의 인간다운 생활을 보장하고, 정의로운 사회질서를 형성하려고 규정된 기본권이다. 경제적 · 사회적 약자와 소외계층을 보호하고 이들의 인간다운 생활을 보장함으로써 정의로운 사회질서를 형성하려는 데 사회권의 의의가 있다. 진정한(실질적) 자유는 생존에 필요한 최소한도의 물질적 보장 없이 있을 수 없다. 이러한 의미에서 사회권은 자유의 실질적 조건이며 기초이다.

　　사회권이라는 기본권 등장은 사회(경제적)구조와 근대법 기본인식체계 변화에 따른 국가이
해와 기본권사상 변화에 바탕을 둔다. 먼저 18세기 말부터 19세기까지 시민사회에서 시민혁
명을 계기로 재산과 교양이 있는 유산계급(시민계급)을 중심으로 발전한 기본권사상은 자유권
을 중심으로 전개되었다. 이러한 기본권사상은 추상적 · 이념적 인간관과 자유주의(형식적인 존
엄－자유－평등)에서 출발하여 국가 · 사회2원론에 기초한 소극국가와 자본주의 시장경제에 기
반을 둔 시민적 법치국가적 헌법을 통해서 사적 자치를 기초로 하는 시민법질서 수립을 목표
로 한다. 자유권은 천부적 인권으로서 전국가적 권리이고, 소극적 · 방어적 권리이다. 따라서
국가의 부작위를 요구하고 국가에서 자유로운 생활영역을 보장하고자 한다. 그리고 자유권은
모든 국가권력을 직접 구속하고, 소구도 가능하며, 법률유보는 기본권제한적 법률유보로 이해
된다. 다음으로 19세기 말부터 산업사회에서 산업혁명을 계기로 등장한 유산계급과 무산계급
사이 갈등을 토대로 발전한 기본권사상은 자유권뿐 아니라 사회권/사회주의권리를 중시하는
모습으로 나타났다. 이러한 기본권사상은 구체적 · 현실적 인간관과 수정주의/사회주의(공산주
의)(존엄－자유－평등의 실질화)에서 출발하여 국가 · 사회2원론을 극복하려고 노력하는 적극국
가(사회국가)/공산국가와 사회적 시장경제/중앙계획경제에 기반을 둔 사회국가헌법/사회주의
헌법을 통해서 사회법질서(법의 사회화)/사회주의법질서 수립을 목표로 한다. 사회권은 실정법
상 권리로서 국가내적 권리이고, 적극적 권리이다. 따라서 국가의 작위, 즉 국가적 급부와 배
려를 요구한다. 그리고 사회권은 구체화하는 입법이 필요하여 소송상 실현수단이 무엇인지
다툼이 있고, 법률유보는 기본권형성적 법률유보로 이해된다.

　　자유권이 추상적 개인의 형식적 자유(의 형식적 평등)를 지향하지만, 사회권이 구체적 개인
의 실질적 평등을 지향함을 강조한다는 점에서 양자의 대립관계가 두드러진다. 그러나 양자
가 같은 이념, 즉 인간의 존엄과 가치 보장을 지향하고 이 이념은 형식적으로가 아니라 실질
적으로 보장되어야 한다는 점, 삶의 최소조건 보장 없는 자유는 이미 공허하고(자유의 실질화
요청), 개인의 자율 없는 후견적 평준화와 개인차를 고려 않는 산술적 · 절대적 평등은 이미
맹목적이라는 점(평등의 실질화 요청)에서 오늘날 헌법국가(실질적 · 사회적 법치국가)에서 양자는
상호보완관계를 유지한다고 보지 않을 수 없다. 특히 사회권은 자유권을 현실화할 수 있는
외적 조건과 전제를 다룬다.

(3) 연혁

　　사회권사상은 이미 중세의 스콜라철학에서, 특히 토마스 아퀴나스(Thomas Aquinas)의 신
학대전에서 상당히 구체적으로 나타난다. 이 사상은 그 후 많은 사상가가 주장하였으나, 특히
안톤 멩어(Anton Menger), 피히테(J. G. Fichte) 등의 주장에서 많은 영향을 받았다. 사회권의
이념적 원천은 프랑스 대혁명의 당시 3대 구호인 자유 · 평등 · 박애 중 박애(형제애)나 평등에
서 찾기도 하고, 19세기 공장노동자 운동이나 사회주의이론가들의 사상에서 찾기도 한다.

　사회권사상은 이미 1789년 프랑스 대혁명을 전후하여 구체적으로 인권문서에 나타났다.
1776년 프랑스 루이 16세 포고문에는 근로의 권리가 불가양의 권리로 선포되었다. 1793년
프랑스 헌법에는 근로의 권리, 공적 구호청구권과 교육을 받을 권리가 규정되었다. 그러나 이
러한 규정들은 방침(강령)규정에 지나지 않은 데다가 이 헌법 자체가 시행되지 못하였다. 프
랑스 대혁명과 나폴레옹전쟁 이후 헌법에 사회권을 규정하는 것은 대체로 위축되었다. 그러
나 1798년과 1801년의 네덜란드 헌법과 1815년 네덜란드 기본법은 사회권을 규정하였고,
1831년 벨기에 헌법도 국비를 통한 공교육을 보장하는 규정을 두었다. 1794년 프로이센 보통
법도 교육, 미성년자, 극빈자와 정신이상자에 대한 국가의 배려의무를 규정하였다.

　1848년 프랑스 2월 혁명을 계기로 사회권에 관한 논의가 또다시 활발하게 진행되었다. 그
러나 11월 4일 헌법은 제13조에서 방침규정에 불과한 근로의 자유와 영업의 자유를 규정하
는 데 그쳤다. 독일에서도 1848년 프랑크푸르트에서 소집된 국민회의가 사회권에 관해서 많
은 논의를 하였다. 그러나 결국 초등교육 무료를 규정하는 데 머물렀고(제157조), 그나마 이
헌법은 시행되지 못하였다. 1850년 프로이센 헌법은 제25조 제3항에서 무료초등교육을 규정
하였다.

　사회권을 본격적으로 헌법에 수용한 것은 1919년 독일 바이마르 헌법이었다. 1918년 소련
헌법에서 자극을 받아 바이마르 헌법은 사회권을 광범위하게 채택하였다. 즉 인간다운 생활
보장(제151조), 노동력 보호(제157조), 근로조건과 경제조건을 향상하기 위한 단결의 자유(제159
조), 근로 보호와 피보험자 참여 아래 사회보장 구성에 관한 강령(제163조), 근로자의 경제조건
과 근로조건 공동형성(제165조) 등 매우 다양한 사회권을 보장하였다. 그러나 경제적·재정적
여건 등 때문에 이들은 방침규정에 머물렀다. 1949년 독일 기본법은 사회권의 특성과 문제점
(예를 들어 헌법의 규범력 훼손) 등을 고려하여 사회권을 규정하지 않고 대신 사회국가원리를 규
정하는 데 그쳤다. 사회권의 중요성은 오늘날 더욱 증대되고 있고, 국제적 차원에서 보장이 시
도되고 있다.

(4) 헌법규정

　1948년 헌법에서 이미 교육을 받을 권리(제16조), 근로의 권리(제17조), 근로3권(제18조),
생활무능력자 국가보호(제19조), 혼인의 순결·보건(제20조)이 규정되었다. 그리고 1962년 헌
법 제30조 제1항부터 인간다운 생활을 권리가 규정되었고, 1980년 헌법 제33조를 통해서 환
경권이 들어왔다. 1987년 헌법에서는 최저임금제(제32조 제1항), 여자의 복지와 권익향상(제34
조 제3항), 노인과 청소년의 복지향상(제34조 제4항), 신체장애자에 대한 국가보호(제34조 제5
항), 재해예방과 재해위험에서 국민 보호(제34조 제6항), 쾌적한 주거생활(제35조 제3항), 국가
의 모성보호의무(제36조 제2항)가 신설되었다.

2. 특성

(1) 국가의 적극적 활동 필요성

사회권은 형성·존중·보호되는 것만으로는 실현될 수 없고 거기에 내포된 사회적 프로그램을 실현하려는 국가활동이 필요하다. 이때 보통 입법자의 활동뿐 아니라 행정 활동도 요구된다. 즉 자유권은 국가권력 침해에 대한 소극적인 방어만으로 보호될 수 있지만, 사회권은 국가의 적극적 급부와 배려를 통해서 비로소 보장될 수 있다. 따라서 자유권은 국가권력의 개입이나 간섭을 배제하지만, 사회권은 국가의 개입과 간섭이 필수적이다.

(2) 내용의 불명확성

사회권 내용은 매우 불명확하다는 특성이 있다. 법규정의 불명확성이나 모호성은 사회권에 국한된 문제는 물론 아니다. 그러나 사회권은 그 구체적 내용과 구조를 확정하는 데 필요하고 충분한 기준을 내포하지 못한 특수성이 있다. 물론 헌법은 사회권의 내용을 구체적이고 분명하게 규정하여 개인에게 급부청구권을 부여해 줄 수 있다. 그러나 이때 그 내용이 방대해질 뿐 아니라 헌법 개정 곤란성 때문에 바뀌는 경제적 현실과 사회적 상황에 탄력적으로 대응하기 어렵다는 문제가 생긴다. 따라서 사회권을 헌법에 규정할 때 이를 불명확하게 규정할 수밖에 없다.

(3) 입법적 구체화 필요성

사회권 내용은 불확정적이므로 사회권을 실현하려면 법적 구체화가 필요하다. 즉 사회권은 입법자가 그 내용을 구체적으로 형성하고 이를 기초하여 행정 집행이 이루어져야 비로소 실현된다. 사회권은 법률이 구체화하지 않으면 그 자체로는 사법적 소구가 '원칙적으로' 불가능하다.

(4) 국가의 재정적 능력

사회권은 국가의 재정적 지원 없이는 실현될 수 없다. 따라서 사회권은 국가의 재정적 능력 범위 안에서만 실현될 수 있다. 즉 국가의 경제적 여건과 재정적 능력에 따라 실현 여부와 정도가 결정될 수밖에 없는 권리이다. 이러한 의미에서 모든 사회적 급부청구권은 가능성 유보 아래 있다.

(5) 다른 사람의 자유 침해 가능성

사회권 실현은 다른 사람의 자유 침해를 초래할 수 있다. 예를 들어 근로의 권리를 실현하려고 사기업이 실업자를 의무적으로 고용하게 한다면 기업주의 자유와 권리가 침해된다. 그리고 사회권 실현을 위한 비용은 다른 사람에게 부과한 조세에 의존할 수밖에 없다. 그뿐 아니라 사회권 실현은 다른 권리와 충돌할 수 있다. 예를 들어 완전고용을 지향하며 많은 일자리의 조성의무를 부과하는 근로의 권리는 쾌적한 환경의 유지와 조성을 내용으로 하는 환경권과 충돌할 수 있다.

3. 법적 성격

한국 헌법은 사회권을 자유권과 특별한 구별 없이 주관적 권리의 규정양식을 취한다. 즉 헌법이 대한민국의 국가적 성격 중 하나로서 사회국가원리를 인정하는 입법방식 가운데 국가목표규정 형태인 '사회국가원리규정'을 택하지 아니하고 주관적 권리규정 형태인 '사회권규정'을 명시함으로써 사회문제에 대한 국가적 개입에 관한 헌법의 규범적 요구가 '권리' 수준에 놓이게 되었다. 그러나 그러한 규범적 요구와 무관하게 사회권은 그것을 보장하는 국가의 재정능력을 전제로 할 뿐 아니라 재정이 허용한다고 하더라도 그 운용처의 우선순위에 따라(이는 입법자 소관이 될 것이므로 결국 입법 여하에 따라) 그 실현 여부와 정도가 달렸다는 현실적인 한계를 고려하지 않을 수 없다. 그러다 보니 헌법에 명시된 규범적 요구를 해석을 통해서 실현할 수 있는 수준으로 축소하는 해석론이 계속되었다.[959] 사회권의 법적 성격과 관련하여서는 ① 권리성을 인정할 수 있는지와 ② 국가권력에 대해서 어느 정도의 구속력을 발휘하는지와 관련하여 학설 대립이 있다.

(1) 학설
① 프로그램 규정설

사회권은 정치적 강령(프로그램)에 불과한 것으로서 국가권력에 대한 법적 구속력과 주관적 권리성이 인정되지 않는다고 한다.[960] 따라서 이 견해를 따르면 사회권의 권리성이 부정된다. 입법자가 법률을 제정하여도 그에 따른 권리는 법률상 권리이지 헌법상 권리는 아니다. 이에 대해서는 헌법에 "…할 권리를 가진다."라고 표현한 이상 그것을 법적 구속력이 없는 정치적·도의적 선언이나 지침으로 볼 수 없다는 비판이 있다.[961] 국민에 대해서 국가의 구체적 행위가 있고, 그것이 국민의 문화적 최저한도의 생활을 침해하면, 개개 국민은 생활권에 따라서 법원의 그 행위 배제를 주장할 수 있어야 하므로, 사회권은 프로그램적 규정이지만 일면에서는 권리성이 있다는 견해도 있다.[962]

---

959) 특히 헌재 1996. 10. 31. 93헌바14, 판례집 8-2, 422; 헌재 1997. 5. 29. 94헌마33, 판례집 9-1, 543; 헌재 1997. 12. 24. 95헌마390, 판례집 9-2, 817 참조.

960) 문홍주, 『제6공화국 한국헌법』, 해암사, 1987, 302쪽.

961) 홍성방, 『헌법학(중)(제2판)』, 박영사, 2015, 288쪽.

962) 문홍주, 『제6공화국 한국헌법』, 해암사, 1987, 302쪽.

② 주관설

(ⅰ) 추상적 권리설은 사회권에 어느 정도의 법적 구속력을 인정하나 주관적 권리성은 법률이 구체화할 때만 그 법률과 결합하여 구체적 권리로서 인정된다는 견해이다.963) 구체화 법률이 없으면 입법의무를 인정할 여지는 있으나 국민은 추상적 권리규정만을 근거로 주관적 권리를 주장할 수는 없다고 한다. 이 견해는 사회권을 권리로 보기는 하지만, 이를 근거로 직접 구체적 청구권을 주장할 수 없고 법률 제정을 통해서 비로소 구체적 권리가 된다고 하므로 객관설과 다를 바 없다고 한다.964) 그리고 헌법재판제도가 확립되어 공권력 행사나 불행사가 기본권을 침해하면 헌법소원을 제기할 수 있게 된 현재의 헌법해석론으로는 문제가 있다고 한다.965)

(ⅱ) 불완전한 구체적 권리설을 따르면 사회권은 원칙적으로 구체적 권리이지만 헌법이 불완전한 형식으로 권리를 보장한 것이므로 국가의 입법의무 수행에 따라서 구체적 내용이 규정된다고 한다.966) 직접 급부청구권으로서 주관적 권리는 인정하지 않는다는 점에서는 추상적 권리설과 같으나 입법자의 입법의무를 헌법소원심판 등을 통해서 소구할 수 있다고 한다. 이 견해는 사회권은 일부 청구권적 기본권이나 정치적 기본권과 동일한 수준의 불완전하나마 구체적인 권리적 성격이 있다고 하나, 그러한 성격이 무엇인지 명확하지 않다.967)

(ⅲ) 구체적 권리설은 헌법규정에서 직접 구체적 권리가 도출된다고 보아 여타 다른 기본권과 같이 파악하는 견해이다.968) 이 견해는 사회권에 될 수 있으면 권리성을 부여하려고 시도하나, 헌법이 사회권을 권리 형태로 규정한다는 이유만으로 사회권을 구체적 권리로 보아야 한다는 것은 충분한 논증으로 보기 어렵고, 구체적 권리설의 내용은 침해배제청구권 수준을 넘지 못하며 실제로 사회권을 '구체적 권리'라고 불러도 입법을 통해서 구체화하지 않으면

---

963) 구병삭, 『신헌법원론(제3전정판)』, 박영사, 1996, 608쪽(추상적 권리는 물론 구체적 권리의 측면도 아울러 있다고 한다); 이부하, 『헌법학(상)』, 법영사, 2019, 478~479쪽; 정만희, 「생존권적 기본권의 법적 성격」, 『고시연구』 제22권 제10호(통권 제259호), 고시연구사, 1995. 10., 37쪽.

964) 계희열, 『헌법학(중)(신정2판)』, 박영사, 2007, 716쪽.

965) 홍성방, 『헌법학(중)(제2판)』, 박영사, 2015, 288쪽.

966) 고문현, 『헌법학개론』, 박영사, 2019, 224쪽; 권영성, 「사회적 기본권의 헌법규범성고－헌법소송적 실현을 위한 시론－」, 『헌법논총』 제2권, 헌법재판소, 1991, 200쪽; 같은 사람, 『헌법학원론(개정판)』, 법문사, 2010, 648~652쪽; 심경수, 『헌법』, 법문사, 2018, 293쪽.

967) 계희열, 『헌법학(중)(신정2판)』, 박영사, 2007, 716쪽.

968) 김수갑, 「사회적 기본권의 법적 성격」, 『유럽헌법연구』 제23호, 유럽헌법학회, 2017, 198~202쪽; 김승조, 「생존권에 관한 연구」, 고려대학교 법학박사학위논문, 1989; 김철수, 『학설·판례 헌법학(상)』, 박영사, 2008, 1113~1115쪽; 김하열, 『헌법강의』, 박영사, 2018, 658쪽; 박일경, 『제6공화국 신헌법』, 법경출판사, 1990, 320~321쪽; 성낙인, 「기본권체계상 생존권적 기본권의 헌법적 가치」, 『고시연구』 제22권 제10호(통권 제259호), 1995. 10., 14~26쪽; 같은 사람, 『헌법학(제19판)』, 법문사, 2019, 1334~1335쪽; 안용교, 『한국헌법(제2전정판)』, 고시연구사, 1992, 518~522쪽; 이성환, 「사회권의 법적 성격」, 『법학논총』 제22권 제2호, 국민대학교 법학연구소, 2010, 148~160쪽; 정재황, 『신헌법입문(제9판)』, 박영사, 2019, 517쪽. 정 철, 「사회적 기본권의 법적 성질」, 『세계헌법연구』 제13권 제1호, 세계헌법학회 한국학회, 2007, 74~84쪽.

구체적·현실적 권리가 되지 못한다는 사실에 별다른 영향이 없다.969) 그리고 사회권에서 문제가 되는 것은 해당 기본권의 구성요건에 속하지는 않으나, 그러한 구성요건 실현을 제약하고 조건 지우는 소여라는 것을 간과하고, 사회권 실현은 입법부와 집행부의 의무라는 사회권 특성을 무시하며, 헌법이 사회권을 권리 형태로 규정하여서 사회권이 권리라는 주장만으로 그 권리성을 인정하는 충분한 논증이 되기 어려우며, 구체적 권리설의 내용은 침해배제청구 수준을 넘지 못하고 실제로 '구체적 권리'라는 표현에도 입법이 구체화하지 않으면 구체적 현실이 되지 못한다는 사실에 영향을 주지 않는다는 비판이 있다.970) 개인의 권리인지의 핵심적 요소가 사법적 권리구제 가부에 있다면, 입법부작위에 대한 위헌 확인을 구할 수 있다는 점에서 구체적 권리성이 있는데, 다만 재판을 통한 구제 대상이 급부 자체가 아니라 입법부 작위의 위헌 확인에 그치므로, 제한된 구체적 권리라는 견해도 있다.971)

(ⅳ) 원칙모델에 따른 권리설은 모든 사회권은 일단 잠정적으로 개인에게 주관적 권리를 부여하지만, 이 권리는 형량을 거치고 나서야 비로소 확정적인 권리가 된다는 견해이다.972) 원칙모델에 따른 학설은 세 가지 기준으로 형량한다고 하지만 과연 그 기준 자체에서 어떤 것을 먼저 적용할 것인지가 분명하지 않고, 세 가지 기준이 어떤 이유에서 채택되었는지가 문제이며, 어떤 사회권은 강한 보호를 받고 어떤 사회권은 보호를 받는지라는 물음에 대답할 수 없다고 한다.973) 사회권 실현 정도를 상대화한 것으로 해석자마다 달리 해석할 여지를 주어 그 상대적 무원리성을 나타낸다는 비판도 있다.974)

③ 객관설

사회권규정을 국가목표규정이나 입법위임규정 등 객관법적 규정으로만 보아 법적 구속력은 인정하나 주관적 권리성은 인정하지 않는 견해이다.975) 이 견해에 대해서는 '권리'라고 규

---

969) 계희열, 『헌법학(중)(신정2판)』, 박영사, 2007, 717쪽.

970) 홍성방, 『헌법학(중)(제2판)』, 박영사, 2015, 289~290쪽.

971) 양 건, 『헌법강의(제8판)』, 법문사, 2019, 998~999쪽.

972) 계희열, 『헌법학(중)(신정2판)』, 박영사, 2007, 717~718쪽; 이준일, 『헌법학강의(제7판)』, 홍문사, 2019, 765~
769쪽; 정태호, 「원리로서의 사회적 기본권: R. Alexy의 원리모델을 중심으로」, 『법과 인간의 존엄』(청암 정경식
박사 화갑기념논문집), 박영사, 1997, 238~265쪽.

973) 홍성방, 『헌법학(중)(제2판)』, 박영사, 2015, 290쪽.

974) 김철수, 『학설·판례 헌법학(상)』, 박영사, 2008, 1113쪽.

975) 장영수, 「인간다운 생활을 할 권리의 보호범위와 실현구조」, 『현대공법의 연구』(미봉 김운용 교수 화갑기념논
문집), 신흥사, 1997, 416~417쪽; 같은 사람, 『헌법학(제11판)』, 홍문사, 2019, 809~810쪽; 한수웅, 「헌법소송을
통한 사회적 기본권실현의 한계 – 법적 권리설로부터의 결별 –」, 『인권과 정의』 제245호, 대한변호사협회, 1997.
1., 75쪽; 같은 사람, 『헌법학(제9판)』, 법문사, 2019, 964~971쪽; 홍성방, 『헌법학(중)(제2판)』, 박영사, 2015,
291~292쪽(다만, 생활무능력자의 생계비청구권은 인간다운 생활을 할 권리의 최소한의 내용으로서 구체적 권리
이고, 최소한의 물질적인 전제조건이 확보되지 않고는 인간의 존엄과 가치는 공염불에 지나지 않으므로, 인간의
존엄과 가치가 구체적으로 침해될 정도로 경제적으로 열악한 지위에 놓이면 헌법 제34조에 따른 구체적인 입법
이 없더라도 헌법 제10조를 근거로 최소한의 생활보호청구권을 인정할 수 있다고 한다).

정한 헌법의 문언적 한계를 넘는다는 문제점이 있다.976) 그리고 사회권 실현을 전적으로 입법자에게 맡겨 버려서 개인(국민)은 입법자에게 법적으로 아무것도 할 수 없게 된다.977)

④ 단계화설

권리가 보장하는 급부의 가능한 수준을 단계별로 나누어 그에 맞추어 법적 성격을 프로그램에서 구체적 권리까지 단계화하여 인정하자는 견해이다.978)

⑤ 개별화설

사회권을 개별 기본권별로, 개별 기본권도 보장내용이나 보장수준별로 각각 법적 성격을 달리한다는 견해이다.979) 이 견해를 따르면 인간다운 생활을 할 권리 중 개인의 물질적 생존의 최소치와 그가 공동체 관련성을 유지할 수 있는 공동생활의 최소치에 대해서는 주관적·구체적 권리성을 인정하고 그 외의 부분은 입법위임이나 국가목표규정의 성격이 있는 것으로 본다. 헌법상 명문으로 자유권 규정과 같은 형식으로 규정된 것은 구체적 권리로, 그 밖의 형식으로 규정된 것은 헌법위임규정이나 국가목표조항으로 이해하여야 한다는 견해도 있다.980)

(2) 판례

헌법재판소는 '최소한의 물질적 생활 유지'를 위한 때는 구체적 권리성을 인정할 수도 있지만, 그 수준을 넘어서면 구체적 입법이 요구되고, 이때 입법자에게는 광범위한 입법형성권이 인정된다고 한다.981)

(3) 사견

사회권의 규범력을 부정하는 프로그램규정설은 현대 법치국가의 헌법해석으로 타당하지 않고, 사회권을 일률적으로 모두 주관적 권리로 인정하는 견해도 국가의 재정능력과 밀접한 관련이 있는 사회권 해석으로 적합하지 않다. 한국 헌법에 규정된 '사회권'은 그 종류도 매우 다양하고 채택된 규정양식도 같지 아니하다. 따라서 '사회권'이라는 목록 아래 포괄적으로 성격규정을 하는 것으로는 불충분하기 짝이 없다. 특히 사회권은 개별적으로 발전한 다양한 권리를 묶어놓은 것에 불과하다. 이러한 점에서 사회권은 개별 기본권규정별로, 보장내용과 수

---

976) 계희열, 『헌법학(중)(신정2판)』, 박영사, 2007, 715쪽.
977) 계희열, 『헌법학(중)(신정2판)』, 박영사, 2007, 718쪽.
978) 김문현, 「인간다운 생활을 할 권리의 법적 성격 및 보장수준」, 『고시계』 제42권 제11호(통권 제489호), 고시계사, 1997. 11., 117쪽; 한병호, 「인간다운 생존의 헌법적 보장에 관한 연구」, 서울대학교 박사학위논문, 1993, 129~147, 217~218쪽.
979) 김선택, 「인간다운 생활을 할 권리의 헌법규범성」, 『판례연구』 제9집, 고려대학교 법학연구소, 1998, 15~42쪽; 김일환, 「사회적 기본권의 법적 성격과 보호범위에 관한 고찰」, 『헌법학연구』 제4집 제3호, 한국헌법학회, 1998, 131~140쪽.
980) 김해원, 「기본권 체계」, 『법학논고』 제32집, 경북대학교 법학연구원, 2010, 309~310쪽
981) 헌재 1997. 5. 29. 94헌마33, 판례집 9-1, 543, 554~555.

준별로 각각 구체적인 국가목표규정, 입법위임규정, 제도보장규정, 주관적 권리규정으로 달리
보는 개별화설이 타당하다. 국가목표규정은 국가권력의 객관적 의무 위반 확인에 그치고, 입
법위임규정은 입법부작위 위헌 확인과 때에 따라 입법소구도 가능하다. 그리고 제도보장규정
을 직접근거로 개인이 사법기관에 소를 제기할 수 없으나, 제도보장규정은 최소한 본질내용
범위에서 직접 재판규범으로서 법관을 구속하고, 주관적 권리규정은 소송수단을 통한 직접
소구가 가능하고 입법소구도 가능하다.

4. 주체

사회권 주체는 국민이다. 자연인이 아닌 법인은 사회권 주체가 될 수 없다. 사회권은 개인
이 생존에 필요한 급부를 국가에 대해서 청구할 수 있는 권리이기 때문이다. 외국인은 원칙
적으로 사회권 주체가 될 수 없으나, 예외적으로 법률이 정하면 사회권 주체가 될 수 있다.

Ⅱ. 인간다운 생활을 할 권리

1. 헌법 제34조 규정체계

① 헌법 제34조 제1항의 체계적 지위와 관련하여 인간다운 생활을 할 권리 조항은 일련의
사회권조항 중에서도 핵심이 되는 조항이므로, 인간다운 생활을 할 권리를 규정한 헌법 제34
조 제1항은 사회권에 관한 이념적·총칙적 규정이고, 그 밖의 사회권은 인간다운 생활을 할
권리를 실현하기 위한 수단적 권리라고 하는 견해가 있다.[982] 그리고 ② 인간다운 생활을 할
권리는 주생존권적 기본권으로서 성격이 있고, 다른 개별 생존권적 기본권들이 여기서 파생
된다는 견해가 있다.[983] ③ 인간다운 생활을 할 권리는 인간의 존엄과 가치를 사회권 영역에
서 실현하기 위한 일반적인 사회권으로 기능하면서, 다른 사회권의 목적조항 역할을 수행한다
는 견해도 있다.[984] 또한, ④ 경제활동에 관한 기본권들의 이념적 기초는 인간다운 생활을 할
권리이고, 인간다운 생활을 할 권리의 이념적 기초는 인간의 존엄성이라는 견해도 있다.[985]
⑤ 사회권은 헌법의 사회적 과제를 실현하기 위해서 입법자가 적극적으로 활동하여야 할 영
역(교육, 노동, 사회보장영역 등)을 '구체적'으로 지시한다는 점에서 국가에 '일반적인 사회정책
의무'를 부과하는 독일 기본법상 사회국가원리와 다른데, 인간다운 생활을 할 권리를 사회권
의 총칙적 규정으로 이해하면 입법자에게 구체적인 활동영역을 제시하는 기능을 수행하는 인
간다운 생활을 할 권리는 다시 사회국가원리와 같이 개방적인 성격이 있는 불합리가 생기므

---

982) 권영성, 『헌법학원론(개정판)』, 법문사, 2010, 655쪽.

983) 김철수, 『학설·판례 헌법학(상)』, 박영사, 2008, 1121쪽.

984) 김수갑, 「사회적 기본권의 법적 성격」, 『유럽헌법연구』 제23호, 유럽헌법학회, 2017, 177~178쪽.

985) 허　영, 『한국헌법론(전정15판)』, 박영사, 2019, 581쪽.

로, 헌법 제34조는 구체적으로 '사회보장에 관한 권리'로 이해하여야 한다는 견해도 있다.[986] 그 밖에 ⑥ 인간의 존엄 이념 아래 개별 사회권을 보장하는 기본권 체계에서 보면, '인간다운 생활을 할 권리'는 (ⅰ) 사회권 보장의 이념적 기초로서 개별 사회권 규정의 해석지침을 제공하고, (ⅱ) 특정한 내용의 개별적·구체적 권리 보장을 내용으로 할 뿐 아니라 (ⅲ) 개별 사회권 조항에 명시되지 않았으나 인간의 존엄 유지에 필요한 그 밖의 물질적·사회적 조건을 보충적으로 보장하는 일반적·개방적 기본권의 성격과 내용이 있고, 헌법 차원에서 기본권 보장을 포함하는 것은 제34조 제1항뿐이라서 헌법 제34조 제2항 내지 제6항은 제1항의 이념을 구체적으로 실현하기 위한 것이긴 하지만, 사회보장 등에 관한 구체화 입법이나 이를 집행하는 행정작용을 통해서 이를 실현할 책무와 과제를 국가에 부여할 뿐이지 개별 국민에게 그에 관한 주관적 권리를 기본권으로 보장하는 것이 아니라는 견해도 있다.[987]

    인간의 존엄과 가치는 기본권 보장의 최고이념이다. 이는 자유권과 사회권을 비롯한 개별 기본권을 통해서 실현된다. 존엄권이 자유권의 기초로서 자유권에서 절대 침해할 수 없는 최소한의 보호영역을 보장하는 것처럼 인간다운 생활을 할 권리는 인간적 생존의 최소한을 확보하게 한다. 따라서 헌법 제34조 제1항은 인간의 존엄과 가치를 실현하는 사회권을 규정하고, 이러한 사회권은 모든 사회권의 기초를 이룬다. 구체적으로 인간다운 생활을 할 권리는 그 자체로 구체적인 사회권이면서 다른 사회권의 목표와 해석방향 그리고 해석기준을 제시하는 이념적 성격도 있다. 인간다운 생활을 할 권리는 이념적 성격에서 ① 국가는 개인에게 감당할 수 없는 사회적 위험이 발생하여 소득을 상실하여서 기존의 정상적인 생활을 유지할 수 없는 상황일 때 개인을 보호하여야 하는데, 이를 위해서 사회적 위험 발생을 방지하고, 적어도 사회적 위험이 가져오는 경제적 파급효과를 최소화하여야 하며, ② 국가는 사회적 위험이 발생하였을 때 개인의 기존 생활수준을 어느 정도 유지할 수 있도록 보장하여야 하고, ③ 국가는 일정한 기준에 따라 개인이 평등하게 사회보장법적 보호를 받을 수 있어야 하며, ④ 국가는 모든 국민에게 인간다운 최저생활을 보장하여야 한다.[988] 헌법 제34조 제1항이 규정하는 인간다운 생활을 할 권리는 생활무능력자의 최저한도 물질적 생활을 보장하기 위한 것이다. 이는 사회권 보장의 기초로서 법률로 제한할 수 없다. 헌법 제34조 제2항부터 제6항까지는 인간다운 생활을 할 권리의 보장범위와 관련하여 국가의 사회정책적 확대의무를 규정한다. 즉 이러한 조항들은 사회국가적 (정책)목표를 설정한다. 그리고 헌법 제34조 제1항이 규정하는 인간다운 생활을 할 권리는 다른 사회권에 관한 헌법규정의 이념으로서도 기능한다.[989]

---

986) 전광석, 『한국헌법론(제14판)』, 집현재, 2019, 487~488쪽.
987) 김하열, 『헌법강의』, 박영사, 2018, 662쪽.
988) 전광석, 『한국헌법론(제14판)』, 집현재, 2019, 489~490쪽.
989) 헌재 1995. 7. 21. 93헌가14, 판례집 7-2, 1, 20: "헌법은 제34조 제1항에서 국민에게 인간다운 생활을 할 권리를

2. 개인의 인간다운 생활을 할 권리(헌법 제34조 제1항)

(1) 의의

① 개념

인간다운 생활을 할 권리는 사회권 중 가장 기초가 되는 권리로서 인간의 존엄성에 상응하는 최소한의 생활을 영위할 수 있도록 국가의 배려와 급부를 요구할 수 있는 권리이다(헌법 제34조 제1항). 사회권으로서 인간다운 생활은 생존을 위한 물질적 생활을 뜻하고 그러한 생활은 생존에 필요한 최소한의 물질적 수요를 확보할 때 가능하다. 그러므로 인간다운 생활을 할 권리는 국가에 생존에 필요한 최소한의 물질적 급부를 청구할 수 있는 권리를 말한다. 국가는 이에 상응하는 의무를 진다. 인간은 생존에 필요한 최소한의 물질적 수요를 확보하지 못하면 인간다운 생활이 불가능할 뿐 아니라 존엄성이 있는 인간으로서 인격을 자유롭게 발현할 수 없다. 국가가 모든 국민에게 물질적인 최저 생활을 보장해 줌으로써 모든 국민에게 자율적인 생활형성의 바탕을 마련해 준다는 데 인간다운 생활을 할 권리의 의의가 있다.

② 연혁

'인간다운 생활'이라는 표현은 1962년 헌법 제30조 제1항에서 처음 등장하였다. 1948년 헌법 제19조는 "노령·질병 기타 근로능력의 상실로 인하여 생활유지의 능력이 없는 자는 법률이 정하는 바에 의하여 국가의 보호를 받는다."라고 규정하였을 뿐이다. 1962년 헌법 제30조는 "① 모든 국민은 인간다운 생활을 할 권리를 가진다. ② 국가는 사회보장의 증진에 노력하여야 한다. ③ 생활능력이 없는 국민은 법률이 정하는 바에 의하여 국가의 보호를 받는다."라고 규정하였다. 1980년 헌법은 제32조 제2항에서 "국가는 사회보장·사회복지의 증진에 노력할 의무를 진다."라고 하여 다소 수정하였다. 현행 헌법 제34조는 1987년에 개정되었다.

(2) 법적 성격

① 헌법 제34조 제1항에서 인간다운 생활을 할 권리를 국민에게 주었지만, 이것만으로는 국민이 국가에 인간다운 생활을 요구하는 청구권이 생기는 것이 아니라 다분히 선언적·프로그램적 규정이지만, 일면에 권리성이 있다는 견해가 있다.[990] ② 인간다운 생활을 할 권리가 헌법상 국민의 권리로 규정되고, 그것을 적극적으로 보장하기 위해서 법적 권리로 보지만, 현실적으로 국가의 재정적 능력에 따라 제약을 받고 그 구체적인 입법은 국회 재량에 유보되어

보장하는 한편, 동조 제2항에서는 국가의 사회보장 및 사회복지증진의무를 천명하고 있다. '인간다운 생활을 할 권리'는 여타 사회적 기본권에 관한 헌법규범들의 이념적인 목표를 제시하고 있는 동시에 국민이 인간적 생존의 최소한을 확보하는 데 있어서 필요한 최소한의 재화를 국가에게 요구할 수 있는 권리를 내용으로 하고 있다. 국가의 사회복지·사회보장증진의 의무도 국가에게 물질적 궁핍이나 각종 재난으로부터 국민을 보호할 대책을 세울 의무를 부과함으로써, 결국 '인간다운 생활을 할 권리'의 실현을 위한 수단적인 성격을 갖는다고 할 것이다."

990) 문홍주, 『제6공화국 한국헌법』, 해암사, 1987, 313쪽.

있으므로 현 단계에서는 추상적 권리로 보아야 한다는 견해도 있다.[991] 그리고 ③ 인간다운 생활이 불가능한 국민에게는 인간다운 생활을 할 권리가 어떠한 기본권보다 중대한 의미가 있을 뿐 아니라 인간다운 생활 보장은 인간으로서의 존엄과 가치를 유지하는 데 불가결한 전제이므로 인간다운 생활을 할 권리는 불완전하나마 구체적 권리의 성격이 있다는 견해가 있다.[992] ④ 인간다운 생활을 할 권리는 입법재량이 아닌 헌법에 따른 입법구속에서 입법재량 문제이므로 구체적 권리라는 견해도 있다.[993] ⑤ 입법이 없으면 헌법규정만으로 급부를 청구할 수 없으나, 입법이 없거나 지나치게 불충분하면 이에 대해 헌법재판을 통해서 위헌확인을 청구할 수 있다는 제한적 의미에서 구체적 권리의 성격이 있다는 견해도 있다.[994] 더하여 ⑥ 인간다운 생활을 할 권리는 입법위임규정이나, 생활무능력자의 생계비청구권은 인간다운 생활을 할 권리의 최소한의 내용으로서 구체적 권리라는 견해도 있다.[995] 그 밖에 ⑦ 현대적 복지주의 헌법의 핵심을 이루는 기본권이고, 헌법 제34조가 "권리를 가진다."라고 명시하므로 권리성을 부정할 수 없으므로 구체적 권리로서 적극적 성격의 권리라는 견해도 있다.[996] 그리고 ⑧ 인간다운 생활을 할 권리는 1차적으로 국가의 적극적인 사회국가적 활동과 급부를 통해서 모든 국민의 인간다운 생활을 실현하여야 할 국가의 객관적인 성격이 있다는 견해도 있다.[997] 또한, ⑨ 인간다운 생활을 할 권리는 주생존권적 기본권의 성격이 있어서 다른 개별 생존권적 기본권들이 여기서 파생될 뿐 아니라 단순한 입법방침규정에 그치는 것이 아니라 법적 권리의 성격이 있다는 견해도 있다.[998] ⑩ 인간다운 생활을 할 권리를 전체로서가 아니라 이를 나누어 평가하여야 한다고 하면서, 헌법 제34조 제1항의 인간다운 생활을 할 권리는 제한적이지만 구체적 권리의 성격이 있고, 제34조 제5항은 입법위임으로, 제34조 제2항과 제3항, 제4항 그리고 제6항은 국가목표규정의 성격이 있다는 견해도 있다.[999] ⑪ 국가활동에 일정한 방향을 제시하는 국가목표규정이나 입법위임규정으로 이해될 수 있다는 견해도 있다.[1000] ⑫ 생활무능력자의 국가에 대한 보호청구권에서는 상황에 따라 구체적인 물질적 급부나 보호를 직접 청구할 수 있는 구체적 권리가 도출되지만, 그 이외에는 이를 실현할 법률을 만들라고 요구하는

---

991) 이부하, 『헌법학(상)』, 법영사, 2019, 506쪽.

992) 고문현, 『헌법학개론』, 박영사, 2019, 226쪽; 권영성, 『헌법학원론(개정판)』, 법문사, 2010, 657쪽.

993) 안용교, 『한국헌법(제2전정판)』, 고시연구사, 1992, 527~528쪽. 같은 견해로는 박일경, 『제6공화국 신헌법』, 법경출판사, 1990, 330쪽; 성낙인, 『헌법학(제19판)』, 법문사, 2019, 1339쪽(불완전한 구체적 권리적 성격도 배제할 수 없다고 한다).

994) 양 건, 『헌법강의(제8판)』, 법문사, 2019, 1000쪽.

995) 홍성방, 『헌법학(중)(제2판)』, 박영사, 2015, 344쪽.

996) 정재황, 『신헌법입문(제9판)』, 박영사, 2019, 519~520쪽.

997) 한수웅, 『헌법학(제9판)』, 법문사, 2019, 1055쪽.

998) 김철수, 『학설·판례 헌법학(상)』, 박영사, 2008, 1121쪽.

999) 계희열, 『헌법학(중)(신정2판)』, 박영사, 2007, 731~732쪽.

1000) 장영수, 『헌법학(제11판)』, 홍문사, 2019, 823쪽.

구체적 권리만 도출된다는 견해도 있다.[1001] ⑬ 헌법 제34조 제1항은 전체 사회권 보장의 이념적 기초이자 목표로서 개별 사회권 규정의 해석지침을 제공하면서 특정한 내용의 개별적 권리 보장까지 포함하고, 제34조 제2항 내지 제6항은 인간다운 생활을 할 권리를 보장하기 위한 구체적 제도로서 사회보장과 사회복지에 관한 정책을 마련하고 실시할 국가의무를 규정한다는 견해도 있다.[1002]

법적 성격은 각 조문의 내용에 따라 파악되어야 한다. 헌법 제34조는 규정내용이 항마다 다르므로 제34조를 전체로서가 아니라 항별로 살펴보아야 한다. 이렇게 보면 헌법 제34조 제1항의 인간다운 생활을 할 권리는 구체적 권리이고, 제34조 제5항은 입법자에게 생활능력이 없는 국민에 대한 국가의 보호를 입법자에게 위임한 입법위임규정으로 보아야 하며, 제34조 제2항과 제3항, 제4항 그리고 제6항은 사회국가 실현의 국가목표규정으로 보아야 한다.

(3) 주체

인간다운 생활을 할 권리의 주체는 국민이다. 이때 국민에는 자연인만이 포함되고 법인은 포함되지 않는다. 외국인은 원칙적으로 그 주체가 될 수 없으나, 예외적으로 법률이 정하는 바에 따라 그 주체로 인정될 수 있다. 사회보장기본법 제8조를 따르면 국내에 거주하는 외국인에게 사회보장제도를 적용할 때는 상호주의원칙에 따르되, 관계 법령에서 정하는 바에 따른다.

(4) 내용

인간다운 생활을 할 권리를 '인간의 존엄성에 상응하는 최소한'의 생활을 영위할 권리로 파악한다면 구체적으로 그 내용이 어떻게 되는지 문제 된다. 결국, 문제는 인간의 존엄성에 상응하는 최소한의 수준을 어떻게 볼 것인지이다. 이와 관련하여 ① 인간의 존엄성에 상응하는 건강하고 문화적인 생활이라는 견해,[1003] ② 물질적 궁핍에서 해방을 주내용으로 하는 물질적 최저생활권이라는 견해,[1004] ③ 인간의 존엄성은 인간의 개인으로서의 물질적 생존뿐 아니라 최소한의 사회적 관련성을 유지하는 생존을 요청하므로 최저한의 물질적 보장 외에 최소한의 사회생활적 수요가 충족되어야 할 것이라는 견해가 대립한다. 헌법재판소는 인간다운 생활권의 보호 영역을 '최소한의 물질적인 생계유지에 필요한 급부'와 그 이상의 급부로 파악하고 전자에 대해서만 구체적 권리성을 인정한다.[1005]

인간의 존엄성에 상응한다는 것의 뜻은 헌법의 인간상, 즉 고립된 개체로서 주권적 개인이 아니라 개인 대 사회의 관계 속에서 인간 고유의 가치를 훼손당하지 않으면서 사회 관련

1001) 정종섭, 『헌법학원론(제12판)』, 박영사, 2018, 787쪽.
1002) 김하열, 『헌법강의』, 박영사, 2018, 663~664쪽.
1003) 권영성, 『헌법학원론(개정판)』, 법문사, 2010, 658쪽; 이부하, 『헌법학(상)』, 법영사, 2019, 507쪽.
1004) 계희열, 『헌법학(중)(신정2판)』, 박영사, 2007, 724~726쪽.
1005) 헌재 1997. 5. 29. 94헌마33, 판례집 9-1, 543.

성이나 사회 구속성이 있는 인간상에서 파악할 수 있다. 따라서 최소한의 물질적 생존으로 이미 인간의 존엄성에 상응하는 최소한의 생활이 보장된다고 하기에는 그 수준이 너무 낮고, 건강할 뿐 아니라 문화적인 생활 보장이 요구된다고 보기에는 개념상 불명확하고 높은 것이 아닌지 의심된다. 따라서 최저한의 물질적 보장 외에 최소한의 사회생활적 수요가 충족되어야 한다는 견해를 따른다.

(5) 제한

인간다운 생활을 할 권리는 그 자체로서 권리의 성격이 있는 때를 제외하면 그 내용은 법률을 통해서 구체화하여야 비로소 구체적·현실적 권리가 된다. 법률로 일단 성립된 (기본권을 구체화한) 권리가 축소되거나 소멸하면 제한 문제가 발생한다. 따라서 인간다운 생활을 할 권리도 헌법 제37조 제2항에 따라서 제한될 수 있다. 헌법 제37조 제2항도 모든 자유와 권리라고 하여서 모든 기본권을 제한 대상으로 삼는다. 다만, 법률을 통한 보장범위가 인간의 존엄성에 상응하는 정도라면 제한은 허용될 수 없다.

헌법 제37조 제2항에 따른 제한과 관련하여 인간다운 생활을 할 권리는 그 자체가 공공복리를 실현하므로, 공공복리를 이유로 인간다운 생활을 할 권리를 제한할 수 없고, 국가안전보장·질서유지를 위해서 인간다운 생활을 할 권리가 반드시 제한되어야 할 필요가 있는 때를 쉽게 생각할 수 없어서 인간다운 생활을 법률로 제한하기에 적합하지 않은 기본권이라는 견해가 있다.[1006] 이에 대해서는 비단 인간다운 생활을 할 권리뿐 아니라 모든 기본권이 공공복리 실현으로 볼 수 있지만, 그렇다고 공공복리를 이유로 한 기본권 제한이 불가능한 것이 아니고, 공공복리는 여러 측면에서 생각할 수 있어서 서로가 공공복리 실현을 주장하면서도 상호 제약 필요성이 인정될 수 있으며, 인간다운 생활을 할 권리를 구체화하는 법률에 따라서 국민에게 부여되는 법적 지위를 국가안전보장이나 질서유지 목적으로 특수한 상황에서 법률로써 제한하는 것이 불가능하지 않을 것이라고 하면서 비판하는 견해가 있다.[1007]

3. 국가의 사회보장적 (정책)의무(사회보장수급권, 사회보장권)

(1) 의의

헌법은 제34조 제2항부터 제6항 걸쳐 제34조 제1항의 인간다운 생활의 구체화와 증진을 위한 국가의 의무를 규정한다. 즉 모든 국민의 인간다운 생활을 보장하기 위해서 국가에 사회보장과 사회복지의 증진에 노력할 의무(헌법 제34조 제2항)를 비롯하여 여자의 권익과 복지 향상을 위해서 노력할 의무(헌법 제34조 제3항), 노인과 청소년의 복지 향상을 위한 정책을 실시할 의무(헌법 제34조 제4항), 신체장애자 및 질병·노령 기타의 사유로 생활능력이 없는 국민

1006) 허 영, 『한국헌법론(전정15판)』, 박영사, 2019, 586~587쪽.
1007) 계희열, 『헌법학(중)(신정2판)』, 박영사, 2007, 733쪽.

을 보호할 의무(헌법 제34조 제5항), 재해 예방과 그 위험에서 국민을 보호하기 위해서 노력할 의무(헌법 제34조 제6항)를 부과한다. 그로 말미암아 국가는 사회보장제도를 확립하고 이를 실시할 의무를 진다. 사회보장은 모든 국민이 인간다운 생활을 할 수 있도록 최저생활을 보장하고 국민 개개인이 생활수준을 향상할 수 있도록 제도와 여건을 조성하여, 그 시행에서 형평과 효율의 조화를 기함으로써 복지사회를 실현하는 것을 기본이념으로 한다(사회보장기본법 제2조).

(2) 내용

사회보장은 사회보장기본법 제3조 제1호를 따르면 출산, 양육, 실업, 노령, 장애, 질병, 빈곤 및 사망 등의 사회적 위험에서 모든 국민을 보호하고 국민 삶의 질을 향상하는 데 필요한 소득·서비스를 보장하는 사회보험, 공공부조, 사회서비스를 말한다. 국가가 헌법 제34조 제2항부터 제6항까지의 사회보장적 의무를 이행하여 법률을 만들면 국민은 사회보장수급권이 생긴다.[1008]

① 사회보험

사회보험은 국민 자신의 이바지를 기초로 생활의 여러 가지 위험에 대비하는 것으로서 국가나 공공단체가 보험담당자가 되고 특정한 사람을 그 피보호자로 하여 질병, 재해, 실험 등과 같은 일정한 사고가 발생하면 일정한 금액을 지급하게 하는 공공적 보험제도이다.[1009] 사회보험은 통계적으로 어느 정도 예측할 수 있는 일정한 유형의 사고를 미리 정하고 보험기술을 이용하여 사고의 종류와 유형에 따라 획일적인 급부를 하는 것으로서 보험원리를 생활보장적 요소나 부조원리에 따라서 수정한 것이다. 사회보험의 재원은 조세와 보험료이다. 피보험자는 수익자로서 재원 일부를 부담하여야 한다. 이러한 사회보험 기본구조는 개인보험(사보험)과 비슷하지만 자유로운 계약에 기초하는 개인보험과는 달리 강제 가입이나 이용 강제가

[1008] 헌재 2005. 7. 21. 2004헌바2, 판례집 17-2, 44, 54: "… 헌법재판소는 다수의 선례에서, 이러한 생존권적 기본권과 관련된 입법을 하는 경우에는 국가의 재정부담능력, 전체적인 사회보장수준과 국민감정 등 사회정책적인 고려, 제도의 장기적인 지속을 전제로 하는 데서 오는 제도의 비탄력성과 같은 사회보장제도의 특성 등 여러 가지 요소를 감안하여야 하므로 입법자에게 광범위한 형성의 자유가 인정되고, 따라서 헌법상의 사회보장권은 그에 관한 수급요건, 수급자의 범위, 수급액 등 구체적인 사항이 법률에 규정됨으로써 비로소 구체적인 법적 권리로 형성된다고 보아야 한다고 판시하였다(헌재 1995. 7. 21. 93헌가14, 판례집 7-2, 1, 20-21; 1999. 12. 23. 98헌바33, 판례집 11-2, 732, 758; 2000. 6. 1. 98헌마216, 판례집 12-1, 622, 640-641)."
헌재 2015. 6. 25. 2014헌바269, 판례집 27-1하, 484, 501: "이와 같이 사회적 기본권의 성격을 가지는 산재보험 수급권은 법률에 의해서 구체적으로 형성되는 권리로서 국가가 재정부담능력과 전체적인 사회보장 수준 등을 고려하여 그 내용과 범위를 정하는 것이므로 광범위한 입법형성의 자유영역에 있는 것이고, 국가가 헌법 제34조에 따른 사회보장의무에 위반하여 생계보호에 관한 입법을 전혀 하지 아니하였거나 또는 그 내용이 현저히 불합리하여 헌법상 용인될 수 있는 재량의 범위를 명백히 일탈한 경우에 한하여 헌법에 위반된다고 할 수 있다(헌재 2005. 7. 21. 2004헌바2; 헌재 2004. 10. 28. 2002헌마328 등 참조)."
[1009] 사회보장기본법 제3조 제2호를 따르면 사회보험은 국민에게 발생하는 사회적 위험을 보험 방식으로 대처함으로써 국민의 건강과 소득을 보장하는 제도를 말한다.

인정될 때가 많고, 국가나 사업주가 보험금 일부를 부담하며 보험료 징수에서 행정상 강제징수방법이 인정되기도 한다는 점에서 구별된다. 사회보험법에는 국민건강보험법, 산업재해보상보험법, 고용보험법, 국민연금법, 공무원연금법, '사립학교교직원 연금법', 군인연금법 등이 있다.

② 공적 부조

공적 부조는 국가가 순수한 사회정책적 목적에서 지급하는 것으로서 생활이 지극히 곤궁한(신체장애자와 질병·노령 그 밖의 사유로 생활능력을 상실한 상태에 있거나 생계유지가 곤란한) 사람에게 국민의 자기 기여를 전제로 하지 않고 국가나 공공단체가 최저 생활에 필요한 급여를 하는 제도이다.[1010] 공적 부조에 관한 법률로는 '국민기초생활 보장법', 의료급여법, 재해구호법, '의사상자 등 예우 및 지원에 관한 법률' 등이 있다.

③ 사회서비스

사회서비스는 아동, 노인, 심신장애자 등 특별한 보호가 있어야 하는 사람을 위해서 국가나 공공단체가 그 보호, 갱생과 생활자립기반 조성 등을 위하여 각종 시설이나 편의수단을 마련하여 제공하는 것이다.[1011] 이러한 사회서비스는 국가가 직접 현금이나 현물을 주는 것이 아니라 공적 서비스를 제공하여 생활의 어려움에 대한 보충적 지원을 하는 것이다. 사회서비스에 관한 법률에는 아동복지법, 한부모가족지원법, 노인복지법, 장애인복지법, 사회복지사업법 등이 있다.

④ 사회보상

사회보상은 국가와 사회를 위해 헌신하다 희생한 사람에 대한 보상이다. '국가유공자 등 예우 및 지원에 관한 법률'이 이를 구체화한다. 헌법재판소는 헌법 제34조 제2항과 제32조 제6항을 근거로 국가유공자의 사회보장수급권을 인정한다.[1012]

(3) 국가 사회보장의 한계

국가의 사회보장은 자유의 조건을 마련하거나 자유를 증대하기 위한 것이어야지 오히려 자유를 감소시키고 자유의 대가로서 의미가 있게 되면 이미 사회국가 실현의 방법적 한계를 일탈한 것이다. 그리고 헌법국가에서 사회보장은 국민 스스로 인간다운 생활을 실현할 수 있

1010) 사회보장기본법 제3조 제3호를 따르면 공적 부조는 국가와 지방자치단체의 책임 아래 생활 유지 능력이 없거나 생활이 어려운 국민의 최저 생활을 보장하고 자립을 지원하는 제도를 말한다.

1011) 사회보장기본법 제3조 제3호를 따르면 사회서비스는 국가·지방자치단체 및 민간부문의 도움이 필요한 모든 국민에게 복지, 보건의료, 교육, 고용, 주거, 문화, 환경 등의 분야에서 인간다운 생활을 보장하고 상담, 재활, 돌봄, 정보 제공, 관련 시설 이용, 역량 개발, 사회참여 지원 등을 통하여 국민 삶의 질이 향상되도록 지원하는 제도를 말한다.

1012) 헌재 2015. 6. 25. 2013헌마128, 판례집 27-1하, 553, 561-562.

도록 도와주는 것에 그쳐야지 국가가 국민을 대신하여 인간다운 생활을 실현하여서는 아니된다(사회보장의 보충성).1013)

Ⅲ. 교육을 받을 권리

1. 의의

(1) 개념

교육을 받을 권리는 교육을 받을 수 있도록 국가의 적극적인 배려를 요구할 수 있는 권리이다. 즉 교육에 필요한 재정, 시설, 제도 정비 등 외적 조건을 국가에 요구할 수 있는 권리이다. 넓은 뜻의 교육을 받을 권리는 개개인이 능력에 따라 균등하게 교육을 받을 수 있는 수학권1014)뿐 아니라 학부모가 그 자녀에게 적절한 교육의 기회를 제공하여 주도록 요구할 수 있는 교육기회제공청구권까지 아우른다. 부모의 자녀에 대한 교육권은 자녀의 교육받을 권리를 실질적으로 보장해준다는 의미에서 헌법 제31조 제1항에서 보장받는 기본권이다.1015)

교육은 원래 부모가 자녀의 친권자로서 사적 시설에서 양육 및 보호·감독의 하나로 하는 사교육이었다. 그러나 근대사회의 정치·경제·사회·문화가 급진적으로 발달하고 다원화하면서 사교육만으로는 교육수요를 감당할 수 없게 되었다. 이에 공공의 교육전문시설에서 교육전문가가 조직적·계획적으로 교육을 할 필요성이 생겼다. 학교는 이러한 배경 아래 생겨난 공교육기관이다. 국가나 공공단체가 헌법이 보장한 국민의 수학권을 실질적으로 보장하려고

1013) 허 영, 『한국헌법론(전정15판)』, 박영사, 2019, 585쪽.

1014) 헌재 1992. 11. 12. 89헌마88, 판례집 4, 739, 750: "헌법 제31조 제1항은 "모든 국민은 능력에 따라 균등하게 교육을 받을 권리를 가진다."고 규정하여 국민의 교육을 받을 권리(이하 "수학권"(修學權)이라 약칭한다)를 보장하고 있는데, 그 권리는 통상 국가에 의한 교육조건의 개선·정비와 교육기회의 균등한 보장을 적극적으로 요구할 수 있는 권리로 이해되고 있다."

1015) 헌재 1995. 2. 23. 91헌마204, 판례집 7-1, 267, 274-275: "친권자에게는 미성년자인 자녀를 보호하고 교육할 의무가 있는데서도 알 수 있듯이(민법 제913조 참조), 부모는 아직 성숙하지 못하고 인격을 닦고 있는 초·중·고등학생인 자녀를 교육시킬 교육권을 가지고 있으며, 그 교육권의 내용 중 하나로서 자녀를 교육시킬 학교선택권이 인정된다. 이러한 부모의 학교선택권은 미성년인 자녀의 교육을 받을 권리를 실효성 있게 보장하기 위한 것이므로, 미성년인 자녀의 교육을 받을 권리의 근거규정인 헌법 제31조 제1항에서 헌법적 근거를 찾을 수 있을 것이다."
  이와 다른 견해로는 헌재 2012. 11. 29. 2011헌마827, 판례집 24-2하, 250, 261: "'부모의 자녀에 대한 교육권'은 비록 헌법에 명문으로 규정되어 있지는 아니하지만, 이는 모든 인간이 국적과 관계없이 누리는 양도할 수 없는 불가침의 인권으로서 혼인과 가족생활을 보장하는 헌법 제36조 제1항, 행복추구권을 보장하는 헌법 제10조 및 '국민의 자유와 권리는 헌법에 열거되지 아니한 이유로 경시되지 아니한다'고 규정하는 헌법 제37조 제1항에서 나오는 중요한 기본권이다(헌재 2000. 4. 27. 98헌가16, 판례집 12-1, 427, 446-448 참조). 이러한 부모의 자녀 교육권은 학교영역에서는 부모가 자녀의 개성과 능력을 고려하여 자녀의 학교교육에 관한 전반적 계획을 세운다는 것에 기초하고 있으며, 자녀 개성의 자유로운 발현을 위하여 그에 상응한 교육과정을 선택할 권리, 즉 자녀의 교육진로에 관한 결정권 내지는 자녀가 다닐 학교를 선택하는 권리로 구체화된다(헌재 2009. 4. 30. 2005헌마514, 판례집 21-1하, 185, 190-191 참조)."

적극적·능동적으로 주도하고 관여하는 교육체계를 공교육제도이다.1016) 교육을 받을 권리에서 교육은 기본적으로 공교육제도에서 이루어지는 교육이다.

학교교육에서 교사의 가르치는 권리를 수업권이라고 한다. 수업권은 자연법적으로 학부모에게 속하는 자녀에 대한 교육권을 신탁받은 것이고, 실정법상으로는 공교육 책임이 있는 국가 위임에 따른 것이다. 수업권은 교사 지위에서 생기는 학생에 대한 1차적인 교육상 직무권한(직권)이지만, 학생의 수학권 실현을 위해서 인정되는 것으로서 양자는 상호협력관계에 있다. 하지만 그것이 왜곡되지 않고 올바로 행사될 수 있게 하려는 범위 안에서 수업권도 어느 정도 범위 안에서 제약을 받지 않으면 안 된다. 초·중·고교의 학생은 대학생이나 사회의 일반 성인과는 달리 다양한 가치와 지식에 대해서 비판적으로 취사선택할 수 있는 독자적 능력이 부족하므로 지식과 사상·가치의 자유시장에서 주체적인 판단에 따라 스스로 책임지고 이를 선택하도록 만연히 내버려 둘 수 없기 때문이다.1017) 교사의 수업권은 교사의 지위에서 생겨나는 직권이라서 교육을 받을 권리에 포함된다고 볼 수 없다.1018)

(2) 연혁

한국 헌법은 1948년 헌법 이후 계속 교육을 받을 권리를 규정한다. 그러나 그 내용은 조금씩 달라졌다. 1948년 헌법 제16조는 "① 모든 국민은 균등하게 교육을 받을 권리가 있다. 적어도 초등교육은 의무적이며 무상으로 한다. ② 모든 교육기관은 국가의 감독을 받으며 교육제도는 법률로써 정한다."라고 규정한다. 1962년 헌법 제27조는 "① 모든 국민은 능력에 따라 균등하게 교육을 받을 권리를 가진다. ② 모든 국민은 그 보호하는 어린이에게 초등교육을 받게 할 의무를 진다. ③ 의무교육은 무상으로 한다. ④ 교육의 자주성과 정치적 중립성은 보장되어야 한다. ⑤ 교육제도와 그 운영에 관한 기본적인 사항은 법률로 정한다."라고 개정하였다. 그리고 1972년 헌법은 제2항을 "모든 국민은 그 보호하는 자녀에게 적어도 초등교육과 법률이 정하는 교육을 받게 할 의무를 진다."라고 개정하였다. 1980년 헌법 제29조는 제4항에 '교육의 전문성'과 법률유보조항을 추가하였고, '평생교육진흥의무'규정이 제5항에 신설되었으며, 과거 제5항이 제6항이 되면서 '교육재정'과 '교원지위'에 관한 조항이 추가되었다. 1987년 헌법 제31조에서는 제4항에 '대학의 자율성'이 추가되었다.

(3) 기능

사회권으로서 교육을 받을 권리는 먼저 교육을 통해서 개인의 타고난 능력을 개발하여 자주적 생활능력을 갖추도록 함으로써 인간다운 삶을 영위할 기초를 마련해 주는 기능을 수행

1016) 헌재 1992. 11. 12. 89헌마88, 판례집 4, 739, 751.
1017) 헌재 1992. 11. 12. 89헌마88, 판례집 4, 739, 756-757.
1018) 교사의 수업의 자유는 헌법 제31조 제1항과 제4항에서 보장하는 교육의 자유의 한 내용으로 포섭할 수 있다는 견해로는 성낙인, 『헌법학(제19판)』, 법문사, 2019, 1355쪽.

한다. 그리고 교육을 받을 권리는 합리적이고 계속된 교육으로 민주주의에 필요한 자질을 갖춘 민주시민을 육성함으로써 민주주의를 정착시키고 발전시키는 기능도 있다. 민주주의는 성숙하고 계몽된 국민만이 실현할 수 있는 제도이기 때문이다. 또한, 교육을 받을 권리는 능력에 따른 균등한 교육을 통해서 직업생활과 경제생활에서 실질적인 평등을 실현함으로써 사회국가 이념을 실현하는 기능도 있다. 더하여 교육을 받을 권리는 교육을 통해서 국민이 문화에 접근하여 즐기고 누리도록 하는 것은 물론 문화를 창조할 능력을 개발해 줌으로써 문화국가를 실현하는 기능도 있다. 궁극적으로 교육을 받을 권리는 교육을 통해서 모든 국민이 존엄성이 있는 인간으로서 인격을 도야하고 자신의 인격을 충분히 실현할 수 있도록 한다.[1019]

2. 법적 성격

교육을 받을 권리의 법적 성격과 관련하여 자유권설과 사회권설, 총합적 기본권설이 있다. ① 자유권설은 교육을 받을 권리는 자유롭게 교육을 받는 것을 국가가 방해하지 못하도록 하는 것을 내용으로 하므로 자유권적 성격이 있다고 한다. 이 설은 특히 부모의 자녀에 대한 교육권을 강조하고 국가는 이에 간섭하여서는 안 된다고 한다. ② 사회권설은 교육을 받을 권리는 교육을 받을 수 있도록 국가의 적극적인 배려를 요구할 수 있는 권리이므로 사회권이라고 한다. 사회권설은 프로그램규정설, 추상적 권리설, 불완전한 구체적 권리설, 구체적 권리설로 나뉜다. (ⅰ) 프로그램규정설은 교육받을 권리는 모든 국민이 교육을 받을 수 있도록 국정을 운영할 국가의 책무를 선언한 강령규정에 지나지 아니하고 모든 국민에게 구체적·현실적 권리를 보장한 것이 아니라고 하며, 구체적 권리 보장은 국가재정 등을 고려한 입법정책 문제로 본다. (ⅱ) 추상적 권리설은 교육을 받을 권리는 법적 권리이기는 하지만 이를 근거로 직접 교육을 받는 데 필요한 경비, 교육시설 정비·확충 기타 국가의 적극적 시책 등을 청구할 수 있는 권리는 아니고 그러한 구체적 청구권은 법률 제정을 통해서 비로소 가능하다고 한다.[1020] (ⅲ) 불완전한 구체적 권리설은 교육을 받을 권리 중 자유권적 측면은 구체적 권리성이 있지만, 사회권적 측면은 불완전한 구체적 권리성이 있다고 이해하여야 하지만, 교육을 받을 권리의 주된 성격은 사회권적 성격이라고 한다.[1021] (ⅳ) 구체적 권리설은 교육을 받을 권리는 교육을 받는 데 필요한 경비, 교육시설의 정비·확충 기타 국가의 적극적 시책 등을 청구할 수 있는 권리이며 그 위반에 대해서 재판을 청구할 수 있는 권리라고 한다.[1022] (ⅴ)

1019) 헌재 1994. 2. 24. 93헌마192, 판례집 6−1, 173, 177 참조.

1020) 구병삭, 『신헌법원론(제3전정판)』, 박영사, 1996, 619쪽.

1021) 고문현, 『헌법학개론』, 박영사, 2019, 228~229쪽; 권영성, 『헌법학원론(개정판)』, 법문사, 2010, 667~668쪽.

1022) 김철수, 『학설·판례 헌법학(상)』, 박영사, 2008, 1142쪽; 박일경, 『제6공화국 신헌법』, 법경출판사, 1990, 323쪽; 안용교, 『한국헌법(제2전정판)』, 고시연구사, 1992, 534~535쪽. 사회권의 본질은 추상적 권리이지만, 경제 발전과 함께 입법을 통해 이를 점차 구체화하므로, 교육을 받을 권리도 이에 따라 구체적 권리의 성격이 있다는 견해로는 이부하, 『헌법학(상)』, 법영사, 2019, 512쪽.

교육을 받을 권리는 직접 특정한 교육기회 제공을 요구할 수 있는 구체적인 권리는 아니나, 헌법 제31조 제2항과 제3항에서 규정하는 것처럼 무상의 의무교육을 중심으로 하는 교육제도를 설치해달라고 요구하고 국가의 의무불이행에 대해서 위헌 확인을 구할 수 있다는 의미에서 제한된 구체적 권리라는 견해도 있다.[1023] ③ 교육을 받을 권리는 사회권으로 분류되지만, 자유권적 측면이 있다는 견해도 있다.[1024] ④ 총합적 기본권설은 교육을 받을 권리는 자유권적 성격과 사회권적 성격이 함께 있으며 인격형성권과도 결합한다고 한다. 그밖에 ⑤ 교육을 받을 권리를 전체로서가 아니라 이를 나누어 평가하면, 제31조 제1항은 자유권적 성격, 즉 방어적 성격과 함께 제2항 전단 및 제3항과 더불어 구체적 권리의 성격이 있다고 볼 수 있고, 제2항 후단은 입법위임규정에 해당하며, 제4항은 형성적 법률유보로 볼 수 있고, 제5항은 국가목표규정의 성격이 있다고 할 수 있으며, 제6항은 부분적으로 형성적 법률유보와 입법위임의 성격이 있다고 할 수 있다는 견해가 있다.[1025] ⑥ 헌법 문언 그대로 보면 교육을 받을 권리는 개별 평등권적 성격과 교육에 대한 적극적 청구권적 성격이 함께 있다고 하는 견해도 있다.[1026]

　교육을 받을 권리가 공교육뿐 아니라 사교육도 대상으로 하지만, 독자적 기본권으로 교육을 받을 권리를 규정한 것은 공교육을 주된 대상으로 한다는 점에서 교육을 받을 권리는 사회권으로 분류하여야 한다. 헌법 제31조를 구체적으로 살펴보면 제1항은 구체적 권리, 제2항과 제3항 그리고 제4항은 제도보장, 제5항은 국가목표규정, 제6항은 입법위임으로 볼 수 있다.

3. 주체

　교육을 받을 권리의 주체는 학령아동만이 아니라 중·고등학생, 대학생, 일반 시민을 포함하는 모든 국민이다. 외국인도 국내에서 교육을 받을 수 있으나 외국인은 교육을 받을 권리의 주체는 아니다.[1027] 교육을 받을 권리의 성격상 자연인만이 그 주체가 되며, 법인은 그 주체가 될 수 없다.

　교육을 받을 권리와 구별되는 교육할 권리와 관련하여 교육의 주체가 누구인지의 문제가 논의되었다. 이 문제와 관해서는 국가교육권(주체)설과 국민교육권(주체)설이 갈린다. 국가교육권(주체)설은 국민 개개인은 그 자녀를 이상적으로 교육할 수 없으므로 개개의 국민은 국가에 자녀의 교육을 부탁할 수밖에 없어서, 국가는 교육내용에 관여할 수 있다고 하며 국가는

1023) 양　건, 『헌법강의(제8판)』, 법문사, 2019, 1011쪽.

1024) 장영수, 『헌법학(제11판)』, 홍문사, 2019, 834~835쪽.

1025) 계희열, 『헌법학(중)(신정2판)』, 박영사, 2007, 752~753쪽.

1026) 한수웅, 『헌법학(제9판)』, 법문사, 2019, 983~986쪽; 홍성방, 『헌법학(중)(제2판)』, 박영사, 2015, 300쪽.

1027) 교육을 받을 권리는 순수한 사회권이 아니라 자유권적 측면도 있으므로 이러한 측면에서는 외국인의 기본권 주체성도 부인하기 어렵다는 견해로는 장영수, 『헌법학(제11판)』, 홍문사, 2019, 837쪽.

교육의 주체가 된다고 한다. 이 견해는 국가가 의무교육을 하므로 국가가 교육의 주체가 된다는 것은 불가피하다고 한다. 국민교육권(주체)설은 어린이가 앞날에 충분히 인간성을 계발할 수 있도록 스스로 학습하고 사물을 알며 이를 바탕으로 스스로 성장하게 하는 것을 어린이의 타고난 권리로 보고, 학부모를 중심으로 한 국민 전체는 자녀교육의 의무를 지며 국민 전체가 교육의 주체가 된다고 한다.

교육은 공교육과 사교육을 아우르므로 국민과 국가 모두 교육의 주체가 된다고 보아야 한다. 따라서 국가는 교육내용에 대해서 필요하고도 상당하다고 인정되는 범위 안에서 결정권이 있고, 부모의 교육의 자유, 사학교육에서 교사의 교육의 자유도 일정한 범위에서 인정된다고 보아야 한다.1028)

4. 내용

(1) '능력에 따라'

능력에 따라 교육을 받을 권리에서 '능력'은 수학에 필요한 주관적 조건으로 요구되는 것으로서 정신적이거나 육체적인 일신전속적 능력이다. 성별·종교·경제력·사회적 지위 등 비전속적인 능력은 여기에 포함되지 않는다. 그러므로 능력에 따른 교육은 정신적·육체적 능력에 상응하는 적절한 교육을 말하고, 이러한 능력을 무시하고 균등한 교육을 받지 않는다는 것을 뜻한다. 교육과 관련하여 능력은 주로 지적 능력을 말하므로 입학에서 공개경쟁시험을 치르는 것은 능력에 따른 교육을 위한 하나의 방법이라고 할 수 있다.1029) 정신지체인 등 능력이 떨어지는 사람은 그에 상응하는 교육을 받을 권리가 있으므로 이들의 교육을 경시하거나 무시하여서는 아니 된다. 그러나 학부모가 자녀의 수학능력에 따라 학교를 선택할 권리는 국가가 제공하는 현존하는 학교유형과 교육과정 중에서 자녀의 능력과 개성에 따라 학교를 선택할 권리일 뿐이지 수학능력이나 성적에 따라 맞춤형 교육을 받을 권리나 우수한 학생이 별도로 분리되어 교육받을 권리 혹은 동질적인 학습집단 안에서 질 높은 교육을 받을 권리를 그 내용으로 하지 않는다.1030)

1028) 계희열, 『헌법학(중)(신정2판)』, 박영사, 2007, 753쪽; 구병삭, 『신헌법원론(제3전정판)』, 박영사, 1996, 621쪽; 김철수, 『학설·판례 헌법학(상)』, 박영사, 2008, 1141쪽; 안용교, 『한국헌법(제2전정판)』, 고시연구사, 1992, 538쪽. 헌재 2000. 4. 27. 98헌가16등, 판례집 12-1, 427, 451: "… 자녀의 양육과 교육에 있어서 부모의 교육권은 교육의 모든 영역에서 존중되어야 하며, 다만, 학교교육의 범주내에서는 국가의 교육권한이 헌법적으로 독자적인 지위를 부여받음으로써 부모의 교육권과 함께 자녀의 교육을 담당하지만, 학교 밖의 교육영역에서는 원칙적으로 부모의 교육권이 우위를 차지한다."

1029) 대법원은 대학입학지원서가 모집정원에 미달하여도 대학이 정한 수학능력이 없는 사람에 대해 불합격처분을 한 것은 교육법 제111조 제1항에 위반되지 아니하여 무효라고 할 수 없다고 하였다[대법원 1983. 6. 28. 선고 83누193 판결(공1983, 1145)].

1030) 헌재 2009. 4. 30. 2005헌마514, 판례집 21-1하, 185, 191.

(2) '균등하게'

'균등'하게 교육을 받을 권리가 있다고 할 때 '균등'은 먼저 능력에 따른 차별 이외에 성별·종교·경제력·사회적 지위 등에 따라서 교육을 받을 기회를 차별하지 않는다는 것을 뜻한다. 그러나 여기서 '균등'은 이러한 소극적 차별금지에 그치지 않고, 더 나아가 국가가 모든 국민에게 균등한 교육을 받을 수 있도록 각종 교육시설을 설치·운영하고, 특히 능력은 있으나 경제적 사정이 어려운 사람들이 실질적인 평등교육을 받을 수 있도록 장학정책 등을 적극적으로 시행하여야 한다는 것이다.[1031]

균등하게 교육을 받을 권리는 구체적으로 먼저 취학기회 평등을 뜻한다. 따라서 능력 이외의 사유에 따른 취학기회 부여 차별은 금지된다. 즉 성별·종교·경제력·사회적 지위 등을 이유로 취학에서 차별할 수 없다. 그러나 중·고등학교를 남학교와 여학교로 나누고 합리적인 범위 안에서 교과목에 차이를 두는 것은 균등한 교육을 받을 권리에 어긋나지 않는다. 그리고 특수상황에 있는 사람(예를 들어 농·어촌학생, 독립유공자자녀, 효행자, 재외국민과 외국인)의 예외적인 대학입학 허용도 균등한 교육을 받을 권리에 어긋나지 않는다. 다음으로 균등한 교육을 받을 권리는 수학기회(수학조건) 평등도 요구한다. 따라서 교육의 외적 조건이 균등하도록 정비하여야 한다. 즉 각 단계 교육에 참여하는 모든 사람에게 능력 이외의 사유에 따른 차별이 이루어지지 아니하도록 교육시설을 설치·운용할 것이 요구된다. 그래서 신체적·정신적·지적 장애 등으로 특별한 교육적 배려가 필요한 사람을 위한 교육(특수교육: 교육기본법 제18조)과 학문·예술이나 체육 등의 분야에서 재능이 특히 뛰어난 사람의 교육(영재교육: 교육기본법 제19조)을 하여야 하고, 경제적 이유로 교육받기 곤란한 사람을 위한 장학제도와 학비보조제도를 수립·실시하여야 한다(교육기본법 제28조). 끝으로 균등한 교육을 받을 권리는 국가나 지방자치단체에 교육의 기회균등을 보장하도록 적극적 정책을 시행할 의무를 부과한다. 그래서 교육기본법은 성별, 종교, 신념, 인종, 사회적 신분, 경제적 지위나 신체적 조건 등을 이유로 교육에서 차별을 금지하고(제4조 제1항), 국가와 지방자치단체는 교육재정을 안정적으로 확보하는 데 필요한 시책을 수립·실시하여야 하며(제7조 제1항), 장학제도(제28조) 등 각종 조치를 취하도록 규정한다.

(3) '교육을 받을 권리'

교육을 받을 권리 대상이 되는 '교육'은 가정교육, 학교교육, 사회교육, 공민교육 등을 아우르는 넓은 뜻의 교육을 뜻한다. 그중에서도 교육체계가 제도적으로 갖춰진 학교교육이 가장 중요하다. 여기서 학교는 국·공립학교와 사립학교를 모두 포함한다.[1032] 학교 밖의 공교

[1031] 헌재 1994. 2. 24. 93헌마192, 판례집 6-1, 173, 177-178; 헌재 2000. 4. 27. 98헌가16등, 판례집 12-1, 427, 448-449 참조.

[1032] 국립학교는 국가가 설립·경영하거나 국가가 국립대학법인으로 설립하는 대학이나 국립대학법인이 부설하여

육은 평생교육(헌법 제31조 제5항)이나 (학교교육에 버금가는 수준의 교육이 담보된다면) 예외적으로 재택교육[홈스쿨링(homeschooling)]을 고려할 수 있다. 비인가 대안학교, 학원에서 받는 교육이나 교습, 그 밖의 공교육체계 밖의 사교육의 자유는 헌법 제10조와 제36조를 근거로 인정된다.[1033] 유아교육은 보육과 교육이 혼재되긴 하지만, 초기 교육의 중요성과 공공성에 비추어 교육에 포함된다.[1034]

5. 자녀가 의무교육을 받게 할 부모의 의무와 의무교육제도의 제도적 보장

(1) 관련 법제 변천

한국 헌법은 1848년 헌법 이래 의무교육제도에 관한 규정을 두고 있다. 즉 1948년 헌법 제16조는 "모든 국민은 균등하게 교육을 받을 권리가 있다. 적어도 초등교육은 의무적이며 무상으로 한다."라고 규정하여 적어도 초등교육에 한해서는 무상의 의무교육을 하여야 하는 것으로 하였다. 이는 1962년 헌법 제27조에 이르기까지 같았다. 그러나 1972년 헌법은 제27조 제2항에서 "모든 국민은 그 보호하는 자녀에게 적어도 초등교육과 법률이 정하는 교육을 받게 할 의무를 진다.", 제3항에서 "의무교육은 무상으로 한다."라고 규정하여 초등교육 이외에도 법률로 의무교육 범위를 확대할 수 있도록 하였다. 1980년 헌법 제29조 제2항·제3항과 1987년 헌법 제31조 제2항·제3항도 같다.

이러한 헌법규정에 근거하여 초등학교 6년의 초등교육에 관해서는 1949년 교육법 제정 당시부터 의무교육이 시행되어 왔다(제8조). 1962년에 개정된 교육법 제8조도 같은 취지이다. 그러나 초등교육 이외에는 1984년 개정된 교육법 제8조 제1항에서 비로소 의무교육의 범위에 3년의 중등교육을 포함하였다. 그나마 같은 법 제8조의2가 "제8조의 규정에 의한 3년의 중등교육에 대한 의무교육은 대통령령이 정하는 바에 의하여 순차적으로 실시한다."라고 규정하였다. 그에 따라 제정된 중학교의무교육실시에관한규정 제2조에 따라서 중학교교육에 대한 의무교육은 도서·벽지 및 접적지역과 특수교육진흥법 제3조 소정의 특수교육 대상자에 대하여만 부분적으로 실시되는 데 그쳤다. 그러다가 2005년 3월 24일 개정된 교육기본법 제8조는 아무런 유보 없이 6년의 초등교육과 3년의 중등교육을 의무교육으로 규정하였다.

(2) 의무교육의 의의와 법적 성격

의무교육은 모든 국민의 자녀가 국가에서 일정한 기간의 교육을 받게 하고 이에 필요한

경영하는 학교이고(고등교육법 제3조, 초·중등교육법 제3조 제1호), 공립학교는 지방자치단체가 설립·경영하는 학교를 말하며(설립주체에 따라 시립학교와 도립학교로 나눈다. 고등교육법 제3조, 초·중등교육법 제3조 제2호), 사립학교는 학교법인이나 개인이 설립·운영하는 학교로서(고등교육법 제3조, 초·중등교육법 제3조 제3호) 학교법인, 공공단체 외의 법인이나 그 밖의 사인이 설치하는 학교를 가리킨다(사립학교법 제2조 제1호).

1033) 김하열, 『헌법강의』, 박영사, 2018, 676쪽.

1034) 김하열, 『헌법강의』, 박영사, 2018, 676~677쪽

시설을 설치·운영하도록 하는 국민기초교육을 말한다. 그러나 의무교육은 자녀를 반드시 공
립학교에 취학하도록 요구하지는 않는다.[1035) 즉 공립학교에 버금가는 교육을 한다면 부모는
자녀를 사립학교에 취학시킬 수 있다. 의무교육제도는 교육의 자주성·전문성·정치적 중립성
등을 지도원리로 하여 국민의 교육을 받을 권리를 뒷받침하기 위한, 헌법상 교육기본권에 부
수되는 제도보장이다.[1036)

(3) 의무교육의 주체

의무교육을 받을 권리 주체는 원래 취학연령에 있는 미성년자이다. 그런데 이들은 독립하
여 생활할 수 없는 사람들이므로 의무교육을 받을 권리를 실효성 있게 행사할 수 있게 하려
고 그 보호자에게 교육을 받게 할 의무를 과한다(헌법 제31조 제2항). 교육의무의 주체는 교육
을 받아야 할 자녀가 있는 국민, 즉 학령아동의 친권자나 후견인이다. 그 의무 내용은 학령아
동을 일정한 학교, 즉 공립학교나 사립학교에 취학시킬 의무이다(초·중등교육법 제13조 취학의
무). 질병·발육 상태 등 부득이한 사유로 취학할 수 없는 의무교육대상자에 대해서는 취학
의무를 면제하거나 유예할 수 있다(초·중등교육법 제14조, 초·중등교육법 시행령 제28조). 국가는
의무교육을 하여야 하고, 이를 위한 시설을 확보하는 것 등 필요한 조치를 마련하여야 한다
(초·중등교육법 제12조 제1항). 지방자치단체는 그 관할 구역의 의무교육대상자를 모두 취학시
키는 데 필요한 초등학교, 중학교와 초등학교·중학교 과정을 교육하는 특수학교를 설립·경
영하여야 한다(초·중등교육법 제12조 제2항). 의무교육은 공민교육이라서 학령 아동을 보호하
는 외국인은 교육의무의 주체가 아니다.[1037)

(4) 의무교육(실시) 범위

헌법 제31조 제2항에 따라 '초등교육과 법률이 정하는 교육'은 의무적이다. 모든 국민은
교육기본법 제8조에 따라 6년의 초등교육과 3년의 중등교육을 받을 권리뿐 아니라 의무도 있
다. 헌법 제31조 제2항은 초등교육 이외에 어느 범위의 교육을 의무교육으로 할 것인지는 입
법자에게 위임한다. 따라서 초등교육 이외의 의무교육은 구체적으로 법률에서 이에 관한 규
정이 제정되어야 가능하고 초등교육 이외의 의무교육 실시 범위를 정하는 것은 입법자의 형
성의 자유에 속한다. 이러한 점에서 무상으로 실시되어야 할 의무교육의 확대문제는 국가의
재정사정과 국민의 소득수준 등을 고려하여 입법정책으로 해결하여야 할 문제이다.[1038)

1035) 노기호, 「헌법 제31조」, 『헌법주석[I]』, 박영사, 2013, 1050쪽.
1036) 헌재 1991. 2. 11. 90헌가27, 판례집 3, 11, 19.
1037) 홍성방, 『헌법학(중)(제2판)』, 박영사, 2015, 310쪽.
1038) 헌재 1991. 2. 11. 90헌가27, 판례집 3, 11, 22.

(5) 의무교육의 무상성

의무교육은 무상이다(헌법 제31조 제3항). 의무교육을 무상이 아닌 유상으로 하면 의무교육은 그 실효성을 확보하기 어렵다. 따라서 의무교육의 무상제는 필수적이다. 의무교육의 무상성 때문에 개인은 입학금과 수업료 등을 면제받을 수 있는 헌법상 권리가 있다. 국가나 지방자치단체는 의무교육 시행을 위해서 필요한 학교의 설립과 운영 및 필요한 경비를 책임진다(초·중등교육법 제12조).[1039] 국·공립학교의 설립자·경영자와 의무교육대상자의 교육을 위탁받은 사립학교의 설립자·경영자는 의무교육을 받는 사람에게서 수업료와 학교운영지원비를 받을 수 없다(초·중등교육법 제12조 제4항). 학교용지 확보를 위하여 공동주택 수분양자들에게 학교용지부담금을 부과하는 것은 의무교육 무상원칙에 어긋난다.[1040]

의무교육의 무상 범위와 관련하여 ① 무상 범위에 관해서는 법률이 정하는 바에 따른다는 무상범위법정설, ② 수업료 면제만을 뜻한다는 수업료무상설, ③ 수업료 이외에 교재·학용품 지급과 급식 무상까지 포함한다는 취학필수비무상설이 대립한다. 무상범위법정설은 헌법규정을 공동화할 수 있고, 수업료무상설은 무상 내용을 일부에만 국한하므로 타당하지 않다. 따라서 국가 재정이 허용하면 교재와 학용품은 물론 급식도 포함된다고 보아야 한다.[1041] 다만,

---

[1039] 헌재 2005. 3. 31. 2003헌가20, 판례집 17-1, 294, 303: "의무교육에 필요한 학교시설은 국가의 일반적 과제이고, 학교용지는 의무교육을 시행하기 위한 물적 기반으로서 필수조건임은 말할 필요도 없다. 따라서 이를 달성하기 위한 비용은 국가의 일반재정으로 충당하여야 한다. 헌법 제31조 제6항은 교육재정에 관한 기본적인 사항을 법률로 정하도록 하고 있는바, 이는 무상에 의한 교육을 받을 권리의 실효성을 보장하기 위한 최소한의 국가적 책무를 헌법에 정한 것으로서 무상의 의무교육제도가 국민보다는 국가에 대한 의무부과의 측면이 더 강하다는 점을 고려하면, 확보되거나 확보할 일반재정 중 다른 부분을 희생해서라도 헌법과 법률이 정한 의무교육의 무상원칙을 달성하여야 한다는 국가의 의무를 밝힌 것이라고 보아야 한다. 그렇다면, 적어도 의무교육에 관한 한 일반재정이 아닌 부담금과 같은 별도의 재정수단을 동원하여 특정한 집단으로부터 그 비용을 추가로 징수하여 충당하는 것은 의무교육의 무상성을 선언한 헌법에 반한다고 할 것이다."

[1040] 헌재 2005. 3. 31. 2003헌가20, 판례집 17-1, 294. 그러나 헌법재판소는 수분양자가 아닌 개발사업자를 부과대상으로 하는 것은 의무교육 무상원칙에 어긋나지 않는다고 하였다(헌재 2008. 9. 25. 2007헌가1, 판례집 20-2상, 401).

[1041] 같은 견해: 계희열, 『헌법학(중)(신정2판)』, 박영사, 2007, 733쪽; 고문현, 『헌법학개론』, 박영사, 2019, 231쪽; 구병삭, 『신헌법원론(제3전정판)』, 박영사, 1996, 624쪽; 권영성, 『헌법학원론(개정판)』, 법문사, 2010, 671쪽; 김철수, 『학설·판례 헌법학(상)』, 박영사, 2008, 1149쪽; 박일경, 『제6공화국 신헌법』, 법경출판사, 1990, 347쪽; 성낙인, 『헌법학(제19판)』, 법문사, 2019, 1359쪽; 안용교, 『한국헌법(제2전정판)』, 고시연구사, 1992, 537쪽.
헌재 2012. 8. 23. 2010헌바220, 판례집 24-2상, 455 463: "이러한 의무교육 무상의 범위는 학교 교육에 필요한 모든 부분을 완전 무상으로 제공하는 것이 바람직한 방향이라고 하겠으나, 교육을 받을 권리와 같은 사회적 기본권을 실현하는 데는 국가의 재정상황 역시 도외시할 수 없으므로, 원칙적으로 헌법상 교육의 기회균등을 실현하기 위해 필수불가결한 비용, 즉 모든 학생이 의무교육을 받음에 있어서 경제적인 차별 없이 수학하는 데 반드시 필요한 비용에 한한다고 할 것이다. 따라서, 의무교육에 있어서 무상의 범위에는 의무교육이 실질적이고 균등하게 이루어지기 위한 본질적 항목으로, 수업료나 입학금의 면제, 학교와 교사 등 인적·물적 시설 및 그 시설을 유지하기 위한 인건비와 시설유지비, 신규시설투자비 등의 재원 부담으로부터의 면제가 포함된다 할 것이며, 그 외에도 의무교육을 받는 과정에 수반하는 비용으로서 의무교육의 실질적인 균등보장을 위해 필수불가결한 비용은 무상의 범위에 포함된다. 한편, 의무교육에 있어서 본질적이고 필수불가결한 비용 이외의 비용을 무상의 범위에 포함시킬 것인지는 국가의 재정상황과 국민의 소득수준, 학부모들의 경제적 수준 및 사회적 합의 등을 고려하여 입법자가 입법정책적으로 해결해야 할 문제이다(헌재 2012. 4. 24. 2010헌바164, 공보 187, 787, 789)."

국·공립학교가 수용능력이 있는데도 사립학교를 선택하면 무상 혜택을 포기한 것이라서 무상 혜택을 받을 수 없다.

6. 국가의 평생교육진흥의무

급속하게 전문화하고 바뀌는 현대사회에서 전통적인 청소년기의 정규학교교육이나 생활 속에서 개인이 습득하는 지식만으로는 적절하게 대응하기 어렵다. 그래서 정규학교교육 이외에 사회교육, 성인교육, 직업교육, 청소년교육 등이 평생에 걸쳐 요구된다. 체계적이고 조직적인 평생교육 실시는 국가를 통해서만 가능하다. 그러므로 헌법은 국가에 평생교육의 의무를 부과한다(헌법 제31조 제5항). 교육기본법 제10조 제1항은 "국민의 평생교육을 위한 모든 형태의 사회교육은 장려되어야 한다."라고 규정한다. 그에 따라 평생교육법, '장애인 등에 대한 특수교육법', '산업교육진흥 및 산학연협력촉진에 관한 법률' 등이 제정되었고, 방송통신교육, 공민교육, 개방대학, 특수대학원 등 여러 가지 제도가 도입되고 있다.

7. 교육제도의 제도보장 내용

(1) 교육의 자주성·전문성·정치적 중립성 보장

① 교육의 자주성: 교육기관이나 교사의 자율성

교육의 자주성은 교육이 타의 간섭 없이 그 전문성과 특수성에 비추어 독자적인 견지에서 교육 본래의 목적에 따라 운영·실시되는 것을 말한다. 즉 교육내용과 교육기구를 교육자가 자주적으로 결정하고 행정권력의 교육통제가 배제되어야 한다는 뜻이다. 교육의 자주성은 교육 본래의 기능을 충분히 이행하려면 교육 스스로가 방향을 잡고 존속·유지되어야 한다는

헌재 2017. 7. 27. 2016헌바374, 판례집 29-2상, 191 197-198: "그러나 헌법 제31조 제3항의 의무교육 무상의 원칙은 교육을 받을 권리를 보다 실효성 있게 보장하기 위하여 의무교육 비용을 학령아동의 보호자 개개인의 직접적 부담에서 공동체 전체의 부담으로 이전하라는 명령일 뿐, 의무교육의 비용을 오로지 국가 또는 지방자치단체의 예산으로 해결해야 함을 의미하는 것은 아니다(헌재 2008. 9. 25. 2007헌가1 참조). 즉, 초·중등교육법 제12조 제4항을 비롯하여 의무교육 등에 소요되는 경비의 재원에 관한 규정들은 헌법이 규정한 의무교육 무상의 원칙에 따라 경제적 능력에 관계없이 교육기회를 균등하게 보장하기 위하여 의무교육대상자의 학부모 등이 교직원의 보수 등 의무교육에 관련된 경비를 부담하지 않도록 국가와 지방자치단체에 교육재정을 형성·운영할 책임을 부여하고, 그 재원 형성의 구체적인 내용을 규정하고 있는 데 그칠 뿐, 더 나아가 의무교육을 위탁받은 사립학교를 설치·운영하는 학교법인 등과의 관계에서 관련 법령에 의하여 이미 학교법인이 부담하도록 규정되어 있는 경비까지 종국적으로 국가나 지방자치단체의 부담으로 한다는 취지까지 규정한 것으로 볼 수는 없다(대법원 2015. 1. 29. 선고 2012두7387 판결 참조)."
그러나 헌법재판소는 "비록 학교급식이 학생들에게 한 끼 식사를 제공하는 영양공급의 차원을 넘어서 편식교정 지도 등 식생활 개선, 공동체 의식 및 협동심 함양 등 교육적 성격을 갖고 있다 하더라도(헌재 2008. 2. 28. 2006헌마1028, 판례집 20-1상, 311, 329), 급식활동으로 얻을 수 있는 교육적 측면은 기본적이고 필수적인 학교 교육 이외에 부가적으로 이루어지는 식생활 및 인성 교육으로서의 보충적 성격을 가지므로 의무교육의 실질적인 균등보장을 위한 본질적이고 핵심적인 부분이라고 까지는 할 수 없고, 따라서 학교급식 비용과 관련된 입법에 대하여는 입법자에게 입법형성의 재량이 인정된다고 봄이 상당하다."라고 한다(헌재 2012. 4. 24. 2010헌바164, 판례집 24-1하, 49, 57).

것이고, 국가권력에서 교육 독립을 그 핵심으로 한다. 그렇다고 교육의 자주성(과 정치적 독립성)이 국가 감독을 배제하는 것을 뜻하지 않는다. 오늘날 교육은 공교육을 중심으로 하며 공교육은 국가 감독을 받지 않을 수 없다. 다만, 국가 감독이 합리적이고 필요한 범위를 넘어 교육의 자주성을 침해하는 것이 되어서는 아니 된다. 교육의 자주성을 보장하려면 자주입법권, 자주재정권, 자주집행권이 보장되어야 한다. 특히 교사의 교육시설자·교육감독자에서 자유, 교육관리기구의 공선제 등이 중요하다.

② 교육의 전문성

교육의 전문성은 교육정책이나 그 집행은 될 수 있으면 교육전문가가 담당하거나 적어도 그들의 참여 아래 이루어져야 함을 말한다. 즉 교육은 특수한 자격을 갖춘 전문가가 운영하고, 교육정책의 수립과 집행에 이러한 교육전문가를 참여시킬 때 교육의 전문성은 보장될 수 있음을 말한다.[1042]

③ 교육의 정치적 중립성

교육의 정치적 중립성은 교육이 국가권력이나 정치적 세력에서 부당한 간섭을 받지 아니할 뿐 아니라 그 본연의 기능을 벗어나 정치영역에 개입하지 않아야 한다는 것을 말한다. 정치적 세력뿐 아니라 사회적·종교적 세력 등도 교육의 중립성을 침해할 수 있다. 그러나 정치적 세력의 침해는 매우 심각하므로 정치적 중립성을 명시적으로 규정한 것이다. 물론 다른 세력도 교육의 중립성을 침해해서는 아니 된다. 국가나 정치세력과 같은 외부세력이 교육에 개입하거나 간섭하면, 교육이 본래 사명을 다하기 어렵다. 교육의 중립성을 보장하려면 교육내용의 중립, 교사의 중립, 교육행정(조직과 제도)의 중립성이 보장되어야 한다.

교육의 중립성을 확보하려고 교육기본법(제6조 제1항, 제14조 제4항)과 교육공무원법(제51조)은 교원의 정치적 활동을 금지한다. 그러나 정당법 제6조는 대학교원의 정치활동을 예외적으로 허용한다.

(2) 대학의 자율성(대학 자치 보장)

대학의 자율성은 대학 운영에 관한 모든 사항을 외부 간섭 없이 자율적으로 결정할 수 있는 자유를 말한다. 즉 대학이 인사, 학사, 시설, 재정 등 대학과 관련된 모든 사항을 자주적으로 결정하고 운영할 자유이다. 대학의 자율성은 곧 대학 자치를 뜻한다. 대학 자치 없이 자유로운 연구와 교수라는 대학 본연의 임무는 실현될 수 없기 때문이다. 따라서 대학 자치는 그 제도 자체로서 보장된다. 대학 자치는 이미 헌법 제22조 제1항의 학문의 자유를 통해서 당연히 보장되는 내용이다. 헌법 제31조 제4항이 교육을 받을 권리를 규정하면서 대학의 자율성

1042) 교육기본법 제14조 제1항 "학교교육에서 교원의 전문성은 존중되며, 교원의 경제적·사회적 지위는 우대되고 그 신분은 보장된다."

을 규정한 것은 학문의 자유의 내용인 대학의 자유, 즉 대학 자치를 재확인한 것이다. 다만, 대학 자치는 헌법 제22조 제1항에서는 자유권적 측면에서, 헌법 제31조 제4항에서는 사회권적 측면에서 보장된다는 차이가 있다.

(3) 교육제도 · 교육재정 · 교원지위 법정주의

① 교육제도 법정주의

헌법 제31조 제6항은 교육제도에 관한 기본적인 사항을 법률로 정하도록 한다. 이렇게 함으로써 교육을 일시적인 정치세력이 좌우하거나 집권자 마음대로 수시로 변경하는 것을 방지하고 일관성 있는 교육을 하기 위해서이다.[1043] 교육은 국가백년대계의 기초이기 때문이다. 교육제도의 기본적인 사항인 교육의 기본방침과 내용, 교육행정의 조직, 교육과 그 감독 등은 법적 규정 대상이다. 교육제도 법정주의를 통해서 제정된 주요법률로는 교육기본법을 비롯한 초 · 중등교육법, 고등교육법, '지방교육자치에 관한 법률', 교육공무원법, 사립학교법, 교육세법 등이 있다. 특히 교육기본법은 교육에 관한 국민의 권리 · 의무, 교육 이념, 교육 내용, 교육에 대한 국가와 지방자치단체의 책임 등 교육제도와 그 운영에 관한 기본적 사항은 규정한다.

교과서는 교육목표를 달성하기 위하여 교과가 포함하는 지식체계를 쉽고 체계적으로 간결 · 명확하게 편집하여 학생들의 학습 기본자료가 되도록 한 학생용 도서이다. 따라서 전문지식을 추구하는 대학 이상의 교육과정에서 교과서제도는 적합하지 아니하다. 그러나 초 · 중 · 고교교육에서 교과용도서에 국가가 관여하는 이유는 초 · 중 · 고교 교육의 특성과 그에 따르는 국가의 책무 때문이다. 일반적으로 초 · 중 · 고교교육 등 보통교육 단계에서는 전문적인 지식 습득이나 세계관, 사회관, 인생관 등에 관한 심오한 진리를 탐구하는 것보다는 각자가 사회 구성원으로서 독자적인 생활영역을 구축하는 데 필요한 기본적인 품성과 보편적인 자질을 배양하는 데 중점을 둔다. 그러므로 보통교육 과정에서는 학교의 지역별 · 공사(公私)별 · 교육환경별 차이, 교원의 자질별 · 능력별 차이, 교과의 과목별 · 내용별 차이 등을 가능한 한 축소시켜 피교육자에게 질적으로나 양적으로 균등한 교육을 제공하는 것이 바람직하다. 그런데 보통교육 과정에 있는 학생은 사물의 시비, 선악을 합리적으로 분별할 능력이 미숙하여서 가치편향적이거나 왜곡된 학문적 논리에 대해서 스스로 이를 비판하여 선별 수용할 것을 기대하기 어려우므로, 공교육 책임을 지는 국가가 어떤 형태로든 이에 관여하는 것은 불가피하다. 다만, 교과서제도에 대해서 국가가 어느 정도까지 관여할 수 있느냐 하는 정도와 한계의 문제는 초 · 중 · 고교 교육의 단계와 교과과목에 따라 달라질 수 있고, 국가가 관여할 때도 정부가 지방의 교육자치체제를 어느 정도로 허용하느냐에 따라 다양한 모습을 지닐 수

1043) 헌재 1991. 2. 11. 90헌가27, 판례집 3, 11, 27.

있다.1044) 현재 초·중·고교에서는 국가가 저작권을 가지거나 교육부 장관이 검정하거나 인정한 교과용 도서를 사용하여야 한다(초·등교육법 제29조 제1항). 그러나 국정교과서제도는 국가의 교육과제를 통해서 정당화하기 어렵다. 국사 분야처럼 헌법질서 안에서 다양한 해석이 가능하면 국가에 저작권이 있는 국정교과서는 피교육자에게 특정 역사관을 주입할 위험성이 있어서 헌법 제31조 제4항의 교육기본원칙에 합치하기 어렵다.1045)

② 교육재정 법정주의

교육재정은 교육에 드는 비용을 말하는데 교육에는 막대한 재정이 필요하다. 이러한 재정을 차질 없이 확보하는 것은 효과적인 교육의 전제조건이다. 교육재정의 안정적 확보를 위해서 법률이 정하는 바에 따라 교육세를 징수할 수 있다. 교육재정 법정주의에 따라 제정된 법률로는 교육세법, 지방교육재정에 관해서는 지방교육재정교부금법 등이 있다.

③ 교원지위 법정주의

헌법은 교원지위1046)에 관한 기본적인 사항, 즉 교원의 자격과 특별신분 보장에 관한 사항은 법률로 정하도록 한다(헌법 제31조 제6항). 헌법이 교육의 물적 기반인 교육제도 이외에 인적 기반인 교원지위를 특별히 국회가 제정하는 법률로 정하도록 한 것은 그에 관한 사항을 집행부 결정에 맡겨두거나(국·공립학교 교원) 전적으로 사적 자치 영역에만 귀속시킬 수(사립학교 교원) 없을 만큼, 교육을 담당하는 교원지위에 관한 문제가 교육 본연의 사명을 완수할 때 중요하기 때문이다.1047) 이에 따라 교육공무원법과 사립학교법이 교원의 권리·의무에 관

1044) 헌재 1992. 11. 12. 89헌마88, 판례집 4, 739, 752-755.
1045) 전광석, 『한국헌법론(제14판)』, 집현재, 2019, 449쪽.

　　헌재 1992. 11. 12. 89헌마88, 판례집 4, 73, 768-769: "국정제도가 바람직한 것인가 하는 것은 헌법이 지향하고 있는 교육이념과 국내외의 제반교육여건, 특히 남북긴장관계가 아직도 지속되고 있는 현실여건 등에 비추어 교과과목의 종류에 따라 구체적·개별적으로 검토해 볼 필요가 있을 것이다. 교과서의 국정제도하에서도 운용의 여하에 따라서는 오히려 교육의 자주성·전문성·정치적 중립성을 제고시킬 수도 있을 것이니 예컨대 특정과목 교과서의 저작·발행에 비용은 많이 드는 반면 수요는 적어 어느 누구도 그러한 교과서를 집필·발행하려고 하지 않는 경우라든지 사인에게 맡기는 경우 그에 관한 연구가 충실하지 못하게 될 가능성이 높은 경우(예컨대, 현재 중학교 1종 교과서로 되어 있는 가정, 농업,공업, 상업, 수산업, 가사)가 그에 해당할 수 있을 것이며, 국가가 이러한 교과의 교과서 저작·발행에 책임을 져주는 것은 국민의 수학권을 실현시키는데 오히려 충실한 것이고 헌법 제10조가 국가에 부과하고 있는 국가의 기본권보장의무를 성실히 수행하는 것이 될 것이다. 그러나 이러한 사정이 인정되는 경우 이외에는 국정제도 보다는 검·인정제도를, 검·인정제도 보다는 자유발행제를 채택하는 것이 교육의 자주성·전문성·정치적 중립성을 보장하고 있는 헌법의 이념을 고양하고 아울러 교육의 질을 제고할 수도 있을 것이다. 따라서 국정제도를 채택하고 있다고 하더라도 교과내용의 다양성과 학생들의 지식습득의 폭을 넓혀주기 위해서는 반드시 하나의 교과서만 고집할 필요는 없을 것이고, 교과서의 내용에도 학설의 대립이 있고, 어느 한쪽의 학설을 택하는 데 문제점이 있는 경우, 예컨대 국사의 경우 어떤 학설이 옳다고 확정할 수 없고 다양한 견해가 나름대로 설득력을 지니고 있는 경우에는 다양한 견해를 소개하는 것이 바람직하다고 할 것이다."
1046) 헌재 1998. 7. 16. 96헌바33등, 판례집 10-2, 116, 143: "… "교원의 지위"란 교원의 직무의 중요성 및 그 직무수행능력에 대한 인식의 정도에 따라서 그들에게 주어지는 사회적 대우 또는 존경과 교원의 근무조건·보수 및 그밖의 물적 급부 등을 모두 포함하는 의미이다."
1047) 헌재 2003. 2. 27. 2000헌바26, 판례집 15-1, 176, 189.

한 사항을 규정한다. 교육공무원법 제43조 제1항은 "교권은 존중되어야 하며, 교원은 그 전문
적 지위나 신분에 영향을 미치는 부당한 간섭을 받지 아니한다."라고 규정한다. 그리고 교원
지위 향상을 위해서 '교원의 지위 향상 및 교육활동 보호를 위한 특별법'이 교원지위 향상에
관해서 규정한다. 같은 법 제2조 제1항은 "국가, 지방자치단체, 그 밖의 공공단체는 교원이
사회적으로 존경받고 높은 긍지와 사명감을 가지고 교육활동을 할 수 있는 여건을 조성하도
록 노력하여야 한다."라고 규정한다.

　　법률로 정하여야 하는 교원지위에 관한 '기본적인 사항'은 다른 직종 종사자의 지위와 비
교해서 특별히 교원지위를 법률로 정하도록 한 헌법규정 취지나 교원이 수행하는 교육이라는
직무상 특성에 비추어 보면 교원이 자주적·전문적·중립적으로 학생을 교육하는 데 필요한
중요한 사항을 말한다. 그러므로 입법자가 법률로 정하여야 할 기본적인 사항에는 무엇보다
도 교원 신분이 부당하게 박탈되지 않도록 하는 최소한의 보호의무에 관한 사항이 포함된다.
교원 신분이 공권력, 사립학교의 설립자나 그 밖의 임면권자의 자의적인 처분에 노출되면 교
원이 피교육자인 학생을 교육할 때 임면권자의 영향을 물리치기 어렵고, 그렇게 되면 교육이
외부세력의 정치적 영향에서 벗어나 교육자나 교육전문가가 주도하고 관할하여야 한다는 헌
법원칙(교육의 자주성·전문성·정치적 중립성)에 어긋나는 결과를 초래할 수 있기 때문이다.[1048]
헌법재판소는 교원지위 법정주의에 따라서 교원의 권리뿐 아니라 의무에 관한 사항도 정할
수 있다고 본다.[1049]

　　그리고 교원은 근로자의 지위가 있는지의 문제도 오랫동안 논란되었다. 즉 교원의 노동운
동은 과거 법률에 따른 제한의 합헌성 여부가 문제 되었다. 이에 대해서 대법원[1050]과 헌법재
판소[1051]는 모두 합헌으로 판시하였다. 그러나 국회는 '교원의 노동조합 설립 및 운영 등에
관한 법률'을 제정하여 이러한 판결을 번복하고 초·중등교원의 단결권과 단체교섭권을 보장
한다. 다만, 태업이나 파업 등 단체행동권은 금지한다. 최근 헌법재판소는 '교원의 노동조합
설립 및 운영 등에 관한 법률'의 적용대상을 초·중등교육법 제19조 제1항의 교원이라고 규정
함으로써 고등교육법에서 규율하는 대학 교원의 단결권을 일절 인정하지 않는 '교원의 노동
조합 설립 및 운영 등에 관한 법률' 제2조 본문이 대학 교원의 단결권을 침해한다는 이유로
헌법불합치결정을 내렸다.[1052]

1048) 헌재 2003. 2. 27. 2000헌바26, 판례집 15-1, 176, 188-189.
1049) 헌재 1991. 7. 22. 89헌가106, 판례집 3, 387, 417.
1050) 대법원 1990. 9. 11. 선고 90도1356 판결(공1990, 2114).
1051) 헌재 1991. 7. 22. 89헌가106, 판례집 3, 387; 헌재 1999. 6. 24. 97헌바61, 판례집 11-1, 734.
1052) 헌재 2018. 8. 30. 2015헌가38, 판례집 30-2, 206.

Ⅳ. 근로의 권리

1. 의의

(1) 개념

근로의 권리는 국민, 특히 경제적 약자인 근로자에게 균등한 생활의 가능조건을 실질적으로 보장하는 기능을 한다. 근로의 권리는 근로의사와 근로능력이 있는 사람이 근로 기회를 제공받거나 합리적인 근로조건을 형성할 때 방해받지 아니하거나 그것이 자력으로 어려우면 국가에 대해서 근로기회 제공이나 근로조건의 합리적 형성(에 조력할 것)을 요구할 수 있는 권리이다.[1053] 근로의 권리에는 '일할 자리에 관한 권리'뿐 아니라 '일할 환경에 관한 권리'도 포함되고, 일할 환경에 관한 권리는 인간의 존엄성에 대한 침해를 막기 위한 권리로서 건강한 작업환경, 정당한 보수, 합리적 근로조건 보장 등을 요구할 수 있는 권리까지 포함한다.[1054] 근로는 헌법 제32조 제1항에서 고용과 적정임금, 최저임금제 등을 통해서 사용자와 맺는 관계를 전제한다는 점에서 근로자가 사용자에게서 임금을 받는 대가로 제공하는 육체적·정신적 활동을 말한다.[1055] 따라서 생활에 필요한 소득(임금)을 위한 일(활동)이 아닌 단순한 취미로 하는 일은 근로의 개념에 포함되지 않는다.

자본주의를 경제질서 기초로 삼는 나라에서 근로의 권리는 근로자인 국민 대다수에게 생활의 기본적인 수요를 충족시킬 생활수단을 보장한다는 데 그 의의가 있다. 그러나 근로의 권리는 단순한 소득활동 보장 이상을 보장한다. 인간은 노동을 통해서 생활에 필요한 소득을 얻을 뿐 아니라 인격을 자유롭게 발현할 수 있게 되며 존엄성이 있는 인간으로서 생활할 수 있게 된다. 즉 개인은 일에 종사할 때는 물론 개인은 일을 통해서 사회에 이바지할 때 그의 인격은 옹글게(완벽하게) 형성되며 완성된다. 요컨대 근로의 권리 보장은 생활의 기본적인 수요를 충족시킬 생활수단을 확보해 주며 나아가 인격의 자유로운 발현과 인간의 존엄성을 보장해 주는 의의가 있을 뿐 아니라 사회·경제질서를 형성하는 기본적 요소이며, 자본주의 경제질서의 바탕을 이루는 요소가 된다는 의의가 있다.[1056]

[1053] 헌법재판소는 근로의 권리란 인간이 자신의 의사와 능력에 따라 근로관계를 형성하고, 타인의 방해를 받음이 없이 근로관계를 계속 유지하며, 근로의 기회를 얻지 못하면 국가에 근로 기회를 제공하여 줄 것을 요구할 수 있는 권리라고 한다(헌재 2007. 8. 30. 2004헌마670, 판례집 19-2, 297, 304).

[1054] 헌재 2007. 8. 30. 2004헌마670, 판례집 19-2, 297, 304; 헌재 2017. 5. 25. 2016헌마640, 판례집 29-1, 234, 237.

[1055] 같은 견해: 홍석한, 「헌법상 근로의 권리에 대한 고찰」, 『공법학연구』 제20권 제2호, 한국비교공법학회, 2019, 128~129쪽.

[1056] 헌재 2002. 11. 28. 2001헌바50, 판례집 14-2, 668, 678: "근로의 권리의 보장은 생활의 기본적인 수요를 충족시킬 수 있는 생활수단을 확보해 주며, 나아가 인격의 자유로운 발현과 인간의 존엄성을 보장해 주는 의의를 지닌다."

(2) 연혁

1948년 헌법부터 줄곧 한국 헌법은 근로의 권리를 규정한다. 그러나 그 규정 내용은 많이 보충되었다. 1948년 헌법 제17조에서 "① 모든 국민은 근로의 권리와 의무를 가진다. ② 근로 조건의 기준은 법률로써 정한다. ③ 여자와 소년의 근로는 특별한 보호를 받는다."라고 규정 하였다. 1962년 헌법 제28조에서는 "① 모든 국민은 근로의 권리를 가진다. 국가는 사회적 · 경제적 방법으로 근로자의 고용의 증진에 노력하여야 한다. ② 모든 국민은 근로의 의무를 진다. 국가는 근로의 의무의 내용과 조건은 민주주의원칙에 따라 법률로 정한다."라고 개정하 고, 제2항은 제3항으로, 제3항은 제4항으로 되었다. 1980년 헌법은 제30조 제1항에 '적정임 금'의 보장에 노력하여야 한다는 문구를 추가하였고, 제3항에 "근로조건의 기준은 '인간의 존 엄성을 보장하도록' 법률로써 정한다."라는 문구를 추가하였으며, 제3항은 제4항으로 되었고, "국가유공자 · 상이군경 및 전몰군경의 유가족은 법률이 정하는 바에 의하여 우선적으로 근로 의 기회를 부여받는다."라는 제5항이 추가되었다. 1987년 헌법에서는 제1항에 "법률이 정하 는 바에 의하여 최저임금제를 실시한다."라는 조항이 추가되고, 제4항을 나누어 "여자의 근로 는 특별한 보호를 받으며, 고용 · 임금 및 근로조건에 있어서 부당한 차별을 받지 아니한다." 라고 상세하고 규정하고, 제5항을 "연소자의 근로는 특별한 보호를 받는다."라고 규정하였다.

2. 법적 성격

① 근로의 권리는 근로의 자유, 즉 개인이 자유롭게 근로의 종류, 내용, 장소 등을 선택하 여 취업하는 데 국가의 방해를 받지 아니할 권리라는 자유권설과 ② 근로의 권리는 근로의 기회를 얻을 수 있도록 국가의 적극적인 배려를 요구할 수 있는 권리이므로 사회권이라는 사 회권설이 대립한다. ③ 자유권적 측면과 사회권적 측면이 아울러 있다는 견해도 있다.[1057] 사 회권설은 (ⅰ) 고용정책, 실업대책 등을 통해서 국민에게 근로 기회를 마련해 줄 국가의 정치 적 · 도의적 의무 선언에 불과하다는 프로그램규정설[1058]과 (ⅱ) 근로의 권리는 권리이기는 하나 그것은 추상적 권리에 불과하고 이 권리를 구체화하는 입법이 있어야 비로소 구체적 · 현실적 권리가 된다는 추상적 권리설,[1059] (ⅲ) 근로의 권리는 국가나 공공단체에 대해서 근 로 기회를 제공하여 주도록 요구할 수 있는 불완전하나마 구체적 권리라는 불완전한 구체적 권리설[1060], (ⅳ) 근로의 권리는 국가에 대해서 적극적으로 근로 기회를 제공하여 주도록 요

1057) 양 건, 『헌법강의(제8판)』, 법문사, 2019, 1048쪽; 장영수, 『헌법학(제11판)』, 홍문사, 2019, 848~849쪽; 정종 섭, 『헌법학원론(제12판)』, 박영사, 2018, 797쪽.

1058) 문홍주, 『제6공화국 한국헌법』, 해암사, 1987, 307쪽(고용 증진에 어긋나는 입법은 위헌을 면하지 못하므로, 단 순한 프로그램이 아니라 법적 규범성이 있어서 권리성이 있다고 한다.).

1059) 구병삭, 『신헌법원론(제3전정판)』, 박영사, 1996, 629쪽.

1060) 고문현, 『헌법학개론』, 박영사, 2019, 233쪽; 권영성, 『헌법학원론(개정판)』, 법문사, 2010, 674쪽.

구할 수 있는 현실적인 권리를 보장한 것이라는 구체적 권리설,[1061] (ⅴ) 근로의 권리는 부수적으로 국가에 의해서 근로 기회를 박탈하지 아니할 권리라는 자유권적 측면이 있기는 하지만, 근로 기회에 대한 청구권을 도출할 수 없는 입법위임규정으로 보는 객관설,[1062] (ⅵ) 헌법 제32조 제1항을 구속력 있는 국가목표조항으로 보는 견해,[1063] (ⅶ) 근로의 권리는 주관적·구체적 권리로서 기본권규정이지만, 고용증진과 적정임금 보장, 최저임금제 시행, 인간의 존엄성을 보장하는 근로조건의 기준과 같은 것은 구체화 입법이나 이를 집행하는 행정작용을 통해서 이를 실현할 책무와 과제를 국가에 부여하는 객관적 헌법규범일 뿐이라는 견해[1064]로 나뉜다. ④ 헌법 제32조 제1항 제1문은 제2문 전단과 연결하여 보면 자유권적 성격, 즉 방어적 성격과 함께 국가목표규정의 성격이 있는 규정이고, 제1항 제2문 후단, 제3항, 제4항 전단, 제5항, 제6항은 입법위임에 해당하며, 제4항 후단은 특별평등권의 성격이 있다는 견해도 있다.[1065] 헌법재판소는 근로의 권리를 사회권으로 보는데, 구체적 권리로 보지는 않는다.[1066] 근로의 권리는 본래 자유권이지만, 이를 헌법에 독자적 기본권으로 규정한 이유는 국가가 적극적으로 배려하여야 할 필요가 있기 때문이다. 따라서 근로의 권리는 사회권으로 보아야 한다. 구체적으로 제1항과 제4항 그리고 제5항은 구체적 권리, 제2항과 제3항 그리고 제6항은 입법위임으로 볼 수 있다.

3. 주체

근로의 권리 주체는 원칙적으로 모든 국민이다. 근로능력과 근로의사가 있는 국민의 권리이므로, 미성년자도 예외적으로 주체가 될 수 있다. 근로기준법 제64조 제1항을 따르면, 15세 미만인 사람(초·중등교육법에 따른 중학교에 재학 중인 18세 미만인 사람 포함)은 근로자로 사용하지 못하고, 다만, 고용노동부 장관이 발급한 취직인허증이 있는 사람은 근로자로 사용할 수 있다. 근로의 권리는 국가의 경제질서 형성과 밀접한 관련이 있으므로 외국인은 주체가 될 수 없다.[1067] [1068] 그러나 헌법재판소는 근로의 권리에 포함된 일할 환경에 관한 권리에 대해

1061) 김철수, 『학설·판례 헌법학(상)』, 박영사, 2008, 1169~1170쪽; 박일경, 『제6공화국 신헌법』, 법경출판사, 1990, 326~327쪽; 성낙인, 『헌법학(제19판)』, 법문사, 2019, 1370쪽; 안용교, 『한국헌법(제2전정판)』, 고시연구사, 1992, 547쪽; 정재황, 『신헌법입문(제9판)』, 박영사, 2019, 535쪽; 홍석한, 「헌법상 근로의 권리에 대한 고찰」, 『공법학연구』 제20권 제2호, 한국비교공법학회, 2019, 135~139쪽.

1062) 홍성방, 『헌법학(중)(제2판)』, 박영사, 2015, 316쪽.

1063) 한수웅, 『헌법학(제9판)』, 법문사, 2019, 1017~1019쪽.

1064) 김하열, 『헌법강의』, 박영사, 2018, 691쪽.

1065) 계희열, 『헌법학(중)(신정2판)』, 박영사, 2007, 765~766쪽.

1066) 헌재 2002. 11. 28. 2001헌바50, 판례집 14-2, 668, 678; 헌재 2011. 7. 28. 2009헌마408, 판례집 23-2상, 118, 129: "… 근로의 권리는 사회적 기본권으로서 국가에 대하여 직접 일자리를 청구하거나 일자리에 갈음하는 생계비의 지급청구권을 의미하는 것이 아니라 고용증진을 위한 사회적·경제적 정책을 요구할 수 있는 권리에 그치며, 근로의 권리로부터 국가에 대한 직접적인 직장존속청구권이 도출되는 것도 아니다."

1067) 대법원 1995. 7. 11. 선고 94도1814 판결(공1995하, 2842): "즉 외국인 근로자를 법무부훈령 제255호에 의거하

서는 외국인의 기본권 주체성이 인정될 수 있다고 한다.[1069] 근로의 권리는 근로활동을 하는 개인을 대상으로 하므로 법인은 그 성질상 근로의 권리 주체가 될 수 없다.

4. 내용

(1) 근로 기회 보장(일자리에 관한 권리)

근로의 권리는 먼저 근로의사와 근로능력이 있는데도 취업 기회를 얻지 못한 사람이 국가에 대해서 근로 기회를 제공하여 주도록 요구하는 것을 내용으로 한다. 그리고 개인이 자유로이 일할 기회를 가지는 것을 국가가 방해·제한하여서는 아니 된다는 것도 근로의 권리의 내용이다. 그러나 근로의 권리는 국가에 직접 일할 자리를 요구할 수 있는 청구권을 포함하지 않는다.[1070]

여 산업기술연수자로 국내기업에 알선하여 주고, 그에 소요되는 비용과 수수료 명목으로 돈을 받는 행위를 구직업안정및고용촉진에관한법률(1994.1.7. 법률 제4733호 직업안정법으로 전문 개정, 이하 법이라고만 한다) 소정의 유료직업소개행위라고 하기 위하여는 법의 적용대상인 "근로자"에 외국인도 포함되어야 하는데, 위 법은 "모든 국민은 근로의 권리를 가진다. 국가는 사회적, 경제적 방법으로 근로자의 고용의 증진...에 노력하여야 하며, ..."라고 규정하고 있는 헌법 제32조 제1항에 따라 국가의 국민에 대한 고용촉진 및 직업안전의무를 이행하기 위한 수단으로서 제정되었다고 할 것이고, 유료직업소개사업을 하려는 자에게 노동부장관의 허가를 받도록 하고 있는 것은 유료직업소개사업을 정부의 감독 및 통제하에 둠으로써 구직 근로자를 보호하여 국민의 직업안정 및 고용촉진에 기여하려는 것이라 할 것이고, 따라서 이러한 정부의 직업안정 및 고용촉진의무에서 비롯되는 이익을 향유할 권리는 그 성질상 인간이기 때문에 당연히 누릴 수 있는 것이라기보다는 그 나라의 국민된 자격으로서 누리게 되는 국민의 권리라고 할 것이며, 더욱이 위 법의 개정경위에서 보듯이 위 법 제정 및 개정 당시에는 이 사건과 같은 외국인 근로자의 국내취업이 별로 사회문제가 되지 아니하여 위 법 어디에도 외국인 근로자의 국내취업에 관한 사항을 규정하지 않았다고 할 것이므로, 외국인 근로자를 국내기업에 알선하여 주는 행위는 위 법률의 적용대상이 아니라는 것이다."

1068) 근로의 권리가 근로자인 인간의 권리인 이상 외국인에게 근로의 권리 주체능력을 부정할 근거는 없어서 외국인의 근로의 권리 주체성은 호혜주의원칙에 따라 정해질 문제라는 견해로는 홍성방, 『헌법학(중)(제2판)』, 박영사, 2015, 317쪽.

1069) 헌재 2007. 8. 30. 2004헌마670, 판례집 19-2, 297, 304: "근로의 권리란 인간이 자신의 의사와 능력에 따라 근로관계를 형성하고, 타인의 방해를 받음이 없이 근로관계를 계속 유지하며, 근로의 기회를 얻지 못한 경우에는 국가에 대하여 근로의 기회를 제공하여 줄 것을 요구할 수 있는 권리를 말하며, 이러한 근로의 권리는 생활의 기본적인 수요를 충족시킬 수 있는 생활수단을 확보해 주고 나아가 인격의 자유로운 발현과 인간의 존엄성을 보장해 주는 것으로서 사회권적 기본권의 성격이 강하므로(헌재 1991. 7. 22. 89헌가106, 판례집 3, 387, 421; 헌재 2002. 11. 28. 2001헌바50, 판례집 14-2, 668, 678 참조) 이에 대한 외국인의 기본권 주체성을 전면적으로 인정하기는 어렵다. 그러나 근로의 권리가 "일할 자리에 관한 권리"만이 아니라 "일할 환경에 관한 권리"도 함께 내포하고 있는바, 후자(後者)는 인간의 존엄성에 대한 침해를 방어하기 위한 자유권적 기본권의 성격도 갖고 있어 건강한 작업환경, 일에 대한 정당한 보수, 합리적인 근로조건의 보장 등을 요구할 수 있는 권리 등을 포함한다고 할 것이므로 외국인 근로자라고 하여 이 부분에까지 기본권 주체성을 부인할 수는 없다. 즉 근로의 권리의 구체적인 내용에 따라, 국가에 대하여 고용증진을 위한 사회적·경제적 정책을 요구할 수 있는 권리(헌재 2002. 11. 28. 2001헌바50, 판례집 14-2, 668, 678)는 사회권적 기본권으로서 국민에 대하여만 인정해야 하지만, 자본주의 경제질서하에서 근로자가 기본적 생활수단을 확보하고 인간의 존엄성을 보장받기 위하여 최소한의 근로조건을 요구할 수 있는 권리는 자유권적 기본권의 성격도 아울러 가지므로 이러한 경우 외국인 근로자에게도 그 기본권 주체성을 인정함이 타당하다."

1070) 김형배, 『노동법(제26판)』, 박영사, 2018, 102쪽.

근로의 권리의 개념이나 내용에 국가에 대해서 근로 기회 제공을 요구할 권리(근로기회제공청구권)뿐 아니라 근로의사와 근로능력이 있는 사람이 국가에 근로 기회 제공을 요구하였으나, 그 요구가 충족되지 못하면 생계비 지급을 청구할 수 있는 권리(생계비지급청구권)도 포함되는지가 문제 된다. 자본주의사회에서 국가는 애당초 모든 국민에게 근로 기회를 제공할 수 없어서, 즉 사기업에 모든 실업자를 의무적으로 고용하도록 강요할 수 없어서 근로 기회를 얻지 못한 사람들에게 생계비를 지급하지 않는다면 근로의 권리 보장은 처음부터 의미가 없으므로 생계비지급청구권도 근로의 권리에 포함된다는 견해가 있다.1071) 이러한 맥락에서 독일 바이마르 헌법 제163조 제2항 제2문이 "적당한 노동 기회가 부여되지 않는 사람에게는 필요한 생계비를 지급한다."라고 규정하였다. 헌법에 독일 바이마르 헌법처럼 생계비 지급을 청구할 수 있는 규정이 없을 뿐 아니라 생계비 지급 문제는 헌법 제34조의 인간다운 생활을 할 권리에서 그 근거를 찾을 수 있으므로 근로의 권리에는 생계비지급청구권이 포함되지 않고 근로기회제공청구권만 포함된다.1072) 헌법재판소는 근로의 권리를 직접적인 일자리 청구권으로 이해하는 것은 사회주의적 통제경제를 배제하고, 사기업 주체의 경제상 자유를 보장하는 헌법의 경제질서나 기본권규정들과 조화될 수 없으므로, 근로의 권리는 국가에 대해서 직접 일자리(직장)를 청구하거나 일자리에 갈음하는 생계비지급청구권을 의미하는 것이 아니라 고용증진을 위한 사회적·경제적 정책을 요구할 수 있는 권리에 그친다고 한다.1073)

국가는 사회적·경제적 방법으로 근로자의 고용 증진에 노력하여야 한다(헌법 제32조 제1항 제2문 전단). 따라서 국가는 근로자의 고용증진을 위해서 각종 정책을 개발하고 이를 시행하여야 한다. 그런데 고용증진은 사회적·경제적 방법에 따라서만 하여야 한다. 여기서 사회적·경제적 방법은 사회정책·경제정책·노동정책·남녀고용평등정책 등을 통한 고용증진을 말한다. 사회적·경제적 방법에 따라서만 고용 기회를 확대하도록 하고 국가가 강제적 방법으로 고용을 증진하지 못하게 하는 것은 헌법이 원칙적으로 자본주의경제질서를 채택하기 때문이다.

근로의 권리 보장과 국가의 고용증진의무가 사용자의 해고의 자유를 제한하는 근거가 될

1071) 구병삭, 『신헌법원론(제3전정판)』, 박영사, 1996, 630쪽. 국가는 근로기회 제공뿐 아니라 이에 갈음하여 직업안정을 위한 시설과 제도 보장, 취업과 재취업을 위한 직업교육 실시, 부당한 해고 제한 그리고 무엇보다도 실업 시의 소득보장을 통해서 근로의 권리를 보장할 수 있다는 견해로는 홍석한, 「헌법상 근로의 권리에 대한 고찰」, 『공법학연구』 제20권 제2호, 한국비교공법학회, 2019, 139~146쪽.

1072) 계희열, 『헌법학(중)(신정2판)』, 박영사, 2007, 758쪽; 고문현, 『헌법학개론』, 박영사, 2019, 233쪽; 권영성, 『헌법학원론(개정판)』, 법문사, 2010, 675쪽; 김하열, 『헌법강의』, 박영사, 2018, 692쪽; 김형배, 『노동법(제26판)』, 박영사, 2018, 103~104쪽; 이부하, 『헌법학(상)』, 법영사, 2019, 485쪽; 홍성방, 『헌법학(중)(제2판)』, 박영사, 2015, 318~319쪽.

1073) 헌재 2002. 11. 28. 2001헌바50, 판례집 14-2, 668, 678.
    헌재 2002. 11. 28. 2001헌바50, 668, 679: "헌법 제15조의 직업의 자유 또는 헌법 제32조의 근로의 권리, 사회국가원리 등에 근거하여 실업방지 및 부당한 해고로부터 근로자를 보호하여야 할 국가의 의무를 도출할 수는 있을 것이나, 국가에 대한 직접적인 직장존속보장청구권을 근로자에게 인정할 헌법상의 근거는 없다."

수 있는지가 문제 된다. 초기 자본주의 체제 아래에서는 해고의 자유가 계약자유의 원칙에 따라 얼마든지 가능한 것으로 인정되었다. 그러나 오늘날에는 개별적 근로관계에서도 계약의 자유나 해고의 자유는 모두 제한될 수 있다. 그 제한 근거는 헌법 제33조의 근로3권 규정과 제32조의 근로권 규정이다. 이 규정들은 이러한 제한을 통해서 근로자 권익을 보호하기 위해서 성립한 것이다. 따라서 근로자를 해고하려면 정당한 사유가 있어야 하고(근로기준법 제23조 제1항) 그렇지 않은 해고는 위헌이 된다.[1074]

국가유공자·상이군경 및 전몰군경의 유가족은 법률이 정하는 바에 의하여 먼저 근로 기회를 받는다(헌법 제32조 제6항). 국가유공자 등에 대해서 근로 기회를 우선적으로 보장하는 것은 국가와 민족을 위해서 헌신한 공로에 대한 국가적 보상이다. 이들에 대한 이러한 우대가 취업 기회 균등을 침해하는 것이 아닌지 하는 우려가 있었으나 헌법이 직접 규정함으로써 이러한 우려를 해소하였다. '국가유공자 등 예우 및 지원에 관한 법률'은 구체적인 국가유공자 범위, 이들에 대한 취업보호 등에 관해서 상세하게 규정한다.

(2) 합리적인 근로조건 형성 보장

근로의 권리는 합리적인 근로조건 형성도 보장한다. 그에 따라서 근로의 권리는 근로계약을 체결할 때 계약자유의 한계가 된다.

① 적정임금 보장과 최저임금제 시행

(ⅰ) 적정임금 보장

적정한 임금 보장은 근로자에게 무엇보다 중요하다. 그런데 어느 정도의 임금수준을 적당하다고 할 것인지가 문제이다. 임금의 적정성은 경제적 여건에 따라 다를 수밖에 없으므로 획일적으로 확정할 수는 없다. 하지만 적정임금은 근로자와 그 가족이 인간의 존엄성에 상응하는 건강하고 문화적인 생활을 영위하는 데 필요한 정도의 임금수준을 말한다. 따라서 적정임금은 물질적인 최저한을 보장하는 최저임금과 다르고, 최저임금보다 고액이어야 한다.

적정임금 보장과 관련하여 파업기간 중 임금 지급에 관한 문제가 제기된다. 임금은 사용자가 근로 대상으로 근로자에게 지급하는 일체의 금품이므로[1075] 파업기간 중의 무노동에 대해서는 임금을 지급하지 않는 것이 논리적으로 당연하다. 이 무노동·무임금 원칙에 대해서 대법원은 과거 임금 내용을 교환적 부분과 생활보장적 부분으로 구별하여 근로 대가로 받는

1074) 계희열, 『헌법학(중)(신정2판)』, 박영사, 2007, 759쪽; 구병삭, 『신헌법원론(제3전정판)』, 박영사, 1996, 631쪽; 권영성, 『헌법학원론(개정판)』, 법문사, 2010, 676~677쪽; 김하열, 『헌법강의』, 박영사, 2018, 694쪽; 이부하, 『헌법학(상)』, 법영사, 2019, 486쪽; 정재황, 『신헌법입문(제9판)』, 박영사, 2019, 536~537쪽; 홍성방, 『헌법학(중)(제2판)』, 박영사, 2015, 320쪽. 헌법재판소는 헌법 제15조(직업의 자유)와 제32조 제1항(근로의 권리)을 근로관계 존속보호의 근거로 삼는다(헌재 2002. 11. 28. 2001헌바50, 판례집 14－2, 668, 677). 근로관계 존속보호를 직업의 자유에서 파생하는 것으로 보는 견해로는 한수웅, 『헌법학(제9판)』, 법문사, 2019, 10208쪽.
1075) 근로기준법 제2조 제5호 참조.

교환적 부분은 무노동·무임금 원칙에 따르지만, 근로자 신분 때문에 받는 생활보장적 부분은 파업기간 중에도 지급하여야 한다는 견해를 취하였다.[1076] 그러나 대법원은 이러한 무노동· 부분임금에서 무노동·완전무임금으로 판례를 바꾸었다.[1077]

적정임금 보장과 관련하여 퇴직금도 문제 된다. 근로자의 퇴직금은 후불임금적 성격이나 사회보장적 급여의 성격이 있으므로 적정한 퇴직금 지급은 근로자에게 매우 중요하다. 이러한 점에서 과거 근로기준법 제37조 제2항은 근로자의 퇴직금을 다른 담보채권보다 우선변제 하도록 규정하였다. 그러나 헌법재판소는 근로기준법의 퇴직금무제한우선변제규정이 저당권 등의 본질적 내용을 침해할 소지가 있다고 보아 헌법불합치결정을 내렸다.[1078] 이에 국회는 근로기준법을 개정하여 최종 3년의 퇴직금만 먼저 갚도록 하였다.

(ii) 최저임금제 실시

최저임금제는 국가가 임금의 최저한도를 정하고 사용자는 그 이하의 임금으로 근로자를 고용하지 못하도록 함으로써 열악한 지위에 있는 근로자의 물질적인 최저한의 생활을 보장하려는 제도를 말한다. 그런데 임금의 최저한도를 어떤 기준에 따라 정할 것인지도 문제 된다. 임금의 최저한도는 경제적 여건에 따라 달리 결정될 수밖에 없어서 획일적으로 확정할 수 없다. 하지만 최저임금은 인간다운 생활을 영위하는 데 필요한 정도의 임금수준을 말한다. 헌법 제32조 제1항 제2문 후단에 따라 제정된 최저임금법은 최정임금 결정기준에 관해서 구체적으로 "최저임금은 근로자의 생계비, 유사근로자의 임금, 노동생산성 및 소득분배율 등을 고려하여 정한다. 이 경우 사업의 종류별로 구분하여 정할 수 있다."라고 규정한다(최정임금법 제4조 제1항).

② 근로조건 기준에 관한 법정주의

초기 자본주의 시대에는 계약자유의 원칙에 따라 사용자와 근로자 사이에는 임금, 근로시간, 후생, 해고 등 근로조건에 관해서 자유롭게 계약을 체결하였다. 그 결과는 우월한 지위에 있는 사용자의 임금 착취, 열악한 근로환경에서 장시간 노동 강요, 임의적 해고 등이었다. 이러한 폐해를 바로잡고 경제적 약자인 근로자의 권익을 보호하려는 것이 근로조건 기준에 대한 법정주의이다. 즉 오늘날에는 근로계약에 관한 한 당사자 사이의 자유로운 계약에 맡겨 두는 것이 아니라 국가가 근로조건에 관해서 법률로 최저한의 제한을 설정하지 않을 수 없게 되었고, 이로써 계약자유의 원칙은 제한(수정)되었다. 헌법 제32조 제3항도 근로조건 기준에 관한 법정주의를 채택하였고, 이에 기초하여 근로기준법이 제정되었다. 이로써 근로기준법이 적용되는 사업장의 사용자와 근로자는 근로기준법에 어긋나는 근로조건에 관해서 근로계약을

1076) 대법원 1992. 3. 27. 선고 91다36307 판결(공1992, 1388).
1077) 대법원 1995. 12. 21. 선고 94다26721 전원합의체 판결(공1996상, 208)
1078) 헌재 1997. 8. 21. 94헌바19등, 판례집 9-2, 243.

체결할 수 없고, 그러한 계약은 무효이다.

③ 여성근로자 보호와 차별대우 금지

여자의 근로는 여성이라는 이유로 특별한 보호가 필요하다. 즉 여자의 근로는 신체조건 차이(예를 들어 생리적인 차이), 모성 보호 필요성 등 때문에 특별한 보호가 요청된다. 이러한 이유에서 여자에게는 생리휴가, 산전산후의 요양 등이 인정된다. 근로기준법은 여자의 근로에 관한 각종 보호를 규정한다(제70조 이하).

여자의 근로는 여성이라는 이유 때문에 고용·임금 및 근로조건에서 부당한 차별을 받지 아니한다. 이 내용은 이미 헌법 제32조 제1항과 제3항 및 제11조 제1항(평등조항)을 통해서 보장되는데, 헌법 제32조 제4항이 이를 또다시 규정한 것은 중복적 규정이라고 할 수 있다. 그러나 여자의 근로는 여성이라는 이유로 오랫동안 고용·임금 및 근로조건에서 부당한 차별을 받아 왔고 아직도 받는 때가 적지 않으므로 헌법 제32조 제4항은 이를 다시 한번 강조하는 의미가 있다.

여성에 대한 차별대우를 없애려고 '남녀고용평등과 일·가정 양립 지원에 관한 법률'은 모집과 채용에서 여성에게 남성과 평등한 기회를 부여하고(제7조), 같은 사업 안의 같은 가치 노동에 대해서는 동일임금을 지급하여야 한다고(제8조) 규정한다. 그리고 근로자의 정년과 해고에 관해서 여성인 것을 이유로 남성과 차별하지 못하고(제11조 제1항), 근로여성의 혼인·임신이나 출산을 퇴직사유로 예정하는 근로계약을 체결할 수 없다(제11조 제2항). 근로기준법 제6조도 남녀의 차별대우를 할 수 없도록 규정한다.

④ 연소자 근로에 대한 특별보호

연소자 근로에 대해서 특별보호를 규정한 것(헌법 제32조 제5항)은 과거 연소자의 비인간적 근로조건 아래 장시간 노동, 임금 착취 등의 경험에서 비롯된다. 헌법 제32조 제5항에 따라 근로기준법은 15세 미만의 연소자에 대해서 노동부 장관의 취업허가 없이는 고용할 수 없도록 최저연령을 정하고(제64조 제1항), 18세 미만인 사람을 도덕상 또는 보건상 유해·위험한 사업에 사용할 수 없도록 하며(제65조 제1항), 15세 이상 18세 미만인 사람의 근로시간을 제한한다(제69조). 그리고 18세 미만인 사람은 야간작업과 휴일근무를 금지한다(제70조 제2항).

V. 근로3권(단결권·단체교섭권·단체행동권)

1. 의의

(1) 개념

근로3권은 근로자가 근로조건의 유지·향상을 위해서 자주적으로 단체를 조직하고 단체의 이름으로 사용자와 교섭을 하며 그 교섭이 원만하게 이루어지지 못하면 자기주장을 관철할 목적으로 단체행동을 할 수 있는 권리이다. 근로3권은 경제적으로 열악한 근로자에게 단합된 힘을 배경으로 실질적으로 대등한 입장에서 사용자에게 근로조건 개선 등 정당한 요구를 할 수 있는 길을 열어준다.

근로자에게 근로3권을 인정하는 것은 노사 사이의 근로계약에서 근로자에게 단체교섭권을 인정함으로써 근로자의 지위를 향상하자는 데 있다. 그리고 단결권은 단체교섭권 행사를 위하여 필요하고 단체행동권은 실력행사를 통한 단체교섭의 실효성 확보를 위해서 필요한 것이다. 그러므로 단결권이나 단체행동권은 단체교섭에서 노사의 대등관계를 실현하여 단체교섭을 유리하게 인도하기 위한 수단이라서 단결권이나 단체행동권은 단체교섭권을 떠나서는 아무런 의미도 없다. 이러한 점에서 근로3권은 단체교섭권을 중심으로 한 한 묶음의 권리로서 보장되어야만 비로소 온전한 권리로서 힘이 있게 된다. 따라서 근로3권은 단결권, 단체교섭권, 단체행동권 각각의 권리를 규정한 것이 아니라 경제적 약자인 근로자에게 사용자와 대등한 지위를 보장하기 위한 일체적인 근로기본권으로 파악하여야 한다.[1079] 노동쟁의는 '노동조합과 사용자나 사용자단체 사이에 임금·근로시간·복지·해고 그 밖의 대우 등 근로조건 결정에 관한 주장 불일치로 말미암아 발생한 분쟁상태'(노동조합 및 노동관계조정법 제2조 제5호)를 뜻하므로 단체행동보다 넓은 개념이다.

(2) 연혁

한국 헌법은 1948년 헌법 이래 근로3권을 규정해 왔다. 그러나 그 규정 내용은 많이 변경되고 보충되었다. 1948년 헌법 제18조 제1항은 "근로자의 단결, 단체교섭과 단체행동의 자유는 법률의 범위내에서 보장된다."라고 규정하였다. 1962년 헌법 제29조는 "① 근로자는 근로조건의 향상을 위하여 자주적인 단결권·단체교섭권 및 단체행동권을 가진다. ② 공무원인 근로자는 법률로 인정된 자를 제외하고는 단결권·단체교섭권 및 단체행동권을 가질 수 없다."라고 규정하였다. 1972년 헌법 제29조는 "① 근로자의 단결권·단체교섭권 및 단체행동권은 법률이 정하는 범위 안에서 보장된다. ② 공무원인 근로자는 법률로 인정된 자를 제외하고는 단결권·단체교섭권 또는 단체행동권을 가질 수 없다. ③ 공무원과 국가·지방자치단체·국영기업체·공익사업체 또는 국민경제에 중대한 영향을 미치는 사업체에 종사하는 근로자의 단체행동권은 법률이 정하는 바에 의하여 이를 제한하거나 인정하지 아니할 수 있다."라고 규정하여 근로3권을 대폭 제한하였다. 1980년 헌법 제31조 제1항은 "근로자는 근로조건의 향상

1079) 같은 견해: 전광석, 『한국헌법론(제14판)』, 집현재, 2019, 468~469쪽.
   헌재 2009. 10. 29. 2007헌마1359, 판례집 21－2하, 304, 316: "이에 대하여 이 사건 법률조항은 헌법이 인정한 일반근로자의 단체행동권을 전면적으로 박탈하고 있으므로 헌법 제33조 제1항 자체에 위반된다는 반대견해가 있다. 그러나 이 사건 법률조항에 의한 쟁의행위의 금지는, 특수경비원에게 보장되는 근로3권 중 단체행동권의 제한에 관한 법률조항에 해당하는 것으로서, 헌법 제37조 제2항의 과잉금지원칙에 위반되는지 여부가 문제될 뿐이지, 그 자체로 근로3권의 보장에 관한 헌법 제33조 제1항에 위배된다고 볼 수는 없는 것이다."

을 위하여 자주적인 단결권·단체교섭권 및 단체행동권을 가진다. 다만, 단체행동권의 행사는 법률이 정하는 바에 의한다."라고 규정하여 단체행동권만을 법률유보 아래 두었고 제2항과 제3항은 그대로 두었다. 1987년 제9차 헌법개정에서 현행 제33조와 같이 개정하여 근로3권이 본격적으로 보장되게 되었다.

(3) 기능

근로3권은 ① 근로의 권리(특히 합리적인 근로조건 형성)의 실효성을 확보하고, ② 경제적·사회적 약자인 근로자의 인간다운 생활을 확보하기 위한 조건을 창출하며, ③ 경제적 강자인 사용자에 대항할 수 있도록 하여 사회평화를 유지하고, ④ 재산권 보장과 계약자유의 원칙에 대한 실질적 평등이념의 조화를 요청하는 기능이 있다.

2. 법적 성격

근로3권의 법적 성격에 관해서는 자유권설, 사회권설, 혼합권설이 대립한다. ① 자유권설은 근로자가 단결·단체교섭·단체행동을 할 때 국가권력에서 부당한 방해나 간섭 또는 제재를 받지 아니할 권리이므로 자유권이라고 한다. 자유권설은 근로자의 근로3권은 기본적으로 집회와 결사의 자유의 특수형태이므로 자유권에 속한다고 한다. 사회권설은 근로자의 근로3권은 근로자가 국가에 대해서 적극적으로 근로3권 보장을 요구할 수 있는 권리라고 한다.[1080] ② 사회권설은 국가는 근로자가 단결·단체교섭·단체행동을 할 때 그 장해를 제거하여야 할 뿐 아니라 적극적으로 근로자의 근로3권을 보장하여야 할 의무를 지므로, 즉 근로자의 근로3권은 국가가 근로자에게 사회적 강자인 사용자와 대등한 지위를 보장하는 데 의의가 있으므로 근로3권은 사회권이라고 한다.[1081] ③ 근로3권을 사회적 보호 목적이 있는 자유권이라고 하는 견해도 있다.[1082] ④ 혼합권설은 근로자의 근로3권은 자유권적 성격과 사회권적 성격이 함께 있는 복합적 성격의 권리라고 한다.[1083] 즉 근로3권 행사는 국가권력의 방해·간섭·제재를 받지 않는다는 자유권적 측면과 근로3권 행사를 방해하고 침해하는 사용자 등의 행위에 대해서 국가에 적극적으로 보호해 달라고 요구할 수 있는 사회권적 측면이 함께 있다고 한다.

1080) 김철수, 『학설·판례 헌법학(상)』, 박영사, 2008, 1184쪽; 안용교, 『한국헌법(제2전정판)』, 고시연구사, 1992, 554~555쪽; 전광석, 『한국헌법론(제14판)』, 집현재, 2019, 467~468쪽.

1081) 박일경, 『제6공화국 신헌법』, 법경출판사, 1990, 287쪽.

1082) 한수웅, 『헌법학(제9판)』, 법문사, 2019, 1026~1027쪽.

1083) 고문현, 『헌법학개론』, 박영사, 2019, 239쪽; 구병삭, 『신헌법원론(제3전정판)』, 박영사, 1996, 636~637쪽; 권영성, 『헌법학원론(개정판)』, 법문사, 2010, 684쪽; 김형배, 『노동법(제26판)』, 박영사, 2018, 115~117쪽; 성낙인, 『헌법학(제19판)』, 법문사, 2019, 1377쪽; 양 건, 『헌법강의(제8판)』, 법문사, 2019, 1061쪽; 이부하, 『헌법학(상)』, 법영사, 2019, 492쪽; 장영수, 『헌법학(제11판)』, 홍문사, 2019, 858~859쪽. 근로3권은 근로자의 인간다운 생활보장과 연관은 있으나 기본적으로 국가에 대한 자유권이 있다는 견해로는 정종섭, 『헌법학원론(제12판)』, 박영사, 2018, 737쪽.

⑤ 근로3권을 사회권으로 분류하기는 어려우나, 역사적인 기능에서 그리고 이것이 근로의 권리와 밀접한 관련이 있다는 점과 그것이 경제적·사회적 발전을 보장한다는 점에서 사회권과 밀접한 관계가 있으므로 근로3권은 사회권적 성격을 띤 자유권이라는 견해도 있다.[1084] 그리고 ⑥ 근로3권은 먼저 국가의 부당한 방해나 간섭 또는 제재를 받지 아니할 권리, 즉 국가에 대한 방어적 성격의 권리이고, 경제적·사회적 약자인 근로자가 경제적·사회적 강자인 사용자와 대등한 관계에서 단체협약을 체결하고 이를 준수하도록 국가에 대해서 요구할 수 있는 권리이므로 자유권이지만, 사회적 기능이 있어서 사회권적 성격을 띤 자유권이라는 견해도 있다.[1085] 또한, ⑦ 자유권적 성격도 있으나, 사회권적 성격이 더 강하다는 견해도 있다.[1086]

헌법재판소는 근로3권을 "자유권적 기본권으로서의 성격보다는 생존권 내지 사회권적 기본권으로서의 측면이 보다 강한 것으로서 그 권리의 실질적 보장을 위해서는 국가의 적극적인 개입과 뒷받침이 요구되는 기본권"이라고 판단함으로써 사회권적 성격 외에 자유권적 성격을 인정하면서도 특히 근로3권의 사회권성을 강조한다.[1087] 대법원은 근로3권을 "시민법상의 자유주의적 법원칙을 수정하는 신시대적 정책으로서 등장된 생존권적 기본권"으로 파악한다.[1088]

근로자의 근로3권은 근로자의 권익 향상을 위한 권리로서 사회적 기능을 수행한다는 점에서 사회권이라고 할 수 있다. 그러나 근로3권의 보장형식이나 보장내용은 자유권이다. 근로자가 단결·단체교섭·단체행동을 할 때 국가에서 부당한 간섭이나 제재를 받지 않는 측면(국가적 제재에서 자유)은 자유권의 성격이 있지만, 자본주의 사회에서 생산수단을 소유하지 못한 경제적 약자인 근로자가 인간다운 생활을 확보하기 위해서 국가적 배려와 보호를 요구할 수 있는 측면(부당노동행위 방지 등)은 사회권의 성격이 있다. 하지만 근로3권을 집회와 결사의 자유와 구별하여 별도로 보장하는 의미에 비추어 보면 근로3권의 주된 내용은 자유권보다는 사회권이다. 이러한 점에서 근로3권은 사회권 중 구체적 권리로 분류하는 것이 타당하다.

1084) 홍성방, 『헌법학(중)(제2판)』, 박영사, 2015, 327쪽.

1085) 계희열, 『헌법학(중)(신정2판)』, 박영사, 2007, 786쪽.

1086) 정재황, 『신헌법입문(제9판)』, 박영사, 2019, 541쪽.

1087) 헌재 1991. 7. 22. 89헌가106, 판례집 3, 387, 420. 그러나 헌법재판소는 "근로3권은 국가공권력에 대하여 근로자의 단결권의 방어를 일차적인 목표로 하지만, 근로3권의 보다 큰 헌법적 의미는 근로자단체라는 사회적 반대세력의 창출을 가능하게 함으로써 노사관계의 형성에 있어서 사회적 균형을 이루어 근로조건에 관한 노사간의 실질적인 자치를 보장하려는데 있다. 경제적 약자인 근로자가 사용자에 대항하기 위해서는 근로자단체의 결성이 필요하고 단결된 힘에 의해서 비로소 노사관계에 있어서 실질적 평등이 실현된다. 다시 말하면, 근로자는 노동조합과 같은 근로자단체의 결성을 통하여 집단으로 사용자에 대항함으로써 사용자와 대등한 세력을 이루어 근로조건의 형성에 영향을 미칠 수 있는 기회를 가지게 되므로 이러한 의미에서 근로3권은 '사회적 보호기능을 담당하는 자유권' 또는 '사회권적 성격을 띤 자유권'이라고 말할 수 있다."(헌재 1998. 2. 27. 94헌바13등, 판례집 10-1, 32, 44)라고 하기도 한다.

1088) 대법원 1990. 5. 15. 선고 90도357 판결(집38-2, 552; 공1990, 1306).

3. 내용

근로3권은 ① 근로자가 근로조건의 유지·개선을 위하여 사용자와 대등한 교섭력을 가질 목적으로 단체를 결성하고 이에 가입할 권리인 단결권, ② 근로자가 단결체 이름으로 사용자나 사용자단체와 근로조건에 대해서 자주적으로 교섭할 권리인 단체교섭권과 ③ 노동쟁의가 발생하면 쟁의행위를 할 권리인 단체행동권으로 이루어진다. 단결이 근로자집단의 근로조건 향상을 추구하는 주체 형성이라고 한다면, 단체교섭은 그 주체의 구체적인 목적추구활동이며, 그러한 활동은 단체협약 체결로써 결실을 보게 된다. 그러나 단결체가 단체교섭을 통해서 소기 목적을 평화적으로 달성할 수 없으면 실력에 호소하여 자신의 주장을 관철하게 된다. 그러므로 단결권과 단체교섭권의 내용은 단체행동을 통한 실력 행사 가능성의 배경에 따라서 그 구체적으로 실현될 수 있다. 이러한 근로3권은 서로 유기적으로 밀접한 관계를 맺는 통일적인 권리로 파악된다.

(1) 단결권
① 의의

단결권은 근로조건의 유지·개선을 위해서 사용자와 대등한 교섭력을 가질 목적으로 자주적으로 단체를 조직하고 이에 가입·활동할 권리를 말한다. 여기서 단체는 일시적인 쟁의단체도 포함하지만, 일반적으로 단결권은 노동조합[1089]을 조직하고 이에 가입할 권리를 뜻한다. 즉 단결권에서 단체는 목적성과 자주성을 갖추는 것으로 충분하고 계속성은 필요하지 않다.

② 주체

단결권의 주체는 먼저 근로자 개개인과 그들의 집단이다. 근로자가 단결권 주체가 된다는 데는 이의가 없다. 다만, 근로자의 범위에 관해서는 구체적인 경우에 판단하기 어렵다. '노동조합 및 노동관계조정법' 제2조 제1호를 따르면 근로자는 직업의 종류를 불문하고 임금·급료 기타 이에 준하는 수입으로 생활하는 사람, 즉 노동력을 팔고 그 대가를 얻어 생활하는 사람을 말한다. 이때 육체적 근로자인지 정신적 근로자인지는 불문한다. 그리고 해고된 사람이 노동위원회에 부당노동행위 구제신청을 하면 중앙노동위원회 재심판정이 있을 때까지는 근로자가 아닌 사람으로 해석하여서는 아니 된다('노동조합 및 노동관계조정법' 제2조 제4호 단서 라). 근

1089) '노동조합 및 노동관계조정법' 제2조 제4호를 따르면 노동조합은 근로자가 주체가 되어 자주적으로 단결하여 근로조건의 유지·개선 기타 근로자의 경제적·사회적 지위의 향상을 도모함을 목적으로 조직하는 단체 또는 그 연합단체를 말한다. 다만, ① 사용자 또는 항상 그의 이익을 대표하여 행동하는 자의 참가를 허용하는 경우, ② 경비의 주된 부분을 사용자로부터 원조받는 경우, ③ 공제·수양 기타 복리사업만을 목적으로 하는 경우, ④ 근로자가 아닌 자의 가입을 허용하는 경우(다만, 해고된 자가 노동위원회에 부당노동행위의 구제신청을 한 경우에는 중앙노동위원회의 재심판정이 있을 때까지는 근로자가 아닌 자로 해석하여서는 아니 된다), ⑤ 주로 정치운동을 목적으로 하는 경우 중 하나에 해당하면 노동조합으로 보지 아니한다.

로자에는 현재 실업 중인 사람이나 구직 중인 사람도 근로3권을 보장할 필요성이 있으면 포함된다.[1090] 그리고 외국인 근로자나 취업자격이 없는 근로자도 근로자에 포함된다.[1091] 공무원인 근로자는 법률이 정하는 사람만 단결권·단체교섭권 및 단체행동권이 있다(헌법 제33조 제2항). 자영업자(영세사업자)나 자유직업종사자는 경제적 약자일지라도 근로자가 아니다. 사용자는 단결권 주체가 아니라 단결권 주체의 상대방에 불과하다.

단결권 주체는 근로자 개개인만이 아니라 단결체 자체도 주체가 된다. 만일 헌법 제33조 제1항이 개인의 단결권만 보장하고 조직된 단결체의 존립과 활동을 보장하지 않는다면, 즉 국가가 임의로 단결체의 존속과 활동을 억압할 수 있다면, 개인의 단결권은 무의미한 것이 될 것이기 때문이다. 이때 단결체에는 법인격이 불필요하다.

헌법 제33조 제1항은 경제적 약자인 근로자를 보호하기 위해서 근로자의 단결권을 보장한 것이므로 경제적으로 강자의 지위에 있는 사용자의 단결권까지 여기서 도출하는 것은 이론상 무리가 있다. 특히 헌법 제33조 제1항의 주어는 근로자이다. 따라서 사용자단체 결성은 헌법 제33조 제1항 단결권이 아니라 헌법 제21조 제1항 일반적 결사의 자유에 근거한다.

③ 내용

단결권은 근로자가 단결체를 조직할 권리와 그에 가입하고 거기에 머무를 권리뿐 아니라 단결체 자체의 존립과 활동에 관한 권리도 포함하는 2중적 기본권이다. 따라서 단결권은 개인적 단결권과 집단적 단결권을 모두 아우른다.

(ⅰ) 개인적 단결권

개인적 단결권은 근로자 개인이 노동조합과 같은 단체의 조직·가입·탈퇴에서 국가나 사용자의 부당한 개입이나 간섭을 받지 아니할 권리를 말한다. 이러한 개인적 단결권은 무엇보다도 근로자가 노동조합을 조직할 수 있는 권리와 그가 원하는 기존 노동조합 중에서 선택하여 가입하고 그 조합에 머물면서 조합의 활동에 참여할 수 있는 권리를 말한다. 만일 근로자가 어느 노동조합에 가입하지 아니하거나 탈퇴할 것을 고용조건으로 하는 이른바 황견계약을 체결하거나 근로자가 노동조합의 결성이나 거기에 가입하였다는 이유로 해고하거나 불이익을 주면 이는 부당노동행위가 된다('노동조합 및 노동관계조정법' 제81조 제1호와 제2호).

소극적 단결권은 근로자가 단결하지 않을 권리, 즉 단결체에 가입하지 않을 권리나 단결체에서 자유롭게 탈퇴할 권리를 말한다. 단결권은 적극적 단결권뿐 아니라 소극적 단결권도 보장하는지 문제 된다. 적극적 단결권과 소극적 단결권이 동일조항에서 보장된다는 것은 이론상 모순일 뿐 아니라 단결권 보장의 의의나 그 역사적 전개를 고려할 때, 양자가 같은 정도

1090) 대법원 2004. 2. 27. 선고 2001두8568 판결(공2004상, 557).
1091) 대법원 2015. 6. 25. 선고 2007두4995 전원합의체 판결(공2015하, 1080).

로 보장된다는 논리에도 무리가 있으므로, 소극적 단결권도 보장되지만, 그것은 헌법 제33조
제1항이 아니라 일반적 행동의 자유나 헌법에 열거되지 않은 자유로서 보장된다는 견해가 있
다.[1092] 소극적 단결권을 인정하면 단결체의 조직강제수단이 약화하거나 부인됨으로써 궁극
적으로 단결체의 단결과 힘이 약화하는, 즉 적극적 단결권과 단결체의 존립 및 활동을 저해
하는 것 등의 문제점이 있다. 그러나 소극적 단결권을 인정하지 않으면 적극적 단결권마저
변질할 위험성이 있다. 예를 들어 특정노동조합에 가입한 사람만을 고용하도록 하는 클로즈
드 숍(closed shop) 조항이나 고용된 근로자는 모두 특정 노동조합에 가입하여야 하는 유니언
숍(union shop) 조항 등이 개인의 자유를 심각하게 침해할 수 있다. 그 밖에 직접적인 조직강
제가 아니더라도 격차조항이나 단체협약배제조항 등을 통해서 간접적으로 비조직근로자들에
게 가해지는 압력과 같은 개인의 자유 침해도 무시할 수 없다. 무엇보다도 소극적 단결권을
부인하는 것은 권위주의적 전체주의체제의 특징이다. 따라서 소극적 단결권은 원칙적으로 인
정되어야 한다.[1093] '노동조합 및 노동관계조정법' 제81조 제2호 단서를 따르면 노동조합이
해당 사업장에 종사하는 근로자의 3분의 2 이상을 대표하면 근로자가 그 노동조합의 조합원
이 될 것을 고용조건으로 하는 단체협약 체결은 예외로 허용된다. 이때도 사용자는 근로자가
그 노동조합에서 제명되거나 그 노동조합을 탈퇴하여 새로 노동조합을 조직하거나 다른 노동
조합에 가입한 것을 이유로 근로자에게 신분상 불이익한 행위를 할 수 없다.

(ii) 집단적 단결권

집단적 단결권은 단체존속의 권리, 단체자치의 권리와 단체활동의 권리를 말한다. 단체존
속의 권리는 단체의 존립, 유지, 발전, 확장 등을 할 수 있는 권리를 말하고, 단체자치의 권리
는 근로자단체의 조직과 의사형성절차를 자주적으로 결정할 권리를 말한다. 단체활동의 권리
는 근로조건의 유지와 향상을 위한 활동, 즉 단체교섭, 단체협약 체결, 단체행동, 단체의 선전
과 단체 가입 권유 등을 할 권리를 말한다.

1092) 권영성, 『헌법학원론(개정판)』, 법문사, 2010, 688쪽.

1093) 계희열, 『헌법학(중)(신정2판)』, 박영사, 2007, 776~777쪽; 김철수, 『학설·판례 헌법학(상)』, 박영사, 2008,
  1189~1190쪽; 안용교, 『한국헌법(제2전정판)』, 고시연구사, 1992, 557쪽; 홍성방, 『헌법학(중)(제2판)』, 박영사,
  2015, 330쪽.
    그러나 헌법재판소는 헌법 제33조 제1항에서 소극적 단결권이 포함되지 않는다고 한다(헌재 2005. 11. 24. 2002
  헌바95등, 판례집 17-2, 392, 401-402: "헌법 제33조 제1항은 "근로자는 근로조건의 향상을 위하여 자주적인
  단결권·단체교섭권 및 단체행동권을 가진다."고 규정하고 있다. 여기서 헌법상 보장된 근로자의 단결권은 단결
  할 자유만을 가리킬 뿐이고, 단결하지 아니할 자유 이른바 소극적 단결권은 이에 포함되지 않는다고 보는 것이
  우리 재판소의 선례라고 할 것이다(헌재 1999. 11. 25. 98헌마141, 판례집 11-2, 614, 623-624 참조). 그렇다면
  근로자가 노동조합을 결성하지 아니할 자유나 노동조합에 가입을 강제당하지 아니할 자유, 그리고 가입한 노동
  조합을 탈퇴할 자유는 근로자에게 보장된 단결권의 내용에 포섭되는 권리로서가 아니라 헌법 제10조의 행복추
  구권에서 파생되는 일반적 행동의 자유 또는 제21조 제1항의 결사의 자유에서 그 근거를 찾을 수 있다.").

(2) 단체교섭권

① 의의

단체교섭권은 근로조건의 유지·개선을 위해서 단체 이름으로 사용자나 사용자단체와 자주적으로 교섭하는 권리이다. 단체교섭권에는 단체협약체결권이 포함된다.[1094]

단체교섭과 비슷한 것으로 노사협의회제도가 있다. '근로자참여 및 협력증진에 관한 법률'은 근로자와 사용자 쌍방이 참여와 협력을 통해서 노사공동 이익을 증진함으로써 산업평화를 도모하고 국민경제 발전에 이바지함을 목적으로 한다(제1조). 이 법에서는 근로자와 사용자가 참여와 협력을 통해서 근로자의 복지증진과 기업의 건전한 발전을 도모하기 위한 협의기구로서 노사협의회를 둔다(제3조 제1호). 노사협의회는 노동조합의 단체교섭과는 별개의 것이므로, 노동조합의 단체교섭 그 밖의 모든 활동은 이 법에 따라서 영향을 받지 아니한다(제5조).

국가 차원의 노동문제협의기구로서 대통령자문기구인 경제사회발전노사정위원회가 설치·운영된다. 경제사회발전노사정위원회는 근로자와 사용자 및 정부를 대표하는 위원들로 구성되어 근로자의 고용안정과 근로조건 등에 관한 노동정책 및 이에 중대한 영향을 미치는 산업·경제 및 사회정책에 관한 사항 등을 다룬다(경제사회발전노사정위원회법 제3조와 제4조). 그리고 지방자치단체장은 관할 지역의 노사정협력증진을 위해서 지역노사정협의회를 둘 수 있다(경제사회발전노사정위원회법 제19조).

② 주체

단체교섭권은 근로자가 개별적으로 행사할 수 있는 권리가 아니라 단결체의 권리이다. 단체교섭 대상은 근로자 전체와 관련된 근로조건 전반에 관한 사항이기 때문이다. 따라서 단체교섭에서 근로자 측의 주체는 근로자의 단결체이다. 즉 노동조합의 자격이 있는 근로자의 단결체는 모두 단체교섭을 요구할 수 있는 권리가 있다('노동조합 및 노동관계조정법' 제29조 제1항과 제30조 제2항 참조).

③ 내용

단체교섭은 근로조건의 유지·개선을 위한 것이므로 근로조건과 무관한 사항은 단체교섭 대상에서 제외된다.[1095] 그리고 단체교섭에서는 각 근로자의 개별 문제를 교섭 대상으로 하는 것이 아니라 근로자 전체에 관련된 근로조건 전반에 관한 사항만을 그 대상으로 한다. 그러나 사용자가 독점적으로 갖는 경영권·인사권·이윤취득권에 속하는 사항은 원칙적으로 단

1094) 헌재 1998. 2. 27. 94헌바13등, 판례집 10-1, 32, 42; 대법원 1993. 4. 27. 선고 91누12257 전원합의체 판결(공 1993하, 1579).

1095) 두 가지 예외를 제외하고 사용자가 노동조합의 운영비를 원조하는 행위를 부당노동행위로 금지하는 '노동조합 및 노동관계조정법' 제81조 제4호 중 '노동조합의 운영비를 원조하는 행위'에 관한 부분은 노동조합의 단체교섭권을 침해한다(헌재 2018. 5. 31. 2012헌바90, 판례집 30-1하, 66, 75-84).

체교섭 대상이 될 수 없다.[1096] 다만, 근로자들의 근로조건이나 지위와 직접 관련되거나 그것에 중대한 영향을 미치는 경영·인사사항은 그 한도 안에서 단체교섭 대상이 될 수 있다.[1097] 단체교섭은 노동조합의 본래적이고 핵심적인 기능이므로 단체교섭권은 헌법적으로 보장된다. 따라서 노동조합은 단체교섭을 요구할 수 있는 권리가 있고, 사용자는 이에 응할 의무가 있다. 사용자가 정당한 이유 없이 단체교섭을 거부하거나 게을리하면 이는 부당노동행위가 된다('노동조합 및 노동관계조정법' 제81조 제3호). 단체교섭 권한이 있는 사람(노동조합 대표)은 사용자와 단체교섭을 할 때, 단순한 사실행위로서 단체교섭행위 외에 단체교섭 결과를 단체협약으로 체결할 권한도 있다('노동조합 및 노동관계조정법' 제29조와 제30조).[1098] 단체교섭 결과 노사 사이에 단체협약이 체결되면, 이는 노사 사이의 분쟁을 해결하는 자치규범으로서 효력이 있고('노동조합 및 노동관계조정법' 제33조), 국법상 보호를 받는다. 단체교섭과정에서 한 행위가 형사상·민사상 책임 있는 행위일지라도 근로조건 향상을 위한 단체교섭권의 정당한 행사에 대해서는 그 책임이 면제된다('노동조합 및 노동관계조정법' 제3조와 제4조).

(3) 단체행동권

① 의의

단체행동권은 노동쟁의가 발생할 때 쟁의행위를 할 수 있는 권리이다. 노동쟁의는 노동조합과 사용자나 사용자단체 사이에 임금·근로시간·복지·해고 기타 대우 등 근로조건 결정에 관한 주장의 불일치로 말미암아 발생한 분쟁상태를 말한다. 이때 주장 불일치는 당사자들이 합의를 위해 계속 노력을 하여도 더는 자주적 교섭에 따른 합의 여지가 없는 때를 말한다('노동조합 및 노동관계조정법' 제2조 제5호). 쟁의행위는 파업·태업·직장폐쇄 기타 노동관계 당사자가 그 주장을 관철할 목적으로 하는 행위와 이에 대항하는 행위로서 업무의 정상적인 운영을 저해하는 행위를 말한다('노동조합 및 노동관계조정법' 제2조 제6호).[1099] 단체행동권은 노동쟁

1096) 대법원은 회사가 그 산하 시설관리사업부를 폐지하기로 결정한 것은 적자가 누적되고 시설관리계약이 감소할 뿐 아니라 계열사와 재계약조차 인건비 상승으로 말미암은 경쟁력 약화로 불가능해짐에 따라 불가피하게 취해진 조치로서 이는 경영주체의 경영의사 결정에 따른 경영조직 변경에 해당하여 그 폐지 결정 자체는 단체교섭사항이 될 수 없다고 하였다[대법원 1994. 3. 25. 선고 93다30242 판결(공1994상, 1318)]. 그리고 대법원은 정리해고나 사업조직의 통폐합 등 기업의 구조조정 시행 여부는 경영주체의 고도의 경영상 결단에 속하는 사항으로서 이는 원칙적으로 단체교섭 대상이 될 수 없고, 그것이 긴박한 경영상 필요나 합리적인 이유 없이 불순한 의도로 추진되는 것 등의 특별한 사정이 없으면, 노동조합이 실질적으로 그 실시 자체를 반대하기 위하여 쟁의행위에 나아간다면, 비록 그 실시로 말미암아 근로자들의 지위나 근로조건 변경이 필연적으로 수반된다고 하더라도 그 쟁의행위는 목적의 정당성을 인정할 수 없다고 하였다[대법원 2003. 12. 11. 선고 2001도3429 판결(공2004상, 187)].

1097) 계희열, 『헌법학(중)(신정2판)』, 박영사, 2007, 778~779쪽.

1098) 헌재 1998. 2. 27. 94헌바13등, 판례집 10−1, 32, 42; 대법원 1993. 4. 27. 선고 91누12257 전원합의체 판결(공1993하, 1579).

1099) 쟁의행위는 근로자가 소극적으로 노무 제공을 거부하거나 정지하는 행위만이 아니라 적극적으로 그 주장을 관철하기 위해서 업무의 정상적인 운영을 저해하는 행위까지 포함하므로, 쟁의행위의 본질상 사용자의 정상업무가

의를 전제로 하여서만 허용되고 단체교섭을 성공하게 하는 최후수단으로서 매우 중요한 권리이다.

② 주체

단체행동권의 주체는 근로자 개개인이다. 그러나 근로자는 다른 근로자와 단결하여 쟁의행위를 하는 것이 일반적이므로, 실제로 단체행동권의 주체는 노동조합이나 근로자단체이다. 사용자도 직장폐쇄를 할 수 있으므로('노동조합 및 노동관계조정법' 제46조 제1항), 단체행동권의 주체가 될 수 있는지가 문제 된다. 사용자는 '노동조합 및 노동관계조정법'에 따라 쟁의행위의 당사자가 된다. 하지만 사용자의 직장폐쇄는 근로자 측의 부당한 쟁의행위에 대항하는 수단으로서 노사균형론에서 인정되는 것에 불과하다. 이는 헌법 제33조 제1항에 기초한 단체행동권 행사의 성질이 있는 것은 아니다.[1100]

③ 내용

단체행동권은 단체교섭내용을 관철하기 위한 집단적인 실력행사, 즉 쟁의행위를 그 내용으로 한다. 먼저 근로자 측의 집단적인 실력 행사의 구체적 방법으로는 파업, 태업, 불매운동(boycott), 감시행위(picketting), 생산관리 등이 있다. 그리고 사용자 측의 쟁의행위 수단으로

저해되는 때가 있음은 부득이한 것으로서 사용자는 이를 수인할 의무가 있으나, 이러한 근로자의 쟁의행위가 정당성의 한계를 벗어나면 근로자는 업무방해죄 등 형사상 책임을 면할 수 없다[대법원 1992. 9. 22. 선고 92도1855 판결(공1992, 3047)]. 헌법재판소는 "형법상 업무방해죄는 모든 쟁의행위에 대하여 무조건 적용되는 것이 아니라, 단체행동권의 행사에 정당성이 없다고 판단되는 쟁의행위에 대하여만 적용되는 조항임이 명백하다······ 단체행동권에 있어서 쟁의행위는 핵심적인 것인데, 쟁의행위는 고용주의 업무에 지장을 초래하는 것을 당연한 전제로 한다. 헌법상 기본권 행사에 본질적으로 수반되는 것으로서 정당화될 수 있는 업무의 지장 초래가 당연히 업무방해에 해당하여 원칙적으로 불법한 것이라 볼 수는 없다. 한편 노동법 제4조는 노동조합의 쟁의행위로서 노동법의 목적 달성을 위하여 한 정당한 행위에 대하여 위법성 조각사유에 관한 형법 제20조를 적용하도록 하고 있으나, 이것이 단체행동권의 행사로서 노동법상의 요건을 갖추어 헌법적으로 정당화되는 행위를 범죄행위의 구성요건에 해당하는 행위임을 인정하되 다만 위법성을 조각하도록 한 취지라고 할 수는 없다. 그러한 해석은 헌법상 기본권의 보호영역을 하위 법률을 통해 지나치게 축소시키는 것이며, 위 조항은 쟁의행위가 처벌의 대상이 되어서는 안 된다는 점을 강조한 것으로 이해해야 할 것이다. 나아가 노동법 제3조가 사용자로 하여금 적법한 쟁의행위로 인하여 입은 손해를 노동조합 또는 근로자에 대하여 배상청구할 수 없도록 한 것도 동일한 맥락에서 바라보아야 할 것이다 구체적 사안에서 쟁의행위가 목적·방법·절차상의 내재적 한계를 일탈하여 이 사건 법률조항에 의하여 처벌될 수 있는지 여부는 법원이 쟁의과정을 종합적으로 고려하여 판단하여야 할 사항이나, 헌법 제33조에 의하여 보장되는 근로자의 단체행동권의 보호영역을 지나치게 축소시켜서는 아니될 것이다."(헌재 2010. 4. 29. 2009헌바168, 판례집 22-1하, 74, 83-84)라고 한다. 대법원은 근로자는 원칙적으로 헌법상 보장된 기본권으로서 근로조건 향상을 위한 자주적인 단결권·단체교섭권과 단체행동권이 있으므로(헌법 제33조 제1항), 쟁의행위로서 파업이 언제나 업무방해죄에 해당하는 것으로 볼 것은 아니고, 전후 사정과 경위 등에 비추어 사용자가 예측할 수 없는 시기에 전격적으로 이루어져 사용자의 사업운영에 심대한 혼란이나 막대한 손해를 초래하는 것 등으로 사용자의 사업계속에 관한 자유의사가 제압·혼란될 수 있다고 평가할 수 있을 때 비로소 집단적 노무제공 거부가 위력에 해당하여 업무방해죄가 성립한다고 한다[대법원 2011. 3. 17. 선고 2007도482 전원합의체 판결(공2011상, 865)].

1100) 계희열, 『헌법학(중)(신정2판)』, 박영사, 2007, 780쪽; 김철수, 『학설·판례 헌법학(상)』, 박영사, 2008, 1193쪽; 안용교, 『한국헌법(제2전정판)』, 고시연구사, 1992, 556쪽; 한수웅, 『헌법학(제9판)』, 법문사, 2019, 1033~1034쪽.

는 직장폐쇄 이외에 임금을 공제하는 행위나 근로자의 위법한 쟁의행위에 대해서 책임을 추구하는 행위 등을 들 수 있다.

파업은 다수 근로자가 집단으로 노동력 제공을 거부하는 것을 말한다. 태업은 근로자들이 의도적으로 작업능률을 떨어뜨리는 행동을 말하고, 불매운동은 사용자나 그와 거래관계에 있는 제3자의 상품구매·시설이용 등을 거절하거나 그와 근로계약 체결을 거절하도록 호소하는 것을 말한다. 감시행위는 파업을 효과적으로 수행하려고 근로희망자들의 사업장이나 공장 출입을 저지하고 파업에 협력할 것을 구하는 시위행위를 말한다. 파업의 보조적 쟁의수단인 감시행위는 파업에 가담하지 않고 조업을 계속하려는 사람에 대해서 평화적 설득, 구두와 문서에 의한 언어적 설득 범위 안에서 정당성이 인정되고, 폭력·협박이나 위력에 의한 실력 저지나 물리적 강제를 정당화할 수 없다.[1101] 생산관리는 근로자들이 사업장이나 공장을 점거하고 사용자 의사에 어긋나게 생산수단을 자기 지배 아래 두고 경영까지 장악하는 실력행사를 말한다. 생산관리는 사용자의 재산권을 심각하게 침해할 수 있으므로 재산권 보장과 전체적 경제질서에 관한 헌법규정과 조화를 이루는 한도 안에서만 허용될 수 있다.[1102]

사용자는 근로자의 단체행동권 행사에 대항하여 직장폐쇄 조치를 취할 수 있다('노동조합 및 노동관계조정법' 제46조 제1항). 직장폐쇄는 집단적 분쟁에서 사용자가 그 주장을 관철할 목적으로 근로자들이 취업상태에 있지 못하도록 사업장을 봉쇄하는 행위를 말한다. 직장폐쇄는 헌법 제33조 제1항의 단체행동권에 근거한 것이 아니라 노사균형 측면에서 허용되는 자기방어수단이다. 사용자가 직장폐쇄를 하려면 미리 행정관청과 노동위원회에 각각 신고하여야 한다('노동조합 및 노동관계조정법' 제46조 제2항). 헌법 제33조는 근로자의 단체행동권만을 명시적으로 규정하므로 사용자는 여기에 포함되지 않아서 직장폐쇄는 위헌이라는 견해가 있다. 사용자의 직장폐쇄는 근로자의 쟁의행위에 대한 대항행위로서 일정한 한계 안에서 인정된다. 즉 사용자의 직장폐쇄는 근로자가 쟁의행위를 개시한 이후에만 하여야 하고('노동조합 및 노동관계조정법' 제46조 제1항), 수동적·방어적으로만 하여야 하며 선제적·공격적으로 하여서는 아니 된다.[1103] 그 헌법적 근거는 헌법 제15조 직업의 자유 중 영업의 자유, 재산권을 보장한

1101) 대법원 1990. 10. 12. 선고 90도1431 판결(집38-3, 388; 공1990, 2334).

1102) 같은 견해: 계희열, 『헌법학(중)(신정2판)』, 박영사, 2007, 781쪽; 허 영, 『한국헌법론(전정15판)』, 박영사, 2019, 572쪽. 생산수단을 근로자들이 직접 지배하는 정도에 이르면 사유재산제를 정면으로 부정하는 결과가 되므로 헌법상 허용될 수 없다는 견해로는 권영성, 『헌법학원론(개정판)』, 법문사, 2010, 695쪽; 김철수, 『학설·판례 헌법학(상)』, 박영사, 2008, 1194쪽; 정종섭, 『헌법학원론(제12판)』, 박영사, 2018, 747쪽.

1103) 대법원 2016. 5. 24. 선고 2012다85335 판결(공2016하, 825): "노동조합 및 노동관계조정법 제46조에서 규정하는 사용자의 직장폐쇄는 사용자와 근로자의 교섭태도와 교섭과정, 근로자의 쟁의행위의 목적과 방법 및 그로 인하여 사용자가 받는 타격의 정도 등 구체적인 사정에 비추어 근로자의 쟁의행위에 대한 방어수단으로서 상당성이 있어야만 사용자의 정당한 쟁의행위로 인정될 수 있는데, 노동조합의 쟁의행위에 대한 방어적인 목적을 벗어나 적극적으로 노동조합의 조직력을 약화시키기 위한 목적 등을 갖는 선제적, 공격적 직장폐쇄에 해당하는 경우에는 그 정당성이 인정될 수 없다 할 것이고, 그 직장폐쇄가 정당한 쟁의행위로 평가받지 못하는 경우에는 사용

헌법 제23조 제1항과 기업의 경제상 자유를 규정한 헌법 제119조 제1항을 들 수 있다.[1104]

④ 효력

정당한 쟁의행위는 민사상·형사상 책임을 발생시키지 않는다. 사용자는 '노동조합 및 노동관계조정법'에 따른 단체교섭이나 쟁의행위로 말미암아 손해를 입으면 노동조합이나 근로자에 대해서 그 배상을 청구할 수 없다('노동조합 및 노동관계조정법' 제3조). 그리고 사용자는 정당한 단체행위에 참가한 것을 이유로 근로자를 해고하거나 근로자에게 불이익을 주는 행위를 하지 못한다('노동조합 및 노동관계조정법' 제81조 제5호). 근로자의 근로조건을 유지·개선하고 근로자의 경제적·사회적 지위 향상을 위한 정당한 쟁의행위에 대해서는 형법 제20조(정당행위)를 적용하여 형사상 처벌을 받지 않는다('노동조합 및 노동관계조정법' 제4조). 그리고 근로자는 쟁의행위 기간에는 현행법 외에는 '노동조합 및 노동관계조정법' 위반을 이유로 구속되지 아니한다('노동조합 및 노동관계조정법' 제39조). 이러한 근로3권 행사에 대한 민사면책과 형사면책은 헌법 제33조의 근로3권에 당연히 포함되고, '노동조합 및 노동관계조정법'은 오로지 확인하는 의미만 있다. (ⅰ) 단체교섭 주체로 될 수 있는 사람이 (ⅱ) 근로조건 향상을 위해서[1105] (ⅲ) 폭력적이거나 파괴적이 아닌 수단이나 방법으로[1106] (ⅳ) 절차를 준수할 때[1107] 근로자의 단체행동은 정당하다.[1108]

자는 직장폐쇄 기간 동안의 대상 근로자에 대한 임금지불의무를 면할 수 없다(대법원 2000. 5. 26. 선고 98다 34331 판결, 대법원 2003. 6. 13. 선고 2003두1097 판결 등 참조)."

[1104] 계희열, 『헌법학(중)(신정2판)』, 박영사, 2007, 782쪽; 권영성, 『헌법학원론(개정판)』, 법문사, 2010, 693쪽; 전광석, 『한국헌법론(제14판)』, 집현재, 2019, 478쪽; 홍성방, 『헌법학(중)(제2판)』, 박영사, 2015, 336쪽.

[1105] 따라서 명백한 정치적 목적의 단체행동은 단체행동권으로 보호되지 않는다(순수한 정치파업). 정치파업은 국가를 상대로 하므로 사용자가 문제를 해결할 수 없기 때문이다. 다만, 근로조건의 유지·개선과 불가분의 관계에 있는 경제정책·산업정책에 관련된 파업은 정치적 파업으로 볼 수 없다(산업적 정치파업)(계희열, 『헌법학(중)(신정2판)』, 박영사, 2007, 783쪽; 권영성, 『헌법학원론(개정판)』, 법문사, 2010, 694~695쪽; 정종섭, 『헌법학원론(제12판)』, 박영사, 2018, 747쪽).

헌재 2004. 7. 15. 2003헌마878, 공보 95, 775, 776: "청구인들이 전교조 조합원으로서 다수 조합원들과 함께 집단 연가서를 제출한 후 수업을 하지 않고 무단 결근 내지 무단 조퇴를 한 채 교육인적자원부가 추진하고 있는 교육행정정보시스템(NEIS) 반대집회에 참석하는 등의 쟁의행위는 청구인들이 자인하는 바와 같이 주로 학생들의 사생활의 비밀과 자유를 침해하는 교육행정정보시스템(NEIS)의 시행을 저지하기 위한 목적으로 이루어진 것인바, 청구인들의 행위는 직접적으로는 물론 간접적으로도 근로조건의 결정에 관한 주장을 관철할 목적으로 한 쟁의행위라고 볼 수 없어 노동조합및노동관계조정법의 적용대상인 쟁의행위에 해당하지 않는다고 할 것이다."

[1106] 폭력행동·사업장시설 파괴는 단체행동권으로 보호되지 않고, 생산관리는 기업자 측의 사유재산을 정면으로 부정하는 것이라서 단체행동권으로 보호되지 않는다.

[1107] 즉 사용자가 단체교섭 요구를 거부하였을 때 개시할 수 있고, 조합원의 찬성결정, 노동쟁의 발생 신고, 조정·중재 등의 절차, 조정기간이나 중재기간 등의 절차를 지켜야 한다.

[1108] 헌재 1996. 12. 26. 90헌바19등, 판례집 8-2, 729, 771: "정당한 쟁의행위라 함은 ① 그 주체가 단체교섭의 주체가 될 수 있는 자라야 하고, ② 그 목적이 근로조건의 향상을 위한 노사간의 자치적 교섭을 조성하는데 있어야 하며, ③ 사용자가 근로자의 근로조건 개선에 관한 단체교섭의 요구를 거부하였을 때 개시하되 특별한 사정이 없는 한 조합원의 찬성결정과 법 소정의 쟁의발생 신고를 거쳐야 하고, ④ 그 수단과 방법이 사용자의 재산권과 조화를 이루어야 함은 물론 폭력행사에 해당하지 않는 것이어야 한다."

4. 제한

(1) 공무원의 근로3권 제한

헌법 제33조 제2항을 따르면 공무원인 근로자는 법률이 정하는 사람만 단결권·단체교섭권 및 단체행동권이 있다. 이에 근거한 국가공무원법 제66조 제1항과 지방공무원법 제58조 제1항은 사실상 노무에 종사하는 공무원[1109]을 제외하고는 모든 공무원에 대해서 노동운동 기타 공무 이외의 일을 위한 집단적 행위를 금지한다. 이때 '노동운동'이란 그 근거가 되는 헌법 제33조 제2항에 비추어 근로자의 근로조건 향상을 위한 단결권·단체교섭권·단체행동권 등 이른바 근로3권을 기초로 하여 이에 직접 관련되는 행위를 말한다.[1110] 그 밖에 교육공무원법, 경찰공무원법, 소방공무원법, 군인사법 등은 각기 해당 공무원의 근로3권을 제한한다.[1111] 특히 사립학교 교원의 근로3권도 제한된다. 사립학교 교원은 교원 복무에 관해서는 국·공립학교 교원에 관한 규정을 준용하도록 규정하기 때문이다(사립학교법 제55조).[1112] 그러

　　대법원 1990. 5. 15. 선고 90도357 판결(집38−2, 552; 공1990, 1306): "쟁의행위의 정당성은 첫째로, 단체교섭의 주체로 될 수 있는 자에 의하여 행해진 것이어야 하고 둘째로, 노사의 자치적 교섭을 조성하기 위하여 하는 것이어야 하며 셋째로, 사용자가 근로자의 근로조건의 개선에 관한 구체적 요구에 대하여 단체교섭을 거부하거나 단체교섭의 자리에서 그러한 요구를 거부하는 회답을 했을 때에 개시하되, 특별한 사정이 없는 한 원칙적으로 사전 신고를 거쳐서 행하여야 하고(노쟁법 제16조) 넷째로 쟁의권의 행사방법은 노무의 제공을 전면적 또는 부분적으로 정지하는 것이어야 함은 물론 공정성의 원칙에 따라야 할 것임은 노사관계의 신의칙상 당연하며 사용자의 기업시설에 대한 소유권 기타의 재산권과도 조화를 기해야 하고 폭력의 행사는 신체의 자유, 안전이라는 법질서의 기본원칙에 반하는 것이므로 허용될 수 없다(노쟁법 제13조). 여기서 유념해야 하는 것은 쟁의권이 노동력의 집단적 거래로서의 측면을 갖는 단체교섭에 있어서 그것을 집단적으로 이용시키지 않게함으로써 사용자의 조업을 정지시킬 수 밖에 없게 하는, 사용자에 대한 경제적 압력을 넣는 권리이고 또한 이러한 경제적 압력을 유지 강화시키기 위하여사용자가 다른 노동력을 사용하거나 거래선을 확보하는 것을 방해하는 권리인 것이므로 쟁의권에 의하여 보호되는 행위로서의 "쟁의행위"는 근로자의 집단이 그 주장의 시위나 그 주장을 관철할 목적으로 노무의 제공을 완전 또는 불완전하게 정지하거나 또한 필요에 따라 이 노무정지를 유지하기 위한 피켓팅이나 사용자와의 거래를 거부하라고 호소하는 행위를 의미하는 것으로 보아야 한다는 점이다."

1109) 국가공무원복무규정 제28조를 따르면 과학기술정보통신부 소속 현업기관의 작업 현장에서 노무에 종사하는 우정직공무원(우정직 공무원 정원을 대체하여 임용된 일반임기제 공무원 및 시간선택제 일반임기제 공무원을 포함)으로서 ① 서무·인사 및 기밀 업무에 종사하는 공무원, ② 경리 및 물품출납 사무에 종사하는 공무원, ③ 노무자 감독 사무에 종사하는 공무원, ④ 보안업무규정에 따른 국가보안시설의 경비 업무에 종사하는 공무원, ⑤ 승용자동차 및 구급차의 운전에 종사하는 공무원의 어느 하나에 해당하지 아니하는 공무원이고, 법원공무원규칙 제91조를 따르면 고용직 공무원으로서 ① 서무·인사 및 기밀업무에 종사하는 자, ② 경리 및 물품 출납사무에 종사하는 자, ③ 노무자의 감독사무에 종사하는 자, ④ 보안업무규정에 의한 보안목표시설의 경비업무에 종사하는 자, ⑤ 승용자동차의 운전에 종사하는 자에 해당하지 아니한 자이다.

1110) 헌재 1992. 4. 28. 90헌바27등, 판례집 4, 255, 270; 대법원 1992. 2. 14. 선고 90도2310 판결(집40−1, 673; 공1992, 1078).

1111) 헌법재판소는 청원경찰 복무에 관해서 국가공무원법 제66조 제1항을 준용함으로써 노동운동을 금지하는 청원경찰법 제5조 제4항 중 국가공무원법 제66조 제1항 가운데 '노동운동' 부분을 준용하는 부분은 국가기관이나 지방자치단체 이외의 곳에서 근무하는 청원경찰의 근로3권을 침해한다고 하였다(헌재 2017. 9. 28. 2015헌마653, 판례집 29−2상, 485).

1112) 헌법재판소는 사립학교 교원의 복무에 관해서는 국·공립학교 교원에 관한 규정을 준용하도록 규정하는 사립학교법 제55조와 정치운동이나 노동운동을 할 때 해당 교원을 면직할 수 있도록 규정하는 사립학교법 제58조 제

나 '교원의 노동조합 설립 및 운영 등에 관한 법률'을 따르면 초·중등교육법에서 규정하는
교원은 근로3권이 보장된다(제2조). 하지만 이 법에 따른 근로3권 보장 대상이 되는 노동조합
과 그 조합원은 파업·태업 기타 업무의 정상적인 운영을 저해하는 일체의 쟁의행위를 할 수
없다(제8조). 최근 헌법재판소는 '교원의 노동조합 설립 및 운영 등에 관한 법률'의 적용대상
을 초·중등교육법 제19조 제1항의 교원이라고 규정함으로써 고등교육법에서 규율하는 대학
교원의 단결권을 일절 인정하지 않는 '교원의 노동조합 설립 및 운영 등에 관한 법률' 제2조
본문이 대학 교원의 단결권을 침해한다는 이유로 헌법불합치결정을 내렸다.[1113]

① 공무원의 근로자성

(ⅰ) 근로자성부인설

공무원관계를 성립시키는 임명행위가 일방적인 공법상 고권행위이므로 공무원은 사용자로
서 국가에 대해서 대등한 근로관계에 있는 것이 아니라 마치 법인 이사처럼 국가기관을 구성
한다는 점에서 공무원의 근로자성을 부정하는 견해이다. 그리고 헌법상 근로3권 보장 대상인
근로자는 사기업의 근로자이고, 국가와 특별한 관계가 있는 공무원은 당연히 포함되지 않는
다고 하면서, 공무원관계가 대등한 당사자 사이 거래라든지 사유재산제를 전제로 하는 근로
관계와 아무런 관계가 없다고 하여 공무원의 근로자성을 부정하기도 한다.

(ⅱ) 근로자성인정설

공무원 임명행위가 당사자 사이 의사 합치를 발생요건으로 하는 한 결국 계약에 귀착하고,
일방적 고권행위에 근거한다고 하더라도 종속근로관계로 보지 못할 이유가 없다고 하여 공무원
의 근로자성을 긍정하는 견해이다. 그리고 공무원에 대해서 쟁의금지·단체교섭권 부인이라는
중대한 특칙이 따를지라도, 여전히 급여생활자 지위에서 임금·급료 등 근로의 대가로 지급되는

1항 제4호에 관한 위헌심판에서 교육의 목적과 교원 직무의 특수성, 교원법제의 동질성, 교원의 근로관계 특수
성 등을 이유로 합헌결정을 내렸다(헌재 1991. 7. 22. 89헌가106, 판례집 3, 387).
　그러나 ① 사립학교 교원은 학교법인이나 학교경영자와 맺은 고용계약상 근로자로서 공무원이 아니라서 헌법 제33
조 제2항의 적용대상이 아니고, ② 헌법 제31조 제6항의 취지가 명령·규칙·처분 등의 형태를 지닌 행정권력이 교
원의 지위를 함부로 침해하지 않도록 하려는 데 있는 것이지 동 조항이 오히려 교원의 기본권을 부정하는 헌법적
근거로 사용되어서는 안 될 것이라는 점, 동 조항과 헌법 제33조 제1항 양 규정을 다 존중하는 헌법해석을 해야 할
것이라는 점에 입각하여 보면 헌법상 기본권을 침해하지 않는 범위 안에서 교원지위 법정주의로 헌법 제31조 제6항
을 해석하여야 하며, ③ 헌법 제37조 제2항은 기본권의 본질내용 침해 금지를 규정하는바, 근로3권의 본질내용을
단결권으로 보든 3권 각각의 핵심으로 보든 근로3권이 전혀 인정되고 있지 않다면 적어도 근로3권 중에 당연히 포
함되어 있을 본질적 내용도 동시에 침해된 것이고, ④ 구 교육법 제80조에 따른 교육회 결성은 헌법 제21조 제1항
결사의 자유에 근거를 둔 것이고, 교원지위향상을위한특별법 제11조, 제12조의 교섭행위는 전체 교원의 일반적·보
편적인 지위의 개선 향상을 위한 교직전문직능단체의 활동으로서 사립학교 교원이 직장을 단위로 사학재단 측과 근
로자의 자격에서 근로기본권을 근거로 하여 자주적으로 하는 단체교섭과는 성질이 다른 것이므로 헌법 제33조 제1
항의 단결이나 단체교섭에 해당하거나 갈음하는 것으로 볼 수는 없으므로, 사립학교법 제55조와 제58조 제1항 제4
호에 따른 사립학교 교원의 근로3권 제한은 헌법 제31조 제6항이나 헌법 제37조 제2항을 통해서 정당화할 수 없다.
1113) 헌재 2018. 8. 30. 2015헌가38, 판례집 30-2, 206.

금전 기타의 수입으로 생활하는 사람이라는 요건을 갖추는 한 근로자로 볼 수 있다고 한다.

(ⅲ) 사견

국가나 정부는 공권력 주체이기만 한 것이 아니라 하나의 '경제주체'이기도 하며 동시에 사용자이기도 하다(정부의 이중성). 그리고 공무원도 임금·급료 기타 이에 준하는 수입으로 생활하는 사람임을 부정할 수 없으므로 근로자로 보지 않을 수 없다. ⓐ 헌법 제33조 제2항도 공무원 역시 근로자 범주에 포섭되지만, 법률이 정하는 사람만 근로3권을 제한할 수 있다고 규정한 것으로 해석되고, ⓑ '노동조합 및 노동관계조정법' 제5조는 근로자의 단결권을 보장하면서 "공무원과 교원에 대하여는 따로 법률로 정한다."라고 하여 공무원이 근로자임을 당연한 전제로 한다.

② 공무원의 근로3권 제한의 (이론적) 근거

(ⅰ) 직무성질설[1114]

공무원의 근로관계는 이윤추구를 목적으로 하는 사용자와 노무를 제공하고 대가를 받기로 계약하는 통상의 임금 근로자 관계와는 달리 그 직무 성질이 공공성을 띠므로 사법상 계약과 다른 공법상 계약관계로서 특수성이 있다고 한다(직무의 공공성). 즉 공공성이 강하여 직무수행이 중단되면 공공의 이익이나 국민생활을 중대하게 해치게 되므로 공무원의 근로3권을 제한함이 마땅하다는 견해이다.[1115] 그러나 직무의 공공성은 공무원만이 가지는 직무의 특성으로 볼 수 없다는 비판이 있다. 즉 일반 사기업체 근로자 직무도 전기·가스·수도·의료사업처럼 공공성이 강한 것이 있고, 공무원도 연구직처럼 공공성 정도가 문제 되지 않는 것이 있다는 것이다. 게다가 공무원 근로관계도 경제적 종속성을 지닌 근로관계 범주를 벗어날 수 없다는 점도 문제이다. 그리고 이 견해를 받아들이면 공무원의 근로3권 제한은 공무원의 신분상 특성이 아니라 직무의 공공적 성격에 기인하므로 공무원이 수행하는 직무에 따라, 즉 각각의 근무 양태와 내용에 따라 근로3권 인정 여부가 구체적으로 결정되어야 한다.

(ⅱ) 국민전체봉사자설

헌법이나 공무원법에서 공무원의 지위를 국민 전체에 대한 봉사자로 규정함을 근거로 일반 근로자와 다른 특수성을 인정하면서, 근로 대가로 급료 기타 경제적 이익을 받는 관계보다도 국민의 공복으로서 일하는 수임봉사 관계를 더욱 중요시하여 공무원의 근로3권을 제한할 수 있다는 견해이다. 그러나 공무원이 국민 전체의 봉사자라는 의미는 국민 전체 이익을

1114) 이 학설은 공공복리에 따른 제한설과 비슷하다. 공공복리제한설은 국민의 모든 권리와 자유는 공공복리에 어긋나지 아니하는 한 제한될 수 없지만, 정부 기능을 저해하고 국민생활의 행복과 질서를 해치는 공무원의 단체 활동은 제한되어야 한다는 견해이다. 결국, 공무원의 직무성격이 공공성, 즉 공공복리를 위한 것이므로 제한되어야 한다는 점에서 같은 견해로 보인다.

1115) 구병삭, 『신헌법원론(제3전정판)』, 박영사, 1996, 644~645쪽.

위해서 공무를 수행하여야 한다는 것에 지나지 않아 반드시 노동기본권과 충돌되는 개념은 아니므로 근로3권을 부정할 합리적 이유가 되지는 못한다.

(ⅲ) 특별권력관계설

국가기관 내부 관계, 즉 공무원과 국가의 관계는 국가와 국민의 관계처럼 일반권력관계가 아니라 특별권력관계이므로 법치국가원리가 배제되고 포괄적인 명령복종관계가 있다고 보아 공무원의 근로3권을 제한할 수 있다는 견해이다. 그러나 종래 특별권력관계로 인정되었던 각 영역에 법치국가원리가 더는 배제될 수 없다는 데 관해서는 현재 다른 의견이 없다는 점에 비추어, 특별권력관계에 해당한다는 것이 공무원의 근로3권을 제한하는 결정적인 근거가 되기 어렵다.

(ⅳ) 대상조치설(대체제도론)

근로3권은 그 자체가 목적이 아니라 근로조건의 유지와 개선을 목적으로 하여 인정된 것이므로 다른 제도를 통해서 이 목적을 달성할 수 있는 한 제한이 가능하다는 견해이다. 그러나 현실적으로 대상조치가 공정성·구속력·신속성 등에서 옹글지(완벽하지) 않을 때가 잦아 공무원의 근로3권 제한 근거로 인정하기 어렵다.

(ⅴ) 판례

헌법재판소는 ⓐ 국민의 봉사자라는 점, ⓑ 직무의 공공성, ⓒ 공무원 처우 개선의 법률상·예산상 제한을 근거로 공무원의 근로3권 제한의 타당성을 인정한다.[1116)]

(ⅵ) 사견

공무원의 근로3권 제한은 '공무원'이라는 신분에서 비롯하는 논리필연적인 것이 아니라 공무원이 수행하는 직무가 성질상 나타내는 특수성에 기인한다고 보아야 한다. 따라서 공무원의 근로3권을 일률적·포괄적으로 제한하는 것은 부당하고, 구체적으로 각 공무원이 담당하는 직무의 성질을 검토하여 필요 최소한에 그치는 예외적인 제한만 가능하다고 보아야 한다.

(2) 방위산업체근로자의 단체행동권 제한

헌법 제33조 제3항을 따르면 법률이 정하는 주요방위산업체에 종사하는 근로자의 단체행동권은 법률이 정하는 바에 의하여 이를 제한하거나 인정하지 않을 수 있다. 이에 따라 '노동조합 및 노동관계조정법' 제41조 제2항은 방위사업법이 지정한 주요방위산업체에 종사하는 근로자 중 전력, 용수 및 주로 방산물자를 생산하는 업무에 종사하는 사람은 쟁의행위를 할 수 없다고 규정한다. 주요방위산업체에 종사하는 근로자도 단결권과 단체교섭권은 제한되지 않는다. 단체행동권 제한도 '주요'방위산업체 근로자에 국한되고 주요방위산업체가 아니면 단체행동권이 제한되지 않는다.

1116) 헌재 1992. 4. 28. 90헌바27등, 판례집 4, 255, 264－268.

Ⅵ. 환경권

1. 의의

(1) 개념

환경권은 인간이 건강하고 쾌적한 생활을 유지하는 데 필요한 조건을 충족하는 환경을 누릴 수 있는 권리이다.

(2) 연혁

한국 헌법은 1980년 헌법에서 "모든 국민은 깨끗한 환경에서 생활을 할 권리를 가지며, 국가와 국민은 환경보전을 위하여 노력하여야 한다."라고 환경권을 처음으로 규정하였다. 1987년 헌법에서는 '깨끗한 환경'이라는 문구를 '건강하고 쾌적한 환경'으로 바꾸고, 제2조와 제3항을 추가하였다. 환경권이 헌법에 규정되기 이전에도 이미 환경보호 문제는 법적으로 규율되었다. 1960년대 이후 경제개발정책 추진으로 환경파괴와 오염이 심각해짐에 따라 1963년 공해방지법이 제정되었다. 그러나 이 법은 법 자체가 미비한 데다 공해에 관한 관심도 아직 높지 않아 그 실효성이 적었다. 1970년대 이후 환경 보호 문제는 인권으로 논의되었고, 1977년에는 환경보전법이 제정되었다. 1980년 헌법에 환경권이 규정되면서 여러 환경 관련 법률이 제정되었다. 특히 1990년에는 환경정책기본법이 제정되었다.

(3) 특성

환경권은 성질상 해석과 적용에서 많은 난점이 있다. 먼저 ① 환경이라는 개념의 포괄성과 확장성으로 말미암아 환경권의 유효한 보장 범위를 설정하는 것이 어렵다. 다음으로 ② 환경문제의 국제성으로 말미암아 한 나라의 주권 범위 안에서 기본권 보장을 하는 것만으로는 실효성이 약하다. 따라서 국제적 보호가 필요하다. 그리고 ③ 환경권은 미래세대의 권리라는 주장에서 보듯이 현재의 기본권주체의 환경권 향유뿐 아니라 세대를 넘어서는 환경권 보장을 위해서 그 의무적인 면도 경시할 수 없다. 특히 미래세대의 삶을 고려하여야 한다. 또한, ④ 환경권은 의무와 결합한다. 즉 환경권에는 환경보전의 사회적 의무성이 내포되어 있다. 끝으로 ⑤ 환경권은 이를 관철하고자 할 때 많은 경우 다른 기본권(주로 영업의 자유와 재산권)과 충돌하는 것을 예상할 수 있어서 그 실현에 장애가 많다. 이때 국가경제 성장에도 많은 제약을 줄 수 있다. 따라서 환경권의 이러한 특성을 고려하면서 문제를 논의하여야 한다.

2. 법적 성격

(1) 학설

① 환경권은 국가와 국민을 수범자로 하며 부분적으로 방어권적 성격이 있는 사회권이라

는 견해가 있다.1117) ② 본질에서 사회권이지만 자유권적 성격과 청구권적 성격도 있고, 현
단계에서는 추상적 권리라는 견해도 있다.1118) ③ 환경권은 사회권의 일종인데, (그 권리성을
통해서) 사법부에 본질적 내용을 지킬 기회를 허용하면서 (그 추상성을 통해서) 입법부에 급변
하는 사회에 적응할 입법재량을 확보해 주기 위해서 추상적 권리로 새겨야 한다는 견해도 있
다.1119) ④ 환경권을 구체화·실효화하는 법률 제정은 실정헌법상 의무(입법구속)이고, 그 법
률 내용 형성에서 일정한 재량을 용인한 것이므로 환경권을 구체적 권리로 보아야 한다는 견
해도 있다.1120) 그리고 ⑤ 환경권은 오염되거나 불결한 환경을 예방하거나 배제하도록 청구할
수 있는 권리라는 의미에서 청구권이고, 오염되거나 불결한 환경은 인간다운 생활을 불가능하
게 하므로 인간다운 생활권이며, 오염되거나 불결한 환경은 건강을 침해하는 것이므로 보건에
관한 권리이고, 오염되거나 불결한 환경은 인간의 존엄성 존중 이념에 어긋나고 행복추구권을
침해하므로 환경은 인간의 존엄성 존중을 이념적 기초로 하면서 여러 가지 성격이 아울러 있
는 총합적 기본권이지만, 그 주된 성격은 사회권성에 있고, 사회권으로서 환경권은 불완전하
나마 구체적 권리라는 견해가 있다.1121) ⑥ 환경권은 자유권적 성격과 사회권적 성격이 아울
러 있다는 견해도 있다.1122) 그리고 ⑦ 환경권은 주관적인 규정형식에도 1차적으로 환경보전
을 위해서 노력하여야 할 국가목표와 국가과제의 성격이 있다는 견해도 있다.1123) 또한, ⑧
환경권을 전체로서가 아니라 나누어 평가하여야 한다는 견해도 있다.1124) 이 견해는 헌법 제
35조 제1항의 건강하고 쾌적한 환경에서 생활할 권리 내용 중 환경침해예방청구권은 국가에
대해서 공해예방을 요구하는 권리, 즉 규제나 보호조치 등을 요구하는 내용으로, 국가의 급부
나 특별한 활동 또는 배려를 요구하는 것이 아니라서 자유권이고, 환경침해배제청구권 중 국
가나 사인의 환경오염이나 환경파괴에 대한 배제청구권에서 (ⅰ) 진행 중인 환경오염이나 환
경파괴에 대한 배제청구권은 국가의 규제나 보호조치를 요구하는 권리로서 국가의 특별한 활
동이나 배려를 요구하는 것이 아니라서 자유권이지만, 국가의 환경파괴이든 사인의 환경파괴
이든 (ⅱ) 이미 침해된 지 오래된 환경 복구를 요구하는 권리는 국가의 특별한 배려와 활동
및 그에 따른 비용(급부)을 요구하는 권리이므로 사회권이라는 점에서 헌법 제35조 제1항의
건강하고 쾌적한 환경에서 생활할 권리는 부분적으로 자유권적 성격과 사회권적 성격이 있으

1117) 홍성방, 『헌법학(중)(제2판)』, 박영사, 2015, 356~357쪽.
1118) 이부하, 『헌법학(상)』, 법영사, 2019, 521~522쪽.
1119) 조홍식, 『환경법원론』, 박영사, 2019, 232~245쪽.
1120) 안용교, 『한국헌법(제2전정판)』, 고시연구사, 1992, 568~569쪽.
1121) 고문현, 『헌법학개론』, 박영사, 2019, 258쪽; 권영성, 『헌법학원론(개정판)』, 법문사, 2010, 703쪽.
1122) 김철수, 『학설·판례 헌법학(상)』, 박영사, 2008, 1223쪽; 김하열, 『헌법강의』, 박영사, 2018, 728쪽; 박일경, 『제
   6공화국 신헌법』, 법경출판사, 1990, 333~334쪽; 성낙인, 『헌법학(제19판)』, 법문사, 2019, 1392쪽; 양 건, 『헌법
   강의(제8판)』, 법문사, 2019, 1090쪽; 정재황, 『신헌법입문(제9판)』, 박영사, 2019, 551쪽.
1123) 한수웅, 『헌법학(제9판)』, 법문사, 2019, 1062~1063쪽.
1124) 계희열, 『헌법학(중)(신정2판)』, 박영사, 2007, 804~805쪽.

나, 헌법 제35조 제3항의 쾌적한 주거생활권은 국가의 특별한 적극적 활동과 배려 및 급부를
요구하는 권리로서 사회권이라고 한다. ⑨ 환경권은 구체적인 실현과정에서 부분적으로 자유
권이나 사회권과 비슷한 측면이 나타나기도 하지만, 전체적으로 보면 자유권이나 사회권으로
분류하기 곤란한 측면이 많아서 자유권 및 사회권과 구별되는 새로운 유형의 기본권으로 이해
하여야 한다는 견해도 있다.1125)

(2) 판례

대법원은 환경권에 관한 헌법 제35조의 규정이 개개의 국민에게 직접 구체적인 사법상 권
리를 부여한 것이라고 보기는 어렵고, 사법상 권리인 환경권이 인정되려면 그에 관한 명문의
법률규정이 있거나 관계 법령의 규정 취지 및 조리에 비추어 권리의 주체, 대상, 내용, 행사
방법 등이 구체적으로 정립될 수 있어야 한다고 함으로써 환경권을 사회권으로 보고, 그 법
적 성격에 대해서는 추상적 권리설을 따르는 것으로 보인다.1126)

헌법재판소는 헌법 제35조 제1항 소정의 환경권은 개별 법령에 따라서 구체화하는 과정을
통해 실현될 수 있는 권리로서 국민 개개인이 헌법에 직접 근거하여 그 보호를 구할 수 있는
권리는 아니라고 하면서도1127) "환경권의 내용과 행사는 법률에 의해 구체적으로 정해지는
것이기는 하나(헌법 제35조 제2항), 이 헌법조항의 취지는 특별히 명문으로 헌법에서 정한 환
경권을 입법자가 그 취지에 부합하도록 법률로써 내용을 구체화하도록 한 것이지 환경권이
완전히 무의미하게 되는데도 그에 대한 입법을 전혀 하지 아니하거나, 어떠한 내용이든 법률
로써 정하기만 하면 된다는 것은 아니다. 그러므로 일정한 요건이 충족될 때 환경권 보호를
위한 입법이 없거나 현저히 불충분하여 국민의 환경권을 과도하게 침해하고 있다면 헌법재판
소에 그 구제를 구할 수 있다고 해야 할 것이다."라고 하였다.1128)

(3) 사견

환경권을 사회권으로 보아 추상적 권리로 이해하는 학설과 판례를 따르면 그 내용을 구체
화하는 입법이 없는 한 환경권 침해에 대해서 환경권을 권원으로 하여서는 적정한 구제수단
이 없게 된다. 대법원 판례는 민법상 소유권에 근거한 물권적 청구권을 통한 구제를 제시하
나 소유권 등 이른바 물권적 이해관계가 없는 환경권 침해 피해자에게는 유효한 구제수단이
되지 못하는 한계가 있다. 한편 사회권의 규범력을 아예 부정하는 프로그램규정설은 헌법 제
10조 국가의 기본권보장의무규정에 비추어 보면 채택할 수 없는 견해이다. 그리고 객관설은
헌법이 사회권을 권리형태로 규정한다는 점을 무시하는 점에서 문제가 있다. 환경권을 복합

1125) 장영수, 『헌법학(제11판)』, 홍문사, 2019, 880쪽.
1126) 대법원 1995. 9. 15. 선고 95다23378 판결(공1995하, 3399).
1127) 헌재 2003. 1. 30. 2001헌마579, 판례집 15－1, 135, 143.
1128) 헌재 2008. 7. 31. 2006헌마711, 판례집 20－2상, 345, 358.

적 기본권으로 이해하거나 사회권으로 보는 견해를 따르더라도 구체적 권리설이나 개별화설 등은 환경권을 (최소한 부분적으로라도) 구체적인 권리로 보아 이를 근거로 한 소구가 가능하다고 본다. 그러나 복합적 기본권설은 각각의 성격(측면)별로 별도 검토를 필요로 하여 그 자체가 해답이 될 수 없고, 사회권설 중 구체적 권리설은 국가의 급부능력을 고려하지 않은 비현실적 주장이라는 점에서 채택하기 곤란하다. 따라서 환경권은 논의배경을 근거로 사회권으로 보되, 헌법 제35조는 보장내용 및 수준별로 각각 달리 보아야 한다. 즉 제35조 제1항 전단의 쾌적한 환경에서 생활할 권리와 제35조 제2항의 환경권은 구체적 권리이고, 제35조 제1항 후단과 제35조 제3항은 국가목표규정으로 보아야 한다.

3. 보호대상: 환경

(1) 환경의 다양한 개념

환경은 다양한 관점에서 정의될 수 있어 다의적이다. 즉 환경이라는 개념 자체가 포괄성과 확장성이 있어서 환경 보호 대상이나 환경권의 보호영역을 설정하기가 어렵고, 그 개념이 절대적인 것이 아니라 상대적이다. 넓은 뜻에서 환경은 사람을 둘러싼 주위 모두를 가리킨다. 이때 법과 제도를 포함한 사람의 모든 활동이 환경에 포섭될 수 있다. 따라서 환경은 우리의 동료와 모든 사회적·문화적 그리고 정치적 설비를 포함한 우리의 모든 주변세계를 말한다. 이러한 뜻의 환경 개념은 개별 학문뿐 아니라 일반 언어의 관용으로 인정된다. 그리고 이러한 환경 개념에서 환경은 주변세계에 대한 생명체(예를 들어 동물이나 식물)관계의 복합성으로 더욱더 추상화한다. 그러나 이러한 환경개념은 환경 보호 영역에서 환경 보호의 특별한 책임을 명확하고 정확하게 그릴 수 없다. 좁은 뜻에서 환경은 자연환경만을 뜻한다. 즉 환경은 특히 환경매체인 지표, 공기, 물, 생태계와 그들 서로 간과 더불어 사람에 대한 관계인 단지 자연적인 (기본적인) 사람의 생활기반을 뜻한다.

환경은 형태의 가시성에 따라 물리적 환경과 사회적 환경으로 구분할 수 있다. 그리고 창출의 인공성에 따라 자연환경과 인공환경으로 나눌 수 있다. 이 두 기준을 종합하면, 환경은 자연환경(생태계), 물리적 인공환경(조형계), 사회적 환경(제도계)의 세 가지로 크게 분류할 수 있다. 자연환경과 물리적 인공환경은 가시적이라는 점에서 공통되고, 물리적 인공환경과 사회적 환경은 사람이 조성한다는 점에서 공통점이 있다. 자연환경은 조화와 균형을 바탕으로 하는 항시적인 것이지만, 인공환경은 편리와 능률을 원칙으로 하는 계약적이고 조직적인 것이다.[1129] 환경정책기본법 제3조 제1호는 환경을 자연환경[1130]과 생활환경[1131]으로 나눈다.

1129) 김안제, 「환경과 계획」, 『환경논총』 제1권 제1호, 서울대학교 환경대학원, 1974, 246~247쪽.

1130) 자연환경은 지하·지표(해양 포함) 및 지상의 모든 생물과 이들을 둘러싸고 있는 비생물적인 것을 포함한 자연의 상태(생태계와 자연경관 포함)를 말한다(환경정책기본법 제3조 제2호).

1131) 생활환경은 대기, 물, 폐기물, 소음·진동, 악취, 일조 등 사람의 일상생활과 관계되는 환경을 말한다(환경정책

(2) 헌법규정의 모호성

1980년 헌법 제33조가 '깨끗한 환경'이라고 표현한 것과 비교하여 현행헌법 제35조는 '건강하고 깨끗한 환경'이라는 표현을 쓴다. 이에 대해서 '건강하고 깨끗한'이라는 표현은 '깨끗한'이라는 표현보다 환경권 내용을 더 명확하게 해 주지도 않을 뿐 아니라 의미에서도 특별한 차이가 없다는 비판이 있다.[1132] 법조문(특히 헌법조문)에 사용되는 표현은 특별한 이유가 없는 이상 간단·명료한 것이 바람직하다는 원칙에 어긋난다는 것이다. 하지만 '깨끗한'이라는 표현은 '사람의 손길이 없는' 상태를 유지한다는 것만을 뜻하지만, '건강하고 깨끗한'이라는 표현은 '생태계가 조화롭게 유지되는' 상태라는 뜻으로 새길 수 있다. 특히 사람의 처지에서 보면 '깨끗한'이란 원시적 자연상태에 국한되어 소극적으로 인공을 가미하지 않는 것을 가리키지만, '건강하고 깨끗한'이란 원시적 자연상태 이외에 적극적인 환경 조성이라는 의미까지 포함한다. 즉 '깨끗한'보다 '건강하고 깨끗한'이 더 적극적인 의미를 포함하는 것으로 보인다. 이러한 점에서 환경권을 '권리'로 명시한 헌법 제35조가 환경권에 소극적인 환경침해배제청구권 이외에 적극적인 환경조성청구권까지 포함하는 것으로 볼 수 있다. 하지만 이렇게 보아도 '건강하고 깨끗한 환경'이라는 표현만으로는 아직도 헌법 제35조가 보호하려는 환경이 무엇인지는 불명확하다.

(3) 학설

환경의 범위와 관련하여 협의설, 광의설, 최광의설이 있다. ① 협의설은 환경을 사람의 자연적 생활 근거에 한정한다.[1133] 따라서 환경이란 환경매체인 토양, 공기, 물 그리고 생태계 전체와 이들 사이의 상호관계 및 사람과 맺는 관계를 말한다고 한다. ② 광의설은 먼저 (i) 보호대상의 명료성을 이유로 헌법 제35조가 규정하는 환경권 대상은 자연환경을 기본으로 물리적 인공환경도 그 대상이 되지만, 사회적·문화적 환경은 그 대상이 되지 않는다는 견해가 있다.[1134] 이 견해는 환경의 개념을 교육제도, 의료제도 등 사회적 환경까지 포함하면 환경권은 너무 많은 보호대상을 포괄하게 되고 다른 기본권의 보호대상과 구별이 어려워진다고 한다. 그리고 (ii) 환경 개념을 자연환경, 즉 생태계에만 국한하면 물리적 인공환경(전기, 가스, 상·하수도, 도로, 교량, 공원, 산업시설 등)으로 말미암은 공해 문제가 배제될 수 있다고 한다. 또

기본법 제3조 제3호).

[1132] 홍성방, 「환경기본권」, 『환경 오염의 법적 구제와 개선책』(한림과학원총서 47), 소화, 1996, 55쪽 주 166.

[1133] 고문현, 「환경권」, 『토지공법연구』 제13집, 한국토지공법학회, 2002, 280~281쪽; 같은 사람, 『헌법학개론』, 박영사, 2019, 249~250쪽; 김연태, 「헌법상 환경권의 보호대상과 법적 효력」, 『판례연구』 제9집, 고려대학교 법학연구원, 1998, 196쪽; 허 영, 『한국헌법론(전정15판)』, 박영사, 2019, 488쪽; 홍성방, 「환경기본권」, 『환경 오염의 법적 구제와 개선책』(한림과학원총서 47), 소화, 1996, 60~62쪽; 같은 사람, 「환경권의 해석과 관련된 몇가지 문제점」, 『고시연구』 제23권 제3호(통권 제264호), 고시연구사, 1996. 3., 73쪽; 같은 사람, 『헌법학(중)(제2판)』, 박영사, 2015, 361~362쪽.

[1134] 계희열, 『헌법학(중)(신정2판)』, 박영사, 2007, 797쪽; 구병삭, 『신헌법원론(제3전정판)』, 박영사, 1996, 658쪽.

한, (ⅲ) 환경을 자연적 환경과 인공적 환경에 한정하고, 사회적 환경을 배제하는 견해도 있다.1135) ③ 최광의설은 환경을 협의, 광의의 것은 물론이고, 사회·문화·경제 제도 등을 포함하는 각종의 국가적·사회적 제도와 더불어 사람 개체를 둘러싼 외부적 조건 일체를 뜻한다고 본다. 먼저 (ⅰ) 자연환경 속에서 살 권리, 즉 자연적인 청정한 대기에 관한 권리, 깨끗한 물에 관한 권리뿐 아니라 더 좋은 사회적 환경에서 살 권리, 즉 교육권, 의료권, 도로·공원이용권 등도 환경권에 포함할 수 있다고 하는 견해가 있다.1136) 그리고 (ⅱ) 환경권을 인격권·신체의 안정성·인간으로서 가지는 존엄과 가치 등과 결부된 종합적인 기본권으로 볼 때, 그 보호대상으로 나타나는 환경은 자연적 환경뿐 아니라 사회적·문화적 환경도 포함하는 최광의 개념으로 이해하여야 한다는 견해도 있다.1137) 또한, (ⅲ) 자연환경뿐 아니라 훌륭한 교육환경, 도로나 공원 등과 같은 역사적·문화적 유산인 문화적 환경도 환경권 대상이고, 사람이 사회적 활동을 하는데 필요한 사회적 환경도 포함된다는 견해도 있다.1138) 이 견해는 환경권은 사람의 단순한 생활로 나타나는 생존을 위하는 데 그치는 것이 아니라 인격형성적 환경을 포함하고, 도로·공원·교량 등과 같은 사회적 시설도 사람의 사회적 활동을 위한 불가결한 환경에 속한다고 한다. 그리고 헌법 제10조 제1문의 인간의 존엄과 가치·행복추구권, 제35조 제3항의 국민의 보건에 관한 국가보호의무 등을 통합하여야 한다고 한다. (ⅳ) ⓐ 환경 개념을 자연환경에 한정한다면 건강하고 쾌적한 환경이 자연환경만을 뜻하는 것이 분명하므로 건강하고 쾌적한 환경에서 살 권리인 환경권의 실효성이 미약해지고, ⓑ 어떤 국민이 헌법의 환경권을 주장하고자 할 때, 자연환경과 사회·문화적 환경의 구별이 어려울 때가 있어서 이러한 권리가 헌법의 환경권에 포함되는지가 불분명한 때가 잦으며, ⓒ 환경권은 하나의 포괄적 기본권적 성격이 있으므로 환경 침해와 관련하여 구체적인 기본권이 적용되면 보충적으로 적용되어서 기본권 보장의 공백을 메울 수 있으므로 환경 범위를 최광의설에 따라야 한다는 견해도 있다.1139) (ⅴ) 깨끗하고 쾌적한 생활환경 내용을 충족하려면 사회적·인공적 환경을 도외시할 수 없고 사회적 환경과 자연적 환경이 동시에 구비되지 않고서는 깨끗하고 쾌적한 생활환경은 있을 수 없으므로 사회적 환경도 환경권 대상인 환경에 포함하여야 한다는 견해도 있다.1140)

(4) 판례

고등법원 판례 중에 "환경권의 내용인 환경에는 자연적 환경은 물론이고, 역사적·문화적

1135) 김영훈, 「환경권과 공법상 구제」, 『법학논총』 창간호, 숭전대학교 법학연구소, 1985, 31쪽.
1136) 김철수, 「환경권고」, 『헌법논총』 제6집, 헌법재판소, 1995, 99~100쪽.
1137) 문광삼, 「기본권으로서의 환경권과 국가목표로서의 자연환경」, 『환경법연구』 제22집, 환경법학회, 2000, 224쪽.
1138) 조홍석, 「헌법상의 환경권 논쟁」, 『헌법학연구』 제2집, 한국헌법학회, 1996, 203~204쪽.
1139) 강현호, 「우리 헌법상의 환경권」, 『환경과학논총』 제2권 제1호, 계명대학교 낙동강환경원, 1997, 66쪽.
1140) 박일경, 『제6공화국 신헌법』, 법경출판사, 1990, 334쪽.

유산인 문화적 환경도 환경권의 대상인 환경의 범주에 포함시켜야 하며, 그 뿐만 아니라 사람이 사회적 활동을 하는 데 필요한 사회적 시설도 인간의 생활에 필요 불가결한 사회적 환경으로서 이에 포함됨은 당연하다."라고 하여 최광의설에 가까운 견해를 취한 것이 있다.[1141) 대법원은 교육적 환경[1142)과 종교적 환경[1143)도 환경권에 포함된다고 한다. 헌법재판소는 환경권의 보호대상이 되는 환경에는 자연환경뿐 아니라 인공적 환경과 같은 생활환경도 포함된다고 하였다.[1144)

(5) 사견

① 협의설에서는 환경권의 보호대상을 자연환경 이상으로 확대하다 보면 극단적으로는 사람의 모든 사회적 행동이 환경보호법과 환경보호정책의 개념에 포섭될 것이고 심지어는 형법조차도 환경보호법의 한 분야로 분류될 것이어서 오히려 환경권의 본질적 내용마저도 보호하지 못하게 된다고 주장한다. 그러나 다른 기본권규정을 통해서 보호되는 영역이라고 하여서 환경권의 보호영역에서 제외되어야 한다는 것은 적절한 논리라고 할 수 없고, 오히려 다른 기본권규정과 함께 생활영역을 보호함으로써 국민의 기본권적 가치를 높일 수 있다고 평가할 수도 있다. 그리고 환경을 물적 대상인 자연환경으로 엄밀하게 규정하면 그 대상이 너무 협소하게 되어 유용한 표지가 될 수 없다. ② 최광의설의 환경 개념은 지나치게 포괄적이고 광범위하여 그 경계가 모호하고 환경권의 보호범위를 확정할 수 없을 우려가 있어서 채택하기 곤란하다. 그리고 그렇게 넓은 범위의 환경영역은 직접 관련이 있는 다른 법분야의 규율이 더 적합할 것이다. ③ 환경권이나 환경 보호에서 말하는 '환경'은 사회적 · 경제적 · 문화적 또는 기술적 생활기반과 구별하여야 한다. 환경은 생활보다는 생존에 비중이 있는 개념이기 때문이다. 그리고 본래 사람이 자연 속에서 살아오기 시작하였고 지금도 그 자연에서 벗어날 수 없다는 점에서 환경은 자연이라는 개념에서 시작하여야 한다. 자연은 인공적이 아닌 모든 것을 뜻한다. 하지만 자연은 자연의 대상이 사람에게서 영향받거나 변경되지 않는 것을 전제하지 않는다. 따라서 인공적인 환경도 그것이 자연과 관계가 있거나 그것들을 대체하는 의미가 있다면 환경 개념에 포섭되어야 한다. 그리고 환경은 개별적인 생물이나 생태계 각각과 관련하여 공간구조적이거나 기능적인 개념이다. 환경은 한편으로는 무기적이거나 유기적인 외부생활조건의 단순한 존재 문제이지만, 다른 한편으로는 특정한 효력구조가 견지되는지에 관한 문제이다. 따라서 자연이라는 상태뿐 아니라 자연계나 생태계라는 관계 측면에서도 바라보아야 한다. 환경은 단순히 있는 무엇만이 아니라 그 존재가 상호작용하는 관계이기 때문

1141) 부산고법 1995. 5. 18. 선고 95카합5 판결(하집1995–1, 50).

1142) 대법원 1995. 9. 15. 선고 95다23378 판결(공1995하, 3399).

1143) 대법원 1997. 7. 22. 선고 96다56153 판결(공1997하, 2636).

1144) 헌재 2008. 7. 31. 2006헌마711, 판례집 20–2상, 345, 358; 헌재 2017. 12. 28. 2016헌마45, 판례집 29–2하, 506, 516; 헌재 2019. 12. 27. 2018헌마730.

이다. 사람도 생태계를 구성하는 일원이라는 점에서 사람과 관계를 맺는 것을 자연이 아니라는 이유나 변형된 자연이라는 이유만으로 환경에서 제외할 수는 없다. 그리고 환경에서 대부분 자연적 원시상태가 문제 되는 것이 아니라 일반적으로 사람이 형성한 공간(문화환경과 주택공간)이 문제이므로 환경을 자연적 환경과 동일시하는 것은 적어도 오해이고, 현대사회에서 비현실적이다. 환경위험은 가공물까지 포괄한 자연적 환경이나 자연에 가까운 지역에 대한 위협에 제한되는 것이 아니라 우선적이 아닐지라도 사람이 형성하거나 구축한 환경과 관련이 있다. 이러한 넓은 환경 개념에 근거하여 환경보호과제 확대를 두려워하는 사람은 환경법도 넓게 정의된 환경이 일반적 관점이 아니라 단지 특수한 위험을 보호한다는 것을 간과한다. 사람이 구축하는 환경이 그 자체는 아니더라도 적어도 그 구축과정에서 많은 환경문제를 일으킨다는 점에서도 환경에서 이러한 것을 무시할 수는 없다. 따라서 환경은 자연환경과 물리적 인공환경을 포괄하는 개념으로 보는 광의설이 타당하다. 이때 자연환경은 유지 측면이 강조되지만, 물리적 인공환경은 조성 측면이 강조된다.

4. 주체

환경권의 주체는 자연인이다. 건강하고 쾌적한 환경에서 생활할 권리는 자연인만이 누릴 수 있기 때문이다. 환경권의 주체와 관련하여 환경의 파괴와 오염은 미래세대까지 영향을 크게 미치므로 미래세대도 주체가 되는지, 즉 우리의 자손도 환경보호청구권의 주체가 되는지가 문제 된다. 국가가 미래세대를 보호할 의무를 진다는 것은 별론으로 하고, 아직 태어나지도 않은 미래세대가 환경보호권의 주체가 된다는 것은 현실적으로 불가능하므로 인정할 수 없다.[1145] 자연 그 자체가 권리의 주체가 될 수 있는지도 다투어진다. 인간중심적 환경 보호에는 한계가 있으므로 자연중심적 환경 보호 필요성을 강조하면서 환경은 인간을 위해서만이 아니라 환경 그 자체를 위해서 보호되어야 한다는 주장이 있다. 즉 자연의 권리주체성을 인정하여야 한다는 것이다. 그러나 자연을 권리의 객체가 아니라 주체로 인정할 수 없다.[1146] 결국, 자연은 인간을 통해서 권리를 행사할 수밖에 없기 때문이다. 환경권은 성질상 법인에 적용될 수 없다. 즉 법인은 환경권 주체가 될 수 없다. 그러나 사법절차를 통해서 환경권 구

1145) 계희열, 『헌법학(중)(신정2판)』, 박영사, 2007, 806쪽; 조홍식, 『환경법원론』, 박영사, 2019, 246쪽. 미래세대의 환경권 주체성을 인정하는 견해로는 고문현, 『헌법학개론』, 박영사, 2019, 253~254쪽. 아직 태어나지 않은 세대는 출생을 전제하여 태아에게 인정되는 극소수 예외를 제외하고는 현행법상 권리주체성이 인정되지 않아서, 국가는 현재 살고 있는 사람을 보호하여야 할 의무가 있는 것처럼 앞날에 살게 될 세대를 보호할 의무가 있다는 것으로 이해하여야 한다는 견해로는 홍성방, 『헌법학(중)(제2판)』, 박영사, 2015, 358~359쪽.

1146) 계희열, 『헌법학(중)(신정2판)』, 박영사, 2007, 806쪽; 전광석, 『한국헌법론(제14판)』, 집현재, 2019, 508~509쪽. 대법원 2006. 6. 2.자 2004마1148, 1149 결정(공2006하, 1240): "… 원심이 도롱뇽은 천성산 일원에 서식하고 있는 도롱뇽목 도롱뇽과에 속하는 양서류로서 자연물인 도롱뇽 또는 그를 포함한 자연 그 자체로서는 이 사건을 수행할 당사자능력을 인정할 수 없다고 판단한 것은 정당하고, 위 신청인의 당사자능력에 관한 법리오해 등의 위법이 없다."

제를 받으려고 할 때 법인에도 제소권자로서 원고적격을 인정한다는 견해가 있다.1147)

5. 내용

(1) 건강하고 쾌적한 환경에서 생활할 권리

건강하고 쾌적한 환경에서 생활할 수 있으려면 공해가 발생하지 않도록 예방하여 건강을 해치지 않는 깨끗하고 좋은 환경을 유지·보전하여야 하고, 만일 공해가 발생하면 이를 제거하고 회복시켜야 할 것이다. 따라서 건강하고 쾌적한 환경에서 생활할 권리는 환경침해예방청구권과 환경침해배제청구권을 내용으로 한다.1148)

① 환경침해예방청구권(환경보전청구권, 공해예방청구권)

건강하고 쾌적한 환경에서 생활할 권리는 먼저 국가·공공단체나 사인이 각종 개발·건설·사업 등을 시행할 때 공해가 발생하지 않도록 미리 예방하여 건강한 좋은 환경을 유지·보전하도록 국가에 대해서 청구할 수 있는 권리, 즉 환경침해예방청구권이나 환경보전청구권을 내용으로 한다. 즉 각종 공해유발사업 규제나 환경영향평가제 등과 같은 공해사전예방수단을 충분히 갖추어 공해를 예방해 줄 것을 요구할 수 있는 권리이다.

② 환경침해배제청구권(환경복구청구권, 공해배재청구권)

건강하고 쾌적한 환경에서 생활할 권리는 국가·공공단체나 사인이 수인한도를 초과하여 환경을 오염시키고 공해를 발생시키면 이를 배제하여 달라고 청구할 수 있는 권리, 즉 환경침해배제청구권이나 환경복구청구권을 내용으로 한다. 환경침해배제청구권은 먼저 국가의 환경오염이나 환경파괴행위에 대해서 이를 배제하여 줄 것을 요구할 수 있는 권리이다. 즉 개인은 국가의 환경침해행위에 대해서 침해배제청구권과 손해배상청구권이 있다. 환경의 파괴나 오염은 사인(사기업)이 하는 때가 더 잦다. 이때 개인은 국가에 대해서 사인의 환경파괴나 오염을 규제하도록 요구할 수 있는 권리가 있다. 이러한 규제 요구는 결국 국가의 명령·금지를 구하는 것인데, 그 규제 대상인 사인의 공해 유발이 해당 사인의 기본권 행사에서 비롯할 수도 있다. 이때 규제는 사인의 기본권을 최대한 존중하는 조화점을 찾아서 하여야 한다.

(2) 쾌적한 주거생활권

헌법 제35조 제3항은 모든 국민이 쾌적한 주거생활을 할 수 있도록 국가에 주택개발정책 등의 의무를 부과한다. 주거의 권리는 원래 인간다운 생활을 위해 필수적인 주거를 국가에

1147) 부산대학교가 건축허가처분효력집행정지가처분을 신청한 것에 대해서 국립대의 당사자적격을 부인한 부산고법 1994. 6. 16. 선고 94부131 참조.

1148) 헌법재판소는 일상생활에서 소음을 제거·방지하여 '정온한 환경에서 생활할 권리'가 환경권의 한 내용을 구성한다고 한다(헌재 2008. 7. 31. 2006헌마711, 판례집 20−2상, 345, 358; 헌재 2017. 12. 28. 2016헌마45, 판례집 29−2하, 506, 516; 헌재 2019. 12. 27. 2018헌마730).

대해서 요구할 수 있는 전형적인 사회권이다. 이러한 주거의 권리를 환경권과 연결하여 규정한 것은 쾌적한 주거환경을 조성하도록 국가에 의무를 부과한 것이다. 헌법 제35조 제3항을 함께 고려할 때 제35조 제 1 항의 환경권에 근거하여 국민은 국가에 대해서 ① 쾌적한 주거를 개발하고 공급할 주택정책 수립을 요구할 권리, ② 쾌적한 주거생활에 필수적인 '환경조성'을 요구할 권리, ③ '양질의 주택'에서 건강하고 문화적인 주거생활을 영위할 수 있도록 국가에 대해서 요구할 권리가 있다.

환경조성청구권은 국가에 대해서 건강하고 쾌적한 환경을 조성해 줄 것을 적극적으로 요구할 수 있는 권리를 말한다. 환경 개념을 광의로 이해하면, 각종 생활영역(교육, 문화)에서 그 생활영역에 적합한 환경 조성을 요구할 권리를 인정하게 된다. 다만, 환경조성청구권 실현을 위해서는 재정상 문제(국가와 지방자치단체의 예산 뒷받침)와 더불어, 이해관계인의 이익과 형량하여야 한다는 현실적 한계가 있다.

6. 환경법원칙

(1) 사전배려원칙

환경은 일단 오염되면 그 파급효과가 지역적으로나 시간적으로 매우 넓다. 따라서 위해 원인이 되는 위험뿐 아니라 위험으로 발전할 우려가 있는 상태를 미리 예방하여야 한다. 사전배려원칙은 단순히 환경 악화를 예방하는 것 이상을 내용으로 한다. 사전배려를 위해서 앞날을 예측하는 국가행위가 필요하여서 환경법은 행위형식에서 계획에 의존하는 비중이 높다. 사전배려원칙을 실현하는 중요한 제도 중 하나가 환경영향평가제도이다(환경영향평가법 참조).

(2) 오염원인자책임원칙

환경오염은 원인자가 직접 제거하는 것이 형평원칙에 들어맞는다. 이것이 환경회복을 위해서 가장 효율적이고 비용도 저렴하다. 오염원인자책임원칙은 비용부담을 배분하기 위한 원칙이라기보다는 환경오염 방지를 위한 유도적 및 예방적 기능에 중점을 둔다. 그래서 오염원인자책임원칙은 환경오염을 배제하거나 회복하기 위한 각종 금지나 명령 형태로 나타난다. 환경정책기본법 제7조 비용부담에 관한 규정, 물환경보전법 제41조와 대기환경보전법 제35조의 배출부과금제도 등이 오염원인자 비용부담을 배분하는 수단이다. 이와 비교해서 예를 들어 먹는물관리법 제31조 수질개선부담금은 먹는 샘물 제조업자에게 재정적 부담을 지움으로써 지하수자원을 고갈시키고 침해하는 기업활동을 억제하도록 간접적으로 유도하는 목적의 부담금이다.1149) 오염원인자책임원칙은 사전배려원칙을 전제로 하여 시행되어야 한다. 즉 오염원인자책임이 사업자에게 자유롭게 환경을 오염하되 비용은 원인자가 부담한다는 것을 뜻하지는 않는다.

1149) 헌재 1998. 12. 24. 98헌가1, 판례집 10-2, 819, 829.

(3) 공동부담원칙

공동부담원칙은 오염원인자원칙과 대칭되는 개념이다. 공동부담원칙은 오염원인자원칙에 보충적으로 적용된다. 즉 주로 오염원인자를 확정할 수 없거나 환경오염으로 말미암아 급박한 상황이 발생하여 오염원인자에게 이러한 상황 제거를 명하는 방법을 통해서는 환경 침해를 극복할 수 없는 때에 적용된다. 그러나 기업의 고용보장과 경쟁 보호 혹은 사회적 약자 보호를 위해서 오염원인자책임원칙보다는 공동부담원칙을 취하는 것이 더 적합한 때도 있다. 그리고 현실적으로 환경오염의 원인관계가 대단히 복잡하면 이에 관한 판단은 어느 정도 정책적인 결정에 의존할 수밖에 없다. 이때 국가에는 공동부담원칙을 채택하는 재량이 부여된다. 공동부담원칙은 간접적으로는 환경보전을 위한 시설설비에 투자하도록 보조금을 지원하는 것 등 재정적 혹은 기술적 지원을 하는 방법으로 실현된다. 환경정책기본법은 특히 제56조와 제57조에서 국가나 지방자치단체가 사업자가 하는 환경보전을 위한 시설의 설치·운영을 지원하기 위해서 필요한 세제상 조치, 그 밖의 재정지원을 하도록 한다. 이는 간접적으로 공동부담원칙을 구체화하는 의미가 있다. 환경오염에 대한 사전배려에서는 아직 오염원인자가 확인되지 않으므로 공동부담원칙이 적용된다.

(4) 협력원칙

환경보전 과제는 국가뿐 아니라 관련 당사자 모두, 즉 국가와 사회 모두의 협력이 필요하다. 환경 관련 입법은 과학기술 발달에 따라 가변적인 판단기준을 법제화하여야 하고, 이때 일반적으로 불확정개념이 사용된다. 불확정개념을 행정적인 차원에서 집행하는 데 필요한 전문지식을 보유한 기업의 협조가 필수적이다. 이 점에 주목하여 환경정책기본법은 국민 일반, 특히 사업자의 협력의무를 규정한다(제5조, 제6조).

협력원칙은 국가의 환경보전정책을 통해서 불이익을 받을 수 있는 기업의 이해관계를 환경정책과 관련된 의사 형성 및 결정과정에 조기에 반영하는 제도를 통해서 실현된다. 이로써 환경보전정책이 설득력을 갖고, 그 결과 집행이 수월해진다는 부수적 효과가 있다. 협력원칙은 주변환경에 영향을 미치는 계획이나 승인절차에 인근 주민의 의견을 수렴하는 방법으로 실현된다. 이로써 침해를 당할 주민의 이익을 사전에 구제하고, 행정의 효율성과 정당성을 제고할 수 있다.

7. 법적 실현방법 – 침해 시 구제방법

(1) 국가의 침해와 구제

국가나 지방자치단체는 적극적으로 각종 개발·건설·사업 등을 시행하면서 환경을 파괴하고 공해를 발생시킴으로써 환경권을 침해할 수 있고, 소극적으로 제3자의 환경침해행위를 허용·묵인·방관함으로써 환경권을 침해할 수 있다. 이러한 국가권력의 환경권 침해에 대해서는 사안에 따라 행정소송, 국가배상 청구, 헌법소원, 청원권 행사 등의 방법으로 구제받을 수 있다. 환경정책기본법 제43조는 정부가 환경오염으로 말미암은 피해를 원활히 구제하는 데 필요한 시책을 마련하도록 의무를 부과한다.

(2) 사인의 침해와 구제

① 민사적 구제수단

사인의 환경권 침해에 대해서는 사후 구제수단으로 손해배상 청구가 가능하고, 사전구제 수단으로 유지청구권이 있다. 사전구제방법인 유지 청구는 환경피해가 현실로 발생하였거나 발생이 예견되면 피해자가 환경피해 배제나 예방을 구하는 방법을 말한다. 유지청구권에 대해서는 판례[1150]가 소극적이므로, 환경 침해에 대한 구제는 주로 손해배상 청구를 통해서 이루어질 수 있다.

② 수인한도론과 무과실책임주의

개인이나 사기업이 환경권을 침해하면, 사법이론상 사인의 소유권 독점 이용으로 말미암아 피해를 본 사람은 기본적으로 일정한 수인의무를 진다고 본다. 수인한도론에 따르면 가해자 측의 사정과 피해자 측의 사정, 즉 사업의 유효성, 피해의 정도나 형태 등을 비교형량하여 피해가 일반적으로 견딜 수 있는 정도에는 이를 수인하여야 한다고 보고, 그 정도를 초월하면 불법행위를 구성하여서 손해배상을 하여야 한다고 본다.

민법상 불법행위책임은 원칙적으로 과실책임이다. 환경 침해에 대한 책임을 과실책임으로 보면 피해자의 권리구제는 대단히 어렵다. 피해자가 과실을 증명하는 것은 현실적으로 어렵기 때문이다. 그래서 개연성이론[1151]이나 인과관계 추정을 통해서 피해자 구제가 효과적으로 이루어져야 한다. 즉 무과실책임이 인정되어야 한다. 환경정책기본법 제44조는 일정한 범위 안에서 무과실책임을 인정하고, 원자력 손해배상법 제3조도 무과실책임을 인정한다.

③ 공해소송에서 원고적격

공해소송에서 누가 원고로서 제소할 수 있는지와 관련하여 원고적격이 문제 된다. 즉 환경단체나 오염지역 주민 전체가 원고적격이 있는지, 아니면 특정한 환경에 대해서 일정한 이해관계가 있는 개인이나 단체만 원고적격이 있는지가 문제이다. 환경소송에서 '법률상 이익' 있는 사람의 범위는 오염된 환경과 관계있는 사람으로 넓게 해석되어야 한다. 판례 추세도

1150) 부산고등법원은 부산대학교의 교육환경권 침해로 말미암은 공사중지가처분신청에서 환경권은 일정한 범위 안에서 사법상 구체적 권리의 성격이 있다고 보았다(부산고법 1995. 5. 18. 선고 95카합5 판결). 그러나 대법원은 헌법 제35조 규정이 국민에게 구체적인 사법상 권리를 부여한 것으로 보기 어렵다고 하였다[대법원 1995. 9. 15. 선고 95다23378 판결(공1995하, 3399)].

1151) 개연성이론은 환경분쟁에서 인과관계 증명은 과학적으로 엄밀한 증명을 요하지 아니 하고, 침해행위와 손해발생 사이에 인과관계가 있다는 상당한 정도의 개연성을 입증함으로써 충분하고, 가해자는 이에 대한 반증을 할 때만 인과관계 존재를 부인할 수 있다는 이론이다.

그러하다.[1152] 독일 단체소송제도나 미국 집단소송제도 도입이 바람직하다.

(3) 환경피해분쟁조정제도

환경분쟁은 신속하고 사전예방적 피해구제가 이루어져야 하는 분야이다. 이러한 환경분쟁의 특성을 고려하여 환경피해분쟁조정제도가 마련되었다. 환경분쟁 조정법에 따라 환경피해의 신속·적정한 구제를 위해서 환경분쟁조정위원회가 분쟁조정을 할 수 있다. 환경분쟁조정위원회는 일종의 준사법적 기구로서, 알선, 조정, 중재를 통해서 분쟁당사자의 합의를 유도한다. 이 제도는 시간과 비용 부담이 많은 소송을 통하지 않고 분쟁을 신속하게 해결할 수 있고, 당사자의 양보와 합의를 통해서 해결하므로 대립상태를 남기지 않는다는 장점이 있다.

Ⅶ. 혼인·가족·모성에 관한 국가적 보호

1. 의의

(1) 혼인과 가족의 헌법적 의의

헌법 제36조 제1항은 "혼인과 가족생활은 개인의 존엄과 양성의 평등을 기초로 성립되고 유지되어야 하며, 국가는 이를 보장한다."라고 규정하여 혼인 및 가족생활을 보호할 국가의 의무를 규정한다. 혼인과 이를 기초로 구성되는 가족은 인간의 기본적인 사적 생활공동체로서 국가공동체 기반을 이룬다. 혼인과 가족생활의 유지는 개인의 행복추구에 이바지할 뿐 아니라 국가공동체를 형성하고 유지하는 데도 중요하다. 헌법 제36조 제1항은 혼인과 가족생활은 개인의 존엄과 양성의 평등을 기초로 하여야 한다고 함으로써, 가부장 중심으로 형성된 전통적 혼인과 가족을 거부하고, 독립적 인격으로 대우받지 못한 여성의 지위를 존중할 것을 명확하게 밝힌다.[1153]

혼인과 가족은 공동의 '사적 영역', 즉 여러 사람이 참여하여 의사소통이 이루어지는 사적 영역이다. 혼인과 가족은 인간이 공적 영향을 받지 않고 사적으로 발전할 가능성을 제공하는 터전이다. 따라서 사적 영역인 혼인과 가족에 대한 국가의 간섭과 영향은 될 수 있으면 배제하여야 한다. 혼인과 가족이 사적으로 머물러 있는 한, 그래서 공적 이익을 침범하지 않는 한

1152) 예를 들어 대법원 1976. 5. 25. 선고 75누238 판결(집31－1, 149; 공1983, 662); 대법원 1983. 7. 12. 선고 83누59 판결(집31－4, 44; 공1983, 1281); 대법원 1998. 4. 24. 선고 97누3286 판결(집46－1, 532; 공1998상, 1514); 대법원 1998. 9. 4. 선고 97누19588 판결(공1998하, 2423); 대법원 1998. 9. 22. 97누19571 판결(집46－2, 391; 공1998하, 2589); 대법원 2001. 7. 27. 선고 99두2970 판결(집49－2, 379; 공2001하, 1967); 대법원 2006. 3. 16. 선고 2006두330 판결(집54－1, 341; 공2006상, 634).

1153) 헌법재판소를 동성동본금혼규정(헌재 1997. 7. 16. 95헌가6등, 판례집 9－2, 1)과 호주제(헌재 2005. 2. 3. 2001헌가9등, 판례집 17－1, 1)에 대해서 헌법불합치결정을 내렸다. 그리고 대법원은 종원 자격을 성년 남자로만 제한하고 여성에게는 종원 자격을 부여하지 않는 관습법은 더는 법적 효력이 없다고 하였다[대법원 2005. 7. 21. 선고 2002다1178 전원합의체 판결(집53, 87; 공2005하, 1326).

혼인과 가족에 대한 공적 개입은 허용되지 않는다. 문제는 어디에서 사적인 것이 끝나고 공적인 것이 시작되느냐이다. 구체적으로 무엇이 혼인과 가족으로 보호되고 무엇이 보호되지 않는지가 문제이다. 먼저 혼인과 가족의 영역 형성 여부가 문제 된다. 모든 참여자의 개인적·사적 결정을 통해서 혼인 영역이 형성된다. 즉 두 참여자(배우자) 각각의 개인적인 결정에 따라서 혼인(공동체)이 형성된다. 그러나 파탄된 혼인처럼 개인적인 사적 영역과 공동의 사적 영역이 분리될 때 문제가 발생한다. 이때 개인 보호와 공동(생활)체 보호 중 어느 것이 우선인지가 문제 된다. 다음으로 혼인과 가족 영역의 (생활)영위가 문제 된다. 구체적으로 어떻게 살아가느냐의 문제가 있다. 모든 참여자가 공동으로 일치하여 행동하면 문제가 없다. 합의가 끝날 때나 합의가 더는 이루어질 수 없을 때 문제가 발생한다. 이때 국가가 조정을 위해서 간섭할 권한이나 의무가 있는지가 문제 된다. 혼인(공동체)에서는 양 배우자의 합의가 원칙이다. 물론 긴급하면 배우자를 다른 배우자에게서 보호할 필요가 있다. 그러나 그 밖에는 국가의 개입·간섭 가능성이 매우 제한적일 수밖에 없다.

(2) 연혁

한국 헌법은 1948년 헌법 이래 혼인과 가족생활을 보장한다. 1948년 헌법 제20조는 "혼인은 남녀동권을 기본으로 하며 혼인의 순결과 가족의 건강은 국가의 특별한 보호를 받는다."라고 규정하였다. 1962년 제31조는 "모든 국민은 혼인의 순결과 보건에 관하여 국가의 보호를 받는다."라고 개정하여 '남녀동권을 기본으로'라는 부분은 삭제하고 보건에 관한 국가의 의무를 새로 규정하였다. 1980년 제34조는 "① 혼인과 가족생활은 개인의 존엄과 양성의 평등을 기초로 성립되고 유지되어야 한다. ② 모든 국민은 보건에 관하여 국가의 보호를 받는다."라고 규정하였다. 1987년 제36조는 제1항에서 "혼인과 가족생활은 개인의 존엄과 양성의 평등을 기초로 성립되고 유지되어야 하며, 국가는 이를 보장한다."라고 규정하고, 제2항에서 "국가는 모성의 보호를 위하여 노력하여야 한다."라는 규정을 신설하였고, 제3항에서 "국민은 보건에 관하여 국가의 보호를 받는다."라고 규정하였다.

2. 법적 성격

혼인과 가족제도의 법적 성격에 관해서는 자유권설, 제도보장설, 사회권설, 원칙규범설, 제도보장 및 사회권설 등의 학설과 더불어 논의 자체가 불필요하다는 견해도 있다.

① 자유권설은 혼인과 가족생활에 대한 국가의 침해는 금지되어서 혼인과 가족생활의 규정은 국가권력 침해에 대한 주관적 방어권의 성격이 있다고 한다. ② 제도보장설은 혼인과 가족생활은 제도로서 보장되므로 그 핵심적 골격은 헌법이 보장한다고 한다.[1154] 제도보

1154) 안용교, 『한국헌법(제2전정판)』, 고시연구사, 1992, 252쪽.

장설은 헌법이 혼인과 가족생활은 개인의 존엄과 양성평등을 기초로 성립되고 유지되어야 한다고만 할 뿐이지 자유나 권리가 있다고 규정하지 않고, 헌법 제36조 제1항은 사회권과 달리 입법이나 특별한 행정조치가 필요하지 아니하며 그 자체만으로 모든 국가기관을 직접 구속하는 효력이 있다는 것을 근거로 한다. ③ 사회권설은 혼인과 가족생활이 인간의 존엄과 양성평등에 위반되는 입법이나 조치가 있으면 위헌이 되고, 이의 시정을 국가에 대해서 요구할 수 있는 권리가 인정된다는 의미에서 일종의 사회권 의미가 있다고 한다. 혼인과 가족생활의 보호는 헌법조문 위치에서 보면 사회권이라는 주장도 있다. ④ 원칙규범설은 혼인과 가족생활은 개인의 존엄과 양성평등을 기초로 성립되고 유지되어야 한다는 헌법원리를 선언한 원칙규범이고 특정의 제도보장을 의미하며 이 규정 내용은 구체적인 입법이나 행정처분을 필요하지 않고 그 자체로서 모든 국가기관을 직접 구속하는 효력이 있으므로 사회권의 하나로 규정한 것은 아니라고 한다.[1155] ⑤ 제도보장 및 사회권설은 혼인과 가족생활에 관한 규정은 혼인제도와 가족제도의 제도보장일 뿐 아니라 국민의 혼인의 자유, 양성평등, 가족제도 보호를 규정한 사회권이라고 한다.[1156] ⑥ 논의불요설은 혼인과 가족생활에 관한 규정은 헌법의 근본원리의 하나인 문화민족 이념에 알맞은 문명적인 가족관계를 실현하기 위한 것으로 이 규정의 기본권적 성격에 관한 논의는 의미 없다고 한다. ⑦ 먼저 개인의 존엄과 양성평등을 기초로 성립되고 유지되어야 하는 혼인과 가족생활을 국가권력이 침해하면 이를 방어할 수 있는 소극적 권리가 있다는 점에서 자유권적 측면을, 다음으로 국가는 이러한 혼인과 가족생활을 적극적으로 (보호하고) 장려하여야 할 국가적 과제가 있다는 점에서 사회권적 성격을, 혼인과 가족제도는 사법질서의 기본적 구성부분일 뿐 아니라 국가질서 전체를 형성하는 기본적 요소라는 점을 확인할 수 있는데, 이러한 점에서 혼인과 가족생활에 관한 규정은 주관적 권리적 성격과 국가공동체의 객관적 질서를 형성하는 요소적 성격이라는 2중적 성격이 있다는 견해도 있다.[1157] ⑧ 헌법 제36조 제1항에서 혼인과 가족생활에 대한 국가의 경제적·물질적 급부의무와 그에 상응하는 국민의 청구권을 추론할 수 없어서 헌법 제36조 제1항은 사회권적 성격이 없지만, 헌법 제36조 제1항은 혼인과 가족생활에 대한 가치결단적 원칙규범이자 제도보장인 동시에 오로지 이미 성립한 혼인관계만을 보호하려는 데 있지 않고 새로운 혼인관계를 맺을 것을 기본권적으로 보호하므로 스스로 선택한 상대방과 혼인을 맺을 권리나 자유가 본질적인 구성부분이라는 견해도 있다.[1158] ⑨ 혼인 및 가족생활의 자율성을 통한 자율적인 삶의 형성과 유지를 확보하려고 국

1155) 권영성, 『헌법학원론(개정판)』, 법문사, 2010, 279~280쪽.
1156) 구병삭, 『신헌법원론(제3전정판)』, 박영사, 1996, 650~651쪽; 김철수, 『학설·판례 헌법학(상)』, 박영사, 2008, 1206쪽; 성낙인, 『헌법학(제19판)』, 법문사, 2019, 1400쪽.
1157) 계희열, 『헌법학(중)(신정2판)』, 박영사, 2007, 819~820쪽.
1158) 홍성방, 『헌법학(중)(제2판)』, 박영사, 2015, 374~375쪽.

가 침해를 배제하는 것은 자유권적 측면이고, 건전한 혼인과 가족생활 보장을 통한 건전한 국가공동체 구성을 위해 국가 지원을 요청하는 것은 사회권적 측면이라는 견해도 있다.[1159] ⑩ 헌법 제36조 제1항은 국가에 대해서 혼인과 가족의 특별한 보호를 명령하고, 혼인과 가족에 대한 국가의 특별한 보호는 소극적으로 국가공권력의 혼인과 가족 침해 금지를 뜻하고, 적극적으로는 혼인과 가족을 다른 외부세력 침해에서 보호하고 나아가 적절한 조치를 지원하여야 할 국가의 의무라는 다양한 내용(자유권, 제도보장과 객관적 가치결정)을 모두 포괄한다는 견해도 있다.[1160]

혼인과 가족생활에 대한 국가적 보호를 규정한 헌법규정은 혼인 및 가족생활에 관련되는 사법과 공법의 전 영역에 관한 원칙규범 역할을 할 뿐 아니라 양자를 사법질서의 기본적 구성부분으로서 제도적으로 보장한다. 그리고 동 규정은 소극적으로는 사적 생활영역으로서 혼인과 가족에 대한 국가권력 침해를 금지하는 주관적 방어권의 성격이 있다. 특히 개인의 혼인에 관한 결정과 가족의 형성·유지는 극히 사적인 생활영역이므로 국가 간섭에서 벗어나야 한다. 적극적으로는 혼인과 가족생활을 외부의 제3자 침해에서 보호하여 줄 의무뿐 아니라 적절한 조치를 통하여 장려할 국가권력의 적극적 과제를 포함한다. 그래서 국가는 혼인과 가족의 성립·유지를 적극적으로 촉진하기 위하여 가족공동체를 그 밖의 공동체와 비교해서 불이익취급을 하여서는 안 될 뿐 아니라 나아가 국가재정이 허락하는 범위에서 가족공동체의 형성·유지에 따른 추가부담을 보조하여야 한다. 이러한 점에서 헌법 제36조 제1항은 자유권적 성격과 사회권적 성격은 물론 제도보장적 성격도 있다. 그러나 헌법 제36조 제1항에 혼인과 가족생활을 특별히 규정한 의미는 국가의 적극적인 보호를 보장하기 위한 것이라는 점에서 보면 사회권적 측면을 주된 법적 성격으로 보아야 한다.

3. 주체

혼인과 가족생활을 할 수 있는 주체는 자연인이므로 자연인만 주체가 되고, 법인, 그 밖의 단체는 주체가 될 수 없다. 국민이든 외국이든 무국적자이든 가리지 않고 모든 자연인은 주체가 된다.

4. 혼인과 가족의 보호

(1) 혼인 보호
① 혼인의 개념
혼인은 한 남자와 한 여자가 평생의 동거를 목표로, 포괄적이고 원칙적으로 해소할 수 없

1159) 장영수, 『헌법학(제11판)』, 홍문사, 2019, 869~870쪽.
1160) 한수웅, 『헌법학(제9판)』, 법문사, 2019, 1072쪽.

는 생활공동체를 형성하는 것이다.[1161] 혼인은 (ⅰ) 원칙적으로 해소할 수 없는 생활공동체로 남자와 여자가 결합한 사실적 상태(혼인공동체 실체)가 있는 것을 바탕으로, (ⅱ) 이에 대해서 국가의 법적 승인이 있을 때 인정된다. 혼인의 내용은 법률이 구체화하기는 하지만, 민법의 혼인 개념이 그대로 헌법의 혼인 개념인 것은 아니다. 헌법의 최고성과 독자성에 비추어 헌법에서 혼인 개념이 도출되어야 한다. 두 요소 중 생활공동체라는 사실상태가 법적 승인·법적 상황보다 우선한다. 따라서 혼인이 성립하여도 생활공동체가 없으면(위장결혼) 헌법 제36조 제1항의 보호를 받지 못한다. 그리고 어느 순간부터 생활공동체가 더는 없으면(혼인 파탄) 이혼이 헌법상 허용된다.

(ⅰ) 남자와 여자, 즉 이성 사이의 동거라는 점에서 동성애적 동거나 결합은 헌법상 혼인으로 인정되지 않는다.[1162] 헌법재판소[1163]와 대법원[1164]도 헌법 제36조 제1항의 '양성'을 '남녀'로 이해한다. 그러나 이것이 동성혼을 금지한다는 뜻은 아니다.[1165] 따라서 법률로 동성혼을 혼인에 포함하는 것은 가능하다. (ⅱ) 한 남자와 한 여자의 동거라는 점에서 일부일처제를 전제로 하며 일부다처제나 다처일부제, 다처다부제는 허용되지 않는다. (ⅲ) 혼인은 양 당사자 사이에 자유로운 의사 합치에 따른 생활공동체이어야 한다. 따라서 혼인(성립)의 자유가 인정된다. 즉 모든 국민은 스스로 혼인할 것인지 말 것인지를 결정할 수 있고, 혼인할 때도

1161) 헌재 2014. 8. 28. 2013헌바119, 판례집 26-2상, 311, 318: "헌법 제36조 제1항에서 규정하는 '혼인'이란 양성이 평등하고 존엄한 개인으로서 자유로운 의사의 합치에 의하여 생활공동체를 이루는 것으로서 법적으로 승인받은 것을 말하므로, 법적으로 승인되지 아니한 사실혼은 헌법 제36조 제1항의 보호범위에 포함된다고 보기 어렵다."

1162) 계희열, 『헌법학(중)(신정2판)』, 박영사, 2007, 813쪽.

1163) 헌법재판소는 호주제에 대한 헌법불합치결정에서 "우리 헌법은 제정 당시부터 특별히 혼인의 남녀동권을 헌법적 혼인질서의 기초로 선언하였다."(헌재 2005. 2. 3. 2001헌가9등, 판례집 17-1, 1, 17)라고 하면서, 호주제는 '남녀'를 차별하는 제도라고 판단한 바 있다(헌재 2005. 2. 3. 2001헌가9등, 판례집 17-1, 1, 25-26). 그리고 헌법재판소는 "혼인이 1남 1녀의 정신적·육체적 결합이라는 점에 있어서는 변함이 없다."(헌재 1997. 7. 16. 95헌가6등, 판례집 9-2, 1, 14)라고 한다.

1164) 대법원 2011. 9. 2. 자 2009스117 전원합의체 결정(공2011하, 2087): "헌법 제36조 제1항은 "혼인과 가족생활은 개인의 존엄과 양성의 평등을 기초로 성립되고 유지되어야 하며, 국가는 이를 보장한다."라고 선언하고 있는바, 무릇 혼인이란 남녀 간의 육체적, 정신적 결합으로 성립하는 것으로서, 우리 민법은 이성(이성) 간의 혼인만을 허용하고 동성(동성) 간의 혼인은 허용하지 않고 있다."

1165) 헌법과 민법 어디에도 동성애자는 혼인할 수 없다는 명시적인 금지조항이 없다. 오늘날 사회변화에 따라 가족 형태가 다양해지고 성평등에 관한 의식 변화에 따라 '양성'의 개념은 '동성'도 포함하는 것으로 확장하여 해석하여야 한다는 주장이 있다. 이러한 주장은 혼인의 본질적인 표지는 '사랑, 헌신, 배려'이지 '부부가 자녀를 출산할 수 있는지'는 혼인의 본질적 요소가 아니라고 한다. 따라서 헌법 제36조 제1항의 '양성' 개념은 반드시 '남녀'를 가리키는 것으로만 해석할 것이 아니라, '성역할을 달리하는 두 사람'이라는 뜻으로 해석되어야 한다고 한다. 그리고 혼인의 사회적 기능이 바뀌고 혼인에 관한 가치관 변화에 따라 헌법해석도 발전되어 나가야 한다고 한다. 이를 근거로 헌법 제36조 제1항의 '혼인'에는 '동성혼'도 포함된다고 해석한다. 헌법 제36조 제1항은 혼인이 기본적으로 이성 사이에 성립하는 상황에서 당사자 사이에 평등이 실현되어야 한다는 뜻이지 혼인의 개념요소로서 반드시 이성 사이의 결합을 선언한 것은 아니라서 헌법 제36조 제1항이 동성혼을 인정하는 데 장애가 되지 않는다는 견해도 있다(전광석, 『한국헌법론(제14판)』, 집현재, 2019, 500~501쪽).

그 시기는 물론 상대방을 자유로이 선택할 수 있다.[1166] 국가를 비롯하여 부모 등 다른 사람의 혼인 강제는 허용되지 않는다. 그래서 인신매매적 혼인과 강제혼은 혼인이 아니다. 혼인하지 않은 생활공동체는 헌법상 혼인 보호를 받지 못한다. 그러나 이러한 공동체도 행복추구권을 통해서 보호받을 수 있다. 국가는 혼인하지 아니하고 공동생활할 자유를 간섭하지 못한다. 다만, 국가는 혼인을 장려할 수는 있다. (ⅳ) 평생 동거를 목표로 하므로(혼인 성립 시점에는 대체로 그래서) 해약고지권은 인정되지 않는다. 이혼은 별개 문제이다. (ⅴ) 혼인이 법적으로 승인된 생활공동체라는 점에서 혼인법이 전제된다. 입법자는 혼인법을 헌법에 맞게 형성할 권한과 의무가 있다. 민법이 채택하는 법률혼주의를 따르면 사실혼,[1167] 종교혼 등은 혼인으로 인정되지 않는다.

② 내용

헌법 제36조 제1항은 국가에 혼인과 가족의 특별한 보호를 명령한다. 그런데 그 특별보호 내용에는 네 가지 측면이 있다. (ⅰ) 방어권적 측면으로 혼인과 가족생활을 스스로 결정하고 형성할 수 있는 자유를 보장한다.[1168] 혼인의 자유, 자녀를 낳고 양육할 자유, 자녀교육권이 여기에 속한다. (ⅱ) 제도보장적 측면으로 혼인과 가족의 헌법적 개념에서 나오는 본질적 요소(당사자의 자유의사 합치, 법적으로 승인된 결혼, 양성의 생활공동체, 일부일처제)를 입법자는 함부로 처분할 수 없다.[1169] (ⅲ) 원칙규범으로서 혼인과 가족에 대한 차별을 특별히 금지한다.[1170] (ⅳ) 급부청구권으로서 국가는 적절한 조치를 통해서 혼인과 가족을 지원할 과제를

1166) 헌재 1997. 7. 16. 95헌가6등, 판례집 9-2, 1, 17.

1167) 헌재 2014. 8. 28. 2013헌바119, 판례집 26-2상, 311, 318: "… 헌법 제36조 제1항에서 규정하는 '혼인'이란 양성이 평등하고 존엄한 개인으로서 자유로운 의사의 합치에 의하여 생활공동체를 이루는 것으로서 법적으로 승인받은 것을 말하므로, 법적으로 승인되지 아니한 사실혼은 헌법 제36조 제1항의 보호범위에 포함된다고 보기 어렵다."

1168) 헌재 2012. 5. 31. 2010헌바87, 판례집 24-1하, 364, 369-370: "헌법 제36조 제1항은 혼인과 가족생활을 스스로 결정하고 형성할 수 있는 자유를 기본권으로서 보장하는 것이며, 나아가 이는 혼인과 가족에 관련되는 공법 및 사법의 모든 영역에 영향을 미치는 헌법원리 내지 원칙규범으로서의 성격도 가지는데, 이는 적극적으로는 적절한 조치를 통해서 혼인과 가족을 지원하고 제3자에 의한 침해 앞에서 혼인과 가족을 보호해야 할 국가의 과제를 포함하며, 소극적으로는 불이익을 야기하는 제한조치를 통해서 혼인과 가족을 차별하는 것을 금지해야 할 국가의 의무를 포함한다(헌재 2002. 8. 29. 2001헌바82, 판례집 14-2, 170, 180 참조)."

1169) 헌재 2014. 7. 24. 2011헌바275, 판례집 26-2상, 1, 5: "제도보장으로서의 혼인은 일반적인 법에 의한 폐지나 제도 본질의 침해를 금지한다는 의미의 최소보장의 원칙이 적용되는 대상으로서 혼인제도의 규범적 핵심을 말하고(헌재 1994. 4. 28. 91헌바15등 참조), 여기에는 당연히 일부일처제가 포함된다. 그런데 중혼은 일부일처제에 반하는 상태로, 언제든지 중혼을 취소할 수 있게 하는 것은 헌법 제36조 제1항의 규정에 의하여 국가에 부과된, 개인의 존엄과 양성의 평등을 기초로 한 혼인과 가족생활의 유지·보장의무 이행에 부합한다. 그렇다면 중혼 취소청구권의 소멸사유나 제척기간을 두지 않음으로 인해 후혼배우자가 처하게 되는 불안정한 신분상 지위가 문제되는 이 사건에서 헌법 제36조 제1항 위반 여부는 직접적으로 문제된다고 보기 어렵다."

1170) 헌재 2002. 8. 29. 2001헌바82, 판례집 14-2, 170, 180: "헌법 제36조 제1항은 "혼인과 가족생활은 개인의 존엄과 양성의 평등을 기초로 성립되고 유지되어야 하며, 국가는 이를 보장한다."라고 규정하고 있는데, 헌법 제36조 제1항은 혼인과 가족생활을 스스로 결정하고 형성할 수 있는 자유를 기본권으로서 보장하고, 혼인과 가족에

부담한다.1171)

(ⅰ) 혼인의 자유도 헌법 제37조 제2항에 따라서 제한될 수 있다. 따라서 혼인장애사유는 법률로 정하여야 한다. 8촌 이내 혈족(친양자의 입양 전 혈족 포함) 사이, 6촌 이내 혈족의 배우자, 배우자의 6촌 이내 혈족, 배우자의 4촌 이내 혈족의 배우자인 인척이거나 이러한 인척이었던 사람 사이, 6촌 이내 양부모계의 혈족이었던 사람과 4촌 이내 양부모계의 인척이었던 사람 사이에서는 혼인하지 못한다(민법 제809조). 이는 우생학적 이유와 친족질서 보장을 위한 것으로 합리적 근거가 있는 제한이다. 그리고 배우자 있는 사람은 다시 혼인하지 못한다(민법 제810조). 이는 일부일처제에 근거한 것이다. (ⅱ) 근로자에게 고용관계에 있는 동안 혼인하지 않을 의무를 부과하는 것(혼인퇴직제)은 근로자의 혼인의 자유를 침해하여 헌법 제36조 제1항 위반이다. (ⅲ) 만 18세가 된 미성년자는 부모나 미성년후견인의 동의를 받아야 혼인할 수 있다(민법 제807조와 제808조). 이는 미성년자의 옹글지(완벽하지) 못한 의사능력을 고려한 것이다. (ⅳ) 헌법 제36조 제1항은 혼인공동체나 가족공동체를 한국 안에서 통일적으로 유지하는 것을 보장하지 않는다. 그리고 헌법 제36조 제1항에서 배우자인 외국인의 체류권한도 나오지 않고 오히려 전제한다. 따라서 한국인이나 국내 체류 자격이 있는 외국인과 결혼한 외국인의 입국을 불허하거나 강제추방할 수 있다. 즉 가족법적 사항과 체류관계 법적 사항(외국인법에서 정할 사항)은 별개 문제이다. 국내든 외국이든 어디에서건 혼인·가족공동체를 구성할 수 있으면, 외국인 배우자 추방은 헌법 위반이 아니다. (ⅴ) 누구도 혼인을 하였다거나 가족이 있다는 이유로 부당하게 불이익한 처우를 받아서는 안 된다(국가의 보호의무의 소극적 측면). 그리고 기혼자가 같은 상황에서 미혼자보다 불이익한 처우를 받아서는 안 된다(불이익이 오로지 '혼인을 하였다는 징표'에 연결될 때 문제). (ⅵ) 세액산정 때 양 배우자의 소득을 단순히 합산할 것이

대한 제도를 보장한다. 그리고 헌법 제36조 제1항은 혼인과 가족에 관련되는 공법 및 사법의 모든 영역에 영향을 미치는 헌법원리 내지 원칙규범으로서의 성격도 가지는데, 이는 적극적으로는 적절한 조치를 통해서 혼인과 가족을 지원하고 제삼자에 의한 침해 앞에서 혼인과 가족을 보호해야 할 국가의 과제를 포함하며, 소극적으로는 불이익을 야기하는 제한조치를 통해서 혼인과 가족을 차별하는 것을 금지해야 할 국가의 의무를 포함한다. 이러한 헌법원리로부터 도출되는 차별금지명령은 헌법 제11조 제1항에서 보장되는 평등원칙을 혼인과 가족생활영역에서 더욱 더 구체화함으로써 혼인과 가족을 부당한 차별로부터 특별히 더 보호하려는 목적을 가진다. 이 때 특정한 법률조항이 혼인한 자를 불리하게 하는 차별취급은 중대한 합리적 근거가 존재하여 헌법상 정당화되는 경우에만 헌법 제36조 제1항에 위배되지 아니한다."

1171) 헌재 2008. 10. 30. 2005헌마1156, 판례집 20-2상, 1007, 1018: "한편 헌법 제36조 제1항은 혼인과 가족에 관련되는 공법 및 사법의 모든 영역에 영향을 미치는 헌법원리 내지 원칙규범으로서의 성격도 가지는데, 이는 적극적으로는 적절한 조치를 통해서 혼인과 가족을 지원하고 제3자에 의한 침해 앞에서 혼인과 가족을 보호해야 할 국가의 과제를 포함하며, 소극적으로는 불이익을 야기하는 제한조치를 통해서 혼인과 가족을 차별하는 것을 금지해야 할 국가의 의무를 포함한다(헌재 2002. 8. 29. 2001헌바82, 판례집 14-2, 170, 180). 따라서 양육권은 공권력으로부터 자녀의 양육을 방해받지 않을 권리라는 점에서는 자유권적 기본권으로서의 성격을, 자녀의 양육에 관하여 국가의 지원을 요구할 수 있는 권리라는 점에서는 사회권적 기본권으로서의 성격을 아울러 가지고 있다고 할 수 있고, 이 사건 법률조항과 같이 육아휴직을 신청할 수 있는 대상 군인을 제한하는 것은 사회권적 기본권으로서의 양육권을 제한하는 것으로 볼 수 있다."

아니라 전체 세액이 양 배우자가 혼인하기 전에 개별적으로 산정된 액보다 높으면 안 된다. 혼인 여부(기혼이냐 미혼이냐)가 조세를 창설하거나 조세를 증가시켜서는 안 된다. 사회보장 혜택 감소도 혼인을 이유로 하여서는 안 된다. 차별이 혼인이 아닌 다른 이유에서라면 문제가 달라진다.

③ 혼인 해소(이혼)

혼인 당사자가 생활공동체 존속을 더는 원하지 않으면 헌법 제36조 제1항의 혼인 보호는 다른 당사자의 의사에 반하여서까지 이루어질 수는 없다. 혼인의 개념요소인 '해소할 수 없음'은 객관적인 것이 아니라 주관적인 것으로 이해된다. 혼인을 해소할 때는 양 배우자 사이의 이익형량이 필요하다. 이혼희망 배우자의 개인적 사적 영역도 헌법 제36조 제1항에 따라서 보호된다. 혼인법은 혼인을 유지하는 요소를 포함하여야 한다. 다른 한편 원치 않는 혼인에 영구히 붙잡혀 있게 하는 것은 이혼희망자의 개인적 사적 영역에 대한 침해이다. 재혼 이상의 혼인도 헌법 제36조 제1항의 보호를 받는다. 해소된 혼인은 기본권적 보호가 필요하지 않다. 그러나 국가가 혼인이 해소되었음을 이유로 사후적으로 혼인에 간섭하거나 여전히 혼인상태에 있었더라면 처했을 상태보다 더 나쁜 상태로 만드는 것은 허용되지 않는다(예를 들어 혼인 해소 후 증언거부권을 소급하여 부인하는 것은 헌법상 허용되지 않는다).

(2) 가족(생활) 보호

① 가족 개념: 부모와 자의 생활공동체

가족은 보통 혼인을 통해서 성립되므로 혼인과 가족은 거의 같다고 보아 왔다. 즉 혼인은 보통 자녀 출산과 가족 성립으로 이어졌으므로 가족은 혼인의 자연스러운 결과라고 보았다. 따라서 혼인 보호와 가족 보호는 상호 결합하였다. 그러나 오늘날 가족생활에는 많은 변화가 일어났다. 자녀 없는 부부가 늘어나고, 법적 승인을 받은 부부 사이에서 태어나지 않은 자녀의 수도 늘고 있다. 따라서 혼인 보호와 가족 보호를 분리하여 고찰하지 않으면 안 되게 되었다.

가족은 부모와 자녀의 포괄적 공동체로서 부모에게는 무엇보다도 자녀 양육과 교육의 권리와 의무가 부여되는 공동체이다.[1172] 가족은 먼저 부모와 자녀의 공동체를 말하고, 가족은 계자(의붓자식), 서자, 양자 등도 포함한다. 이러한 가족 개념은 부모와 자녀의 공동생활을 서로 간의 보조·교육·보호 및 생활공동체로 파악하는 가족 기능에서 나온 개념이다. 이렇게 보면 가족은 혼인·혈연이나 입양의 형태로 결합하여 동거하면서 서로 협동하는 비교적 영구적인 생활공동체를 말한다.

② 내용

혼인은 양 당사자의 자유로운 결정에 기초하는 것과 비교해서 가족은 모든 참여당사자의

1172) BVerfGE 10, 59 (66); 31, 58 (82); 62, 323 (330).

자유의사에 따른 공동체가 아니라는 사실이 결정적으로 다르다. 특히 자에게 가족 성립은 운명적인 것이다. 그러나 진실한 혈연관계에 부합하지 아니하고 당사자가 원하지도 아니하는 친자관계를 부인할 기회를 충분히 주지 아니하고, 친생부인권을 극히 단기간 안에 상실하게 하고, 나아가서 자에 대한 부양의무를 비롯한 그 밖의 법적 지위를 계속 유지하도록 강요하는 것은 개인의 존엄과 양성의 평등에 기초한 혼인과 가족생활에 관한 기본권을 침해한다.1173)

부모의 자에 대한 부양 및 교육권은 부모의 2중적 지위에서 비롯한다. 즉 제3자에 대해서 자의 권리를 행사할 때 부모는 자의 법정대리인이지만, 자에 대해서 일정한 태도를 요구할 권리는 부모의 교육권에 근거한다. 다만, 부모는 신탁적 지위에 있는 것으로 자의 복지를 위해서 부양 및 교육권을 행사하여야 한다. 따라서 이에 대해서 국가의 감시가 필요하다. 따라서 국가는 보증인적 지위에 있다. 혼인과 국가의 관계와 가족과 국가의 관계는 전혀 다르다. 혼인은 국가에서 자유로운 공동체이지만, 가족은 아동 관점에서 강제(로 성립된)공동체이다. 국가는 자기가 전제하는 가족(생활)이 기능하지 못하면 보증인으로서 개입하여야 한다. 자의 부양과 교육은 먼저 부모의 권리이며 의무이다. 그러나 그것이 실패하면 국가가 개입한다. 따라서 부모의 권리와 국가의 권한은 양립한다. 다만, 국가 개입은 오로지 자의 이익을 위할 때만 정당성이 있다.

③ 혼인제도와 가족제도의 보장

(ⅰ) 헌법 제36조 제1항에 따른 제도적 보장

헌법 제36조 제1항은 먼저 혼인과 가족이라는 제도의 기본형태를 헌법적으로 보장한다. 즉 헌법이 전제하는 혼인과 가족제도의 기본형태는 헌법적으로 보장된다. 입법자를 포함하는 어떤 국가권력도 이러한 기본형태를 변경할 수 없다. 이러한 혼인과 가족제도의 기본형태를 벗어나는 사실상 각종 생활공동체 등은 비록 금지되지는 않지만, 헌법 제36조 제1항의 보호를 받지 못한다. 그러나 이들은 행복추구권을 주장할 수는 있다.

(ⅱ) 개인의 존엄과 양성평등에 기초한 혼인과 가족생활

헌법 제36조 제1항은 혼인과 가족제도라는 외적 기본형태를 규율하고 보호하지만, 그 내부영역은 사적 영역에 속하므로 자유로운 형성 영역으로 보호되어야 한다. 그러나 헌법은 명시적으로 혼인과 가족생활은 개인의 존엄과 양성평등을 기초로 성립되고 유지되어야 한다고 규정하므로 혼인과 가족의 성립과 유지에서, 즉 사적 영역인 내부영역에서도 개인의 존엄과 양성평등을 존중하여야 한다.

헌법이 개인의 존엄과 양성평등에 기초한 혼인과 가족생활을 명시적으로 강조하는 것은

1173) 헌재 1997. 3. 27. 95헌가14등, 판례집 9-1, 193, 205.

동 조항의 성립사를 보면 뿌리 깊은 남존여비사상, 가부장제도, 조혼제도, 축첩풍습 등, 특히 여성 인격을 무시하는 악습 때문이라고 볼 수 있다. 즉 혼인은 제3자의 간섭이나 폐습에 따른 왜곡 없이 당사자 사이의 순수한 합의에 따라서 혼인공동체가 성립되고 유지되어야 함을 특별히 규정한 것으로 볼 수 있다.

ⓐ 개인의 존엄과 양성평등에 기초한 혼인

개인의 존엄과 양성평등에 기초한 혼인은 당사자 사이의 자유롭고 순수한 합의에 따라서 혼인공동체가 성립되는 것을 말한다. 즉 혼인할 것인지나 혼인하지 않을 것인지 자체를 결정하는 것과 배우자 선택 그리고 혼인 시기를 선택할 자유는 개인적 결단의 문제이고 어떠한 형태로든 혼인을 강제할 수 없다. 이로 말미암아 남녀평등을 무시하는 축첩풍습이나 인간의 존엄성에 어긋나는 인신매매적 혼인, 조혼제도 등은 금지된다.

ⓑ 개인의 존엄과 양성평등에 기초한 가족생활

가족생활의 내부영역은 원칙적으로 사적인 영역으로서 자유로운 형성 영역에 속한다. 그러나 사적인 가족생활 영역에서도, 특히 개인의 존엄과 양성평등은 존중되어야 하고 규율 대상이 된다. 개인의 존엄과 양성평등은 먼저 부부 사이에 적용되어서 부부 사이의 상호 인격 존중과 평등을 뜻한다. 하지만 성립사적으로 보면 특히 여성의 인격을 존중하고 남성과 동등한 권리를 인정하여야 한다는 것을 가리킨다. 개인의 존엄과 양성평등은 부모와 자녀(그 밖의 가족 구성원) 사이의 관계에서 그리고 자녀 서로 간의 관계에서도 적용된다.

5. 모성 보호

(1) 의의

헌법 제36조 제2항은 "국가는 모성의 보호를 위하여 노력하여야 한다."라고 규정한다. 헌법 제36조 제2항의 모성은 자녀가 있는 어머니뿐 아니라 어머니가 될 잠재성이 있는 모든 여성을 아우른다.[1174] 모성 보호는 곧 가족, 특히 자녀 보호를 뜻하는데, 자녀가 자라 다음 세대가 된다는 점에서 결국 다음 세대 국민을 위한 보호이다. 따라서 임신, 출산, 양육, 교육에 대한 국가적 배려가 필요하다. 모성 보호는 국가의 연속성을 보장하기 위한 것으로 국가공동체 존립과 발전에 필수적이라서 평등원칙에 벗어나면서까지 특별히 보호하는 것이다.

국가의 모성보호의무는 모성 편에서는 국가에 대해서 모성 보호를 요구할 수 있는 권리를 뜻한다. 물론 이러한 권리는 전통적 견해를 따르면 직접적인 청구권의 성격이 있는 것이 아니라 전형적인 사회권으로서 국가목표규정이나 입법위임의 성격이 있다. 그러나 국가의 모성보호의무는 국가의 모성 침해를 방어할 수 있는 권리이면서 국가에 대해서 모성 보호를 요구

[1174] 자녀가 있는 어머니에 국한하는 견해로는 계희열, 『헌법학(중)(신정2판)』, 박영사, 2007, 821쪽; 권영성, 『헌법학원론(개정판)』, 법문사, 2010, 714쪽; 홍성방, 『헌법학(중)(제2판)』, 박영사, 2015, 379쪽.

할 수 있는 사회권적 성격이 있다.[1175] 헌법 제36조 제2항은 입법자에 대해서 구속력 있는 헌법위임이자 모든 국가기관을 구속하는 가치결정적 근본규범으로서 모성에 대한 보호와 지원이라는 국가의 적극적 행위를 요구할 수 있다는 점에서 사회권일 뿐 아니라 모가 될 것인지에 관한 여성의 자기결정권을 국가의 침해에 대해서 방어하는 자유권적 성격도 있다는 견해도 있다.[1176]

(2) 내용

헌법 제36조 제2항의 모성 보호는 모든 여성이 어머니가 될 권리가 있다는 것을 전제하므로, 모성 보호의 우선적 내용은 임신을 중절하고 어머니가 될 수 없도록 압력을 행사하는 것을 금지한다. 그리고 모성 보호는 모성의 건강을 보호하는 것뿐 아니라 모성을 경제적·사회적으로 보호하는 것을 포함한다. 구체적으로 ① 모성의 건강은 특별히 보호되어야 한다. 여성 자신과 태아의 건강이 함께 보호되어야 한다. 이를 위해서 산모진료, 출산 및 그에 따른 건강 보호조치가 필요하다. 임신중절에 따른 건강 보호도 챙겨야 한다. ② 모성을 이유로 사회적·경제적 불이익이 있어서는 아니 된다. 예를 들어 모성을 이유로 임금·고용·해고 등 근로조건에서 부당한 차별을 하여서는 아니 된다. ③ 모성은 적극적으로 특별히 보호되어야 한다. 모성 보호는 모성에 대한 차별 철폐에 그치는 것이 아니라 오히려 역차별을 통해서 적극적으로 보호하여야 한다. 특히 임신, 출산 및 요양기간과 관련하여 특별히 발생하는 모성 부담을 덜어주는 것이 중요하다. 근로기준법을 따르면 임신 중이거나 산후 1년이 지나지 아니한 여성은 도덕상 또는 보건상 유해·위험한 사업에 사용되지 못하고(제65조 제1항), 오후 10시부터 오전 6시까지의 시간 및 휴일에 근로시키지 못하며(제70조 제2항), 산후 1년이 지나지 아니한 여성에 대해서는 단체협약이 있더라도 1일에 2시간, 1주일에 6시간, 1년에 150시간을 초과하는 시간외근로를 시키지 못하고(제71조), 임신 중의 여성에게 출산 전과 출산 후를 통해서 90일(한 번에 둘 이상 자녀를 임신하면 120일)의 출산전후휴가를 주어야 하며(제74조 제1항), 시간외근로를 하게 하여서는 아니 되고, 그 근로자의 요구가 있으면 쉬운 종류의 근로로 전환하여야 한다(제74조 제5항). 그리고 생후 1년 미만의 유아가 있는 여성 근로자가 청구하면 1일 2회 각각 30분 이상의 유급 수유 시간을 주어야 한다(근로기본법 제75조). 또한, 사업주는 근로자가 만 8세 이하 또는 초등학교 2학년 이하의 자녀(입양한 자녀 포함)를 양육하기 위해서 휴직(육아휴직)을 신청하면 1년 이내의 기간으로 이를 허용하여야 한다('남녀고용평등과 일·가정 양립 지원에 관한 법률' 제19조). 그 밖에 사업주는 근로자의 취업을 지원하기 위해서 수유·탁아 등 육아에 필요한 어린이집을 설치하여야 한다('남녀고용평등과 일·가정 양립 지원에 관한 법률' 제21조).

1175) 계희열, 『헌법학(중)(신정2판)』, 박영사, 2007, 821쪽.
1176) 한수웅, 『헌법학(제9판)』, 법문사, 2019, 1082쪽.

Ⅷ. 보건권

1. 의의

(1) 개념

보건권은 국민이 자기 건강을 보호받을 권리로서 자기 건강을 유지하는 데 필요한 국가의 배려와 급부를 요구할 수 있는 권리이다. 이를 건강권이라고도 한다.[1177]

(2) 헌법규정

바이마르 헌법 제119조 제2항이 가족의 순결 유지와 건강 및 사회적 지원에 관해서 규정 하였던 것처럼 1948년 헌법에서 1960년 헌법까지 가족 건강이 국가 보호를 받도록 규정하였 다. 그러나 1962년 헌법부터 국민의 보건권으로 규정한다. 헌법 제36조 제3항은 "모든 국민 은 보건에 관해서 국가의 보호를 받는다."라고 규정하여 보건권을 기본권으로 보장한다.[1178]

2. 법적 성격

신체를 훼손당하지 아니할 권리와 달리 보건권에서는 국민의 건강 보호를 위해서 국가에 적극적인 배려와 급부를 요구할 수 있는 권리가 중심에 있다. 이러한 점에서 보건권은 사회 권으로 이해하여야 한다.[1179]

3. 주체

보건권의 주체는 권리의 성질상 국민이다. 이때 국민은 자연인에 한하고, 법인, 그 밖의 단체는 제외된다. 외국인은 원칙적으로 보건권의 주체가 되지 못한다.[1180]

1177) 예를 들어 김주경, 「건강권의 헌법학적 내용과 그 실현」, 『법학연구』 제23권 제4호, 연세대학교 법학연구원, 2013, 89~131쪽.

1178) 이에 관해서 자세한 검토는 박종현, 「보건권의 헌법적 의미」, 『생명윤리정책연구』 제9권 제2호, 이화여자대학 교 생명의료법연구소, 2015, 62~65쪽. 헌법 제34조 제1항이 규정하는 인간다운 생활을 할 권리와 제36조 제3항 이 규정하는 국가의 보건의무를 직접적인 근거규정으로, 헌법 제10조가 규정하는 인간의 존엄과 기치 및 생명권 과 헌법 제35조 제1항이 규정하는 건강한 생활에서 생활할 권리를 간접적인 근거규정으로 보는 견해로는 김주 경, 「건강권의 헌법학적 내용과 그 실현」, 『법학연구』 제23권 제4호, 연세대학교 법학연구원, 2013, 90~93쪽.

1179) 같은 견해: 계희열, 『헌법학(중)(신정2판)』, 박영사, 2007, 824~825쪽; 권영성, 『헌법학원론(개정판)』, 법문사, 2010, 712~713쪽; 김철수, 『학설 · 판례 헌법학(상)』, 박영사, 2008, 1215쪽; 성낙인, 『헌법학(제19판)』, 법문사, 2019, 1406쪽; 홍성방, 『헌법학(중)(제2판)』, 박영사, 2015, 380쪽. 보건권은 자유권적 측면과 사회권적 측면이 동 시에 있다는 견해로는 김하열, 『헌법강의』, 박영사, 2018, 744~745쪽; 장영수, 『헌법학(제11판)』, 홍문사, 2019, 873쪽.

　헌재 1998. 7. 16. 96헌마246, 판례집 10-2, 283, 310: "… 헌법은 "모든 국민은 보건에 관하여 국가의 보호를 받는다"라고 규정하고 있는바(제36조 제3항), 이를 '보건에 관한 권리' 또는 '보건권'으로 부르고, 국가에 대하여 건강한 생활을 침해하지 않도록 요구할 수 있을 뿐만 아니라 보건을 유지하도록 국가에 대하여 적극적으로 요구 할 수 있는 권리로 이해한다 하더라도 ……."

1180) 외국인의 주체성을 부정할 이유는 없으므로 호혜주의원칙에 따라서 결정되어야 한다는 견해로는 홍성방, 『헌

4. 내용

(1) 소극적 내용?

헌법재판소는 보건권이 국가가 국민의 건강을 소극적으로 침해하여서는 아니 될 의무를 질 뿐 아니라 나아가 적극적으로 국민의 보건을 위한 정책을 수립하고 시행하여야 할 의무를 진다는 것을 뜻한다고 한다.[1181] 그러나 신체를 훼손당하지 아니할 권리는 신체의 건강과 정신적·영적 건강도 보호한다. 그래서 보건권의 소극적 내용으로 주장되는 것은 신체를 훼손당하지 아니할 권리에 포함된다. 따라서 보건권에는 소극적 내용이 없다고 보는 것이 타당하다.

(2) 적극적 내용

보건권은 국가가 적극적으로 국민보건을 위해서 필요하고 적절한 정책을 수립하고 이를 수행할 의무를 부과한다. 국가는 국민 건강을 보호하기 위해서 적극적으로 활동하여야 할 의무를 지고, 국민은 자기 건강 보호를 위해서 국가에 적극적인 배려와 급부를 요구할 권리가 있다. 즉 국가는 국민 보건이 침해되지 않도록 필요한 각종 조치를 취하여야 한다. 예를 들어 예방접종 실시, 접객업소 관리, 상·하수도의 운영과 관리, 오물의 수거와 처리 등을 차질 없이 수행하여야 한다. 물론 국가에 적극적인 배려와 급부를 요구할 국민의 권리는 가능성 유보 아래 있다. 보건문제는 모든 국민과 관련된 것으로서 일회성에 그치는 것이 아니라 반복하여 나타난다는 점에 비추어 보건권에서는 의료의 공공성이 반드시 고려되어야 한다.[1182]

법학(중)(제2판)』, 박영사, 2015, 380쪽.

1181) 헌재 1995. 4. 20. 91헌바11, 판례집 7-1, 478, 491; 헌재 2009. 11. 26. 2007헌마734, 판례집 21-2하, 576, 597. 건강권에서 소극적 내용을 긍정하는 견해로는 김주경, 「건강권의 헌법학적 내용과 그 실현」, 『법학연구』 제23권 제4호, 연세대학교 법학연구원, 2013, 103~107쪽.

1182) 김주경, 「건강권의 헌법학적 내용과 그 실현」, 『법학연구』 제23권 제4호, 연세대학교 법학연구원, 2013, 108쪽 참조.

제 3 장

기본의무론

제3장 기본의무론

제1절 기본의무 일반이론

Ⅰ. 기본의무의 의의

1. 기본의무의 개념

먼저 기본의무라는 용어 자체가 확립된 것이라고 보기 어렵다. 즉 '기본의무' 이외에 '기본적 의무'[1), '국민의 의무'[2), '국민의 헌법상 의무'[3) 등의 용어도 사용된다. 하지만 이에 관한 개념이나 논의는 독일에서 수입된 것임을 부정할 수 없는데다가 독일의 일반적 용어는 'Grundpflichten'이고, 이에 관한 본격적 논문들에서 예외 없이 '기본의무'라는 용어를 사용하며, 기본권과 맺는 (대응)관계를 고려하여 여기서는 '기본의무'라는 용어를 사용하고자 한다.

권리와 의무가 개인의 지위를 형성한다. 마찬가지로 기본의무는 기본권의 대응물로서 기본권과 더불어 헌법국가에서 국민의 지위를 만든다.[4) 그런데 헌법에서는 기본권뿐 아니라 기본의무라는 용어를 찾을 수 없다. 독일 기본법에서도 기본의무라는 용어는 사용되지 않을 뿐 아니라 독일 헌법학계에서도 아직 기본의무에 관한 일반적 개념 정의가 확립되지 않은 것으로 보인다. 독일 연방헌법재판소도 기본의무라는 용어를 자기 재판(판결과 결정)에서 매우 드물게 사용하지만,[5) 아직 기본의무를 개념 정의하지 않았다.

기본의무가 헌법적 개념이고 헌법적 효력이 인정된다는 점에서 기본의무 개념은 헌법전이 명시적으로 규정하지 않더라도 적어도 헌법전에서 도출되어야 한다. 특히 기본의무와 관련한 헌법이론이 체계적으로 정립되었다고 보기 어렵다는 점에서 더욱 그렇다. 결국 기본의무 개념은 기본의무와 관련된 헌법규정을 분석하여 찾아야 한다. 이것이 기본의무 개념이 객관성을 확보하는 유일한 길이다.

오늘날 국가는 선존하는 것이 아니라 다양한 국가목적을 수행하려고 국민이 헌법을 통해

---

1) 권영성, 『헌법학원론(개정판)』, 법문사, 2010, 715~726쪽; 허 영, 『한국헌법론(전정15판)』, 박영사, 2019, 666~674쪽.

2) 전광석, 『한국헌법론(제14판)』, 집현재, 2019, 551~555쪽.

3) 정종섭, 『헌법학원론(제12판)』, 박영사, 2018, 910~922쪽.

4) Herbert Bethge, Grundpflichten als verfassungsrechtliche Dimension, in: NJW 1982, S. 2146; Otto Luchterhandt, Grundpflichten als Verfassungsproblem in Deutschland, Berlin 1998, S. 49 참조.

5) BVerfGE 61, 358 (372)를 보라.

서 국가를 창설한 것으로 본다. 따라서 국가는 헌법이 규정한 국가목적 자체에 구속되고 국가목적을 수행함으로써 비로소 정당성을 인정받는다. 헌법에 규정된 국가목적 중 핵심은 국민의 기본권 보장이다. 국가는 국민의 기본권을 침해하지 않음으로써 소극적 측면에서 국민의 기본권을 보호하여야 할 뿐 아니라, 국민이 기본권을 누릴 실질적 기반을 마련함으로써 적극적 측면에서도 국민의 기본권을 보호하여야 한다. 그러나 국민의 기본권 보장은 기본권을 보장하는 국가 자체의 존립을 전제한다. 기본권을 보장하는 국가가 없다면, 기본권 보장의 기본전제는 사라진다. 기본권은 국가를 통해서 비로소 보장되고 실현될 수 있기 때문이다. 그래서 국민은 국가공동체의 존립과 활동을 위해서 기본의무를 진다.[6] 따라서 기본의무의 목적은 국가공동체의 존립과 활동에 대한 이바지이다.[7] 이러한 점에서 기본의무는 기본권을 보장하기 위한 필수적 전제요건이다(정확하게는 필수적 전제요건으로 국민이 합의한 것이다). 하지만 기본의무 이행이 기본권 행사의 전제는 아니다. 즉 기본의무를 이행하지 않아도 기본권은 보장된다. 이는 국민이 기본권 보유에 대한 대응으로 기본의무를 지는 것은 아니기 때문이다. 즉 국민의 기본의무 이행이 국민의 기본권 행사를 위한 반대급부는 아니다.[8]

기본의무와 관련된 헌법규정을 살펴보면, 먼저 ① 기본의무는 국민이 국가에 대해서 지는 의무이다. 즉 "기본의무는 국가 구성원의 자격에 내재하는 의무이다."[9] 기본의무는 국민 일부가 아니라 모든 국민이 지는 의무이다. 물론 실제로 모든 국민이 기본의무를 지는 것은 아니지만, 최소한 국민이 일정한 요건을 충족하면 동등하게 기본의무를 진다. 이는 기본의무는 평등한 자유를 누리는 국민이 공평하게 나누어지는 부담이고, 기본의무가 서로 다른 요구와 갈등을 조정하는 기능이 있기 때문이다. 다음으로 ② 기본의무는 기본권을 보장하는 국가공동체의 존립과 활동을 위해서 모든 국민이 마땅히 지는 것을 뜻한다. 즉 기본의무는 국가 구성원으로서 국민 자신이 지는 당연한 책임이다. 따라서 기본의무 이행은 특별한 희생이 아니고, 기본의무 이행에 대해서는 반대급부가 없다.[10] 기본의무와 관련된 헌법규정도 국민이 의무를 진다고만 규정할 뿐이지 어떠한 반대급부나 조건을 달지 않는다. 그래서 기본의무는 반

---

6) 김선택,「한국내 양심적 병역거부의 인정여부에 관한 이론적·실증적 연구」, 국가인권위원회, 2002, 39~40쪽. 장영수,「헌법체계상 기본의무의 의의와 실현구조」, 법학논집 제33집, 고려대학교 법학연구소, 1997, 59쪽도 참조

7) 계희열,『헌법학(중)(신정2판)』, 박영사, 2007, 826쪽; 전광석,『한국헌법론(제14판)』, 집현재, 2019, 552쪽; Hasso Hofmann, Grundpflichten und Grundrechte, in: Josef Isensee/Paul Kirchhof (Hrsg.), Handbuch des Staatsrechts der Bundesrepublik Deutschland, Bd. Ⅸ, 3. Aufl., Heidelberg 2011, § 195 Rdnr. 41 참조.

8) 헌재 2007. 6. 28. 2004헌마644등, 판례집 19-1, 859, 878: "헌법 제1조 제2항은 "대한민국의 주권은 국민에게 있고, 모든 권력은 국민으로부터 나온다."라고 규정할 뿐 주권자인 국민의 지위를 국민의 의무를 전제로 인정하고 있지는 않다. 역사적으로 납세 및 국방의 의무이행을 선거권부여의 조건으로 하고 있었는지의 여부는 별론으로 하고, 현행 헌법의 다른 규정들도 국민의 기본권행사를 납세나 국방의 의무 이행에 대한 반대급부로 예정하고 있지 않다."

9) 김선택/허완중/공진성/윤정인,「군복무 이행에 대한 합리적 보상제도 연구」, 여성가족부, 2010, 4쪽.

10) 김선택/허완중/공진성/윤정인,「군복무 이행에 대한 합리적 보상제도 연구」, 여성가족부, 2010, 4~5쪽.

대급부 없이 응당 지는 부담이다.[11] 끝으로 ③ 기본의무는 헌법적 의무이다. 기본의무는 실제로 강제되어야 하므로, 정치적 및 윤리적 의무가 아니라 법적 의무이다. 법적 의무 중에서도 기본의무 부과는 헌법적 가치인 기본권에 한계를 설정하므로 기본의무는 헌법적 의무일 수밖에 없다. 따라서 국민 서로 간에 지는 의무와 국가기관의 의무 그리고 (개별 법률에서 기본의무라는 용어를 사용하더라도) 법률적 의무는 기본의무가 아니다.[12] 그러나 헌법이 의무라고 명시하는 모든 것이 언제나 기본의무인 것도 아니다. 헌법이 규정한 의무라도 그 성질이 기본의무에 들어맞아야 비로소 기본의무로서 인정된다.[13] 즉 헌법이 설정한 특정 목적을 달성하기 위해서 부과하는 구체적 의무만이 기본의무에 속할 수 있다. 요컨대 기본의무는 '국가공동체의 존립과 활동을 위해서 국민이 국가에 대하여 반대급부 없이 지는 개별적·구체적인 헌법적 부담'이라고 정의할 수 있다.

2. 기본의무의 특징

(1) 연대의무

의무는 자연적 의무와 자발적 의무 그리고 연대의무(혹은 소속의무)로 나눌 수 있다. 자연적 의무는 인간으로서 다른 인간, 즉 이성적 존재에게 지는 의무이다. 즉 인간으로서 당연히 지는 의무가 자연적 의무이다. 자발적 의무는 합의에서 발생하는 의무를 말한다. 그리고 연대의무는 특정한 공동체에 속함으로써 그 구성원이 지게 되는 의무를 뜻한다.[14] 기본의무는 국가공동체를 전제로 헌법전에 규정되어야 국민이 지는 의무이므로, 인간으로서 당연히 지는 의무가 아니다. 따라서 기본의무는 자연적 의무가 아니다. 기본의무는 헌법에 규정되면 국민

---

11) 헌재 1999. 12. 23. 98헌마363, 판례집 11 - 2, 770, 783; "헌법 제39조 제1항에 규정된 국방의 의무는 외부 적대 세력의 직·간접적인 침략행위로부터 국가의 독립을 유지하고 영토를 보전하기 위한 의무로서, 헌법에서 이러한 국방의 의무를 국민에게 부과하고 있는 이상 병역법에 따라 군복무를 하는 것은 국민이 마땅히 하여야 할 이른 바 신성한 의무를 다하는 것일 뿐, 국가나 공익목적을 위하여 개인이 특별한 희생을 하는 것이라고 할 수 없다. 국민이 헌법에 따라 부과되는 의무를 이행하는 것은 국가의 존속과 활동을 위하여 불가결한 일인데, 그러한 의무를 이행하였다고 하여 이를 특별한 희생으로 보아 일일이 보상하여야 한다고 할 수는 없는 것이다."

12) 같은 견해: 권영성, 『헌법학원론(개정판)』, 법문사, 2010, 715쪽; 김용기, 「기본의무로서의 병역의무와 의무이행자에 대한 합리적 보상방안」, 고려대학교 법학석사학위논문, 2011, 6쪽; 이덕연, 「헌법 제38조」, 『헌법주석[Ⅰ]』, 박영사, 2013, 1248쪽; 이준일/서보건/홍일선, 『헌법상 기본의무에 관한 연구』(헌법재판연구 제23권), 헌법재판소, 2012, 3~4쪽; 장영수, 「헌법체계상 기본의무의 의의와 실현구조」, 법학논집 제33집, 고려대학교 법학연구소, 1997, 59~60쪽; 홍성방, 「국민의 기본의무」, 공법연구 제34집 제4호 제1권, 한국공법학회, 2006, 313~314쪽; 같은 사람, 『헌법학(중)(제2판)』, 박영사, 2015, 470쪽; 한수웅, 「국민의 기본의무」, 『저스티스』 제119호, 한국법학원, 2010. 10., 56쪽; 홍일선/김주환, 「공동체와 기본의무」, 『법과 정책』 제19집 제2호, 제주대학교 법과정책연구소, 2013, 462쪽; Otto Luchterhandt, Grundpflichten als Verfassungsproblem in Deutschland, Berlin 1998, S. 50.

13) 따라서 헌법이 인정하는 의무가 모두 기본의무인 것은 아니다. 예를 들어 헌법 전문 "자유와 권리에 따르는 책임과 의무"에서 '의무'는 적어도 그 전부가 기본의무는 아니다. 즉 자유와 권리에 따르는 의무 중 국가공동체의 존립과 형성에 이바지하는 것만이 기본의무에 해당한다. 같은 견해: 계희열, 『헌법학(중)(신정2판)』, 박영사, 2007, 826쪽; 정종섭, 『헌법학원론(제12판)』, 박영사, 2018, 910쪽.

14) 이상 마이클 샌델, 이창신 옮김, 『정의란 무엇인가』, 김영사, 2010, 312~315쪽.

이 그 의사와 상관없이 강제로 지므로, 국민이 합의를 통해서 스스로 선택하는 것이 아니다.[15] 따라서 기본의무는 자발적 의무도 아니다. 기본의무는 특정한 국가공동체를 전제로 원칙적으로 국가공동체의 구성원인 국민이 지는 의무이다. 즉 기본의무는 국가의 구성원인 국민이 국가공동체에 속한다는 이유로 지는 의무이다. 따라서 기본의무는 연대의무이다. 이는 기본의무를 지는 국민이 관계적 인간이라는 점에서 비롯한다.[16] 그래서 기본의무는 국민의 의사와 합치하는지와 상관없이 국가 구성원으로서 지는 의무이다. 이러한 점에서 기본의무의 구체적 내용은 국가와 국민의 관계와 국민 서로 간의 관계를 고려하여 확정될 수밖에 없다.

(2) 실정헌법적 의무

국가공동체의 존립과 활동을 위해서 인정되는 것이 기본의무이다. 따라서 기본의무는 국가를 전제한다. 그런데 국가는 미리 주어지는 것이 아니라 국민의 기본권 보장을 위해서 헌법을 통하여 창설된다. 이러한 점에서 기본의무는 자연법적 의무가 아니라 실정법적 의무일 수밖에 없다. 국가가 헌법을 통해서 창설되는 한, 국가를 전제하는 기본의무도 헌법에서 도출될 수밖에 없기 때문이다. 특히 기본의무는 개인의 기본권적 방어권을 무력화한다는 점에서 기본의무의 존재와 내용은 명확하게 확정될 필요가 있다. 이러한 필요성을 충족시키는 유일한 길은 기본의무를 헌법전에 명시적으로 규정하는 것뿐이다. 따라서 기본의무는 반드시 헌법전에 규정되어야 한다.[17] 특히 기본의무 일부만 단편적으로 규정하는 독일 기본법과 달리 기본의무 전체를 명시적으로 규정하는 한국 헌법에서는 기본의무의 실정헌법성이 강조되어야 한다. 즉 헌법 제2장의 표제를 국민의 권리와 '의무'라고 달고, 제10조와 제37조 제2항에 총론적 규정을 두고, 제11조부터 제36조까지 개별 기본권을 규율하고 제37조 제1항이 헌법에 열거되지 아니한 국민의 자유와 권리를 규율한다. 이를 통해서 헌법은 기본권을 완결적으로 규율하고 나서, 헌법 제38조와 제39조에서 개별 기본권과 직접 관련이 없는 기본의무를 규정하고, 개별 기본권과 직접 관련이 있는 기본의무는 관련 기본권규정(예를 들어 헌법 제31조 제2항)에서 함께 규정한다. 이러한 헌법 구조는 (기본권과 기본의무의 관련성을 인정하면서) 기본권은 물론 기본의무도 완결적으로 규정하려는 의사가 있다. 따라서 헌법이 규정하지 않은 기본의무는 인정하기 어렵다. 게다가 불문의 기본의무로 인정되는 의무들을 보면, 그 목적이 매우

---

15) 물론 헌법은 국민이 합의하여 만들므로, 기본의무를 인정할 것인지, 인정한다면 어떠한 의무를 기본의무로 인정할 것인지는 국민이 합의하여 결정한다. 그러나 일단 헌법이 제정되고 헌법에 규정된 기본의무를 법률로 구체화하여 국민에게 부과하면, 국민은 기본의무의 인정과 이행을 선택할 수 없다.

16) BVerfGE 12, 45 (51) 참조: "독일 기본법은 자유와 인간의 존엄성 보호를 모든 권리의 최고목적으로 인식하는 가치구속적 질서이다. 그 인간상은 독재적인 개인이 아니라 공동체 안에 있어서 공동체에 대하여 다양한 의무를 지는 인격이 있는 인간이다."

17) Otto Luchterhandt, Grundpflichten als Verfassungsproblem in Deutschland, Berlin 1998, S. 49 ff.; Albrecht Randelzhofer, Grundrechte und Grundpflichten, in: Detlef Merten/Hans−Jürgen Papier (Hrsg.), Handbuch der Grundrechte in Deutschland und Europa, Bd. Ⅱ, Heidelberg 2006, § 375 Rdnr. 58 참조.

포괄적일 뿐 아니라 의무내용도 추상적이어서 개별적·구체적 내용을 확정하기 어렵고, 그 이행은 하나의 구체적 행위로 확정할 수 없고 실제 생활 전반에 걸쳐 다양하고 계속되는 행위를 통해서 이루어질 수밖에 없으며, 결국 헌법실현이나 헌법 보장이라는 측면에서 바라보고 확인하고 강제할 내용이다. 게다가 불문의 기본의무로 주장되는 의무가 지닌 추상성이나 불확정성은 국가가 기본의무 부과를 명분으로 기본권 제약을 시도할 때 적절한 대응을 어렵게 할 수밖에 없다. 나아가 불문의 기본의무로 주장되는 의무를 기본의무로 인정하지 않더라도 그것이 헌법에 전제되거나 수반되는 의무라는 것은 부정되지 않고, 그러한 의무들은 여전히 헌법과 법률을 통해서 그 내용이 확정되고 부과될 수 있다는 점에서 굳이 기본의무로 인정할 실익은 크지 않지만, 그것들을 기본의무로 인정하면 기본의무의 개념과 부과에 많은 문제점을 발생시킨다. 따라서 불문의 기본의무는 인정되기 어렵다.[18] 불문의 기본의무로 논의되는 것들의 기본의무성 부정이 그 (헌법적) 의무성이나 중요성을 부정하는 것은 결코 아님을 다시금 확인하고 강조한다.

(3) 기본권에 대한 헌법직접적 제한규범

의무의 본질은 국민에게 일정한 행위를 명령하거나 금지하는 것이다. 이러한 명령과 금지는 국민의 기본권을 제약하는 것으로 나타난다. 이러한 맥락에서 기본의무는 헌법이 국민의 기본권을 직접 제한하는 모습을 띤다. 따라서 기본의무는 기본권에 대한 헌법직접적 제한규범이다. 기본의무에 관한 헌법규정은 의무유보[19] 형식을 취하지만, 제한규범으로서 기본의무 자체가 법률이 아닌 헌법에 직접 근거한다는 점은 바뀌지 않는다. 그러므로 의무유보라는 형식이 기본의무를 헌법직접적 제한규범으로 이해하는 것을 방해하지 않는다.[20] 이는 사회권이 법률을 통해서 비로소 내용이 형성되어도 사회권은 헌법을 통해서 직접 보장되는 것이지, 법률을 통해서 비로소 보장되는 것이 아닌 것과 같은 맥락이다. 그리고 이로 말미암아 입법자의 형성재량도 일정부분 한계가 있음이 강조될 수 있다.

(4) 기본권적 자유 주장을 배척하는 가중적 권한규범

국가가 국민에게 기본의무를 (정당하게) 부과하면, 국민은 기본권을 근거로 기본의무 이행

---

18) 같은 견해: 홍성방, 「국민의 기본의무」, 『공법연구』 제34집 제4호 제1권, 한국공법학회, 2006, 330쪽.
19) 의무유보는 기본의무 구체화가 입법자에게 유보된다는 것을 뜻한다. 일반적으로 법률유보는 기본권과 관련하여 주로 논의되는 개념이라는 점에서 의무유보는 기본의무와 관련하여 논의된다는 점을 강조하는 용어이다. 적어도 법사학적 측면에 비추어 기본권에서는 법률유보라는 용어를 통해서 법률로써만 가능하다는 점을 강조할 필요가 있고, 이미 법률유보라는 용어가 관용화하였지만, 기본의무에서는 법률로 구체화한다는 점에 이론이 없어 이를 강조할 필요도 없고, 이를 지칭하는 용어도 마땅히 없다. 따라서 의무유보라는 용어를 사용하여도 불필요한 오해를 일으킬 염려가 없으므로, 용어의 간결성이라는 측면에서 의무유보라는 용어를 사용하고자 한다. 이미 독일에서도 의무유보로 번역할 수 있는 'Pflichtenvorbehalt'라는 용어가 사용된다.
20) 같은 견해: 이준일, 『헌법학강의(제7판)』, 홍문사, 2019, 826쪽.

을 거부할 수 없다. 이러한 점에서 (정당성이 인정되는) 기본의무는 국민의 기본권적 자유 주장을 (최소한 부분적으로나마) 배척하는 기능이 있다.[21] 즉 기본권은 국가권한의 한계를 설정하는 소극적 권한규범이지만, 기본의무는 '법률을 통해서 기본의무를 실현하는 입법자의 권한'을 '개인의 기본권'에서 지켜주는 (기본의무를 부과하는 정당한 법률에 대해서 기본권으로 대항할 수 없게 하는) '국가의 가중적 권한규범'이다. 국민은 국가의 기본의무 부과가 적절하지 않음을 주장하여 다툴 수 있을 뿐이다. 이러한 점에서 기본의무가 국가의 가중적 권한규범이라는 성질이 기본의무 부과에 대한 사법심사를 배제하는 것은 아니다. 그러나 이러한 범위에서 (기본의무 부과의 정당성이 사법적으로 인정된다는 전제 아래) 기본권 보장은 유보될 수밖에 없다.[22]

(5) 국가의 행위제한규범

기본의무는 헌법을 통해서만 인정되고 헌법이 허용하는 범위 안에서만 부과될 수 있다. 그러므로 기본의무는 국가행위를 제한하는 의미가 있다. 즉 헌법이 기본의무의 목적을 확정하고 기본의무 내용을 반드시 법률을 통해서 형성하도록 함으로써 국가가 함부로 기본의무라는 이름 아래 마음대로 행위를 할 가능성을 제거한다. 이러한 점에서 기본의무는 국가의 행위제한규범으로 기능한다. 따라서 입법자가 기본의무를 구체화할 때 제한 없는 입법재량이 있는 것은 절대 아니다. 그리고 기본의무 부과는 사법심사에서 벗어날 수도 없다.

Ⅱ. 한국 헌법상 기본의무

1. 논란이 없는 기본의무

기본의무는 기본권에 한계를 설정하는 효과가 있을 뿐 아니라 기본권의 방어권적 효과를 배제한다는 점에서 어떤 것이 기본의무인지는 헌법을 엄격하게 해석하여 인정 여부를 결정하여야 한다. 헌법 제38조는 납세의무를, 제39조 제1항은 국방의무를 그리고 제31조 제2항은 보호자녀를 교육받게 할 의무를 명시적으로 규정한다. 이러한 의무들은 기본의무가 논의되기 시작하면서 기본의무로 인정되던 것으로 현재도 이들이 기본의무라는 것을 부정하는 견해는 찾아볼 수 없다. 따라서 이러한 의무들은 논란 없이 기본의무로 인정된다.

---

21) 물론 이러한 배척은 사법심사를 통해서 기본의무 부과의 정당성이 최종적으로 인정될 때 비로소 확정된다.

22) 계희열, 『헌법학(신정2판)』, 박영사, 2007, 832~833쪽; 장영수, 「헌법체계상 기본의무의 의의와 실현구조」, 『법학논집』 제33집, 고려대학교 법학연구소, 1997, 76~77쪽; 한수웅, 「국민의 기본의무」, 『저스티스』 제119호, 한국법학원, 2010. 10., 61쪽; Hasso Hofmann, Grundpflichten und Grundrechte, in: Josef Isensee/Paul Kirchhof (Hrsg.), Handbuch des Staatsrechts der Bundesrepublik Deutschland, Bd. Ⅸ, 3. Aufl., Heidelberg 2011, § 195 Rdnr. 57; Albrecht Randelzhofer, Grundrechte und Grundpflichten, in: Detlef Merten/Hans-Jürgen Papier (Hrsg.), Handbuch der Grundrechte in Deutschland und Europa, Bd. Ⅱ, Heidelberg 2006, § 375 Rdnr. 54.

2. 헌법에 대한 충성의무?

국민이 헌법을 제정하여 국가법질서를 형성하는 것은 헌법을 비롯한 법규범을 국민이 준수한다는 것을 전제한다. 국가는 법규범을 통해서만 그 존립목적에 맞게 형성되고 유지될 수 있을 뿐 아니라 관철될 수 없는 법규범은 그 존재의미를 찾을 수 없기 때문이다. 따라서 헌법의 존재에서 국가의 모든 법규범에 대한 준수를 내용으로 하는 헌법에 대한 충성의무가 당연히 인정된다. 보통 헌법과 법률을 준수할 의무, 헌법과 법률의 준수의무, 헌법과 법령을 준수할 의무, 헌법과 법률에 대한 복종의무, 법률준수의무, 법준수의무, 국법준수의무, 법질서에 대한 복종의무라고 하는 것도 헌법에 대한 충성의무를 달리 표현한 것이거나 이에 포함되는 것으로 보인다. 그러나 일단 이는 헌법에 전제되거나 내포된 의무이기는 하지만, 헌법문구에서 직접 도출할 수 있는 의무가 아니다. 그리고 헌법에 대한 충성의무는 헌법규정에 따라 그 구체적 내용이 추론되므로 의무유보 형태를 취하지도 않는다. 또한, 헌법보장을 위한 다양한 행위가 곧 헌법에 대한 충성의무 이행에 해당한다. 따라서 헌법을 보장하는 다양한 수단을 통해서 헌법에 대한 충성의무 이행은 확보된다. 그러므로 헌법에 대한 충성의무를 기본의무로 인정할 실익을 찾기 어렵다. 따라서 헌법에 대한 충성의무는 기본의무로 인정할 수 없다. 결론적으로 기본의무는 헌법을 통해서 비로소 인정되고, 헌법이 창설하는 국가를 전제로 한다는 점에서 헌법에 대한 충성의무를 포함한 불문의 기본의무는 인정할 수 없다.[23]

3. 재산권 행사의 공공복리적합의무

재산권행사의 공공복리적합의무가 기본의무인지에 관해서도 다툼이 있다.[24] 의무에 따른 행위에 대해서 '하여야 한다'는 표현을 쓴다는 점에서 헌법 제23조 제2항에서 의무라는 개념에 맞는 내용을 도출할 수 있고, 이 조항의 근원이 되는 독일 바이마르 헌법 제153조도 이를 의무라고 명시적으로 규정하였으며, 헌법 제23조 제1항과 통합적으로 이해하면 의무의 내용

---

23) 같은 견해: 홍성방, 「국민의 기본의무」, 공법연구 제34집 제4호 제1권, 한국공법학회, 2006, 330쪽.

24) 기본의무성을 인정하는 견해로는 계희열, 『헌법학(중)(신정2판)』, 박영사, 2007, 838~839쪽; 구병삭, 『신헌법원론(제3전정판)』, 박영사, 1996, 592쪽; 김문현, 「헌법 제23조」, 『헌법주석[Ⅰ]』, 박영사, 2013, 853쪽; 김철수, 『학설·판례 헌법학(상)』, 박영사, 2008, 1441쪽; 이준일/서보건/홍일선, 『헌법상 기본의무에 관한 연구』(헌법재판연구 제23권), 헌법재판소, 2012, 115~116쪽; 성낙인, 『헌법학(제19판)』, 법문사, 2019, 1472쪽; 심경수, 『헌법』, 법문사, 2018, 284쪽; 안용교, 『한국헌법(제2전정판)』, 고시연구사, 1992, 645쪽; 장영수, 「헌법체계상 기본의무의 의의와 실현구조」, 『법학논집』 제33집, 고려대학교 법학연구소, 1997, 69~70쪽; 정재황, 『신헌법입문(제9판)』, 박영사, 2019, 495쪽. 그리고 기본의무성을 부정하는 견해로는 권영성, 『헌법학원론(개정판)』, 법문사, 2010, 726쪽; 김학성, 『헌법학원론(전정3판)』, 피앤씨미디어, 2019, 816쪽; 이부하, 『헌법학(상)』, 법영사, 2019, 613쪽; 정종섭, 『헌법학원론(제12판)』, 박영사, 2018, 911~912쪽; 한수웅, 「국민의 기본의무」, 『저스티스』 제119호, 한국법학원, 2010. 10., 80~81쪽; 홍성방, 「국민의 기본의무」, 『공법연구』 제34집 제4호 제1권, 한국공법학회, 2006, 330쪽; 같은 사람, 『헌법학(중)(제2판)』, 박영사, 2015, 493쪽.

을 법률에 위임하는 의무유보 형식으로 이해할 수 있고, 이 조항을 제한규정으로 이해하면 당연한 내용을 규정한 것으로 볼 수밖에 없어 특별한 의미를 찾을 수 없으며, 특히 이 조항이 헌법 제37조 제2항과 맺는 관계를 설명하기 어렵다는 점에서 헌법 제23조 제2항에서 재산권 행사의 공공복리적합의무가 도출된다고 보아야 한다. 헌법재판소도 재산권 행사의 공공복리 적합의무를 헌법상 의무로 본다.[25)

4. 근로의무

헌법 제32조 제2항은 근로의무를 명시적으로 규정하지만, 이것이 기본의무인지에 관해서는 다툼이 있다.[26) 헌법규정이 명시적으로 의무로 규정한 것을 법적 의무로 보지 않는 것은 헌법규정을 무시하는 것으로 볼 수도 있다. 즉 헌법규정을 해석하여 법적 의무로 볼 가능성을 제대로 검토하지 않고 바로 법적 의무가 아니라고 보는 것은 문제가 있다. 특히 헌법이 의무라고 규정한 것을 강제성이 없는 도덕적·윤리적 의무라고 보는 것은 강제성을 전제하는 의무 개념에 명백하게 어긋나므로, 이는 헌법 해석이 아니라 헌법 개정으로 볼 여지도 있다. 국가는 다른 사회와 마찬가지로 구성원인 국민 활동을 통해서 유지되고 발전한다. 이러한 국민 활동 중 중요한 것이 근로이다. 따라서 모든 국민이 게으를 자유를 주장하면서 근로를 거부한다면 국가의 유지와 발전에 필수적인 일정 수준의 노동력을 확보할 수 없다. 하지만 국가가 국민에게 근로를 직접 강제하는 것은 자유의 본질에 비추어 가능하지 않다. 그러나 국가는 사회권 제한(예를 들어 실업급여의 축소나 미지급)을 통해서 국민의 근로를 간접적으로 강제할 수 있다. 이러한 내용은 기본권보완적 의무가 관련되는 기본권의 보호내용과 연동한다는 점과 근로의무가 사회권인 근로의 권리와 함께 규정된 것에서도 간접적으로 추론할 수 있다. 이처럼 근로가 사회권 행사와 관련이 있는 범위에서 법을 통하여 간접적으로 강제될 수

---

25) 헌재 1998. 12. 22. 88헌가13, 판례집 1, 357, 371: "재산권행사의 공공복리 적합의무는 헌법상의 의무로써 입법형성권의 행사에 의해 현실적인 의무로 구체화되고 있는데, ……".

26) 기본의무성을 인정하는 견해로는 강일신, 「헌법상 기본의무의 개념」, 『연세법학』 제25호, 연세법학회, 2015, 185~186쪽; 계희열, 『헌법학(중)(신정2판)』, 박영사, 2007, 837쪽; 김철수, 『학설·판례 헌법학(상)』, 박영사, 2008, 1439쪽; 김하열, 『헌법강의』, 박영사, 2018, 750~751쪽; 성낙인, 『헌법학(제19판)』, 법문사, 2019, 1472쪽; 심경수, 『헌법』, 법문사, 2018, 361쪽; 양 건, 『헌법강의(제8판)』, 법문사, 2019, 1129~1130쪽; 이준일, 『헌법학강의(제7판)』, 홍문사, 2019, 836쪽; 이준일/서보건/홍일선, 『헌법상 기본의무에 관한 연구』(헌법재판연구 제23권), 헌법재판소, 2012, 121~122쪽; 전광석, 『한국헌법론(제14판)』, 집현재, 2019, 462~463, 555쪽; 홍석한, 「헌법상 근로의무에 대한 고찰」, 『원광법학』 제35권 제1호, 원광대학교 법학연구소, 2019, 19~22쪽; 홍성방, 『헌법학(중)(제2판)』, 박영사, 2015, 491~492쪽("…… 인간으로서의 존엄과 가치가 존중되고(제10조) 강제노역이 금지되며(제12조 제1항), 사회재산제가 보장되는(제23조 제1항) 우리 헌법하에서는 근로의 의무는 제32조 제2항 제2문의 경우를 제외하고는 윤리적·도의적 의무로 이해하여야 할 것이다."). 그리고 기본의무성을 부정하는 견해로는 구병삭, 『신헌법원론(제3전정판)』, 박영사, 1996, 633쪽; 권영성, 『헌법학원론(개정판)』, 법문사, 2010, 724쪽; 이부하, 『헌법학(상)』, 법영사, 2019, 612쪽; 정종섭, 『헌법학원론(제12판)』, 박영사, 2018, 920~921쪽; 안용교, 『한국헌법(제2전정판)』, 고시연구사, 1992, 642~643쪽; 허 영, 『한국헌법론(전정15판)』, 박영사, 2019, 672~673쪽.

있으므로, 근로의무를 부분적으로나마 기본의무로 볼 수 있다. 국가가 필수적인 일정 수준의 노동력을 국민에게 기본의무를 부과하여 확보하여야 할 필연적 이유가 없는 것처럼 기본의무를 반드시 형사처분과 같은 강력한 수단으로 강제하여 그 이행을 철저하게 강제하여야 할 필연적 이유도 없다. 각 기본의무에 맞는 강제수단이 채택될 수 있고, 채택되어야 한다. 그리고 사회권 제한이라는 법적 효과가 따르는 근로 강제를 법적 의무가 아니라 도덕적 의무라고 보는 것은 법적 효과와 무관하다는 도덕적 의무 개념에 어긋난다. 게다가 근로의무를 기본의무로 인정하는 것은 근로의 권리를 기본권으로 규정한 헌법에도 들어맞는다. 즉 개인이 누리는 자유와 권리에는 언제나 그에 따른 책임이 따르기 때문이다. 근로의 권리와 더불어 근로의무를 규정한 것은 근로할 것인지에 관한 개인의 자유로운 선택에 책임을 지우는 것으로 볼 수 있다. 따라서 최소한 (사회권 제한을 통하여 간접적으로 강제할 수 있는 범위에서) 부분적으로는 근로의무를 기본의무로 볼 수 있다.

5. 환경보전의무?

헌법 제35조 제1항 후단에서 환경보전의무를 도출하는 것이 일반적이다.[27] 그러나 헌법 제35조 제1항 후단의 '노력하여야 한다'에서 강제의 의미가 있는 의무 개념을 도출하기 어렵고, 헌법 제35조 제1항 후단은 국민뿐 아니라 국가에도 환경보전을 위하여 노력하여야 한다고 할 뿐 아니라 다른 의무 관련 규정과 달리 의무유보 형식을 취한다고 볼 수 없다는 점에서 헌법 제35조 제1항 후단에서 환경보전의무가 도출된다고 보기는 어렵다. 그리고 환경보전의무를 기본의무로 인정할 것인지는 헌법적 결단으로 환경보전 중요성이 아무리 크더라도 이러한 목적은 기본의무 부과로도, 기본권 제한으로도, 환경국가원리 인정으로도 혹은 국민대표의 합의를 통한 법률 제정으로도 달성될 수 있다. 따라서 환경보전의무를 기본의무로 인정하지 않는다고 하여서 국가는 물론 국민이 환경보전에서 벗어날 수는 없다. 결국, 환경보전 중요성을 인정하여도 헌법 문구에 어긋나는 해석을 하여야 할 필요성을 찾기 어렵다. 이러한 점에 비추어 헌법 제35조 제1항 후단은 기본의무규정이 아니라 국가목표규정으로 보는 것이 타당하다.

---

27) 기본의무성을 인정하는 견해로는 계희열, 『헌법학(중)(신정2판)』, 박영사, 2007, 837~838쪽; 권영성, 『헌법학원론(개정판)』, 법문사, 2010, 725~726쪽; 김철수,『학설·판례 헌법학(상)』, 박영사, 2008, 1442쪽; 김학성, 『헌법학원론(전정3판)』, 피앤씨미디어, 2019, 816쪽; 성낙인,『헌법학(제19판)』, 법문사, 2019, 1473쪽; 안용교, 『한국헌법(제2전정판)』, 고시연구사, 1992, 643~644쪽; 양 건, 『헌법강의(제8판)』, 법문사, 2019, 1130쪽; 이준일, 『헌법학강의(제7판)』, 홍문사, 2019, 836쪽; 이준일/서보건/홍일선, 『헌법상 기본의무에 관한 연구』(헌법재판연구 제23권), 헌법재판소, 2012, 112쪽; 장영수, 「헌법체계상 기본의무의 의의와 실현구조」, 법학논집 제33집, 고려대학교 법학연구소, 1997, 67~68쪽; 정재황, 『신헌법입문(제9판)』, 박영사, 2019, 553쪽; 한수웅, 「국민의 기본의무」, 『저스티스』 제119호, 한국법학원, 2010. 10., 78쪽; 허 영, 『한국헌법론(전정15판)』, 박영사, 2019, 673~674쪽; 홍성방, 『헌법학(중)(제2판)』, 박영사, 2015, 492쪽. 그리고 기본의무성을 부정하는 견해로는 구병삭, 『신헌법원론(제3전정판)』, 박영사, 1996, 752쪽; 정종섭, 『헌법학원론(제12판)』, 박영사, 2018, 911쪽.

6. 소결

그 밖에 불문의 기본의무를 인정하는 견해는 다른 사람의 권리를 존중할 의무(다른 사람의 권리존중의무), 자신의 권리를 행사할 때 공존의 이념을 고려하여야 할 의무, 평화의무, 국가의 수호의무, 허용된 위험을 감수할 의무, 증언의무 등을 기본의무로 인정한다.[28] 하지만 기본의무의 실정헌법성을 철저하게 존중한다면, 이들을 국민의 의무로 인정할 수는 있어도 적어도 기본의무로는 인정할 수 없다.[29]

헌법은 제23조 제2항에서 재산권 행사의 공공복리적합의무를, 제31조 제2항은 보호자녀를 교육받게 할 의무를, 제32조 제2항에서 근로의무를, 제38조에서 납세의무를, 제39조에서 국방의무를 규정한다. 따라서 한국 헌법을 엄격하게 해석하면, 실정헌법적 의무인 기본의무는 재산권 행사의 공공복리적합의무, 보호자녀를 교육받게 할 의무, 근로의무, 납세의무, 국방의무 다섯 개뿐이다.

Ⅲ. 기본의무의 분류

1. 인간의 의무와 국민의 의무?

기본의무를 기본권처럼 인간의 의무와 국민의 의무로 나누는 견해가 있다.[30] 그러나 기본권처럼 자연권인 인권을 토대로 형성되지 않는 한, 즉 기본의무가 자연적 의무를 기초로 실정화가 이루어지지 않는 한, 기본의무를 인간의 의무와 국민의 의무로 나눌 수 없다. 기본의무는 헌법을 통해서 실정화가 이루어져야 비로소 인정되는 것이고, 헌법을 통해서 창설되는 국가를 전제로 한다는 점에서 기본의무는 국민의 의무일 수밖에 없다.[31] 따라서 기본의무를 인간의 의무와 국민의 의무로 분류할 수는 없다.

---

28) 계희열, 『헌법학(중)(신정2판)』, 박영사, 2007, 839~841쪽; 권영성, 『헌법학원론(개정판)』, 법문사, 2010, 726쪽; 김학성, 『헌법학원론(전정3판)』, 피앤씨미디어, 2019, 813쪽; 김철수, 『학설·판례 헌법학(상)』, 박영사, 2008, 1443~1444쪽; 성낙인, 『헌법학(제19판)』, 법문사, 2019, 1466쪽; 양 건, 『헌법강의(제8판)』, 법문사, 2019, 1118쪽; 이준일/서보건/홍일선, 『헌법상 기본의무에 관한 연구』(헌법재판연구 제23권), 헌법재판소, 2012, 125~138쪽; 장영수, 「헌법체계상 기본의무의 의의와 실현구조」, 법학논집 제33집, 고려대학교 법학연구소, 1997, 70~71쪽; 같은 사람, 『헌법학(제11판)』, 홍문사, 2019, 946~947쪽; 정종섭, 『헌법학원론(제12판)』, 박영사, 2018, 921~922쪽; 한수웅, 「국민의 기본의무」, 『저스티스』 제119호, 한국법학원, 2010. 10., 69~72쪽; 허 영, 『한국헌법론(전정15판)』, 박영사, 2019, 663~665쪽.

29) 국민의 의무를 기본권에 대한 헌법직접적 제한규범으로 이해하면 헌법에 명시된 의무 이외에 헌법에 명시되지 않은 의무까지 국민의 기본의무로 이해하는 것은 불필요한 중복이라는 견해로는 이준일, 『헌법학강의(제7판)』, 홍문사, 2019, 837쪽.

30) 안용교, 「국민의 헌법상 기본의무」, 『고시계』 제19권 제12호(통권 제214호), 국가고시학회, 1974. 12., 42쪽.

31) 같은 견해: 한수웅, 「국민의 기본의무」, 『저스티스』 제119호, 한국법학원, 2010. 10., 61쪽.

2. 고전적 기본의무와 현대적 기본의무?

기본의무를 등장한 시기에 따라 고전적 기본의무와 현대적 기본의무로 나누는 것이 일반
적인 분류방법이다. 독일에서는 바이마르 헌법을 기준으로 그 이전부터 규정된 기본의무를
고전적 기본의무로, 바이마르 헌법부터 규정된 기본의무를 현대적 의무라고 한다. 그러나 이
러한 구분은 등장시기 이외에 기본의무들 사이의 공통점을 명확하기 찾기 어렵다는 점에서
분류방법으로서 문제가 있다. 즉 고전적 기본의무와 현대적 기본의무에 어떠한 기본의무가
속하는지(특히 교육의 의무)에 관해서부터 다툼이 있을 뿐 아니라 이러한 분류의 실익이 무엇
인지도 명확하지 않다. 따라서 이러한 분류방법은 포기하여야 한다.

3. 국가유지적 기본의무와 기본권보완적 기본의무

기본의무는 그 기능에 따라서 국가유지적 기본의무와 기본권보완적 기본의무로 나눌 수
있다. 국가유지적 기본의무는 국가의 존속·유지에 '직접' 이바지하는 기본의무로서 납세의무
와 국방의무가 이에 속한다.[32] 기본권보완적 기본의무는 특정 기본권의 충실한 실현에 이바
지하는 기본의무로서 재산권 행사의 공공복리적합의무, 보호자녀를 교육받게 할 의무, 근로의
무가 여기에 포함된다. 기본권보완적 기본의무는 국가의 존속과 유지와 밀접한 관련이 있는
특정 기본권의 충실한 실현을 위해서 국가와 국민이 공동으로 헌법적 부담을 질 때가 있는
데, 이때 국민이 지는 헌법적 부담이 기본권보완적 기본의무이다. 기본권보완적 기본의무의
목적은 헌법적으로 매우 중요한 것으로 결국 국가공동체의 존립 및 활동과 밀접한 관련을 맺
는다. 따라서 기본권보완적 기본의무도 간접적으로는 (그러나 다른 의무나 부담보다는 더 밀접하
게) 국가의 존속과 유지에 이바지한다. 결국, 국가유지적 기본의무와 기본권보완적 기본의무
는 국가의 존속과 유지에 대한 이바지가 직접적인지 혹은 간접적인지에 따라 구별된다. 다만,
기본권보완적 기본의무는 특정 기본권의 구체적 실현과 밀접한 관련이 있다는 점에서 국가유
지적 기본의무보다는 기본권보완적 기본의무가 그 목적과 내용이 더 구체적일 수밖에 없다.
국가유지적 기본의무는 자유권과 밀접한 관련이 있지만, 기본권보완적 기본의무는 사회권과
직접 연관이 있다. 즉 국가유지적 기본의무는 자유권에 한계를 설정하는 역할을 하지만, 기본
권보완적 기본의무는 사회권을 실질화하고 실현하는 역할을 한다.

국가유지적 기본의무는 기본권과 별도로 규정되지만, 기본권보완적 기본의무는 개별 기본
권규정에 기본권과 함께 규율된다. 국가유지적 기본의무는 모든 국민이 지는 것으로서 의무

---

[32] 헌법상 의무를 헌법이 국민으로 하여금 국가나 공동체에 대해서 반대급부 없이 특정한 작위나 부작위의 행위를
하도록 강제하는 부담이라고 하면서 국가유지적 의무만을 진정한 의미의 의무라고 하는 견해가 있다(정종섭,『헌
법학원론(제12판)』, 박영사, 2018, 911, 914쪽).

주체의 일반성이 있지만, 기본권보완적 기본의무는 특정한 지위에 있는 국민만 지는 것으로
서 의무 주체의 제한성이 있다. 예를 들어 재산권 행사의 공공복리적합의무는 재산권자에게
만, 보호자녀를 교육받게 할 의무는 취학할 어린이의 친권자나 후견인에게만 그리고 근로의
무는 근로자에게만 부과된다. 그리고 국가유지적 기본의무는 개인과 국가의 관계만 문제가
되지만, 기본권보완적 기본의무는 개인과 국가의 관계뿐 아니라 개인과 다른 개인의 관계도
문제가 될 수 있다.[33] 또한, 국가유지적 기본의무는 자유권과 직접 관련이 되고, 기본권보완
적 기본의무는 사회권이나 사회국가원리와 직접 관련된다는 점에서 차이가 있다. 그밖에 국
가유지적 기본의무는 여러 기본권과 관련을 맺으면서 기본권을 제한하지만, 기본권보완적 기
본의무는 특정 기본권과 관련을 맺으면서 기본권을 실질화한다.[34] 덧붙여 기본권보완적 기본
의무는 관련되는 기본권의 보호내용과 연동하여 그 내용이 확정된다는 점이 특징적이다.

Ⅳ. 기본의무 주체

　　기본의무가 헌법을 통해서 비로소 인정된다는 점 그리고 기본의무의 목적이 국가공동체의
존립과 활동에 이바지하는 것이어서 국가를 전제로 한다는 점에 비추어 기본의무는 언제나
국민의 의무이지, 인간의 의무는 아니다.[35] 따라서 기본의무의 주체는 국민인 것이 원칙이다.
헌법 제2장의 표제도 "국민의 권리와 '의무'"일 뿐 아니라 기본의무를 규율하는 개별 규정들
에서도 "국민은 … 의무를 진다."라는 식으로 규정한다(예를 들어 헌법 제31조 제2항, 제38조, 제
39조 제1항). 그러나 기본의무가 국민의 의무라는 것이 국민만 기본의무의 주체가 될 수 있다
는 것을 뜻하지는 않는다. 즉 기본의무의 국민의무성이 기본의무 주체의 확장성을 배제하지
않는다. 국가는 영토고권이 있어서 그 영역 안에 거주하는 모든 사람, 즉 국민뿐 아니라 외국
인과 무국적자에게도 의무를 부과할 수 있다. 게다가 기본의무를 국민에게만 부과하면, 기본
의무의 목적을 제대로 달성하기 어려울 수도 있고, 부담을 차별적으로 배분하게 되어 (특히
외국인이나 무국적자를 국민보다 우대하는 결과를 초래하여) 평등원칙에 어긋날 수도 있다. 따라서
기본의무가 국민의 의무라고 할지라도 기본의무는 국적에 구속되지 않는다. 요컨대 기본의무

---

33) Albrecht Randelzhofer, Grundrechte und Grundpflichten, in: Detlef Merten/Hans‑Jürgen Papier (Hrsg.),
　　Handbuch der Grundrechte in Deutschland und Europa, Bd. Ⅱ, Heidelberg 2006, § 375 Rdnr. 44 참조.

34) 안용교, 「국민의 헌법상 기본의무」, 『고시계』 제19권 제12호, 고시계사, 1974. 12., 42쪽 참조.

35) 같은 견해: 계희열, 『헌법학(신정2판)』, 박영사, 2007, 828~829쪽; 김용기, 「기본의무로서의 병역의무와 의무이행
　　자에 대한 합리적 보상방안」, 고려대학교 법학석사학위논문, 2011, 14쪽; 김하열, 『헌법강의』, 박영사, 2018,
　　747쪽; 성낙인, 『헌법학(제19판)』, 법문사, 2019, 1466쪽; 이준일/서보건/홍일선, 『헌법상 기본의무에 관한 연구』
　　(헌법재판연구 제23집), 헌법재판소, 2012, 4쪽; 한수웅, 「국민의 기본의무」, 『저스티스』 제119호, 한국법학원,
　　2010. 10., 61쪽; Hasso Hofmann, Grundpflichten und Grundrechte, in: Josef Isensee/Paul Kirchhof (Hrsg.),
　　Handbuch des Staatsrechts der Bundesrepublik Deutschland, Bd. Ⅸ, 3. Aufl., Heidelberg 2011, § 195 Rdnr. 39.

주체는 본래 국민이지만, (물론 헌법이나 법률이 직접 규정하는 때에 한하여) 외국인과 무국적자도 기본의무의 주체가 될 수 있다.[36] 그리고 사법인도 기본권주체가 될 수 있고, 국가공동체의 일원으로서 국가활동의 한 축을 담당한다는 점에서 기본의무의 성질에 어긋나지 않는다면 사법인도 기본의무 주체가 될 수 있다.[37] 예를 들어 국방의무와 보호자녀를 교육받게 할 의무는 개인과 관련된 것으로서 자연인만이 주체가 될 수 있다. 그러나 납세의무는 자연인을 전제로 하지 않으므로, 사법인도 주체가 될 수 있다. 기본의무 주체가 누구인지는 의무유보에 따라 법률을 통해서 종국적으로 확정될 것이다.

V. 기본의무 부과와 기본권 제한의 관계

1. 관련성이 있는 기본의무 부과와 기본권 제한

헌법 제2장은 '국민의 권리와 의무'라는 표제 아래에 기본권과 기본의무를 함께 규율한다. 그리고 기본권보완적 기본의무는 개별 기본권규정 안에 기본권과 함께 규율된다. 이는 헌법 스스로 기본권과 기본의무의 관련성을 긍정한다는 것을 뜻한다. 게다가 기본권을 제약하는 결과를 낳는다는 점에서 기본의무 부과와 기본권 제한은 거의 같은 효과가 있다.[38] 그리고 기본의무 부과와 기본권 제한은 구체화과정에서도 비슷하다. 기본권 제한과 마찬가지로 기본의무 부과도 법률유보 형태로 규정되어서 입법자의 입법재량에 맡겨져 있다. 즉 국민에 대해서 효력이 있으려면 기본권 제한과 마찬가지로 기본의무 부과도 법률을 통한 구체화가 요구된다.[39] 또한, 기본의무는 기본권을 보장하기 위한 국가를 형성하고 유지하는 데 필요최소한

---

36) 같은 견해: 계희열, 『헌법학(신정2판)』, 박영사, 2007, 828~829쪽; 김용기, 「기본의무로서의 병역의무와 의무이행자에 대한 합리적 보상방안」, 고려대학교 법학석사학위논문, 2011, 14쪽; 김학성, 『헌법학원론(전정3판)』, 피앤씨미디어, 2019, 813쪽; 한수웅, 「국민의 기본의무」, 『저스티스』 제119호, 한국법학원, 2010. 10., 61~62쪽; 홍성방, 「국민의 기본의무」, 『공법연구』 제34집 제4호 제1권, 한국공법학회, 2006, 327쪽; Hasso Hofmann, Grundpflichten und Grundrechte, in: Josef Isensee/Paul Kirchhof (Hrsg.), Handbuch des Staatsrechts der Bundesrepublik Deutschland, Bd. Ⅸ, 3. Aufl., Heidelberg 2011, § 195 Rdnr. 40. 그러나 기본의무의 주체를 국민으로 한정하려는 견해도 있다(성낙인, 『헌법학(제19판)』, 법문사, 2019, 1466쪽; 정종섭, 『헌법학원론(제12판)』, 박영사, 2018, 912~913쪽).

37) 같은 견해: 김용기, 「기본의무로서의 병역의무와 의무이행자에 대한 합리적 보상방안」, 고려대학교 법학석사학위논문, 2011, 14쪽; 김하열, 『헌법강의』, 박영사, 2018, 747쪽; 김학성, 『헌법학원론(전정3판)』, 피앤씨미디어, 2019, 813쪽; 한수웅, 「국민의 기본의무」, 『저스티스』 제119호, 한국법학원, 2010. 10., 62쪽; 홍성방, 「국민의 기본의무」, 『공법연구』 제34집 제4호 제1권, 한국공법학회, 2006, 327쪽; Albrecht Randelzhofer, Grundrechte und Grundpflichten, in: Detlef Merten/Hans−Jürgen Papier (Hrsg.), Handbuch der Grundrechte in Deutschland und Europa, Bd. Ⅱ, Heidelberg 2006, § 375 Rdnr. 60.

38) 계희열, 『헌법학(신정2판)』, 박영사, 2007, 832쪽; 김용기, 「기본의무로서의 병역의무와 의무이행자에 대한 합리적 보상방안」, 고려대학교 법학석사학위논문, 2011, 17쪽; 장영수, 「헌법체계상 기본의무의 의의와 실현구조」, 『법학논집』 제33집, 고려대학교 법학연구소, 1997, 75쪽; Klaus Stern, Das Staatsrecht der Bundesrepublik Deutschland, Bd. Ⅲ/2, München 1994, S. 1057.

39) 계희열, 『헌법학(신정2판)』, 박영사, 2007, 832쪽; 김용기, 「기본의무로서의 병역의무와 의무이행자에 대한 합리

으로서 기본권과 기본의무는 국가를 매개로 서로 밀접한 관련을 맺는다. 이러한 점에서 기본의무 부과와 기본권 제한의 관련성을 인정할 수밖에 없다.

2. 기본의무 이해의 변화

역사적으로 국민의 의무가 국민의 권리와 반드시 함께 논의된 것은 아니다. 인권과 기본권 그리고 헌법이라는 개념이 없던 군주제에서도 국민의 의무는 있었다. 기본권이 헌법에 규정되어 보장되기 전에 국민과 국가의 관계는 쌍방관계가 아니라 일방적인 관계였다. 즉 군주와 신민의 관계는 지배복종의 관계에 불과하였다. 이때 국민의 의무는 군주가 신민에게 강요하는 일방적인 희생일 뿐이었다. 그러나 인권과 기본권이 주장되고 보장되면서 개인은 종교적이거나 세속적인 구속(이른바 신분)에서 해방되고 국가와 대등한 지위를 획득하였다. 따라서 헌법에 수용된 기본의무는 더는 과거처럼 국민의 일방적인 희생으로 이해할 수 없고, 국민과 국가의 대등한 관계에 맞추어 새롭게 이해할 필요가 생겼다.[40] 특히 국가의 목적이 국민의 기본권 보장으로 확정되면서 기본의무가 기본권과 맺는 관계를 적절하게 정립하는 것은 매우 중요한 헌법적 과제가 되었다. 그리고 처음 기본의무가 헌법에 수용된 것은 국가권력 남용을 억제하고 국가권력 발동을 제한함으로써 국민의 기본권을 보장하려는 소극적 의미가 있었다. 하지만 헌법국가에서 기본의무는 국민 스스로 국가공동체의 존립과 활동에 적극 이바지한다는 적극적인 의미도 있고, 새롭게 등장한 기본권보완적 기본의무들은 사회국가·문화국가의 이념을 구현하고, 국민의 생존을 확보하기 위해서 기본권을 실질화한다는 의미도 있다. 이러한 점에서 기본의무는 기본권 보장이라는 헌법목적에 맞게 제한적이면서도 적극적으로 이해될 필요가 있다.[41]

3. 원칙인 기본의무 부과와 예외인 기본권 제한

헌법은 기본권을 보장하기 위해서 제정되었다. 따라서 헌법에서 기본권은 최대한 보장되어야 하고, 기본권 제한은 최소한에 그쳐야 한다(기본권의 최대보장과 최소제한). 그래서 헌법국가에서 기본권 보장은 원칙이고, 기본권 제한은 예외이다. 그에 반해서 기본의무는 국가를 형성하고 유지하기 위해서 국민이 불가피하게 지는 부담이다. 따라서 국가공동체의 존립과 활동에 따르는 국민의 피할 수 없는 희생이다. 그래서 국민 합의로 헌법을 제정하여 기본의무를 규정하면, 국가가 있는 한 국민은 당연히 기본의무를 진다. 즉 국민이 기본의무를 진다는

적 보상방안」, 고려대학교 법학석사학위논문, 2011, 17쪽; 장영수, 「헌법체계상 기본의무의 의의와 실현구조」, 『법학논집』 제33집, 고려대학교 법학연구소, 1997, 76쪽.

40) 전광석, 『한국헌법론(제14판)』, 집현재, 2019, 551~552쪽 참조.

41) 기본의무의 자세한 역사적 발전과정에 관해서는 이준일/서보건/홍일선, 『헌법상 기본의무에 관한 연구』(헌법재판연구 제23권), 헌법재판소, 2012, 12~43쪽 참조.

점에 관해서는 의문이 없다(물론 국민이 지는 기본의무의 종류는 헌법적 결단사항이다). 다만, 누가 어느 정도의 의무를 질 것인지에 관한 문제가 남는다. 즉 기본의무 내용은 법률을 통해서 구체적으로 확정되어야 한다. 요컨대 기본권 제한은 기본권과 헌법적 이익 사이의 정서를 목적으로 하는 예외적 현상이지만, 기본의무 부과는 (국민의 합의로 헌법에 규정하는 한) 국가공동체의 존립과 활동에 이바지하기 위한 원칙적 결과이다.[42] 따라서 기본권 제한은 기본권에 한계를 설정하여 국가권력에서 국민의 기본권을 보호하려는 것이고, 기본의무 부과는 국민에게 헌법적 부담을 균등하게 분배하는 것이다. 다만, 기본권 제한과 기본의무 부과 모두 기본권 보장이 궁극적 목적임은 잊지 말아야 한다.

기본의무 부과로 말미암아 발생하는 불이익은 국가가 법적으로 강제한다는 점에서 일종의 '희생'을 뜻한다. 하지만 기본의무라는 희생은 국가 구성원으로서 누구나 당연히 진다는 점에서 '일반적 희생'이지, '특별한 희생'은 아니다.[43] 그러나 기본권 제한으로 말미암은 불이익은 국민이 일반적으로 받는 것이 아니라 특별한 조건이 충족되는 범위에서만 받으므로, '특별한 희생'이라는 점에서 기본의무 부과로 말미암은 불이익과 구별된다.[44] 이러한 점에서 기본권을 제약하는 국가행위에 대해서는 기본권으로 대항하여 그 위헌 여부를 다툴 수 있다. 이때 기본권의 방어권적 효력이 국가권력에 대해서 작용한다. 그러나 기본의무를 부과하는 국가행위에 대해서는 기본권으로 대항할 수 없다.[45] 이때 기본권의 방어권적 효력이 국가권력에 미치지 않는다. 물론 이러한 결과는 사법적 심사를 통해서 기본의무를 부과하는 국가행위가 정당하다는 것이 확인되었을 때 비로소 발생한다. 따라서 기본의무를 부과하는 국가행위가 정당하지 않다는 것을 근거로 기본권 침해를 주장할 수는 있다.

기본권 제한은 언제나 해당 기본권 보장을 목적으로 한다는 것에서 출발하여야 한다. 그래서 해당 기본권이 헌법유보나 법률유보 아래에 있더라도 헌법의 우선적 목표는 해당 기본권의 자유내용 보장이다. 이로 말미암아 이러한 자유내용의 한계는 헌법 제37조 제2항 후단의 본질적 내용 보장에서 끝나는 것이 아니라 그전에 비례성원칙을 통해서 먼저 확정되어야 한다. 그러나 기본권 제한과 달리 기본의무 부과의 본래 목적은 기본권을 제한하는 것이 아니라 공동체이익을 위해서 개인에게 급부나 수인을 의무 지우는 것이다.[46] 이러한 점에서 기

---

42) 김용기, 「기본의무로서의 병역의무와 의무이행자에 대한 합리적 보상방안」, 고려대학교 법학석사학위논문, 2011, 18쪽; 김학성, 『헌법학원론(전정3판)』, 피앤씨미디어, 2019, 813쪽; 정종섭, 『헌법학원론(제12판)』, 박영사, 2018, 910쪽.

43) 헌재 1999. 12. 23. 98헌마363, 판례집 11-2, 770, 783 참조.

44) 김용기, 「기본의무로서의 병역의무와 의무이행자에 대한 합리적 보상방안」, 고려대학교 법학석사학위논문, 2011, 20쪽.

45) 김학성, 『헌법학원론(전정3판)』, 피앤씨미디어, 2019, 813쪽; 정종섭, 『헌법학원론(제12판)』, 박영사, 2018, 911쪽.

46) Hasso Hofmann, Grundpflichten und Grundrechte, in: Josef Isensee/Paul Kirchhof (Hrsg.), Handbuch des Staatsrechts der Bundesrepublik Deutschland, Bd. Ⅸ, 3. Aufl., Heidelberg 2011, § 195 Rdnr. 56; Albrecht Randelzhofer, Grundrechte und Grundpflichten, in: Detlef Merten/Hans-Jürgen Papier (Hrsg.), Handbuch der

본의무 부과의 정당성을 심사할 때 기본권 보장이 고려되어야 하는 것은 당연하지만, 기본권의 한계적 기능은 약할 수밖에 없다. 기본의무 부과는 기본권 제약의 불가피성을 전제하기 때문이다.

4. 효과가 다른 기본의무 부과와 기본권 제한

기본권 제한과 기본의무 부과는 기본권 제약이라는 비슷한 효과를 낳는다. 하지만 기본권 제한과 기본의무 부과로 말미암은 효과는 다른 점이 많다. 먼저 기본권 제한은 기본권의 보호영역을 확정하고 나서 그에 대한 보호를 철회한다. 그에 반해서 기본의무 부과는 그 정당성이 인정되면 처음부터 기본권의 보호영역을 잘라낸다.[47] 즉 기본권 제한은 제약 단계에서 문제가 되지만, 기본의무 부과는 보호영역 확정 단계에서 문제가 된다. 그리고 기본의무는 헌법이 인정하는 것으로 기본의무를 구체화하는 법률을 통해서 비로소 창설되는 것이 아니라 구체적인 내용이 법률로 확정될 뿐이다. 그러나 기본권 제한은 기본권을 제한하는 법률을 통해서 비로소 창설된다. 헌법은 기본권 제한 가능성만을 인정할 뿐이다.[48] 또한, 기본권 제한은 각각의 특별한 자유 행사를 다른 사람과 공동체의 정당한 이익과 조화시키기 위한 특별한 방법으로 예비조치를 하는 것이지만, 기본의무는 (반대로 공동체의 특정 목적에서 출발하여 더 통합지향적으로) 동등한 특정 권력관계가 아니라 다소간 큰 타율 영역을 형성한다.[49]

기본권 제한은 개별 기본권에 대해서 개별 사유를 근거로 이루어진다. 하지만 기본의무 부과는 여러 기본권에 대해서 개별 사유에 국한하지 않고 이루어진다. 그래서 특정 기본권에만 관련이 있는 기본권 제한과 달리, 기본의무 부과는 여러 기본권적 자유 영역에 영향을 미친다.[50] 그리고 기본의무 부과는 원칙적으로 작위와 관련되지만, 기본권 제한은 원칙적으로

Grundrechte in Deutschland und Europa, Bd. Ⅱ, Heidelberg 2006, § 375 Rdnr. 55 f. 참조.

47) 같은 견해: 김용기, 「기본의무로서의 병역의무와 의무이행자에 대한 합리적 보상방안」, 고려대학교 법학석사학위논문, 2011, 18쪽; 이준일/서보건/홍일선, 『헌법상 기본의무에 관한 연구』(헌법재판연구 제23권), 헌법재판소, 2012, 69쪽; 홍성방, 「국민의 기본의무」, 『공법연구』 제34집 제4호 제1권, 한국공법학회, 2006, 326쪽.

48) 김용기, 「기본의무로서의 병역의무와 의무이행자에 대한 합리적 보상방안」, 고려대학교 법학석사학위논문, 2011, 18~19쪽.

49) 계희열, 『헌법학(신정2판)』, 박영사, 2007, 832쪽; 홍성방, 「국민의 기본의무」, 『공법연구』 제34집 제4호 제1권, 한국공법학회, 2006, 325쪽; Hasso Hofmann, Grundpflichten und Grundrechte, in: Josef Isensee/Paul Kirchhof (Hrsg.), Handbuch des Staatsrechts der Bundesrepublik Deutschland, Bd. Ⅸ,3. Aufl., Heidelberg 2011, § 195 Rdnr. 55.

50) 계희열, 『헌법학(신정2판)』, 박영사, 2007, 832쪽; 김용기, 「기본의무로서의 병역의무와 의무이행자에 대한 합리적 보상방안」, 고려대학교 법학석사학위논문, 2011, 18쪽; 김학성, 『헌법학원론(전정3판)』, 피앤씨미디어, 2019, 813쪽; 이준일/서보건/홍일선, 『헌법상 기본의무에 관한 연구』(헌법재판연구 제23권), 헌법재판소, 2012, 61, 69쪽; 장영수, 「헌법체계상 기본의무의 의의와 실현구조」, 『법학논집』 제33집, 고려대학교 법학연구소, 1997, 76쪽; 홍성방, 「국민의 기본의무」, 『공법연구』 제34집 제4호 제1권, 한국공법학회, 2006, 326쪽; Hasso Hofmann, Grundpflichten und Grundrechte, in: Josef Isensee/Paul Kirchhof (Hrsg.), Handbuch des Staatsrechts der Bundesrepublik Deutschland, Bd. Ⅸ, 3. Aufl., Heidelberg 2011, § 195 Rdnr. 55; Albrecht Randelzhofer,

부작위와 관련된다.51) 또한, 기본권 제한은 기본권의 방어권적 측면만 문제가 되지만, 기본의무는 방어권의 효력을 상실시킬 뿐 아니라 부분적으로 소극적 자유권의 효력을 상실시킴으로써 급부를 요구하기도 한다.52)

5. 기본권의 법률유보와 다른 의무유보

(1) 의무유보의 의의

기본의무는 기본권을 보장하는 국가를 형성하고 유지하기 위한 최소한의 조건이다. 이러한 기본의무를 구체화하는 것은 입법자의 몫이다. 그래서 헌법은 기본의무의 내용을 법률로 정하도록 규정한다. 이처럼 기본의무 내용을 법률을 통해서 구체화할 수 있는 헌법적 근거를 의무유보라고 한다. 이로 말미암아 기본의무는 헌법규정만으로 직접 국민에게 특정 행위를 강제할 수 있는 것이 아니라 법률을 통해서 구체화하여야만 비로소 부과될 수 있다. 그러므로 기본의무는 '불완전한 법'이나 '잠재적인 법'의 성격이 있다.53) 즉 국민의 기본의무는 그 내용이 명확하게 확정되지 않아서 기본권과 달리 직접 효력이 미치는 것으로 이해하기 어렵다.54) 이러한 점에서 헌법은 국민에게 '직접' 기본의무를 부과하지 않는다고 볼 수도 있다. 헌법상 기본의무는 겉으로는 국민을 수범자로 하여 국민을 향하지만, 실제로는 입법자의 행위를 요구한다. 그러나 기본의무는 국가를 형성하고 유지하기 위한 최소한이라는 점에서 입법자가 마음대로 기본의무의 내용을 어떻게 구체화할 것인지를 결정할 수 있는 것이 아니라 입법자가 그에 관한 의무를 진다. 이러한 점에서 의무유보규정은 강령(프로그램)이 아니라 규범이다. 그리고 법률로 확정된 기본의무는 헌법의 기본의무규정을 구체화한 것으로서 헌법적 효력이 있다. 따라서 기본의무가 법률로 구체적 내용이 확정되어도 기본의무는 여전히 헌법적 의무이지, 법률적 의무로 추락하지 않는다. 기본의무가 추상적인 헌법규정으로 규정되면 기본의무 내용이 구체적으로 규정되지 않아서 국민에게 기본의무가 과도하게 부과될 수 있고, 법치국가적 예견 가능성이 보장되지 않을 수도 있다. 의무유보는 법률을 통해서 기본의무

Grundrechte und Grundpflichten, in: Detlef Merten/Hans—Jürgen Papier (Hrsg.), Handbuch der Grundrechte in Deutschland und Europa, Bd. Ⅱ, Heidelberg 2006, § 375 Rdnr. 56.

51) 이준일/서보건/홍일선, 『헌법상 기본의무에 관한 연구』(헌법재판연구 제23권), 헌법재판소, 2012, 69쪽; 홍성방, 「국민의 기본의무」, 『공법연구』 제34집 제4호 제1권, 한국공법학회, 2006, 325쪽.

52) 홍성방, 「국민의 기본의무」, 『공법연구』 제34집 제4호 제1권, 한국공법학회, 2006, 325쪽.

53) 계희열, 『헌법학(신정2판)』, 박영사, 2007, 831쪽; 홍성방, 「국민의 기본의무」, 『공법연구』 제34집 제4호 제1권, 한국공법학회, 2006, 323~324쪽; Hasso Hofmann, Grundpflichten und Grundrechte, in: Josef Isensee/Paul Kirchhof (Hrsg.), Handbuch des Staatsrechts der Bundesrepublik Deutschland, Bd. Ⅸ, 3. Aufl., Heidelberg 2011, § 195 Rdnr. 47.

54) 국민의 기본의무 내용은 헌법이 직접 정하지 않고, 법률을 통해서 비로소 구체적으로 정해지므로, 헌법상 기본의무조항은 기본의무를 규정하는 입법의 헌법적 근거가 된다는 의미에서 간접적 효력이나 선언적 효력이 있다는 보는 것이 옳다는 견해(헌법윤리적인 선언적 효력설)도 있다(허 영, 『한국헌법론(전정15판)』, 박영사, 2019, 667쪽).

의 내용을 구체화하도록 함으로써 이러한 문제점을 제거할 수 있다. 이를 통해서 의무유보는 국민의 기본권을 보장하는 소극적 의미도 있다.

(2) 기본권의 법률유보와 의무유보의 비교
① 기본권제한적 법률유보

기본권제한적 법률유보는 기본권 제한을 목적으로 한다. 따라서 기본권의 보호범위가 일단 확정된다고 전제한다. 따라서 기본권제한적 법률유보는 주로 인권에서 직접 유래한 자유권을 대상으로 한다. 입법자는 기본권을 제한할 권한을 부여받으므로, 확정된 보호범위를 다른 법익과 형량하여 제한하는 기능을 수행한다. 이때 입법자는 기본권 제한의 한계를 지켜야 하므로 입법 재량은 제한된다.

② 기본권구체화적 법률유보

기본권구체화적 법률유보는 기본권 실현을 목적으로 한다. 여기서 기본권의 내용과 범위는 입법자가 비로소 확정한다. 즉 입법자는 헌법이 위임한 취지에 맞게 기본권을 구체화하는 기능을 수행한다. 이때 입법자는 다양한 형성 가능성이 있으므로, 입법재량이 입법자에게 넓게 인정된다. 기본권구체화적 법률유보는 인권에서 직접 유래하지 않은 기본권, 즉 사회권, 참정권, 청구권을 주 대상으로 한다.

③ 기본권의 법률유보와 의무유보의 차이점

(i) 기본권제한적 법률유보는 기본권과 헌법적 법익 사이의 정서를 목적으로 하고, 입법자에게 기본권을 제한할 권한을 부여하는 측면이 강하며, 국가의 적극적 행위와 관련된다. 그리고 기본권제한적 법률유보에서는 입법목적을 개별 법률이 제시하고, 이를 통해서 만들어지는 법률은 특정 기본권을 제한하며, 이 법률에 대한 위헌심사기준은 과잉금지원칙이다.

(ii) 기본권구체화적 법률유보는 기본권 실현을 목적으로 하고, 입법자에게 법률을 통해서 기본권을 실현하도록 하는 의무를 부과하는 측면이 강하며, 국가의 소극적 행위와 관련된다. 그리고 기본권구체화적 법률유보에서는 입법목적을 헌법이 직접 제시하고, 이를 통해서 만들어지는 법률은 특정 기본권 보장을 실현하며, 이 법률에 대한 위헌심사기준은 적정보장원칙(참정권), 상응보장원칙(청구권), 실질보장원칙(사회권)이다.

(iii) 의무유보는 국가공동체의 존립과 활동에 이바지하는 것을 목적으로 하고, 입법자에게 기본권을 제한할 권한을 부여하는 측면이 강하나 국가의 형성과 유지에 이바지하여야 하는 의무를 부과하는 측면도 무시하지 못하며, 국가의 적극적 행위와 관련된다. 그리고 의무유보에서는 입법목적이 헌법에서 직접 제시되고, 이를 통해서 만들어지는 법률은 여러 기본권을 제한하지만, 기본권보완적 의무유보에서는 특정 기본권이 충실히 실현되도록 하며, 이 법률에 대한 위헌심사기준으로서 적어도 기본권에 적용되는 그대로의 비례성원칙은 적절하지 않다.

6. 기본권 제한으로 대체할 수도 있는 기본의무 부과

기본의무를 인정할 것인지 그리고 무엇을 기본의무로 인정할 것인지는 헌법적 결단사항이다. 즉 헌법국가에서 기본의무 인정은 필수적 사항이라고 볼 수 없다. 예를 들어 기본의무로 누구나 인정하는 납세의무와 국방의무도 기본의무로 인정되지 않을 수도 있다. (정의에 들어맞는지 혹은 바람직한 것인지는 논란이 있을 수 있으나) 예를 들어 모나코나 브루나이와 같은 나라에서는 국가가 영리사업 등을 통해서 국가재정을 직접 조달함으로써 국민이 세금을 내지 않는다. 그리고 모병제나 용병제를 채택함으로써 국민에게 국방의무를 지우지 않는 것도 가능하다. 따라서 기본의무로 인정되는 것을 헌법에 반드시 규정하거나 이를 인정하여야 하는 것은 아니다. 이를 국가목표규정이나 입법위임규정 혹은 헌법원리로 규정하고 법률을 통해서 이를 구체화할 수도 있고, 심지어 헌법에 아무런 규정이 없더라도 법률로써 이를 의무로 규정할 수도 있다. 물론 이러한 법률은 기본권을 제한하는 법률로써 헌법 제37조 제2항에 따른 위헌심사를 통과하여야만 정당성을 인정받을 수 있다. 이는 국가가 기본의무 부과를 통해서 달성하도록 규정된 목적을 반드시 기본의무 부과를 통해서 달성하여야 하는 것이 아니라는 것을 뜻한다. 즉 기본의무 부과를 기본권 제한으로 대체할 수도 있다. 특히 기본권보완적 기본의무는 이러한 가능성이 크다. 이때 기본의무를 부과할 것인지 혹은 기본권을 제한할 것인지는 입법자의 재량이다. 만약 기본의무로 인정된 것을 기본권 제한 형태로 국민에게 부담지우면, 입법자는 헌법이 기본의무 부과에 인정한 특권을 포기하는 결과가 될 것이다. 그러나 기본권 제한을 기본의무 부과로 대체할 수는 없다. 이러한 점에서 헌법이 어떠한 헌법적 부담을 기본의무로 규정한 것은 특별한 헌법적 의미가 있다. 헌법이 기본의무로 규정한 헌법적 부담은 헌법제정자가 국가를 형성하고 유지하는 데 필요최소한으로 인정한 것으로서 최소한 기본권 제한보다는 더 큰 입법재량을 입법자에게 부여하고, 기본권 제한보다 더 쉽게 기본권을 제약할 수 있도록 한 것이다. 물론 해당 목적을 달성하는 한 이러한 권한을 어떻게 행사할 것인지는 입법자의 몫이다.

Ⅵ. 기본의무를 구체화하는 법률의 위헌성 심사기준

1. 판례

헌법재판소 법정의견은 기본의무를 구체화하는 법률을 헌법 제37조 제2항의 비례성원칙에 따라 위헌심사를 하여야 한다는 것으로 보인다. 즉 헌법재판소는 기본의무를 구체화하는 법률을 기본권을 제한하는 법률과 같은 위헌심사기준으로 위헌 여부를 심사하는 것으로 볼 수 있다. 이에 관해서 법정의견은 구체적 논증을 하지 않는다. 그러나 법정의견에 동의하거나 반대하는 다양한 소수의견이 제시되었다. 먼저 ① 오늘날 법치주의 헌법 아래에서 모든 국가작용은 국민의 기본권적 가치를 실현하기 위한 수단이라는 한계 안에서 발동되고 형성되어야 하고, 이러한 점에서는 국민의 의무 영역을 형성하는 국가작용도 예외가 될 수 없으므로, 헌법상 기본의무를 국가작용이 국민의 기본권을 제한하는 때는 헌법 제37조 제2항이 선언하는 비례성원칙을 준수하여야 한다는 소수의견이 있다.[55] ② 기본의무를 구체화하는 법률이 관련 기본권의 본질적 내용을 침해하는지만을 심사하여야 한다는 소수의견도 있다.[56] 그리고 ③ 기본의무를 구체화하는 법률의 위헌성을 자의금지원칙을 기준으로 심사하여야 한다는 소수의견이 있다.[57] 또한, ④ 기본의무를 구체화하는 법률의 위헌심사기준으로 (ⅰ) 국가의 유지·보존을 위한 필요성의 목적, (ⅱ) 부과내용의 합리성과 타당성, (ⅲ) 부과방법의 공평성을 제시하는 소수의견도 있다.[58]

그리고 헌법재판소는 조세법규를 어떠한 내용으로 규정할 것인지에 관해서는 입법자가 국가재정, 사회경제, 국민소득, 국민생활 등의 실태에 관하여 정확한 자료를 기초로 정책적·기술적인 판단에 따라서 정하여야 하는 문제라서, 이는 입법자의 입법형성적 재량에 기초한 정책적·기술적인 판단에 맡겨져 있으므로, 조세법규가 청구인의 재산권을 침해하는지는 그 내용이 현저하게 합리성을 결여한 것인지에 따라 이를 판단함이 상당하다고 한다(즉 그 내용이 명백히 불합리하거나 불공정하지 않는 한 입법부의 정책적인 판단은 존중되어야 한다).[59]

2. 학설

① 기본의무를 구체화하는 법률은 과잉금지원칙에 따라서 위헌심사하여야 한다는 견해가 있다.[60] ② 현행 헌법상 기본의무의 실현구조는 일반적 법률유보를 취하는 기본권제한체계와 맞물려 구현되므로, 기본의무가 의무유보규정을 통해서 국민에게 부과되고, 이때 기본권이 제한되는 한 일반적 법률유보(헌법 제37조 제2항)도 기본권제한입법의 수권규정이 됨과 동시에 한계규정이 된다는 견해도 있다.[61] 그리고 ③ 독자적인 기준을 제시하는 헌법재판소 소수의

---

55) 헌재 2010. 10. 28. 2008헌마638, 판례집 22-2하, 216, 246-248 재판관 이공현, 재판관 송두환의 반대의견.
56) 헌재 2004. 8. 26. 2002헌가1, 판례집 16-2상, 141, 181-182 재판관 권성의 별개의견.
57) 헌재 2004. 8. 26. 2002헌가1, 판례집 16-2상, 141, 183-187 재판관 이상경의 별개의견.
58) 헌재 2010. 10. 28. 2009헌바67, 판례집 22-2하, 101, 122-126 재판관 김종대의 별개의견; 2010. 10. 28. 2008헌마638, 판례집 22-2하, 216, 236-238 재판관 김종대의 별개의견; 2010. 11. 25. 2006헌마328, 판례집 22-2하, 446, 459-461 재판관 조대현, 재판관 김종대의 기각의견.
59) 헌재 1996. 8. 29. 95헌바41, 판례집 8-2, 107, 116-117; 헌재 2001. 12. 20. 2000헌바54, 판례집 13-2, 819, 824; 헌재 2003. 1. 30. 2002헌바65, 판례집 15-1, 121, 128-129; 헌재 2008. 7. 31. 2007헌바13, 판례집 20-2상, 166, 181; 헌재 2018. 1. 25. 2015헌바277, 판례집 30-1상, 21, 28.
60) 정태호, 「양심을 이유로 한 입영거부에 대한 형사처벌의 위헌여부」, 『고시연구』 제32권 제2호(통권 제371호), 고시연구사, 2005. 2., 42~43쪽.
61) 김선택, 『한국내 양심적 병역거부의 인정여부에 관한 이론적·실증적 연구』, 국가인권위원회, 2002, 42~43쪽.

견을 따르는 견해가 있다.[62] 또한, ④ 형식적·절차적 요건을 충족하고, 평등원칙 심사를 통과한 기본의무 부과는 그 자체로 정당하다고 할 수 있지만, 부당결부금지원칙, 본질적 내용금지원칙이 보충적으로 적용될 수 있는데, 특히 본질적 내용 침해금지원칙과 관련하여, 본질적 내용은 "주권자의 활발하고 지속적인 정치적 참여가 방해받았는지", 기본의무 부과로 말미암아 오히려 "비지배자유가 훼손되었는지"가 될 것이라는 견해도 있다.[63] 이 견해는 평등원칙을 1차적 심사기준으로 삼는다.

3. 사견

① 헌법 제37조 제2항의 비례성원칙 위반 여부를 심사하여야 한다는 견해와 기본권의 본질적 내용 침해금지만을 심사하여야 한다는 소수의견은 기본의무 부과와 기본권 제한의 차이를 무시한다는 점에서 문제가 있다. ② 자의금지원칙을 심사기준으로 제시하는 소수의견은 자의금지원칙의 내용이 불명확할 뿐 아니라 그 헌법적 근거가 무엇인지를 해결하여야 한다. ③ 독자적인 기준을 제시하는 소수의견은 3가지 기준이 헌법에서 어떻게 도출될 수 있는지에 관한 논증이 없다. ④ 평등원칙을 1차적 심사기준으로 삼는 견해는 절차적·형식적 법치국가원리의 요소인 적법절차원칙, 법률유보원칙, 명확성원칙, 법률불소급원칙 등은 '기본의무'와 관련한 심사기준이 아니라 '법률'과 관련된 심사기준이라는 점을 간과하고, 평등원칙 심사는 부담 내용이 확정되어야 비로소 가능하다는 점을 무시한다.

헌법이 기본의무를 규정하는 내용에서는 기본의무를 구체화하는 법률을 정당화하는 기준이 무엇인지를 직접 찾을 수 없다. 그러나 기본의무의 개념과 내용 그리고 헌법의 기본의무 규정을 면밀하게 분석해 보면, 기본의무 부과와 관련하여 ① 누구에게 기본의무를 부과할 것인지, ② 어떠한 내용의 기본의무를 부과할 것인지 그리고 ③ 어떻게 기본의무를 적정하게 배분할 것인지가 문제 된다는 것을 발견할 수 있다. 물론 이러한 문제는 사실 기본의무에 특유한 것이라고 보기는 어렵다. 즉 법치국가원리 아래에서 국가권력 행사의 정당성과 관련하여 논의되는 일반적 내용으로 볼 수 있다. 예를 들어 기본권 제한에서도 ① 기본권능력, ② 기본권제약 내용의 정당성 그리고 ③ 기본권제약의 평등성이 일반적으로 심사되는 내용이다. 이는 헌법의 기본의무규정에서 도출되는 특별한 심사기준이 없다는 점과 법치국가원리의 일반적 적용에서 비롯하는 불가피한 결과로 볼 수 있다. 다만, 기본의무 부과의 특수성은 이러한 심사사항의 구체적 내용에 반영되어야 한다. 심사사항이 같다고 하여서 심사내용이나 심사강도도 당연히 같다고 볼 수는 없기 때문이다. 결론적으로 ① 기본의무주체, ② 기본의무의

---

62) 김용기, 「기본의무로서의 병역의무와 의무이행자에 대한 합리적 보상방안」, 법학석사학위논문, 고려대학교, 2011, 27~28쪽.

63) 강일신, 「헌법상 기본의무의 실현」, 『공법학연구』 제15권 제1호, 한국비교공법학회, 2014, 115~120쪽.

내용, ③ 기본의무 분배라는 세 가지 측면에서 기본의무를 구체화하는 법률의 위헌 여부는 심사될 수 있다. 기본의무주체 측면에서는 기본의무주체가 의무를 수행할 수 있는지가, 기본의무의 내용 측면에서는 기본의무의 내용이 적정하게 확정되었는지가, 기본의무 분배 측면에서는 기본의무가 균등하게 분배되었는지가 구체적으로 심사되어야 한다.64)

제 2 절 개별기본의무론

Ⅰ. 납세의무

1. 의의

납세의무는 국방의무와 더불어 근대헌법 이래 양대 기본의무이다. 납세의무는 국가가 존립하고 그 과제를 이행하는 데 필요한 비용을 충당하기 위해서 국가공동체 구성원이 부담하여야 하는 경제적인 기여의무이다. 납세는 조세 납부를 말한다. 여기서 조세는 국가나 지방자치단체 등 공권력 주체가 과세권에 기초하여 재정조달 목적으로 반대급부 없이 국가공동체 구성원에게 강제적으로 부과하는 경제적 부담을 말한다.65) 따라서 특정한 재화나 행정서비스 제공에 대한 반대급부에 해당하는 사용료, 수수료, 분담금 등은 조세가 아니다. 조세는 기본권이 보장하는 재산권의 부분적 박탈이면서 국가가 개인의 경제적 자유를 보장한 것에 대한 대가이다.66) 조세로 국가 재정을 확보할 뿐 아니라 사회국가적 활동을 위한 재원도 확보한다. 납세의무는 적극적으로는 국민이 주권자로서 국가재정을 형성한다는 적극적 성격과 자의적인 과세에 따른 재산권 침해를 방지한다는 소극적 성격이 있다. 납세의무는 1948년 헌법 제29조에 규정된 이래 조문 번호 변경 이외에는 1987년 헌법까지 아무런 변화 없이 규정되고 있다.

2. 주체

납세의무는 원칙적으로 국민이 진다. 여기서 국민은 자연인뿐 아니라 법인도 아우른다. 납세의무에 대응하는 과세권은 통치권 일부이므로, 외국인도 국내에 재산이 있거나 과세대상 행위를 하면 납세의무를 진다. 다만, 치외법권이 있거나 조약에 특별한 규정이 있으면 외국인은 납세의무를 지지 않는다.

---

64) 자세한 내용은 허완중, 『기본의무를 구체화하는 법률의 위헌심사기준』, 헌법재판소 헌법재판연구원, 2013 참조.
65) 헌재 1990. 9. 3. 89헌가95, 판례집 2, 245, 251; 헌재 1991. 11. 25. 91헌가6, 판례집 3, 569, 580 참조.
66) 한수웅, 『헌법학(제9판)』, 법문사, 2019, 1098쪽.

3. 조세부과원칙

국가는 헌법 제38조와 제59조에 따라서 국회가 제정한 법률을 통해서만 조세를 부과할 수 있다(조세법률원칙 - 조세의 합법률성 원칙). 따라서 조세의 요건과 그 부과·징수절차는 국민의 대표기관인 국회가 제정한 법률에 따라서 규정되어야 하고, 나아가 그 법률 집행에서도 이것이 엄격하게 해석·적용되어야 하며, 행정편의적인 확장해석이나 유추는 허용되지 않는다.[67] 그리고 평등원칙(헌법 제11조 제1항)의 세법적 구현으로서 조세의 부과와 징수를 납세자의 담세능력에 상응하여 공정하고 평등하게 하여야 하고 합리적인 이유 없이 특정 납세의무자를 불리하게 차별하거나 우대하는 것은 허용되지 않는다(조세평등주의 - 조세의 합형평성 원칙).[68] 조세평등주의가 요구하는 이러한 담세능력에 따른 과세원칙(능력에 따른 부담 원칙: 응능부담원칙)은 한편으로 같은 소득은 원칙적으로 같이 과세할 것을 요청하고(수평적 조세 정의), 다른 한편으로 소득이 다른 사람들 사이의 공평한 조세부담 배분을 요청한다(수직적 조세 정의). 그러나 이러한 담세능력에 따른 과세원칙이 예외 없이 절대적으로 관철되어야 하는 것은 아니라서 합리적 이유가 있으면 납세자 사이의 차별 취급도 예외적으로 허용될 수 있다. 세법 내용을 어떻게 정할 것인지는 입법자에게 광범위한 형성의 자유가 인정되고, 더욱이 오늘날 조세입법자는 조세 부과를 통해서 재정수입 확보라는 목적 이외에도 국민경제적·재정정책적·사회정책적 목적 달성을 위해서 여러 가지 관점을 고려할 수 있기 때문이다.[69]

---

67) 헌재 1990. 9. 3. 89헌가95, 판례집 2, 245, 252.

68) 헌법재판소는 조세우대나 그 밖에 조세에 관한 특별조치가 과연 불합리한 차별대우로서 조세공평주의와 평등원칙에 위배되는지를 판단하기 위해서는 ① 그 조치를 통하여 달성하려고 하는 정책목표가 합리적인지 ② 그 목표 달성하는 데 그러한 조치가 유효한지 ③ 그 조치로 말미암아 발생하는 차별 정도가 어느 정도로 중한지 등의 제반 요소들을 모두 종합적으로 검토하여야 한다고 한다(헌재 1995. 6. 29. 94헌바39, 판례집 7-1, 896, 905).

69) 헌재 1999. 11. 25. 98헌마55, 판례집 11-2, 593, 608-609.
헌재 1999. 11. 25. 98헌마55, 판례집 11-2, 593, 609: "담세능력의 원칙은 소득이 많으면 그에 상응하여 많이 과세되어야 한다는 것, 즉 담세능력이 큰 자는 담세능력이 작은 자에 비하여 더 많은 세금을 낼 것과, 최저생계를 위하여 필요한 경비는 과세로부터 제외되어야 한다는 최저생계를 위한 공제를 요청할 뿐 입법자로 하여금 소득세법에 있어서 반드시 누진세율을 도입할 것까지 요구하는 것은 아니다. 소득에 단순비례하여 과세할 것인지 아니면 누진적으로 과세할 것인지는 입법자의 정책적 결정에 맡겨져 있다."
헌재 2008. 7. 31. 2007헌바13, 판례집 20-2상, 166, 181: "오늘날의 조세는 국가의 재정수요를 충족시킨다고 하는 본래적인 기능 외에도 소득의 재분배, 자원의 적정배분, 경기의 조정 등 여러 가지 다양한 기능을 가지고 있으므로, 국민의 조세부담을 정함에 있어서는 재정·경제·사회정책 등 국정전반에 걸친 종합적인 정책판단을 필요로 할 뿐만 아니라, 과세요건을 정함에 있어서 극히 전문적·기술적인 판단을 필요로 하고, 따라서 조세법규를 어떠한 내용으로 규정할 것인지에 관하여는 입법자가 국가재정, 사회경제, 국민소득, 국민생활 등의 실태에 관하여 정확한 자료를 기초로 하여 정책적·기술적인 판단에 의하여 정하여야 하는 문제이므로, 이는 입법자의 입법형성적 재량에 기초한 정책적·기술적인 판단에 맡겨져 있다고 할 수 있다(헌재 1996. 8. 29. 95헌바41, 판례집 8-2, 107, 116-117; 헌재 2001. 12. 20. 2000헌바54, 판례집 13-2, 819, 824; 헌재 2003. 1. 30. 2002헌바65, 판례집 15-1, 121, 128-129 등 참조)."

4. 국가의 과세와 재산권 보장의 관계

기본의무인 납세의무는 기본권, 구체적으로 재산권 제약을 전제하므로 납세의무를 구체화하는 법률은 재산권의 보호영역을 건드리는 재산권 제한이 아니라 헌법 제23조 제1항에 따라 납세자의 '재산권의 내용과 한계'를 정하는, 즉 재산권의 보호영역을 확정하는 것이다. 따라서 국가의 과세는 재산권 제한과 관련이 없다. 그러나 헌법재판소는 "조세의 부과·징수는 국민의 납세의무에 기초하는 것으로서 원칙으로 재산권의 침해가 되지 않는다고 하더라도 그로 인하여 납세의무자의 사유재산에 관한 이용, 수익, 처분권이 중대한 제한을 받게되는 경우에는 그것도 재산권의 침해가 될 수 있"70)다고 한다.

Ⅱ. 국방의무

1. 의의

국방의무는 외침에서 국가의 존립과 안전 및 영토 보존을 수호하여 국가의 정치적 독립성과 완전성을 수호하는 데 필요한 역무를 제공하거나 그 밖의 국방상 필요한 군사적 조치에 협력할 의무이다.71) 국방의무는 적극적으로는 국민이 주권자로서 국가를 외적에게서 방위한다는 적극적 성격과 자의적인 징집에 따른 신체의 자유 침해를 방지한다는 소극적 성격이 있다. 국방의무는 납세의무와 달리 다른 사람의 대체적 이행이 불가능한 일신전속적 성격이 있다.72) 민주국가에서 병역의무는 납세의무와 더불어 국가라는 정치적 공동체의 존립·유지를 위하여 국가 구성원인 국민에게 그 부담이 돌아갈 수밖에 없는 것으로서, 병역의무 부과를 통해서 국가방위를 도모하는 것은 국가공동체에 필연적으로 내재하는 헌법적 가치이다.73) 1948년 헌법 제30조에 "모든 국민은 법률의 정하는 바에 의하여 국토방위의 의무를 진다."라고 국방의무가 규정된 이래 조문이 약간씩 바꾸기는 하였지만, 기본적인 내용은 변화 없이 1987년 헌법까지 유지되고 있다. 다만, 1962년 헌법에서 '국토방위'가 '국방'으로 바뀌었고, 1980년 헌법에서 병역의무 이행으로 말미암은 불이익처우금지 규정이 추가되었다.

---

70) 헌재 1997. 12. 24. 96헌가19등, 판례집 9-2, 762, 773; 헌재 2008. 7. 31. 2007헌바13, 판례집 20-2상, 166, 180-181.
71) 헌재 1995. 12. 28. 91헌마80, 판례집 7-2, 851, 868; 헌재 1999. 2. 25. 97헌바3, 판례집 11-1, 122, 130; 헌재 1999. 12. 23. 98헌마363, 판례집 11-2, 770, 783; 헌재 2002. 11. 28. 2002헌바45, 판례집 14-2, 704, 710; 헌재 2010. 4. 29. 2009헌바46, 판례집 22-1하, 21, 25.
72) 홍성방, 『헌법학(중)(제2판)』, 박영사, 2015, 486쪽.
73) 헌재 2004. 8. 26. 2002헌바13, 판례집 16-2상, 195, 202.

2. 주체

국방의무의 주체는 원칙적으로 국민이다. 다만, 상황에 따라 외국인도 국방의무에 협력하고 동참하여야 할 때가 있다. 예를 들어 외국인도 방공의무를 진다. 직접적인 병력제공의무는 남자만 진다(병역법 제3조 제1항 전문).[74] 여자는 지원을 통해서 현역과 예비역으로 복무할 수 있다(병역법 제3조 제1항 후문). 이중국적자인 남자는 제1국민역에 편입되기 이전(만 20세 전에 복수국적자가 되면 만 22세까지, 만 20세 이후에 복수국적자가 되면 2년 안, 제1국민역에 편입되면 3개월 이내)에 국적선택을 하여야 한다(국적법 제12조 제1항과 제2항). 다만, 대한민국에서 외국 국적을 행사하지 않겠다고 법무부 장관에게 서약하면 그러하지 아니하다(국적법 제12조 제1항 단서). 복수국적자가 국적 선택을 하지 않으면, 법무부 장관은 복수국적자에게 국적선택 명령을 할 수 있다(국적법 제14조의2).

3. 내용

국방의무의 내용은 법률을 통해서 구체화하여야 하지만, 국방에 필요한 병력을 직접적으로나 간접적으로 제공하여야 할 의무가 그 기본적 내용이다. 여기서 직접적인 병력형성의무는 군인으로서 징집연령에 달하면 징집에 따를 의무이고, 간접적인 병력형성의무는 그 밖의 국방상 필요한 군사적 조치에 협력할 의무(예를 들어 예비군복무의무, 민방위대소집 응소의무, 전시 군수품 지원을 위한 노력동원의무, 군작전상 불가피한 재산권의 수용·사용·제한, 거주·이전의 제한 등을 수인할 의무)이다. 병력 형성 이후 군작전명령에 복종하고 협력하여야 할 의무도 국방의무에 속한다.[75] 병역법 제3조 제1항은 남자의 징병제와 여자의 지원병제를 규정한다. 예비군 제도는 국방의무를 이중으로 강제한다고 볼 수 없다.

---

74) 헌법재판소는 집단으로서 남자는 집단으로서 여자에 비해서 더 전투에 적합한 신체적 능력을 갖추고 있고, 개개인의 신체적 능력에 기초한 전투적합성을 객관화하여 비교하는 검사체계를 갖추는 것이 현실적으로 어려운 점, 신체적 능력이 뛰어난 여자도 월경이나 임신, 출산 등으로 말미암은 신체적 특성상 병력자원으로 투입하기에 부담이 큰 점 등에 비추어 남자만이 징병검사 대상이 되는 병역의무자로 정한 것이 현저히 자의적인 차별취급이라고 보기 어렵고, 한편 보충역이나 제2국민역 등은 국가비상사태에 즉시 전력으로 투입될 수 있는 예비적 전력으로서 병력동원이나 근로소집의 대상이 되는바, 평시에 현역으로 복무하지 않더라도 병력자원으로서 일정한 신체적 능력이 요구되므로 보충역 등 복무의무를 여자에게 부과하지 않은 것이 자의적이라고 보기도 어려우므로, 성별을 기준으로 병역의무자의 범위를 정한 것은 자의금지원칙에 위배하여 평등권을 침해하지 않는다고 하였다(헌재 2010. 11. 25. 2006헌마328, 판례집 22-2하, 446).

75) 헌재 1995. 12. 28. 91헌마80, 판례집 7-2, 851, 868: "…… 국방의 의무라 함은 북한을 포함한 외부의 적대세력의 직접적 간접적인 침략행위로부터 국가의 독립을 유지하고 영토를 보전하기 위한 의무로서 현대전이 고도의 과학기술과 정보를 요구하고 국민전체의 협력을 필요로 하는 이른바 총력전인 점에 비추어 단지 병역법 등에 의하여 군복무에 임하는 등의 직접적인 병력형성의무만을 가리키는 것으로 좁게 볼 것이 아니라, 향토예비군설치법, 민방위기본법, 비상대비자원관리법, 병역법 등에 의한 간접적인 병력형성의무 및 병력형성 이후 군작전명령에 복종하고 협력하여야 할 의무도 포함하는 넓은 의미의 것으로 보아야 할 것이므로, 전투경찰순경으로서 대간첩작전을 수행하는 것도 위와 같이 넓은 의미의 국방의 의무를 수행하는 것으로 볼 수 있고, ……"

입법자는 국가의 안보상황, 재정능력 등의 여러 가지 사정을 고려하여 국가의 독립을 유지하고 영토를 보전하는 데 필요한 범위 안에서 법률로 국방의무를 구체적으로 형성할 수 있다. 국민에게 병역의무를 부과하면, 그 의무자의 기본권은 여러 가지 면에서(일반적 행동의 자유, 신체의 자유, 거주·이전의 자유, 직업의 자유, 양심의 자유 등) 제약을 받는다. 그러므로 법률에 따른 병역의무 형성에도 헌법적 한계가 있으니 헌법의 일반원칙, 기본권보장의 정신에 따른 한계를 준수하여야 한다.76)

4. 병역의무 이행으로 말미암은 불이익한 처우 금지

누구든지 병역의무 이행으로 말미암아 불이익한 처우를 받지 아니한다(헌법 제39조 제2항). 그래서 병역의무 이행을 직접적 이유로 차별적 불이익을 가하거나 병역의무를 이행한 것이 결과적·간접적으로 그렇지 아니할 때보다 오히려 불이익을 받는 결과를 초래하여서는 아니 된다.77) 그러나 병역의무 그 자체를 이행하느라 받는 불이익을 이러한 불이익에 해당하지 않는다. 즉 병역의무를 이행하면서 입은 불이익은 병역의무 이행으로 말미암은 불이익이 아니다.78) 헌법재판소는 국가정보원이 주관하는 공무원 경쟁시험에서 '남자는 병역을 필한 자'로 제한한 것이 군 미필자의 공무담임권을 침해한 것으로 볼 수 없고, 현역군인 신분자의 시험 응시기회를 제한하나 이는 병역의무 그 자체를 이행하느라 받는 불이익으로서 병역의무 중에 입는 불이익에 해당할 뿐이지, 병역의무 이행을 이유로 한 불이익은 아니므로 헌법 제39조 제2항에서 금지하는 '불이익한 처우'라고 볼 수 없다고 하였다.79) 불이익한 처우금지조항은 병역의무를 이행한 사람에게 보상조치를 취할 의무를 국가에 지우는 것이 아니라 병역의무 이행을 이유로 불이익한 처우를 금지한다.80) 여기서 불이익한 처우는 단순한 사실상·경제상 불이익을 모두 포함하는 것이 아니라 법적인 불이익을 말한다.81) 대법원은 군 복무로 말미암은 휴직 기간을 법무사시험의 공무원 근무경력에 넣지 않는 것은 병역의무 이행으로 말미암은 불이익처우금지에 위배되지 않는다고 하였다.82) 그리고 헌법재판소는 병역의무 이행을 위해서 군법무관으로 복무한 사람이 전역 후 변호사로 개업할 때 개업지 제한을 받는 것은 병역의무 이행으로 말미암은 불이익한 처우에 해당한다고 하였다.83) 그러나 헌법재판소는 현역

---

76) 헌재 1999. 2. 25. 97헌바3, 판례집 11−1, 122, 130.
77) 헌재 1999. 2. 25. 97헌바3, 판례집 11−1, 122, 133.
78) 헌재 1999. 2. 25. 97헌바3, 판례집 11−1, 122, 133; 헌재 2007. 5. 31. 2006헌마627, 판례집 19−1, 736, 744.
79) 헌재 2007. 5. 31. 2006헌마627, 판례집 19−1, 736, 744.
80) 헌법재판소는 제대군인가산점과 같은 고용상 적극적인 혜택은 헌법에 근거가 없다고 하였다(헌재 1999. 12. 23. 98헌바33, 판례집 11−2, 732, 747).
81) 김학성, 『헌법학원론(전정3판)』, 피앤씨미디어, 2019, 815쪽; 헌재 1999. 12. 23. 98헌바33, 판례집 11−2, 732, 747; 헌재 1999. 12. 23. 98헌바363, 판례집 11−2, 770, 784; 헌재 2003. 6. 26. 2002헌마484, 판례집 15−1, 802, 808.
82) 대법원 2006. 6. 30. 선고 2004두4802 판결(공2006하, 1434).
83) 헌재 1989. 11. 20. 89헌가102, 판례집 1, 329, 341.

병으로 입영한 사람을 전투경찰로 전환한 것[84]과 병역의무 이행으로 졸업연도가 늦어져 병역 의무를 이행하지 않은 동급생들과 달리 교원임용에서 구제를 받지 못한 것[85]은 병역의무 이 행으로 말미암은 불이익이 아니라고 보았다. 그리고 '병역을 필한 자'로 국가정보원 7급 경쟁 시험 응시자격을 제한하는 것도 현역군인(장교) 신분자에게 병역의무 이행 중 입는 사실상 불 이익에 불과하고,[86] 전투경찰순경으로서 대간첩작전 수행도 넓은 뜻의 국방의무를 이행하는 것이라서 병역의무 이행으로 말미암은 불이익한 처우로 볼 수 없다고 하였다.[87] 또한, 경찰 대학 입학연령을 21세 미만으로 제한하는 것[88]과 영내에 거주하는 현역 군인이 그 소속부대 가 소재한 지역에 주민등록을 하지 못하는 것[89]도 불이익한 처우가 아니라고 하였다.

Ⅲ. 재산권 행사의 공공복리적합의무

재산권을 신성한 것으로 선언하는 것 등 자유주의적 시장경제의 토대가 시민적 법치국가 헌법질서는 독과점을 통한 시장기능 왜곡, 그에 따른 자원배분 왜곡, 대규모의 빈민노동자 출 현 등 사회적 문제를 유발하였다. 그리하여 사회국가적 헌법은 경제활동에 대한 국가의 간섭 과 규제를 가능하게 하는 한편, 재산권을 사회적 구속 아래에 놓음으로써 재산권을 상대화한 다. 헌법 제23조 제2항도 재산권 보유자에게 그 재산권을 공공복리와 조화될 수 있도록 행사 하여야 할 기본의무를 부과하는 한편, 재산권의 내용과 한계를 규정하는 입법자에게 재산권 에 대한 사회적 요청을 반영시킬 것을 명령함으로써 재산질서에 대한 사회국가적 명령을 구 체화한다. 나아가 헌법 제23조 제2항에서 입법자가 제정한 법률이 해석 여지를 남기면 그 법 률의 해석과 적용을 위한 지침을 제시한다.

Ⅳ. 보호자녀를 교육받게 할 의무

헌법 제31조 제2항에서 "모든 국민은 그 보호하는 자녀에게 적어도 초등교육과 법률이 정 하는 교육을 받게 할 의무를 진다."라고 규정하여 보호자녀를 교육받게 할 의무를 규정한다. 보호자녀를 교육받게 할 의무는 친권자(나 후견인)가 그 자녀(나 피후견인)가 초등교육과 그 밖 의 법률이 정하는 교육을 받도록 취학시킬 의무이다. 보호자녀를 교육받게 할 의무의 주체는

---

84) 헌재 1995. 12. 28. 91헌마80, 판례집 7-2, 851, 870-872.
85) 헌재 2006. 5. 25. 2005헌마715, 판례집 18-1하, 151, 158.
86) 헌재 2007. 5. 31. 2006헌마627, 판례집 19-1, 736, 744.
87) 헌재 1995. 12. 28. 91헌마80, 판례집 7-2, 851, 869-870.
88) 헌재 2009. 7. 30. 2007헌마991, 판례집 21-2상, 364, 372.
89) 헌재 2011. 6. 30. 2009헌마59, 판례집 23-1하, 445, 455-456.

취학아동이 있는 친권자나 후견인이다. 의무교육은 공민교육이므로 외국인이 학령아동을 보호하면 의무 주체가 아니다. 국가가 지방자치단체는 교육을 받을 권리에 대응하는 의무교육 시행 주체일 뿐이다. 부모에게 부과된 보호자녀에 대한 교육의무는 물론 윤리적 관점에서도 그 근거를 발견할 수 있다. 그러나 인간을 개선하는 것은 자유의 원리를 따르면 국가의 정당한 과제라고 볼 수 없다. 따라서 단순히 자녀교육이 부모의 윤리적인 덕성에 들어맞는다는 이유로 헌법이 이를 부모의 의무로 인정할 수 없다. 국가가 자녀의 인격발현권을 보장하는 보증인적 지위에 있는 이상(헌법 제10조 참조) 자녀의 교육 여부를 전적으로 부모의 자유로운 결정에 맡길 수 없을 뿐 아니라 후손 교육은 공동체의 유지 및 발전과 관련된 문제이므로 부모의 교육의무는 법적 의무로 부과된다. 다시 말하자면 교육은 개인의 인격발현은 물론 직업생활을 위한 전제로서 의미가 있고, 민주주의의 원활한 기능을 위해서 필요하고 성숙한 민주시민의식을 함양하는 수단인 동시에 국가의 경제적·문화적 발전의 기초가 되므로 부모에게 그 자녀를 교육할 의무를 부과한 것이다. 국민에게 부과된 교육의무에 대응하여 국가는 국민이 교육을 받는데 필요한 인적·물적 설비를 마련하고 이를 무상으로 제공하며, 필요하면 교육을 받는 데 필요한 경비를 지원할 의무를 진다. 교육의무는 자력이 없는 친권자에게는 불가능한 요구이기 때문이다.

V. 근로의무

근로의무는 노동할 의무를 말한다. 근로는 임금을 목적으로 하는 노동력 제공으로 육체적 노동과 정신적 노동을 아우른다.[90] 근로의무는 사회권 목록에 비해서 적지 아니한 기본의무를 포함하였던 독일 바이마르 헌법에서 비로소 등장한다. 물론 바이마르 헌법은 근로의무가 윤리적 의무임을 명시하였다. 헌법이 이렇게 노동의무를 명시한 배경은 노동이 개인의 인격발현을 위한 활동이자 직업생활을 위한 수단이라는 의미를 넘어 국민경제 기초로서 공동체의 유지와 발전에 관해서 기본적인 의미가 있기 때문이다. 근로의무의 주체는 국민에 한정된다.

헌법 제10조 행복추구권에서 근로에 의하지 아니하고도 살 자유, 즉 게으를 자유가 도출되므로 근로의무는 근로 강제를 뜻하지 않는다. 즉 국민에게 일할 '법적' 의무는 없다. 따라서 근로의무는 국가가 근로 기회를 제공할 때 근로능력이 있는데도 이를 이유 없이 거부하고 근로의 권리에 입각한 생계비 지급을 요구하는 것을 허용하지 않겠다는 취지로 보아야 한다.[91] 국민은 게으를 자유는 있으나 일하는 대신에 택한 게으름에서 오는 결과는 본인이 부담하여야 하지 국가의 몫이 될 수 없다.

---

90) 같은 견해: 홍석한, 「헌법상 근로의무에 대한 고찰」, 『원광법학』 제35권 제1호, 원광대학교 법학연구소, 2019, 10쪽.
91) 같은 견해: 김형배, 『노동법(제26판)』, 박영사, 2018, 105쪽.

　　근로의무의 범위는 다른 헌법규정들, 즉 인간의 존엄성 존중을 규정하는 헌법 제10조, 강제노역을 금지하는 헌법 제12조 제1항, 직업의 자유를 보장하는 헌법 제15조, 사유재산제를 보장하는 헌법 제23조 제1항 등과 통일적으로 해석할 때 엄격한 한계가 그어질 수밖에 없다. 즉 근로의무는 공동체생활에 불가결한 경우를 위한 최소한의 것으로 국한(예를 들면 지역적·국가적 재난이 발생할 때 이를 극복하기 위한 수단으로서 근로의무 부과)하여야 하고, 대체이행이 허용되어야 하며, 의무 불이행에 대한 제재도 간접강제(예를 들어 세제상 또는 사회보장급여에서 불이익 부과)나 금전벌에 그쳐야지 자유형을 부과하여서는 아니 된다. 근로의무의 내용과 조건은 이러한 기준이 지켜질 때만 헌법 제32조 제2항 제2문이 의미하는 민주주의원리에 들어맞는다.

이 책의 바탕이 된 지은이의 글(발표순)

허완중, 「사법관계에 미치는 기본권의 효력」, 고려대학교 법학석사학위논문, 2002.

허완중, 「헌법 제29조 제2항 "법률이 정하는 보상"의 적극적 해석」, 『고려법학』 제51호, 고려대학교 법학연구원, 2008, 195~229쪽.

허완중, 「기본권보호의무에서 과소보호금지원칙과 과잉금지원칙의 관계」, 『공법연구』 제37집 제1-2호, 한국공법학회, 2008, 201~227쪽.

허완중, 「자유와 권리 그리고 기본적 인권」, 『성균관법학』 제20권 제3호, 성균관대학교 법학연구소, 2008, 531~558쪽.

허완중, 「기본권포기」, 『헌법학연구』 제15권 제3호, 한국헌법학회, 2009, 517~542쪽.

허완중, 「기본적 인권을 확인하고 보장할 국가의 의무」, 『저스티스』 제115호, 한국법학원, 2010. 2., 68~105쪽.

허완중, 「인권과 기본권의 연결고리인 국가의 의무」, 『저스티스』 제124호, 한국법학원, 2011. 6., 136~168쪽.

허완중, 「자초위해와 기본권보호」, 『공법연구』 제40집 제4호, 한국공법학회, 2012, 133~158쪽.

허완중, 「헌법 제23조 제1항과 제3항의 구별」, 허완중/손상식/정영훈, 『재산권 보장과 위헌심사』, 헌법재판소 헌법재판연구원, 2012, 1~59쪽.

허완중, 『기본의무를 구체화하는 법률의 위헌심사기준』, 헌법재판소 헌법재판연구원, 2013.

허완중, 「기본권관계 - 기본권문제를 바라보는 객관적이고 합리적인 틀」, 『공법연구』 제43집 제1호, 한국공법학회, 2014, 131~164쪽.

허완중, 「기본권의 대사인적 효력과 기본권보호의무 그리고 기본권충돌의 관계」, 『헌법논총』 제25집, 헌법재판소, 2014, 5~63쪽.

허완중, 「연령에 따른 국회의원 피선거권 제한의 법적 성격과 그에 따른 위헌심사」, 『헌법학연구』 제21권 제1호, 한국헌법학회, 2015, 349~388쪽.

허완중, 「국가의 목적이면서 과제이고 의무인 안전보장」, 『강원법학』 제45권, 강원대학교 비교법학연구소, 2015, 65~114쪽.

허완중, 「기본권3각관계」, 헌법재판연구 제3권 제1호, 헌법재판소 헌법재판연구원, 2016, 187~220쪽.

허완중, 「생명권과 구별되는 생명을 연장할 권리」, 『법학논총』 제37권 제1호, 전남대학교 법
    학연구소, 2017, 69~96쪽.
허완중, 「인권과 그 주체로서 인민」, 『인권법평론』 제20호, 전남대학교 법학연구소 공익인권
    법센터, 2018, 77~112쪽.
허완중, 「사형제도의 위헌성」, 『법학논총』 제39권 제1호, 전남대학교 법학연구소, 2018,
    109~168쪽.
허완중, 「법률이 형성한 법적 지위의 기본권적 보호」, 『헌법학연구』 제25권 제2호, 한국헌법
    학회, 2019, 193~225쪽.
허완중, 「기본권 제약 개념 확장을 통한 헌법 제37조 제2항의 해석」, 『헌법논총』 제30집, 헌
    법재판소, 2019, 5~60쪽.

찾아보기

저자 소개

○ 학력
고려대학교 법학과 학사/석사
독일 뮌헨대학교 법학과 박사(Dr. jur.)

○ 경력
성균관대학교 BK21 글로컬(Glocal) 과학기술법전문가 양성사업단 박사후연구원(2008. 9. - 2010. 2.)
고려대학교 법학전문대학원 연구교수(2010. 5. - 2011. 4.)
헌법재판소 헌법재판연구원 책임연구관(2011. 5. - 2016. 8.)
(현) 전남대학교 법학전문대학원 부교수
(현) 한국헌법학회 총무이사
(현) 전남대학교 법학연구소 공익인권법센터 센터장
(현) 광주광역시 정보공개심의회 위원장
(현) 전남대학교 생명윤리위원회 위원
(현) 세계인권도시포럼 추진위원회 위원
한국공법학회 신진학술상 수상(2016. 12.)
전남대학교 제23회 용봉학술상 수상(2019. 6.)
전남대학교 우수신임교수상 수상(2019. 6.)
헌법재판소 헌법논총 우수논문상 수상(2019. 11.)

○ 저서
헌법재판소 결정이 입법자를 구속하는 범위와 한계, 전남대학교출판문화원, 2017
헌법재판소 결정의 효력, 전남대학교출판문화원, 2019
헌법소송법, 박영사, 2019
헌법사례연습, 박영사, 2019

허완중 외 13명, 알기 쉬운 헌법, 헌법재판소 헌법재판연구원, 2012(1쇄)/2014(2쇄)
허완중 외 9명, 통일과 헌법재판 4, 헌법재판소 헌법재판연구원, 2017
김현철/남복현/손인혁/허완중, 헌법불합치결정의 기속력과 개선입법의 구제범위에 대한 연구(헌법재판
　　연구 제28권), 헌법재판소, 2017
허완중 외 8명, 통일과 헌법재판 3, 헌법재판소 헌법재판연구원, 2018
허완중 책임편집, 김현귀/손상식/손인혁/이장희/정영훈/허완중, 우리를 위해서 우리가 만든 우리 헌법,
　　박영사, 2019
김현철/남복현/손인혁/허완중, 헌법소송의 특수성과 다른 소송법령 준용의 범위 및 한계에 대한 검토
　　(정책개발연구 제11권), 헌법재판소, 2019

헌법 으뜸편 - 기본권론

초판발행	2020년 2월 10일
지은이	허완중
펴낸이	안종만 · 안상준
편 집	한두희
기획/마케팅	이영조
표지디자인	박현정
제 작	우인도 · 고철민
펴낸곳	(주) 박영사
	서울특별시 종로구 새문안로3길 36, 1601
	등록 1959. 3. 11. 제300-1959-1호(倫)
전 화	02)733-6771
f a x	02)736-4818
e-mail	pys@pybook.co.kr
homepage	www.pybook.co.kr
ISBN	979-11-303-3536-0 93360

* 잘못된 책은 바꿔드립니다. 본서의 무단복제행위를 금합니다.
* 지은이와 협의하여 인지첩부를 생략합니다.

정 가   39,000원